HSK 4급

3rd Edition

남미숙 저

한권으로 끝내기

다락원

저자의 말

경제 규모 세계 1위(영국 싱크탱크 CEBR 2038년 전망)이자 세계 GDP 기여도 1위(국제통화기금 IMF), 그리고 현재 기준 세계 경제 규모 2위 나라인 중국. 글로벌 시장에서 경쟁해야 하는 우리에게 중국어는 선택이 아닌 필수입니다. 이제 HSK는 중국 관련 직무 뿐만 아니라 일반 취업을 준비하는 분, 진학, 유학을 준비하는 분, 기업이나 공공 기관에 근무하는 분, 개인 사업을 하는 분, 자기 계발을 위해 중국어를 공부하는 분 모두가 갖추고자 하는 필수 항목이 되었습니다.

『(3rd edition) HSK 4급 한권으로 끝내기』는 HSK 분야 최장기 베스트셀러 1위(101개월간, YES24 기준)를 기록하며 HSK 교재 중 유일하게 20만부 이상 판매된 『HSK 한권으로 끝내기』 시리즈의 최신개정판으로서, 국내 최고 기본 종합서로서의 명성과 책임감을 이어갈 것입니다. 또한 수험생들이 올바른 방향으로 시험을 준비할 수 있도록 안내하는 지침서 역할을 이어갈 것입니다.

믿고 공부하는 1타강사 남미숙의 완벽한 HSK 솔루션
1타강사 남미숙의 22년 강의 노하우 & <남미숙 중국어연구소>의 철저한 분석을 바탕으로 시험 합격을 위한 최적의 내용으로 구성했습니다. 15년간 출제된 모든 HSK 문제 분석과 한국·중국 베타테스트를 바탕으로 HSK를 정복할 수 있는 완벽한 솔루션을 체계화했습니다.

HSK 3.0 진화를 준비하는 최신 출제 경향 완벽 반영
HSK 기출문제 국내 최다 보유 기관이자 국내 최고 HSK 전문가 그룹인 <남미숙 중국어연구소>가 빅데이터 분석과 HSK 문제 출제 구성 원칙을 기반으로, 최근 변화·발전하고 있는 최신 출제 경향에 맞추어 출제 비중이 높은 주제·어휘·고정격식·짝꿍표현들을 완벽하게 정리했습니다.

동영상특강, 받아쓰기 PDF, 필수단어장 제공
출제 경향, 실전 문제 풀이 비법을 마스터할 수 있는 동영상특강, 듣기 영역 녹음을 듣고 빈출 핵심 키워드를 받아써 보는 받아쓰기 PDF, HSK 1~4급 단어를 총정리한 필수단어장을 제공합니다.

마지막으로, 이 책의 완성도를 높일 수 있게 도와 주신 민순미 선생님, 모정 선생님, 시인혜 선생님, 김호정 선생님 그리고 그 외 남미숙 중국어 연구소 선생님들, 베타테스트에 성실히 참여해 주신 한국과 중국의 대학(원)생 및 연구원 여러분, 그리고 김동준 님께 감사의 말씀을 드립니다.

본 시리즈를 통해 수험생 여러분 모두 원하시는 목표를 꼭 달성하시길 기원합니다.

남미숙

이 책의 구성 및 활용법

종합적이고 체계적으로 HSK 4급 수험에 대비할 수 있는 완벽한 구성

- **본서&해설서**로 유형 파악→핵심 표현 및 어법 학습→실전 문제 풀이
- **필수단어장**으로 어휘력 기반 다지기
- **핵심요약집**으로 빈출 & 필수 내용 복습
- 핵심 표현, 듣기 문제, 독해 지문 **음원 반복 청취 & 받아쓰기 연습**으로 듣기 능력 훈련
- **동영상강의**로 어렵고 헷갈리는 어법까지 마스터

본서

본서는 〈듣기〉〈독해〉〈쓰기〉 총 세 영역으로 구분하여 정리하였습니다. 〈듣기〉〈독해〉〈쓰기 제2부분〉은 문제 유형별로 단원을 구성하였고, 〈쓰기 제1부분〉에는 중국어 어법을 정리하였습니다.

각 단원은 '유형 파악하기→내공 쌓기→실력 다지기'라는 3 STEP으로 설계하였습니다.

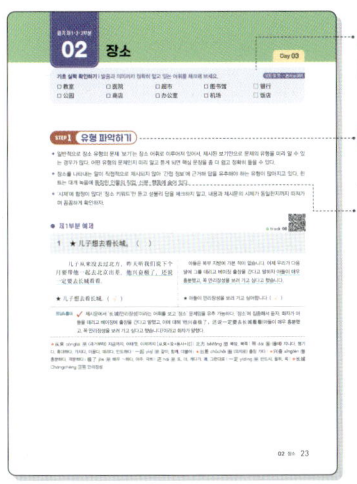

기초 실력 확인하기
HSK 3급 레벨 문제로, 본인의 실력을 스스로 가늠해 볼 수 있습니다.

STEP 1 유형 파악하기
최신 출제 경향 대공개! 문제 풀이 요령 및 학습 요령까지 챙겨갈 수 있습니다.

각 부분의 예제를 통해 어떤 유형의 문제가 어떻게 출제되는지 파악해 봅시다.

STEP 2 내공 쌓기
핵심 어휘 및 표현부터 어법 지식, 문제 풀이 스킬까지 알차게 정리하였습니다.

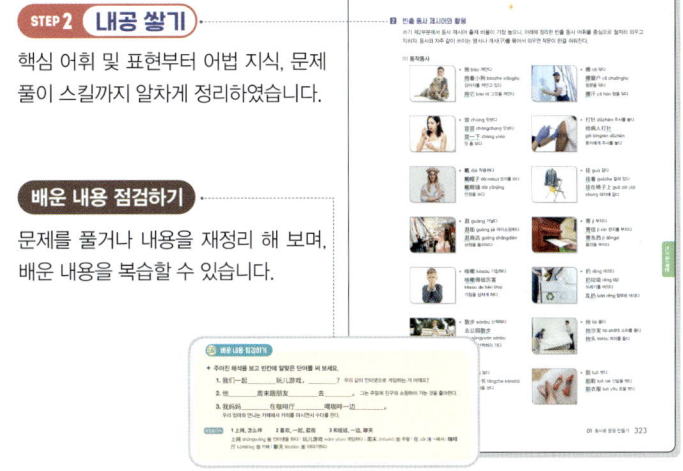

배운 내용 점검하기
문제를 풀거나 내용을 재정리 해 보며, 배운 내용을 복습할 수 있습니다.

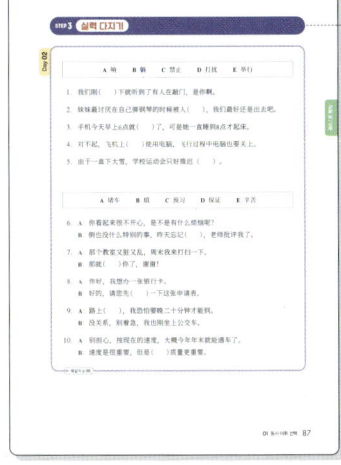

STEP 3 실력 다지기
유형별 실전 문제로 실제 시험 적응력을 높여 봅시다.

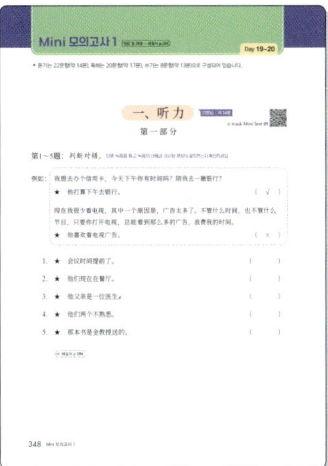

실전 모의고사
실전 모의고사 1회분을 절반 분량씩
'중간 점검용(Mini 모의고사 1)'
'최종 점검용(Mini 모의고사 2)'으로
풀어 보며 스스로의 실력을 점검하세요.

★ IBT 응시 요령 및 PBT 답안 작성법이 핵심요약집 p.35~39에 정리되어 있습니다.

해설서

학습자 편의를 고려하여 친절하고 상세하게 해설하였습니다. 실전에서 유용한 문제 풀이법이 잔뜩 녹아 들어 있습니다.

- 영역별, 부분별 문제 유형에 최적화된 방식으로 풀이
- 사전이 필요 없도록, 지문 속 3~4급 어휘는 모두 정리
- 중요 포인트가 한눈에 보이는 손글씨 해설

별책부록

필수단어장
HSK 4급 공식 필수어휘 1,200개를 40일로 나누어 학습할 수 있도록 정리했습니다. [본서 뒤]

핵심요약집
시험 1주 전에 효율적으로 빈출 & 필수 내용들을 정리할 수 있도록 〈빈출 어휘 및 표현〉 〈유의어 비교〉
〈어법 마스터〉 〈틀리기 쉬운 한자〉로 내용을 구성했습니다.
[해설서 뒤]

필수단어장

핵심요약집〈어법 마스터〉

부가 자료

받아쓰기 PDF

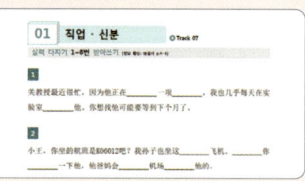

받아쓰는 훈련을 통하여 듣기 실력을 높일 수 있습니다.

MP3 파일

- 본서 듣기 예제, 듣기·독해 내공 쌓기
- 본서 듣기 실력 다지기
- 본서 독해 실력 다지기
- 본서 실전 모의고사
- 필수단어장
- 핵심요약집

다락원 홈페이지에서
▶ MP3 파일 다운로드 및 실시간 재생
▶ 받아쓰기 PDF 다운로드

무료 동영상 강의

강의 1 유형 파악하기 예제 풀이 강의

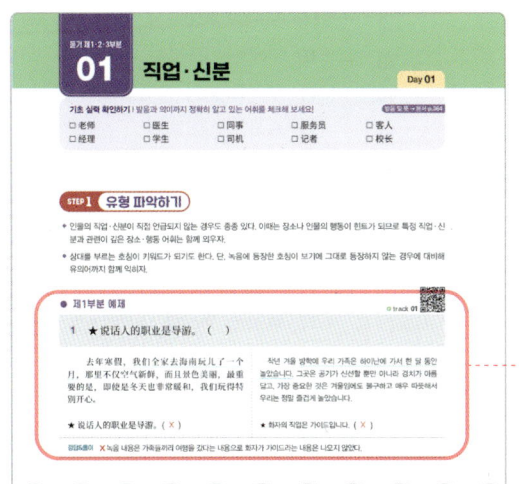

각 단원 step 유형 파악하기의
예제 84개를 풀이한 강의로,
최신 경향을 파악하고
유형별 문제 풀이 공략법을
확인할 수 있습니다.

강의 2 HSK 어법 강의

주요 어법 포인트 위주로
동영상 강의를 제공합니다.

차시	단원 및 페이지	차시	단원 및 페이지
01	01 품사와 문장성분 본서 p.159	18	23 보어(4) 방향보어 본서 p.262
02	02 동사 본서 p.163	19	24 보어(5) 수량보어·가능보어 본서 p.266
03	03 형용사 본서 p.168	20	24 보어(5) 수량보어·가능보어 본서 p.267
04	04 조동사 본서 p.172	21	25 개사(1) 역할·위치 본서 p.271
05	06 부사(1) 종류·위치 본서 p.183	22	26 개사(2) 시간·장소 본서 p.275
06	07 부사(2) 정도부사 본서 p.188	23	27 개사(3) 대상 본서 p.280
07	09 부사(4) 부정부사 본서 p.196	24	28 개사(4) 방향·원인·목적 본서 p.283
08	10 부사(5) 빈도부사 본서 p.200	25	30 존현문 본서 p.291
09	13 접속사(1) 병렬·점층·변환 본서 p.213	26	31 연동문·겸어문 본서 p.295
10	14 접속사(2) 가설·조건·인과 본서 p.217	27	31 연동문·겸어문 본서 p.296
11	15 접속사(3) 선택·목적·선후 본서 p.222	28	32 비교문 본서 p.300
12	16 수사·양사 본서 p.227	29	33 把자문 본서 p.304
13	17 是자문·有자문 본서 p.235	30	34 被자문 본서 p.309
14	18 是……的 강조 구문 본서 p.239	31	35 조사 본서 p.313
15	19 어순 본서 p.242	32	36 관형어·부사어 본서 p.318
16	21 보어(2) 정도보어 본서 p.249	33	36 관형어·부사어 본서 p.319
17	22 보어(3) 결과보어 본서 p.253		

차례

듣기

제1·2·3부분
- 01 직업·신분 … 18
- 02 장소 … 23
- 03 행동 … 29
- 04 관용어 … 35
- 05 어기·심정·태도 … 40
- 06 반어문 … 45
- 07 화제·상태·상황 … 50
- 08 숫자·사물 … 57

제3부분
- 09 이야기 … 63
- 10 설명문 … 68
- 11 논설문 … 74

독해

제1부분
- 01 동사 어휘 선택 … 82
- 02 형용사 어휘 선택 … 89
- 03 명사·대사 어휘 선택 … 95
- 04 부사 어휘 선택 … 101
- 05 양사·접속사·개사 어휘 선택 … 108

제2부분
- 01 연결어 순서 배열 … 114
- 02 대사 순서 배열 … 120
- 03 의미 순서 배열 … 124

제3부분
- 01 세부 내용 파악 … 131
- 02 주제 파악 … 146

쓰기

제1부분
- 01 품사와 문장성분 … 156
- 02 동사 … 162
- 03 형용사 … 167
- 04 조동사 … 171
- 05 명사·대사 … 176
- 06 부사(1) 종류·위치 … 182
- 07 부사(2) 정도부사 … 186
- 08 부사(3) 시간부사 … 190
- 09 부사(4) 부정부사 … 195
- 10 부사(5) 빈도부사 … 199
- 11 부사(6) 범위·상태부사 … 203
- 12 부사(7) 어기부사 … 207
- 13 접속사(1) 병렬·점층·전환 … 211
- 14 접속사(2) 가설·조건·인과 … 216
- 15 접속사(3) 선택·목적·선후 … 221
- 16 수사·양사 … 225
- 17 是자문·有자문 … 233
- 18 是……的 강조 구문 … 238
- 19 어순 … 241
- 20 보어(1) 위치·종류 … 244
- 21 보어(2) 정도보어 … 248
- 22 보어(3) 결과보어 … 252
- 23 보어(4) 방향보어 … 258
- 24 보어(5) 수량보어·가능보어 … 264
- 25 개사(1) 역할·위치 … 270
- 26 개사(2) 시간·장소 … 274
- 27 개사(3) 대상 … 278
- 28 개사(4) 방향·원인·목적 … 282
- 29 개사(5) 근거·방식 … 286
- 30 존현문 … 290
- 31 연동문·겸어문 … 294
- 32 비교문 … 299
- 33 把자문 … 303
- 34 被자문 … 308
- 35 조사 … 312
- 36 관형어·부사어 … 316

제2부분
- 01 동사로 문장 만들기 … 321
- 02 형용사로 문장 만들기 … 328
- 03 명사로 문장 만들기 … 334
- 04 양사·부사로 문장 만들기 … 340

실전 모의고사

- Mini 모의고사 1 … 348
- Mini 모의고사 2 … 356

40일 완성! 학습진도표

	Day 01 ○	Day 02 ○	Day 03 ○	Day 04 ○	Day 05 ○
듣기	p.18 01 직업·신분	p.22 실력 다지기	p.23 02 장소	p.28 실력 다지기	p.28 실력 다지기
독해	p.82 제1부분 01 동사…	p.87 실력 다지기	p.88 실력 다지기	p.89 제1부분 02 형용사…	p.93 실력 다지기
쓰기1	p.156 01 품사 및 문장성분	p.162 02 동사	p.167 03 형용사	p.171 04 조동사	p.176 05 명사·대사
쓰기2		p.321 01 동사로…	p.326 실력 다지기	p.326 실력 다지기	p.327 실력 다지기

	Day 06 ○	Day 07 ○	Day 08 ○	Day 09 ○	Day 10 ○
듣기	p.29 03 행동	p.34 실력 다지기	p.34 실력 다지기	p.35 04 관용어	p.39 실력 다지기
독해	p.94 실력 다지기	p.95 제1부분 03 명사·대사…	p.99 실력 다지기	p.100 실력 다지기	p.114 제2부분 01 연결어…
쓰기1	p.182 06 부사(1)	p.186 07 부사(2)	p.190 08 부사(3)	p.195 09 부사(4)	p.199 10 부사(5)
쓰기2	p.327 실력 다지기	p.328 02 형용사로…	p.332 실력 다지기	p.332 실력 다지기	p.333 실력 다지기

	Day 11 ○	Day 12 ○	Day 13 ○	Day 14 ○	Day 15 ○
듣기	p.40 05 어기·심정·태도	p.44 실력 다지기	p.63 09 이야기	p.67 실력 다지기	p.67 실력 다지기
독해	p.119 실력 다지기	p.120 제2부분 02 대사…	p.123 실력 다지기	p.131 제3부분 01 세부…	p.137 실력 다지기
쓰기1	p.203 11 부사(6)	p.207 12 부사(7)	p.211 13 접속사(1)	p.216 14 접속사(2)	p.221 15 접속사(3)
쓰기2	p.333 실력 다지기				

	Day 16 ○	Day 17 ○	Day 18 ○	Day 19 ○	Day 20 ○
듣기	p.68 10 설명문	p.72 실력 다지기	p.45 06 반어문		
독해	p.138 실력 다지기	p.139 실력 다지기	p.140 실력 다지기	| 실전 모의고사 |	
쓰기1	p.225 16 수사·양사	p.233 17 昰자문, 有자문	p.238 18 昰……的 강조구문	p.348 Mini 모의고사 1 (총점)	
쓰기2					

	Day 21 ○	Day 22 ○	Day 23 ○	Day 24 ○	Day 25 ○
듣기	p.49 실력 다지기	p.50 07 화제·상태·상황	p.54 실력 다지기	p.55 실력 다지기	p.55 실력 다지기
독해	p.101 제1부분 04 부사…	p.106 실력 다지기	p.107 실력 다지기	p.108 제1부분 05 양·접·개…	p.113 실력 다지기
쓰기1	p.241 19 어순	p.244 20 보어(1)	p.248 21 보어(2)	p.252 22 보어(3)	p.258 23 보어(4)
쓰기2		p.334 03 명사로…	p.338 실력 다지기	p.338 실력 다지기	p.339 실력 다지기

	Day 26 ○	Day 27 ○	Day 28 ○	Day 29 ○	Day 30 ○
듣기	p.56 실력 다지기	p.56 실력 다지기	p.57 08 사물·숫자	p.62 실력 다지기	p.62 실력 다지기
독해	p.124 제2부분 03 의미…	p.128 실력 다지기	p.129 실력 다지기	p.130 실력 다지기	p.141 실력 다지기
쓰기1	p.264 24 보어(5)	p.270 25 개사(1)	p.274 26 개사(2)	p.278 27 개사(3)	p.282 28 개사(4)
쓰기2	p.339 실력 다지기	p.340 04 양사·부사로…	p.345 실력 다지기	p.345 실력 다지기	p.346 실력 다지기

	Day 31 ○	Day 32 ○	Day 33 ○	Day 34 ○	Day 35 ○
듣기	p.72 실력 다지기	p.73 실력 다지기	p.73 실력 다지기	p.74 11 논설문	p.78 실력 다지기
독해	p.142 실력 다지기	p.143 실력 다지기	p.144 실력 다지기	p.145 실력 다지기	p.146 제3부분 02 주제…
쓰기1	p.286 29 개사(5)	p.290 30 존현문	p.294 31 연동문·겸어문	p.299 32 비교문	p.303 33 把자문
쓰기2	p.346 실력 다지기				

	Day 36 ○	Day 37 ○	Day 38 ○	Day 39 ○	Day 40 ○
듣기	p.78 실력 다지기	p.79 실력 다지기	p.79 실력 다지기		
독해	p.151 실력 다지기	p.152 실력 다지기	p.153 실력 다지기	| 실전 모의고사 |	
쓰기1	p.308 34 被자문	p.312 35 조사	p.316 36 관형어·부사어	p.356 Mini 모의고사 2 (총점)	
쓰기2					

★ 필수단어장에 정리된 필수어휘는 매일매일 30개씩 암기하세요!

HSK 시험 소개

HSK(中文水平考试, Chinese Proficiency Test)는 국제 중국어 능력 표준화 시험으로, 중국어를 제2외국어로 사용하는 응시자의 생활·학습·업무 등 실생활에서 운용할 수 있는 중국어 능력을 평가하는 데 중점을 두고 있습니다. 듣기·독해·쓰기 능력 평가 시험으로 1급~6급으로 나뉘며, 급수별로 각각 실시됩니다.

❶ 시험 방식 및 종류

▶ PBT (Paper-Based Test): 기존 방식의 시험지와 OMR답안지로 진행하는 지필 시험
▶ IBT (Internet-Based Test): 컴퓨터로 진행하는 시험

※ PBT와 IBT는 시험 효력 등이 동일 / HSK성적은 시험일로부터 2년간 유효

등급	어휘량
HSK 6급	5,000단어 이상 (6급 2,500개 + 1~5급 2,500개)
HSK 5급	2,500단어 이상 (5급 1,300개 + 4급 1,200개)
HSK 4급	1,200단어 이상 (4급 600개 + 1~3급 600개)
HSK 3급	600단어 이상 (3급 300개 + 1~2급 300개)
HSK 2급	300단어 이상 (1급 150개 + 2급 150개)
HSK 1급	150단어 이상

* IBT 응시 요령 및 PBT 답안 작성법이 핵심요약집 p.35~39에 정리되어 있습니다.

❷ 용도

▶ 국내외 대학 (원) 및 특목고 입학·졸업 시 평가 기준
▶ 중국정부장학생 선발 기준
▶ 각급 업체 및 기관의 채용·승진을 위한 평가 기준

❸ 시험 접수

HSK는 평균 1개월에 1~2회 시험이 주최되나, 정확한 일정은 HSK 한국사무국 홈페이지(www.hsk.or.kr)에 게시된 일정을 참고하세요. 접수 완료 후에는 '응시등급, 시험일자, 시험장소, 시험방법 (예: HSK PBT→HSK IBT)' 변경이 불가합니다.

인터넷 접수	HSK 한국사무국 홈페이지에 접속하여 접수 (사진 파일 必) 홈페이지 주소: www.hsk.or.kr
방문 접수	구비 서류를 지참하여 접수처를 방문하여 접수 **구비 서류** 응시원서, 사진 3장, 응시비 **접수처** HSK 한국사무국

* PBT 준비물: 수험표 / 신분증 / 2B 연필 / 지우개

❹ 성적 조회 및 수령 방법

- ▶ **성적 조회**: PBT 성적은 시험일로부터 1개월, IBT 성적은 시험일로부터 2주 후 중국고시센터(바로가기)에서 성적 조회를 할 수 있습니다.
- ▶ **성적표 수령**: HSK 성적표는 '시험일로부터 45일 후' 접수 시 선택한 방법 (우편 또는 방문)으로 수령 가능합니다.
- ▶ **성적 유효기간**: HSK성적은 시험일로부터 2년간 유효합니다.

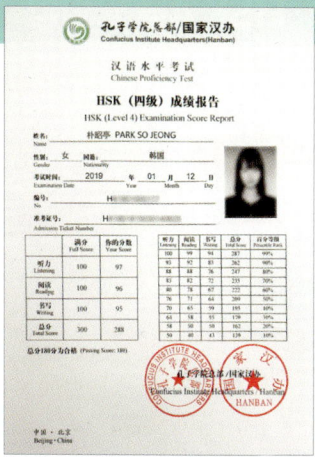

HSK 4급 소개

❶ 시험 대상

HSK 4급은 매주 2~4시간씩 4학기 (190~400시간)정도의 중국어를 학습하고, 1,200개의 상용어휘와 관련 어법지식을 마스터한 학습자를 대상으로 합니다.

❷ 시험 구성 및 시간 배분

- ▶ HSK 4급은 듣기, 독해, 쓰기 영역으로 총 세 과목입니다.
- ▶ 각 영역별 만점은 100점으로 총점이 180점 이상이면 합격입니다.
- ▶ 합계 100문항을 풀게 되며, 총 소요 시간은 100분 가량입니다.
- ▶ 듣기 영역에 대한 답안은 **듣기 시험 시간 종료 후 주어지는 시간 (5분) 안에 답안지에 마킹하고, 독해와 쓰기 영역은 별도의 답안지 작성 시간이 주어지지 않으므로, 해당 영역 시간에 바로 답안지에 작성해야 합니다.**

시험 과목	문제 형식		문항 수		시험 시간	점수
듣기 (听力)	제1부분	단문 듣고 제시문과 일치 여부 판단하기	10	45	약 30분	100점
	제2부분	대화 듣고 질문에 답하기	15			
	제3부분	대화나 단문 듣고 질문에 답하기	20			
듣기 영역 답안 마킹					5분	
독해 (阅读)	제1부분	문장 속 빈칸에 알맞은 보기 고르기	10	40	40분	100점
	제2부분	보기를 어순에 맞게 배열하기	10			
	제3부분	단문 읽고 관련 질문에 답하기	20			
쓰기 (书写)	제1부분	제시된 단어 배열해 문장 완성하기	10	15	25분	100점
	제2부분	제시된 사진과 단어로 문장 만들기	5			
합계			100문항		약 100분	300점 만점

★ 총점이 180점 이상이면 합격

HSK 4급 공략법

듣기

	제1부분	제2부분	제3부분

미리 보기	一、听力
	第一部分
	第1~10题: 判断对错。
	
	例如: 我想, 那个小伙子真厉害, 才几分钟就又钓上来一条。
	★ 小伙子钓鱼的。 (✓)
	
	飞机马上就要起飞了, 请各位乘客系好安全带。
	★ 他最可能是警察。 (×)
	
	1. ★ 她在美发家。 ( )
	2. ★ 他们俩经常说话。 ( )
		第二部分
		第11~25题: 请选出正确答案。
		
		例如: 有一个一号的吗? 我真在穿唯一无几的。
		男: 带等一下, 小一号的没有这个颜色, 只有蓝色的。
		问: 女的最可能在买什么东西?
		A 花瓶 B 衣服 ✓ C 包儿 D 手机
		
		11. A 邮局旁边 B 邮局右边
		   C 便利不山 D 邮局后面
		12. A 出差 B 跳舞
		   C 买东西 D 爬山
		13. A 不想吃冰淇淋 B 没有打算减肥
		   C 腰腰酸痛 D 竟然减肥
			第三部分
			第26~45题: 请选出正确答案。
			
			例如: 马上就开学了。
			女: 是啊, 作业做完了吗?
			男: 还没呢, 这个周末我要出去旅游了, 没有时间做。
			问: 你让移可不行, 快去做吧。
			问: 现在最可能是什么季节?
			A 春天 B 夏天 C 秋天 D 冬天 ✓
			
			26. A 面条 B 鸡蛋汤 C 饺子 D 米饭
			27. A 同学 B 父女 C 同事 D 姐妹
			28. A 参加考试 B 参加会议 C 回家 D 收拾房间

문제 형식	단문 듣고 제시문과 일치 여부 판단하기 (√, ×)	대화 듣고 질문에 답하기	대화나 단문 듣고 질문에 답하기
시험 목적	중국어 문장을 듣고 얼마나 신속하고 정확하게 그 의미를 파악하는지 테스트	남녀의 대화를 통해 그 대화가 이루어지는 배경, 시간, 상황 등을 얼마나 정확하게 파악하는지 테스트	① 남녀 대화의 배경, 시간, 상황 등을 파악하는 능력 테스트 ② 서술되는 이야기의 전개 및 세부 내용을 파악하는 능력 테스트
문항 수	10문항	15문항	20문항
시험 시간	약 30분		

❶ 풀이 비법

제시문과 보기를 먼저 파악하자.
제시문과 보기를 먼저 파악함으로써 어떤 내용을 주의 깊게 들어야 하는지 알고 대비할 수 있다.

녹음의 흐름을 끝까지 따라가자.
내용은 언제든 반전될 수 있으니, 끝까지 놓치지 말고 들어야 한다.

유의어와 동의어를 반드시 익혀 두자.
녹음 속 핵심 단어를 제시문과 보기에서 유의어나 동의어로 제시하는 경우가 많다.

❷ 듣기 영역 출제 비율

제1부분	
의미 상태 파악	22%
행동	19%
장소	15%
어기, 심정, 태도	15%
직업, 신분	11%
사물, 숫자, 반어문, 관용어	18%

제2, 3부분(대화)	
의미 상태 파악	25%
행동	22%
어기, 심정, 태도	17%
장소	11%
직업, 신분	8%
사물, 숫자, 반어문, 관용어	17%

제3부분(단문)	
논설문	40%
설명문	32%
이야기	28%

독해

	제1부분	제2부분	제3부분
미리 보기	二、阅读 第一部分 第46-50题: 选词填空.	第二部分 第56-65题: 排列顺序.	第三部分 第66-85题: 请选出正确答案.
문제 형식	문장 또는 대화 속 빈칸에 알맞은 보기 고르기	보기를 어순에 맞게 배열하기	단문 읽고 관련 질문에 답하기
시험 목적	중국어 문장의 의미와 구조를 정확하게 파악하여 빈칸에 적합한 단어를 골라낼 수 있는지를 테스트	문장과 문장 간의 선후, 인과, 가정, 역접, 병렬 등의 관계를 파악하는 능력을 테스트	중국어로 된 짧은 글을 읽고 글의 주제, 내용 전개, 세부적인 정보를 신속하고 정확하게 파악할 수 있는지를 테스트
문항 수	10문항	10문항	20문항
시험 시간	약 5~7분	약 10~11분	약 22~25분
		약 40분	

❶ 풀이 비법

제1부분 괄호의 앞뒤 어휘를 가장 먼저 살피자.
단어들은 저마다 함께 어울려 쓸 수 있는 어휘가 따로 존재한다.

제2부분 순서 배열의 기준이 되는 보기를 찾자.
접속사나 부사, 대사 등 연결어의 용법에 근거해 '순서 배열의 기준'이 되는 보기를 정하자.

제3부분 보기를 먼저 확인하여 문제의 유형을 파악하자.
문제의 유형이 '세부 내용 파악'인지 '주제 파악'인지에 따라 문제 풀이 방법이 달라진다.

❷ 독해 영역 출제 비율

제1부분	
동사	29%
명사	24%
형용사	16%
부사	16%
양사, 접속사, 개사	15%

제2부분	
의미 순서 배열	40%
연결어 순서 배열	38%
대사 순서 배열	22%

제3부분	
세부 내용 파악	83%
주제 파악	17%

쓰기

	제1부분	제2부분
미리 보기	三、书写 第一部分 第86~95题：完成句子。 例如：正在　王先生　电话　打　呢 　　　王先生正在打电话呢。	第二部分 第96~100题：看图，用词造句。 例如：　盘子　盘子里有各种各样的水果。
문제 형식	제시된 단어 배열해 문장 완성하기	제시된 사진과 단어로 문장 만들기
시험 목적	중국어의 기본 어순을 잘 이해하고 있는지, 어법적 지식과 올바른 문장을 쓸 수 있는 능력을 갖추고 있는지를 테스트	주어진 어휘의 의미와 쓰임을 잘 알고 있는지 테스트
문항 수	10문항	5문항
시험 시간	25분	

❶ 풀이 비법

제1부분 '문장의 뼈대를 잡고 – 살을 붙이는' 2STEP으로 어순을 찾자.
먼저 '문장의 중심인 술어＋술어와 호응하는 주어와 목적어'를 찾아 문장의 뼈대를 마련한 후, 남아 있는 어휘를 문장의 뼈대 사이에 어순에 맞게 배치하자.

제2부분 사진과 제시어를 논리적으로 연결하며, 쉽더라도 자신있는 문장으로 만들자.
어법에 맞고, 수준이 높은 문장이라도 사진과 관련이 없는 내용이라면 고득점을 받을 수 없다. 사진을 보고 바로 떠올릴 수 있는 내용을, 쉽더라도 어법에 맞게 작문하는 것이 중요하다.

❷ 쓰기 영역 출제 비율

제1부분	
개사 (把자문, 被자문, 비교문 포함)	32%
동사술어문 (연동문, 겸어문 포함)	25%
형용사술어문	18%
존현문	16%
보어	8%
접속사	1%

제2부분	
동사 제시어	40%
명사 제시어	24%
형용사 제시어	20%
부사, 양사 제시어	16%

★ 쓰기 제1부분의 출제 비율은 풀이 포인트를 기준으로 산정하였습니다.

일러두기

01 이 책에 나오는 인명, 지명은 중국어 발음을 한국어로 표기했습니다.
예) **小明** 샤오밍　　**上海** 상하이

02 품사는 다음과 같은 약어로 표기했습니다.

품사	약자	품사	약자	품사	약자
명사/고유명사	명/고유	부사	부	접속사	접
대사	대	수사	수	감탄사	감
동사	동	양사	양	조사	조
조동사	조동	수량사	명	의성사	동
형용사	형	개사	개	성어	성

03 본서·해설서의 문제 해설 아래에는 HSK 3급 이상 단어들만 정리했습니다. (일부 HSK 1~2급 단어도 포함) 그중에서도 HSK 4급 단어에는 ★을 표기했습니다.

04 본서 내공 쌓기에 정리된 내용 중에서도, 특히 중요한 부분에는 ✦을 표기했습니다.

05 독해 영역 실력 다지기 지문 음원 트랙명은 해설서 해당 페이지에서 확인하실 수 있습니다.

06 필수단어장에 정리된 급수 단어 중 빈출 단어에는 ★을 표기했습니다.

제1부분 단문 듣고 제시문과 일치 여부 판단하기
제2부분 대화 듣고 질문에 답하기
제3부분 대화나 단문 듣고 질문에 답하기

저자 특강

● 출제 경향 ●

제1, 2, 3부분
제1부분, 제2부분, 제3부분 대화형에서 가장 많이 출제되는 유형은 대화의 맥락과 문장의 속뜻까지 두루 파악해야 하는 '의미 파악' 유형이다. '날씨' '여가' '약속' '쇼핑' '업무'와 같은 일상생활 관련 주제가 주로 등장하고, 제1부분의 경우 서술체 문장보다는 현장감 넘치는 대화체 문장의 비율이 높다.

제3부분(단문)
역사적, 사회적 대상에 대한 설명문이 가장 많이 출제되며, '중심 내용'을 묻는 유형보다 '세부 내용'을 묻는 유형의 문제 비율이 훨씬 높다.

● 문제 풀이 비법 ●

제시문과 보기를 먼저 파악하자.
제시문과 보기를 먼저 파악함으로써 어떤 내용을 주의 깊게 들어야 하는지 알고 대비할 수 있다. 보기를 먼저 파악함으로써 질문에서 '묻는 대상(그, 그녀, 제3자)'이나 '나올 만한 어휘'를 미리 예측할 수도 있다.

녹음의 흐름을 끝까지 따라가자.
내용은 언제든 반전될 수 있으니, 녹음 초반에 일부 단어만 듣고 답을 고르기보다는 누가 어떻게 대답했고, 어떤 결론이 났는지 등을 놓치지 말고 들어야 한다.

유의어와 동의어를 반드시 익혀 두자.
녹음 속 핵심 단어를 제시문과 보기에서는 유의어나 동의어로 제시하는 경우가 많다. 듣기 영역의 문제 풀이 템포에 맞추려면 동의어와 유의어를 듣고 바로 알 수 있을 정도로 어휘를 익혀 두어야 한다.

듣기 공부 비법 하루에 최소 5개 문장을 '받아쓰기'한 후, 소리 내어 '읽자'.

듣기 제1·2·3부분

01 직업·신분

Day 01

기초 실력 확인하기 | 발음과 의미까지 정확히 알고 있는 어휘를 체크해 보세요.

발음 및 뜻 → 본서 p.364

☐ 老师 ☐ 医生 ☐ 同事 ☐ 服务员 ☐ 客人
☐ 经理 ☐ 学生 ☐ 司机 ☐ 记者 ☐ 校长

STEP 1 유형 파악하기

◆ 인물의 직업·신분이 직접 언급되지 않는 경우도 종종 있다. 이때는 장소나 인물의 행동이 힌트가 되므로 특정 직업·신분과 관련이 깊은 장소·행동 어휘는 함께 외우자.

◆ 상대를 부르는 호칭이 키워드가 되기도 한다. 단, 녹음에 등장한 호칭이 보기에 그대로 등장하지 않는 경우에 대비해 유의어까지 함께 익히자.

● 제1부분 예제

 track 01

1 ★ 说话人的职业是导游。(   )

去年寒假，我们全家去海南玩儿了一个月，那里不仅空气新鲜，而且景色美丽，最重要的是，即使是冬天也非常暖和，我们玩儿得特别开心。

작년 겨울 방학에 우리 가족은 하이난에 가서 한 달 동안 놀았습니다. 그곳은 공기가 신선할 뿐만 아니라 경치가 아름답고, 가장 중요한 것은 겨울임에도 불구하고 매우 따뜻해서 우리는 정말 즐겁게 놀았습니다.

★ 说话人的职业是导游。(X)

★ 화자의 직업은 가이드입니다. (X)

정답&풀이 X 제시문의 '职业(직업)' '导游(가이드)'라는 어휘를 보고 직업/신분 유형 문제임을 유추하고 풀 수 있다. 녹음 내용은 가족들끼리 여행을 갔다는 것으로, 화자가 가이드라는 내용은 나오지 않았다.

去年 qùnián 명 작년 | ★寒假 hánjià 명 겨울 방학 [放寒假: 겨울 방학을 하다] | 全家 quánjiā 명 전 가족, 온 집안 | 海南 Hǎinán 고유 하이난 | 玩儿 wánr 동 놀다 | 不仅 bùjǐn 접 ~뿐만 아니라 [不仅A而且B: A뿐만 아니라 게다가 B하다] | ★空气 kōngqì 명 공기 | 新鲜 xīnxiān 형 신선하다, 보기 드물다, 신기하다, 희한하다 | ★景色 jǐngsè 명 경치, 풍경 | ★美丽 měilì 형 아름답다, 예쁘다, 곱다 | 重要 zhòngyào 형 중요하다 | ★即使 jíshǐ 접 설령 ~하더라도 [即使A也B: 설사 A하더라도 B하다] | 冬天 dōngtiān 명 겨울 | ★暖和 nuǎnhuo 형 따뜻하다 | 特别 tèbié 부 아주, 특히 | ★开心 kāixīn 형 기쁘다, 즐겁다, 좋다, 유쾌하다 | 说话人 shuōhuàrén 명 화자 | ★职业 zhíyè 명 직업 | ★导游 dǎoyóu 명 가이드, 관광 안내원

● 제2부분 예제

 track 02

2 A 记者和作者   B 教练和运动员   C 老板和职员   D 售货员和客人

女: 李教授，您好。我是《南方周末》杂志的记者，能跟我谈谈您新书的内容吗？
男: 这本书写的是，我少年时期在农村奶奶家生活的那段经历。

问: 这两个人是什么关系？
A 记者和作者　　B 教练和运动员
C 老板和职员　　　D 售货员和客人

여: 이 교수님, 안녕하세요. 저는《남방 주말》잡지의 기자입니다. 교수님의 새 책 내용에 대해 이야기해 주실 수 있나요?
남: 이 책은 제가 어린 시절 시골 할머니 집에서 보낸 경험에 대해 쓴 것입니다.

질문: 이 두 사람은 어떤 관계입니까?
A 기자와 저자　　B 코치와 운동선수
C 사장과 직원　　　D 판매원과 고객

정답&풀이　**A**　보기에 두 사람의 직업, 신분이 나와 있으므로 관계 문제임을 유추하고 풀 수 있다. 녹음에서 여자는 자신을 '记者(기자)'라고 소개했고, 남자에게 '能跟我谈谈您新书的内容吗(교수님의 새 책 내용에 대해 이야기해 주실 수 있나요)'라고 질문하는 말에서 보기 A '记者和作者'라는 것을 알 수 있다.

★教授 jiàoshòu 명 교수 | ★杂志 zázhì 명 잡지 | 记者 jìzhě 명 기자 | ★谈 tán 동 이야기하다, 말하다 | 新 xīn 형 새것의 | ★内容 nèiróng 명 내용 | 少年 shàonián 명 소년기, 소년 | 时期 shíqī 명 (특정한) 시기 | 农村 nóngcūn 명 농촌 | 奶奶 nǎinai 명 할머니 | ★生活 shēnghuó 명 생활 동 생활하다 | 段 duàn 양 동안, 기간, 단락 [시간·공간의 일정한 거리를 나타낼 때 쓰임] | 经历 jīnglì 명 몸소 겪다, 체험하다, 경험하다 동 경험, 경력 | 两 liǎng 수 2, 둘 | 关系 guānxi 명 관계 | ★作者 zuòzhě 명 저자, 지은이 | 教练 jiàoliàn 명 코치 | 运动员 yùndòngyuán 명 운동선수 | 老板 lǎobǎn 명 사장 | 职员 zhíyuán 명 직원, 사무원 | ★售货员 shòuhuòyuán 명 판매원, 점원 | 客人 kèrén 명 손님, 고객, 방문객

● **제3부분 예제**　　track 03

3　A 同事　　　B 作家　　　C 律师　　　D 医生

女: 李刚，儿子的名字起好了吗？
男: 还没呢，我妻子的一位作家朋友帮我们想了几个不错的字。我们这几天一直在考虑用哪个好。
女: 那你们得快点儿决定了，办出生证明前得想好用哪个。
男: 好，我知道。谢谢你提醒我。

问: 男的请谁帮忙取的名字？
A 同事　**B 作家**　C 律师　D 医生

여: 리강, 아들 이름 정했어요?
남: 아직이에요. 제 아내의 한 작가 친구가 몇 개의 좋은 글자를 생각해 주었어요. 우리는 이 며칠 동안 어떤 이름을 쓸지 고민하고 있습니다.
여: 그럼 빨리 결정해야 해요. 출생 증명서를 만들기 전에 이름을 결정해야 하니까요.
남: 알겠어요. 일깨워 주어서 감사합니다.

질문: 남자가 이름을 지어달라고 부탁한 사람은 누구입니까?
A 동료　**B 작가**　C 변호사　D 의사

정답&풀이　**B**　4급은 들리는 내용이 답인 경우가 많으므로, 잊어버리지 않도록 들리는 단어에 체크하자. 이름을 지었냐는 여자의 질문에 남자가 '我妻子的一位作家朋友帮我们想了几个不错的字(제 아내의 한 작가 친구가 몇 개의 좋은 글자를 생각해 주었어요)'라고 대답했으므로 정답은 B라는 것을 알 수 있다.

起名字 qǐ míngzi 이름을 짓다 | 还 hái 부 여전히, 아직도, 아직 | 妻子 qīzi 명 아내 | ★作家 zuòjiā 명 작가 | 帮 bāng 동 돕다, 거들다 | 不错 búcuò 형 좋다, 잘하다, 괜찮다 | 一直 yìzhí 부 계속, 줄곧 | ★考虑 kǎolǜ 동 고려하다, 생각하다 | 用 yòng 동 사용하다, 쓰다 | 得 děi 조동 ~해야 한다 | 决定 juédìng 동 결정하다, 결심하다 | 办 bàn 동 처리하다, 다루다, 하다 | ★出生 chūshēng 동 출생하다, 태어나다 | ★证明 zhèngmíng 명 증명서 | 知道 zhīdào 동 알다, 이해하다 | ★提醒 tíxǐng 동 일깨우다 | 帮忙 bāngmáng 동 일(손)을 돕다, 도움을 주다, 원조하다 | 取名字 qǔ míngzi 이름을 지어주다 | 同事 tóngshì 명 동료 | ★律师 lǜshī 명 변호사

STEP 2 내공 쌓기

1 주요 질문 방식

track 04

보기가 직업·신분 관련 어휘로 구성되어 있다면, 여러 인물의 '직업·신분'이 녹음에 등장하는 경우에 대비하여, 인물별로 '직업·신분'을 정리해 가며 듣고, 제시되는 문장이나 질문이 어떤 인물에 대한 것인지 반드시 파악하자. 녹음을 들을 때 인물을 크게 '화자(단문)' '여자/남자(대화)' '제3의 인물(단문, 대화)'로 구분하여 인지하면 도움이 된다.

- 说话人是干什么的? 화자는 무엇을 하는 사람인가? ✦
- 女的可能是什么人? 여자는 어떤 사람일 가능성이 큰가? ✦
- 女的可能做什么工作? 여자의 직업은 무엇일 가능성이 큰가?
- 男的在找谁? 남자는 누구를 찾고 있는가? ✦
- 他的妈妈是从事什么工作的? 그의 어머니는 어떤 일에 종사하는가?
- 他们在等谁? 그들은 누구를 기다리고 있는가?
- 他们可能是什么关系? 그들은 어떤 사이일 가능성이 큰가? ✦
- 谁还没来? 누가 아직 안 왔는가?

2 핵심 어휘 및 표현

track 05

'직업·신분' 유형은 난이도가 대체로 높지 않다. 녹음에 직접적으로 '직업·신분'이 언급되는 경우가 많기 때문이다. 직접적으로 녹음에 '직업·신분'이 언급되지 않은 경우에는 녹음에서 언급된 '장소'나 '행동'과 같은 '간접 정보'에 근거해 답을 '유추'해야 하므로, 서로 관련 있는 '직업·신분' '장소' '행동'들은 함께 외워 두는 것이 좋다. (관련 핵심 어휘 및 표현들이 본서 p.20(직업·신분) p.25(장소) p.31(행동)에 정리되어 있다.)

(1) 장소별 빈출 직업·신분

学校 xuéxiào 학교	老师 lǎoshī 몡 선생님 ǀ 教师 jiàoshī 몡 교사 ǀ 教授 jiàoshòu 몡 교수 ǀ 校长 xiàozhǎng 몡 교장 学生 xuésheng 몡 학생 ǀ 留学生 liúxuéshēng 몡 유학생 ǀ 同学 tóngxué 몡 동급생 小学生 xiǎoxuéshēng 몡 초등학생 ǀ 初中生 chūzhōngshēng 몡 중학생 高中生 gāozhōngshēng 몡 고등학생 ǀ 大学生 dàxuéshēng 몡 대학생 研究生 yánjiūshēng 몡 대학원생 ǀ 硕士 shuòshì 몡 석사 ǀ 博士 bóshì 몡 박사 师生 shīshēng 몡 선생님과 학생 ǀ 家长 jiāzhǎng 몡 학부모
公司 gōngsī 회사	经理 jīnglǐ 몡 책임자, 사장, 매니저 ǀ 老板 lǎobǎn 몡 주인, 사장 公司职员 gōngsī zhíyuán 몡 회사원 ǀ 秘书 mìshū 몡 비서 ǀ 同事 tóngshì 몡 회사 동료
医院 yīyuàn 병원	大夫 dàifu 몡 의사[=医生 yīshēng] ǀ 护士 hùshi 몡 간호사 ǀ 病人 bìngrén 몡 환자
商店 shāngdiàn 상점	售货员 shòuhuòyuán 몡 판매원 ǀ 客人 kèrén 몡 손님 ǀ 顾客 gùkè 몡 고객, 손님
饭店 fàndiàn 식당	厨师 chúshī 몡 요리사 ǀ 服务员 fúwùyuán 몡 종업원

电视台 diànshìtái 방송국	播音员 bōyīnyuán 몡 아나운서 | 记者 jìzhě 몡 기자 | 主持人 zhǔchírén 몡 사회자 歌手 gēshǒu 몡 가수 | 演员 yǎnyuán 몡 배우 | 明星 míngxīng 몡 스타
机场 jīchǎng 공항	乘务员 chéngwùyuán 몡 승무원 | 空中小姐 kōngzhōng xiǎojiě 몡 여자 승무원 [=空姐 kōngjiě] 游客 yóukè 몡 여행객 [=旅客 lǚkè]
交通 jiāotōng 교통	警察 jǐngchá 몡 경찰 | 司机 sījī 몡 운전기사 | 乘客 chéngkè 몡 승객
其它 qítā 기타	运动员 yùndòngyuán 몡 운동선수 | 教练 jiàoliàn 몡 감독, 코치 导游 dǎoyóu 몡 관광 가이드 | 家庭主妇 jiātíng zhǔfù 몡 가정주부 画家 huàjiā 몡 화가 | 作家 zuòjiā 몡 작가 | 科学家 kēxuéjiā 몡 과학자 邮递员 yóudìyuán 몡 우체부 | 银行职员 yínháng zhíyuán 몡 은행원 理发师 lǐfàshī 몡 미용사 [=美发师 měifàshī] | 律师 lǜshī 몡 변호사

tip '家 jiā' '员 yuán' '师 shī'는 '직업'을 나타내는 주요 접미사이다.

(2) **관계와 관련된 신분**

사회관계	邻居 línjū 몡 이웃, 이웃집 | 房客 fángkè 몡 세입자, 임차인 [↔房东 fángdōng 몡 집주인]
가족 관계	父女 fùnǚ 몡 부녀 | 父子 fùzǐ 몡 부자 | 母女 mǔnǚ 몡 모녀 | 母子 mǔzǐ 몡 모자 兄弟 xiōngdì 몡 형제 | 姐妹 jiěmèi 몡 자매 爷爷 yéye 몡 할아버지 | 奶奶 nǎinai 몡 할머니 外公 wàigōng 몡 외할아버지 | 外婆 wàipó 몡 외할머니 父亲 fùqīn 몡 아빠 [=爸爸 bàba] | 母亲 mǔqīn 몡 엄마 [=妈妈 māma] | 父母 fùmǔ 몡 부모 夫妻 fūqī 몡 부부 [=两口子 liǎngkǒuzi] | 丈夫 zhàngfu 몡 남편 | 妻子 qīzi 몡 아내 爱人 àiren 몡 배우자 | 孩子 háizi 몡 아이, 자녀 | 儿子 érzi 몡 아들 | 女儿 nǚ'ér 몡 딸 孙子 sūnzi 몡 손자 | 孙女 sūnnǚ 몡 손녀 亲戚 qīnqi 몡 친척 | 阿姨 āyí 몡 아주머니, 이모 | 叔叔 shūshu 몡 아저씨, 삼촌

배운 내용 점검하기

 track 06

✦ 녹음을 듣고 빈칸을 채워 보세요.

1 那家百货商店的_____都很漂亮。

2 那位_____的小说都非常有意思。

3 请问，您为什么选择当电视台的_____？

4 你是这个学校的大学生还是_____？

5 听说那个_____要结婚了，是吗？

해석&어휘 1 저 백화점의 판매원은 모두 예쁘다.
家 jiā 양 [가정·가게·기업 등을 세는 단위] | 百货商店 bǎihuò shāngdiàn 몡 백화점 | ★售货员 shòuhuòyuán 몡 판매원

2 저 작가의 소설은 모두 매우 재미있다.
位 wèi 양 분, 명 [공경의 뜻을 내포함] | ★作家 zuòjiā 명 작가 | 小说 xiǎoshuō 명 소설 | 有意思 yǒu yìsi 재미있다

3 실례지만, 당신은 왜 방송국 기자가 되는 것을 선택했나요?
请问 qǐngwèn 말씀 좀 여쭙겠습니다, 실례지만 | 选择 xuǎnzé 동 선택하다, 고르다 | ★当 dāng 동 ~가 되다 | 电视台 diànshìtái 명 텔레비전 방송국 | ★记者 jìzhě 명 기자

4 당신은 이 학교의 대학생인가요, 대학원생인가요?
大学生 dàxuéshēng 명 대학생 | 还是 háishi 접 또는, 아니면 | 研究生 yánjiūshēng 명 대학원생

5 듣기로 저 배우는 곧 결혼한다던데, 맞나요?
听说 tīngshuō 듣자 하니 | ★演员 yǎnyuán 명 배우, 연기자 | 要 yào 조동 ~하려고 하다 | 结婚 jiéhūn 동 결혼하다

정답 **1** 售货员 **2** 作家 **3** 记者 **4** 研究生 **5** 演员

STEP 3 실력 다지기

● track 07

● 제1부분

1. ★ 教授最近做研究。（　）

2. ★ 她让小王照顾她儿子。（　）

3. ★ 小明是一位运动员。（　）

4. ★ 她一会儿去看房。（　）

● 제2부분

5. A 姐姐　　B 阿姨　　C 妈妈　　D 女儿

6. A 叔叔　　B 儿子　　C 弟弟　　D 母亲

● 제3부분

7. A 售货员　　B 医生　　C 律师　　D 记者

8. A 李教授　　B 李校长　　C 李大夫　　D 李律师

해설서 p.4

02 장소

듣기 제1·2·3부분

Day 03

기초 실력 확인하기 | 발음과 의미까지 정확히 알고 있는 어휘를 체크해 보세요.

발음 및 뜻 → 본서 p.364

☐ 教室　　☐ 医院　　☐ 超市　　☐ 图书馆　　☐ 银行
☐ 公园　　☐ 商店　　☐ 办公室　☐ 机场　　　☐ 饭店

STEP 1 유형 파악하기

◆ 일반적으로 장소 유형의 문제 '보기'는 장소 어휘로 이루어져 있어서, 제시된 보기만으로 문제의 유형을 미리 알 수 있는 경우가 많다. 어떤 유형의 문제인지 미리 알고 듣게 되면 핵심 문장을 좀 더 쉽고 정확히 들을 수 있다.

◆ 장소를 나타내는 말이 직접적으로 제시되지 않아 '간접 정보'에 근거해 답을 유추해야 하는 유형이 많아지고 있다. 힌트는 대개 녹음에 등장한 인물의 직업·신분·행동에 숨어 있다.

◆ '시제'에 함정이 많다! '장소 키워드'만 듣고 섣불리 답을 체크하지 말고, 내용과 제시문의 시제가 동일한지까지 따져가며 꼼꼼하게 확인하자.

● **제1부분 예제**

○ track 08

1 ★ 儿子想去看长城。（　　）

儿子从来没去过北方，昨天听我们说下个月要带他一起去北京出差，他兴奋极了，还说一定要去长城看看。	아들은 북부 지방에 가본 적이 없습니다. 어제 우리가 다음 달에 그를 데리고 베이징 출장을 간다고 말하자 아들이 매우 흥분했고, 꼭 만리장성을 보러 가고 싶다고 했습니다.
★ 儿子想去看长城。（ √ ）	★ 아들이 만리장성을 보러 가고 싶어합니다. （ √ ）

정답&풀이 ✓ 제시문에서 '长城(만리장성)'이라는 어휘를 보고 '장소' 문제임을 유추 가능하다. '장소'에 집중해서 듣자. 화자가 아들을 데리고 베이징에 출장을 간다고 말했고, 이에 대해 '他兴奋极了，还说一定要去长城看看(아들이 매우 흥분했고, 꼭 만리장성을 보러 가고 싶다고 했습니다)'이라고 화자가 말했다.

★ 从来 cónglái 부 (과거부터) 지금까지, 여태껏, 이제까지 [从来+没+동사+过] | 北方 běifāng 명 북방, 북쪽 | 带 dài 동 (몸에) 지니다, 챙기다, 휴대하다, 가지다, 이끌다, 데리다, 인도하다 | 一起 yìqǐ 부 같이, 함께, 더불어 | ★出差 chūchāi 동 (외지로) 출장 가다 | ★兴奋 xīngfèn 형 흥분하다, 격분하다 | 极了 jíle 부 매우 ~하다, 아주, 극히 | 还 hái 부 또, 더, 게다가, 꽤, 그런대로 | 一定 yídìng 부 반드시, 필히, 꼭 | ★长城 Chángchéng 고유 만리장성

● 제2부분 예제   track 09

| 2 | A 超市 | B 朋友家 | C 机场 | D 学校 |

男: 马上就到春节了，今年的年货都准备好了吗?
女: 差不多了，周末我打算再去超市买几个福字，你要不要跟我一起去逛逛?

问: 女的周末打算去哪儿?
A 超市   B 朋友家   C 机场   D 学校

남: 곧 설날이네요. 올해 설맞이 용품은 다 준비했나요?
여: 거의 다 됐어요. 주말에 슈퍼마켓에 가서 몇 개의 복자를 더 사려고 해요. 같이 갈래요?

질문: 여자는 주말에 어디에 가려고 합니까?
A 슈퍼마켓   B 친구 집   C 공항   D 학교

정답&풀이 **A** 녹음이 묻고 대답하는 형식으로 나올 경우, 대답하는 사람 부분이 정답인 경우가 많다. 여자는 주말에 '去超市(슈퍼마켓에 가다)'라고 녹음에서 직접 언급했으므로 정답은 A이다.

马上 mǎshàng 뮌 곧, 즉시, 바로, 금방 | 春节 Chūnjié 고유 설, 춘절 | 年货 niánhuò 명 (음식·기구·장식품 따위의) 설맞이 물품 | 准备 zhǔnbèi 동 준비하다, ~하려고 하다, ~할 작정이다 | ★差不多 chàbuduō 형 비슷하다, 큰 차이가 없다 | 周末 zhōumò 명 주말 | 打算 dǎsuàn 동 ~할 예정이다, 계획하다, ~하려고 하다, ~할 생각이다 | 超市 chāoshì 명 슈퍼마켓 | 福字 fúzì (복을 부르기 위한) '福'자를 쓴 붉은 종이 | 一起 yìqǐ 뮌 같이, 함께, 더불어 | ★逛 guàng 동 구경하다, 거닐다, 배회하다, 돌아다니다, 산보하다 | 机场 jīchǎng 명 공항

● 제3부분 예제   track 10

| 3 | A 森林公园 | B 地铁站 | C 海洋公园 | D 街道对面 |

女: 你看见我的帽子了吗? 怎么找不到了?
男: 没有。你再仔细回忆一下，最后一次戴是什么时候?
女: 上周末去森林公园散步时还戴着呢。
男: 那我估计就是丢在那儿了。

问: 男的怀疑帽子丢在哪了?
A 森林公园   B 地铁站
C 海洋公园   D 街道对面

여: 내 모자 봤어요? 왜 찾을 수가 없죠?
남: 못 봤어요. 다시 한번 생각해보세요. 마지막으로 언제 썼었나요?
여: 지난 주말에 삼림 공원에서 산책할 때 썼어요.
남: 그러면 거기에서 잃어버린 것 같네요.

질문: 남자는 모자를 어디에서 잃어버렸다고 의심하나요?
A 삼림 공원   B 지하철역
C 해양 공원   D 건너편 거리

정답&풀이 **A** 지난 주말에 삼림 공원에서 모자를 썼다는 여자의 말에 남자는 '那我估计就是丢在那儿了(그러면 거기에서 잃어버린 것 같네요)'라고 대답한 것으로 보아 보기 A가 정답이다.

帽子 màozi 명 모자 | 找 zhǎo 동 찾다, 구하다 | 再 zài 뮌 다시, 더 | ★仔细 zǐxì 형 꼼꼼하다, 세심하다 | ★回忆 huíyì 동 회상하다 | 一下 yíxià 수량 (동사 뒤에 쓰여) 좀 ~하다 | 最后 zuìhòu 형 맨 마지막의, 최후의 명 결국, 맨 마지막 | ★戴 dài 동 (머리·얼굴·가슴·팔·손 등에) 착용하다, 쓰다 | 周末 zhōumò 명 주말 | ★森林 sēnlín 명 산림, 삼림 | 公园 gōngyuán 명 공원 | ★散步 sànbù 동 산책하다, 산보하다 | 着 zhe 조 ~하고 있다 [동작이나 상태의 지속을 나타냄] | 估计 gūjì 동 추측하다, 예측하다, 짐작하다, 어림잡다 | ★丢 diū 동 잃어버리다, 잃다 | ★怀疑 huáiyí 동 의심하다, 의심을 품다 | 地铁站 dìtiězhàn 명 지하철역 | ★海洋 hǎiyáng 명 해양, 바다 | 街道 jiēdào 명 거리, 대로 | ★对面 duìmiàn 명 건너편, 맞은편

STEP 2 내공 쌓기

1 주요 질문 방식

언급된 장소에 '누가' '언제' 가는지까지 빠짐없이 듣는 것이 중요하다. '주어'와 '시간 표현·동태조사'까지 꼼꼼하게 체크해야 실수를 방지할 수 있다. '남자가 현재 있는 장소가 어디인가?'라는 질문에 '여자가 현재 있는 장소'나 '남자가 가려는 장소' 등이 함정 보기로 나올 수 있다.

- 他刚才去哪儿了? 그는 방금 어디에 갔는가? (과거) ✦
- 她是从哪儿回来的? 그녀는 어디에서 돌아왔는가? (과거)
- 他们现在最可能在哪儿? 그들은 현재 어디에 있을 가능성이 가장 높은가? (현재) ✦
- 对话可能发生在什么地方? 대화는 어디에서 이루어지고 있을 가능성이 높은가? (현재)
- 说话人可能在哪儿工作? 화자는 아마도 어디에서 일하는가? (현재) ✦
- 他们要去哪儿? 그들은 어디에 가려고 하는가? (미래) ✦
- 女的建议去哪儿? 여자는 어디를 가자고 제안하는가? (미래)

2 핵심 어휘 및 표현

화제가 '길 안내하기' '약속 정하기'인 경우 '장소'가 직접적으로 언급되기도 한다. 그러나 최근 들어서는 장소와 관련된 '간접 정보'만 언급되어 답을 유추해야 하는 문제가 많아지고 있다. 학습 효율을 높이고 싶다면, 아래에 정리된 어휘뿐만 아니라 앞 단원에서 다룬 직업·신분 관련 어휘, 다음 단원에서 배울 행동 관련 어휘도 함께 익히자.

家里 jiā li 집 안	厨房 chúfáng 명 주방 | 房间 fángjiān 명 방 | 客厅 kètīng 명 거실
	打扫房间 dǎsǎo fángjiān 방을 청소하다
商店 shāngdiàn 상점 ✦	百货商店 bǎihuò shāngdiàn 명 백화점 | 商场 shāngchǎng 명 쇼핑센터 | 超市 chāoshì 명 슈퍼마켓
	服装店 fúzhuāngdiàn 명 옷 가게 | 家具城 jiājùchéng 가구 쇼핑몰 | 收银台 shōuyíntái 명 계산대
	营业时间 yíngyè shíjiān 명 영업시간 | 购物袋 gòuwùdài 명 쇼핑백
	购物车 gòuwùchē 명 쇼핑 카트 | 特价 tèjià 명 특가 | 优惠活动 yōuhuì huódòng 할인 행사
	关门 guānmén 통 폐점하다 [↔开门 kāimén 개점하다] | 打折 dǎzhé 통 세일하다
	7折优惠 qī zhé yōuhuì 30% 할인하다 | 免费 miǎnfèi 통 무료로 하다
	买一送一 mǎi yī sòng yī 하나를 사면 하나를 주다 [=1+1 행사]
学校 xuéxiào 학교	教室 jiàoshì 명 교실 | 宿舍 sùshè 명 기숙사 | 体育馆 tǐyùguǎn 명 체육관
	考试 kǎoshì 명 시험 | 期中考试 qīzhōng kǎoshì 중간고사 | 期末考试 qīmò kǎoshì 기말고사
	及格 jígé 통 합격하다 [↔不及格 bùjígé 불합격하다] | 成绩 chéngjì 명 성적 | 学期 xuéqī 명 학기
	课程 kèchéng 명 커리큘럼 | 系 xì 명 학과 | 本科 běnkē 명 본과 | 专业 zhuānyè 명 전공
	论文 lùnwén 명 논문 | 放假 fàngjià 통 방학하다 [↔开学 kāixué 개학하다]
	暑假 shǔjià 여름 방학 | 寒假 hánjià 겨울 방학
公司 gōngsī 회사	办公室 bàngōngshì 명 사무실 | 会议室 huìyìshì 명 회의실
	开会 kāihuì 통 회의하다 | 加班 jiābān 통 야근하다

饭馆 fànguǎn 식당 ✦	餐厅 cāntīng 명 식당 ǀ 食堂 shítáng 명 구내식당 快餐店 kuàicāndiàn 명 패스트푸드점 [=快餐厅 kuàicāntīng] ǀ 小吃店 xiǎochīdiàn 명 분식점 咖啡厅 kāfēitīng 명 카페 [=咖啡店 kāfēidiàn] 点菜 diǎncài 동 주문하다 ǀ 买单 mǎidān 동 계산하다 [=结账 jiézhàng] ǀ 打包 dǎbāo 동 포장하다
电视台 diànshìtái 방송국	广播电台 guǎngbō diàntái 라디오 방송국 [=电台 diàntái] 节目 jiémù 명 방송 프로그램 ǀ 播放 bōfàng 동 방송하다 ǀ 采访 cǎifǎng 동 인터뷰하다 转播 zhuǎnbō 동 중계방송하다 ǀ 报道 bàodào 동 보도하다
酒店 jiǔdiàn 호텔	旅馆 lǚguǎn 명 여관 ǀ 宾馆 bīnguǎn 명 여관, 모텔 ǀ 饭店 fàndiàn 명 호텔 前台 qiántái 명 프론트 데스크 ǀ 标准间 biāozhǔnjiān 명 일반실 ǀ 单人间 dānrénjiān 명 1인실 双人间 shuāngrénjiān 명 2인실 登记 dēngjì 동 체크인하다 ǀ 退房 tuìfáng 동 체크아웃하다 ǀ 房卡 fángkǎ 명 방 카드
图书馆 túshūguǎn 도서관	借书 jiè shū 책을 빌리다 ǀ 还书 huán shū 책을 반납하다 ǀ 到期 dàoqī 기간이 되다 过期 guòqī 기한을 초과하다 ǀ 阅读 yuèdú (책이나 신문을) 보다 查资料 chá zīliào 자료를 찾다
邮局 yóujú 우체국 ✦	寄信 jìxìn 동 편지를 보내다 ǀ 信封 xìnfēng 명 편지봉투 ǀ 贴邮票 tiē yóupiào 우표를 붙이다 邮票 yóupiào 명 우표 ǀ 超重 chāozhòng 동 중량을 초과하다 ǀ 包裹 bāoguǒ 명 소포 快递 kuàidì 명 택배 ǀ 邮政编码 yóuzhèng biānmǎ 명 우편번호 ǀ 地址 dìzhǐ 명 주소 联系方式 liánxì fāngshì 연락처
银行 yínháng 은행	开户 kāihù 동 계좌를 개설하다 ǀ 办卡 bàn kǎ 동 카드를 만들다 存钱 cúnqián 동 저금하다 [=存款 cúnkuǎn] ǀ 取钱 qǔqián 동 출금하다 [=取款 qǔkuǎn] 换钱 huànqián 동 환전하다
医院 yīyuàn 병원	看病 kànbìng 동 진찰하다 ǀ 检查 jiǎnchá 동 검사하다 ǀ 打针 dǎzhēn 동 주사를 놓다 开药 kāiyào 동 처방전을 쓰다 ǀ 做手术 zuò shǒushù 수술하다 [=动手术 dòng shǒushù] 住院 zhùyuàn 동 입원하다 ǀ 出院 chūyuàn 동 퇴원하다
火车站 huǒchēzhàn 기차역	站台 zhàntái 명 플랫폼 ǀ 火车 huǒchē 명 기차 ǀ 列车 lièchē 명 열차 硬座 yìngzuò 명 일반석, 일반 좌석 ǀ 软座 ruǎnzuò 명 푹신한 좌석 硬卧 yìngwò 명 일반 침대석 ǀ 软卧 ruǎnwò 명 (열차의) 일등 침대석 ǀ 卧铺 wòpù 명 (기차나 여객선의) 침대석 检票 jiǎnpiào 동 표를 검사하다 ǀ 出示车票 chūshì chēpiào 승차권을 제시하다
机场 jīchǎng 공항	飞机 fēijī 명 비행기 ǀ 登机口 dēngjīkǒu 명 탑승구 航班 hángbān 명 항공편 ǀ 机票 jīpiào 명 비행기표, 항공권 ǀ 登机牌 dēngjīpái 명 탑승권 护照 hùzhào 명 여권 ǀ 签证 qiānzhèng 명 비자 行李箱 xínglǐxiāng 명 여행용 가방, 트렁크 ǀ 座位 zuòwèi 명 좌석 登机 dēngjī 동 (비행기에) 탑승하다 ǀ 办登机手续 bàn dēngjī shǒuxù 탑승 수속을 하다 乘坐 chéngzuò 동 (자동차, 비행기 등을) 타다 ǀ 起飞 qǐfēi 동 이륙하다 [↔降落 jiàngluò 착륙하다]
理发店 lǐfàdiàn 미용실 [美容室 měiróngshì]	头发 tóufa 명 머리카락 ǀ 发型 fàxíng 명 헤어스타일 洗头 xǐtóu 동 머리를 감다 ǀ 理发 lǐfà 동 머리를 자르다 [=剪发 jiǎnfà] 烫发 tàngfà 동 파마하다 ǀ 染发 rǎnfà 동 염색하다 ǀ 刮胡子 guā húzi 동 수염을 깎다 [=刮脸 guā liǎn]

大使馆 dàshǐguǎn 대사관 ✦	办护照 bàn hùzhào 여권을 만들다 | 办签证 bàn qiānzhèng 비자를 만들다
其它 qítā 기타	洗手间 xǐshǒujiān 명 화장실 [=卫生间 wèishēngjiān =厕所 cèsuǒ] 公园 gōngyuán 명 공원 | 森林公园 sēnlín gōngyuán 명 산림 공원 海洋公园 hǎiyáng gōngyuán 명 해양 공원, 오션파크 | 动物园 dòngwùyuán 명 동물원 海边 hǎibiān 해변 | 河边 hébiān 강가 | 沙滩 shātān 명 모래사장

> **tip** 〈핵심 장소 어휘와 함께 등장하는 말〉
> ……怎么走 ……zěnme zǒu ~에 어떻게 가나요 | 장소+(附近 fùjìn)+有 yǒu +사물 ~에 ~이 있다
> A 旁边是 B A pángbiān shì B A 옆은 B이다 | A 离 B 很近/不远 A lí B hěn jìn / bù yuǎn A가 B에서 가깝다/멀지 않다
> 一直往前走，走+시간+就能看见 yìzhí wǎng qián zǒu, zǒu……jiù néng kànjiàn 앞으로 쭉 ~(정도) 걸으면 바로 보인다
> 在哪儿 zài nǎr 어디에 있나요 | 正门 zhèngmén 명 정문 | 入口(处) rùkǒu(chù) 명 입구 | 附近 fùjìn 근처, 부근
> 周围 zhōuwéi 명 주변 | 路口 lùkǒu 명 길목 | 对面 duìmiàn 명 맞은편
> 禁止 jìnzhǐ 동 금지하다 | 水深 shuǐ shēn 물이 깊다 | 发生危险 fāshēng wēixiǎn 위험이 생기다

배운 내용 점검하기

 track 13

✦ 녹음을 듣고 빈칸을 채워 보세요.

1 今天晚上我们一起去_____吃饭。

2 我的头发太长了，明天打算去_____理发。

3 你知道附近的_____在哪儿吗?

4 你明天几点去_____上班?

5 附近的那家_____正在打折。

해석&어휘

1 오늘 저녁에 우리는 함께 호텔(식당)로 밥 먹으러 간다.

2 머리가 너무 길어서 내일 미용실에 머리를 자르러 가려고 한다.
头发 tóufa 명 머리카락 | 长 cháng 형 (길이가) 길다 | 打算 dǎsuàn 동 ~하려고 하다 | 理发店 lǐfàdiàn 명 미용실 |
★理发 lǐfà 이발하다, 머리 자르다

3 너 근처에 기차역이 어디에 있는지 아니?
附近 fùjìn 명 근처, 부근

4 너 내일 몇 시에 회사에 출근하니?
上班 shàngbān 동 출근하다

5 근처의 그 상점은 세일 중이다.
家 jiā 양 [집·점포·공장 등을 세는 단위] | 正在 zhèngzài 부 지금 ~하고 있다 | ★打折 dǎzhé 동 할인하다

정답 1 饭店　　2 理发店　　3 火车站　　4 公司　　5 商店

STEP 3 실력 다지기

Day 04

track 14

● 제1부분

1. ★ 公司周围没有邮局。（　　）
2. ★ 李经理不在办公室。（　　）
3. ★ 他在国家图书馆工作。（　　）
4. ★ 这张画儿在客厅里。（　　）

● 제2부분

5. A 火车站　　B 医院　　C 世界公园　　D 厕所
6. A 长城　　B 火车站　　C 国家大剧院　　D 酒店
7. A 公园　　B 办公室　　C 银行　　D 地铁站
8. A 垃圾桶内　　B 厨房　　C 沙发上　　D 盒子里

→ 해설서 p.7

Day 05

track 15

● 제3부분

9. A 海洋公园　　B 森林公园　　C 长江　　D 天安门
10. A 公园入口　　B 街道对面　　C 海洋馆　　D 大使馆门口
11. A 家里　　B 机场　　C 咖啡厅　　D 地铁站
12. A 邻居家　　B 超市　　C 医院　　D 药店
13. A 宾馆　　B 餐厅　　C 卫生间　　D 百货商店
14. A 首都剧院　　B 邮局　　C 银行　　D 地铁站
15. A 洗手间　　B 广播室　　C 客厅　　D 出租车
16. A 火车站　　B 地铁上　　C 汽车站　　D 高速公路上

→ 해설서 p.10

03 행동

듣기 제1·2·3부분

Day 06

기초 실력 확인하기 | 발음과 의미까지 정확히 알고 있는 어휘를 체크해 보세요.

발음 및 뜻 → 본서 p.364

- ☐ 做作业
- ☐ 游泳
- ☐ 聊天
- ☐ 搬家
- ☐ 上网
- ☐ 读书
- ☐ 踢足球
- ☐ 请假
- ☐ 逛街
- ☐ 爬山

STEP 1 유형 파악하기

◆ 보기가 모두 동사나 동사구인 경우, 대부분 인물의 행동에 대한 질문이 나온다. 녹음에서 '행동' 관련 어휘가 등장하는 즉시 보기와 대조하자.

◆ 인물과 행동이 여러 개 등장하는 경우에 대비하여 보기를 먼저 확인하고, 녹음을 들으며 관련 내용을 보기 옆에 메모하는 풀이 습관을 기르자.

● 제1부분 예제  track 16

1 ★ 说话人要去办签证。（　）

我刚才接到电话，他们通知我这个星期去取签证，可是我这周得一直在上海谈生意，你能帮我取一下吗？

방금 전화를 받았는데, 이번 주에 비자를 받으러 오라고 통보 받았어요. 그런데 저는 이번 주에 계속 상하이에서 비즈니스 미팅이 있습니다. 대신 받아줄 수 있나요?

★ 说话人要去办签证。（ X ）

★ 화자는 비자를 신청하러 갈 예정입니다. （ X ）

정답&풀이 X 녹음에서 화자는 비자를 받으러 오라는 통지를 받았지만 직접 갈 수가 없어 '你能帮我取一下吗(대신 받아줄 수 있나요)'라고 물어보는 중이므로, 답이 ×임을 알 수 있다. 듣기 부분은 제시문을 먼저 보는 게 중요하다. 앞 문제를 최대한 빨리 풀고, 다음 문제의 제시문을 먼저 확인하자.

刚才 gāngcái 뗑 지금 막, 방금 | 接到 jiēdào 통 받다 | ★通知 tōngzhī 통 알리다, 통지하다 | ★取 qǔ 통 가지다, 취하다 | ★签证 qiānzhèng 뗑 비자 | ★可是 kěshì 젭 그러나, 하지만, 그렇지만 | 得 děi 조동 ~해야 한다 | 一直 yìzhí 뷔 계속, 줄곧 | 上海 Shànghǎi 고유 상하이 | ★谈 tán 통 이야기하다, 말하다 | ★生意 shēngyi 뗑 장사, 사업 | 帮 bāng 통 돕다, 거들다 | 一下 yíxià 수량 (동사 뒤에 쓰여) 좀 ~하다 | 说话人 shuōhuàrén 뗑 화자 | 办 bàn 통 처리하다, 다루다, 하다

● 제2부분 예제  track 17

2 A 交费　　B 打篮球　　C 开车　　D 照相

男: 小姐，不好意思。<u>看音乐剧时是禁止照相的</u>。 女: 真抱歉，我不知道有这个规矩，一定注意。	남: 실례합니다. 뮤지컬 관람 중에는 사진 촬영이 금지되어 있습니다. 여: 정말 죄송합니다. 그런 규정이 있는 줄 몰랐어요. 반드시 주의하겠습니다.
问: 女的在做什么? A 交费　　　　B 打篮球 C 开车　　　　**D 照相**	질문: 여자는 무엇을 하고 있습니까? A 요금을 지불하다　　B 농구를 하다 C 운전을 하다　　　**D 사진을 찍다**

정답&풀이 **D** 남자가 여자에게 '看音乐剧时是禁止照相的(뮤지컬 관람 중에는 사진 촬영이 금지되어 있습니다)'라고 한 말에서 여자가 '照相(사진 찍기)'을 한다는 것을 알 수 있다. '禁止+금지 내용'이 문항으로 많이 출제된다.

不好意思 bùhǎoyìsi 죄송합니다, 부끄럽다, 송구스럽습니다 | **音乐剧** yīnyuèjù 명 뮤지컬 | ★**禁止** jìnzhǐ 동 금지하다, 불허하다 | **照相** zhàoxiàng 동 사진을 찍다, 촬영하다 | **真** zhēn 정말, 진짜, 잘, 확실히 | ★**抱歉** bàoqiàn 동 미안해하다 | **规矩** guīju 명 표준, 법칙, 규율, 규정, 습관 | **一定** yídìng 부 반드시, 필히, 꼭 | **注意** zhùyì 명 주의 동 주의하다 | **交费** jiāofèi 요금을 지불하다 | **打篮球** dǎ lánqiú 농구를 하다 | **开车** kāichē 동 운전하다

● 제3부분 예제

 track 18

3	A 坐高铁	B 开车	C 骑自行车	D 坐公交车

男: 中秋节怎么回爸妈家? 你想开车还是坐高铁? 女: <u>开车吧</u>，听说那天高速公路免费。 男: 但就因为这样，那天开车出门的人肯定很多，可能会堵车。 女: 没关系，咱们早点儿出发，不到200公里，两个小时左右就能到。	남: 중추절에 어떻게 부모님 집에 갈 거야? 운전해서 갈래 아니면 고속 철도 탈래? 여: 운전해서 가자. 그날 고속도로가 무료라던데. 남: 그래서 그날 차를 타고 나가는 사람들이 많을 거야. 차가 막힐 수도 있어. 여: 괜찮아. 우리 좀 일찍 출발하자. 200km 안 되니까 두 시간 정도면 도착할 수 있어.
问: 女的打算怎么回去? A 坐高铁　　　　**B 开车** C 骑自行车　　　D 坐公交车	질문: 여자는 어떻게 돌아갈 계획입니까? A 고속 철도 타기　　**B 운전하기** C 자전거 타기　　　D 버스 타기

정답&풀이 **B** 중추절에 운전해서 갈 것인지 고속 철도를 타고 갈 것인지를 묻는 남자의 질문에 여자는 '开车吧(운전하자)'라고 대답했다. 또한 차가 막힐 거라는 남자의 부정적 의견에 일찍 출발하자고 했으므로 정답은 B이다.

中秋节 Zhōngqiū Jié 고유 중추절 | **开车** kāichē 동 운전하다 | **还是** háishi 접 또는, 아니면 | **高铁** gāotiě 명 고속 철도 | ★**高速公路** gāosù gōnglù 명 고속도로 | ★**免费** miǎnfèi 동 돈을 받지 않다, 무료로 하다 | **但** dàn 접 그러나 | **因为** yīnwèi 접 때문에, 왜냐하면 | **出门** chūmén 동 외출하다 | ★**肯定** kěndìng 부 확실히, 틀림없이, 의심할 여지없이 | **可能** kěnéng 부 아마도 (~일지도 모른다) | ★**堵车** dǔchē 동 차가 꽉 막히다 | ★**咱们** zánmen 대 우리들 | **早** zǎo 형 이르다 | ★**出发** chūfā 동 출발하다, 떠나다 | ★**公里** gōnglǐ 양 킬로미터 | **到** dào 동 이르다, 도착하다, 도달하다 | **两** liǎng 수 2, 둘 | ★**左右** zuǒyòu 명 안팎, 내외, 쯤, 가량 동 왼쪽과 오른쪽 | **打算** dǎsuàn 동 ~할 예정이다, 계획하다, ~하려고 하다, ~할 생각이다 | **骑** qí 동 (동물·자전거 등에) 타다 | **自行车** zìxíngchē 명 자전거 | **公交车** gōngjiāochē 명 버스

STEP 2 내공 쌓기

1 주요 질문 방식

 track 19

'행동' 유형에는 일상생활 관련 어휘들이 대부분이므로, 다른 유형에 비해 체감 난이도가 낮은 편이다. '누가' '언제' '어떤 행동'을 하는지 보기 옆에 메모하며 듣는다면 좀 더 빠르고 정확하게 답을 찾을 수 있다.

- 她昨天做了什么? 그녀는 어제 무엇을 하였는가? (과거)
- 他们在做什么? 그들은 무엇을 하고 있는가? (현재) ✦
- 他最可能在干什么? 그는 무엇을 하고 있을 가능성이 큰가? (현재)
- 女的让男的干什么? 여자는 남자에게 무엇을 하라고 하는가? (현재) ✦
- 男的帮女的做什么? 남자는 여자를 도와 무엇을 하는가? (현재)
- 女的明天要做什么? 여자는 내일 무엇을 하려고 하는가? (미래)
- 女的接下来最可能做什么? 여자는 이어서 무엇을 할 가능성이 가장 큰가? (미래) ✦
- 他们打算怎么做? 그들은 어떻게 하려고 하는가? (미래)

2 핵심 어휘 및 표현

 track 20

일상생활 관련 어휘들이 대부분이므로 어휘 자체의 난이도는 높지 않지만, 인물·장소 등의 '간접 정보'에 근거해 답을 찾아야 하는 경우가 있다. 예를 들어, '什么时候可以出院?(언제 퇴원할 수 있나요?)'이라는 내용이 들린다면, 현재 누군가 '住院(입원)'해 있음을 유추할 수 있다. 아는 단어들만 나온다고 방심하지 말고, 키워드가 들릴 때마다 상황을 구체적으로 그려가며 듣자.

家务 jiāwù 집안일	做饭 zuò fàn 밥을 하다 | 做菜 zuò cài 음식을 하다 洗碗 xǐ wǎn 설거지하다 | 洗衣服 xǐ yīfu 세탁하다 扔垃圾 rēng lājī 쓰레기를 버리다 [=倒垃圾 dào lājī] 打扫 dǎsǎo 통 청소하다 | 收拾 shōushi 통 정리하다 整理房间 zhěnglǐ fángjiān 방을 정돈하다 | 擦窗户 cā chuānghu 창문을 닦다
学校生活 xuéxiào shēnghuó 학교생활	上课 shàngkè 통 수업하다 [↔下课 xiàkè 통 수업을 마치다] | 听课 tīngkè 통 수업을 듣다 讲课 jiǎngkè 통 (선생님이) 수업하다 | 读书 dúshū 통 공부하다 [=上学 shàngxué] 毕业 bìyè 통 졸업하다 | 预习 yùxí 통 예습하다 | 复习 fùxí 통 복습하다 练习 liànxí 통 연습하다 | 做作业 zuò zuòyè 숙제하다 [=写作业 xiě zuòyè] 留作业 liú zuòyè 숙제를 내 주다 | 交作业 jiāo zuòyè 숙제를 제출하다 交报告 jiāo bàogào 보고서를 제출하다 | 查词典 chá cídiǎn 사전을 찾다 交流 jiāoliú 통 교류하다 | 参加考试 cānjiā kǎoshì 시험에 참가하다 报名 bàomíng 통 신청하다 | 得奖 dé jiǎng 상을 받다, 수상하다 得到奖学金 dédào jiǎngxuéjīn 장학금을 받다 普通话说得标准 pǔtōnghuà shuō de biāozhǔn 보통화를 정확하게 구사하다 成绩优秀 chéngjì yōuxiù 성적이 우수하다

工作 gōngzuò 일	上班 shàngbān 통 출근하다 [↔下班 xiàbān 통 퇴근하다] 上下班 shàng-xiàbān 통 출퇴근하다 | 加班 jiābān 통 야근하다 | 出差 chūchāi 통 출장 가다 请假 qǐngjià 통 휴가를 신청하다 | 排队 páiduì 통 줄을 서다 打字 dǎzì 통 타자를 치다 | 打印 dǎyìn 통 출력하다 | 复印 fùyìn 통 복사하다 发传真 fā chuánzhēn 팩스를 보내다 | 发(电子)邮件 fā (diànzǐ) yóujiàn 메일을 보내다 开会 kāihuì 통 회의하다 | 参加会议 cānjiā huìyì 회의에 참석하다 安排计划 ānpái jìhuà 계획을 짜다 | 换工作 huàn gōngzuò 일을 바꾸다 辞职 cízhí 통 사직하다 | 找工作 zhǎo gōngzuò 일자리를 찾다 参加面试 cānjiā miànshì 면접에 참가하다 | 填表格 tián biǎogé 표를 작성하다 填写个人信息 tiánxiě gèrén xìnxī 개인 정보를 적다 | 开店 kāidiàn 통 상점을 개업하다 做广告 zuò guǎnggào 광고하다 | 做生意 zuò shēngyi 사업하다 [=做买卖 zuò mǎimai] 谈生意 tán shēngyi 비즈니스에 관해 이야기하다
购物 gòuwù 쇼핑	买 mǎi 통 사다 [↔卖 mài 통 팔다] 付款 fù kuǎn 돈을 지불하다 [=付钱 fù qián] | 刷卡 shuākǎ 통 카드로 계산하다 找零钱 zhǎo língqián 거스름돈을 주다 | 讲价 jiǎngjià 통 값을 흥정하다 换 huàn 통 교환하다, 바꾸다 | 退货 tuìhuò 통 반품하다 逛街 guàng jiē 거리를 거닐며 구경하다, 아이쇼핑하다 | 逛商店 guàng shāngdiàn 상점을 둘러보다 试衣服 shì yīfu 옷을 입어 보다 颜色 yánsè 명 색 | 样式 yàngshì 명 스타일 | 价格 jiàgé 명 가격 瘦 shòu 형 (옷이) 작다, 끼다 | 肥 féi 형 (옷이) 크다, 헐렁하다 | 合适 héshì 형 꼭 맞다, 적합하다
业余生活 yèyú shēnghuó 여가 생활	唱歌 chàng gē 통 노래를 부르다 | 跳舞 tiàowǔ 통 춤을 추다 看书 kàn shū 책을 읽다 [=读书 dúshū] | 看报(纸) kàn bào(zhǐ) 신문을 보다 看杂志 kàn zázhì 잡지를 보다 | 看小说 kàn xiǎoshuō 소설을 보다 看电视 kàn diànshì 텔레비전을 보다 | 看电影 kàn diànyǐng 영화를 보다 上网 shàngwǎng 통 인터넷을 하다 | 玩儿电脑 wánr diànnǎo 컴퓨터 하다 玩儿手机 wánr shǒujī 휴대폰 하다 | 玩儿电脑游戏 wánr diànnǎo yóuxì 컴퓨터 게임을 하다
运动 yùndòng 운동	(做)运动 (zuò) yùndòng 운동을 하다 | 爬山 páshān 통 등산하다 | 散步 sànbù 통 산책하다 滑冰 huábīng 통 스케이트를 타다 | 滑雪 huáxuě 통 스키를 타다 游泳 yóuyǒng 통 수영하다 | 踢足球 tī zúqiú 축구를 하다 打篮球 dǎ lánqiú 농구를 하다 | 打乒乓球 dǎ pīngpāngqiú 탁구 치다 打羽毛球 dǎ yǔmáoqiú 배드민턴 치다 | 打网球 dǎ wǎngqiú 테니스 치다 参加比赛 cānjiā bǐsài 경기에 참가하다 | 看比赛 kàn bǐsài 경기를 보다 赢 yíng 통 이기다 | 输 shū 통 지다 | 输赢 shūyíng 명 승패
日常生活 rìcháng shēnghuó 일상생활	起床 qǐchuáng 통 기상하다 | 睡觉 shuìjiào 통 잠자다 | 做梦 zuòmèng 통 꿈을 꾸다 洗脸 xǐ liǎn 통 세수하다 | 洗澡 xǐzǎo 통 목욕하다 | 刷牙 shuā yá 양치질하다 喝酒 hē jiǔ 술을 마시다 | 抽烟 chōu yān 통 담배를 피우다 [=吸烟 xī yān] 打电话 dǎ diànhuà 전화를 걸다 | 发短信 fā duǎnxìn 문자를 보내다 见面 jiànmiàn 통 만나다 | 聊天 liáotiān 통 이야기하다, 대화하다 等朋友 děng péngyou 친구를 기다리다 | 请客 qǐngkè 통 접대하다, 한턱내다 约会 yuēhuì 통 데이트하다 | 分手 fēnshǒu 통 헤어지다 参加婚礼 cānjiā hūnlǐ 결혼식에 참석하다 | 送礼物 sòng lǐwù 선물을 주다

移动 yídòng 이동	开车 kāichē 통 운전하다 | 打车 dǎchē 통 택시를 타다 [=坐出租车 zuò chūzūchē] 上车 shàng chē 차를 타다 [→下车 xià chē 차에서 내리다] 等车 děng chē 차를 기다리다 | 停车 tíngchē 통 차를 세우다 超速 chāosù 통 속도위반하다 | 堵车 dǔchē 통 차가 막히다 | 加油 jiāyóu 통 기름을 넣다 到达 dàodá 통 도착하다 | 晚点 wǎndiǎn 통 (차·선박·비행기 따위가) 연착하다 推迟 tuīchí 통 미루다, 연기하다 赶不上 gǎnbushàng 잡을 수 없다 [→赶得上 gǎndeshàng 잡을 수 있다] 来不及 láibují 시간에 맞출 수 없다 [→来得及 láidejí 시간에 맞출 수 있다]
旅行 lǚxíng 여행	旅行 lǚxíng 통 여행하다 [=旅游 lǚyóu] | 带护照 dài hùzhào 여권을 챙기다 换登机牌 huàn dēngjīpái 탑승권으로 바꾸다 | 收拾行李 shōushi xíngli 짐을 싸다 检查行李 jiǎnchá xíngli 짐을 검사하다 | 参观 cānguān 통 관람하다 | 介绍 jièshào 통 소개하다 集合 jíhé 통 모이다 | 照相 zhàoxiàng 통 사진을 찍다 [=拍照 pāizhào] 迷路 mílù 통 길을 잃다 | 风景 fēngjǐng 명 풍경 | 景点 jǐngdiǎn 명 명소

배운 내용 점검하기

◆ track 21

◆ 녹음을 듣고 빈칸을 채워 보세요.

1 一会儿就上课了，你_____了吗?

2 最近我一直在_____，真的很累。

3 小李，你先_____，然后打扫房间吧。

4 你平时_____都做什么?

5 哥哥下个月要去北京_____。

해석&어휘

1 조금 이따가 수업인데, 너 숙제했어?
   上课 shàngkè 통 수업하다 \| 写作业 xiě zuòyè 숙제하다

2 요즘 나 계속 야근해서 정말 피곤해.
   最近 zuìjìn 명 최근, 요즘 \| 一直 yìzhí 분 계속, 줄곧 \| ★加班 jiābān 통 야근하다, 시간 외 근무를 하다 \| 真的 zhēn de 분 정말로, 참으로, 진실로

3 샤오리, 너 먼저 설거지하고, 그다음 방 청소를 하렴.
   先 xiān 분 먼저, 우선 \| 洗碗 xǐ wǎn 설거지하다 \| 然后 ránhòu 접 그다음, 그 후 \| 打扫 dǎsǎo 통 청소하다 \| 房间 fángjiān 명 방

4 너 평소에 인터넷으로 뭐하니?
   ★平时 píngshí 명 평소, 평상시 \| 上网 shàngwǎng 통 인터넷을 하다

5 오빠는 다음 달에 베이징으로 출장 간다.
   ★出差 chūchāi 통 출장 가다

정답 1 写作业   2 加班   3 洗碗   4 上网   5 出差

STEP 3 실력 다지기

Day 07

track 22

● 제1부분

1. ★ 他们要坐地铁。（　　）

2. ★ 他想报名参加普通话考试。（　　）

3. ★ 他建议去咖啡馆儿等小黄。（　　）

4. ★ 她们来不及收拾行李。（　　）

● 제2부분

5. A 送杂志　　B 谈广告的事　　C 道歉　　D 打针

6. A 复印材料　　B 打印文件　　C 发传真　　D 发电子邮件

7. A 买勺子　　B 理发　　C 擦盘子　　D 扔垃圾

8. A 打印表格　　B 检查报名表　　C 交费　　D 改密码

→ 해설서 p.14

Day 08

track 23

● 제3부분

9. A 早点儿睡觉　　B 学跳舞　　C 少吃糖　　D 睡前喝牛奶

10. A 抬箱子　　B 挂衣服　　C 取报纸　　D 扔盒子

11. A 用塑料袋　　B 做些饼干　　C 等会儿再收拾　　D 搬走桌子

12. A 打印材料　　B 参加考试　　C 填表　　D 交材料

13. A 没起床　　B 写完作业了　　C 在做题　　D 戴着眼镜

14. A 早点儿出发　　B 请几天假　　C 坐地铁　　D 别穿皮鞋

15. A 骑自行车　　B 开车　　C 坐地铁　　D 坐公交车

16. A 打扫房间　　B 打羽毛球　　C 骑马　　D 打篮球

→ 해설서 p.17

04 관용어

듣기 제1·2·3부분

Day 09

기초 실력 확인하기 | 발음과 의미까지 정확히 알고 있는 어휘를 체크해 보세요.

발음 및 뜻 → 본서 p.364

- □ 好容易
- □ 发脾气
- □ A给B找麻烦
- □ 马大哈
- □ 出毛病
- □ 开夜车
- □ 发火
- □ 出难题
- □ 粗心大意
- □ 不在乎

STEP 1 유형 파악하기

◆ 관용어는 대부분 비유적 표현이다. 처음 듣는 관용어라도 대화의 정황을 제대로 파악하면 속뜻을 유추할 수 있다.
◆ 개별 어휘의 뜻만 알아서는 뜻을 오해할 수 있는 관용어들도 많다. 적어도 빈출 관용어의 뜻만은 반드시 익히자.

● 제1부분 예제

 track 24

| 1 | ★ 小王这个人脾气很好。（　） |

| 小王对别人总是很友好，而且愿意听取他人的意见，遇到问题也少发脾气。我对他的印象特别好。 | 샤오왕[小王]은 다른 사람들에게 항상 친절하고, 타인의 의견을 듣는 것에도 열려 있으며, 문제가 생겼을 때도 화를 잘 내지 않습니다. 저는 그에 대해 매우 좋은 인상을 가지고 있습니다. |

| ★ 小王这个人脾气很好。（ √ ） | ★ 샤오왕은 성격이 매우 좋습니다. （ √ ） |

정답&풀이 ✓ 녹음에서 샤오왕이 성격이 좋다는 이야기를 쭉 나열하고 있으므로 정답은 √이다. 관용어 중 '少发脾气(화를 잘 안 낸다)'와 '脾气很好(성격이 좋다)'라는 비슷한 두 표현은 중요한 말이니 꼭 외우자!

别人 biérén 대 다른 사람, 남 | 总是 zǒngshì 부 항상, 늘, 줄곧, 언제나 | ★友好 yǒuhǎo 형 우호적이다 | 而且 érqiě 접 뿐만 아니라, 게다가, 또한 | 愿意 yuànyì 조동 ~하길 원하다, 바라다 | 听取 tīngqǔ 동 (의견·보고 등을) 청취하다, 귀담아듣다, 귀를 기울이다 | 他人 tārén 명 타인, 다른 사람, 남 | ★意见 yìjiàn 명 의견, 견해 | 遇到 yùdào 동 만나다, 맞닥뜨리다, 부닥치다, 봉착하다 | 问题 wèntí 명 문제 | 发脾气 fā píqi 성질부리다, 화내다, 성내다 | ★印象 yìnxiàng 명 인상 | 特别 tèbié 부 아주, 특히 | ★脾气 píqi 명 성격, 성질

● 제2부분 예제

 track 25

| 2 | A 不认识小李　B 小李爱开玩笑　C 小李汉语不太好　D 不能理解小李的话 |

| 女: 你别相信小李的话，他喜欢开玩笑，所以他的话我一般都不信。 | 여: 샤오리[小李]의 말을 믿지 마세요. 그는 농담을 좋아해서 저는 그의 말을 거의 믿지 않아요. |
| 男: 我知道，但有时真分不清他哪句话是真的，哪句话是假的。 | 남: 알고 있어요. 하지만 가끔은 그의 말 중 어느 것이 진짜이고 어느 것이 거짓인지 구분이 안 돼요. |

问: 女的为什么不相信小李的话?	질문: 여자는 왜 샤오리의 말을 믿지 않습니까?
A 不认识小李	A 샤오리를 모른다
B 小李爱开玩笑	**B 샤오리가 농담을 좋아한다**
C 小李汉语不太好	C 샤오리의 중국어가 그다지 좋지 않다
D 不能理解小李的话	D 샤오리의 말을 이해할 수 없다

정답&풀이 **B** 여자가 말한 '他喜欢开玩笑，所以他的话我一般都不信(그는 농담을 좋아해서 저는 그의 말을 거의 믿지 않아요)'을 통해서 보기 B가 정답인 것을 알 수 있다. '喜欢开玩笑'와 '爱开玩笑'는 비슷한 표현이다.

别 bié 부 ~하지 마라 | 相信 xiāngxìn 동 믿다, 신임하다, 신뢰하다 | 话 huà 명 말 | ★开玩笑 kāi wánxiào 농담하다, 웃기다, 놀리다 | 所以 suǒyǐ 접 그래서, 그러므로, 때문에, 그런 까닭에 | 一般 yìbān 형 일반적이다 | 不信 búxìn 동 믿지 않다, 불신하다, 신임하지 않다 | 知道 zhīdào 동 알다, 이해하다 | 但 dàn 접 그러나 | 有时 yǒushí 부 어떤 때, 때로는, 이따금, 간혹 | 真 zhēn 부 정말, 진짜, 잘, 확실히, 진정으로, 참으로, 진실로, 실제로 | 分得清 fēndeqīng 구별되다 [부정형은 '分不清'] | 句 jù 양 마디, 편 [언어·시문을 세는 단위] | ★假 jiǎ 형 거짓의, 가짜의 | 为什么 wèi shénme 왜, 어째서, 무엇 때문에 | 汉语 Hànyǔ 고유 중국어, 한어 | 不太 bútài 부 그다지 ~하지 않다 | ★理解 lǐjiě 동 이해하다, 알다

● 제3부분 예제

 track 26

3 A 现在找工作很难 B 应该找更好的工作
    C 没有这个工作更好 D 去北京找不到好工作

女: 现在竞争这么大，你好不容易找到工作，不干可惜了啊。
男: 可这份工作不适合我。
女: 你考虑好了吗?
男: 已经考虑好了。我想去北京工作，那儿机会更多。

여: 지금 경쟁이 너무 치열해서, 어렵사리 직장을 구했잖아요. 그만두면 아까워요.
남: 그런데 이 일이 저랑 맞지 않아요.
여: 잘 생각해봤어요?
남: 이미 결정했어요. 베이징에서 일하고 싶어요. 거기에 기회가 더 많아요.

问: 女的是什么意思?	질문: 여자의 말은 무슨 의미입니까?
A 现在找工作很难	**A 지금 일자리를 찾기가 매우 어렵다**
B 应该找更好的工作	B 더 좋은 일자리를 찾아야 한다
C 没有这个工作更好	C 이 일자리가 없는 것이 더 좋다
D 去北京找不到好工作	D 베이징에서 좋은 일자리를 찾을 수 없다

정답&풀이 **A** 여자가 남자에게 말한 '现在竞争这么大，你好不容易找到工作(지금 경쟁이 너무 치열해서, 겨우 직장을 구했잖아요)'에서 지금 일을 찾기가 힘들다는 것을 알 수 있다. 따라서 정답은 A이다. '好不容易'는 '겨우, 가까스로, 어렵사리'라는 의미를 나타내는 관용어이다.

★竞争 jìngzhēng 동 경쟁하다 명 경쟁 | 好不容易 hǎoburóngyi 부 겨우, 가까스로, 간신히, 어렵사리 | 找到 zhǎodào 찾아내다 | ★干 gàn 동 일을 하다 | 可惜 kěxī 형 아깝다, 섭섭하다, 아쉽다, 유감스럽다 | 可 kě 접 이어진 단문에서 사건의 전환을 나타냄 ['可是(그러나)'에 상당함] | 份 fèn 양 일을 세는 단위 | 适合 shìhé 동 적합하다, 알맞다, 적절하다 | ★考虑 kǎolǜ 동 고려하다, 생각하다 | 已经 yǐjīng 부 이미, 벌써 [已经……了: 이미 ~했다] | 机会 jīhuì 기회, 찬스 | 更 gèng 부 더, 더욱 [비교문에 주로 쓰임] | 意思 yìsi 명 의미, 뜻 | 难 nán 형 어렵다, 힘들다 | 应该 yīnggāi 조동 (마땅히) ~해야 한다

STEP 2 내공 쌓기

1 주요 질문 방식

track 27

관용 표현이 쓰인 문장의 의미를 주로 묻는다. 모르는 관용 표현이라도 맥락을 통해 의미를 유추할 수도 있으니 포기하지 말고 끝까지 잘 듣도록 하자. 화자가 누구인지 체크하는 것은 기본임을 잊지 말자.

- 说话人是什么意思? 화자의 말은 무슨 의미인가? ✦
- 男的主要是什么意思? 남자의 말은 주로 무슨 의미인가?
- 关于小刚我们可以知道什么? 샤오깡[小刚]에 대해 우리는 무엇을 알 수 있는가? ✦
- 从这段对话可以知道什么? 이 대화에서 무엇을 알 수 있는가?
- 关于女的，下列哪个正确? 여자에 대해 다음 중 어느 것이 정확한가?

2 핵심 어휘 및 표현

track 28

단어의 표면적인 뜻을 조합해서는 관용어의 정확한 뜻을 파악할 수 없으므로, 빈출 관용어는 꼭 외워 두도록 하자. 유의어와 같이 익히면 답을 찾을 때도 좀 더 쉽다. 귀에 익숙해지도록 큰 소리로 읽으며 외우자.

부부	两口子 liǎngkǒuzi
가까스로, 어렵사리	好容易 hǎoróngyì | 好不容易 hǎobùróngyì
(사람이) 인기가 많다	火 huǒ [=受欢迎 shòu huānyíng]
(물건이) 인기가 많다	红 hóng [=受欢迎 shòu huānyíng]
밤새워 일하다, 공부하다	开夜车 kāi yèchē | 熬夜 áoyè
대단하다, 능력이 있다	有两下子 yǒu liǎngxiàzi [=了不起 liǎobuqǐ =不简单 bù jiǎndān]
결정하다	拿主意 ná zhǔyi [=决定 juédìng]
내가 책임지겠다	包在我身上 bāo zài wǒ shēnshang [=我来负责 wǒ lái fùzé]
괜찮다	不要紧 búyàojǐn [=没事儿 méishìr]
상관없다	不在乎 bú zàihu | 无所谓 wúsuǒwèi
신경 쓰지 않다, 안중에 없다	不放在眼里 bú fàng zài yǎn li | 不放在心上 bú fàng zài xīn shang
웃음거리가 되다	闹笑话 nào xiàohua | 出洋相 chū yángxiàng
세심하지 못하다	马大哈 mǎdàhā | 粗心大意 cūxīndàyì
농담하다	闹着玩儿 nàozhe wánr | 开玩笑 kāi wánxiào
과장하다, 허풍떨다	吹牛 chuīniú | 说大话 shuō dàhuà
고장 나다, 문제가 생기다	出毛病 chū máobìng
야단났다, 큰일났다	不得了 bùdéliǎo | 出事了 chūshìle
난처하게 하다	出难题 chū nántí | 找麻烦 zhǎo máfan

화내다	发脾气 fā píqi | 发火 fāhuǒ [=生气 shēngqì]
싼 물건은 질이 좋지 않다 (싼 게 비지떡이다)	一分钱，一分货 yì fēn qián, yì fēn huò [=便宜无好货，好货不便宜 piányi wú hǎo huò, hǎo huò bù piányi]
해가 서쪽에서 뜨다	太阳从西边出来了 tàiyáng cóng xībian chūláile [=出乎意料 chūhūyìliào]

배운 내용 점검하기

track 29

✦ 녹음을 듣고 빈칸을 채워 보세요.

1 电脑用的时间太久了，总是_____。

2 就算再生气，也不能随便对她_____。

3 他是个爱_____的人，别相信他。

4 这件事_____，你不用担心。

5 _____，现在时间还早呢。

해석&어휘

1 컴퓨터를 너무 오래 써서 늘 문제가 생긴다.
用 yòng 동 쓰다, 사용하다 | 久 jiǔ 형 오래다, 시간이 길다 | 总是 zǒngshì 부 늘, 줄곧, 언제나 | 出毛病 chū máo bìng 고장 나다, 문제가 생기다

2 설령 아무리 화가 날지라도, 함부로 그녀에게 성질을 부리면 안 된다.
就算 jiùsuàn 접 설령 ~하더라도 | 生气 shēngqì 동 화내다, 성나다 | 不能 bùnéng 조동 ~해서는 안 된다 | ★随便 suíbiàn 부 함부로, 제멋대로 | 发脾气 fā píqi 동 성질을 부리다, 화를 내다

3 그는 허풍 떨기를 좋아하는 사람이야. 그 사람을 믿지 마.
爱 ài 동 (어떤 일을 취미로서) ~하기를 좋아하다 | 吹牛 chuīniú 동 허풍 떨다, 과장하다 | 相信 xiāngxìn 동 믿다, 신뢰하다

4 이 일은 나에게 맡겨. 넌 걱정할 필요 없어.
包在……身上 bāo zài……shēnshang ~에게 맡겨라 | 不用 búyòng 부 ~할 필요 없다 | 担心 dānxīn 동 걱정하다

5 괜찮아요, 지금 시간이 아직 일러요.
不要紧 búyàojǐn 형 괜찮다 | 早 zǎo 형 이르다

정답 1 出毛病　2 发脾气　3 吹牛　4 包在我身上　5 不要紧

STEP 3 실력 다지기

Day 10

● 제1부분

1. ★ 她觉得小敏的孩子了不起。（　　）

2. ★ 她这个月负责照顾孩子。（　　）

3. ★ 小李给他找麻烦。（　　）

4. ★ 爸爸决定送他去美国。（　　）

● 제2부분

5. A 一会儿来　　B 本来不想来　　C 是女的丈夫　　D 是银行职员

6. A 很诚实　　　B 值得相信　　　C 爱说大话　　　D 工作认真

● 제3부분

7. A 不在乎
   B 生气了
   C 很可惜
   D 不满意

8. A 男的伤得很严重
   B 男的觉得不要紧
   C 男的肚子疼得厉害
   D 女的是医生

→ 해설서 p.21

듣기 제1·2·3부분

05 어기·심정·태도

Day 11

기초 실력 확인하기 | 발음과 의미까지 정확히 알고 있는 어휘를 체크해 보세요.

발음 및 뜻→본서 p.364

☐ 满意　　☐ 爱　　　☐ 害怕　　☐ 相信　　☐ 放心
☐ 担心　　☐ 认真　　☐ 舒服　　☐ 着急　　☐ 快乐

STEP 1 유형 파악하기

◆ 어기는 크게 긍정적 어기, 부정적 어기로 나뉘어진다. 내용을 제대로 듣지 못했더라도 감탄사나 말의 높낮이, 어기조사 등에서 느껴지는 어기에 근거해 정답을 추릴 수 있다.

◆ 대화하는 남녀가 각기 다른 태도를 보이는 경우가 있다. 남녀의 태도를 구분하며 들어야 정답을 놓치지 않는다.

● 제1부분 예제

 track 31

1 ★ 说话人的女儿现在讨厌数学。（　）

我女儿以前不喜欢数学。但跟着张老师学习了几个月后，她开始对数学感兴趣了，成绩也提高了很多。	제 딸은 예전에 수학을 싫어했습니다. 하지만 장(张) 선생님과 함께 몇 달 동안 공부한 후에 수학에 흥미를 가지기 시작했고, 성적도 많이 올랐습니다.
★ 说话人的女儿现在讨厌数学。(X)	★ 화자의 딸이 현재 수학을 싫어합니다. (X)

정답&풀이　X 녹음에서 화자의 딸은 처음에는 수학을 싫어했지만, 나중에는 수학에 흥미를 가지고 성적도 올랐다고 언급했다. 따라서 정답은 X이다. 제시문에 시점이 나올 경우 시점을 주의해서 듣자.

以前 yǐqián 명 예전, 이전 | 数学 shùxué 명 수학 | 但 dàn 접 그러나 | 跟着 gēnzhe 개 ~와 함께, ~에 따라 | 开始 kāishǐ 동 시작하다, 개시하다 | 对 duì 개 ~에게, ~에 대해 | 感兴趣 gǎn xìngqù 흥미가 있다, 관심이 있다, 좋아하다 | 成绩 chéngjì 명 성적 | 提高 tígāo 동 향상시키다, 높이다, 끌어올리다, 제고하다 | 说话人 shuōhuàrén 명 화자 | 讨厌 tǎoyàn 동 싫어하다

● 제2부분 예제

 track 32

2　A 激动　　B 后悔　　C 可惜　　D 羡慕

女: 真羡慕你，买到了那位歌手歌友会的门票。 男: 我也很激动，本来没抱什么希望的，没想到竟然买到了。	여: 정말 부러워요. 그 가수의 팬 미팅 티켓을 샀다니. 남: 저도 매우 흥분했어요. 별로 기대하지 않았는데, 생각지도 못하게 티켓을 구했어요.

问 : 男的现在是什么心情?
A 激动　B 后悔　C 可惜　D 羡慕

질문:남자의 현재 기분은 어떤가요?
A 흥분함　B 후회함　C 아쉬움　D 부러움

> 정답&풀이　**A**　부럽다는 여자의 말에 남자도 현재 매우 '激动(흥분하다)'이라고 말해 정답이 A임을 알 수 있다. 보기의 어휘가 녹음에 그대로 등장했다. 들리는 게 답인 경우도 많으니 어렵다고 포기하지 말고 내용을 잘 듣자.

真 zhēn 분 정말, 진짜, 잘, 확실히 | ★羡慕 xiànmù 동 부러워하다, 탐내다, 흠모하다 | 位 wèi 양 분, 명 [공경의 뜻을 내포함] | 歌手 gēshǒu 명 가수 | 歌友会 gēyǒuhuì 명 팬 미팅 | 门票 ménpiào 명 입장권 | ★激动 jīdòng 흥분하다, 감격하다, 감동하다 | ★本来 běnlái 분 본래, 원래 | 抱 bào 동 (생각이나 의견을) 마음에 품다 | 希望 xīwàng 명 희망, 소망, 원망, 바람, 소원 | 没想到 méixiǎngdào 생각지 못하다 | ★竟然 jìngrán 분 뜻밖에도, 놀랍게도, 의외로 | ★心情 xīnqíng 명 마음, 심정, 감정, 기분 | ★后悔 hòuhuǐ 동 후회하다 | ★可惜 kěxī 형 아깝다, 섭섭하다, 아쉽다, 유감스럽다

● 제3부분 예제　　● track 33

3　A 自己做了喜糖　　B 买了很多糖　　C 刚结婚　　D 喜欢吃糖

女 : 这就是中国人结婚时吃的 "喜糖" 吗?
男 : 对, 口味也很多。你看, 有水果味的、牛奶味的……。有的人也用巧克力做 "喜糖"。
女 : <u>不管是糖还是巧克力, 我都喜欢。</u>
男 : 那你就多拿点儿回去吃吧。

问 : 关于女的可以知道什么?
A 自己做了喜糖
B 买了很多糖
C 刚结婚
D 喜欢吃糖

여: 이게 중국 사람들이 결혼할 때 먹는 '결혼 축하 사탕'인가요?
남: 맞아요, 맛도 다양해요. 보세요, 과일 맛도 있고, 우유 맛도 있고… 어떤 사람들은 초콜릿을 '결혼 축하 사탕'으로 하기도 해요.
여: 사탕이든 초콜릿이든 다 좋아해요.
남: 그럼 많이 가져가서 드세요.

질문: 여자에 대해 알 수 있는 것은 무엇입니까?
A 자신이 결혼 축하 사탕을 만들었다
B 많은 사탕을 샀다
C 방금 결혼했다
D 사탕을 좋아한다

> 정답&풀이　**D**　여자의 '不管是糖还是巧克力, 我都喜欢(사탕이든 초콜릿이든 다 좋아해요)'이라는 말에 사탕을 좋아한다는 것을 알 수 있다. 따라서 보기 D가 정답이다. 내용에 나온 두 가지 사물 중 한 개만 보기에 나와도 답이 될 수 있다.

中国人 Zhōngguórén 고유 중국인 | 结婚 jiéhūn 동 결혼하다 | 喜糖 xǐtáng 명 결혼 축하 사탕, 약혼 축하 사탕 | 对 duì 형 맞다, 정확하다, 정상이다 | 口味 kǒuwèi 명 맛, 입맛, 기호 | 味 wèi 명 맛 | 牛奶 niúnǎi 명 우유 | 用 yòng 개 ~(으)로, (으)로써 | ★巧克力 qiǎokèlì 명 초콜릿 | ★不管 bùguǎn 접 ~를 막론하고 [不管A 都B: A를 막론하고 모두 B하다] | 糖 táng 명 설탕, 사탕, 당 | 还是 háishi 접 또는, 아니면 | 拿 ná 동 (손으로) 가지다, 쥐다, 잡다, 얻다 | 关于 guānyú 개 ~에 관해, ~에 대해 | 知道 zhīdào 동 알다, 이해하다 | 自己 zìjǐ 대 자신, 자기 | ★刚 gāng 분 방금, 막, 지금

STEP 2 내공 쌓기

1 주요 질문 방식

track 34

'누구'의 어기, 심정, 태도를 묻는 것인지에 주의해 들어야 정답을 찾을 수 있다.

- 女的是什么口气? 여자의 말은 어떤 어투인가? ◆
- 女的看起来怎么样? 여자는 보기에 어떠한가?
- 说话人是什么意思? 화자의 말은 무슨 의미인가?
- 男的对女的是什么态度? 남자는 여자에게 어떤 태도인가? ◆
- 男的对女的感觉怎么样? 남자는 여자에 대한 느낌이 어떠한가?
- 说话人的心情怎么样? 화자의 심정은 어떠한가?
- 女的觉得这本书怎么样? 여자는 이 책이 어떻다고 생각하는가?

2 핵심 어휘 및 표현

track 35

화자의 말투, 억양 등으로 화자의 '어기'를 어느 정도 추측할 수 있기는 하지만, 말투나 억양만으로는 답을 확신할 수 없다. 화자의 '태도'나 '심정'을 구체적으로 물어보는 경우에 대비하여 감정이나 태도를 나타내는 어휘를 익혀 두자. 아래의 어휘를 외울 때는 해당 어휘가 어떤 어기로 분류되는지에 유의하며 외우자.

긍정	高兴 gāoxìng 형 기쁘다 开心 kāixīn 형 기쁘다 愉快 yúkuài 형 즐겁다 快乐 kuàilè 형 유쾌하다 幸福 xìngfú 형 행복하다 感动 gǎndòng 동 감동하다 兴奋 xīngfèn 형 흥분하다, 감격하다 放心 fàngxīn 동 안심하다 自信 zìxìn 자신 있다 有信心 yǒu xìnxīn 자신 있다 关心 guānxīn 관심 갖다 满意 mǎnyì 형 만족하다		同意 tóngyì 동 동의하다 相信 xiāngxìn 동 믿다 表扬 biǎoyáng 동 칭찬하다 得意 déyì 형 대단히 만족하다 喜欢 xǐhuan 동 좋아하다 支持 zhīchí 동 지지하다 鼓励 gǔlì 동 격려하다 肯定 kěndìng 형 긍정적이다 尊重 zūnzhòng 동 존중하다 重视 zhòngshì 동 중시하다 同情 tóngqíng 동 동정하다
부정	伤心 shāngxīn 형 슬프다 可惜 kěxī 형 안타깝다 难过 nánguò 형 괴롭다 难受 nánshòu 형 괴롭다 烦恼 fánnǎo 형 걱정스럽다 害怕 hàipà 형 무서워하다 担心 dānxīn 동 걱정하다		不满 bùmǎn 형 불만스럽다 反对 fǎnduì 동 반대하다 怀疑 huáiyí 동 의심하다 批评 pīpíng 동 비평하다 失望 shīwàng 동 실망하다 讨厌 tǎoyàn 동 싫어하다 生气 shēngqì 동 화내다 拒绝 jùjué 동 거절하다 否定 fǒudìng 형 부정적이다 后悔 hòuhuǐ 동 후회하다

동의	没问题 méi wèntí 문제없다 | 就是(嘛) jiùshi (ma) 그러게 말이야 | 那倒是 nà dào shì 그러게 말이야 说的(也)是 shuō de (yě) shì 그러게 말이야 | 可不是(嘛/吗) kěbúshì (ma) 그렇고 말고 谁说不是呢 shéi shuō bú shì ne 누가 아니래 | 那还用说 nà hái yòng shuō 말할 필요가 있니
반대	哪儿啊 nǎr a 어디 그래 | 谁说的 shéi shuō de 누가 그래? | 那怎么行 nà zěnme xíng 말도 안 돼 算了吧 suàn le ba 됐어 | 不行 bùxíng 안 돼
기타	安慰 ānwèi 동 위로하다 | 抱歉 bàoqiàn 형 미안해하다 | 不在乎 bú zàihu 신경 쓰지 않다 吃惊 chījīng 동 놀라다 | 害羞 hàixiū 형 부끄러워하다 | 骄傲 jiāo'ào 형 거만하다, 자랑스러워하다 客气 kèqi 동 사양하다 | 羡慕 xiànmù 동 부러워하다 | 严格 yángé 형 엄격하다 犹豫 yóuyù 동 망설이다 | 原谅 yuánliàng 동 용서하다 | 着急 zháojí 형 조급해하다

배운 내용 점검하기

track 36

✦ 녹음을 듣고 빈칸을 채워 보세요.

1 我从来没有这么_____过，昨晚都没睡着。
2 对于放弃上大学的这件事，你_____过吗？
3 他们都_____老板的看法。
4 我_____会有一个美好的未来。
5 我的小狗丢了，我很_____。

해석&어휘

1 나는 여태껏 이렇게 흥분해 본 적이 없다. 어제저녁에는 잠도 못 잤다.
★从来 cónglái 부 지금까지, 여태껏 \| ★兴奋 xīngfèn 동 흥분하다, 감격하다 \| 睡着 shuìzháo 동 잠들다

2 대학 다니는 것을 포기한 일에 대해 후회한 적 있니??
★放弃 fàngqì 동 (권리·주장·의견 등을) 버리다, 포기하다 \| 上大学 shàng dàxué 대학에 가다 \| ★后悔 hòuhuǐ 동 후회하다

3 그들은 모두 사장의 의견에 동의한다.
同意 tóngyì 동 동의하다 \| 老板 lǎobǎn 명 사장 \| ★看法 kànfǎ 명 견해

4 나는 아름다운 미래가 있을 것이라고 믿는다.
相信 xiāngxìn 동 믿다 \| 美好 měihǎo 형 좋다, 훌륭하다 \| 未来 wèilái 명 미래

5 강아지를 잃어버려서, 마음이 너무 괴로워요.
小狗 xiǎogǒu 명 강아지 \| ★丢 diū 동 잃다, 잃어버리다 \| 难过 nánguò 형 괴롭다, 고통스럽다

정답 1 兴奋   2 后悔   3 同意   4 相信   5 难过

STEP 3 실력 다지기

track 37

● 제1부분

1. ★ 她很担心女儿。（　　）

2. ★ 他不希望下雨。（　　）

3. ★ 小李最近心情不好。（　　）

4. ★ 女儿很害怕。（　　）

● 제2부분

5. A 十分难过　　B 特别开心　　C 很失望　　D 很吃惊

6. A 非常流行　　B 让人感动　　C 不够浪漫　　D 很复杂

● 제3부분

7. A 满意　　B 饿了　　C 兴奋　　D 失望

8. A 有礼貌　　B 很可怜　　C 很厉害　　D 非常帅

해설서 p.24

06 반어문

듣기 제1·2·3부분

Day 18

기초 실력 확인하기 | 의미를 정확히 알고 있는 문장을 체크해 보세요.

해석 → 본서 p.364

- □ 你睡了半天，累什么呀！
- □ 他怎么能这样呢？
- □ 我哪儿有时间呀！
- □ 你还不去上课吗？
- □ 你不是说今天要面试吗？
- □ 谁不知道那件事啊？

STEP 1 유형 파악하기

◆ 주로 반어문의 의미를 묻는 문제가 출제된다. 빈출 반어문 문형은 해당 문형을 듣자마자 뜻이 떠오를 수 있을 정도로 익혀 두자.

◆ 부정형 표현으로 긍정의 의미를 강조하는 경우가 많다. 처음 접하는 표현일 경우 전체 문장의 의미를 오해하기 쉬우니, 사전에 빈출 표현들을 정리하자.

● 제1부분 예제

 track 38

1 ★ 那本书缺少练习题。（   ）

这本书那么有名，可竟然没有提供后面练习题的答案，那我们怎么能知道做得对不对呢？

이 책은 그렇게 유명한데도 불구하고 뒷부분 연습 문제의 답을 제공하지 않습니다. 그러면 우리가 맞게 풀었는지 어떻게 알 수 있을까요?

★ 那本书缺少练习题。(X)

★ 그 책에는 연습 문제가 부족합니다. (X)

정답&풀이 X 지문은 연습 문제가 부족하다고 되어 있지만, 녹음은 연습 문제의 답을 제공하지 않은 이야기를 하고 있으므로, 지문의 내용은 본문에 언급되지 않았다. 따라서 정답은 ×이다.

那么 nàme 때 그렇게, 저렇게, 그런, 저런 | 有名 yǒumíng 형 유명하다, 이름이 널리 알려지다 | 可 kě 접 이어진 단문에서 사건의 전환을 나타냄 ['可是(그러나)'에 상당함] | ★竟然 jìngrán 부 뜻밖에도, 놀랍게도, 의외로 | ★提供 tígōng 동 제공하다, 공급하다, 내놓다 | 练习 liànxí 동 연습하다, 익히다 | 题 tí 명 문제, 연습 문제, 시험 문제 | ★答案 dá'àn 명 답, 답안, 해답 | 知道 zhīdào 동 알다, 이해하다 | 对 duì 형 맞다, 정확하다, 정상이다 | ★缺少 quēshǎo 동 부족하다, 모자라다

● 제2부분 예제

 track 39

2 A 没什么开心的 B 第三名是最不容易的
   C 可惜没得第一名 D 得第二名也很开心

男: 得了第二名也这么开心啊?
女: 那还用说? 这个比赛能进前三名就已经非常不容易了。

问: 女的是什么意思?
A 没什么开心的
B 第三名是最不容易的
C 可惜没得第一名
D 得第二名也很开心

남: 2등 했는데도 이렇게 기뻐?
여: 그럼 말할 것도 없지! 이 시합에서 상위 세 명 안에 드는 것만 해도 정말 어려운 일이야.

질문: 여자의 말은 무슨 의미입니까?
A 기뻐할 게 없다
B 3등이 가장 어려운 것이다
C 1등을 하지 못해 아쉽다
D 2등도 매우 기쁘다

정답&풀이 **D** 2등 했는데 기쁘냐고 묻는 남자의 질문에 여자는 '那还用说(그럼 말할 것도 없지)'로 대답해 당연히 기쁘다는 것을 나타냈다. 따라서 보기 D가 정답이다.

★得 dé 동 얻다, 획득하다, 받다 | 名 míng 양 등 [석차나 등수를 나타냄] | 这么 zhème 대 이렇게, 이러한 | ★开心 kāixīn 형 기쁘다, 즐겁다, 좋다, 유쾌하다 | 啊 a 조 (문장 끝에 쓰여) 의문을 나타냄 | 那还用说 nà hái yòng shuō 말할 것도 없지! 그렇고 말고! | 比赛 bǐsài 명 경기, 시합 | 进 jìn 동 (밖에서 안으로) 들다, 나아가다 | 就 jiù 부 이미, 벌써, 일찍이 | 已经 yǐjīng 부 이미, 벌써 [已经……了: 이미 ~했다] | 容易 róngyì 형 쉽다, 용이하다 | 意思 yìsi 명 의미, 뜻 | ★开心 kāixīn 형 기쁘다, 즐겁다, 좋다, 유쾌하다 | ★可惜 kěxī 형 아깝다, 섭섭하다, 아쉽다, 유감스럽다

● 제3부분 예제   track 40

3 A 和爸爸一起练习   B 重新制定计划
   C 学会坚持   D 成为钢琴家

女: 爸, 我今天太累了, 不想弹钢琴了。
男: 可是我觉得应该按照计划来练琴。
女: 难道你想让我成为钢琴家吗?
男: 那倒不是。我只是希望你能明白, 做任何事情都要学会坚持。

问: 爸爸希望女儿怎么样?
A 和爸爸一起练习
B 重新制定计划
C 学会坚持
D 成为钢琴家

여: 아빠, 오늘 너무 피곤해서 피아노 치고 싶지 않아요.
남: 하지만 나는 계획대로 피아노를 연습해야 한다고 생각해.
여: 혹시 나를 피아니스트로 만들고 싶은 거예요?
남: 그건 아니야. 나는 단지 네가 무슨 일을 하든 꾸준함을 배우는 것이 중요하다는 걸 알았으면 해.

질문: 아빠는 딸이 어떻게 하기를 바라나요?
A 아빠와 함께 연습하기
B 계획을 다시 세우기
C 꾸준함을 배우기
D 피아니스트가 되기

정답&풀이 **C** 피아노를 치기 싫다고 하는 딸에게 남자는 '做任何事情都要学会坚持(무슨 일을 하든 꾸준함을 배워야 한다)'라고 말했다. 이 대답에서 남자는 딸에게 '学会坚持(꾸준함을 배우기)'를 바란다는 것을 알 수 있으므로 보기 C가 정답이다.

★弹钢琴 tán gāngqín 피아노를 치다 | ★可是 kěshì 접 그러나, 하지만, 그렇지만 | 觉得 juéde 동 ~라고 생각하다, ~라고 여기다 | 应该 yīnggāi 조동 (마땅히) ~해야 한다 | ★按照 ànzhào 개 ~에 따라, ~에 의해 | 计划 jìhuà 명 계획 | 练 liàn 동 연습하다, 익히다 | ★难道 nándào 부 설마 ~란 말인가? 설마 ~하겠는가? [难道A吗?: 설마 A란 말인가?] | 让 ràng 동 ~하게 하다, 하도록 하다 [(주어)+让+대상+술어/내용] | ★成为 chéngwéi 동 ~이 되다, ~로 되다 | 钢琴家 gāngqínjiā 명 피아니스트 | 倒 dào 부 오히려 | 只是 zhǐshì 부 그저, 단지, 다만 | 希望 xīwàng 동 (생각하는 것이 실현되기를) 바라다, 희망하다 | 明白 míngbai 동 이해하다, 알다 | ★任何 rènhé 대 어떠한, 무슨 | 事情 shìqing 명 일, 사건 | 要 yào 조동 희망하다, 바라다 | 学会 xuéhuì 동 배워서 할 수 있게 되다, 습득하다, 배워서 알다 | ★坚持 jiānchí 동 계속 지지하다, 견지하다, 유지하다, 고수하다 | 一起 yìqǐ 부 같이, 함께, 더불어 | 练习 liànxí 동 연습하다, 익히다 | ★重新 chóngxīn 부 다시, 재차 | 制定 zhìdìng 동 제정하다, 작성하다, 확정하다

STEP 2 내공 쌓기

1 주요 질문 방식

○ track 41

주로 대화의 내용을 제대로 파악했는지 묻는 문제가 많이 나온다. 반어문이 쓰인 문장에 힌트가 있으니 특별히 주의해서 들으면 좀 더 쉽게 정답을 찾을 수 있다.

- 从这句话可以知道什么? 이 말에서 무엇을 알 수 있는가? ✦
- 这句话告诉我们什么? 이 말은 우리에게 무엇을 알려 주는가?
- 男的是什么意思? 남자의 말은 무슨 의미인가? ✦

2 핵심 어휘 및 표현

 ○ track 42

대부분의 반어문 표현은 특별히 어려운 어휘를 사용하지 않는다. 의문사나 부정부사 정도만 활용하므로 여러 번 읽어 보기만 해도 그 의미를 쉽게 익힐 수 있다. 예문을 통해 각 표현의 의미를 정확하게 파악하자.

(1) 의문사를 활용한 반어문

谁不……啊? shéi bù …… a?	누가 안 ~하니?	谁不喜欢钱啊? 누가 돈을 안 좋아하니? [=每个人都喜欢钱。 모든 사람이 다 돈을 좋아한다.]
有什么可……的? yǒu shénme kě …… de?	~할 게 뭐 있니?	你有什么可着急的? 너 조급해할 게 뭐가 있니? [=没有可着急的。 조급해할 것 없다.]
동사/형용사 + 什么! shénme	뭐가 ~하니!	你睡了一整天, 累什么呀! 너 하루 종일 잤는데, 뭐가 피곤해! [=你睡了一整天, 我觉得你不累。 너는 하루 종일 잤기 때문에 피곤하지 않을 것이라고 생각한다.]
什么时候……? shénme shíhou ……?	언제 ~했니?	我什么时候这样说的? 내가 언제 이렇게 말했니? [=我没有这样说。 나는 이렇게 말하지 않았다.]
哪儿(能)……啊? nǎr (néng) …… a?	~가 어디 있니?	我哪儿有时间见朋友啊? 내가 친구 만날 시간이 어디 있니? [=我没有时间见朋友。 나는 친구 만날 시간이 없다.]
怎么(能)……呢? zěnme (néng) …… ne?	어떻게 ~하니?	他怎么能这样对我呢? 그가 어떻게 나를 이렇게 대하니? [=他不应该这样对我。 그는 나를 이렇게 대하면 안 된다.]

可 kě 조동 ~할 만하다 | 着急 zháojí 동 조급하다 | 睡 shuì 동 (잠을) 자다 | 一整天 yìzhěngtiān 하루 종일 | 呀 ya 조 [조사 '啊(a)'가 앞 음절의 모음의 영향을 받아 변화된 음] | 这样 zhèyàng 대 이렇다, 이렇게 | 有时间…… yǒu shíjiān…… ~할 시간이 있다 | 见 jiàn 동 만나다 | 对 duì 동 (상)대하다

 동의와 반대를 나타내는 반어문 표현으로 '那还用说(그럼 말할 것도 없지)'와 '那倒不是(그건 아니야)'가 있다. 회화에서 많이 쓰는 표현이므로 꼭 기억하자.

(2) 부정부사를 활용한 반어문 표현

	不(是)……吗? bú (shì) …… ma?	~가 아닌가?	你不是说要出发了吗? 너 곧 출발한다고 말하지 않니? [=你应该出发。 너는 출발해야 한다.]
	这不是……吗? zhè bú shì …… ma?	이거 ~아니니?	这不是批评我吗? 이거 날 비평하는 거 아니니? [=这是批评我。 이것은 나를 비평하는 것이다.]
	还不……吗? hái bù …… ma?	아직도 ~하지 않았니?	你还不满意吗? 너 아직도 만족 안 하니? [=你应该满意了。 너는 만족해야 한다.]
	能不……吗? néng bù …… ma?	~안 할 수 있니?	能不相信他吗? 그를 안 믿을 수 있니? [=要相信他。 그를 믿어야 한다.]
	难道……吗? nándào …… ma?	설마 ~란 말인가?	难道你不知道他是我哥哥吗? 설마 너 그가 우리 오빠인지 모른다고 ? [=你应该知道他是我哥哥。 너는 마땅히 그가 우리 오빠라는 것을 알아야 한다.]
이중 부정을 통한 강한 긍정	不……不…… bù …… bù……	~아닌 게 아니다	我不是不想给你买。 나는 너에게 사 주고 싶지 않은 것이 아니다. [=我想给你买。 나는 너에게 사 주고 싶다.]
	没有……不…… méiyǒu …… bù……	~하지 않는 것이 없다	没有人不看那部小说。 그 소설을 안 보는 사람이 없다. [=所有的人都看那部小说。 모든 사람이 그 소설을 본다.]
	差点儿没/ 不…… chàdiǎnr méi / bù	하마터면 ~하지 못할 뻔했다	差点儿没赶上地铁。 하마터면 지하철을 못 잡을 뻔했다. [=赶上地铁了。 지하철을 잡았다.]
	不……不行 bù …… bùxíng	~하지 않으면 안 된다	明天的会议不参加不行。 내일 회의에 참가하지 않으면 안 된다. [=明天的会议要参加。 내일 회의에 참가해야 한다.]

★出发 chūfā 동 출발하다 | 应该 yīnggāi 조동 마땅히 ~해야 한다 | ★批评 pīpíng 동 비평하다, 꾸짖다 | 满意 mǎnyì 형 만족하다 | 相信 xiāngxìn 동 믿다 | ★难道 nándào 부 설마 | 想 xiǎng 조동 ~하고 싶다 | 给A买B gěi A mǎi B A에게 B를 사 주다 | 部 bù 양 부, 편 [서적이나 영화 편수 등을 세는 단위] | 小说 xiǎoshuō 명 소설 | 所有 suǒyǒu 형 모든, 전부의 | 差点儿 chàdiǎnr 부 하마터면 | 赶上 gǎnshàng 제시간에 맞출 수 있다 | 地铁 dìtiě 명 지하철 | 会议 huìyì 명 회의 | 参加 cānjiā 동 참가하다 | 不行 bùxíng 동 안 된다, 허락하지 않다

배운 내용 점검하기

track 43

✦ 녹음을 듣고 빈칸을 채워 보세요.

1 你_____说喜欢我_____?
2 你_____相信他_____? 他是骗子。
3 _____你看不出来他是明星_____?
4 _____是你的手机_____?
5 他_____可能_____知道这件事。

해석&어휘

1 너는 나를 좋아한다고 하지 않았니?
2 너는 어떻게 그를 믿을 수가 있어? 그는 사기꾼이야.
   骗子 piànzi 명 사기꾼
3 설마 너 그가 유명한 연예인이라는 거 알아차리지 못했니?
   看不出来 kànbuchūlai 알아볼 수 없다 | 明星 míngxīng 명 스타
4 이거 네 휴대폰 아니니?
5 그는 이 일을 모를 리가 없다.
   可能 kěnéng 부 아마, 아마도

정답 1 不是……吗   2 怎么能……呢   3 难道……吗   4 这不……吗   5 不, 不

STEP 3 실력 다지기

Day 21

● 제1부분

1. ★ 他们不想学羽毛球。（　　）
2. ★ 他觉得小李应该当经理。（　　）
3. ★ 小王刚租到了房子。（　　）
4. ★ 他觉得别人应该知道王丽。（　　）

● 제2부분

5. A 男的生病了   B 男的迟到了   C 女的后天去   D 女的不舒服
6. A 不能相信男的   B 男的很细心   C 要亲自告诉她   D 没必要考虑

● 제3부분

7. A 游戏很有意思
   B 她没劝过儿子
   C 儿子很听话
   D 儿子不听她劝

8. A 衣服不合适
   B 女的很漂亮
   C 裙子很短
   D 可以穿这条裙子

→ 해설서 p.27

07 화제·상태·상황

듣기 제1·2·3부분

Day 22

기초 실력 확인하기 | 발음과 의미까지 정확히 알고 있는 어휘를 체크해 보세요.

발음 및 뜻 → 본서 p.365

- □ 介绍　　□ 打扫　　□ 甜　　□ 同意　　□ 帮忙
- □ 变化　　□ 习惯　　□ 告诉　□ 有名　　□ 容易

STEP 1　유형 파악하기

◆ 주로 화제는 '대화 속 내용'이나 '사람'이다. '대화 내용'이나 '사람' 관련 어휘를 잘 익혀 두자.

◆ 다양한 표현으로 화제가 무엇인지 묻거나 화제에 대한 상태나 평가를 묻는다.

◆ 상태 및 상황 파악 문제는 듣기 영역에서 '가장 많이 출제되는 유형'으로, 고난이도의 문제가 종종 출제된다. '其实(사실은)' '没想到(생각지도 못하다)' 등 맥락을 이해하는데 도움이 되는 빈출 표현은 반드시 익히고 넘어가자.

● 제1부분 예제

 track 45

1　★ 说话人误会室友了。（　　）

室友总是很晚回来，还常忘带钥匙。有好几次，我刚躺下，就听到敲门声，不得不起来给她开门。尽管她每次都跟我道歉，可下一次还是这样。	룸메이트는 항상 늦게 돌아오고 열쇠를 챙기는 것을 자주 잊어버립니다. 저는 막 누웠다가 노크 소리를 듣고 어쩔 수 없이 일어나 문을 열어 준 적이 여러 번 있습니다. 비록 그녀는 매번 사과하지만, 다음 번에도 똑같습니다.
★ 说话人误会室友了。（ X ）	★ 화자는 룸메이트를 오해했습니다.（ X ）

정답&풀이　X 녹음에서 화자가 룸메이트에 대한 이야기를 하고 있지만, 화자가 룸메이트를 오해했다는 내용은 들어가 있지 않다. 따라서 정답은 ×이다.

室友 shìyǒu 명 룸메이트 | 总是 zǒngshì 부 항상, 늘 | 晚 wǎn 형 늦다 | 还 hái 부 또, 더, 게다가 | 常 cháng 부 자주, 늘 | 忘 wàng 동 잊다 | 带 dài 동 (몸에) 지니다, 챙기다, 휴대하다 [帶+휴대 물건] | ★钥匙 yàoshi 명 열쇠 | 好几 hǎojǐ 수 여러, 몇 [양사·시간 명사 앞에 쓰여 많거나 오래됨을 나타냄] | 次 cì 양 번, 회 [동작의 횟수를 세는 단위] | ★刚 gāng 부 방금, 막, 지금 | ★躺 tǎng 동 드러눕다, 눕다 | 敲门声 qiāoménshēng 명 문을 두드리는 소리 | ★不得不 bùdébù 부 어쩔 수 없이, 하는 수 없이 | 起来 qǐlai 동 일어서다, (잠자리에서) 일어나다 | 开门 kāimén 동 문을 열다 | ★尽管 jǐnguǎn 접 비록 ~라 하더라도 [尽管A 可B: 비록 A라 하더라도, 그러나 B하다] | 每次 měicì 명 매번 | 跟 gēn 개 ~와/과 | ★道歉 dàoqiàn 동 사과하다, 사죄하다 | 可 kě 접 이어진 단문에서 사건의 전환을 나타냄 ['可是(그러나)'에 상당함] | 还是 háishi 접 또는, 아니면 | 说话人 shuōhuàrén 명 화자 | ★误会 wùhuì 동 오해하다

● 제2부분 예제

 track 46

2　A 上下班很方便　　B 上班时总堵车　　C 下班比以前早　　D 上班常迟到

50　듣기 제1·2·3부분

男: 上下班时间进城方向总是堵车，没办法，我只能早起。
女: 我说的对吧？住在郊区上班确实不方便。

问: 男的是什么意思?
A 上下班很方便
B 上班时总堵车
C 下班比以前早
D 上班常迟到

남: 출퇴근 시간에 도심 방향은 항상 막히니까, 어쩔 수 없이 일찍 일어나야 해요.
여: 제 말이 맞죠? 교외에 살면 출근이 정말 불편하다고요.

질문: 남자의 말은 무슨 의미입니까?
A 출퇴근이 매우 편리하다
B 출근할 때 항상 교통 정체가 있다
C 퇴근을 이전보다 일찍 한다
D 출근할 때 자주 지각한다

정답&풀이 **B** 남자는 '上下班时间进城方向总是堵车(출퇴근 시간에 도심 방향은 항상 막힌다)'라는 말로 '출근할 때 항상 교통 정체가 있다'라는 것을 드러내고 있다. 따라서 보기 B가 정답이다.

上下班 shàngxiàbān 동 출퇴근하다 | 时间 shíjiān 명 시간 | 进 jìn 동 (밖에서 안으로) 들다, 나아가다 | 城 chéng 명 도시 | ★方向 fāngxiàng 명 방향 | 总是 zǒngshì 부 항상, 늘, 줄곧, 언제나 | ★堵车 dǔchē 동 차가 꽉 막히다 | 办法 bànfǎ 명 방법 | 只 zhǐ 부 겨우, 오직, 다만, 단지 | 早起 zǎoqǐ 동 일찍 일어나다 | 对 duì 형 맞다, 정확하다, 정상이다 | ★郊区 jiāoqū 명 (도시의) 교외, 변두리 | 上班 shàngbān 동 출근하다 | ★确实 quèshí 부 틀림없이, 절대로, 정말로, 확실히 | 方便 fāngbiàn 형 편리하다 | 意思 yìsi 명 의미, 뜻 | 比 bǐ 개 ~보다, ~에 비해 [비교를 나타냄] | 以前 yǐqián 명 예전, 이전 | 早 zǎo 형 이르다 | 常 cháng 부 자주, 늘, 항상 | 迟到 chídào 동 지각하다

● 제3부분 예제

 track 47

3 A 准备给儿子   B 打算结婚   C 年底要搬家   D 想要卖房子

女: 真不好意思，年底后房子恐怕不能继续租给你了。
男: 太可惜了，可我还想继续租呢。
女: 我儿子快要结婚了，我想把这个房子留给他做婚房。
男: 好吧，我知道了。

问: 女的为什么不继续租房子给男的了?
A 准备给儿子
B 打算结婚
C 年底要搬家
D 想要卖房子

여: 정말 미안한데, 연말 이후에는 집을 계속해서 임대해 드릴 수 없을 것 같아요.
남: 정말 아쉽네요. 계속 임대하고 싶었는데.
여: 제 아들이 곧 결혼할 예정이어서, 이 집을 그의 신혼 살림집으로 남겨 주고 싶어요.
남: 알겠어요. 이해합니다.

질문: 여자는 왜 남자에게 집을 계속 임대해 주지 않습니까?
A 아들에게 주려고 한다
B 결혼을 계획 중이다
C 연말에 이사할 예정이다
D 집을 팔려고 한다

정답&풀이 **A** 여자는 남자에게 계속 임대를 주지 못하는 이유로 '我儿子快要结婚了，我想把这个房子留给他做婚房(제 아들이 곧 결혼할 예정이어서, 이 집을 그의 신혼 살림집으로 남겨 주고 싶어요)'이라고 대답했다. 이 대답에서 아들에게 주려고 한다는 것을 알 수 있으므로, 보기 A가 정답이다.

不好意思 bùhǎoyìsi 죄송합니다, 부끄럽다, 송구스럽습니다 | 年底 niándǐ 명 연말 | 房子 fángzi 명 집, 건물 | ★恐怕 kǒngpà 부 아마 ~일 것이다 | ★继续 jìxù 동 계속하다, 끊임없이 하다 [부사적 용법] | 租 zū 동 임대하다 | ★可惜 kěxī 형 아깝다, 섭섭하다, 아쉽다, 유감스럽다 | 可 kě 접 이어진 단문에서 사건의 전환을 나타냄 ['可是(그러나)'에 상당함] | 还 hái 부 그래도 | 结婚 jiéhūn 동 결혼하다 | ★留 liú 동 남기다 | 婚房 hūnfáng 명 신혼 살림집, 결혼하여 살 집 | 知道 zhīdào 동 알다, 이해하다 | 准备 zhǔnbèi 동 ~하려고 하다, ~할 작정이다 | 打算 dǎsuàn 동 ~할 예정이다, 계획하다, ~하려고 하다 | 搬家 bānjiā 동 이사하다 | 想要 xiǎngyào ~하려고 하다 | 卖 mài 동 팔다, 판매하다

STEP 2 내공 쌓기

1 주요 질문 방식

 track 48

주로 화제가 무엇인지, 특정 대상의 상태나 상황이 어떠한지 묻는다. 매회 3~5 문제가 출제되며, 문제마다 난이도 차이가 비교적 크다.

- 他们在谈什么? 그들은 무엇을 이야기하고 있는가? ✦
- 根据对话，可以知道什么? 대화에 근거하여 알 수 있는 것은 무엇인가? ✦
- 关于女的，我们可以知道什么? 여자에 관해 우리는 무엇을 알 수 있나?
- 关于男的，下面哪个正确? 남자에 관해 아래의 어느 것이 정확한가? ✦
- 那儿的房子怎么样? 그곳의 집은 어떠한가? ✦
- 女的怎么了? 여자는 어떻게 되었는가? ✦
- 男的是什么意思? 남자의 말은 무슨 의미인가? ✦

2 핵심 어휘 및 표현

 track 49

화제·상태·상황 파악 유형은 비교적 난이도가 높은 문제가 많이 출제된다. 하지만 아래에 정리된 '핵심 문장에 쓰이는 표현과 어휘'를 빠짐없이 익힌다면 어려운 문제도 걱정없다. 해당 유형은 녹음에서 언급된 표현들이 보기에 그대로 나오지 않고, 유의어 및 동의어로 바뀌어 나오는 경우가 많으니, 유의어·동의어가 있는 어휘는 반드시 함께 익히자.

(1) 핵심 문장에 쓰이는 표현

아래의 표현을 잘 익혀 두면 핵심 문장을 찾고 해석하기 쉬워진다. 또, 어디에서 의미가 전환되고, 어디까지가 사실·의견이고, 어디까지가 예시인지 쉽게 찾을 수 있어 글 전체의 맥락 파악에도 도움이 된다.

没想到 méi xiǎngdào	생각지도 못하다	没想到这次考试我竟然得了第一名。 생각지도 못했는데 이번 시험에 나는 뜻밖에 1등을 했다.
其实 qíshí	(그러나) 사실	这个问题看起来很难，其实很容易。 이 문제는 보기에 어렵지만, 사실 매우 쉽다.
别看 biékàn	~라고 생각하지 마라	别看她长得不太漂亮，她可是很有人气的演员呢。 그녀가 그다지 예쁘지 않다고 생각하지 마. 그녀는 인기 있는 배우야.
对……来说 duì……láishuō	~에게 있어서	对我来说，当老师是我的梦想。 나에게 있어, 선생님이 되는 것이 나의 꿈이다.
比如……等等/什么的 bǐrú…… děngděng / shénmede	예를 들어 ~등이다	我很喜欢吃水果，比如苹果、香蕉、葡萄什么的。 나는 과일 먹는 것을 좋아한다. 예를 들어 사과, 바나나, 포도 등이다.
除了A以外，都B chúle A yǐwài, dōu B	A 외에 모두 B하다	除了小王以外，其他的人都来了。 샤오왕[小王] 이외 다른 사람들은 모두 왔다.
跟/与……相比/比较 gēn / yǔ……xiāngbǐ / bǐjiào	~에 비하면, ~와 비교하면	跟北京相比，广州暖和多了。 베이징에 비하면, 광저우는 훨씬 따뜻하다.
怎么A也/都+不B zěnme A yě / dōu bù B	아무리 A해도 B하지 않다	箱子太重了，我怎么搬也搬不动。 상자가 너무 무거워서 내가 아무리 옮기려 해도 옮겨지지 않는다.

从……上看 cóng……shang kàn	~로 보면	从内容上看，这本书比那本书更有意思。 내용으로 보면, 이 책은 저 책보다 재미있다.

考试 kǎoshì 몡 시험 | 竟然 jìngrán 뮈 뜻밖에도, 의외로, 놀랍게도 | 第一名 dì yī míng 일등 | 看起来 kàn qǐlái 보기에 ~하다 | 难 nán 혱 어렵다 | 容易 róngyì 혱 쉽다, 용이하다 | ★可是 kěshì 접 그러나 | 有人气 yǒu rénqì 인기가 있다 | ★演员 yǎnyuán 몡 배우, 연기자 | ★当 dāng 동 ~가 되다 | 梦想 mèngxiǎng 몡 꿈 | 香蕉 xiāngjiāo 몡 바나나 | ★葡萄 pútao 몡 포도 | 其他 qítā 몡 기타, 그 외 | 箱子 xiāngzi 몡 상자 | ★重 zhòng 혱 무겁다 | 搬 bān 동 옮기다, 운반하다 | ★内容 nèiróng 몡 내용

(2) 빈출 어휘

事物 shìwù 사물	简单 jiǎndān 혱 간단하다 | 容易 róngyì 혱 쉽다 | 复杂 fùzá 혱 복잡하다 丰富 fēngfù 혱 풍부하다 | 详细 xiángxì 혱 상세하다 | 精彩 jīngcǎi 혱 뛰어나다 流行 liúxíng 동 유행하다 | 合格 hégé 동 합격하다 [↔不合格 bù hégé 불합격하다]
人物 rénwù 사람	幽默 yōumò 혱 유머러스하다 | 活泼 huópō 혱 활발하다 | 诚实 chéngshí 혱 성실하다 自信 zìxìn 혱 자신만만하다 | 优秀 yōuxiù 혱 우수하다 | 有礼貌 yǒu lǐmào 예의 바르다 安静 ānjìng 혱 조용하다 | 仔细 zǐxì 혱 세심하다 [↔马虎 mǎhu 대강하다] 可爱 kě'ài 혱 사랑스럽다 | 聪明 cōngming 혱 똑똑하다
饮食 yǐnshí 음식	好吃 hǎochī 혱 맛있다 | 好喝 hǎohē 혱 (음료수 따위가) 맛있다 香 xiāng 혱 (음식이) 맛있다, 향기롭다 | 新鲜 xīnxiān 혱 신선하다 味道 wèidao 몡 맛 | 酸 suān 혱 시다 | 甜 tián 혱 달다 | 苦 kǔ 혱 쓰다 | 辣 là 혱 맵다 咸 xián 혱 짜다 | 淡 dàn 혱 싱겁다
天气 tiānqì 날씨	热 rè 혱 덥다 | 冷 lěng 혱 춥다 | 阴 yīn 혱 흐리다 | 晴 qíng 혱 하늘이 맑다 下雨 xiàyǔ 동 비가 내리다 | 下雪 xiàxuě 동 눈이 내리다 | 刮风 guāfēng 동 바람이 불다 暖和 nuǎnhuo 혱 따뜻하다 | 凉快 liángkuai 혱 시원하다 | 有太阳 yǒu tàiyáng 태양이 있다
场所 chǎngsuǒ 장소	干净 gānjìng 혱 깨끗하다 [↔脏 zāng 혱 더럽다] | 环境不错 huánjìng búcuò 환경이 좋다 热闹 rènao 번화하다 | 漂亮 piàoliang 혱 아름답다 | 美 měi 아름답다 美丽 měilì 혱 아름답다 | 好玩儿 hǎowánr 혱 재미있다 | 有名 yǒumíng 혱 유명하다
事 shì 일	顺利 shùnlì 혱 순조롭다 | 麻烦 máfan 혱 번거롭다, 귀찮다 成功 chénggōng 동 성공하다 [↔失败 shībài 동 실패하다] | 赢 yíng 동 이기다 [↔输 shū 동 지다]

배운 내용 점검하기

track 50

◆ 녹음을 듣고 빈칸을 채워 보세요.

1 这儿_____，离公司也很近。

2 _____她_____，这是一个很好的机会。

3 今天比昨天_____多了。

4 他虽然年纪很小，但是很_____。

5 他们这次的表演很_____，受到了很多人的欢迎。

해석&어휘

1 여기 환경이 좋고 회사에서 가까워.
环境 huánjìng 명 환경 | 不错 búcuò 형 좋다, 괜찮다 | 离 lí 개 ~에서

2 그녀에게, 이것은 좋은 기회예요.
对……来说 duì……láishuō ~에게 있어서 | ★机会 jīhuì 명 기회

3 오늘은 어제보다 많이 따뜻하다.
比 bǐ 개 ~보다 | ★暖和 nuǎnhuo 형 따뜻하다 | 多了 duō le 많다

4 그는 어리지만 예의가 바르다.
虽然 suīrán 접 비록 | 年纪 niánjì 명 나이 | 但是 dànshì 접 그러나 | ★有礼貌 yǒu lǐmào 예의 바르다

5 그들의 이번 공연은 훌륭해서 많은 사람들에게 환영을 받았다.
★表演 biǎoyǎn 명 공연 | ★精彩 jīngcǎi 형 훌륭하다 | ★受到 shòudào 동 받다 | 欢迎 huānyíng 동 환영하다

정답 1 环境不错　2 对，来说　3 暖和　4 有礼貌　5 精彩

STEP 3　실력 다지기

Day 23

　track 51

● 제1부분

1. ★ 过去是无法改变的。（　）

2. ★ 人都会经历失败。（　）

3. ★ 他知道怎么办签证。（　）

4. ★ 王教授乘坐的航班刚降落。（　）

● 제2부분

5. A 镜子碎了　　B 镜子放低了　　C 空调坏了　　D 衣服脏了

6. A 现在是秋天　B 阴天了　　　　C 昨晚下雪了　D 夏天快来了

7. A 老白是房东　B 扔掉旧家具　　C 重新租房　　D 把旧家具送人

8. A 很受欢迎　　B 刚毕业　　　　C 翻译过小说　D 是博士

▶ 해설서 p.31

Day 24

● 제2부분　　　　　　　　　　　　　　　　　　　　　　　　● track 52

9. A 在找工作　　B 想当记者　　C 在申请留学　　D 放弃了报名

10. A 没拿钥匙　　B 没带钱包　　C 没办银行卡　　D 忘了还钱

11. A 饿了　　　　B 困了　　　　C 变活泼了　　　D 病好多了

12. A 很干净　　　B 刚开不久　　C 饮料很贵　　　D 有很多小吃

● 제3부분

13. A 快生孩子了　　　　　　　　B 喜欢男孩
　　C 她的孩子很可爱　　　　　　D 没买好孩子的衣服

14. A 太小了　　　B 价格高　　　C 交通便利　　　D 没有公园

15. A 顾客很生气　B 衣服打折　　C 鞋卖完了　　　D 男的是律师

16. A 发烧了　　　B 口渴了　　　C 哭了　　　　　D 肚子疼

 해설서 p.34

Day 25

● 제2부분　　　　　　　　　　　　　　　　　　　　　　　　● track 53

17. A 以前是长发　B 更漂亮了　　C 变化不大　　　D 变胖了

18. A 不想参观　　B 迟到了　　　C 迷路了　　　　D 活动还没开始

19. A 肚子疼　　　B 嗓子不舒服　C 一直咳嗽　　　D 发烧了

20. A 在打折　　　B 售货员不多　C 顾客少　　　　D 服务好

● 제3부분

21. A 很暖和　　　B 质量好　　　C 很便宜　　　　D 容易脏

22. A 肚子不舒服　B 有点儿咳嗽　C 不想打针　　　D 胳膊疼

23. A 没电梯　　　B 楼层低　　　C 价格高　　　　D 比较旧

24. A 很帅　　　　B 长高了　　　C 被表扬了　　　D 在读硕士

 해설서 p.38

Day 26

 track 54

● 제1부분

25. ★ 环保要从小事做起。（　）

26. ★ 人们不喜欢睡觉前玩儿手机。（　）

27. ★ 有准备的人才能获得机会。（　）

28. ★ 不能完全相信网上的信息。（　）

● 제2부분

29. A 演出结束了　　B 演出提前了　　C 女的很失望　　D 观众不热情

30. A 要出差　　B 在打印资料　　C 准备留学　　D 没去招聘会

● 제3부분

31. A 菜单漂亮　　B 烤鸭好吃　　C 果汁很酸　　D 提供蛋糕

32. A 最好住院　　B 病得厉害　　C 得多跑步　　D 不用打针

➡ 해설서 p.42

Day 27

 track 55

● 제1부분

33. ★ 冬季要多进行室外锻炼。（　）

34. ★ 成功后不要骄傲。（　）

35. ★ 黄明明钢琴弹得好极了。（　）

36. ★ 幽默的人能积极地解决问题。（　）

● 제2부분, 제3부분

37. A 很有趣　　B 是正确的　　C 非常奇怪　　D 十分辛苦

38. A 祝贺他　　B 拒绝邀请　　C 提醒他按时出发　　D 商量事情

39. A 相机丢了　　B 洗衣机坏了　　C 路上堵车了　　D 没带零钱

40. A 要研究气候　　B 工作需要　　C 还没毕业　　D 生病了

➡ 해설서 p.45

08 숫자·사물

듣기 제1·2·3부분   Day 28

기초 실력 확인하기 | 발음과 의미까지 정확히 알고 있는 어휘를 체크해 보세요.   발음 및 뜻 → 본서 p.365

☐ 昨天   ☐ 分钟   ☐ 米   ☐ 周末   ☐ 一共
☐ 眼镜   ☐ 袜子   ☐ 雨伞   ☐ 钥匙   ☐ 铅笔

STEP 1 유형 파악하기

◆ 숫자는 '단위'와 함께 등장한다. 시간, 날짜, 온도, 거리, 백분율 등을 세는 단위가 무엇인지 제대로 익혀 두어야 자신 있게 답을 고를 수 있다.

◆ 숫자와 관련된 상황을 상세하게 묻기도 한다. 누가, 언제, 얼마나, 무엇을 했는지도 빠짐없이 듣고 기억하자. 여러 수치가 함께 등장하기도 하니, 끝까지 긴장을 놓치지 말자.

◆ 간단한 계산이 필요한 경우가 있으니, 세세한 부분까지 메모해서 실수하지 말자.

◆ 날짜와 관련지어 '명절'을 묻는 문제도 종종 출제된다.

● 제1부분 예제   ◎ track 56

1   ★ 大部分中国人都会说普通话。（ ）

中国有56个民族、130多种语言。虽然每个民族都有自己的语言，但因为大部分人上学时都说普通话，所以各民族交流起来并不困难。

중국에는 56개 민족과 130개 이상의 언어가 있습니다. 각 민족마다 자신의 언어가 있지만, 대부분의 사람들이 학교에서 표준 중국어를 사용하기 때문에 각 민족이 소통하기에는 결코 어렵지 않습니다.

★ 大部分中国人都会说普通话。(√)   ★ 대부분의 중국인은 표준 중국어를 할 수 있습니다. (√)

정답&풀이   ✓ 녹음에서 많은 언어가 있지만 대부분 사람들은 학교에서 표준 중국어를 사용한다고 했으므로 √가 정답이다. '但是(그러나)+중요 내용'이 많이 나오므로 '但是'가 나오면 주의 깊게 듣자!

★ 民族 mínzú 명 민족 | 种 zhǒng 양 종, 종류 | ★ 语言 yǔyán 명 언어 | 虽然A, 但B suīrán A, dàn B 비록 A이지만, B하다 | 因为 yīnwèi 젭 때문에, 왜냐하면 | 大部分 dàbùfen 명 대부분 | 普通话 pǔtōnghuà 명 현대 중국 표준어 | ★ 各 gè 명 각 | ★ 交流 jiāoliú 통 서로 소통하다 | 起来 qǐlai 통 (동사 뒤에 쓰여) 어떤 동작이 완성되거나 일정한 목적이 달성됨을 나타냄 | 并 bìng 뷔 결코, 전혀 [부정사 앞에 쓰여 부정의 어투 강조] | ★ 困难 kùnnan 형 곤란하다, 어렵다

● 제2부분 예제   ◎ track 57

2   A 前几排没座位   B 不想看电影   C 想坐第十排   D 第十排不能选

男 : 你看，前几排的座位都空着，我们可以随便选。
女 : 坐前面总是得抬着头看，太累了。选第十排中间吧。

问 : 女人是什么意思?
A 前几排没座位
B 不想看电影
C 想坐第十排
D 第十排不能选

남 : 봐, 앞쪽 몇 줄의 좌석이 다 비어 있어서 마음대로 고를 수 있어.
여 : 앞줄에 앉으면 계속 머리를 들고 봐야 해서 너무 피곤해. 10번째 줄 가운데 앉자.

질문 : 여자의 말은 무슨 의미입니까?
A 앞 몇 줄에 자리가 없다
B 영화 보고 싶지 않다
C 10번째 줄에 앉고 싶다
D 10번째 줄은 선택할 수 없다

정답&풀이 C 여자는 앞자리에 앉으면 피곤하다며 '选第十排中间吧(10번째 줄 가운데 앉자)'라고 말했다. 보기에서 이 내용과 가장 비슷한 것은 10번째 줄에 앉고 싶다는 말로 C가 정답이다.

排 pái 명 (배열한) 줄, 열 | 座位 zuòwèi 명 (주로 공공장소의) 좌석, 자리 | ★空 kōng 형 (속이) 비다, 텅 비다 | ★随便 suíbiàn 부 마음대로 | 选 xuǎn 동 고르다, 선택하다 | 总是 zǒngshì 부 항상, 늘 | ★抬 tái 동 들어올리다, 들다 | 头 tóu 명 머리 | 累 lèi 형 지치다, 피곤하다 | 中间 zhōngjiān 명 중간

● 제3부분 예제 track 58

| 3 | A 每周日 | B 工作日 | C 国庆节 | D 儿童节 |

女 : 公司对面新开了一家韩国餐厅，我想去试试，一起去怎么样?
男 : 好啊。我听说工作日去还能打折呢。
女 : 那今天下班就去吧?
男 : 今天恐怕不行，我晚上约了朋友看电影，明天怎么样?

问 : 那家餐厅什么时候打折?
A 每周日   B 工作日   C 国庆节   D 儿童节

여 : 회사 맞은편에 새로 생긴 한국 식당에 가보고 싶어. 같이 갈래?
남 : 좋아. 평일에 가면 할인도 된다고 해.
여 : 그럼 오늘 퇴근하고 가볼까?
남 : 오늘은 안 돼. 저녁에 친구랑 영화 약속이 있어. 내일은 어때?

질문 : 그 식당은 언제 할인합니까?
A 매주 일요일   B 평일   C 국경절   D 어린이날

정답&풀이 B 보기로 제시된 어휘를 통해 요일을 묻는 문제임을 알 수 있다. 식당에 가자는 여자의 말에 남자의 '我听说工作日去还能打折呢(평일에 가면 할인도 된다고 해)'라는 대답에서 답이 '工作日(평일)'라는 것을 알 수 있다. 이처럼 요일과 관련된 내용은 그 해당 요일의 어휘를 정확히 들었다면 쉽게 문제를 풀 수 있다.

公司 gōngsī 명 회사 | ★对面 duìmiàn 명 건너편, 맞은편 | 新 xīn 부 새로이 | 韩国 Hánguó 고유 한국 | ★餐厅 cāntīng 명 식당 | 试 shì 동 시험 삼아 해보다 | 一起 yìqǐ 부 같이, 함께 | 啊 a 조 (문장 끝에 쓰여) 긍정을 나타냄 | ★打折 dǎzhé 동 할인하다, 가격을 깎다 | 下班 xiàbān 동 퇴근하다 | ★恐怕 kǒngpà 부 아마 ~일 것이다 | 晚上 wǎnshang 명 저녁, 밤 | 约 yuē 동 약속하다 | 周日 zhōurì 일요일 [=星期天 xīngqītiān =星期日] | 国庆节 Guóqìng Jié 고유 국경절 | 儿童节 Értóng Jié 고유 어린이날

STEP 2 내공 쌓기

1 주요 질문 방식

 track 59

숫자 유형 문제는 더더욱 녹음의 내용을 기억해가며 들어야 한다. 간단한 계산을 요하는 경우도 있으니 끝까지 집중을 늦추지 말자. 숫자 유형 문제 중 '시간'을 물어보는 유형이 가장 많으며, '요일'이나 '계절' '명절'을 묻는 문제도 간혹 출제된다.

- 女的明天几点到北京?
  여자는 내일 몇 시에 베이징에 도착하는가? ♦
- 女的今年多大? 여자는 올해 몇 살인가?
- 同学聚会什么时候举行?
  동창회는 언제 거행되는가? ♦
- 白色的衣服多少钱?
  흰색 옷은 얼마인가? ♦
- 女的要买什么? 여자는 무엇을 사려고 하는가?

- 女的有几天假期?
  여자는 휴가가 며칠 동안인가?
- 小李有多高? 샤오리는 얼마나 키가 큰가?
- 今天气温多少度?
  오늘 기온은 몇 도인가?
- 女的让男的带什么?
  여자는 남자에게 무엇을 가져오라고 했나?
- 男的在找什么? 남자는 무엇을 찾고 있는가?

2 핵심 어휘 및 표현

 track 60

(1) 숫자 관련 핵심 어휘 및 표현

숫자 관련 문제를 잘 대비하려면 '단위'를 정확히 익히는 것이 중요하다.

年 nián 년	前年 qiánnián 몡 재작년 | 去年 qùnián 몡 작년 | 今年 jīnnián 몡 올해 | 明年 míngnián 몡 내년 | 后年 hòunián 몡 내후년 半年 bàn nián 반년 | 一年 yì nián 1년 | 两年 liǎng nián 2년 | 几年 jǐ nián 몇 년	
月 yuè 월	上个月 shàng ge yuè 지난달 | 这个月 zhè ge yuè 이번달 下个月 xià ge yuè 다음달 | 月初 yuèchū 월초 | 月底 yuèdǐ 월말 一个月 yí ge yuè 1개월 | 两个月 liǎng ge yuè 2개월 | 几个月 jǐ ge yuè 몇 개월	前 qián ~전 [=以前 yǐqián] 后 hòu ~후 [=以后 yǐhòu] 一会儿 yíhuìr 수량 잠시
日 rì 일	号 hào 몡 일 [=日 rì] 前天 qiántiān 몡 그저께 | 昨天 zuótiān 몡 어제 | 今天 jīntiān 몡 오늘 明天 míngtiān 몡 내일 | 后天 hòutiān 몡 모레 | 周末 zhōumò 몡 주말 一天 yì tiān 하루 | 两天 liǎng tiān 이틀 | 半天 bàn tiān 반나절 | 几天 jǐ tiān 며칠	刚才 gāngcái 몡 방금 刚刚 gānggāng 부 막 提前 tíqián 동 앞당기다 [↔推迟 tuīchí 동 연기하다] 早 zǎo 형 이르다 [↔晚 wǎn 형 늦다]
星期 xīngqī 요일	星期 xīngqī 요일 [=周 zhōu =礼拜 lǐbài] | 星期天 xīngqītiān 일요일 [=星期日 xīngqīrì =礼拜天 lǐbàitiān =周日 zhōurì] | 上个星期 shàng ge xīngqī 몡 지난주 [=上周 shàngzhōu =上个礼拜 shàng ge lǐbài] | 这个星期 zhè ge xīngqī 몡 이번 주 [=这周 zhè zhōu =这个礼拜 zhè ge lǐbài] | 下个星期 xià ge xīngqī 몡 다음 주 [=下周 xià zhōu =下个礼拜 xià ge lǐbài] 一个星期 yí ge xīngqī 1주일 | 三周 sān zhōu 3주일 两个礼拜 liǎng ge lǐbài 2주일 | 几个星期 jǐ ge xīngqī 몇 주	快 kuài 형 빠르다 [↔慢 màn 형 느리다] 早一天 zǎo yìtiān 하루 이르다

时间 shíjiān 시간	点 diǎn 양 시 | 分 fēn 양 분 | 秒 miǎo 양 초 整 zhěng 정각 | 刻 kè 양 15분 | 半 bàn 주 30분 差……分……点 chà……fēn……diǎn ~시 되기 ~분 전	表快两分钟 biǎo kuài liǎng fēnzhōng 시계가 2분 빠르다 晚一个小时 wǎn yí ge xiǎoshí 1시간 늦다
	小时 xiǎoshí 양 시간 | 分钟 fēnzhōng 양 분 半个小时 bàn ge xiǎoshí 30분	表慢一分钟 biǎo màn yì fēnzhōng 시계가 1분 느리다
钱 qián 돈	元 yuán 양 위안 [=块 kuài] | 角 jiǎo 양 자오 [=毛 máo] | 分 fēn 양 편 | 人民币 rénmínbì 인민폐 降价 jiàngjià 동 가격을 인하하다 | 贵 guì 형 비싸다 | 便宜 piányi 형 싸다 原价 yuánjià 명 원가 | 现价 xiànjià 명 현재가	
个子 gèzi 키	一米八 yì mǐ bā 180센티미터 | 一米七六 yì mǐ qīliù 176센티미터 高 gāo 형 높다 | 矮 ǎi 형 작다 | 比我高三厘米 bǐ wǒ gāo sān límǐ 나보다 3센치 높다	
年龄 niánlíng 나이	岁 suì 살, 세 [나이를 세는 단위] | 年龄 niánlíng 연령 | 年纪 niánjì 나이 大 dà 형 많다 | 小 xiǎo 형 적다 | 老 lǎo 형 늙다 | 年轻 niánqīng 형 젊다 今年多大？Jīnnián duō dà? 올해 나이가 어떻게 되세요?	
距离 jùlí 거리	米 mǐ 명 미터(m) | 厘米 límǐ 명 센티미터(cm) | 公里 gōnglǐ 명 킬로미터(km) [=千米 qiānmǐ] 长 cháng 형 길다 | 短 duǎn 형 짧다 | 远 yuǎn 형 멀다 | 近 jìn 형 가깝다	
分之 fēn zhī 분수	分之 fēn zhī 분수 | 三分之二 sān fēn zhī èr 2/3 百分之 bǎi fēn zhī 퍼센트 | 百分之百 bǎi fēn zhī bǎi 100% 百分之二十七 bǎi fēn zhī èrshíqī 27%	
重量 zhòngliàng 무게	克 kè 명 그램(g) | 斤 jīn 명 근 | 公斤 gōngjīn 명 킬로그램(kg) 多 duō 형 많다 | 少 shǎo 형 적다 | 重 zhòng 형 무겁다 | 轻 qīng 형 가볍다	
温度 wēndù 온도	摄氏度 shèshìdù 명 섭씨 | 度 dù 양 도 | 零下4度 língxià sì dù 영하 4도 温度 wēndù 명 온도 | 气温 qìwēn 명 기온 | 水温 shuǐwēn 명 수온	
其它 qítā 기타	次 cì 명 번 | 号 hào 명 호 | 号码 hàomǎ 명 번호 | 数字 shùzì 명 숫자 | 页 yè 명 페이지 加 jiā 동 더하다 | 增加 zēngjiā 동 추가하다 | 提高 tígāo 동 올라가다, 향상하다 减 jiǎn 동 줄이다 | 减少 jiǎnshǎo 동 감소하다 | 降低 jiàngdī 동 내려가다 | 打折 dǎzhé 동 할인하다	

> **날짜 읽기**
>
> 一九八九年 yī jiǔ bā jiǔ nián 1989년
> 二零零五年 èr líng líng wǔ nián 2005년
> 一月十五号[日] yī yuè shíwǔ hào[rì] 1월 15일
> 星期一 xīngqīyī 월요일 [=周一 zhōuyī =礼拜一 lǐbàiyī]

 대략적 수량을 나타내는 어휘
大概 dàgài 부 대략 \| 大约 dàyuē 부 약, 대략 \| 至少 zhìshǎo 부 최소한 \| 多 duō 수 ~여, 남짓

(2) 사물 관련 핵심 어휘 및 표현

음식	盐 yán 명 소금 | 糖 táng 명 설탕 | 包子 bāozi 명 빠오즈 [중국식 만두] 饼干 bǐnggān 명 과자, 비스켓 | 葡萄汁 pútaozhī 명 포도 주스 | 啤酒 píjiǔ 명 맥주 果汁 guǒzhī 명 과일 주스 | 矿泉水 kuàngquánshuǐ 명 생수 | 巧克力 qiǎokèlì 명 초콜릿 羊肉汤 yángròutāng 명 양고기 수프
사무용품	桌子 zhuōzi 명 탁자, 테이블 | 椅子 yǐzi 명 의자 | 圆珠笔 yuánzhūbǐ 명 볼펜 电脑 diànnǎo 명 컴퓨터 | 笔记本电脑 bǐjìběn diànnǎo 명 노트북 | 复印机 fùyìnjī 명 복사기 打印机 dǎyìnjī 명 프린터 | 传真机 chuánzhēnjī 명 팩스 | 录音机 lùyīnjī 명 녹음기 | 纸 zhǐ 명 종이
생활용품	电视 diànshì 명 텔레비전 | 洗衣机 xǐyījī 명 세탁기 | 冰箱 bīngxiāng 명 냉장고 手机 shǒujī 명 휴대폰 | 空调 kōngtiáo 명 에어컨 | 牙膏 yágāo 명 치약 | 裤子 kùzi 명 바지 裙子 qúnzi 명 치마 | 帽子 màozi 명 모자 | 眼镜 yǎnjìng 명 안경 | 钥匙 yàoshi 명 열쇠 雨伞 yǔsǎn 명 우산 | 袜子 wàzi 명 양말 | 鞋子 xiézi 명 신발 | 房子 fángzi 명 집, 건물
학습용품	书包 shūbāo 명 책가방 | 书 shū 명 책 | 铅笔 qiānbǐ 명 연필 | 笔记本 bǐjìběn 명 노트 课本 kèběn 명 교과서 | 材料 cáiliào 명 자료 | 报纸 bàozhǐ 명 신문 | 杂志 zázhì 명 잡지 小说 xiǎoshuō 명 소설

배운 내용 점검하기

● track 61

✦ 녹음을 듣고 빈칸을 채워 넣어 보세요.

1 _____上放着两本杂志。

2 _____里有啤酒吗?

3 最近姐姐胖了5_____。

4 从小学开始, 她每天都跑五_____。

5 这个_____我们去公园散步吧!

해석&어휘

1 책상 위에 잡지 두 권이 놓여 있다.
放 fàng 동 놓다 \| ★杂志 zázhì 명 잡지

2 냉장고에 맥주 있니?
冰箱 bīngxiāng 명 냉장고 \| 啤酒 píjiǔ 명 맥주

3 최근에 언니가 5킬로그램 쪘다.
最近 zuìjìn 명 최근, 요즘 \| 胖 pàng 형 뚱뚱하다 \| ★公斤 gōngjīn 양 킬로미터

4 초등학교 때부터 시작해서, 그녀는 매일 5킬로미터를 뛴다.
小学 xiǎoxué 명 초등학교 \| 开始 kāishǐ 동 시작하다 \| 每天 měitiān 명 매일, 날마다

5 이번 주말에 우리 공원에 산책하러 가자!
周末 zhōumò 명 주말 \| 公园 gōngyuán 명 공원 \| ★散步 sànbù 동 산책하다

정답 1 桌子   2 冰箱   3 公斤   4 公里   5 周末

STEP 3 실력 다지기

Day 29

 track 62

● 제1부분

1. ★ 李先生下个月可能去旅行。（　　）

2. ★ 从她家到那家银行得十三个小时。（　　）

3. ★ 盒子里有烤鸭。（　　）　　4. ★ 他在喝牛奶。（　　）

● 제2부분

5. A 下午1:40　　B 下午4:00　　C 早上7:40　　D 晚上7:30

6. A 下个月月底　　B 下个礼拜天　　C 两个星期后　　D 明天中午

● 제3부분

7. A 杂志　　B 笔记本　　C 信封　　D 报纸

8. A 护照　　B 钥匙　　C 登机牌　　D 相机

→ 해설서 p.49

Day 30

 track 63

● 제1부분

9. ★ 那些留学生表演了两个月。（　　）

10. ★ 他一个月能看完那本参考书。（　　）

11. ★ 他的手机坏了。（　　）　　12. ★ 她非常喜欢看旅行杂志。（　　）

● 제3부분

13. A 明天　　B 寒假前　　C 下周一　　D 下个月

14. A 礼拜一早上　　B 星期日下午　　C 周六中午　　D 周五上午

● 제2부분

15. A 裤子　　B 椅子　　C 沙发　　D 帽子

16. A 盐　　B 白糖　　C 碗　　D 盘子

→ 해설서 p.52

09 이야기

듣기 제3부분 | Day 13

기초 실력 확인하기 | 발음과 의미까지 정확히 알고 있는 어휘를 체크해 보세요. *발음 및 뜻 → 본서 p.365*

- □ 生病　　□ 上网　　□ 打算　　□ 后来　　□ 担心
- □ 参加　　□ 办公室　□ 电子邮件　□ 迟到　　□ 帮忙

STEP 1 유형 파악하기

◆ 일상생활 속 에피소드나 유머에 대한 내용이 많이 출제된다. '인물의 행동이나 감정 상태' 및 '이야기의 결말' 등을 묻는 경우가 많다. 비교적 분량이 길어 한 문제에 여러 '시점'과 '대상'이 등장하기 때문에 녹음을 집중해 듣고 핵심 내용을 선별하는 훈련이 더욱 필요하다.

◆ 주로 녹음 초반에는 '인물 소개'가, 후반에는 이야기의 '주제'가 등장한다. 보기의 선택지에 인물이 둘 이상이라면 녹음 초반을 주의하고, 보기의 선택지가 행동과 관련되어 있다면 녹음 후반에 집중하자.

● 제3부분 예제　　　track 64

| 1 | A 感到失望 | B 理解不了 | C 表示同意 | D 不在乎 |
| 2 | A 重新学钢琴 | B 让孩子学钢琴 | C 参加钢琴表演 | D 放弃钢琴 |

第1题到2题是根据下面一段话：

我从小就学钢琴。小时候，父母每天都让我练习弹钢琴，我特别不理解他们，而且弹钢琴真的很难，所以没多久我就放弃了。现在每当看到那些在台上弹钢琴的人，我都很羡慕，也很后悔。现在，我打算重新去学钢琴，虽然我的年纪不小了，但希望还来得及。

1 说话人以前对于父母的做法是什么态度？
　A 感到失望　　　**B 理解不了**
　C 表示同意　　　D 不在乎

2 说话人现在有什么打算？
　A 重新学钢琴
　B 让孩子学钢琴
　C 参加钢琴表演
　D 放弃钢琴

1~2번 문제는 다음 내용에 근거한다.

나는 어릴 때부터 피아노를 배웠습니다. 어렸을 때, 부모님이 매일 피아노 연습을 하라고 했는데, 그들을 전혀 이해할 수 없었고, 피아노 치기가 정말 어려워서 얼마 지나지 않아 포기했습니다. 지금은 무대에서 피아노를 치는 사람들을 볼 때마다 정말 부럽고 후회도 됩니다. 이제 다시 피아노를 배우려고 합니다. 비록 나이가 좀 있지만, 아직 늦지 않았기를 바랍니다.

1 화자는 이전에 부모님의 행동에 대해 어떤 태도를 가졌습니까?
　A 실망함　　　**B 이해할 수 없음**
　C 동의함　　　D 신경 쓰지 않음

2 화자는 지금 어떤 계획을 가지고 있습니까?
　A 피아노를 다시 배우기
　B 자녀에게 피아노를 배우게 하기
　C 피아노 공연에 참가하기
　D 피아노를 포기하기

정답&풀이

1 B 화자는 매일 피아노를 연습하라고 한 부모의 태도에 대해 '我特别不理解他们(그들을 전혀 이해할 수 없었고)'이라고 했다. 따라서 보기 B가 정답이다. '不了'는 동사 뒤에 와서 실현될 수 없음을 나타낸다는 것을 알아야 한다. '特别(특히)'와 같이 강조하는 단어 뒤에는 답이 많이 나온다. '강조 어휘' 뒤에 나오는 말을 주의 깊게 듣자.

2 A 화자의 '我打算重新去学钢琴(다시 피아노를 배우려고 합니다)'이라는 말을 통해 화자의 계획을 알 수 있다. 따라서 보기 A가 정답이다.

从小 cóngxiǎo 튀 어린 시절부터, 어릴 때부터 | 就 jiù 튀 이미, 벌써, 일찍이 | 钢琴 gāngqín 피아노 [★弹钢琴 피아노를 치다] | 小时候 xiǎoshíhou 어린 시절, 어렸을 때, 어릴 때 | 父母 fùmǔ 몡 부모 | 每天 měitiān 몡 매일, 날마다 | 让 ràng 동 ~하게 하다, 하도록 하다 | 练习 liànxí 동 연습하다, 익히다 | 特别 tèbié 튀 아주, 특히 | ★理解 lǐjiě 동 이해하다, 알다 | 而且 érqiě 접 뿐만 아니라, 게다가, 또한 | 真的 zhēn de 참으로, 정말로, 진실로, 진짜 | 难 nán 형 어렵다, 힘들다 | 所以 suǒyǐ 접 그래서, 그러므로, 때문에, 그런 까닭에 | 多久 duōjiǔ 때 오랫동안, 아주 오래 | ★放弃 fàngqì 동 (권리·주장·의견 등을) 포기하다, 버리다 | 每当 měidāng ~할 때마다, ~할 때면 언제나 | 台上 táishàng 몡 무대 위, 단상 위 | ★羡慕 xiànmù 동 부러워하다, 탐내다, 흠모하다 | 后悔 hòuhuǐ 동 후회하다 | 打算 dǎsuàn 동 ~할 예정이다, 계획하다, ~하려고 하다, ~할 생각이다 | 重新 chóngxīn 튀 다시, 재차 | 虽然A, 但(是)B suīrán A, dàn(shì) B 비록 A이지만, B하다 | 年纪 niánjì 몡 나이, 연령 | 不少 bùshǎo 형 많다, 적지 않다 | 希望 xīwàng 동 (생각하는 것이 실현되기를) 바라다, 희망하다 | 还 hái 튀 여전히, 아직도, 아직, ~까지도, 그래도 | ★来得及 láidejí 동 늦지 않다, (시간이 있어서) 돌볼 수가 있다 | 说话人 shuōhuàrén 화자 | 以前 yǐqián 몡 예전, 이전 | ★对于 duìyú 개 ~에 대해서, ~에 대하여 | 做法 zuòfǎ 몡 (일 처리나 물건을 만드는) 방법 | ★态度 tàidu 몡 태도 | 感到 gǎndào 동 느끼다, 여기다 | ★失望 shīwàng 형 실망하다, 낙담하다 | 不了 bùliǎo ~할 수가 없다 | ★表示 biǎoshì 동 의미하다, 가리키다, 나타내다 | 同意 tóngyì 동 동의하다, 찬성하다, 승인하다 | 不在乎 búzàihu 마음에 두지 않다 | 孩子 háizi 몡 아이, 어린이 | 参加 cānjiā 동 참석하다, 참가하다, 참여하다 | ★表演 biǎoyǎn 몡 공연 동 공연하다, 연기하다

tip 일상 생활에 관련된 어휘들이 많이 나온다. '弹钢琴(피아노를 치다)'과 함께 '唱歌(노래를 부르다)' '听音乐(음악을 듣다)' 등 의미가 연관되는 어휘들을 연결하여 외우면 오래 기억에 남는다.

STEP 2 내공 쌓기

1 주요 질문 방식

제3부분 문제의 보기가 '장소' '행동' '상황'을 묘사한 내용일 경우, 이야기 유형의 문제일 가능성이 크다. 이야기 유형 문제에서는 '누가' '언제' '어디서' '무엇을' '어떻게' '왜' 했는지 육하원칙에 주의해 듣는 것이 중요하다. 세부 내용뿐만 아니라 전반적인 글 흐름에 대해 묻는 문제도 자주 출제되므로, '줄거리'를 파악해가며 듣는 것이 좋다.

- 说话人是做什么的? 화자는 무슨 일을 하는가? ✦
- 换工作的原因是什么? 직장을 옮기는 원인은 무엇인가?
- 儿子为什么哭? 아들은 왜 우는가?
- 他后来怎么了? 그는 그 후에 어떻게 되었는가? ✦
- 说话人认为管理者应该怎么做? 화자는 관리자가 어떻게 해야 한다고 생각하는가?
- 他们本来想去哪儿参观? 그들은 원래 어디 가서 관람하려 했는가?
- 说话人觉得那里怎么样? 화자는 거기가 어떻다고 생각하는가? ✦
- 关于说话人，我们可以知道什么? 화자에 관해 우리는 무엇을 알 수 있나? ✦

2 핵심 어휘 및 표현

● track 66

'이야기' 유형은 대개 시간 순서에 따라 내용이 전개되므로, 전개 양상에 따라 내용을 구분해 들으면 이야기의 세부 사항 및 주제를 파악하기 쉽다. 녹음 분량이 길고 등장 요소가 많다는 어려움이 있지만, 아래에 정리한 어휘들을 잘 익히면 녹음 내용을 따라가는 데에 급급해 문제를 못 푸는 일은 없을 것이다.

(1) 시간 전개 단계별 빈출 표현

도입	以前 yǐqián 명 이전, 예전 | 小时候 xiǎoshíhou 명 어릴 적 | 从小(就) cóngxiǎo(jiù) 어려서부터 (일찍이) 刚开始的时候 gāng kāishǐ de shíhou 막 시작할 때 | 一开始(就) yì kāishǐ(jiù) 시작하자마자 바로
전개	长大后 zhǎngdà hòu 성인이 된 후 | 先A，然后B xiān A, ránhòu B 우선 A하고, 그다음에 B하다 认为 rènwéi 동 여기다, 생각하다 | 以为 yǐwéi 동 ~인 줄 알다 发现 fāxiàn 동 발견하다, 알아차리다 | 没想到 méi xiǎngdào 생각하지 못했다 其实 qíshí 부 사실은 | 原来 yuánlái 부 알고 보니 | 突然 tūrán 갑자기, 문득 另外 lìngwài 접 이외에, 이 밖에 | 相反 xiāngfǎn 접 반대로, 거꾸로, 오히려 可是 kěshì 접 그러나, 하지만 [=但是 dànshì =不过 búguò]
결말	后来 hòulái 명 그 후, 그 뒤, 그다음 | 最后 zuìhòu 명 최후, 제일 마지막 结果 jiéguǒ 명 결과 | 于是 yúshì 접 그래서 | 因此 yīncǐ 접 이로 인하여

(2) 테마별 빈출 어휘

日常 rìcháng 일상	房间 fángjiān 명 방 | 客厅 kètīng 명 거실 | 沙发 shāfā 소파 | 桌子 zhuōzi 명 탁자 垃圾桶 lājītǒng 명 쓰레기통 | 牙膏 yágāo 명 치약 | 身份证 shēnfènzhèng 명 신분증 礼物 lǐwù 명 선물
工作 gōngzuò 업무	电脑 diànnǎo 명 컴퓨터 | 笔记本电脑 bǐjìběn diànnǎo 명 노트북 复印机 fùyìnjī 명 복사기 | 打印机 dǎyìnjī 명 프린터 | 传真机 chuánzhēnjī 명 팩스기 纸 zhǐ 명 종이 | 圆珠笔 yuánzhūbǐ 명 볼펜 | 材料 cáiliào 명 자료
交通 jiāotōng 교통	高峰时间 gāofēng shíjiān 명 러시아워 | 路上堵车 lùshang dǔchē 길에 차가 막히다 加油站 jiāyóuzhàn 명 주유소 | 加油 jiāyóu 동 기름을 넣다 | 车站 chēzhàn 명 정류소 终点站 zhōngdiǎnzhàn 명 종점 | 班车 bānchē 명 셔틀버스 | 换车 huàn chē 차를 갈아타다 撞车 zhuàngchē 동 차량이 충돌하다 | 交通事故 jiāotōng shìgù 명 교통사고 红绿灯 hónglǜdēng 명 신호등 | 十字路口 shízì lùkǒu 명 교차로, 사거리 | 右拐 yòu guǎi 우회전하다 手续 shǒuxù 명 수속 | 飞往 fēiwǎng (비행기가) ~를 향해 가다 开往 kāiwǎng (일반 교통수단이) ~를 향해 가다
媒体 méitǐ 대중매체	新闻 xīnwén 명 뉴스 | 报纸 bàozhǐ 명 신문 | 杂志 zázhì 명 잡지 | 网站 wǎngzhàn 명 홈페이지 电视剧 diànshìjù 명 드라마 | 电影 diànyǐng 명 영화 | 表演 biǎoyǎn 명 공연
旅行 lǚxíng 여행	旅行 lǚxíng 동 여행하다 [=旅游 lǚyóu] | 参观 cānguān 동 관람하다 收拾行李 shōushi xíngli 짐을 싸다 | 照相 zhàoxiàng 동 사진을 찍다 | 风景 fēngjǐng 명 풍경 景点 jǐngdiǎn 명 명소

饮食 yǐnshí 음식	饮料 yǐnliào 몡 음료 | 茶 chá 몡 차 | 绿茶 lǜchá 몡 녹차 | 咖啡 kāfēi 몡 커피 冰水 bīngshuǐ 몡 얼음물 | 零食 língshí 몡 간식 | 蛋糕 dàngāo 몡 케익 冰淇淋 bīngqílín 몡 아이스크림 | 菜 cài 몡 음식 | 特色菜 tèsè cài 특색 요리 快餐 kuàicān 몡 패스트푸드 | 饺子 jiǎozi 몡 만두 | 面条 miàntiáo 몡 국수 汉堡包 hànbǎobāo 몡 햄버거 | 火锅 huǒguō 중국식 샤브샤브 | 酸辣汤 suānlàtāng 몡 쌴라탕 烤鸭 kǎoyā 몡 오리구이 | 月饼 yuèbing 몡 월병 [중추절에 먹는 중국식 빵] 粽子 zòngzi 몡 쫑즈 [대나무 잎에 찹쌀을 싸서 찐 음식] | 套餐 tàocān 몡 세트 메뉴 菜单 càidān 몡 메뉴판
性格 xìnggé 성격	幽默 yōumò 웽 유머러스하다 | 活泼 huópō 웽 활발하다 | 诚实 chéngshí 웽 성실하다 仔细 zǐxì 웽 세심하다 [↔马虎 mǎhu 대강하다] | 自信 zìxìn 자신만만하다
健康 jiànkāng 건강	眼睛 yǎnjing 몡 눈 | 鼻子 bízi 몡 코 | 耳朵 ěrduo 몡 귀 | 肚子 dùzi 몡 배 胳膊 gēbo 몡 팔 | 腿 tuǐ 몡 다리 | 头发 tóufa 몡 머리카락 生病 shēngbìng 통 병이 나다 | 感冒 gǎnmào 통 감기에 걸리다 몡 감기 着凉 zháoliáng 통 감기에 걸리다 | 头疼 tóuténg 통 머리가 아프다 몡 두통 | 发烧 fāshāo 통 열이 나다 咳嗽 késou 통 기침하다 | 看病 kànbìng 통 진찰하다, 진료하다 | 检查 jiǎnchá 통 검사하다 打针 dǎzhēn 통 주사를 놓다 | 健康 jiànkāng 웽 (몸이) 건강하다 锻炼身体 duànliàn shēntǐ 신체를 단련하다

배운 내용 점검하기

● track 67

✦ 녹음을 듣고 빈칸을 채워 보세요.

1 他为我准备了生日_____，我非常_____。

2 他换了新_____，特别_____。

3 今天中国老师给我们带来了中国_____，你没来真_____！

4 今天很_____，因为我们一起学做了_____。

5 因为他没看见_____上的_____，所以一直在找。

해석&어휘

1 그가 나를 위해 생일 선물을 준비해서 나는 매우 감동했다.
礼物 lǐwù 몡 선물 ｜ ★感动 gǎndòng 통 감동하다

2 그는 새 소파로 바꿔서 매우 기쁘다.
换 huàn 통 바꾸다 ｜ ★沙发 shāfā 몡 소파 ｜ 特别 tèbié 튀 아주, 유달리 ｜ ★开心 kāixīn 웽 기쁘다

3 오늘 중국 선생님이 우리에게 중국 월병을 가져오셨는데, 네가 안 와서 진짜 아쉽다!
带来 dàilái 가져오다 ｜ 月饼 yuèbing 몡 월병 ｜ ★可惜 kěxī 웽 아쉽다, 섭섭하다

4 오늘 아주 신난다. 왜냐하면 우리 같이 만두를 만드는 것을 배웠기 때문이다.
★兴奋 xīngfèn 웽 흥분하다, 감동하다 ｜ 因为 yīnwèi 쩝 왜냐하면 ｜ ★饺子 jiǎozi 몡 만두

5 그는 탁자 위에 있는 메뉴판을 보지 못해서 계속 찾고 있다.
菜单 càidān 몡 메뉴판 ｜ 所以 suǒyǐ 쩝 그래서 ｜ 一直 yìzhí 튀 계속 ｜ 找 zhǎo 통 찾다

정답 1 礼物，感动 2 沙发，开心 3 月饼，可惜 4 兴奋，饺子 5 桌子，菜单

STEP 3 실력 다지기

Day 14 — track 68

1.	A 森林公园	B 海洋馆	C 长城	D 首都图书馆
2.	A 禁止停车	B 说普通话	C 向游客道歉	D 及时发通知
3.	A 导游	B 警察	C 网球运动员	D 记者
4.	A 发传真	B 发短信	C 请人转交	D 打电话
5.	A 地图	B 照片	C 毛巾	D 国画
6.	A 是红色的	B 在当时很流行	C 样子简单	D 破了
7.	A 非常高兴	B 不看重吃穿	C 很随便	D 没现在愉快
8.	A 受到批评了	B 爷爷搬家了	C 买不到机票	D 太忙了

→ 해설서 p.55

Day 15 — track 69

9.	A 运动	B 开会	C 逛街	D 吃饭
10.	A 觉得有意思	B 担心他会不高兴	C 想给他惊喜	D 想让他生气
11.	A 有很多烦恼	B 打算搬家	C 反对买房	D 决定结婚
12.	A 不堵车	B 房子便宜	C 空气很好	D 购物方便
13.	A 写小说	B 去公园	C 看电视	D 学习汉语
14.	A 成为律师	B 当老师了	C 出名了	D 汉语说得很好
15.	A 家人	B 同事	C 老板	D 顾客
16.	A 大家很失望	B 大家生病了	C 新年快到了	D 公司发展不好

→ 해설서 p.58

10 설명문

듣기 제3부분 | Day 16

기초 실력 확인하기 | 발음과 의미까지 정확히 알고 있는 어휘를 체크해 보세요.

발음 및 뜻 → 본서 p.365

- □ 熊猫　□ 健康　□ 节日　□ 世界　□ 提高
- □ 感冒　□ 黄河　□ 环境　□ 锻炼　□ 季节

STEP 1　유형 파악하기

◆ 보기와 녹음의 내용 일치 여부를 묻는 유형이 많다. 녹음 분량이 많으니 관련 내용은 듣는 대로 보기 옆에 메모하도록 한다. 어휘 수준이 높더라도 문제가 깔끔해 쉽게 풀리는 경우가 많으니 어휘 때문에 미리 겁먹지 말자.

◆ 중국 기본 상식이 자주 소재로 쓰인다. 중국 설에 먹는 '饺子(만두)'나, 국가 1급 보호 동물 '熊猫(판다)'와 같은 중국 관련 기본 상식을 어휘와 함께 알아 두면 큰 도움이 된다.

● 제3부분 예제

track 70

1　A 研究　　　B 运动　　　C 环保　　　D 办公

2　A 学校比公司用得多　　　B 使用于现代社会
　C 使用者越来越少　　　　D 应用仍十分普遍

第1题到2题是根据下面一段话：

说到传真机，很多年轻人并不熟悉。其实，在上个世纪90年代，它非常普遍。<u>特别是在办公中，传真机起到了十分重要的作用</u>。然而，随着科技的发展，近年来，<u>使用传真机的人越来越少</u>，会在家里使用的人就更少了。只有极少数的学校和公司会偶尔使用传真机。

1　上世纪传真机在哪方面起到了重要作用?
　A 研究　B 运动　C 环保　**D 办公**

2　关于传真机可以知道什么?
　A 学校比公司用得多
　B 使用于现代社会
　C 使用者越来越少
　D 应用仍十分普遍

1~2번 문제는 다음 내용에 근거한다.

팩스에 대해 말하면 많은 젊은이들이 잘 모릅니다. 사실, 지난 세기 90년대에는 팩스가 매우 일반적이었습니다. <u>특히 업무를 처리할 때 팩스는 매우 중요한 역할을 했습니다</u>. 그러나 기술의 발전으로 최근 몇 년간 <u>팩스를 사용하는 사람들이 점점 줄어들고 있으며</u>, 집에서 사용하는 사람은 더욱 드뭅니다. 극소수의 학교와 회사만 가끔 팩스를 사용합니다.

1　지난 세기에 팩스가 중요한 역할을 한 분야는 어디입니까?
　A 연구　B 운동　C 환경 보호　**D 업무 처리**

2　팩스에 대해 알 수 있는 것은 무엇입니까?
　A 학교가 회사보다 더 많이 사용한다
　B 현대 사회에서 사용된다
　C 사용자가 점점 줄어들고 있다
　D 여전히 매우 일반적으로 사용된다

정답&풀이 **1 D** 녹음에서 팩스에 관해서 '特别是在办公中，传真机起到了十分重要的作用(특히 업무를 처리할 때 팩스는 매우 중요한 역할을 했습니다)'이라고 했다. '特别(특히)'와 같은 강조 어휘 뒤에 답이 많이 나온다.

2 C 녹음에서 기술의 발전으로 '使用传真机的人越来越少(팩스를 사용하는 사람들이 점점 줄어들고 있으며)'라고 했다. '使用传真机的人(팩스를 사용하는 사람)'은 보기에서 '使用者(사용자)'라고 표시했다. '近年来(최근)'와 같이 시점을 나타내는 어휘 뒤에 답이 많이 나온다.

传真机 chuánzhēnjī 명 팩스, 팩시밀리 | 年轻人 niánqīngrén 명 젊은이, 젊은 사람 | 并 bìng 부 결코, 전혀, 조금도, 그다지, 별로 [부정사 앞에 쓰여 부정의 어투 강조] | ★熟悉 shúxī 형 익숙하다, 잘 알다, 생소하지 않다 | 其实 qíshí 부 사실 | ★世纪 shìjì 명 세기 | 年代 niándài 명 시대, 시기, 연대, 시간, 세월 [비교적 오래 지난 때를 가리킴] | ★普遍 pǔbiàn 형 보편적인, 일반적인 | 特别 tèbié 부 아주, 특히 | 办公 bàngōng 동 근무하다, 공무를 보다, 업무를 처리하다 | 起到 qǐdào 동 (어떤 상황을) 초래하다, 일으키다 | ★十分 shífēn 부 매우, 아주, 대단히, 충분히 [= 非常 fēicháng] | 重要 zhòngyào 형 중요하다 | 作用 zuòyòng 명 역할, 작용, 효과 | ★然而 rán'ér 접 하지만, 그러나, 그렇지만 | ★随着 suízhe 개 ~따라, ~에 따라서 | 科技 kējì 과학기술 ['科学技术'의 약자] | ★发展 fāzhǎn 동 발전 발전하다 | 近年来 jìnniánlái 최근 몇 년 | ★使用 shǐyòng 동 사용하다, 쓰다 | 越来越 yuèláiyuè 부 갈수록, 더욱 더, 점점 | 更 gèng 부 더, 더욱, 훨씬 [비교문에 주로 쓰임] | 只有 zhǐyǒu 동 ~만 있다, ~밖에 없다 | 极少数 jíshǎoshù 극소수 | 公司 gōngsī 명 회사 | 偶尔 ǒu'ěr 부 때때로, 간혹, 이따금 | ★方面 fāngmiàn 명 방면, 분야, 부분, 측면 | ★研究 yánjiū 동 연구하다 연구 | 运动 yùndòng 명 운동 | 环保 huánbǎo 명 환경 보호 ['环境保护'의 약자 | 关于 guānyú 개 ~에 관해, ~에 대해 | 可以 kěyǐ 조동 ~할 수 있다, ~해도 된다 | 知道 zhīdào 동 알다, 이해하다 | 比 bǐ 개 ~보다, ~에 비해 [비교를 나타냄] [A+比+B+술어] | 用 yòng 동 사용하다, 쓰다 | 现代 xiàndài 명 현대 | ★社会 shèhuì 명 사회 | 使用者 shǐyòngzhě 명 사용자 | 应用 yìngyòng 동 사용하다 | 仍 réng 부 여전히, 아직도

> **tip** 설명문 유형의 '工作(일)'에 관한 내용에서 '办公(업무 처리)' '同事(직장 동료)' '传真(팩스)' '加班(야근하다)' '安排(안배하다)' '管理(관리하다)' '职业(직업)' '公司情况(회사 상황)' 등의 어휘가 많이 나오므로, 서로 연결시켜 외워 두자.

STEP 2 내공 쌓기

1 주요 질문 방식

 track 71

설명문은 객관적 사실이나 정보의 전달이 목적이기 때문에 글의 '주제'를 묻는 경우가 많다. 그리고 이런 '주제'는 보통 녹음 초반이나 후반에 등장한다. 질문은 일반적으로 순서대로 나온다.

- 这段话主要谈什么? 이 글은 주로 무엇을 이야기하는가? ✦
- 这条报道说了一件什么事儿? 이 보도는 무슨 사건을 이야기했는가?
- 根据这段话，我们可以知道什么? 이 말에 근거하여 우리는 무엇을 알 수 있는가? ✦
- 关于这段话，下面哪种说法是正确的? 이 말에 관해 아래의 어느 의견이 정확한가? ✦
- 说话人在对谁讲这段话? 화자는 지금 누구에게 이 말을 하는가? ✦
- 说话人接下来要做什么? 화자는 이어서 무엇을 하려고 하는가?
- 这段话最可能在哪儿听到? 이 말은 아마 어디서 들었을 가능성이 가장 큰가? ✦

2 핵심 어휘 및 표현

 track 72

설명문의 주제는 아주 다양하다. 빈출 주제를 중심으로 선별한 핵심 어휘를 익혀 보자.

历史 lìshǐ 역사	悠久 yōujiǔ 형 유구하다 | 文化 wénhuà 명 문화 | 艺术 yìshù 명 예술 汉字 Hànzì 고유 한자 | 甲骨文 Jiǎgǔwén 고유 갑골 문자 | 名胜古迹 míngshèng gǔjì 명승고적 长城 Chángchéng 고유 만리장성, 창청 [=万里长城 Wàn Lǐ Chángchéng] 天安门 Tiān'ānmén 고유 천안문, 톈안먼 | 故宫 Gùgōng 고유 자금성, 쯔진청 [=紫禁城 Zǐjìnchéng]
景点 jǐngdiǎn 명소	世界 shìjiè 명 세계 | 美洲 Měizhōu 고유 아메리카 | 欧洲 Ōuzhōu 고유 유럽 非洲 Fēizhōu 고유 아프리카 | 亚洲 Yàzhōu 고유 아시아 | 美国 Měiguó 고유 미국 日本 Rìběn 고유 일본 | 长江 Chángjiāng 고유 양쯔강, 창장 | 黄河 Huánghé 고유 황허 黄山 Huángshān 고유 황산 | 香山 Xiāngshān 고유 향산, 샹산 | 四川 Sìchuān 고유 쓰촨성 西安 Xī'ān 고유 시안 | 香港 Xiānggǎng 고유 홍콩 | 上海 Shànghǎi 고유 상하이 北京 Běijīng 고유 베이징
	气候 qìhòu 명 기후 | 暖和 nuǎnhuo 형 따뜻하다 | 凉快 liángkuai 형 시원하다 空气新鲜 kōngqì xīnxiān 공기가 신선하다 | 有名 yǒumíng 형 유명하다 | 著名 zhùmíng 형 유명하다 风景美丽 fēngjǐng měilì 풍경이 아름답다 | 旅游景点 lǚyóu jǐngdiǎn 여행 명소
节日 jiérì 기념일, 명절	节日 jiérì 명 명절 | 艺术节 yìshùjié 예술제 | 音乐节 yīnyuèjié 뮤직 페스티벌 春节 Chūnjié 고유 춘절 [중국의 설날, 음력 1/1] | 情人节 Qíngrén Jié 고유 밸런타인데이 [2/14] 清明节 Qīngmíng Jié 고유 청명절 [4/5] | 劳动节 Láodòng Jié 고유 노동절, 근로자의 날 [5/1] 端午节 Duānwǔ Jié 고유 단오절 [음력 5/5] | 母亲节 Mǔqīn Jié 고유 어머니의 날 [5월 두 번째 일요일] 父亲节 Fùqīn Jié 고유 아버지의 날 [6월 세 번째 일요일] | 七夕节 Qīxī Jié 고유 칠석 [음력 7/7] 中秋节 Zhōngqiū Jié 고유 중추절 [음력 8/15] | 国庆节 Guóqìng Jié 고유 국경절 [10/1] 圣诞节 Shèngdàn Jié 고유 크리스마스 [12/25] | 啤酒节 píjiǔjié 맥주 축제
	过年 guònián 동 설을 쇠다 | 压岁钱 yāsuìqián 명 세뱃돈 红包 hóngbāo 명 홍빠오 [돈을 넣어 주는 붉은 봉투] 团圆饭 tuányuánfàn 명 명절상 [명절에 온 가족이 한데 모여서 먹는 밥] | 干杯 gānbēi 동 건배하다 举办 jǔbàn 동 개최하다 | 举行 jǔxíng 동 거행하다 | 参加 cānjiā 동 참가하다 | 交流 jiāoliú 동 교류하다
健康 jiànkāng 건강	保健品 bǎojiànpǐn 명 건강식품 | 营养 yíngyǎng 명 영양, 양분 | 蛋白质 dànbáizhì 명 단백질 高蛋白 gāodànbái 명 고단백 | 皮肤 pífū 명 피부 | 减肥 jiǎnféi 명 다이어트하다 | 发胖 fāpàng 동 살찌다
自然 zìrán 자연	太阳 tàiyáng 명 태양 | 月亮 yuèliang 명 달 | 海洋 hǎiyáng 명 해양 | 海岸 hǎi'àn 명 해안 江 jiāng 명 강 | 河 hé 명 하천 | 湖 hú 명 호수 | 大陆 dàlù 명 대륙 | 岛 dǎo 명 섬 沙漠 shāmò 명 사막 | 高原 gāoyuán 명 고원 | 森林 sēnlín 명 삼림 | 石头 shítou 명 돌 植物 zhíwù 명 식물 | 松树 sōngshù 명 소나무 | 叶子 yèzi 명 잎 | 动物 dòngwù 명 동물 (大)熊猫 (dà)xióngmāo 명 판다 | 猴子 hóuzi 명 원숭이 | 老虎 lǎohǔ 명 호랑이 | 狮子 shīzi 명 사자 马 mǎ 명 말 | 大象 dàxiàng 명 코끼리 | 牛 niú 명 소 | 羊 yáng 명 양 | 猪 zhū 명 돼지
广播 guǎngbō 방송	各位观众朋友们，大家好! Gèwèi guānzhòng péngyoumen, dàjiā hǎo! 시청자 여러분, 안녕하십니까! 各位听众朋友们，大家好! Gèwèi tīngzhòng péngyoumen, dàjiā hǎo! 청중 여러분, 안녕하십니까! 女士们、先生们，你们好! Nǚshìmen、xiānshengmen, nǐmen hǎo! 신사 숙녀 여러분, 안녕하십니까! 欢迎收看 Huānyíng shōukàn 시청해 주셔서 감사합니다 欢迎收听 Huānyíng shōutīng 청취해 주셔서 감사합니다

 tip 전문가의 의견이나 연구 결과를 빌어 주제를 뒷받침할 때 자주 쓰이는 표현들이다. 독해에도 자주 나오니 익혀 두도록 하자.
专家说 zhuānjiā shuō 전문가가 말하길 | 医生建议 yīshēng jiànyì 의사가 제안하길
研究证明 yánjiū zhèngmíng 연구에서 증명하길 | 研究发现 yánjiū fāxiàn 연구에서 발견하길

배운 내용 점검하기

● track 73

✦ 녹음을 듣고 빈칸을 채워 보세요.

1 _____是中国一级保护_____。

2 _____的时候，一家人都坐在一起吃_____。

3 中国上海国际_____自1999年起，每年_____一次。

4 中国是_____最大的国家，中国_____也是世界第三长河。

5 _____是中国最大的古代建筑，就在北京的_____广场旁边。

해석&어휘

1 판다는 중국 1급 보호 동물이다.
熊猫 xióngmāo 명 판다 | 一级 yījí 명 일급 | 保护 bǎohù 명 보호 | 动物 dòngwù 명 동물

2 춘절에는 온 가족이 같이 앉아서 밥을 먹는다.
春节 Chūnjié 고유 춘절 [중국의 설날] | 一家人 yìjiārén 온 가족 | 团圆饭 tuányuánfàn 명 명절에 가족이 한테 모여 먹는 밥

3 중국 상하이 국제 예술제는 1999년에 시작해 매년 1번 개최한다.
上海 Shànghǎi 고유 상하이 | ★国际 guójì 명 국제 | 自……起 zì ……qǐ ~에서부터 시작하다 | 每年 měi nián 명 매년 | ★举办 jǔbàn 동 개최하다, 열다

4 중국은 아시아에서 가장 큰 나라고, 중국 양쯔강도 세계에서 세 번째로 긴 강이다.
★亚洲 Yàzhōu 고유 아시아 | 国家 guójiā 명 나라, 국가 | ★长江 Chángjiāng 고유 창장 | 世界 shìjiè 명 세계 | 第三 dì sān 주 세 번째 | 河 hé 명 강

5 자금성은 중국 최대의 고대 건축물이고 베이징 천안문 광장 옆에 있다.
故宫 Gùgōng 고유 자금성, 쯔진청 | 古代 gǔdài 명 고대 | 建筑 jiànzhù 명 건축물 | 天安门 Tiān'ānmén 고유 천안문, 톈안먼 | 广场 guǎngchǎng 명 광장 | 旁边 pángbiān 명 옆, 부근

정답 1 熊猫，动物   2 春节，团圆饭   3 艺术节，举办   4 亚洲，长江   5 故宫，天安门

STEP 3 실력 다지기

Day 17

track 74

1. A 脱鞋　　　　　B 高举胳膊　　　C 双手举杯　　　D 边喝边唱
2. A 希望被原谅　　B 祝贺　　　　　C 尊重　　　　　D 同情
3. A 半年　　　　　B 三年　　　　　C 一年　　　　　D 4个月
4. A 鼓励文化交流　B 增加自信　　　C 发展经济　　　D 增进友谊
5. A 寄衣服　　　　B 免费阅读　　　C 购买水果　　　D 邀请名人
6. A 管理严格　　　B 允许货到付款　C 只收现金　　　D 很受欢迎
7. A 阴天多　　　　B 树很高　　　　C 街道干净　　　D 有很多河
8. A 常刮风　　　　B 天气变化快　　C 夏天凉快　　　D 在中国东部

▶ 해설서 p.62

Day 31

track 75

9. A 动物　　　　　B 月亮　　　　　C 太阳　　　　　D 船
10. A 十分可爱　　　B 特别甜　　　　C 很香　　　　　D 颜色奇怪
11. A 警察　　　　　B 医生　　　　　C 司机　　　　　D 作家
12. A 景色一般　　　B 室内没厕所　　C 成了旅游景点　D 过去是饭店
13. A 都来自同一省　B 都学过表演　　C 20岁左右　　　D 职业不同
14. A 想成为名人　　B 喜爱音乐　　　C 想获得奖金　　D 想继续学习
15. A 一毛钱　　　　B 一分钱　　　　C 一秒钟　　　　D 一分钟
16. A 奖金多少　　　B 动作是否标准　C 速度快慢　　　D 力气大小

▶ 해설서 p.65

Day 32

● track 76

17. A 很懒　　　　　　B 有些粗心　　　　C 力气大　　　　　D 要求严格
18. A 成绩优秀　　　　B 快乐地长大　　　C 更加勇敢　　　　D 做事仔细
19. A 暂时不见面　　　B 多些理解　　　　C 跟父母商量　　　D 找亲戚聊天儿
20. A 理想　　　　　　B 爱情　　　　　　C 亲情　　　　　　D 责任
21. A 记者　　　　　　B 经理　　　　　　C 新同事　　　　　D 学生
22. A 介绍公司情况　　B 总结工作　　　　C 安排讨论　　　　D 发奖金
23. A 按顺序离开　　　B 小声讨论　　　　C 关灯　　　　　　D 排队去卫生间
24. A 别抽烟　　　　　B 保护影院环境　　C 观影要准时　　　D 电影免费

▶ 해설서 p.68

Day 33

● track 77

25. A 自然　　　　　　　B 经济　　　　　　　　C 民族间的交流　　D 汽车数量
26. A 2.2万　　　　　　 B 22万　　　　　　　　C 19万　　　　　　D 8万
27. A 很有教学经验　　　B 无聊　　　　　　　　C 很年轻　　　　　D 30多岁
28. A 不太热闹　　　　　B 很难　　　　　　　　C 很受欢迎　　　　D 作业多
29. A 京剧大师　　　　　B 一位律师　　　　　　C 朋友　　　　　　D 观众
30. A 表演很轻松　　　　B 京剧大师很有名　　　C 表演时间长　　　D 功夫需苦练
31. A 卫生不合格　　　　　　　　　　　　　　　B 学生吃很多饭
    C 饭菜浪费严重　　　　　　　　　　　　　　D 餐厅进行教育活动
32. A 按时上课　　　　　B 学会拒绝　　　　　　C 懂得节约　　　　D 少吃一点儿

▶ 해설서 p.71

11 논설문

Day 34

기초 실력 확인하기 | 발음과 의미까지 정확히 알고 있는 어휘를 체크해 보세요.   발음 및 뜻 → 본서 p.365

- ☐ 认为   ☐ 保护   ☐ 同意   ☐ 觉得   ☐ 发现
- ☐ 机会   ☐ 做事   ☐ 变化   ☐ 其实   ☐ 报纸

STEP 1 유형 파악하기

◆ 논설문은 설명문과 달리 주관적인 생각을 설명하는 것이므로, '상식'에 근거해서 답을 찾지 말고, 녹음에서 '언급된' 화자의 '생각'에 근거해 답을 찾자.

◆ 화자의 주장을 뒷받침하는 내용의 일치 여부를 묻기도 한다. '第一' '首先' '一是' '一来'처럼 항목을 나열하는 표현이 나오면 즉시 보기와 비교하며 듣자.

● 제3부분 예제   track 78

1 A 培养兴趣   B 节省时间   C 变得热情   D 拉近距离
2 A 自信   B 成绩   C 性格   D 发型

第1题到2题是根据下面一段话:

打招呼是一种礼貌，不管是熟悉的人还是不熟的人，见面时都应该打招呼。<u>这样既能拉近人与人之间的距离</u>，又能给人留下好印象。不同的人打招呼的方式也不同，有的人热情、有的人比较害羞，<u>这往往和一个人的性格有关</u>。

1~2번 문제는 다음 내용에 근거한다.

인사는 예의입니다. 친한 사람이든 낯선 사람이든 만날 때는 인사를 해야 합니다. 이렇게 하면 <u>사람과 사람의 거리를 좁히고</u> 좋은 인상을 남길 수 있습니다. 사람에 따라 인사 방법도 다르며, 어떤 사람은 열정적이고 어떤 사람은 상대적으로 수줍음을 타는데, <u>이는 대개 사람의 성격과 관련이 있습니다</u>.

1 "打招呼"的好处是什么?
   A 培养兴趣   B 节省时间
   C 变得热情   **D 拉近距离**

2 打招呼的方式不同，往往跟什么有关?
   A 自信   B 成绩   **C 性格**   D 发型

1 '인사'의 장점은 무엇입니까?
   A 흥미를 기르다   B 시간을 절약하다
   C 열정적이 되다   **D 사람과의 거리를 좁히다**

2 인사 방법이 다른 것은 주로 무엇과 관련이 있습니까?
   A 자신감   B 성적   **C 성격**   D 헤어스타일

정답&풀이   1 D 녹음에서 '인사'의 장점으로 '拉近人与人之间的距离(사람과 사람의 거리를 좁히고)'라고 표현했다.
           2 C 녹음 마지막 부분에서 사람들마다 인사 방법이 다른 이유는 성격과 관련이 있다고 말했다. 다른 보기들은 전혀 관련이 없다.

★打招呼 dǎ zhāohu [동] (말·행동으로) 인사하다 | 种 zhǒng [양] 종, 종류 | ★礼貌 lǐmào [명] 예의 | ★不管 bùguǎn [접] ~를 막론하고 [不管 A 还是 B 都: A든 B든 막론하고 모두 C하다] | ★熟悉 shúxī [형] 익숙하다, 잘 알다, 생소하지 않다 | 见面 jiànmiàn [동] 만나다, 대면하다 | 应该 yīnggāi [조동] (마땅히) ~해야 한다 | 既 jì [접] ~할 뿐만 아니라, ~이며, ~하고도 [既A又B: A할 뿐만 아니라 또한 B하다] | 拉近 lājìn [동] 좁히다 |

之间 zhījiān 명 ~의 사이 | ★距离 jùlí 명 거리, 간격 | ★留 liú 동 남기다 | ★印象 yìnxiàng 명 인상 | 不同 bù tóng 다르다, 같지 않다 | 方式 fāngshì 명 방식, 방법 | 热情 rèqíng 형 친절하다, 다정하다 | 比较 bǐjiào 부 비교적, 상대적으로 | 害羞 hàixiū 형 부끄러워하다, 수줍어하다 | ★往往 wǎngwǎng 부 종종, 자주, 흔히, 때때로, 이따금 | ★性格 xìnggé 명 성격 | 有关 yǒuguān 명 관계가 있다 [和A有关: A와 관련이 있다] | ★好处 hǎochù 명 좋은 점, 장점, 이점 | 培养 péiyǎng 동 배양하다, 길러내다, 육성하다 | 兴趣 xìngqù 명 흥미, 취미 흥취 | 节省 jiéshěng 동 아끼다, 절약하다 | 时间 shíjiān 명 시간 | ★自信 zìxìn 명 자신감 형 자신감 있다 | 成绩 chéngjì 명 성적 | 发型 fàxíng 명 헤어 스타일

> **tip** 논설문 문제에는 접속사 '既A又B(A하고 또 B하다)'가 많이 나온다.
> 접속사는 무작정 외우면 어렵기 때문에 문장 속에서 함께 익히는 것이 좋다.

STEP 2 내공 쌓기

1 주요 질문 방식

○ track 79

논설문은 보통 '글의 주제'나 '화자의 생각'에 대해 묻는다.

- 这段话主要谈的是什么? 이 이야기가 주로 말하는 것은 무엇인가? ✦
- 这段话说的是什么事情? 이 이야기가 말하고자 하는 것은 무슨 일인가?
- 根据这段话,我们可以知道什么? 이 이야기에 근거하여, 우리가 알 수 있는 것은 무엇인가? ✦
- 关于这段话,下面哪种说法是正确的? 이 글에 관해서 아래의 어느 의견이 정확한가? ✦
- 关于说话人,我们可以知道什么? 화자에 관해, 우리는 무엇을 알 수 있나? ✦
- 这条报道说了一件什么事儿? 이 보도는 무슨 일을 이야기 했는가?
- 这段话主要想告诉我们什么? 이 이야기는 주로 우리에게 무엇을 알리고자 하나? ✦

2 핵심 어휘 및 표현

○ track 80

논설문은 보통 '서론-본론-결론' 순으로 내용을 전개한다. 각 구성 단계에서 자주 쓰이는 표현들을 익혀 두면 내용의 흐름을 따라가기 수월해지고, 핵심 문장을 효율적으로 찾아 들을 수 있다. 더 나아가, 주제별 빈출 어휘를 익혀 어휘 기반까지 탄탄하게 다지자.

(1) 구성 단계별 빈출 표현

서론	认为 rènwéi	여기다, 생각하다	大部分人都认为吸烟对身体不好。 대부분의 사람들은 모두 흡연은 몸에 안 좋다고 생각한다.
	觉得 juéde	~라고 여기다	我觉得运动对健康很好。 나는 운동은 건강에 좋다고 여긴다.
	人们常说 rénmen cháng shuō	사람들은 종종 ~라고 말하다	人们常说喝牛奶很好。 사람들은 종종 우유를 마시는 건 좋다고 말한다.
	……是什么? shì shénme?	~는 무엇인가?	幸福是什么? 행복은 무엇입니까?

본론	只要A，就B zhǐyào A jiù B	A하기만 하면 B하다	只要努力，就能成功。 노력하기만 하면, 성공할 수 있다.
	不是A，而是B búshì A, érshì B	A가 아니라 B이다	这不是职员的责任，而是公司的责任。 이것은 직원의 책임이 아니라 회사의 책임이다.
	不管A，都B bùguǎn A, dōu B	A를 막론하고 모두 B하다	不管过程多难，都不要放弃。 과정이 얼마나 어려운지를 막론하고 모두 포기하면 안 된다.
	即使A，也B jíshǐ A, yě B	설령 A라 하더라도 B하다	即使再孤单，我也不会哭。 설령 고독할지라도 나는 울지 않는다.
결론	其实 qíshí	사실은	其实，这不是事实。 사실, 이것은 사실이 아니다.
	总之 zǒngzhī	총괄적으로 말하면	总之，这是谁都能做到的事。 총괄적으로 말하면, 이것은 누구든지 할 수 있는 일이다.
	结果 jiéguǒ	결과	结果，他结婚了。 그 결과, 그는 결혼했다.
	因此 yīncǐ	이로 인하여, 그래서, 이 때문에	因此，老师们都表扬他。 이로 인하여, 선생님들은 모두 그를 칭찬한다.

| 大部分 dàbùfen 명 대부분 | 吸烟 xī yān 담배를 피다 | 健康 jiànkāng 명 건강 | ★幸福 xìngfú 형 행복하다 | 努力 nǔlì 동 노력하다, 힘쓰다 | ★成功 chénggōng 동 성공하다 | 职员 zhíyuán 명 직원 | ★责任 zérèn 명 책임 | 过程 guòchéng 명 과정 | 孤单 gūdān 형 외롭다 | 哭 kū 동 (소리 내어) 울다 | 事实 shìshí 명 사실 | 事 shì 명 일 | 结婚 jiéhūn 동 결혼하다 | ★表扬 biǎoyáng 동 칭찬하다

(2) 주제별 빈출 표현

教育 jiàoyù 교육 ✦	家长 jiāzhǎng 명 학부모 ｜ 师生 shīshēng 명 선생님과 학생 ｜ 考生 kǎoshēng 명 수험생 新生 xīnshēng 명 신입생 ｜ 小学生 xiǎoxuéshēng 명 초등학생 ｜ 初中生 chūzhōngshēng 명 중학생 高中生 gāozhōngshēng 명 고등학생 ｜ 大学生 dàxuéshēng 명 대학생 研究生 yánjiūshēng 명 대학원생 ｜ 硕士 shuòshì 명 석사 ｜ 博士 bóshì 명 박사 幼儿园 yòu'éryuán 명 유치원 ｜ 补习班 bǔxíbān 명 학원 ｜ 名牌大学 míngpái dàxué 명문 대학 社团 shètuán 명 동아리 ｜ 高考 gāokǎo 대학 입학 시험 ｜ 外语热 wàiyǔrè 명 외국어 열풍 知识 zhīshi 명 지식 ｜ 专业 zhuānyè 명 전공 ｜ 读书 dúshū 동 책을 읽다, 공부하다, 학교를 다니다 读研究生 dú yánjiūshēng 대학원을 다니다 ｜ 提醒 tíxǐng 동 일깨우다, 깨우치다 竞争 jìngzhēng 동 경쟁하다 ｜ 激烈 jīliè 형 치열하다
环境 huánjìng 환경	环境保护 huánjìng bǎohù 명 환경 보호 ｜ 保护环境 bǎohù huánjìng 환경을 보호하다 环境污染 huánjìng wūrǎn 명 환경 오염 ｜ 沙漠化 shāmòhuà 명 사막화 破坏 pòhuài 동 훼손시키다 ｜ 处理 chǔlǐ 동 처리하다 ｜ 节省 jiéshěng 동 아끼다, 절약하다 节约 jiéyuē 동 절약하다 ｜ 节约用水 jiéyuē yòngshuǐ 물을 절약하다 节约用纸 jiéyuē yòngzhǐ 종이를 절약하다 ｜ 塑料袋 sùliàodài 명 비닐봉지 ｜ 垃圾 lājī 명 쓰레기 回收垃圾 huíshōu lājī 쓰레기를 재활용하다 ｜ 一次性用品 yícìxìng yòngpǐn 명 일회용품 资源 zīyuán 명 자원 ｜ 空气 kōngqì 명 공기 ｜ 绿色食品 lǜsè shípǐn 명 무공해 식품
科学 kēxué 과학	地球 dìqiú 명 지구 ｜ 科技 kējì 명 과학기술 ｜ 技术 jìshù 명 기술 ｜ 创造 chuàngzào 동 창조하다 调查 diàochá 동 조사하다 ｜ 发明 fāmíng 동 발명하다 ｜ 发现 fāxiàn 동 발견하다 开发 kāifā 동 개발하다 ｜ 研究 yánjiū 동 연구하다

社会 shèhuì 사회 ✦	经济 jīngjì 명 경제 | 政治 zhèngzhì 명 정치 | 招聘广告 zhāopìn guǎnggào 명 구인 광고 | 应聘条件 yìngpìn tiáojiàn 명 구직 조건 | 面试 miànshì 명 면접 | 经验 jīngyàn 명 경험 | 机会 jīhuì 명 기회 | 任务 rènwu 명 임무 | 效果 xiàoguǒ 명 효과 | 收入 shōurù 명 수입 | 工资 gōngzī 명 월급 | 原因 yuányīn 명 원인 | 成功 chénggōng 명 성공 동 성공하다 | 失败 shībài 명 실패 동 실패하다 | 作用 zuòyòng 명 작용 | 目的 mùdì 명 목적 | 基础 jīchǔ 명 기초 | 做事 zuòshì 동 일을 하다 | 法律 fǎlǜ 명 법률 | 规定 guīdìng 명 규정
生活 shēnghuó 생활	交际 jiāojì 동 교제하다 | 交往 jiāowǎng 동 왕래하다, 교제하다 | 爱情 àiqíng 명 사랑 | 感情深 gǎnqíng shēn 감정이 깊다 | 遇到问题 yùdào wèntí 문제에 부딪히다 | 帮助 bāngzhù 동 돕다 | 省钱 shěngqián 동 돈을 아끼다 | 浪费 làngfèi 동 낭비하다 | 适应 shìyìng 동 적응하다 | 熟悉 shúxī 동 익숙하다, 잘 알다 | 养成习惯 yǎngchéng xíguàn 습관을 기르다 | 管理时间 guǎnlǐ shíjiān 시간을 관리하다 | 做计划表 zuò jìhuàbiǎo 계획표를 짜다

배운 내용 점검하기

● track 81

✦ 녹음을 듣고 빈칸을 채워 보세요.

1 家长很_____对孩子的_____。

2 我们应该少用_____，这样才能减少_____。

3 _____的时候，不要骄傲；_____的时候，不要放弃。

4 每个人都应该学会_____，只有这样才能不_____时间。

5 最近这些年，中国_____的情况越来越严重了，需要大家的关心和_____。

해석&어휘

1 학부모는 아이들의 교육을 매우 중시한다.
家长 jiāzhǎng 명 학부모 ｜ ★重视 zhòngshì 동 중시하다 ｜ ★教育 jiàoyù 명 교육

2 우리는 일회용품을 적게 사용해야 비로소 오염을 줄일 수 있다.
应该 yīnggāi 조동 마땅히 ~해야 한다 ｜ 一次性用品 yícìxìng yòngpǐn 명 일회용품 ｜ 这样 zhèyàng 대 이렇게, 이렇다 ｜ ★减少 jiǎnshǎo 동 줄이다 ｜ ★污染 wūrǎn 명 오염

3 성공할 때 자만하지 말고, 실패할 때 포기하지 말아라.
★成功 chénggōng 동 성공하다 ｜ ★骄傲 jiāo'ào 동 거만하다, 오만하다 ｜ ★失败 shībài 동 실패하다 ｜ ★放弃 fàngqì 동 (권리·주장·의견 등을) 버리다, 포기하다

4 모든 사람이 시간을 관리하는 것을 배워야만 비로소 시간을 낭비하지 않을 수 있다.
学会 xuéhuì 동 배워서 알다, 습득하다 ｜ ★管理 guǎnlǐ 동 관리하다 ｜ 只有 zhǐyǒu 접 ~해야만 ｜ ★浪费 làngfèi 동 낭비하다

5 최근 몇 년간 중국의 환경 오염 상황이 점점 심각해지고 있다. 모두의 관심과 보호가 필요하다.
最近 zuìjìn 명 최근, 요즘 ｜ 环境污染 huánjìng wūrǎn 환경 오염 ｜ ★情况 qíngkuàng 명 상황 ｜ ★严重 yánzhòng 형 심각하다 ｜ 需要 xūyào 동 필요하다 ｜ 关心 guānxīn 명 관심 ｜ ★保护 bǎohù 명 보호

정답 1 重视，教育   2 一次性用品，污染   3 成功，失败   4 管理时间，浪费   5 环境污染，保护

STEP 3 실력 다지기

Day 35

track 82

1. **A** 太懒	**B** 害怕困难	**C** 不积极	**D** 不认真
2. **A** 做事的态度	**B** 兴趣爱好	**C** 管理者的烦恼	**D** 幸福是什么
3. **A** 帮孩子做	**B** 发脾气	**C** 故意咳嗽	**D** 说孩子懒
4. **A** 跑步	**B** 安排时间	**C** 预习	**D** 多阅读
5. **A** 关心父母	**B** 了解艺术	**C** 丰富感情	**D** 尊重生命
6. **A** 不大声说话	**B** 要仔细听	**C** 不乱扔果皮	**D** 戴上眼镜
7. **A** 能保护家具	**B** 让人少做梦	**C** 使房间凉快	**D** 使空气新鲜
8. **A** 较矮的	**B** 开花的	**C** 叶子多的	**D** 太香的

해설서 p.74

Day 36

track 83

9. **A** 开心	**B** 丰富	**C** 无聊	**D** 辛苦
10. **A** 钱的好处	**B** 生活的意义	**C** 读书的原因	**D** 读书的坏处
11. **A** 要尽快写完	**B** 不能有错误	**C** 先写重要的	**D** 不能用铅笔
12. **A** 找工作	**B** 时间管理	**C** 学汉语	**D** 在图书馆学习
13. **A** 经济增长	**B** 艺术	**C** 科学技术	**D** 国际关系
14. **A** 动作难学	**B** 在中国很普遍	**C** 适合表演	**D** 很危险
15. **A** 让人有信心	**B** 降低费用	**C** 提高竞争力	**D** 有效使用时间
16. **A** 打扰到他人	**B** 压力增大	**C** 变穷	**D** 让人讨厌

해설서 p.78

Day 37

track 84

17. A 职业特点　　B 身体条件　　C 运动地点　　D 气候情况
18. A 运动量　　　B 不要打扰别人　C 保暖　　　　D 速度
19. A 不熟悉环境　B 缺点多　　　C 能力差　　　D 害怕失败
20. A 多加班　　　B 多总结　　　C 多鼓励自己　D 多与同事交流
21. A 经常说　　　B 喜欢吃　　　C 想解释　　　D 放心上
22. A 总结经验　　B 努力学习　　C 改变主意　　D 鼓励自己
23. A 学会原谅　　B 学会发现美　C 多关心人　　D 勇敢一些
24. A 幸福和钱无关　B 富人很浪漫　C 穷人很可怜　D 幸福很普遍

해설서 p.81

Day 38

track 85

25. A 心情愉快　　B 说话流利　　C 冷静下来　　D 态度认真
26. A 怎样减少误会　B 面试方法　　C 对话的艺术　D 怎样写总结
27. A 亲戚　　　　B 同事　　　　C 朋友　　　　D 邻居
28. A 重视与邻居的关系　　　　B 常联系亲人
    C 尊重父母　　　　　　　　D 同情他人
29. A 一直考虑　　　　　　　　B 不自信
    C 改变自己　　　　　　　　D 不停地选择或放弃
30. A 坚持下去　　B 认真考虑　　C 勇敢放弃　　D 勇敢坚持
31. A 瘦才美丽　　B 有礼貌才美丽　C 要会打扮　　D 要常笑
32. A 多吃水果　　B 不吃饭　　　C 少吃盐　　　D 多锻炼

해설서 p.84

제1부분 문장 속 빈칸에 알맞은 보기 고르기
제2부분 보기를 어순에 맞게 배열하기
제3부분 단문 읽고 관련 질문에 답하기

저자 특강

● 출제 경향 ●

제1부분
빈칸에 들어가는 어휘로 주로 '동사'와 '명사'가 출제된다. 형용사, 부사, 양사, 접속사, 개사 관련 문제도 꾸준히 출제되기는 하나 비중은 크지 않다.

제2부분
어법적 접근 없이, 보기 A, B, C 간의 의미 관계를 파악해야 하는 '의미 순서 배열' 유형이 가장 많이 출제된다. 접속사의 호응 관계에 근거해 순서를 배열할 수 있는 유형은 점점 적어지고 있다. 문화, 자기 계발, 처세, 사회, 교육 관련 서술형 문장이 주로 출제되며, 간혹 대화체나 명령체의 문장이 등장하기도 한다.

제3부분
지문의 세부 내용을 파악해야 하는 유형이 가장 많이 출제된다. 독해 제2부분과 마찬가지로, 문화, 사회, 처세, 교육, 환경 등 다양한 주제의 논설문이나 설명문이 출제된다. 다른 영역에 비해 어휘의 난이도가 비교적 높다.

● 문제 풀이 비법 ●

제1부분 | 괄호의 앞뒤 어휘를 가장 먼저 살피자.
단어들은 저마다 함께 어울려 쓸 수 있는 어휘가 따로 존재한다. 보통 괄호와 괄호 앞뒤 어휘의 관계가 긴밀한 편이므로, 문장 전체를 파악하지 않고 괄호 앞뒤의 어휘만 살펴도 쉽게 답을 찾을 수 있는 경우가 많다.

제2부분 | 순서 배열의 기준이 되는 보기를 찾자.
접속사나 부사, 대사 등의 연결어의 용법에 근거해 '순서 배열의 기준'이 되는 보기를 정하자. 사람의 이름이나 주어, 시간 표현, 개사구 등의 부사어가 등장하는 보기는 첫 번째 순서에 오는 경우가 많다. 단서가 되는 어휘가 하나도 없을 경우, '원인-결과' '시간 관계' 등 보기 간의 상관 관계를 따져 배열하자.

제3부분 | 보기를 먼저 확인하여 문제의 유형을 파악하자.
문제의 유형이 '세부 내용 파악'인지 '주제 파악'인지에 따라 문제 풀이 방법이 달라진다. 단, 어떤 유형이더라도 지문의 제일 첫 문장과 마지막 문장에는 핵심 내용이 자주 등장하니 반드시 챙겨 확인하자.

독해 공부 비법 '직독직해'하는 습관을 기르자.

독해 제1부분

01 동사 어휘 선택

Day 01

기초 실력 확인하기 | 빈칸에 알맞은 말을 보기에서 골라 보세요.

모범 답안 및 해설 → 본서 p.365

| 骑　　打扫 | □ _____ 比赛 | □ _____ 房间 |
| 参加　解决 | □ _____ 自行车 | □ _____ 问题 |

STEP 1 유형 파악하기

◆ '술어로 쓰인 동사'를 찾아야 하는 문제가 많다. 자주 쓰이는 '술어+목적어 구조 어휘 조합'을 짝꿍으로 묶어서 잘 익혀두면 쉽게 정답을 찾을 수 있다.

◆ '보어로 쓰인 동사'를 찾아야 하는 문제도 자주 출제된다. 동사가 여러 문장성분으로 쓰일 수 있다는 점을 염두에 두고, 보어로 자주 쓰이는 동사들을 익히자.

● 제1부분 예제 1

> A 接受　B 参加　C 安排　D 出发　E 学习
>
> 1 如果真的爱一个人，就要在爱他优点的同时，也要（　　）那个人的缺点。

如果真的爱一个人，就要在爱他优点的同时，也要（ **A 接受** ）那个人的缺点。

만약 정말로 어떤 사람을 사랑한다면, 그 사람의 장점을 사랑하는 것과 동시에 그의 단점도 (**A 받아들여야**) 합니다.

A ★接受 jiēshòu 동 받아들이다, 받다, 수락하다
B 参加 cānjiā 동 참석하다, 참가하다, 참여하다
C ★安排 ānpái 동 (일·계획 등을) 안배하다, 세우다, 처리하다
D ★出发 chūfā 동 출발하다, 떠나다
E 学习 xuéxí 동 배우다, 공부하다, 학습하다

정답&풀이 A [接受+구체적인 사물/추상적인 사물 ~를 받아들이다] 괄호 뒤에 있는 목적어와 호응할 수 있는 술어를 찾아야 한다. 목적어 '缺点(단점)'과 호응할 수 있는 어휘는 보기 중 '接受'밖에 없다. '接受'는 구체적인 사물이나 추상적인 사물을 받아들인다는 의미를 가진 동사로 앞뒤 절의 문맥을 고려했을 때 '接受'가 술어로 쓰이는 것이 가장 알맞다.

如果 rúguǒ 접 만일, 만약 [如果A 就B: 만약 A라면, B하다] | 真的 zhēn de 참으로, 정말로, 진실로, 진짜 | ★优点 yōudiǎn 명 장점 | ★同时 tóngshí 명 동시, 같은 시간 [在A的同时: A하는 동시에] | ★缺点 quēdiǎn 명 결점, 단점, 부족한 점

tip 在의 용법
❶ 동사 在(~에 있다): 在 + 장소　❷ 개사 在(~에서): 在 + 장소 + 행동　❸ 부사 在(~하고 있는 중이다): 在 + 행동

● 제1부분 예제 2

> A 缺少   B 送   C 引起   D 擦   E 收到
>
> 2 A: 您好，我（　　）了公司给我发的电子邮件，让我今天过来面试。
>   B: 好的，请您稍微等一下，我去通知经理。

A: 您好，我（ **E 收到** ）了公司给我发的电子邮件，让我今天过来面试。
B: 好的，请您稍微等一下，我去通知经理。

A: 안녕하세요. 회사에서 보낸 이메일을 (**E 받았습니다**). 오늘 면접 보러 오라고 하셨어요.
B: 알겠습니다. 잠시만 기다려 주세요. 저희 매니저님께 알려드릴게요.

A 缺少 quēshǎo 동 부족하다, 모자라다
C 引起 yǐnqǐ 동 일으키다, (주의를) 끌다
E 收到 shōudào 동 받다, 얻다
B 送 sòng 동 배웅하다, 전송하다, 주다, 데려다 주다
D ★擦 cā 동 (천·수건 등으로) 닦다

정답&풀이 **E** [收到+구체적인 사물 ~를 받다] 괄호 뒤에 조사 '了'가 있는 것으로 보아 동사가 들어가야 한다는 것을 알 수 있고, 목적어와 호응할 수 있는 어휘는 동사 '收到'이다. '收到'는 일반적으로 구체적인 사물을 받을 때 쓰는 어휘로 '电子邮件'과 어울리는 동사이다.

公司 gōngsī 명 회사 | 发 fā 동 보내다 | 电子邮件 diànzǐ yóujiàn 이메일, 전자 우편 | 让 ràng 동 ~하게 하다, 하도록 하다 [(주어)+让+대상+술어/내용] | 过来 guòlái 동 오다 | 面试 miànshì 동 면접을 보다 | ★稍微 shāowēi 부 조금, 약간, 다소 | 等 děng 동 기다리다 | 一下 yíxià 수량 (동사 뒤에 쓰여) 좀 ~하다 | ★通知 tōngzhī 동 알리다, 통지하다 | 经理 jīnglǐ 명 사장, 매니저, (기업의) 경영 관리 책임자, 지배인

STEP 2 내공 쌓기

1 동사의 위치 파악하기

독해 제1부분 문제 풀이의 정석은 전체 문장의 '문장성분'을 파악한 후, 괄호에 들어갈 수 있는 단어의 '품사'를 파악하는 것이다. 하지만 제한된 풀이 시간만 주어지는 '시험'이니 만큼, '신속함'이 생명! 괄호 앞뒤 어휘만 먼저 분석하여 괄호에 들어갈 수 있는 문장성분과 품사를 빠르게 찾아내자. 아래와 같은 위치에 괄호가 주어질 경우, 답이 동사일 확률이 높다.

- 조동사+(동사)
  桌子脏了，要(擦)。 탁자가 더러워져서 닦아야 한다.

- (동사)+동태조사(了/着/过)
  小明今天晚上终于(完成)了任务。 샤오밍[小明]은 오늘 저녁에 결국 임무를 완성했다.

- 부사+(동사)
  我们马上就(出发)。 우리는 곧 바로 출발한다.

★脏 zāng 형 지저분하다, 더럽다 | ★擦 cā 동 닦다 | 终于 zhōngyú 부 마침내, 결국 | 完成 wánchéng 동 완성하다 | ★任务 rènwu 명 임무 | 马上 mǎshàng 부 곧, 즉시 | ★出发 chūfā 동 출발하다

01 동사 어휘 선택 83

2 빈출 동사와 활용 표현  ● track 86

동사 하나만 외우지 말고, '자주 쓰이는 어휘 조합' 및 '고정적인 활용 형태'로 외우자. 동사는 주로 문장의 술어로 쓰이기 때문에 '동사+목적어' '개사구+동사' '부사+동사' 조합으로 익히는 것이 좋다.

- 安排 ānpái 안배하다
  安排时间 ānpái shíjiān 시간을 짜다
- 报名 bàomíng 신청하다
  报名参加 bàomíng cānjiā 참가 신청하다
- 毕业 bìyè 졸업하다
  大学毕业 dàxué bìyè 대학을 졸업하다
- 表扬 biǎoyáng 칭찬하다
  受到表扬 shòudào biǎoyáng 칭찬을 받다
- 猜 cāi 추측하다, 알아맞히다
  猜对了 cāiduì le 알아맞혔다
- 超过 chāoguò (어떠한 정해진 양을) 초과하다, 앞지르다
  超过三公斤 chāoguò sān gōngjīn 3kg을 넘다
- 乘坐 chéngzuò (자동차, 비행기, 배 등을) 타다
  乘坐飞机 chéngzuò fēijī 비행기를 타다
- 出差 chūchāi 출장 가다
  去北京出差 qù Běijīng chūchāi 베이징으로 출장 가다
- 出生 chūshēng 태어나다
  出生在韩国 chūshēng zài Hánguó 한국에서 태어나다
- 打扰 dǎrǎo 방해하다, 지장을 주다, 귀찮게 하다
  打扰别人 dǎrǎo biérén 다른 사람을 방해하다
- 道歉 dàoqiàn 사과하다
  向他道歉 xiàng tā dàoqiàn 그에게 사과하다
- 堵车 dǔchē 차가 막히다
  路上堵车 lùshang dǔchē 길에 차가 막히다
- 发展 fāzhǎn 발전하다
  经济发展 jīngjì fāzhǎn 경제가 발전하다
- 放弃 fàngqì (권리, 주장, 의견 등을) 포기하다
  不要放弃 búyào fàngqì 포기하지 마라
- 复印 fùyìn 복사하다
  复印材料 fùyìn cáiliào 자료를 복사하다
- 改变 gǎibiàn 바꾸다, 변하다
  改变主意 gǎibiàn zhǔyi 생각을 바꾸다
- 感觉 gǎnjué 느끼다, 생각하다
  感觉不错 gǎnjué búcuò 괜찮다고 느끼다
- 挂 guà (사물 표면에) 걸다
  挂在墙上 guàzài qiáng shang 벽 위에 걸다

- 保证 bǎozhèng 보증하다, 보장하다
  保证质量 bǎozhèng zhìliàng 품질을 보장하다
- 抱 bào 껴안다, 포옹하다
  抱孩子 bào háizi 아이를 껴안다
- 表示 biǎoshì 표시하다
  表示感谢 biǎoshì gǎnxiè 감사를 나타내다
- 擦 cā 닦다
  擦窗户 cā chuānghu 창문을 닦다
- 参加 cānjiā (어떤 조직이나 활동에) 참가하다
  参加考试 cānjiā kǎoshì 시험에 참가하다
- 成为 chéngwéi ~가 되다
  成为记者 chéngwéi jìzhě 기자가 되다
- 吃惊 chījīng 놀라다
  让人吃惊 ràng rén chījīng (사람을) 놀라게 하다
- 出发 chūfā 출발하다
  从这儿出发 cóng zhèr chūfā 여기에서 출발하다
- 打扮 dǎban 단장하다, 꾸미다
  喜欢打扮 xǐhuan dǎban 꾸미는 것을 좋아하다
- 戴 dài (몸에 지니는 소품품 등을) 착용하다, 끼다
  戴眼镜 dài yǎnjing 안경을 끼다
- 丢 diū 잃어버리다, 분실하다
  把钱包丢了 bǎ qiánbāo diū le 지갑을 잃어버렸다
- 发生 fāshēng 발생하다
  发生事情 fāshēng shìqing 일이 발생하다
- 翻译 fānyì 번역하다, 통역하다
  翻译成中文 fānyì chéng Zhōngwén 중국어로 번역하다
- 丰富 fēngfù 풍부하게 하다
  丰富生活 fēngfù shēnghuó 생활을 풍부하게 하다
- 负责 fùzé 책임지다
  负责管理工作 fùzé guǎnlǐ gōngzuò 업무 관리를 책임지다
- 感动 gǎndòng 감동하다
  被他感动 bèi tā gǎndòng 그한테 감동 받다
- 鼓励 gǔlì 격려하다, 북돋우다
  鼓励他 gǔlì tā 그를 격려하다
- 逛 guàng 거닐다, 돌아다니다, 구경하다
  逛商店 guàng shāngdiàn 상점을 구경하다

- 怀疑 huáiyí 의심하다
  怀疑朋友 huáiyí péngyou 친구를 의심하다
- 积累 jīlěi 쌓다, 축적하다
  积累经验 jīlěi jīngyàn 경험을 쌓다
- 减少 jiǎnshǎo 줄이다, 감소하다
  减少了两倍 jiǎnshǎole liǎng bèi 두 배가 줄었다
- 节约 jiéyuē 절약하다
  节约时间 jiéyuē shíjiān 시간을 절약하다
- 禁止 jìnzhǐ 금지하다
  禁止抽烟 jìnzhǐ chōuyān 흡연을 금지하다
- 举行 jǔxíng 거행하다, 개최하다
  举行活动 jǔxíng huódòng 활동을 거행하다
- 咳嗽 késou 기침하다
  一直咳嗽 yìzhí késou 계속 기침하다
- 联系 liánxì 연락하다, 연결하다
  请联系我 qǐng liánxì wǒ 저에게 연락해 주세요
- 批评 pīpíng 비평하다, 혼내다
  批评孩子 pīpíng háizi 아이를 혼내다
- 剩 shèng 남기다
  剩下十分钟 shèngxià shí fēnzhōng 10분이 남다
- 适应 shìyìng 적응하다
  适应环境 shìyìng huánjìng 환경에 적응하다
- 受到 shòudào 받다
  受到教育 shòudào jiàoyù 교육을 받다
- 躺 tǎng 눕다
  躺在床上 tǎngzài chuáng shang 침대에 눕다
- 推 tuī 밀다
  推购物车 tuī gòuwùchē 쇼핑 카트를 밀다
- 羡慕 xiànmù 부러워하다
  让人羡慕 ràng rén xiànmù 부러워하게 하다
- 引起 yǐnqǐ (주의를) 끌다
  引起注意 yǐnqǐ zhùyì 주의를 끌다
- 祝贺 zhùhè 축하하다
  祝贺他 zhùhè tā 그를 축하하다

- 获得 huòdé 얻다
  获得成功 huòdé chénggōng 성공을 얻다
- 继续 jìxù 계속하다
  继续努力 jìxù nǔlì 계속 노력하다
- 交流 jiāoliú 교류하다
  交流感情 jiāoliú gǎnqíng 감정을 교류하다
- 结束 jiéshù 끝나다, 마치다
  比赛结束 bǐsài jiéshù 시합이 끝나다
- 举办 jǔbàn 거행하다, 개최하다
  举办运动会 jǔbàn yùndònghuì 운동회를 개최하다
- 考虑 kǎolǜ 고려하다
  值得考虑 zhíde kǎolǜ 고려할 만하다
- 浪费 làngfèi 낭비하다
  浪费钱 làngfèi qián 돈을 낭비하다
- 麻烦 máfan 귀찮게 하다
  麻烦你了 máfan nǐ le 실례했습니다
- 商量 shāngliang 상의하다
  商量一下 shāngliang yíxià 상의 좀 하다
- 使用 shǐyòng 사용하다
  使用手机 shǐyòng shǒujī 휴대폰을 사용하다
- 收拾 shōushi 거두다, 정돈하다
  收拾行李 shōushi xíngli 짐을 정돈하다
- 熟悉 shúxī 익숙하다, 잘 알다
  熟悉这里的情况 shúxī zhèli de qíngkuàng 여기의 상황을 잘 알다
- 提供 tígōng 제공하다
  提供服务 tígōng fúwù 서비스를 제공하다
- 完成 wánchéng 완성하다
  完成任务 wánchéng rènwu 임무를 완성하다
- 养成 yǎngchéng 기르다, 양성하다
  养成习惯 yǎngchéng xíguàn 습관을 기르다
- 整理 zhěnglǐ 정리하다
  整理房间 zhěnglǐ fángjiān 방을 정리하다
- 赚 zhuàn (돈을) 벌다
  赚很多钱 zhuàn hěn duō qián 많은 돈을 벌다

용법에 주의하며 외워야 하는 동사

(1) 목적어의 성질에 주의해야 하는 경우

表示＋생각/감정/태도　　　成为＋직업/신분　　　戴＋몸에 착용하는 장신구
获得＋추상적인 대상　　　受到＋추상적인 대상　　　收到＋구체적인 대상

(2) 개사와 동사의 어순에 주의해야 하는 경우

毕业于＋학교명 (~를 졸업하다)　　　从＋학교명＋毕业 (~를 졸업하다)
从/由＋출발점＋出发 (~에서 출발하다)　　　向……道歉 (~에게 사과하다)
把＋사물＋挂在＋장소 (~를 ~에 걸다)　　　장소＋挂着＋사물 (~에 ~가 걸려 있다)

(3) 여러 품사를 가지는 경우

成功　동 성공하다　명 성공　　　翻译　동 번역·통역하다　명 번역가, 통역가
丰富　동 풍부하게 하다　형 풍부하다　　　感觉　동 느끼다, 생각하다　명 느낌, 생각
麻烦　동 실례하다　형 번거롭다　명 말썽

배운 내용 점검하기

✦ 주어진 해석을 참고해 빈칸에 알맞은 단어를 써 보세요.

1. _____别人 다른 사람을 방해하다
2. _____同意 동의를 나타내다
3. _____表扬 칭찬을 받다
4. _____飞机 비행기를 타다
5. _____经验 경험을 쌓다

정답&어휘　1 打扰　2 表示　3 受到　4 乘坐　5 积累

★打扰 dǎrǎo 동 방해하다 | 别人 biérén 명 다른 사람, 타인 | ★表示 biǎoshì 동 나타내다, 표시하다, 표현하다 | 同意 tóngyì 동 동의하다 | ★受到 shòudào 동 받다, 얻다 | ★表扬 biǎoyáng 동 칭찬하다 | ★乘坐 chéngzuò 동 타다, 탑승하다 | ★积累 jīlěi 동 쌓다, 축적하다 | ★经验 jīngyàn 명 경험

STEP 3 실력 다지기

| A 响 | B 躺 | C 禁止 | D 打扰 | E 举行 |

1. 我们刚（　）下就听到了有人在敲门，是你啊。

2. 妹妹最讨厌在自己弹钢琴的时候被人（　），我们最好还是出去吧。

3. 手机今天早上6点就（　）了，可是她一直睡到8点才起床。

4. 对不起，飞机上（　）使用电脑，飞行过程中电脑也要关上。

5. 由于一直下大雪，学校运动会只好推迟（　）。

| A 堵车 | B 填 | C 预习 | D 保证 | E 辛苦 |

6. A: 你看起来很不开心，是不是有什么烦恼呢？
   B: 倒也没什么特别的事，昨天忘记（　），老师批评我了。

7. A: 那个教室又脏又乱，周末我来打扫一下。
   B: 那就（　）你了，谢谢！

8. A: 你好，我想办一张银行卡。
   B: 好的，请您先（　）一下这张申请表。

9. A: 路上（　），我恐怕要晚二十分钟才能到。
   B: 没关系，别着急，我也刚坐上公交车。

10. A: 别担心，按现在的速度，大概今年年末就能通车了。
    B: 速度是很重要，但是（　）质量更重要。

해설서 p.88

| A 麻烦 | B 超过 | C 逛 | D 引起 | E 赚 |

11. ( )了半天，我的腿都酸死了。

12. 那本杂志上的文章都不太长，一般不会( )九千字。

13. 海水受到污染的这条新闻( )了市里的重视。

14. 这两年爸爸的生意越做越大，( )了不少钱。

15. 小姐，( )您把脚抬一下，我的钥匙掉在您椅子下边了。

| A 考虑 | B 擦 | C 羡慕 | D 举行 | E 丢 |

16. A：他的汉语说得很流利，真让人( )。
    B：他是汉语翻译，当然很厉害。

17. A：刚才广播里说什么了？你听清楚了没？
    B：学校明天要( )秋季运动会。

18. A：你跟那位姓王的顾客联系了吗？她同意换货了没？
    B：和她联系过了，她说会( )咱们的建议的。

19. A：你怎么出了那么多汗？给你毛巾，快( )一下。
    B：谢谢，外边实在太热了。

20. A：他真是太粗心了，怎么会把自己的信用卡都弄( )了呢？
    B：别提了，上次还差点儿把身份证丢了呢。

독해 제1부분
02 형용사 어휘 선택

Day 04

기초 실력 확인하기 | 빈칸에 알맞은 말을 보기에서 골라 보세요.

모범 답안 및 해설 → 본서 p.366

简单	新鲜
干净	方便

☐ _____ 的水果　　　☐ 房间比较 _____

☐ 交通很 _____　　　☐ _____ 的内容

STEP 1 유형 파악하기

◆ '술어'나 '보어'로 쓰인 형용사를 주로 묻는다. 형용사가 술어로 쓰일 경우 '정도부사+형용사' 어순으로 쓰이고, 보어로 쓰일 경우 '동사+형용사'나 '得+형용사' 어순으로 쓰인다.

◆ 명사나 대사를 꾸며 주는 '관형어'로 쓰인 형용사를 묻는 경우도 많다. 관형어로 쓰인 형용사는 보통 뒤에 조사 '的'가 붙어 '형용사+的' 어순으로 쓰이지만, 일부 형용사는 단독으로 관형어가 될 수도 있다.

● 제1부분 예제 1

A 严格　B 精彩　C 认真　D 难过　E 友好

1 上周咱们买的那本外国小说你看了吗？我认为它的内容真的太（　）了！

上周咱们买的那本外国小说你看了吗？我认为它的内容真的太（ **B** 精彩 ）了！	지난주에 우리가 산 그 외국 소설 봤어? 내 생각에는 내용이 정말(**B** 훌륭해)!

A 严格 yángé 형 엄격하다, 엄하다
B ★精彩 jīngcǎi 형 훌륭하다, 뛰어나다, 근사하다
C 认真 rènzhēn 형 열심히 하다, 진지하다, 착실하다, 진솔하다, 성실하다
D 难过 nánguò 형 견디기 어렵다, 슬프다, 고통스럽다, 괴롭다
E 友好 yǒuhǎo 형 우호적이다

정답&풀이　**B** [내용+精彩 ~가 훌륭하다, 멋지다]　괄호 앞에 정도부사 '太'가 있고 뒤에 목적어가 없는 것으로 보아 빈칸에는 형용사가 술어가 된다는 것을 알 수 있다. 주어와 형용사 술어 호응 관계를 확인하면 '内容(내용)'과 어울리는 술어는 '精彩(훌륭하다)'이다.

上周 shàngzhōu 명 지난주 | ★咱们 zánmen 대 우리들 | 外国 wàiguó 명 외국 | ★小说 xiǎoshuō 명 소설 | 认为 rènwéi 동 여기다, 생각하다, 간주하다 | ★内容 nèiróng 명 내용 | 真的 zhēn de 참으로, 정말로, 진실로, 진짜 | 太 tài 부 너무, 몹시, 지나치게 [太……了: 너무 ~하다]

 형용사를 빠르게 판단하는 법
'성질'이나 '상태'를 나타내는 말이 '형용사'이다. 예를 들면 '好(좋다)', '可爱(귀엽다)' 등이 있다. 무작정 단어의 품사를 외우려 하지 말고 뜻을 이해하면서 외우자.

● 제1부분 예제 2

> A 羨慕   B 激动   C 厉害   D 乱   E 顺利

> 2 A：我上周刚通过了一个学校的笔试，接下来要准备面试了。这几天紧张得连饭都吃不下。
>   B：别那么担心，你那么优秀，肯定会（　　）通过的。

A： 我上周刚通过了一个学校的笔试，接下来要准备面试了。这几天紧张得连饭都吃不下。
B： 别那么担心，你那么优秀，肯定会（ **E 顺利** ）通过的。

A： 저 지난주에 학교 필기시험을 통과했어요. 이제 면접 준비를 해야 해요. 요 며칠 긴장해서 밥도 제대로 못 먹겠더라고요.
B： 그렇게 걱정하지 마세요. 당신이 그렇게 뛰어난데 분명 (**E 순조롭게**) 통과할 거예요.

A ★羨慕 xiànmù 동 부러워하다, 탐내다, 흠모하다
B ★激动 jīdòng 동 흥분하다, 감격하다, 감동하다
C ★厉害 lìhai 형 대단하다, 굉장하다
D ★乱 luàn 형 어지럽다, 무질서하다, 혼란하다
E ★顺利 shùnlì 형 순조롭다, 일이 잘 되어가다

정답&풀이   **E** [顺利通过 순조롭게 통과하다]   술어 앞에 괄호가 있는 것으로 보아 부사어 자리임을 알 수 있다. 부사와 형용사가 주로 부사어 역할을 하며, 내용상 상대방을 격려하는 내용으로 괄호에 어울리는 어휘는 형용사 '顺利(순조롭다)'이다.

上周 shàngzhōu 명 지난주 | ★刚 gāng 부 방금, 막, 지금 | ★通过 tōngguò 동 통과하다 | 笔试 bǐshì 명 필기시험 | 接下来 jiēxiàlái 다음으로, 이어서 | 准备 zhǔnbèi 동 준비하다, ~하려고 하다, ~할 작정이다 | 面试 miànshì 명 면접 | 天 tiān 명 하루, 날, 일 | ★紧张 jǐnzhāng 형 긴장해 있다, 불안하다 | ★连 lián 개 ~조차도, ~마저도, ~까지도 [连A都B: A조차도 B하다] | 饭 fàn 명 밥 | 不下 buxià (동사 뒤에 놓여) 어떤 동작을 완성하지 못했거나 결과가 없음을 나타낸다 | 别 bié ~하지 마라 | 那么 nàme 대 그렇게, 저렇게, 그런, 저런 | 担心 dānxīn 동 걱정하다, 염려하다 | ★优秀 yōuxiù 형 우수하다, 아주 뛰어나다 | ★肯定 kěndìng 부 확실히, 틀림없이, 의심할 여지없이

STEP 2   내공 쌓기

1 형용사의 위치 파악하기

형용사는 주로 '술어' '관형어' '보어'로 쓰인다. 형용사가 술어로 쓰일 때는 목적어를 갖지 않으며, 정도부사의 수식을 받아야 한다는 특징은 반드시 기억하자.

- 정도부사+(형용사) ← 술어 역할
  这部手机很(方便)。 이 휴대폰은 편리하다.

- (형용사)+(的)+명사 ← 관형어 역할
  妈妈给我买了(漂亮)的衣服。 엄마가 나에게 예쁜 옷을 사 주셨다.

- (형용사)+地+동사 ← 부사어 역할
  弟弟一听到那个消息就(高兴)地跑出去了。 남동생은 그 소식을 듣자마자 기쁘게 뛰어나갔다.

- 동사+得+(형용사) ← 정도보어 역할
  他今天起得(早)。 그는 오늘 일찍 일어났다.

- 这么/那么+(형용사) ← 술어 역할
  你的孩子怎么这么(聪明)啊! 네 아이는 어떻게 이렇게 똑똑하니!

部 bù 양 부, 편 [서적, 영화, 휴대폰 등을 세는 단위] | 方便 fāngbiàn 형 편리하다 | ★消息 xiāoxi 명 정보, 뉴스 | 聪明 cōngming 형 똑똑하다

2 빈출 형용사와 활용 표현

● track 87

형용사 역시 '자주 쓰이는 어휘 조합' '고정적인 활용 형태'로 외우는 것이 효율적이다. 형용사는 '개사구+형용사' '부사+형용사' 조합으로 익히고, 술어로 쓰일 경우 어떤 성질의 주어와 호응해 쓰이는지도 함께 알아 두는 것이 좋다.

- 标准 biāozhǔn 표준적이다
  动作标准 dòngzuò biāozhǔn 동작이 정확하다

- 粗心 cūxīn 소홀하다, 꼼꼼하지 못하다
  粗心大意 cūxīndàyì 꼼꼼하지 못하고 부주의하다

- 复杂 fùzá 복잡하다
  问题很复杂 wèntí hěn fùzá 문제가 복잡하다

- 合格 hégé 규격에 맞다, 합격이다
  合格标准 hégé biāozhǔn 합격 기준

- 活泼 huópō 활발하다, 활기차다
  性格活泼 xìnggé huópō 성격이 활발하다

- 激动 jīdòng 흥분하다
  别激动 bié jīdòng 흥분하지 마

- 骄傲 jiāo'ào 자랑스럽다, 오만하다
  为女儿感到骄傲 wèi nǚ'ér gǎndào jiāo'ào 딸이 자랑스럽다

- 可怜 kělián 불쌍하다, 가엾다
  可怜的孩子 kělián de háizi 가엾은 아기

- 冷静 lěngjìng 침착하다, 냉정하다
  冷静一下 lěngjìng yíxià 좀 침착해

- 凉快 liángkuai 시원하다
  天气凉快 tiānqì liángkuai 날씨가 시원하다

- 乱 luàn 어지럽다, 무질서하다
  房间很乱 fángjiān hěn luàn 방이 어지럽다

- 难过 nánguò 괴롭다
  心里难过 xīnli nánguò 마음이 괴롭다

- 奇怪 qíguài 이상하다
  觉得奇怪 juéde qíguài 이상하다고 느끼다

- 顺利 shùnlì 순조롭다
  工作很顺利 gōngzuò hěn shùnlì 일이 순조롭다

- 诚实 chéngshí 성실하다, 언행이 일치하다
  诚实地工作 chéngshí de gōngzuò 성실하게 일하다

- 方便 fāngbiàn 편리하다
  交通方便 jiāotōng fāngbiàn 교통이 편리하다

- 干净 gānjìng 깨끗하다
  收拾得很干净 shōushi de hěn gānjìng 깨끗하게 정리했다

- 合适 héshì 알맞다, 적합하다, 적당하다
  大小合适 dàxiǎo héshì 크기가 알맞다

- 积极 jījí 적극적이다, 의욕적이다, 긍정적이다
  有积极的作用 yǒu jījí de zuòyòng 긍정적인 작용이 있다

- 简单 jiǎndān 간단하다
  内容简单 nèiróng jiǎndān 내용이 간단하다

- 精彩 jīngcǎi (공연, 문장, 내용 등이) 훌륭하다, 뛰어나다
  表演很精彩 biǎoyǎn hěn jīngcǎi 공연이 훌륭하다

- 困难 kùnnan 어렵다, 힘들다
  生活困难 shēnghuó kùnnan 생활이 어렵다

- 厉害 lìhai 심하다, 대단하다
  疼得厉害 téng de lìhai 심하게 아프다

- 流利 liúlì 유창하다
  说得很流利 shuō de hěn liúlì 말을 유창하게 한다

- 麻烦 máfan 귀찮다
  麻烦的事 máfan de shì 귀찮은 일

- 暖和 nuǎnhuo 따뜻하다
  天气暖和 tiānqì nuǎnhuo 날씨가 따뜻하다

- 轻松 qīngsōng 수월하다, 편안하다
  轻松地学习 qīngsōng de xuéxí 수월하게 공부하다

- 热闹 rènao 떠들썩하다
  现场很热闹 xiànchǎng hěn rènao 현장이 활기차다

- 所有 suǒyǒu 모든, 전부의
  所有国家 suǒyǒu guójiā 모든 국가
- 香 xiāng (음식이) 맛있다 / (잠이) 달콤하다 / 향기롭다
  这道菜很香 zhè dào cài hěn xiāng 이 요리는 맛있다
  睡得很香 shuì de hěn xiāng 달콤하게 자다
- 新鲜 xīnxiān 신선하다, 싱싱하다
  空气新鲜 kōngqì xīnxiān 공기가 신선하다
- 严重 yánzhòng 심각하다
  问题严重 wèntí yánzhòng 문제가 심각하다
- 愉快 yúkuài 즐겁다
  过得愉快 guò de yúkuài 즐겁게 보내다
- 幽默 yōumò 유머러스하다
  幽默的人 yōumò de rén 유머러스한 사람

- 危险 wēixiǎn 위험하다
  危险的地方 wēixiǎn de dìfang 위험한 장소
- 详细 xiángxì 상세하다
  介绍得详细 jièshào de xiángxì 자세히 소개하다
- 严格 yángé 엄격하다
  要求严格 yāoqiú yángé 요구가 엄격하다
- 优秀 yōuxiù (품행, 성적 등이) 우수하다, 뛰어나다
  成绩优秀 chéngjì yōuxiù 성적이 우수하다
- 著名 zhùmíng 저명하다, 유명하다
  著名作家 zhùmíng zuòjiā 저명한 작가
- 准确 zhǔnquè 정확하다
  发音准确 fāyīn zhǔnquè 발음이 정확하다

용법에 주의하며 외워야 하는 형용사

(1) 보어로 쓰인 경우의 형용사
   吃饱 chībǎo 배부르게 먹다
   弄脏 nòngzāng 더럽히다
   做好 zuòhǎo 잘 끝내다
   洗干净 xǐ gānjìng 깨끗이 빨다
   看清楚 kàn qīngchu 정확히 보다
   弄坏 nònghuài 망가트리다
   准备好 zhǔnbèi hǎo 준비를 다 하다
   写错 xiěcuò 잘못 쓰다

(2) 개사와 형용사의 어순에 주의해야 하는 경우
   对……合适 (~에 적합하다)
   为……(感到)骄傲 (~때문에 자부심을 느끼다, 자랑스럽다)

(3) 여러 품사를 가지는 경우
   困难 〔형〕 어렵다, 힘들다 〔명〕 곤란
   乱 〔형〕 어지럽다, 무질서하다 〔부〕 함부로
   确实 〔형〕 확실하다, 믿을 만하다 〔부〕 확실히, 정말로

배운 내용 점검하기

◆ 주어진 해석을 참고해 빈칸에 알맞은 단어를 써 보세요.

1 对他_____ 그에게 알맞다
2 经验_____ 경험이 풍부하다
3 太_____了 너무 부주의하다
4 表演_____ 공연이 훌륭하다
5 说得_____ 말을 유창하게 한다

정답&어휘 1 合适 2 丰富 3 粗心 4 精彩 5 流利
★合适 héshì 〔형〕 적합하다, 알맞다 | ★经验 jīngyàn 〔명〕 경험 | ★丰富 fēngfù 〔형〕 풍부하다 | ★粗心 cūxīn 〔형〕 세심하지 못하다, 소홀하다, 부주의하다 | ★表演 biǎoyǎn 〔명〕 공연 | ★精彩 jīngcǎi 〔형〕 훌륭하다, 멋지다 | ★流利 liúlì 〔형〕 유창하다

STEP 3 실력 다지기

| A 困 | B 合适 | C 乱 | D 流利 | E 粗心 |

1. 他太（　）了，竟然连公交车都坐错了。

2. 来应聘的人确实很多，可惜没有什么特别（　）的。

3. 她的中文说得非常（　），和她交流起来完全没问题。

4. 你（　）了就睡一会儿吧，妈妈回来我会叫你的。

5. 我刚刚搬家，还没来得及收拾，有点儿（　）。

| A 正常 | B 无聊 | C 轻 | D 够 | E 活泼 |

6. A: 你今天打扮得太漂亮了。
   B: 谢谢！是马小姐教我这么穿的，她说像我这样的年纪就要打扮得（　）一些。

7. A: 下小雪了，不知道我们的飞机能不能按时起飞。
   B: （　）情况下，这种天气是不会影响飞机起飞的。

8. A: 你平时（　）的时候做什么？
   B: 我会看看杂志上面介绍的流行服装，学一下穿衣打扮。

9. A: 你在减肥吗？看上去瘦了很多。
   B: 是吗？我只比上周（　）了一公斤。

10. A: 汉语是用来交流的，只背书上、字典里的字和句子是不（　）的，要多说多练习。
    B: 对，这才是学好汉语的好方法。

A 复杂　　B 厉害　　C 确实　　D 开心　　E 共同

11. 事儿越（　），你越要耐心去做，千万不要着急。

12. 这条街上又开了三家餐厅？竞争真是越来越（　）了。

13. 我从来没有像今天这么（　）过，和你见面真愉快！

14. 在没得到（　）的消息之前，不要随便说话。

15. 大家都知道，幸福快乐的生活是所有人的（　）愿望。

A 积极　　B 香　　C 优秀　　D 脏　　E 深

16. A：小丽，你不要一边看书一边吃西瓜，会把书弄（　）的。
    B：知道了，那我吃完了再看。

17. A：这条鱼颜色特别好看，我想养它。
    B：恐怕不行，这种鱼一般生活在100-300米（　）的大海中。

18. A：什么味道？好（　）啊！
    B：冰冰，我做了你平时喜欢吃的酸菜鱼，快过来吃吧。

19. A：她是金教授最得意的学生，得过很多奖，特别聪明。
    B：我也看过她写的文章，确实是个很（　）的学生。

20. A：如果能举办这个活动，一定会吸引很多人来我们这儿旅游。
    B：对啊，这将对这儿的发展起到（　）的作用。

▶ 해설서 p.97

독해 제1부분

03 명사·대사 어휘 선택

Day 07

기초 실력 확인하기 | 빈칸에 알맞은 말을 보기에서 골라 보세요.

모범 답안 및 해석 → 본서 p.366

孩子   游戏
地铁   礼物

☐ 玩儿_____   ☐ 照顾_____
☐ 送_____   ☐ 坐_____

STEP 1 유형 파악하기

◆ '주어'나 '목적어'로 쓰인 명사, 대사를 주로 묻는다. 자주 쓰이는 주술 구조, 술목 구조 어휘 조합을 잘 익히면 문제에 주어진 술어에 근거해 쉽게 답을 찾을 수 있다.

◆ 괄호 앞에 조사 '的'가 있다면 괄호에 명사, 대사가 올 가능성이 높다. 조사 '的'는 형용사나 명사(구)를 관형어로 만들 때 많이 쓰인다.

● 제1부분 예제 1

A 动作   B 顺序   C 压力   D 效果   E 游戏

1 我们按从左到右的（　　）参观吧，这样的话，所有的作品就都能看到了。

我们按从左到右的（ **B 顺序** ）参观吧，这样的话，所有的作品就都能看到了。

우리 왼쪽에서 오른쪽（ **B 순서** ）로 구경하자. 그러면 모든 작품을 다 볼 수 있을 거야.

A ★动作 dòngzuò 명 행동, 동작
C ★压力 yālì 명 스트레스, 압력
E 游戏 yóuxì 명 게임

B ★顺序 shùnxù 명 차례, 순서
D ★效果 xiàoguǒ 명 효과

정답&풀이   **B** [的+명사]   조사 '的' 뒤에는 보통 명사가 오며 개사 '按'과 호응할 수 있는 어휘를 찾아야 한다. 문맥상 어울리고 '按'과 호응하는 명사는 '顺序'로 '按……顺序'는 '~의 순서에 따라'라는 의미를 가지고 있다.

按 àn 개 ~에 준하여, ~에 따라서, ~에 의거하여 | 从A到B cóng A dào B A에서 B까지 | 左 zuǒ 명 왼쪽, 왼편, 좌(측) | 右 yòu 명 오른쪽 | ★参观 cānguān 동 (전람회·명승고적 등을) 참관하다, 견학하다 | 吧 ba 조 (문장 맨 끝에 쓰여) 상의·제의·청유·기대·명령 등의 어기를 나타냄 | 这样 zhèyàng 대 이렇게, 이렇게 하면 | 的话 dehuà 조 ~하다면 | ★所有 suǒyǒu 형 모든, 전부의, 일체의, 전체의 | 作品 zuòpǐn 명 (문학, 예술의) 작품, 창작품 | 到 dào 동 (동사 뒤에 결과보어로 쓰여) ~했다

● 제1부분 예제 2

> A 哪里　B 现在　C 多久　D 时候　E 时间

2 A: 师傅，真不好意思，我想去卫生间。请问，还有（　）才能下高速公路?
B: 你再坚持一下，再有5分钟就到服务区了。

A: 师傅，真不好意思，我想去卫生间。请问，还有（ C 多久 ）才能下高速公路? B: 你再坚持一下，再有5分钟就到服务区了。	A: 기사님, 정말 죄송한데 화장실에 가고 싶어요. 고속도로를 (C 얼마나) 더 가야 내릴 수 있나요? B: 조금만 더 참으세요. 5분 뒤에 서비스 구역에 도착합니다.

A 哪里 nǎli 때 어디, 어느 곳
C 多久 duōjiǔ 때 얼마나 오래, 얼마 동안
E 时间 shíjiān 명 시간

B 现在 xiànzài 명 지금, 현재, 이제
D 时候 shíhou 명 때

정답&풀이　**C** [多久　얼마 동안] 문맥상 얼마나 가야 내릴 수 있냐고 묻는 내용으로 괄호에 들어갈 가장 적절한 어휘는 '多久'이다.

★师傅 shīfu 명 기사님 | 真 zhēn 위 정말, 진짜, 잘, 확실히, 진정으로, 참으로, 진실로, 실제로 | 不好意思 bùhǎoyìsi 죄송합니다, 부끄럽습니다, 송구스럽습니다 | ★卫生间 wèishēngjiān 명 화장실 | 请问 qǐngwèn 말씀 좀 여쭙겠습니다 | 还有 háiyǒu 접 그리고, 또한 | 才 cái 위 ~해야만 비로소, 막, 이제서야, 방금 | ★高速公路 gāosù gōnglù 명 고속도로 | 再 zài 위 ~하고 나서 [동작이 장차 다른 동작이 끝난 후에 나타남을 가리킴] | ★坚持 jiānchí 동 계속 지지하다, 견지하다, 유지하다, 고수하다 | 一下 yíxià 명 (동사 뒤에 쓰여) 좀 ~하다 | 到 dào 이르다, 도착하다, 도달하다 | 服务 fúwù 명 서비스 | 区 qū 명 구역

STEP 2 내공 쌓기

1 명사·대사 위치 파악하기

명사나 대사는 사물의 명칭을 나타내는 단어를 말하며, '주어'와 '목적어'로 쓰인다.

- (명사/대사)+동사/형용사
  这个 (盒子) 很重。　이 상자는 무겁다. ← 주어 역할

- 동사+(명사/대사)
  我每天都要打扫 (房间)。　나는 매일 방을 청소한다. ← 목적어 역할

- 的+(명사/대사)
  好朋友也要保持一定的 (距离)。　좋은 친구도 일정한 거리를 유지해야 한다. ← 목적어 역할

- 동사+수사+양사+(명사)
  我想给妹妹买一件 (衣服)。　나는 여동생에게 옷 한 벌을 사 주고 싶다. ← 목적어 역할

★盒子 hézi 명 상자 | ★重 zhòng 형 무겁다 | 每天 měitiān 명 매일 | 打扫 dǎsǎo 동 청소하다 | 房间 fángjiān 명 방 | 保持 bǎochí 동 유지하다 | 一定 yídìng 형 어느 정도의, 상당한 | ★距离 jùlí 명 거리, 간격

> **명사/대사 + 명사**
>
> 대사와 명사가 종속 관계이거나, 명사와 명사의 의미 결합이 긴밀한 경우 '명사/대사'가 조사 '的' 없이도 명사를 수식할 수 있다.
>
> 我妈妈 wǒ māma 나의 엄마 | 咱们家 zánmen jiā 우리 집 | 中国地图 Zhōngguó dìtú 중국 지도

2 빈출 명사·대사와 활용 표현

○ track 88

- 爱情 àiqíng 애정, 사랑
  爱情故事 àiqíng gùshi 러브 스토리
- 博士 bóshì 박사
  读博士 dú bóshì 박사 과정을 밟다
- 传真 chuánzhēn 팩스
  发传真 fā chuánzhēn 팩스를 보내다
- 大夫 dàifu 의사 [=医生 yīshēng]
  大夫给病人看病 dàifu gěi bìngrén kànbìng
  의사가 환자를 진찰하다
- 短信 duǎnxìn 문자
  收到短信 shōudào duǎnxìn 문자를 받다
- 方面 fāngmiàn 방면, 쪽, 분야
  多方面 duōfāngmiàn 다방면, 여러 방면
- 感情 gǎnqíng 감정
  表达感情 biǎodá gǎnqíng 감정을 표현하다
- 过程 guòchéng 과정
  发展过程 fāzhǎn guòchéng 발전 과정
- 环境 huánjìng 환경
  污染环境 wūrǎn huánjìng 환경을 오염시키다
- 机会 jīhuì 기회
  抓住机会 zhuāzhù jīhuì 기회를 잡다
- 记者 jìzhě 기자
  当记者 dāng jìzhě 기자를 하다
- 交通 jiāotōng 교통
  交通情况 jiāotōng qíngkuàng 교통 상황
- 经验 jīngyàn 경험
  经验很丰富 jīngyàn hěn fēngfù 경험이 풍부하다
- 距离 jùlí 거리, 간격
  拉近距离 lājìn jùlí 간격을 좁히다, 가까이하다
- 理想 lǐxiǎng 이상, 꿈
  没有理想 méiyǒu lǐxiǎng 꿈이 없다
- 耐心 nàixīn 인내심, 참을성
  很有耐心 hěn yǒu nàixīn 인내심이 많다

- 办法 bànfǎ 방법, 수단
  想办法 xiǎng bànfǎ 방법을 생각하다
- 餐厅 cāntīng 식당, 음식점
  中国餐厅 Zhōngguó cāntīng 중국 식당
- 答案 dá'àn 답안
  找答案 zhǎo dá'àn 답안을 찾다
- 肚子 dùzi 배
  肚子不舒服 dùzi bù shūfu 배가 불편하다
- 儿童 értóng 아동
  儿童节 Értóng Jié 어린이날
- 方向 fāngxiàng 방향
  方向不对 fāngxiàng bú duì 방향이 틀리다
- 广告 guǎnggào 광고
  做广告 zuò guǎnggào 광고하다
- 护照 hùzhào 여권
  办护照 bàn hùzhào 여권을 만들다
- 活动 huódòng 활동, 행사, 모임
  举办活动 jǔbàn huódòng 행사를 열다
- 计划 jìhuà 계획
  安排计划 ānpái jìhuà 계획을 짜다
- 将来 jiānglái 장래, 미래
  美好的将来 měihǎo de jiānglái 아름다운 미래
- 教育 jiàoyù 교육
  受教育 shòu jiàoyù 교육을 받다
- 镜子 jìngzi 거울
  照镜子 zhào jìngzi 거울에 비추다
- 科学 kēxué 과학
  科学技术 kēxué jìshù 과학 기술
- 密码 mìmǎ 비밀번호
  改密码 gǎi mìmǎ 비밀번호를 바꾸다
- 年龄 niánlíng 연령, 나이
  实际年龄 shíjì niánlíng 실제 나이

- 皮肤 pífū 피부
  保护皮肤 bǎohù pífū 피부를 보호하다
- 区别 qūbié 차이, 구별
  没有区别 méiyǒu qūbié 차이가 없다
- 生命 shēngmìng 생명, 목숨
  珍惜生命 zhēnxī shēngmìng 생명을 소중히 하다
- 食品 shípǐn 식품
  方便食品 fāngbiàn shípǐn 인스턴트 식품
- 特点 tèdiǎn 특징, 특색
  各有特点 gè yǒu tèdiǎn 각기 특징이 있다
- 玩笑 wánxiào 농담, 장난
  开玩笑 kāi wánxiào 농담하다
- 消息 xiāoxi 소식
  听到消息 tīngdào xiāoxi 소식을 들었다
- 一切 yíqiè 때 전부, 모든
  一切都很顺利 yíqiè dōu hěn shùnlì 모두 다 순조롭다
- 印象 yìnxiàng 인상
  给我留下印象 gěi wǒ liúxià yìnxiàng 나에게 인상을 남기다
- 原因 yuányīn 원인
  调查原因 diàochá yuányīn 원인을 조사하다
- 责任 zérèn 책임
  负责任 fù zérèn 책임을 지다
- 作用 zuòyòng 작용, 역할, 효과
  起作用 qǐ zuòyòng 작용·역할을 하다, 효과가 나다

- 脾气 píqi 성질, 성격
  发脾气 fā píqi 성질을 부리다, 화내다
- 社会 shèhuì 사회
  适应社会 shìyìng shèhuì 사회에 적응하다
- 生意 shēngyi 장사, 사업
  做生意 zuò shēngyi 장사하다
- 顺序 shùnxù 순서
  按照顺序排列 ànzhào shùnxù páiliè 순서에 따라 배열하다
- 条件 tiáojiàn 조건
  符合条件 fúhé tiáojiàn 조건에 부합하다
- 误会 wùhuì 오해
  产生误会 chǎnshēng wùhuì 오해가 생기다
- 效果 xiàoguǒ 효과
  效果很好 xiàoguǒ hěn hǎo 효과가 좋다
- 意见 yìjiàn 의견, 불만
  对他有意见 duì tā yǒu yìjiàn 그에게 불만이 있다
- 友谊 yǒuyì 우정
  真正的友谊 zhēnzhèng de yǒuyì 진정한 우정
- 咱们 zánmen 때 우리
  咱们家 zánmen jiā 우리 집
- 作家 zuòjiā 작가
  一位作家 yí wèi zuòjiā 작가 한 분

배운 내용 점검하기

◆ 주어진 해석을 참고해 빈칸에 알맞은 단어를 써 보세요.

1 发_____ 팩스를 보내다   2 起_____ 작용을 하다
3 适应_____ 사회에 적응하다   4 _____很丰富 경험이 풍부하다
5 符合_____ 조건에 부합하다

정답&어휘 1 传真 2 作用 3 社会 4 经验 5 条件

发 fā 통 보내다 | ★传真 chuánzhēn 명 팩스 | 起作用 qǐ zuòyòng 작용을 하다 | ★适应 shìyìng 통 적응하다 | ★社会 shèhuì 명 사회 | ★经验 jīngyàn 명 경험 | 丰富 fēngfù 형 풍부하다 | ★符合 fúhé 통 부합하다, 일치하다 | ★条件 tiáojiàn 명 조건

STEP 3 실력 다지기

| A 消息 | B 基础 | C 一切 | D 世纪 | E 误会 |

1. 他的英语（　　）不错，所以学起来自然比别人容易一些。

2. 从上个（　　）末开始，这条马路就已经很有名了。

3. 感谢你及时通知我那个（　　）。

4. 既然你知道是（　　），就不要往心里去了。

5. 生活是没有标准答案的，只要你敢做敢想，那（　　）都有可能。

| A 重点 | B 另外 | C 社会 | D 数字 | E 短信 |

6. A：60%的网友都觉得她没必要为这件事情负责任，你觉得呢？
   B：我认为要尊重她的选择，但名人还是应该注意自己的（　　）影响才行。

7. A：师傅，我去大使馆，你是不是走错了？
   B：前面堵车，我们走（　　）一条路，时间和距离都差不多。

8. A：老板，新的计划我发给您了，您看了吗？
   B：内容有点儿简单，不够详细，也没有（　　），明天我们继续讨论一下吧。

9. A：我换好登机牌了，现在要去坐飞机了，你走吧。
   B：行，你到北京一定要记得给我发（　　）。

10. A：学号一般不都是9位（　　）吗？你的为什么是8位？
    B：对不起，我前边少写了一个二。

| A 教育 | B 友谊 | C 距离 | D 活动 | E 耐心 |

11. 朋友之间产生了误会，如果不及时把误会解释清楚，时间长了就会影响（　）。

12. 由于时间关系，今天的（　）就到这儿，再次感谢各位家长的到来。

13. 世界上百万的儿童因为穷而失去了受（　）的机会。

14. 即使是母女关系，也要保持一定的（　）、互相尊重对方的意见。

15. 企业要求员工在工作中，要有（　）、有热情。

| A 周围 | B 座位 | C 效果 | D 玩笑 | E 小伙子 |

16. A：（　），等一下，你的钥匙忘拿了。
    B：谢谢叔叔，要不是您提醒我，我都没想起来。

17. A：真不好意思，先生，这儿是我的（　）。
    B：实在抱歉，我以为这里没人。

18. A：你也不同意那么做吗？
    B：那个方法听起来好像挺不错的，但实际（　）很难说。

19. A：真对不起，我真不是故意的。
    B：我当然知道。不过以后这种（　）最好别再开了。

20. A：我知道空气污染和水污染，不过没听说过光污染。
    B：真的? 光污染是指各种各样的光对人体健康和（　）环境造成的伤害。

독해 제1부분

04 부사 어휘 선택

Day 21

기초 실력 확인하기 | 빈칸에 알맞은 말을 보기에서 골라 보세요.

모범 답안 및 해석 → 본서 p.366

| 当然 | 终于 |
| 一共 | 多么 |

☐ _____ 简单啊　　☐ _____ 30块钱
☐ _____ 结束了　　☐ _____ 可以用

STEP 1 유형 파악하기

◆ 부사는 문장 속 위치가 비교적 고정적이므로, 괄호의 품사가 부사인 것은 대부분 쉽게 파악할 수 있다. 의미상·용법상 가장 적합한 부사를 구분해 내는 것이 관건이다.

◆ 보기의 부사가 어떤 성격의 어휘와 어떤 형식으로 쓰이는지 알아야 하는 경우도 있다. 예를 들어, 금지를 나타내는 문장에 쓰이는 부사 '千万'은 '别'나 '不要'와 함께 쓰이고, '至少'는 숫자와 함께 쓰인다.

● 제1부분 예제 1

A 竟然　　B 千万　　C 光　　D 理解　　E 至少

1 真没想到，我前两天梦到的事（　　）真的发生了。

真没想到，我前两天梦到的事（ **A 竟然** ）真的发生了。

정말 생각지도 못했는데, 제가 며칠 전 꿈꾼 일이 (**A 놀랍게도**) 정말로 일어났어요.

A ★竟然 jìngrán 부 뜻밖에도, 놀랍게도, 의외로
B ★千万 qiānwàn 부 절대로, 부디, 제발 [千万+부정부사: 절대 ~하지 마세요]
C 光 guāng 부 오로지, 단지
D 理解 lǐjiě 동 이해하다, 알다
E 至少 zhìshǎo 부 적어도, 최소한

정답&풀이　A [竟然+예상 밖으로 이루어진 일]　문장 처음에 '생각지도 못했다'라는 표현이 나오고, 뒤 문장은 일이 발생했다고 했다. 빈칸에는 앞과 뒤에 모두 어울리는 어휘가 들어가야 하므로, 생각지도 못한 일이 놀랍게도 일어났다고 표현할 수 있는 부사 '竟然'이 적절하다.

真 zhēn 부 정말, 진짜, 잘, 확실히, 진정으로, 참으로, 진실로, 실제로 | 没想到 méixiǎngdào 생각지 못하다 | 天 tiān 명 하루, 날, 일 | ★梦 mèng 동 꿈꾸다 | 到 dào 조 (동사 뒤에 결과보어로 쓰여) ~했다 | 事 shì 명 일 | ★发生 fāshēng 동 (원래 없던 현상이) 일어나다, 생기다, 발생하다

● 제1부분 예제 2

> A 尤其   B 准时   C 好像   D 偶尔   E 互相

> 2 A: 小姐, 你拿的那把雨伞（　　）是我的。
> B: 对不起, 我不是故意的, 我的伞跟你的伞一样, 也是黄色的。

A: 小姐, 你拿的那把雨伞（ C 好像 ）是我的。
B: 对不起, 我不是故意的, 我的伞跟你的伞一样, 也是黄色的。

A: 아가씨, 당신이 가지고 있는 그 우산은 (C 아마도) 제 것 같아요.
B: 죄송해요. 일부러 그런 건 아니에요. 제 우산도 똑같이 노란색이거든요.

A ★尤其 yóuqí 뷔 특히, 더욱이
C ★好像 hǎoxiàng 뷔 마치 ~와 같다
E ★互相 hùxiāng 뷔 서로, 상호

B ★准时 zhǔnshí 형 시간에 맞다
D ★偶尔 ǒu'ěr 뷔 때때로, 간혹, 이따금

정답&풀이   C [好像 + 추측하는 내용] 괄호 뒤에 술어가 있는 것으로 보아 부사어 자리임을 알 수 있다. A의 말에 B가 사과하는 것으로 보아 문맥상 우산이 내 것이라고 추측하는 표현을 써야 적합하므로 '好像'이 적절하다.

小姐 xiǎojiě 명 아가씨 | 拿 ná 동 (손으로) 가지다, 쥐다, 잡다, 얻다 | 把 bǎ 양 자루 [손잡이·자루가 있는 기구를 셀 때 쓰임] | 雨伞 yǔsǎn 명 우산 | ★故意 gùyì 뷔 일부러, 고의로 | 跟 gēn 개 ~와/과 | 一样 yíyàng 형 같다, 동일하다 | 黄色 huángsè 명 노란색

STEP 2 내공 쌓기

1 부사의 위치 파악하기

부사는 주로 술어 앞에서 의미를 보충하는 부사어 역할을 한다. 일반적으로 부사는 주어 뒤, 술어 앞이라는 기본적인 위치에 오지만, 일부 부사는 예외적인 위치에 온다.

- 주어+(부사)+(조동사)+(개사구)+동사
  小李的儿子(已经)回来了。   샤오리[小李]의 아들은 이미 돌아왔다.

- (부사)+형용사/심리활동동사
  这把椅子(很)舒服。   이 의자는 편하다.

- (부사)+주어
  (难道)你还不知道吗?   설마 너 아직 모르니?

把 bǎ 양 [손잡이·자루가 있는 기구를 셀 때 쓰임] | 椅子 yǐzi 명 의자 | 舒服 shūfu 형 편안하다 | ★难道 nándào 뷔 설마 ~하겠는가?

2 빈출 부사와 활용 표현

 track 89

- 本来 běnlái 원래
  本来要早点回家，但是还有很多工作。
  원래는 일찍 집에 가려고 했는데, 아직 일이 많이 있다.

- 从来 cónglái 지금까지, 여태껏
  我从来没这么轻松过。
  나는 지금까지 이렇게 편한 적이 없다.

- 到处 dàochù 도처에
  我到处打听他的消息。
  나는 도처에 그의 소식을 물었다.

- 刚 gāng 막, 방금, 지금 [=刚刚 gānggāng]
  他是我刚上大学的时候认识的。
  그는 내가 막 대학에 입학했을 때 알게 되었다.

- 故意 gùyì 일부러
  他是故意给你压力的。
  그는 일부러 너에게 스트레스를 준 거야.

- 好像 hǎoxiàng 마치 ~와 같다
  爸爸好像不知道那件事。
  아빠는 마치 그 일을 모르시는 것 같다.

- 及时 jíshí 제때에, 즉시
  你能及时来机场接我，非常感谢。
  제때 공항에 나를 마중하러 와 줘서 정말 고마워.

- 竟然 jìngrán 놀랍게도, 의외로
  这么重要的约会，他竟然迟到了。
  이렇게 중요한 약속에 그는 놀랍게도 지각을 했다.

- 恐怕 kǒngpà 아마 ~일 것이다
  恐怕这次的问题会很困难。
  아마 이번 문제는 매우 어려울 것이다.

- 偶尔 ǒu'ěr 때때로, 간혹
  我和朋友偶尔去运动场踢足球。
  나는 친구와 때때로 운동장에 가서 축구를 한다.

- 全 quán 모두, 완전히
  孩子们全在放暑假。
  아이들은 모두 여름방학 중이다.

- 仍然 réngrán 여전히, 아직도
  虽然已经过去很久了，但仍然忘不了。
  비록 지나간 지 오래되었지만, 여전히 잊지 못한다.

- 十分 shífēn 매우, 아주
  老板十分欣赏他的能力。
  사장님은 그의 능력을 매우 마음에 들어한다.

- 重新 chóngxīn 다시, 재차
  他重新鼓起勇气，追求自己的梦想。
  그는 다시 용기를 내서 자신의 꿈을 추구한다.

- 大概 dàgài 대략 [=大约 dàyuē]
  他大概4月去中国出差。
  그는 대략 4월에 중국으로 출장 간다.

- 到底 dàodǐ 도대체 [=究竟 jiūjìng]
  你到底来不来啊？
  너 도대체 오는 거니 안 오는 거니?

- 各 gè 각각, 각기
  三种办法各有优点和缺点。
  세 가지 방법은 각각 장점과 단점이 있다.

- 光 guāng 오로지, 단지 [=只 zhǐ =仅 jǐn]
  他光骗我一个人。
  그는 단지 나 한 사람만 속인다.

- 互相 hùxiāng 서로
  人们应该互相帮助。
  사람들은 마땅히 서로 도와야 한다.

- 接着 jiēzhe 이어서
  你接着讲下去。
  이어서 이야기하세요.

- 肯定 kěndìng 반드시, 확실히, 틀림없이
  你放心吧，我肯定会跟你联系的。
  걱정하지 마. 나는 반드시 너에게 연락할 거야.

- 难道 nándào 설마
  难道我不是你最好的朋友吗？
  설마 내가 너의 가장 친한 친구가 아니라는 거니?

- 千万 qiānwàn 절대로, 부디, 제발
  你今天千万别迟到。
  너 오늘 절대 늦지 마.

- 却 què 오히려 [=倒 dào]
  我性格外向，妹妹却性格内向。
  나는 성격이 외향적인데, 여동생은 성격이 오히려 내향적이다.

- 稍微 shāowēi 조금, 약간
  今天的天气稍微好一些。
  오늘 날씨가 조금 좋아졌다.

- 实在 shízài 정말, 참으로, 확실히
  他实在太讨厌了，我不想和他一起去。
  그가 정말 너무 싫어서, 나는 그와 함께 가고 싶지 않다.

- 顺便 shùnbiàn 겸사겸사, ~하는 김에
  你可不可以顺便帮我买本小说?
  겸사겸사 나를 도와 소설책을 사다 줄 수 있나요?

- 挺 tǐng 정말, 매우
  这条裙子挺漂亮的。 이 치마는 정말 예쁘다.

- 往往 wǎngwǎng 자주, 종종
  他星期天往往去超市买东西。
  그는 일요일에 자주 슈퍼에 가서 물건을 산다.

- 永远 yǒngyuǎn 영원히, 항상
  祝你们永远幸福。
  너희들이 영원히 행복하기를 바라.

- 原来 yuánlái 알고 보니 [+중요 내용]
  原来他是医生啊!
  알고 보니 그는 의사구나!

- 只好 zhǐhǎo 어쩔 수 없이
  妈妈不在家,我只好和姐姐商量了。
  엄마가 집에 없어서, 나는 어쩔 수 없이 언니와 상의했다.

- 专门 zhuānmén 일부러, 특별히
  这是专门给他的任务。
  이것은 특별히 그에게 준 임무이다.

- 随便 suíbiàn 함부로
  不可以随便乱说话。
  함부로 말을 해서는 안 된다.

- 完全 wánquán 완전히, 전혀
  我完全同意他的想法。 나는 그의 생각에 완전히 동의한다.

- 也许 yěxǔ 아마도, 어쩌면
  他今天没来上课,也许是起晚了。
  그는 오늘 수업에 오지 않았다. 아마도 늦게 일어난 것 같다.

- 尤其 yóuqí 특히, 매우 [=特别 tèbié]
  她喜欢吃甜的,尤其是巧克力。
  그녀는 단것을 먹는 것을 좋아하는데, 특히 초콜릿을 좋아한다.

- 正好 zhènghǎo 마침
  我正好要去你家找你呢。
  내가 마침 너희 집으로 가서 너를 찾으려고 했어.

- 至少 zhìshǎo 적어도
  这台电脑肯定很贵,至少要3000块。
  이 컴퓨터는 분명히 매우 비싸요. 적어도 3000위안일 거예요.

- 最好 zuìhǎo ~하는 게 제일 좋다 [완곡한 제안을 나타냄]
  你最好先请假,再去订机票。
  너는 먼저 휴가를 신청하고 나서 비행기표를 예약하는 게 제일 좋겠어.

但是 dànshì 접 그러나, 그렇지만 | 这么 zhème 대 이렇게 | ★轻松 qīngsōng 형 부담이 없다 | ★出差 chūchāi 동 출장 가다 | 打听 dǎtīng 동 물어보다, 알아보다 | ★消息 xiāoxi 명 정보, 뉴스 | 种 zhǒng 양 종, 종류 | 办法 bànfǎ 명 방법, 수단, 방식 | ★优点 yōudiǎn 명 장점 | ★缺点 quēdiǎn 명 부족한 점, 결점, 단점 | 压力 yālì 명 스트레스 | ★骗 piàn 동 속이다, 기만하다 | 帮助 bāngzhù 동 돕다 | 机场 jīchǎng 명 공항 | 接 jiē 동 맞이하다, 마중하다 | ★感谢 gǎnxiè 동 감사하다 감사 | 讲 jiǎng 동 이야기하다 | 重要 zhòngyào 형 중요하다 | ★约会 yuēhuì 명 약속 | 迟到 chídào 동 지각하다 | 放心 fàngxīn 동 안심하다 | ★联系 liánxì 동 연락하다 | ★困难 kùnnan 형 어렵다 | 运动场 yùndòngchǎng 명 운동장 | ★放暑假 fàng shǔjià 여름방학을 하다 | ★性格 xìnggé 명 성격 | 外向 wàixiàng 형 외향적이다 | 内向 nèixiàng 형 내향적이다 | 虽然 suīrán 접 비록 ~일지라도 | 久 jiǔ 형 오래다 | 忘不了 wàngbuliǎo 잊을 수 없다 | 老板 lǎobǎn 명 사장, 주인 | 欣赏 xīnshǎng 동 마음에 들어하다 | ★能力 nénglì 명 능력 | ★讨厌 tǎoyàn 동 싫어하다 | 帮 bāng 동 돕다 | 买 mǎi 동 사다 | 小说 xiǎoshuō 명 소설 | 乱说话 luàn shuōhuà 함부로 말하다 | 条 tiáo 양 [가늘고 긴 것을 세는 단위] | 裙子 qúnzi 명 치마 | 同意 tóngyì 동 동의하다, 찬성하다 | 想法 xiǎngfǎ 명 생각, 의견 | 星期天 xīngqītiān 명 일요일 | 超市 chāoshì 명 슈퍼마켓 | 上课 shàngkè 동 수업을 듣다 | 祝 zhù 동 기원하다, 바라다 | ★幸福 xìngfú 형 행복하다 | 甜 tián 형 달다 | ★巧克力 qiǎokèlì 초콜릿 | ★商量 shāngliang 상의하다, 의논하다 | 台 tái 양 대 [기계·차량·설비 등을 셀 때 쓰임] | ★任务 rènwu 명 임무 | 请假 qǐngjià 동 휴가를 신청하다 | 订 dìng 동 예약하다, 주문하다 | 机票 jīpiào 명 비행기표

용법에 주의하며 외워야 하는 부사

(1) 고정 활용 형태가 있는 경우

从来+没+동사+过 (과거에서부터 현재까지 ~한 적 없다)
好像……一样 (마치 ~와 같다)
难道……吗? (설마 ~인가?)
千万+别/不要+동사 (절대 ~하지 마라)
稍微……一些/一点/一下/一会 = 稍微+동사중첩형 = 稍微+有点(儿) (약간 좀 ~하다)
挺……的 (아주 ~하다)

(2) 예외적인 어순을 가지는 경우

❶ '光, 只, 仅'은 부정부사보다 뒤에 쓰여 '不光, 不只, 不仅(~뿐만이 아니다)'이라고 표현한다.
❷ '互相'은 보통 조동사 뒤에 위치한다.

배운 내용 점검하기

◆ 주어진 해석을 참고해 빈칸에 알맞은 단어를 써 보세요.

1 _____ 说话 함부로 말하다
2 _____ 同意 완전히 동의하다
3 _____ 不知道吗? 설마 모르니?
4 _____ 没吃过 여태껏 먹어 본 적이 없다
5 _____ 照顾 서로 돕다

정답&어휘 1 随便   2 完全   3 难道   4 从来   5 互相

★**随便** suíbiàn 🔹 함부로, 제멋대로, 마음대로 | ★**完全** wánquán 🔹 완전히, 아주, 전혀 | **同意** tóngyì 🔹 동의하다 | ★**难道** nándào 🔹 설마 | ★**从来** cónglái 🔹 (과거부터) 지금까지 | **互相** hùxiāng 🔹 서로 | **照顾** zhàogù 🔹 돌보다

STEP 3 실력 다지기

Day 22

| A 千万　　B 永远　　C 却　　D 光　　E 互相 |

1. 出发以前一定要记得把行李检查一遍，（　）别忘了带东西。

2. 看起来弟弟今天真是饿了，（　）米饭就吃了两碗。

3. 真奇怪，我从来没有来过这里，（　）对这里有种很熟悉的感觉。

4. 来！举杯，我们一起干杯吧！祝他们（　）幸福！

5. 如果你们不懂得（　）尊重和理解，那么爱情将很难长久。

| A 其实　　B 准时　　C 尤其　　D 故意　　E 至少 |

6. A: 你看那个巧克力的广告了吗？好浪漫啊！
   B: 是啊，非常有特色。（　）是广告里的音乐，特别好听。

7. A: 真对不起，不过我真的不是（　）把办公室的钥匙弄丢的。
   B: 不管什么原因，既然钥匙已经丢了，就等老板回来再说吧。

8. A: 我光吃蔬菜和水果，晚上不吃饭，是不是就能瘦下来？
   B: （　）不用少吃，适当地运动就可以减肥。

9. A: 8点了，快起床吧，你得（　）赶到机场。
   B: 好，马上就起。礼拜六都不能睡个懒觉，累死了。

10. A: 那个邮箱我（　）有半年没用了，我都不记得密码了。
    B: 你再仔细回忆回忆，是不是你儿子的生日？

해설서 p.106

| A 挺 | B 一定 | C 到底 | D 顺便 | E 正好 |

11. 我已经在网上买过两次了,都(　　)满意的。

12. 今晚聚会是8点在美味餐厅吧?我刚刚下班,这次(　　)准时到。

13. 这辆车虽然很小,但是大家都能坐得下,加上咱们3个人(　　)5个人,不多也不少。

14. 下个星期我要去上海出差,所以时间允许的话,想(　　)去苏州逛逛。

15. (　　)有没有解决垃圾问题的好办法呢?

| A 接着 | B 稍微 | C 本来 | D 重新 | E 肯定 |

16. A: 您好,我的信用卡丢了,想(　　)办一张。
    B: 好的,您填一下这张表格就可以了。

17. A: 哪儿的钢琴声?太好听了!
    B: (　　)是王叔叔的儿子放寒假回家了。你忘了他不是以前经常在家弹钢琴吗?

18. A: 我们休息一会儿再开会吧。
    B: 好的。那十分钟后我们再(　　)讨论这个问题吧。

19. A: 你刚才和李老师一块儿过来的?
    B: 对,我(　　)要骑自行车的,她正好开车经过,就顺便送我来了。

20. A: 售货员,这个饼干的盒子是破的。
    B: 对不起,您(　　)等一会儿,我给您换一盒新的。

05 양사·접속사·개사 어휘 선택

독해 제1부분
Day 24

기초 실력 확인하기 | 빈칸에 알맞은 말을 보기에서 골라 보세요.

모범 답안 및 해석 → 본서 p.366

> 只有   给
> 而且   双

- 三_____皮鞋
- 她不但漂亮, _____很聪明
- _____他打电话
- _____努力, 才能成功

STEP 1 유형 파악하기

- 출제 비율은 낮으나 최근 매 시험 출제되고 있다. 출제된 제시어가 다양하지 않고 문제의 난이도가 높지 않으므로, 빈출 어휘만 잘 외워도 쉽게 대비할 수 있다.
- 양사, 개사, 접속사는 문장 속 위치가 비교적 분명하다. 수사 뒤에 괄호가 있다면 '양사'를, 문장 맨 앞에 괄호가 있다면 '접속사'를 의심하자.
- '一台空调' '通过……经验' '虽然……, 但是……'처럼 양사와 개사는 자주 쓰이는 형태로 기억하자.

● 제1부분 예제 1

> A 因为   B 无论   C 不仅   D 既然   E 因此

1 (   ) 我们之间的距离是远还是近, 我们的友谊永远都不会改变。

(**B 无论**) 我们之间的距离是远还是近, 我们的友谊永远都不会改变。 | 우리 사이의 거리가 멀든 가깝든 (**B 관계없이**), 우리의 우정은 영원히 변하지 않을 거야.

A 因为 yīnwèi 접 때문에, 왜냐하면 [因为A, 所以B: A하기 때문에, 그래서 B 하다]
B ★无论 wúlùn 접 ~를 막론하고 [无论A 都B: A를 막론하고 모두 B하다]
C ★不仅 bùjǐn 접 ~뿐만 아니라 [不仅A 而且B: A뿐만 아니라 게다가 B하다]
D ★既然 jìrán 접 ~된 바에야, ~인 이상 [既然A, 那么/就B: 기왕 A했으니, B하다]
E ★因此 yīncǐ 접 그래서, 이로 인하여, 이 때문에

정답&풀이 B [无论A 还是B 都C   A이든 B이든 관계없이 모두 C하다]   문맥상 '어떤 조건이든 결과가 변하지 않음'을 강조하는 접속사가 오는 것이 가장 적합하다. 따라서 '无论'이 가장 적절하다.

之间 zhījiān 명 ~의 사이 | ★距离 jùlí 명 거리, 간격 | 远 yuǎn 형 (거리가) 멀다 | 近 jìn 형 (거리가) 가깝다, 짧다 | ★友谊 yǒuyì 명 우정, 우의 | ★永远 yǒngyuǎn 부 언제나, 항상, 길이길이, 영원히, 언제까지나 | ★改变 gǎibiàn 동 바꾸다

● 제1부분 예제 2

> A 篇 B 部 C 倍 D 台 E 趟

2 A: 这个星期的作业是写一（　）与旅行有关的作文，大家记住了吗?
B: 老师，请问有字数规定吗?

A: 这个星期的作业是写一（ **A** 篇 ）与旅行有关的作文，大家记住了吗?
B: 老师，请问有字数规定吗?

A: 이번 주 과제는 여행과 관련된 글을 한(**A** 편) 쓰는 거야. 모두 기억했나?
B: 선생님, 글자 수 제한이 있나요?

A ★篇 piān 양 편, 장 [문장·종이 등을 세는 단위]
B 部 bù 양 부, 편 [서적이나 영화 편수 등을 세는 단위]
C ★倍 bèi 양 배, 배수 [양사를 포함한 명사]
D ★台 tái 양 대 [기계·차량·설비 등을 세는 단위]
E ★趟 tàng 양 편, 번, 차례 [정기적인 교통 수단의 운행 횟수를 세는 단위]

정답&풀이 **A** [篇 문장, 종이 등을 세는 단위] 괄호 앞에 수사가 있는 것으로 보아 양사가 들어가는 것을 알 수 있다. 목적어 '作文(작문)'과 호응할 수 있는 양사는 '篇' 밖에 없다. 양사 '部'는 책이나 영화를 세는 양사이므로 헷갈리지 말자.

作业 zuòyè 명 숙제, 과제 | ★旅行 lǚxíng 명 여행 동 여행하다 | 有关 yǒuguān 동 관계가 있다 [与A有关: A와 관련이 있다] | 作文 zuòwén 명 작문, 글 | 记住 jìzhu 확실히 기억해 두다 | 请问 qǐngwèn 말씀 좀 여쭙겠습니다 | 数 shù 명 수 수 몇 | ★规定 guīdìng 명 규정

STEP 2 내공 쌓기

1 양사

(1) 양사의 위치

양사는 단독으로 쓰이지 않고, 항상 '수사+양사' 형식으로 쓰인다. 명량사의 경우 명사 앞에, 동량사나 시량사의 경우 동사 뒤에 위치한다.

- 지시대사+수사+(양사)+명사
  我买了三(把)雨伞。 나는 우산을 3개 샀다. → 수사+양사+명사
  这(部)电影很好看。 이 영화는 재미있다. → 지시대사+양사+명사
  你要买哪(本)书? 당신은 어떤 책을 사나요? → 哪+양사+명사

- 동사+수사+(양사)
  这篇文章我看过一(遍)。 이 문장을 나는 한 번 본 적 있다.

买 mǎi 동 사다 | 把 bǎ 양 [손잡이, 자루가 있는 기구를 세는 단위] | 雨伞 yǔsǎn 명 우산 | 部 bù 양 부, 편 [서적이나 영화 편수 등을 세는 단위] | ★篇 piān 양 편 [일정한 형식을 갖춘 문장을 세는 단위] | ★文章 wénzhāng 명 글, 문장 | ★遍 biàn 번, 차례 [한 동작의 처음부터 끝까지의 전 과정]

양사 앞의 숫자 '一 yī'는 종종 생략되어, '동사+양사+명사'의 순서로 쓰일 수 있다.
我要买个手机。 나는 휴대폰을 사려고 한다.

(2) 빈출 양사와 활용 표현

track 90

중국어의 양사 역시 한국어의 양사처럼 그 종류와 쓰임이 다양하기 때문에 양사의 뜻만 외워서는 부족하다. 어떤 어휘와 함께 쓰일 수 있는지, 자주 함께 쓰이는 어휘는 무엇인지도 반드시 함께 기억하자.

- 倍 bèi 배, 곱절 [양의 갑절을 나타내는 단위]
  三倍 sān bèi 3배

- 场 cháng 번, 차례 [자연 현상 등을 세는 단위]
  这场雨 zhè cháng yǔ 이번 비

- 份 fèn 부, 통, 권 [신문·잡지·문건 등을 세는 단위], 벌, 세트 [한 세트가 되는 것을 세는 단위]
  那份报纸 nà fèn bàozhǐ 저 신문
  一份套餐 yí fèn tàocān 세트 하나

- 棵 kē 그루, 포기 [식물을 세는 단위]
  两棵树 liǎng kē shù 나무 두 그루

- 篇 piān 편, 장 [문장·종이 등을 세는 단위]
  这篇文章 zhè piān wénzhāng 이 문장

- 趟 tàng 차례, 번 [왕래한 횟수를 세는 단위]
  去一趟 qù yí tàng 한 번 갔다 오다

- 座 zuò 동, 채 [부피가 크거나 고정된 물체를 세는 단위]
  那座山 nà zuò shān 저 산

- 遍 biàn 번, 차례 [한 동작의 처음부터 끝까지의 전 과정]
  看一遍 kàn yí biàn 한 번 보다

- 场 chǎng 번, 차례 [체육 활동 등을 세는 단위]
  这场比赛 zhè chǎng bǐsài 이 경기

- 节 jié [여러 개로 나누어진 것을 세는 단위]
  上节课 shàng jié kè 전 수업

- 秒 miǎo 초 [시간을 세는 단위]
  三十秒 sānshí miǎo 30초

- 台 tái 대 [기계·차량·설비 등을 세는 단위]
  三台冰箱 sān tái bīngxiāng 냉장고 3대

- 页 yè 쪽, 면, 페이지 [양면을 인쇄한 책의 한 쪽]
  三百二十页 sānbǎi èrshí yè 320쪽

2 접속사

(1) 접속사의 위치

접속사는 명사와 명사, 동사(구)와 동사(구), 형용사(구)와 형용사(구), 절과 절을 연결해 준다. 보통 절과 절을 연결하는 접속사가 많다. 절과 절을 연결하는 접속사는 의미에 따라 주어 앞, 뒤에 모두 위치할 수 있다는 점도 기억해 두자.

- 명사/대사+(접속사)+명사/대사
  人(与)人之间常常会发生误会。 사람과 사람 간에 자주 오해가 발생할 수 있다.

- 문장, (접속사)+문장
  这家餐厅的气氛很好，(不过)菜的味道很一般。 이 식당의 분위기는 좋지만, 요리 맛은 보통이다.

- (접속사)+문장, 문장
  (既然)大家都不反对，那就这么决定了。 이왕 모두 반대하지 않으니, 그럼 이렇게 결정할게.

★发生 fāshēng 동 일어나다, 발생하다 | ★误会 wùhuì 명 오해 | ★餐厅 cāntīng 명 식당 | 气氛 qìfēn 명 분위기 | ★味道 wèidao 명 맛 | 一般 yìbān 형 일반적이다, 보통이다 | ★反对 fǎnduì 동 반대하다 | 决定 juédìng 동 결정하다, 결심하다

(2) 빈출 접속사와 활용 표현

 track 91

- **并且** bìngqiě 게다가, 그리고
  他生病了，并且病得很严重。
  그는 병이 났고 게다가 병이 심각하다.

- **不过** búguò 그러나
  我们俩长得像是像，不过性格完全不同。
  우리 둘은 닮긴 닮았는데 그러나 성격은 완전히 다르다.

- **即使** jíshǐ 설령 ~하더라도
  即使工作再忙，也应该常常回家看看父母。
  설령 일이 아무리 바쁘더라도 부모님을 보러 집에 자주 가야 해.

- **可是** kěshì 그러나, 하지만
  虽然我肚子很疼，可是还是去考试了。
  비록 배가 아프지만, 그래도 시험 보러 갔어.

- **甚至** shènzhì 심지어, ~까지도
  有些食物不但对身体不好，甚至还会危害健康。
  어떤 음식은 몸에 좋지 않을 뿐만 아니라 심지어 건강을 해친다.

- **无论** wúlùn ~를 막론하고, ~에 관계 없이
  这件事情无论多么难办，我们都要完成。
  이 일이 아무리 처리하기 힘들다고 해도 우리는 완성해야 한다.

- **由于** yóuyú ~때문에, ~로 인하여
  由于外面下大雨，所以我们不得不改天见面。
  밖에 비가 많이 와서, 우리는 어쩔 수 없이 다음날 만나기로 했다.

- **不管** bùguǎn ~하더라도
  不管路上是不是堵车，我都要开车去。
  도로 위에 차가 막힌다고 해도 나는 운전해서 갈 것이다.

- **不仅** bùjǐn ~뿐만 아니라
  她不仅人长得漂亮，而且学习也很好。
  그녀는 예쁠 뿐만 아니라 공부도 잘한다.

- **既然** jìrán ~된 바에야, ~인 이상
  既然这样，我们就晚一点儿出发吧。
  이렇게 된 바에야, 우리 조금 늦게 출발하자.

- **另外** lìngwài 이외에
  妈妈除了要照顾孩子们，另外还要做很多家务。
  엄마는 아이를 돌보는 것 외에도 많은 가사일을 해야 한다.

- **同时** tóngshí 게다가, ~하는 동시에
  她自己学习很好，同时还喜欢帮助别的同学。
  그녀는 스스로 공부도 잘하고 동시에 다른 친구들을 도와주는 것도 좋아한다.

- **因此** yīncǐ 이로 인하여
  他们认识20年了，因此非常了解对方。
  그들은 알고 지낸 지 20년이 되어서 상대방을 잘 이해한다.

★ **严重** yánzhòng 형 심각하다 | **堵车** dǔchē 동 교통이 꽉 막히다 | **像** xiàng 동 닮다 | ★ **性格** xìnggé 명 성격 | ★ **完全** wánquán 부 전적으로, 완전히, 전혀 | ★ **出发** chūfā 동 출발하다 | ★ **肚子** dùzi 명 복부 | **疼** téng 동 아프다 | **考试** kǎoshì 동 시험을 치다 | **照顾** zhàogù 동 돌보다 | **家务** jiāwù 명 가사, 집안일 | **食物** shíwù 명 음식 | **危害** wēihài 동 해를 끼치다, 해치다 | **健康** jiànkāng 형 건강하다 | **帮助** bāngzhù 동 돕다 | **事情** shìqing 명 일 | **多么** duōme 부 얼마나 | **难办** nánbàn 형 처리하기 힘들다 | **完成** wánchéng 동 완성하다 | **了解** liǎojiě 동 이해하다 | **对方** duìfāng 명 상대방 | ★ **不得不** bùdébù 부 어쩔 수 없이 | **改天** gǎitiān 명 후일, 다음날

3 개사

(1) 개사의 위치

개사는 단독으로 사용되지 않고, 명사나 대사와 함께 개사구를 이루어 술어 앞에 쓰인다. 개사구의 기본 위치는 '주어 뒤, 술어 앞'이지만, 문장 맨 앞으로 도치되어 쓰이기도 한다.

- 주어+(개사)+명사/대사+술어
  我们都 (从) 公司出发。우리는 회사에서 출발한다.

- (개사)+명사/대사, 주어+술어
  (通过) 这次面试，我发现很多人学汉语。
  이번 면접을 통해서 나는 많은 사람들이 중국어를 공부하고 있다는 것을 알게 되었다.

面试 miànshì 명 면접시험

(2) 빈출 개사와 활용 표현

 track 92

- 按照 ànzhào (규칙, 순서, 계획)에 따라, 의해
  按照明天的计划，进行活动。
  내일의 계획에 따라 행사를 진행한다.

- 对于 duìyú ~에 대해
  对于这个计划，我们应该提前准备。
  이 계획에 대해 우리는 미리 준비해야 한다.

- 由 yóu ~로부터, (행위의 주체)가
  我们由最近的地铁站出发。
  우리는 가장 가까운 지하철에서 출발한다.
  这件事由我们公司来负责。
  이 일은 우리 회사가 책임진다.

- 当 dāng ~때, ~에
  当你遇到困难的时候，千万别放弃。
  어려움을 맞닥뜨렸을 때, 절대 포기하지 마.

- 通过 tōngguò ~를 통해
  通过这次经历，我才理解当父母的苦恼。
  이번 경험을 통해 나는 비로소 부모님의 고충을 이해했다.

★计划 jìhuà 명 계획 | ★进行 jìnxíng 동 (어떤 지속적인 활동을) 진행하다 | ★活动 huódòng 명 행사, 활동 | 遇到 yùdào 동 마주치다, 부딪치다, 맞닥뜨리다 | ★困难 kùnnan 명 어려움 | ★千万 qiānwàn 부 절대로, 아무쪼록 | ★放弃 fàngqì 동 (권리·주장·의견 등을) 버리다, 포기하다 | ★提前 tíqián 동 (예정된 시간·위치를) 앞당기다 | ★经历 jīnglì 명 경험, 경력 | ★理解 lǐjiě 동 이해하다, 알다 | 苦恼 kǔnǎo 동 고민하다 | ★负责 fùzé 동 책임지다

배운 내용 점검하기

◆ 주어진 해석을 참고해 빈칸에 알맞은 단어를 써 보세요.

1 去一_____ 한 번 갔다 오다
2 _____这次考试 이번 시험을 통해
3 _____这样 이렇게 된 이상
4 上_____课 저번 수업
5 那_____报纸 저 신문

정답&어휘 1 趟 2 通过 3 既然 4 节 5 份

★趟 tàng 양 차례, 번 [왕래한 횟수를 세는 단위] | ★通过 tōngguò 개 ~를 통해 | ★既然 jìrán 접 ~된 바에야, ~인 이상 | ★节 jié 양 [여러 개로 나누어진 것을 세는 단위] | ★份 fèn 양 부, 통, 권 [신문·잡지·문건 등을 세는 단위] | 报纸 bàozhǐ 명 신문

STEP 3 실력 다지기

| A 通过 | B 节 | C 座 | D 因此 | E 由于 |

1. 家是一（　）有爱的房子，在这里，你可以看到幸福的样子。

2. 每个孩子都有他们的性格特点，（　）教育他们得用不一样的方法。

3. 黑板上的问题先别擦，王老师说了下一（　）课还要接着讲。

4. （　）没能通过这次考试，她不得不推迟了出国留学的计划。

5. （　）这次考试，我才真正认识到自己的不足。

| A 甚至 | B 遍 | C 趟 | D 页 | E 不管 |

6. A: 你的手机响了，为什么不接呢？
   B: 这个号码给我打了好几（　）电话了，每次都让我办信用卡。

7. A: （　）发生什么问题，都请及时联系我们。
   B: 好的，谢谢你的关心。

8. A: 先生，请问您知道刚才广播里说的是哪（　）航班推迟了吗？
   B: 是从云南飞往上海国际机场的ED6814次航班。

9. A: 这是什么茶？太苦了。
   B: 这种茶只是喝第一口时觉得苦，过会儿就好了，（　）还会觉得甜呢。

10. A: 都已经过去一个月了，我才看到这本书的第二十（　）。
    B: 因为里边大部分是在讲自然科学方面的知识，所以理解上会有一些困难。

01 연결어 순서 배열

독해 제2부분

Day 10

기초 실력 확인하기 | 왼쪽에 주어진 문장과 이어질 수 있는 문장을 오른쪽에서 찾아 보세요. 모범 답안 및 해석 → 본서 p.366

1 我很喜欢吃水果   A 但是我没有钱买
2 我觉得这件衬衫质量不错   B 所以学习汉语
3 因为我对中国文化感兴趣   C 比如苹果、西瓜、香蕉等等

STEP 1 유형 파악하기

◆ 독해 제2부분에서 평균 35% 이상이 '연결어 파악하기' 유형의 문제이다. 출제 난이도가 비교적 낮은 편이기 때문에 정답을 쉽게 찾을 수 있다.

● 제2부분 예제

A 因为有她的支持，我才成了一名作家
B 但她是我最感谢的人
C 尽管出国后我们两个人没再联系过

정답&풀이 **C B A** [尽管A 但B 비록 A일지라도 B이다]

STEP 1 접속사 '尽管'은 뒤 절의 '但(是)' '不过' '可是' 등의 접속사와 결합하여 '역접 관계'의 내용을 연결한다. C의 '尽管'과 B의 '但'을 보면 '没再联系过(다시 연락하지 않았지만)' '我最感谢的人(내가 가장 감사하는 사람입니다)'이라는 내용이 역접 관계로 이어지는 것을 알 수 있다. **(C→B)**

C 尽管出国后我们两个人没再联系过   B 但她是我最感谢的人

STEP 2 여기에서는 접속사 '因为' 뒤에 나오는 문장 전체가 B의 그녀에게 감사하는 이유를 설명하고 있으므로 A는 B 뒤에 위치하는 것이 적당하다. **(C→B→A)**

C 尽管出国后我们两个人没再联系过   B 但她是我最感谢的人   A 因为有她的支持，我才成了一名作家
                                    결과 B   원인 A

해석 C 비록 해외로 나간 후 우리 둘은 다시 연락하지 않았지만 B 하지만 그녀는 내가 가장 감사하는 사람입니다.
A 그녀의 지지가 있었기에 나는 작가가 될 수 있었습니다.

尽管 jǐnguǎn 접 비록 ~라 하더라도 | 出国 chūguó 동 출국하다 | 再 zài 부 다시, 더 | 联系 liánxì 명 연락 동 연락하다 | 最 zuì 부 가장, 제일, 아주, 매우 | 感谢 gǎnxiè 동 고맙다, 감사하다, 고맙게 여기다 | 因为 yīnwèi 접 때문에, 왜냐하면 | 支持 zhīchí 명 지지 | 才 cái 부 ~해야만 비로소, 막, 이제서야, 겨우 | 成 chéng 동 ~가 되다, ~로 변하다 | 名 míng 양 명 [사람의 신분을 세는 단위] | 作家 zuòjiā 명 작가

STEP 2 내공 쌓기

1 문장을 연결하는 접속사와 부사

○ track 93

문장과 문장을 연결하는 접속사나 부사를 익혀 두면 문장 순서를 한눈에 파악할 수 있다. 복문을 만드는 접속사와 부사는 저마다 함께 쓰이는 어휘들이 존재하며, 이들의 배열 순서가 비교적 고정적이기 때문이다. 여러 접속사, 부사 구문에 자주 쓰이는 부사로는 '却 què 오히려' '也 yě ~도' '再 zài 다시, 다음' '还 hái 게다가' 등이 있으며, 이들은 맨 앞 절에는 쓰일 수 없다. 아래에 정리된 독해 제2부분 빈출 구문들이 각각 어떤 순서로 어떻게 조합되어 무슨 의미를 나타내는지 살펴보자.

병렬 관계	
既 A, 又 B jì A, yòu B	A할 뿐만 아니라 B하기도 하다 那个孩子既可爱又聪明。 저 아이는 귀엽기도 하고 똑똑하기도 하다.
一方面 A, 另一方面 B yìfāngmiàn A, lìng yìfāngmiàn B	한편으로 A하고 다른 한편으로 B하다 减肥一方面是为了漂亮，另一方面是为了健康。 다이어트는 한편으로 예뻐지기 위함이고, 다른 한편으로는 건강해지기 위함이다.
不仅仅是 A, 也是 B bùjǐnjǐn shì A, yě shì B	단순히 A가 아니라, B이기도 하다 礼貌不仅仅是为了别人，也是为了自己的一种生活态度。 예의는 단순히 다른 사람을 위한 것이 아니라, 자신을 위한 생활 태도이기도 하다.
不是 A, 而是 B bú shì A, ér shì B	A가 아니고 B이다 这不是我的手机，而是他的。 이것은 내 휴대폰이 아니고 그의 휴대폰이다.
선택 관계	
与其 A, 不如 B yǔqí A, bùrú B	A하느니 B하는게 낫다 与其一个人在家，不如和我们一起去玩儿。 혼자 집에 있느니 우리와 함께 나가서 노는 게 낫지.
A 或者 B A huòzhě B	A이거나 또는 B이다 这次生日你去海边或者游乐园都可以。 이번 생일에 네가 해변을 가든지 놀이공원을 가든지 다 괜찮아.
점층 관계	
不但/不仅 A, 而且/还/也 B búdàn / bùjǐn A, érqiě / hái / yě B	A일 뿐만 아니라 B이다 我不仅是她的爱人，也是她的家人。 나는 그녀의 남편일 뿐만 아니라 그녀의 가족이기도 하다.
不但 A, 而且/还 B, 甚至 C búdàn A, érqiě / hái B, shènzhì C	A일 뿐만 아니라, B하며, 심지어 C하다 他不但长得很帅，而且性格很好，甚至学习成绩也很好。 그는 잘생겼을 뿐 아니라 성격도 좋고, 심지어 성적도 좋다.
不但不 A, 甚至 B búdàn bù A, shènzhì B	A하지 않을 뿐만 아니라, 심지어 B하다 我的儿子不但不努力学习，甚至常常出去玩儿。 내 아들은 열심히 공부하지 않을 뿐 아니라, 심지어 자주 나가 논다.

	전환 관계
虽然 / 尽管 A， suīrán / jǐnguǎn A, 但(是) / 可(是) / 不过 / (然)而 B dàn(shì) / kě(shì) / búguò / (rán)'ér B	비록 A하지만 B하다 虽然他很努力学习，但没通过考试。 비록 그는 열심히 공부했지만 시험에 통과하지 못했다.
	인과 관계
因为 / 由于 A，所以 B yīnwèi / yóuyú A, suǒyǐ B	A하기 때문에 그래서 B하다 因为天气很冷，所以我们都不想出门。 날씨가 너무 추워서 우리는 모두 나가고 싶지 않다.
(由于) A，因此 B (yóuyú) A, yīncǐ B	A하기 때문에 그래서 B하다 (由于)我病了，因此心情不好。 나는 아프기 때문에 기분이 좋지 않다.
既然 A，就 B jìrán A, jiù B	이미 A인 이상 B하다 既然你已经决定了，就不要放弃。 이미 당신이 결정한 이상 포기해서는 안 된다.
	가설 관계
如果 / 要是 A (的话)， rúguǒ / yàoshi A (dehuà), (那么)就 B (nàme) jiù B	만약 A하다면 B하다 如果明天下雨(的话)，我们就后天再见面吧。 만약 내일 비가 온다면, 우리 모레 다시 만나자.
即使 A，也 B jíshǐ A, yě B	설령 A하더라도 B하다 即使你取得了好成绩，也不能骄傲。 설령 좋은 성적을 얻더라도, 너는 거만해서는 안 된다.
	조건 관계
只要 A, 就 B zhǐyào A, jiù B	A하기만 하면 B하다 只要努力学习，就一定能取得好成绩。 열심히 공부하기만 하면, 반드시 좋은 성적을 얻을 수 있다.
只有 A，才 B zhǐyǒu A, cái B	A해야만 비로소 B하다 只有自己爱自己，别人才会爱你。 자기가 자신을 사랑해야만 다른 사람이 비로소 당신을 사랑할 것이다.
无论 / 不论 / 不管 A 都 / 也 B wúlùn / búlùn / bùguǎn A dōu / yě B	A에 관계없이 B하다 无论你去哪儿，我都会等你。 당신이 어디를 가든 나는 당신을 기다릴 것이다.
要想 A，应该 B yào xiǎng A, yīnggāi B	A하려고 한다면, B해야 한다 要想成功，就应该坚持下去。 성공하려고 한다면 꾸준히 해 나가야 한다.
	선후 관계
先 A，然后(再) B xiān A, ránhòu (zài) B	먼저 A한 후 B하다 我们先吃饭，然后(再)去看电影吧。 우리 먼저 밥을 먹고 난 후 영화를 보러 가자.
A 了，就 B A le, jiù B	A하고 바로 B하다 会议结束了，就回家。 회의가 끝나면, 바로 집에 간다.

可爱 kě'ài 형 귀엽다, 사랑스럽다 | 聪明 cōngming 형 똑똑하다 | ★减肥 jiǎnféi 동 살을 빼다 | 为了 wèile 개 ~하기 위해서 | 健康 jiànkāng 형 건강하다 | ★礼貌 lǐmào 명 예의 | 别人 biérén 대 타인, 다른 사람 | 种 zhǒng 양 종, 종류 | ★生活 shēnghuó 명 생활 | ★态度 tàidu 명 태도 | 玩儿 wánr 동 놀다 | 游乐园 yóulèyuán 명 유원지 | 家人 jiārén 명 가족 | ★帅 shuài 형 잘생기다, 멋지다 | ★性格 xìnggé 명 성격 | 成绩 chéngjì 명 성적 | 努力 nǔlì 열심히 하다, 노력하다 | 常常 chángcháng 부 자주, 수시로 | 通过 tōngguò 동 통과하다 | 出门 chūmén 동 외출하다 | 心情 xīnqíng 명 기분, 마음 | 决定 juédìng 동 결정하다 | ★放弃 fàngqì 동 (권리·주장·의견 등을) 버리다, 포기하다 | 后天 hòutiān 명 모레 | 见面 jiànmiàn 동 만나다 | 取得 qǔdé 동 얻다, 획득하다 | ★骄傲 jiāo'ào 형 거만하다 | ★成功 chénggōng 동 성공하다 | 应该 yīnggāi 조동 마땅히 ~해야 한다 | 坚持下去 jiānchí xiàqù 견지해 나가다 | 会议 huìyì 명 회의 | 结束 jiéshù 동 끝나다

 tip 일반적으로 접속사는 주어 앞, 부사는 주어 뒤에 위치한다. 단, 복문에서 전체 문장의 주어가 같은 경우에는 주어를 첫 번째 접속사 앞에 한 번만 쓴다.

2 문두에 자주 쓰이는 표현

○ track 94

문장 맨 앞에 쓰이는 표현들을 외워 두면 순서 배열의 첫 구문을 쉽게 찾을 수 있다.

표현	의미	예문
按照…… ànzhào……	~에 따라, ~에 의해	按照国家的规定，你这样做是违法的。 국가의 규정에 따르면, 당신이 이렇게 하는 것은 법을 어기는 거예요.
本来 běnlái	원래는	这次寒假我本来想跟朋友一起去旅行，但是他家里有事，去不了了。 이번 겨울방학에 나는 원래 친구와 여행 가려고 했는데, 친구 집에 일이 있어서 가지 못하게 됐다.
根据…… gēnjù……	~에 근거해	根据大家讨论的意见，我们决定不去旅行了。 모두의 토론 의견에 따라, 우리는 여행가지 않기로 결정했다.
随着…… suízhe…… ✦	~에 따라	随着科技的发展，人们的生活越来越方便了。 과학 기술 발전에 따라, 사람들의 생활은 점점 편리해졌다.
除了A(以外)B还…… chúle A yǐwài B hái…… ✦	A뿐만 아니라 B도 ~하다	除了蛋糕以外，我还喜欢吃巧克力。 케이크뿐만 아니라 나는 초콜릿 먹는 것도 좋아한다.
除了A(以外)B都…… chúle A yǐwài B dōu…… ✦	A를 제외하고 B가 모두 ~하다	除了你以外，大家都同意这么做。 당신을 제외하고는 모두가 이렇게 하는 것에 동의했다.
对于…… duìyú……	~에 대해	对于这件事情，很多人提意见。 이 일에 대해 많은 사람들이 의견을 제시한다.
请…… qǐng……	~해 주세요	请帮我改一下我写错的汉字。 저를 도와 제가 잘못 쓴 한자를 좀 고쳐 주세요.
听说…… tīngshuō…… ✦	듣자 하니 ~	听说他的女朋友是中国人。 듣자 하니 그의 여자 친구는 중국인이라고 한다.
为了…… wèile…… ✦	~를 하기 위해	为了有更好的未来，他努力工作。 더 좋은 미래를 위해 그는 열심히 일한다.
与……相比 yǔ……xiāngbǐ	~와 비교해서	与去年相比，今年的学费高了很多。 작년과 비교하여 올해 학비가 많이 올랐다.

违法 wéifǎ 동 법을 어기다 | ★旅行 lǚxíng 동 여행하다 | ★讨论 tǎolùn 동 토론하다 | ★意见 yìjiàn 명 의견 | 科技 kējì 명 과학 기술 | ★发展 fāzhǎn 동 발전하다 | 越来越 yuèláiyuè 갈수록, 점점 | 方便 fāngbiàn 형 편리하다 | 蛋糕 dàngāo 명 케이크 | ★巧克力 qiǎokèlì 명 초콜릿 | ★提 tí 동 제시하다, 제기하다 | 汉字 Hànzì 명 한자 | 未来 wèilái 명 미래 | 学费 xuéfèi 명 학비

배운 내용 점검하기

✦ 주어진 문장의 빈칸에 알맞은 어휘를 선택하세요.

1 一篇文章_____没有作者个人的看法，即使语言再精彩，_____不能吸引读者。

   A 如果　　　　　　B 也　　　　　　C 而且

2 钱能买到很多东西，_____世界上还是有很多东西是钱买不到，而且换不来的，_____生命、亲情、友谊和时间。

   A 但　　　　　　　B 虽然　　　　　　C 例如

해석&어휘

1 글에 만약 작가 개인의 견해가 없다면, 설령 언어가 아무리 아름답다 하더라도, 독자를 매료시킬 수 없다.
★篇 piān 양 편, 장 [문장·종이 등을 세는 단위] | ★文章 wénzhāng 명 글, 문장 | 如果 rúguǒ 접 만약, 만일 | ★作者 zuòzhě 명 지은이, 저자 | 个人 gèrén 명 개인 | ★看法 kànfǎ 명 견해 | 即使 jíshǐ 접 설령 ~하더라도 | ★语言 yǔyán 명 언어 | 再 zài 부 아무리 | ★精彩 jīngcǎi 형 뛰어나다, 훌륭하다 | ★吸引 xīyǐn 동 매료시키다 | 读者 dúzhě 명 독자

2 돈으로 아주 많은 물건을 살 수 있지만, 세상에는 여전히 많은 것들이 돈으로 살 수 없고, 또한 바꿀 수 없다. 예를 들면 생명, 가족애, 우정과 시간이다.
但 dàn 접 하지만 | 世界 shìjiè 명 세상 | 还是 háishi 부 여전히 | 而且 érqiě 접 게다가, 뿐만 아니라 | 换 huàn 동 바꾸다 | 例如 lìrú 동 예를 들다 | ★生命 shēngmìng 명 생명 | 亲情 qīnqíng 명 혈육간의 정 | ★友谊 yǒuyì 명 우정, 우의 | 虽然 suīrán 접 비록 ~일지라도

정답 1 A, B　　2 A, C

STEP 3 실력 다지기

Day 11

1. A 虽然这个沙发的质量很好
   B 可是我们家特别小
   C 估计放不下这么大的沙发   _____

2. A 不但能看到大大小小的鱼在河里游来游去
   B 还能看到河底的水草
   C 这里的河水非常干净，站在河边   _____

3. A 而且环境保护得也非常好
   B 这儿四季的风景都非常美丽
   C 因此每年都吸引着很多游客去旅行   _____

4. A 但都可以用汉语进行简单交流
   B 那两个小伙子虽然国籍不同
   C 玩儿猜汉字的游戏肯定没问题   _____

5. A 有一点儿不太礼貌吧
   B 就直接去公司找她
   C 要是不提前跟她打招呼   _____

6. A 而月球只有地球的1/49
   B 太阳有地球的130万倍那么大
   C 但我们在地球上看时，却感觉它们大小差不多   _____

→ 해설서 p.116

독해 제2부분

02 대사 순서 배열

Day 12

기초 실력 확인하기 | 왼쪽에 주어진 문장과 이어질 수 있는 문장을 오른쪽에서 찾아 보세요. 　　모범 답안 및 해석 → 본서 p.366

1 小明很喜欢看电影 　　　　　　　A 其实这对孩子有不好的影响
2 我们这台电脑太旧了 　　　　　　B 所以他经常跟他女朋友去电影院
3 有些父母总是批评孩子 　　　　　C 应该换新的了

STEP 1 유형 파악하기

◆ 인칭대사는 문장의 주어로 쓰이는 경우가 많다. 주어는 보통 문장 앞에 등장하므로, 인칭대사가 있는 보기는 대부분 제일 앞에 위치한다.

◆ '대사'가 가리키는 대상의 명칭이 함께 언급되는 경우, '대사'는 가리키는 대상의 '명칭'보다 뒤에 위치해야 한다.

◆ 대사와 명사가 여러 개 등장할 경우, 그들 간의 관계를 찾는 데 시간을 쏟기보다는 문장이 서술하는 내용의 흐름에 집중하자.

● 제2부분 예제

A 她当过护士，对孩子非常有耐心
B 经过商量，我们决定找邻居帮忙照顾孩子
C 我和丈夫的工作都非常忙

정답&풀이 **C B A** [对……有耐心 ~에 대해 인내심이 있다]

STEP 1 구체적인 명칭과 대사가 함께 등장하는 경우 보통 구체적인 명칭이 대사보다 앞에 위치한다. C에서 대상인 '我和丈夫'를 대사 '我们'으로 받을 수 있다. (C→B)

C 我和丈夫的工作都非常忙　　B 经过商量，我们决定找邻居帮忙照顾孩子

STEP 2 A에 있는 주어 '她'가 가리키는 대상이 누구인지를 찾아야 하는데, '她'가 가리키는 대상은 B의 '邻居'이므로, A는 B 뒤에 위치해야 한다. (C→B→A)

C 我和丈夫的工作都非常忙　　B 经过商量，我们决定找邻居帮忙照顾孩子　　A 她当过护士，对孩子非常有耐心

해석 **C** 저와 남편은 일이 정말 바빠요. **B** 상의 끝에, 우리는 이웃에게 아이를 돌봐달라고 부탁하기로 결정했어요. **A** 그녀는 예전에 간호사였고, 아이에 대한 인내심이 대단해요.

丈夫 zhàngfu 명 남편 | 非常 fēicháng 부 매우, 대단히, 심히, 아주 | 忙 máng 형 바쁘다, 틈이 없다 | 经过 jīngguò 동 거치다, 겪다 | 商量 shāngliang 동 상의하다, 의논하다, 협의하다 | 决定 juédìng 동 결정하다, 결심하다 | 找 zhǎo 동 찾다, 구하다 | 邻居 línjū 명 이웃 사람, 이웃집 | 帮忙 bāngmáng 동 일(손)을 돕다, 도움을 주다, 원조하다 | 照顾 zhàogù 동 돌보다, 보살피다 | 孩子 háizi 명 아이, 어린이 | 当 dāng 동 담당하다, 맡다 | 过 guo 조 동사 뒤에 쓰여 동작의 완료를 나타냄 | 护士 hùshi 명 간호사 | 对 duì 개 ~에게, ~에 대해 | 耐心 nàixīn 형 인내성이 있다, 인내심이 강하다

STEP 2 내공 쌓기

대사는 구체적인 대상이나 장소, 상황 등을 대신하여 간단하게 지칭하는 말이다. 독해 제2부분 문제를 풀 때 '대사'의 어떤 특징에 주목해야 하는지 아래에서 살펴보자.

(1) 대사는 가리키는 대상의 구체적인 명칭보다 뒤에 위치한다.

대사는 보통 이미 등장한 대상이나 사건을 다시 언급할 때 사용하는 경우가 많으므로, 첫 문장에는 잘 등장하지 않는다.

大熊猫圆圆这两天心情不错 → 还很兴奋 → 难道它也知道自己这个周末要回家了吗?

판다 위엔위엔(圆圆)은 요 며칠 기분이 꽤 좋고, → 게다가 매우 흥분해 있다. → 설마 그도 자기가 이번 주말에 곧 집에 돌아간다는 것을 아는 걸까?

大熊猫 dàxióngmāo 명 판다 | ★心情 xīnqíng 명 마음, 심정, 감정 | 不错 búcuò 형 좋다, 잘하다, 괜찮다 | ★兴奋 xīngfèn 동 흥분하다, 감격하다 | ★难道 nándào 부 설마 ~하겠는가? | 周末 zhōumò 명 주말

(2) 대사가 구체적인 상황이나 방식을 가리키는 경우, 대사는 뒤에 오는 절의 주어로 쓰인다.

앞에서 언급된 '상황'을 가리키기 위해 대사가 사용되기도 한다. 보통 지시대사 '这' '这样' 등이 쓰인다.

现在不少超市都有自己的班车 → 去超市购物的顾客可免费乘坐 → 这为人们，尤其是为中老年人提供了方便

현재 많은 슈퍼마켓들이 자신의 셔틀버스를 가지고 있다. → 슈퍼마켓에 쇼핑을 가는 고객은 무료로 탈 수 있다. → 이것은 사람들을 위해, 특히 중·노년층을 위해 제공하는 편의이다.

超市 chāoshì 명 슈퍼마켓 | 班车 bānchē 명 정기 운행 차량, 셔틀버스 | ★购物 gòuwù 동 물품을 구입하다, 물건을 사다 | ★顾客 gùkè 명 손님, 고객 | ★免费 miǎnfèi 동 무료로 하다 | ★乘坐 chéngzuò 동 (탈것에) 타다 | 为 wèi 개 ~를 위하여 | ★尤其 yóuqí 부 더욱이, 특히 | ★提供 tígōng 동 제공하다 | 方便 fāngbiàn 형 편리하다

(3) 대사가 첫 문장에 쓰이는 경우도 있다.

거리상 가깝거나 먼 사물을 가리킬 경우, 또는 가리키는 사물이나 사람이 직접 언급되지 않는 경우에는 대사도 첫 문장에 쓰일 수 있다.

他很适合我 → 不但工作认真而且性格很好 → 所以，妈妈打算把他介绍给我

그는 나와 잘 어울린다. → 일을 열심히 할 뿐만 아니라 성격도 좋아서 → 엄마는 그를 나에게 소개시켜 주려고 한다.

★适合 shìhé 동 적당하다, 알맞다, 적합하다 | 不但……而且…… búdàn……érqiě…… ~뿐만 아니라 ~도 | 认真 rènzhēn 형 성실하다 | ★性格 xìnggé 명 성격 | 所以 suǒyǐ 접 그래서 | 打算 dǎsuàn 동 계획하다, 고려하다 | 把 bǎ 개 ~를 [처치의 결과를 나타냄]

배운 내용 점검하기

◆ 빈칸에 들어갈 말을 보기에서 순서대로 고르세요.

1 ＿＿＿＿给＿＿＿＿的感觉很好，＿＿＿＿善良、聪明，外语也很流利，最重要的是十分自信。

　A 他　　　　　　B 这位年轻人　　　C 我

2 ＿＿＿＿性格很活泼，又乐于帮助同事，所以＿＿＿＿对＿＿＿＿的印象都非常好。

　A 他　　　　　　B 小王　　　　　　C 大家

해석&어휘

1 이 청년이 나에게 주는 느낌이 좋다. 그는 착하고, 똑똑하고, 외국어도 매우 유창하다. 가장 중요한 것은 매우 자신감이 있다는 점이다.
位 wèi 양 분, 명 [공경의 뜻을 내포함] | 年轻人 niánqīngrén 명 젊은이, 젊은 사람 | ★感觉 gǎnjué 명 느낌 | 善良 shànliáng 형 선량하다, 착하다 | 聪明 cōngming 형 똑똑하다, 총명하다, 영리하다 | 外语 wàiyǔ 명 외국어 | ★流利 liúlì 형 유창하다, 막힘이 없다 | 重要 zhòngyào 형 중요하다 | ★十分 shífēn 부 아주, 대단히 | ★自信 zìxìn 형 자신감 있다, 자신만만하다

2 샤오왕은 성격이 매우 활발하고, 기꺼이 동료를 돕는다. 그래서 모두 그에 대한 인상이 매우 좋다.
★性格 xìnggé 명 성격 | ★活泼 huópō 형 활발하다, 활기차다 | 又 yòu 부 또, 다시 | 乐于 lèyú 동 기꺼이 (어떤 일을) 하다 | 帮助 bāngzhù 동 돕다 | 同事 tóngshì 명 동료 | ★印象 yìnxiàng 명 인상

정답　1 B, C, A　　2 B, C, A

STEP 3 실력 다지기

1. A 他就是想和我们开玩笑
   B 才专门骗我们说他不知道的
   C 我猜老师肯定知道这道题的答案　_____

2. A 我一定猜不出他是谁
   B 今天要不是他先和我说话
   C 自从毕业以后，我和王洋有八九年没见了　_____

3. A 只要是符合条件的学生，他都支持并且鼓励他们报名参加
   B 于校长真的很重视
   C 对这一次在北京举办的职业技术比赛　_____

4. A 你还有没有什么别的联系方式能联系到她？
   B 真是太奇怪了，李护士的手机一直打不通
   C 除了这个手机号码　_____

5. A 全长大约为54,640米，在当时
   B 河南省郑州黄河公路大桥在1983年建成通车
   C 它被人们称为"亚洲第一大公路桥"　_____

6. A 常常在夜里写文章
   B 我的室友是个作家，他的生活习惯跟我完全不同
   C 所以我夜里从来不去打扰他　_____

해설서 p.119

독해 제2부분

03 의미 순서 배열

Day 26

기초 실력 확인하기 | 왼쪽에 주어진 문장과 이어질 수 있는 문장을 오른쪽에서 찾아 보세요. 모범 답안 및 해석 → 본서 p.366

1 每天早上上班的时候   A 就应该努力学习
2 要想取得好成绩   B 特别是历史书
3 冰冰特别喜欢看书   C 她都去咖啡店买一杯咖啡

STEP 1 유형 파악하기

◆ 독해 제2부분에는 어법적으로 접근하기보다, 의미적으로 접근해야만 순서를 배열할 수 있는 유형의 문제가 가장 많다. 보통 '시간 순서'나 '사건 전개 순서' 등이 순서 배열의 단서가 된다.

◆ 사회, 문화, 교육, 자기 계발, 일상 등 다양한 주제의 문장이 제시된다. 평소에 듣기, 독해 영역 문제를 풀면서 지문의 핵심 내용을 잘 기억해 두는 것이 큰 도움이 된다.

● 제2부분 예제

A 墙上挂的这幅画的就是黄山

B 中国有十大名山

C 例如：黄山、泰山、五台山等等

정답&풀이 **B C A** [例如……等等 예를 들어 ~ 등이 있다]

STEP 1 C의 '例如……等等'이라는 표현으로 보아 C 앞에 다른 문장이 올 것이라는 것을 알 수 있다. **(?→C)**

| ? | C 例如：黄山、泰山、五台山等等 |

STEP 2 C는 산의 종류를 예를 들어 설명하고 있으므로, 그 앞 문장에는 산이 있다고 말하는 B가 가장 자연스럽다. A는 '就是(바로 ~이다)'라는 표현으로 앞에 나온 산 중에 하나를 선택해 언급했으므로 C 뒤에 오는 것이 자연스럽다. **(B→C→A)**

| B 中国有十大名山 | C 例如：黄山、泰山、五台山等等 | A 墙上挂的这幅画的就是黄山 |

해석 B 중국에는 유명한 산이 열 개 있어요.   C 예를 들어, 황산, 타이산, 우타이산 등이 있죠.
A 벽에 걸린 이 그림은 바로 황산이에요.

名山 míngshān 명 명산, 이름난 산 | 例如 lìrú 통 예를 들다, 예를 들면, 예컨대 | 黄山 Huángshān 고유 황산 | 泰山 Tàishān 고유 타이산 | 五台山 Wǔtáishān 고유 우타이산 | 等 děng 조 등 | 墙 qiáng 명 담장, 벽, 울타리 | 挂 guà 통 (고리·못 따위에) 걸다 | 幅 fú 양 폭 [옷감·종이·그림 등을 세는 단위] | 画 huà 명 그림

STEP 2 내공 쌓기

1 중국어의 서술 방식

어법적인 공식에 근거해 풀 수 있는 유형의 문제와 달리, 의미 순서에 따라 풀어야 하는 문제의 답은 풀이를 보아도 잘 이해가 되지 않는 경우가 있다. 중국어 문장의 기본적인 서술 방식에 익숙해지면 문제를 푸는 것도, 풀이를 이해하는 것도 수월해진다.

(1) '시간 흐름'에 따라 서술한다.

중국어는 시제에 따라 글자의 형태가 변하지 않기 때문에, 어순이 매우 중요한 기능을 담당한다. 그래서 중국어는 기본적으로 '과거 → 현재 → 미래' 순서로, 같은 시제라면 '행동의 순차적 흐름'에 따라 서술한다.

他<u>前年</u>一个人在中国生活，感觉很孤单 → <u>去年</u>家人也搬到了中国 → 他<u>现在</u>觉得很幸福
그는 재작년에 혼자 중국에서 생활하는 것이 외롭다고 느꼈다. → 작년에 가족들도 중국에 와서 → 그는 현재 행복하다고 생각한다.

★生活 shēnghuó 동 생활하다 명 생활 | ★感觉 gǎnjué 동 느낌, 감각 | 孤单 gūdān 형 외롭다 | 家人 jiārén 명 가족 | 搬 bān 동 옮겨가다, 이사하다 | ★幸福 xìngfú 형 행복하다

(2) '원인 → 결과' 혹은 '사건의 발생 → 결과' 순서로 서술한다.

일반적으로 사건은 '발생 → 원인 → 결과' 순서로 서술한다.

<u>经理让我去机场接两位客人</u> → <u>没想到车竟然坏了</u> → <u>结果没能完成任务</u>
사장님이 나에게 공항에 가서 손님 두 분을 마중하라고 했는데 → 생각지도 못하게 차가 고장 났고 → 결국 임무를 완성하지 못했다.

经理 jīnglǐ 명 사장, 경영 관리 책임자 | 让 ràng 동 ~하도록 시키다, ~하게 하다 | 机场 jīchǎng 명 공항 | 接 jiē 동 맞이하다, 마중하다 | 位 wèi 양 분, 명 [공경의 뜻을 내포함] | 客人 kèrén 명 고객 | 没想到 méi xiǎngdào 생각지 못하다 | ★竟然 jìngrán 부 뜻밖에도, 의외로, 놀랍게도 | 坏 huài 동 고장 나다 | ★结果 jiéguǒ 부 결국 | 完成 wánchéng 동 완성하다 | ★任务 rènwu 명 임무

(3) '주제(포괄·추상적인 내용) → 구체적인 보충 설명' 순서로 서술한다.

보통 주제를 먼저 이야기하고, 주제와 관련된 내용들을 서술한다.

<u>随着经济的发展</u> → <u>人们的生活水平也提高了</u> → <u>比如，越来越多的人会在放假时，出国旅游</u>
경제 발전에 따라 → 사람들의 생활 수준 또한 향상되었다. → 예를 들어, 점점 더 많은 사람들이 방학 때 외국으로 여행을 간다.

★随着 suízhe 개 ~에 따라서 | ★经济 jīngjì 명 경제 | ★发展 fāzhǎn 명 발전 | 水平 shuǐpíng 명 수준 | 提高 tígāo 동 높이다, 향상시키다 | ★比如 bǐrú 접 예를 들어 | 越来越 yuèláiyuè 부 점점, 더욱 더 [정도의 증가를 나타냄] | 放假 fàngjià 방학하다

(4) '시간 → 장소 → 행동' 순서로 서술한다.

'시간 → 장소 → 행동'은 부사어의 어순과 함께 이해하면 좋다. '시간'과 '장소'는 중국어에서 부사어에 해당하는 표현으로, 주어 뒤 술어 앞에 위치해 의미를 보충한다. 단, '시간' 표현은 주어보다 앞에 위치하는 경우도 있다.

<u>每当要做重要决定的时候</u> → <u>应该记得要多跟家人、朋友商量商量</u> → <u>多听听他们是怎么想的，肯定没有坏处</u>
중요한 결정을 해야 할 때마다 → 가족, 친구와 많이 상의하고, → 그들이 어떻게 생각하는지를 많이 들어야 함을 기억하라. 분명 나쁜 점이 없을 것이다.

重要 zhòngyào 형 중요하다 | 决定 juédìng 동 결정하다, 결심하다 | 应该 yīnggāi 조동 ~해야 한다 | 记得 jìde 동 기억하고 있다 | ★商量 shāngliang 동 상의하다, 의논하다 | 坏处 huàichù 명 나쁜 점, 결점

2 핵심 어휘 및 표현

 track 95

제시된 각각의 문장을 완벽히 독해하는 것이 순서 배열의 첫 단추이다. 중국어의 서술 방식을 이해했더라도, 어휘력 부족으로 해석을 못하면 소용이 없다. '의미 순서 배열' 유형의 문제에서 핵심 키워드가 될 어휘들을 아래에서 살펴보자.

(1) 시간의 흐름을 나타내는 표현

과거	刚才 gāngcái	방금, 막	经理刚才一直给你打电话。 사장님이 방금 계속 너한테 전화했어.
	已经……了 yǐjīng……le	이미 ~했다	他已经来中国10年了。 그는 이미 중국에 온 지 10년이 됐다.
	曾经……过 céngjīng……guo	일찍이 ~한 적이 있다	他曾经在中国生活过。 그는 일찍이 중국에서 생활한 적이 있다.
현재	正在……着……呢 zhèngzài……zhe……ne	~하면서 ~하다	他正在喝着咖啡聊天儿呢。 그는 지금 커피를 마시면서 이야기를 한다.
미래	马上 mǎshang	곧	会议马上就要开始了。 회의가 곧 시작한다.
	将 jiāng	~할 것이다	这里明天将举行重要活动。 여기에서 내일 중요한 행사를 개최할 것이다.
	快要 / 就要……了 kuàiyào / jiùyào……le	곧 ~하려고 한다	听说她快要结婚了。 듣자니 그녀가 곧 결혼하려고 한다고 하네요.

刚才 gāngcái 명 지금 막, 방금 | **一直** yìzhí 부 계속, 줄곧 | **聊天儿** liáotiānr 동 잡담하다, 한담하다 | **会议** huìyì 명 회의 | **开始** kāishǐ 동 시작하다 | ★**举行** jǔxíng 동 개최하다, 거행하다 | ★**活动** huódòng 명 행사, 활동 | **听说** tīngshuō 동 듣기로, 들은 바로는 | **结婚** jiéhūn 동 결혼하다

(2) 중국어의 서술 구조

A，却 B A, què B	A하지만 오히려 B하다	我的性格很活泼，可妹妹却很安静。 나는 성격이 활발한데, 여동생은 오히려 차분하다.
A，其实 B A, qíshí B	A인 줄 알지만 사실은 B이다	我以为他是中国人，其实他是韩国人。 나는 그가 중국인인 줄 알았는데 사실은 한국인이었다.
(先) A，再 B xiān A, zài B	(먼저) A하고 나서 B하다	他们决定先去日本，再回韩国。 그들은 먼저 일본에 갔다가 다시 한국으로 돌아오기로 결정했다.
A，没想到 B A, méi xiǎngdào B	A하였지만 생각지 못하게 B했다	他昨天说不会参加今天的聚会，没想到他来了。 그는 어제 오늘 모임에 참가하지 못할 거라고 했었는데, 생각지도 못하게 그가 왔다.
A，终于 B 了 A, zhōngyú B le	A하였고 마침내 B했다[행동→결과]	她每天都坚持做运动，终于减肥成功了。 그녀는 매일 꾸준히 운동을 했고, 마침내 다이어트에 성공했다.
A，顺便 B A, shùnbiàn B	A하는 김에 겸사겸사 B하다	这次去上海旅行，顺便去了苏州、杭州。 이번에 상하이로 여행 간 김에 겸사겸사 쑤저우와 항저우도 갔다.
A，只好 B A, zhǐhǎo B	A라서 어쩔 수 없이 B하다	现在已经没有公交车了，我们只好走回去了。 지금은 이미 버스가 없어서, 우리 걸어서 돌아가는 수밖에 없어.

A，最好 B A, zuìhǎo B	A하니까 B하는 게 가장 좋다	外边天气不太好，你最好带上雨伞。 밖에 날씨가 별로 좋지 않아. 우산을 챙기는 게 좋겠어.
A，后来 B A, hòulái B	A하고, 그 후에 B하다	我跟妈妈解释了很久，后来她同意了。 내가 엄마에게 오랫동안 설명했고, 그 후에 엄마는 동의하셨다.
A，同时也 B A, tóngshí yě B	A이면서 동시에 B이다	历史是这本书最难的部分，同时也是这学期的重点内容。 역사는 이 책에서 가장 어려운 부분이면서, 동시에 이번 학기의 중요한 내용이다.
A，更重要的是 B A, gèng zhòngyào de shì B	A하고, 더 중요한 것은 B이다	对一个人来说，成功很重要，但更重要的是怎么成功。 한 사람에게 있어서 성공은 중요하다. 다만 더 중요한 것은 어떻게 성공하는가이다.
A，最重要的是 B A, zuì zhòngyào de shì B	A하고, 가장 중요한 것은 B이다	
应该 A，这样才能 B yīnggāi A, zhèyàng cái néng B	A해야지만 비로소 B할 수 있다	人们应该少用塑料袋，这样才能保护环境。 사람들이 비닐봉지를 적게 사용해야만 비로소 환경을 보호할 수 있다.
A，例如 B 等等 A, lìrú B děngděng A，比如 B 等等 A, bǐrú B děngděng	A이고, 예를 들어 B 등등이 있다	我喜欢吃的东西很多，例如面包、饼干、水果等等。 내가 좋아하는 음식은 많다. 예를 들어 빵, 과자, 과일 등이다.

★性格 xìnggé 명 성격 | ★活泼 huópō 형 활발하다, 활기차다 | 可 kě 접 그러나 | 安静 ānjìng 형 조용하다 | ★以为 yǐwéi 동 ~인 줄 알다, ~라고 여기다 | 先 xiān 부 우선, 먼저 | 参加 cānjiā 동 참석하다 | ★聚会 jùhuì 명 모임 | ★坚持 jiānchí 동 유지하다 | ★减肥 jiǎnféi 동 살을 빼다 | ★成功 chénggōng 동 성공하다 | 苏州 Sūzhōu 고유 쑤저우 [중국의 도시] | 杭州 Hángzhōu 고유 항저우 [중국의 도시] | 公交车 gōngjiāochē 명 버스 | 带 dài 동 지니다, 휴대하다 | 上 shàng 동 ~에 다다르다, ~하게 되다 [동사 뒤에 쓰여, 어떤 목적에 도달하였거나 결과가 있음을 나타냄] | 雨伞 yǔsǎn 명 우산 | ★解释 jiěshì 동 해명하다 | 同意 tóngyì 동 동의하다 | 历史 lìshǐ 명 역사 | ★部分 bùfen 명 부분 | 学期 xuéqī 명 학기 | 重点 zhòngdiǎn 명 중점 | ★内容 nèiróng 명 내용 | 对……来说 duì……láishuō ~에 대해 말하자면 | ★塑料袋 sùliàodài 명 비닐봉지 | 保护 bǎohù 동 보호하다 | 环境 huánjìng 명 환경 | 面包 miànbāo 명 빵 | ★饼干 bǐnggān 명 과자

배운 내용 점검하기

◆ 주어진 문장의 빈칸에 알맞은 어휘를 선택하세요.

1 我_____准备今天和同事一起去公园，可是刚才突然下起了大雨，我们_____明天再去。

   A 只好   B 本来   C 尤其

2 同学们，3年的研究生生活马上_____结束了，咱们也_____要去不同的公司工作，让我们举杯，为一切顺利干杯。

   A 要   B 曾经   C 将

> **해석&어휘**
>
> 1 나는 <u>원래</u> 오늘 동료와 함께 공원에 가려고 했는데, 방금 전 갑자기 큰비가 내리기 시작해 우리는 내일 다시 가는 <u>수 밖에 없다</u>.
> ★本来 běnlái 뙤 원래, 본래 | 同事 tóngshì 몡 동료 | 公园 gōngyuán 몡 공원 | ★可是 kěshì 젭 하지만 | 刚才 gāngcái 몡 지금, 막, 방금 | 突然 tūrán 뙤 갑자기 | ★只好 zhǐhǎo 뙤 부득이, 어쩔 수 없이
>
> 2 학우 여러분, 3년간의 대학원 생활이 곧 끝나네요. 우리는 서로 다른 회사에 가서 일을 하게 되겠지요. 우리 잔을 들고, 모든 것이 순조롭기를 바라며 건배합시다.
> 研究生 yánjiūshēng 몡 대학원생 | 结束 jiéshù 동 끝나다, 마치다, 종료하다 | ★咱们 zánmen 대 우리들 | ★举 jǔ 동 들다 | 为 wèi 게 ~를 위하여 | ★一切 yíqiè 몡 일체, 전부 | 顺利 shùnlì 혱 순조롭다 | ★干杯 gānbēi 동 건배하다
>
> **정답** 1 B, A   2 A, C

STEP 3 실력 다지기

Day 27

1. A 可惜到今天仍然没有一个正确的说法
   B 有的人甚至还写过关于梦的书
   C 很多人都曾经试过解释人的梦
   _____

2. A 很多城市，特别是很多大城市上下班时间打车很难
   B 我们也在研究别的解决方法
   C 除了增加出租车数量外
   _____

3. A 应该做到诚实，这样才能给别人留下一个好印象
   B 应聘时我们要努力证明自己的能力
   C 但遇到不能回答的问题时
   _____

4. A 做事往往要照顾大的方面
   B 而放弃整个"森林"
   C 换句话说，就是不能只为了一棵"大树"
   _____

5. A 请别在园内抽烟，谢谢
   B 欢迎你们来到北京动物园
   C 为了保证大家的安全
   _____

6. A 把下面这些数字
   B 请根据试题的要求
   C 按从大到小的顺序排列好
   _____

→ 해설서 p.122

7. A 所以现在，我们去公园散散步吧
   B 出院时医生说你要多活动，但你这几天总躺着
   C 这对腿很不好 _____

8. A 我从小就有写日记的习惯
   B 把每天发生的事写在笔记本上
   C 也是对一天生活的总结 _____

9. A 他只是拿起西瓜敲了两下
   B 回到家我一尝，确实很甜
   C 就很肯定地对我说这个西瓜一定甜 _____

10. A 因为它们的做法都差不多
    B 你们俩说的其实是同一种菜
    C 区别是，这道菜在南方和北方的名称不同 _____

11. A 一直往前走
    B 再走大约十分钟，就能看见森林公园了
    C 过了前面的那家饭店往右转 _____

12. A 可是咱们拉着这么重的行李
    B 去中国大使馆从这个出口出去最近
    C 还是走西北口吧，那里有电梯 _____

13. A 网上购物很方便，但还是会有一些假货
    B 不能只看商品的价格和样子就决定
    C 所以我们一定要反复确认 _____

14. A 几乎所有的人都认为我放弃了一个好机会
    B 我最后还是拒绝了那位老板的邀请
    C 但是我却一点儿都不后悔 _____

15. A 然后再开始工作
    B 长时间坐在电脑前面工作，眼睛很容易疲劳
    C 最好是每过一个小时就休息一下 _____

16. A 我们出去的时候，天气还很好
    B 并且越下越大，根本没有要停的意思
    C 没想到走到半路时突然就下雨了 _____

17. A 这样很不方便
    B 你们还是把它放到外面去吧
    C 桌子太大了，放在办公室里容易堵着出口 _____

18. A 对于老板的决定，不少人都不支持
    B 那你究竟是怎么想的呢
    C 而你一直没表示你的看法 _____

독해 제3부분

01 세부 내용 파악

Day 14

기초 실력 확인하기 | 아래 문장들을 의미 단위로 끊어 읽고 해석해 보세요.

모범 답안 및 해석 → 본서 p.366

1 如果明天下大雨，我们就在家休息吧。
2 工作只是生活的一部分，而不是生活的全部。
3 很多人习惯早上做运动，但是运动不是越早越好。

STEP 1 유형 파악하기

◆ 지문 속 '주인공'에 대한 정확한 정보를 묻는다. 지문에 관련 내용이 나오는 즉시 보기 옆에 O, X로 간단히 표시하자. 단, 뒤에서 내용이 반전될 수 있음에 항상 유의해야 한다.

◆ 육하원칙 형태로 지문의 내용을 묻는다. 질문에 대응하는 '因为' '觉得' 등의 특정 단서 어휘에 집중해 읽으면 쉽게 핵심 문장을 찾을 수 있다.

◆ 특정 문장이나 단어의 의미를 묻는 경우, 대부분 바로 그 뒷부분에 의미가 드러나 있다.

● 제3부분 예제 1

1 公司对面有一个很火的咖啡馆，我和同事经常去那里喝咖啡。很多时候，他家还会举办活动。例如，给顾客们介绍各种咖啡的特点、做法等。你要是感兴趣的话，有空可以去那儿坐坐。

★ 那家咖啡馆怎么样？

A 很受欢迎　　B 周末休息　　C 活动很少　　D 面积非常大

公司对面<u>有</u>一个很火的咖啡馆，我和同
　　　　　~에 ~가 있다
事经常去那里喝咖啡。很多时候，他家还会
<u>举办活动</u>。<u>例如</u>，<u>给</u>顾客们<u>介</u>绍各种咖啡的特
행사를 개최하다　예를 들어　~에게 소개하다
点、做法<u>等</u>。你<u>要是</u>感兴趣<u>的话</u>，有空可以去
　　　　~등이 있다　만약 ~하다면
那儿坐坐。

회사 맞은편에 아주 인기 있는 카페가 있어요. 저와 동료들은 자주 그곳에 커피를 마시러 가요. 그곳에서는 종종 행사도 열어요. 예를 들어, 손님들에게 다양한 커피의 특성과 만드는 방법을 소개하기도 해요. 관심이 있다면 시간이 될 때 그곳에 한번 가 보세요.

★ 那家咖啡馆怎么样？
A 很受欢迎　　　　B 周末休息
C 活动很少　　　　D 面积非常大

★ 그 카페는 어떤가요?
A 매우 인기 있음　　B 주말에 쉼
C 행사가 거의 없음　D 매우 넓음

정답&풀이 A [火 인기 있다] 문장 처음에 '公司对面有一个很火的咖啡馆(회사 맞은편에 아주 인기 있는 카페가 있다)'이라고 한 것으로 보아 그 카페가 '很受欢迎(매우 인기 있다)'이라는 것을 알 수 있다. 본문에 쓰인 '火'가 '인기 있다'라는 뜻이 있음을 알 수 있어야 한다.

01 세부 내용 파악　131

★**对面** duìmiàn 몡 건너편, 맞은편 | **火** huǒ 톙 인기 있다, 명성이 있다, 잘 팔리다 | **咖啡馆** kāfēiguǎn 몡 카페 | ★**举办** jǔbàn 통 열다, 개최하다, 거행하다 | ★**活动** huódòng 몡 활동, 행사 | ★**例如** lìrú 통 예를 들다, 예를 들면, 예컨대 | **顾客** gùkè 몡 고객, 손님 | **各种** gèzhǒng 톙 각종의, 갖가지의 | ★**特点** tèdiǎn 몡 특징, 특색, 특성 | **做法** zuòfǎ 몡 (일 처리나 물건을 만드는) 방법 | ★**要是** yàoshi 젭 만약, 만약 ~이라면 | **有空** yǒukòng 통 (여유) 시간이 있다, 틈이 있다 | **面积** miànjī 몡 면적

● 제3부분 예제 2

> 2~3
> 本学期学校将举办"中医药文化走进校园"活动。为此，我们专门邀请了中医院的王教授来介绍中医文化，还会带大家去中药研究所参观。同学们不仅能学到与中医药有关的知识，更有机会看到各种药用植物。希望同学们积极报名参加。
>
> 2　★ 本学期学校将举办哪方面的活动？
> 　　A 汉语交流　　B 中医文化　　C 申请留学　　D 环境保护
>
> 3　★ 下列哪个是活动内容？
> 　　A 上网学习　　B 健康检查　　C 参观中药研究所　　D 公司实习

²本学期学校将<u>举办</u>"中医药文化走进校园"活动。**为此**，我们专门邀请了中医院的王教授来介绍中医文化，³还会带大家去中药研究所参观。同学们不仅能<u>学到</u>与中医药有关的<u>知识</u>，更有机会看到各种药用植物。希望同学们积极报名参加。

²이번 학기에 학교에서는 '캠퍼스로 들어온 중의약 문화'라는 행사를 개최할 예정입니다. 이를 위해, 중의학 병원의 왕(王) 교수님을 초청하여 중의학 문화에 대해 소개하고, ³모두를 데리고 중약 연구소에 가서 참관할 예정입니다. 학생들은 중의약과 관련된 지식을 배울 뿐만 아니라 다양한 약용 식물을 볼 기회도 갖게 될 것입니다. 학생들의 적극적인 참여를 바랍니다.

2　★ 本学期学校将举办哪方面的活动？
　　A 汉语交流　　**B 中医文化**
　　C 申请留学　　D 环境保护

2　★ 이번 학기 학교에서는 어떤 행사를 개최하나요?
　　A 중국어 교류　　**B 중의학 문화**
　　C 유학 신청　　D 환경 보호

3　★ 下列哪个是活动内容？
　　A 上网学习　　B 健康检查
　　C 参观中药研究所　　D 公司实习

3　★ 다음 중 행사 내용에 해당하는 것은 무엇인가요?
　　A 온라인 학습　　B 건강 검진
　　C 중약 연구소 방문　　D 회사 실습

정답&풀이　**2 B** [举办活动 행사를 개최하다] 첫 번째 문장에 '举办"中医药文化走进校园"活动('캠퍼스로 들어온 중의약 문화' 행사를 개최하다)'이라고 직접 언급했다. 따라서 정답은 B이다.

　　　　　3 C [带……去……参观 ~를 데리고 ~에 가서 참관하다] 본문에서 '带大家去中药研究所参观(모두를 데리고 중약 연구소에 가서 참관하다)'이라고 했으므로, 답은 C이다. 본문과 보기에 어휘가 거의 똑같이 언급되었다.

本 běn 대 이번의, 현재의 | ★**学期** xuéqī 몡 학기 | **将** jiāng 부 ~하게 될 것이다, ~일 것이다 | ★**举办** jǔbàn 통 열다, 개최하다, 거행하다 | **中医药** zhōngyīyào 몡 중의약, 중국 전통 의학과 약학 | **文化** wénhuà 몡 문화 | **走进** zǒujìn 통 들어서다 | **校园** xiàoyuán 몡 캠퍼스, 교정 | ★**活动** huódòng 몡 활동, 행사 | **为此** wèicǐ 접 이 때문에, 이를 위해서, 그런 까닭에 | ★**专门** zhuānmén 부 특별히, 일부러 | ★**邀请** yāoqǐng 통 초대하다 | **中医院** zhōngyīyuàn 몡 중의학 병원 | ★**教授** jiàoshòu 몡 교수 | **介绍** jièshào 통 소개하다 몡 소개 | **还** hái 부 또, 더, 게다가, 왜, 그런대로 | **带** dài 통 (몸에) 지니다, 챙기다, 휴대하다, 가지다, 이끌다, 데리다, 인도하다 | **研究所** yánjiūsuǒ 몡 연구소 | ★**参观** cānguān 통 (전람회·명승고적 등을) 참관하다, 견학하다 | ★**不仅** bùjǐn 접 ~뿐만 아니라 | ★**与** yǔ 개 ~와/과 | **有关** yǒuguān 통 관계가 있다 [与A有关: A와 관련이 있다] | ★**知识** zhīshi 몡 지식 | **更** gèng 부 더, 더욱, 훨씬 [비교문에 주로 쓰임] | **机会** jīhuì 몡 기회, 찬스

各种 gèzhǒng 형 각종의, 갖가지의 | 药用植物 yàoyòng zhíwù 명 약용 식물 | 希望 xīwàng 동 (생각하는 것이 실현되기를) 바라다, 희망하다 | ★积极 jījí 형 적극적이다, 의욕적이다, 긍정적이다 | 报名 bàomíng 동 등록하다, 지원하다 | 参加 cānjiā 동 참석하다, 참가하다, 참여하다 | ★方面 fāngmiàn 명 방면, 분야, 부분, 측면 | ★交流 jiāoliú 동 서로 소통하다, 교류하다, (정보 따위를) 교환하다 | ★申请 shēnqǐng 동 신청하다 | 留学 liúxué 명 유학 | 环境 huánjìng 명 환경 | ★保护 bǎohù 동 보호하다 | 下列 xiàliè 형 아래에 열거한 | ★内容 nèiróng 명 내용 | 上网 shàngwǎng 동 인터넷을 하다, 인터넷을 연결하다 | 健康 jiànkāng 형 건강하다 명 건강 | 检查 jiǎnchá 동 검사하다, 점검하다, 조사하다, 검토하다 명 검사 | 公司 gōngsī 명 회사 | 实习 shíxí 동 실습하다

STEP 2 내공 쌓기

1 주요 질문 방식

독해 제3부분은 지문을 읽기 전에 반드시 '질문과 보기를 먼저' 읽자. 질문을 미리 알고 지문을 읽으면 긴 지문 속에서 '핵심 내용'을 쉽게 찾을 수 있다.

- 这样做是因为： 이렇게 하는 이유는: ✦
- 他是个什么样的人？ 그는 어떤 사람인가? ✦
- 关于那家餐厅，可以知道什么？ 그 식당에 관해 무엇을 알 수 있는가? ✦
- 根据这段话，下列哪个正确？ 이 이야기에 근거하여, 아래의 어느 것이 올바른가? ✦
- 上文中，"垃圾食品"指的是什么？ 윗글에서 '정크푸드'가 가리키는 것은 무엇인가? ✦
- 文章中的"希望"是指什么？ 윗글에서 '희망'은 무엇을 가리키는가?

2 의미 단위로 끊어 읽기

문장이 길 경우, 의미 단위로 끊어 읽는 기술이 더욱 필요하다. 끊어 읽기가 익숙해지면 직독직해가 가능해져 문장을 읽는 즉시 빠르고 정확하게 이해할 수 있다. 중국어의 문장부호와 문장 구조를 파악하는 것을 익혀 '끊어 읽기'의 기반을 다지자.

(1) 문장부호 익히기

한국어 문장부호와 비슷한 것도 있지만 중국어에만 쓰이는 생소한 문장부호도 있으니 예문과 함께 보며 정리하도록 하자.

。 句号 jùhào 마침표	평서문 끝에서 문장의 마침을 나타낸다. 明天下午我去火车站接我的大学同学。 내일 오후에 나는 기차역에 나의 대학 동창을 마중하러 간다.
， 逗号 dòuhào 쉼표(반점)	문장 안에서 휴지(休止)를 나타내거나, 복문의 절과 절 사이의 끊어짐을 나타낸다. 你如果遇到什么困难，就去找他。 네가 만약 어떤 어려움을 만나게 된다면 그를 찾아가렴.

01 세부 내용 파악

문장부호	설명 및 예시
" " 引号 yǐnhào 따옴표	직접 인용하는 말이나 특수한 의미를 지닌 말을 강조할 때 쓴다. 小明来我家对我说："我们去学校踢足球吧。" 샤오밍이 우리 집에 와서 내게 말했다. "우리 학교에 축구 하러 가자."
、 顿号 dùnhào 모점	병렬 관계 어휘를 나열할 때, 단어나 구 사이의 멈춤을 나타낸다. 我今天去百货商场买了空调、电视、洗衣机还有电脑。 나는 오늘 백화점에서 에어컨, 텔레비전, 세탁기, 컴퓨터를 샀다.
! 叹号 tànhào 느낌표	감탄이나 놀람, 명령 등을 나타내는 문장 끝에 쓰여 강한 어기를 나타낸다. 这里的环境真好啊! 여기 환경이 정말 좋네!
? 问号 wènhào 물음표	문장 끝에 쓰여 의문을 나타낸다. 这么晚你给我打电话有什么事吗? 이렇게 늦게 나한테 무슨 일로 전화를 걸었어?
: 冒号 màohào 쌍점(콜론)	제시적 성격의 구절 뒤에 쓰여 다음 문장을 끌어내거나 관련 명사를 나열한다. 他心里想：老师为什么只表扬他不表扬我呢? 그는 마음속으로 생각했다. "선생님은 왜 걔만 칭찬하고 나는 칭찬하지 않는 거지?"

★接 jiē 동 마중하다, 맞다 | 如果 rúguǒ 접 만약 ~라면 | 遇到 yùdào 동 만나다, 마주치다 | ★困难 kùnnan 명 곤란 형 곤란하다 | 找 zhǎo 동 찾다 | 百货商场 bǎihuò shāngchǎng 명 백화점 | 空调 kōngtiáo 명 에어컨 | ★洗衣机 xǐyījī 명 세탁기 | 环境 huánjìng 명 환경 | ★表扬 biǎoyáng 동 칭찬하다

(2) 문장 구조 파악

문장을 주요 성분(주어, 술어, 목적어)과 수식 성분(부사어, 관형어, 보어)으로 구분하여 접근하면 독해가 한결 수월해진다. 먼저 주요 성분이 조합되어 나타내는 기본 의미가 무엇인지 파악한 후, 수식 성분이 나타내는 의미를 덧붙이자. 복문일 경우, 쉼표(，逗号)를 기준으로 앞절과 뒷절의 내용이 무슨 의미 관계를 가지는지도 파악하자. 부사어나 관형어를 구분할 때에는 '동태조사'와 '구조조사'를 기준으로 살펴보면 수월하다. 술어 앞에는 '부사어+地'가, 술어 뒤에는 동태조사 '了' '着' '过'나 보어가, 주어나 목적어 앞에는 '관형어+的'가 주로 위치한다.

주어　부사어　　술어　　　주어 술어+목적어+술어　보어
哥哥　每天都努力　练习，所以　他　唱歌唱　得非常好。
오빠는 매일 열심히 연습을 해서, 노래를 매우 잘 부른다.

3 핵심 어휘 및 표현

🎵 track 96

독해 제3부분에는 다양한 어휘가 등장한다. 실제 시험 때 어휘력 부족으로 문제를 틀리지 않도록, 동의어 및 유의어, 고정격식 표현들을 중심으로 최대한 많은 단어를 익히도록 하자.

(1) 동의어 및 유의어

- 表扬 biǎoyáng = 称赞 chēngzàn 칭찬하다
- 到底 dàodǐ = 究竟 jiūjìng 도대체
- 方便 fāngbiàn = 便利 biànlì 편리하다
- 还是 háishi = 仍然 réngrán 여전히
- 可能 kěnéng = 恐怕 kǒngpà 아마도
- 确实 quèshí = 的确 díquè 확실히
- 同意 tóngyì = 答应 dāying 동의하다
- 信心 xìnxīn = 把握 bǎwò 자신, 믿음
- 许多人 xǔduō rén = 不少人 bùshǎo rén 많은 사람들
- 不一定 bùyídìng = 不见得 bújiàndé 꼭 ~한 것은 아니다
- 得到 dédào = 获得 huòdé 얻다
- 高兴 gāoxìng = 开心 kāixīn 기쁘다
- 红 hóng = 受欢迎 shòu huānyíng 환영 받다, 인기 있다
- 全部 quánbù = 一切 yíqiè 전부
- 收拾 shōushi = 整理 zhěnglǐ 정리하다
- 心情 xīnqíng = 情绪 qíngxù 기분
- 性格 xìnggé = 脾气 píqi 성격

(2) 고정격식

- 从……出发 cóng……chūfā ~에서 출발하다
- 从……开始…… cóng……kāishǐ…… (시점·지점)에서부터 ~하기 시작하다
- 对……产生怀疑 duì……chǎnshēng huáiyí ~에 대해 의심이 생기다
- 对……感兴趣 duì……gǎn xìngqù ~에 대해 흥미가 있다
- 对……来说 duì……láishuō ~에 대해 말하자면
- 对……有意见 duì……yǒu yìjiàn ~에 대해 불만이 있다
- 跟……见面 gēn……jiànmiàn ~와 만나다
- 跟……聊天 gēn……liáotiān ~와 이야기 나누다
- 跟……商量 A gēn……shāngliang A ~와 A에 대해 상의하다
- 跟……讨论 A gēn……tǎolùn A ~와 A에 대해 토론하다
- 给……打电话 gěi……dǎ diànhuà ~에게 전화하다
- 给 A 介绍 B gěi A jièshào B A에게 B를 소개하다
- 给 A 买 B gěi A mǎi B A에게 B를 사 주다
- 给……找麻烦 gěi……zhǎo máfan ~를 귀찮게 하다
- 离……近 / 离……远 lí……jìn / lí……yuǎn ~로부터 가깝다 / ~로부터 멀다
- 为……服务 wèi……fúwù ~를 위해 서비스하다
- 为……准备 wèi……zhǔnbèi ~를 위해 준비하다
- A 把 B 作为[当作] C A bǎ B zuòwéi[dàngzuò] C A가 B를 C라고 여기다 / A가 B를 C로 삼다
- A 被 (B) 称为 C A bèi (B) chēngwéi C A가 B에 의해 C로 불리우다
- A 给 B 带来影响 A gěi B dàilái yǐngxiǎng A가 B에게 영향을 끼치다
- A 是由 B 组成的 A shì yóu B zǔchéng de A는 B로 구성되었다
- A 是因为 B 引起的 A shì yīnwèi B yǐnqǐ de A는 B 때문에 야기되었다
- A 与 B 有关 A yǔ B yǒuguān A는 B와 관계 있다
- A 应 B 邀请 A yìng B yāoqǐng A가 B의 초청에 응하다

배운 내용 점검하기

◆ 밑줄 친 단어와 가장 뜻이 가까운 보기를 고른 후, 문장의 구조를 파악해 보세요.

1 昨天我通过了三星公司的面试，很<u>高兴</u>。

  A 开心   B 担心   C 伤心

2 我不知道该怎么办，想听听你的<u>意见</u>。

  A 计划   B 方法   C 看法

◆ 빈칸에 알맞은 보기를 고른 후, 문장의 구조를 파악해 보세요.

3 我_____老师商量了去中国留学的事情。

  A 对   B 跟   C 给

4 导游很热情地_____大家介绍了北京的特产。

  A 对   B 跟   C 给

[해석&어휘]

1 어제 나는 삼성회사의 면접에 통과해서 기쁘다.
★通过 tōngguò 동 통과하다 | 三星 Sānxīng 고유 삼성 | 面试 miànshì 명 면접시험

2 나는 어떻게 해야 할지 모르기 때문에 너의 의견을 듣고 싶다.
该 gāi 조동 (마땅히) ~해야 한다 | 怎么办 zěnmebàn 어떡하다 | 想 xiǎng 조동 ~하고 싶다 | 意见 yìjiàn 명 의견, 견해

3 나는 선생님과 중국으로 유학 가는 일을 상의했다.
★商量 shāngliang 동 상의하다 | 留学 liúxué 동 유학하다 | 事情 shìqing 명 일

4 가이드는 열정적으로 모두에게 베이징의 특산품을 소개했다.
★导游 dǎoyóu 명 가이드, 관광 안내원 | 热情 rèqíng 열정적이다 | 特产 tèchǎn 명 특산물

[정답]

1 A | 昨天 我 通过了 三星公司的 面试，很 高兴。
   부사어 주어 술어+了 관형어+的 목적어 부사어 술어

2 C | 我 不 知道 该怎么办，想 听听 你的 意见。
   주어 부사어 술어 목적어 부사어 술어 관형어 목적어

3 B | 我 跟老师 商量了 去中国留学的 事情。
   주어 부사어 술어+了 관형어+的 목적어

4 C | 导游 很热情地给大家 介绍了 北京的 特产。
   주어   부사어   술어+了 관형어+的 목적어

STEP 3 실력 다지기

1. 那份工作对男女是没有什么要求，可是却特别忙，经常会出差和加班。我觉得还是男生来做比较合适。

   ★ 那份工作：
   A 又脏又累　　B 工资高　　C 更适合男性做　D 特别复杂

2. 男孩子跟他爸爸的那段对话是这部电影中最好看的部分，我反反复复地看了好多遍，每次都能被感动。那段话总能使我想起我的父亲，因为以前他也是这么教育我的。

   ★ 电影中的那段对话：
   A 是他父亲写的　　　　B 让他很感动
   C 很奇怪　　　　　　　D 出现了很多次

3. 房东这几天有亲戚来北京玩儿，所以这间房子一段时间内不会出租了，真的不好意思。应该提前通知您的，您要不去别的网站看看有没有比较合适的。

   ★ 那套房子为什么不出租了？
   A 房东的亲戚要住　　　B 房东想卖掉
   C 租金太低　　　　　　D 电梯坏了

4~5.

选择做什么职业的时候，最先考虑的不是你每个月的工资多少，而是你可以从中学到多少。特别是对于那些刚参加工作的人来说，锻炼解决问题的能力，学会和他人交流的方式，丰富自己的工作经验最为重要。只有在工作里学会那些课本上没有的知识，才能得到更好的发展，这些是你无论花多少钱都买不到的。

4. ★ 选择工作时，首先考虑的应该是：
   A 交通情况　　　　　　B 专业是否适合
   C 能否学到东西　　　　D 奖金

5. ★ 对刚参加工作的人来说，下列哪个最重要？
   A 养成好习惯　　　　　B 坚持理想
   C 增加收入　　　　　　D 积累经验

6. 那次你提到的那本儿童阅读的书，昨天我也买了，我觉得内容很有意思，确实非常适合孩子们阅读，以后我再也不害怕没有可讲的故事了。

   ★ 那本儿童读物：
   A 很厚　　　　　　　　　B 很有趣
   C 翻译得不准确　　　　　D 词语太难

7. 广东国际旅游文化节是从2005年开始举办的，至今已成功举办了12次。在旅游文化节上每次都会举办多种多样的活动，例如唱歌比赛、美食节、海洋文化节等等。当然还会有精彩的演出，吸引了很多国内外的游客。

   ★ 根据这段话，广东国际旅游文化节：
   A 竞争很大　　　　　　　B 很多人反对
   C 在夏天举行　　　　　　D 活动较多

8. 小雪，一定不要怀疑自己的能力，你非常优秀，再好好儿准备一下，一定能成功通过留学申请，希望你一切顺利。

   ★ 根据这段话，小雪：
   A 很难过　　　　　　　　B 签证到期了
   C 想考博士　　　　　　　D 打算留学

9~10.
　　做菜不光是一门技术，更是一门艺术。菜都会有自己的味道，即使是同一道菜，不同的厨师做出来也会有不同的味道。酸甜苦辣很像人的经历，喜欢做菜的人都相对比较有耐心，也更热爱生活。这样的人，无论工作有多忙，只要安下心来做一道菜，就可以减少压力、放松心情。

9. ★ 喜欢做菜的人有什么特点？
   A 对人友好　　B 自信　　C 普遍较瘦　　D 有耐心

10. ★ 根据上文，做菜有助于：
    A 减肥　　　B 发展经济　　C 使人放松　　D 减少污染

11. 这个学期的语法课真的很难，重点语法太多了，想都记下来确实不太容易，只能在下课以后多花些功夫，好好儿复习了。

   ★ 为了学好这门课，他需要：
   A 多研究中国文化　　B 课后多花时间
   C 记笔记　　　　　　D 积极讨论

12. 职业没有好坏之分，关键看自己是不是喜欢。很多人觉得收入高的才是好工作，其实，只要是自己感兴趣并有发展的，就是一份理想的职业。

   ★ 选择职业最重要的是：
   A 上班地点近　　　　B 自己感兴趣
   C 家人支持　　　　　D 奖金高

13. 儿童节快到了，儿子要参加学校的篮球比赛。这是他第一次参加比赛，我担心他会紧张。可没想到他竟然信心满满地说："妈妈，我一定会赢的！"

   ★ 关于儿子，可以知道：
   A 很有信心　　B 动作标准　　C 会打网球　　D 爱开玩笑

14~15.
   研究发现，大学生报考研究生的原因主要有以下几种：一是对自己所学的专业十分感兴趣，想继续做研究；二是大学毕业后找工作的压力太大；三是原来没能学自己满意的专业，想通过考研的方式来改变。其实并不是全部的研究生毕业后都能找到好工作的，因为真正工作时能力往往更重要。

14. ★ 这段话介绍了报考研究生的：
   A 原因　　　　B 过程　　　　C 条件　　　　D 方式

15. ★ 根据这段话，下列哪个正确？
   A 研究生更努力　　　　B 最重视结果
   C 考研人数下降　　　　D 能力更重要

16. 最近越来越多的超市都可以用手机付款了，购物时不用像以前那样要带着现金或银行卡了，也不需要准备那么多零钱了。只要点开"手机钱包"，就可以完成付款，既简单又实用，因此受到了顾客的欢迎。

 ★ 手机付款的优点是：
    A 无需密码   B 简单方便   C 可以打折   D 不用排队

17. 如果长辈特别反对你做一件事情，那么你就应该重新考虑一下。虽然长辈的意见不一定完全正确，但在很多事情上，他们确实比我们经验丰富。

 ★ 长辈往往：
    A 需要照顾   B 比较节约   C 经验丰富   D 容易被感动

18. 我非常喜欢这个美丽的城市，这里冬暖夏凉，空气新鲜，到处都很干净。我觉得以后留在这儿生活的话，应该是一个不错的选择。

 ★ 说话人觉得那个城市：
    A 环境很好   B 热闹极了   C 经常堵车   D 工作机会多

19~20.

　　我很爱旅行，但很少"说走就走"，我一般旅行前几个月，就开始看一些关于我将要去的那个地方的历史和文化方面的书。我觉得，对于旅行最重要的是积累知识和经验，只有做好这些准备，才可以让旅行变得有趣。

19. ★ 说话人认为旅游的好处是：
    A 认识朋友   B 积累知识   C 留下回忆   D 放松心情

20. ★ 上文中"这些准备"指的是：
    A 看书   B 写日记   C 听广播   D 锻炼身体

21. 这座山上许多植物的叶子都会随着季节的变化而变化。特别是秋天，天气一变冷，它们的叶子就会由绿变红，最后红得像火一样，非常美丽。

    ★ 秋天，那座山上许多植物会有怎样的变化？
     A 发出香味   B 越来越矮   C 再次开花   D 叶子变红

22. 尽管我跟小雪已经有五年没联系了，但再次见面时，还是感觉跟以前一样，对对方有很熟悉的感觉。

    ★ 再次见面时，他们觉得：
     A 仍然很熟悉   B 心情复杂   C 很难过   D 非常浪漫

23. 叔叔的脾气你还不了解吗？他不讨厌批评，如果他有做得不对的，你完全可以直接指出来，他肯定不会生气的。

    ★ 关于叔叔，下面哪个正确？
     A 很帅   B 能接受批评   C 特别勇敢   D 爱发脾气

24~25.
　　现在，城市中越来越多的"汽车族"变成了"弃车族"，走路上下班已成了他们共同的生活习惯。人们放弃了开车，不仅锻炼了身体，节约了金钱，还能减少堵车的情况，这样一来，连空气也变新鲜了。

24. ★ "弃车族"指的是什么样的人？
     A 没钱买车   B 有车不开
     C 车丢了   D 开车技术不好

25. ★ 那些人为什么要成为"弃车族"？
     A 更安全   B 节约时间   C 想多运动   D 压力太大

26. 今年夏天真是热得让人受不了，天气预报说下周最高温度会有40度。这么热的天实在不适合去公园跑步，你还是等天气凉快一点再去吧。

　　★ 为什么现在不能去跑步？
　　　　A 刚洗完澡　　B 没力气了　　C 气温太高　　D 污染严重

27. 邀请别人吃饭时，至少要提前一天联系。首先，这是对被邀请人的尊重；其次，也是为了方便自己做安排。

　　★ 提前一天发出邀请：
　　　　A 会很辛苦　　B 是一种礼貌　　C 会引起误会　　D 不会被拒绝

28. 赛车是一项为勇敢的人准备的运动。它不但要求速度快，还要求准确的方向性。只要车里的人稍有不注意，就有可能发生危险。

　　★ 根据这段话，赛车：
　　　　A 特别浪漫　　B 不受重视　　C 十分危险　　D 很流行

29~30.

　　小时候我们都听过美人鱼的故事。其实真正的海底世界比故事里写的还要丰富有趣。研究发现，虽然海洋底部看起来非常安静，然而却不是没有声音的。海底的动物们一直在"说话"，只不过人类的耳朵是听不到的。另外，海底也不完全是黑的，许多鱼会发出各种颜色的光，像一个个流动的灯，美极了。

29. ★ 说话人认为海底世界怎么样？
　　　　A 很有趣　　B 没有水草　　C 需要保护　　D 什么都看不见

30. ★ 研究发现，许多生活在海底的鱼：
　　　　A 非常冷静　　B 喜欢热闹　　C 特别胖　　D 会发光

31. "外号"是根据某人的特点给他起的一个不太正式的名字，常带有开玩笑的意思。一般情况下，只有比较熟悉的人之间才会互相叫外号。

   ★ 关于"外号"，可以知道：
   A 不太正式　　B 表示反对　　C 让人感动　　D 非常简单

32. 旅游前最好做个计划，比如要去什么地方、怎么坐车、要带哪些东西、一共要玩儿多少天等。把这些都详细计划好了，旅游时才会比较轻松。

   ★ 旅行前，我们应该：
   A 先赚钱　　B 自备塑料袋　　C 和家人讨论　　D 提前计划好

33. 爸爸做了经理后，工作比以前更辛苦了，不但要经常加班，而且有时忙起来，甚至连节假日也不能休息。但是通过这个工作，他证明了自己的能力，他忙在其中也乐在其中。

   ★ 爸爸当上经理以后：
   A 更忙了　　B 变得懒了　　C 很得意　　D 经常请客

34~35.

节假日时，我们会经常看到商场举办打折、减价的活动，这样做主要是为了吸引更多的客人来购物。不过人们在购买的时候，不能只看价格，还应考虑买的东西是否适合自己，还有是不是必须买的。如果不适合自己，也不是必须买的，即使价钱再便宜，也是浪费。

34. ★ 节假日商场降低价格是为了：
   A 吸引顾客　　B 提高管理水平　　C 获得表扬　　D 增进交流

35. ★ 根据这段话，买东西必须考虑：
   A 质量　　B 自己的收入　　C 有没有用　　D 家人的意见

36. 阅读时，遇到不懂的生词，可以先根据上下文的意思猜出它的意思，千万不要一遇到生词就去查词典。实在猜不出时，再去查词典，这样才能提高我们的阅读水平。

   ★ 遇到不懂的词语，最好先：
   A 画出来　　　B 猜词意　　　C 上网查查　　　D 记在笔记本上

37. 有些人喜欢经常换工作，他们总以为新工作会比现在的工作好。实际上，一般情况下，要完全适应新的工作需要一年左右，因此，经常换工作并不好，要根据自己的条件，坚持把自己的工作做到最好才是正确的选择。

   ★ 有些人经常换工作是因为他们：
   A 相信新工作更好　　　　　　B 极其努力
   C 非常得意　　　　　　　　　D 工作不愉快

38. 据调查不少人都曾经收到过垃圾短信，其中多数都是广告，比如让你买房，很烦人。因此，如何拒收垃圾短信是大家最关心的问题。

   ★ 垃圾短信：
   A 多为广告　　　B 没引起重视　　　C 正在减少　　　D 骗了很多人

39~40.

　　世界上第一部无声电影出现时，吸引了非常多的人观看。有个观众在看到电影中有一辆车向自己开过来时，非常害怕并离开了座位，等到那辆车不见了，他才回到座位上。当电影里出现了下雨的画面时，有很多人会打伞。现在听起来可能很好笑，不过在那时看电影确实是件非常新鲜的事。

39. ★ 世界上第一部无声电影：
   A 内容复杂　　　B 不成功　　　C 观众很多　　　D 很幽默

40. ★ 有些观众为什么要打伞？
   A 误会了　　　B 害怕马车　　　C 下雨了　　　D 风太大

41. 讨论在学习中起着很重要的作用。学生要有自己的看法，然后和别人进行交流，从中发现问题并找出解决问题的办法，这比学生听老师讲的效果要好得多。

    ★ 讨论能让学生：
    A 学会信任　　B 懂得节约　　C 接受批评　　D 交流看法

42. 很多网站上都说，刷牙时在牙膏里加些盐，坚持几天后，就能让牙变白。我想试试，看看这个方法到底有没有效果。

    ★ "这个方法"指的是：
    A 皮肤增白法　　B 牙膏上加盐　　C 吃7分饱　　D 自备塑料袋

43. 很多人习惯早上做运动，但在外面锻炼身体并不是越早越好，尤其是冬天，日出前温度比较低，并不适合出去运动。医生建议：冬天锻炼最好在日出后，而且运动量太大也不好，可以散散步、骑骑自行车等。

    ★ 冬季锻炼最好：
    A 在室内　　B 穿厚点儿　　C 别超过半小时　　D 日出后进行

44~45.

中国有句话叫"便宜无好货"，那贵的东西真的比便宜的东西好吗？实际上，现在很多东西贵，往往是因为商家花了钱来做广告，并不一定是提高了质量。换句话说，价格高的商品质量不一定比价格低的好，买东西时最重要的还是要货比三家。

44. ★ 很多东西价格高可能是因为：
    A 质量好　　B 无竞争　　C 来自外国　　D 广告费高

45. ★ 根据这段话，买东西时应该：
    A 选贵的　　B 多比较　　C 看是否需要　　D 看说明书

02 주제 파악

독해 제3부분 | Day 35

기초 실력 확인하기 | 아래 문장들을 의미 단위로 끊어 읽고 해석해 보세요.

모범 답안 및 해석 → 본서 p.367

1 课后复习是学习的好方法。
2 当你觉得累的时候，就休息一下吧！
3 很多人都认为当医生能赚很多钱。

STEP 1 유형 파악하기

- 화자의 의견이나 글의 주제는 약 90%의 확률로 문단의 앞에 등장한다.
- 내용의 전환을 이끄는 접속사, 부사에 주목하라. '因此' '但是' '其实' '原来' '结果'와 같은 어휘 뒤에 화자가 이야기하려는 주요 내용이 나오는 경우가 많다.

● 제3부분 예제 1

1 怎样教孩子管理时间？一开始，父母最好帮助他们把所有要做的事情排先后顺序制定一个计划。重要的事放在前面，鼓励他们在规定的时间内先完成重要的事情，然后再做没那么重要的事情。等孩子养成习惯后，自然就知道该先做什么后做什么了。

★ 这段话想告诉我们什么？
A 父母应帮孩子完成所有的事　　B 孩子们很浪费时间
C 管理时间可从做计划开始　　　D 孩子的学习更重要

怎样教孩子**管理时间**？一开始，父母最好帮助他们把所有要做的事情排先后顺序**制定一个计划**。重要的事放在前面，鼓励他们在规定的时间内**先 完成**重要的**事情，然后**再做没那么重要的事情。等孩子**养成习惯**后，自然就知道该先做什么后做什么了。

- 管理时间: 시간을 관리하다
- 制定一个计划: 계획을 세우다
- 完成: 일을 완성하다
- 先 ~ 然后: 먼저 ~하고 그 다음 ~하다
- 养成习惯: 습관을 기르다

어떻게 아이들에게 시간을 관리하는 것을 가르칠까요? 처음에는 부모가 모든 해야 할 일을 우선순위대로 나열하여 계획을 세우는 데 도움을 주는 것이 좋습니다. 중요한 일을 앞에 두고, 정해진 시간 내에 중요한 일을 먼저 완료하도록 격려한 다음, 그렇게 중요하지 않은 일을 처리하도록 합니다. 아이들이 이 습관을 들이면 자연스럽게 무엇을 먼저 해야 할지 알게 됩니다.

★ 这段话想告诉我们什么？
A 父母应帮孩子完成所有的事
B 孩子们很浪费时间
C 管理时间可从做计划开始
D 孩子的学习更重要

★ 이 글은 우리에게 무엇을 알려줍니까?
A 부모는 아이가 모든 일을 완료하도록 도와야 한다
B 아이들은 시간을 많이 낭비한다
C 시간 관리는 계획을 세우는 것부터 시작된다
D 아이의 학습이 더 중요하다

정답&풀이 **C** [**管理时间** 시간을 관리하다/ **制定计划** 계획을 세우다] 아이들에게 '管理时间(시간을 관리하다)'의 방법을 어떻게 가르치냐는 질문에, 부모가 해야 할 일을 순서대로 배열하여 '制定计划(계획을 세우다)'에 도움을 주는 것이 좋다고 했다. 따라서 보기 C가 정답이다.

怎样 zěnyàng 대 어떻게, 어떠하다 | ★管理 guǎnlǐ 동 관리하다 | 一开始 yīkāishǐ 명 시작, 처음 | 父母 fùmǔ 명 부모 | ★所有 suǒyǒu 형 모든, 전부의, 일체의, 전체의 | 排 pái 동 배열하다, 차례로 놓다 | 先后 xiānhòu 부 차례로 | ★顺序 shùnxù 명 순서, 차례, 순번, 순차 | ★计划 jìhuà 명 계획 | ★鼓励 gǔlì 동 (용기를) 북돋우다, 격려하다 | ★规定 guīdìng 동 규정하다 | 那么 nàme 대 그렇게, 저렇게, 그런, 저런 | ★养成 yǎngchéng 동 습관이 되다, 길러지다 | 自然 zìrán 형 자연스럽다 | 话 huà 명 말 | ★浪费 làngfèi 동 낭비하다, 허비하다

● 제3부분 예제 2

2~3

"老人服务网站"是专门为老人免费提供各种信息的网站。上面不仅有关于老人的运动、健康、用药等方面的知识，网站还会根据老人不同的需要和爱好，给他们推荐合适的社会交流信息，提高老人的生活质量。

2 ★ 老人们通过"老人服务网站"可以?

　　A 提高生活质量　　　　　　B 进行科学研究
　　C 找到新的工作　　　　　　D 提高自己的收入

3 ★ 关于"老人服务网站"，下面哪项正确?

　　A 可根据老人需要推荐信息　　B 服务对象不是老年人
　　C 提供大量收费信息　　　　　D 引起了人们的不满

³"老人服务网站"是专门为老人免费提供各种信息的网站。上面不仅有关于老人的运动、健康、用药等方面的知识，网站还会根据老人不同的需要和爱好，³给他们推荐合适的社会交流信息，²提高老人的生活质量。

정보를 제공하다 / ~할 뿐만 아니라 ~하다 / 질을 향상시키다

2 ★ 老人们通过"老人服务网站"可以?
　　A 提高生活质量　　B 进行科学研究
　　C 找到新的工作　　D 提高自己的收入

3 ★ 关于"老人服务网站"，下面哪项正确?
　　A 可根据老人需要推荐信息
　　B 服务对象不是老年人
　　C 提供大量收费信息
　　D 引起了人们的不满

³'노인 서비스 웹사이트'는 노인들에게 다양한 정보를 무료로 제공하는 전문 웹사이트이다. 이 사이트는 노인의 운동, 건강, 약물 사용 등에 관한 지식이 있을 뿐만 아니라, 노인의 다양한 필요와 취미에 맞춰 ³적절한 사회 교류 정보를 제공하여 ²노인의 생활 질을 향상시킨다.

2 ★ 노인들은 '노인 서비스 웹사이트'를 통해 무엇을 할 수 있습니까?
　　A 생활 질 향상　　B 과학 연구 수행
　　C 새로운 일자리 찾기　　D 자신의 소득 증가

3 ★ '노인 서비스 웹사이트'에 대해 아래 중 어느 것이 맞습니까?
　　A 노인의 필요에 따라 정보를 제공할 수 있음
　　B 서비스 대상이 노인이 아님
　　C 많은 유료 정보를 제공함
　　D 사람들의 불만을 유발함

정답&풀이 **2 A** [提高生活质量 생활의 질을 향상시키다] 마지막 문장에 이 웹사이트가 노인의 생활 질을 향상시킨다고 했으므로 정답은 A이다.

3 A [为老人提供信息 노인에게 정보를 제공하다] 첫 문장에서 사이트가 노인에게 무료로 정보를 제공한다고 언급했으며, 뒤 문장에서는 그들에게 적합한 정보를 제공해 생활의 질을 높인다고 다시 한번 언급했다. 따라서 보기 A가 정답이다.

老人 lǎorén 몡 노인 | ★网站 wǎngzhàn 몡 (인터넷) 웹사이트 | ★专门 zhuānmén 튀 전문적으로 | ★免费 miǎnfèi 동 돈을 받지 않다, 무료로 하다 | ★提供 tígōng 동 제공하다, 공급하다, 내놓다 | 各种 gèzhǒng 혱 각종의, 갖가지의 | ★信息 xìnxī 몡 정보 | ★不仅 bùjǐn 젭 ~뿐만 아니라 [不仅A还B: A뿐만 아니라 B하기도 하다] | 用药 yòngyào 몡 약물 사용 | ★等 děng 조 등 | ★方面 fāngmiàn 몡 방면, 분야, 부분, 측면 | ★知识 zhīshi 몡 지식 | 不同 bù tóng 동 다르다, 같지 않다 | 推荐 tuījiàn 동 추천하다 | ★合适 héshì 혱 알맞다, 적합하다, 적당하다 | ★社会 shèhuì 몡 사회 | ★交流 jiāoliú 동 서로 소통하다, 교류하다, (정보 따위를) 교환하다 | ★生活 shēnghuó 몡 생활 동 생활하다 | ★质量 zhìliàng 몡 품질, 질 | 通过 tōngguò 개 ~를 통해, ~에 의해 | ★进行 jìnxíng 동 (진행)하다 | ★科学 kēxué 혱 과학적이다 | ★研究 yánjiū 동 연구하다 몡 연구 | ★收入 shōurù 몡 수입, 소득 | ★正确 zhèngquè 혱 올바르다, 정확하다 | 可 kě 조동 ~할 수 있다 [동사나 형용사 앞에서 허가 또는 가능을 나타냄. 뜻은 '可以'와 같으며, 숙어 또는 반대의 뜻을 가진 말을 대응시켜 열거할 경우에 쓰임] | 老年人 lǎoniánrén 몡 노인 | 大量 dàliàng 혱 대량의, 다량의, 많은 양의, 상당한 양의 | 收费 shōufèi 동 비용을 받다, 유료로 하다 | ★引起 yǐnqǐ 동 일으키다, (주의를) 끌다 | 不满 bùmǎn 몡 불만

 문제의 답은 항상 지문에 근거해야 함을 명심하자! 이치상 맞는 내용이라고 해도, 지문에 없는 내용이라면 답이 될 수 없다.

STEP 2 내공 쌓기

1 주요 질문 방식

주제는 보통 문단의 첫 문장이나 마지막 문장에 등장한다. 첫 문장에서 주제인 듯한 문장이 나왔더라도 중간에 내용이 반전될 수 있으니 끝까지 긴장을 유지하자.

- 作者 (认为)： 작가가 (생각하기로):
- 作者建议： 작가가 건의하는 것은:
- 根据这段对话，我们应该 이 대화에 따르면 우리가 마땅히 해야 하는 것은: ✦
- 这段话主要说(谈)的是： 이 글에서 주로 이야기하는 것은: ✦
- 这段话主要介绍什么？ 이 글에서는 주로 무엇을 소개하는가?
- 这段话告诉我们： 이 이야기가 우리에게 알려 주는 것은: ✦
- 这段话提醒我们： 이 이야기가 우리에게 일깨워 주는 것은:

2 핵심 문장을 이끄는 표현

 ● track 97

독해 제3부분에서 정확한 독해만큼 중요한 것이 '문제 풀이 시간을 단축하는 것'이다. '주제'나 '결론'을 이끌 때, '사실이나 의견·근거'를 제시할 때 자주 사용되는 표현들을 익혀 두면 문제 풀이 시간도 줄일 수 있고 글의 포인트도 한눈에 파악할 수 있다.

(1) 주제나 결론을 이끄는 표현

- 但是 dànshì = 可是 kěshì = 不过 búguò 그러나
- 其实 qíshí 사실은
- 原来 yuánlái 알고 보니
- 相反 xiāngfǎn 상대적으로

- 后来 hòulái 그 후에
- 所以 suǒyǐ 그래서
- 因此 yīncǐ 그래서, 이 때문에
- 结果 jiéguǒ 결국
- 可见 kějiàn ~라는 것을 알 수 있다
- 总之 zǒngzhī 총괄적으로 말해서

(2) 사실이나 의견·근거를 제시할 때 쓰는 표현

- 大多数人认为…… dàduōshù rén rènwéi…… 대다수의 사람들은 ~라고 생각한다
- 大部分人都…… dàbùfèn rén dōu…… 대부분 사람들 모두
- 人们往往…… rénmen wǎngwǎng…… 사람들은 자주
- 越来越多的人…… yuèláiyuè duō de rén…… 갈수록 많은 사람들이
- 研究发现…… yánjiū fāxiàn…… 연구 결과에서 밝혀지길
- 一般情况下 yìbān qíngkuàng xià 일반적인 상황에서
- 一般来说 yìbānláishuō 일반적으로 말하자면
- 人们常说 rénmen cháng shuō 사람들이 자주 말하길
- 俗话说 súhuà shuō 속담에서 말하길
- 换句话说 huàn jùhuà shuō 바꿔 말하자면
- 实际上 shíjì shang 사실상
- 第一……，第二……，第三…… dì-yī……, dì-èr……, dì-sān…… 첫째~, 둘째~, 셋째~
- 首先……，其次……，再次……，（最后……）shǒuxiān……, qícì……, zàicì……, (zuìhòu)……
  먼저~, 다음~, 그 다음~, (마지막~)

3 주제를 나타내는 속담 및 관용어

 track 98

지문이나 보기에서 '글의 주제'를 '속담·관용어' 표현으로 나타내는 경우가 있다. 속담·관용어 표현에 함축된 의미를 오해하지 않도록, 아래에 정리된 빈출 표현들의 의미를 잘 익혀 두자.

- 太阳从西边出来了 Tàiyáng cóng xībian chūlai le 해가 서쪽에서 뜬다 [=믿지 못할 일이다]
- 说走就走 Shuō zǒu jiù zǒu 말하면 바로 간다 [=말한 것을 바로 행동으로 옮기다]
- 便宜无好货 Piányi wú hǎo huò 싼 게 비지떡이다 [=싼 물건은 품질이 떨어진다]
- 货比三家 Huò bǐ sān jiā 물건은 세 상점에서 비교해 봐야 한다 [=물건을 살 때는 비교해 봐야 한다]
- 百闻不如一见 Bǎi wén bùrú yí jiàn 백 번 듣는 것이 한 번 보는 것만 같지 못하다 [=직접 경험해야 확실히 알 수 있다]
- 南甜北咸，东辣西酸 Nán tián běi xián, dōng là xī suān
  남쪽은 달게, 북쪽은 짜게, 동쪽은 맵게, 서쪽은 시게 먹는다 [=지역마다 식습관이 다르다]
- 有一说一，有二说二 Yǒu yī shuō yī, yǒu èr shuō èr 하나면 하나라고 하고, 둘이면 둘이라고 한다 [=진실하게 말한다]
- 笑到最后才会笑得最好 Xiào dào zuìhòu cái huì xiào de zuì hǎo 최후에 가장 잘 웃을 수 있다 [=교만하지 말라]
- 来得早，不如来得巧 Láidezǎo, bùrú láideqiǎo 시간에 맞춰 오는 게 일찍 오는 것보다 낫다 [=시기가 중요하다]
- 胖子不是一口吃成的 Pàngzi bú shì yì kǒu chīchéng de
  뚱뚱한 사람은 한 입 먹어서 그렇게 된 것은 아니다 [=한순간에 성공할 수 없다]

- 一口不成胖子 Yì kǒu bù chéng pàngzi 한 입에 뚱뚱보가 되는 것은 아니다 [=한순간에 성공할 수 없다]
- 不怕慢，只怕站 Bú pà màn, zhǐ pà zhàn
  느린 것을 두려워하지 말고, 멈추는 것을 두려워하라 [=꾸준히 하면 무엇이든 이룰 수 있다]
- 有志者事竟成 Yǒuzhìzhě shì jìngchéng 의지가 있는 사람은 끝내 성공한다 [=의지만 있으면 못할 일이 없다]
- 半斤八两 Bànjīnbāliǎng 반 근이 여덟 냥이다 [=수준이 비슷하다]
- 上班族 shàngbānzú 회사원
- 弃车族 qìchēzú 운전하지 않는 사람
- 月光族 yuèguāngzú 매달 월급을 다 쓰고 남기지 않는 사람
- 草莓族 cǎoméizú 똑똑하지만 고생을 못 견디는 젊은이

배운 내용 점검하기

✦ 빈칸에 알맞은 보기를 고른 후, 문장을 해석해 보세요.

1. _____，梦的内容与白天发生的事有关，_____有时人们也会梦到一些奇奇怪怪的事情。

   A 一般情况下　　B 俗话说　　C 可是　　D 结果

2. _____都收到过垃圾短信，其中多数都是广告。_____，如何处理垃圾短信是大家最关心的问题。

   A 原来　　B 因此　　C 不少人　　D 后来

3. _____："态度决定一切"_____，态度虽然重要，但是能够正确认识自己的能力，才是成功的关键。

   A 其实　　B 人们常说　　C 相反　　D 实际上

해석&어휘

1 일반적인 상황에서 꿈의 내용은 낮에 발생한 일과 관련 있다. 그러나, 때로 사람들은 괴상한 일들을 꿈꿀 수도 있다.
一般 yìbān 혱 일반적이다 | ★情况 qíngkuàng 몡 상황, 정황 | ★梦 mèng 몡 꿈 | ★内容 nèiróng 몡 내용 | 白天 báitiān 몡 낮, 대낮 | ★发生 fāshēng 동 발생하다, 일어나다 | 有关 yǒuguān 동 관련이 있다 | ★可是 kěshì 접 그러나, 하지만 | 有时 yǒushí 부 때로는 | ★梦 mèng 동 꿈을 꾸다 | 奇奇怪怪 qíqíguàiguài 혱 기괴하다, 괴상망측하다

2 적지 않은 사람들이 모두 스팸 문자를 받아 본 적이 있고, 그중 대다수가 모두 광고이다. 이 때문에, 어떻게 스팸 문자를 처리하는지는 모두가 가장 관심 갖는 문제이다.
不少 bùshǎo 혱 적지 않다, 많다 | 收到 shōudào 동 받다, 수령하다 | 垃圾短信 lājī duǎnxìn 몡 스팸 문자 | ★其中 qízhōng 대 그중에, 그 안에 | 多数 duōshù 몡 다수 | ★广告 guǎnggào 몡 광고 | ★因此 yīncǐ 접 ~때문에 | 如何 rúhé 대 어떻게 | 处理 chǔlǐ 동 처리하다 | 关心 guānxīn 동 관심을 갖다

3 사람들은 '태도가 모든 것을 결정한다'고 자주 말한다. 사실 비록 태도가 중요하긴 하지만, 자신의 능력을 정확하게 아는 것이야말로 성공의 관건이다.
态度 tàidu 몡 태도 | 决定 juédìng 동 결정하다 | ★一切 yíqiè 대 모든, 전부 | 能够 nénggòu 조동 ~할 수 있다 | ★正确 zhèngquè 혱 정확하다 | 能力 nénglì 몡 능력 | 才 cái 부 비로소 | 成功 chénggōng 몡 성공 | ★关键 guānjiàn 몡 관건, 열쇠

정답 1 A, C　2 C, B　3 B, A

STEP 3 실력 다지기

1. 未来将会发生什么事情，没有人知道，因此别费时间担心将来的事。我们应该把现在的生活过好，让自己跟自己的朋友都能幸福开心才是最重要的。

    ★ 根据这段对话，我们应该：

    A 学会放弃　　　　　　　　B 过好现在的生活
    C 多关心他人　　　　　　　D 忘记过去

2. 大部分的时间我们都只忙着一直向前走，却都忘记了要停下来休息休息。其实，休息反而是为了能更顺利地前行，走一走歇一歇才能走得更远。所以，当你觉得累的时候就停下来休息一下吧！

    ★ 这段话告诉我们要：

    A 学会休息　　B 少发脾气　　C 不怕失败　　D 经常锻炼

3. "笑到最后才会笑得最好"这句话的意思是，当你得到一点点成绩的时候，一定别骄傲，而是要更加努力，不到最后时刻，没有人知道谁才是真正的赢家。

    ★ 这段话告诉我们：

    A 不要骄傲　　　　　　　　B 要对人友好
    C 不要做后悔的事　　　　　D 要诚实

4~5.

　　理解在人们的生活中起着十分重要的作用，特别是交流过程中理解就是为他人着想，学会"将心比心"，即我们应把自己当作别人，想一下万一自己也遇到一样的事情，会怎样想、怎样做。这样就会对他人多一点儿理解、多一些同情。

4. ★ "将心比心"的意思是：

    A 羡慕别人　　　　　　　　B 不怕输
    C 不伤心　　　　　　　　　D 把自己当成别人

5. ★ 这段话主要谈的是：

    A 要原谅别人　　B 真正的友谊　　C 怎样理解他人　　D 正确认识缺点

6. 这个世界上有许多你不想做但不得不去做的事，这就是责任。而我们每个人又都有不同的责任，比如对感情的责任、对社会的责任等等。我们要学会对自己的责任负责。

　★ 这段话告诉我们要：

　　A 负责任　　　B 相信别人　　　C 学会理解　　　D 诚实

7. 人们常说："自信的人最美丽。"这是告诉我们，一定要相信自己。如果连自己也不相信自己，别人又怎么会相信自己呢？

　★ 这段话主要想告诉我们要：

　　A 自信　　　B 对自己负责　　　C 多表扬自己　　　D 原谅别人

8. 窗户外边有怎样的风景，我们没有办法改变，可是我们可以决定去哪个窗户前。找一个可以给我们快乐的窗户，这样我们就可以选对心情，选对人生方向。

　★ 根据这段话，可以知道什么？

　　A 要尊重别人　　B 眼睛会骗人　　C 心情可以选择　　D 要有同情心

9~10.

　　很多人都会羡慕导游，认为他们可以去很多地方。不过，导游的工作并不轻松。第一，导游要了解全部的景点，并且讲解时还要努力让游客感到有意思。还有，导游要走很多路，怕累的人是无法坚持的。最后，旅行时还会遇到很多的问题，导游要有解决问题的能力。

9. ★ 很多人羡慕导游，是因为导游：

　　A 假期长　　　B 能去各地玩儿　　C 工资高　　　D 知识丰富

10. ★ 根据这段话，可以知道什么？

　　A 信心很关键　　B 门票很贵　　C 导游工作辛苦　　D 游客没耐心

11. 课前预习是提高听课质量的一个很重要的方法。因为预习后带着问题听课的话，更容易理解老师上课时讲的内容，听起课来也会更轻松。

　　★ 这段话主要谈的是：
　　　A 复习的效果　　B 普通话的作用　　C 预习的好处　　D 上课规定

12. 调查发现，一个人6岁左右的时候，阅读能力与其工作以后的经济情况有着直接的关系。那时阅读能力高的人，工作以后收入往往也比较高。调查结果虽然不一定百分之百可信，但如果可以让人们重视读书，也是一件好事儿。

　　★ 这段话主要想告诉我们什么？
　　　A 要接受失败　　B 要多积累知识　　C 要表扬孩子　　D 要重视阅读

13. "不把工作带回家"，不是说工作不用努力，而是告诉我们应该在上班的时间把应该做的事情都做完，回到家后就要好好休息。

　　★ 这段话主要告诉我们：
　　　A 赚钱不是目的　　　　　　B 别迟到
　　　C 在家应好好休息　　　　　D 不要得意

14~15.

　　做事要想成功，就要记住下面的三点：第一，要有目的性。明白自己到底想要做什么，这样就能减少不少麻烦。而且将来无论遇到什么困难，也不要忘记它。第二，要有认真负责的态度，不能有一点儿马虎，因为"态度决定一切"。第三，要常常做总结，多积累些过去的经验，为下一步做好充分的准备。

14. ★ 做总结是为了：
　　　A 为以后做准备　B 整理出顺序　　C 练习写文章　　D 介绍自己

15. ★ 这段话主要谈的是什么？
　　　A 找重点　　　B 成功的条件　　C 将来的方向　　D 怎样减少误会

제1부분 제시된 단어 배열해 문장 완성하기
제2부분 제시된 사진에 근거해 제시 단어로 문장 만들기

저자 특강

• 출제 경향 •

제1부분
동사술어문, 형용사술어문 같은 기본 문형의 어순을 찾는 문제가 주로 출제된다. 정도보어문, '把'자문, '被'자문, 비교문, 겸어문, 존현문 같은 특수 문형의 문장도 거의 매회 출제되고 있다.

제2부분
제시어로 동사가 가장 많이 출제된다. 부사나 양사 등은 출제되지 않을 때도 있지만, 동사, 형용사, 명사는 매 시험 제시어로 출제된다. 함께 제시되는 사진에는 특정한 행동이나 표정을 짓고 있는 인물이 자주 등장한다.

• 문제 풀이 비법 •

제1부분 | '문장의 뼈대를 잡고 – 살을 붙이는' 2STEP으로 어순을 찾자.
먼저 '술어+술어와 호응하는 주어와 목적어'를 찾아 문장의 뼈대를 마련한 후, 남아 있는 어휘를 문장의 뼈대 사이사이에 관형어, 부사어 어순에 맞게 배치하자. 별도의 어순을 따르는 특수구문은 해당 구문의 기본 어순을 문장의 뼈대로 삼도록 하자.

제2부분 | 사진과 제시어를 논리적으로 연결하고, 쉽더라도 자신있는 문장으로 만들자.
어법에 맞고, 수준이 높은 문장이라도 사진과 관련이 없는 내용이라면 고득점을 받을 수 없다. 사진을 보고 바로 떠올릴 수 있는 내용을, 쉽더라도 어법에 맞게 작문하는 것이 중요하다. 어휘를 공부할 때는 뜻만 외우지 말고 용법까지 익히고, 어휘가 사용된 모범 문장을 몇 가지 기억해 뒀다가 시험에서 활용해 보자. 쓰기 영역에서 문장부호의 생략이나 오용으로 어이없게 감점되는 경우가 많으니, 문장부호까지 잘 체크하는 것도 잊지 말자!

쓰기 공부 비법 모범 문장의 '어순'을 분석하고 외우자.

01 品词와 문장성분

쓰기 제1부분

Day 01

기초 실력 확인하기 | 도식에 정리된 내용에 관해 얼마나 상세히 알고 있는지 스스로 확인해 보세요.

STEP 1 유형 파악하기

◆ 품사와 문장성분에 대한 이해도가 쓰기 제1부분의 점수를 좌우한다.
◆ 품사와 문장성분은 일대일로 대응하는 개념이 아니다.
◆ 일반적으로 동사나 형용사가 문장구조의 핵심인 '술어' 역할을 한다.

● 제1부분 예제

妹妹	材料	打印	正在

정답&풀이

명사 부사 동사 명사
妹妹 **正在** **打印** **材料**。 여동생이 지금 자료를 인쇄하고 있다.   [주어(妹妹)+술어(打印)+목적어(材料)]
주어 부사어 술어 목적어

STEP 1   유일한 동사인 '打印'이 문장의 술어가 되며, 술어와 호응하는 명사 '材料'가 목적어가 된다.

STEP 2   명사 '妹妹'가 문장의 주어가 되고, 부사 '正在'가 술어 앞에 위치해 부사어 역할을 한다. 짝꿍 어휘 '打印材料(자료를 인쇄하다)'는 자주 쓰이는 표현으로 반드시 알아두어야 한다.

妹妹 mèimei 몡 여동생 | 正在 zhèngzài 囝 지금 ~하고 있다 | ★打印 dǎyìn 동 (프린터로) 인쇄하다, 프린트하다 | ★材料 cáiliào 몡 자료, 데이터

STEP 2 내공 쌓기

1 품사

품사란 단어를 기능, 형태, 의미 등에 따라 공통된 성질끼리 모아 분류한 것이다.

(1) **명사 [名词 míngcí]**
사람, 사물의 명칭을 나타내는 단어이다.

叔叔 shūshu 아저씨, 삼촌   盒子 hézi 작은 상자   问题 wèntí 문제
爱好 àihào 취미   北京 Běijīng 베이징

(2) **대사 [代词 dàicí]**
구체적인 대상을 대신해 가리키는 단어이다.

我 wǒ 나   你 nǐ 너   这 zhè 이
那 nà 저   谁 shéi 누구   什么 shénme 무엇

(3) **동사 [动词 dòngcí]**
동작, 행위, 존재, 감정, 소유, 변화 등을 나타내는 단어이다.

听 tīng 듣다   带 dài 지니다   讨厌 tǎoyàn 싫어하다

(4) **조동사 [=능원동사] [能愿动词 néngyuàn dòngcí]**
동사 앞에 쓰여 동사를 도와 의미를 보충하는 단어이다.

会 huì ~할 수 있다   想 xiǎng ~하고 싶다   要 yào ~하려고 한다

(5) **형용사 [形容词 xíngróngcí]**
사람, 사물 등의 성질이나 상태를 나타내는 단어이다.

高兴 gāoxìng 기쁘다   矮 ǎi (키가) 작다   美丽 měilì 예쁘다

(6) **수사 [数词 shùcí]**
수량이나 순서를 나타내는 단어이다.

八 bā 8   零 líng 0   半 bàn 절반

(7) **양사 [量词 liàngcí]**
수사 뒤에 쓰여 수를 세는 단위를 나타내는 단어이다.

个 gè 개   次 cì 번   秒 miǎo 초

(8) **부사 [副词 fùcí]** ◆
동사나 형용사 앞에 쓰여, 정도, 시간, 부정, 빈도, 상태, 어기, 범위 등을 나타내는 단어이다.

很 hěn 아주   已经 yǐjīng 이미   不 bù ~아니다
突然 tūrán 갑자기   又 yòu 또, 다시   一共 yígòng 모두, 전부

⑼ 개사 [=전치사] [介词 jiècí] ✦
명사나 대사 앞에 쓰여 개사구 형태로 동사나 형용사를 수식하는 단어이다.

在 zài ~에서   从 cóng ~로부터   向 xiàng ~를 향하여

⑽ 접속사 [=관련사] [关联词 guānliáncí] ✦
단어와 단어, 구와 구, 절과 절, 문장과 문장을 연결해 주는 단어이다.

A和B A hé B A와 B   不但A, 而且B búdàn A, érqiě B A뿐만 아니라, (게다가) B하다

⑾ 조사 [助词 zhùcí] ✦
동작의 상태나 어법 관계, 어기를 나타내는 단어이다.

的 de ~의   过 guo ~한 적이 있다   吧 ba ~하자

⑿ 의성사 [=상성어] [拟声词 nǐshēngcí]
사물이나 사람, 자연에서 나는 소리를 흉내 낸 단어이다.

哈哈 hāhā 하하 [웃음소리]   扑通扑通 pūtōngpūtōng 쿵쿵 [심장 뛰는 소리]

⒀ 감탄사 [感叹词 gǎntàncí]
감탄, 부름, 응답 등을 나타내는 단어이다.

啊 ā 와!, 우와   喂 wèi 야, 어이   嗯 èng 응, 그래

2 문장성분

문장성분이란 '문장을 구성하는 역할에 따라' 독립적인 성분으로 이루어진 단어나 구를 분류한 것이다. 중국어 문장은 주요 성분인 '주어' '술어' '목적어'와 수식 성분인 '관형어' '부사어' '보어'로 나누어진다.

⑴ 주어 [主语 zhǔyǔ]
행동이나 상태의 주체가 되는 성분으로 술어 앞에 위치하며, 주로 명사와 대사가 주어로 쓰인다.

哥哥喜欢玩儿电脑。 오빠는 컴퓨터 하는 것을 좋아한다. → 명사가 주어가 된 경우
我同意你的看法。 나는 당신의 견해에 동의한다. → 대사가 주어가 된 경우

同意 tóngyì 동 동의하다 | 看法 kànfǎ 명 견해

⑵ 술어 [谓语 wèiyǔ]
주어의 행동이나 상태 등을 서술하는 성분으로 주어 뒤에 위치하며, 주로 동사와 형용사가 술어로 쓰인다.

学生学汉语。 학생은 중국어를 공부한다. → 동사가 술어가 된 경우
这个小女孩儿很活泼。 이 여자아이는 매우 활발하다. → 형용사가 술어가 된 경우

女孩儿 nǚháir 명 여자아이 | ★活泼 huópō 형 활발하다

⑶ 목적어 [=빈어] [宾语 bīnyǔ]
동작이나 행동의 대상을 나타내는 성분으로, 동사 뒤에 위치한다. 주로 대사나 명사가 목적어로 쓰이지만, 동사에 따라 동사(구), 형용사(구), 주술구 등도 목적어로 쓰인다.

妈妈爱我。 엄마는 나를 사랑한다. → 대사가 목적어가 된 경우
我喜欢动物。 나는 동물을 좋아한다. → 명사가 목적어가 된 경우

动物 dòngwù 명 동물

(4) 관형어 [=정어, 한정어] [**定语** dìngyǔ]

주어나 목적어를 수식하고 제한하는 성분으로, 소속, 성질, 수량 등을 나타낸다. 수식하려는 대상 앞에 주로 위치하며, 관형어 뒤에는 구조조사 '的'가 종종 쓰인다. 수량사, 대사, 명사, 형용사, 동사 및 각종 구가 관형어로 쓰인다.

老师买了<u>两本</u>书。 선생님은 책 두 권을 사셨다. → 수량사가 관형어가 된 경우

<u>他</u>的姐姐去<u>韩国</u>旅行。 그의 누나는 한국으로 여행을 간다. → 대사와 명사가 관형어가 된 경우

买 mǎi 동 사다 | 韩国 Hánguó 고유 한국 | ★旅行 lǚxíng 동 여행하다

(5) 부사어 [=상어, 상황어] [**状语** zhuàngyǔ]

술어나 문장 전체를 수식하는 성분으로, 시간, 장소, 정도, 방식, 상태 등을 나타낸다. 수식하려는 대상 앞에 주로 위치하며, 부사어 뒤에는 구조 조사 '地'가 종종 쓰인다. 부사, 형용사(+地), 동사, 조동사, 대사, 개사구, 시간 명사, 장소 명사 등이 부사어로 쓰인다.

哥哥<u>常常</u>去中国出差。 오빠는 자주 중국으로 출장을 간다. → 부사가 부사어가 된 경우

<u>在学校</u>，我有两个好朋友。 학교에 나는 두 명의 좋은 친구가 있다. → 개사구가 부사어가 된 경우

常常 chángcháng 부 자주, 늘 | ★出差 chūchāi 동 출장 가다

(6) 보어 [**补语** bǔyǔ]

술어 뒤에 위치해 결과, 방향, 가능, 정도, 수량 등을 보충 설명하는 성분으로, 정도를 나타낼 때는 구조조사 '得'가 주로 함께 쓰인다. 동사, 형용사, 개사구, 수량사 등이 보어로 쓰인다.

做<u>完</u>了 다 했다 → 동사가 보어가 된 경우

写<u>得</u><u>很漂亮</u> 보기 좋게 (글자를) 쓴다 → 형용사가 보어가 된 경우

她坐<u>在沙发上</u>看电视。 그녀는 쇼파에 앉아 티비를 본다. → 개사구가 보어가 된 경우

这本书看了<u>三遍</u>。 나는 이 책을 세 번 봤다. → 수량사가 보어가 된 경우

写 xiě 동 쓰다

3 문장성분과 어순

(1) 기본 어순

중국어 문장은 기본적으로 '주어+술어+목적어'의 어순으로 이루어져 있다. 여기에 수식 성분인 관형어, 부사어, 보어 등이 더해지며 문장이 풍성해진다. 모든 문장성분이 쓰였을 경우, 대개 '(부사어)+(관형어)+주어+(부사어)+술어+(보어)+(관형어)+목적어'의 어순을 따른다. 일반적으로 관형어와 부사어는 수식하는 대상의 앞에 위치하고, 보어는 뒤에 위치한다.

명사	대사+조사	명사	개사+명사	동사	동사+조사	수사+양사+부사+형용사+조사	명사
昨天	我的	老师	在咖啡厅	买	到了	一个很漂亮的	杯子 。
부사어	관형어+的	주어	부사어	술어	보어+了	관형어+的	목적어

어제 나의 선생님은 커피숍에서 아주 예쁜 컵 하나를 샀다.

咖啡厅 kāfēitīng 명 카페 | 杯 bēi 명 컵

(2) 부사어와 관형어의 어순

① 부사어 기본 어순
주어+<u>부사+조동사+개사구</u>+술어

② 관형어 기본 어순
<u>관형어</u>+(的)+주어/목적어

배운 내용 점검하기

중국어의 13개 품사와 6대 문장성분을 알아 두면 쓰기 제1부분 문제를 쉽게 풀 수 있을 뿐만 아니라 듣기, 독해, 쓰기 제2부분에서도 고득점을 받을 수 있다.

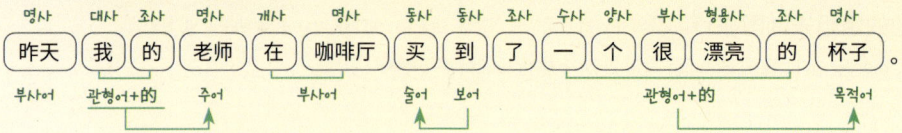

STEP 3 실력 다지기

주어진 문장의 위에는 단어 각각의 '품사'를 아래에는 '문장성분'을 적어 보세요.

1. 我常常看电视。

2. 你的回答非常准确。

3. 这位先生是最近最有名的作家。

4. 我妻子是一个非常有趣的人。

5. 科技对社会发展有重要的影响。

6. 同学们对今天的考试特别有信心。

7. 那个韩国男孩儿会说一点儿汉语。

8. 弟弟不小心把手机掉在地上了。

해설서 p.162

02 동사

쓰기 제1부분 | Day 02

기초 실력 확인하기 | 도식에 정리된 내용에 관해 얼마나 상세히 알고 있는지 스스로 확인해 보세요.

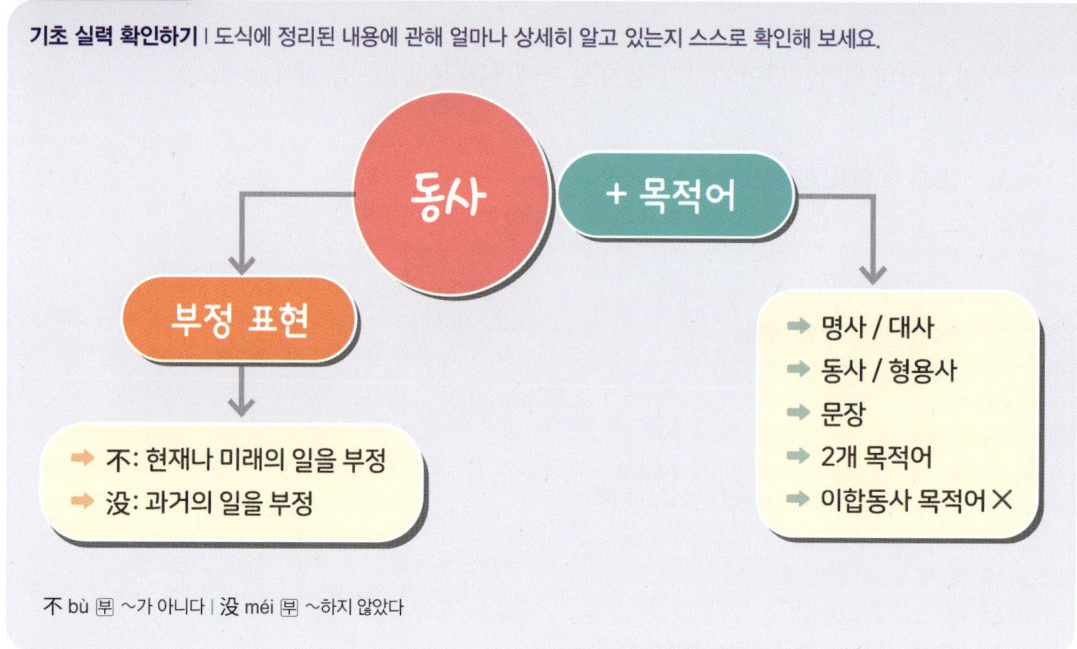

不 bù 🔹 ~가 아니다 | 没 méi 🔹 ~하지 않았다

STEP 1 유형 파악하기

◆ 동사 술어문의 출제 빈도가 높다. 동사가 어떤 목적어를 취하는지가 핵심이다.
◆ 이합동사는 목적어를 취하지 않으므로, '개사(구)+이합동사'의 형태로 외워야 한다.
◆ 자주 출제되는 동사와 짝꿍 목적어를 함께 외우자.

● 제1부분 예제

| 积累了 | 这位警察 | 工作经验 | 丰富的 |

정답&풀이

지시대사+양사+명사	동사+조사	형용사+조사	명사+명사
这位警察	积累了	丰富的	工作经验。	이 경찰은 풍부한 업무 경험을 쌓았다.	[동사(积累)+명사(经验)]
관형어+주어	술어+了	관형어+的	관형어+목적어

STEP 1 조사 '了'와 결합된 동사 '积累'가 술어가 되며, '工作经验'이 목적어가 된다. 积累经验(경험을 쌓다)은 자주 쓰이는 짝꿍 표현으로 기억해두자.

STEP 2 지시대사와 결합한 '这位警察'가 문장의 주어가 되며, 조사 '的'와 결합된 '丰富的'가 목적어를 꾸며주는 관형어가 된다.

★警察 jǐngchá 몡 경찰 | ★积累 jīlěi 통 쌓다, 누적하다 | ★丰富 fēngfù 형 풍부하다 | 工作 gōngzuò 몡 업무 | ★经验 jīngyàn 몡 경험

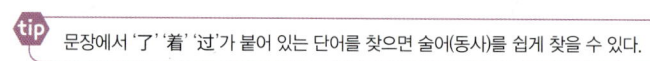

tip 문장에서 '了' '着' '过'가 붙어 있는 단어를 찾으면 술어(동사)를 쉽게 찾을 수 있다.

STEP 2 내공 쌓기

1 동사의 종류

의미에 따라 '동작동사' '관계동사' '심리활동동사'로 분류할 수 있다.

동작동사	동작이나 행위를 나타내는 동사	放 fàng 놓다 | 挂 guà 걸다 | 扔 rēng 내버리다 收拾 shōushi 정리하다 | 商量 shāngliang 상의하다 完成 wánchéng 완성하다 | 收到 shōudào 받다
심리활동동사	기분, 심리 상태를 나타내는 동사	害怕 hàipà 무서워하다 | 后悔 hòuhuǐ 후회하다 | 吃惊 chījīng 놀라다 感动 gǎndòng 감동하다 | 感谢 gǎnxiè 고맙다
관계동사	문장에서 주어와 목적어 사이의 관계를 나타내는 동사	是 shì ~이다 | 叫 jiào 부르다 | 像 xiàng 같다 当作 dàngzuò ~로 여기다 | 成为 chéngwéi ~가 되다

2 동사의 특징

(1) 주로 문장에서 술어 역할을 하며 목적어를 동반한다.

동사마다 취하는 목적어 유형이 조금씩 다르니, 동사가 어떤 유형의 목적어와 쓰이는지도 함께 확인하는 것이 좋다.

① 명사, 대사 목적어를 취하는 동사

명사, 대사를 목적어로 취하는 경우가 일반적이다.

养成习惯 습관을 기르다   **喜欢**他 그를 좋아하다

★养成 yǎngchéng 동 길러지다, 습관이 되다 \| 习惯 xíguàn 명 습관

② 동사(구), 형용사(구)를 목적어로 취할 수 있는 동사

开始上课 수업을 시작하다   **感到**愉快 즐거움을 느끼다

开始 kāishǐ 동 시작하다 \| 上课 shàngkè 동 수업하다 \| 感到 gǎndào 동 느끼다, 여기다 \| ★愉快 yúkuài 형 유쾌하다, 기쁘다, 즐겁다

- 开始 kāishǐ 시작하다
- 准备 zhǔnbèi 준비하다
- 适合 shìhé 적합하다
- 进行 jìnxíng 진행하다
- 感到 gǎndào 느끼다
- 坚持 jiānchí 견지하다
- 猜 cāi 추측하다
- 保证 bǎozhèng 보증하다
- 打算 dǎsuàn 계획하다
- 禁止 jìnzhǐ 금지하다
- 提前 tíqián 앞당기다
- 继续 jìxù 계속하다

③ 문장을 목적어로 취할 수 있는 동사

일부 동사는 '주어+술어+목적어' 형태인 문장도 목적어로 가질 수 있다. 주로 나오는 어휘들을 익혀 두자.

老师**希望**你们取得好成绩。 선생님은 너희가 좋은 성적을 얻기를 바란다.

祝贺你通过了这次面试。 너 이번 면접에 통과한 거 축하해.

取得 qǔdé 동 취득하다, 얻다 \| 成绩 chéngjì 명 성적 \| 通过 tōngguò 동 통과하다 \| 面试 miànshì 동 면접을 보다

- 帮 bāng 돕다, 거들다
- 认为 rènwéi 여기다
- 希望 xīwàng 바라다
- 鼓励 gǔlì 격려하다
- 请 qǐng 청하다
- 欢迎 huānyíng 환영하다
- 邀请 yāoqǐng 초대하다
- 麻烦 máfan 귀찮게 하다
- 告诉 gàosu 말하다
- 祝贺 zhùhè 축하하다
- 距离 jùlí (~로부터) 떨어지다
- 怀疑 huáiyí 의심하다

④ 2개의 목적어를 취하는 동사

첫 번째 목적어에는 사람이, 두 번째 목적어에는 사물이 온다.

男朋友**送**了我礼物。 남자 친구가 나에게 선물을 줬다.
学生**问**老师问题。 학생이 선생님에게 문제를 물어본다.

男朋友 nánpéngyou 몡 남자 친구 | **礼物** lǐwù 몡 선물 | **问题** wèntí 몡 문제

- 告诉 gàosu ~에게 ~를 알려주다
- 问 wèn ~에게 ~를 묻다
- 寄 jì ~에게 ~를 부치다
- 给 gěi ~에게 ~를 주다
- 教 jiāo ~에게 ~를 가르치다
- 送 sòng ~에게 ~를 주다
- 借 jiè ~에게 ~를 빌리다

⑤ 목적어를 취하지 않는 동사(1)
목적어 없이 쓰이는 동사들이 있다. 주로 나오는 어휘들을 익혀 두자.

- 哭 kū (소리 내어) 울다
- 旅行 lǚxíng 여행하다
- 醒 xǐng 잠에서 깨다
- 出发 chūfā 통 출발하다

⑥ 목적어를 취하지 않는 동사(2) 이합동사
이합동사는 동사와 명사가 합쳐져 하나의 뜻을 나타내는 동사로, 그 자체로 술목 구조를 갖기 때문에 뒤에 목적어를 가질 수 없다. 관련된 대상은 단어 사이에 쓰이거나 개사와 함께 동사 앞에 쓰인다. 주로 나오는 어휘들을 익혀 둔다.

生气他 (×) → 生他的气 (○) 그에게 화를 내다
道歉朋友 (×) → 向朋友道歉 (○) 친구에게 사과하다

生气 shēngqì 통 화내다 | ★**向** xiàng 개 ~에게 | ★**道歉** dàoqiàn 통 사과하다

- 见面 jiànmiàn 만나다
- 散步 sànbù 산책하다
- 聊天 liáotiān 이야기 하다
- 抽烟 chōuyān 흡연하다
- 干杯 gānbēi 건배하다
- 吃惊 chījīng 놀라다
- 结婚 jiéhūn 결혼하다
- 生气 shēngqì 화내다
- 毕业 bìyè 졸업하다
- 报名 bàomíng 등록하다
- 睡觉 shuìjiào 자다
- 打折 dǎzhé 할인하다
- 打针 dǎzhēn 주사를 맞다
- 道歉 dàoqiàn 사과하다
- 理发 lǐfà 이발하다

(2) 동사는 부사의 수식을 받을 수 있다.
단, '정도부사'의 수식은 '심리활동동사'만이 받을 수 있다.

不吃 안 먹는다　　　**常常**散步 자주 산책한다　　　**很**散步 (×)
非常喜欢 매우 좋아하다　　　**特别**羡慕 너무 부러워하다

常常 chángcháng 부 자주, 종종 | ★**散步** sànbù 통 산책하다 | **特别** tèbié 부 아주 | ★**羡慕** xiànmù 통 부러워하다

(3) 동사는 술어로서 보어의 수식을 받을 수 있다.

写**完**了 다 썼다　　　弄**脏** 더럽히다

写 xiě 통 쓰다 | **完** wán 통 완수하다 | ★**弄** nòng 통 만들다 | ★**脏** zāng 형 더럽다

(4) 동태조사 '了 le' '着 zhe' '过 guo'를 사용해 동작의 시제 / 상태를 나타낼 수 있다.
① '동사+了'는 동작의 '완료'를 나타낸다. 보통 과거에 많이 쓰이지만, 미래에도 쓰일 수 있다.

买**了** 샀다　　　复习**了** 복습했다

买 mǎi 통 사다 | **复习** fùxí 통 복습하다

② '동사+着'는 동작의 '지속'을 나타낸다. 동작이나 상태의 지속을 나타내는 부사 '正' '在' '正在'와 어기조사 '呢'와도 자주 같이 쓰인다.

正在看**着** 지금 보고 있다　　　躺**着**呢 누워 있다

正在 zhèngzài 부 지금 ~하고 있다 | ★**躺** tǎng 통 눕다

③ '동사+过'는 비교적 먼 과거에 일어난 동작의 '경험'을 나타낸다.

　　参加过 참가한 적이 있다　　　联系过 연락해 봤다

参加 cānjiā 동 참석하다, 참가하다 | ★联系 liánxì 동 연락하다

3 동사의 부정

부정부사 '不'와 '没(有)'를 활용해 부정하며, 의미에 따라 구분하여 활용해야 한다.

不	没(有)
'현재'나 '미래'의 일을 부정한다. 现在不打折。 지금은 할인하지 않는다. 明天不上课。 내일 수업하지 않는다.	'과거'의 일을 부정하며, 보통 완료를 나타내는 동태조사 '了'와 함께 쓰이지 않는다. 昨天没复习。 어제 복습을 안 했다. 昨天没复习了。(×)
주관적 의지를 부정한다. 我不参加。 나는 참가하지 않는다.	과거에 발생한 객관적 사실을 부정한다. 上次比赛没参加。 저번 경기에 참가하지 않았다.
지속성이 있는 동작은 부정할 수 있다. 他常常不来上课。 그는 자주 수업에 오지 않는다.	지속성이 있는 동작을 부정할 수 없다. 他常常没来上课。(×)

★打折 dǎzhé 동 할인하다 | 比赛 bǐsài 명 경기, 시합 | 上次 shàngcì 명 저번

4 동사의 중첩

일부 동사는 중첩하여 '시도해 보다' '좀 ~하다' 등 행동이 짧은 시간에 발생했음을 나타내거나, 시도, 바람, 완화의 어기 등의 의미를 나타낼 수 있다. '동사+一下'와 같은 의미를 가지며, 보통 두 번째 동사는 가볍게 경성으로 읽는다.

1음절 동사 중첩	A → A(一)A	看看 kànkan = 看一看 kàn yi kàn 좀 보다 试试 shìshi = 试一试 shì yi shì 시도해 보다
2음절 동사 중첩	AB → ABAB	介绍介绍 jièshào jièshào 소개해 보다, 좀 소개하다 商量商量 shāngliang shāngliang 상의해 보다, 좀 상의하다
이합동사 중첩	AB → AAB	散散步 sànsànbù 좀 산책하다 聊聊天(儿) liáoliáotiān(r) 좀 이야기하다

배운 내용 점검하기

1. 동사는 동작, 존재, 감정, 판단, 변화 등을 나타내는 단어로, 의미에 따라 '동작동사' '심리활동동사' '관계동사'로 분류할 수 있다.
2. 동사는 주로 문장에서 술어 역할을 하며, 일반적으로 명사나 대사를 목적어로 취한다. 일부 동사는 동사(구), 형용사(구), 문장을 목적어로 갖는다
3. 동사는 부사, 보어의 수식을 받을 수 있다.
4. 동태조사 '了le(완료)' '着zhe(진행)' '过guo(경험)'를 동사 뒤에 붙여서 시제/상태를 나타낼 수 있다.

STEP 3 실력 다지기

Day 02

1. 电影演员　妻子　有名的　是
   _____

2. 南老师的　我　建议　想听听
   _____

3. 禁止　餐厅　抽烟　这家
   _____

4. 他们的　感动了　表演　观众
   _____

5. 获得了　成绩　这么好的　祝贺你
   _____

6. 认真地　爸爸　手机的说明书　看了
   _____

7. 经验　他　上学期成功的　总结了
   _____

8. 老年人用　手机很　这款　适合
   _____

해설서 p.163

쓰기 제1부분 03 형용사

Day 03

기초 실력 확인하기 | 도식에 정리된 내용에 관해 얼마나 상세히 알고 있는지 스스로 확인해 보세요.

역할
- 정도부사 + 술어
- 관형어 + 的de
- 부사어 + 地de
- 술어 + (得de) + 보어

형용사

부정 표현
- 상태 부정: 不 + 형용사
- 변화 부정: 没 + 형용사

不 bù 분 ~가 아니다 | 没 méi 분 ~하지 않았다

STEP 1 유형 파악하기

◆ 형용사 술어문은 과거 2회에 한 번 꼴로 출제되었지만, 최근 출제 빈도가 높아지는 추세이다.
◆ 형용사를 사용해서 정도보어를 표현하는 어순 배열 문제가 많이 출제된다.

● 제1부분 예제

| 尤其 | 西红柿 | 今天的 | 新鲜 |

정답&풀이

명사+조사	명사	부사	형용사
今天的	**西红柿**	**尤其**	**新鲜**。 오늘의 토마토는 특히 신선하다.	[정도부사(尤其)+형용사(新鲜)]
관형어+的	주어	부사어	술어

STEP 1 형용사 '新鲜'이 문장의 술어가 되며, 정도부사 '尤其'가 술어 앞에 위치해 부사어 역할을 한다. 형용사가 술어일 때는 단독으로 쓰지 않고 일반적으로 정도부사의 수식을 받는다.

STEP 2 형용사는 목적어를 가질 수 없으므로, 명사 '西红柿'가 주어가 되며, 조사 '的'와 결합된 '今天的'가 주어 앞에서 관형어 역할을 한다. '西红柿新鲜(토마토는 신선하다)'은 자주 쓰이는 표현으로 반드시 알아두자.

今天 jīntiān 명 오늘 | ★西红柿 xīhóngshì 명 토마토 | ★尤其 yóuqí 분 특히, 더욱 | 新鲜 xīnxiān 형 신선하다

STEP 2 내공 쌓기

1 형용사의 특징

형용사는 사람이나 사물의 생김새, 모양 등 성질이나 상태를 나타낸다. 형용사는 주로 술어 역할을 하며, 그 외에도 관형어, 부사어, 보어 역할을 할 수 있다. 역할에 따라 갖는 특징을 정확히 파악해 보자.

(1) 술어로 쓰이는 경우

① 목적어를 취하지 않는다. 관련된 대상은 개사구를 활용해 나타낸다.

她很满意。(○) 그녀는 만족해한다.

她满意男朋友。(×) → 她对男朋友很满意。 그녀는 남자 친구에 대해 만족해한다.

满意 mǎnyì 형 만족하다 | 男朋友 nánpéngyou 명 남자 친구

② 단독으로 술어 역할을 할 수 없다. 정도부사나 보어의 수식을 받거나, 중첩되어 쓰여야 한다.

衣服干净。(×) → 衣服非常干净。(○) 옷이 아주 깨끗하다. → 정도부사+형용사

衣服干净极了。(○) 옷이 아주 깨끗하다. → 형용사+정도보어

衣服干干净净的。(○) 옷이 아주 깨끗하다. → 형용사 중첩

干净 gānjìng 형 깨끗하다 | 极 jí 부 아주, 극히

(2) 관형어로 쓰이는 경우

① '정도부사+형용사'가 관형어로 쓰일 경우, 뒤에 구조조사 '的'를 쓴다.

很好吃的蛋糕 맛있는 케이크   一位非常优秀的老师 매우 우수한 선생님 한 분

蛋糕 dàngāo 명 케이크 | 位 wèi 양 분, 명 [공경의 뜻을 내포함] | ★优秀 yōuxiù 형 우수하다

② 1음절 형용사이거나, 명사와 밀접하게 결합하는 형용사일 경우, '的'를 생략할 수 있다.

新手机 새 휴대폰   详细内容 자세한 내용   主要内容 주요 내용
实际情况 실제 상황   正式比赛 정식 경기   直接关系 직접적인 관계

★详细 xiángxì 형 자세하다 | ★内容 nèiróng 명 내용 | 主要 zhǔyào 형 주요한 | ★实际 shíjì 형 실제적이다 | ★情况 qíngkuàng 명 상황 | ★正式 zhèngshì 형 정식의 | 比赛 bǐsài 명 경기 | ★直接 zhíjiē 형 직접적인 | 关系 guānxi 명 관계

(3) 부사어로 쓰이는 경우

① 술어 앞에서 술어를 꾸며 주는 경우, 보통 구조조사 '地'를 써야 한다.

高兴地回家 기쁘게 집에 가다   勇敢地跑进去 용감하게 뛰어 들어가다

高兴 gāoxing 형 기쁘다 | 地 de 조 ['부사어+地+술어'로 쓰임] | 回家 huí jiā 집으로 돌아가다 | ★勇敢 yǒnggǎn 형 용감하다 | 跑 pǎo 동 뛰다 | 进去 jìnqu 동 [동사 뒤에 쓰여, 동작이 밖에서 안으로 행해지며, 말하는 사람이 있는 곳을 떠남을 나타냄]

② 일반적으로 1음절 형용사는 '地' 없이 술어를 꾸밀 수 있다.

快走 빨리 가다

> **명사/대사 + 명사**
> 대사와 명사가 종속 관계이거나, 명사와 명사의 의미 결합이 긴밀한 경우 '명사/대사'가 조사 '的' 없이도 명사를 수식할 수 있다.
> 我妈妈 wǒ māma 나의 엄마 | 咱们家 zánmen jiā 우리 집 | 中国地图 Zhōngguó dìtú 중국 지도

(4) 보어로 쓰이는 경우

① 동사 술어 뒤에 '결과보어'로 쓰일 수 있다.

我来晚了。 나는 늦게 왔다.　　　　　　　那本小说卖光了。 그 소설책은 다 팔렸다.

晚 wǎn 형 (규정된 혹은 적합한 시간보다) 늦다 | ★小说 xiǎoshuō 명 소설 | 卖 mài 동 팔다 | ★光 guāng 형 아무것도 없이 텅 비다, 하나도 남아 있지 않다

② 술어 뒤에 '정도보어'로 쓰일 수 있다.
　　동작의 정도나 상태를 나타내며, 술어인 동사(구)나 형용사(구) 사이에 구조조사 '得'가 쓰인다.

男朋友唱歌唱得非常好。 남자 친구는 노래를 잘 부른다.　　孩子睡觉睡得很香。 아이가 잠을 달게 잔다.

睡觉 shuìjiào 동 잠을 자다 | ★香 xiāng 형 (잠이) 달다

2 형용사의 부정

일반적으로, 형용사가 나타내는 '상태'를 부정할 때는 '不', '변화'를 부정할 때는 '没'를 쓴다.

姐姐不胖。 언니는 안 뚱뚱하다.　　　　　　他的性格不好。 그의 성격은 나쁘다.

姐姐没胖。 언니는 더 뚱뚱해지지 않았다.　　天气还没暖和。 날씨가 아직 따뜻하지 않다.

胖 pàng 형 뚱뚱하다 | 还 hái 부 아직 | ★暖和 nuǎnhuo 형 따뜻하다

3 형용사의 중첩

형용사를 중첩하여 '정도가 심함'을 나타내거나 '생동적인 묘사'를 할 수 있다. 형용사의 음절 수에 따라 중첩하는 형태가 다르다. 'AA 중첩 형식'은 두 번째 음절을 1성으로, 'AABB 중첩 형식'은 두 번째 음절을 경성으로 읽는다. 일반적으로 동사 중첩은 동사의 의미를 '완화'시키고, 형용사의 중첩은 형용사의 의미를 '강화'시킨다. 이렇게 형용사를 중첩할 경우에는 정도부사의 수식을 받지 않는다.

1음절	A→AA(儿)	红红 hónghóng 빨갛다 厚厚 hòuhòu 두껍다 好好(儿) hǎohāo(r) 좋다 慢慢(儿) mànmān(r) 느리다
2음절	AB→AABB	漂漂亮亮 piàopiaoliàngliang 예쁘다, 아름답다 高高兴兴 gāogaoxīngxing 즐겁다 轻轻松松 qīngqingsōngsong 홀가분하다 辛辛苦苦 xīnxinkǔku 매우 고생스럽다

배운 내용 점검하기

1. 형용사는 사람이나 사물의 생김새, 모양 등 성질이나 상태를 나타내는 단어이다.
2. 형용사는 문장에서 술어, 관형어, 부사어, 보어 역할을 할 수 있다.
3. 형용사 술어는 목적어를 갖지 않으며, 형용사 술어문은 일반적으로 '정도부사+형용사' 형식으로 쓰인다.
4. 형용사가 나타내는 '상태'를 부정할 때는 '不', '변화'를 부정할 때는 '没'를 쓴다.

STEP 3 실력 다지기

1. 空气   新鲜   非常   郊外的
   _____

2. 旅行   吗   坐船   安全
   _____

3. 有名   演员   电影的   这部   很
   _____

4. 爱情小说   一本   那是   浪漫的
   _____

5. 友好   他们   十分   房东对
   _____

6. 好看   你穿的这双   真   袜子
   _____

7. 流利地   老师可以   汉语和韩语   说
   _____

8. 很   这次   进行得   顺利   会议
   _____

→ 해설서 p.166

04 조동사

쓰기 제1부분

Day 04

기초 실력 확인하기 | 도식에 정리된 내용에 관해 얼마나 상세히 알고 있는지 스스로 확인해 보세요.

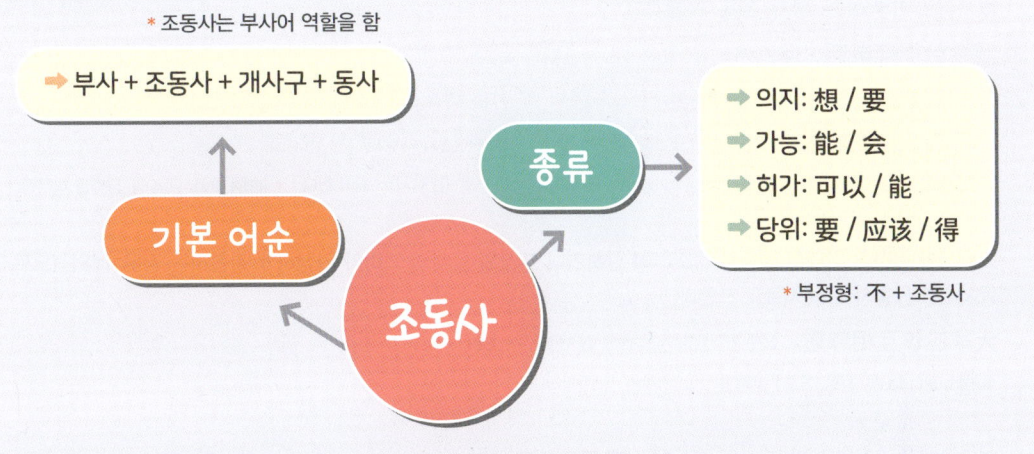

想 xiǎng [조동] ~하고 싶다 | 要 yào [조동] ~해야 한다 | 能 néng [조동] ~할 수 있다, ~해도 된다 | 会 huì [조동] ~할 것이다 | 可以 kěyǐ [조동] ~할 수 있다 | 应该 yīnggāi [조동] ~해야 한다 | 得 děi [조동] ~해야 한다

STEP 1 유형 파악하기

◆ 술어 앞 부사어를 '부사+조동사+개사구' 순서로 배열하는 문제가 많다.

◆ 조동사는 동태조사와 함께 사용되지 않는다는 것도 알아 두자.

● 제1부분 예제

| 正式的 | 你应该 | 邀请信 | 写一封 |

정답&풀이

| 인칭대사+조동사 | 동사+수사+양사 | 형용사+조사 | 명사 |
| 你应该 | 写一封 | 正式的 | 邀请信。| 당신은 정식 초청장을 써야 한다. [조동사(应该)+동사(写)]
| 주어+부사어 | 술어 + 관형어 + 的 | 목적어 |

STEP 1 동사 '写'가 술어이며, 명사 '邀请信'이 목적어가 된다. '写邀请信(초청장을 쓰다)'은 짝꿍 표현으로 반드시 기억해두자.

STEP 2 관형어가 여러 개 일 경우 '한정적인 관형어 → 묘사적 관형어' 순서로 오기 때문에 양사 '封' 뒤에 조사 '的' 와 결합된 '正式的'가 위치해 목적어를 꾸며준다. 조동사는 동사 앞에 위치하므로 '写' 앞에 온다.

应该 yīnggāi [조동] ~해야 한다 | 写 xiě [동] 쓰다 | 封 fēng [양] 통, 꾸러미 | ★正式 zhèngshì [형] 정식의, 공식의 | 邀请信 yāoqǐngxìn [명] 초청 장, 초대장

STEP 2 내공 쌓기

1 조동사의 위치

조동사는 주로 술어 앞에 쓰여 부사어 역할을 한다.
부사어의 기본 어순: 부사+조동사+개사구

我<u>会</u>给你打电话。 나는 너에게 전화할 것이다. → 조동사+개사구
我们<u>都要</u>打扫房间。 우리는 모두 방을 청소해야 한다. → 부사+조동사
你<u>不应该</u>在家抽烟。 너는 집에서 흡연을 하면 안 된다. → 부사+조동사+개사구

打扫 dǎsǎo 동 청소하다 | ★房间 fángjiān 명 방 | 应该 yīnggāi 조동 (반드시) ~해야 한다 | ★抽烟 chōuyān 동 담배를 피우다

조동사가 어떠한 상태의 행동을 강조하여 말하거나 부사와 동사의 의미가 밀접하게 결합하는 경우, 예외적으로 '조동사+부사+동사'의 순서로도 쓰인다.

大家<u>应该互相</u>尊重。 모두가 마땅히 서로 존중해야 한다. → 조동사+부사

互相 hùxiāng 부 서로, 상호 | ★尊重 zūnzhòng 동 존중하다

연동문이나 겸어문일 경우, 조동사는 첫 번째 동사 앞에 온다.

我<u>想</u>去补习班学汉语。 나는 학원에 가서 중국어 공부를 하고 싶다. → 연동문
父母<u>要</u>让孩子养成好习惯。 부모는 아이에게 좋은 습관을 기르게 해야 한다. → 겸어문

补习班 bǔxíbān 명 학원 | 学 xué 동 공부하다 | 父母 fùmǔ 명 부모 | 让 ràng 동 ~하게 하다 | ★养成 yǎngchéng 동 기르다, 양성하다 | 习惯 xíguàn 명 습관

2 주요 조동사

(1) '要' '想' '愿意'

要 yào	의무, 필요: ~해야 한다	你<u>要</u>完成今天的任务。 너는 오늘의 임무를 끝내야 한다.
	바람, 의지: ~하려고 한다	我<u>要</u>去首尔玩儿。 나는 서울로 놀러 가려고 한다.
	임박한 미래 : 곧 ~할 것이다 ['要……了' 형식으로 쓰임]	马上<u>要</u>上课了。 곧 수업을 할 것이다.
想 xiǎng	바람: ~하고 싶다	我<u>想</u>去中国旅游。 나는 중국으로 여행 가고 싶다.
愿意 yuànyì	바람: ~하기를 원하다	夏天天气很热，许多人都<u>愿意</u>去海边玩儿。 여름 날씨가 더우면 많은 사람들이 해변에 가서 놀기를 원한다.

首尔 Shǒu'ěr 고유 서울 | 马上 mǎshàng 부 곧, 바로 | 上课 shàngkè 동 수업하다 | 旅游 lǚyóu 동 여행하다 | 夏天 xiàtiān 명 여름 | ★许多 xǔduō 형 매우 많다 | 海边 hǎibiān 명 해변

> **tip**
> '바람'을 나타내는 조동사 '想' '愿意'는 정도부사 '很'의 수식을 받을 수 있다.

(2) '会' '能' '可以'

会 huì	추측: (미래에) ~할 것이다 ['会……的' 형식으로 쓰임]	一切都会好起来的。 모두 다 좋아질 것이다.
	능력: (배워서) ~할 수 있다	他会弹钢琴。 그는 피아노를 칠 줄 안다.
能 néng	능력: (능력이 되어서) ~할 수 있다	一个小时我能看完这本杂志。 한 시간에 나는 이 잡지를 다 볼 수 있다.
	가능: (조건이 되어서) ~할 수 있다	能来吗? 올 수 있나요?
	허가: ~해도 된다	我能试一下那件衣服吗? 제가 그 옷을 입어 봐도 될까요?
可以 kěyǐ	가능: ~할 수 있다	那里可以免费寄存行李。 그곳은 무료로 여행짐을 보관할 수 있다.
	허가: ~해도 된다	这儿可以抽烟。 여기에서 담배 피워도 됩니다.
	가치: ~할 가치가 있다 [=值得 zhídé]	这本小说写得不错, 可以读一读。 이 소설책은 잘 써서 좀 볼 만하다.

> **tip** '能'과 '可能'의 차이점
> '能'은 조동사로 '~할 수 있다'는 뜻이고, '可能'은 부사로는 '아마도', 형용사로는 '가능하다'는 의미이다.

★一切 yíqiè 명 일체, 모든 것 | 起来 qǐlai 통 [동사 또는 형용사 뒤에 쓰여, 어떤 동작이 시작되어 계속됨을 나타냄] | ★弹钢琴 tán gāngqín 피아노를 치다 | ★杂志 zázhì 명 잡지 | ★免费 miǎnfèi 통 무료로 하다 | 寄存 jìcún 통 보관시키다 | 行李 xíngli 여행짐 | ★小说 xiǎoshuō 명 소설 | 不错 búcuò 형 괜찮다

(3) 행위의 당위성을 나타내는 '应该' '该' '得'

应该 yīnggāi	~해야 한다	我们应该保护环境。 우리는 마땅히 환경을 보호해야 한다.
该 gāi	~해야 한다	该批评就批评, 该表扬就表扬。 꾸짖어야 하면 꾸짖고, 칭찬할 만하면 칭찬한다.
得 děi	~해야 한다	你得跟父母商量商量。 너는 부모님과 한번 상의해 봐야 해.

★保护 bǎohù 통 보호하다 | 环境 huánjìng 명 환경 | ★批评 pīpíng 통 비평하다 | ★表扬 biǎoyáng 통 칭찬하다 | 跟 gēn 개 ~와 | ★商量 shāngliang 통 상의하다

(4) 부정형으로 자주 활용되는 '肯' '敢'

肯 kěn	기꺼이 ~하다	弟弟不肯向他道歉。 남동생은 그에게 사과하려 하지 않는다.
敢 gǎn	감히 ~하다, 과감히	他们不敢大声回答问题。 그들은 과감히 큰 소리로 대답하지 못한다.

向 xiàng 개 ~에게 | ★道歉 dàoqiàn 통 사과하다 | 大声 dàshēng 명 큰 소리 | 回答 huídá 통 대답하다

3 조동사의 특징

(1) 조동사와 동태조사

조동사는 동태조사 '了' '着' '过'와 함께 쓰일 수 없다.

他可以了参加会议。(×) → 他可以参加会议。 그는 회의에 참석해도 된다.

你应该过完成任务。(×) → 你应该完成任务。 너는 마땅히 임무를 끝내야 한다.

参加 cānjiā 동 참석하다, 참가하다 | 会议 huìyì 명 회의 | 完成 wánchéng 동 완성하다, 끝내다 | ★任务 rènwu 명 임무, 책무

(2) 조동사의 부정

일반적으로, 조동사가 있는 문장을 부정문으로 만들 경우에는 동사가 아닌 조동사 앞에 부정부사 '不'를 써야 한다.

她不会跳舞。 그녀는 춤을 추지 못한다.

我不想去青岛出差。 나는 칭다오로 출장 가고 싶지 않다.

跳舞 tiàowǔ 동 춤을 추다 | 青岛 Qīngdǎo 고유 칭다오 | ★出差 chūchāi 동 출장 가다

단, 일부 조동사는 부정 형식에 따른 의미 변화에 주의해야 한다.

① '要'의 부정은 '不用'이나 '不想'으로 한다.

我觉得你不用每天来接我。 나는 네가 매일 나를 마중 나올 필요가 없다고 생각해. → '의무' '필요'의 부정은 '不用'

我不想一个人去旅行。 나는 혼자 여행가고 싶지 않다. → '바람' '의지'의 부정은 '不想'

请不要在公共汽车上打电话。 버스 안에서 전화하지 마세요. → '不要'는 조동사 '要'의 부정형이 아닌 '금지'를 의미

觉得 juéde 동 ~라고 생각하다 | 每天 měitiān 명 매일 | 接 jiē 동 마중 나가다 | ★旅行 lǚxíng 여행하다

② '能'의 부정은 '没'로도 할 수 있으나, 뜻이 달라진다.

他不能参加这次比赛。 그는 이번 경기에 참가할 수 없다. → 불가능함을 나타내는 '不能'

上个星期我没能理发。 지난주에 나는 머리를 자를 수 없었다. → 과거에 할 수 없었음을 나타내는 '没能'

比赛 bǐsài 명 경기 | ★理发 lǐfà 동 머리를 깎다

📘 배운 내용 점검하기

1. 조동사는 동사를 도와서 의무, 바람, 능력, 소망, 당위 등을 나타내는 단어이다.
2. 부사어의 기본 위치 및 어순 '[부사+조동사+개사구]+술어'는 시험에 매번 출제되니, 반드시 숙지하자.

STEP 3 실력 다지기

1. 租   愿意   这套房子   刘阿姨
   _____

2. 已经   上网了   我的手机   可以
   _____

3. 会   导游   等你们   在出口处
   _____

4. 警察   想   弟弟将来   成为   一名
   _____

5. 应该   尊重   夫妻之间   互相
   _____

6. 同意   肯定   不会   我们的看法   王经理
   _____

7. 给大家   介绍一下   景点吗   你能   这里的
   _____

8. 马上就   航班   起飞了   要   张教授乘坐的
   _____

해설서 p.169

05 명사 · 대사

쓰기 제1부분

Day 05

기초 실력 확인하기 | 도식에 정리된 내용에 관해 얼마나 상세히 알고 있는지 스스로 확인해 보세요.

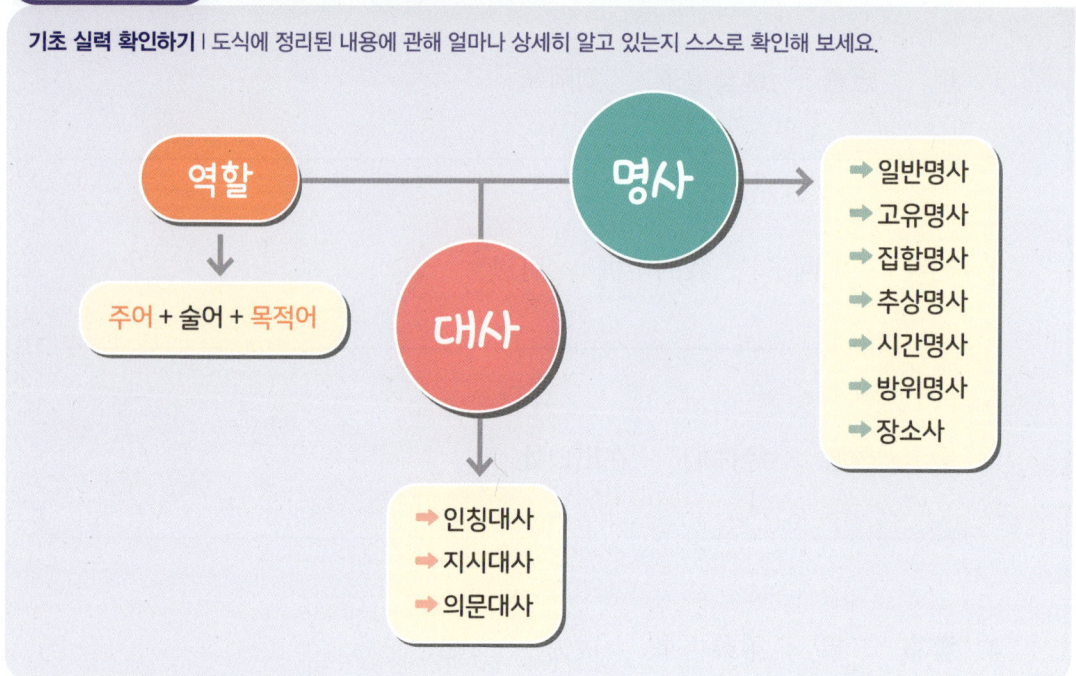

STEP 1 유형 파악하기

◆ 명사와 대사는 주로 주어와 목적어의 역할을 하지만, 관형어와 술어의 역할도 할 수 있다.
◆ 자주 쓰이는 주술 구조, 술목 구조 어휘 조합을 익히자.

● 제1부분 예제

| 注意 | 引起了 | 大家的 | 这个消息 |

정답&풀이

| 지시대사+양사+명사 | 동사+조사 | 인칭대사+조사 | 명사 |
| 这个消息 | 引起了 | 大家的 | 注意。| 이 소식은 모두의 주의를 끌었다. [대사(大家)+조사(的)+명사(注意)]
| 관형어+주어 | 술어+了 | 관형어+的 | 목적어 |

STEP 1 조사 '了'와 결합된 동사 '引起'가 술어가 되며, 명사 '注意'가 목적어가 된다. '引起注意(주의를 끌다)'는 자주 쓰이는 짝꿍 표현이다.

STEP 2 보통 지시대사가 있으면 문장 앞에 위치하므로, '这个消息'가 주어가 되며, 조사 '的'와 결합된 '大家的'가 목적어 앞에서 관형어 역할을 한다.

★消息 xiāoxi 몡 소식 | ★引起 yǐnqǐ 동 (주의를) 끌다 | 大家 dàjiā 대 모두, 다들 | 注意 zhùyì 몡 주의

STEP 2 내공 쌓기

1 명사

(1) 명사의 종류

일반명사	사람이나 사물을 나타내는 명사	校长 xiàozhǎng 교장 | 饮料 yǐnliào 음료 小说 xiǎoshuō 소설 | 西红柿 xīhóngshì 토마토
고유명사	어떤 특정한 사람이나 사물의 이름을 나타내는 명사	中国 Zhōngguó 중국 | 长城 Chángchéng 만리장성 儿童节 Értóng Jié 어린이날
집합명사	지칭하는 대상이 복수인 명사	观众 guānzhòng 관중 | 听众 tīngzhòng 청중
추상명사	추상적인 개념을 나타내는 명사	经验 jīngyàn 경험 | 消息 xiāoxi 소식 | 区别 qūbié 차이 号码 hàomǎ 번호, 숫자 | 看法 kànfǎ 견해
시간명사	날짜, 시간, 계절을 나타내는 명사	过去 guòqù 과거 | 冬天 dōngtiān 겨울 | 昨天 zuótiān 어제
방위사	방향과 위치를 나타내는 명사	上 shàng 위 | 下 xià 아래 | 中 zhōng 중간 | 里 li 안 东 dōng 동 | 西 xī 서 | 北方 běifāng 북쪽 右边 yòubian 오른쪽 | 对面 duìmiàn 맞은편 外面 wàimiàn 바깥
장소사	장소를 나타내는 명사	教室 jiàoshì 교실 | 商店 shāngdiàn 상점 森林 sēnlín 삼림 | 加油站 jiāyóuzhàn 주유소

명사로 장소 나타내기

(1) 일반명사+방위사

일반명사는 단독으로 장소를 나타내지 못하기 때문에 뒤에 방위사를 함께 써야 한다.

书包在桌子。(×)　　　→ 书包在桌子上。 책가방은 책상 위에 있다.
冰箱有一瓶果汁。(×)　　→ 冰箱里有一瓶果汁。 냉장고 안에는 과일 주스 한 병이 있다.

书包 shūbāo 명 책가방 \| 冰箱 bīngxiāng 명 냉장고 \| 瓶 píng 명 병 \| ★果汁 guǒzhī 명 과일 주스

(2) 장소사, 고유명사

장소사는 방위사 없이 장소를 나타낼 수 있지만, 위치를 강조하기 위해 방위사를 사용할 수도 있다.
그러나 국가나 지역을 나타내는 고유명사는 방위사와 함께 쓸 수 없다.

弟弟在教室学习。(○) 남동생은 교실에서 공부한다. → 장소사
弟弟在教室里学习。(○) 남동생은 교실 안에서 공부한다. → 장소사+방위사
妹妹打算去中国旅行。(○) 여동생은 중국으로 여행 갈 계획이다. → 고유명사
妹妹打算去中国里旅行。(×) → 고유명사+방위사

打算 dǎsuàn 동 ~할 계획하다 \| ★旅行 lǚxíng 동 여행하다

(2) 명사의 특징

① 문장에서 주로 주어, 목적어 역할을 한다.

熊猫很可爱。 판다는 귀엽다.　　　　　　**人们**要保护**自然**。 사람들은 자연을 보호해야 한다.

熊猫 xióngmāo 명 판다 | 可爱 kě'ài 형 귀엽다 | ★保护 bǎohù 동 보호하다 | ★自然 zìrán 명 자연

② 일반적으로 수사와 양사의 수식을 받는다.

一个面包 빵 한 개 → 수사+양사　　　　**两盒巧克力** 초콜릿 두 상자 → 수사+양사

面包 miànbāo 명 빵 | 盒 hé 양 갑 | ★巧克力 qiǎokèlì 명 초콜릿

③ 대사, 형용사(구), 동사(구) 및 다른 명사의 수식을 받을 수 있다.
　관형어 뒤에는 일반적으로 구조조사 '的'가 쓰이지만, 수식 성분이 1음절 형용사이거나 어휘의 결합이 밀접한 경우 '的' 없이 수식할 수 있다.

吃的东西 먹을 것　　**姐姐的房间** 언니의 방　　**好父母** 좋은 부모님　　**爱情电影** 로맨스 영화

房间 fángjiān 명 방 | 父母 fùmǔ 명 부모 | ★爱情 àiqíng 명 애정

④ 명사는 부사의 수식을 받지 않는다.

不老师 (×) → 不是老师 선생님이 아니다　　**很学生** (×) → 有很多学生 많은 학생이 있다

⑤ 시간명사는 주로 부사어 역할을 한다. 부사어로 쓰인 시간명사는 주어 앞이나 뒤에 모두 위치할 수 있다.

明年我去美国。 내년에 나는 미국에 간다. [시간 강조] = 我**明年**去美国。 나는 내년에 미국에 간다.

明年 míngnián 명 내년 | 美国 Měiguó 고유 미국

⑥ 일부 명사는 중첩하여 '하나도 예외 없이 모두'라는 의미를 갖는다.

人人 rénrén 사람마다　　　　**天天** tiāntiān 날마다　　　　**家家** jiājiā 집집마다

2 대사

(1) 대사의 종류

① 인칭대사
사람, 사물, 성질, 행위 등 사람이나 사물을 대신하는 품사이다. 명사처럼 문장에서 주로 주어, 목적어, 관형어 등으로 쓰인다.

	단수형	복수형
1인칭	我 wǒ 나	我们 wǒmen 우리 | 咱们 zánmen 우리
2인칭	你 nǐ 너 | 您 nín 당신	你们 nǐmen 너희
3인칭	他 tā 그 | 她 tā 그녀 它 tā 그 것	他们 tāmen 그들 | 她们 tāmen 그녀들 它们 tāmen 그것들
기타	自己 zìjǐ 자기(자신) | 别人 biérén 다른 사람	大家 dàjiā 모두

'我们'은 상황과 대화의 내용에 따라 청자 포함 여부가 달라지지만, '咱们'은 일반적으로 청자를 포함한다.

② 지시대사

사람이나 사물, 장소, 정도 등을 가리킬 때 쓰이며, 가리키는 대상의 의미에 따라 위치가 달라진다. 명사를 수식할 경우 '지시대사+수사+양사+명사'의 어순으로 쓰인다.

	가까운 것을 가리킬 때	먼 것을 가리킬 때
사람·사물	这 zhè 이 ǀ 这个 zhège 이것 这些 zhèxiē 이것들	那 nà 그 ǀ 那个 nàge 그것 那些 nàxiē 그것들
시간	这会儿 zhèhuìr 이때	那会儿 nàhuìr 그때
장소	这儿 zhèr = 这里 zhèli 이곳, 여기	那儿 nàr = 那里 nàli 그곳, 거기
성질·정도	这么 zhème 이런	那么 nàme 저런
수단·방식	这样 zhèyàng 이렇게	那样 nàyàng 저렇게
기타	各 gè 각 ǀ 每 měi 매 ǀ 有的 yǒude 어떤 ǀ 任何 rènhé 어떤 ~도	

③ 의문대사

질문하는 사람, 사물, 장소 등을 나타내며, 때로는 불특정한 대상을 나타내기도 한다.

사람	谁 shéi 누구 ǀ 哪 nǎ 어느
사건·사물	什么 shénme 무엇 ǀ 哪 nǎ = 哪个 nǎge ≒ 哪些 nǎxiē 어느
수량·시간	几 jǐ 몇 ǀ 多么 duōme = 多少 duōshao 얼마나 ǀ 什么时候 shénme shíhou 언제
장소	哪儿 nǎr = 哪里 nǎli 어디
상태	怎么样 zěnmeyàng 어때
방식·원인	怎么 zěnme = 怎样 zěnyàng 어떻게 ǀ 为什么 wèi shénme 왜

(2) 주요 대사의 용법

大家 dàjiā	모두, 여러분	일정 범위 내의 모든 사람을 가리키며, 범위를 나타내는 부사 '都'와 자주 함께 쓰인다. 大家都觉得他很诚实。 모두 그가 성실하다고 생각한다.
自己 zìjǐ	자기(자신)	앞 문장에 언급된 대상을 나타내거나 자발적인 행위를 강조하는 데 주로 쓰인다. 她总是严格要求自己。 그녀는 항상 자신에게 엄격하게 요구한다.
各 gè	각, 각각	어떤 범위 내에 있는 모든 개체를 가리키며, 주로 '各+(양사)+명사'의 형태로 쓰인다. 各位观众都感动得哭了。 각 관중들은 모두 감동하여 울었다.
每✦ měi	매, 모두	전체 가운데에 공통성을 가지고 있는 하나하나 모두를 가리킨다. 주로 '每+양사+명사+都'의 형태로 쓰인다. 儿子每个月都要回一次家。 아들은 매달 한 번 집에 온다. 我们每个人都得保护环境。 우리 모든 사람들이 환경을 보호해야 한다.

有的 yǒude	어떤	전체 중의 일부분을 가리키며, 주로 중복하여 '有的……有的……'의 형태로 쓰인다. 有的人喜欢打乒乓球，有的人喜欢打羽毛球。 어떤 사람은 탁구 치기를 좋아하고, 어떤 사람은 배드민턴 치기를 좋아한다.
任何 rènhé	어떤 ~도	예외가 없음을 강조하며, 주로 '任何+명사+(都)'의 형태로 쓰인다. 首尔任何地方都可以上网。 서울 어떤 곳에서도 인터넷을 할 수 있다.
怎么+동사 zěnme	어떻게 ~하는가, 왜 ~하는가	일반적으로 동사 앞에 놓여 방식, 방법을 물을 때 쓰인다. 부정사(不)와 함께 쓰일 때는 '为什么(왜)'라는 뜻으로 쓰여 원인을 물을 수 있다. 请问，去火车站怎么走? 말씀 좀 여쭙겠습니다. 기차역은 어떻게 가나요? 你怎么还不报名呢? 너 왜 아직도 등록 안 하니?
怎么这么+형용사 zěnme zhème	어쩌면 이렇게 ~하는가	놀라움이나 강조를 나타낸다. 这道题怎么这么难? 이 문제는 어쩌면 이렇게 어려워?
怎么+(동사)+也+동사 zěnme yě	아무리 ~해도, 어떻게 ~해도	어떻게 해도 동작의 결과가 나올 방법이 없다는 의미를 강조하는 표현이다. 他怎么说也说不清楚原因。 그는 어떻게 말을 해도 원인을 명확히 말하지 못한다.

★ 诚实 chéngshí 형 성실하다 | 总是 zǒngshì 부 늘, 언제나 | ★ 严格 yángé 형 엄격하다 | 要求 yāoqiú 동 요구하다 | ★ 观众 guānzhòng 명 관중, 구경꾼 | ★ 感动 gǎndòng 동 감동하다 | 哭 kū 동 울다 | 得 děi 조동 ~해야 한다 | ★ 保护 bǎohù 동 보호하다 | 环境 huánjìng 명 환경 | ★ 乒乓球 pīngpāngqiú 명 탁구 | ★ 羽毛球 yǔmáoqiú 명 배드민턴 | 首尔 Shǒu'ěr 고유 서울 | 地方 dìfang 명 곳 | 上网 shàngwǎng 동 인터넷을 하다 | 请问 qǐngwèn 동 말씀 좀 여쭙겠습니다 | 火车站 huǒchēzhàn 명 기차역 | 还 hái 부 아직 | ★ 报名 bàomíng 동 신청하다 | 道 dào 양 [문제를 세는 단위] | 难 nán 형 어렵다 | 清楚 qīngchu 형 뚜렷하다, 분명하다 | ★ 原因 yuányīn 명 원인

배운 내용 점검하기

1. 명사는 '사람이나 사물의 명칭'을 나타내거나 '시간'과 '장소'를 나타내는 품사이다.
2. 명사는 문장에서 주로 '주어'와 '목적어' 역할을 한다.
3. 일반명사는 장소를 단독으로 나타내지 못하므로 뒤에 '방위사'를 붙인다
4. 대사는 명사를 대신하는 품사로서, 사람이나 사물, 장소, 시간 등을 대신하여 가리킨다.

STEP 3 실력 다지기

1. 都   自己的   说了   看法   大家
   _____

2. 小说   不见了   怎么   昨天买的
   _____

3. 饮料   没有   区别   这两种   什么
   _____

4. 家对面   商店   新开了   咱们   一家
   _____

5. 多少   号码   是   传真   他们公司的
   _____

6. 看见了   森林里   一群老虎   我们在
   _____

7. 旅客   按照   排队   请各位   票上的号码
   _____

8. 任何地方   抽烟   都不可以   加油站的
   _____

해설서 p.171

06 부사(1) 종류·위치

쓰기 제1부분 | Day 06

기초 실력 확인하기 | 도식에 정리된 내용에 관해 얼마나 상세히 알고 있는지 스스로 확인해 보세요.

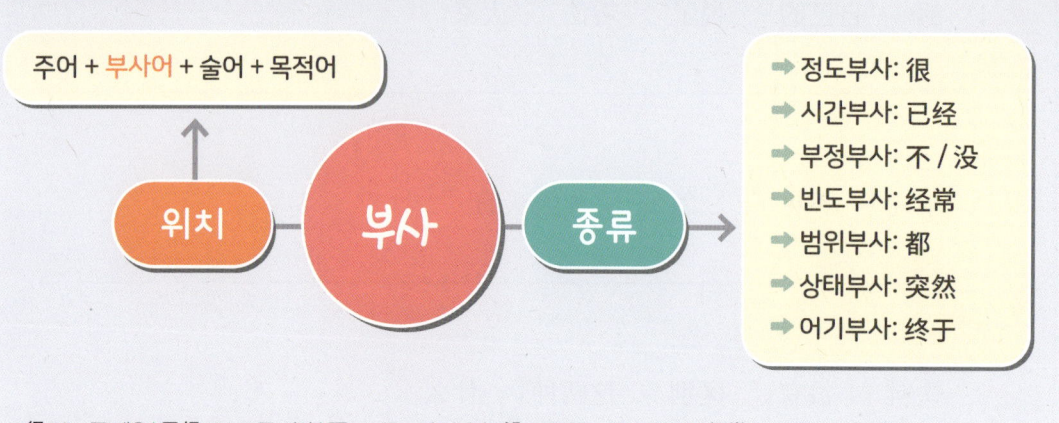

很 hěn 튀 매우 | 已经 yǐjing 튀 이미 | 不 bù 튀 ~가 아니다 | 没 méi 튀 ~하지 않았다 | 经常 jīngcháng 튀 자주 | 都 dōu 튀 모두, 전부 | 突然 tūrán 튀 갑자기 | 终于 zhōngyú 튀 마침내

STEP 1 유형 파악하기

◆ 부사는 주로 부사어 역할을 하며, 문제 풀이에 핵심적 역할을 하지는 않더라도 문제에 매우 자주 제시된다.
◆ '주어+부사+조동사+개사구+술어'의 기본 어순은 꼭 익혀 두자.

● 제1부분 예제

| 严重 | 那里的 | 非常 | 污染 |

정답&풀이

지시대사+조사	명사	부사	형용사
那里的	污染	非常	严重。 그곳의 오염은 매우 심각합니다.	[정도부사(非常)+형용사(严重)]
관형어+的	주어	부사어	술어

STEP 1 형용사 '严重'이 술어가 되며, 형용사는 정도부사의 수식을 받기 때문에, 정도부사 '非常'이 술어 앞에 위치한다.

STEP 2 형용사는 목적어를 가질 수 없으므로, 명사 '污染'이 주어가 되며, 조사 '的'와 결합한 '那里的'가 주어 앞에 위치해 관형어 역할을 한다. '污染严重(오염은 심각하다)'은 자주 쓰이는 짝궁 표현으로 꼭 외우자.

★污染 wūrǎn 명 오염 | 非常 fēicháng 튀 매우, 대단히, 심히, 아주 | ★严重 yánzhòng 형 매우 심하다, 심각하다

STEP 2 내공 쌓기

1 부사의 종류

정도부사	주로 형용사와 심리활동동사 앞에 쓰여 상태나 상황의 정도를 나타낸다. 很 hěn 매우 │ 太 tài 너무 │ 真 zhēn 정말 │ 十分 shífēn 매우
시간부사	동작이 이루어지는 시간 또는 상황이 벌어지는 시간을 나타낸다. 已经 yǐjīng 이미 │ 才 cái 겨우 │ 刚 gāng 막 │ 从来 cónglái 지금까지
부정부사	행위, 동작, 상태를 나타내는 말 앞에 위치해 부정을 나타낸다. 不 bù ~가 아니다 │ 没 méi ~하지 않았다 │ 别 bié ~하지 마라 │ 不要 búyào ~해서는 안 된다
빈도부사	동작의 발생 빈도나 중복 또는 연속 발생을 나타낸다. 经常 jīngcháng 자주 │ 总是 zǒngshì 늘 │ 又 yòu 다시 │ 重新 chóngxīn 다시
범위부사	동작이 이루어지는 범위를 나타낸다. 都 dōu 모두, 전부 │ 只 zhǐ 단지, 다만 │ 一起 yìqǐ 같이, 함께 │ 各 gè 각자 │ 完全 wánquán 완전히
상태부사	상황의 상태나 동작의 방식을 나타낸다. 突然 tūrán 갑자기 │ 互相 hùxiāng 서로 │ 仍然 réngrán 여전히 │ 专门 zhuānmén 오로지
어기부사	말하는 이의 태도, 긍정, 추측, 강조, 의문 등 각종 어기를 나타낸다. 终于 zhōngyú 마침내 │ 一定 yídìng 반드시 │ 好像 hǎoxiàng 마치 ~와 같다 │ 大约 dàyuē 대략 当然 dāngrán 당연히, 물론 │ 其实 qíshí 사실 │ 几乎 jīhū 거의

> **tip** 부사 vs 부사어
> 부사의 주요 역할이 부사어이긴 하지만, '부사'와 '부사어'는 다른 개념이니 서로 혼동하지 말자.
> '부사'는 품사의 한 종류이고, '부사어'는 문장성분의 한 종류이다.

2 부사의 쓰임

(1) 부사의 위치

① 부사는 기본적으로 주어 뒤, 술어 앞에 위치한다. 조동사, 개사(구) 등과 함께 쓰일 경우, 일반적으로 '주어+부사+조동사+개사구+술어' 순서이다.

我<u>也</u>想跟你去中国旅游。 나도 너와 같이 중국으로 여행을 가고 싶다. → 부사+조동사+개사구

儿子<u>每天</u><u>都</u>会跟女朋友约会。 아들은 매일 여자 친구와 데이트를 한다. → 시간명사+부사+조동사+개사구

旅游 lǚyóu 통 여행하다 │ 每天 měitiān 명 매일 │ 女朋友 nǚpéngyou 명 여자 친구 │ ★约会 yuēhuì 통 만날 약속을 하다

② 두 개 이상의 동사가 한 문장에 쓰이는 '연동문'이나 '겸어문'에서 부사는 첫 번째 동사 앞에 온다.

我 <u>不</u> 去 饭店 吃 中国菜。 나는 중국 음식을 먹으러 식당에 가지 않는다. → 연동문
　　부사 동사1　　동사2

爸爸 <u>不</u> 让 我 学习 法语。 아버지는 내가 프랑스어를 배우지 못하게 하신다. → 겸어문
　　　부사 동사1　　동사2

中国菜 Zhōngguócài 고유 중국 음식 │ 让 ràng 통 ~하게 하다 │ 法语 Fǎyǔ 고유 프랑스어

③ 일부 부사는 조동사 뒤에 위치해 동사를 긴밀하게 수식하기도 한다. '당위'의 의미를 나타내는 조동사와 쓰였을 때 뒤에 위치하는 경우가 많다.

要互相帮助 서로 도와야 한다 → 조동사+부사+동사

想重新写 새로 다시 쓰고 싶다 → 조동사+부사+동사

互相 hùxiāng 🖳 서로, 상호 | 帮助 bāngzhù 🖳 돕다, 원조하다 | 重新 chóngxīn 🖳 다시, 재차

④ 일부 부사는 문장 전체를 수식하거나 주어의 범위를 한정할 때 '주어 앞'에도 위치할 수 있다.

原来他已经知道了。 알고 보니 그는 이미 알고 있었다. → 어기부사

就你一个人没参加那家公司的面试。 오직 너만 그 회사의 면접에 참가하지 않았다. → 범위부사

参加 cānjiā 🖳 참가하다 | 面试 miànshì 🖳 면접시험

⑤ 부사는 일반적으로 명사나 수량사를 수식할 수 없지만, 명사나 수량사가 술어로 쓰인 경우 일부 부사가 '수사 앞'에 바로 쓰일 수 있으며, 동사가 있는 경우 동사 앞에 쓰인다.

这本词典一共380页。 이 사전은 총 380페이지이다.

大使馆离这儿大约有三百米。 대사관은 여기에서 대략 300m 정도 된다.

词典 cídiǎn 🖳 사전 | ★页 yè 🖳 페이지 | ★大使馆 dàshǐguǎn 🖳 대사관 | 离 lí 🖳 ~에서 | 米 mǐ 🖳 미터 [길이의 단위]

(2) 부사의 특징

① 부사는 일반적으로 주어 뒤 술어 앞에 쓰인다.
② 일반적으로 동사나 형용사처럼 중첩하여 쓰지 않는다.
③ 일부 부사는 접속사와 함께 쓰이거나 단독으로 쓰여 두 절을 연결하는 기능을 할 수 있다.

如果下雨，就不去了。 만약 비가 오면 안 가.

배운 내용 점검하기

1. 부사는 일반적으로 동사나 형용사를 수식하는 품사이다.
2. 부사는 일반적으로 주어 뒤, 술어 앞에 위치하며, 술어를 꾸미는 부사어 역할을 한다.
3. 두 개 이상의 동사가 한 문장에 쓰이는 연동문이나 겸어문에서, 부사는 일반적으로 첫 번째 동사 앞에 온다.

STEP 3 실력 다지기

1. 目的地了   飞机   到   已经

2. 那部   受欢迎   爱情电影   很

3. 出现了   复印机突然   办公室的   问题

4. 不太   说得   好听   警察

5. 成功   都   希望获得   每个人

6. 收到你   李经理没有   短信   发的

7. 又   传真机   那台   能用了   不

8. 成为   终于   律师了   一名   哥哥

→ 해설서 p.174

07 부사(2) 정도부사

Day 07

기초 실력 확인하기 | 도식에 정리된 내용에 관해 얼마나 상세히 알고 있는지 스스로 확인해 보세요.

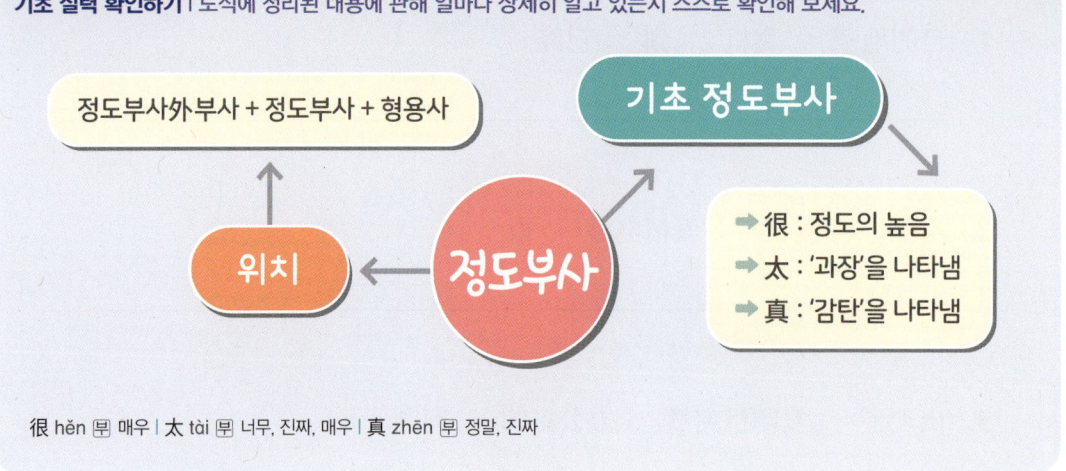

很 hěn 〔부〕 매우 | 太 tài 〔부〕 너무, 진짜, 매우 | 真 zhēn 〔부〕 정말, 진짜

STEP 1 유형 파악하기

◆ 정도부사는 형용사를 주로 수식하여 '정도부사+형용사' 형태로 자주 사용된다.
◆ 정도부사는 일반적으로 동사를 수식하지 못하지만, '喜欢' 등 일부 심리활동동사와 조동사를 수식할 수 있다.

● 제1부분 예제

	咸	这碗	特别	羊肉汤	

정답&풀이

지시대사+양사	명사	부사	형용사		
这碗	羊肉汤	特别	咸。	이 양고기탕은 아주 짜다.	[정도부사(特别)+형용사(咸)]
관형어	주어	부사어	술어		

STEP 1 형용사 '咸'이 문장의 술어가 되며, 형용사는 정도부사의 수식을 받기 때문에 정도부사 '特别'는 그 앞에 위치한다.

STEP 2 형용사 술어문은 목적어가 없기 때문에 '羊肉汤'이 문장의 주어가 되며, '这碗'이 주어 앞에 위치해 관형어가 된다. '羊肉汤咸(양고기탕이 짜다)'이라는 표현은 잘 기억해두자.

碗 wǎn 〔양〕 그릇, 공기 | 羊肉 yángròu 〔명〕 양고기 | ★汤 tāng 〔명〕 탕, 국 | 特别 tèbié 〔부〕 아주, 매우 | ★咸 xián 〔형〕 (맛이) 짜다

STEP 2 내공 쌓기

1 정도부사의 위치

정도부사는 다른 부사들과 같이 쓰일 경우, 일반적으로 다른 부사들 뒤에 온다.

妈妈 也 很 忙。 엄마도 바쁘다.
　　　범위부사 정도부사

那儿的天气 一直 特别 冷。 그곳의 날씨는 줄곧 매우 추웠다.
　　　　　　시간부사 정도부사

2 주요 정도부사의 용법

很 hěn ◆	매우, 아주	비교적 객관적 정도를 강조한다. 这个节目很有意思。 이 프로그램은 재미있다.
非常 fēicháng ◆	매우, 대단히	'很'보다 강한 뉘앙스를 나타낸다. 香山的红叶非常漂亮。 샹산의 단풍은 매우 예쁘다.
十分 shífēn ◆	굉장히, 대단히	정도가 강함을 나타내며, 주로 서면어에 쓰인다. 这篇文章的内容十分丰富。 이 문장의 내용은 굉장히 풍부하다.
挺 tǐng	매우, 정말	주로 회화에 쓰이며, '挺……的'의 형태로 쓴다. 这件衣服挺好看的。 이 옷은 정말 예쁘다.
太 tài ◆	너무, 진짜, 매우	주관적인 정도를 나타내며, 주로 '太……了'의 형태로 쓰인다. '了' 없이 단독으로는 불만의 어기를 나타내며, 부정형 '不太'는 '그다지, 별로'의 의미를 나타낸다. 太好了! 너무 좋아! 今天太累! 오늘 너무 피곤해! 这条裙子不太合适。 이 치마는 그다지 어울리지 않는다.
真 zhēn	정말, 진짜	정도가 비교적 강한 감정을 지닌 감탄문을 만들며, 주로 문장 끝에 '啊'가 같이 쓰인다. 관형어로는 쓰이지 않는다. 今天真热啊! 오늘 진짜 덥구나! 那是真好的书。(×) 那是很好的书。(○) 그것은 좋은 책이다.
比较 bǐjiào	비교적	상대적인 정도를 나타낸다. 参加这次比赛的人数比较多。 이번 경기에 참가하는 인원이 비교적 많다.
更 gèng	더욱, 훨씬	비교의 의미를 나타내며, 주로 비교문에 쓰인다. 能力更重要。 능력이 더 중요하다. 他的动作比我的更标准。 그의 동작이 나보다 더 표준적이다.
最 zuì ◆	가장, 최고	일정한 범위에서 정도가 가장 높은 최상급을 나타낸다. 我们班里他的水平最高。 우리 반에서 그의 수준이 가장 높다.
有点儿 yǒudiǎnr ◆	약간, 조금	정도가 적음을 나타내며, 주로 부정적인 뉘앙스를 지닌다. 我的鞋有点儿脏。 내 신발은 조금 지저분하다.

稍微◆ shāowēi	약간, 조금	정도가 깊지 않음을 나타내며, 주로 수량, 횟수, 시간이 적음을 나타내는 말 (有点儿/一些/一点儿/一下/一会儿)과 함께 쓰이거나 동사나 형용사가 중첩되어 쓰인다. 这种药稍微有点儿苦。 이 종류의 약은 (약간) 좀 쓰다. 这篇文章你稍微改一改。 이 문장을 네가 약간 좀 고쳐 봐.
特别 tèbié	특히, 유난히, 매우	정도가 강함을 강조하며, 어떠한 범위에서 한 대상을 강조하는 표현으로, 복문의 뒷절에 쓰일 경우 '是'와 함께 쓰인다. 这个东西特别便宜。 이 물건은 유난히 싸다.
尤其 yóuqí		那些演员的演技都很好，尤其是中间的那位演员。 저 배우들 모두 연기가 훌륭한데, 특히 중간의 저 배우가 그렇다.
多(么) duō(me)	얼마나	감탄을 나타내며, 주로 '多(么)……啊' 형태로 쓰인다. 她多(么)积极啊! 그녀는 얼마나 적극적이니!
越◆ yuè	갈수록, 점점	중첩형으로 쓰여 정도가 점점 가중됨을 나타낸다. '越A越B'는 'A할수록 더 B하다', '越来越A'는 '점점 더 A하다'라는 뜻을 나타낸다. 我越想越生气。 나는 생각할수록 화가 난다. 女朋友越来越漂亮。 여자 친구는 갈수록 예뻐진다.

节目 jiémù 명 프로그램 | 有意思 yǒu yìsi 재미있다 | 香山 Xiāngshān 고유 상산, 향산 | 红叶 hóngyè 명 단풍 | ★篇 piān 양 편, 장 [문장을 세는 단위] | ★文章 wénzhāng 명 문장 | 内容 nèiróng 명 내용 | 丰富 fēngfù 형 풍부하다 | 好看 hǎokàn 형 아름답다 | 条 tiáo 양 개 [가늘고 긴 것을 세는 단위] | 裙子 qúnzi 명 치마 | ★合适 héshì 형 적합하다 | 参加 cānjiā 참가하다 | 比赛 bǐsài 명 시합 | 人数 rénshù 명 사람수 | ★能力 nénglì 명 능력 | 重要 zhòngyào 형 중요하다 | ★动作 dòngzuò 명 동작 | ★标准 biāozhǔn 형 표준적이다 | 班 bān 명 반 | 水平 shuǐpíng 명 수준 | 鞋 xié 명 신발 | 脏 zāng 형 더럽다 | 苦 kǔ 형 쓰다 | 改 gǎi 동 고치다 | ★演员 yǎnyuán 명 배우, 연기자 | 演技 yǎnjì 연기 | 中间 zhōngjiān 명 중간 | 位 wèi 양 분, 명 [공경의 뜻을 내포함] | ★积极 jījí 형 적극적이다 | 生气 shēngqì 동 화내다 | 女朋友 nǚpéngyou 명 여자 친구

有点儿 vs 一点儿

'有点儿'과 '一点儿'은 형태와 해석이 비슷해 혼동하기 쉽지만, 용법상 차이가 있기 때문에 반드시 구분하여 사용해야 한다.

有点儿 yǒudiǎnr	一点儿 yìdiǎnr
부 조금 형용사 앞에 쓰여 '불만'의 어기를 나타낸다. 这道题有点儿难。 이 문제는 조금 어렵다. 我肚子有点儿不舒服。 (나는) 속이 좀 불편하다.	수량 조금 형용사 뒤에 쓰여 '객관적인 비교'의 의미를 나타낸다. 这本词典厚一点儿。 이 사전은 좀 더 두껍다. 这件毛衣比那件暖和一点儿。 이 스웨터는 저것보다 좀 더 따뜻하다.

道 dào 양 [명령이나 문제 등을 세는 단위] | 题 tí 명 문제 | 难 nán 어렵다 | ★肚子 dùzi 명 배 | 不舒服 bùshūfu 형 불편하다 | 词典 cídiǎn 명 사전 | ★厚 hòu 형 두껍다 | 毛衣 máoyī 명 스웨터 | 暖和 nuǎnhuo 형 따뜻하다

배운 내용 점검하기

1. 정도부사는 형용사 및 심리활동동사 앞에서 상태와 상황의 정도를 나타내는 부사이다.
2. 정도부사는 일반적으로 다른 부사들 뒤에 쓰이고, 형용사술어문에 자주 출제된다.

STEP 3 실력 다지기

1. 爸爸　有点儿　汤　酸　做的

2. 非常　对他的态度　张经理　友好

3. 老师　那所　挺　学校的　严格的

4. 比较　的性格　他孙子　活泼

5. 这里的景点　游客对　失望　十分

6. 稍微　厚　袜子　有点儿　那双

7. 重要　比结果　过程　更

8. 越来越　的人　去上海旅游　多

08 부사(3) 시간부사

쓰기 제1부분 | Day 08

기초 실력 확인하기 | 도식에 정리된 내용에 관해 얼마나 상세히 알고 있는지 스스로 확인해 보세요.

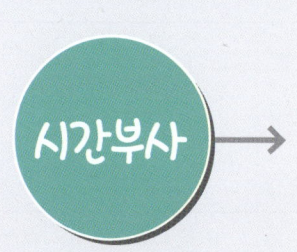

시간부사 →
- 才 cái : ~가 되어서야 비로소
- 就 jiù : 이미, 벌써, 일찍이
- 已经 yǐjīng : 이미
- 刚 gāng : 방금, 막
- 马上 mǎshàng : 바로, 곧
- 正(在) zhèng(zài) : ~하고 있는 중이다
- 从来 cónglái : 여태껏, 지금껏
- 一直 yìzhí : 줄곧, 계속

STEP 1 유형 파악하기

◆ 시간부사는 다른 부사와 함께 쓰일 경우, 다른 부사보다 앞에 위치한다.
◆ 함께 호응해 쓰이는 조사나 부사도 기억하자.

● 제1부분 예제

正在	李师傅	冰箱	修理

정답&풀이

명사+명사	부사	동사	명사
李师傅	**正在**	**修理**	**冰箱**。
주어	부사어	술어	목적어

이(李) 기사는 지금 냉장고를 수리하고 있다. [正在+술어(修理) ~하고 있는 중이다]

STEP 1 동사 '修理'가 술어가 되고, 고치는 대상인 명사 '冰箱'이 목적어가 된다.

STEP 2 부사 '正在'가 술어 앞에 위치해 부사어 역할을 하며, 인명을 나타내는 '李师傅'가 주어가 된다. '**修理冰箱** (냉장고를 수리하다)'은 자주 쓰이는 표현이니 기억해두자.

★ 师傅 shīfu 명 기사님, 선생님 | 正在 zhèngzài 부 지금 ~하고 있다 | ★ 修理 xiūlǐ 동 수리하다 | 冰箱 bīngxiāng 명 냉장고

STEP 2 내공 쌓기

1 시간부사의 위치

다른 부사들과 같이 쓰일 경우, 일반적으로 다른 부사들 앞에 온다.

南教授 一直 很 漂亮。 남(南) 교수님은 늘 예쁘시다.
　　　시간부사 정도부사

哥哥 从来 不 抽烟。 오빠는 여태껏 담배를 피우지 않는다.
　　시간부사 부정부사

南 Nán [고유] 남 [성씨] | ★教授 jiàoshòu [명] 교수 | 一直 yìzhí [부] 계속, 줄곧 | ★从来 cónglái [부] (과거부터) 지금까지, 여태껏 | ★抽烟 chōuyān [동] 담배를 피우다

2 주요 시간부사의 용법

才 cái	~가 되어서야 비로소	시간 표현 뒤에 쓰여 '시간이 비교적 늦음'을 나타낸다. 他十一点才上班。 그는 11시가 되어서야 출근했다.
就 jiù	이미, 벌써, 일찍이	시간 표현 뒤에 쓰여 '시간이 비교적 이름'을 나타낸다. 她每天早上六点就起床了。 그녀는 매일 아침 6시면 일어난다.
已经✦ yǐjīng	이미	동작의 변화가 완료되었음을 나타내며, 보통 문장 끝에 '了'를 붙여 쓴다. 我已经毕业了。 나는 이미 졸업했다.
刚✦ gāng	방금, 막 [=刚刚]	행동이 방금 전에 막 발생함을 나타낸다. 她是刚搬来的邻居。 그녀는 막 이사 온 이웃이다.
马上 mǎshàng	바로, 곧	보통 뒤에 '就'를 수반하며 동작이 곧 발생함을 나타낸다. 节目马上就结束了。 프로그램이 곧 끝난다.
及时 jíshí	바로, 즉시	请您及时把材料发给我。 바로 저에게 자료를 보내 주세요. 这场雨下得真及时。 비가 적절한 시기에 내렸다. → 형용사로 쓰인 경우
快✦ kuài	곧	주로 문장 끝에 '了'를 써서 미래가 임박함을 나타낸다. [≒快要/就要] 会议快结束了。 회의가 곧 끝난다.
将 jiāng	곧, 장차, 막	장차 일어날 미래의 일에 쓰인다. 今年的国际比赛将在这个月底举行。 올해 국제 경기는 이번 달 말에 곧 개최한다.
正(在) zhèng(zài) 在✦ zài	~하고 있는 중이다	동작의 진행이나 지속을 나타내며, 지속을 나타내는 어기조사 '呢'와 함께 쓰이기도 한다. 他们正在商量明天的计划。 그들은 내일 계획을 상의하고 있다. 他们俩在准备上课呢。 그 둘은 수업 준비를 하고 있는 중이다.

从来 ✦ cónglái	여태껏, 지금껏	주로 부정부사와 함께 쓰여, 과거부터 현재까지 어떠한 상황이나 행동이 이루어지지 않았음을 나타낸다. '从来+没+동사+过' '从来+不+동사' 형식으로 쓰인다. 我从来没参加过汉语水平考试。 나는 여태껏 HSK에 참가해 본 적이 없다.
还 ✦ hái	아직도	동작이나 상태가 지속됨을 나타낸다. 乒乓球比赛还在继续进行。 탁구 경기는 아직 계속 진행 중이다.
一直 yìzhí	줄곧, 계속	어떤 시간이나 범위에서 상황이 계속 지속됨을 나타낸다. 爷爷的身体一直很健康。 할아버지는 늘 건강하시다.
总(是) zǒng(shì)	항상	诚实的人总能得到人们的欢迎。 성실한 사람은 항상 사람들의 환영을 받을 수 있다.
永远 yǒngyuǎn	영원히	祝你们永远幸福。 당신들이 영원히 행복하기를 빕니다.
暂时 zànshí	잠시, 당분간	我暂时还不打算找工作。 나는 당분간 일을 구할 계획이 없다.
偶尔 ✦ ǒu'ěr	때때로, 가끔 [≒有时候 yǒushíhou]	我偶尔去中国旅行。 나는 가끔 중국으로 여행 간다.
按时 ✦ ànshí	제때에	정해진 시간에 규칙적으로 행동이 이루어짐을 나타낸다. 这项任务必须按时完成。 이 임무는 반드시 제때에 완성돼야 한다.
先 xiān	먼저	행동이나 상황이 먼저 일어남을 나타낸다. 我觉得你最好先听听她的意见。 나는 네가 먼저 그녀의 의견을 들어 보는 게 좋을 것 같다고 생각한다.

每天 měitiān 몡 매일 | ★毕业 bìyè 동 졸업하다 | 搬 bān 동 이사하다 | 邻居 línjū 몡 이웃 | 节目 jiémù 몡 프로그램 | 结束 jiéshù 동 끝나다 | 把 bǎ 개 ~를 [처치의 결과를 나타냄] | ★材料 cáiliào 몡 자료 | 发 fā 동 보내다 | ★场 cháng 양 [일의 경과·자연 현상 따위의 횟수를 세는 단위] | 会议 huìyì 몡 회의 | 今年 jīnnián 몡 올해 | ★国际 guójì 몡 국제 | 比赛 bǐsài 몡 경기 | 月底 yuèdǐ 몡 월말 | ★举行 jǔxíng 동 거행하다 | ★商量 shāngliang 동 상의하다 | 计划 jìhuà 몡 계획 | ★俩 liǎ 두 사람 | 上课 shàngkè 동 수업하다 | 参加 cānjiā 동 참가하다 | 汉语水平考试 Hànyǔ Shuǐpíng Kǎoshì 중국어 능력 시험, HSK | ★乒乓球 pīngpāngqiú 몡 탁구 | ★继续 jìxù 동 계속하다 | ★进行 jìnxíng 동 진행하다 | 爷爷 yéye 할아버지 | 健康 jiànkāng 형 건강하다 | ★诚实 chéngshí 형 성실하다 | 得到 dédào 동 받다 | 欢迎 huānyíng 동 환영하다 | 祝 zhù 기원하다, 축복하다 | ★幸福 xìngfú 형 행복하다 | 打算 dǎsuàn 동 계획하다 | 找 zhǎo 동 찾다 | 旅行 lǚxíng 동 여행하다 | 项 xiàng 양 가지, 항목 | ★任务 rènwu 몡 임무 | 必须 bìxū 부 반드시 ~해야 한다 | 完成 wánchéng 동 완성하다 | ★最好 zuìhǎo 부 ~하는 게 제일 좋다 | ★意见 yìjiàn 몡 의견

才 vs 就

'才'와 '就'는 모두 시점, 시간 등을 나타낼 때 아래와 같은 의미상의 차이가 있다.

	才	就
시점	동작의 시점이 '늦음'을 나타낸다. 他晚上8点才完成了今天的工作。 그는 저녁 8시가 되어서야 오늘의 일을 겨우 끝냈다.	동작의 시점이 '이름'을 나타낸다. 他早上十点就完成了今天的工作。 그는 아침 10시에 오늘의 일을 벌써 끝냈다.
시간	비교적 시간이 많이 흐른 후에야 동작이 이루어짐을 나타낸다. 他的手机找了半天才找到。 그의 휴대폰은 반나절 동안 찾고 나서야 찾았다.	비교적 시간이 얼마 지나지 않아 동작이 이루어짐을 나타낸다. 他每天一下班就回家。 그는 매일 퇴근하면 바로 집에 간다.

半天 bàntiān 몡 한나절 | 下班 xiàbān 동 퇴근하다 | 回家 huí jiā 집으로 돌아가다

배운 내용 점검하기

1. 시간부사는 술어(동사/형용사) 앞에서 시간을 나타내는 품사이다.
2. 시간부사는 다른 부사들과 같이 쓰일 경우, 일반적으로 다른 부사들 앞에 온다.

STEP 3 실력 다지기

Day 08

1. 给病人   正在   大夫   打针

2. 马上   飞机   降落了   就要

3. 永远   你们俩   幸福   祝

4. 起飞   乘坐的   刚刚   他们   那趟航班

5. 生活   没有   从来   妈妈   后悔过来这儿

6. 将在   开始   节目   11月8号

7. 按时   吗   能保证   你   完成任务

8. 收拾好了   把房间   已经   我

해설서 p.180

09 부사(4) 부정부사

쓰기 제1부분 | Day 09

기초 실력 확인하기 | 도식에 정리된 내용에 관해 얼마나 상세히 알고 있는지 스스로 확인해 보세요.

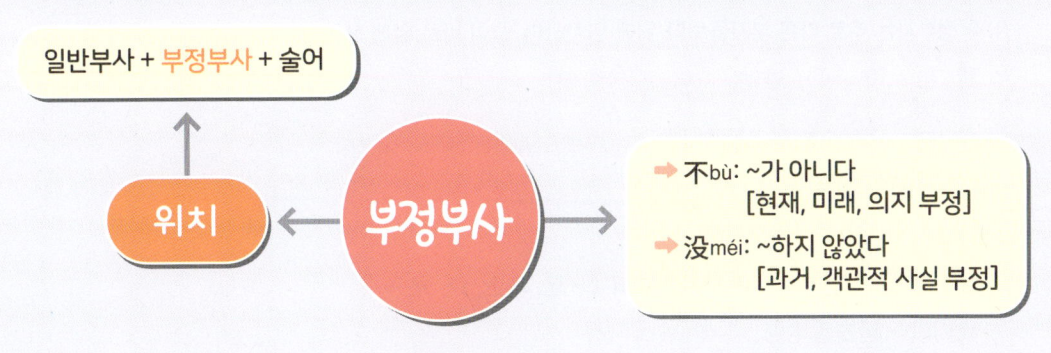

STEP 1 유형 파악하기

◆ 일반적으로 부정부사는 다른 부사보다 뒤에 위치한다는 것을 기억하자.
◆ '一起' '马上' 등 부정부사 뒤에 오는 부사는 따로 외우자.

● 제1부분 예제

没   我的   通过   申请

정답&풀이	인칭대사+조사	명사	부사	동사		
	我的	申请	没	通过。	나의 신청은 통과되지 않았다.	[부정부사(没)+동사(通过)]
	관형어+的	주어	부사어	술어		

STEP 1   동사 '通过'가 술어가 되며, 부정부사 '没'가 술어 앞에 위치한다.

STEP 2   명사 '申请'이 주어이며, '我的'가 주어 앞에서 관형어가 된다. '申请通过(신청이 통과하다)'는 자주 쓰이는 짝꿍 표현이니 알아두자.

申请 shēnqǐng 명 신청 | ★通过 tōngguò 통 통과되다, 채택되다

STEP 2 내공 쌓기

부정부사는 행위, 동작, 상태를 나타내는 말 앞에 놓여 부정을 나타내는 부사이다.

1 부정부사의 위치

(1) 부정부사는 주로 다른 부사들보다 뒤에 위치하며, 술어 바로 앞에 쓰인다.

我 也 没 见 过他。 나도 그를 본 적이 없다.
　 범위부사 부정부사 동사

我 很 不 喜欢 浪费时间。 나는 시간을 낭비하는 것을 매우 싫어한다.
　 정도부사 부정부사 　 동사

见 jiàn 동 보다 | ★浪费 làngfèi 동 낭비하다

(2) 일부 부사는 부정부사 뒤에 오기도 한다. (一起, 马上, 只, 光……)

我们没一起去看电影。 → 부정부사+一起
우리는 함께 영화 보러 가지 않았다.

不只他一个人没通过，很多人都没通过这次面试。 → 부정부사+只
그 혼자만 통과 못 한 것이 아니라, 많은 사람이 이번 면접에 통과하지 못했다.

★通过 tōngguò 동 통과하다 | 面试 miànshì 명 면접시험

2 주요 부정부사의 용법

不 ◆ bù	아니다	현재와 미래 시점에 쓰이며, 주관적인 의지를 부정할 때 쓰인다. 大公司不是最好的。 대기업이 가장 좋은 것은 아니다. 他的条件不符合他们的要求。 그의 조건은 그들의 요구에 부합하지 않는다.
没(有) ◆ méi(yǒu)	없다 하지 않았다	과거 시점에 쓰이며, 객관적인 사실을 부정할 때 쓰인다. 钱包里没有现金。 지갑에 현금이 없다. 她没通过普通话考试。 그녀는 보통화 시험에 통과하지 못했다.
是否 shìfǒu	인가? 인지 아닌지	'是不是'의 의미로 의문문을 만들며, 평서문에도 쓰일 수 있다. 你是否需要帮忙？ 도움이 필요한가요? 买衣服的时候，要考虑是否适合自己。 옷을 살 때, 자신에게 어울리는지 고려해야 한다.
不用 búyòng 不必 búbì	~할 필요 없다	어떤 행동을 권할 때 쓰이며, 반드시 그럴 필요가 없다는 의미를 나타낸다. 还有时间，你不用着急。 아직 시간이 있으니, 조급해 할 필요 없다. 你不必和别人比较。 너는 다른 사람과 비교할 필요 없다.
别 ◆ bié 不要 ◆ búyào	~하지 마라	금지를 나타내며, 주로 명령문에 쓰인다. 别把衣服放在地上。 옷을 바닥에 놓지 마. 最好不要穿得太少。 너무 얇게 입지 않는 것이 가장 좋다.

大公司 dà gōngsī 대기업 | ★条件 tiáojiàn 명 조건 | ★符合 fúhé 동 부합하다 | 要求 yāoqiú 명 요구 | 钱包 qiánbāo 명 지갑 | ★现金 xiànjīn 명 현금 | ★普通话 pǔtōnghuà 명 현대 표준 중국어 | 考试 kǎoshì 명 시험 | 需要 xūyào 동 필요하다 | 帮忙 bāngmáng 동 일손을 돕다 | 买 mǎi 동 사다 | ★考虑 kǎolǜ 동 고려하다 | ★适合 shìhé 동 어울리다 | 着急 zháojí 동 조급해하다 | 别人 biérén 대 남, 타인 | 比较 bǐjiào 동 비교하다 | 放 fàng 동 놓다 | 地上 dì shàng 땅 | ★最好 zuìhǎo 부 ~하는 것이 가장 좋다

'是'의 부정은 '不是', '有'의 부정은 '没有'이다.

他不是服务员。 그는 종업원이 아니다.　　　学生没有钱。 학생은 돈이 없다.
他没是服务员。(×)　　　　　　　　　　学生不有钱。(×)

3 '不'와 '没'의 비교

	不	没
시제	(미래○, 현재○, 과거×) 아직 실현되지 않은 '미래'나 '현재'의 일을 부정하는 데 쓰인다. 과거의 일에는 사용할 수 없다. 我明天不上班。(○) → 미래 나는 내일 출근하지 않는다. 我昨天不上班。(×)	(과거○, 현재×, 미래×) 이미 발생한 '과거'의 사건을 부정하는 데 쓰인다. 미래의 일에는 사용할 수 없다. 我昨天没参加会议。(○) → 과거 나는 어제 회의에 참가하지 않았다. 我明天没参加会议。(×)
동사 부정	주관적인 의지를 부정한다. 我不喝咖啡。 나는 커피를 마시지 않는다. 일상적이며, 지속성이 있는 습관적인 동작을 부정한다. 他常常不复习。 그는 자주 복습하지 않는다.	객관적인 사실을 부정한다. 今天我没喝咖啡。 오늘 나는 커피를 마시지 않았다. 일상적이며, 지속성이 있는 습관적인 동작을 부정할 수 없다. 他常常没复习。(×)
형용사 부정	일반적으로 형용사의 상태를 부정할 때는 '不'가 쓰인다. 女朋友今天有点儿不高兴。 여자 친구는 오늘 기분이 좀 안 좋다.	형용사의 변화를 부정할 때는 '没'가 쓰인다. 这些毛巾还没干。 이 수건들은 아직 마르지 않았다.
조동사 부정	일반적으로 조동사는 '不'로 부정한다. 我不会说汉语，所以不能进去。 나는 중국어를 할 줄 몰라서, 들어갈 수 없다.	'没'는 '~할 수가 없었다'라는 뜻으로 조동사 '能'만 부정할 수 있다. 昨天有急事，所以没能参加同学聚会。 어제 급한 일이 있어서, 동창 모임에 참석할 수 없었다.

常常 chángcháng 부 자주, 항상 | 复习 fùxí 동 복습하다 | 女朋友 nǚpéngyou 명 여자 친구 | 有点儿 yǒudiǎnr 부 조금, 약간 | 所以 suǒyǐ 접 그래서 | 参加 cānjiā 동 참가하다 | 会议 huìyì 명 회의 | ★毛巾 máojīn 명 수건 | 干 gān 형 마르다 | 急事 jíshì 명 급한 일 | 同学聚会 tóngxué jùhuì 동창 모임

배운 내용 점검하기

1. 부정부사는 행위, 동작, 상태를 나타내는 말 앞에 놓여 부정을 나타내는 부사이다.
2. 부정부사는 주로 다른 부사들보다 뒤에 위치하며, 동사나 형용사 앞에 쓰인다.

STEP 3 실력 다지기

1. 吸烟   不   允许   教室内

2. 扔垃圾   乱   不要   请

3. 里   盐   往汤   放   别

4. 没有太大   与金钱   爱情   关系

5. 并   大家的关注   引起   那本小说   没有

6. 打扰你   不   了   再也   我以后

7. 信用卡的密码   最好   电话号码   不要用   做

8. 扔在   把   沙发上   别   袜子

해설서 p.183

10 부사(5) 빈도부사

Day 10

기초 실력 확인하기 | 도식에 정리된 내용에 관해 얼마나 상세히 알고 있는지 스스로 확인해 보세요.

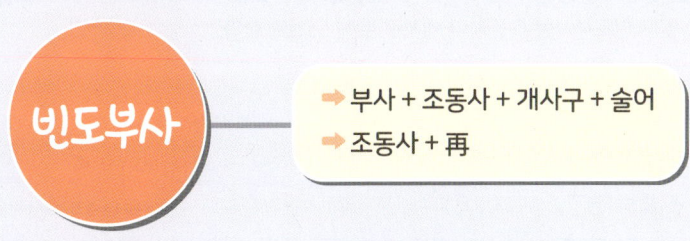

再 zài 閉 또, 더, 다시

STEP 1 유형 파악하기

◆ 주요 빈도부사의 의미상, 용법상의 차이를 기억하자!
◆ 기본 어순 '부사+조동사+개사(구)+동사'를 따르지 않는 일부 빈도부사(再)도 알아 두자.

● 제1부분 예제

	她	参加各种	经常	社会活动

정답&풀이

인칭대사	부사	동사+대사+양사	명사+명사
她	经常	参加各种	社会活动。
주어	부사어	술어+관형어	목적어

그녀는 자주 각종 사회 활동에 참여한다.   [빈도부사(经常)+동사(参加)]

STEP 1 동사 '参加'가 술어이며, 부사 '经常'이 술어 앞에서 부사어 역할을 한다.

STEP 2 인칭대사 '她'가 주어가 되며 '社会活动'이 목적어가 된다. '各种'은 목적어 앞에 위치해 관형어 역할을 한다.
'参加活动(활동에 참가하다)'은 자주 쓰이는 짝꿍 표현이다.

经常 jīngcháng 閉 자주 | ★参加 cānjiā 통 참가하다 | 各种 gèzhǒng 혱 각종(의), 여러가지 | ★社会 shèhuì 몡 사회 | ★活动 huódòng 몡 활동

STEP 2 내공 쌓기

1 빈도부사의 위치

빈도부사는 어떠한 상황이나 동작이 얼마나 반복되는지를 나타내는 부사이다. 보통 '부사+조동사+개사구+동사' 어순으로 쓰이지만, 일부 빈도부사는 조동사나 개사구 뒤에 오기도 한다.

妈妈又买了两个西红柿。 엄마는 토마토 두 개를 또 사셨다.

奶奶还要喝一杯咖啡。 할머니는 커피 한 잔을 더 마시려고 하신다. → 빈도부사+조동사

王经理想再开一家餐厅。 왕(王) 사장은 식당을 하나 더 열고 싶어한다. → 조동사+빈도부사 再

这种东西最好不要再吃了。 이런 것들은 더 이상 먹지 않는 것이 가장 좋다. → 어기부사+부정부사+빈도부사 再

★西红柿 xīhóngshì 몡 토마토 | 杯 bēi 양 잔 | ★餐厅 cāntīng 몡 식당 | ★最好 zuìhǎo 부 ~하는 것이 가장 좋다

2 주요 빈도부사

(1) '还' '再' '又' ✦

	또, 더, 여전히	미래 시제에 쓰여, 상황이나 행동이 변함없이 지속됨을 나타낸다. 평서문, 의문문에 쓰이며, 명령문, 가정문에 쓰이지 않는다.
还 hái	还+조동사+동사	明天我还要去上课。 내일 나는 여전히 수업하러 가야 한다. 我还想看这本小说。 나는 이 소설을 여전히 보고 싶다.
再 zài	또, 더, 다시	미래 시제에 쓰여, 아직 발생하지 않은 동작의 반복을 나타낸다. 대부분의 문장에 쓸 수 있다. 명령문·청유문에 쓰일 수 있다. 종종 수량사를 동반하며, 보통 조동사 뒤에 위치한다.
	조동사+再+동사 ✦	我想再看一遍这本小说。 나는 이 소설을 한 번 더 보고 싶다. 我们再玩儿一会儿吧。 우리 좀 더 놀자.
又 yòu	또, 다시, 거듭	과거 시제에 쓰여, 이미 발생한 행동, 상황이 또 반복됨을 나타낸다. 평서문, 의문문에 쓰이며, 명령문에 쓰이지 않는다. 주로 '了'와 함께 쓰인다.
	又+조동사+동사	我们昨天去公园玩儿了，今天又去了一次。 우리는 어제 공원에 가서 놀았는데, 오늘 또 갔다. 我们又玩儿一会儿吧。(×)

上课 shàngkè 동 수업을 듣다 | ★小说 xiǎoshuō 몡 소설 | ★遍 biàn 양 번, 차례, 회 [한 동작의 처음부터 끝까지의 전 과정을 가리킴] | 公园 gōngyuán 몡 공원

(2) '常常' '往往' '经常' ✦

		단순히 동작이 자주 일어남을 나타낸다. 과거, 현재, 미래 모두 쓰일 수 있다.
常常 chángcháng	자주, 종종	我常常看电影。 나는 자주 영화를 본다. 我周末常常跟朋友一起看电影。 나는 주말에 종종 친구와 같이 영화를 본다. 我小时候常常跑来跑去。 나는 어렸을 때 자주 뛰어다녔다. → 과거 他常常去公园散步。 그는 자주 공원으로 산책하러 간다. → 현재 以后你常常来玩儿吧。 앞으로 너 자주 와서 놀아. → 미래

往往 wǎngwǎng	자주, 종종	'어떤 조건에서' 어떤 상황이 자주 일어남을 나타낸다. 상황이 반복적으로 일어나는 시간, 장소, 방식 등의 조건이 문장에 등장해야 한다. 과거에 주로 쓰이고, 미래에 쓰일 수 없다. 我往往看电影。(×) 我周末往往跟朋友一起看电影。(○) 나는 주말에 종종 친구와 같이 영화를 본다. 小时候，我往往一感冒就发烧。(○) → 과거 어렸을 때, 나는 종종 감기에 걸리면 바로 열이 났다. 高中的时候，我往往学习到深夜。(○) → 과거 고등학교 때, 나는 종종 깊은 밤까지 공부했다. 以后你往往来我家玩儿。(×) → 미래
经常 jīngcháng	자주, 종종	어떤 상황이나 행동이 자주 반복적으로 일어남을 나타낸다. 父母要经常鼓励孩子。 부모는 아이를 자주 격려해야 한다.

周末 zhōumò 명 주말 | 小时候 xiǎoshíhou 어렸을 때 | ★散步 sànbù 동 산책하다 | 感冒 gǎnmào 동 감기에 걸리다 | 一……就…… yī……jiù…… ~하자 마자 ~하다 | 发烧 fāshāo 동 열이 나다 | 高中 gāozhōng 명 고등학교 | 到 dào 개 ~까지 | ★深 shēn 형 깊다, 깊숙하다 | 夜 yè 명 밤 | 父母 fùmǔ 명 부모 | ★鼓励 gǔlì 동 격려하다

(3) 그외 주요 빈도부사

也 yě	~또한, ~도 역시 주어1+술어1, 주어2+也+술어2	두 사건이 동시에 벌어지거나 서로 다른 주체의 동작이 반복됨을 나타낼 때 쓰인다. 人们要减少污染，也要保护环境。 사람들은 오염을 줄여야 하고, 환경도 보호해야 한다. 哥哥去爬山了，弟弟也去爬山了。 형이 등산하러 갔고, 남동생도 등산하러 갔다.
总(是) zǒng(shì)	항상	诚实的人总能得到人们的欢迎。 성실한 사람은 항상 사람들의 환영을 받을 수 있다.
重新 ✦ chóngxīn	(하나의 행동을 처음부터 새롭게) 다시	我打算重新写这篇文章。 나는 이 문장을 다시 쓸 계획이다.

★减少 jiǎnshǎo 동 줄이다, 감소하다 | ★污染 wūrǎn 명 오염 | ★保护 bǎohù 동 보호하다 | 环境 huánjìng 명 환경 | 爬山 páshān 동 산을 오르다, 등산하다 | ★诚实 chéngshí 형 성실하다 | 得到 dédào 동 얻다 | 欢迎 huānyíng 명 환영하다 | 打算 dǎsuàn 동 계획하다 | 写 xiě 동 쓰다 | ★篇 piān 양 편, 장 [문장·종이 등을 세는 단위] | ★文章 wénzhāng 명 문장

배운 내용 점검하기

1. 빈도부사는 어떠한 상황이나 동작이 얼마나 반복되는지를 나타내는 부사이다.
2. 보통 '부사+조동사+개사구+동사' 어순으로 쓰이지만, 일부 빈도부사는 조동사나 개사구 뒤에 온다.

STEP 3 실력 다지기

1. 还   三块巧克力   剩了   盒子里

2. 也应该   环境   发展科技的同时   保护

3. 整理了   她又   一遍   重新

4. 难改变   往往   坏习惯   慢慢养成的   很

5. 再去   寄一封信   邮局   麻烦你

6. 工作   安排   请   一下   重新

7. 终于又   正常使用了   能   那台洗衣机

8. 没有信心   被批评的孩子   经常   往往

쓰기 제1부분

11 부사(6) 범위·상태부사

Day 11

기초 실력 확인하기 | 도식에 정리된 내용에 관해 얼마나 상세히 알고 있는지 스스로 확인해 보세요.

범위부사
- ➡ 完全 wánquán : 완전히, 전부
- ➡ 都 dōu : 모두, 전부
- ➡ 一共 yígòng : 모두, 전부

상태부사
- ➡ 突然 tūrán : 갑자기
- ➡ 专门 zhuānmén : 오로지, 일부러
- ➡ 渐渐 jiànjiàn : 점점
- ➡ 仍然 réngrán : 여전히

STEP 1 유형 파악하기

◆ 기본 어순 '부사+조동사+개사(구)+동사'를 따르지 않는 일부 상태부사(互相)를 알아 두자.
◆ 부사의 위치에 따라 강조하는 내용이 달라지는 경우를 주의하자.

● 제1부분 예제

| 是个 | 都 | 误会 | 一切 |

정답&풀이

명사	부사	동사+양사	명사
一切	都	是个	误会。모든 것이 오해이다.
주어	부사어	술어+관형어	목적어

[복수 어휘(一切)+都]

STEP 1   동사 '是'가 술어인 구문으로, 부사 '都'는 술어 앞에 위치하며, 복수를 나타내는 부사 '都'가 있는 것으로 보아 명사 '一切'가 주어가 되는 것을 알 수 있다.

STEP 2   따라서 명사 '误会'가 목적어가 된다.

★一切 yíqiè 명 모든 것, 일체 | ★误会 wùhuì 명 오해

STEP 2 내공 쌓기

1 범위부사

(1) 범위부사의 위치

범위부사는 동작의 범위를 제한하는 부사로, 대체로 부정부사 앞에 위치하지만, '都' '全' '太' '很' '一定'은 부정부사 앞, 뒤에 모두 위치할 수 있다.

父母**完全**不同意我这么做。 부모님은 내가 이렇게 하는 것을 완전히 동의하지 않으신다. → 범위부사+부정부사

我们没**一起**去看表演。 우리는 공연을 보러 같이 가지 않았다. → 부정부사+범위부사

父母 fùmǔ 명 부모 | 同意 tóngyì 동 동의하다 | 这么 zhème 대 이렇게 | ★表演 biǎoyǎn 명 공연

(2) 주요 범위부사

完全 ✦ wánquán	완전히, 전부	我丈夫**完全**同意我的意见。 나의 남편은 내 의견에 완전히 동의한다.
都 ✦ dōu	모두, 전부 [복수어휘+都]	他们的笑话**都**很有趣。 그들의 농담은 모두 다 재미있다.
一共 yígòng	모두, 전부 [一共+(동사)+수량]	我**一共**花了五千块钱。 나는 모두 5천 위안을 썼다. 这本词典**一共**1680多页。 이 사전은 총 1680여 페이지이다.
一起 yìqǐ	함께, 같이 [和/跟+명사+一起+동사]	我打算夏天跟朋友**一起**去美国旅行。 나는 여름에 친구와 함께 미국으로 여행 갈 계획이다.
共同 gòngtóng	공동으로, 다같이	这次比赛由他们和体育部**共同**举办。 이번 경기는 그들과 체육부가 공동으로 개최한다. **共同**点 공통점 → 형용사로 쓰인 경우
到处 dàochù	도처에	행동이나 사건이 발생하는 범위를 나타낸다. 他的房间里**到处**都是垃圾。 그의 방 안은 사방이 쓰레기이다.
就 jiù	단지 [≒只有 zhǐyǒu]	주어 앞에 쓰여 범위를 강조할 수 있다. **就**东东一个人参加比赛。 동동이 혼자만 시합에 참가한다.
只 ✦ zhǐ	단지, 다만	他们俩**只**去过一次上海。 그 둘은 상하이에 딱 한 번 가 봤다.
各 gè	각각, 각자	这些地方**各**有特点。 이곳들은 각각 특징이 있다.
另外 lìngwài	별도로, 따로	我**另外**买了一双袜子。 나는 따로 양말 한 켤레를 샀다.

★意见 yìjiàn 명 의견 | ★笑话 xiàohua 명 농담 | ★有趣 yǒuqù 형 재미있다 | 花 huā 동 쓰다 | 词典 cídiǎn 명 사전 | 多 duō 수 ~여 | ★页 yè 양 페이지 | 打算 dǎsuàn 동 계획하다 | 夏天 xiàtiān 명 여름 | 跟 gēn 개 ~와 | 美国 Měiguó 고유 미국 | ★旅行 lǚxíng 동 여행하다 | 比赛 bǐsài 명 경기 | ★由 yóu 개 ~가 | 体育部 tǐyùbù 체육부 | ★举办 jǔbàn 동 개최하다 | 房间 fángjiān 명 방 | 东东 Dōngdōng 고유 동동(사람 이름) | 参加 cānjiā 동 참가하다 | ★俩 liǎ 수량 두 사람 | 上海 Shànghǎi 고유 상하이 [지명] | 地方 dìfang 명 곳, 장소 | ★特点 tèdiǎn 명 특징 | 买 mǎi 동 사다 | 双 shuāng 양 켤레, 짝 | ★袜子 wàzi 명 양말

2 상태부사

(1) 상태부사의 위치

상태부사는 동작이나 상태의 상황을 나타내는 부사로, 보통 '부사+조동사+개사구+동사'라는 기본 어순으로 쓰이지만, 상태부사 '互相'은 어휘의 의미에 따라 조동사 뒤에 위치하기도 한다.

他**突然**想起她了。 그는 갑자기 그녀가 생각났다. → 상태부사+동사

你们要**互相**理解。 당신들은 서로 이해해 줘야 한다. → 조동사+상태부사

想起 xiǎngqǐ 동 생각해 내다 | ★理解 lǐjiě 동 이해하다

(2) 주요 상태부사

突然 tūrán	갑자기	她**突然**出现了。 그녀가 갑자기 나타났다.
专门◆ zhuānmén	오로지, 일부러	这个笔记本是**专门**写日记用的。 이 노트는 오로지 일기를 쓰기 위한 것이다.
逐渐 zhújiàn	(정도나 수량이) 점차, 점점	她**逐渐**适应了这里的环境。 그녀는 이곳의 환경에 점차 적응했다.
仍然◆ réngrán	여전히 [≒还 hái]	到现在**仍然**没有能解决的办法。 지금도 여전히 해결할 수 있는 방법이 없다.
亲自 qīnzì	자기 스스로, 직접	这是我男朋友**亲自**给我做的巧克力。 이건 내 남자 친구가 직접 나에게 만들어 준 초콜릿이다.
互相◆ hùxiāng	서로, 상호	人们应该**互相**帮助。 사람들은 서로 도와야 한다.

★出现 chūxiàn 동 나타나다 | 笔记本 bǐjìběn 명 노트 | 写 xiě 동 쓰다 | ★日记 rìjì 명 일기 | 用 yòng 동 쓰다, 사용하다 | ★适应 shìyìng 동 적응하다 | 环境 huánjìng 명 환경 | 到 dào 개 ~까지 | 解决 jiějué 동 해결하다 | 办法 bànfǎ 명 방법 | 男朋友 nánpéngyou 명 남자 친구 | ★巧克力 qiǎokèlì 명 초콜릿 | 应该 yīnggāi 조동 ~해야 한다 | 帮助 bāngzhù 동 돕다

배운 내용 점검하기

1. 범위부사는 동작의 범위 제한을 나타내는 부사이다.
2. 범위부사는 대체로 부정부사 앞에 위치하지만, 일부 범위부사(一起/只/光)는 부정부사 뒤에 위치하고, 일부 범위부사(都/全/太/很/一定)는 부정부사 앞뒤에 모두 위치할 수 있다.
3. 상태부사는 동작이나 상태의 상황을 나타내는 부사이다.
4. 상태부사 '互相'은 어휘의 의미에 따라 조동사 뒤에 위치하기도 한다.

STEP 3 실력 다지기

1. 280多   他写的小说   一共   页
   _____

2. 到处   一下   妈妈带儿子   参观了
   _____

3. 都   自己的   发表了   每个同学   意见
   _____

4. 的性格   相反   他们俩   完全
   _____

5. 互相   夫妻之间   理解   应该
   _____

6. 将   减少   逐渐   游客人数
   _____

7. 仍然   感到可惜   他   对昨天的事情
   _____

8. 给刘律师   那份资料   留的   是专门
   _____

12 부사(7) 어기부사

Day 12

기초 실력 확인하기 | 도식에 정리된 내용에 관해 얼마나 상세히 알고 있는지 스스로 확인해 보세요.

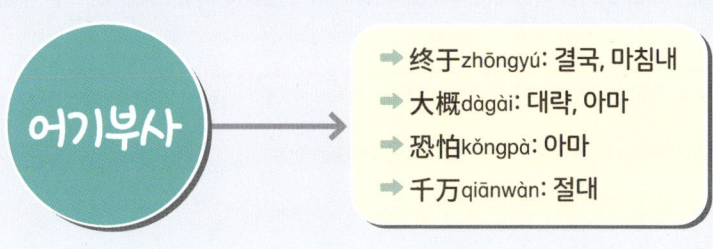

STEP 1 유형 파악하기

- 의미에 따라 문장 속 다양한 위치에 올 수 있으므로, 어기부사 각각의 용법을 익혀 두자.
- 부사가 나타내는 어기가 '긍정적'인지 '부정적'인지 구분할 수 있어야 한다.
- 어기부사는 일반적으로 듣기 시험에서 많이 출제된다.

● 제1부분 예제

终于   这场   停了。   大雪

정답&풀이	지시대사+양사	명사	부사	동사+조사		
	这场	大雪	终于	停了。	이번 큰 눈이 마침내 그쳤다.	[终于……了 마침내 ~했다]
	관형어	주어	부사어	술어+了		

STEP 1 조사 '了'와 결합한 동사 '停'이 문장의 술어가 되며, 부사 '终于'가 술어 앞에 위치한다.

STEP 2 명사 '大雪'가 주어가 되며, 양사 '场'은 자연 현상 등을 세는 단위로 주어 앞에 위치한다.

★ 场 cháng 양 [일의 경과·자연 현상 따위의 횟수를 세는 말] | 大雪 dàxuě 명 큰 눈 | 终于 zhōngyú 부 마침내, 결국 | ★ 停 tíng 동 멈추다, 멎다

STEP 2　내공 쌓기

1 어기부사의 위치

어기부사는 말하는 이의 어기를 나타내는 부사로, 의미에 따라 조동사 뒤에 쓰이거나 다른 부사들 앞에 위치할 수도 있다.

你最好不要打扰他。 너는 그를 방해하지 않는 게 가장 좋다. → 어기부사+부정부사

这些消息不一定都是真的。 → 부정부사+어기부사+범위부사
이 정보들이 반드시 모두 진짜인 것은 아니다. [진짜일 수도 있고 아닐 수도 있다.]

★打扰 dǎrǎo 통 방해하다 | ★消息 xiāoxi 명 정보

2 주요 어기부사의 용법

终于 zhōngyú	결국, 마침내 [终于……了]	오랜 시간 바라고, 노력했던 일이 끝내 이루어짐을 나타낸다. 我终于成功了。 나는 마침내 성공했다.
大约 ◆ dàyuē	대략	주로 수량사 앞에 쓰여 그 수에 가깝다는 긍정적인 측면을 강조한다. 从这儿到海洋世界大约需要半个小时。 여기에서 '해양세계'까지 대략 30분 정도 걸린다.
大概 dàgài	대략, 아마	'大约'보다 추측의 의미가 더 강하다. 加油站离这儿大概有一公里。 주유소는 여기에서 대략 1km 떨어져 있다.
到底 dàodǐ 究竟 jiūjìng	도대체	의문문에 쓰여 추궁하는 의미를 나타낸다. 这到底是怎么回事？ 이게 도대체 어떻게 된 일이야? 这个问题究竟是谁的责任？ 이 문제는 도대체 누구의 책임인가?
顺便 shùnbiàn	겸사겸사, ~하는 김에	回家的路上，你顺便买一瓶矿泉水吧。 집으로 돌아오는 길에 겸사겸사 생수 한 병만 사 와.
竟然 jìngrán	뜻밖에도	没想到这里的天气竟然这么暖和。 이곳의 날씨가 뜻밖에도 이렇게 따뜻할 거라고 생각지도 못했다.
最好 ◆ zuìhǎo	~하는 것이 가장 좋다	你最好提前10分钟出发。 너는 10분 앞당겨서 출발하는 것이 가장 좋다.
故意 gùyì	일부러, 고의로	我不是故意弄坏你的电脑的。 나는 일부러 너의 컴퓨터를 망가뜨린 게 아니야.
确实 quèshí	정말로, 확실히	这个售货员确实很热情。 이 판매원은 정말로 친절하다.
并 ◆ bìng	결코, 전혀 [并+不/没]	보통 부정부사와 함께 '결코, 전혀'의 의미로 강조를 나타낸다. 哭并不能解决问题。 운다고 결코 문제를 해결할 수 없다.
难道 nándào	설마 [难道……(吗)]	주로 반어문으로 쓰이며, 주어 앞뒤에 모두 위치할 수 있다. 难道你不知道吗？ 설마 네가 모르는 것은 아니겠지?

好像 ◆ hǎoxiàng	마치, 아마, ~같다	他的袜子好像破了。 그의 양말은 해진 것 같다.
也许 yěxǔ	아마	他也许已经回去了。 그는 아마도 이미 돌아갔을 것이다.
恐怕 ◆ kǒngpà	아마 (~같다)	나쁜 결과를 예상할 때 쓰인다. 这次比赛恐怕不能按时举行了。 이번 경기는 아마 제때에 진행할 수 없게 된 것 같다.
一定 yídìng	반드시, 분명히 [一定+要/会]	出发之前一定要记得拿钥匙。 출발 전에 열쇠 챙기는 것을 반드시 기억해.
肯定 kěndìng	분명히 [≒一定] [肯定会……]	他们肯定会按时完成今天的任务的。 그들은 분명히 오늘의 임무를 제시간에 끝낼 것이다.
必须 bìxū	반드시	你们今天必须完成任务。 당신들은 오늘 반드시 임무를 끝내야 한다.
主要 ◆ zhǔyào	주로, 대부분	这个节目主要谈社会问题。 이 프로그램은 주로 사회 문제를 이야기한다.
乱 luàn	함부로	你不要乱扔垃圾。 쓰레기를 함부로 버리지 마세요.
不得不 ◆ bùdébù	어쩔 수 없이, 부득이, 하는 수 없이	何律师不得不重新找资料。 허(何) 변호사는 어쩔 수 없이 자료를 다시 찾아야 한다.
只好 zhǐhǎo		路上堵车很严重，只好回家了。 도로에 차가 심하게 막혀서, 어쩔 수 없이 집으로 돌아갔다.
几乎 jīhū	거의 [几乎+명사+都]	几乎每天都要加班。 거의 매일 야근을 해야 한다.
千万 qiānwàn	부디, 제발 [千万+别/不要]	주로 금지를 나타내는 표현과 쓰이며, 명령문을 나타낸다. 大家千万别去那儿。 모두들 절대 거기 가지 마.

★ 成功 chénggōng 통 성공하다 | 到 dào 게 ~까지 | ★ 海洋 hǎiyáng 명 해양 | 世界 shìjiè 명 세계 | 需要 xūyào 통 필요하다 | ★ 加油站 jiāyóuzhàn 명 주유소 | 离 lí 게 ~에서 | ★ 公里 gōnglǐ 양 킬로미터 | 怎么回事 zěnme huí shì 어떻게 된 거야 | ★ 责任 zérèn 명 책임 | 回家 huíjiā 통 집으로 돌아가다 | 路上 lùshang 명 도중 | 买 mǎi 통 사다 | 瓶 píng 양 병 | ★ 矿泉水 kuàngquánshuǐ 명 생수 | 没想到 méi xiǎngdào 생각지 못하다 | 这么 zhème 대 이렇게 | ★ 暖和 nuǎnhuo 형 따뜻하다 | ★ 提前 tíqián 통 (예정된 시간·위치를) 앞당기다 | ★ 出发 chūfā 통 출발하다 | 弄坏 nònghuài 망가뜨리다 | 售货员 shòuhuòyuán 명 판매원 | 热情 rèqíng 형 친절하다 | 哭 kū 통 울다 | 解决 jiějué 통 해결하다 | ★ 袜子 wàzi 명 양말 | 破 pò 통 깨지다 | 比赛 bǐsài 명 경기 | ★ 按时 ànshí 부 제때에 | ★ 举行 jǔxíng 통 거행하다 | 之前 zhīqián 명 ~이전 | 记得 jìde 통 기억하다 | 拿 ná 통 가지다 | ★ 钥匙 yàoshi 명 열쇠 | 完成 wánchéng 통 완성하다 | ★ 任务 rènwu 명 임무 | 节目 jiémù 명 프로그램 | ★ 谈 tán 통 이야기하다 | ★ 社会 shèhuì 명 사회 | ★ 扔 rēng 통 버리다 | 垃圾 lājī 명 쓰레기 | 何 Hé 고유 허 [성씨] | ★ 律师 lǜshī 명 변호사 | 重新 chóngxīn 부 새로 | 找 zhǎo 통 찾다 | 资料 zīliào 명 자료 | 堵车 dǔchē 통 교통이 꽉 막히다 | ★ 严重 yánzhòng 형 심하다 | 每天 měitiān 명 매일 | ★ 加班 jiābān 통 초과 근무를 하다

배운 내용 점검하기

1. 어기부사는 술어 앞에서 말하는 이의 태도, 긍정, 추측, 강조, 의문 등 각종 어기를 나타내는 부사이다.
2. 대부분의 어기부사는 주어 뒤에 쓰이지만 일부 어기부사는 주어 앞에 쓰인다.
3. 어기부사는 일반적으로 다른 부사들 앞에 쓰인다.

STEP 3 실력 다지기

1. 加油站   我顺便   回家的路上   去了趟
   _____

2. 骗   故意   他的吗   你是
   _____

3. 小林之间   有误会   张教授和   好像
   _____

4. 不得不   张律师   原来的想法   改变
   _____

5. 三个小时   去森林公园   从这儿   大约需要
   _____

6. 不要   别人的缺点   最好   直接指出
   _____

7. 世界文化   主要   这个节目   介绍
   _____

8. 的全部   人生   并   成功   不是
   _____

13 접속사(1) 병렬·점층·전환

쓰기 제1부분

Day 13

기초 실력 확인하기 | 도식에 정리된 내용에 관해 얼마나 상세히 알고 있는지 스스로 확인해 보세요.

- **병렬 관계** — 一边A，一边B yìbiān A, yìbiān B A하면서 B하다
- **점층 관계** — 不但A，而且B búdàn A, érqiě B A할 뿐만 아니라 게다가 B하다
- **전환 관계** — 虽然A，但是B suīrán A, dànshì B 비록 A하지만 B하다

STEP 1 유형 파악하기

◆ 접속사는 대부분의 경우 앞뒤 절에 하나씩 위치해, 한 쌍의 형태로 쓰인다.

● 제1부분 예제

	坚持运动	我每天	天气很冷但是	虽然

정답&풀이

접속사	명사+부사+형용사+접속사	인칭대사+명사	동사+동사	
虽然	**天气很冷，但是**	**我每天**	**坚持运动。**	[虽然A，但是B 비록 A하지만 B하다] 날씨는 춥지만 나는 매일 꾸준히 운동한다.
虽然	주어1+부사어+술어1+但是	주어2+부사어	술어2	

STEP 1 전환 관계의 복문을 만드는 '虽然A，但是B' 형식이 쓰인 문장이다. 접속사 '但是'와 결합된 명사 '天气'가 문장의 첫 번째 주어로 '虽然' 뒤에 위치한다.

STEP 2 '但是' 뒤에는 인칭대사 '我'가 주어가 되며, 주어가 행하는 행동 '运动'이 술어가 된다.

虽然 suīrán 쥅 비록 ~하지만, 설령 ~일지라도 | 天气 tiānqì 몡 날씨, 일기 | 冷 lěng 혱 춥다, 차다, 냉담하다 | 但是 dànshì 쥅 그러나, 그렇지만 | 每天 měitiān 몡 매일, 날마다 | 坚持 jiānchí 동 계속 지지하다, 견지하다, 유지하다, 고수하다 | 运动 yùndòng 동 운동하다

STEP 2 내공 쌓기

접속사는 단어와 단어, 구와 구, 문장과 문장을 연결하는 말로, 연결하는 두 대상의 병렬, 점층, 전환, 가정, 조건, 인과, 선택, 목적, 연속, 양보 등의 관계를 나타낼 수 있다. 접속사(1)~(3)단원에서는 의미 관계에 따라 접속사를 분류하고, 각 분류에서 필수적인 접속사를 선별해 고정적으로 함께 쓰이는 어휘 조합 형태로 다루었다.

1 병렬 관계

두 개 이상의 단어, 구, 문장을 연결하여 동시에 일어나는 일을 묘사하거나, 하나의 사물을 다양한 방면에서 설명할 때 사용한다.

> **一边A，一边B** A하면서 B하다
> yìbiān A, yìbiān B

두 '동작' A, B가 동시에 진행됨을 나타낸다. '一'가 생략되어 쓰이기도 한다.
A와 B에는 주로 구체적인 동작을 나타내는 동사를 쓴다.

他们<u>一边</u>喝咖啡，<u>一边</u>聊天儿。 그들은 커피를 마시며 이야기 나눈다.
孩子们<u>边</u>吃<u>边</u>看。 아이들은 먹으면서 본다.

> **一方面A，(另)一方面B** 한편으로는 A하고 다른 한편으로는 B하다
> yìfāngmiàn A, (lìng) yìfāngmiàn B

동시에 존재하는 두 가지 원인이나 상황을 설명한다. 문장에 따라 '另'이 생략되어 쓰이기도 한다.

他这次来韩国<u>一方面</u>为了工作，<u>另一方面</u>为了见朋友。
그가 이번에 한국에 온 것은 한편으로 일하기 위함이고 다른 한편으로 친구를 만나기 위함이다.

工作时，<u>一方面</u>可以赚钱，<u>另一方面</u>可以积累经验。
일을 할 때, 한편으로는 돈을 벌 수 있고, 다른 한편으로는 경험을 쌓을 수 있다.

> **又A又B / 既A又B** A이기도 하고 B이기도 하다
> yòu A yòu B / jì A yòu B

두 동작이나 상태가 동시에 진행되거나 존재함을 나타낸다. 이때 A와 B는 '동사(A) / 동사(B)'이거나 '형용사(A) / 형용사(B)'여야 한다.

他<u>又</u>会打乒乓球，<u>又</u>会打篮球。 그는 탁구도 칠 수 있고, 농구도 할 수 있다.
他<u>既</u>勇敢<u>又</u>活泼。 그는 용감하고 활발하다.

> **不是A，而是B** A가 아니고 B이다
> búshì A, érshì B

A가 아니라 B가 '사실'임을 강조한다. (A, B: 문장)

这<u>不是</u>我买的，<u>而是</u>妈妈给我买的。 이것은 내가 산 것이 아니고, 엄마가 나에게 사 주신 것이다.
<u>不是</u>我不想让你来，<u>而是</u>这里很危险。 내가 너를 오게 하고 싶지 않은 것이 아니라, 여기가 위험해서이다.

聊天 liáotiān 동 한가롭게 대화하다 | 韩国 Hánguó 고유 한국 | 赚钱 zhuànqián 동 돈을 벌다 | ★积累 jīlěi 동 쌓다 | ★经验 jīngyàn 명 경험 | 打 dǎ 동 운동하다 | ★乒乓球 pīngpāngqiú 명 탁구 | 篮球 lánqiú 명 농구 | ★勇敢 yǒnggǎn 형 용감하다 | ★活泼 huópō 형 활발하다 | 买 mǎi 동 사다 | 让 ràng 동 ~하게 하다 | ★危险 wēixiǎn 형 위험하다

2 점층 관계

정도, 수량, 범위, 시간 등에 있어 점층 관계가 있는 두 문장을 연결한다. 점층 관계 접속사 구문에는 접속사에 호응하여 부사가 함께 쓰이기도 하고, 접속사와 주어의 배열 순서에 따라 문장의 의미가 달라지기도 하니, 주어의 위치에 주의해 외워야 한다.

不但/不仅A，而且B A할 뿐만 아니라 게다가 B하다 ✦
búdàn/bùjǐn A, érqiě B

두 문장 A, B의 주어가 같을 경우 주어는 '不但' 앞에 위치하고, 서로 다를 경우, 주어는 '不但'과 '而且' 뒤에 각각 위치한다.

他**不但**长得很帅，**而且**很有能力。 그는 잘생겼을 뿐만 아니라 능력도 있다.
不但我没去过北京，**而且**他也没去过北京。 나만 베이징에 안 가 본 것이 아니라, 그도 베이징에 가 보지 않았다.

不仅/不但A，주어 + 还 /也B A뿐만 아니라 게다가 B하다 ✦
bùjǐn/búdàn A, hái/yě B

뒷절의 주어가 앞절의 주어와 다를 경우, 주어는 부사인 '还'나 '也' 앞에 위치한다.

他**不仅**会说英语，**还**会说汉语。 그는 영어를 말할 수 있을 뿐만 아니라 중국어도 할 수 있다.
那家商店**不仅**东西好，价钱**也**便宜。 그 상점은 물건이 좋을 뿐 아니라 가격도 싸다.

不但 + 不/没A，反而(还/更)B A하지 않을 뿐만 아니라, 오히려 B하다
búdàn bù/méi A, fǎn'ér(hái/gèng) B

B에는 보통 예상과 다른 내용이 오며, 강조를 위해 '反而' 뒤에 '还'나 '更'이 추가로 쓰일 수 있다.

他上课时**不但**不学习，**反而**还说话。 그는 수업 시간에 공부하기는커녕, 오히려 잡담을 한다.
风**不但**没停，**反而**更大了。 바람이 멈추기는커녕 오히려 더 강해졌다.

除了A(以)外，(B)还C A 외에도 (B) 또한 C하다 ✦
chúle A (yǐ)wài, (B) hái C

A: 범위, B: 주어, C: 추가되는 범위와 행동
문장에 따라 '还' 앞에 주어(B)가 올 수 있다.

除了汉语**以外**，我**还**会说英语。 중국어 외에, 나는 영어도 할 줄 안다.
我们班**除了**韩国留学生**以外**，**还**有美国留学生。 우리 반에는 한국 유학생 외에, 미국 유학생도 있다.

제외의 의미를 나타내는 '除了A以外，(B)都C'
'A를 제외하고 (B는) 모두 C하다'는 의미로 A는 제외되는 대상, B는 범위, C는 행동을 나타낸다.
除了我**以外**，朋友们**都**会说汉语。 나를 제외하고 친구들 모두 중국어를 할 줄 안다.

(不但/不仅)A，甚至B A하고, 심지어 B하다
búdàn/bùjǐn A, shènzhì B

A: 범위나 행동, B: 추가되는 범위와 행동(확장의 의미)
A 앞에 '不但'이나 '不仅'이 쓰이기도 하며, 의미에는 변화가 없다.

爸爸很忙，**甚至**周末也加班。 아빠는 매우 바쁘고, 심지어 주말에도 야근을 한다.
她**不但**会跳舞，**甚至**很会唱歌。 그녀는 춤을 출 수 있을 뿐만 아니라, 심지어 노래도 잘 부른다.

长 zhǎng 통 생기다 | ★能力 nénglì 명 능력 | 英语 Yīngyǔ 고유 영어 | 家 jiā 양 [가정·가게·기업 따위를 셀 때 쓰임] | 价钱 jiàqián 명 가격 | 上课 shàngkè 통 수업을 듣다 | 风 fēng 명 바람 | ★停 tíng 통 멈추다 | 周末 zhōumò 명 주말 | ★加班 jiābān 통 야근하다 | 跳舞 tiàowǔ 통 춤을 추다

3 전환 관계

상반되는 내용의 두 문장을 연결한다. 뒤 절의 접속사는 단독으로 쓰일 수 있다.

> 虽然 / 尽管 A, 但(是) / 可(是) / 然而 + 주어 + (却) B ✦ 비록 A하지만, B하다
> suīrán/jǐnguǎn A, dàn(shì)/kě(shì)/rán'ér (què) B

A: 사실, B: 앞 절과 상반되는 내용

A와 B의 주어가 같을 경우, '虽然'이 주어 뒤에 위치하고, 주어가 다를 경우, '虽然'이 앞 문장의 주어 앞에 위치한다.

'却'는 부사로서, 뒤 절의 주어 뒤에 위치하며, 단독으로도 전환의 의미를 나타낼 수 있다.

爸爸虽然很忙，但是常常和我一起玩儿。 아빠는 비록 바쁘지만, 자주 나와 함께 놀아 준다.
尽管我做错了，可是妈妈没有批评我。 비록 내가 잘못했지만, 엄마는 나를 나무라지 않았다.

常常 chángcháng 〖부〗 자주, 늘 | ★批评 pīpíng 〖동〗 나무라다, 꾸짖다

배운 내용 점검하기

1. 접속사는 단어와 단어, 구와 구, 문장과 문장을 연결하는 말이다.
2. 병렬 관계를 나타내는 접속사는 두 개 이상의 단어, 구, 문장을 연결하여 동시에 일어나는 일을 묘사하거나, 하나의 사물을 다양한 방면에서 설명한다.
3. 점층 관계를 나타내는 접속사는 정도, 수량, 범위, 시간 등에 있어 점층 관계가 있는 두 문장을 연결한다. 접속사와 주어의 배열 순서에 따라 문장의 의미가 달라지므로, 주어의 위치에 주의하자.
4. 전환 관계를 나타내는 접속사는 상반되는 내용의 두 문장을 연결한다. 뒤 절의 접속사는 단독으로도 쓰일 수 있다.

STEP 3 실력 다지기

Day 13

1. 他   不是我的朋友   亲戚   而是我的
   _____

2. 而且   她是一个不但   聪明的女人   美丽
   _____

3. 除了   他   乒乓球以外   会打网球   还
   _____

4. 没有经验   很好   做得   可是工作   她虽然
   _____

5. 反而   妈妈   不仅没   表扬了我   生气
   _____

6. 甚至   价格也   这台传真机   很便宜   质量很好
   _____

7. 还可以锻炼   骑自行车   省钱   不仅可以   身体
   _____

8. 很年轻   丰富   弟弟尽管   经验很   但是工作
   _____

14 접속사(2) 가설·조건·인과

Day 14

기초 실력 확인하기 | 도식에 정리된 내용에 관해 얼마나 상세히 알고 있는지 스스로 확인해 보세요.

- 가설 관계 → 如果A，就B rúguǒ A, jiù B 만약 A라면, B하다
- 조건 관계 → 只要A，就B zhǐyào A, jiù B A하기만 하면 B하다
- 인과 관계 → 因为A，所以B yīnwèi A, suǒyǐ B A하기 때문에, 그래서 B하다

STEP 1 유형 파악하기

◆ 접속사끼리 호응해서 쓰이기도 하지만, 접속사와 부사가 호응해 쓰이기도 한다.

● 제1부분 예제

| | 了 | 因为 | 迟到 | 所以我 | 下雨 |

정답&풀이

접속사	동사	접속사+인칭대사	동사	조사
因为	**下雨，**	**所以我**	**迟到**	**了。**
因为	술어1	所以+주어	술어2	了

비가 와서 나는 지각했다. [因为A，所以B A하기 때문에 그래서 B하다]

STEP 1 '因为A，所以B' 문형이 쓰인 문장으로 A는 원인, B는 결과를 나타낸다.

STEP 2 '因为' 뒤에는 원인이 와야 하므로 '下雨'가 위치하고, '所以' 뒤에는 비가 내린 결과로 볼 수 있는 '迟到'가 오는 것이 적절하다. 조사 '了'는 '迟到' 뒤에 위치해 완료를 나타낸다.

因为 yīnwèi 젭 때문에, 왜냐하면 | 下雨 xiàyǔ 동 비가 내리다 | 所以 suǒyǐ 젭 그래서, 그러므로, 때문에, 그런 까닭에 | 迟到 chídào 동 지각하다

STEP 2 내공 쌓기

1 가설 관계

가정과 결과를 나타내는 두 문장을 연결한다.

> **如果 / 要是A (的话), 那么 / 就B** 만약 A라면, B하다 ✦
> rúguǒ/yàoshi A (de huà), nàme/jiù B

A: 가정, B: 가정으로 얻어지는 결과

문장에 따라 '的话'가 추가되거나 '就'와 호응하여 단독으로 쓰일 수 있다.

如果你不去，他就会生气。 만약 네가 가지 않으면, 그는 화를 낼 것이다.

你有时间的话，就多看看书吧。 시간이 있다면, 책을 좀 많이 봐라.

> **即使 / 就是A, 也B** 설령 A일지라도 B하다
> jíshǐ/jiùshì A, yě B

A: 극단적인 가설, B: 변하지 않는 결과

A자리에는 극단적인 가설, B에는 어떤 가설에도 변하지 않는 결과가 온다.

即使妈妈不同意，我也要去。 설령 엄마가 동의하지 않으시더라도, 나는 갈 것이다.

就是有钱，你也不应该那么乱花。 설령 네가 돈이 많아도, 너는 그렇게 함부로 쓰면 안 된다.

生气 shēngqì 통 화내다 | 同意 tóngyì 통 동의하다 | 那么 nàme 대 그렇게 [과장, 강조] | ★乱 luàn 부 함부로 | 花 huā 통 소비하다

2 조건 관계

조건과 결과를 나타내는 두 문장을 연결한다.

> **只要A, 就B** A하기만 하면 B하다
> zhǐyào A, jiù B

A: 충분 조건, B: 결과

다른 조건을 만족하지 않더라도 A라는 조건을 만족시키면 쉽게 B라는 결과가 생긴다. (결과 B 강조)

只要你去，她就会去。 네가 가기만 하면, 그녀도 갈 것이다.

只要努力，你就能通过考试。 노력하기만 하면, 너는 시험을 통과할 수 있다.

> **只有A, 才B** A해야만 B하다
> zhǐyǒu A, cái B

A: 유일 조건, B: 결과

B라는 결과를 위해서는 오직 A라는 조건을 만족시켜야 한다. (조건 A 강조)

只有真的看见，我才会相信。 진짜로 봐야만, 나는 비로소 믿을 수 있다.

只有来北京，才能吃到真正的北京烤鸭。 베이징에 와야만 진정한 베이징 오리구이를 먹을 수 있다.

A，否则B 반드시 A해야지 그렇지 않으면 B한다
A, fǒuzé B

A: 필수 조건, B: A가 안 될 경우 발생하는 (바라지 않는) 결과
회화에서는 '否则' 대신 '要不'가 자주 쓰인다.

现在必须出发，否则就赶不上火车了。 지금 출발하지 않으면, 기차를 놓치게 될 것이다.
你现在应该努力学习，否则将来会后悔的。 너는 지금 열심히 공부해야지 그렇지 않으면 미래에 후회할 것이다.

无论 / 不论 / 不管A，都 / 也B ✦ A를 막론하고, 모두 B하다
wúlùn/búlùn/bùguǎn A, dōu/yě B

A: 의문 형식(선택의문문/의문사의문문/정반의문문), B: 변하지 않는 결과
A에는 평서문이 쓰일 수 없고, '동사+不+동사'나 '多(么)+형용사' 'A还是B' 등의 표현이 쓰인다.

无论她多么胖，我都会爱她。 그녀가 얼마나 뚱뚱하든, 나는 그녀를 사랑할 것이다.
不管孩子的成绩好不好，父母都要鼓励孩子。 아이의 성적이 좋든 안 좋든, 부모는 아이를 격려해야 한다.

努力 nǔlì 동 노력하다 | ★通过 tōngguò 동 통과하다 | 考试 kǎoshì 명 시험 | 相信 xiāngxìn 동 믿다 | ★真正 zhēnzhèng 형 진정한 | ★烤鸭 kǎoyā 오리구이 | ★出发 chūfā 동 출발하다 | ★赶不上 gǎnbushàng 동 (정해진 시간에) 대지 못하다, 늦다 | 火车 huǒchē 명 기차 | 应该 yīnggāi 조동 ~해야 한다 | 将来 jiānglái 명 미래 | ★后悔 hòuhuǐ 동 후회하다 | 多么 duōme 부 얼마나 | 胖 pàng 형 뚱뚱하다 | 成绩 chéngjì 명 성적 | 父母 fùmǔ 명 부모 | ★鼓励 gǔlì 동 격려하다

3 인과 관계

원인과 결과를 나타내는 두 문장을 연결한다.

因为A，所以B A하기 때문에, 그래서 B하다
yīnwèi A, suǒyǐ B

A: 원인, B: 결과
'所以'는 단독으로 쓰일 수 있으나, '因为'는 보통 단독으로 쓰이지 않는다.

因为家里有急事，所以我不能上班。 집에 급한 일이 있어서, 나는 출근할 수 없다.
因为小丽头疼，所以去医院了。 샤오리[小丽]는 머리가 아파서 병원에 갔다.

由于A，所以 / 因此B A하기 때문에, 그래서 B하다 ✦
yóuyú A, suoyǐ/yīncǐ B

A: 원인, B: 결과
'由于'는 '因为'보다 서면어에 많이 쓰이며, '因此'는 단독으로 쓰일 수 있다.

由于今天下大雪，所以飞机没能起飞。 오늘 눈이 너무 많이 와서, 비행기가 이륙하지 못했다.
由于我从五岁开始一直踢足球，因此对足球很熟悉。 나는 5살부터 축구를 해 왔기 때문에, 축구에 매우 익숙하다.

之所以A，是因为B A한 까닭은 B 때문이다
zhīsuǒyǐ A, shì yīnwèi B

A: 결과, B: 원인
원인을 강조하며, 주어는 일반적으로 '之所以' 앞에 위치한다. 문장에 따라 '是因为'가 단독으로도 쓰일 수 있다.

我之所以没去上课，是因为感冒了。 내가 수업에 가지 않은 까닭은 감기에 걸렸기 때문이다.
我之所以学习汉语，是因为喜欢中国文化。 내가 중국어를 공부하는 까닭은 중국 문화를 좋아하기 때문이다.

A，于是B　A해서, B하다
A,　yúshì B

A: 행동B에 영향을 줄 수 있는 선행 사건, B: 사건 A가 일어난 뒤 발생하는 행동

A 뒤에 B가 연이어 발생함을 나타낸다.

姐姐感冒很严重，于是我下去买了感冒药。 언니가 감기가 심해서 나는 내려가서 감기약을 샀다.

售货员说这件衣服适合我，于是我就买下了。 판매원이 이 옷이 나에게 어울리다고 말해서 (나는) 바로 샀다.

既然A，就B　기왕 A하게 되었으니, B하다 ✦
jìrán A,　jiù B

A: 이미 실현되었거나 확정된 일, B: A를 전제로 한 결론

이미 벌어진 일로 얻어지는 결론을 권할 때 자주 쓰인다.

既然说干，那就干吧。 기왕 한다고 말한 이상 하자.

既然你已经来了，就好好玩儿吧! 기왕 너는 이미 왔으니, 마음껏 놀자!

急事 jíshì 명 긴급한 일 | 头疼 tóuténg 동 머리가 아프다 | 大雪 dàxuě 명 큰 눈 | 起飞 qǐfēi 동 (비행기가) 이륙하다 | 开始 kāishǐ 동 시작하다 | 一直 yìzhí 부 계속, 줄곧 | ★熟悉 shúxī 형 익숙하다 | 上课 shàngkè 동 수업을 듣다 | 感冒 gǎnmào 동 감기에 걸리다 | 文化 wénhuà 명 문화 | ★严重 yánzhòng 형 매우 심하다 | 感冒药 gǎnmàoyào 감기약 | ★售货员 shòuhuòyuán 명 판매원 | ★适合 shìhé 동 어울리다 | ★干 gàn 동 일을 하다 | 好好 hǎohāo 부 마음껏, 잘, 충분히

> **tip** '于是'와 '所以'의 비교
>
> 于是: 동작이 연이어 발생함을 강조함
>
> 听到有人敲门，于是妈妈去开门了。 누가 문을 두드리는 소리를 들어서, 엄마는 문을 열어 가셨다.
>
> 所以: 원인으로 인한 결과를 강조함
>
> 因为经常和中国朋友聊天儿，所以我的汉语水平提高了。
> 자주 중국 친구와 이야기를 해서, 나의 중국어 실력이 향상되었다.

배운 내용 점검하기

1. 가설 관계를 나타내는 접속사는 가정과 결과를 나타내는 두 문장을 연결한다.
2. 조건 관계를 나타내는 접속사는 조건과 결과를 나타내는 두 문장을 연결한다.
3. 인과 관계를 나타내는 접속사는 원인과 결과를 나타내는 두 문장을 연결한다.

STEP 3 실력 다지기

1. 去问他吧   如果你   那就   想学汉语

2. 不会放弃   困难   即使遇到   他也

3. 否则肯定会   我们还是打车   来不及   去公司吧

4. 通过自己的   取得成功   努力   只有   才能

5. 做完   把这项任务   无论   我都要   多困难

6. 改变世界   适应它吧   不能   那就   既然你

7. 因此   常常抽烟   由于爷爷   他身体不太好

8. 不管   和女朋友结婚   父母同意不同意   我都要

해설서 p.198

15 접속사(3) 선택 · 목적 · 선후

쓰기 제1부분 | Day 15

기초 실력 확인하기 | 도식에 정리된 내용에 관해 얼마나 상세히 알고 있는지 스스로 확인해 보세요.

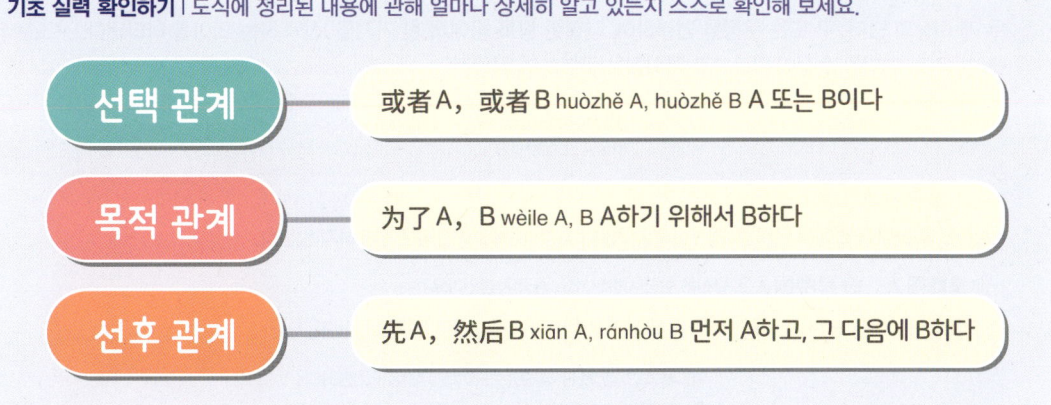

- 선택 관계 — 或者 A, 或者 B huòzhě A, huòzhě B A 또는 B이다
- 목적 관계 — 为了 A, B wèile A, B A하기 위해서 B하다
- 선후 관계 — 先 A, 然后 B xiān A, ránhòu B 먼저 A하고, 그 다음에 B하다

STEP 1 유형 파악하기

◆ 뒤 절에서 호응하는 어휘에 따라 문장의 의미가 완전히 바뀔 수 있다는 점에 주의하자.

● 제1부분 예제

| 她努力 | 为了 | 考上大学 | 学习 |

정답&풀이

접속사	동사+명사	대사+동사	동사
为了	考上大学,	她努力	学习。
	부사어	주어+부사어	술어

[为了 목적, 행위 ~하기 위해서 ~하다]
대학에 합격하기 위해 그녀는 열심히 공부한다.

STEP 1 개사 '为了'는 '为了 A, B' 형식으로 쓰여 '목적인 A를 하기 위해 B라는 행동을 한다'라는 의미를 나타낸다. 이상적인 행동인 '考上大学'가 '为了' 뒤에 '목적'으로 오는 것이 가장 적합하다.

STEP 2 대사 '她'가 목적을 위해 행위를 하는 주어가 되고 동사 '学习'가 문장의 술어가 된다.

为了 wèile 개 ~을/를 하기 위하여 [为了+목적, 행위: ~하기 위하여 ~하다] | 考上 kǎoshàng 동 시험에 합격하다 | 大学 dàxué 명 대학 | 努力 nǔlì 동 노력하다, 열심히 하다, 힘쓰다 | 学习 xuéxí 동 배우다, 공부하다, 학습하다

STEP 2 내공 쌓기

1 선택 관계

두 개 이상의 단어, 구 또는 문장을 연결하여, 나열한 항목 중에서 한 가지를 '선택'하는 의미를 나타낸다. 구조는 비슷하더라도 의미와 초점이 다르므로 차이점을 구분하여 익히자.

是A，还是B A인가 B인가?
shì A, háishi B

A, B: 같은 분류의 대상

A와 B 중 하나를 선택해 답하게 하는 선택의문문이다. 이때 제3의 선택은 전제하지 않는다.

你**是**韩国人，**还是**中国人? 당신은 한국 사람인가요, 중국 사람인가요?

你喜欢打网球，**还是**打羽毛球? 당신은 테니스를 좋아하나요, 배드민턴을 좋아하나요?

或者A，或者B A 또는 B이다 [A이거나 B이다]
huòzhě A, huòzhě B

A, B: 사실 또는 행동

선택을 나타내는 평서문으로, 제3의 선택도 있을 수 있다.

王老师晚上**或者**在办公室**或者**在教室。 왕(王) 선생님은 저녁에 사무실에 계시거나 교실에 계신다.

周末我**或者**在家看电视**或者**出去玩儿。 주말에 나는 집에서 TV를 보거나 나가서 논다.

与其A，不如B A하느니, B하는 편이 낫다 ✦
yǔqí A, bùrú B

A: 주어진 상황에서 좋지 않다고 생각하는 행동, B: 선택하는 행동

전제한 상황에서 A와 B 중 B가 더 좋다고 생각하여 B를 선택함을 강조한다.

与其看电视，**不如**睡觉。 TV를 보느니, 자는 편이 낫다.

那里不远，**与其**坐公共汽车去，**不如**走路去。 그곳은 멀지 않아서, 버스를 타고 가느니 걸어가는 게 낫다.

不是A，就是B A가 아니면 B이다 [A 또는 B]
búshì A, jiùshì B

A, B: 사실 또는 행동

'A와 B 둘 중의 하나'라는 뜻으로, A와 B 모두 50% 가능성이 있음을 나타낸다.

小李**不是**学生，**就是**公司职员。 샤오리[小李]는 학생이 아니면, 직장인이다.

周末时，她**不是**去超市买菜，**就是**见朋友。 주말에 그녀는 슈퍼마켓에 장 보러 가거나 친구를 만난다.

韩国人 Hánguórén 고유 한국인 | 中国人 Zhōngguórén 고유 중국인 | 打 dǎ 동 (구기종목을) 하다 | ★网球 wǎngqiú 명 테니스 | ★羽毛球 yǔmáoqiú 명 배드민턴 | 办公室 bàngōngshì 명 사무실 | 周末 zhōumò 명 주말 | 睡觉 shuìjiào 동 잠을 자다 | 走路 zǒulù 동 걷다 | 职员 zhíyuán 명 직원 | 超市 chāoshì 명 슈퍼마켓

> **'不是A，就是B'와 '不是A，而是B'의 비교**
>
> 不是A, 就是B: A (or) B → A (50%) B (50%) A가 아니면 B이다 (A와 B 둘 다 가능성이 있음)
>
> 不是A, 而是B: A (×) B (○) → A (0%) B (100%) A가 아니고 B이다 (A가 아니고, B인 사실을 강조)

2 목적 관계

목적과 목적을 달성하려는 행동, 방법을 연결한다.

为了A，B ✦ A하기 위해서 B하다
wèile A, B

A: 목적, B: A를 이루기 위한 행동

A라는 목적을 위해 B라는 행위를 하는 것을 나타내며, 문장에 따라 주어가 '为了' 앞에 오기도 한다.

为了结婚，**他**买了房子。 결혼하기 위해서, 그는 집을 샀다.

为了陪孩子学习，**他**来到了中国。 아이 곁에서 공부를 도와주기 위해 그는 중국에 왔다.

结婚 jiéhūn 동 결혼하다 | 房子 fángzi 명 집 | ★陪 péi 동 곁에서 도와주다

3 선후 관계

연속해서 나타내는 상황이나 동작을 연결한다.

先A，然后(再)B ✦ 먼저 A하고, 그 다음에 B하다
xiān A, ránhòu (zài) B

A, B: 행동

'再'가 '然后' 대신 쓰이기도 하고, '然后' 뒤에 추가되어 쓰이기도 한다.

你**先**刷牙，**然后**睡觉吧。 먼저 이를 닦고, 그 다음에 잠을 자.

姐姐平时回家以后，**先**玩儿手机，**再**洗澡。 언니는 평소에 집에 돌아오면, 먼저 휴대폰을 하고, 그 뒤에 샤워를 한다.

等A，再B A한 후에, B하다
děng A, zài B

A, B: 행동

'等'이 위치한 앞 절의 동사에 완료를 나타내는 보어 '完'이나 조사 '了'가 종종 쓰인다.

等他吃完饭，我们**再**起来吧。 그가 밥을 다 먹은 후에, 우리 일어나자.

等孩子长大了，我们俩**再**去国外旅行吧。 아이가 크고 난 후에, 우리 둘이 해외로 여행 가자.

一A，就B A하자마자, 바로 B하다 / A하면 바로 B한다
yī A, jiù B

A, B: 행동

두 행동이 '짧은 시간에 이루어짐'을 나타낸다.

你这样**一**说，我**就**懂了。 네가 이렇게 말해 줘서, 나는 바로 이해했다.

小丽**一**出门，**就**看见了小王。 샤오리[小丽]는 문을 나서자마자 샤오왕[小王]을 보았다.

A: 선행되는 행동, B: 결과

A라는 행동 이후 어김없이 B라는 결과가 발생함을 나타낸다. [인과 관계는 명확하지 않음]

孩子**一**起来**就**哭。 아이는 일어나기만 하면 운다.

他**一**有时间，**就**去郊区玩儿。 그는 시간이 생기면, 교외로 놀러 간다.

刷牙 shuāyá 동 이를 닦다 | ★平时 píngshí 명 평소 | 洗澡 xǐzǎo 동 목욕하다 | 起来 qǐlai 일어나다 | 长大 zhǎngdà 동 자라다 | 俩 liǎ 수량 두 사람 | 国外 guówài 명 외국 | 旅行 lǚxíng 동 여행하다 | 出门 chūmén 동 집을 나서다 | 哭 kū 동 (소리 내어) 울다 | ★郊区 jiāoqū 동 교외

> **배운 내용 점검하기**
>
> 1. 선택 관계를 나타내는 접속사는 두 개 이상의 단어, 구 또는 문장을 연결하여, 나열한 항목 중에서 한 가지를 '선택'하는 의미를 나타낸다.
> 2. 목적을 나타내는 접속사는 목적과 목적을 달성하려는 행동이나 방법을 연결한다.
> 3. 선후 관계를 나타내는 접속사는 연속해서 나타내는 상황이나 동작을 연결한다.

STEP 3 실력 다지기

1. 就是日本人   玩儿的人   来这里   不是中国人
   _____

2. 点菜吧   等他   再   我们   来了
   _____

3. 就会有很多人   夏天   去海边游泳   一到
   _____

4. 请大家   为了   不要站起来   保证安全
   _____

5. 再发   你先   会议材料   给大家   复印
   _____

6. 会有   孩子   这样或者   坏习惯   那样的
   _____

7. 你与其   在这里等   再来一趟   不如明天
   _____

8. 你   咖啡   还是   喝牛奶   喜欢喝
   _____

→ 해설서 p.201

16 수사·양사

Day 16

기초 실력 확인하기 | 도식에 정리된 내용에 관해 얼마나 상세히 알고 있는지 스스로 확인해 보세요.

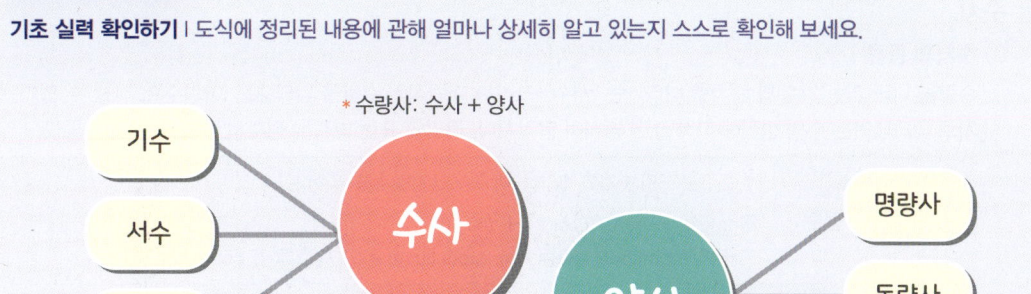

*수량사: 수사 + 양사

- 수사: 기수, 서수, 어림수
- 양사: 명량사, 동량사, 시량사

STEP 1 유형 파악하기

◆ '수사+양사'의 위치는 양사의 종류와 쓰임에 따라 달라진다.
◆ 양사는 반드시 양사와 호응하는 명사나 동사와 함께 외워야 한다.

● 제1부분 예제

| 杂志 | 那份 | 50页 | 有 | 一共 |

정답&풀이

지시대사+양사	명사	부사	동사	수사+양사
那份	杂志	一共	有	50页。
관형어	주어	부사어	술어	목적어

그 잡지는 모두 50페이지이다. [부사(一共)+동사(有)+수사(50)+양사(页)]

STEP 1 술어 '有'는 수량사를 목적어로 취하여 '有+수사+양사' 형태로 쓸 수 있다. 부사 '一共'은 술어 '有' 앞에 위치하며, 명사 '杂志'가 주어가 된다.

STEP 2 양사 '份'은 책 등을 세는 단위로 주어 앞에 위치한다.

★份 fèn 양 부, 권 [잡지, 신문, 문서 등을 세는 단위] | ★杂志 zázhì 명 잡지 | 一共 yígòng 부 모두, 전부 | ★页 yè 양 페이지

STEP 2 내공 쌓기

1 수사

(1) 수사의 종류

수량을 나타내는 '기수'와 순서를 나타내는 '서수', 그리고 대략적인 수량을 나타내는 '어림수'로 나눌 수 있다. 숫자로 나타내려는 수의 성질에 따라 표현 방식이 달라지니, 각각의 표현 방식을 정확히 알아 두는 것이 좋다.

기수	정수	'1, 2, 3······'의 숫자와 '일, 십, 백······'의 자릿수를 말한다. 零 líng 0 | 一 yī 1 | 二 èr 2 | 十 shí 10 二十八 èrshíbā 28 | 四百六十 sìbǎi liùshí 460 | 八百零五 bābǎi líng wǔ 805
	소수	소수점은 '点 diǎn'으로 읽으며, 소수점 이하 숫자는 단독으로 읽는다. 十五点五 shíwǔ diǎn wǔ 15.5 | 三十八点二四 sānshíbā diǎn èr sì 38.24
	분수	분수는 '分之 fēn zhī'로 표현하며, 'A分之B(A분의 B)'로 읽는다. ✦ 백분율은 '百分之A(A%)'로 표현한다. 三分之二 sān fēn zhī èr 2/3 | 百分之十 bǎi fēn zhī shí 10% 百分之百 bǎi fēn zhī bǎi 100%
	배수	배수는 수사 뒤에 '倍 bèi'를 붙여 표시한다. ✦ 两倍 liǎng bèi 2배 | 三倍 sān bèi 3배
		구분해서 활용해야 하는 배수 표현 ✦ 增加了A倍。A배가 증가했다. → 정도 增加到A倍。증가해서 A만큼 되었다. → 결과 增加了两倍。2배가 더 늘었다. → 기존 수량 + 기존 수량 × 2 = 현재 수량 增加到两倍。2배로 늘었다. → 기존 수량 × 2 = 현재 수량
서수		순서를 나타내는 수로 일반적으로 수사 앞에 '第 dì'를 써서 표시한다. ✦ 第一 dì yī 첫 번째 | 第二 dì èr 두 번째 | 第八十九页 dì bāshíjiǔ yè 89페이지 第一名 dì yī míng 1등 | 第一印象 dì yī yìnxiàng 첫인상
어림수		대략적인 수를 나타낸다. 两三个 liǎng-sān ge 2~3개 | 十多个月 shí duō ge yuè 10여 개월 三十来个学生 sānshí lái ge xuésheng 30여 명의 학생 两点左右 liǎng diǎn zuǒyòu 2시쯤 | 春节前后 Chūnjié qiánhòu 춘절쯤

★ 增加 zēngjiā 동 증가하다

(2) 어림수의 표현 방식

① 인접한 두 숫자를 연달아 사용

숫자를 인접하여 사용하는 방법으로 작은 수에서 큰 수로 배열한다. '九' '十'와 '十' '十一'는 연이어 사용할 수 없다.

两三个 2~3개 (O)   七八个学生 7~8명의 학생 (O)

九十个 9~10개 (×)   十十一个 10~11개 (×)

② 수사나 양사 뒤에 '多' '来' 사용

'多'와 '来'로 어림수를 나타낼 수 있다. 0으로 끝나는 숫자의 경우, '수사+多/来+양사+명사' 순으로 쓰며 1~9로 끝나는 숫자의 경우에는 '수사+양사+多/来+명사'의 순서로 쓴다.

十 多 个 月 10여 개월　　三十 来 个 学生 30여 명의 학생 → 끝나는 숫자가 0인 경우
수사　양사　명사　　　　　　수사　　양사　명사

一 个 多 月 한 달 남짓　　三 个 来 小时 세 시간 가량 → 끝나는 숫자가 1~9인 경우
수사 양사　명사　　　　　　수사 양사　　명사

③ '左右' '前后' 사용

어림수를 나타내는 어휘들이 여러 가지가 있는데, 숫자 뒤에서 '대략적인 양'을 나타내는 경우 주로 '左右'가 쓰이며, 특정한 날짜 또는 사건을 기준으로 '대략적인 날'을 나타내는 말에는 주로 '前后'가 쓰인다.

	시점	시간	때	나이
左右 zuǒyòu	两点左右 2시쯤	两个小时左右 2시간 정도	×	三岁左右 3살 정도
前后 qiánhòu	×	×	春节前后 ◆ 춘절쯤	×

春节 Chūnjié 고유 춘절 [중국의 설날]

> **tip** '二'과 '两'의 비교
> '二'은 주로 순서를 나타내며, 숫자, 서수, 분수, 소수에 쓰인다. '两'은 주로 수량을 나타내며, 개수를 세는 양사 앞에 쓰인다.
> 第二课 제2과 | 二分之一 2분의 1 | 两瓶啤酒 맥주 두 병 | 两个小时 두 시간

양사

(1) 양사의 종류

수를 세는 단위로, 세는 대상에 따라 '명량사' '동량사' '시량사'로 나눌 수 있다.

명량사	각종 사람·사물 등을 세는 단위로서 주로 주어나 목적어 앞에서 관형어로 쓰인다. '수사+명량사+명사' 어순으로 쓰인다. 지시대사와 함께 쓰일 경우에는 '지시대사+(수사)+명량사+명사' 어순으로 쓰인다. 수사　양사　명사 一　本　书 책 한 권 　관형어
동량사	동작이나 행위의 양을 세는 단위로서 동사 뒤에서 주로 보어로 쓰인다. '동사+수사+동량사' 어순으로 쓰인다. 동사　수사　양사 去　一　趟 한 번 다녀오다 　　동량보어
시량사	시간의 길이를 나타내는 단위로서 주로 술어 뒤에서 보어로 쓰여 동작이 지속되는 시간을 나타낸다. '동사+수사+시량사+명사' 어순으로 쓰인다. 시량사 대부분이 양사와 명사의 특징 모두를 가지고 있어 '준양사'라고도 한다. 동사　　수사　양사 学　了　一　年 1년 배웠다 　　시량보어

★ 趟 tàng 양 차례, 번 [왕래한 횟수를 세는 단위]

(2) **주요 명량사**
   ① 개체양사: 일반적인 사람이나 사물을 세는 데 쓰인다.

个 gè	사물과 사람의 수를 세는 양사로, 가장 보편적으로 쓰이며, 문장에서 경성으로 발음된다. 那个故事 그 이야기 | 一个问题 한 문제 | 这个节目 이 프로그램
位 ◆ wèi	사람의 수를 세는 양사로, 신분이나 직업을 나타내는 말에 쓰이며, 존경의 의미를 지닌다. 식구를 셀 때는 '口 kǒu'를 쓴다. 一位作家 작가 한 분 | 这位演员 이 배우 | 那位教授 저 교수님
本 ◆ běn	서적을 세는 데 쓰인다. 那本书 저 책 | 这本小说 이 소설(책) | 一本杂志 잡지 한 권
件 jiàn	옷(상의)을 세거나 사건을 셀 때 쓰인다. 一件衣服 옷 한 벌 | 一件衬衫 와이셔츠 한 벌 | 一件事 하나의 사건
条 tiáo	길고 가는 물건을 세거나 항목으로 나뉘어진 것을 셀 때 쓰인다. 一条裤子 바지 한 벌 | 这条路 이 길 | 一条新闻 뉴스 한 건
篇 ◆ piān	문장 등을 세는 데 쓰인다. 这篇文章 이 문장 | 那篇报道 저 보도
张 zhāng	종이, 가죽, 책상, 침대 등 넓은 표면이 있는 것을 셀 때 쓰인다. 一张地图 지도 한 장 | 这张桌子 이 탁자 | 一张登机牌 탑승권 한 장
台 ◆ tái	기계를 셀 때 쓰인다. 一台电脑 컴퓨터 한 대 | 这台洗衣机 이 세탁기
把 bǎ	손잡이가 있는 물건을 셀 때 쓰인다. 一把雨伞 우산 한 개 | 那把椅子 저 의자 | 这把钥匙 이 열쇠
份 fèn	신문 등 문건이나 일을 세는 데 쓰인다. 一份报纸 신문 한 부 | 这份杂志 이 잡지 | 这份工作 이 일
部 bù	서적, 영화를 셀 때 쓰인다. 这部电影 이 영화 | 一部小说 소설 한 편
家 ◆ jiā	가게, 기업 등 영리를 목적으로 하는 단위를 셀 때 쓰인다. 一家公司 한 회사 | 那家超市 저 마트 | 这家商店 이 상점
只 zhī	동물을 세거나 짝을 이루는 대상의 한 쪽을 셀 때 쓰인다. 一只老虎 호랑이 한 마리 | 一只手 한 쪽 손
棵 kē	식물을 세는 데 쓰인다. 那棵树 저 나무 | 一棵苹果树 사과나무 한 그루
场 ◆ chǎng/cháng	문화, 활동이나 자연 현상을 나타낼 때 쓰인다. 这场比赛 zhè chǎng bǐsài 이 경기 | 一场雨 yì cháng yǔ 비 한 차례

岁 suì	나이를 세는 데 쓰인다. 两岁 2살 | 三岁 3세 | 六十岁 60세
页 yè	서적의 페이지를 세는 데 쓰인다. 二十五页 25페이지 | 一百三十八页 138페이지
种 ✦ zhǒng	종류를 구분하여 셀 때 쓰인다. 这种植物 이런 종류의 식물 | 一种语言 한 종류의 언어

故事 gùshi 명 이야기 | 节目 jiémù 명 프로그램 | ★作家 zuòjiā 명 작가 | ★教授 jiàoshòu 명 교수 | ★小说 xiǎoshuō 명 소설 | ★杂志 zázhì 명 잡지 | 衬衫 chènshān 명 와이셔츠, 셔츠, 블라우스 | 事(儿) shì(r) 명 일, 사정 | 裤子 kùzi 명 바지 | 新闻 xīnwén 명 뉴스 | ★文章 wénzhāng 명 문장, 글 | 报道 bàodào 명 보도 | 地图 dìtú 명 지도 | ★登机牌 dēngjīpái 명 탑승권 | 洗衣机 xǐyījī 명 세탁기 | 雨伞 yǔsǎn 명 우산 | 椅子 yǐzi 명 의자 | 钥匙 yàoshi 명 열쇠 | 报纸 bàozhǐ 명 신문 | 超市 chāoshì 명 슈퍼마켓 | ★老虎 lǎohǔ 명 호랑이 | 树 shù 명 나무 | 比赛 bǐsài 명 경기, 시합 | ★植物 zhíwù 명 식물 | ★语言 yǔyán 명 언어

 비영리 단체인 관공서는 '所 suǒ'로 센다. 시험에 '那所学校(저 학교)'와 같은 표현으로 종종 등장하므로 꼭 체크해 두자.

② 집합양사: 두 개 이상의 개체로 이루어진 사물, 단체를 셀 때 쓰인다.

双 shuāng	원래 쌍을 이루고 있는 것을 세는 데 쓰인다. 一双皮鞋 가죽 구두 한 켤레 | 一双袜子 양말 한 켤레
套 tào	한 세트를 이루고 있는 것을 세는 데 쓰인다. 一套家具 가구 한 세트

皮鞋 píxié 명 가죽 구두 | ★袜子 wàzi 명 양말 | ★家具 jiājù 명 가구

③ 도량사: 길이나 무게, 넓이, 나이, 온도 등을 셀 때 쓰이는 단위이다.

米 mǐ	1m의 길이 단위를 나타낸다. 那棵树大约有16米高。 그 나무는 대략 16m 정도 된다.
公里 ✦ gōnglǐ	1km의 길이 단위를 나타낸다. 火车站离这儿大约3公里。 기차역은 여기서 대략 3km정도 된다. 这儿距离图书馆只有8公里。 여기는 도서관까지 겨우 8km 떨어져 있다.

★大约 dàyuē 부 대략 | 离 lí 개 ~에서 | ★距离 jùlí 동 ~(로부터) 떨어져 있다 | 只 zhǐ 부 겨우

④ 부정양사: 정확하지 않은 수를 세는 단위로, 수사 중에서 '一'만 함께 쓰일 수 있다.

点(儿) diǎn(r)	'약간, 조금'으로 해석되며, 양이 적음을 나타낸다. 买点儿水果 과일을 좀 사다 | 准备点儿吃的 먹을 것을 좀 준비하다
些 ◆ xiē	불특정한 복수를 나타내며, 많지 않은 적은 수를 나타낸다. '点儿'보다 객관적이고 많은 양을 나타낸다. 那些事情 그 사건들 | 这些数字 이 숫자들 | 一些误会 몇 가지 오해들

买 mǎi 동 사다, 구매하다 | 事情 shìqing 명 일, 사건 | ★数字 shùzì 명 숫자 | ★误会 wùhuì 명 오해 동 오해하다

⑤ 차용양사: 사물을 세는 데 빌려 쓰이는 일부 '명사'를 '차용양사'라고 한다. 주로 사물을 담는 '용기'가 주를 이룬다. 앞서 다룬 개체양사, 집합양사, 도량사, 부정양사는 '차용양사'와 구분되는 '전용양사'에 속한다.

盒 ◆ hé	상자로 된 물건을 셀 때 쓰인다. 一盒饼干 과자 한 상자 | 一盒巧克力 초콜릿 한 상자
箱 xiāng	박스에 담긴 것을 셀 때 쓰인다. 一箱水果 과일 한 상자 | 一箱袜子 양말 한 상자
瓶 píng	병에 담긴 것을 셀 때 쓰인다. 一瓶果汁 과일 주스 한 병 | 一瓶牛奶 우유 한 병
杯 bēi	잔에 담긴 것을 셀 때 쓰인다. 一杯水 물 한 잔 | 一杯咖啡 커피 한 잔 | 一杯茶 차 한 잔

★饼干 bǐnggān 명 과자, 비스킷 | ★巧克力 qiǎokèlì 명 초콜릿 | ★果汁 guǒzhī 명 과일 주스

(3) 주요 동량사

次 ◆ cì	동작의 횟수를 셀 때 쓰인다. 说一次 한 번 말하다 | 去过一次 한 번 가 봤다
遍 biàn	시작에서 끝까지 전체 과정을 셀 때 쓰인다. 读一遍 한 번 읽다 | 听一遍 한 번 듣다 | 看一遍 한 번 보다
趟 tàng	왕복 동작을 셀 때 쓰인다. 去了一趟首尔 서울에 한 번 다녀왔다 | 跑一趟 한 번 다녀오다
下 ◆ xià	두드리는 행동을 세는 데 쓰이며, '一下'의 형태로 행동이 짧고 적게 일어나는 행동을 나타낸다. 종종 명령문에서 완곡하고 예의 있는 어기를 나타낸다. 敲了两下 두 번 두드렸다 | 等一下 잠시 기다리다 | 请给我说明一下 저에게 설명 좀 해 주세요 **tip** 짧은 시간 동안 이루어지는 동작을 나타낼 때는 '一会儿'과 바꿔 쓸 수 있다. 等一下 ≒ 等一会儿 잠시 기다리다 | 休息一下 ≒ 休息一会儿 잠시 쉬다

首尔 Shǒu'ěr 고유 서울 | 跑 pǎo 동 달리다, 뛰다 | ★敲 qiāo 동 두드리다, 치다 | ★说明 shuōmíng 동 설명하다

차용동량사

적합한 양사가 없을 경우, 동작, 행위에 필요한 도구나 신체 부위를 임시로 빌려 양사로 사용하기도 한다. 이때 양사 역할을 하는 성분을 차용동량사라고 한다.

吓了一跳 깜짝 놀라다 | 看了一眼 한번 보다 | 踢了一脚 발로 한번 차다

(4) 주요 시량사

양사가 쓰이는 시량사	星期 xīngqī 주 | 月 yuè 달 小时 xiǎoshí 시간	一个星期 일주일 | 一个月 한 달 一个小时 한 시간
양사가 쓰이지 않는 시량사	天 tiān 날 | 年 nián 년 分钟 fēnzhōng 분 | 秒 miǎo 초	两天 이틀 | 一年 1년 一分钟 1분 | 一秒 1초

배운 내용 점검하기

1. 수사는 숫자나 수량을 나타내는 품사이고, 양사는 수를 세는 단위를 나타내는 품사이다.

2. 수사나 양사 뒤에 '多, 来'를 사용하여 어림수를 나타낼 수 있다.
   - 수사+多/来+양사+명사: 0으로 끝나는 숫자의 경우
   - 수사+양사+多/来+명사: 1~9로 끝나는 숫자의 경우

3. 출제 빈도가 높은 양사
   位 wèi 양 분, 명 [공경의 뜻을 내포함] | 本 běn 양 권 [책을 세는 단위] | 篇 piān 양 편, 장 [문장·종이 등을 세는 단위] | 条 tiáo 양 가늘고 긴 것을 세는 단위 | 台 tái 양 대 [기계·차량·설비 등을 세는 단위]

STEP 3 실력 다지기

1. 奶奶　　洗衣机坏了　　以为　　这台
   _____

2. 种　　特别酸　　西红柿　　这
   _____

3. 一篇　　文章　　这是　　关于世界经济的
   _____

4. 一次　　活动每年　　这个　　举办
   _____

5. 那　　300页　　杂志　　左右　　本　　一共
   _____

6. 比去年　　他今年的收入　　增长了　　两倍
   _____

7. 只有　　动物园　　8公里　　距离地铁站
   _____

8. 行李　　你　　收拾　　一下　　把那些
   _____

해설서 p.204

쓰기 제1부분 17   是자문·有자문

Day 17

기초 실력 확인하기 | 도식에 정리된 내용에 관해 얼마나 상세히 알고 있는지 스스로 확인해 보세요.

- 是자문: A是B / A不是B
- 有자문: A有B / A没有B

是 shì 동 ~이다 | 不是 búshì ~가 아니다 | 有 yǒu 동 있다 | 没有 méiyǒu 없다

STEP 1 유형 파악하기

- 자주 출제되는 유형 중 하나이며, 최근 출제 빈도가 높아지고 있다.
- 동격을 나타내는 '是'자문의 기본 어순 'A(특정 어휘)+是+B(설명)'를 기억하자.
- 존재를 나타내는 '有'자문의 기본 어순 'A(장소/시간)+有+B(사람/사물)'를 기억하자.

● 제1부분 예제

| 很优秀的 | 这个小伙子 | 律师 | 是 |

정답&풀이

지시대사+양사+명사 / 동사 / 부사+형용사+조사 / 명사
这个小伙子 / 是 / 很优秀的 / 律师。 이 젊은이는 뛰어난 변호사이다.
관형어+주어 / 술어 / 관형어+的 / 목적어

[A是B   A는 B이다]

STEP 1 '是'자문은 'A是B' 형태로 쓰이며, A에는 '특정 어휘'가 오고, B에는 '설명'이 온다. 따라서 목적어는 주어보다 범위가 크다.

STEP 2 따라서 '这个小伙子'가 주어 자리에 위치하며, 명사 '律师'가 목적어, '很优秀的'가 목적어를 꾸며주는 관형어가 된다.

★小伙子 xiǎohuǒzi 명 젊은이, 청년, 총각 | ★优秀 yōuxiù 형 우수하다, 아주 뛰어나다 | ★律师 lǜshī 명 변호사

STEP 2 내공 쌓기

'是'와 '有'가 술어로 쓰인 문장을 각각 '是'자문, '有'자문이라고 한다. 두 동사는 가장 기본적이지만, 문장 안에서 여러 의미를 나타내기 때문에, 매우 중요한 동사이기도 하다. 두 동사는 어떤 목적어를 취하는지에 따라 의미를 구분할 수 있으므로, 이에 주의하여 익혀 보자.

1 '是'자문

기본적으로 '주어+是+목적어' 형태로, 동격, 관계, 소속, 분류, 존재, 강조 등을 나타낸다.

(1) '是'자문의 종류

① 동격을 나타내는 '是'자문: A(사람/사물)+是+B(사람/사물) A는 B이다 ◆

주어(A)와 목적어(B)는 같거나 A가 B의 종류, 소속 등의 관계임을 나타낸다. 이때, A와 B는 보통 바꾸어 쓸 수 없지만, 일부 문장에서는 A와 B를 바꾸어 쓸 수 있다.

我是王小林。 나는 왕샤오린[王小林]이다. → 王小林是我。 왕샤오린은 나다.

儿童节是六月一号。 어린이날은 6월1일이다. → 六月一号是儿童节。 6월1일은 어린이날이다.

他是一位护士。 그는 간호사이다.

这是一本关于经济的杂志。 이것은 경제에 관한 잡지이다.

★儿童节 Értóng Jié 고유 어린이날 | ★护士 hùshi 명 간호사 | 关于 guānyú 개 ~에 관해 | ★经济 jīngjì 명 경제 | ★杂志 zázhì 명 잡지

② 존재를 나타내는 '是'자문: A(장소)+是+B(사람/사물) A는 B이다

어느 장소에 사람이나 사물이 있다는 존재의 의미를 나타낸다. 일반적으로 주어(A)에는 방위나 장소를 의미하는 단어가 온다.

我家前是海边。 우리 집 앞은 해변이다.

学校旁边是一个面包店。 학교 옆은 빵집이다.

海边 hǎibiān 명 해변 | 旁边 pángbiān 명 옆, 곁 | 面包店 miànbāodiàn 빵집

③ 분류를 나타내는 '是'자문: A(대상)+是+B(설명)+的 A는 B의 것이다

주어에 대한 분류, 성질, 용도, 특징 등을 나타내며, 목적어는 명사, 대사, 형용사, 동사(구) 등이 쓰일 수 있다. 문장 끝에 '的'가 함께 쓰이는 경우가 많다.

那本笔记本是我的。 저 노트는 내 것이다.

这件衣服是新的。 이 옷은 새것이다.

笔记本 bǐjìběn 명 노트 | 新 xīn 형 새롭다

(2) '是'자문의 부정형: A+不是+B A는 B가 아니다

他不是医生。 그는 의사가 아니다.

成绩不是人生的全部。 성적은 인생의 전부가 아니다.

成绩 chéngjì 명 성적 | 人生 rénshēng 명 인생 | ★全部 quánbù 명 전부, 전체

2 '有'자문

기본적으로 '주어+有+목적어' 형태로, 소유, 존재 등을 나타낸다.

(1) '有'자문의 종류

① 존재를 나타내는 '有'자문 ✦: 주어(장소/시간)+有+목적어(사람/사물) A에 B가 있다

장소에 사람이나 사물이 있음을 나타낸다. 주어에는 장소나 시간이 오고, 목적어는 불특정한 사람/사물이 온다.

箱子里有三件衣服。 상자 안에 옷이 세 벌 있다.

这个礼拜天有约会。 이번 주 일요일에 약속이 있다.

箱子 xiāngzi 명 상자 | ★礼拜天 lǐbàitiān 명 일요일 | ★约会 yuēhuì 명 약속, 데이트

② 소유를 나타내는 '有'자문: A(사람)+有+B(사물) A는 B가 있다

A에는 사람이나 조직이 오며, B에는 소유하는 대상이 온다. B는 종종 수량사 등 한정어의 수식을 받는다.

他有两台笔记本电脑。 그는 노트북 컴퓨터를 두 대 가지고 있다.

这家公司有很多分店。 이 회사는 많은 분점을 가지고 있다.

★台 tái 양 대 [기계·차량·설비 등을 세는 단위] | 笔记本电脑 bǐjìběn diànnǎo 노트북 컴퓨터 | 家 jiā 양 [집·점포 등을 세는 단위] | 公司 gōngsī 명 회사 | 分店 fēndiàn 명 분점, 지점

③ 설명 및 평가를 나타내는 '有'자문 ✦: A(대상)+(정도부사)+有+B(추상명사) A는 B가 있다

목적어로 추상명사나 수량사를 취하여, 주어를 설명하고 평가를 한다. 이때, '有'는 정도부사의 수식을 받을 수 있다.

每个动物都有自己的特点。 모든 동물은 모두 자신만의 특징을 가지고 있다.

她很有能力。 그녀는 능력이 많다.

动物 dòngwù 명 동물 | 自己 zìjǐ 대 자신, 자기 | ★特点 tèdiǎn 명 특징, 특성 | ★能力 nénglì 명 능력

④ 정도나 수량에 도달함을 나타내는 '有'자문 ✦: A(대상)+有+B(수량사) A는 B만큼 되다

어떠한 정도나 수량에 도달함을 나타내며, 주로 수량사를 목적어로 취한다.

他有三十多岁。 그는 30살 남짓이다.

我家离这儿大概有五公里。 우리 집은 여기에서 대략 5km 정도 된다.

这座桥有180米长。 저 다리는 180m만큼 길다.

离 lí 개 ~에서, ~로부터 | ★大概 dàgài 부 아마, 대개 | ★公里 gōnglǐ 양 킬로미터(km) | ★座 zuò 양 좌, 동, 채 [부피가 크거나 고정된 물체를 세는 단위] | ★桥 qiáo 명 다리 | 米 양 미터(m)

⑤ 발생이나 출현을 나타내는 '有'자문:
A(대상)+有+(了)+(관형어)+B(2음절명사/2음절동사) A는 ~하게 B되었다(~한 B가 생겼다)

'有'는 발생이나 출현을 나타내기도 하며, 이때 조사 '了'가 쓰일 수 있다. 또한, 주로 관형어와 함께 이음절 명사 또는 동사가 목적어로 쓰인다. 듣기나 독해에 종종 출제되므로, 의미와 문형을 알아 두자.

这里有了很大的变化。 여기는 많이 변했다.

他的成绩比过去有了很大提高。 그의 성적은 과거보다 크게 향상되었다.

(2) '有'자문의 부정형: A+没有+B A는 B가 없다

'有'자문은 '没'로 부정하며, 절대 '不'로 부정하지 않는다. '有'는 생략할 수 있다.

冰箱里没(有)吃的。 냉장고에는 먹을 것이 없다.

他没(有)经验。 그는 경험이 없다.

冰箱 bīngxiāng 명 냉장고 | ★经验 jīngyàn 명 경험, 체험

배운 내용 점검하기

1. '是'와 '有'가 술어로 쓰인 문장을 각각 '是'자문, '有'자문이라고 한다.
2. '是'자문은 주로 '~이다'라는 뜻으로 주어와 목적어의 관계를 설명한다. 기본 어순은 '주어+是+목적어' 형태로, 동격, 관계, 소속, 분류, 존재, 강조 등을 나타낸다.
3. '有'자문은 일반적으로 소유나 존재를 나타낸다. 기본 어순은 '주어+有+목적어' 형태이다.

STEP 3 실력 다지기

1. 京剧演员   是   很有名的   他的妻子
   _____

2. 是父母   照顾孩子   责任   共同的
   _____

3. 故事   是   一个   很浪漫的   那
   _____

4. 并不   全部   工作   生活的   是
   _____

5. 里面   有   吗   现在餐厅   座位
   _____

6. 很   明天的   她对   考试   有信心
   _____

7. 之间   有一些   你和他   误会
   _____

8. 有   这棵大树   50米高   大约
   _____

18 是……的 강조 구문

쓰기 제1부분　　　　　　　　　　　　　　　　　　　　　　　Day 18

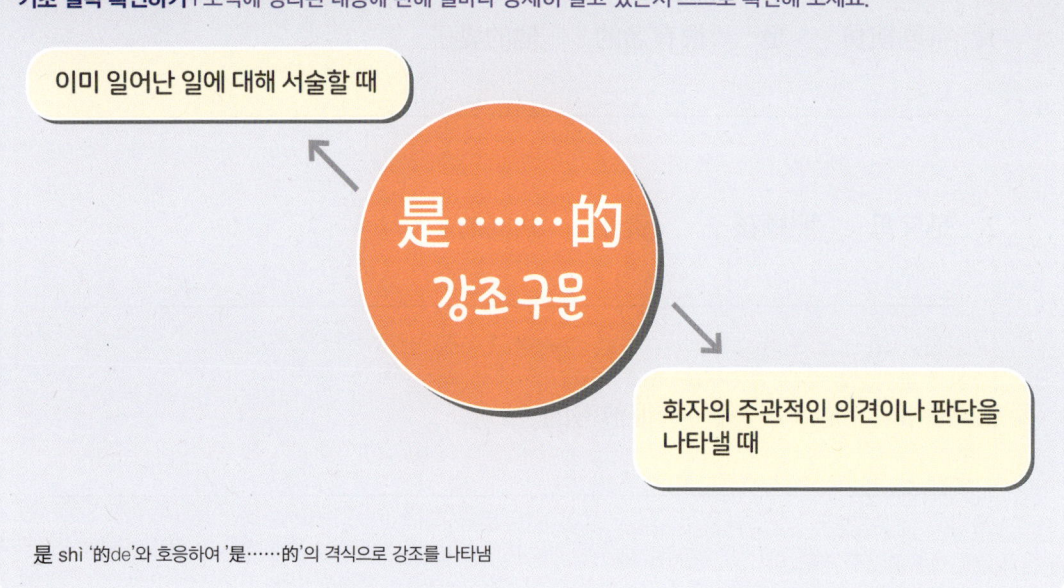

是 shì '的de'와 호응하여 '是……的'의 격식으로 강조를 나타냄

STEP 1 유형 파악하기

◆ 기본 어순은 '주어+是+강조 내용+的'이다.
◆ 술어는 반드시 '是'와 '的' 사이에 들어가야 한다.

● 제1부분 예제

| | 在去年 | 是 | 我孙子 | 出生的 |

정답&풀이

| 인칭대사+명사 | 동사 | 개사+명사 | 동사+조사 |
| 我孙子 | 是 | 在去年 | 出生的。| 나의 손자는 작년에 태어났다. [주어A+是+강조 내용B+的 A는 B이다]
| 관형어+주어 | 是 | 강조 내용 | 的 |

STEP 1　'是……的' 강조 구문의 기본 어순은 '주어+是+강조 내용+的'이다. 주어가 되는 '我孙子'는 '是' 앞에 놓이며, 개사구 '在去年'은 술어가 되는 '出生' 앞에 놓인다.

STEP 2　'出生'은 또한 조사 '的'와 결합되어 있어 문장 끝에 위치한다는 것을 알 수 있다.

★孙子 sūnzi 몡 손자 | 在 zài 께 ~에서 | 去年 qùnián 몡 작년 | ★出生 chūshēng 동 출생하다, 태어나다

STEP 2 내공 쌓기

'是……的' 강조 구문은 화자가 말하고자 하는 것을 강조하는 용법으로, '是……的' 사이에 강조하려는 내용이 온다. 과거에 발생한 일의 '시간' '장소' '방식' 등을 강조하거나 '화자의 주관적인 생각' '주어에 대한 설명' 등을 강조한다.

1 '是……的' 강조 구문의 기본 어순

기본 어순은 '주어+是+강조 내용+的'이다. 강조하려는 내용은 '是……的' 사이에 온다. 단, 술어는 반드시 '是'와 '的' 사이에 들어가야 한다.

妹妹 是 去年毕业 的。 여동생은 작년에 졸업했다.
주어 是 강조내용 的

★毕业 bìyè 통 졸업하다

2 '是……的' 강조 구문의 분류

(1) 이미 일어난 일의 시간, 장소, 방식 등을 강조

이미 일어난 일에 대해 서술하므로, 동태조사 '了'는 쓰이지 않는다. 회화에서 '是'는 생략하여 말할 수 있지만, '的'는 생략할 수 없다. 부정형은 '주어+不是+강조 내용+的'이다.

시간	这件毛衣是上个礼拜天买的。 이 스웨터는 지난주 일요일에 샀다.
장소	上次活动是在上海举办的。 저번 행사는 상하이에서 열렸다.
재료	这杯果汁是用葡萄做的。 이 과일 주스는 포도로 만들어졌다.
방식	我是坐出租车来的。 나는 택시를 타고 왔다.
목적	我是来应聘的。 나는 지원하러 왔다.
행위자	这盒巧克力是母亲给我的。 이 초콜릿은 어머니께서 주신 것이다.
동작의 대상	这封信是寄给老朋友的。 이 편지는 오랜 친구에게 보낸 것이다.

毛衣 máoyī 몡 스웨터 | 买 mǎi 통 사다 | 上次 shàngcì 몡 저번, 지난번 | ★活动 huódòng 몡 행사 | 在 zài 개 ~에서 | 上海 Shànghǎi 고유 상하이 | ★举办 jǔbàn 통 열다, 개최하다 | 杯 bēi 양 잔 | 果汁 guǒzhī 몡 과일 주스 | 用 yòng 개 ~으로 | ★葡萄 pútao 몡 포도 | 坐 zuò 통 타다 | 应聘 yìngpìn 통 지원하다 | 盒 hé 양 갑 | 巧克力 qiǎokèlì 몡 초콜릿 | ★母亲 mǔqīn 몡 어머니 | 给 gěi 통 주다 | 封 fēng 양 통 | 信 xìn 몡 편지 | ★寄 jì 통 (우편으로) 보내다, 부치다 | 老 lǎo 형 오래되다

(2) 화자의 주관적인 생각, 의견, 태도 등과 주어에 대한 설명 또는 묘사

화자의 주관적인 견해 등과 주어에 대한 설명을 나타낸다. 부정형은 '주어+是+不+강조 내용+的'이다.

주관적 의견	所有的习惯都是慢慢养成的。 모든 습관은 천천히 만들어진다.
주관적 판단	他也许是故意这么做的。 그는 아마 일부러 이렇게 했을 것이다.

★所有 suǒyǒu 형 모든 | 习惯 xíguàn 몡 습관 | 慢慢 mànmàn 형 천천히 | ★养成 yǎngchéng 통 습관이 되다 | ★也许 yěxǔ 부 아마도 | ★故意 gùyì 부 일부러, 고의로 | 这么 zhème 대 이렇게

> **배운 내용 점검하기**
>
> 1. '是……的' 강조 구문은 화자가 말하고자 하는 것을 강조하는 용법으로, 과거 발생한 일의 '시간' '장소' '방식' 등을 강조하거나 '화자의 주관적인 생각' '주어에 대한 설명' 등을 강조한다.
> 2. '是……的' 강조 구문의 기본 어순은 '주어+是+강조 내용+的'이다.

STEP 3 실력 다지기

1. 奶奶买　袜子　这些　的　是

   _____

2. 是　他　来的　骑自行车

   _____

3. 负责安排　的　教室是　由他

   _____

4. 积累的　经验　慢慢　是需要

   _____

5. 给我孙子　留的　是专门　这盒饼干

   _____

6. 不会　的　你的看法　他是　同意

   _____

7. 时间顺序　按照　这些号码　是　排列的

   _____

8. 无法　那件事情　的　解释　是科学

   _____

→ 해설서 p.209

19 어순

Day 21

기초 실력 확인하기 | 도식에 정리된 내용에 관해 얼마나 상세히 알고 있는지 스스로 확인해 보세요.

STEP 1 유형 파악하기

◆ 문장의 뼈대가 되는 주어, 술어, 목적어를 먼저 찾아 배열하는 것이 중요하다.
◆ 특수 문형(把자문, 被자문, 비교문 등)이 쓰인 문장은 해당 문형의 기본 어순에 근거해 접근하는 것이 더 빠르다.

● 제1부분 예제

她可以　　语言　　三种　　讲　　流利地

정답&풀이	인칭대사+조동사　형용사+조사　동사　수사+양사　명사　　　　　　[형용사(流利)+조사(地)+동사(讲)] **她可以　　流利地　　讲　　三种　　语言**。 그녀는 세 종류의 언어를 유창하게 말할 수 있다. 　주어+　　　부사어　　　술어　　관형어　　목적어
	STEP 1 동사 '讲'이 문장의 술어가 되며, 조사 '地'는 술어 앞에서 술어를 수식하는 부사어를 만드는 역할을 하기 때문에 '流利地'는 술어 앞에 위치한다. 조동사 '可以'와 함께 있는 대사 '她'가 문장의 주어로서 문장 맨 앞에 위치하고, 명사 '语言'이 목적어가 된다.
	STEP 2 '三种'이 목적어 앞에 위치해 관형어 역할을 한다. '讲语言(언어를 말하다)'이라는 표현을 알아두자.

可以 kěyǐ [조동] ~할 수 있다, ~해도 된다 | ★流利 liúlì [형] (말·문장이) 유창하다, 막힘이 없다 | 讲 jiǎng [동] 말하다, 이야기하다 | 种 zhǒng [양] 종, 종류 | ★语言 yǔyán [명] 언어

STEP 2 내공 쌓기

중국어의 단어는 문장 속에서 어떤 문장성분으로 쓰이든 그 형태가 달라지지 않는다. 이런 이유로 '문장성분의 어순'은 문장의 의미 파악에 큰 역할을 담당한다. 중국어 문장성분의 '어순'은 비교적 고정적이므로, 기본 어순을 중심으로 잘 외워 두면 '쓰기' 영역뿐만 아니라 '듣기' '독해' 영역에서도 큰 도움이 된다.

1 품사와 문장성분

(1) 품사

단어를 공통된 성질에 따라 나눈 것으로, 단독으로 의미를 가지는 '실사'와 단독으로 쓰일 수 없고, 의미를 보충해 주는 '허사'로 나눌 수 있다. 품사는 단어의 고유한 특징을 말하는 것이므로, 문장 속 쓰임에 상관 없이 단어의 품사는 변하지 않는다.

실사	동사 ǀ 형용사 ǀ 명사 ǀ 대사 ǀ 수사 ǀ 양사
허사	조동사 (=능원동사) ǀ 부사 ǀ 개사 (=전치사) ǀ 조사 ǀ 접속사 ǀ 감탄사 ǀ 의성사

(2) 문장성분

문장을 구성하는 기능적 단위로, 문장의 뼈대가 되는 '주요 성분'과 꾸며 주는 역할을 하는 '수식 성분'으로 나눌 수 있다. 단어의 고유한 특징인 '품사'와 달리, 문장성분은 단어를 '문장 속 기능'에 따라 나눈 것이므로, 한 단어가 서로 다른 문장에서 다른 문장성분으로 쓰일 수 있다.

주요 성분	주어 ǀ 술어 ǀ 목적어
수식 성분	관형어 (=한정어) ǀ 보어 ǀ 부사어 (=상황어)

2 어순

문장의 주요 성분은 기본적으로 '주어+술어+목적어' 순서로 배열되고, 수식 성분 '관형어' '부사어' '보어'가 각자의 위치에서 역할에 맞게 수식 대상을 꾸며 준다.

명사　　동사　명사
姐姐　买　衣服。 언니는 옷을 산다.
주어　　술어　목적어

명사　인칭대사+的　명사　　부사　　개사+명사　　동사　형용사+조사　수사+양사　명사
昨天　我的　姐姐　已经　在百货商店　买　好了　一件　衣服。
부사어　관형어　　주어　　부사어　　　　　　술어　보어+了　관형어　목적어
어제 우리 언니는 이미 백화점에서 옷 한 벌을 샀다.

买 mǎi 동 사다 ǀ 在 zài 개 ~에서 ǀ 百货商店 bǎihuò shāngdiàn 명 백화점

> **배운 내용 점검하기**
>
> 1. 품사는 단어를 공통된 성질에 따라 나눈 것이다. 주요 품사에는 '동사, 형용사, 명사, 대사, 수사, 양사, 조동사, 부사, 개사, 조사, 접속사, 감탄사, 의성사'가 있다.
> 2. 중국어 문장의 기본 어순은 '주어+술어+목적어'이고, 여기에 수식 성분인 관형어, 부사어, 보어 등이 더해지며 문장이 풍성해진다.

STEP 3 실력 다지기

주어진 문장의 위에는 단어 각각의 '품사'를, 아래에는 '문장성분'을 적어 보세요.

1. 我弟弟吃了三个包子。

2. 女朋友给我发了很多短信。

3. 昨天我在路上看见了一位明星。

4. 我姐姐昨天买的衣服很漂亮。

5. 妹妹已经吃完妈妈早上给她做的菜了。

6. 去年我在这家咖啡厅第一次见到了我的男朋友。

7. 哥哥最近很认真地看新买来的杂志。

8. 妈妈昨天刚买到了一直想买的家具。

해설서 p.212

쓰기 제1부분

20 보어(1) 위치·종류

Day 22

기초 실력 확인하기 | 도식에 정리된 내용에 관해 얼마나 상세히 알고 있는지 스스로 확인해 보세요.

- 결과보어
- 정도보어
- 가능보어
- 보어
- 수량보어
- 방향보어

STEP 1 유형 파악하기

◆ 보어는 시험에 매번 출제되며, 그중 특히 정도보어 관련 문제가 가장 자주 출제된다.
◆ 우리말 해석으로는 정답을 찾는 데 한계가 있으므로, 보어의 종류에 따른 어순과 문장 형태를 반드시 숙지해야 한다.

● 제1부분 예제

| 谈得 | 他们 | 愉快 | 十分 |

정답&풀이

| 인칭대사 | 동사+조사 | 부사 | 형용사 |
| 他们 | 谈得 | 十分 | 愉快。| 그들은 매우 유쾌하게 이야기한다. [동사(谈)+得+정도부사(十分)+형용사(愉快)]
| 주어 | 술어+得 | | 정도보어 |

STEP 1 정도보어를 이끄는 조사 '得'와 함께 있는 동사 '谈'이 술어가 되며, 형용사 '愉快'가 정도부사 '十分'과 함께 정도보어로 쓰였다.

STEP 2 '他们'은 문장의 주어로 쓰였다.

★ 谈 tán 동 이야기하다 | ★ 十分 shífēn 부 매우, 아주 | ★ 愉快 yúkuài 형 유쾌하다

STEP 2 내공 쌓기

'보어'란 문장에서 주어와 술어만으로는 뜻이 불완전한 경우, 문장의 서술이 완전해지도록 술어 뒤에서 의미를 보충하는 성분이다. 보어는 '술어+보어' 순서로 쓰이며, 나타내는 의미에 따라 정도보어, 결과보어, 방향보어, 가능보어, 수량보어 등으로 분류된다. 여기에서는 보어의 종류와 각각의 특징을 간단히 살펴보고, 'p.248~p.269'에서 각각의 보어에 대해 더 자세히 공부하도록 하자.

1 정도보어

형용사나 동사 뒤에 붙어 상태나 동작이 어느 정도에 도달했는지를 나타내며, 동작 및 상태의 묘사, 설명, 평가 등을 나타내기도 한다.

명사	형용사	부사+조사
地铁	方便	极了。 지하철은 매우 편리하다.
주어	술어	정도보어

대사+명사+조사	명사	동사+조사	정도부사	형용사
你女儿的	汉语	说得	很	不错。 네 딸은 중국어를 꽤 잘하네.
관형어+的	주어	술어+得		정도보어

地铁 dìtiě 뎡 지하철 | 方便 fāngbiàn 혱 편리하다 | 极 jí 퇹 매우, 몹시 | 不错 búcuò 혱 잘하다

2 결과보어

동사 뒤에 붙어 동작을 통한 결과가 어떠한지, 행동의 대상이 누구인지 등을 나타내는 보어이다.

동사	동사	조사		동사	형용사	조사
吃	完	了 다 먹었다		吃	光	了 남김없이 먹었다
술어	결과보어	了		술어	결과보어	了

동사	개사	명사		동사	개사	형용사+명사
发	给	经理 사장에게 보내다		出生	在	小城市 작은 도시에서 태어나다
술어	결과보어			술어	결과보어	

★光 guāng 혱 아무것도 없이 텅비다 | 发 fā 통 보내다 | 经理 jīnglǐ 뎡 사장 | ★出生 chūshēng 통 태어나다 | 城市 chéngshì 뎡 도시

3 방향보어

방향보어는 술어 뒤에서 동작이 진행되는 방향을 나타낸다. 방향보어에는 방향을 나타내는 동사 '来' '去'등이 쓰이며, 방향보어의 음절에 따라 '단순 방향보어'와 '복합 방향보어'로 나뉜다.

	上	下	进	出	过	回	起
来	上来 올라오다	下来 내려오다	进来 들어오다	出来 나오다	过来 다가오다	回来 돌아오다	起来 일어나다
去	上去 올라가다	下去 내려가다	进去 들어가다	出去 나가다	过去 지나가다	回去 돌아가다	-

→ 단순 방향보어
→ 복합 방향보어

(1) 단순 방향보어
한 글자로 이루어진 단음절 방향보어로 동사 뒤에서 동작의 진행 방향을 나타낸다.

동사 동사
过 来 다가오다
술어 방향보어

동사 동사
走 开 비키다
술어 방향보어

(2) 복합 방향보어
단순방향보어 '来' '去'와 '上' '下' '进' '出' '过' '回' '起'가 결합한 형태이다. 단, '起去'의 형태로는 결합하지 않는다.

동사 동사
拿 出来 꺼내다
술어 방향보어

동사 동사
站 起来 일어서다
술어 방향보어

拿 ná 동 (손으로) 쥐다, 잡다 | 站 zhàn 동 (바로) 서다

4 수량보어

동사 뒤에서 동작이 진행되는 횟수나 지속되는 시간 등을 나타내는 보어로, 동작이 발생한 횟수를 나타내는 '동량보어'와 동작이 지속된 시간을 나타내는 '시량보어'가 있다.

동사+조사 수사+양사
学了 半年 반년을 배웠다
술어+了 시량보어

동사+조사 수사+양사
去过 两次 두 번 가 본 적이 있다
술어+过 동량보어

半 bàn 수 절반

5 가능보어

동사 뒤에 붙어 동작이 어떤 결과나 상황에 도달할 수 있는지 없는지를 나타내는 보어이다. '술어'와 '결과보어/방향보어' 사이에 위치하며, 가능함을 나타낼 때는 '得' 불가능할 때에는 '不'를 사용하여 가능 여부를 나타낸다.

동사 조사 동사
听 得 懂 (들어서) 이해할 수 있다
술어 得 결과보어

동사 부사 동사
听 不 懂 (들어서) 이해할 수 없다
술어 不 결과보어

동사 조사 동사
上 得 去 올라갈 수 있다
술어 得 방향보어

동사 부사 동사
上 不 去 올라갈 수 없다
술어 不 방향보어

> **배운 내용 점검하기**
>
> 1. '보어'란 문장에서 주어와 술어만으로는 뜻이 불완전한 경우, 문장의 서술이 완전해지도록 술어 뒤에서 의미를 보충하는 문장성분이다.
> 2. 보어에는 '정도보어' '결과보어' '방향보어' '수량보어' '가능보어'가 있다.

STEP 3 실력 다지기

1. 小时   聊了   他们   3个
   _____

2. 小说   极了   这本   好看
   _____

3. 你先   一下   请   调查
   _____

4. 毛巾   别把   椅子上   挂在
   _____

5. 材料   吗   寄   还没   过来
   _____

6. 真   您孙子   不错   钢琴   弹得
   _____

7. 家具   客厅里的   下去   搬   不
   _____

8. 把今天的作业   完了   都做   弟弟
   _____

21 보어(2) 정도보어

Day 23

기초 실력 확인하기 | 도식에 정리된 내용에 관해 얼마나 상세히 알고 있는지 스스로 확인해 보세요.

很 hěn 튀 매우 | 不得了 bùdéliǎo 혱 매우 심하다 | 极了 jíle 튀 매우, 아주 | 死了 sǐle 정도가 심함을 나타냄 |
坏了 huàile 정도가 심함을 나타냄 | 不 bù 튀 ~가 아니다

STEP 1 유형 파악하기

◆ 보어 중 출제 빈도가 가장 높다. 정도보어의 기본 어순 '술어+得+정도보어(정도부사+형용사)'를 반드시 외우자.
◆ 정도보어로 자주 출제되는 형용사가 있다. 빈출 형용사는 함께 자주 쓰이는 '술어'와 같이 익히자.

● 제1부분 예제

| 完成 | 这个任务 | 很顺利 | 得 |

정답&풀이

지시대사+양사+명사 / 동사 / 조사 / 부사+형용사
这个任务　完成　得　很顺利。 이 임무는 매우 순조롭게 완수했다. [동사(完成)+得+정도부사(很)+형용사(顺利)]
관형어+주어　　술어　得　정도보어

STEP 1　동사 '完成'이 문장의 술어가 되고 정도보어를 이끄는 조사 '得'가 술어 뒤에 위치한다. 형용사 '顺利'가 정도 부사 '很'과 결합되어 정도보어로 조사 '得' 뒤에 위치한다.

STEP 2　명사 '任务'가 문장의 주어가 된다. '任务完成(임무가 완성되다)'은 짝꿍 표현으로 함께 외우자.

★任务 rènwu 명 임무, 책무 | 完成 wánchéng 동 완수하다, 끝내다 | ★顺利 shùnlì 형 순조롭다

STEP 2 내공 쌓기

정도보어는 술어 뒤에서 상태나 동작이 어느 정도에 도달했는지를 나타내며, 동작이나 상태의 묘사, 설명, 평가 등을 나타내기도 한다.

1 기본 형식

(1) 긍정형

① 주어+술어+得+정도보어

정도보어를 쓴 문장의 기본 형식은 '주어+동사 술어+得+정도보어'와 '주어+형용사 술어+得+정도보어'이다. 일반적으로 정도보어로는 '정도부사+형용사' 형태가 많이 쓰이나, 각종 구나 절, 의문사 등 여러 형태로도 쓰인다.

대사+조사+명사	동사+조사	정도부사	형용사
我们的计划	进行得	很	顺利。
관형어+的+주어	술어+得		정도보어

우리의 계획은 순조롭게 진행되었다.

대사	형용사+조사	동사+명사
她	伤心得	掉下了眼泪。
주어	술어+得	정도보어

그녀는 슬퍼서 눈물을 흘렸다.

★ 计划 jìhuà 명 계획 | ★ 进行 jìnxíng 동 진행하다 | ★ 顺利 shùnlì 형 순조롭다 | ★ 伤心 shāngxīn 형 슬퍼하다 | ★ 掉 diào 동 떨어지다, 떨어뜨리다 | 眼泪 yǎnlèi 명 눈물

② 주어+(동사 술어)+목적어+동사 술어+得+정도보어

술어로 쓰인 동사가 목적어를 취하는 경우에는 '주어+(동사 술어)+목적어+동사 술어+得+정도보어' 형식으로, 술어로 쓰인 동사를 '得' 앞에 한 번 더 반복해 주는 형태로 사용한다. 단, 동사를 생략한 형태로 쓰려는 경우에는 반드시 첫 번째로 쓰인 동사를 생략해야 한다.

대사	동사	명사	동사	조사	정도부사	형용사
他	(说)	汉语	说	得	很	流利。
주어	(술어)	목적어	술어	得		정도보어

그는 중국어를 유창하게 말한다.

★ 流利 liúlì 형 유창하다

(2) 부정형: 주어+술어+得+不+형용사

정도보어는 술어의 정도나 상태를 설명하는 문장이기 때문에, 부정부사 '不'는 술어 앞에 쓰이는 것이 아니라, 정도를 나타내는 형용사 앞에 쓰인다.

	명사	동사+조사	부정부사	형용사
朋友不说得清楚。(×) →	朋友	说得	不	清楚。
	주어	술어+得		정도보어

친구가 말을 분명하게 하지 않았다.

	명사+명사+조사+명사	동사+조사	부정부사	형용사
王教授的签证不办得顺利。(×) →	王教授的签证	办得	不	顺利。
	관형어+的+주어	술어+得		정도보어

왕(王) 교수의 비자는 순조롭게 처리되지 않았다.

清楚 qīngchu 형 분명하다 | ★ 教授 jiàoshòu 명 교수 | ★ 签证 qiānzhèng 명 비자 | 办 bàn 동 처리하다

(3) 의문형

① '吗'의문문: 술어+得+형용사+吗?

문장 끝에 어기조사 '吗'를 붙여 질문하는 유형으로, 이때는 형용사 앞에 정도부사를 쓰지 않는다.

他说得好吗? 그는 말을 잘하나요?   这句话翻译得对吗? 이 말은 번역이 맞게 되었나요?

句 jù 양 마디, 편 [언어나 시문을 세는 단위] | ★ 翻译 fānyì 동 번역하다

② 정반의문문: 술어+得+형용사+不+형용사?

긍정형과 부정형을 함께 써서, '得' 뒤의 형용사를 정반의문문 형식으로 만든다.

他说得好不好? 그는 말을 잘하나요 못하나요?   这句话翻译得对不对? 이 말은 번역이 맞나요 맞지 않나요?

③ 의문사의문문
'得' 뒤에서 '怎么样'으로 평가를 묻거나 '哪' '什么' '谁' 등으로 구체적인 내용을 물어볼 수 있다.

他说得怎么样? 그는 말하는 것이 어떤가요?　　**哪句话翻译得对?** 어떤 말이 번역이 맞나요?

2 기타 형식

(1) 주어+술어 [형용사 / 심리활동동사]+得+很 / 不行 / 不得了 / 要命 / 要死

'很' '不行' '不得了' '要命' '要死' 등의 어휘가 구조조사 '得'와 함께 쓰여, '상태나 정도가 심함'을 나타낸다. 특히 '要命' '要死'는 '정도가 극히 심함'을 나타내며, '不行' '要命' '要死'는 주로 부정적이고 소극적인 형용사에 쓰인다.

대사	명사	형용사	조사	부사	
他	最近	忙	得	很。	그는 요즘 매우 바쁘다.
주어	부사어	술어	得	정도보어	

	명사	형용사	조사	부사	
	孩子	懒	得	不行。	아이는 너무 게으르다.
	주어	술어	得	정도보어	

不得了 bùdéliǎo 형 (정도가) 심하다 | 最近 zuìjìn 명 요즘, 최근 | ★懒 lǎn 형 게으르다 | 不行 bùxíng 부 (정도가) 매우 심하다, 견딜 수 없다

(2) 주어+술어 [형용사 / 심리활동동사]+极了 / 死了 / 坏了

술어 뒤에 최상급 표현인 '极了' '死了' '坏了' 등의 어휘가 쓰여, '정도가 심함'을 나타낸다. 이때 구조조사 '得'는 같이 쓰지 않는다. '死了'와 '坏了'는 보통 부정적이고 소극적인 형용사에만 쓰인다. 최상급 표현인 '极了' '死了' '坏了'를 사용한 정도보어는 일반적으로 의문문에서는 사용되지 않는다.

대사+조사+명사	형용사	부사+조사	
这里的风景	美	极了。	이곳의 풍경은 매우 아름답다.
관형어+的+주어	술어	정도보어	

지시대사+양사+명사	형용사	형용사+조사	
这家咖啡厅	吵	死了。	이 카페는 시끄러워 죽겠다.
관형어+주어	술어	정도보어	

这里 zhèlǐ 대 이곳, 여기 | 风景 fēngjǐng 명 풍경 | 美 měi 형 아름답다 | 家 jiā 양 [집·점포·공장 등을 세는 단위] | 咖啡厅 kāfēitīng 명 카페 | 吵 chǎo 형 시끄럽다

> **배운 내용 점검하기**
>
> 1. 정도보어는 술어 뒤에서 상태나 동작이 어느 정도에 도달했는지를 보충 설명한다.
> 2. 정도보어의 긍정형 기본 어순은 '주어+술어+得+정도보어'이다.
> 3. 목적어가 있는 경우 어순은 '주어+(술어)+목적어+술어+得+정도보어'이다.
> 4. 정도보어의 부정형 기본 어순은 '주어+술어+得+不+형용사'이다.

STEP 3 실력 다지기

Day 23

1. 热闹 这次 极了 活动
   _____

2. 说得 她的 特别 普通话 标准
   _____

3. 下得 及时 这场雨 真
   _____

4. 非常 女儿 厉害 咳嗽 得
   _____

5. 不行 困 孩子现在 得
   _____

6. 把窗户 很干净 丈夫 擦得
   _____

7. 很愉快 幽默 变得 能让 谈话
   _____

8. 这个消息 哭了 母亲听到 激动得
   _____

해설서 p.216

22 보어(3) 결과보어

Day 24

기초 실력 확인하기 | 도식에 정리된 내용에 관해 얼마나 상세히 알고 있는지 스스로 확인해 보세요.

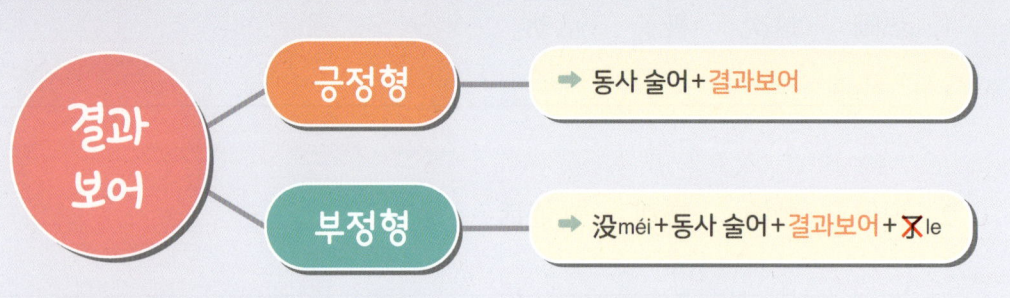

STEP 1 유형 파악하기

◆ 형용사뿐만 아니라 동사도 결과보어로 자주 쓰이므로, 문장의 술어로 쓰인 동사와 결과보어로 쓰인 동사를 구분할 수 있어야 한다.
◆ 술어와 결과보어 사이에는 다른 문장성분이 들어갈 수 없다. 특히, 동태조사 '了'의 위치에 주의하자.

● 제1부분 예제

| | 这盒 | 牙膏已经 | 了 | 用 | 光 | |

정답&풀이

지시대사+양사	명사+부사	동사	형용사	조사		
这盒	牙膏已经	用	光	了。	이 치약은 이미 다 썼다.	[동사(用)+光+了]
관형어	주어+부사어	술어	결과보어	了		

STEP 1 형용사 '光'은 동사 '用' 뒤에 쓰여 '조금도 남지 않았음'을 나타내는 결과보어로 쓰였으며, 조사 '了'는 문장 끝에 쓰인다.

STEP 2 명사 '牙膏'가 주어로 문장 앞에 오며, 양사 '盒'는 명사 '牙膏' 앞에 위치한다.

★盒 hé 양 갑 [작은 상자를 셀 때 쓰임] | 牙膏 yágāo 명 치약 | 已经 yǐjing 부 이미 ['已经……了'의 형태로 자주 쓰임] | 用 yòng 동 쓰다, 사용하다 | ★光 guāng 형 조금도 남지 않다 [주로 보어로 쓰임]

STEP 2 내공 쌓기

결과보어는 동작이 진행된 후의 동작이나 상태의 결과가 어떠한지 나타내며, '동사' '형용사' '개사구'가 결과보어로 쓰인다. 결과보어의 기본 형식을 살펴보고, 결과보어로 많이 쓰이는 동사와 형용사들의 종류와 특징을 알아보자.

1 결과보어의 기본 형식

(1) 긍정형: 동사 술어+결과보어

결과보어는 동작의 결과를 나타내기 때문에, 보통 완료를 나타내는 '了'가 함께 쓰인다. 동사와 결과보어 사이에는 '了' '着' '过' 등 어떠한 성분도 들어갈 수 없다.

동사	동사	조사			동사	형용사	조사	
买	完	了	다 샀다		卖	光	了	남김없이 다 팔았다
술어	결과보어	了			술어	결과보어	了	

동사	개사	명사			동사	동사+조사	명사+명사	
发	给	经理	사장에게 보내다		放	在了	床上	침대 위에 놓았다
술어	결과보어				술어	결과보어		

买 mǎi 동 사다 | 卖 mài 동 팔다, 판매하다 | ★光 guāng 형 하나도 남지 않다 | 发 fā 동 보내다 | 经理 jīnglǐ 명 사장 | 放 fàng 동 놓다 | 床 chuáng 명 침대

(2) 부정형: 没+동사 술어+결과보어

결과보어를 부정할 때는 보통 과거를 부정하는 부정부사 '没'가 쓰인다.

부정부사	동사	동사			부정부사	동사	형용사	
没	听	到	못 들었다		没	擦	干净	깨끗이 닦지 않았다
没	술어	결과보어			没	술어	결과보어	

부정부사	동사	개사+명사+명사			부정부사	동사	개사+명사+명사	
没	发	到手机上	휴대폰에 보내지 않았다		没	掉	在地上	바닥에 떨어지지 않았다
没	술어	결과보어			没	술어	결과보어	

到 dào 동 (동사 뒤에 쓰여) ~했다 | ★擦 cā 동 (천·수건 등으로) 닦다 | 干净 gānjìng 형 깨끗하다 | ★掉 diào 동 떨어지다 | 地 dì 명 바닥

(3) 의문형

① '吗' 의문문

평서문 문장 끝에 의문을 나타내는 어기조사 '吗'를 붙여 의문형을 만들 수 있다.

동사	동사+조사	조사			동사	형용사+조사	조사	
看	懂了	吗?	(보고) 이해했어요?		猜	对了	吗?	알아맞혔어요?
술어	결과보어+了	吗			술어	결과보어+了	吗	

동사	개사+대사+조사	조사			동사	개사+명사+명사	조사	
送	给他了	吗?	그에게 선물했어요?		扔	在垃圾桶里了	吗?	쓰레기통 안에 버렸어요?
술어	결과보어+了	吗			술어	결과보어+了	吗	

★猜 cāi 동 추측하다 | ★扔 rēng 동 내버리다 | ★垃圾桶 lājītǒng 명 쓰레기통

② 정반의문문

'술어+결과보어+没+술어+결과보어'의 어순으로 정반의문문을 나타낼 수 있고, 회화에서는 자주 '술어+결과보어+了没有'의 형태로 쓰인다.

找到没找到? 찾았어요? = 找到了没有?

翻译错没翻译错? 번역이 틀렸나요? = 翻译错了没有?

의문문에 대한 대답은 다음과 같다.

긍정 → 找到了。 찾았어요.　　　　　　翻译错了。 번역이 틀렸어요.
부정 → 没找到。 못 찾았어요.　　　　　没翻译错。 번역이 틀리지 않았어요.

找 zhǎo 동 찾다 | ★翻译 fānyì 동 번역하다 | 错 cuò 동 틀리다

2 주요 결과보어

(1) 결과보어로 자주 쓰이는 동사

完 wán	완료, 완성을 의미한다.
	工作做完了 일을 다 했다 | 作业写完了 숙제를 다 했다
	我有些工作没做完。 나는 몇 가지 일을 끝내지 못했다.
到 dào	목적이 달성됐거나 어떤 지점에 도달했음을 나타낸다.
	收到了短信 문자를 받았다 | 交到了朋友 친구를 사귀었다
	今天我交到了新朋友。 오늘 나는 새 친구를 사귀었다.
着 zháo	동작이 어떤 목적이나 결과에 도달했음을 나타낸다.
	睡着了 잠들었다 | 找着了 찾았다
	孩子已经睡着了。 아이는 이미 잠들었다.
懂 dǒng	이해하게 됨을 나타낸다.
	看懂了英文 영어를 (보고) 이해했다 | 听懂了他的话 그의 말을 (듣고) 알아들었다
	儿子看懂了新闻。 아들은 뉴스를 (보고) 이해했다.
见 jiàn	시각이나 청각 등으로 대상을 감지함을 나타낸다.
	听见了 들었다 | 看见了 보았다
	我早上没听见手机的响声。 나는 아침에 휴대폰 소리를 듣지 못했다.
成 chéng	변화하여 다른 것이 됨을 나타낸다.
	翻译成中文 중국어로 번역하다 | 变成了另一个人 다른 사람으로 변했다
	请把这篇文章翻译成中文。 이 문장을 중국어로 번역해 주세요.
掉 diào	제거 또는 사라짐을 나타낸다.
	吃掉了 먹어 치웠다 | 扔掉了 버렸다
	我把以前的东西都扔掉了。 나는 예전의 물건을 모두 버렸다.

住 zhù	동작의 고정이나 정착을 의미한다.
	请记住 기억해 주세요 ǀ 抓住了 붙잡았다
	请记住今天学过的内容。 오늘 배운 내용을 기억해 주세요.
醒 xǐng	어떠한 행동이나 영향으로 잠에서 깸을 나타낸다.
	睡醒了 잠에서 깼다 ǀ 吵醒了 시끄러워서 깼다
	他被外面的敲门声吵醒了。 그는 바깥의 문 두드리는 소리에 잠에서 깼다.
走 zǒu	어떤 행동을 하며 떠나는 것을 나타낸다.
	借走了 빌려 갔다 ǀ 搬走了 이사 갔다
	自行车被小明借走了。 자전거는 샤오밍[小明]이 빌려 갔다.

作业 zuòyè 명 숙제 ǀ ★收 shōu 동 받다 ǀ ★短信 duǎnxìn 명 문자 메시지 ǀ ★交 jiāo 동 사귀다 ǀ 睡 shuì 동 (잠을) 자다 ǀ 英文 Yīngwén 고유 영어, 영문 ǀ 新闻 xīnwén 명 뉴스 ǀ 响声 xiǎngshēng 명 소리 ǀ 中文 Zhōngwén 고유 중국어 ǀ 变 biàn 동 (성질·상태가) 변하다, 바뀌다 ǀ 另 lìng 대 다른 ǀ 把 bǎ 개 ~를 [처치의 결과를 나타냄] ǀ ★篇 piān 양 편, 장 [문장·종이 등을 세는 단위] ǀ ★文章 wénzhāng 명 문장 ǀ ★扔 rēng 동 버리다, 던지다 ǀ 以前 yǐqián 명 예전, 이전 ǀ 记 jì 동 기억하다 ǀ 抓 zhuā 동 꽉 쥐다 ǀ 内容 nèiróng 명 내용 ǀ 吵 chǎo 형 시끄럽다 ǀ 外面 wàimiàn 명 바깥, 밖 ǀ 敲门 qiāomén 동 문을 두드리다 ǀ 声 shēng 명 소리 ǀ 借 jiè 동 빌리다 ǀ 搬 bān 동 이사하다 ǀ 自行车 zìxíngchē 명 자전거

(2) 결과보어로 자주 쓰이는 형용사

好 hǎo	완성, 만족스러운 정도에 이르렀음을 의미한다.
	收拾好了 정리를 잘했다 ǀ 桌子排好了 탁자를 잘 배치했다
	我的房间收拾好了。 나의 방을 잘 정리했다.
错 cuò	행동의 결과가 틀렸음을 나타낸다.
	看错了 잘못 봤다 ǀ 说错了 잘못 얘기했다
	我早上看错人了。 나는 아침에 사람을 잘못 봤다.
光 guāng	조금도 남지 않은 상태를 의미한다.
	吃光了 싹 먹어 치웠다 ǀ 叶子掉光了 낙엽이 다 떨어졌다
	我的巧克力被妹妹吃光了。 내 초콜릿을 여동생이 다 먹어 버렸다.

★收拾 shōushi 동 정리하다 ǀ 排 pái 동 배열하다 ǀ 房间 fángjiān 명 방 ǀ ★叶子 yèzi 명 잎 ǀ ★掉 diào 동 떨어지다 ǀ ★巧克力 qiǎokèlì 명 초콜릿 ǀ 被 bèi 개 ~에 의해, ~에게 [피동을 나타냄]

(3) 결과보어로 자주 쓰이는 개사

在 zài	**동사+在+장소/시간**
	행동이 일어나는 장소를 의미하며, 주로 장소를 나타내는 목적어가 뒤에 온다.
	住在北京 베이징에 살다 ǀ 躺在床上 침대에 눕다
	我从去年到现在一直住在北京。 나는 작년부터 지금까지 계속 베이징에 산다.

往 wǎng	**동사+往+장소** 행동이 향하는 목적지를 나타내며, 장소가 목적어로 쓰인다. 开往上海 상하이로 (운전해서) 가다 | 飞往西安 시안으로 (비행기가 운행해) 가다 飞往北京的乘客已经都登机了。 베이징으로 가는 승객은 이미 모두 비행기에 탑승했다.
向 xiàng	**동사+向+장소** 동작의 방향을 나타내며, 장소가 목적어로 쓰인다. 走向世界 세계로 걸어 나아가다 | 飞向蓝天 파란 하늘로 날아가다 小鸟飞向蓝天。 작은 새가 파란 하늘로 날아간다.
到 dào	**동사+到+장소/시간** 목적의 달성이나 어떤 지점에 도달했음을 나타낸다. 发到网上 인터넷에 올리다 | 送到医院 병원으로 보내다 请把资料发到我的电子邮箱里。 자료를 제 이메일로 보내 주세요.
于 yú	**동사+于+장소/시간/대상** 동작이 이루어지는 시간이나 장소를 나타내며, 동작의 대상, 기점 등을 나타낸다. 出生于首尔 서울에서 태어났다 | 有助于健康 건강에 도움이 된다 那位演员出生于19世纪末。 저 배우는 19세기 말에 태어났다.
自 zì	**동사+自+시작점** 동작의 출처를 나타낸다. 来自各国 각국에서 오다 | 选自《人民日报》 〈인민일보〉에서 발췌하다 她来自一个美丽的海边城市。 그녀는 아름다운 해변 도시에서 왔다.
给 gěi	**동사+给+대상** 행동의 대상을 나타내며, 주로 사람이 목적어로 쓰인다. 送给朋友 친구에게 선물해 주다 | 寄给母亲 어머니께 부치다 这盒巧克力是男朋友送给我的。 이 초콜릿 상자는 남자 친구가 나에게 선물로 준 것이다.

★躺 tǎng 동 눕다 | 开 kāi 동 운전하다 | 上海 Shànghǎi 고유 상하이 | 飞 fēi 동 (비행기 등이) 날다 | 西安 Xī'ān 고유 시안 | 乘客 chéngkè 명 승객 | 登机 dēngjī 동 비행기에 탑승하다 | 世界 shìjiè 명 세계 | 蓝天 lán tiān 푸른 하늘 | 小鸟 xiǎoniǎo 작은 새 | 网 wǎng 명 인터넷 | 资料 zīliào 명 자료 | 电子邮箱 diànzǐ yóuxiāng 명 이메일함 | 首尔 Shǒu'ěr 고유 서울 | 健康 jiànkāng 형 건강하다 | ★演员 yǎnyuán 명 배우 | 各国 gè guó 각국 | 选 xuǎn 동 선택하다 | 人民 rénmín 명 인민 | 日报 rìbào 명 일보, 일간지 | ★美丽 měilì 형 아름답다 | 海边 hǎibiān 명 해변 | ★寄 jì 동 부치다 | ★母亲 mǔqīn 명 어머니 | 盒 hé 양 상자 [상자에 담긴 것을 세는 단위] | 男朋友 nánpéngyou 남자 친구

배운 내용 점검하기

1. 결과보어는 동작이 진행된 후의 동작이나 상태의 '결과'가 어떠한지를 보충 설명한다.
2. 결과보어의 긍정형 기본 어순은 '동사 술어+결과보어'이다.
3. 결과보어의 부정형 기본 어순은 '没+동사 술어+결과보어'이다.

STEP 3 실력 다지기

Day 24

1. 已经   好了   收拾   客厅

2. 飞   上海   这趟航班   往

3. 要   这些树的   掉   光了   叶子

4. 那位   于   19世纪末   作家出生

5. 镜子   破了   被打   卫生间里的

6. 亚洲   我们班的   来自   大部分留学生

7. 国际机场   降落   父亲乘坐的飞机   在了

8. 乱   房间被   了   刚整理好的   弄

→ 해설서 p.219

23 보어(4) 방향보어

쓰기 제1부분 | Day 25

기초 실력 확인하기 | 도식에 정리된 내용에 관해 얼마나 상세히 알고 있는지 스스로 확인해 보세요.

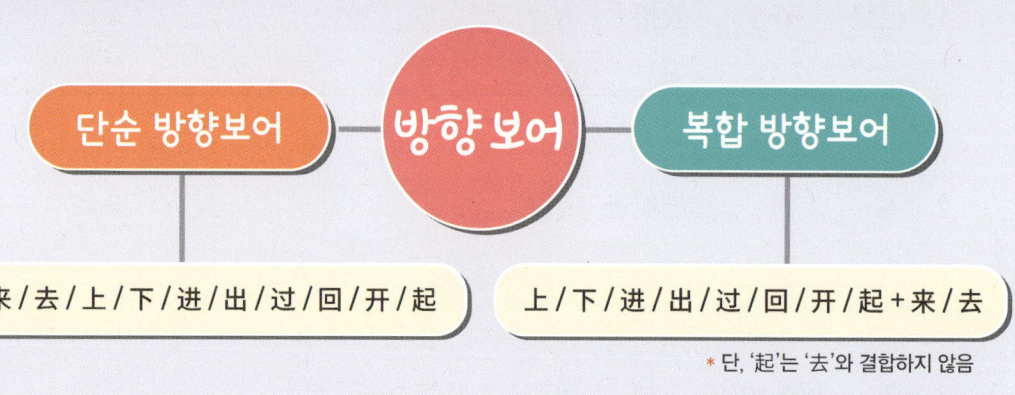

来 lái 동 오다 | 去 qù 동 가다 | 上 shàng 동 오르다 | 下 xià 동 내리다 | 进 jìn 동 들어오다 | 出 chū 동 나가다 | 过 guò 동 지나다 | 回 huí 동 되돌아오다 | 开 kāi 동 열다 | 起 qǐ 동 일어나다

STEP 1 유형 파악하기

◆ '방향보어'와 '목적어'의 배열 순서를 알아야 풀 수 있는 문제가 자주 출제된다. 특히, 장소 목적어는 장소가 '来' '去' 앞에 위치한다는 것을 꼭 기억하자.

◆ 방향보어의 파생 용법도 자주 등장하니 그 의미와 용법까지 잘 익혀 두어야 한다.

● 제1부분 예제

| 听起来 | 并 | 简单 | 不 | 这件事 |

정답&풀이

지시대사+양사+명사	동사+동사	부사	부사	형용사
这件事	听起来	并	不	简单。	이 일은 듣기에 결코 간단하지 않다.	[동사(听)+방향보어(起来)]
관형어+주어	부사어			술어

STEP 1 '起来'는 예측, 평가의 의미를 나타내는 말로, '听' 뒤에 붙으면 '듣자 하니'라는 의미를 나타낸다. 술어 앞에 위치해 부사어 역할을 한다.

STEP 2 평가하는 내용인 '简单'이 술어로 쓰였으며, 부사 '并'과 '不'는 술어 앞에 위치해 술어를 직접 수식한다. 부사가 여러 개일 경우 일반적으로 부정부사는 일반부사보다 뒤에 위치해 술어 바로 앞에 쓰인다.

件 jiàn 양 벌, 개, 건 [일·사건·옷 등을 세는 단위] | 事 shì 명 일 | 听 tīng 동 듣다 | 起来 qǐlai 동 동사와 함께 쓰여 추측의 의미를 나타냄 | 并 bìng 부 결코, 전혀, 조금도, 그다지, 별로 [부정사 앞에 쓰여 부정의 어투 강조] | 简单 jiǎndān 형 간단하다

STEP 2 내공 쌓기

방향보어는 주로 동사 뒤에 위치해 동작의 방향을 나타내는 보어로, 단순히 동작의 방향을 나타내는 의미로 쓰이기도 하고, 동작의 방향에서 파생된 의미로 쓰이기도 한다. 방향보어는 문장의 목적어가 무엇인지에 따라 배열 위치가 달라진다는 점을 주의하여, 각각의 경우의 배열 순서를 반드시 외우도록 한다.

1 방향보어의 분류

방향보어는 방향동사의 음절에 따라 '단순 방향보어'와 '복합 방향보어'로 나뉜다.

	上	下	进	出	过	回	起
来	上来 올라오다	下来 내려오다	进来 들어오다	出来 나오다	过来 다가오다	回来 돌아오다	起来 일어나다
去	上去 올라가다	下去 내려가다	进去 들어가다	出去 나가다	过去 지나가다	回去 돌아가다	-

→ 단순 방향보어
→ 복합 방향보어

(1) 단순 방향보어

1음절 동사(来/去/上/下/进/出/过/回/开/起)가 술어 뒤에서 방향을 나타내는 경우로, 조사 '了'는 방향보어 뒤에 쓰인다.

명사 동사 동사 조사
弟弟 回 来 了。 남동생이 돌아왔다.
주어 술어 방향보어 了

拿 ná 동 (손으로) 가지다, 잡다

대사 동사 동사 조사
你 拿 去 吧。 네가 가지고 가.
주어 술어 방향보어 吧

(2) 복합 방향보어

단순 방향보어(上/下/进/出/过/回/开/起)가 '来' '去'와 결합하여 술어 뒤에서 방향을 나타내는 경우로, 조사 '了'가 술어 뒤에 쓰일 수 있다.

명사 동사 동사 조사
爸爸 走 进来 了。 아빠가 걸어 들어오셨다.
주어 술어 방향보어 了

进来 jìnlai 동 들어오다

대사 동사 조사 동사
姐姐 站 了 起来。 언니가 일어섰다.
주어 술어 了 방향보어

> **tip 방향보어의 성조**
> 방향보어는 보통 회화에서 경성으로 읽는 경향이 있다. 상황, 어기 등에 따라 성조를 넣어 발음하기도 한다.

2 방향보어의 기본 의미와 파생 의미

방향보어는 기본적으로 동작의 방향을 나타내지만, 동작의 방향에서 파생된 의미로도 많이 쓰인다. 방향보어가 나타내는 기본 의미를 정확히 파악하고, 자주 나오는 파생 의미도 함께 익혀야 한다.

(1) 단순 방향보어
① 기본 의미

来/去 lái/qù	화자를 기준으로 가까워지는 것을 '来', 멀어지는 것을 '去'로 나타냄	拿来 가지고 오다 | 带来 데리고 오다 跑去 뛰어가다 | 寄去 부쳐 보내다
上/下 shàng/xià	올라가는 방향을 '上', 내려가는 방향을 '下'로 나타냄 ✦	跳上 뛰어 올라가다 | 爬上 기어 오르다 坐下 앉다 | 躺下 눕다
进/出 jìn/chū	어떤 공간에 들어가는 것을 '进', 나오는 것을 '出'로 나타냄 ✦	走进 걸어 들어가다 | 放进 안으로 넣다 走出 걸어 나오다 | 搬出 이사 가다
过 guò	어떤 공간을 지나가는 것을 나타냄	走过 걸어 지나가다 | 穿过 거쳐 지나가다
回 huí	원래의 자리로 돌아가는 것을 나타냄	送回 돌려 보내다 | 放回 돌려 놓다
开 kāi	나누거나 분리됨을 나타냄	打开 열다 | 离开 떠나다
起 qǐ	올라가는 것을 나타내며, '上'과 다르게 장소 목적어가 쓰이지 않음 ✦	抱起 안아 올리다 | 抬起 들어 올리다

带 dài 동 데리다 \| 跑 pǎo 동 뛰다 \| ★寄 jì 동 부치다 \| 跳 tiào 동 뛰다 \| 爬 pá 동 기어오르다 \| ★躺 tǎng 동 눕다 \| 放 fàng 동 넣다 \| 搬 bān 동 이사하다 \| 穿 chuān 동 통과하다 \| 离 lí 동 떠나다 \| ★抱 bào 동 안다 \| ★抬 tái 동 들어올리다

② 주요 파생 의미

上 shàng	시작되어 계속 진행됨	爱上她了 그녀를 사랑하게 되었다
	목적 달성	考上大学 대학에 합격하다
	근접 또는 합침, 닫힘	关上 닫다/끄다 | 拉上 당기다
下 xià	일정한 수량의 수용	能放下两张床 침대 두 개를 놓을 수 있다
	고정됨 ✦	记下 적어 두다 | 留下 남기다 | 停下 멈추다
	분리, 이탈됨	脱下衣服 옷을 벗다
过 guò	방향이 전환됨	转过头 고개를 돌리다 | 掉过头 차가 유턴하다
出 chū	없는 상태에서 결과가 생김	想出办法 방법을 생각해 내다 说出心里话 속마음을 말하다
起 qǐ	동작을 통해 새로운 상태로 진행됨	聊起 이야기하기 시작하다 | 怀疑起 의심하기 시작하다

考 kǎo 동 시험을 보다 \| 大学 dàxué 명 대학 \| 关 guān 동 닫다 \| ★拉 lā 동 당기다 \| 张 zhāng 양 장, 개 [책상이나 탁자 등을 세는 단위] \| 床 chuáng 명 침대 \| 记 jì 동 적다 \| 留 liú 동 남기다 \| 停 tíng 동 멈추다 \| 脱 tuō 동 벗다 \| ★转 zhuǎn 동 돌다 \| 头 tóu 명 머리 \| ★掉 diào 동 방향을 바꾸다 \| 办法 bànfǎ 명 방법 \| 心里话 xīnlihuà 명 속마음, 진담 \| 聊 liáo 동 잡담하다 \| ★怀疑 huáiyí 동 의심하다

(2) 복합 방향보어
① 기본 의미
복합 방향보어 끝에 오는 '来·去'는 화자의 기준으로 가까워지고 멀어지는 동작의 진행 방향을 나타내며, 각각 '~오다', '~가다' 라고 해석할 수 있다.

上来/上去 shànglai/shàngqu	동작의 방향이 위로 향하며, 화자와 가까워지거나 멀어짐	走上来 걸어 올라오다 | 爬上去 기어 올라가다
下来/下去 xiàlai/xiàqu	동작의 방향이 아래로 향하며, 화자와 가까워지거나 멀어짐	跑下来 뛰어 내려가다 | 走下去 걸어 내려가다
进来/进去 jìnlai/jìnqu	어떤 공간으로 들어가는 동작이 화자 쪽으로 행해지거나 반대로 이루어짐	搬进来 이사해 들어오다 | 推进去 밀어 넣다
出来/出去 ◆ chūlai/chūqu	어떤 공간에서 나오는 동작이 화자 쪽 으로 행해지거나 반대로 이루어짐	走出来 걸어 나오다 | 寄出去 부쳐 보내다
回来/回去 huílai/huíqu	원래의 장소로 되돌아오며 화자와 가까워지거나 멀어짐	带回来 챙겨 돌아오다 | 送回去 돌려보내다
过来/过去 ◆ guòlai/guòqu	화자의 방향으로 어떤 장소를 거쳐 옴	拿过来 가지고 건너 오다 | 寄过来 부쳐 보내오다
开来/开去 kāilai/kāiqu	분리되는 동작이 화자 쪽으로 행해지거나 반대로 이루어짐	传开来 (소식이) 퍼져오다 | 散开去 흩어지다
起来 qǐlai ◆	동작이 아래에서 위로 향함	站起来 일어서다

★ 推 tuī 동 밀다 \| 带 dài 동 지니다 \| 传 chuán 동 퍼지다 \| 散 sǎn 동 흩어지다

② 주요 파생 의미

起来 qǐlai	평가, 예측, 시도를 나타냄 ◆	看起来 보기에 | 吃起来 먹기에
	동작 및 상태가 시작되며 지속됨	忙起来 바빠지다 | 哭起来 울기 시작하다
	(잊고 있었던 것을) 기억해 냄	想起来 기억이 나다
	분산된 상태에서 집중됨	包起来 포장하다
下去 xiàqu	'계속 ~할 것이다'라는 뜻으로, 미래까지 상황이 계속 이어짐	读下去 쭉 읽다 | 说下去 계속 말하다 坚持下去 (주장, 의견, 고집 등을) 지속해 나가다
	소극적 의미의 형용사 뒤에 쓰여 부정 적인 방향으로 정도가 계속 심해짐	冷下去 추워지다 | 瘦下去 야위어가다
下来 xiàlai	'계속 ~해 왔다'는 뜻으로, 과거에서 현재까지 동작이 지속됨	传下来 전해 내려오다 坚持下来 (주장, 고집, 의견 등을) 지속해 오다
	동작의 완성이나 결과, 고정을 나타냄	停下来 정지하다 | 留下来 남겨 두다
出来 ◆ chūlai	동작이 완성되거나 실현됨	写出来 써내다 | 打印出来 인쇄하다
	발견, 식별, 인지를 나타냄	认出他来了 그를 알아 보았다
过来/过去 guòlai/guòqu	본래의 정상적인 상태로 돌아오거나 정상적인 상태를 잃는 것	醒过来 (혼미한 상태에서) 깨어나다 晕过去 기절하다

哭 kū 동 (소리 내어) 울다 \| 包 bāo 동 싸다 \| ★坚持 jiānchí 동 지속하다 \| 瘦 shòu 형 여위다, 마르다 \| 写 xiě 동 쓰다 \| ★打印 dǎyìn 동 인쇄하다 \| 认 rèn 동 식별하다 \| ★醒 xǐng 동 깨어나다 \| 晕 yūn 동 기절하다

3 방향보어와 목적어의 위치 ✦

(1) 방향보어 上 / 下 / 进 / 出 / 过 / 回 / 开 / 起

목적어는 방향보어 뒤에 위치한다.

① 술어+방향보어+목적어

妹妹放下了她的书。 여동생은 그녀의 책을 내려놓았다.

我拿起了手机。 나는 휴대폰을 들었다.

(2) '来' '去'가 쓰인 방향보어

'来' '去'가 쓰인 방향보어의 경우, 함께 쓰인 목적어나 동사의 종류에 따라 목적어의 위치가 달라진다.

① 일반 목적어
- 술어+来 / 去+일반 목적어 = 술어+일반 목적어+来 / 去
- 술어+방향보어1+来 / 去+일반 목적어 = 술어+방향보어1+일반 목적어+来 / 去

사물이나 사람을 나타내는 일반적인 목적어는 '来' '去'의 앞과 뒤에 모두 올 수 있다.

我想带去一些水果。 = 我想带一些水果去。 나는 과일을 좀 가져가고 싶다.

弟弟从冰箱里拿出来了矿泉水。 = 弟弟从冰箱里拿出矿泉水来了。 남동생은 냉장고에서 생수를 꺼내왔다.

冰箱 bīngxiāng 명 냉장고 | ★矿泉水 kuàngquánshuǐ 명 생수

② 추상 목적어
- 술어+来 / 去+추상 목적어
- 술어+방향보어1+来 / 去+추상 목적어

추상적인 의미의 목적어일 경우, '来 / 去' 뒤에 위치한다.

学习给我们带来快乐。 공부는 우리에게 즐거움을 가져다준다.

他提出来了几个建议。 그는 몇 가지 제안을 했다.

快乐 kuàilè 형 즐겁다

③ 장소/인칭대사 목적어 ✦
- 술어+장소/인칭대사 목적어+来 / 去
- 술어+방향보어1+장소/인칭대사 목적어+来 / 去

장소나 인칭대사가 목적어로 쓰일 경우, 목적어는 '来' '去' 앞에 위치해야 한다.

他回宿舍去了。 그는 기숙사로 돌아갔다.

老师走进教室来了。 선생님이 교실에 들어오셨다.

我好不容易认出她来了。 나는 가까스로 그녀를 알아보았다.

宿舍 sùshè 명 기숙사 | 好不容易 hǎoburóngyì 가까스로

> **이합동사: 동사A+방향보어1+목적어B+来 / 去**
>
> 쓰인 어휘가 '동사A+목적어B' 형태의 이합동사일 경우, 이합동사 중 목적어B에 해당하는 어휘는 '来' '去' 앞에 위치한다.
>
> 下起雨来 비가 오기 시작하다
>
> 唱起歌来 노래를 부르기 시작하다

배운 내용 점검하기

1. 방향보어는 주로 동사 뒤에 위치해 동작의 방향이나 사물의 활동, 발전 방향을 보충 설명한다. 단순 방향보어, 복합 방향보어 두 가지가 있다.
2. 단순 방향보어: 1음절 방향동사 来/去/上/下/进/出/过/回/开/起
3. 복합 방향보어: 上/下/进/出/过/回/开/起+来·去

STEP 3 실력 다지기

Day 25

1. 了吗   寄   你的   出去   申请书
   _____

2. 很甜   巧克力   吃起来   这种
   _____

3. 留   很深的印象   下了   给我   那位作家
   _____

4. 结果了   你们   讨论   吗   出来
   _____

5. 今天的   他只好   工作   停下
   _____

6. 下来   脏鞋   快把   脱
   _____

7. 起来   女儿   都存了   把零钱
   _____

8. 被母亲   垃圾桶   破袜子   扔进了
   _____

해설서 p.221

24 보어(5) 수량보어 · 가능보어

Day 26

기초 실력 확인하기 | 도식에 정리된 내용에 관해 얼마나 상세히 알고 있는지 스스로 확인해 보세요.

- 수량보어
  - 동량보어
  - 시량보어
- 가능보어
  - 긍정형 ➡ 동사 + 得de + 결과보어/방향보어
  - 부정형 ➡ 동사 + 不bù + 결과보어/방향보어

STEP 1 유형 파악하기

◆ 목적어와 술어의 종류에 따라 달라지는 수량보어와 목적어의 위치에 주의하자.
◆ '가능보어'의 기본 어순을 잘 숙지하고, 가능보어처럼 '得' '不'를 사용하는 '정도보어'와의 차이점을 파악하자.

● 제1부분 예제

一年	我	学了	学汉语

정답&풀이

인칭대사	동사+명사	동사+조사	수사+양사
我	学汉语	学了	一年。
주어	술어1+목적어	술어2+了	수량보어

나는 일 년 동안 중국어를 배웠다. [동사(学)+명사(汉语)+동사(学)+了+시량사(一年)]

STEP 1 목적어가 일반 목적어일 경우 '동사+목적어+동사+了+시량보어'의 어순을 따른다.

STEP 2 인칭대사 '我'가 문장의 주어가 되며, 목적어와 결합된 '学汉语'가 주어 뒤에 위치한다. 조사와 결합한 '学了'가 목적어 뒤에 오고, '一年'이 두 번째 술어 뒤에 위치해 보어 역할을 한다.

学 xué 동 배우다 | 汉语 Hànyǔ 고유 중국어, 한어, 한족의 언어 | 年 nián 양 년, 해

STEP 2 내공 쌓기

1 수량보어

동작의 횟수 또는 동작이 진행된 시간을 나타내는 보어를 '수량보어'라고 하며, 동작이나 시간을 '세는' 표현이므로 '수사+양사'가 수량보어로 쓰인다. 수량보어에는 동작의 횟수를 나타내는 '동량보어'와 동작이 진행된 시간을 나타내는 '시량보어'가 있다. 의미를 보충하는 대상이 '동작'이기 때문에, 목적어 없이 쓰이는 경우가 많다.

(1) 동량보어: 동사 술어+수사+동량사

'동량보어'는 동사 술어 뒤에서 동작이나 행위가 진행되는 횟수를 나타내는 보어이다. 주요 동량사는 본서 p.230에 정리된 것을 참고하자.

他们复习了三遍。 그들은 세 번 복습했다. → 수사+동량사

你介绍一下。 네가 소개 좀 해 줘. → 수사+동량사

复习 fùxí 동 복습하다 | ★遍 biàn 양 번, 차례 [한 동작의 처음부터 끝까지의 전 과정을 가리킴]

동량보어와 자주 쓰이는 동사

查 chá 검사하다	检查 jiǎnchá 검사하다	举办 jǔbàn 거행하다
参观 cānguān 참관하다	收拾 shōushi 정리하다	排列 páiliè 배열하다
说明 shuōmíng 설명하다	复习 fùxí 복습하다	介绍 jièshào 소개하다

(2) 시량보어: 동사 술어+수사+시량사

'시량보어'는 동사 뒤에서 동작이 지속되는 시간을 나타내는 보어이다. 주요 시량사는 본서 p.231에 정리된 것을 참고하자.

我们谈了十分钟。 우리는 10분 동안 이야기했다. → 수사+명사

这次会议进行了两个小时。 이번 회의는 두 시간 동안 진행되었다. → 수사+양사+명사

★谈 tán 동 이야기하다 | 会议 huìyì 명 회의 | ★进行 jìnxíng 동 진행하다

시량보어와 자주 쓰이는 동사

| 读 dú 읽다 | 谈 tán 말하다 | 进行 jìnxíng 진행하다 |

시량보어와 조사 '了'의 활용

지속되는 동작을 나타내는 동사와 시량보어가 함께 쓰인 경우, 술어 뒤에만 '了'를 쓰면 '완료'를 나타내고, 시량보어 뒤, 즉 문장 끝에도 '了'를 추가하면 '지속'을 나타낸다.

我在中国住了两年。 나는 중국에서 2년 살았다. → 완료
(중국에서 2년 동안 살았다는 정보를 전달하며, 현재 살고 있는지는 알 수 없음)

我在中国住了两年了。 나는 중국에서 2년째 살고 있다. → 지속
(중국에서 산 지 2년이 되었고, 현재도 살고 있음을 나타냄)

(3) 수량보어와 목적어
  ① 동량보어의 경우
    '일반 목적어'는 동사와 동량보어 뒤에 위치하고, '대사 목적어'는 동사와 동량보어 사이에 위치한다. '인명'이나 '지명'인 목적어는 동사와 동량보어 사이에 위치하거나 뒤에 위치한다.

    我看了三遍这本小说。 나는 이 소설을 세 번 봤다. → **일반 목적어**

    我见过他几次。 나는 그를 몇 번 본 적이 있다. → **대사 목적어**

    我见了小王两次。＝我见了两次小王。 나는 샤오왕[小王]을 두 번 봤다. → **인명 목적어**

    他去了北京好几次。＝他去了好几次北京。 그는 베이징에 수차례 가 봤다. → **지명 목적어**

    ★小说 xiǎoshuō 명 소설 | 好几 hǎojǐ 수 몇, 여러 [양사·시간명사 앞에 쓰여 많거나 오래 됨을 나타냄]

  ② 시량보어의 경우
    '일반 목적어'일 경우, '동사+일반 목적어+동사+(了)+시량보어' 어순을 따르거나, 일반 목적어 앞에 조사 '的'를 붙여 '동사+(了)+시량보어+(的)+일반 목적어' 어순을 따른다.

    我查词典查了二十分钟。 나는 20분 동안 사전을 뒤졌다.

    我查了二十分钟的词典。 나는 20분 동안 사전을 뒤졌다.

    查 chá 동 검사하다 | 词典 cídiǎn 명 사전

    '대사' 목적어는 동사와 시량보어 사이에 위치하고, '인명 목적어'는 동사와 시량보어 사이에 위치하거나 뒤에 위치한다. '장소 목적어'는 '来' '去' '到' 등 비지속성을 가진 동사와 시량보어 사이에 위치한다.

    我等了他半个小时。 나는 그를 삼십 분 기다렸다. → **대사 목적어**

    老师找了小王半天。＝老师找了半天小王。 선생님은 샤오왕[小王]을 한참 찾으셨다. → **인명 목적어**

    我来中国一年了。 나는 중국에 온 지 1년이 됐다. → **장소 목적어**

    找 zhǎo 동 찾다, 구하다 | 半天 bàntiān 명 한나절

> **이합동사와 수량보어**
> 동사와 명사가 합쳐져 하나의 뜻을 나타내는 '이합동사'는 그 자체로 술목 구조를 갖는다. 이런 이합동사에 수량보어가 쓰일 경우, 수량보어는 이합동사의 동사 성분, 명사 성분 사이에 위치한다.
>
> 见过一次面。 한 번 만난 적이 있다.
> 游了一个小时泳。 수영을 한 시간 동안 했다.
> 见面 jiànmiàn 동 만나다

(4) 수량보어의 부정형
  수량보어는 동작의 횟수와 시간을 나타내므로, 보통 부정형으로는 쓰이지 않는다. 강조하고 싶을 경우, '수량사+也+不/没+동사' 순서로, 수량사가 술어 앞으로 도치되어 부사어로 쓰일 수 있다.

  我没去过一次上海。(×) → 我一次也没去过上海。 나는 한 번도 상하이에 가 본 적 없다.

  这个月我休息没过一天。(×) → 这个月我一天也没休息过。 이번 달에 나는 하루도 쉰 적이 없다.

  上海 Shànghǎi 고유 상하이 | 休息 xiūxi 동 휴식하다

2 가능보어

동사 뒤에서 동작의 실현이나 도달 가능성을 나타내는 보어로, 술어와 보어 사이에 조사 '得' 또는 부정부사 '不'를 써서 표현한다. 듣기와 독해에 자주 등장한다.

(1) 가능보어의 기본 형식
   ① 긍정형: 술어 [동사]+得+결과보어/방향보어
   '~할 수 있다'라는 의미로 결과가 가능함을 나타내며, 주로 의문문에 많이 쓰인다.

   看 得 懂 보고 이해할 수 있다   考 得 上 시험 보고 합격할 수 있다
   동사 得 결과보어   동사 得 방향보어

   考 kǎo 동 시험을 보다 | 上 shàng 동 [동사 뒤에 쓰여, 어떤 목적에 도달하였거나 결과가 있음을 나타냄]

   ② 부정형: 술어 [동사]+不+결과보어/방향보어
   '~할 수 없다'라는 의미로 불가능을 나타내며, 주로 평서문에 많이 쓰인다.

   吃 不 完 다 먹을 수가 없다   做 不 出 만들어 낼 수 없다
   술어 不 결과보어   술어 不 방향보어

(2) 가능보어의 의문 형식
   ① '吗'의문문: 술어 [동사]+得/不+결과보어/방향보어+吗?
   문장 끝에 어기조사 '吗'를 붙여서 의문문을 만든다.

   你看得懂吗? 너 (봐서) 이해할 수 있니?   你听不懂吗? 너 이해 안 되니?

   ② 정반의문문: 술어 [동사]+得+결과보어/방향보어+술어 [동사]+不+결과보어/방향보어?
   긍정형과 부정형을 연달아 붙여 의문문을 만들 수 있다.

   你看得完看不完? 너 다 볼 수 있어, 없어?   他回得来回不来? 그는 돌아올 수 있어, 없어?

(3) 목적어의 위치
   일반적으로 목적어는 술어와 보어 뒤에 위치하며, 문장의 의미와 상황에 따라 도치되어 주어 앞에 올 수도 있다.

   我做不完这件事。 나는 이 일을 다 끝낼 수가 없다.
   这件事我做不完。 이 일을 나는 다 끝낼 수가 없다.

   件 jiàn 양 [사건을 세는 양사] | 事 shì 명 일

(4) 주요 가능보어 표현
   가능보어에는 결과보어나 방향보어를 사용해서 만드는 표현 외에도 관용적으로 가능보어로 쓰이는 어휘들이 있다.

……不了 ♦ ……buliǎo	주로 양적인 면에서 실현될 수 없거나, 완성해 낼 수 없음
	受不了 견딜 수 없다 改不了 고칠 수 없다
	葡萄酸得让人受不了。 포도가 너무 셔서 견딜 수가 없다.
……不起 ♦ ……buqǐ	(비용이 많이 들거나) 경제적 여유가 없어서 할 수 없음
	买不起 살 수 없다	住不起 살 수가 없다(거주할 수 없다)
	他买不起这么贵的房子。 그는 이렇게 비싼 집을 살 수 없다.
……不惯 ……buguàn	습관이 되지 않아서 할 수 없음
	吃不惯 먹는데 익숙하지 않다	看不惯 눈에 거슬린다
	我吃不惯四川菜。 나는 쓰촨요리를 (습관이 되지 않아) 먹을 수 없다.
……不到 ♦ ……budào	요구나 수준에 도달할 수 없거나, 접할 기회가 없어서 할 수 없음
	看不到 보지 못하다	吃不到 (접하지 못해서) 먹을 수 없다
	最近怎么看不到王老师了? 요즘 왜 왕(王) 선생님이 안 보이시지?

……不上 ……bushàng	목적을 실현하지 못하거나, 결과를 얻지 못함	
	赶不上 따라잡을 수 없다 | 关不上 닫히지 않는다	
	再不出发就赶不上火车了。 지금 출발하지 않으면 기차를 탈 수가 없다.	
……不下 ……buxià	공간, 수량 여유가 없어서 하지 못함	
	坐不下 (장소가 좁아서) 앉을 수 없다	
	吃不下 (배가 너무 부르거나, 주위의 어떤 제약으로 인해) 먹을 수 없다	
	这辆车太小了，坐不下这么多人。 이 차는 너무 작아서, 이렇게 많은 사람이 탈 수 없다.	
……不动 ……budòng	(무겁거나 힘들어서) ~할 수 없음	
	拿不动 (무거워서) 들지 못하다 | 走不动 (힘들어서) 걷지 못하다	
	逛了一上午，我实在是走不动了。 오전 내내 돌아다녀서, 난 정말 걷지 못하겠다.	

★葡萄 pútao 명 포도 | ★酸 suān 형 시다 | 让 ràng 동 ~하게 하다 | 买 mǎi 동 사다 | 这么 zhème 대 이렇게 | 房子 fángzi 명 집 | 四川菜 Sìchuāncài 고유 쓰촨요리 | 最近 zuìjìn 명 요즘 | ★赶 gǎn 동 (열차·버스 등의 시간에) 대다 | 关 guān 동 닫다 | 再不 zàibu 접 그렇지 않으면 | ★出发 chūfā 동 출발하다 | 辆 liàng 양 대, 량 [차량을 세는 단위] | 车 chē 명 차 | 拿 ná 동 (손으로) 잡다 | ★逛 guàng 동 돌아다니다 | 一上午 yíshàngwǔ 오전 내내 | 实在 shízài 부 정말, 참으로

가능보어와 정도보어의 비교

가능보어와 정도보어는 모두 구조조사 '得' '不'를 이용하기 때문에, 문장에서 두 보어를 구분하기 어려울 수 있다. 긍정형, 부정형, 의문형에서 구조조사 '得' '不'가 어디에 위치하는지, 목적어는 어떤 어순으로 배열되는지를 예시 표현으로 따져 보며, 두 보어의 차이점을 이해해 보자.

	가능보어	정도보어
긍정형	做得好 다 할 수 있다 做得好工作 일을 다 할 수 있다	做得好 잘한다 做得很好/做得好极了 매우 잘한다 (做)工作做得好 일을 잘 한다
부정형	做不好 다 할 수 없다	做得不好 잘 못한다
의문형	做得好做不好? 다 할 수 있니, 없니?	做得好不好? 잘하니, 잘 못하니?
포인트	做得好 (행동 '做'가 포인트)	做得好 ('做'하는 상태 '好'가 포인트)

배운 내용 점검하기

1. 수량보어는 동작의 횟수 또는 동작이 일어난 시간을 나타내는 보어로, '동량보어'와 '시량보어'로 나뉜다.
2. '동량보어'는 동작이나 행위가 진행되는 횟수를 나타내며, 기본 어순은 '동사+수사+동량사'이다.
3. '시량보어'는 동작이 지속되는 시간을 나타내며, 기본 어순은 '동사+수사+시량사'이다.
4. 가능보어는 동작이 어떤 결과나 상황에 도달할 수 있는지 없는지를 나타내는 보어이다. 가능을 나타낼 때는 '동사+得+결과보어/방향보어', 불가능을 나타낼 때는 '동사+不+결과보어/방향보어'를 사용하여 가능 여부를 나타낸다.

STEP 3 실력 다지기

1. 离   阳光   不开   生活
   _____

2. 两个月   上次调查   左右   进行了
   _____

3. 一次   举办   聚会每年   这个
   _____

4. 顺序   一下   排列   请重新
   _____

5. 重新检查了   我   把行李   一遍
   _____

6. 让人   姐姐做的汤   受不了   酸得
   _____

7. 一下   周围饭店的   请你   信息   查
   _____

8. 不出来   激动得   说   他   了
   _____

25 개사(1) 역할·위치

쓰기 제1부분 | Day 27

기초 실력 확인하기 | 도식에 정리된 내용에 관해 얼마나 상세히 알고 있는지 스스로 확인해 보세요.

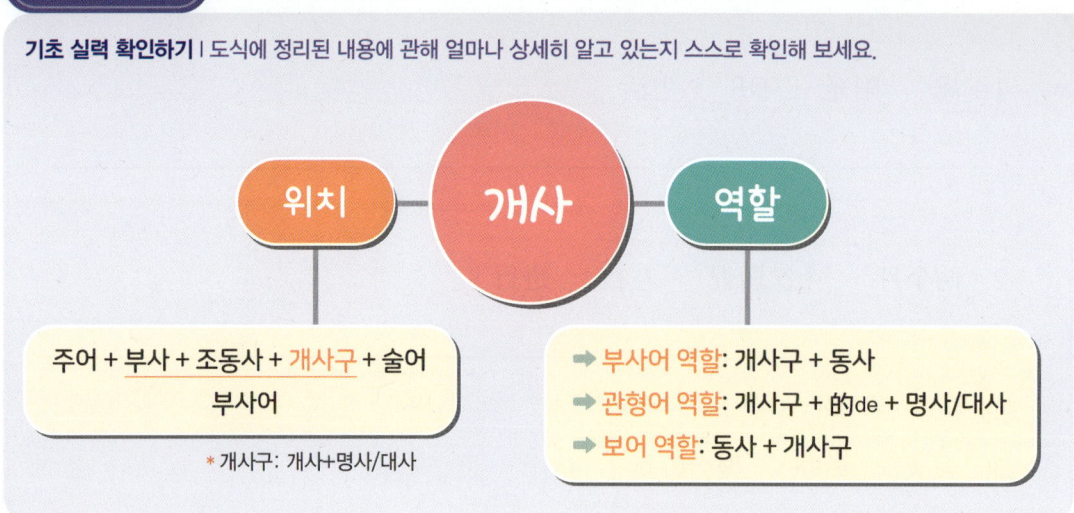

STEP 1 유형 파악하기

◆ 개사는 단독으로는 쓰이지 않고, 명사나 대사와 함께 개사구를 이루어 쓰인다.

◆ 개사구는 부사어, 관형어, 보어 역할을 한다.

◆ 부사어 역할을 할 경우, 기본 어순 '부사+조동사+개사구+술어'를 꼭 기억하자.

● 제1부분 예제

| 正在 | 打针 | 护士 | 给他 |

정답&풀이
　　　　명사　　　부사　　개사+인칭대사　동사
　　　　护士　　**正在**　　**给他**　　　**打针**。 간호사는 그에게 주사를 놓고 있다.　　[给A(대상)打针 A에게 주사를 놓다]
　　　　주어　　　　　부사어　　　　　술어

STEP 1　'打针'은 이합동사로 뒤에 목적어를 취하지 않는다. 주어는 주사를 놓는 주체인 '护士'로 문장 맨 앞에 위치하고, 개사구 '给他'가 술어 앞에 위치한다.

STEP 2　현재 진행을 나타내는 부사 '正在'는 주어 뒤 개사구 앞에 위치해야 한다.

★护士 hùshi 명 간호사 | 正在 zhèngzài 부 지금 ~하고 있다 | 给 gěi 개 ~에게 | ★打针 dǎzhēn 동 주사를 놓다, 주사를 맞다 [给……打针: ~에게 주사를 놓다]

STEP 2 내공 쌓기

1 개사의 역할 및 위치

개사는 명사나 대사와 함께 개사구를 이루어 동작이 행해지는 시간, 장소, 대상 범위, 방식 등을 나타낸다. 개사구는 문장에서 부사어, 관형어, 보어의 역할을 하며, 역할에 따라 어순이 다르므로 역할과 위치에 주의하여야 한다.

(1) **부사어 역할: 개사구+술어**

개사구의 가장 중요한 기능은 부사어로서의 역할이다. 부사어 역할을 할 경우, 개사구는 술어 앞에 위치한다. 개사구가 복잡하거나 대화의 화제일 경우 주어 앞에 위치할 수 있으며, 이때는 보통 개사구와 주어 사이에 쉼표(,)가 쓰인다.

我对汉语感兴趣。 나는 중국어에 흥미를 느낀다.

对于他们的建议，王经理会考虑的。 그들의 제안에 대해, 왕(王) 사장은 고려해 볼 것이다.

感兴趣 gǎn xìngqù 흥미를 느끼다 | ★对于 duìyú 개 ~에 대해서 | ★建议 jiànyì 명 제안, 제의 | 经理 jīnglǐ 명 사장 | ★考虑 kǎolǜ 동 고려하다

(2) **관형어 역할: (수량사)+개사구+的+주어 / 목적어**

개사구가 관형어로서 주어나 목적어를 꾸며 줄 경우, 개사구와 꾸며 주는 단어 사이에는 조사 '的'가 쓰인다.

这是一部关于中国历史的电影。 이것은 중국 역사에 관한 영화이다.

请谈谈你对这个问题的看法。 이 문제에 대한 당신의 의견을 말해 보세요.

部 bù 양 부, 편 [서적이나 영화 편수 등을 세는 단위] | 历史 lìshǐ 명 역사 | ★谈 tán 동 말하다 | ★看法 kànfǎ 명 견해

(3) **보어 역할: 술어+개사구**

'在' '到' '给' '向' '往' '于' '自'와 같은 일부 개사는 동사 뒤에서 보어 역할을 할 수 있다.

老师来自韩国。 선생님은 한국에서 오셨다.

我毕业于北京大学。 나는 베이징대학교를 졸업했다.

自 zì 개 ~(로)부터 | 韩国 Hánguó 고유 한국 | ★毕业 bìyè 동 졸업하다 | 于 yú 개 ~에 | 大学 dàxué 명 대학

tip
부사어: 술어 앞에서 술어를 수식하는 성분
관형어: 주어나 목적어를 수식하는 성분
보어: 술어 뒤에서 동작이나 상태를 보충 설명하는 성분

2 개사의 특징

(1) **개사는 단독으로 쓰이지 않는다.**

일반적으로 명사나 대사 등의 목적어를 취하여 함께 개사구로 쓰인다.

我们班从开始上课。(×) → 我们班从八点开始上课。 우리 반은 8시에 수업을 시작한다.

我来自。(×) → 我来自美国。 나는 미국에서 왔다.

班 bān 명 반 | 开始 kāishǐ 동 시작하다 | 上课 shàngkè 동 수업하다 | 美国 Měiguó 고유 미국

(2) **문장에서 부사어, 관형어, 보어 역할을 한다.**

부사어 역할을 할 경우, 일반적으로 '부사+조동사+개사구+술어'의 어순으로 쓰인다.

<u>我</u> <u>不</u> <u>想</u> <u>跟他</u> <u>说话</u>。 나는 그 사람과 말하고 싶지 않다.
주어 부사(부사) 부사(조동사) 부사(개사+대사) 술어

想 xiǎng 조동 ~하고 싶다

(3) **개사 뒤에는 동태조사 '了' '着' '过'를 쓸 수 없다.**

단, 개사가 보어로 쓰여 시간의 상태 표현이 필요한 경우에는 '了'가 드물게 쓰일 수 있다. '为了 wèile' '除了 chúle'의 '了'는 단어의 성분으로, 조사가 아니다.

他在了房间学习。(×) → 他在房间学习。 그는 방에서 공부한다.

他对了自己的成绩很满意。(×) → 他对自己的成绩很满意。 그는 자신의 성적에 만족한다.

小猫很快就跑过来坐在了椅子上。(○) 새끼 고양이는 빠르게 뛰어와 의자 위에 앉았다.

房间 fángjiān 명 방 | 自己 zìjǐ 대 자신 | 成绩 chéngjì 명 성적 | 满意 mǎnyì 형 만족하다 | 小猫 xiǎomāo 새끼 고양이 | 跑 pǎo 동 뛰다 | 过来 guòlai 동 [동사 뒤에 쓰여 사람이나 사물이 자신의 쪽으로 다가옴을 나타냄] | 椅子 yǐzi 명 의자

(4) **개사는 보통 동사의 뜻에서 파생된 것으로, 개사가 동사의 의미도 가지고 있다.**

문장에 다른 동사가 없으면 동사로 쓰인 것인지 아닌지 체크해 보아야 한다.

<u>小李</u> <u>在</u> <u>办公室</u>。 샤오리[小李]는 사무실에 있다. → 동사로 쓰인 경우
주어 술어 목적어

<u>小李</u> <u>在办公室</u> <u>工作</u>。 샤오리[小李]는 사무실에서 일한다. → 개사로 쓰인 경우
주어 부사어 술어

办公室 bàngōngshì 명 사무실

(5) **장소를 나타내는 개사 '在' '从' 뒤에 장소가 일반적으로 온다.**

장소를 나타내지 못하는 명사는 방위사나 지시대사가 뒤에서 수식하여 '명사+방위사/지시대사'의 순서로 쓰인다.

在地铁站见面 지하철역에서 만나다   从这儿出发 여기에서 출발하다

放在椅子上 의자 위에 놓다 → 사물명사+방위명사   往我这儿看 내가 있는 곳을 봐 → 인칭대사+지시대사

地铁站 dìtiězhàn 명 지하철역 | 见面 jiànmiàn 동 만나다 | ★出发 chūfā 동 출발하다 | 放 fàng 동 놓다

📗 배운 내용 점검하기

1. 개사는 명사나 대사와 함께 개사구를 이루어, 동작이 행해지는 시간, 장소, 대상 범위, 방식 등을 나타내는 품사이다.
2. 개사구는 문장에서 부사어, 관형어, 보어의 역할을 한다.
3. 부사어로 쓰인 개사구는 '부사+조동사+개사구+술어' 어순으로 쓰인다.
4. 개사 뒤에는 동태조사 '了 le' '着 zhe' '过 guo'를 쓸 수 없다.

STEP 3 실력 다지기

1. 公司   早上   从   我们明天   出发
   _____

2. 我们   按照   会严格   去做的   规定
   _____

3. 在   很危险   抽烟   加油站
   _____

4. 非常   母亲   严格   对姐姐
   _____

5. 小说   关于   那是   中国历史的   一本
   _____

6. 出了   售货员   一个好主意   给他
   _____

7. 感到   他对   很难过   昨天发生的事
   _____

8. 向   我们应该   别人学习   积极地
   _____

26 개사(2) 시간·장소

쓰기 제1부분 | Day 28

기초 실력 확인하기 | 도식에 정리된 내용에 관해 얼마나 상세히 알고 있는지 스스로 확인해 보세요.

- 从 A 到 B: A부터 B까지
- A 由 B 负责: A는 B가 책임지다

从 cóng 개 ~부터 | 到 dào 개 ~까지 | 由 yóu 개 ~가 | 负责 fùzé 동 책임지다

STEP 1 유형 파악하기

◆ 주요 시간·장소가 쓰인 고정격식이 시험에 자주 출제된다. 내공 쌓기에 정리한 필수 고정격식을 반드시 익히자.

● 제1부분 예제

| | 近 | 你家 | 吗 | 离学校 |

정답&풀이

인칭대사+명사	개사+명사	형용사	조사
你家	离学校	近	吗?
주어	부사어	술어	吗

당신 집은 학교에서 가까워요? [A离B近 A는 B에서 가깝다]

STEP 1 개사 '离'는 형용사 '近'과 함께 'A离B近'이라는 형식으로 쓰여, 'A는 B에서 가깝다'라는 의미를 표현한다. '学校'와 거리를 비교하는 대상인 '你家'가 주어로서 문장 맨 앞에 위치한다.

STEP 2 조사 '吗'는 문장 맨 끝에 위치해 의문문을 만든다.

离 lí 개 ~에서, ~로부터, ~까지 | 学校 xuéxiào 명 학교 | 近 jìn 형 (거리가) 가깝다, 짧다

STEP 2 내공 쌓기

1 시간·장소를 나타내는 주요 개사

동작이나 상황이 일어나는 '시간'과 '장소'를 나타내며, 술어 앞에서 '부사어' 역할을 하거나 술어 뒤에서 '보어' 역할을 한다.

在 zài ◆	~에서 在+시간 在+장소	행동의 시간, 장소의 범위를 나타내며, 술어 앞뒤에 모두 쓰인다.	世界上第一台洗衣机出现在1858年。 세계 첫 세탁기는 1858년에 출현했다. 他在中国生活过一段时间。 그는 중국에서 얼마 동안 생활한 적이 있다.
于 yú	~에서 于+시간 于+장소	시간, 장소를 나타낸다. 술어 앞에도 쓰이긴 하나, 주로 술어 뒤에 쓰인다.	会议将于15分钟后举行。 회의는 15분 후에 진행할 것이다. 他毕业于北京大学。 그는 베이징대학교를 졸업했다.
离 [=距离] ◆ lí jùlí	~에서 离 [距离]+기준점	시간·거리의 기준점과 대상 사이의 간격을 나타내며, 술어 앞에 쓰인다.	我家离补习班不远。 우리 집은 학원에서 멀지 않다. 现在离下课还有20分钟。 지금부터 수업이 끝날 때까지 아직 20분 남았다. 医院距离邮局只有3公里。 병원은 우체국까지 겨우 3km 떨어져 있다.
从 cóng	~부터, ~에서 从+출발점 / 从A到B	시간·장소의 출발점을 나타내며, 일반적으로 술어 뒤에 쓰이지 않고, 술어 앞에 쓰인다.	妹妹从小就想成为一名老师。 여동생은 어려서부터 선생님이 되고 싶어했다. 从这儿到公园大概要40分钟。 여기에서 공원까지 대략 40분 정도 걸린다.
自 zì ◆	~부터 동사+自+장소 동사+自+출처	시간·장소의 출발점, 또는 사물의 근거나 출처를 나타내며, 보통 술어 뒤에 쓰인다.	他们都来自大城市。 그들은 모두 대도시에서 왔다. 那些文章都出自《人民日报》。 그 문장들은〈인민일보〉에서 나온 것이다.
由 yóu	~에서, ~가 由+출발점 由+주체	동작의 기점을 나타내며, 술어 앞에 쓰인다.	请大家按照由小到大的顺序排列。 모두 작은 것에서 큰 순서대로 배열해 주세요. 这件事由妈妈决定。 이 일은 엄마가 결정하신다.
到 dào	~까지 到+도착점 동사+到	동작과 상태의 종점을 나타내며, 술어 앞뒤에 모두 쓰인다.	从这儿到首尔得3个小时。 여기에서 서울까지 3시간이 걸린다. 他已经把那瓶啤酒送到我的房间了。 그는 이미 그 맥주를 내 방에 보냈다.
当 dāng	~할 때 当……(时/的时候)	행동이 일어나는 시간을 나타내며, 시점을 나타내는 명사나 동사구 등이 함께 쓰일 수 있다.	当小刚回来时，她已经走了。 샤오깡[小刚]이 막 돌아왔을 때, 그녀는 이미 떠났다. 当我上大学的时候，弟弟还在上小学。 내가 대학교를 다닐 때, 남동생은 아직 초등학교를 다니고 있었다.

世界 shìjiè 명 세계 | 第一 dì yī 仝 맨 처음 | ★台 tái 양 대[기계·차량·설비 등을 세는] | 洗衣机 xǐyījī 명 세탁기 | ★出现 chūxiàn 동 출현하다 | ★生活 shēnghuó 동 생활하다 | 段 duàn 양 동안, 기간 | 会议 huìyì 명 회의 | 将 jiāng 부 ~할 것이다 | ★举行 jǔxíng 동 거행하다 | 毕业 bìyè 동 졸업하다 | 大学 dàxué 명 대학 | 补习班 bǔxíbān 명 학원 | 下课 xiàkè 동 수업이 끝나다 | 还 hái 부 아직 | ★邮局 yóujú 명 우체국 | 只 zhǐ 부 겨우 | 公里 gōnglǐ 양 킬로미터 | 成为 chéngwéi 동 ~가 되다 | 名 míng 양 명[사람을 세는 단위] | 公园 gōngyuán 명 공원 | ★大概 dàgài 부 대략, 대개 | 要 yào 동 걸리다 | 大城市 dàchéngshì 명 대도시 | ★文章

wénzhāng 명 글, 문장 | 人民 rénmín 명 인민, 국민 | 日报 rìbào 명 일간지 | ★按照 ànzhào 개 ~에 따라 | ★顺序 shùnxù 명 순서, 차례 | ★排列 páiliè 동 배열하다 | 决定 juédìng 동 결정하다 | 首尔 Shǒu'ěr 고유 서울 | 得 děi 동 걸리다 | 瓶 píng 명 병 | 啤酒 píjiǔ 명 맥주 | 房间 fángjiān 명 방

2 시간·장소를 나타내는 개사를 활용한 빈출 고정격식

- 在……上 zài……shang ~상에(방면)
  这部小说在内容上很丰富。
  이 소설은 내용이 풍부하다.

- 在……下 zài……xià ~하에(전제 조건)
  在大家的努力下，我们终于完成了任务。
  모두의 노력 하에, 우리는 마침내 임무를 끝냈다.

- A离[距离]B远/近 A lí[jùlí] B yuǎn/jìn
  A는 B에서 멀다/가깝다
  加油站离这儿很近。
  주유소는 여기에서 가깝다.

- 从A到B cóng A dào B A부터 B까지
  从公司到我家走路要20分钟。
  회사부터 우리 집까지 걸어서 20분 걸린다.

- 从A开始B cóng A kāishǐ B A에서 B를 시작하다
  他从小就开始打羽毛球。
  그는 어려서부터 배드민턴을 치기 시작했다.

- A由B举办 A yóu B jǔbàn A는 B에서 개최한다
  下次活动由大使馆举办。
  다음 행사는 대사관에서 개최한다.

- A来自B A láizì B A는 B에서 왔다
  那位演员来自青岛。
  그 배우는 칭다오에서 왔다.

- 在……中 zài……zhōng ~중에(과정, 범위)
  在日常生活中，我们会遇到很多问题。
  일상생활 중에서 우리는 많은 문제에 맞닥뜨릴 수 있다.

- 在……方面 zài……fāngmiàn ~방면에서
  在学习方面，老师对我们要求很严格。
  학습 방면에서, 선생님은 우리에 대해 요구가 엄격하다.

- A离[距离]B有C公里 A lí[jùlí] B yǒu C gōnglǐ
  A는 B에서 C킬로미터 정도 된다
  咱们现在距离目的地还有10公里。
  우리는 현재 목적지까지 아직 10km 남았다.

- 从……出发 cóng A chūfā ~에서 출발하다
  从公司出发到火车站要30分钟。
  회사에서 출발해서 기차역에 도착하려면 30분이 걸린다.

- A由B负责 A yóu B fùzé A는 B가 책임지다
  学习上的问题由何教授负责。
  학습상의 문제는 허(何)교수님이 책임진다.

- A由B组成 A yóu B zǔchéng A는 B로 구성되어 있다
  这个团队由大学生组成。
  이 단체는 대학생으로 구성되어 있다.

- A出生于B A chūshēng yú B A는 B에서 태어났다
  那位科学家出生于18世纪。
  그 과학자는 18세기에 태어났다.

部 bù 양 부, 편 [서적이나 영화 편수 등을 세는 단위] | ★小说 xiǎoshuō 명 소설 | ★内容 nèiróng 명 내용 | ★丰富 fēngfù 형 풍부하다 | 日常 rìcháng 형 일상의, 평소의 | 遇到 yùdào 동 맞닥뜨리다 | 努力 nǔlì 동 노력하다 | 终于 zhōngyú 부 끝내, 마침내 | 完成 wánchéng 동 끝내다, 마치다 | ★任务 rènwu 명 임무 | 要求 yāoqiú 명 요구 | ★严格 yángé 형 엄격하다 | 加油站 jiāyóuzhàn 명 주유소 | ★咱们 zánmen 대 우리 | 目的地 mùdìdì 명 목적지 | 公司 gōngsī 명 회사 | 走路 zǒulù 동 (길을) 걷다 | 打 dǎ 동 (놀이·운동을) 하다 | ★羽毛球 yǔmáoqiú 명 배드민턴 | 教授 jiàoshòu 명 교수 | 下次 xiàcì 명 다음번 | ★活动 huódòng 명 행사 | ★大使馆 dàshǐguǎn 명 대사관 | 团队 tuánduì 명 단체 | 位 wèi 양 분, 명 [공경의 뜻을 나타냄] | ★演员 yǎnyuán 명 배우 | 青岛 Qīngdǎo 고유 칭다오 | 科学家 kēxuéjiā 명 과학자 | ★世纪 shìjì 명 세기

배운 내용 점검하기

1. 시간·장소 개사는 동사 앞에서 명사, 대사와 함께 동작이 행해지는 시간과 장소를 나타낸다.
2. 술어 앞에서 부사어 역할을 하거나 술어 뒤에서 보어 역할을 한다.

STEP 3 실력 다지기

Day 28

1. 出生于　　那位　　1976年　　演员

   _____

2. 可以在　　您　　打印登机牌　　网上

   _____

3. 首尔　　公里　　大约　　离北京　　5380

   _____

4. 由　　我们下午　　出发　　两点　　办公室

   _____

5. 几乎都　　亚洲　　飞机上的乘客　　来自

   _____

6. 到海洋馆　　半个小时　　大约需要　　从这儿

   _____

7. 我都会　　时候　　每当和家人　　感到很幸福　　在一起的

   _____

8. 现在距离　　8公里　　加油站　　我们　　还有

   _____

해설서 p.230

27 개사(3) 대상

쓰기 제1부분 | Day 29

기초 실력 확인하기 | 도식에 정리된 내용에 관해 얼마나 상세히 알고 있는지 스스로 확인해 보세요.

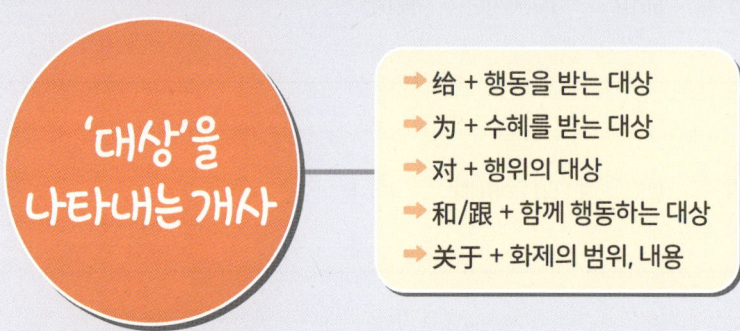

➡ 给 + 행동을 받는 대상
➡ 为 + 수혜를 받는 대상
➡ 对 + 행위의 대상
➡ 和/跟 + 함께 행동하는 대상
➡ 关于 + 화제의 범위, 내용

给 gěi 개 ~에게 | 为 wèi 개 ~에게 | 对 duì 개 ~에 대해 | 和 hé 개 ~와/과 | 跟 gēn 개 ~와/과 | 关于 guānyú 개 ~에 관한

STEP 1 유형 파악하기

◆ 비슷한 의미를 가진 개사들이 많으니 용법과 함께 파악하자.
◆ 개사 뒤에 오는 대상과 용법상의 차이점을 알아 두자.

● 제1부분 예제

| 给我 | 很深的 | 印象 | 上海 | 留下了 |

정답&풀이

명사	개사+인칭대사	동사+동사+조사	부사+형용사+조사	명사
上海	给我	留下了	很深的	印象。
주어	부사어	술어+보어+了	관형어+的	목적어

[给A留下了印象 A에게 인상을 남겼다]
상하이는 저에게 깊은 인상을 남겼습니다.

STEP 1 '给A留下了印象'은 'A에게 인상을 남겼다'라는 의미로 인상을 남긴 대상인 '上海'가 주어로 문장 맨 앞에 위치한다.

STEP 2 조사 '的'와 결합한 '很深的'는 목적어 앞에 위치해 관형어 역할을 한다.

上海 Shànghǎi 고유 상하이 | ★留 liú 동 남기다 | ★深 shēn 형 깊다 | ★印象 yìnxiàng 명 인상

STEP 2 내공 쌓기

1 대상을 나타내는 주요 개사

개사	뜻	설명	예문
给 gěi	~에게	이득을 얻는 대상이나 행동을 받는 대상을 나타냄	我的丈夫给我买了一双鞋。 남편이 나에게 신발을 한 켤레 사 주었다. 那位演员给大家表演了一下。 그 배우는 모두에게 연기를 선보였다.
为 wèi	~에게, ~를 위해	수혜를 받는 대상을 나타냄	饭店为我们提供了筷子和勺子。 식당은 우리에게 젓가락과 숟가락을 제공했다.
对★ duì	~에 (대하여)	동작이나 행위의 대상을 나타냄	邻居对附近的商店很熟悉。 이웃은 근처 상점에 대해 잘 알고 있다.
和 hé	~와	함께 동작을 행하는 대상을 나타냄	这块手表的价格和我的一样贵。 이 시계의 가격은 내 것과 똑같이 비싸다.
跟 gēn	~와	함께 동작을 행하는 대상을 나타냄	他跟我一起去北京。 그는 나와 함께 베이징에 간다.
与 yǔ	~와	함께 동작을 행하는 대상을 나타냄	爱好与专业没有什么关系。 취미는 전공과 아무 관계가 없다.
由★ yóu	~가	동작의 주체를 나타냄	时间表是由小林负责安排的。 시간표는 샤오린[小林]이 책임지고 짠다.
关于 guānyú	~에 관해	범위/내용을 나타내며, 보통 주어 앞에 쓰임	关于公司的计划，我们应该了解。 회사의 계획에 관하여, 우리는 자세하게 알아야 한다.
把★ bǎ	~를	처치의 결과를 나타내며 목적어를 술어 앞으로 이끌어 냄(p.303 참고)	你把房间收拾一下。 너 방 좀 정리해.
被★ bèi	~에 (의해)	피동문에서 행동을 가하는 '가해자'를 나타냄	那个消息被朋友们知道了。 그 소식은 친구들에 의해 알려졌다.
连 lián	~조차, ~마저	'심지어 ~조차'의 의미로 강조를 나타내며, 주로 '都, 也'와 호응하여 쓰임	男朋友激动得连话都说不出来了。 남자 친구는 감격하여 말조차 나오지 않았다.

买 mǎi 동 사다 | 双 shuāng 양 켤레, 짝 | 鞋 xié 명 신발 | 位 wèi 양 분, 명 [공경의 뜻을 내포함] | ★演员 yǎnyuán 명 배우, 연기자 | ★表演 biǎoyǎn 동 연기하다 | ★提供 tígōng 동 제공하다 | 筷子 kuàizi 명 젓가락 | 勺子 sháozi 명 수저 | 邻居 línjū 명 이웃집 | 附近 fùjìn 명 근처, 부근 | ★熟悉 shúxī 형 잘 알다, 익숙하다 | 手表 shǒubiǎo 명 손목시계 | ★价格 jiàgé 명 가격, 값 | 一样 yíyàng 형 같다 | 爱好 àihào 명 취미 | ★专业 zhuānyè 명 전공 | 关系 guānxi 명 관계 | 时间表 shíjiānbiǎo 명 시간표 | ★负责 fùzé 동 책임지다 | ★安排 ānpái 동 안배하다 | ★计划 jìhuà 명 계획 | 应该 yīnggāi 조동 ~해야 한다 | 了解 liǎojiě 동 자세하게 알다 | 房间 fángjiān 명 방 | ★收拾 shōushi 동 정리하다 | ★消息 xiāoxi 명 소식 | 男朋友 nánpéngyou 남자 친구 | ★激动 jīdòng 동 감격하다 | 话 huà 명 말 | 都 dōu 부 ~조차도 | 出来 chūlai 동 [숨겨져 있다가 드러남을 표시함]

❷ 대상을 나타내는 개사를 이용한 고정격식

- **跟……商量** gēn ……shāngliang ~와 상의하다
 这件事儿我还得跟他商量。
 이 일을 나는 그와 더 상의해야 한다.

- **跟……一样/相同** gēn ……yíyàng/xiāngtóng
 ~와 같다
 她的生活习惯跟我完全一样。
 그녀의 생활 습관은 나와 완전히 똑같다.

- **跟……联系** gēn ……liánxì ~와 연락하다
 你跟李律师联系了吗?
 당신은 리(李) 변호사와 연락했나요?

- **对……感兴趣/有兴趣** duì ……gǎn xìngqù/yǒu xìngqù
 ~에 흥미가 있다
 我对日语一点儿也不感兴趣。
 나는 일본어에 조금도 흥미가 없다.

- **对……要求严格** duì ……yāoqiú yángé ✦
 ~에 대해 요구가 엄격하다
 张教授对学生要求很严格。
 장(张) 교수님은 학생에 대해 요구가 매우 엄격하다.

- **对……产生怀疑** duì ……chǎnshēng huáiyí
 ~에 대하여 의심이 생기다
 大家对他产生了怀疑。
 모두 그에 대하여 의심이 생겼다.

- **给A介绍B** gěi A jièshào B A에게 B를 소개하다 ✦
 我给朋友介绍了北京烤鸭。
 나는 친구에게 베이징 오리구이를 소개했다.

- **给A留下B** gěi A liúxià B A에게 B를 남기다 ✦
 那次旅行给我留下了难忘的印象。
 그 여행은 나에게 잊지 못할 인상을 남겼다.

- **跟……见面** gēn ……jiànmiàn ~와 만나다
 你什么时候跟老张见面?
 너는 언제 라오장[老张]과 만나니?

- **跟……交流** gēn ……jiāoliú ~와 교류하다 ✦
 父母跟孩子要经常交流。
 부모는 아이와 자주 교류해야 한다.

- **跟……打招呼** gēn ……dǎ zhāohu ✦
 ~와 인사하다
 你要提前跟她打招呼。
 당신은 그녀와 미리 인사해야 한다.

- **对……有好处** duì ……yǒu hǎochù ✦
 ~에 좋은 점이 있다/좋다
 坚持锻炼对身体有好处。
 꾸준히 단련하면 몸에 좋다.

- **对……有信心** duì ……yǒu xìnxīn
 ~에 자신이 있다
 我对这次比赛很有信心。
 나는 이번 경기에 자신이 있다.

- **给A买B** gěi A mǎi B A에게 B를 사 주다
 哥哥给妹妹买了礼物。
 오빠가 여동생에게 선물을 사 줬다.

- **给A带来B** gěi A dàilái B A에게 B를 가져다 주다
 学习给我带来快乐。
 공부는 나에게 즐거움을 가져다 준다.

- **给……打针** gěi ……dǎzhēn ~에게 주사를 놓다 ✦
 护士正在给他打针。
 간호사는 그에게 주사를 놓고 있다.

还 hái ⦗부⦘ 더 | ★得 děi ⦗조동⦘ ~해야 한다 | ★生活 shēnghuó ⦗명⦘ 생활 | 习惯 xíguàn ⦗명⦘ 습관 | ★完全 wánquán ⦗부⦘ 완전히 | 父母 fùmǔ ⦗명⦘ 부모 | 要 yào ⦗조동⦘ ~해야 한다 [당위성을 나타냄] | 经常 jīngcháng ⦗부⦘ 자주, 항상 | ★律师 lǜshī ⦗명⦘ 변호사 | ★提前 tíqián ⦗동⦘ 앞당기다 | 日语 Rìyǔ ⦗고유⦘ 일본어 | ★坚持 jiānchí ⦗동⦘ 유지하다 | 锻炼 duànliàn ⦗동⦘ 단련하다 | 比赛 bǐsài ⦗명⦘ 시합, 경기 | 礼物 lǐwù ⦗명⦘ 선물 | ★烤鸭 kǎoyā ⦗명⦘ 오리구이 | 快乐 kuàilè ⦗형⦘ 즐겁다 | ★旅行 lǚxíng ⦗명⦘ 여행하다 | 难忘 nánwàng ⦗동⦘ 잊기 어렵다 | ★印象 yìnxiàng ⦗명⦘ 인상 | ★护士 hùshi ⦗명⦘ 간호사 | 正在 zhèngzài ⦗부⦘ 지금 ~하고 있다

📖 배운 내용 점검하기

1. 대상을 나타내는 개사는 술어 앞에서 명사, 대사와 함께 동작의 대상을 나타낸다.
2. 술어 앞에서 부사어 역할을 하거나 술어 뒤에서 보어 역할을 한다.

STEP 3 실력 다지기

1. 由   这次活动   负责   小张
   _____

2. 任何   抽烟对   没有   好处   身体
   _____

3. 给那位病人   护士   打针   正在
   _____

4. 关于保护环境的   这是   文章   一篇
   _____

5. 没有   职业   关系   与专业   太大
   _____

6. 图书馆   阅读环境   很好的   提供了   为大家
   _____

7. 容易被   接受   好吃的东西   儿童
   _____

8. 改了   爸爸   信用卡的   把   密码
   _____

쓰기 제1부분

28 개사(4) 방향·원인·목적

Day 30

기초 실력 확인하기 | 도식에 정리된 내용에 관해 얼마나 상세히 알고 있는지 스스로 확인해 보세요.

'방향'을 나타내는 개사
- ➡ 往/向/朝 + 방향 + 동사
- ➡ 向/朝 + 동작 대상 + 신체 관련 동사
- ➡ 向 + 동작 대상 + 추상 동사
- ➡ 동사 + 往/向 + 장소

往 wǎng 개 ~쪽으로 | 向 xiàng 개 ~를 향하여 | 朝 cháo 개 ~를 향하여

STEP 1 유형 파악하기

◆ 비슷한 의미를 가진 개사들의 공통점과 차이점을 알아 두자.

◆ 자주 쓰이는 고정격식을 익혀 두자.

◆ 쓰이는 용법이 다양하므로 짝꿍 어휘도 같이 외워 두자.

● 제1부분 예제

| 担心 | 朋友 | 我为 | 我的 |

정답&풀이

인칭대사+개사	인칭대사+조사	명사	동사
我为	我的	朋友	担心。 나는 친구 때문에 걱정한다.
주어	부사어		술어

[为A(대상)担心 A때문에 걱정하다]

STEP 1 개사 '为'는 원인을 이끄는 개사로, 술어가 되는 동사 '担心' 앞에 위치한다. 개사 '为'는 걱정하는 원인인 '我的朋友'를 목적어로 취한다.

STEP 2 '我'는 개사 '为' 앞에 있으므로, 주어임을 알 수 있다.

为 wèi 개 ~을 위하여, ~때문에, ~덕택에 | 朋友 péngyou 명 친구 | 担心 dānxīn 동 걱정하다, 염려하다

STEP 2 내공 쌓기

1 방향을 나타내는 개사 向 vs 往

방향을 나타내는 '向'과 '往'은 바꿔 쓸 수 있는 경우와 바꿔 쓸 수 없는 경우가 있다. 이에 주의하며 공통점과 차이점까지 구별하여 익히자.

	向 xiàng ~로 향하여	往 wǎng ~쪽으로
공통점	① 동작의 방향: 向/往+(동작의 이동) 방향+ 행동 他向前走。=他往前走。 그는 앞을 향해 간다. ② 보어 역할: 동사+向/往+장소 飞机飞向天津 = 飞机飞往天津。 비행기는 톈진을 향해 날아간다.	
차이점	① 고정된 상태: 向+방향+동사(고정된 상태) 窗户向南开着。 창문은 남쪽을 향해 열려 있다.	×
	② 인체 관련 동작: 向+사람+인체 관련 동사(点头/招手……) 老师向我点了点头。 선생님은 내게 고개를 끄덕였다.	×
	③ 추상동사: 向+사람+추상동사(介绍/说明/解释/学习……) ✦ 你应该向班长学习。 너는 반장에게 배워야 한다.	×

前 qián 몡 앞 | 飞 fēi 동 날다, 비행하다 | 天津 Tiānjīn 고유 톈진 | 南 nán 몡 남쪽 | 着 zhe 조 ~해 있다 | 点头 diǎntóu 동 고개를 끄덕이다 | ★说明 shuōmíng 동 설명하다 | ★解释 jiěshì 동 해명하다, 설명하다 | 应该 yīnggāi 조동 ~해야 한다 | 班长 bānzhǎng 몡 반장

2 방향을 나타내는 개사를 이용한 고정격식

- 向A介绍B xiàng A jièshào B A에게 B를 소개하다 ✦
  导游向大家介绍了这里的景点。
  가이드는 모두에게 이곳의 명소를 소개했다.

- 向A解释B xiàng A jiěshì B
  A에게 B를 해명하다/설명하다 ✦
  男朋友向我解释了昨天的事。
  남자 친구는 나에게 어제의 일을 해명했다.

- 向……道歉 xiàng ……dàoqiàn ~에게 사과하다 ✦
  他正在向女朋友道歉。
  그는 여자 친구에게 사과하고 있다.

- 往/向……拐 wǎng/xiàng ……guǎi ~으로 꺾다
  走到十字路口往左拐就能看见邮局。
  사거리에 도착해서 왼쪽으로 꺾으면 우체국을 바로 볼 수 있다.

- 飞往…… fēiwǎng…… ~로 (날아)가다 ✦
  这趟航班是飞往美国的。 이 항공편은 미국으로 간다.

- 向A说明B xiàng A shuōmíng B A에게 B를 설명하다
  他向我说明了公司的情况。
  그는 나에게 회사의 상황을 설명했다.

- 向……学习 xiàng ……xuéxí ~를 본받다
  我们要向认真工作的爸爸学习。
  우리는 열심히 일하시는 아빠를 본받아야 한다.

- 向/往……转 xiàng/wǎng ……zhuǎn ~로 돌다
  司机在向右转。
  운전기사는 오른쪽으로 돌고 있다.

- 开往…… kāiwǎng…… ~로 (운전해) 가다
  这趟火车开往广州。
  이 기차는 광저우로 간다.

★导游 dǎoyóu 몡 가이드 | 景点 jǐngdiǎn 몡 명소 | ★情况 qíngkuàng 몡 상황, 정황 | 男朋友 nánpéngyou 몡 남자 친구 | 认真 rènzhēn 형 열심히 하다, 진심하다 | 正在 zhèngzài 부 지금 ~하고 있다 | 女朋友 nǚpéngyou 몡 여자 친구 | 司机 sījī 몡 기사, 운전사 | 在 zài 부 ~하고 있다 | 十字路口 shízì lùkǒu 몡 사거리 | ★邮局 yóujú 몡 우체국 | ★趟 tàng 양 편, 번, 차례 [정기적인 교통수

28 개사(4) 방향·원인·목적

단의 운행 횟수를 세는 데 쓰임] | 火车 huǒchē 명 기차 | 广州 Guǎngzhōu 고유 광저우 | ★航班 hángbān 명 항공편 | 美国 Měiguó 고유 미국

3 목적·원인을 나타내는 주요 개사

为 wèi	~위하여 ~때문에	他为取得好成绩而努力学习。 → 목적 그는 좋은 성적을 받기 위해 열심히 공부한다. 妈妈为孩子担心。 엄마는 아이 때문에 걱정한다. → 원인
为了 wèile	~위해서	为了养成早起的习惯，我每天晚上10点睡。 일찍 일어나는 습관을 기르기 위해서 나는 매일 저녁10시에 잔다.
因为 yīnwèi	~때문에	这次面试他没通过是因为经验不够。 이번 면접을 그가 통과하지 못한 것은 경험이 부족하기 때문이다.
由 yóu	~인하여	头疼主要是由什么原因引起的? 두통은 주로 어떤 원인으로 인해 일어나는가?
由于 yóuyú ✦✦	~때문에	由于工作原因，他决定学汉语。 업무상의 이유로, 그는 중국어를 공부하기로 결정했다.

取得 qǔdé 동 얻다, 취득하다 | 成绩 chéngjì 명 성적 | ★而 ér 접 목적 또는 원인 등을 나타내는 성분을 연결시킴 | 努力 nǔlì 동 열심히 하다, 노력하다 | 担心 dānxīn 동 걱정하다 | ★养成 yǎngchéng 동 길러지다 | 早起 zǎoqǐ 동 일찍 일어나다 | 习惯 xíguàn 명 습관 | 每天 měitiān 명 매일 | 睡 shuì 동 (잠을) 자다 | 这次 zhècì 대 이번 | 面试 miànshì 명 면접 | ★通过 tōngguò 동 통과하다 | ★经验 jīngyàn 명 경험 | 不够 búgòu 형 부족하다 | 头疼 tóuténg 명 두통 | 主要 zhǔyào 부 주로, 대부분 | ★原因 yuányīn 명 원인 | ★引起 yǐnqǐ 동 일으키다, 일어나다 | 决定 juédìng 동 결정하다

4 목적·원인을 나타내는 개사를 이용한 고정격식

- 为……干杯 wèi……gānbēi ~를 위하여 건배하다 ✦
  为我们的友谊干杯! 우리의 우정을 위하여 건배!

- A是为了B A shì wèile B A는 B하기 위함이다
  我这么努力学习是为了考上大学。
  내가 이렇게 열심히 공부하는 것은 대학교에 들어가기 위함이다.

- A是由B引起的 A shì yóu B yǐnqǐ de ✦
  A는 B때문에 일어났다
  掉发是由很多原因引起的。
  머리카락이 빠지는 것은 많은 원인으로 일어난다.

- 为A感到B wèi A gǎndào B A 때문에 B를 느끼다
  我真为你感到高兴! 나는 정말 너 때문에 기뻐!

- A是因为B A shì yīnwèi B A는 B하기 때문이다
  他没通过面试是因为他经验不够。
  그가 면접에 통과하지 못한 것은 (그가) 경험이 부족하기 때문이다.

★友谊 yǒuyì 명 우정 | 考上 kǎoshàng 동 시험에 합격하다 | 大学 dàxué 명 대학 | ★掉 diào 동 빠지다 | 发 fà 명 머리카락

> **배운 내용 점검하기**
>
> 1. 방향, 원인, 목적을 나타내는 개사는 동사 앞에서 명사, 대사와 함께 동작의 방향, 원인, 목적을 나타낸다.
> 2. 출제 빈도가 높은 방향을 나타내는 개사
>   向 xiàng ~로 향하여 | 往 wǎng ~쪽으로
> 3. 출제 빈도가 높은 목적·원인을 나타내는 개사
>   为了 wèile ~위해서 | 因为 yīnwèi ~때문에 | 由于 yóuyú ~때문에

STEP 3 실력 다지기

1. 汤里   别往   太多盐   放
   _____

2. 骄傲   他为   感到   他的女儿
   _____

3. 保护环境   少使用   是为了   塑料袋
   _____

4. 到下周   由于   活动推迟   了   天气变化
   _____

5. 大火是   那场   由   引起的   什么原因
   _____

6. 中国历史   这堂课   主要   介绍   向大家
   _____

7. 考上   为了   很大的功夫   艺术学校   他下了
   _____

8. 广告费   很多东西   是因为   高   价格高
   _____

29 개사(5) 근거·방식

쓰기 제1부분 | Day 31

기초 실력 확인하기 | 도식에 정리된 내용에 관해 얼마나 상세히 알고 있는지 스스로 확인해 보세요.

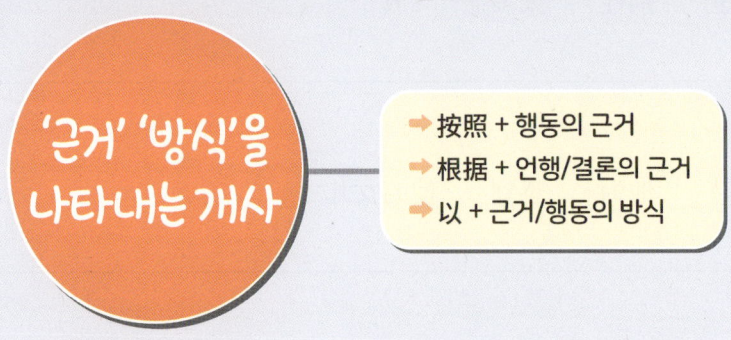

按照 ànzhào 깨 ~에 따라 | 根据 gēnjù 깨 ~에 근거하여 | 以 yǐ 깨 ~으로

STEP 1 유형 파악하기

◆ 근거나 방식을 나타내는 개사는 문장 맨 앞에서 부사어로 자주 쓰인다.
◆ 시험에 자주 나오는 주요 개사와 짝꿍 어휘들을 숙지하자.

● 제1부분 예제

按照	请大家	入场	顺序

정답&풀이

동사+대사 | 개사 | 명사 | 동사
请大家 **按照** **顺序** **入场。** 모두 순서대로 입장해주세요. [按照+기준/근거]
술어1+목적어   부사어   술어2
(의미상 주어)

STEP 1   '入场'은 '입장하다'라는 뜻의 이합동사로 뒤에 목적어를 취하지 않는다. '请'은 문장 앞쪽에서 '~해 주세요'라는 의미를 나타내며, '大家'는 '请'의 목적어이자 '入场'의 의미상 주어이다.

STEP 2   '按照'는 '~에 따라'라는 뜻의 개사로서, 근거가 되는 '顺序'가 그 뒤에서 함께 개사구를 만든다.

请 qǐng 동 상대방에게 어떤 일을 부탁하거나 권할 때 쓰는 경어 | ★按照 ànzhào 개 ~에 따라 | ★顺序 shùnxù 명 순서 | 入场 rùchǎng 동 입장하다

STEP 2 내공 쌓기

1 근거·방식을 나타내는 주요 개사

按照 ànzhào	~에 따라서 [행동에 대한 근거]	<u>按照</u>老师的要求，学生每天要背30个单词。 선생님의 요구에 따라 학생은 매일 단어 30개를 외워야 한다.
根据 gēnjù	~를 근거로 [언행 및 결론의 근거]	老师们<u>根据</u>学校的安排进行考试。 선생님들은 학교의 배정에 따라서 시험을 진행한다.
随着 ✦ suízhe	~에 따라 [행동 또는 사물이 생기는 조건] 随着+변화/발전/개선, 결과	<u>随着</u>环境的变化，人们的生活习惯也改变了。 환경의 변화에 따라, 사람들의 생활 습관도 변했다.
以 yǐ	~에 따라/~로 [근거나 행동의 방식] 주로 서면어에 쓰임	<u>以</u>他的水平，他不能去参加比赛。→ 근거 그의 수준으로는 시합에 참가할 수 없다. 你得<u>以</u>积极的态度工作。→ 행동의 방식 너는 적극적인 태도로 일해야 한다.
用 yòng	~으로 [동작, 행동의 방식 또는 도구]	中国人和韩国人<u>用</u>筷子吃饭。 중국인과 한국인은 젓가락으로 밥을 먹는다.
通过 tōngguò	~를 통해 [목적을 이루는 수단 또는 방식]	<u>通过</u>这件事，我明白了很多道理。 이 일을 통해 나는 많은 이치를 깨달았다.

每天 měitiān 몡 매일 | 要 yào 조동 ~해야 한다 [당위성을 나타냄] | 背 bèi 동 외우다 | 单词 dāncí 몡 단어 | ★安排 ānpái 동 안배하다 | ★进行 jìnxíng 동 진행하다 | 考试 kǎoshì 몡 시험 | 环境 huánjìng 몡 환경 | 变化 biànhuà 몡 변화 | 生活 shēnghuó 몡 생활 | 习惯 xíguàn 몡 습관 | ★改变 gǎibiàn 동 변하다 | 水平 shuǐpíng 몡 수준 | 不能 bùnéng ~할 수가 없다 [불가능을 나타냄] | 参加 cānjiā 동 참가하다 | 比赛 bǐsài 몡 시합 | 得 děi 조동 ~해야 한다 | ★积极 jījí 몡 적극적이다 | ★态度 tàidu 몡 태도 | 筷子 kuàizi 몡 젓가락 | 明白 míngbai 동 이해하다 | 道理 dàolǐ 몡 이치, 도리

2 고정격식 및 표현

- 按照A的顺序B ànzhào A de shùnxù B ✦
  A의 순서에 따라 B하다
  请按照时间的顺序排列。
  시간의 순서에 따라 배열해 주세요.

- 以A为B yǐ A wéi B A를 B로 여기다(하다)
  这次优秀学生以此为标准。
  이번 우수 학생은 이것을 기준으로 한다.

- 随着A的发展B suízhe A de fāzhǎn B
  A의 발전에 따라 B하다
  随着科技的发展，手机在人们生活中，越来越重要。
  과학 기술의 발전에 따라 휴대폰은 사람들의 생활에서 갈수록 중요해지고 있다.

- A由B组成 A yóu B zǔchéng A는 B로 구성되어 있다 ✦
  HSK考试由听力、阅读、写作组成。
  HSK시험은 듣기, 독해, 쓰기로 구성되어 있다.

★排列 páiliè 동 배열하다 | 科技 kējì 몡 과학 기술 | 越来越 yuèláiyuè 부 갈수록, 점점 | 重要 zhòngyào 형 중요하다 | ★优秀 yōuxiù 형 우수하다 | 此 cǐ 대 이것, 이 | ★标准 biāozhǔn 몡 기준 | 听力 tīnglì 몡 듣기 | ★阅读 yuèdú 몡 독해 | 写作 xiězuò 몡 쓰기

3 按照 vs 根据의 용법 비교

'按照'와 '根据'는 행동의 근거를 나타낼 때는 바꿔 쓸 수 있지만, 결과를 도출하는 근거는 '根据'만 나타낼 수 있다. 자주 쓰이는 짝꿍 표현으로 구분하자.

	按照	根据
의미	행동의 기준 및 근거를 나타냄	언행 및 결론의 전제 조건을 나타냄
해석	~를 따라	~를 근거로
기타 용법	×	명사로 '근거', 동사로 '근거하다'라는 의미로 쓰임 有根据 yǒu gēnjù 근거가 있다
자주 쓰이는 어휘	按照顺序 ànzhào shùnxù 순서에 따라 按照要求 ànzhào yāoqiú 요구에 따라 按照计划 ànzhào jìhuà 계획에 따라 按照规定 ànzhào guīdìng 규정에 따라	根据调查结果 gēnjù diàochá jiéguǒ 조사 결과를 근거로 根据规定 gēnjù guīdìng 규정을 근거로 根据法律 gēnjù fǎlǜ 법률을 근거로 根据经历 gēnjù jīnglì 경험을 근거로 根据预报 gēnjù yùbào 예보를 근거로
예문	要按照学校的规定办事。(○) 학교의 규정에 따라 일을 처리해야 한다. 按照天气预报，今天下午有雨。(×)	要根据学校的规定办事。(○) 학교의 규정에 근거해 일을 처리해야 한다. 根据天气预报，今天下午有雨。(○) 일기예보에 따르면, 오늘 오후에 비가 온다.

★规定 guīdìng 명 규정 | 办事 bànshì 동 일을 처리하다 | 天气预报 tiānqì yùbào 명 일기예보 | 有雨 yǒu yǔ 비가 오다

🗒 배운 내용 점검하기

1. 근거·방식을 나타내는 개사는 동사 앞에서 명사, 대사와 함께 동작의 근거·방식을 나타낸다.

STEP 3 실력 다지기

Day 31

1. 组成   由   4个部分   这篇文章
   _____

2. 不要   做密码   用   生日   最好
   _____

3. 为中心   不应该   人们   以自我
   _____

4. 原来的   进行   这次活动   计划   按照
   _____

5. 写的   这本小说是   自己的   作者根据   经历
   _____

6. 排列的   是按照   这些报纸   时间顺序
   _____

7. 很多人   来放松心情   通过旅游   开始选择
   _____

8. 也提高了   随着社会   人们的   的发展   生活水平
   _____

쓰기 제1부분

30 존현문

Day 32

기초 실력 확인하기 | 도식에 정리된 내용에 관해 얼마나 상세히 알고 있는지 스스로 확인해 보세요.

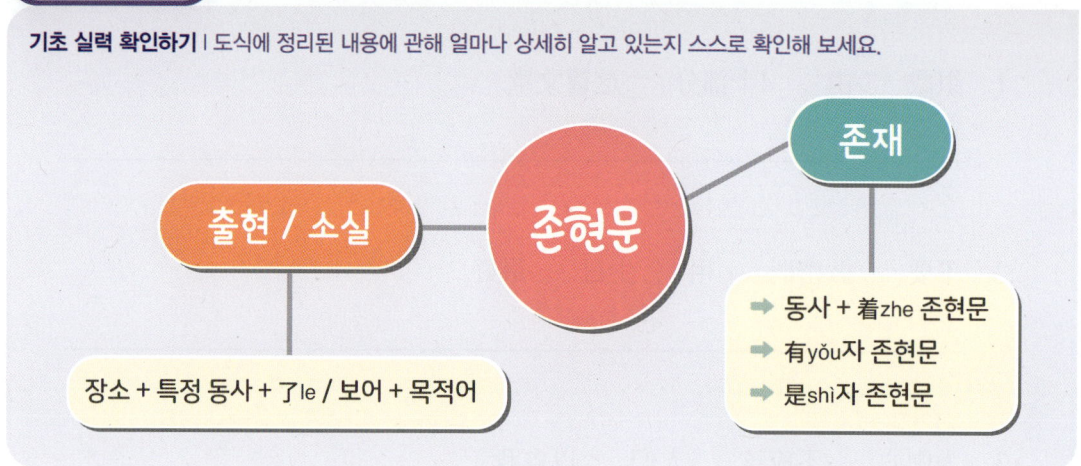

STEP 1 유형 파악하기

- 2회에 한 번꼴로 출제되며, 동사 '有' '在', 동태조사 '着'를 활용한 문제가 주로 출제된다.
- 일반적으로 주어와 목적어의 배열 위치를 제대로 파악하는 것이 문제 해결의 관건이 된다.

● 제1부분 예제

一个表格	信封	有	里

정답&풀이

명사	명사	동사	수사+양사+명사
信封	里	有	一个表格。 봉투 안에는 양식이 있다.
주어		술어	관형어+목적어

[장소A+有+수량사+사람/사물B A에 B가 있다]

STEP 1 동사 '有'는 장소를 주어로 취하여 '어떠한 장소에 어떠한 사물이 있다'는 것을 나타낼 수 있다.

STEP 2 일반명사 '信封'은 단독으로 장소를 나타낼 수 없기 때문에 방위 명사 '里'와 함께 써서 장소를 나타내며, '有'자 존현문에서 목적어는 '불특정한' 사물이 와야 하므로 수량사의 수식을 받은 '一个表格'가 온다.

★信封 xìnfēng 명 봉투 | 里 lǐ 명 속, 안 | ★表格 biǎogé 명 양식, 표

STEP 2 내공 쌓기

사람이나 사물의 '존재' '출현' '소실'을 나타내는 문장을 '존현문'이라고 한다. 존현문에는 여러 문형이 있는데, 문형마다 표현 방식 및 주어, 목적어의 특징이 다르므로, 차이를 구분하여 익히는 것이 중요하다.

1 존현문의 형식

(1) '동사+着' 존현문: **시간 / 장소+동사+着+불특정한 사물 / 사람**

어떤 시간이나 장소에 불특정한 어떤 대상이 '존재'하고 있음을 나타낸다. 술어에는 '지속적인 동작'을 나타낼 수 있는 동사가 쓰인다. 목적어는 '불특정한 대상'을 나타내므로, 보통 수량사의 수식을 받는다.

椅子上挂着一件衣服。 의자 위에 옷 한 벌이 걸려 있다.

客厅里放着一个沙发。 거실 안에 소파 하나가 놓여 있다.

椅子 yǐzi 명 의자 | ★挂 guà 동 걸다 | ★客厅 kètīng 명 거실 | 放 fàng 동 놓다 | ★沙发 shāfā 명 소파

(2) **장소+동사+了 / 보어+불특정한 사물 / 사람**

장소에 어떤 대상이 '출현'하거나 '소실'되는 것을 나타낸다. '来' '走' '开' 등의 동사 뒤에 조사 '了'나 '过去' '过来' 등과 같은 방향보어, '满' '走' 등의 결과보어 등이 쓰인다.

他家突然来了一位客人。 그의 집에 갑자기 손님 한 분이 오셨다.

前边跑过来一只小狗。 앞쪽에서 강아지 한 마리가 뛰어온다.

电梯里站满了人。 엘리베이터 안에 사람이 가득하다.

突然 tūrán 부 갑자기 | 客人 kèrén 명 손님 | 前边 qiánbian 명 앞 | 跑 pǎo 동 뛰다, 달리다 | 过来 guòlai 동 사람이나 사물이 자신의 쪽으로 다가옴을 나타냄 | 小狗 xiǎogǒu 명 강아지 | 电梯 diàntī 명 엘리베이터 | 站 zhàn 동 서다 | ★满 mǎn 형 가득하다

술어로 쓰이는 동사

존재	写 xiě 쓰다	放 fàng 놓다	坐 zuò 앉다	站 zhàn 서다	挂 guà 걸다	躺 tǎng 눕다
출현	来 lái 오다	出现 chūxiàn 나타나다	发生 fāshēng 생기다
소실	死 sǐ 죽다	走 zǒu 가다

(3) '有'자 존현문: **장소+有+불특정한 사물 / 사람** ✦

어떤 장소에 단순히 어떤 사람·사물이 있음을 나타내며, 목적어는 청자가 모르는 '불특정한 대상'이므로, 보통 수량사가 목적어 앞에 쓰인다.

桌子上有一本词典。 탁자 위에 사전 한 권이 있다.

餐厅里有很多顾客。 식당 안에 많은 손님들이 있다.

词典 cídiǎn 명 사전 | ★餐厅 cāntīng 명 식당 | ★顾客 gùkè 명 고객, 손님

(4) '是'자 존현문: **장소+是+사물 / 사람**

어떤 장소에 존재하고 있는 사람이나 사물에 대한 구체적인 판단을 나타내며, 목적어는 불특정이거나 특정적일 수 있다.

公交车站对面是首都电影院。 버스 정류장 맞은편은 수도영화관이다. → **특정한 목적어**

这里到处都是人。 여기는 도처에 모두 사람이다. → **불특정한 목적어**

公交车站 gōngjiāochēzhàn 버스 정류장 | ★对面 duìmiàn 명 맞은편 | 电影院 diànyǐngyuàn 명 영화관 | ★到处 dàochù 명 도처, 곳곳

2 존현문의 특징

(1) 주어에는 장소나 시간이 쓰인다.

존현문의 주어는 장소이다. 일반 명사는 단독으로 장소를 나타낼 수 없기 때문에 '일반 명사+방위 명사' 형태로 쓰인다.

盒子有三块儿巧克力。(×) → 盒子里有三块儿巧克力。 작은 상자 안에 초콜릿이 3개 있다.

★ 盒子 hézi 몡 작은 상자 | ★ 巧克力 qiǎokèlì 몡 초콜릿

(2) 개사가 쓰이지 않는다.

장소나 시간을 나타내는 말은 문장 맨 앞에 위치하며, 개사 '在'나 '从'은 쓰지 않는다.

从右边来了一个人。(×) → 右边来了一个人。 오른쪽에서 한 사람이 왔다.

(3) 목적어에는 지시대사를 쓰지 않는다.

존현문은 '불특정한 대상'이 어디에 존재함을 나타내는 문장이므로, 목적어를 특정하게 하는 '这' '那'와 같은 지시대사로 목적어를 수식할 수 없다. '불특정한 대상'을 수식할 때는 보통 수량사를 사용한다.

前边来了那个人。(×) → 前边来了一个人。 앞에서 한 사람이 왔다.

3 '有'자문 vs '是'자문 vs '在'자문

동사 '有'와 '是' 뿐만 아니라, '在'도 '~가 ~에 있다'라는 의미를 나타내는 문장을 만들 수 있다. 단, '在'자 문은 '불특정한 대상'을 나타내는 존현문 문형이 아니라 '특정한 대상'의 존재를 나타내는 문형이다. 세 문형은 아래와 같이 서로 강조하는 바가 다르므로 각각 다른 문맥에 쓰여야 한다.

	有	是	在
의미	장소에 어떤 사물·사람이 '존재함'을 나타냄	장소에 존재하는 사물이 '무엇인지'를 나타냄	사물·사람이 '어디에' 존재함을 나타냄
주어	특정한 장소 (수량사 수식×)	특정한 장소 (수량사 수식×)	특정한 사물·사람 (수량사 수식×)
목적어	'불특정'한 대상 (수량사 수식 ○) (청자가 존재를 모르는 대상)	'불특정'하거나 '특정'한 사물·사람 (수량사나 다른 관형어 수식 ○) (청자가 존재를 알고 있는 대상)	'특정'한 장소 (수량사 수식×)
예문	对面有一个银行。 맞은편에 은행이 하나 있다.	对面是友谊小学。 맞은편은 우정초등학교이다.	中国银行在对面。 중국은행은 맞은편에 있다.

银行 yínháng 몡 은행 | ★ 友谊 yǒuyì 몡 우정 | 小学 xiǎoxué 몡 초등학교

배운 내용 점검하기

1. 존현문은 사물이나 사람의 '존재' '출현' '소실'을 나타내는 문장이다.
2. 존현문의 주어에는 장소나 시간이 쓰인다.

STEP 3 실력 다지기

Day 32

1. 对面   就   友谊餐厅   在
   _____

2. 纸   有   信封里   五页
   _____

3. 世界地图   挂着   墙上   一张
   _____

4. 有   那座   很多种动物   山上
   _____

5. 在   姐姐   沙发上   的银行卡
   _____

6. 一个   沙发旁边   怎么   塑料袋   有
   _____

7. 里   植物   只有   奶奶家的院子   一种
   _____

8. 坐满了   客人   客厅里   来看姐姐的
   _____

→ 해설서 p.242

31 연동문·겸어문

쓰기 제1부분 | Day 33

기초 실력 확인하기 | 도식에 정리된 내용에 관해 얼마나 상세히 알고 있는지 스스로 확인해 보세요.

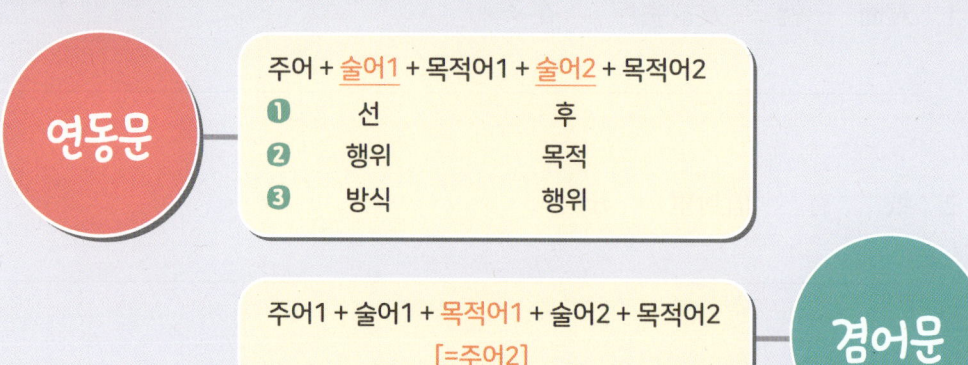

STEP 1 유형 파악하기

◆ 연동문·겸어문 모두 자주 출제되는 유형 중 하나이다.
◆ 연동문은 하나의 주어가 두 개 이상의 술어를 가지는 문장이다.
◆ 겸어문은 '술어1의 목적어'가 '술어2의 주어'가 되는 문장이다.
◆ 연동문의 술어1로 자주 쓰이는 동사(来/去)와 특징을 잘 숙지하자.
◆ 겸어문의 술어1로 자주 쓰이는 동사(让/请/使) 특징을 잘 숙지하자.

● 제1부분 예제

| 去 | 拿钥匙 | 门口 | 房东让我 |

정답&풀이

명사+동사+대사	동사	명사	동사+명사	[让+대상(我)+去+장소(门口)+행동(拿钥匙)]
房东让我	去	门口	拿钥匙。	집주인은 나에게 열쇠를 가지러 현관으로 가라고 했다.
주어+술어1+목적어1	술어2	목적어2	술어3+목적어3	

STEP 1 '让'은 겸어문을 만드는 동사로 첫 번째 술어가 된다. 이 문장은 겸어문이자 연동문으로, 연동문에서 술어는 '행동의 순서'대로 배열하므로, 술어는 '去→拿钥匙' 순서대로 배열한다.

STEP 2 동사 '去'는 뒤에 장소를 목적어로 취하므로 '门口'가 목적어로 온다.

★房东 fángdōng 몡 집주인 | 让 ràng 동 ~하게 하다 | 门口 ménkǒu 몡 현관 | 拿 ná 동 쥐다, 잡다 | ★钥匙 yàoshi 몡 열쇠 [拿钥匙: 열쇠를 가지다]

STEP 2 내공 쌓기

1 연동문 [连动句]

하나의 주어가 두 개 이상의 동사를 술어로 가지는 문장을 말하며, 기본 어순은 다음과 같다.

我 去 超市 买 矿泉水。 나는 생수를 사러 마트에 간다.
(주어 / 술어1 / 목적어1 / 술어2 / 목적어2, 동사1 / 동사2)

超市 chāoshì 몡 마트 | 买 mǎi 동 사다 | ★矿泉水 kuàngquánshuǐ 몡 생수

(1) 연동문의 종류

연속해서 발생하는 동작을 나타내는 연동문	他 吃完饭 看 电影。 (동사1 / 동사2) 그는 밥을 먹고 영화를 본다.
동사2가 동사1의 목적을 나타내는 연동문 [동사1로 '来' '去'가 주로 사용됨]	我 去 商店 买 袜子。 (동사1 / 동사2) 나는 양말을 사러 상점에 간다.
동사1이 동사2의 방식을 나타내는 연동문 [동사1로 '坐' '骑' '带'가 주로 사용됨]	他 坐 公交车 上 班。 (동사1 / 동사2) 그는 버스를 타고 출근한다.

饭 fàn 몡 밥 | ★袜子 wàzi 몡 양말 | 坐 zuò 동 타다 | 公交车 gōngjiāochē 몡 버스

(2) 주요 연동문 문형

去 qù + 장소(A) + 행동(B) ✦	B하러 A에 가다	我明天要去大使馆办签证。 나는 내일 비자를 만들러 대사관에 갈 것이다.
用 yòng + 도구/방식(A) + 행동(B)	A로 B하다	她用铅笔写字。 그녀는 연필로 글씨를 쓴다.
坐 zuò + 교통수단(A) + 행동(B)	A를 타고 B하다	他昨天坐飞机去青岛了。 그는 어제 비행기를 타고 칭다오에 갔다.
带 dài + 사람/사물(A) + 행동(B) ✦	A를 데리고 B하다	爷爷常常带孙子去公园散步。 할아버지는 자주 손자를 데리고 산책하러 공원에 간다. 我带着电脑去咖啡厅。 나는 컴퓨터를 가지고 카페에 간다.
陪 péi + 사람(A) + 행동(B)	A를 모시고 B하다	我陪妈妈逛街。 나는 어머니를 모시고 쇼핑한다.

★大使馆 dàshǐguǎn 몡 대사관 | 办 bàn 동 처리하다 | ★签证 qiānzhèng 몡 비자 | 用 yòng 동 사용하다, 쓰다 | 青岛 Qīngdǎo 고유 칭다오 | 爷爷 yéye 몡 할아버지 | 常常 chángcháng 부 자주, 항상 | 带 dài 동 데리다, 이끌다 | ★孙子 sūnzi 몡 손자 | 公园 gōngyuán 몡 공원 | ★散步 sànbù 동 산책하다 | 陪 péi 동 동반하다 | 逛街 guàng jiē 쇼핑하다

> **tip** '带'와 '陪'의 차이
> '带'는 '가지다'의 의미로 사물과 사람을 목적어로 쓸 수 있지만, '陪'는 함께 동반하는 의미로 사람 목적어에만 쓸 수 있다.

(3) 연동문에서 부사어의 위치

연동문에서 부사, 부정부사, 조동사는 일반적으로 첫 번째 동사 앞에 온다.

他 <u>经常</u> 去 百货商店 买 家具。 그는 자주 백화점에 가서 가구를 산다. → 부사
　 부사　동사1　　　　동사2

她 <u>没</u> 出去 看 表演。 그녀는 공연을 보러 나가지 않았다. → 부정부사
　 부정부사 동사1 동사2

我 <u>要</u> 去 医院 打针。 나는 주사 맞으러 병원에 가려고 한다. → 조동사
　 조동사 동사1　　 동사2

经常 jīngcháng 🖫 자주, 항상 | 百货商店 bǎihuò shāngdiàn 🖫 백화점 | ★家具 jiājù 🖫 가구 | ★表演 biǎoyǎn 🖫 공연 | ★打针 dǎzhēn 🖫 주사를 맞다

2 겸어문 [兼语句]

한 문장에 두 개 이상의 동사가 있고 '첫 번째 동사의 목적어'가 동시에 '두 번째 동사의 주어' 역할을 겸하는 문장을 말한다. 기본 어순은 다음과 같다.

老师　　让　　我们　　复习。 선생님은 우리에게 복습을 하게 했다.
주어1　술어1　목적어1　술어2
　　　　　　 의미상의 주어

让 ràng 🗟 ~하게 하다 | 复习 fùxí 🗟 복습하다

(1) 겸어문의 종류

겸어문은 첫 번째 동사의 의미 차이에 따라 여러 종류로 나눌 수 있다.

'사역' '요청'을 나타내는 겸어문 ◆	让/使/请/要求 + 대상(A) + 동작(B): A가 B 하도록 (요청)하다 　　동사1　　　　　　겸어　　동사2 那部电影<u>让</u>我<u>失望</u>。 그 영화는 나를 실망시켰다. 这部电影<u>使</u>我<u>想起</u>了以前的朋友。 이 영화는 나로 하여금 옛 친구가 생각나게 했다.
'인정' '호칭'을 나타내는 겸어문	选/认/称 + 대상(A) + 做/为/当 + 대상(B): A를 B로 ~하다 　동사1　　　　　겸어　　　동사2 我们<u>选</u>他<u>当</u>班长。 우리는 그를 반장으로 뽑았다. 他<u>认</u>我<u>做</u>妹妹。 그는 나를 여동생으로 여긴다.
'좋음' '싫음' '칭찬' '비판'을 나타내는 겸어문	喜欢/表扬/批评 + 대상(A) + 동작(B): A가 B하는 것을 ~하다 　　동사1　　　　　　겸어　　동사2 妈妈<u>喜欢</u>我<u>笑</u>。 엄마는 내가 웃는 것을 좋아하신다. 老师常常<u>批评</u>我<u>不努力学习</u>。 선생님은 내가 열심히 공부하지 않는 것을 자주 꾸짖으신다.

让 ràng 🗟 ~하게 하다 | ★使 shǐ 🗟 ~하게 하다 | 请 qǐng 🗟 요청하다 | 要求 yāoqiú 🗟 요구하다 | 部 bù 🖫 부, 편 [서적이나 영화 편수 등을 세는 양사] | ★失望 shīwàng 🗟 실망하다 | 想起 xiǎngqǐ 생각나다 | 以前 yǐqián 🖫 예전, 이전 | 选 xuǎn 🗟 선출하다 | 认 rèn 🗟 ~라고 인정하다 | 称 chēng 🗟 ~라고 부르다 | 为 wéi 🗟 ~로 변하다, ~가 되다 | ★当 dāng 🗟 ~가 되다 | 班长 bānzhǎng 🖫 반장 | ★表扬 biǎoyáng 🗟 칭찬하다 | ★批评 pīpíng 🗟 비판하다, 꾸짖다 | 常常 chángcháng 🖫 자주, 늘, 항상, 수시로, 언제나, 흔히 | 努力 nǔlì 🗟 노력하다, 힘쓰다, 열심히 하다

(2) 겸어문에서 부사어의 위치

겸어문에서 부사, 부정부사, 조동사는 일반적으로 첫 번째 동사 앞에 온다.

老师 一直 让 我 读 文章。 선생님께서 계속 나에게 문장을 읽으라고 하신다. → 부사
　　 부사 동사1 　 동사2

我 没 让 他 来 咱们家。 나는 그를 우리 집에 오라고 하지 않았다. → 부정부사
　 부정부사 동사1 　 동사2

妈妈 想 让 儿子 当 大夫。 엄마는 아들이 의사가 되기를 바라신다. → 조동사
　　 조동사 동사1 　　 동사2

一直 yìzhí 〔부〕 계속 | ★咱们 zánmen 〔대〕 우리(들) | ★大夫 dàifu 〔명〕 의사

> **tip** 겸어문과 연동문이 결합하여 쓰일 수도 있다. 겸어문과 연동문이 결합되어 쓰일 경우, 첫 번째 동사는 사역의 의미를 갖는다.
>
>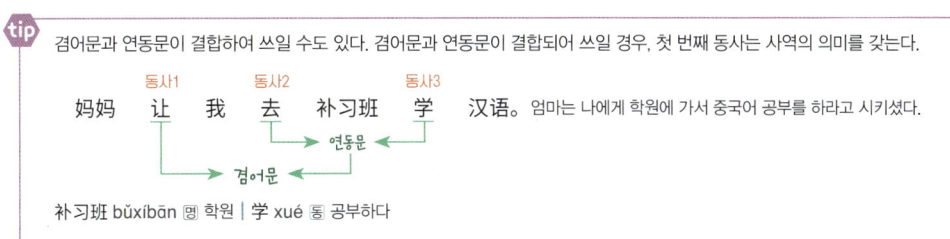
>
> 补习班 bǔxíbān 〔명〕 학원 | 学 xué 〔동〕 공부하다

배운 내용 점검하기

1. 연동문은 하나의 주어가 두 개 이상의 동사를 술어로 가지는 문장이다.
2. 연동문의 기본 어순은 '주어+술어1+목적어1+술어2+목적어2'이다.
3. 겸어문은 한 문장에 두 개 이상의 동사가 있고 첫 번째 동사의 목적어가 동시에 두 번째 동사의 주어 역할을 겸하는 문장이다.
4. 겸어문의 기본 어순은 '주어+술어1(让/使/请)+겸어(목적어/의미상 주어)+술어2'이다.

STEP 3 실력 다지기

Day 33

1. 洗手间   牙膏   你去   过来吧   拿

2. 观众   很失望   让   这次表演

3. 带孙子   奶奶   了   去吃烤鸭

4. 把这份材料   出来   请你   打印

5. 厨房   请你   一杯果汁儿   去   拿

6. 非常吃惊   高律师   让   这个结果

7. 越来越   变得   空气污染   使植物数量   少

8. 明天早上九点开会   张经理   让他   大家   通知

해설서 p.244

32 비교문

쓰기 제1부분 | Day 34

기초 실력 확인하기 | 도식에 정리된 내용에 관해 얼마나 상세히 알고 있는지 스스로 확인해 보세요.

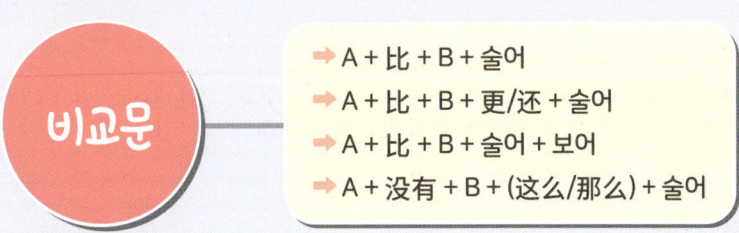

比 bǐ 개 ~보다 | 更 gèng 부 더욱, 더 | 还 hái 부 더욱, 더 | 没有 méiyǒu 동 ~만 못하다 | 这么 zhème 대 이렇게 | 那么 nàme 대 그렇게

STEP 1 유형 파악하기

◆ 비교문에 부사 '更'과 '还'를 쓰는 경우의 어순을 외워 두자.

◆ 비교문에서 '수량사/得多/多了'의 위치를 주의하자.

◆ 비교문 부정 표현의 해석에 주의하자.

● 제1부분 예제

比上个月　　孙子　　一斤　　重了

정답&풀이

명사	개사+형용사+양사+명사	형용사+조사	수사+양사
孙子	比上个月	重了	一斤 。
주어	부사어	술어+了	보어

[[A(孙子)+比+B(上个月)+형용사(重)+수량사(一斤)]]

손자는 지난달보다 0.5kg 무거워졌다.

STEP 1　개사 '比'가 쓰인 비교문으로 조사 '了'와 함께 있는 형용사 '重'이 술어가 되고 구체적인 차이를 나타내는 수량사 '一斤'이 술어 뒤에 위치한다. 이때 조사 '了'는 '변화'를 나타낸다.

STEP 2　개사 '比' 뒤에 '上个月'가 함께 있으므로 명사 '孙子'는 주어로서 '比' 앞에 위치한다. '孙子(손자)' 앞에 '现在(현재)'가 생략되었음을 알면 좀 더 쉽게 이해할 수 있다.

★孙子 sūnzi 명 손자 | 比 bǐ 개 ~보다 [A+比+B+술어: A는 B보다 술어하다] | 上个月 shànggèyuè 지난달 | 重 zhòng 형 무겁다 | 斤 jīn 양 근, 무게의 단위

STEP 2 내공 쌓기

둘 이상의 대상을 비교한 결과를 나타내는 문장을 '비교문'이라고 한다. 개사 '比'를 사용하거나, 기타 표현을 사용해 다양한 형식의 비교문을 만들 수 있다.

1 '比'자 비교문

개사 '比'를 이용하여 둘 이상의 대상을 서로 비교하는 형태의 문장을 '比'자 비교문이라고 한다. 아래에 정리된 '比'자 비교문의 기본 문형과 빈출 활용 표현들을 어순에 주의하며 익히자.

(1) 기본 형식

① 긍정형: A+比+B+술어 A가 B보다 ~하다

今年的春天 比 去年 暖和。 올해의 봄은 작년보다 따뜻하다.
　　A　　　比　 B　 술어

今年 jīnnián 명 올해 | 春天 chūntiān 명 봄 | ★暖和 nuǎnhuo 형 따뜻하다

② 부정형: A+没有+B+(这么/那么)+술어 A는 B만큼 ~(그렇게) 하지 않다

过去的香蕉 没有 现在 便宜。 과거의 바나나는 현재만큼 싸지 않았다.
　　A　　　没有　B　 술어

妈妈做的饺子 没有 以前的 那么 好吃了。 엄마가 만드신 만두는 예전 것만큼 그렇게 맛있지 않다.
　　A　　　没有　 B　　那么　 술어

过去 guòqù 명 과거 | 香蕉 xiāngjiāo 명 바나나 | ★饺子 jiǎozi 명 만두 | 以前 yǐqián 명 예전

(2) 빈출 활용 표현

① A+比+B+更/还+술어: A가 B보다 '더/훨씬' ~하다
부사어를 넣어 '비교한 정도의 차이가 큼'을 나타내고자 할 때에는 '更/还'를 활용해 나타낸다.

这里的环境比那里更好。 이곳의 환경은 저곳보다 더 좋다.

新复印机比原来的还好用。 새 복사기는 원래 것보다 훨씬 쓰기 편하다.

环境 huánjìng 명 환경 | 新 xīn 형 새 것의 | 复印机 fùyìnjī 명 복사기 | ★原来 yuánlái 형 원래의 | 好用 hǎoyòng 형 쓰기가 간편하다

② A+比+B+술어+得多/多了/很多: A가 B보다 훨씬 '많이' ~하다
보어를 활용하여 비교한 정도의 차이가 많거나(②) 적음(③)을 나타낼 수 있다.

爸爸的生意比去年好多了。 아빠의 사업은 작년보다 많이 나아졌다.

③ A+比+B+술어+一点儿/一些: A가 B보다 '약간' 더 ~하다

这里的空气比那里新鲜一些。 이곳의 공기는 저곳보다 약간 더 좋다.

④ A+比+B+술어+구체적인 차이: A가 B보다 '~만큼' ~하다
'수사+양사'를 활용해 구체적인 차이를 나타낼 수도 있다.

今年的收入比去年多了一倍。 올해의 수입은 작년보다 1배만큼 더 많아졌다.

> **tip**
> '比'자문의 술어는 대부분 형용사이지만, 'A+比+B+早/晚/多/少+동사+수량사(/수사+양사)(+목적어)'의 형식으로 쓸 경우 술어에 동사가 쓰일 수 있다.
>
> 我 比 他 多 买了 三盒 巧克力。 나는 그보다 초콜릿 3상자를 더 샀다.
> 　A　比　B 多　동사　수사+양사　명사
>
> 买 mǎi 동 사다 | 盒 hé 양 상자 | ★巧克力 qiǎokèlì 명 초콜릿

2 기타 표현을 사용한 비교문 형식

(1) '유사성'을 비교하는 표현

① A+跟+B+一样+(형용사): A는 B와 같다/A는 B와 같이 ~하다 [A=B]

비교되는 대상인 A와 B가 '서로 같음'을 나타낼 때 쓰인다. 부정형은 '不一样'으로 'A는 B와 같지 않다'라는 뜻으로, 비교되는 대상 A와 B를 비교한 결과가 같지 않음을 나타낼 때 쓰인다.

我的性格跟妈妈一样。 나의 성격은 엄마와 같다.

姐姐的成绩跟我一样优秀。 언니의 성적은 나처럼 뛰어나다.

他想的跟我不一样。 그가 생각한 것은 나와 다르다.

这里的天气跟北京不一样。 여기의 날씨는 베이징과 다르다.

★性格 xìnggé 명 성격 | 成绩 chéngjì 명 성적 | ★优秀 yōuxiù 형 아주 뛰어나다

② A+像+B+(这么/这样/那么/那样)+술어: A는 B처럼 ~하다 [A≒B]

'像'을 이용해 비교의 정도가 '비슷함'을 나타낼 때 쓰이는 문형으로 '마치 ~와 같다'라는 뜻이다. 부정형은 '不像'으로, '마치 ~와 같지 않다'라는 뜻을 나타낸다.

姐姐像以前那样漂亮。 언니는 예전처럼 그렇게 예쁘다.

他像他哥哥那么活泼。 그는 그의 형처럼 그렇게 활발하다.

鸟不像小狗那么聪明。 새는 강아지처럼 그렇게 똑똑하지 않다.

弟弟不像以前那样粗心了。 남동생은 예전처럼 그렇게 부주의하지 않다.

以前 yǐqián 명 이전 | ★活泼 huópō 형 활발하다 | 鸟 niǎo 명 새 | 小狗 xiǎogǒu 명 강아지 | 聪明 cōngming 형 똑똑하다 | ★粗心 cūxīn 형 부주의하다

(2) '최상급'을 나타내는 표현

'比'는 몇 가지 고정적인 형식으로, 최상급에 쓰이기도 한다.

① 没有+(A+比+B)+更/再+술어+(的)+了: (B보다) ~한 것(A)은 없다 [(B가) 가장 ~하다]

没有人比他更好了。 그보다 더 좋은 사람은 없다. 　没有再好的了。 더 이상 좋은 것은 없다.

② 比+의문대사+都+형용사: ~보다도 ~하다 [가장 ~하다]

比谁都热情。 누구보다 친절하다. 　比哪年都多。 어느 해보다 많다.

热情 rèqíng 형 친절하다

(3) 그 외 표현

① A+越来越+술어(了): A는 점점 ~해진다

사람이나 사물의 정도가 시간에 따라 변화함을 나타낸다.

她越来越漂亮。 그녀는 점점 예뻐진다.

哥哥越来越胖了。 오빠는 점점 뚱뚱해졌다.

胖 pàng 형 (몸이) 뚱뚱하다

② 越+A+越+B: A할수록 B해진다

사람이나 사물의 정도가 시간에 따라 변화함을 나타낸다.

我越想越生气。 나는 생각하면 할수록 화가 난다.

我的皮肤越洗越干。 내 피부는 씻을수록 건조하다.

生气 shēngqì 동 화내다 | ★皮肤 pífū 명 피부 | 洗 xǐ 동 씻다 | 干 gān 형 건조하다

> **배운 내용 점검하기**
>
> 1. 비교문은 일반적으로 개사 '比'를 사용하여 둘 이상의 사물이나 사람을 서로 비교하는 문장이다.
> 2. 비교문의 기본 어순은 'A+比+B+술어(A가 B보다 ~하다)'이다.

STEP 3 실력 다지기

1. 比   王丽的普通话   标准   哥哥的
   _____

2. 比金钱   重要   更   时间
   _____

3. 活泼   哥哥的   没有姐姐   性格
   _____

4. 好得多   市内的   比农村   环境
   _____

5. 顾客   多了   现在餐厅里的   比原来
   _____

6. 贵得多   房租   比郊区   市里的
   _____

7. 天气   一些   今天的   暖和   比昨天
   _____

8. 两倍   比去年   奖金   今年的   增长了
   _____

해설서 p.247

33 把자문

쓰기 제1부분 | Day 35

기초 실력 확인하기 | 도식에 정리된 내용에 관해 얼마나 상세히 알고 있는지 스스로 확인해 보세요.

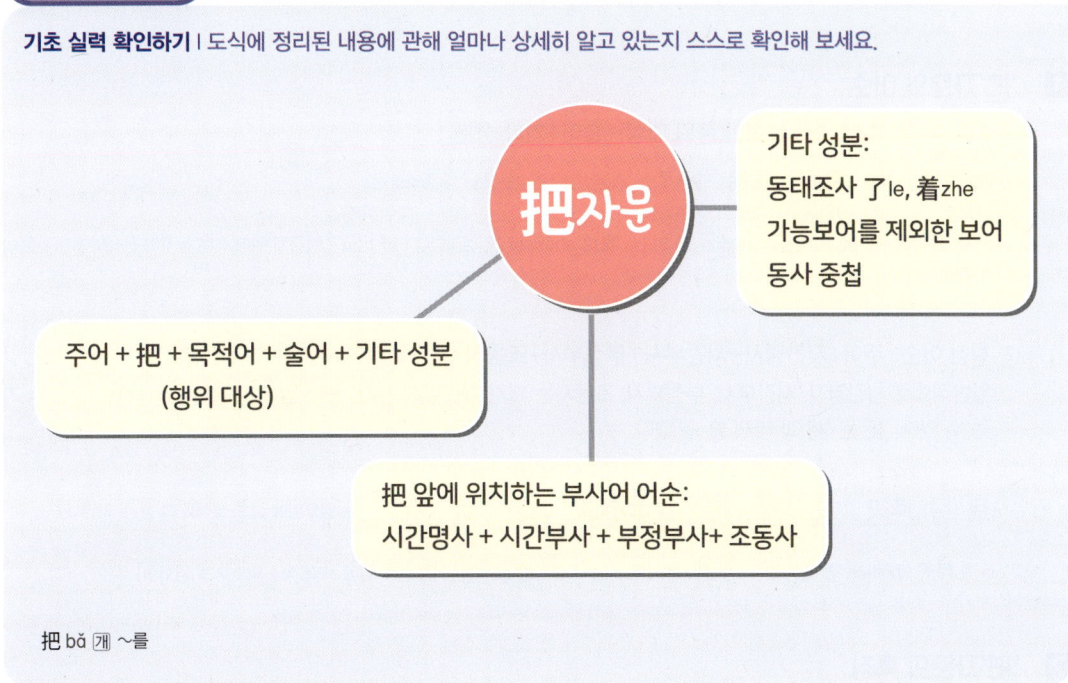

把 bǎ 〔개〕 ~를

STEP 1 유형 파악하기

◆ 거의 매회 빠지지 않고 출제되는 유형이다. 기본 어순 '주어+把+목적어+술어+기타 성분'을 반드시 외우자.
◆ 일부 고정격식이 반복해서 출제되니, 내공 쌓기에 정리된 빈출 고정격식을 반드시 익히자.

● 제1부분 예제

| 把钥匙 | 哥哥 | 了 | 丢 |

정답&풀이

명사	개사+명사	동사	조사
哥哥	**把钥匙**	**丢**	**了**。 형은 열쇠를 잃어버렸다.
주어	부사어	술어	了

[주어+把+목적어+술어+기타 성분]

STEP 1 동사 '丢'가 문장의 술어이며, 조사 '了'가 술어 뒤에서 기타 성분으로 쓰였다.

STEP 2 개사구 '把钥匙'는 술어 앞에 위치하고 명사 '哥哥'가 주어가 된다. '丢钥匙(열쇠를 잃어버리다)'는 자주 쓰이는 표현이다.

哥哥 gēge 〔명〕 형, 오빠 | 把 bǎ 〔개〕 ~를 | ★钥匙 yàoshi 〔명〕 열쇠 | ★丢 diū 〔동〕 잃어버리다

STEP 2 내공 쌓기

'把'자문은 개사 '把'를 사용해 술어의 변화나 결과, 영향 등을 강조하는 문장을 말한다.

1 '把'자문의 어순

(1) **기본 어순: 주어+把+목적어(행위 대상)+술어+기타 성분**

李阿姨 把 房间 收拾 好了。 리(李) 아주머니는 방을 다 청소했다.
주어 把 목적어 술어 기타 성분

阿姨 āyí 명 아주머니 | 房间 fángjiān 명 방 | ★收拾 shōushi 동 정리하다 | 好 hǎo 형 [동사 뒤에 쓰여 동작이 완성되었거나 잘 마무리되었음을 나타냄]

(2) **확장 어순: 주어+시간명사+시간부사+부정부사+조동사+把+목적어+술어+기타 성분**

일반적으로 시간명사, 시간부사, 부정부사, 조동사는 개사 '把' 앞에 온다. 술어 앞에 강조를 나타내는 조사 '给'가 올 수 있다. '把'는 '将'과 바꿔 쓸 수 있다.

　　　시간명사　부정부사 조동사　개사　　　　　조사
我 礼拜天 没 能 把 这本小说 (给) 看 完。 나는 일요일에 이 소설책을 다 볼 수 없었다.
주어　　　　부사어　　　　　把　목적어　　　　술어 기타 성분

★礼拜天 lǐbàitiān 명 일요일 | ★小说 xiǎoshuō 명 소설 | 给 gěi 조 [직접 동사 앞에 쓰여, 처치의 어기를 강화함]

2 '把'자문의 특징

(1) **목적어는 특정적이어야 한다.**
구체적인 사물에 가해진 행동을 나타내므로, 목적어는 반드시 확정적이거나 화자나 청자가 알고 있는 것이어야 한다. 특정한 목적어는 '这' '那'나 '我的'와 같은 관형어의 수식으로 나타낼 수 있고, 아무런 수식을 받지 않은 사물도 그 자체가 특정하다면 목적어로 쓰일 수 있다.

他把一辆车停在了银行旁边。(×) → 어떤 차를 말하는 지 불확실함
他把那辆车停在了银行旁边。(○) 그는 그 차를 은행 옆에 세웠다. → 관형어의 수식을 받아 특정해진 목적어
他把车停在了银行旁边。(○) 그는 차를 은행 옆에 세웠다. → 화자나 청자가 알고 있는 대상이 목적어인 경우

辆 liàng 양 대, 량 [차량을 세는 단위] | 车 chē 명 차 | ★停 tíng 동 세우다 | 在 zài 개 ~에서 | 银行 yínháng 명 은행 | 旁边 pángbiān 명 옆, 곁, 근처

(2) **일반적으로 '把'자문의 동사 뒤에는 기타 성분이 와야 한다.**
단, '把'자문에는 동태조사 '过'와 가능보어가 쓰이지 않는다.

동태조사	了	女朋友把自己的电话号码改了。 여자 친구는 자신의 전화번호를 바꿨다.
	着	你把雨伞带着吧！ 우산을 가지고 있으렴!
보어	정도보어	妹妹把房间收拾得很干净。 여동생은 방을 깨끗하게 정리했다.
	결과보어 ◆	孙子把我的毛衣弄脏了。 손자는 내 스웨터를 더럽혔다.
	방향보어	你把这只沙发搬出去吧。 이 소파를 옮겨 나가.
	수량보어	经理把会议时间推迟了一个小时。 사장님은 회의 시간을 한 시간 미뤘다.
동사의 중첩		你把事情的详细情况说说吧。 너는 일의 상세한 상황을 말해 봐.

女朋友 nǚpéngyou 몡 여자 친구 | 自己 zìjǐ 대 자신 | 电话号码 diànhuà hàomǎ 몡 전화번호 | 改 gǎi 동 바꾸다 | 雨伞 yǔsǎn 몡 우산 | 带 dài 동 (몸에) 가지다, 지니다 | 着 zhe 조 ~하고 있다 | 干净 gānjìng 형 깨끗하다 | ★孙子 sūnzi 몡 손자 | 毛衣 máoyī 몡 스웨터 | ★弄 nòng 동 하다 | 脏 zāng 형 더럽다, 불결하다 | 只 zhī 양 개 [일부 기물을 세는 양사] | ★沙发 shāfā 몡 소파 | 搬 bān 동 옮기다 | 出去 chūqu 동 동사 뒤에 쓰여 동작이 안에서 밖으로, 화자로부터 떠나감을 표시함 | 经理 jīnglǐ 몡 사장 | 会议 huìyì 몡 회의 | ★推迟 tuīchí 동 뒤로 미루다, 연기하다 | 事情 shìqing 몡 일 | ★详细 xiángxì 형 상세하다, 자세하다 | ★情况 qíngkuàng 몡 상황, 정황

(3) '판단' '인지' '심리 활동'을 나타내는 동사는 술어가 될 수 없다.

'把'자문은 특정한 사물에 가해지는 동작의 결과 및 영향을 강조하는 문장이다. 술어는 목적어를 가지고, '목적어에 영향을 주는' 동사여야 하므로, 판단이나 인지를 나타내는 동사나 심리활동동사는 술어로 사용할 수 없다.

我把他认识。(×) → 我认识他。 나는 그를 안다.
我把他喜欢。(×) → 我喜欢他。 나는 그를 좋아한다.

'把'자문의 술어로 쓰일 수 없는 동사

(1) 판단 및 인지를 나타내는 동사
   看见 kànjiàn 보다, 보이다
   发现 fāxiàn 발견하다
   感到 gǎndào 느끼다
   听见 tīngjiàn 듣다, 들리다
   认识 rènshi 알다, 이해하다
   知道 zhīdào 알다, 이해하다

(2) 심리 활동을 나타내는 동사
   喜欢 xǐhuan 좋아하다
   生气 shēngqì 화내다
   害怕 hàipà 겁내다, 두려워하다
   讨厌 tǎoyàn 싫어하다, 미워하다

3 '把'자문 활용 빈출 표현

- 把A发到B bǎ A fādào B A를 B에 보내다
  大家都把自己的意见发到经理的电子信箱里了。 모두 자신의 의견을 사장님의 이메일함으로 보냈다.

- 把A交给B bǎ A jiāogěi B A를 B에게 건네주다
  我把这封信交给老张了。 나는 이 편지를 라오장[老张]에게 건네주었다.

- 把A扔在B bǎ A rēngzài B A를 B에 던지다
  不要把袜子扔在沙发上。 양말을 소파 위에 던지지 마.

- 把A存到B bǎ A cúndào B A를 B에 저금하다
  请帮我把这些现金存到银行卡里。 나를 도와 이 현금들을 은행 카드에 저금해 주세요.

- 把A挂在B bǎ A guàzài B A를 B에 걸다
  别把脱下来的衣服挂在这里。 벗은 옷을 여기에 걸어 두지 마.

- 把……弄丢 bǎ……nòngdiū ~를 잃어버리다
  孩子昨天把手套弄丢了。 아이는 어제 장갑을 잃어버렸다.

- 把……打破 bǎ……dǎpò ~를 깨뜨리다
  弟弟把我的杯子打破了。 남동생은 나의 컵을 (때려) 깨뜨렸다.

- 把……收拾 bǎ……shōushi ~를 정리하다
  妈妈已经帮我把行李收拾好了。 엄마는 이미 나를 도와 짐을 정리하셨다

- 把……整理 bǎ……zhěnglǐ ~를 정리하다
  请把自己的东西整理一下。 자기 물건을 정리하세요.

★意见 yìjiàn 명 의견 | 电子信箱 diànzǐ xìnxiāng 명 (이메일) 우편함 | 封 fēng 양 통, 꾸러미 | 信 xìn 명 편지 | ★交 jiāo 동 건네다 | ★袜子 wàzi 명 양말 | 帮 bāng 동 돕다 | ★现金 xiànjīn 명 현금 | ★脱 tuō 동 벗다 | 下来 xiàlai 동 [동사 뒤에 쓰여, 높은 곳에서 낮은 곳으로 또는 먼 곳에서 가까운 곳으로 향함을 나타냄] | 手套 shǒutào 명 장갑 | 杯子 bēizi 명 잔 | 行李 xíngli 명 짐, 여행짐

배운 내용 점검하기

1. '把'자문은 개사 '把'를 사용해 문장의 목적어를 술어 앞으로 도치시켜, 술어의 변화나 결과, 영향 등을 강조하는 구문이다.
2. '把'자문의 기본 어순은 '주어+把+목적어+술어+기타 성분'이다.
3. 부사어(시간명사, 시간부사, 부정부사, 조동사)는 '把' 앞에 온다.

STEP 3 실력 다지기

1. 把   妹妹不小心   弄丢了   钥匙
   _____

2. 我吗   传真号码   能把   发给
   _____

3. 房间   我孙子   整整齐齐的   把   收拾得
   _____

4. 那份材料   寄出去了   把   金律师
   _____

5. 你的手机上了   我把   发到   详细地址
   _____

6. 你   那些   整理一下   把   旧报纸
   _____

7. 扔   在垃圾桶里   把   请   香蕉皮
   _____

8. 排列好   这些杂志   请把   时间顺序   按照
   _____

34 被자문

쓰기 제1부분 | Day 36

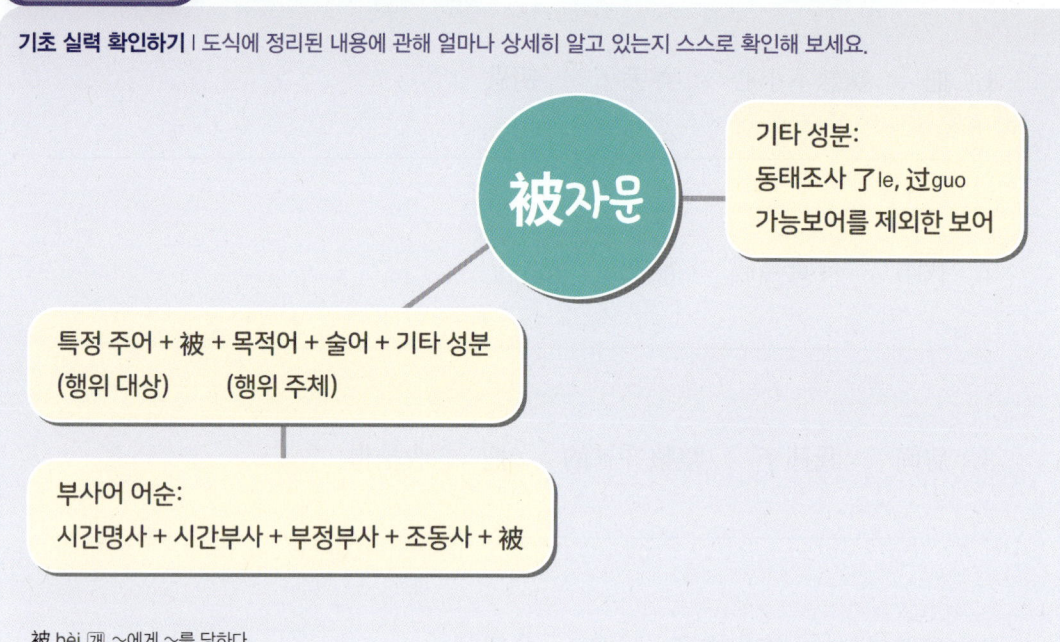

기초 실력 확인하기 | 도식에 정리된 내용에 관해 얼마나 상세히 알고 있는지 스스로 확인해 보세요.

被자문
- 기타 성분: 동태조사 了 le, 过 guo / 가능보어를 제외한 보어
- 특정 주어 + 被 + 목적어 + 술어 + 기타 성분
  (행위 대상)   (행위 주체)
- 부사어 어순: 시간명사 + 시간부사 + 부정부사 + 조동사 + 被

被 bèi 〈개〉 ~에게 ~를 당하다

STEP 1 유형 파악하기

◆ 거의 매회 빠지지 않고 출제되는 유형이다. 기본 어순 '주어(행위 대상)+被+목적어(행위 주체)+술어+기타 성분'을 반드시 외우자.
◆ 일부 고정격식이 반복해서 출제되니, 내공 쌓기에 정리된 빈출 고정격식을 꼭 익히자.

● 제1부분 예제

| 哥哥 | 被 | 镜子 | 打破了 |

정답&풀이

명사	개사	명사	동사+조사
镜子	被	哥哥	打破了。	거울이 오빠에 의해 깨졌다.	[주어+被+목적어(행위 주체)+술어+기타 성분]
주어		부사어	술어+了

STEP 1 동사 '打破'가 술어이고, 개사 '被'는 뒤에 행위의 주체가 목적어로 오므로, 명사 '哥哥'가 '被'와 함께 술어 앞에 위치한다.

STEP 2 행위의 대상인 '镜子'가 주어가 된다. '打破镜子(거울을 깨다)'는 자주 쓰이는 표현이므로 함께 외우자.

★ 镜子 jìngzi 〈명〉 거울 | 被 bèi 〈개〉 ~에게 ~를 당하다 | 哥哥 gēge 〈명〉 오빠, 형 | ★ 打破 dǎpò 〈동〉 깨다

STEP 2 내공 쌓기

'被'자문은 개사 '被'를 써서, 주어가 '被' 뒤의 목적어(행위 주체)에 의해 '~를 당하다'라는 피동의 의미를 나타낸다.

1 '被'자문의 어순

(1) 기본 어순: **주어(행위 대상)+被+목적어(행위 주체)+술어+기타 성분**

'被'는 '让 ràng', '叫 jiào'와 바꿔 쓸 수 있다.

명사	개사	명사	동사	형용사+조사
参鸡汤	被	女儿	喝	光了。
주어	被	목적어	술어	기타 성분

삼계탕은 딸이 다 먹었다.

参鸡汤 shēnjītāng 몡 삼계탕 | ★光 guāng 형 아무것도 없이 텅 비다

(2) 확장 어순: **주어+시간명사+시간부사+부정부사+조동사+被+목적어+술어+기타 성분**

일반적으로 시간명사, 시간부사, 부정부사, 조동사는 개사 '被' 앞에 온다. 술어 앞에는 피동을 강조하는 조사 '给'가 올 수 있다.

	시간부사	부정부사	개사		조사		
我	从来	没	被	老师	(给)	批评	过。
주어	부사어		被	목적어	(给)	술어	기타 성분

나는 여태껏 선생님께 야단맞은 적이 없다.

★从来 cónglái 뷔 여태껏, 지금까지 | ★批评 pīpíng 동 꾸짖다

2 '被'자문의 특징

(1) 주어와 목적어는 특정한 것이어야 한다.

'被'자문에서 주어와 목적어는 확실한 것이거나 말하는 사람이나 듣는 사람이 이미 알고 있는 것이어야 한다.

她被一个姐姐打过。(×) → 어떤 언니를 말하는지 불확실함

她被她的姐姐打过。(○) 그녀는 그녀의 언니에게 맞은 적이 있다. → '그녀의 언니'라고 특정함

她被姐姐打过。(○) 그녀는 언니에게 맞은 적이 있다. → 문맥을 통해 목적어가 추측 가능함

一本书被弟弟拿走了。(×)

我的书被弟弟拿走了。(○) 내 책은 동생이 가져 갔다.

또한 행동을 하는 행위 주체(목적어)를 알고 있거나, 알 수 없는 경우, 밝히고 싶지 않거나 강조할 필요가 없을 경우, 목적어를 생략할 수 있다.

熊猫被(人们)称为国家一级保护动物。 판다는 (사람들에 의해) 국가 1급 보호 동물이라 불리운다.

南老师被(学生)称为HSK专家。 남(南) 선생님은 (학생들에게) HSK전문가로 불리운다.

这次的比赛被(学校)取消了。 이 시합은 (학교에 의해) 취소되었다.

(2) 술어 뒤에는 일반적으로 기타 성분이 와야 한다.

단, '被'자문에는 동태조사 '着'와 동사 중첩, 가능보어는 쓰지 않는다.

동태조사	了 ✦	我被他的话感动了。 나는 그의 말에 감동했다.
	过	我的电脑被弟弟弄坏过。 내 컴퓨터는 남동생이 망가뜨린 적이 있다.
보어	정도보어	房间被妈妈收拾得很干净。 방은 엄마가 깨끗이 정리하셨다.
	결과보어 ✦	我的镜子被姐姐打破了。 내 거울은 언니에 의해 깨졌다.
	방향보어	小张被妈妈叫回来了。 샤오쟝[小张]이 엄마에게 불려왔다.
	수량보어	论文被老师改了三遍。 논문은 선생님에 의해 3번 고쳐졌다.

话 huà 명 말 | ★感动 gǎndòng 동 감동하다 | ★弄 nòng 동 하다, 행하다 | 坏 huài 동 망가지다, 고장나다 | 房间 fángjiān 명 방 | ★收拾 shōushi 동 정리하다 | 干净 gānjìng 형 깨끗하다 | 镜子 jìngzi 명 거울 | 打 dǎ 동 깨어지다, 부서지다 | ★破 pò 동 깨지다 | 叫 jiào 동 부르다 | 论文 lùnwén 명 논문 | 改 gǎi 동 고치다 | ★遍 biàn 양 번, 차례, 회

(3) 심리활동동사와 판단동사, 감각을 나타내는 동사를 쓸 수 있다.

판단동사 및 인지를 나타내는 동사: 看见/听见/认识/发现/知道/认为 등

那件事被他知道了。 그 일은 그에 의해 알려졌다.

3 '被'자문 활용 빈출 표현

- A被B感动 A bèi B gǎndòng A가 B에게 감동 받다
  大家都被那部电影感动了。 모두 그 영화에 (의해) 감동 받았다.

- A被B吵醒 A bèi B chǎoxǐng A가 B로 인해 시끄러워 깨다
  我被姐姐的笑声吵醒了。 나는 언니의 웃음소리에 (의해) 시끄러워 깼다.

- A被B发现 A bèi B fāxiàn A가 B에게 발견되다
  那件事被他发现了。 그 일은 그에 의해 발견되었다.

- A被B扔进 C A bèi B rēngjìn C A는 B에 의해 C로 던져 들어가다
  我的杂志被妈妈扔进垃圾桶里了。 내 잡지는 엄마가 쓰레기통에 던져 버렸다.

- A被B打破 A bèi B dǎpò A가 B에 의해 깨지다
  桌子上的瓶子被孩子打破了。 책상 위의 병은 아이에 의해 깨졌다.

- A被B吃光 A bèi B chīguāng A는 B가 다 먹었다
  巧克力被妹妹吃光了。 초콜릿은 여동생이 다 먹었다.

- A被B拒绝 A bèi B jùjué A가 B에게 거절당하다
  他的申请被学校拒绝了。 그의 신청은 학교에 의해 거절당했다.

- A被B批评 A bèi B pīpíng A가 B에게 꾸지람을 듣다
  那位演员以前被导演批评过很多次。 저 배우는 예전에 감독에게 여러 번 꾸지람을 들었다.

部 bù 양 부, 편 [서적이나 영화 등을 세는 양사] | 笑声 xiàoshēng 명 웃음소리 | ★杂志 zázhì 명 잡지 | ★垃圾桶 lājītǒng 명 쓰레기통 | 瓶子 píngzi 명 병 | ★巧克力 qiǎokèlì 명 초콜릿 | ★申请 shēnqǐng 동 신청하다 | 位 wèi 양 분, 명 | ★演员 yǎnyuán 명 배우, 연기자 | 以前 yǐqián 명 예전, 과거 | 导演 dǎoyǎn 명 감독

> **배운 내용 점검하기**
>
> 1. '被'자문은 개사 '被'를 써서, 주어가 '被' 뒤의 목적어(행위 주체)에 의해 '~를 당하다'라는 피동의 의미를 나타낸다.
> 2. '被'자문의 기본 어순은 '주어+被+목적어+술어+기타 성분'이다.
> 3. '被'자문의 주어와 목적어는 특정한 것이어야 한다.

STEP 3 실력 다지기

1. 女儿　吃光了　那盒饼干　被

2. 扔进　垃圾桶了　姐姐　袜子　被

3. 吵醒了　敲门声　高师傅　被

4. 了　教授的　拒绝　被　建议

5. 孙子　被　传真机的　说明书　弄丢了

6. 交通工具　是最方便的　地铁　被认为

7. 感动了　深深地　观众被　那位演员的表演

8. 推迟了　航班的　被　起飞时间

▶ 해설서 p.253

35 조사

쓰기 제1부분 | Day 37

기초 실력 확인하기 | 도식에 정리된 내용에 관해 얼마나 상세히 알고 있는지 스스로 확인해 보세요.

STEP 1 유형 파악하기

◆ 조사마다 쓰이는 위치가 정해져 있으므로, 문장의 위치를 정하는 포인트가 될 수 있다.
◆ 동태조사는 동사 뒤에 위치하므로, 문장의 중심인 술어를 찾는 중요한 단서가 된다.

● 제1부분 예제

| 考试 | 通过了 | 顺利地 | 他 |

정답&풀이

인칭대사	형용사+조사	동사+조사	명사		
他	顺利地	通过了	考试。	그는 순조롭게 시험을 통과했다.	[동사+了]
주어	부사어	술어+了	목적어		

STEP 1 조사 '了'와 결합된 동사 '通过'가 술어가 되며, 술어와 호응하는 명사 '考试'가 목적어가 된다. '通过考试(시험을 통과하다)'는 자주 쓰이는 짝꿍 표현이다.

STEP 2 조사 '地'는 술어 앞에서 부사어를 만들어 술어를 수식할 수 있으므로, '顺利地'는 술어 앞에 위치하고, 대사 '他'가 주어가 된다.

★顺利 shùnlì 혱 순조롭다 ・★通过 tōngguò 동 통과하다 ・考试 kǎoshì 명 시험

STEP 2 내공 쌓기

조사는 자체적인 의미가 없고, 단어나 구, 문장 끝에 붙어 부가적인 의미를 나타낸다. 조사는 저마다 고정적으로 쓰이는 위치가 있으므로, 조사의 용법을 제대로 알아 두면 어순을 좀 더 빠르게 배열할 수 있다. '구조조사' '동태조사' '어기조사'로 나누어 주요 조사를 자세히 살펴보자.

1 구조조사

특정한 어법 관계를 갖게 하는 조사로, '的' '地' '得'가 있다.

的 de	주어나 목적어를 수식하는 '관형어'를 이끄는 조사이다. 일반적으로 '관형어+的' 형태로 수식하는 성분 명사나 대사 앞에 위치하며, '~의'라고 해석한다. 대사, 명사, 형용사, 동사 및 각종 구가 的와 결합해 관형어가 된다. 谁的书 누구의 책 → 대사+的+명사　　姐姐的书 언니의 책 → 명사+的+명사 买的饺子 산 만두 → 동사+的+명사　　热情的老师 친절한 선생님 → 형용사+的+명사 他教的学生 그가 가르치는 학생 → 절+的+명사　　对问题的看法 문제에 대한 견해 → 개사구+的+명사 聪明的他 똑똑한 그 → 형용사+的+인칭대사
地 de	술어를 수식하는 '부사어'를 이끄는 조사이다. 일반적으로 '부사어+地' 형태로 수식하는 성분 동사나 형용사 앞에 위치하며, '~하게'라고 해석한다. 형용사나 동사가 부사어가 되기 위해서는 보통 '地'와 결합해야 한다. 热情地服务 친절하게 서비스하다 → 형용사+地　　激动地说 흥분해서 말하다 → 동사+地
得 de	술어 뒤에서 술어를 수식하는 '정도보어'와 '가능보어'를 이끄는 조사이다. 写得很好 잘 썼다 → 得+정도보어　　看得懂 보고 이해할 수 있다 → 得+가능보어

买 mǎi 동 사다 | ★饺子 jiǎozi 명 만두 | 热情 rèqíng 형 친절하다 | 教 jiāo 동 가르치다 | 看法 kànfǎ 명 견해 | 聪明 cōngming 형 똑똑하다 | ★激动 jīdòng 동 흥분하다 | 写 xiě 동 글씨를 쓰다

2 동태조사

동사 뒤에 위치해 '동작의 상태'를 나타내는 조사로, 문장의 시제를 나타내는 데 큰 역할을 한다. 또한 문장 배열 문제에서 술어를 찾는 단서가 될 수 있다. 동태조사에는 '了' '着' '过'가 있다.

了◆ le	동작의 '완료'를 나타내며 과거형과 미래형에 모두 쓸 수 있다. 我买了三本笔记本。 나는 노트를 3권 샀다. → 과거 완료 我下了课就走。 나는 수업이 끝나고 바로 간다. → 미래 완료
着 zhe	동작의 '진행' 및 '지속'을 나타낸다. 동작의 진행을 나타낼 때 부사 '正在'나 어기조사 '呢'와도 자주 함께 쓰인다. '동사1+着+동사2'는 '방식'을 나타낼 수 있다. 我看着表演。 나는 공연을 보고 있다. → 동작 진행 墙上挂着一张地图。 벽에 지도가 한 장 걸려 있다. → 상태 지속 老师常常笑着说话。 선생님은 항상 웃으면서 말한다. → 방식
过 guo	동작의 '경험'을 나타낸다. 我吃过四川菜。 나는 쓰촨 요리를 먹어 본 적이 있다. → 경험

笔记本 bǐjìběn 명 노트 | 下课 xiàkè 동 수업이 끝나다 | ★表演 biǎoyǎn 명 공연 | 墙 qiáng 명 벽 | ★挂 guà 동 걸다 | 张 zhāng 양 장 [종이나 가죽 등을 세는 단위] | 地图 dìtú 명 지도 | 常常 chángcháng 부 항상 | 笑 xiào 동 웃다 | 四川菜 Sìchuāncài 고유 쓰촨 요리

3 어기조사

문장 끝에 쓰여 화자의 어기를 나타내는 조사이다.

了 ✦ le	상황이나 상태의 '변화'를 나타낸다. '就要……了 (곧 ~할 것이다)'나 '형용사+了 (~해졌다)'라는 형태로 많이 쓰인다. 我就要结婚了。 나는 곧 결혼할 것이다 → 상황 변화 他胖了。 그는 뚱뚱해졌다 → 상태 변화
吗 ✦ ma	'의문'의 어기를 나타낸다. 你是日本人吗? 너는 일본인이니?
吧 ba	'추측' '의문' '권유' '명령' '동의' 등의 의미를 나타낸다. 你是从上海来的吧? 너 상하이에서 왔지? → 추측 의문 你先走吧! 너 먼저 가! → 명령 我们这几天还是在家休息吧。 우리 요 며칠 아무래도 집에서 쉬는 게 좋겠어. → 권유
啊 a	'감탄'의 어기를 나타낸다. '多么……啊! (얼마나 ~한가!)' '真……啊! (진짜 ~하다!)' 등의 형태로 많이 활용된다. 今天天气多么好啊! 오늘 날씨가 얼마나 좋은지! 这件衣服真漂亮啊! 이 옷 정말 예쁘다!
呢 ne	문장 끝에 붙어 '의문'의 어기를 나타내거나, '正在+동사+着+(목적어)+呢' 형태로 쓰여 '진행'의 어기를 나타낸다. 你什么时候来呢? 너 언제 오지? → 의문 我在听着你的话呢。 나 네 말 듣고 있어. → 진행
的 de	'긍정'이나 '강조', '확신'의 어기를 나타낸다. 我是从上海来的。 나는 상하이에서 왔다. → 과거 사실을 강조하는 '是……的' 구문 过两天就会好的。 며칠 지나면 나아질 거야. → 미래의 일을 추측하는 '会……(的)' 구문

就要 jiùyào [부] 곧, 머지않아 | 结婚 jiéhūn [동] 결혼하다 | 胖 pàng [형] 뚱뚱하다 | 日本人 Rìběnrén [고유] 일본인 | 上海 Shànghǎi [고유] 상하이 | 先 xiān [부] 먼저, 우선 | 还是 háishi [부] ~하는 편이 (더) 좋다 | 在 zài [개] ~에서 | 多么 duōme [부] 얼마나 | 在 zài [부] ~하고 있는 중이다 | 话 huà [명] 말

배운 내용 점검하기

1. 조사는 문장에서 각종 부가적인 의미를 나타내는 품사이다. 단독으로 하나의 문장성분이 될 수 없다.
2. 구조조사는 단어, 구, 문장 뒤에서 어법관계를 나타내는 조사로 '的' '地' '得'가 있다.
3. 동태조사는 동사 뒤에 위치해 동작의 상태를 나타내는 조사로 '了' '着' '过'가 있다.
4. 어기조사는 문장 끝에 쓰여 화자의 어기를 나타내는 조사로 '了' '吗' '吧' '啊' '呢' '的'가 있다.

STEP 3 실력 다지기

1. 很香   的   蛋糕   妻子做

2. 情况   吗   咱们孙子的   严重

3. 很顺利   进行   得   这次活动

4. 没   农村   父亲   从来   去过

5. 森林公园里   了   他们在   迷路

6. 经验   李护士在这里   丰富的   积累了

7. 很多   河南省   少数民族   生活着

8. 哭了   消息后   这个   女儿听到   伤心地

36 관형어·부사어

쓰기 제1부분 | Day 38

기초 실력 확인하기 | 도식에 정리된 내용에 관해 얼마나 상세히 알고 있는지 스스로 확인해 보세요.

관형어 어순:
지시대사/수사 + 양사 + 각종 구 + 的de

부사어 어순:
부사 + 조동사 + 개사구

STEP 1 유형 파악하기

◆ 관형어가 주어나 목적어를 수식할 때, 조사 '的'를 써야 하는 경우와 쓸 수 없는 경우를 구분하여 익혀 두자.
◆ 부사어의 기본 어순 '부사+조동사+개사구'를 알아 두자.
◆ 관형어·부사어를 처음 공부할 때는 많이 어렵게 느껴질 수 있다. 헷갈릴 때마다 관련 내용을 찾아 보고 복습하자.

● **제1부분 예제**

一名 成为了 我终于 律师

정답&풀이

인칭대사+부사	동사+조사	수사+양사	명사
我终于	**成为了**	**一名**	**律师**。 나는 마침내 변호사가 되었다. [부사어+술어]
주어+부사어	술어+了	관형어	목적어

STEP 1   조사 '了'와 결합한 동사 '成为'가 문장의 술어가 되며, 명사 '律师'가 목적어가 된다.

STEP 2   양사 '名'은 신분을 세는 단위로 명사 '律师' 앞에 위치하고, 부사 '终于'는 술어 앞에 위치하기 때문에 함께 결합된 대사 '我'가 문장의 주어가 된다.

终于 zhōngyú 囝 마침내, 결국 [终于A了: 마침내 A했다] | ★成为 chéngwéi 동 ~이 되다, ~로 되다 | 名 míng 양 명 [사람의 신분을 세는 단위] | ★律师 lǜshī 몡 변호사

STEP 2 내공 쌓기

1 관형어

관형어는 명사나 대사, 즉 주어나 목적어를 여러 측면에서 수식하는 문장성분으로, 수식하는 방면에 따라 '제한성 관형어' '묘사성 관형어'로 나눌 수 있다. 관형어의 수식을 받는 어휘를 '중심어'라고 하며, 관형어는 보통 중심어 앞에서 수식한다.

(1) 관형어의 종류

① 제한성 관형어: 수량, 소속(소유), 시간, 장소, 범위 등의 방면에서 사람이나 사물을 제한한다.

两位护士 간호사 두 분　　　**我们**的意见 우리의 의견　　　**树上**的叶子 나무에 있는 잎

② 묘사성 관형어: 상태, 동작 등 사람이나 사물을 묘사한다.

非常活泼的学生 매우 활발한 학생　　**红色**的帽子 빨간 모자　　**送他**的礼物 그에게 준 선물

位 wèi 양 분, 명 | ★护士 hùshi 명 간호사 | ★意见 yìjiàn 명 의견 | 树 shù 명 나무 | 叶子 yèzi 명 잎 | ★活泼 huópō 형 활발하다 | 红色 hóngsè 명 빨강 | 帽子 màozi 명 모자 | 礼物 lǐwù 명 선물

(2) 관형어와 '的'

일반적으로, 관형어 뒤에는 조사 '的'가 붙어 관형어와 중심어를 연결해 준다. 그러나 모든 관형어 뒤에 '的'가 쓰이는 것은 아니다. 경우에 따라 조사 '的'를 사용할 수 없거나, 생략할 수 있다. '的'의 사용 여부를 모두 구분하여 익히는 것은 대단히 복잡하고 어려운 부분이므로, 여기서는 일반적이고 대표적인 용법만 예로 들어 조사 '的'의 사용 여부를 구분하는 방법을 설명하겠다.

① 조사 '的'를 쓰는 경우

관형어가 '대사' '명사' '동사' '2음절 형용사' '형용사 중첩' '각종 구'인 경우, 관형어 뒤에 조사 '的'를 쓴다.

我的裤子 나의 바지 → 대사　　　　　　　**今年**的收入 올해의 수입 → 명사

吃的东西 먹는 것 → 동사　　　　　　　　**幽默**的人 유머러스한 사람 → 2음절 형용사

干干净净的房间 매우 깨끗한 방 → 형용사 중첩　　**我们大学**的教授 우리 대학교의 교수 → 명사구

很有名的作家 유명한 작가 → 형용사구　　　**解决问题**的方法 문제를 해결하는 방법 → 동사구

对他的印象 그에 대한 인상 → 개사구　　　　**粗心大意**的性格 세심하지 못한 성격 → 관용어구

裤子 kùzi 명 바지 | 今年 jīnnián 명 올해 | ★收入 shōurù 명 수입 | ★幽默 yōumò 형 유머러스하다 | 干干净净 gāngānjìngjìng 형 깨끗하다 | 大学 dàxué 명 대학 | ★教授 jiàoshòu 명 교수 | 有名 yǒumíng 형 유명하다 | ★作家 zuòjiā 명 작가 | 解决 jiějué 동 해결하다 | ★方法 fāngfǎ 명 방법 | ★印象 yìnxiàng 명 인상 | 粗心大意 cūxīndàyì 성 세심하지 못하다 | ★性格 xìnggé 명 성격

② 조사 '的'를 쓰지 않는 경우

(지시대사)+수량사, 고유명사, 의문대사 '什么' '多少', 1음절 형용사가 관형어인 경우, 관형어 뒤에 조사 '的'를 쓰지 않는다.

这本小说 이 소설책 → 지시대사+양사　　　　**世界**地图 세계 지도 → 고유명사

什么问题 어떤 문제 → 의문대사 什么　　　　**多少**钱? 얼마예요? → 의문대사 多少

老朋友 오랜 친구 → 1음절 형용사

★小说 xiǎoshuō 명 소설 | 世界 shìjiè 명 세계 | 地图 dìtú 명 지도

관형어가 가족이나 소속을 나타내는 단어인 경우, 관형어와 중심어가 하나의 숙어처럼 쓰이는 경우에도 관형어 뒤에 조사 '的'를 쓰지 않는다.

我妈妈 우리 엄마 → 가족   我男朋友 내 남자 친구 → 친구
我公司 우리 회사 → 소속   详细地址 상세한 주소 → 숙어처럼 쓰이는 경우
爱情电影 로맨스 영화 → 숙어처럼 쓰이는 경우   学习方法 학습 방법 → 숙어처럼 쓰이는 경우

男朋友 nánpéngyou 명 남자 친구 | ★详细 xiángxi 형 상세하다 | ★地址 dìzhǐ 명 주소 | ★爱情 àiqíng 명 애정, 남녀 간의 사랑

(3) 관형어의 어순

하나의 중심어에 여러 개의 관형어가 쓰여 관형어구를 이룰 때, 관형어의 어순에 각별히 주의해야 한다. 기본적으로는 '제한성 관형어→묘사성 관형어' 순서로 배열되며, 관형어구 안에서 단어 배열 순서는 아래와 같다. 4급 쓰기 제1부분에서는 주로 '수사+양사+형용사' '동사구' '개사구' 관형어가 많이 등장한다.

지시대사/수사+양사+각종 구+的+중심어
제한성 관형어 → 묘사성 관형어

这是一个浪漫的爱情故事。→ 수사+양사+형용사+的   *[爱情故事 = 爱情(관형어)+故事(중심어)]
이것은 낭만적인 로맨스 이야기이다.

我丈夫是一个十分浪漫的人。→ 수사+양사+정도부사+형용사
내 남편은 매우 낭만적인 사람이다.

我们需要解决问题的时间。→ 동사구
우리는 문제를 해결할 시간이 필요하다.

这是关于中国历史方面的书。→ 개사구
이것은 중국 역사에 관한 책이다.

★浪漫 làngmàn 형 낭만적이다 | 故事 gùshi 명 이야기 | ★十分 shífēn 부 매우, 아주 | 需要 xūyào 동 필요하다 | 解决 jiějué 동 해결하다 | 关于 guānyú 개 ~에 관해서 | 历史 lìshǐ 명 역사 | ★方面 fāngmiàn 명 분야, 부분, 영역

2 부사어

부사어란 동사나 형용사, 즉 술어 부분을 묘사하거나 제한하는 문장성분이다. 수식을 받는 어휘를 '중심어'라고 하며, 부사어는 보통 중심어 앞에서 수식한다.

(1) 부사어의 종류

① 묘사성 부사어: 동작의 방식 또는 동작하는 사람의 상태를 묘사한다.

高兴地回家 즐겁게 집에 가다   仔细地看 꼼꼼히 보다   简单地说明 간단히 설명하다

② 한정성 부사어: 시간, 장소, 부정, 대상, 방식, 목적, 정도 등의 방면에서 문장 전체 또는 술어를 제한한다.

明年毕业 내년에 졸업하다   在网上买 인터넷에서 사다   对自己严格 자신에 대해 엄격하다

回家 huí jiā 집으로 돌아가다 | ★仔细 zǐxì 형 꼼꼼하다 | 简单 jiǎndān 형 간단하다 | 明年 míngnián 명 내년 | ★毕业 bìyè 동 졸업하다 | 在 zài 개 ~에서 | 网 wǎng 명 인터넷 | 买 mǎi 동 사다 | ★严格 yángé 형 엄격하다

(2) 부사어와 '地'

부사어와 술어를 연결해 주는 구조조사 '地'는 경우에 따라 쓰기도 하고 안 쓰기도 한다.

① 조사 '地'를 쓰는 경우 : '2음절 형용사' 또는 '각종 구'가 술어를 꾸밀 경우, 보통 조사 '地'가 쓰인다.

伤心地哭 슬프게 운다 → 2음절 형용사

没有这么近距离地看过熊猫。이렇게 가까운 거리에서 판다를 본 적이 없다. → 각종 구

★伤心 shāngxīn 형 슬퍼하다 | 哭 kū 동 울다 | 距离 jùlí 명 거리 | 熊猫 xióngmāo 명 판다

② 조사 '地'를 쓰지 않는 경우: '한정적인 부사어'나 '부사', '1음절 형용사'는 '地' 없이 중심어를 꾸밀 수 있다.

在图书馆学习 도서관에서 공부한다 → 한정성 부사어

非常喜欢他 그를 매우 좋아한다 → 부사

快回来 빨리 돌아와 → 1음절 형용사

图书馆 túshūguǎn 명 도서관

(3) **부사어의 어순**

여러 개의 부사어가 쓰여 부사어구를 이룰 때, 부사어의 일반적인 어순은 아래와 같다. 일부 부사는 동사의 의미를 긴밀하게 꾸며 주어 '조동사+부사+동사'의 어순으로 쓰이기도 하며(p.191 참고), 형용사는 개사구의 앞뒤에 모두 올 수 있다.

주어+ 부사+조동사+개사구+술어

他一直想跟你说话。→ 부사+조동사+개사구 [기본 어순]
그는 줄곧 너와 이야기하고 싶어했다.

동사/형용사+地+술어

妹妹高兴地走过来。여동생은 기뻐하며 걸어왔다.

부사어는 보통 주어와 술어 사이에 위치하지만, 일부 부사어는 주어 앞에도 올 수도 있다. 주어 앞뒤에 모두 올 수 있는 부사어는 '시간 명사' '(비교적 복잡하고 긴) 개사구' '일부 어기·시간·빈도부사'이다. (p.191 참고)

礼拜天女儿常常出去玩儿。→ 시간 명사가 주어 앞에 쓰이면 '시간 강조'
일요일에 딸은 자주 밖에 나가 논다.

关于下个月的工作安排，我们下次会议上商量吧。→ 복잡하고 긴 개사구
다음 달 업무 배치에 관해서, 우리 다음 번 회의에서 상의합시다.

其实我不知道那位演员。→ 어기부사 其实
사실 나는 그 배우를 모른다.

★礼拜天 lǐbàitiān 명 일요일 | 常常 chángcháng 부 자주, 항상 | 关于 guānyú 개 ~에 관해 | 下个月 xià ge yuè 다음달 |
★安排 ānpái 동 안배하다 | 下次 xiàcì 명 다음 | 会议 huìyì 명 회의 | ★商量 shāngliang 동 상의하다 | 其实 qíshí 부 사실 |
★演员 yǎnyuán 명 배우, 연기자

배운 내용 점검하기

1. 관형어란 명사나 대사, 즉 주어나 목적어를 여러 측면에서 수식하는 문장성분이다.
2. 관형어는 '제한성 관형어 → 묘사성 관형어' 순서로 배열된다.
3. 부사어란 동사나 형용사, 즉 술어 부분을 묘사하거나 제한하는 문장성분이다.

STEP 3 실력 다지기

1. 一篇   这是   文章   关于爱情的

2. 对我们节目的   大家   感谢   支持

3. 是   一个   人   他   十分活泼的

4. 19世纪   她是   京剧演员   很有名的

5. 今天的任务   完成了   这位售货员   顺利地

6. 同意我们的看法   不会   肯定   赵经理

7. 他   解释了一下   详细地   跟教授

8. 我顺便   理发店   今天回来的路上   去了趟

01 동사로 문장 만들기

쓰기 제2부분　　　　　　　　　　　　　　　　　　　　Day 02

기초 실력 확인하기 | 그림과 한국어 해석을 참고해 제시어로 문장을 만들어 보세요.

모범 답안 및 해석 → 본서 p.367

① 그는 문을 열려고 한다. (开) → _____
② 엄마는 아이에게 이야기를 해주고 있다. (讲) → _____
③ 아이는 모자를 쓰고 있다. (戴) → _____
④ 그는 방을 다 청소했다. (打扫) → _____
⑤ 그녀는 오늘 3시간 동안 복습했다. (复习) → _____
⑥ 그는 몸을 단련하고 있는 중이다. (锻炼) → _____

STEP 1 유형 파악하기

◆ 일상생활과 관련된 사진이 많이 나오니, 평소에 자주 하는 행동을 중국어로 말하는 연습을 해 보자.
◆ 동사 제시어는 대부분 사진에서 드러난 '행위의 대상'을 목적어로 취한다. 제시어는 아는데 목적어에 들어갈 단어를 몰라 점수를 잃지 않도록 평소에 어휘를 잘 외워 두자.

● **제2부분 예제**

猜

풀이
◆ 제시어　　　猜 cāi 동 알아맞히다, 추측하다
◆ 사진 연상　　남자가 뒤에서 여자의 눈을 가리고 있다.
◆ 작문 핵심　　猜+알아맞히는 내용
◆ 표현 활용　　谁 | 对+대상+说

'猜'는 '알아맞히다'라는 뜻의 동사로, 목적어로는 사람이나 문장이 올 수 있다. 누구인지를 추측하는 내용이 오거나 추측하는 사물이 온다.

모범 답안	猜猜我是谁。 내가 누군지 맞춰 봐. → 동사 중첩 활용
	女人在猜男人是谁。 여자는 남자가 누구인지 추측하고 있다.
	男朋友让我猜他是谁。 남자친구가 누군지 맞춰 보래요.
고득점 답안	男人让女人猜他是谁。 남자는 여자에게 그가 누구인지 추측하게 했다. → '让'자문 활용
	男人对女人说："猜猜我是谁？" 남자는 여자에게 "내가 누군지 맞춰 볼래?"라고 말했다. → '대화체' 활용

★ 猜 cāi 동 알아맞히다, 추측하다 | 男朋友 nánpéngyou 명 남자 친구 | 让 ràng 동 (어떤 일을) 하게 하다, 하도록 하다 [A+让+B+동사: A가 B에게 ~하게 하다]

STEP 2 내공 쌓기

1 동사 활용 작문 패턴

동사 제시어로 작문할 때 유용한 작문 패턴을 알아보자. 패턴을 활용해 작문하면 기본 점수를 안정적으로 얻을 수 있고, 문제 풀이 시간도 단축할 수 있다.

在+동사(구)	~하고 있다	他们在讨论问题。 그들은 문제를 토론하고 있다.
经常去+(장소)+동사(구)	자주 (~에) ~하러 간다	我经常去图书馆学习。 나는 자주 도서관에 가서 공부한다.
喜欢跟+대상+一起+동사(구)	~와 함께 ~하는 것을 좋아한다	我姐姐喜欢跟朋友一起去逛街。 우리 언니는 친구와 함께 쇼핑 가는 것을 좋아한다.
一边+동사(구)1+一边+동사(구)2	~하면서 (동시에) ~하다	他们在一边喝咖啡一边聊天。 그들은 커피를 마시면서 수다를 떨고 있다.
我们一起+동사(구)+怎么样?	우리 같이 ~하는 거 어때요?	我们一起去看电影，怎么样？ 우리 같이 영화 보러 가는 거 어때요?
동사(구)+对+A+很好/不好	~가 A에 좋다 / 나쁘다	喝茶对身体很好。 차 마시는 것은 몸에 좋다.
没想到+주어+会+동사(구)	~가 ~할 것이라고 생각하지 못했다	我没想到他会给我一个惊喜。 나는 그가 나에게 이벤트를 해 줄 거라고 생각하지 못했다.
사람1+让/叫+사람2+동사(구)	~가 ~에게 ~하게 하다	老师让那个学生回答问题。 선생님은 저 학생에게 대답하게 했다.

★ 讨论 tǎolùn 동 토론하다 | 经常 jīngcháng 부 자주, 항상, 늘 | 图书馆 túshūguǎn 명 도서관 | 跟 gēn 개 ~와 | 逛街 guàng jiē 거리를 거닐며 구경하다, 아이쇼핑하다 | 一边……一边…… yìbiān……yìbiān…… 한편으로 ~하면서 또 한편으로 ~하다 | 聊天 liáotiān 동 수다를 떨다 | 没想到 méi xiǎngdào 생각지 못하다 | 惊喜 jīngxǐ 명 놀람과 기쁨, 서프라이즈 | 回答 huídá 동 대답하다

2 빈출 동사 제시어와 활용

쓰기 제2부분에서 동사 제시어 출제 비율이 가장 높으니, 아래에 정리한 빈출 동사 어휘를 중심으로 철저히 외우고 익히자. 동사와 자주 같이 쓰이는 명사나 개사(구)를 묶어서 외우면 작문이 한결 쉬워진다.

(1) 동작동사

- 抱 bào 껴안다
  抱着小狗 bàozhe xiǎogǒu 강아지를 껴안고 있다
  抱它 bào tā 그것을 껴안다

- 擦 cā 닦다
  擦窗户 cā chuānghu 창문을 닦다
  擦汗 cā hàn 땀을 닦다

- 尝 cháng 맛보다
  尝尝 chángchang 맛보다
  尝一下 cháng yíxià 맛 좀 보다

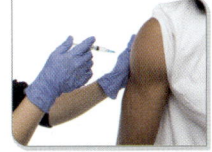
- 打针 dǎzhēn 주사를 놓다
  给病人打针 gěi bìngrén dǎzhēn 환자에게 주사를 놓다

- 戴 dài 착용하다
  戴帽子 dài màozi 모자를 쓰다
  戴眼镜 dài yǎnjìng 안경을 쓰다

- 挂 guà 걸다
  挂着 guàzhe 걸려 있다
  挂在椅子上 guà zài yǐzi shang 의자에 걸다

- 逛 guàng 거닐다
  逛街 guàng jiē 아이쇼핑하다
  逛商店 guàng shāngdiàn 상점을 둘러보다

- 寄 jì 부치다
  寄信 jì xìn 편지를 부치다
  寄东西 jì dōngxi 물건을 부치다

- 咳嗽 késou 기침하다
  咳嗽得很厉害 késou de hěn lìhai 기침을 심하게 하다

- 扔 rēng 버리다
  扔垃圾 rēng lājī 쓰레기를 버리다
  乱扔 luàn rēng 함부로 버리다

- 散步 sànbù 산책하다
  去公园散步 qù gōngyuán sànbù 공원에 산책하러 가다

- 抬 tái 들다
  抬沙发 tái shāfā 소파를 들다
  抬头 táitóu 머리를 들다

- 躺 tǎng 눕다
  躺着看书 tǎngzhe kànshū 누워서 책을 보다

- 脱 tuō 벗다
  脱鞋 tuō xié 신발을 벗다
  脱衣服 tuō yīfu 옷을 벗다

(2) 추상동사

- 安排 ānpái 안배하다
  安排时间 ānpái shíjiān
  시간을 안배하다
  安排工作 ānpái gōngzuò
  일을 안배하다

- 保护 bǎohù 보호하다
  保护环境 bǎohù huánjìng
  환경을 보호하다
  保护皮肤 bǎohù pífū
  피부를 보호하다

- 保证 bǎozhèng 보증하다
  保证质量 bǎozhèng zhìliàng 품질을 보증하다
  保证安全 bǎozhèng ānquán 안전을 보증하다

- 表示 biǎoshì 나타내다
  表示感谢 biǎoshì gǎnxiè
  감사함을 나타내다
  表示同意 biǎoshì tóngyì
  동의를 나타내다

- 出差 chūchāi 출장 가다
  去北京出差
  qù Běijīng chūchāi
  베이징에 출장 가다

- 负责 fùzé 책임지다
  由他负责 yóu tā fùzé
  그가 책임지다

- 换 huàn 바꾸다
  换钱 huànqián 환전하다
  换新的 huàn xīnde
  새것으로 바꾸다

- 交流 jiāoliú 교류하다
  交流文化 jiāoliú wénhuà
  문화를 교류하다
  交流意见 jiāoliú yìjiàn
  의견을 교류하다

- 禁止 jìnzhǐ 금지하다
  禁止吸烟 jìnzhǐ xīyān
  흡연을 금지하다

- 考虑 kǎolǜ 고려하다
  考虑问题 kǎolǜ wèntí
  문제를 고려하다
  考虑一下 kǎolǜ yíxià
  고려해 보다

- 免费 miǎnfèi 무료로 하다
  免费提供 miǎnfèi tígōng
  무료로 제공하다
  免费使用 miǎnfèi shǐyòng
  무료로 사용하다

- 上网 shàngwǎng
  인터넷을 하다
  上网购物 shàngwǎng gòuwù 인터넷으로 구매하다

- 生气 shēngqì 화를 내다
  跟朋友生气 gēn péngyou shēngqì 친구에게 화를 내다
  让人生气 ràng rén shēngqì 사람을 화나게 하다

- 羡慕 xiànmù 부러워하다
  羡慕他 xiànmù tā
  그를 부러워하다
  让人羡慕 ràng rén xiànmù
  부러워하게 하다

- 选择 xuǎnzé 선택하다
  选择商品 xuǎnzé shāngpǐn 상품을 선택하다
  选择职业 xuǎnzé zhíyè 직업을 선택하다

- 原谅 yuánliàng 용서하다
  原谅他 yuánliàng tā 그를 용서하다
  原谅错误 yuánliàng cuòwù 잘못을 용서하다

 이합동사를 잘못된 형태로 활용해 썼다가 감점 당하는 경우가 빈번하다. '쓰기 제1부분 02 동사(p.164)'에서 이합동사에 대한 자세한 내용을 참고해 실수하지 말자. 이합동사인 '打针' '上网' '生气' '结婚' '散步' '聊天' '免费'는 활용 형태에 더욱 주의해 외우도록 하자.

배운 내용 점검하기

✦ 주어진 해석을 보고 빈칸에 알맞은 단어를 써 보세요.

1. 我们一起_____玩儿游戏，_____? 우리 같이 인터넷으로 게임하는 거 어때요?

2. 他_____周末跟朋友_____去_____。 그는 주말에 친구와 쇼핑하러 가는 것을 좋아한다.

3. 我妈妈_____在咖啡厅_____喝咖啡一边_____。
   우리 엄마와 언니는 카페에서 커피를 마시면서 수다를 떤다.

정답&어휘 1 上网, 怎么样   2 喜欢, 一起, 逛街   3 和姐姐, 一边, 聊天

上网 shàngwǎng 동 인터넷을 하다 | 玩儿游戏 wánr yóuxì 게임하다 | 周末 zhōumò 명 주말 | 在 zài 개 ~에서 | 咖啡厅 kāfēitīng 명 카페 | 聊天 liáotiān 동 이야기하다

STEP 3 실력 다지기

Day 03

1.  表扬

2.  转

3.  排队

4.  吃惊

해설서 p.262

Day 04

5.  逛

6.  抽烟

7.  堵车

8.  祝贺

해설서 p.264

Day 05

9.  抬
10.  讨论
11.  抱
12.  降落

Day 06

13.  占线
14.  醒
15.  咳嗽
16.  猜

02 형용사로 문장 만들기

쓰기 제2부분 | Day 07

기초 실력 확인하기 | 그림과 한국어 해석을 참고해 제시어로 문장을 만들어 보세요.

모범 답안 및 해석 → 본서 p.367

① 그는 너무 배고프다. (饿) → _____

② 그는 매우 기쁘다. (高兴) → _____

③ 이 케이크는 달다. (甜) → _____

④ 그녀는 자신의 성적에 만족한다. (满意) → _____

⑤ 그녀는 자신이 똑똑하다고 생각한다. (聪明) → _____

⑥ 교실이 깨끗하다. (干净) → _____

STEP 1 유형 파악하기

◆ 사진 속 인물의 심리 상태나 성격, 사물의 성질 등에 대한 제시어가 자주 출제된다. 각각의 형용사가 어떤 대상을 형용할 수 있는지까지 알아 두면 작문 실수를 줄일 수 있다.

◆ 뜻을 모르는 제시어가 주어지더라도, 사진 속 인물의 표정이나 상황에서 느껴지는 느낌으로 제시어의 뜻을 유추해 볼 수 있다.

● 제2부분 예제

풀이
◆ 제시어   害羞 hàixiū 형 부끄럽다
◆ 사진 연상   여자가 꽃을 보면서 부끄러워하는 사진
◆ 작문 핵심   사람+害羞
◆ 표현 활용   사람+정도부사+害羞 | 感到+害羞

'害羞'는 '부끄럽다'라는 뜻을 가진 형용사이다. 사진에 여자가 부끄러워하고 있으므로, 주어는 '她' '姐姐' 등을 써서 문장을 시작할 수 있다. 형용사가 술어인 문장은 형용사가 단독으로 술어가 될 수 없으므로, 정도부사와 함께 사용해야 한다.

모범 답안	她感到很害羞。 그녀는 부끄럽다고 느꼈다.
	女孩子觉得很害羞。 여자아이는 부끄럽다고 생각한다.
	她看起来十分害羞。 그녀는 매우 부끄러워 보인다.
고득점 답안	姐姐收到了花后感到很害羞。 언니는 꽃을 받고 부끄러워했다.
	姐姐见男朋友的时候很害羞。 언니는 남자 친구를 만날 때 수줍어 한다.

感到 gǎndào 동 느끼다, 여기다 | 觉得 juéde 동 ~라고 생각하다, ~라고 여기다 | 看起来 kànqǐlai 보기에 ~하다, 보아하니 ~하다 | ★十分 shífēn 부 매우, 아주, 대단히, 충분히 [=非常 fēicháng] | 姐姐 jiějie 명 언니, 누나 | 收到 shōudào 동 받다, 얻다

STEP 2 내공 쌓기

1 형용사 활용 작문 패턴

형용사 제시어로 작문할 때 유용한 작문 패턴을 알아보자. 사진 및 제시어와 관련이 있는 작문 패턴을 활용해 작문하면 풀이 시간도 절약하고 점수도 안정적으로 확보할 수 있다.

형용사+极了/死了	매우 ~하다	我看见他高兴极了。 나는 그를 보고 매우 기뻤다.
看起来+정도부사+형용사 ✦	~해 보이다	这女孩儿看起来非常轻松。 이 여자아이는 매우 편안해 보인다.
越来越+형용사	점점 ~하다	天气越来越凉快。 날씨가 점점 시원해진다.
又+형용사1+又+형용사2	~하기도 하고 ~하기도 하다	他又紧张又高兴。 그는 긴장되기도 하고 기쁘기도 하다.
让+사람+感到+형용사	~로 하여금 ~를 느끼게 하다	这个消息让我感到愉快。 이 소식은 나를 기쁘게 했다.
A+比+B+형용사+多了/得多	A는 B보다 많이 ~하다	今天比昨天热多了。 오늘은 어제보다 많이 덥다.
A+比+B+형용사+一点儿/一些	A는 B보다 조금 ~하다	儿子的成绩比去年好了一些。 아들의 성적은 작년보다 약간 좋아졌다.

★轻松 qīngsōng 형 부담이 없다 | ★凉快 liángkuai 형 시원하다, 서늘하다 | ★紧张 jǐnzhāng 형 긴장하다, 불안하다 | ★消息 xiāoxi 명 정보, 뉴스 | ★愉快 yúkuài 형 유쾌하다, 기쁘다 | 成绩 chéngjì 명 (일·학업상의) 성과, 성적

2 빈출 형용사 제시어와 활용

형용사는 문장 속에서 술어, 보어, 관형어 등으로 다양하게 쓰인다. 각 형용사가 어떤 형태로 자주 활용되어 쓰이는지 익혀 보자.

(1) 인물의 심리 상태, 성격, 태도와 관련된 형용사

- 烦恼 fánnǎo 걱정하다
  为工作他烦恼
  wèi gōngzuò fánnǎo
  일 때문에 걱정스럽다
  自找烦恼 zìzhǎo fánnǎo
  스스로 걱정거리를 만들다

- 害羞 hàixiū 부끄럽다
  感到害羞
  gǎndào hàixiū
  수줍음을 느끼다

- 困 kùn 졸리다
  困死了 kùn sǐ le 졸려 죽겠다
  困了就睡 kùn le jiù shuì
  졸리면 자

- 满意 mǎnyì 만족하다
  对结果满意
  duì jiéguǒ mǎnyì
  결과에 만족하다

- 伤心 shāngxīn 슬퍼하다
  哭得很伤心
  kū de hěn shāngxīn
  슬프게 울다

- 讨厌 tǎoyàn 짜증나다
  让人讨厌 ràng rén tǎoyàn
  사람을 짜증나게 하다
  讨厌的天气 tǎoyàn de
  tiānqì 짜증나는 날씨

- 无聊 wúliáo
  심심하다, 지루하다
  内容无聊 nèiróng wúliáo
  내용이 지루하다
  觉得无聊 juéde wúliáo
  심심하다고 생각하다

- 优秀 yōuxiù 우수하다
  成绩很优秀
  chéngjì hěn yōuxiù
  성적이 우수하다

- 幽默 yōumò 유머러스하다
  幽默的内容 yōumò de
  nèiróng 유머러스한 내용
  有幽默感 yǒu yōumò gǎn
  유머 감각이 있다

- 仔细 zǐxì 자세하다
  说明得很仔细
  shuōmíng de hěn zǐxì
  설명을 자세히 하다

(2) 상태, 성질, 분위기와 관련된 형용사

- 标准 biāozhǔn 표준적이다
  发音很标准
  fāyīn hěn biāozhǔn
  발음이 표준적이다

- 合适 héshì 알맞다, 적합하다
  对我正合适
  duì wǒ zhèng héshì
  나에게 딱 맞다

- 精彩 jīngcǎi 훌륭하다
  表演很精彩
  biǎoyǎn hěn jīngcǎi
  공연이 훌륭하다

- 空 kōng 비어 있다
  空盒子 kōng hézi 빈 상자

- 苦 kǔ 쓰다
  咖啡特别苦
  kāfēi tèbié kǔ
  커피가 매우 쓰다

- 浪漫 làngmàn 낭만적이다
  浪漫的故事
  làngmàn de gùshi
  낭만적인 이야기

- 厉害 lìhai (정도가) 심하다
  堵车堵得厉害
  dǔchē dǔ de lìhai
  차가 심하게 막히다

- 流利 liúlì 유창하다
  说得很流利
  shuō de hěn liúlì
  유창하게 말하다

- 流行 liúxíng 유행하다
  流行音乐 liúxíng yīnyuè
  유행 음악
  感冒流行 gǎnmào liúxíng
  감기가 유행하다

- 乱 luàn 어지럽다
  房间太乱了
  fángjiān tài luàn le
  방이 너무 지저분하다

- 穷 qióng 가난하다
  他家很穷
  tā jiā hěn qióng
  그의 집은 가난하다

- 咸 xián 짜다
  菜太咸了
  cài tài xián le
  요리가 너무 짜다

- 严重 yánzhòng 심각하다
  病得很严重
  bìng de hěn yánzhòng
  병이 심각하다

- 有趣 yǒuqù 재미있다
  有趣的小说
  yǒuqù de xiǎoshuō
  재미있는 소설

배운 내용 점검하기

◆ 주어진 해석을 보고 빈칸에 알맞은 단어를 써 보세요.

1. 弟弟的_____十分_____。 남동생의 성적은 매우 우수하다.

2. 他们的_____特别_____。 그들의 공연은 매우 훌륭하다.

3. 我_____这份工作非常_____。 나는 이 직업에 매우 만족한다.

정답&어휘 　1 成绩, 优秀　　2 表演, 精彩　　3 对, 满意
成绩 chéngjì 몡 (일·학업상의) 성과, 성적 | ★十分 shífēn 뷔 매우 | ★优秀 yōuxiù 혱 우수하다 | ★表演 biǎoyǎn 몡 공연, 연기 | ★精彩 jīngcǎi 혱 훌륭하다 | 份 fèn 양 [직업 등을 세는데 쓰임] | 满意 mǎnyì 혱 만족하다

STEP 3 실력 다지기

Day 08

1.  重

2.  难受

3.  咸

4.  流利

▶ 해설서 p.270

Day 09

5.  辣

6.  害羞

7.  精彩

8.  感动

▶ 해설서 p.272

Day 10

9. 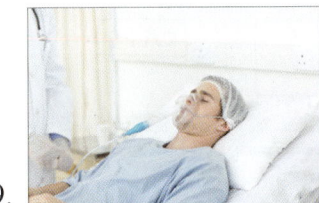 严重

10.  兴奋

11.  脏

12.  暖和

Day 11

13.  香

14.  困

15.  伤心

16. 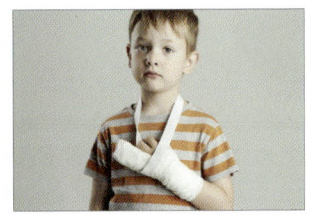 厉害

03 명사로 문장 만들기

쓰기 제2부분 | Day 22

기초 실력 확인하기 | 그림과 한국어 해석을 참고해 제시어로 문장을 만들어 보세요.

모범 답안 및 해석 → 본서 p.367

❶ 이 카페의 환경은 매우 좋다. (咖啡厅) → _____
❷ 그녀는 이메일을 보내고 있는 중이다. (电子邮件) → _____
❸ 그녀가 새로 산 노트북은 유난히 빠르다. (笔记本) → _____
❹ 그는 카페의 종업원이다. (服务员) → _____
❺ 그는 평소에 음료를 자주 마신다. (饮料) → _____
❻ 그들은 메뉴판을 보면서 음료를 주문한다. (菜单) → _____

STEP 1 유형 파악하기

◆ 일상생활과 밀접한 관련이 있는 사물 명사가 제시어로 자주 출제된다. 평소에 주변 사물이 중국어로 뭐라고 불리며, 어떤 동사와 자주 함께 쓰이는지 알아보고 기억해 두자.

● 제2부분 예제

西红柿

풀이
- 제시어   西红柿 xīhóngshì 명 토마토
- 사진 연상   토마토 사진
- 작문 핵심   吃+음식
- 표현 활용   喜欢 | 吃 | 好吃

명사가 제시어일 경우 명사와 어울리는 술어를 활용하면 보다 쉽게 작문을 할 수 있다. 명사 '西红柿'를 좋아한다고 하거나 먹는다고 표현할 수 있고, 맛있다고 표현할 수도 있다.

모범 답안	我最喜欢吃西红柿。 나는 토마토를 가장 좋아한다.
	我最喜欢的水果是西红柿。 내가 가장 좋아하는 과일은 토마토이다.
	这个西红柿看起来很好吃。 이 토마토는 맛있어 보인다.
고득점 답안	多吃西红柿对身体好。 토마토를 많이 먹으면 몸에 좋다. → '对' 고정격식 활용
	西红柿看起来又红又好吃。 토마토는 빨갛고 맛있어 보인다. → '又A又B' 활용

喜欢 xǐhuan 동 좋아하다, 마음에 들다, 흥미를 느끼다 | 吃 chī 동 먹다 | 水果 shuǐguǒ 명 과일 | 看起来 kànqǐlai 보기에 ~하다, 보아하니 ~하다 | 好吃 hǎochī 형 맛있다

STEP 2 내공 쌓기

1 명사 활용 작문 패턴

명사 제시어로 작문할 때 유용한 작문 패턴을 알아보자. 패턴을 활용해 작문하면 기본 점수를 안정적으로 얻을 수 있고, 문제 풀이 시간도 단축할 수 있다.

对……很感兴趣	~에 흥미가 있다	妹妹对艺术方面很感兴趣。 여동생은 예술 분야에 흥미가 있다.
喜欢这样的……	이런 종류의 ~를 좋아하다	姐姐特别喜欢这样的皮鞋。 언니는 이런 구두를 매우 좋아한다.
丢了……	~를 잃어버렸다	小王丢了他的护照。 샤오왕[小王]은 그의 여권을 잃어버렸다.
记在……上	~에 적다	他把传真号码记在笔记本上了。 그는 팩스 번호를 노트에 적었다.
A里有B	A 안에 B가 있다	教室里有桌子和椅子。 교실 안에는 책상과 의자가 있다.
把A给B	A를 B에게 주다	请把菜单给我。 메뉴판을 저에게 주세요.
把A告诉B	A를 B에게 알려 주다	她把这消息告诉经理了。 그녀는 이 소식을 사장에게 알려 줬다.

★艺术 yìshù 명 예술 | ★方面 fāngmiàn 명 분야, 부분, 영역 | 特别 tèbié 부 아주, 유달리 | 皮鞋 píxié 명 가죽 구두 | 护照 hùzhào 명 여권 | ★传真 chuánzhēn 명 팩스 | ★号码 hàomǎ 명 번호 | 笔记本 bǐjìběn 명 노트, 수첩 | 椅子 yǐzi 명 의자 | 菜单 càidān 명 메뉴 | ★消息 xiāoxi 명 정보, 뉴스 | 经理 jīnglǐ 명 사장, 경영 관리 책임자, 지배인

 명사를 꾸며 주는 관형어의 기본 어순은 '지시대사+수사+양사'이다.

2 빈출 명사 제시어와 활용

사진 속 정보에 근거해 '명사 제시어와 함께 쓸 수 있는 술어'를 떠올리는 것이 관건이다. 아래처럼 '주어+술어' 구조나 '술어+목적어' 구조로 명사 어휘를 정리해 외워 두면 명사 제시어를 보고 관련 술어를 빠르게 떠올릴 수 있다.

- 饼干 bǐnggān 비스킷
  饼干很咸
  bǐnggān hěn xián
  비스킷이 짜다

- 材料 cáiliào 자료
  提供材料 tígōng cáiliào
  자료를 제공하다
  材料丰富 cáiliào fēngfù
  자료가 풍부하다

- 传真 chuánzhēn 팩스
  发传真 fā chuánzhēn
  팩스를 보내다
  传真号码
  chuánzhēn hàomǎ
  팩스 번호

- 窗户 chuānghu 창문
  打开窗户 dǎkāi chuānghu
  창문을 열다
  关上窗户 guānshàng chuānghu 창문을 닫다

- 肚子 dùzi 배
  拉肚子 lā dùzi 배탈이 나다
  肚子疼 dùzi téng 배가 아프다

- 钢琴 gāngqín 피아노
  弹钢琴 tán gāngqín
  피아노를 치다

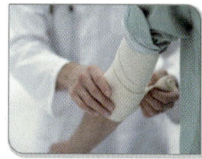
- 胳膊 gēbo 팔
  胳膊受伤了
  gēbo shòushāng le
  팔에 상처를 입었다

- 汗 hàn 땀
  擦汗 cā hàn 땀을 닦다
  出汗 chū hàn 땀이 나다

- 盒子 hézi (종이)상자
  放在盒子里 fàng zài hézi li
  상자 안에 넣다
  一个盒子 yí ge hézi
  상자 하나

- 价格 jiàgé 가격, 값
  商品价格很贵
  shāngpǐn jiàgé hěn guì
  상품 가격이 비싸다

- 饺子 jiǎozi 만두
  包饺子 bāo jiǎozi
  만두를 빚다
  吃饺子 chī jiǎozi 만두를 먹다

- 镜子 jìngzi 거울
  在镜子前打扮
  zài jìngzi qián dǎban
  거울 앞에서 단장하다

- 矿泉水 kuàngquánshuǐ 생수
  一瓶矿泉水
  yì píng kuàngquánshuǐ
  생수 한 병

- 垃圾桶 lājītǒng 쓰레기통
  垃圾桶满了 lājītǒng mǎn le
  쓰레기통이 꽉 찼다
  扔在垃圾桶里 rēng zài
  lājītǒng li 쓰레기통 안에 버리다

- 沙发 shāfā 소파
  坐在沙发上
  zuò zài shāfā shang
  소파에 앉다

- 汤 tāng 국
  这碗汤很咸
  zhè wǎn tāng hěn xián
  이 국은 짜다

- 袜子 wàzi 양말
  这双袜子 zhè shuāng wàzi
  이 양말 한 켤레
  穿袜子 chuān wàzi
  양말을 신다

- 味道 wèidao 맛, 냄새
  尝尝味道 chángchang wèidao 맛 좀 보다
  味道很特别 wèidao hěn tèbié 맛이 특별하다

- 现金 xiànjīn 현금
  用现金 yòng xiànjīn
  현금을 쓰다
  喜欢现金 xǐhuan xiànjīn
  현금을 좋아하다

- 信心 xìnxīn 자신(감)
  失去信心
  shīqù xìnxīn
  자신감을 잃어버리다

- 性格 xìnggé 성격
  性格很好
  xìnggé hěn hǎo
  성격이 좋다

- 压力 yālì 스트레스
  压力很大 yālì hěn dà
  스트레스가 많다
  工作压力 gōngzuò yālì
  업무 스트레스

- 盐 yán 소금
  放盐 fàng yán 소금을 넣다

- 钥匙 yàoshi 열쇠
  把钥匙挂在墙上
  bǎ yàoshi guà zài qiáng shang 열쇠를 벽에 걸다

배운 내용 점검하기

◆ 주어진 해석을 보고 빈칸에 알맞은 단어를 써 보세요.

1. _____把那个_____给我。 그 수건을 저에게 주세요.
2. _____让他复印_____。 사장님은 그에게 자료를 복사하게 했다.
3. 这个_____里有我们去年一起照的_____。 이 상자 안에 우리가 작년에 함께 찍은 사진이 있다.

정답&어휘 1 请, 毛巾   2 经理, 材料   3 盒子, 照片
★毛巾 máojīn 명 수건 | 让 ràng 동 ~하게 하다 | ★复印 fùyìn 동 복사하다 | ★材料 cáiliào 명 자료 | ★盒子 hézi 명 상자 | ★照 zhào 동 (사진을) 찍다 | 照片 zhàopiàn 명 사진

03 명사로 문장 만들기

STEP 3 실력 다지기

Day 23

1.  现金

2.  动作

3.  信封

4.  登机牌

▶ 해설서 p.278

Day 24

5.  钢琴

6.  垃圾桶

7.  号码

8.  消息

▶ 해설서 p.280

Day 25

 9. 杂志

 10. 价格

 11. 汤

 12. 钥匙

Day 26

 13. 区别

 14. 饼干

 15. 味道

 16. 毛巾

04 양사·부사로 문장 만들기

쓰기 제2부분 | Day 27

기초 실력 확인하기 | 그림과 한국어 해석을 참고해 제시어로 문장을 만들어 보세요.

모범 답안 및 해석 → 본서 p.367

① 이 상점은 비교적 작다. (比较) → _____

② 그는 저 구두를 사고 싶어한다. (双) → _____

③ 이 구두들은 모두 3,800위안이다. (一共) → _____

④ 그는 그 구두들을 5번 봤다. (次) → _____

⑤ 도서관은 여기에서 200미터 정도 더 된다. (米) → _____

⑥ 그녀는 40분 기다렸다. (分钟) → _____

STEP 1 유형 파악하기

◆ 제시어가 양사일 경우, 사진 속 무엇이 제시어와 함께 쓰일 수 있는지 먼저 생각해 보자. 양사는 저마다 셀 수 있는 대상이 따로 있고, 어떤 양사를 쓰냐에 따라 나타내는 의미가 달라진다.

◆ 부사가 제시어일 경우, 사진 속 인물의 표정이나 행동, 사건의 정황이 단순하고 명확하게 드러난다. 부사가 여러 가지 뜻을 지니는 경우, 사진에 가장 적합한 부사의 쓰임으로 한정시켜 작문하도록 한다.

● 제2부분 예제

풀이
◆ 제시어   页 yè [양] 쪽, 페이지 [양면을 인쇄한 책의 한 쪽]
◆ 사진 연상 책이 펼쳐져 있다
◆ 작문 핵심 수사+页
◆ 표현 활용 看 | 有意思 | 内容

'页'는 책의 쪽수를 세는 양사이고, 사진에는 책이 제시되어 있으므로 양사의 기본 어순 '수사+양사(页)'에 맞게 문장을 만들자. 양사 문제는 사진 속에 주어지는 정보가 많이 없으므로 고득점을 받기 위해서 사진을 바탕으로 최대한 상상력을 발휘해서 작문을 하자.

모범 답안 我看到了第10页。 나는 10페이지 봤다.
我正在看书的第一页。 나는 책의 첫 페이지를 읽고 있다. → 부사 '正在' 활용
这一页的内容很重要。 이 페이지의 내용은 매우 중요합니다.

고득점 답안 这本书这页的内容很有意思。 이 책의 이 페이지 내용은 매우 재미있다.
这本书有三百页，我打算一个月内读完。 이 책은 300페이지로, 나는 한 달 안에 다 읽을 계획이다.

看 kàn 동 보다 | 正在 zhèngzài 부 지금 ~하고 있다 | 看书 kànshū 동 책을 읽다 | ★内容 nèiróng 명 내용 | 重要 zhòngyào 형 중요하다 | 本 běn 양 권[책을 세는 단위] | 书 shū 명 책 | 有意思 yǒuyìsi 형 재미있다 | 打算 dǎsuàn 동 ~할 예정이다, 계획하다, ~하려고 하다, ~할 생각이다 | 读 dú 동 읽다, 낭독하다, 보다

STEP 2 내공 쌓기

1 양사·부사 활용 작문 패턴

양사나 부사 제시어로 작문할 때 유용한 작문 패턴을 알아보자. 사진 및 제시어와 관련 있는 작문 패턴을 활용해 작문하면 시험 시간도 절약하고 점수도 안정적으로 얻을 수 있다.

장소+有+수사+양사+명사 A B	A에 B가 있다	冰箱里有一盒牛奶。 냉장고 안에는 우유 한 팩이 있다. 那里有一条裤子。 거기에는 바지가 한 벌 있다.
按时+동사(구)	제시간에 ~하다	学生应该按时完成作业。 학생은 제시간에 숙제를 끝내야 한다.
不得不+동사+명사	어쩔 수 없이 ~하지 않으면 안 된다	我不得不说这句话。 나는 어쩔 수 없이 이 말을 해야 한다.

冰箱 bīngxiāng 명 아이스박스 | 盒 hé 양 갑 [작은 상자를 세는 단위] | 条 tiáo 양 개, 벌 [가늘고 긴 것을 세는 단위] | 裤子 kùzi 명 바지 | 按时 ànshí 부 제시간에 | 完成 wánchéng 동 완성하다, (예정대로) 끝내다 | 作业 zuòyè 명 숙제 | 不得不 bùdébù 부 어쩔 수 없이

 부사어의 기본 어순은 '부사+조동사+개사구'이다.

2 빈출 양사 제시어와 활용

양사는 각각이 나타내는 뜻이 다르고, 저마다 셀 수 있는 대상이 따로 있다는 점에 각별히 주의해서 작문해야 한다.

(1) 사물을 세는 양사

- 份 fèn 부, 통, 권 [신문·잡지·문건 등을 셈]
  这份报纸 zhè fèn bàozhǐ 이 신문
  那份工作 nà fèn gōngzuò 그 일

- 篇 piān 편, 장 [문장·종이 등을 셈]
  那篇文章 nà piān wénzhāng 그 문장
  这篇论文 zhè piān lùnwén 이 논문

- 双 shuāng 켤레, 쌍 [같은 모양이 쌍을 이루는 것을 셈]
  那双鞋 nà shuāng xié 저 신발
  一双袜子 yì shuāng wàzi 양말 한 켤레

- 台 tái 대 [기계·차량·설비 등을 셈]
  一台电脑 yì tái diànnǎo 컴퓨터 한 대
  一台冰箱 yì tái bīngxiāng 냉장고 한 대

- 种 zhǒng 종류, 가지 [종류 등을 셈]
  两种方法 liǎng zhǒng fāngfǎ 두 가지 방법
  几种选择 jǐ zhǒng xuǎnzé 몇 가지 선택

- 座 zuò 좌, 동, 채 [부피가 크거나 고정된 물체를 셈]
  那座高楼 nà zuò gāolóu 저 고층 빌딩
  这座山 zhè zuò shān 이 산

(2) 동작을 세는 양사

- 遍 biàn 번, 차례, 회 [한 동작의 처음부터 끝까지의 전 과정을 가리킴]
  看了几遍 kàn le jǐ biàn 몇 번 보았다
  说了三遍 shuō le sān biàn 세 번 말했다

- 趟 tàng 편, 번, 차례 [왕래한 횟수나 교통 수단의 운행 횟수를 셈]
  下趟火车 xià tàng huǒchē 다음 기차
  去了一趟 qù le yí tàng 한 번 갔다 왔다

(3) 단위를 나타내는 양사

- 页 yè 쪽, 페이지 [종이의 한쪽 면을 셈]
  看了三十八页 kàn le sānshíbā yè 38페이지를 봤다
  看到第五页 kàndào dì wǔ yè 5페이지를 보다

- 秒 miǎo 초 [시간을 셈]
  跑了三十秒 pǎo le sānshí miǎo 30초 뛰었다
  过了一秒 guò le yì miǎo 1초가 지났다

3 빈출 부사 제시어와 활용

한국어 뜻만 봐서는 부사가 쓰이는 배경 상황까지 정확히 알 수 없다. 부사는 배경 상황이 드러난 예문으로 익혀야 적합한 상황에 제대로 사용할 수 있다.

- 大概 dàgài 아마, 대략
  大概不来了 dàgài bù lái le 아마 안 오게 된 것 같다
  大概三个小时 dàgài sān ge xiǎoshí 대략 3시간

- 按时 ànshí 제시간에
  按时上课 ànshí shàngkè 시간에 맞춰 수업하다
  按时吃饭 ànshí chī fàn 시간에 맞춰 밥을 먹다

- 不得不 bùdébù 어쩔 수 없이
  不得不同意 bùdébù tóngyì 어쩔 수 없이 동의하다
  不得不合作 bùdébù hézuò 어쩔 수 없이 협력하다

- 到底 dàodǐ 도대체
  到底说不说 dàodǐ shuō bu shuō 도대체 말을 하니 안 하니
  到底想怎样 dàodǐ xiǎng zěnyàng 도대체 어떻게 하고 싶니

- 故意 gùyì 일부러, 고의로
  故意迟到 gùyì chídào 고의로 지각하다
  故意不给 gùyì bù gěi 일부러 안 주다

- 好像 hǎoxiàng 마치 ~같다
  好像是她 hǎoxiàng shì tā 아마 그녀인 것 같다
  好像不来了 hǎoxiàng bù lái le 아마 안 올 것 같다

- 竟然 jìngrán 의외로, 뜻밖에도
  竟然考上了大学 jìngrán kǎoshàng le dàxué 뜻밖에도 대학에 붙었다
  竟然取得了好成绩 jìngrán qǔdé le hǎo chéngjì 의외로 좋은 성적을 받았다

- 肯定 kěndìng 분명히, 확실히
  肯定是他的妈妈 kěndìng shì tā de māma 분명히 그의 엄마일 것이다
  肯定会获得成功的 kěndìng huì huòdé chénggōng de 분명 성공을 얻을 것이다

- 难道 nándào 설마 ~인가
  难道她有别的男朋友吗 nándào tā yǒu bié de nánpéngyou ma
  설마 그녀는 다른 남자 친구가 있는 것인가
  难道他不想买吗 nándào tā bù xiǎng mǎi ma 설마 그는 사고 싶지 않은 것인가

- 随便 suíbiàn 함부로, 마음대로
  不要随便花钱 búyào suíbiàn huāqián 마음대로 돈을 쓰지 마라
  不应该随便说话 bùyīnggāi suíbiàn shuōhuà 함부로 말해서는 안 된다

- 完全 wánquán 완전히
  病完全好了 bìng wánquán hǎo le 병이 완전히 나았다
  和那个完全一样 hé nàge wánquán yíyàng 그것과 완전히 같다

배운 내용 점검하기

✦ 주어진 해석을 보고 빈칸에 알맞은 단어를 써 보세요.

1. 现在离上海站_____还有十五_____。 상하이역까지 대략 아직 15분이 남았다.
2. _____里_____有_____电脑。 방 안에 총 3대의 컴퓨터가 있다.
3. 她想_____她的男朋友_____给她买了_____化妆品。
   그녀는 그녀의 남자 친구가 도대체 어떤 화장품을 그녀에게 사 준 건지 알고 싶다.

정답&어휘 **1** 大概, 分钟 **2** 房间, 一共, 三台 **3** 知道, 到底, 哪种

离 lí [개] ~까지 | 上海 Shànghǎi [고유] 상하이 | 站 zhàn [명] 역, 정류장 | ★大概 dàgài [부] 대략 | 还 hái [부] 더, 또, 게다가 | 房间 fángjiān [명] 방 | 一共 yígòng [부] 모두, 총 | ★台 tái [양] 대 [기계·차량·설비 등을 세는 단위] | 想 xiǎng [조동] ~하고 싶다 | 男朋友 nánpéngyou [명] 남자 친구 | ★到底 dàodǐ [부] 도대체 | 种 zhǒng [양] 종류, 가지 [종류를 세는 단위] | 化妆品 huàzhuāngpǐn [명] 화장품

STEP 3 실력 다지기

Day 28

1.  台

2.  大概

3.  秒

4.  页

Day 29

5.  张

6.  公里

7.  俩

8.  到底

Day 30

9.  遍

10.  只

11.  故意

12.  好像

Day 31

13.  篇

14.  趟

15.  马上

16.  终于

실전 모의고사

실제 시험 1회분을 절반 분량씩 '중간 점검용' '최종 점검용'으로 풀어 보며 스스로의 실력을 점검하자.

▶ **Mini 모의고사 1**　Day **19~20**　중간 점검
▶ **Mini 모의고사 2**　Day **39~40**　최종 점검

Mini 모의고사 채점표

	Mini 모의고사 1	Mini 모의고사 2	문항당 평균 배점 (추정치)
듣기	_____ / 22문항	_____ / 23 문항	2.2점
독해	_____ / 20 문항	_____ / 20 문항	2.5 점
쓰기1	_____ / 5문항	_____ / 5문항	6 점
쓰기2	_____ / 3문항	_____ / 2문항	8 점
총점			

Mini 모의고사 1회분 기준, 90점 이상이면 합격입니다.
(실제 시험에서는 문항 수가 2배이므로, 총점이 180점 이상이어야 합격입니다.)

Mini 모의고사 1

정답 및 해설 → 해설서 p.294

Day 19~20

◆ 듣기는 22문항(약 14분), 독해는 20문항(약 17분), 쓰기는 8문항(약 13분)으로 구성되어 있습니다.

一、听力

22문항 | 약 14분

● track Mini Test 01

第 一 部 分

第1~5题: 判断对错。 단문 녹음을 듣고 녹음의 내용과 제시된 문장이 일치하는지 확인하세요.

例如: 我想去办个信用卡，今天下午你有时间吗？陪我去一趟银行？
★ 他打算下午去银行。 (√)

现在我很少看电视，其中一个原因是，广告太多了。不管什么时间，也不管什么节目，只要你打开电视，总能看到那么多的广告，浪费我的时间。
★ 他喜欢看电视广告。 (×)

1. ★ 会议时间提前了。 ( )

2. ★ 他们现在在餐厅。 ( )

3. ★ 他父亲是一位医生。 ( )

4. ★ 他们两个不熟悉。 ( )

5. ★ 那本书是金教授送的。 ( )

→ 해설서 p.294

第 二 部 分

第6~12题：请选出正确答案。 두 사람의 대화 녹음을 듣고, 녹음 속 질문에 알맞은 답을 보기에서 고르세요.

例如：
女：该加油了，去机场的路上有加油站吗？
男：有，你放心吧。
问：男的主要是什么意思？

A 去机场   B 快到了   C 油是满的   D 有加油站 √

6. A 老师   B 律师   C 司机   D 学生
7. A 展览馆   B 首都剧院 C 图书馆   D 海洋馆
8. A 更漂亮了 B 变懒了   C 工资高了   D 瘦了
9. A 穿正装   B 穿双袜子 C 买条毛巾 D 带厚衣服
10. A 学过京剧 B 放弃了比赛 C 是个老师 D 钢琴弹得好
11. A 电话占线 B 没找到号码 C 忘发短信了 D 邮件发错了
12. A 有错误   B 很受欢迎 C 适合儿童   D 很旧

第 三 部 分

第13~22题：请选出正确答案。 두 사람의 대화나 단문 녹음을 듣고 녹음 속 질문에 알맞은 답을 보기에서 고르세요.

例如：
男：把这个材料复印五份，一会儿拿到会议室发给大家。
女：好的。会议是下午三点吗？
男：改了，三点半，推迟了半个小时。
女：好，六〇二会议室没变吧？
男：对，没变。
问：会议几点开始？

A 14:00   B 15:00   C 15:30 √   D 18:00

13. A 电梯坏了   B 更安全   C 住在2楼   D 电梯没电了

14. A 男的太粗心   B 东西没寄到   C 女的在邮局   D 他们迷路了

15. A 缺少经验   B 会做生意   C 学过管理   D 没拿到奖金

16. A 没穿衣服   B 咳嗽严重了   C 被骗了   D 腿疼

17. A 证明不全   B 没填国籍   C 照片不合格   D 护照不见了

18. A 学校东门   B 大使馆东门   C 商店对面   D 药店西边

19. A 200   B 422   C 720   D 1200

20. A 数量少了   B 更受保护   C 叶子太少了   D 变矮了

21. A 常被批评   B 看重输赢   C 生活困难   D 很有信心

22. A 性格决定一切   B 要选对方向   C 开心最重要   D 要多积累经验

二、阅读

第一部分

第23～27题：选词填空。

| A 尽管 | B 判断 | C 关键 | D 坚持 | E 情况 | F 趟 |

例如：她每天都（ D ）走路上下班，所以身体一直很不错。

23. 快点儿，现在不出发就赶不上最后一（　　）公交车了。

24. 究竟是选择中文系还是英语系，（　　）得看你自己对什么感兴趣。

25. 阳光对水果的味道影响非常大，正常（　　　）下，光照越好，水果越甜。

26. （　　　）努力不一定能取得成功，但要知道不努力就一定不会成功。

27. 人们往往可以通过你做事的习惯、方式等来（　　　）你从事的职业。

第二部分

第28～32题：排列顺序。 제시된 3개의 문장을 순서에 맞게 배열하세요.

例如：
A 可是今天起晚了
B 平时我骑自行车上下班
C 所以就打车来公司　　　　　B A C

28. A 就只好用手机照了几张
    B 可惜我没带相机
    C 那儿的风景实在是美极了 _____

29. A 我本来特别紧张
    B 但听了老师讲的笑话后
    C 突然间就轻松了很多 _____

30. A 观众被演员们的精彩表演深深地吸引住了
    B 还是不愿离开
    C 演出都已经结束了 _____

31. A 就能让人感到幸福
    B 其实，有时仅仅是一句充满关心的话语
    C 有人认为，浪漫要花很多钱 _____

32. A 在森林公园里有各种各样的花草树木
    B 让他多了解点儿大自然的知识
    C 周末我们带儿子去那儿看看吧 _____

第三部分

第33～42题：请选出正确答案。 단문을 독해하고, 제시된 1~2개 질문에 알맞은 답을 고르세요.

例如： 她很活泼，说话很有趣，总能给我们带来快乐，我们都很喜欢和她在一起。

★ 她是个什么样的人？

A 幽默 √   B 马虎   C 骄傲   D 害羞

33. 小李，你昨天交的调查报告我看过了，写得不错，发现了很多关键问题。但你在提出问题的同时，最好也提供一下解决的方案。

★ 小李的那份调查报告：

A 发现了问题   B 给出了解决办法
C 很详细   D 结果不准

34. 人们常说"说到做到"，这句话的意思是我们要对自己说出的话负责，光说不做的人难以给人们留下好印象。

★ 根据这段对话，我们要：

A 诚实   B 准时   C 相信自己   D 要对自己的话负责

35. 妹妹是一家大医院的大夫，几乎每天晚上都要加班到很晚，甚至有时连节日也不能休息。但即使是这样，她也从来没说过辛苦，因为她热爱这份工作。

★ 关于妹妹，可以知道：

A 比较严格   B 脾气不好   C 是个护士   D 经常加班

36. 在中国，人们可以提前60天购买出发当日的火车票，购票成功后，如果乘客的出行计划发生了改变，那么可在距离开车前30分钟的任何时间进行改签，需要注意的是每张车票只能改签一次。

★ 如果想要改签车票，应该：

A 打印车票   B 交费
C 至少提前30分钟   D 解释原因

37. 对于同一件事情，每个人的看法都可能不同。我们无法要求所有人都接受我们的意见，要允许不同的"声音"出现。

★ 这段话中的"声音"指的是：

A 缺点　　　　B 任务　　　　C 看法　　　　D 能力

38. 十分抱歉，由于春节前后，本网店的工作量与平时相比增加了很多。在您付款后，我们可能不能马上发货，因此无法保证您的商品能及时送到，希望广大用户谅解。

★ 春节前后，那家网店：

A 招聘售货员　　B 十分忙　　C 货到付款　　D 收入减少了

39. 人们对越亲的人越缺少耐心，而对那些不熟悉的人却表现得很有礼貌。这也许是因为我们内心清楚，那些真正爱我们的人，即使被我们伤害也不会离开我们。可是，我们最不应该做的事就是让真正爱我们的人难过。

★ 这段话告诉我们要：

A 做事认真　　B 多联系亲戚　　C 重视友谊　　D 对亲人耐心

40. 她出生在南方，今年冬天第一次来北方，也是第一次见到这么美丽的雪景，她差点儿兴奋地跳起来。

★ 看到雪景后，她：

A 不觉得新鲜　　B 感觉奇怪　　C 非常兴奋　　D 不愿出去散步

41~42.

下午，妻子给我打电话，激动地问："知道今天是什么日子吗？"我说："今天是10月28号星期三，怎么了？"没想到，她听完就气得把电话挂了。我想了半天也没明白到底是怎么回事，直到晚上回家时，路过一家蛋糕店，我才突然想起来，原来今天是她的生日。

★ 听完他的话，妻子：

A 生气了　　B 有点儿害怕　　C 向他道歉了　　D 很吃惊

★ 根据这段话，下列哪个正确？

A 他在开玩笑　　B 蛋糕不好吃　　C 那天妻子生日　　D 礼物丢了

三、书 写

第 一 部 分

第43~47题：完成句子。 제시된 낱말을 순서대로 배열해 문장을 완성하세요.

例如： 那座桥   800年的   历史   有   了

那座桥有800年的历史了。

43. 结果了   吗   出   他们研究

44. 完成了   任务   祝贺你   这个

45. 放松心情的   是一种   听音乐   好方法

46. 禁止   公园内   我们   抽烟

47. 成为   警察   一名   他的姐姐   想

第二部分

第48～50题：看图，用词造句。 주어진 사진에 관련된 내용으로 어휘를 사용해 문장을 만드세요.

例如:  乒乓球   她很喜欢打乒乓球。

48.  脱

49.  破

50.  困

Mini 모의고사 2

듣기는 23문항(약 15분), 독해는 20문항(약 17분), 쓰기는 7문항(약 11분)으로 구성되어 있습니다.

一、听力

23문항 | 약 15분

● track Mini Test 02

第一部分

第1~5题：判断对错。 단문 녹음을 듣고 녹음의 내용과 제시된 문장이 일치하는지 확인하세요.

例如： 我想去办个信用卡，今天下午你有时间吗？陪我去一趟银行？
★ 他打算下午去银行。 (√)

现在我很少看电视，其中一个原因是，广告太多了。不管什么时间，也不管什么节目，只要你打开电视，总能看到那么多的广告，浪费我的时间。
★ 他喜欢看电视广告。 (×)

1. ★ 他同意妈妈的说法。 ( )
2. ★ 那部电影很无聊。 ( )
3. ★ 绿茶蛋糕正在打折。 ( )
4. ★ 适应新环境需要一个过程。 ( )
5. ★ 旅游时间还没定。 ( )

해설서 p.315

第 二 部 分

第6～13题：请选出正确答案。 두 사람의 대화 녹음을 듣고, 녹음 속 질문에 알맞은 답을 보기에서 고르세요.

例如：女：该加油了，去机场的路上有加油站吗？
　　　男：有，你放心吧。
　　　问：男的主要是什么意思？

　　　A 去机场　　B 快到了　　C 油是满的　　D 有加油站 √

6. A 不会降价　　B 换了新床　　C 准备买房　　D 客厅很大

7. A 儿子　　　　B 妹妹　　　　C 丈夫　　　　D 孙子

8. A 准备买车　　B 开车技术好　C 想学修车　　D 想应聘记者

9. A 下礼拜天　　B 放寒假后　　C 这个月月底　D 暑假时

10. A 换塑料袋　　B 先别倒垃圾　C 要打扫厕所　D 天气很凉快

11. A 冰箱在响　　B 门破了　　　C 邻居醒了　　D 有人敲门

12. A 飞机上　　　B 餐厅　　　　C 超市　　　　D 机场入口

13. A 玩儿游戏　　B 借电脑　　　C 改密码　　　D 找座位

第 三 部 分

第14～23题：请选出正确答案。 두 사람의 대화나 단문 녹음을 듣고 녹음 속 질문에 알맞은 답을 보기에서 고르세요.

例如：男：把这个材料复印五份，一会儿拿到会议室发给大家。
　　　女：好的。会议是下午三点吗？
　　　男：改了，三点半，推迟了半个小时。
　　　女：好，六〇二会议室没变吧?
　　　男：对，没变。
　　　问：会议几点开始？

　　　A 14:00　　　B 15:00　　　C 15:30 √　　　D 18:00

14. A 喜欢吃糖　　B 胖了　　C 刚结婚　　D 个子很高

15. A 免费　　B 12元5角　　C 两元　　D 102元

16. A 很不愉快　　B 想请两天假　　C 住同学家　　D 想晚点儿回家

17. A 字数太少　　B 内容不复杂　　C 感情丰富　　D 语言精彩

18. A 参加过比赛　　B 爱打扮　　C 很节约　　D 特别自信

19. A 朋友唱得难听　　B 感到骄傲　　C 节目很好看　　D 羡慕朋友

20. A 乘公共汽车　　B 步行　　C 开汽车　　D 乘坐地铁

21. A 节日景区人多　　B 骑自行车很环保　　C 车价降低了　　D 交通压力大

22. A 效果不好　　B 报名费用低　　C 受到了反对　　D 发展很快

23. A 怎样做网站　　B 互联网的影响　　C 教育的目的　　D 教育的特点

해설서 p.320

녹음이 끝나면, 듣기 영역 답안지 작성 시간 '5분'이 주어집니다.

二、阅读

20문항 | 약 17분

第一部分

第24～28题：选词填空。 빈칸에 들어갈 알맞은 단어를 보기에서 고르세요.

| A 偶尔　　B 顺序　　C 温度　　D 既然　　E 够　　F 积极 |

例如： A: 今天真冷啊，好像白天最高（ C ）才2℃。
　　　 B: 刚才电视里说明天更冷。

24. A: 李经理，经过长时间的考虑，我还是决定离开公司。
　　B: 好吧，（　　）是这样，那我尊重你的决定。

25. A: 我今天太着急了，忘记带公交卡了。你身上有零钱吗？
    B: 有4块钱，（　　　　）吗？

26. A: 如果这个活动被我们申请下来，一定会吸引更多游客来这里旅游。
    B: 对，而且这也能对城市的发展起到一定的（　　　　）作用。

27. A: 爷爷，您年纪大了，别总喝酒了。
    B: 没关系，医生说，（　　　　）喝点儿对身体有好处。

28. A: 女士，麻烦您按（　　　　）付款。
    B: 实在抱歉，我这就去排队。

第 二 部 分

第29～33题：排列顺序。 제시된 3개의 문장을 순서에 맞게 배열하세요.

例如：
A 可是今天起晚了
B 平时我骑自行车上下班
C 所以就打车来公司

B A C

29. A 这个外国留学生
    B 所以完全不需要翻译
    C 汉语水平非常高，普通话说得比中国人还流利

30. A 我怕打扰他们的谈话
    B 就没去打招呼
    C 校长正在和老师聊天儿

31. A 当时她害羞得不敢抬头看他
    B 说起和爷爷的第一次见面，奶奶记得很清楚
    C 甚至脸都红了

32. A 上面说这份工作对应聘者的性别没有要求
    B 我昨天看过招聘广告了
    C 只要有科研经验就行

33. A 以降低其对比赛结果的影响
    B 其质量有严格的标准
    C 国际比赛中使用的乒乓球与普通乒乓球不同

해설서 p.326

第三部分

第34~43题：请选出正确答案。 단문을 독해하고, 제시된 1~2개 질문에 알맞은 답을 고르세요.

例如: 她很活泼，说话很有趣，总能给我们带来快乐，我们都很喜欢和她在起。

★ 她是个什么样的人？

A 幽默 √   B 马虎   C 骄傲   D 害羞

34. 烤鸭是一道有名的北京菜，它不仅味美，而且对人的身体也很有好处，尤其是对那些年轻的女性来说，多吃鸭皮能使皮肤更光滑。

    ★ 这段话主要谈的是什么？

    A 吃烤鸭的好处 B 烤鸭做法   C 烤鸭的历史   D 烤鸭的材料

35. 小时候我在日记中写过：长大后一定要赚很多钱，然后环游世界。现在经济条件好了，可我却发现自己完全没有时间去旅游，更别说环游世界了。

    ★ 说话人现在：

    A 坚持写日记   B 很穷   C 没空儿旅游   D 想爬长城

36. 我们都应该学习一些基础的法律知识，因为它可以告诉我们哪些事可以做，哪些不能做。我们必须按照法律规定做事，不要做让自己后悔的事。

    ★ 根据这段话，我们应该：

    A 懂些法律   B 对人友好   C 学会怀疑   D 学好数学

37. 有人说，伤心时最好不要听音乐，因为它会使人更难受，然而我难过时却爱听慢音乐，因为它能让我冷静下来。

    ★ 难过时听慢音乐，会让说话人：
    A 变冷静　　　B 想哭　　　C 变聪明　　　D 有热情

38. 我昨天才出差回来，家里一个月没人住，所以到处都很脏，我收拾一下。你先在沙发上坐一会儿，看会儿电视吧。

    ★ 说话人接下来最可能要做什么？
    A 找钥匙　　　B 收拾房间　　　C 接客人　　　D 看会儿电视

39. 在年底举办一场热闹的年会现已成为很多公司的习惯。首先，开年会是为了总结公司全年的工作；其次，还可以通过表扬优秀员工，起到鼓励大家在新的一年里继续努力，为公司赢得更好成绩的作用。

    ★ 年会：
    A 不普遍　　　B 有鼓励作用　　　C 票价高　　　D 多在夏季举行

40~41.

"世界上最深的是海洋，比海洋更深的是人心。"当我们把什么事都放在心里，不说出来时，不但得不到别人的理解，反而会容易引起误会。因此，我们要养成与人交流的习惯，试着说出心里真正的想法，不要让别人猜，这样才能获得别人的理解与支持。

    ★ "深"说明人心：
    A 难猜　　　B 易被感动　　　C 都很简单　　　D 没变化

    ★ 这段话主要想告诉我们要：
    A 懂得拒绝　　　B 学会交流　　　C 不怕失败　　　D 原谅别人

42~43.

每当你对身边那些吸烟者说抽烟对身体不好时，他们一般都会表示：完全不用担心，因为有些人抽了那么多年烟，身体仍然健康。虽然他们也知道"有些人"也许只是所有抽烟者的千分之一，甚至万分之一，但他们还是相信自己会是其中之一。

★ 很多吸烟者不担心什么?

  A 变老   B 没力气   C 污染环境   D 身体变差

★ "万分之一"说明:

  A 区别很大   B 健康者极少   C 消息有误   D 抽烟者值得同情

三、书写

第一部分

第44～48题: 完成句子。 제시된 낱말을 순서대로 배열해 문장을 완성하세요.

例如: 那座桥   800年的   历史   有   了

那座桥有800年的历史了。

44. 只有   公司   5公里   距离机场

45. 坐过   从来   她的儿子   没   飞机

46. 被妈妈   弄丢   钥匙   了

47. 放到   请你帮我   把   盒子里   那些材料

48. 游客   多了   比去年   今年来韩国旅行的

第二部分

第49～50题：看图，用词造句。 주어진 사진에 관련된 내용으로 어휘를 사용해 문장을 만드세요.

例如:  乒乓球　　　她很喜欢打乒乓球。

49.  镜子

50.  伤心

기초 실력 확인하기

듣기 단어 및 표현 목록

듣기 | 01 직업·신분
- 老师 lǎoshī 명 선생님
- 医生 yīshēng 명 의사
- 同事 tóngshì 명 동료
- 服务员 fúwùyuán 명 종업원
- 客人 kèrén 명 손님
- 经理 jīnglǐ 명 사장, 지배인
- 学生 xuésheng 명 학생
- 司机 sījī 명 운전사, 기관사
- 记者 jìzhě 명 기자
- 校长 xiàozhǎng 명 학교장

듣기 | 02 장소
- 教室 jiàoshì 명 교실
- 医院 yīyuàn 명 병원
- 超市 chāoshì 명 슈퍼마켓
- 图书馆 túshūguǎn 명 도서관
- 银行 yínháng 명 은행
- 公园 gōngyuán 명 공원
- 商店 shāngdiàn 명 상점, 가게
- 办公室 bàngōngshì 명 사무실
- 机场 jīchǎng 명 공항
- 饭店 fàndiàn 명 호텔

듣기 | 03 행동
- 做作业 zuò zuòyè 숙제를 하다
- 游泳 yóuyǒng 수영하다
- 聊天 liáotiān 잡담을 하다
- 搬家 bānjiā 이사하다
- 上网 shàngwǎng 인터넷을 하다
- 读书 dúshū 책을 읽다
- 踢足球 tī zúqiú 축구를 하다
- 请假 qǐngjià 휴가를 내다
- 逛街 guàng jiē 아이쇼핑하다
- 爬山 pá shān 등산하다

듣기 | 04 관용어
- 好容易 hǎoróngyì 가까스로
- 发脾气 fā píqi 화내다
- A给B找麻烦 A gěi B zhǎo máfan A가 B를 난처하게 하다
- 马大哈 mǎdàhā 세심하지 못하다
- 出毛病 chū máobìng 고장 나다
- 开夜车 kāi yèchē 밤새워 일하다, 공부하다
- 发火 fā huǒ 화내다
- 出难题 chū nántí 난처하게 하다
- 粗心大意 cūxīndàyì 세심하지 못하다
- 不在乎 bú zàihu 상관없다

듣기 | 05 어기·심정·태도
- 满意 mǎnyì 형 만족하다
- 爱 ài 동 사랑하다
- 害怕 hàipà 동 겁내다, 두려워하다
- 相信 xiāngxìn 동 믿다, 신뢰하다
- 放心 fàngxīn 동 안심하다
- 担心 dānxīn 동 걱정하다
- 认真 rènzhēn 형 진지하다
- 舒服 shūfu 형 (몸·마음이) 편안하다
- 着急 zháojí 동 조급해하다
- 快乐 kuàilè 형 즐겁다

듣기 | 06 반어문
- 你睡了半天，累什么呀! 반나절이나 잤는데 뭐가 힘들어!
- 他怎么能这样呢? 그가 어떻게 이렇게 할 수 있어요?
- 我哪儿有时间呀! 내가 시간이 어디 있어!
- 你还不去上课吗? 너 아직도 수업 들으러 안 갔어?
- 你不是说今天要面试吗? 너 오늘 면접시험 본다고 말하지 않았어?
- 谁不知道那件事啊? 누가 그 일을 몰랐을까?

듣기 | 07 화제·상태·상황

- 介绍 jièshào 동 소개하다
- 打扫 dǎsǎo 동 청소하다
- 甜 tián 형 달다
- 同意 tóngyì 동 동의하다
- 帮忙 bāngmáng 동 돕다, 도움을 주다
- 变化 biànhuà 동 변화하다
- 习惯 xíguàn 동 익숙해지다
- 告诉 gàosu 동 말하다, 알리다
- 有名 yǒumíng 형 유명하다
- 容易 róngyì 형 ~하기 쉽다

듣기 | 08 숫자·사물

- 昨天 zuótiān 명 어제
- 分钟 fēnzhōng 명 분 [시간을 셀 때 쓰임]
- 米 mǐ 명 미터
- 周末 zhōumò 명 주말
- 一共 yígòng 부 모두, 전부
- 眼镜 yǎnjìng 명 안경
- 袜子 wàzi 명 양말
- 雨伞 yǔsǎn 명 우산
- 钥匙 yàoshi 명 열쇠
- 铅笔 qiānbǐ 명 연필

듣기 | 09 이야기

- 生病 shēngbìng 동 병이 나다
- 上网 shàngwǎng 동 인터넷을 하다
- 打算 dǎsuàn 동 계획하다, ~하려고 하다
- 后来 hòulái 명 그 후, 그 뒤
- 担心 dānxīn 동 걱정하다
- 参加 cānjiā 동 참가하다, 참여하다
- 办公室 bàngōngshì 명 사무실
- 电子邮件 diànzǐ yóujiàn 명 이메일, 전자우편
- 迟到 chídào 동 지각하다
- 帮忙 bāngmáng 동 돕다, 도움을 주다

듣기 | 10 설명문

- 熊猫 xióngmāo 명 판다
- 健康 jiànkāng 형 건강하다
- 节日 jiérì 명 기념일, 명절
- 世界 shìjiè 명 세계
- 提高 tígāo 동 높이다
- 感冒 gǎnmào 명 감기
- 黄河 Huánghé 고유 황허
- 环境 huánjìng 명 환경
- 锻炼 duànliàn 동 단련하다
- 季节 jìjié 명 계절

듣기 | 11 논설문

- 认为 rènwéi 동 여기다, 생각하다
- 保护 bǎohù 동 보호하다
- 同意 tóngyì 동 동의하다
- 觉得 juéde 동 ~라고 생각하다
- 发现 fāxiàn 동 발견하다
- 机会 jīhuì 명 기회
- 做事 zuò shì 일을 하다
- 变化 biànhuà 명 변화 동 변화하다
- 其实 qíshí 부 사실
- 报纸 bàozhǐ 명 신문

독해 모범 답안 및 해석

독해 1 | 01 동사 어휘 선택

- **参加**比赛 경기에 참가하다
- **打扫**房间 방을 청소하다
- **骑**自行车 자전거를 타다
- **解决**问题 문제를 해결하다

독해 1 | 02 형용사 어휘 선택

- **新鲜**的水果 신선한 과일
- 房间比较**干净** 방은 비교적 깨끗하다
- 交通很**方便** 교통이 매우 편리하다
- **简单**的内容 간단한 내용

독해 1 | 03 명사·대사 어휘 선택

- 玩儿**游戏** 게임을 하다
- 照顾**孩子** 아이를 돌보다
- 送**礼物** 선물을 주다
- 坐**地铁** 지하철을 타다

독해 1 | 04 부사 어휘 선택

- **多么**简单啊 얼마나 간단한가!
- **一共**30块钱 전부 30위안이다
- **终于**结束了 마침내 끝났다
- **当然**可以用 당연히 써도 된다

독해 1 | 05 양사·접속사·개사 어휘 선택

- 三**双**皮鞋 구두 세 켤레
- **给**他打电话 그에게 전화하다
- 她不但漂亮，**而且**很聪明
  그녀는 예쁠 뿐만 아니라 게다가 매우 똑똑하다
- **只有**努力，才能成功
  노력해야만 비로소 성공할 수 있다

독해 2 | 01 연결어 순서 배열

1. **C** 我很喜欢吃水果，比如苹果、西瓜、香蕉等等。
   나는 과일을 좋아하는데, 예를 들어 사과, 수박, 바나나 등이다.
2. **A** 我觉得这件衬衫质量不错，但是我没有钱买。
   나는 이 셔츠의 질이 좋다고 생각하지만, 살 돈이 없다.
3. **B** 因为我对中国文化感兴趣，所以学习汉语。
   나는 중국 문화에 흥미가 있어서, 중국어 공부를 한다.

독해 2 | 02 대사 순서 배열

1. **B** 小明很喜欢看电影，所以他经常跟他女朋友去电影院。
   샤오밍[小明]은 영화를 좋아해서, 자주 그의 여자 친구와 영화관에 간다.
2. **C** 我们这台电脑太旧了，应该换新的了。
   우리 이 컴퓨터는 너무 오래되어서 새것으로 바꿔야 돼.
3. **A** 有些父母总是批评孩子，其实这对孩子有不好的影响。
   어떤 부모들은 항상 아이를 꾸짖는데, 사실 이것은 아이에게 좋지 않은 영향을 준다.

독해 2 | 03 의미 순서 배열

1. **C** 每天早上上班的时候，她都去咖啡店买一杯咖啡。
   매일 아침 출근할 때마다 그녀는 카페에 가서 커피를 산다.
2. **A** 要想取得好成绩，就应该努力学习。
   좋은 성적을 받고 싶다면, 마땅히 열심히 공부해야 한다.
3. **B** 冰冰特别喜欢看书，特别是历史书。
   빙빙[冰冰]은 독서를 매우 좋아하는데, 특히 역사책을 좋아한다.

독해 3 | 01 세부 내용 파악

1. (如果) 明天 下 大 雨,
   如果 / 부사어 / 술어 / 관형어 / 목적어

   我们 (就) 在家 休息 吧。
   주어 / 就 / 부사어 / 술어 / 吧

   만약 내일 비가 많이 오면, 우리는 집에서 쉬자.

2 工作 只 是 生活的 一部分,
　　 주어 부사어 술어 관형어+的 목적어
　　 而不是 生活的 全部。
　　 부사어+술어 관형어+的 목적어
　　 일은 단지 생활의 일부일 뿐이며, 생활의 전부가 아니다.

3 很多 人 习惯 早上做运动,
　　 관형어 주어 술어 목적어
　　 但是 运动 不 是 越早越好。
　　 但是 주어 부사어 술어 목적어
　　 많은 사람들이 아침에 운동하는 것이 습관이 되었지만,
　　 운동은 이를수록 좋은 것은 아니다.

독해 3 | 02 주제 파악

1 课后 复习 是 学习的好 方法。
　　 부사어 주어 술어 관형어+的+관형어 목적어
　　 방과 후 복습하는 것은 공부하는 데 좋은 방법이다.

2 当你觉得累的时候, 就 休息 一下 吧!
　　　　　　　　　　　 부사어 부사어 술어 보어 吧
　　 네가 피곤하다고 느낄 때 좀 쉬어!

3 很多 人 都 认为 当医生能赚很多钱。
　　 관형어 주어 부사어 술어 목적어
　　 많은 사람들이 의사가 되면 돈을 많이 벌 수 있다고 생각한다.

쓰기 　모범 답안 및 해석

쓰기 2 | 01 동사로 문장 만들기

1 他要开门。 그는 문을 열려고 한다.
2 妈妈在给孩子讲故事。
　　 엄마는 아이에게 이야기를 해 주고 있다.
3 孩子戴着帽子。 아이는 모자를 쓰고 있다.
4 他把房间打扫完了。 그는 방을 다 청소했다.
5 她今天复习了三个小时。
　　 그녀는 오늘 3시간 동안 복습했다.
6 他正在锻炼身体呢。 그는 몸을 단련하고 있는 중이다.

쓰기 2 | 02 형용사로 문장 만들기

1 他太饿了。 그는 너무 배고프다.
2 他很高兴。 그는 매우 기쁘다.
3 这块蛋糕很甜。 이 케이크는 달다.
4 她对自己的成绩很满意。
　　 그녀는 자신의 성적에 만족한다.
5 她觉得自己很聪明。
　　 그녀는 자신이 똑똑하다고 생각한다.
6 教室很干净。 교실이 깨끗하다.

쓰기 2 | 03 명사로 문장 만들기

1 这个咖啡厅的环境非常好。
　　 이 카페의 환경은 매우 좋다.
2 她正在发电子邮件。
　　 그녀는 이메일을 보내고 있는 중이다.
3 她新买的笔记本电脑特别快。
　　 그녀가 새로 산 노트북은 유난히 빠르다.
4 他是咖啡厅的服务员。 그는 카페의 종업원이다.
5 他平时经常喝饮料。 그는 평소에 음료를 자주 마신다.
6 他们看着菜单饮点料。
　　 그들은 메뉴판을 보면서 음료를 주문한다.

쓰기 2 | 04 양사 · 부사로 문장 만들기

1 这家商店比较小。 이 상점은 비교적 작다.
2 他想买那双皮鞋。 그는 저 구두를 사고 싶어한다.
3 这些皮鞋一共是3,800元。
　　 이 구두들은 모두 3,800위안이다.
4 他看那些皮鞋看了5次。 그는 그 구두들을 5번 봤다.
5 图书馆离这儿还有200米。
　　 도서관은 여기에서 200미터 정도 더 된다.
6 她等了40分钟。 그녀는 40분을 기다렸다.

다락원 홈페이지에서
▶ MP3 파일 다운로드 및 실시간 재생
▶ 받아쓰기 PDF 다운로드

3rd Edition
HSK 4급 본서
한권으로 끝내기

지은이 남미숙
펴낸이 정규도
펴낸곳 (주)다락원

제1판 1쇄 발행 2010년 8월 19일
제3판 1쇄 발행 2025년 7월 1일

기획·편집 김보경, 김현주, 김혜민, 이상윤
디자인 김나경, 이승현
일러스트 안다연
사진 Shutterstock
녹음 曹红梅, 于海峰, 郭洋, 朴龙君, 허강원

🖫**다락원** 경기도 파주시 문발로 211
전화 (02)736-2031(내선 250~252/내선 430, 560)
팩스 (02)732-2037
출판등록 1977년 9월 16일 제406-2008-000007호

Copyright ⓒ 2025, 남미숙

저자 및 출판사의 허락 없이 이 책의 일부 또는 전부를 무단 복제·전재·발췌할 수 없습니다. 구입 후 철회는 회사 내규에 부합하는 경우에 가능하므로 구입처에 문의하시기 바랍니다. 분실·파손 등에 따른 소비자 피해에 대해서는 공정거래위원회에서 고시한 소비자 분쟁 해결 기준에 따라 보상 가능합니다. 잘못된 책은 바꿔 드립니다.

ISBN 978-89-277-2342-4 14720
978-89-277-2341-7 (set)

http://www.darakwon.co.kr
다락원 홈페이지를 방문하시면 상세한 출판 정보와 함께 동영상 강좌, MP3 자료 등 다양한 어학 정보를 얻으실 수 있습니다.

필수단어장

차례

Day 01~Day 40 ——— 4
4급 고득점 합격을 위한 보충 어휘 리스트 ——— 44

Day 01

● track 0-01 (VOCA)

0001	3급	阿姨	āyí	명 이모, 아주머니
0002	3급	啊	a	조 [문장 끝에 쓰여 감탄·찬탄을 나타냄]
0003	3급	矮	ǎi	형 (키가) 작다
0004	1급	爱	ài	동 사랑하다 / 동 ~하는 것을 좋아하다
0005	3급	爱好	àihào	명 취미, 애호 / 동 ~하기를 좋아하다
0006	4급	爱情	àiqíng	명 (남녀 간의) 사랑, 애정
0007	3급	安静	ānjìng	형 조용하다, 고요하다
★0008	4급	安排	ānpái	동 (일·계획 등을) 세우다, 처리하다
★0009	4급	安全	ānquán	형 안전하다 / 명 안전
0010	4급	按时	ànshí	부 제때에, 시간에 맞추어
0011	4급	按照	ànzhào	개 ~에 따라, ~대로
0012	1급	八	bā	수 8, 여덟
0013	3급	把	bǎ	개 ~를[처리의 결과를 나타냄] / 양 개[손잡이가 있는 사물을 세는 단위]
0014	1급	爸爸	bàba	명 아빠
0015	2급	吧	ba	조 ~하자 [상의·제의·청유·기대·명령 등의 어기를 나타냄] / 조 ~지? [가능·추측의 어기를 나타냄]
0016	2급	白	bái	형 희다 / 부 헛되이, 쓸데없이 / 부 공짜로, 대가 없이, 무료로
0017	2급	百	bǎi	수 100, 백
0018	4급	百分之	bǎi fēn zhī	퍼센트(%)
0019	3급	班	bān	명 반, 학급, 그룹
0020	3급	搬	bān	동 옮기다, 이사하다
★0021	3급	办法	bànfǎ	명 방법
0022	3급	办公室	bàngōngshì	명 사무실
0023	3급	半	bàn	수 절반, 반
0024	3급	帮忙	bāngmáng	동 돕다, 도움을 주다
0025	2급	帮助	bāngzhù	동 돕다, 원조하다
0026	4급	棒	bàng	형 (수준이) 높다, (성적이) 좋다, (체력·능력이) 좋다
0027	3급	包	bāo	명 가방 / 동 (종이·천 등으로) 싸다 / 양 봉지, 꾸러미 [보따리로 구성된 사물을 세는 단위]
0028	4급	包子	bāozi	명 (소가 든) 찐빵
0029	3급	饱	bǎo	형 배부르다
★0030	4급	保护	bǎohù	동 보호하다

✎ 잘 외워지지 않는 단어 써 보기

Day 02

track 0-02 (VOCA)

0031 4급	保证 bǎozhèng	동 보증하다, 보장하다
★ 0032 4급	报名 bàomíng	동 신청하다
0033 2급	报纸 bàozhǐ	명 신문
0034 4급	抱 bào	동 안다, 껴안다
0035 4급	抱歉 bàoqiàn	형 미안해하다
0036 1급	杯子 bēizi	명 컵
0037 3급	北方 běifāng	명 북방
0038 1급	北京 Běijīng	고유 베이징
0039 4급	倍 bèi	양 배, 배수
0040 3급	被 bèi	개 ~에게 ~를 당하다
0041 1급	本 běn	양 권 [책을 세는 단위]
0042 4급	本来 běnlái	부 본래, 원래
0043 4급	笨 bèn	형 어리석다, 멍청하다
0044 3급	鼻子 bízi	명 코
0045 2급	比 bǐ	개 ~에 비해, ~보다
0046 3급	比较 bǐjiào	부 비교적, 상대적으로 동 비교하다
0047 4급	比如 bǐrú	접 예를 들다
★ 0048 3급	比赛 bǐsài	명 시합, 경기
0049 3급	笔记本 bǐjìběn	명 공책, 노트
0050 3급	必须 bìxū	부 반드시, 꼭
★ 0051 4급	毕业 bìyè	동 졸업하다
0052 3급	变化 biànhuà	명 변화 동 변화하다
0053 4급	遍 biàn	양 번, 차례, 회 [한 동작의 처음부터 끝까지의 전 과정을 가리킴]
0054 4급	标准 biāozhǔn	명 표준, 기준 형 표준적이다
0055 4급	表格 biǎogé	명 표, 양식, 서식
0056 4급	表示 biǎoshì	동 표시하다, 드러내다
0057 4급	表演 biǎoyǎn	명 공연, 연기 동 공연하다, 연출하다
0058 4급	表扬 biǎoyáng	동 칭찬하다, 표창하다
0059 2급	别 bié	부 ~하지 마라
0060 3급	别人 biérén	대 남, 타인 명 (이외의) 다른 사람

✎ 잘 외워지지 않는 단어 써 보기

Day 03

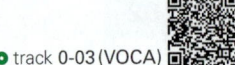

0061 2급	宾馆 bīnguǎn	명 호텔
0062 3급	冰箱 bīngxiāng	명 냉장고
0063 4급	饼干 bǐnggān	명 과자, 비스킷
0064 4급	并且 bìngqiě	접 게다가, 나아가, 그리고
0065 ★ 4급	博士 bóshì	명 박사
0066 1급	不 bù	부 아니다 [동사나 형용사, 부사 앞에 쓰여 부정을 표시함]
0067 3급	不但A，而且B búdàn A, érqiě B	A할 뿐만 아니라 게다가 B하다
0068 ★ 4급	不得不 bùdébù	부 어쩔 수 없이, 하는 수 없이
0069 4급	不管 bùguǎn	접 ~에 관계 없이, ~를 막론하고
0070 4급	不过 búguò	접 그러나, 하지만
0071 4급	不仅 bùjǐn	접 ~뿐만 아니라
0072 1급	不客气 bú kèqi	천만에요, 별말씀을요
0073 4급	部分 bùfen	명 부분, 일부
0074 4급	擦 cā	동 닦다, 마찰하다, 비비다
0075 4급	猜 cāi	동 추측하다, 알아맞히다
0076 ★ 4급	材料 cáiliào	명 재료, 자료, 데이터
0077 1급	菜 cài	명 요리, 음식
0078 3급	菜单 càidān	명 메뉴, 식단, 메뉴판
0079 ★ 4급	参观 cānguān	동 참관하다, 견학하다
0080 ★ 3급	参加 cānjiā	동 참가하다, 참여하다
0081 4급	餐厅 cāntīng	명 식당
0082 3급	草 cǎo	명 풀
0083 4급	厕所 cèsuǒ	명 화장실
0084 3급	层 céng	양 층, 겹
0085 1급	茶 chá	명 차, 찻잎으로 만든 음료
0086 3급	差 chà	형 다르다, 차이 나다
0087 4급	差不多 chàbuduō	형 비슷하다, 차이가 별로 없다 / 부 대체로, 거의
0088 2급	长 cháng	형 (시간이) 길다 / 형 (길이가) 길다
0089 ★ 4급	长城 Chángchéng	고유 만리장성
0090 ★ 4급	长江 Chángjiāng	고유 양쯔강, 창강

✏️ 잘 외워지지 않는 단어 써 보기

Day 04

● track 0-04 (VOCA)

0091 4급	尝 cháng	동 맛보다
★0092 4급	场 chǎng	양 회, 번, 차례 [오락·체육 활동·시험 등의 횟수를 세는 단위]
0093 2급	唱歌 chàng gē	동 노래하다
0094 4급	超过 chāoguò	동 넘다, 초과하다
★0095 3급	超市 chāoshì	명 슈퍼마켓
0096 3급	衬衫 chènshān	명 셔츠, 블라우스
★0097 4급	成功 chénggōng	동 성공하다 / 형 성공적이다
0098 3급	成绩 chéngjì	명 성적
0099 4급	成为 chéngwéi	동 ~가 되다, ~로 변하다
0100 4급	诚实 chéngshí	형 성실하다, 진실하다
★0101 3급	城市 chéngshì	명 도시
0102 4급	乘坐 chéngzuò	동 (자동차·배·비행기 등을) 타다
0103 1급	吃 chī	동 먹다
★0104 4급	吃惊 chījīng	동 놀라다
0105 3급	迟到 chídào	동 지각하다
0106 4급	重新 chóngxīn	부 다시, 재차
★0107 4급	抽烟 chōuyān	동 흡연하다, 담배를 피우다
0108 2급	出 chū	동 나오다
★0109 4급	出差 chūchāi	동 출장 가다
0110 4급	出发 chūfā	동 출발하다
0111 4급	出生 chūshēng	동 태어나다
0112 4급	出现 chūxiàn	동 나타나다
0113 1급	出租车 chūzūchē	명 택시
0114 3급	除了 chúle	개 ~외에, ~를 제외하고
0115 4급	厨房 chúfáng	명 주방
0116 2급	穿 chuān	동 (옷·신발·양말 등을) 입다, 신다
0117 4급	传真 chuánzhēn	명 팩스
0118 3급	船 chuán	명 배
★0119 4급	窗户 chuānghu	명 창문
0120 3급	春 chūn	명 봄

✎ 잘 외워지지 않는 단어 써 보기

Day 05

track 0-05 (VOCA)

0121 3급	词典 cídiǎn	명	사전
0122 4급	词语 cíyǔ	명	글자, 어휘, 단어와 구
0123 2급	次 cì	양	번, 차례
★ 0124 3급	聪明 cōngming	형	똑똑하다, 총명하다
0125 2급	从 cóng	개	~에서부터
0126 4급	从来 cónglái	부	지금까지, 여태껏
0127 4급	粗心 cūxīn	형	소홀하다, 세심하지 못하다,
0128 4급	存 cún	동	저축하다
0129 2급	错 cuò	동	틀리다, 맞지 않다
★ 0130 4급	错误 cuòwù	명	잘못, 착오, 실수
★ 0131 4급	答案 dá'àn	명	답, 답안, 해답
0132 4급	打扮 dǎban	동	화장하다, 단장하다, 꾸미다
0133 1급	打电话 dǎ diànhuà		전화를 하다
0134 2급	打篮球 dǎ lánqiú		농구를 하다
0135 4급	打扰 dǎrǎo	동	방해하다, 귀찮게 하다
★ 0136 3급	打扫 dǎsǎo	동	청소하다
0137 3급	打算 dǎsuàn	동	계획하다, ~하려고 하다
0138 4급	打印 dǎyìn	동	인쇄하다
★ 0139 4급	打招呼 dǎ zhāohu	동	(말·행동으로) 인사하다
★ 0140 4급	打折 dǎzhé	동	할인하다, 가격을 깎다
0141 4급	打针 dǎzhēn	동	주사를 놓다, 주사를 맞다
0142 1급	大 dà	형	크다
0143 4급	大概 dàgài	부	아마, 대개
0144 2급	大家 dàjiā	대	모든 사람, 모두
0145 4급	大使馆 dàshǐguǎn	명	대사관
0146 4급	大约 dàyuē	부	대략, 대충
0147 4급	大夫 dàifu	명	의사
0148 3급	带 dài	동	(몸에) 지니다, 챙기다
★ 0149 4급	戴 dài	동	(머리·팔 등에) 착용하다, 쓰다, 끼다
★ 0150 3급	担心 dānxīn	동	걱정하다

✎ 잘 외워지지 않는 단어 써 보기

Day 06

★0151 3급	蛋糕 dàngāo	명	케이크
0152 4급	当 dāng	동	~가 되다
0153 3급	当然 dāngrán	부	당연히, 물론
0154 4급	当时 dāngshí	명	당시, 그 때
0155 4급	刀 dāo	명	칼
★0156 4급	导游 dǎoyóu	명	여행 가이드, 관광 가이드
0157 2급	到 dào	동/개/동	도착하다, 도달하다 / ~까지 / [보어로 쓰여 동작의 결과를 표현함]
0158 4급	到处 dàochù	부	곳곳, 도처에
0159 4급	到底 dàodǐ	부	도대체
0160 4급	倒 dào	동/부	쏟다, 붓다 / 오히려
0161 4급	道歉 dàoqiàn	동	사과하다, 사죄하다
0162 4급	得意 déyì	형	마음에 들다, 대단히 만족하다
0163 3급	地 de	조	[단어나 구가 동사나 형용사와 같은 중심어를 수식하고 있음을 나타냄]
0164 1급	的 de	조	~의 [관형어 뒤에서 관형어와 중심어 사이가 종속 관계임을 나타냄]
0165 2급	得 de	조	[동사나 형용사 뒤에 쓰여 결과나 정도를 나타내는 보어를 연결함]
0166 4급	得 děi	조동	~해야 한다
0167 3급	灯 dēng	명	등, 등불
★0168 4급	登机牌 dēngjīpái	명	탑승권
0169 4급	等 děng	조	등 [열거할 때 쓰임]
0170 2급	等 děng	동	기다리다
0171 4급	低 dī	형	(높이가) 낮다
0172 4급	底 dǐ	명	바닥, 밑
0173 4급	地点 dìdiǎn	명	장소, 지역, 위치
0174 3급	地方 dìfang	명	곳, 장소
0175 4급	地球 dìqiú	명	지구
0176 3급	地铁 dìtiě	명	지하철
0177 3급	地图 dìtú	명	지도
0178 4급	地址 dìzhǐ	명	주소
0179 2급	弟弟 dìdi	명	남동생
0180 2급	第一 dì yī	수	첫 번째, 제일

✎ 잘 외워지지 않는 단어 써 보기

Day 07

track 0-07 (VOCA)

0181 1급	点 diǎn	양 시[시간을 세는 단위] / 동 주문하다 / 양 조금, 약간(点儿)
0182 1급	电脑 diànnǎo	명 컴퓨터
0183 1급	电视 diànshì	명 텔레비전
0184 3급	电梯 diàntī	명 엘리베이터
0185 1급	电影 diànyǐng	명 영화
0186 ★ 3급	电子邮件 diànzǐ yóujiàn	명 이메일, 전자우편
0187 ★ 4급	调查 diàochá	동 조사하다
0188 4급	掉 diào	동 떨어지다
0189 ★ 4급	丢 diū	동 잃다, 실추하다
0190 3급	东 dōng	명 동쪽
0191 1급	东西 dōngxi	명 물건, (구체·추상적인) 것
0192 3급	冬 dōng	명 겨울
0193 2급	懂 dǒng	동 이해하다, 알다
0194 3급	动物 dòngwù	명 동물
0195 4급	动作 dòngzuò	명 동작
0196 1급	都 dōu	부 모두
0197 1급	读 dú	동 (소리 내어) 읽다
0198 ★ 4급	堵车 dǔchē	동 차가 막히다, 교통이 체증되다
0199 4급	肚子 dùzi	명 배
0200 3급	短 duǎn	형 (길이가) 짧다
0201 4급	短信 duǎnxìn	명 문자메시지
0202 3급	段 duàn	양 기간, 동안
0203 ★ 3급	锻炼 duànliàn	동 단련하다
0204 2급	对 duì	형 맞다, 옳다
0205 2급	对 duì	개 ~에 대해서
0206 1급	对不起 duìbuqǐ	동 미안하다
0207 4급	对话 duìhuà	명 대화
0208 4급	对面 duìmiàn	명 건너편, 맞은편, 반대편
0209 4급	对于 duìyú	개 ~에 대해서
0210 1급	多 duō	형 많다

✏️ 잘 외워지지 않는 단어 써 보기

Day 08

0211 3급	多么 duōme	튀 얼마나 [감탄문에서 정도가 심함을 나타냄]
0212 1급	多少 duōshao	대 얼마, 몇
0213 3급	饿 è	형 배고프다
0214 4급	儿童 értóng	명 어린이, 아동
0215 1급	儿子 érzi	명 아들
0216 4급	而 ér	접 그리고, 그러나 [뜻이 서로 이어지는 성분을 연결하여 순접 또는 역접을 나타냄]
0217 3급	耳朵 ěrduo	명 귀
0218 1급	二 èr	수 2, 둘
0219 3급	发 fā	동 보내다, 발송하다
0220 3급	发烧 fāshāo	동 열이 나다
★ 0221 4급	发生 fāshēng	동 발생하다
★ 0222 3급	发现 fāxiàn	동 발견하다
★ 0223 4급	发展 fāzhǎn	동 발전하다
0224 4급	法律 fǎlǜ	명 법률
0225 4급	翻译 fānyì	동 번역하다
★ 0226 4급	烦恼 fánnǎo	형 걱정하다, 고민스럽다, 마음을 졸이다
0227 4급	反对 fǎnduì	동 반대하다
0228 1급	饭店 fàndiàn	명 호텔
0229 3급	方便 fāngbiàn	형 편리하다
★ 0230 4급	方法 fāngfǎ	명 방법
0231 4급	方面 fāngmiàn	명 방면, 분야
0232 4급	方向 fāngxiàng	명 방향
0233 4급	房东 fángdōng	명 집주인
0234 2급	房间 fángjiān	명 방
0235 3급	放 fàng	동 놓다, 두다
★ 0236 4급	放弃 fàngqì	동 (권리·주장·의견 등을) 포기하다, 버리다
★ 0237 4급	放暑假 fàng shǔjià	여름방학을 하다
0238 4급	放松 fàngsōng	동 긴장을 풀다, 늦추다, 느슨하게 하다
0239 3급	放心 fàngxīn	동 안심하다, 마음을 놓다
0240 1급	飞机 fēijī	명 비행기

✎ 잘 외워지지 않는 단어 써 보기

Day 09

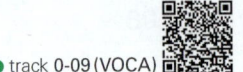
track 0-09 (VOCA)

0241 2급	非常 fēicháng	児 대단히, 매우, 아주
0242 3급	分 fēn	양 점 [성적 평가 점수·승부의 득점 수 등을 세는 단위] 동 나누다
0243 1급	分钟 fēnzhōng	명 분 [시간을 셀 때 쓰임]
0244 4급	份 fèn	양 부, 권 [신문·잡지·문건 등을 세는 단위]
0245 4급	丰富 fēngfù	형 풍부하다
0246 4급	否则 fǒuzé	접 만약 그렇지 않으면
0247 2급	服务员 fúwùyuán	명 종업원
0248 4급	符合 fúhé	동 부합하다, 일치하다
0249 4급	父亲 fùqīn	명 아버지, 부친
0250 4급	付款 fùkuǎn	동 돈을 지불하다
0251 4급	负责 fùzé	동 책임지다
0252 3급	附近 fùjìn	명 근처, 부근
★ 0253 3급	复习 fùxí	동 복습하다
0254 4급	复印 fùyìn	동 복사하다
★ 0255 4급	复杂 fùzá	형 복잡하다
0256 4급	富 fù	형 부유하다, 재산이 많다
★ 0257 4급	改变 gǎibiàn	동 변하다, 바뀌다
★ 0258 4급	干杯 gānbēi	동 건배하다, 술잔을 비우다
★ 0259 3급	干净 gānjìng	형 깨끗하다
0260 4급	赶 gǎn	동 (정해진 시간에 맞추어) 가다
0261 4급	敢 gǎn	동 감히 ~하다
0262 4급	感动 gǎndòng	동 감동하다
0263 4급	感觉 gǎnjué	동 느끼다
0264 3급	感冒 gǎnmào	명 감기
0265 4급	感情 gǎnqíng	명 감정
0266 4급	感谢 gǎnxiè	동 감사하다
★ 0267 3급	感兴趣 gǎn xìngqù	관심이 있다
0268 4급	干 gàn	동 일을 하다
0269 4급	刚 gāng	부 방금
0270 3급	刚才 gāngcái	명 방금, 막

✎ 잘 외워지지 않는 단어 써 보기

Day 10

0271 2급	高 gāo	동 (높이가) 높다, (키가) 크다
0272 4급	高速公路 gāosù gōnglù	명 고속도로
0273 1급	高兴 gāoxìng	형 기쁘다
0274 2급	告诉 gàosu	동 말하다, 알리다
0275 2급	哥哥 gēge	명 형, 오빠
0276 4급	胳膊 gēbo	명 팔
0277 1급	个 ge	양 개, 명 [사람·물건을 세는 단위]
0278 3급	个子 gèzi	명 키
0279 4급	各 gè	부 대 각, 각자, 갖가지
0280 2급	给 gěi	동 주다 / 개 ~에게
0281 3급	根据 gēnjù	개 ~에 근거하여 / 명 근거
0282 3급	跟 gēn	개 ~와 / 동 따라가다
0283 3급	更 gèng	부 더, 더욱, 훨씬
0284 4급	工资 gōngzī	명 임금, 월급
0285 1급	工作 gōngzuò	명 업무, 일
0286 2급	公共汽车 gōnggòng qìchē	명 버스
0287 3급	公斤 gōngjīn	양 킬로그램(kg)
0288 4급	公里 gōnglǐ	양 킬로미터(km)
0289 2급	公司 gōngsī	명 회사
0290 3급	公园 gōngyuán	명 공원
0291 4급	功夫 gōngfu	명 (무술 방면의) 재주, 무술 / 명 시간
0292 4급	共同 gòngtóng	형 공통의, 공동의 / 부 함께
0293 1급	狗 gǒu	명 개
0294 ★ 4급	购物 gòuwù	동 물건을 사다
0295 4급	够 gòu	동 (필요한 수량·기준 등을) 만족시키다
0296 4급	估计 gūjì	동 추측하다
0297 ★ 4급	鼓励 gǔlì	동 격려하다
0298 3급	故事 gùshi	명 이야기
0299 4급	故意 gùyì	부 고의로, 일부러
0300 4급	顾客 gùkè	명 고객, 손님

✎ 잘 외워지지 않는 단어 써 보기

Day 11

0301 3급	刮风 guā fēng	바람이 불다		0316 4급	国籍 guójí	명 국적
★ 0302 4급	挂 guà	동 (고리·못 따위에) 걸다		0317 4급	国际 guójì	명 국제
0303 3급	关 guān	동 끄다 동 닫다		0318 3급	国家 guójiā	명 국가, 나라
0304 4급	关键 guānjiàn	명 관건, 키포인트		0319 4급	果汁 guǒzhī	명 과일 주스
0305 3급	关系 guānxi	명 관계		0320 3급	过 guò	동 보내다, 지내다
0306 3급	关心 guānxīn	동 관심을 갖다		★ 0321 4급	过程 guòchéng	명 과정
0307 3급	关于 guānyú	개 ~에 관해서		0322 3급	过去 guòqù	명 과거
0308 4급	观众 guānzhòng	명 관중		0323 2급	过 guo	조 ~한 적이 있다
0309 4급	管理 guǎnlǐ	동 관리하다		0324 2급	还 hái	부 여전히, 아직도 부 또, 더 부 그런대로, 그럭저럭
0310 4급	光 guāng	부 단지, 오로지 명 빛		0325 3급	还是 háishi	접 아니면, 또는 부 ~하는 편이 더 좋다
0311 4급	广播 guǎngbō	명 방송 프로그램, 라디오		0326 2급	孩子 háizi	명 어린아이
0312 4급	广告 guǎnggào	명 광고		0327 4급	海洋 hǎiyáng	명 바다, 해양
0313 4급	逛 guàng	동 구경하다		★ 0328 3급	害怕 hàipà	동 겁내다, 두려워하다
0314 4급	规定 guīdìng	명 규정, 규칙		0329 4급	害羞 hàixiū	동 부끄러워하다
0315 2급	贵 guì	형 (가격이) 비싸다, 높다		0330 4급	寒假 hánjià	명 겨울방학

✎ 잘 외워지지 않는 단어 써 보기

Day 12

 track 0-12 (VOCA)

0331 1급	汉语 Hànyǔ	고유	중국어
0332 4급	汗 hàn	명	땀
★ 0333 4급	航班 hángbān	명	항공편, 운항편
0334 1급	好 hǎo	형	좋다
0335 2급	好吃 hǎochī	형	맛있다
★ 0336 4급	好处 hǎochù	명	장점, 이로운 점
0337 4급	好像 hǎoxiàng	부	아마
0338 1급	号 hào	명	일 [날짜를 가리킴]
★ 0339 4급	号码 hàomǎ	명	번호
0340 1급	喝 hē	동	마시다
0341 4급	合格 hégé	동	합격이다
★ 0342 4급	合适 héshì	형	적당하다, 알맞다
0343 1급	和 hé	개	~와
0344 4급	盒子 hézi	명	상자
0345 2급	黑 hēi	형	어둡다, 검다
0346 3급	黑板 hēibǎn	명	칠판
0347 1급	很 hěn	부	매우
0348 2급	红 hóng	형	붉다, 빨갛다
★ 0349 4급	后悔 hòuhuǐ	동	후회하다
0350 3급	后来 hòulái	명	그 후, 그 뒤
0351 1급	后面 hòumiàn	명	뒤, 뒤쪽
★ 0352 4급	厚 hòu	형	두껍다
★ 0353 4급	互联网 hùliánwǎng	명	인터넷
★ 0354 4급	互相 hùxiāng	부	서로, 상호
0355 4급	护士 hùshi	명	간호사
★ 0356 3급	护照 hùzhào	명	여권
0357 3급	花 huā	명	꽃
0358 3급	花 huā	동	쓰다, 들이다, 소비하다
0359 3급	画 huà	동	(그림을) 그리다
0360 4급	怀疑 huáiyí	동	의심하다

✏️ 잘 외워지지 않는 단어 써 보기

Day 13

track 0-13 (VOCA)

0361	3급	坏	huài	동	고장 나다, 망가지다
0362	3급	欢迎	huānyíng	동	환영하다
0363	3급	还	huán	동	반납하다, 갚다
0364	3급	环境	huánjìng	명	환경
0365	3급	换	huàn	동	바꾸다, 교환하다
0366	3급	黄河	Huánghé	고유	황허
0367	1급	回	huí	동	돌아가다, 돌아오다
0368	3급	回答	huídá	동	대답하다
0369	4급	回忆	huíyì	동	회상하다
0370	1급	会	huì	조동	~할 수 있다 / ~할 것이다
0371	3급	会议	huìyì	명	회의
0372 ★	4급	活动	huódòng	명	행사, 활동 / 동 운동하다, 활동하다
0373 ★	4급	活泼	huópō	형	활발하다
0374	4급	火	huǒ	명	불
0375	2급	火车站	huǒchēzhàn	명	기차역
0376	3급	或者	huòzhě	접	혹은, 또는
0377 ★	4급	获得	huòdé	동	얻다, 취득하다
0378	3급	几乎	jīhū	부	거의
0379	2급	机场	jīchǎng	명	공항
0380	3급	机会	jīhuì	명	기회
0381	2급	鸡蛋	jīdàn	명	달걀, 계란
0382	4급	积极	jījí	형	적극적이다
0383 ★	4급	积累	jīlěi	동	쌓이다, 축적하다
0384	4급	基础	jīchǔ	명	기초
0385	4급	激动	jīdòng	동	감격하다
0386	4급	及时	jíshí	부	곧바로, 즉시
0387	3급	极	jí	부	매우, 아주, 극히
0388	4급	即使	jíshǐ	접	설령 ~하더라도
0389	1급	几	jǐ	수 대	몇
0390 ★	4급	计划	jìhuà	명 계획 / 동 계획하다

✎ 잘 외워지지 않는 단어 써 보기

Day 14

track 0-14 (VOCA)

번호	급	단어	병음	뜻
0391	3급	记得	jìde	동 기억하고 있다
0392	★ 4급	记者	jìzhě	명 기자
0393	★ 4급	技术	jìshù	명 기술
0394	3급	季节	jìjié	명 계절
0395	4급	既然	jìrán	접 ~인 이상
0396	★ 4급	继续	jìxù	동 계속하다
0397	★ 4급	寄	jì	동 (우편으로) 부치다, 보내다
0398	4급	加班	jiābān	동 초과 근무를 하다
0399	4급	加油站	jiāyóuzhàn	명 주유소
0400	1급	家	jiā	명 집
0401	4급	家具	jiājù	명 가구
0402	4급	假	jiǎ	형 거짓의
0403	★ 4급	价格	jiàgé	명 가격
0404	★ 4급	坚持	jiānchí	동 계속 지속하다, 견지하다
0405	★ 3급	检查	jiǎnchá	동 검사하다
0406	★ 4급	减肥	jiǎnféi	동 살을 빼다, 다이어트하다
0407	★ 4급	减少	jiǎnshǎo	동 감소하다, 줄다
0408	3급	简单	jiǎndān	형 간단하다
0409	3급	见面	jiànmiàn	동 만나다
0410	2급	件	jiàn	양 개, 건 [일·사건 등을 세는 단위]
0411	★ 4급	建议	jiànyì	동 (자기의 주장·의견을) 제기하다
0412	★ 3급	健康	jiànkāng	형 건강하다
0413	4급	将来	jiānglái	명 장래, 미래
0414	3급	讲	jiǎng	동 말하다, 이야기하다
0415	4급	奖金	jiǎngjīn	명 상금, 보너스
0416	4급	降低	jiàngdī	동 내리다, 낮추다
0417	★ 4급	降落	jiàngluò	동 착륙하다, 내려오다
0418	4급	交	jiāo	동 사귀다
0419	★ 4급	交流	jiāoliú	동 교류하다, 서로 소통하다
0420	4급	交通	jiāotōng	명 교통

✎ 잘 외워지지 않는 단어 써 보기

Day 15

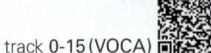 track 0-15 (VOCA)

0421 4급	郊区 jiāoqū	명 교외
0422 4급	骄傲 jiāo'ào	형 거만하다
0423 3급	教 jiāo	동 가르치다
0424 3급	角 jiǎo	양 쟈오 [0.1위안]
0425 4급	饺子 jiǎozi	명 만두
0426 3급	脚 jiǎo	명 발
0427 1급	叫 jiào	동 부르다, 외치다
0428 2급	教室 jiàoshì	명 교실
0429 ★ 4급	教授 jiàoshòu	명 교수
0430 ★ 4급	教育 jiàoyù	명 교육
0431 3급	接 jiē	동 마중하다
0432 ★ 4급	接受 jiēshòu	동 받아들이다, 받다
0433 4급	接着 jiēzhe	부 이어서 동 뒤따르다, 따라가다
0434 3급	街道 jiēdào	명 큰길, 대로, 거리
0435 4급	节 jié	명 기념일
0436 3급	节目 jiémù	명 프로그램
0437 3급	节日 jiérì	명 기념일, 명절
0438 4급	节约 jiéyuē	동 절약하다, 아끼다
0439 ★ 4급	结果 jiéguǒ	명 결과
0440 ★ 3급	结婚 jiéhūn	동 결혼하다
0441 3급	结束 jiéshù	동 끝나다, 마치다
0442 2급	姐姐 jiějie	명 누나, 언니
0443 ★ 3급	解决 jiějué	동 해결하다
0444 4급	解释 jiěshì	동 설명하다
0445 2급	介绍 jièshào	동 소개하다
0446 3급	借 jiè	동 빌리다
0447 1급	今天 jīntiān	명 오늘
0448 4급	尽管 jǐnguǎn	접 비록 ~라 하더라도
0449 ★ 4급	紧张 jǐnzhāng	형 긴장해 있다
0450 2급	进 jìn	동 (밖에서 안으로) 들다

✎ 잘 외워지지 않는 단어 써 보기

Day 16

track 0-16 (VOCA)

No.	급	汉字	병음	품사	뜻
0451	4급	进行	jìnxíng	동	진행하다
0452	2급	近	jìn	형	가깝다
0453	4급	禁止	jìnzhǐ	동	금지하다
0454	4급	京剧	jīngjù	명	경극 [중국의 주요 전통극]
0455	3급	经常	jīngcháng	부	항상, 언제나, 늘
0456	3급	经过	jīngguò	동	지나다, 경유하다 / (활동·사건을) 경험하다, 거치다
0457	4급	经济	jīngjì	명	경제
0458	3급	经理	jīnglǐ	명	사장, 지배인
0459	4급	经历	jīnglì	명	경험, 경력
0460	4급	经验	jīngyàn	명	경험, 체험
0461	4급	精彩	jīngcǎi	형	뛰어나다, 훌륭하다
0462		景色	jǐngsè	명	풍경, 경치
0463	4급	警察	jǐngchá	명	경찰
0464	4급	竞争	jìngzhēng	동	경쟁하다
0465	4급	竟然	jìngrán	부	뜻밖에도, 의외로
0466	4급	镜子	jìngzi	명	거울
0467	4급	究竟	jiūjìng	부	도대체
0468	1급	九	jiǔ	수	9, 아홉
0469	3급	久	jiǔ	형	오래다, 시간이 길다
0470	3급	旧	jiù	형	낡다, 오래되다
0471	2급	就	jiù	부	곧, 즉시, 바로 / 부 이미, 벌써 / 부 오직, 단지, 다만, 오로지
0472	4급	举	jǔ	동	들다, 들어올리다
0473	4급	举办	jǔbàn	동	개최하다, 열다
0474	4급	举行	jǔxíng	동	개최하다, 거행하다
0475	3급	句子	jùzi	명	문장
0476	4급	拒绝	jùjué	동	거절하다, 거부하다
0477	4급	距离	jùlí	명	거리 / 동 (~로부터) 떨어지다
0478	4급	聚会	jùhuì	명	모임
0479	3급	决定	juédìng	동	결정하다
0480	2급	觉得	juéde	동	~라고 느끼다, 생각하다

✏️ 잘 외워지지 않는 단어 써 보기

Day 17

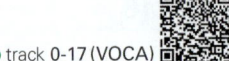
track 0-17 (VOCA)

0481 2급	咖啡 kāfēi	몡 커피		0496 4급	可怜 kělián	휑 불쌍하다, 가련하다
0482 1급	开 kāi	동 열다, 켜다 동 (합쳐진 것이) 벌어지다, (꽃이) 피다 동 운전하다, 조종하다		0497 2급	可能 kěnéng	뷔 아마 (~일지도 모른다)
0483 2급	开始 kāishǐ	동 시작하다 명 시작, 처음		0498 4급	可是 kěshì	젭 그러나
★ 0484 4급	开玩笑 kāi wánxiào	동 농담하다, 웃기다		0499 4급	可惜 kěxī	휑 섭섭하다, 아쉽다
★ 0485 4급	开心 kāixīn	휑 기쁘다, 즐겁다		0500 2급	可以 kěyǐ	조동 ~할 수 있다 조동 ~해도 된다
0486 1급	看 kàn	동 보다		0501 3급	渴 kě	휑 목마르다
★ 0487 4급	看法 kànfǎ	명 견해		0502 3급	刻 kè	양 때, 순간 양 15분
0488 1급	看见 kànjiàn	동 보다, 보이다		0503 3급	客人 kèrén	명 손님
★ 0489 4급	考虑 kǎolǜ	동 고려하다, 생각하다		★ 0504 4급	客厅 kètīng	명 거실, 객실
0490 2급	考试 kǎoshì	명 시험		0505 2급	课 kè	명 수업, 강의
★ 0491 4급	烤鸭 kǎoyā	명 오리구이		0506 4급	肯定 kěndìng	뷔 확실히, 틀림없이 휑 확실하다, 분명하다, 명확하다
★ 0492 4급	科学 kēxué	휑 과학적이다 명 과학		0507 4급	空 kōng	휑 (속이) 비다
0493 4급	棵 kē	양 그루, 포기 [식물을 세는 단위]		★ 0508 4급	空气 kōngqì	명 공기
★ 0494 4급	咳嗽 késou	동 기침하다		★ 0509 3급	空调 kōngtiáo	명 에어컨
0495 3급	可爱 kě'ài	휑 귀엽다, 사랑스럽다		0510 4급	恐怕 kǒngpà	뷔 아마 ~일 것이다

✎ 잘 외워지지 않는 단어 써 보기

Day 18

● track 0-18 (VOCA)

0511 3급	口 kǒu	명 입, 모금, 마디 양 식구 [가족 구성원을 세는 단위]		0526 4급	来不及 láibují	동 (시간이 촉박하여) ~할 수 없다, 겨를이 없다
0512 3급	哭 kū	동 (소리 내어) 울다		0527 4급	来得及 láidejí	동 (시간에) 이를 수 있다, 늦지 않다
0513 4급	苦 kǔ	형 (맛이) 쓰다		0528 4급	来自 láizì	동 ~(로)부터 오다
0514 3급	裤子 kùzi	명 바지		0529 3급	蓝 lán	형 파랗다
0515 1급	块 kuài	양 조각, 장 [조각·덩이·납작한 물건을 세는 단위]		0530 4급	懒 lǎn	형 게으르다
0516 2급	快 kuài	형 빠르다		0531 4급	浪费 làngfèi	동 낭비하다
0517 2급	快乐 kuàilè	형 즐겁다		0532 4급	浪漫 làngmàn	형 낭만적이다
0518 3급	筷子 kuàizi	명 젓가락		0533 3급	老 lǎo	형 늙다 형 오래되다
0519 4급	矿泉水 kuàngquánshuǐ	명 생수		0534 4급	老虎 lǎohǔ	명 호랑이
0520 4급	困 kùn	동 졸리다		0535 1급	老师 lǎoshī	명 선생님
0521 4급	困难 kùnnan	명 어려움		0536 1급	了 le	조 [동사 또는 형용사 뒤에 쓰여 동작의 완성을 나타냄]
0522 4급	垃圾桶 lājītǒng	명 쓰레기통		0537 2급	累 lèi	형 피곤하다
0523 4급	拉 lā	동 당기다, 끌다		0538 1급	冷 lěng	형 춥다
0524 4급	辣 là	형 맵다		0539 4급	冷静 lěngjìng	형 냉정하다, 침착하다
0525 1급	来 lái	동 오다		0540 2급	离 lí	개 ~에서, ~로부터

✎ 잘 외워지지 않는 단어 써 보기

Day 19

 track 0-19 (VOCA)

0541 3급 ★	离开 líkāi	동 떠나다
0542 4급 ★	礼拜天 lǐbàitiān	명 일요일
0543 4급 ★	礼貌 lǐmào	형 예의 바르다 명 예의
0544 3급	礼物 lǐwù	명 선물
0545 1급	里 lǐ	명 내부, 안쪽
0546 4급	理发 lǐfà	동 이발하다, 머리를 깎다
0547 4급 ★	理解 lǐjiě	동 이해하다
0548 4급	理想 lǐxiǎng	명 꿈, 이상 형 이상적이다
0549 4급	力气 lìqi	명 힘
0550 3급 ★	历史 lìshǐ	명 역사
0551 4급 ★	厉害 lìhai	형 무섭다 형 심각하다, 지독하다
0552 4급	例如 lìrú	동 예를 들다
0553 4급 ★	俩 liǎ	수량 두 사람
0554 4급	连 lián	부 계속해서 개 ~조차도
0555 4급 ★	联系 liánxì	동 연락하다
0556 3급	脸 liǎn	명 얼굴
0557 3급 ★	练习 liànxí	동 연습하다
0558 4급 ★	凉快 liángkuai	형 시원하다, 상쾌하다
0559 2급	两 liǎng	수 2, 둘
0560 3급 ★	辆 liàng	양 대, 량 [차량을 세는 단위]
0561 3급 ★	聊天 liáotiān	동 잡담을 하다
0562 3급 ★	了解 liǎojiě	동 자세히 알다, 이해하다
0563 3급	邻居 línjū	명 이웃
0564 2급	零 líng	수 0, 영
0565 4급	零钱 língqián	명 잔돈
0566 4급	另外 lìngwài	대 그밖에, 게다가
0567 4급	留 liú	동 남다, 머무르다
0568 3급 ★	留学 liúxué	동 유학하다
0569 4급 ★	流利 liúlì	형 (말·문장이) 유창하다
0570 4급 ★	流行 liúxíng	동 유행하다

✏️ 잘 외워지지 않는 단어 써 보기

Day 20

0571 1급	六 liù	㊞ 6, 여섯
0572 3급	楼 lóu	명 건물, 빌딩 양 층
0573 2급	路 lù	명 도로, 길
★ 0574 4급	旅行 lǚxíng	동 여행하다
0575 2급	旅游 lǚyóu	동 여행하다
★ 0576 4급	律师 lǜshī	명 변호사
0577 3급	绿 lǜ	형 녹색의
0578 4급	乱 luàn	형 어지럽다
0579 1급	妈妈 māma	명 엄마
★ 0580 4급	麻烦 máfan	형 귀찮다 동 폐를 끼치다
0581 3급	马 mǎ	명 말
0582 4급	马虎 mǎhu	형 부주의하다, 조심성 없다, 소홀하다
0583 3급	马上 mǎshàng	부 곧, 바로, 즉시
0584 1급	吗 ma	조 [문장 끝에 쓰여 의문의 어기를 나타냄]
0585 1급	买 mǎi	동 사다, 구입하다
0586 2급	卖 mài	동 팔다, 판매하다
0587 4급	满 mǎn	형 가득하다
★ 0588 3급	满意 mǎnyì	형 만족하다
0589 2급	慢 màn	형 느리다
0590 2급	忙 máng	형 바쁘다, 분주하다 동 (어떤 일을) 서두르다, 바쁘게 하다
0591 1급	猫 māo	명 고양이
0592 4급	毛 máo	명 털
0593 4급	毛巾 máojīn	명 수건
★ 0594 3급	帽子 màozi	명 모자
0595 1급	没关系 méi guānxi	괜찮다, 문제없다
0596 1급	没有 méiyǒu	동 없다 부 ~않다
0597 2급	每 měi	대 매, 각
★ 0598 4급	美丽 měilì	형 아름답다
0599 2급	妹妹 mèimei	명 여동생
0600 2급	门 mén	명 문 양 가지, 과목 [학문·기술 등을 세는 데 쓰임]

✎ 잘 외워지지 않는 단어 써 보기

Day 21

0601 4급	梦 mèng	명 꿈 동 꿈을 꾸다
0602 4급	迷路 mílù	동 길을 잃다
0603 3급	米 mǐ	명 쌀
0604 1급	米饭 mǐfàn	명 밥
★ 0605 4급	密码 mìmǎ	명 비밀번호
★ 0606 4급	免费 miǎnfèi	동 무료로 하다
0607 3급	面包 miànbāo	명 빵
0608 2급	面条 miàntiáo	명 국수
0609 4급	秒 miǎo	양 초
0610 4급	民族 mínzú	명 민족
0611 1급	名字 míngzi	명 이름
0612 3급	明白 míngbai	동 이해하다, 알다
0613 1급	明天 míngtiān	명 내일
0614 4급	母亲 mǔqīn	명 어머니
0615 4급	目的 mùdì	명 목적
0616 3급	拿 ná	동 잡다, 들다
0617 1급	哪 nǎ	대 어느, 어떤
0618 1급	哪儿 nǎr	대 어디
0619 1급	那 nà	대 그, 저
0620 3급	奶奶 nǎinai	명 할머니
0621 4급	耐心 nàixīn	명 인내심, 참을성
0622 2급	男 nán	명 남자
0623 3급	南 nán	명 남, 남쪽
0624 3급	难 nán	형 어렵다
0625 4급	难道 nándào	부 설마 ~란 말인가?
★ 0626 3급	难过 nánguò	형 괴롭다
0627 4급	难受 nánshòu	형 견딜 수 없다 형 괴롭다, 상심하다
0628 1급	呢 ne	조 [의문문 끝에 쓰여 강조를 나타냄]
0629 4급	内 nèi	명 안, 안쪽
★ 0630 4급	内容 nèiróng	명 내용

✎ 잘 외워지지 않는 단어 써 보기

Day 22

track 0-22 (VOCA)

0631 1급	能 néng	조동 ~할 수 있다 / 조동 ~해도 된다
0632 ★ 4급	能力 nénglì	명 능력
0633 1급	你 nǐ	대 너, 당신
0634 1급	年 nián	명 년
0635 3급	年级 niánjí	명 학년
0636 4급	年龄 niánlíng	명 연령, 나이
0637 ★ 3급	年轻 niánqīng	형 젊다, 어리다
0638 3급	鸟 niǎo	명 새
0639 2급	您 nín	대 당신
0640 2급	牛奶 niúnǎi	명 우유
0641 4급	弄 nòng	동 하다
0642 ★ 3급	努力 nǔlì	동 노력하다, 열심히 하다
0643 2급	女 nǚ	명 여자, 여성
0644 1급	女儿 nǚ'ér	명 딸
0645 ★ 4급	暖和 nuǎnhuo	형 따뜻하다
0646 ★ 4급	偶尔 ǒu'ěr	부 가끔, 때때로
0647 3급	爬山 pá shān	동 등산하다
0648 ★ 4급	排队 páiduì	동 줄을 서다
0649 4급	排列 páiliè	동 배열하다, 정렬하다
0650 3급	盘子 pánzi	명 쟁반
0651 ★ 4급	判断 pànduàn	동 판단하다 명 판단
0652 2급	旁边 pángbiān	명 옆, 곁
0653 3급	胖 pàng	형 살찌다, 뚱뚱하다
0654 2급	跑步 pǎobù	동 달리다
0655 ★ 4급	陪 péi	동 동반하다
0656 1급	朋友 péngyou	명 친구
0657 ★ 4급	批评 pīpíng	동 꾸짖다, 비판하다
0658 4급	皮肤 pífū	명 피부
0659 ★ 3급	皮鞋 píxié	명 구두
0660 ★ 3급	啤酒 píjiǔ	명 맥주

✎ 잘 외워지지 않는 단어 써 보기

Day 23

 track 0-23 (VOCA)

0661 (4급)	脾气	píqi	몡 성격
0662 (4급)	篇	piān	양 편, 장 [문장을 세는 단위]
0663 (2급)	便宜	piányi	형 (값이) 싸다, 저렴하다
0664 (4급)	骗	piàn	동 속이다
0665 (2급)	票	piào	명 표
0666 (1급)	漂亮	piàoliang	형 예쁘다
★ 0667 (4급)	乒乓球	pīngpāngqiú	명 탁구
0668 (4급)	平时	píngshí	명 평소, 평상시
0669 (1급)	苹果	píngguǒ	명 사과
0670 (3급)	瓶子	píngzi	명 병
0671 (4급)	破	pò	동 찢어지다, 망가지다
0672 (4급)	葡萄	pútao	명 포도
★ 0673 (4급)	普遍	pǔbiàn	형 보편적이다
★ 0674 (4급)	普通话	pǔtōnghuà	명 현대 표준 중국어
0675 (1급)	七	qī	수 7, 일곱
0676 (2급)	妻子	qīzi	명 아내
0677 (4급)	其次	qícì	대 다음, 그 다음
0678 (3급)	其实	qíshí	부 사실
0679 (3급)	其他	qítā	대 기타, 그 밖, 그 외
0680 (4급)	其中	qízhōng	대 그중, 그 안
0681 (3급)	奇怪	qíguài	형 기이하다, 이상하다
★ 0682 (3급)	骑	qí	동 (동물·자전거 등에) 타다
0683 (2급)	起床	qǐchuáng	동 (잠자리에서) 일어나다
★ 0684 (3급)	起飞	qǐfēi	동 이륙하다
0685 (3급)	起来	qǐlai	동 (잠자리에서) 일어나다 / 동 [(동사 뒤에 쓰여) 어림 짐작하거나 어떤 일에 대한 견해를 나타냄]
★ 0686 (4급)	气候	qìhòu	명 기후
0687 (2급)	千	qiān	수 1000, 천
0688 (4급)	千万	qiānwàn	부 필히, 반드시, 꼭
0689 (2급)	铅笔	qiānbǐ	명 연필
★ 0690 (4급)	签证	qiānzhèng	명 비자, 사증

✎ 잘 외워지지 않는 단어 써 보기

Day 24

0691 1급	前面 qiánmiàn	몡 앞쪽
0692 1급	钱 qián	몡 돈
0693 4급	敲 qiāo	동 두드리다, 치다
0694 4급	桥 qiáo	몡 다리, 교량
0695 ★ 4급	巧克力 qiǎokèlì	몡 초콜릿
0696 ★ 4급	亲戚 qīnqi	몡 친척
0697 ★ 4급	轻 qīng	형 (무게나 비중이) 작다, 가볍다
0698 4급	轻松 qīngsōng	형 수월하다, 부담이 없다
0699 ★ 3급	清楚 qīngchu	동 알다, 이해하다
0700 ★ 4급	情况 qíngkuàng	몡 상황
0701 2급	晴 qíng	형 하늘이 맑다
0702 1급	请 qǐng	동 부탁하다
0703 ★ 3급	请假 qǐngjià	동 휴가를 내다, 휴가를 신청하다
0704 4급	穷 qióng	형 가난하다
0705 3급	秋 qiū	몡 가을
0706 4급	区别 qūbié	몡 구별, 차이
0707 4급	取 qǔ	동 가지다, 찾다
0708 1급	去 qù	동 가다
0709 2급	去年 qùnián	몡 작년, 지난해
0710 4급	全部 quánbù	몡 전부, 전체
0711 ★ 4급	缺点 quēdiǎn	몡 결점, 단점
0712 ★ 4급	缺少 quēshǎo	동 (인원이나 물건의 수량이) 부족하다, 모자라다
0713 4급	却 què	도리어
0714 4급	确实 quèshí	부 틀림없이, 확실히
0715 3급	裙子 qúnzi	몡 치마
0716 4급	然而 rán'ér	접 그러나, 하지만
0717 3급	然后 ránhòu	접 그런 후에, 그다음에
0718 2급	让 ràng	동 ~하게 하다
0719 1급	热 rè	형 뜨겁다, 덥다
0720 ★ 4급	热闹 rènao	형 시끌벅적하다

✏️ 잘 외워지지 않는 단어 써 보기

Day 25

 track 0-25 (VOCA)

0721 ★ 3급	热情 rèqíng	형 친절하다
0722 1급	人 rén	명 사람, 인간
0723 1급	认识 rènshi	동 알다
0724 3급	认为 rènwéi	동 여기다, 생각하다
0725 ★ 3급	认真 rènzhēn	형 진지하다, 성실하다
0726 4급	任何 rènhé	대 어떠한, 어느
0727 4급	任务 rènwu	명 임무
0728 ★ 4급	扔 rēng	동 던지다
0729 4급	仍然 réngrán	부 변함없이, 여전히
0730 2급	日 rì	명 (특정한) 날, 일
0731 4급	日记 rìjì	명 일기
0732 ★ 3급	容易 róngyì	형 쉽다 형 ~하기 쉽다
0733 3급	如果 rúguǒ	접 만약, 만일
0734 4급	入口 rùkǒu	명 입구
0735 1급	三 sān	수 3, 셋
0736 3급	伞 sǎn	명 우산
0737 ★ 4급	散步 sànbù	동 산책하다
0738 4급	森林 sēnlín	명 숲
0739 ★ 4급	沙发 shāfā	명 소파
0740 ★ 4급	伤心 shāngxīn	형 상심하다, 슬퍼하다
0741 1급	商店 shāngdiàn	명 상점, 가게
0742 4급	商量 shāngliang	동 상의하다, 의논하다
0743 1급	上 shàng	명 위 동 ~위로 향하다 [동사 뒤에 쓰여, 낮은 곳으로부터 위로 향하는 것을 나타냄]
0744 2급	上班 shàngbān	동 출근하다
0745 ★ 3급	上网 shàngwǎng	동 인터넷하다
0746 1급	上午 shàngwǔ	명 오전
0747 4급	稍微 shāowēi	부 조금, 약간
0748 4급	勺子 sháozi	명 숟가락, (조금 큰) 국자, 주걱
0749 1급	少 shǎo	형 적다
0750 ★ 4급	社会 shèhuì	명 사회

✎ 잘 외워지지 않는 단어 써 보기

Day 26

0751 1급	谁 shéi	대 누구
0752 ★ 4급	申请 shēnqǐng	동 신청하다
0753 2급	身体 shēntǐ	명 몸, 신체
0754 4급	深 shēn	형 깊다 형 (색깔이) 짙다
0755 1급	什么 shénme	대 어느
0756 4급	甚至 shènzhì	부 ~까지도, ~조차도
0757 2급	生病 shēngbìng	동 병이 나다
0758 ★ 4급	生活 shēnghuó	명 생활
0759 4급	生命 shēngmìng	명 생명
0760 ★ 3급	生气 shēngqì	동 화내다
0761 2급	生日 shēngrì	명 생일
0762 4급	生意 shēngyi	명 장사, 사업
0763 3급	声音 shēngyīn	명 소리, 목소리
0764 4급	省 shěng	동 아끼다, 절약하다
0765 4급	剩 shèng	동 남다, 남기다
0766 ★ 4급	失败 shībài	동 실패하다
0767 4급	失望 shīwàng	동 실망하다
0768 ★ 4급	师傅 shīfu	명 기사, 스승, 선생
0769 1급	十 shí	수 10, 열
0770 4급	十分 shífēn	부 매우, 아주
0771 1급	时候 shíhou	명 때, 시각
0772 2급	时间 shíjiān	명 시간
0773 4급	实际 shíjì	명 실제
0774 4급	实在 shízai/shízài	형 (shízai) 성실하다 부 (shízài) 정말, 확실히, 참으로
0775 4급	使 shǐ	동 ~하게 하다
0776 ★ 4급	使用 shǐyòng	동 사용하다
0777 4급	世纪 shìjì	명 세기
0778 ★ 3급	世界 shìjiè	명 세계
0779 2급	事情 shìqing	명 일, 사건
0780 3급	试 shì	동 시험 삼아 해 보다

✎ 잘 외워지지 않는 단어 써 보기

Day 27

track 0-27 (VOCA)

번호	급	단어	병음	뜻
0781	1급	是	shì	동 ~이다
0782	4급	是否	shìfǒu	~인지 아닌지
0783	★ 4급	适合	shìhé	동 알맞다, 적절하다, 적합하다
0784	★ 4급	适应	shìyìng	동 적응하다, 적합하다, 적당하다
0785	4급	收	shōu	동 받다, 접수하다
0786	4급	收入	shōurù	명 수입
0787	★ 4급	收拾	shōushi	동 정리하다
0788	2급	手表	shǒubiǎo	명 손목시계
0789	2급	手机	shǒujī	명 휴대폰
0790	★ 4급	首都	shǒudū	명 수도
0791	4급	首先	shǒuxiān	부 맨 처음, 우선
0792	4급	受不了	shòubuliǎo	견딜 수 없다
0793	★ 4급	受到	shòudào	동 ~를 받다
0794	4급	售货员	shòuhuòyuán	명 점원, 판매원
0795	★ 3급	瘦	shòu	형 마르다, 여위다
0796	1급	书	shū	명 책
0797	3급	叔叔	shūshu	명 삼촌
0798	★ 3급	舒服	shūfu	형 (몸·마음이) 편안하다
0799	4급	输	shū	동 지다
0800	★ 4급	熟悉	shúxī	형 잘 알다, 익숙하다
0801	3급	树	shù	명 나무
0802	4급	数量	shùliàng	명 수량, 양
0803	3급	数学	shùxué	명 수학
0804	4급	数字	shùzì	명 숫자 명 디지털형
0805	3급	刷牙	shuāyá	동 이를 닦다
0806	4급	帅	shuài	형 잘생기다
0807	★ 3급	双	shuāng	양 짝, 켤레
0808	1급	水	shuǐ	명 물
0809	1급	水果	shuǐguǒ	명 과일
0810	★ 3급	水平	shuǐpíng	명 수준

✎ 잘 외워지지 않는 단어 써 보기

Day 28

0811 1급	睡觉 shuìjiào	동 잠을 자다
0812 4급	顺便 shùnbiàn	부 ~하는 김에
0813 ★ 4급	顺利 shùnlì	형 순조롭다
0814 4급	顺序 shùnxù	명 순서
0815 1급	说 shuō	동 말하다
0816 2급	说话 shuōhuà	동 말하다, 이야기하다
0817 ★ 4급	说明 shuōmíng	동 설명하다
0818 4급	硕士 shuòshì	명 석사
0819 ★ 3급	司机 sījī	명 (자동차·전차·기차 등의) 운전사, 기관사
0820 4급	死 sǐ	형 ~해 죽겠다 [보어로 쓰임] 동 (생물이) 죽다
0821 1급	四 sì	수 4, 넷
0822 2급	送 sòng	동 배웅하다, 동 선물하다
0823 ★ 4급	速度 sùdù	명 속도
0824 4급	塑料袋 sùliàodài	명 비닐봉지
0825 ★ 4급	酸 suān	형 (맛·냄새 등이) 시다, 시큼하다
0826 2급	虽然A但是B suīrán A dànshì B	비록 A하지만, 그러나 B하다
0827 4급	随便 suíbiàn	부 마음대로, 그냥 편한 대로 형 무책임하다
0828 4급	随着 suízhe	개 ~따라서
0829 1급	岁 suì	양 살, 세 [나이를 세는 단위]
0830 ★ 4급	孙子 sūnzi	명 손자
0831 4급	所有 suǒyǒu	형 모든, 전부의
0832 1급	他 tā	대 그, 그 사람
0833 2급	它 tā	대 그, 그것
0834 1급	她 tā	대 그녀, 그 여자
0835 ★ 4급	台 tái	양 대 [기계·차량·설비 등을 세는 단위]
0836 ★ 4급	抬 tái	동 (두 사람 이상이) 쳐들다, 들어올리다
0837 1급	太 tài	부 너무, 매우
0838 3급	太阳 tàiyáng	명 태양
0839 ★ 4급	态度 tàidu	명 태도
0840 ★ 4급	谈 tán	동 말하다, 이야기하다

✎ 잘 외워지지 않는 단어 써 보기

Day 29

0841 ★ 4급	弹钢琴 tán gāngqín	피아노를 치다
0842 4급	汤 tāng	명 국, 탕
0843 4급	糖 táng	명 사탕
0844 ★ 4급	躺 tǎng	동 눕다
0845 ★ 4급	趟 tàng	양 차례, 번
0846 4급	讨论 tǎolùn	동 토론하다
0847 4급	讨厌 tǎoyàn	동 싫다
0848 3급	特别 tèbié	부 매우, 아주 / 부 특히
0849 4급	特点 tèdiǎn	명 특징, 특색
0850 3급	疼 téng	형 아프다
0851 2급	踢足球 tī zúqiú	축구를 하다
0852 4급	提 tí	동 제시하다
0853 ★ 3급	提高 tígāo	동 (위치·수준·질·수량 등을) 제고하다, 높이다
0854 ★ 4급	提供 tígōng	동 제공하다
0855 ★ 4급	提前 tíqián	동 (예정된 시간·위치를) 앞당기다
0856 ★ 4급	提醒 tíxǐng	동 일깨우다
0857 2급	题 tí	명 문제
0858 3급	体育 tǐyù	명 체육
0859 1급	天气 tiānqì	명 날씨
0860 3급	甜 tián	형 달다
0861 4급	填空 tiánkòng	동 빈칸에 써넣다
0862 3급	条 tiáo	양 벌 [바지·치마를 세는 단위] / 양 [가늘고 긴 것을 세는 단위]
0863 ★ 4급	条件 tiáojiàn	명 조건
0864 2급	跳舞 tiàowǔ	동 춤을 추다
0865 1급	听 tīng	동 듣다
0866 4급	停 tíng	동 정지하다, 멈추다 / 동 세우다
0867 4급	挺 tǐng	부 매우, 아주
0868 4급	通过 tōngguò	개 ~를 통해 / 동 통과하다 / 동 (한쪽에서 다른 한쪽으로) 건너가다
0869 ★ 4급	通知 tōngzhī	동 알리다 / 명 통지
0870 4급	同情 tóngqíng	동 동정하다, 공감하다

✏️ 잘 외워지지 않는 단어 써 보기

Day 30

 track 0-30 (VOCA)

0871	4급	同时	tóngshí	명 동시, 같은 시간 / 접 또한
★ 0872	3급	同事	tóngshì	명 동료
0873	1급	同学	tóngxué	명 학교 친구, 동급생
★ 0874	3급	同意	tóngyì	동 동의하다
0875	3급	头发	tóufa	명 머리카락
0876	3급	突然	tūrán	부 갑자기 / 형 갑작스럽다
★ 0877	3급	图书馆	túshūguǎn	명 도서관
0878	4급	推	tuī	동 밀다
★ 0879	4급	推迟	tuīchí	동 미루다, 연기하다
0880	3급	腿	tuǐ	명 다리
★ 0881	4급	脱	tuō	동 벗다
★ 0882	4급	袜子	wàzi	명 양말
0883	2급	外	wài	명 밖, 바깥
0884	2급	完	wán	동 마치다, 끝내다, 완성하다
★ 0885	3급	完成	wánchéng	동 (예정대로) 끝내다, 완성하다
★ 0886	4급	完全	wánquán	부 완전히, 전적으로
0887	2급	玩	wán	동 놀다
0888	2급	晚上	wǎnshang	명 저녁
0889	3급	碗	wǎn	양 그릇 / 명 공기, 사발
0890	3급	万	wàn	수 10000, 만
0891	4급	网球	wǎngqiú	명 테니스
0892	4급	网站	wǎngzhàn	명 웹사이트
0893	2급	往	wǎng	개 ~쪽으로
0894	4급	往往	wǎngwǎng	부 자주, 종종
0895	3급	忘记	wàngjì	동 잊어버리다, 까먹다
★ 0896	4급	危险	wēixiǎn	형 위험하다
0897	4급	卫生间	wèishēngjiān	명 화장실
0898	3급	为	wèi	개 ~를 위하여
0899	3급	为了	wèile	개 ~를 하기 위하여
0900	2급	为什么	wèi shénme	대 왜

✏️ 잘 외워지지 않는 단어 써 보기

Day 31

0901 3급	位 wèi	양 분, 명 [공경의 뜻을 내포함]
0902 ★ 4급	味道 wèidao	명 맛
0903 1급	喂 wéi	감 (전화상에서) 여보세요
0904 ★ 4급	温度 wēndù	명 온도
0905 ★ 3급	文化 wénhuà	명 문화
0906 ★ 4급	文章 wénzhāng	명 (독립된 한 편의) 글, 문장
0907 2급	问 wèn	동 묻다, 여쭙다, 질문하다
0908 2급	问题 wèntí	명 문제
0909 1급	我 wǒ	대 나
0910 1급	我们 wǒmen	대 우리
0911 ★ 4급	污染 wūrǎn	동 오염시키다
0912 4급	无 wú	동 없다
0913 4급	无聊 wúliáo	형 무료하다, 지루하다
0914 4급	无论 wúlùn	접 ~에도 불구하고, ~도 상관없이
0915 1급	五 wǔ	명 5, 다섯
0916 ★ 4급	误会 wùhuì	명 오해
0917 3급	西 xī	명 서쪽
0918 2급	西瓜 xīguā	명 수박
0919 ★ 4급	西红柿 xīhóngshì	명 토마토
0920 ★ 4급	吸引 xīyǐn	동 매료시키다, 유인하다, 끌어당기다
0921 2급	希望 xīwàng	동 바라다, 희망하다 명 희망
0922 ★ 3급	习惯 xíguàn	동 익숙해지다 명 습관
0923 2급	洗 xǐ	동 씻다
0924 3급	洗手间 xǐshǒujiān	명 화장실
0925 ★ 3급	洗澡 xǐzǎo	동 목욕하다
0926 1급	喜欢 xǐhuan	동 좋아하다
0927 1급	下 xià	명 아래 명 다음, 나중
0928 1급	下午 xiàwǔ	명 오후
0929 1급	下雨 xiàyǔ	동 비가 오다
0930 3급	夏 xià	명 여름

✎ 잘 외워지지 않는 단어 써 보기

Day 32

0931 3급	先 xiān	부 먼저, 우선
0932 1급	先生 xiānsheng	명 선생, 씨 [성인 남성에 대한 경칭]
0933 4급	咸 xián	형 짜다
0934 4급	现金 xiànjīn	명 현금
0935 1급	现在 xiànzài	명 지금, 현재
0936 4급	羡慕 xiànmù	동 부러워하다
0937 4급	相反 xiāngfǎn	접 반대로 동 반대되다
0938 4급	相同 xiāngtóng	형 서로 같다
0939 ★ 3급	相信 xiāngxìn	동 믿다, 신뢰하다
0940 4급	香 xiāng	형 향기롭다 형 (잠이) 달콤하다 형 (음식이) 맛있다
0941 ★ 3급	香蕉 xiāngjiāo	명 바나나
0942 4급	详细 xiángxì	형 상세하다, 자세하다
0943 4급	响 xiǎng	동 울리다 형 소리가 크다
0944 1급	想 xiǎng	조동 ~하고 싶다 동 생각하다
0945 3급	向 xiàng	개 ~에게
0946 3급	像 xiàng	동 닮다 동 ~와 같다
0947 4급	橡皮 xiàngpí	명 지우개
0948 ★ 4급	消息 xiāoxi	명 소식
0949 1급	小 xiǎo	형 작다
0950 4급	小吃 xiǎochī	명 간식
0951 4급	小伙子 xiǎohuǒzi	명 젊은이, 청년
0952 1급	小姐 xiǎojiě	명 아가씨
0953 2급	小时 xiǎoshí	명 시간
0954 ★ 4급	小说 xiǎoshuō	명 소설
0955 3급	小心 xiǎoxīn	동 조심하다
0956 3급	校长 xiàozhǎng	명 학교장
0957 2급	笑 xiào	동 웃다
0958 4급	笑话 xiàohua	명 우스갯소리, 농담
0959 ★ 4급	效果 xiàoguǒ	명 효과
0960 1급	些 xiē	양 조금, 약간

잘 외워지지 않는 단어 써 보기

Day 33

track 0-33 (VOCA)

0961	1급	写	xiě	동 (글씨를) 쓰다, 적다
0962	1급	谢谢	xièxie	동 고맙다, 감사하다
0963 ★	4급	心情	xīnqíng	명 감정, 기분
0964	4급	辛苦	xīnkǔ	형 고생하다, 수고스럽다
0965	2급	新	xīn	부 새로이 / 형 새것의, 사용하지 않은
0966	3급	新闻	xīnwén	명 신문, 뉴스
0967 ★	3급	新鲜	xīnxiān	형 신선하다
0968	4급	信封	xìnfēng	명 편지 봉투
0969 ★	4급	信息	xìnxī	명 정보
0970	4급	信心	xìnxīn	명 자신(감), 확신
0971	3급	信用卡	xìnyòngkǎ	명 신용카드
0972 ★	4급	兴奋	xīngfèn	형 흥분하다
0973	1급	星期	xīngqī	명 주, 주일
0974	4급	行	xíng	형 괜찮다 / 동 가다
0975 ★	3급	行李箱	xínglǐxiāng	명 캐리어, 여행용 가방
0976 ★	4급	醒	xǐng	동 잠에서 깨다
0977 ★	4급	幸福	xìngfú	동 행복하다
0978	4급	性别	xìngbié	명 성별
0979 ★	4급	性格	xìnggé	명 성격
0980	2급	姓	xìng	동 성이 ~이다
0981	3급	熊猫	xióngmāo	명 판다
0982	2급	休息	xiūxi	동 쉬다, 휴식하다
0983	4급	修理	xiūlǐ	동 고치다, 수리하다
0984	3급	需要	xūyào	동 필요로 하다, 요구되다
0985	4급	许多	xǔduō	수 매우 많다
0986 ★	3급	选择	xuǎnzé	동 고르다, 선택하다
0987	4급	学期	xuéqī	명 학기
0988	1급	学生	xuésheng	명 학생
0989	1급	学习	xuéxí	동 학습하다
0990	1급	学校	xuéxiào	명 학교

✏️ 잘 외워지지 않는 단어 써 보기

Day 34

0991 2급	雪 xuě	명 눈
★ 0992 4급	压力 yālì	명 스트레스, 압력
0993 4급	牙膏 yágāo	명 치약
0994 4급	亚洲 Yàzhōu	고유 아시아
0995 4급	呀 ya	감 [놀람이나 경이로움 또는 의문 등을 나타냄]
0996 4급	严格 yángé	형 엄격하다
0997 4급	严重 yánzhòng	형 심각하다, (정도가) 매우 심하다
★ 0998 4급	研究 yánjiū	명 연구 동 연구하다
0999 4급	盐 yán	명 소금
1000 2급	颜色 yánsè	명 색, 색깔
1001 2급	眼睛 yǎnjing	명 눈
1002 4급	眼镜 yǎnjìng	명 안경
1003 4급	演出 yǎnchū	명 공연
1004 4급	演员 yǎnyuán	명 배우
1005 2급	羊肉 yángròu	명 양고기
1006 4급	阳光 yángguāng	명 햇빛
★ 1007 4급	养成 yǎngchéng	동 습관이 되다, 길러지다
1008 4급	样子 yàngzi	명 모양, 스타일, 디자인 명 (사람의) 모양, 모습
1009 3급	要求 yāoqiú	명 요구, 요망
1010 4급	邀请 yāoqǐng	동 초청하다, 초대하다
1011 2급	药 yào	명 약
1012 2급	要 yào	조동 ~할 것이다 조동 ~하려고 하다 조동 ~해야 한다 동 걸리다, 들다
1013 4급	要是 yàoshi	접 만약
★ 1014 4급	钥匙 yàoshi	명 열쇠
1015 3급	爷爷 yéye	명 할아버지
1016 2급	也 yě	부 ~도 또한, ~도 역시
1017 4급	也许 yěxǔ	부 어쩌면, 아마
1018 4급	叶子 yèzi	명 (식물의) 잎, 잎사귀
1019 4급	页 yè	양 면, 쪽 [페이지를 셀 때 쓰임]
1020 1급	一 yī	수 1, 하나 수 첫째, 첫 번째

✎ 잘 외워지지 않는 단어 써 보기

Day 35

● track 0-35 (VOCA)

1021	3급	一般	yìbān	형 보통이다, 일반적이다
1022	3급	一边	yìbiān	부 ~하면서 ~하다
1023	1급	一点儿	yìdiǎnr	수량 약간, 좀 수량 조금도, 전혀
1024	3급	一定	yídìng	부 반드시, 꼭
1025	3급	一共	yígòng	부 모두, 전부
1026	3급	一会儿	yíhuìr	명 곧 명 잠시
1027	2급	一起	yìqǐ	부 함께, 같이
1028	4급	一切	yíqiè	대 일체, 전부 형 모든, 온갖
1029	2급	一下	yíxià	수량 [동사 뒤에 쓰여 '시험 삼아 해 보다' 또는 '좀 ~하다'의 뜻을 나타냄]
1030	3급	一样	yíyàng	형 같다, 동일하다
1031	3급	一直	yìzhí	부 계속, 줄곧
1032	1급	衣服	yīfu	명 옷, 의복
1033	1급	医生	yīshēng	명 의사
1034	1급	医院	yīyuàn	명 병원
1035	2급	已经	yǐjīng	부 이미, 벌써
1036	4급	以	yǐ	개 ~로써
1037	3급	以前	yǐqián	명 과거, 이전
1038	4급	以为	yǐwéi	동 여기다, 생각하다
1039	1급	椅子	yǐzi	명 의자
1040	★ 4급	艺术	yìshù	명 예술
1041	★ 4급	意见	yìjiàn	명 의견, 견해
1042	2급	意思	yìsi	명 재미 명 뜻, 의미
1043	4급	因此	yīncǐ	접 이로 인하여, 그래서
1044	2급	因为A, 所以B	yīnwèi A, suǒyǐ B	A하기 때문에 그래서 B하다
1045	2급	阴	yīn	형 흐리다
1046	★ 3급	音乐	yīnyuè	명 음악
1047	★ 3급	银行	yínháng	명 은행
1048	★ 4급	引起	yǐnqǐ	동 (주의를) 끌다, 일으키다
1049	3급	饮料	yǐnliào	명 음료
1050	★ 4급	印象	yìnxiàng	명 인상

✎ 잘 외워지지 않는 단어 써 보기

Day 36

● track 0-36 (VOCA)

1051	3급	应该	yīnggāi	조동 (마땅히) ~해야 한다
1052	4급	赢	yíng	동 이기다
1053	3급	影响	yǐngxiǎng	동 영향을 주다
1054 ★	4급	应聘	yìngpìn	동 초빙에 응하다, 지원하다
1055	4급	永远	yǒngyuǎn	부 늘, 항상, 영원히, 언제나
1056	4급	勇敢	yǒnggǎn	형 용감하다
1057	3급	用	yòng	개 ~로써 동 사용하다
1058	4급	优点	yōudiǎn	명 장점
1059 ★	4급	优秀	yōuxiù	형 우수하다
1060	4급	幽默	yōumò	형 유머러스하다, 재미있다
1061	4급	尤其	yóuqí	부 더욱, 특히
1062	4급	由	yóu	개 ~가, ~에서, ~에 의해
1063	4급	由于	yóuyú	접 ~때문에
1064 ★	4급	邮局	yóujú	명 우체국
1065 ★	3급	游戏	yóuxì	명 게임
1066	2급	游泳	yóuyǒng	명 수영
1067	4급	友好	yǒuhǎo	형 우호적이다
1068	4급	友谊	yǒuyì	명 우정
1069	1급	有	yǒu	동 있다
1070 ★	3급	有名	yǒumíng	형 유명하다
1071	4급	有趣	yǒuqù	형 재미있다
1072	3급	又	yòu	부 또한, 한편
1073	2급	右边	yòubian	명 오른쪽
1074	4급	于是	yúshì	접 그래서, 이리하여
1075	2급	鱼	yú	명 물고기
1076 ★	4급	愉快	yúkuài	형 유쾌하다, 즐겁다
1077	4급	与	yǔ	접 ~와
1078 ★	4급	羽毛球	yǔmáoqiú	명 배드민턴
1079	4급	语法	yǔfǎ	명 어법
1080	4급	语言	yǔyán	명 언어

✏️ 잘 외워지지 않는 단어 써 보기

Day 37

1081 4급	预习 yùxí	동 예습하다
1082 ★ 3급	遇到 yùdào	동 부딪치다, 마주치다
1083 3급	元 yuán	양 위안 [중국의 화폐 단위]
1084 4급	原来 yuánlái	형 원래의, 본래의 부 원래, 본래
1085 4급	原谅 yuánliàng	동 용서하다
1086 4급	原因 yuányīn	명 원인, 이유
1087 2급	远 yuǎn	형 멀다
1088 3급	愿意 yuànyì	동 (~하기를) 바라다, 희망하다
1089 4급	约会 yuēhuì	동 데이트하다
1090 1급	月 yuè	명 달, 월
1091 3급	月亮 yuèliang	명 달
1092 ★ 4급	阅读 yuèdú	동 (책이나 신문을) 읽다, 보다
1093 3급	越 yuè	부 점점, 더욱더, 한층 더 부 ~하면 할수록 ~하다
1094 4급	云 yún	명 구름
1095 4급	允许 yǔnxǔ	동 동의하다, 허가하다
1096 2급	运动 yùndòng	명 운동
1097 ★ 4급	杂志 zázhì	명 잡지
1098 2급	再 zài	부 ~하고 나서 부 다시
1099 1급	再见 zàijiàn	동 또 뵙겠습니다, 안녕히 계세요
1100 1급	在 zài	개 ~에(서) 동 ~에 있다 부 ~하고 있는 중이다
1101 4급	咱们 zánmen	대 우리(들)
1102 4급	暂时 zànshí	명 잠깐, 잠시
1103 ★ 4급	脏 zāng	형 더럽다
1104 2급	早上 zǎoshang	명 아침
1105 ★ 4급	责任 zérèn	명 책임
1106 1급	怎么 zěnme	대 어째서, 왜, 어떻게
1107 1급	怎么样 zěnmeyàng	대 어떻다, 어떠하다
1108 ★ 4급	增加 zēngjiā	동 증가하다, 늘다
1109 4급	占线 zhànxiàn	동 (전화가) 통화중이다
1110 3급	站 zhàn	동 서다, 일어서다 명 정류장, 정류소

✎ 잘 외워지지 않는 단어 써 보기

Day 38

1111 3급	张 zhāng	양 [책상이나 탁자 등을 세는 단위]
1112 3급	长 zhǎng	동 자라다, 생기다
1113 2급	丈夫 zhàngfu	명 남편
1114 4급	招聘 zhāopìn	동 (공모의 방식으로) 모집하다, 초빙하다
★ 1115 3급	着急 zháojí	동 조급해하다
1116 2급	找 zhǎo	동 찾다, 구하다
1117 4급	照 zhào	동 (사진·영화를) 찍다
★ 1118 3급	照顾 zhàogù	동 보살피다, 돌보다
★ 1119 3급	照片 zhàopiàn	명 사진
1120 3급	照相机 zhàoxiàngjī	명 사진기, 카메라
1121 1급	这 zhè	대 이, 이것
1122 2급	着 zhe	조 ~하면서
1123 2급	真 zhēn	부 확실히, 진정으로
1124 4급	真正 zhēnzhèng	형 진정한, 참된
★ 1125 4급	整理 zhěnglǐ	동 정리하다
1126 4급	正常 zhèngcháng	형 정상적이다
1127 4급	正好 zhènghǎo	부 마침
1128 4급	正确 zhèngquè	형 정확하다
1129 4급	正式 zhèngshì	형 정식적이다
1130 2급	正在 zhèngzài	부 지금 ~하고 있는 중이다
1131 4급	证明 zhèngmíng	동 증명하다 명 증명, 증명서
1132 4급	之 zhī	조 ~의
★ 1133 4급	支持 zhīchí	동 지지하다
1134 2급	只 zhī	양 마리
1135 2급	知道 zhīdào	동 알다, 이해하다
★ 1136 4급	知识 zhīshi	명 지식
1137 4급	直接 zhíjiē	형 직접적이다
1138 4급	值得 zhídé	동 ~할 만한 가치가 있다
1139 4급	职业 zhíyè	명 직업 형 직업적인, 프로의, 전문적인
1140 4급	植物 zhíwù	명 식물

✏️ 잘 외워지지 않는 단어 써 보기

Day 39

1141 3급	只 zhǐ	튀 단지, 겨우	
1142 4급	只好 zhǐhǎo	튀 부득이, 어쩔 수 없이	
1143 4급	只要 zhǐyào	접 ~하기만 하면	
1144 3급	只有A, 才B zhǐyǒu A, cái B	A해야만 비로소 B하다	
1145 4급	指 zhǐ	동 가리키다, 설명하다	
1146 4급	至少 zhìshǎo	튀 적어도, 최소한	
1147 4급	质量 zhìliàng	명 질, 품질	
1148 1급	中国 Zhōngguó	고유 중국	
1149 3급	中间 zhōngjiān	명 가운데, 중심	
1150 3급	中文 Zhōngwén	고유 중문, 중국어	
1151 1급	中午 zhōngwǔ	명 점심, 정오	
1152 3급	终于 zhōngyú	튀 결국, 마침내	
1153 3급	种 zhǒng	양 종류	
★ 1154 4급	重 zhòng	형 무겁다	
1155 4급	重点 zhòngdiǎn	명 중점, 중요한 점	
1156 4급	重视 zhòngshì	동 중시하다, 중요시하다	
★ 1157 3급	重要 zhòngyào	형 중요하다	
★ 1158 3급	周末 zhōumò	명 주말	
1159 4급	周围 zhōuwéi	명 주위, 주변	
1160 3급	主要 zhǔyào	형 주요하다, 주되다	
1161 4급	主意 zhǔyi	명 생각, 방법, 아이디어	
1162 1급	住 zhù	동 살다, 거주하다	
1163 3급	注意 zhùyì	동 주의하다, 조심하다	
1164 4급	祝贺 zhùhè	동 축하하다	
★ 1165 4급	著名 zhùmíng	형 유명하다	
★ 1166 4급	专门 zhuānmén	튀 일부러	
★ 1167 4급	专业 zhuānyè	명 전공	
1168 4급	转 zhuǎn	동 돌다, 회전하다	
1169 4급	赚 zhuàn	동 (돈을) 벌다	
1170 2급	准备 zhǔnbèi	동 준비하다	

✎ 잘 외워지지 않는 단어 써 보기

Day 40

1171 4급	准确 zhǔnquè	형 확실하다, 정확하다
1172 4급	准时 zhǔnshí	형 정시에, 제때에
1173 1급	桌子 zhuōzi	명 탁자, 테이블
1174 4급	仔细 zǐxì	형 자세하다, 꼼꼼하다
1175 3급	自己 zìjǐ	대 자신, 자기, 스스로
1176 4급	自然 zìrán	명 자연
★ 1177 4급	自信 zìxìn	형 자신감 있다 명 자신감
1178 3급	自行车 zìxíngchē	명 자전거
1179 1급	字 zì	명 글자
1180 4급	总结 zǒngjié	명 총괄 동 총결산하다, 총괄하다
1181 3급	总是 zǒngshì	부 늘, 줄곧
1182 2급	走 zǒu	동 걷다
1183 4급	租 zū	동 세내다, 빌려 쓰다
1184 3급	嘴 zuǐ	명 입
1185 2급	最 zuì	부 가장, 제일
1186 4급	最好 zuìhǎo	부 ~하는 게 제일 좋다
1187 3급	最后 zuìhòu	명 맨 마지막
1188 3급	最近 zuìjìn	명 최근, 요즘
★ 1189 4급	尊重 zūnzhòng	동 존중하다
1190 1급	昨天 zuótiān	명 어제
1191 2급	左边 zuǒbian	명 왼쪽
1192 4급	左右 zuǒyòu	명 가량, 안팎
★ 1193 4급	作家 zuòjiā	명 작가
1194 3급	作业 zuòyè	명 숙제
★ 1195 4급	作用 zuòyòng	명 작용, 영향, 효과
★ 1196 4급	作者 zuòzhě	명 지은이, 저자
1197 1급	坐 zuò	동 앉다 동 (교통 도구를) 타다
1198 4급	座 zuò	양 좌, 동, 채 [부피가 크거나 고정된 물체를 세는 단위]
1199 4급	座位 zuòwèi	명 좌석, 자리
1200 1급	做 zuò	동 ~하다

✏️ 잘 외워지지 않는 단어 써 보기

4급 고득점 합격을 위한 보충 어휘 리스트

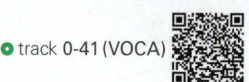 track 0-41 (VOCA)

HSK 4급 시험이라고 해서 시험에 나오는 어휘가 모두 'HSK 1~4급 필수 어휘'에서 나오는 것은 아니다. 아래에 정리된 단어들은 4급에 자주 등장한 '4급 이상 단어'와 '급수 외 단어'이다. '고득점' 합격을 노린다면 아래에 정리된 단어까지 꼼꼼하게 외우자.

001	按 àn 〈개〉 ~에 따라서, ~에 의거하여		021	电视剧 diànshìjù 〈명〉 TV 드라마
002	保修期 bǎoxiūqī 〈명〉 보증 기간		022	堵 dǔ 〈동〉 막다
003	报 bào 〈동〉 신청하다		023	队 duì 〈명〉 단체, 팀
004	表 biǎo 〈명〉 표		024	反 fǎn 〈동〉 뒤집다, 바꾸다
005	并 bìng 〈부〉 결코, 전혀, 별로		025	房租 fángzū 〈명〉 집세, 임대료
006	餐桌 cānzhuō 〈명〉 식탁		026	放假 fàngjià 〈동〉 방학하다, 휴가로 쉬다
007	长处 chángchù 〈명〉 장점		027	费 fèi 〈명〉 요금, 비용
008	超 chāo 〈동〉 (규정된 한도를) 넘다, 초과하다		028	丰富多彩 fēngfù duōcǎi 〈성〉 풍부하고 다채롭다
009	车速 chēsù 차의 속력			
010	成 chéng 〈동〉 ~가 되다		029	封 fēng 〈양〉 통, 꾸러미 [편지 등 봉인한 물건을 셈]
011	成败 chéngbài 〈명〉 성패, 성공과 실패		030	父母 fùmǔ 〈명〉 부모
012	乘 chéng 〈동〉 (교통수단 등에) 타다		031	付 fù 〈동〉 돈을 지불하다
013	乘客 chéngkè 〈명〉 승객		032	负 fù 〈동〉 책임지다, 부담하다
014	传真机 chuánzhēnjī 〈명〉 팩스		033	复印机 fùyìnjī 〈명〉 복사기
015	此 cǐ 〈대〉 이, 이것		034	富有 fùyǒu 〈동〉 풍부하다, 다분하다
016	打印机 dǎyìnjī 〈명〉 프린터		035	改 gǎi 〈동〉 바꾸다, 고치다
017	大海 dàhǎi 〈명〉 바다		036	购 gòu 〈동〉 구매하다
018	袋 dài 〈명〉 봉지		037	购买 gòumǎi 〈동〉 사다, 구입하다
019	得 dé 〈동〉 받다, 얻다		038	观看 guānkàn 〈동〉 보다, 관람하다
020	登机 dēngjī 〈동〉 탑승하다		039	寒冷 hánlěng 〈형〉 춥다

040	盒 hé 양 갑, 박스 [박스에 든 물건을 셈]	062	警察局 jǐngchájú 명 경찰서
041	坏处 huàichù 명 나쁜 점, 안 좋은 점	063	举例 jǔlì 동 예를 들다
042	货 huò 명 물품, 상품	064	拒 jù 동 거절하다
043	货物 huòwù 명 물품, 상품	065	距 jù 동 떨어지다, 사이를 두다
044	获取 huòqǔ 동 얻다	066	科技 kējì 명 과학 기술
045	既A又B jì A yòu B A할 뿐만 아니라 B하다	067	可 kě 조동 ~할 수 있다, 가능하다
046	加 jiā 동 더하다, 추가하다	068	快速 kuàisù 형 빠르다, 신속하다
047	加倍 jiābèi 부 더더욱, 배로	069	垃圾 lājī 명 쓰레기
048	加入 jiārù 동 가입하다, 들어가다	070	例子 lìzi 명 예, 본보기
049	加油 jiāyóu 동 기름을 넣다, 급유하다, 힘내다	071	凉 liáng 형 차갑다, 서늘하다
050	价钱 jiàqián 명 값, 가격	072	量 liàng 명 수량, 양
051	减轻 jiǎnqīng 동 줄다, 감소하다	073	列 liè 명 줄, 열
052	江 jiāng 명 강	074	另 lìng 대 다른, 그 밖의, 이외의
053	将 jiāng 부 ~일 것이다 개 ~를 [=把]	075	留言 liúyán 동 말을 남기다, 메모를 남기다
054	奖 jiǎng 명 상	076	旅程 lǚchéng 명 여정
055	奖学金 jiǎngxuéjīn 명 장학금	077	美好 měihǎo 형 좋다, 행복하다
056	降价 jiàngjià 동 가격을 내리다	078	美景 měijǐng 명 아름다운 경치, 절경
057	降温 jiàngwēn 동 기온이 떨어지다, 날씨가 추워지다	079	美味 měiwèi 명 맛있는 음식 형 맛있다
058	金钱 jīnqián 명 돈, 화폐	080	免签 miǎnqiān 동 비자를 면제하다
059	仅 jǐn 부 겨우, 단지	081	能够 nénggòu 조동 ~할 수 있다
060	进入 jìnrù 동 진입하다, 들어가다	082	女性 nǚxìng 명 여성, 여자
061	景点 jǐngdiǎn 명 명소	083	排 pái 동 배열하다
		084	牌子 páizi 명 팻말

| 085 | 其 qí 대 그, 그들, 그것
| 086 | 气温 qìwēn 명 기온
| 087 | 取得 qǔdé 동 얻다, 취득하다
| 088 | 全 quán 형 모두 갖추다, 완비하다
| 089 | 全身 quánshēn 명 온몸, 전신
| 090 | 缺 quē 동 부족하다
| 091 | 仍 réng 부 여전히, 아직도
| 092 | 入 rù 동 참가하다, 들어가다
| 093 | 入睡 rù shuì 동 잠들다
| 094 | 商场 shāngchǎng 명 쇼핑몰, 백화점
| 095 | 稍 shāo 부 잠시, 조금
| 096 | 生 shēng 동 낳다, 태어나다
| 097 | 受 shòu 동 받다
| 098 | 售 shòu 동 팔다
| 099 | 售票员 shòupiàoyuán 명 매표원
| 100 | 熟 shú 형 익숙하다, 잘 알다
| 101 | 树叶 shùyè 명 나뭇잎
| 102 | 塑料 sùliào 명 플라스틱
| 103 | 孙女 sūnnǚ 명 손녀
| 104 | 谈话 tánhuà 동 이야기하다, 담화하다
| 105 | 弹 tán 동 (악기를) 치다, 연주하다
| 106 | 填 tián 동 기입하다, 써넣다
| 107 | 提交 tíjiāo 동 제출하다

| 108 | 听众 tīngzhòng 명 청중
| 109 | 停车 tíngchē 동 주차하다
| 110 | 停止 tíngzhǐ 동 멈추다, 정지하다
| 111 | 同 tóng 형 같다, 동일하다
| 112 | 桶 tǒng 명 통
| 113 | 网页 wǎngyè 명 인터넷 홈페이지
| 114 | 网址 wǎngzhǐ 명 웹사이트 주소, 인터넷 주소
| 115 | 卫生 wèishēng 형 위생적이다
| 116 | 味(儿) wèi(r) 명 맛, 냄새
| 117 | 午餐 wǔcān 명 점심(밥)
| 118 | 细心 xìxīn 형 세심하다
| 119 | 下降 xiàjiàng 동 (정도가) 떨어지다, 낮아지다
| 120 | 香味 xiāngwèi 명 향, 향기
| 121 | 信箱 xìnxiāng 명 우체통, 우편함
| 122 | 修 xiū 동 수리하다, 보수하다
| 123 | 选购 xuǎngòu 동 골라서 사다, 선택하여 사다
| 124 | 研究生 yánjiūshēng 명 대학원생, 연구생
| 125 | 演 yǎn 동 연기하다, 공연하다
| 126 | 友情 yǒuqíng 명 우정
| 127 | 原 yuán 형 원래의, 본래의
| 128 | 原价 yuánjià 명 원가
| 129 | 约 yuē 동 약속하다 부 대략, 대개
| 130 | 暂停 zàntíng 동 잠시 중단하다

| 131 | 增多 zēngduō 동 많아지다, 증가하다
| 132 | 增进 zēngjìn 동 증진하다, 증진시키다
| 133 | 增长 zēngzhǎng 동 증가하다, 높아지다
| 134 | 招 zhāo 동 모집하다
| 135 | 折 zhé 명 할인
| 136 | 之后 zhīhòu 명 ~뒤, ~후
| 137 | 之间 zhījiān 명 사이
| 138 | 之前 zhīqián 명 ~이전
| 139 | 之所以 zhīsuǒyǐ 접 ~의 이유, ~한 까닭
| 140 | 值 zhí 형 ~할 가치가 있다, ~할 만하다
| 141 | 指出 zhǐchū 동 밝히다, 지적하다
| 142 | 住址 zhùzhǐ 명 주소
| 143 | 祝 zhù 동 기원하다, 빌다
| 144 | 租金 zūjīn 명 임대료
| 145 | 做梦 zuòmèng 동 꿈을 꾸다

다락원 홈페이지에서
▶ MP3 파일 다운로드 및 실시간 재생
▶ 받아쓰기 PDF 다운로드

지은이 남미숙
펴낸이 정규도
펴낸곳 (주)다락원

기획·편집 김보경, 김현주, 김혜민, 이상윤
디자인 김나경, 이승현
일러스트 안다연
녹음 曹红梅, 于海峰, 허강원

다락원 경기도 파주시 문발로 211
전화 (02)736-2031(내선 250~252/내선 430, 560)
팩스 (02)732-2037
출판등록 1977년 9월 16일 제406-2008-000007호

Copyright ⓒ 2025, 남미숙

저자 및 출판사의 허락 없이 이 책의 일부 또는 전부를 무단 복제·전재·
발췌할 수 없습니다. 구입 후 철회는 회사 내규에 부합하는 경우에 가
능하므로 구입처에 문의하시기 바랍니다. 분실·파손 등에 따른 소비자
피해에 대해서는 공정거래위원회에서 고시한 소비자 분쟁 해결 기준에
따라 보상 가능합니다. 잘못된 책은 바꿔 드립니다.

ISBN 978-89-277-2342-4 14720
978-89-277-2341-8 (set)

www.darakwon.co.kr
다락원 홈페이지를 방문하시면 상세한 출판 정보와 함께 동영상 강좌,
MP3 자료 등 다양한 어학 정보를 얻으실 수 있습니다.

중국어 말하기 시험
HSKK 한권으로 끝내기

남미숙 저

중국어 말하기 시험
**HSKK 초급
한권으로 끝내기**

중국어 말하기 시험
**HSKK 중급
한권으로 끝내기**

중국어 말하기 시험
**HSKK 고급
한권으로 끝내기**

www.darakwon.co.kr

다락원 홈페이지를 방문하시면 상세한 출판 정보와 함께 동영상 강좌, MP3 자료 등 다양한 어학 정보를 얻으실 수 있습니다.

다락원 TEL.(02)736-2031 FAX.(02)732-2037

HSK 4급
한권으로 끝내기
3rd Edition

 본서 · 해설서 · 모의고사
단번에 고득점 합격을 위한 풀패키지

필수단어장 · 핵심요약집
합격 비법만 쏙! 시험 직전 필수템 핸디북

 MP3 파일
듣기 영역은 물론 독해 영역까지 바로 듣기

받아쓰기 PDF
듣기 영역 점수가 쑥쑥 올라가는 받아쓰기 특훈

 유형 파악하기 예제 풀이 강의
예제 풀이로 유형별 공략법 확인

HSK 어법 강의
전문 강사가 알려 주는 주요 어법 포인트

영역별 저자 특강
출제 경향, 실전 문제 풀이 비법 공개

유형 파악하기   HSK 어법 강의   영역별
예제 풀이   저자 특강

 **다락원 홈페이지에서**
▶ MP3 파일 다운로드 및 실시간 재생
▶ 받아쓰기 PDF 다운로드

정가 **31,000원**

ISBN 978-89-277-2342-4
978-89-277-2341-7(set)

#중국어 #남미숙HSK #HSK기출경향   3rd Edition

HSK 4급
남미숙 저

한권으로 끝내기

해설서

최신 기출문제 경향 완벽 반영

- 본서 • 해설서 • 모의고사 • 필수단어장 • 핵심요약집
- 유형 파악하기 예제 풀이 강의 • HSK 어법 강의 • 영역별 저자 특강
- MP3 파일 • 받아쓰기 PDF

다락원

HSK 합격생
최다 배출, 최고 적중률
HSK 1타강사
남미숙

- 남미숙 중국어 강남 학원 원장
- 온라인 교육플랫폼 WeMeta 101 원장
- 중단기 원장
- 중단기 온라인 강의 대표 강사
- 다락원, EBS 어학, 지니TV 온라인 강의 강사
- 남미숙 중국어 연구소 원장
- 新HSK 연구회 연구위원
- 남미숙 비즈니스 스쿨 원장
- 삼성 멀티캠퍼스 주재원 교육 콘텐츠 제작

저서
『HSK 7~9급 한권으로 끝내기』(다락원)
『중국어 말하기 시험 HSKK 초급/중급/고급 한권으로 끝내기』(다락원)
『[최신개정]HSK 3급/4급/5급/6급 한권으로 끝내기』(다락원)
『新HSK 모의고사 한권으로 끝내기 3급/4급/5급/6급』(다락원)
『TSC 한번에 끝장내기』(YBM)
『남미숙의 중국어 첫걸음 CHINA EASY』(PAGODA Books)
『新HSK 1급/2급/3급/4급/5급 10일 벼락치기』(커넥츠 중단기)
『중단기 新HSK 단어장 1-3급/1-4급/4급/5급/6급』(커넥츠 중단기)
『남미숙의 중국어 쉽게 끝내기 LEVEL 1/2/3』(커넥츠 중단기)
『TSC 가장 쉽게 끝내기』(커넥츠 중단기)
『7급 공무원 중국어 시험 모의고사』(㈜이매진 P&M)

参编　闵顺美 牟程

남미숙 중국어

▶ 남미숙 중국어 연구소 NAVER 카페
　cafe.naver.com/nmschinese

▶ 남미숙 중국어 강남 학원 홈페이지
　www.nmschinese.com

▶ 남미숙 TV
　www.youtube.com/c/chinamaster

남미숙 중국어　　WeMeta101　　남미숙 중국어
카카오톡채널　　　　　　　　　　강남 학원

3rd Edition

HSK 4급
한권으로 끝내기

남미숙 저

해설서

다락원

차례

실력 다지기 해설
듣기 ──── 4
독해 ──── 88
쓰기 ──── 162

실전 모의고사 해설
Mini 모의고사 1 ──── 294
Mini 모의고사 2 ──── 315

01 직업·신분

듣기 제1·2·3부분

본서 p.22

● Day 02 track 07

1 √ 2 ✗ 3 ✗ 4 √ 5 A 6 A 7 C 8 A

---

1 √ 관(关) 교수님이 최근 바쁜 이유는 '研究(연구)'를 '准备(준비)' 중이기 때문이라고 했다.

关[Guān]教授最近很忙，因为他正在准备一项研究，我也几乎每天在实验室帮他。你想找他可能要等到下个月了。	관(关) 교수님은 요즘 바쁘세요. 왜냐하면 교수님께서 연구를 준비하고 계서서요. 저도 거의 매일 실험실에서 교수님을 도와드리고 있어요. 교수님을 찾고 싶으시다면 아마도 다음 달까지 기다리셔야 해요.
★ 教授最近做研究。（ √ ）	★ 교수님은 최근 연구를 한다. (√)

★ 教授 jiàoshòu 명 교수 | 因为 yīnwèi 접 왜냐하면, 때문에 | 正在 zhèngzài 부 지금 ~하고 있다 | ★ 项 xiàng 양 가지, 항목 | ★ 研究 yánjiū 동 연구하다 명 연구 | 每天 měi tiān 명 매일, 날마다 | 实验室 shíyànshì 명 실험실 | 帮 bāng 동 돕다 | 想 xiǎng 조동 ~하고 싶다 | 找 zhǎo 동 찾다, 구하다 | 可能 kěnéng 부 아마도 (~일지도 모른다) | 要 yào 조동 ~해야 한다 | 到 dào 개 ~까지

---

2 ✗ 화자가 샤오왕(小王)에게 돌봐 달라고 부탁한 대상은 '孙子(손자)'이다.

小王[Xiǎo Wáng]，你坐的航班是K06012吧？我孙子也坐这趟飞机。麻烦你照顾一下他，他爸妈会去机场接他的。	샤오왕[小王], 네가 타는 항공편이 K06012지? 우리 손자도 그 비행기를 타. 번거롭겠지만 네가 좀 돌봐 줘. 손자의 엄마 아빠가 공항으로 마중하러 갈 거야.
★ 她让小王照顾她儿子。（ ✗ ）	★ 그녀는 샤오왕에게 그녀의 아들을 돌봐 달라고 했다. (✗)

坐 zuò 동 (교통수단을) 타다 | ★ 航班 hángbān 명 항공편, 운항편 | ★ 孙子 sūnzi 명 손자 | ★ 趟 tàng 양 편, 번, 차례 [정기적인 교통수단의 운행 횟수를 세는 데 쓰임] | ★ 麻烦 máfan 동 번거롭게 하다 | 照顾 zhàogù 동 돌보다, 보살피다 | 会 huì 조동 ~할 것이다 | 机场 jīchǎng 명 공항 | 接 jiē 동 마중하다 | 让 ràng 동 (어떤 일을) 하게 하다, 하도록 하다

---

3 ✗ '等写完这几本书(이 책들을 다 쓰고 나면)'라는 화자의 말에서 샤오밍을 책을 쓰는 '作家(작가)'로 추측할 수 있다. '游泳(수영하다)'과 '爬山(등산하다)'은 화자가 샤오밍에게 '책을 다 쓰면 하라고 권장하는 운동'이니, 이 단어들만 듣고 샤오밍을 '运动员(운동선수)'이라고 생각해서는 안 된다.

小明[Xiǎo Míng]你每天都开夜车，身体肯定受不了。等写完这几本书，一定要去游游泳、爬爬山、好好儿放松放松。	샤오밍[小明] 너는 매일 밤을 새우니, 몸이 분명히 견디지 못할 거야. 이 책들을 다 쓰고 나면 반드시 수영 가고, 등산 가고, 잘 쉬어야 해.
★ 小明是一位运动员。（ ✗ ）	★ 샤오밍은 운동선수이다. (✗)

开夜车 kāi yèchē 밤을 꼬박 새우다 | ★ 肯定 kěndìng 부 틀림없이, 확실히 | ★ 受不了 shòubuliǎo 견딜 수 없다, 참을 수 없다 | 一定 yídìng

| 反 반드시, 필히 | **要** yào 조동 ~해야 한다 | **爬山** páshān 동 산을 오르다, 등산하다 | **好好(儿)** hǎohāo(r) 반 잘, 충분히, 최대한 | ★**放松** fàngsōng 동 늦추다, 느슨하게 하다 | **位** wèi 양 분, 명 [공경의 뜻을 내포함]

4 ✓ 핵심 문장 '一会儿得去看房(이따가 집을 보러 가야 돼)'이 녹음에서 직접적으로 언급되었다.

小刘[Xiǎo Liú]，我恐怕不能和你一起去吃饭了，因为我和房东中午约好了，所以一会儿得去看房，真不好意思。	샤오리우[小刘], 나 아마도 너랑 함께 밥 먹으러 가지 못할 것 같아. 집주인과 점심에 약속을 했기 때문에 이따가 집을 보러 가야 해. 진짜 미안해.
★ 她一会儿去看房。（✓）	★ 여자는 잠시 뒤에 집을 보러 간다. (✓)

★**恐怕** kǒngpà 반 아마 ~일 것이다 | ★**房东** fángdōng 명 집주인 | **约** yuē 동 약속하다 | **好** hǎo 형 [동사 뒤에 쓰여, '동작이 완성되었거나 잘 마무리되었음'을 나타냄] | **所以** suǒyǐ 접 그래서, 그러므로 | ★**得** děi 조동 ~해야 한다 | **房** fáng 명 집 | **不好意思** bù hǎoyìsi 죄송합니다, 미안합니다

> **'得'의 여러 발음과 의미**
> ❶ 得 de 조 [술어 뒤에서 보어를 이끎]　예 他走得很快。 그는 빨리 걷는다.
> ❷ 得 děi 동 (시간·금전 등이) 걸리다, 필요하다　예 从我家到机场得一个小时。 우리 집에서 공항까지는 한 시간이 걸린다.
> ❸ 得 děi 조동 ~해야 한다　예 你得去医院看病。 너 병원에 가서 진찰 받아야 돼.
> ❹ 得 dé 동 얻다　예 他得病了。 그는 병을 얻었다.

5 A '姐姐(언니)'가 이사 와서 같이 살게 됐냐는 남자의 질문에 여자는 '是(맞다)'라고 대답했다.

男：听说，你姐姐搬来跟你一起住了？ 女：是。不过，她只住两个星期左右，等签证办下来就马上走。	남: 듣자 하니 네 언니가 이사 와서 너랑 같이 살게 됐다면서? 여: 맞아. 하지만 언니는 2주 정도만 살 거야. 비자가 처리되는 대로 바로 떠나.
问：女的现在和谁一起住？ **A** 姐姐　B 阿姨　C 妈妈　D 女儿	질문: 여자는 현재 누구와 함께 살고 있는가? **A** 언니　B 이모　C 엄마　D 딸

听说 tīngshuō 동 듣자 하니 | **搬** bān 동 이사하다 | **来** lái 동 오다 | **跟** gēn 개 ~와 | ★**不过** búguò 접 그러나, 그런데 | **只** zhǐ 반 단지 | ★**左右** zuǒyòu 명 가량, 안팎, 내외 [수량사 뒤에 쓰여 '대략적인 수'를 나타냄] | ★**签证** qiānzhèng 명 비자 | **办** bàn 동 처리하다, 하다 | **下来** xiàlai 동 [동사 뒤에 쓰여 '동작의 완성이나 결과'를 나타냄] | **马上** mǎshàng 반 곧, 바로 | **就** jiù 반 곧, 즉시, 바로 | **走** zǒu 동 떠나다 | **阿姨** āyí 명 이모

6 A '身体怎么样?(몸은 어떠세요?)'은 주로 몸이 아픈 사람에게 쓰는 안부 표현이다. '叔叔(삼촌)'의 몸은 어떻고, 검사 결과는 나왔냐는 남자의 말에서 '叔叔'가 아파서 병원에서 검사를 받았음을 알 수 있다.

男：叔叔的身体最近怎么样了？检查结果还没出来吗？ 女：大夫说没什么问题。只要多注意休息，不要太累就行。	남: 삼촌 몸은 요즘 어때서? 검사 결과는 아직 안 나왔어? 여: 의사 선생님은 아무 문제없다고 하셨어. 다만 주의해서 많이 쉬고, 너무 피곤하게만 하지 않으면 된대.

问：谁去医院做检查了?	질문: 누가 병원에 가서 검사를 했는가?
A 叔叔　B 儿子　C 弟弟　D 母亲	**A** 삼촌　B 아들　C 남동생　D 어머니

叔叔 shūshu 명 삼촌 | **最近** zuìjìn 명 최근, 요즘 | **检查** jiǎnchá 동 검사하다, 점검하다 | ★**结果** jiéguǒ 명 결과 | **还** hái 부 여전히, 아직도, 아직 | ★**大夫** dàifu 명 의사 | ★**只要** zhǐyào 접 ~하기만 하면 | **多** duō 형 (수량이) 많다 [부사적 용법으로 쓰임] | **注意** zhùyì 동 주의하다, 조심하다 | **休息** xiūxi 동 휴식하다, 쉬다 | **不要** búyào 부 ~해서는 안 된다 | **就** jiù 부 ~면, ~인 이상, ~한 바에는 | ★**行** xíng 형 괜찮다 | ★**母亲** mǔqīn 명 엄마, 어머니

7 **C** 여자의 첫마디 '你觉得怎样做才能成为一名优秀的律师? (너는 어떻게 해야 우수한 변호사가 될 수 있다고 생각해?)'에서 그들이 '律师(변호사)'에 대해 이야기하고 있음을 알 수 있다.

女：你觉得怎样做才能成为一名优秀的律师？ 男：首先必须得有很好的法律基础知识，其次遇事得冷静。 女：除了这两点呢？ 男：得懂得乐于助人和对人热情也非常重要。	여: 너는 어떻게 해야 (비로소) 우수한 변호사가 될 수 있다고 생각해? 남: 우선 반드시 좋은 법률 기초 지식이 있어야 해. 그리고 일을 맞닥뜨렸을 때 냉정해야 하지. 여: 이 두 가지 외에는? 남: 다른 사람을 기꺼이 도울 줄 알아야 하고, 다른 사람에게 친절한 것도 매우 중요해.
问：他们谈的是什么职业？	질문: 그들이 이야기한 것은 어떤 직업인가?
A 售货员　B 医生　**C** 律师　D 记者	A 판매원　B 의사　**C** 변호사　D 기자

怎样 zěnyàng 대 어떻게 | ★**成为** chéngwéi 동 ~이 되다 | **名** míng 양 명 [사람을 세는 단위] | ★**优秀** yōuxiù 형 우수하다 | ★**律师** lǜshī 명 변호사 | ★**首先** shǒuxiān 대 우선 | **必须** bìxū 부 반드시 ~해야 한다 | ★**法律** fǎlǜ 명 법률 | ★**基础** jīchǔ 명 기초 | ★**知识** zhīshi 명 지식 | ★**其次** qícì 대 (그) 다음 | **遇事** yùshì 동 (뜻밖의) 일이 생기다 | ★**冷静** lěngjìng 형 냉정하다, 침착하다 | **除了** chúle 개 ~외에 또 | **点** diǎn 명 사물의 방면이나 부분 | **懂得** dǒngde 동 (뜻·방법 등을) 알다, 이해하다 | **乐于助人** lèyúzhùrén 다른 사람을 기꺼이 돕다 | **热情** rèqíng 형 친절하다, 다정하다 | **重要** zhòngyào 형 중요하다 | ★**职业** zhíyè 명 직업 | ★**售货员** shòuhuòyuán 명 판매원 | ★**记者** jìzhě 명 기자

8 **A** 여자의 말 '除了李教授，其他人都到了。(리 교수님을 제외한 다른 사람들은 모두 도착했어요.)'에서 '李教授(리 교수)'만 아직 오지 않았음을 알 수 있다.

男：被邀请的人都到会场了吗？ 女：除了李[Lǐ]教授，其他人都到了。 男：你跟她联系了吗？ 女：已经给她打过电话了，她说会准时到。	남: 초대 받은 사람들은 모두 회의장에 도착했나요? 여: 리[李] 교수님을 제외한 다른 사람들은 모두 도착했어요. 남: 그녀에게 연락했나요? 여: (이미) 그녀에게 전화해 봤어요. 제시간에 도착할 거라고 했어요.
问：谁还没有来？	질문: 누가 아직 오지 않았는가?
A 李教授　B 李校长　C 李大夫　D 李律师	**A** 리 교수　B 리 교장　C 리 의사　D 리 변호사

被 bèi 개 ~에게 ~를 당하다 | ★**邀请** yāoqǐng 동 초청하다, 초대하다 | **会场** huìchǎng 명 회의장 | **其他** qítā 대 기타 [사람, 사물에 쓰임] | ★**联系** liánxì 동 연락하다, 연결하다 | **给** gěi 개 ~에게 | **准时** zhǔnshí 부 제때에 | **校长** xiàozhǎng 명 학교장

 듣기 제1·2·3부분

02 장소

본서 p.28

● Day 04　　　　　　　　　　　　　　　　　　　● track 14
1 ✗　2 √　3 ✗　4 √　5 D　6 D　7 B　8 C

1 ✗ '邮局(우체국)'는 '公司(회사)'의 '对面(맞은편)'에 있으며, '非常近(매우 가깝다)'이라고 했다.

公司对面就有一家邮局，离这儿非常近。你出了公司，到马路对面，一直往前走，走两分钟就能看见。	회사 맞은편에 바로 우체국이 하나 있는데, 여기서 매우 가까워요. 회사를 나가서, 길 맞은편에 도착한 후, 계속 앞으로 가세요. 2분만 걸어가시면 바로 볼 수 있어요.
★ 公司周围没有邮局。（ ✗ ）	★ 회사 주변엔 우체국이 없다. (✗)

★**对面** duìmiàn 몡 맞은편, 건너편 | **家** jiā 양 [가정·가게·기업 등을 세는 단위] | ★**邮局** yóujú 몡 우체국 | **离** lí 개 ~에서, ~로부터 | **马路** mǎlù 몡 대로, 큰길 | **一直** yìzhí 부 계속, 줄곧 | **往** wǎng 개 ~쪽으로, ~를 향해 | ★**周围** zhōuwéi 몡 주변, 주위

2 √ 그의 사무실에 가서 노크를 해도 문을 열어 주는 사람이 없다(去他的办公室敲门也没有人开)는 말은 그의 사무실에 사람이 '아무도' 없다는 것이니, '리 사장 역시 사무실에 없다'고 이해할 수 있다.

你知道李[Lǐ]经理在哪儿吗？我有急事找他，但是他的电话打不通，而且去他的办公室敲门也没有人开。	리[李] 사장님이 어디 계신지 아시나요? 사장님께 급히 볼일이 있는데 사장님과 전화 연결이 안 돼요. 게다가 사장님의 사무실에 가서 노크를 해도 문을 열어 주는 사람이 없어요.
★ 李经理不在办公室。（ √ ）	★ 리 사장님은 사무실에 없다. (√)

经理 jīnglǐ 몡 (기업의) 경영 관리 책임자, 지배인 | **在** zài 동 ~에 있다 | **急事** jíshì 몡 급한 일, 긴급한 사건 | **找** zhǎo 동 찾다, 구하다, 물색하다 | **打不通** dǎbùtōng (전화가) 연결되지 않는다 | **而且** érqiě 접 게다가, 뿐만 아니라 | **办公室** bàngōngshì 몡 사무실 | **敲门** qiāomén 동 노크하다, 문을 두드리다

> '통화가 불가능함'을 나타낼 때 쓰이는 표현
> **电话打不通** diànhuà dǎbùtōng 전화가 불통이다 | **没有人接** méiyǒu rén jiē (전화를) 받는 사람이 없다
> **一直占线** yìzhí zhànxiàn 계속 통화 중이다

3 ✗ 남자가 출근한 곳은 '国家图书馆(국립도서관)'이 아니라 '大使馆(대사관)'이다. 비슷한 발음의 장소가 함정 보기로 종종 나오니 주의하자.

这张照片是我和妻子刚认识时照的。那时，我刚到大使馆上班，而她还在读硕士。由于我们都非常忙，所以往往好几个月都见不了一次面。	이 사진은 나와 아내가 막 알게 되었을 때 찍은 거야. 그때, 나는 막 대사관으로 출근을 했고, 그녀는 아직 석사를 공부하고 있었어. 우리는 모두 너무 바빠서 종종 몇 개월 동안 한 번도 보지 못했어.

02 장소　**7**

★ 他在国家图书馆工作。(X) ★ 그는 국립도서관에서 일한다. (X)

张 zhāng 양 장 [종이나 가죽 등을 세는 단위] | 照片 zhàopiàn 명 사진 | ★ 刚 gāng 부 막, 방금, 바로 | ★ 照 zhào 동 (사진·영화를) 찍다 | ★ 大使馆 dàshǐguǎn 명 대사관 | ★ 而 ér 접 ~(하)고(도), 그리고 | 还 hái 부 아직, 여전히, 아직도 | 读 dú 동 공부하다, 학교를 다니다 | ★ 硕士 shuòshì 명 석사 | ★ 由于 yóuyú 접 ~때문에, ~(으)로 인하여 | 所以 suǒyǐ 접 그래서, 그러므로 | ★ 往往 wǎngwǎng 부 자주, 흔히, 종종 | 好 hǎo 부 [주로 수량사 앞에 쓰여 '수량이 많음'을 강조함] | 见面 jiànmiàn 동 만나다 | 不了 buliǎo ~할 수(가) 없다 [동사의 뒤에 쓰여 '동작을 완료할 수 없음'을 강조함] | 在 zài 개 ~에(서), ~에 있어서 | 国家 guójiā 명 국가, 나라 | 图书馆 túshūguǎn 명 도서관

4 ✓ '把这张画儿挂在客厅里了(이 그림을 거실에 걸었다)'라는 말에서 그림의 위치를 알 수 있다. 빈출 표현 '把A挂在B(A를 B에 걸다)'를 알아 두면 녹음을 듣고 바로 이해할 수 있다.

这张画儿是一位画家朋友送我的。她画画儿画得特别好。我觉得这张画儿很有趣，所以我就把这张画儿挂在客厅里了。

이 그림은 화가인 친구가 나에게 선물로 준 거야. 그녀는 그림을 정말 잘 그려. 나는 이 그림이 재미있다고 생각해서 이 그림을 거실에 걸어 두었어.

★ 这张画儿在客厅里。(✓) ★ 이 그림은 거실에 있다. (✓)

画儿 huàr 명 그림 | 位 wèi 양 분, 명 [공경의 뜻을 내포함] | 画家 huàjiā 명 화가 | 画 huà 동 (그림을) 그리다 | ★ 有趣 yǒuqù 형 재미있다, 흥미가 있다 | 把 bǎ 개 ~를 [처치의 결과를 나타냄] | ★ 挂 guà 동 (고리·못 따위에) 걸다 | ★ 客厅 kètīng 명 객실, 응접실

5 D 여자는 남자에게 근처에 '卫生间(화장실)'이 있는지 묻고 있다. '卫生间' '厕所' 모두 '화장실'을 나타내는 단어이다.

女: 请问，这儿附近有没有卫生间?
男: 国家森林公园正门入口处就有一个卫生间，向东走100米左右就能看到了。

여: 좀 여쭤볼게요. 이 근처에 화장실 있나요?
남: 국립삼림공원 정문 입구 쪽에 바로 화장실이 한 개 있어요. 동쪽으로 약 100미터 정도 가면 바로 보여요.

问: 女的想去哪儿?
A 火车站   B 医院
C 世界公园   D 厕所

질문: 여자는 어디에 가고자 하는가?
A 기차역   B 병원
C 세계공원   D 화장실

请问 qǐngwèn 동 좀 여쭙겠습니다 | 附近 fùjìn 근처, 부근, 인근, 가까운 곳 | ★ 卫生间 wèishēngjiān 명 화장실 | ★ 森林 sēnlín 명 삼림, 숲, 산림 | 公园 gōngyuán 명 공원 | 正门 zhèngmén 명 정문 | 入口处 rùkǒuchù 들어가는 곳 | 向 xiàng 개 ~로, ~를 향하여 | 东 dōng 명 동쪽 | 米 mǐ 양 미터 [길이의 단위] | ★ 左右 zuǒyòu 명 가량, 안팎, 내외 [수량사 뒤에 쓰여 '대략적인 수'를 나타냄] | 看到 kàndào 동 보(이)다 | 世界公园 shìjiègōngyuán 세계공원 [베이징에 있는 관광지] | ★ 厕所 cèsuǒ 명 화장실

6 D '목적지+怎么走'는 '길을 물어볼 때' 사용하는 표현이다. 여자의 말 '阳光宾馆怎么走?(양광호텔에 어떻게 가나요?)'에서 여자의 목적지가 '阳光宾馆(양광호텔)'임을 알 수 있다. '酒店'과 '宾馆' 모두 '호텔'을 나타내는 말이다.

女: 您好，请问，阳光宾馆怎么走?
男: 一直往前走，大约200米，走到第一个路口就能看到。

여: 안녕하세요. 좀 여쭤볼게요. 양광호텔은 어떻게 가나요?
남: 쭉 앞으로 가세요. 대략 200미터 정도요. 첫 번째 골목까지 가면 바로 볼 수 있어요.

问：女的要去哪儿?	질문: 여자는 어디에 가려 하는가?
A 长城 B 火车站 C 国家大剧院 **D 酒店**	A 만리장성 B 기차역 C 국립대극장 **D 호텔**

宾馆 bīnguǎn 몡 호텔 | ★ 大约 dàyuē 뷘 대략, 대강, 얼추 | 到 dào 꽤 ~까지 | 第一 dì yī ㈜ 첫째, 맨 처음 | 路口 lùkǒu 몡 길목, 갈림길 | ★ 长城 Chángchéng 고유 만리장성 | 剧院 jùyuàn 몡 극장

'숙박 시설'을 나타내는 어휘로 '酒店 jiǔdiàn' '饭店 fàndiàn' '宾馆 bīnguǎn' '旅馆 lǚguǎn'이 있다.
❶ 酒店 jiǔdiàn '大'를 붙여 호화호텔을 일컫기도 함
❷ 饭店 fàndiàn 식당을 나타내기도 함
❸ 宾馆 bīnguǎn 한국의 모텔 정도의 시설
❹ 旅馆 lǚguǎn 여행자가 묵는 곳

7 B 핵심 키워드는 '王秘书(왕 비서)' '报告(보고서)' '复印(복사)'이다. 이 단어들과 연관성이 높고, 여자가 남자에게 복사를 시킬만한 장소로 가장 적당한 곳은 '办公室(사무실)'이다.

女：王[Wáng]秘书，帮我把这份报告复印好交给刘[Liú]经理。他一会儿开会要用这份报告。 男：好。我马上就去复印。	여: 왕(王) 비서, 나를 도와 이 보고서를 복사해서 리우(刘) 사장님께 전해 드리세요. 사장님께서 잠시 후 회의에서 이 보고서를 쓰시려고 해요. 남: 네. 바로 복사하러 가겠습니다.
问：对话最可能发生在哪儿?	질문: 대화는 어디에서 발생했을 가능성이 가장 높은가?
A 公园 **B 办公室** C 银行 D 地铁站	A 공원 **B 사무실** C 은행 D 지하철역

秘书 mìshū 몡 비서 | 帮 bāng 동 돕다 | ★ 份 fèn 양 부, 통, 권 [신문·잡지·문건 등을 세는 단위] | 报告 bàogào 몡 보고, 보고서 | ★ 复印 fùyìn 동 (복사기로) 복사하다 | 好 hǎo 혱 [동사 뒤에 쓰여, '동작이 완성되었거나 잘 마무리되었음'을 나타냄] | ★ 交 jiāo 동 건네주다, 건네다 | 给 gěi 꽤 ~에게 | 开会 kāihuì 동 회의를 열다 | 用 yòng 동 사용하다 | 马上 mǎshàng 뷘 곧, 즉시, 바로 | ★ 对话 duìhuà 몡 대화 | 可能 kěnéng 혱 가능하다 | ★ 发生 fāshēng 동 (원래 없던 현상이) 생기다, 일어나다 | 银行 yínháng 몡 은행 | 地铁站 dìtiězhàn 몡 지하철역

8 C 여자가 남자에게 '在卧室的沙发上(침실 소파 위에 있어)'이라고 열쇠의 위치를 알려 주었다. 이와 같이, '在+장소를 나타내는 말'을 사용하면 위치를 나타낼 수 있다. 단, 일반적으로 '沙发(소파)'와 같은 '사물'은 장소 역할을 하지 못하기 때문에 뒤에 방위명사(上/里 등)를 동반해 '在+사물+방위명사'의 형태로 쓴다.

男：我的钥匙怎么找不到了? 女：在卧室的沙发上，以后别再乱放东西了。	남: 내 열쇠를 왜 못 찾겠지? 여: 침실 소파 위에 있어. 앞으로 다시는 물건을 함부로 두지 마.
问：钥匙在哪儿?	질문: 열쇠는 어디에 있는가?
A 垃圾桶内 B 厨房 **C 沙发上** D 盒子里	A 쓰레기통 안 B 주방 **C 소파 위** D 상자 안

★钥匙 yàoshi 명 열쇠 | 到 dào 동 (동사 뒤에 쓰여, 동작이 '목적에 도달했거나 결과가 있음'을 나타냄) | 在 zài 동 ~에 있다 | 卧室 wòshì 명 침실 | ★沙发 shāfā 명 소파 | 以后 yǐhòu 앞으로, 이후 | 再 zài 부 다시 | ★乱 luàn 부 함부로, 제멋대로, 마구 | 放 fàng 동 놓다 | ★垃圾桶 lājītǒng 명 쓰레기통 | ★内 nèi 명 안, 안쪽, 속, 내부 | 厨房 chúfáng 명 주방 | ★盒子 hézi 명 작은 상자

● Day 05   ○ track 15

9 B   10 A   11 A   12 B   13 B   14 D   15 B   16 D

9 B 여자는 남자에게 '森林公园(삼림공원)'에 가서 '산책을 좀 하자(散散步)'고 제안했다. 공원의 명칭까지 정확히 들어 두지 않으면 실수하기 쉽다.

女: 今天阳光真好啊!	여: 오늘 햇빛이 정말 좋다!
男: 对啊, 这两天一直阴天。现在终于晴了。	남: 맞아. 요 며칠 계속 흐리더니 이제 드디어 맑아졌네.
女: 我们去森林公园散散步吧?	여: 우리 삼림공원에 가서 산책을 좀 하는 거 어때?
男: 太好了! 外面的空气一定非常好, 确实得出去走走。	남: 너무 좋지! 바깥 공기는 분명 아주 좋을 거야. 확실히 나가서 좀 걸어야 해.
问: 女的建议去哪儿?	질문: 여자는 어디에 가자고 제안하는가?
A 海洋公园　　B 森林公园	A 해양공원　　B 삼림공원
C 长江　　　　D 天安门	C 양쯔강　　　D 천안문

★阳光 yángguāng 명 햇빛 | 两天 liǎngtiān 며칠, 이삼일 [대략의 날짜를 표현함] | 一直 yìzhí 부 계속, 줄곧 | 阴天 yīntiān 명 흐린 날씨 | 终于 zhōngyú 부 마침내, 결국, 끝내 | 晴 qíng 형 (하늘이) 맑다 | ★森林 sēnlín 명 삼림, 숲, 산림 | 公园 gōngyuán 명 공원 | 散步 sànbù 동 산책하다 | 外面 wàimiàn 명 밖, 바깥 | ★空气 kōngqì 명 공기 | 确实 quèshí 부 정말로, 확실히, 절대로 | 得 děi 조동 ~해야 한다 | ★建议 jiànyì 동 (자기의 주장·의견을) 제기하다, 제안하다, 건의하다 | ★海洋 hǎiyáng 명 해양, 바다 | 长江 Chángjiāng 고유 양쯔강, 창장 | ★天安门 Tiān'ānmén 고유 천안문, 톈안먼

10 A 가이드와 여행객의 대화이다. 대화 마지막 부분에서 여자 가이드는 남자에게 '公园入口(공원 입구)'로 오라고 알려 줬다.

男: 喂! 导游, 我刚才去洗手间了。出来就找不到大家了。	남: 여보세요! 가이드님, 제가 방금 화장실에 갔었는데 나와 보니 모두를 찾을 수가 없네요.
女: 我也正在找你呢。给你打电话也一直占线。	여: 저도 당신을 찾고 있었어요. 당신에게 전화를 걸어도 계속 통화 중이시더라고요.
男: 那大家现在在哪儿?	남: 그럼 모두들 지금 어디에 있나요?
女: 公园入口这里。你快过来吧。	여: 공원 입구에 있어요. 얼른 오세요.
问: 女的让男的去哪儿找她?	질문: 여자는 남자에게 어디로 가서 그녀를 찾으라고 하는가?
A 公园入口　　B 街道对面	A 공원 입구　　B 길 맞은편
C 海洋馆　　　D 大使馆门口	C 수족관　　　　D 대사관 입구

喂 wéi 감 (전화상에서) 여보세요 | ★导游 dǎoyóu 명 가이드, 관광 안내원 | 刚才 gāngcái 명 지금, 막, 방금 | 洗手间 xǐshǒujiān 명 화장실 | 就 jiù 부 바로 [사실이 '바로 그러함'을 나타냄] | 找 zhǎo 동 찾다, 구하다 | 到 dào 동 [동사 뒤에서 보어로 쓰여 동작이 목적에 도달하거나 결과가 있음을 나타냄] | 正在 zhèngzài 부 지금 ~하고 있다 | 给 gěi 개 ~에게 | ★占线 zhànxiàn 동 (전화 선로가) 통화 중이다, 사용 중이다 | 在 zài 동 ~에 있다 | ★入口 rùkǒu 명 입구 | 让 ràng 동 (어떤 일을) 하게 하다, 하도록 하다 | 街道 jiēdào 명 거리, 대로, 큰길 | ★对面 duìmiàn 명 맞은편, 건너편

| 海洋馆 hǎiyángguǎn 몡 수족관 | ★大使馆 dàshǐguǎn 몡 대사관, 영사관 | 门口 ménkǒu 몡 입구

11 A 대화에서 장소가 직접적으로 언급되지 않아 대화의 흐름과 상황을 종합적으로 이해해야 하는 유형의 문제이다. 나갈 때 '방 안의 쓰레기(房间里的垃圾)'를 버려 달라는 여자의 말에서 이 대화가 '家里(집 안)'에서 이뤄지고 있음을 유추해 낼 수 있다.

男：外面下雪了，我们出去玩玩儿吧。	남: 밖에 눈이 내려. 우리 나가서 좀 놀자.
女：我不去，天气太冷了。	여: 나는 안 갈래. 날씨가 너무 추워.
男：知道了。那我去外面走走。	남: 알겠어. 그럼 나는 밖에 나가 좀 걸을게.
女：那你出去时把房间里的垃圾也扔了吧。	여: 그러면 너 나갈 때 방 안의 쓰레기도 좀 버려 줘.
问：他们最可能在哪儿？	질문: 그들은 어디에 있을 가능성이 가장 높은가?
A 家里 B 机场	**A 집 안** B 공항
C 咖啡厅 D 地铁站	C 카페 D 지하철역

把 bǎ 께 ~를 [처치의 결과를 나타냄] | 房间 fángjiān 몡 방 | ★垃圾 lājī 몡 쓰레기 | ★扔 rēng 동 내버리다 | 可能 kěnéng 혱 가능하다 | 在 zài 동 ~에 있다 | 家 jiā 몡 집 | 里 li 몡 안 | 机场 jīchǎng 몡 공항, 비행장 | 咖啡厅 kāfēitīng 몡 커피숍 | 地铁站 dìtiězhàn 몡 지하철역

12 B '信用卡(신용카드)'를 챙겼다는 여자의 말에 남자가 '超市(슈퍼마켓)'가 곧 문을 닫을 것이라고 답하는 것에서 그들이 가려는 곳이 '超市(슈퍼마켓)'임을 알 수 있다.

男：带150块钱够吗？	남: 150위안을 가져가면 충분할까?
女：不用带现金，我带信用卡了。	여: 현금은 가져갈 필요 없어. 내가 신용카드를 챙겼어.
男：好的。那我们快一点儿走吧。超市马上就要关门了。	남: 알겠어. 그럼 우리 좀 빨리 가자. 슈퍼마켓이 곧 문을 닫을 거야.
女：等一会儿。我再拿个购物袋。	여: 잠시 기다려. 내가 장바구니도 챙길게.
问：他们要去哪儿？	질문: 그들은 어디에 가려 하는가?
A 邻居家 **B 超市**	A 이웃집 **B 슈퍼마켓**
C 医院 D 药店	C 병원 D 약국

带 dài 동 (몸에) 지니다, 휴대하다 | ★够 gòu 혱 충분하다, 넉넉하다 | 不用 búyòng 뷔 ~할 필요가 없다 | ★现金 xiànjīn 몡 현금 | 信用卡 xìnyòngkǎ 몡 신용카드 | 超市 chāoshì 몡 슈퍼마켓 | 马上 mǎshàng 뷔 곧, 즉시, 바로 | 就要……了 jiùyào……le 곧 ~하다 | 关门 guānmén 동 문을 닫다, 영업을 마치다 | 再 zài 뷔 더, 별도로 | 拿 ná 동 (손으로) 쥐다, 잡다, 가지다 | 购物袋 gòuwùdài 몡 장바구니 | 要 yào 조동 ~하려고 하다 | 邻居 línjū 몡 이웃집, 이웃 사람 | 药店 yàodiàn 몡 약국

13 B '휴대폰을 마지막으로 어디에서 사용했냐'는 여자 가이드의 질문에 대한 남자 손님의 대답 '我记得刚才在餐厅还用它发短信了呢(방금 식당에서 휴대폰으로 문자 메시지를 보낸 것이 기억나요)'를 통해 '휴대폰'은 '식당'에 있을 가능성이 가장 크다는 것을 알 수 있다.

男: 导游, 我的手机不见了。	남: 가이드님, 제 휴대폰이 없어졌어요.
女: 你仔细想想, 最后在哪儿用的?	여: 자세히 생각해 봐요. 마지막으로 어디에서 사용했나요?
男: 我记得刚才在餐厅还用它发短信了呢!	남: 방금 식당에서 휴대폰으로 문자 메시지를 보낸 것이 기억나요!
女: 别着急, 我帮你联系一下那儿的服务员。	여: 조급해하지 말아요. 제가 거기 점원한테 연락을 좀 해 볼게요.
问: 手机最可能在哪儿?	질문: 휴대폰은 어디에 있을 가능성이 가장 큰가?
A 宾馆　　　　　B 餐厅	A 호텔　　　　　B 식당
C 卫生间　　　　D 百货商店	C 화장실　　　　D 백화점

★**导游** dǎoyóu 명 가이드 | **不见** bújiàn 통 없어지다, 찾을 수가 없다 | ★**仔细** zǐxì 형 세심하다, 꼼꼼하다 | **想** xiǎng 통 생각하다 | **最后** zuìhòu 명 제일 마지막, 최후 | **在** zài 개 ~에(서), ~에 있어서 | **用** yòng 통 사용하다, 쓰다 | **记得** jìde 통 기억하고 있다 | ★**餐厅** cāntīng 명 식당 | **发** fā 통 보내다 | **短信** duǎnxìn 명 문자 메시지 | **着急** zháojí 통 조급해하다 | **帮** bāng 통 돕다, 거들다 | ★**联系** liánxì 통 연락하다 | **一下** yíxià 수량 시험 삼아 해 보다, 좀 하다 | ★**服务员** fúwùyuán 명 종업원 | **可能** kěnéng 형 가능하다 | **宾馆** bīnguǎn 명 호텔 | ★**卫生间** wèishēngjiān 명 화장실 | **百货商店** bǎihuò shāngdiàn 명 백화점

14 D 여자의 말 '王府井站就在前面(왕푸징 역이 바로 앞에 있어)'에서 답을 유추할 수 있다. '站'은 대중교통이 멈추는 역을 가리키는 말로, 보기 중 가장 적절한 것은 '地铁站(지하철역)'뿐이다.

男: 我们走错方向了吧? 是不是该往左走?	남: 우리 잘못된 방향으로 온 거지? 왼쪽으로 가야 하는 거 아냐?
女: 不是, 你看地图, 王府井站就在前面。	여: 아니야. 지도를 봐, 왕푸징 역이 바로 앞에 있어.
男: 可是我记得应该经过一家银行啊!	남: 그런데 내가 기억하기로는 은행 하나를 지나야 하거든!
女: 是, 再走差不多800米就可以看见银行了。	여: 맞아. 800미터 정도 더 가면 은행이 보일 거야.
问: 他们最可能要去哪儿?	질문: 그들은 어디로 가고 있을 가능성이 가장 큰가?
A 首都剧院　　　B 邮局	A 수도극장　　　B 우체국
C 银行　　　　　D 地铁站	C 은행　　　　　D 지하철역

走错 zǒucuò 통 길을 잘못 들다 | ★**方向** fāngxiàng 명 방향 | **该** gāi 조동 ~해야 한다 | **往** wǎng 개 ~쪽으로, ~를 향해 | **地图** dìtú 명 지도 | **王府井** Wángfǔjǐng 고유 왕푸징 [베이징에 위치한 번화가] | **在** zài 통 ~에 있다 | ★**可是** kěshì 접 그러나, 그런데 | **应该** yīnggāi 조동 ~해야 한다 | **经过** jīngguò 통 지나다, 거치다 | **家** jiā 양 가정·가게·기업 따위를 세는 양사 | **银行** yínháng 명 은행 | **再** zài 부 더 [추가의 의미] | ★**差不多** chàbuduō 부 거의, 대체로, 보통 | **米** mǐ 양 미터(m) | ★**首都** shǒudū 명 수도 | **剧院** jùyuàn 명 극장 | ★**邮局** yóujú 명 우체국

15 B 남자가 '广播(방송)'를 해서 여자의 딸을 찾는 데 도움을 주려고 한다는 점에서 이들이 '广播室(방송실)'에서 대화 중임을 알 수 있다.

| 女: 先生, 怎么办? 我女儿走丢了! | 여: 선생님, 어떡해요? 제가 딸을 잃어버렸어요! |
| 男: 您先别着急, 我帮您广播找一下, 请说一下您女儿的特点。 | 남: 우선 조급해하지 마세요. 제가 당신을 도와 방송해서 좀 찾아 볼게요. 당신 딸의 특징을 좀 말해 주시겠어요? |

女：她8岁，身高一米四左右，穿绿色上衣，戴着深蓝色的帽子。
男：好，我这就帮您广播。

여: 8살이고, 키는 140 정도에, 초록색 상의를 입었고, 짙은 푸른색 모자를 쓰고 있어요.
남: 네. 제가 지금 (당신을 도와) 방송할게요.

问：对话最可能发生在哪儿？
A 洗手间　　　　　B 广播室
C 客厅　　　　　　D 出租车

질문: 대화는 어디에서 일어났을 가능성이 가장 큰가?
A 화장실　　　　　B 방송실
C 거실　　　　　　D 택시

怎么办 zěnme bàn 어떡해? 어찌하냐? | ★**丢** diū 图 잃어버리다 | ★**先** xiān 图 우선, 먼저 | ★**广播** guǎngbō 图 방송하다 | ★**特点** tèdiǎn 图 특징, 특성 | **身高** shēngāo 图 키 | ★**左右** zuǒyòu 图 가량, 안팎, 내외 [수량사 뒤에 쓰여 '대략적인 수'를 나타냄] | **绿色** lǜsè 图 녹색 | **上衣** shàngyī 图 상의 | ★**戴** dài 图 쓰다, 착용하다 | ★**深** shēn 图 (색깔이) 짙다 | **蓝色** lánsè 图 푸른색 | **帽子** màozi 图 모자 | ★**对话** duìhuà 图 대화 | ★**发生** fāshēng 图 발생하다 | **广播室** guǎngbōshì 图 방송실 | ★**客厅** kètīng 图 거실

16　D 대화 초반의 여자의 말 '高速公路上不是不让停车吗?(고속도로에서 차를 못 멈추게 하지 않아?)'에서 여자와 남자가 '高速公路(고속도로)'에 있음을 유추할 수 있다.

女：你怎么突然停下来了，高速公路上不是不让停车吗？
男：车上有奇怪的声音，不知道怎么回事。
女：昨天刚修理过，怎么回事啊。
男：就是啊，我下去看看。

여: 어째서 갑자기 멈췄지, 고속도로에서는 차를 못 멈추게 하지 않아?
남: 차에서 이상한 소리가 나는데, 어떻게 된 일인지 모르겠어.
여: 어제 막 수리했는데 왜 그러지.
남: 그러니까 말이야. 내가 내려서 좀 볼게.

问：他们现在在哪儿？
A 火车站　　　　　B 地铁上
C 汽车站　　　　　D 高速公路上

질문: 그들은 지금 어디에 있나?
A 기차역　　　　　B 지하철
C 정류장　　　　　D 고속도로

突然 tūrán 图 갑자기, 난데없이 | ★**停** tíng 图 멈추다, 서다 | **下来** xiàlai 图 [동사 뒤에 쓰여 '동작의 완성이나 결과'를 나타냄] | ★**高速公路** gāosù gōnglù 图 고속도로 | **让** ràng 图 (어떤 일을) 하게 하다, 하도록 하다 | **奇怪** qíguài 图 이상하다 | **声音** shēngyīn 图 소리 | **怎么回事** zěnme huí shì 어떻게 된 일이지? | ★**刚** gāng 图 막, 방금 | ★**修理** xiūlǐ 图 수리하다 | **汽车站** qìchēzhàn 图 정류장

03 행동

본서 p.34

● Day 07   ● track 22

| 1 × | 2 × | 3 √ | 4 × | 5 B | 6 D | 7 D | 8 B |

1 × '서점 가는 버스는 맞은편에서 타야 하니(去书店的公共汽车应该在对面坐) 건너가자(过马路吧)'라는 화자의 말에서 그들이 '公共汽车(버스)'를 타려 한다는 사실을 알 수 있다.

姐姐，我们走错方向了，<u>去书店的公共汽车应该在对面坐</u>，正好前边有红绿灯，我们在那儿过马路吧。	누나, 우리 다른 방향으로 걸었어. 서점 가는 버스는 맞은편에서 타야 해. 마침 앞에 신호등이 있으니, 우리 저기서 길을 건너자.
★ 他们要坐地铁。 (X)	★ 그들은 지하철을 타려고 한다. (X)

★**方向** fāngxiàng 명 방향 | **书店** shūdiàn 명 서점 | **应该** yīnggāi 조동 ~해야 한다 | ★**对面** duìmiàn 명 맞은편, 건너편 | **坐** zuò 동 (교통수단을) 타다 | ★**正好** zhènghǎo 부 마침 | **前边** qiánbian 명 앞 | **红绿灯** hónglǜdēng 명 신호등 | **过** guò 동 건너다 | **马路** mǎlù 명 큰길, 대로 | **地铁** dìtiě 명 지하철

2 × 화자는 '보통화를 연습할(练习普通话)' 것이라고만 했지, '표준어 시험에 참가하겠다(参加普通话考试)'는 말은 하지 않았다. 녹음을 통해 정확히 알 수 있는 것만 답이 된다는 것을 기억하자.

我是南方人，普通话说得不标准。年底我打算去北京读书。<u>所以我想在开学以前，好好儿练习普通话，方便以后与同学交流。</u>	나는 남방 사람이어서 보통화(普通话)로 말하는 게 정확하지 않다. 연말에 나는 베이징에 가서 공부할 계획이라, 개학 전까지 보통화를 잘 연습해서 나중에 학교 친구들과 편하게 교류하고 싶다.
★ 他想报名参加普通话考试。 (X)	★ 그는 보통화 시험 보는 것을 신청하고 싶어 한다. (X)

南方 nánfāng 명 남방 [중국의 창장 유역과 그 남쪽 지역] | ★**普通话** pǔtōnghuà 명 현대 표준 중국어 | **标准** biāozhǔn 형 표준적이다 | **年底** niándǐ 명 연말 | **打算** dǎsuàn 동 ~할 생각이다, ~하려고 하다 | **读书** dúshū 동 공부하다 | **所以** suǒyǐ 접 그래서, 그러므로 | **开学** kāixué 동 개학하다 | **以前** yǐqián 명 이전, 예전 | **好好(儿)** hǎohāo(r) 잘, 충분히, 최대한 | **练习** liànxí 동 연습하다, 익히다 | **方便** fāngbiàn 동 편리하게 하다 | **以后** yǐhòu 명 이후 | ★**与** yǔ 개 ~와 | ★**交流** jiāoliú 동 교류하다, 서로 소통하다 | ★**报名** bàomíng 동 신청하다, 등록하다, 지원하다 | **参加** cānjiā 동 (어떤 조직이나 활동에) 참가하다, 가입하다 | **考试** kǎoshì 명 시험

3 √ 화자가 여기는 바람이 많이 부니 '去对面的咖啡厅等他吧(맞은편의 커피숍에 가서 그를 기다리자)'라고 하였다. 보기의 '咖啡馆儿' 역시 '커피숍'을 가리키는 말이며, '建议'와 '吧'는 모두 상대방에게 '제안'할 때 쓰는 표현이다.

| 小黄[Xiǎo Huáng]打电话说，路上堵车了，让咱们稍等一会儿。这儿风太大了，咱们别站在这里，<u>去对面的咖啡厅等他吧</u>。 | 샤오황[小黄]이 전화를 걸어 와서, 길에 차가 막힌다고 우리 보고 잠시 기다리라고 말했어. 여기는 바람이 너무 많이 부니까, 우리 여기에 서 있지 말고 <u>맞은편의 커피숍에 가서 그를 기다리자</u>. |

★ 他建议去咖啡馆儿等小黄。（√）　　★ 그는 카페에 가서 샤오황을 기다리자고 제안한다.（√）

路上 lùshang 몡 길 위 | ★ 堵车 dǔchē 동 교통이 꽉 막히다, 교통이 체증되다 | 让 ràng 동 (어떤 일을) 하게 하다, 하도록 하다 | ★ 咱们 zánmen 대 우리(들) | 稍 shāo 부 약간, 조금, 잠깐 | 风 fēng 명 바람 | 站 zhàn 동 서다 | ★ 对面 duìmiàn 명 맞은편, 건너편 | 咖啡厅 kāfēitīng 명 커피숍, 카페 | ★ 建议 jiànyì 동 (자기의 주장·의견을) 제기하다, 제안하다, 건의하다 | 咖啡馆儿 kāfēiguǎnr 명 카페, 커피숍

4 X 화자가 '爸爸一个小时后会送我们去机场(아버지가 한 시간 후에 우리를 공항까지 바래다주실 거야)'라고 하였으므로, 짐을 정리할 시간은 아직 한 시간 정도 있다. 따라서 '그녀들이 짐을 정리할 시간이 없다'고는 볼 수 없다.

我的行李箱已经整理好了。你再仔细检查一下你的行李。千万别忘了带你的护照，航班是早上七点的。爸爸一个小时后会送我们去机场。	내 짐 가방은 이미 다 정리했어. 너 다시 한번 네 짐을 꼼꼼히 살펴봐. 여권 챙기는 거 절대 잊으면 안 돼. 항공편은 오전 7시야. 아버지가 한 시간 후에 우리를 공항까지 바래다주실 거야.
★ 她们来不及收拾行李。（X）	★ 그녀들은 짐을 정리할 시간이 없다.（X）

行李箱 xínglǐxiāng 명 트렁크, 여행용 가방 | ★ 整理 zhěnglǐ 동 정리하다 | 好 hǎo 형 [동사 뒤에 쓰여, '동작이 완성되었거나 잘 마무리되었음'을 나타냄] | 再 zài 부 다시 | ★ 仔细 zǐxì 형 꼼꼼하다, 세심하다 | 检查 jiǎnchá 동 확인하다, 검사하다, 점검하다 | 一下 yíxià 수량 시험 삼아 해 보다, 좀 하다 | 行李 xíngli 명 짐, 여행 짐 | ★ 千万 qiānwàn 부 절대로, 꼭, 반드시 | 忘 wàng 동 (마땅히 해야 할 일을) 잊다 | 带 dài 동 (몸에) 지니다, 휴대하다 | 护照 hùzhào 명 여권 | ★ 航班 hángbān 명 항공편, 운항편 | 会 huì 조동 ~할 것이다, ~할 가능성이 있다 | 机场 jīchǎng 명 공항, 비행장 | ★ 来不及 láibují 동 따라가지 못하다, 미처 ~(하지) 못하다 | ★ 收拾 shōushi 동 정리하다, 꾸리다, 거두다

5 B 여자는 '经理(사장님)'에게 두 손님이 '광고에 대해 이야기하러 왔다(是来和您谈广告的)'고 전했다. '是……的' 강조문에 핵심 내용이 들어 있는 경우가 많다.

女: 经理，外面有两位客人找您，他们说是来和您谈广告的。 男: 是李[리]先生他们吧? 快请他们进来。	여: 사장님, 밖에 손님 두 분이 사장님을 찾으십니다. 사장님과 광고에 대해 이야기하러 오셨다고 합니다. 남: 리[李] 선생님 일행분들이시죠? 어서 그분들을 들어오시게 하세요.
问: 李先生他们来做什么? A 送杂志 B 谈广告的事 C 道歉 D 打针	질문: 리 선생님 일행은 무엇을 하러 왔는가? A 잡지를 선물하기 위해 B 광고 일을 이야기하기 위해 C 사과하기 위해 D 주사를 맞기 위해

经理 jīnglǐ 명 사장, 경영 관리 책임자 | 外面 wàimiàn 명 바깥, 밖 | 位 wèi 양 분, 명 [공경의 뜻을 내포함] | 客人 kèrén 명 손님 | 找 zhǎo 동 찾다, 구하다 | 来 lái 동 [다른 동사 앞에 쓰여 어떤 일을 하려는 것을 나타냄] | ★ 谈 tán 동 말하다 | ★ 广告 guǎnggào 명 광고 | ★ 杂志 zázhì 명 잡지 | ★ 道歉 dàoqiàn 동 사과하다, 사죄하다 | ★ 打针 dǎzhēn 동 주사를 맞다

6 D 여자는 남자에게 좀 있다가 '邮件(메일)'을 보내 주기로 했다. '邮件'은 '电子邮件'의 줄임말로, 의미하는 바는 완전히 같다.

男：这份材料您还有吗？我的被小张[Xiǎo Zhāng]拿走了。 女：有，等一会儿我给你发邮件吧。	남: 이 자료를 더 가지고 있나요? 제 것은 샤오장[小张]이 가져갔어요. 여: 있어요. 잠시 후에 제가 이메일로 보내 드릴게요.
问：女的最可能要做什么？ A 复印材料　　　B 打印文件 C 发传真　　　　**D 发电子邮件**	질문: 여자는 무엇을 할 가능성이 가장 높은가? A 자료 복사하기　　B 문서를 인쇄하기 C 팩스 보내기　　　**D 이메일 보내기**

★**份** fèn 양 부, 통, 권 [신문·잡지·문건 등을 세는 단위] | ★**材料** cáiliào 명 자료 | **被** bèi 개 ~에게 ~를 당하다 | **拿走** názǒu 동 가지고 가다 | **给** gěi 개 ~에게 | **发** fā 동 발송하다 | **邮件** yóujiàn 명 우편물, 메일 | **可能** kěnéng 형 가능하다 | ★**复印** fùyìn 동 복사하다 | ★**打印** dǎyìn 동 인쇄하다 | ★**文件** wénjiàn 명 문서 | ★**传真** chuánzhēn 명 팩스 | **电子邮件** diànzǐ yóujiàn 명 이메일, 전자우편

7 D 왜 쓰레기를 버리지 않았냐는 여자의 질문에 남자는 원래는 물건을 사러 나가는 김에 '쓰레기를 버리려(扔垃圾)' 했으나 결국(结果) 잊었다고 했다.

女：我们房间里的垃圾桶都满了，你怎么没扔掉？ 男：我本来打算刚才出去买东西的时候顺便倒垃圾的，结果还是忘了。	여: 우리 방 안의 쓰레기통이 꽉 찼는데, 너는 어째서 (쓰레기를) 내다 버리지 않았니? 남: 원래는 방금 전에 물건을 사러 나가는 김에 쓰레기를 버리려 했는데, 결국 잊어버렸어.
问：男的忘了做什么？ A 买勺子　　　B 理发 C 擦盘子　　　**D 扔垃圾**	질문: 남자는 무엇을 하는 것을 잊었는가? A 숟가락 사기　　B 이발하기 C 쟁반 닦기　　　**D 쓰레기 버리기**

房间 fángjiān 명 방 | ★**垃圾桶** lājītǒng 명 쓰레기통 | ★**满** mǎn 형 가득차다, 가득하다 | ★**扔** rēng 동 내버리다 | ★**掉** diào 동 ~해 버리다, 해치우다 | ★**本来** běnlái 부 원래, 본래 | **刚才** gāngcái 명 방금, 막, 지금 막 | **买** mǎi 동 사다, 구매하다 | ★**顺便** shùnbiàn 부 ~하는 김에, 겸사겸사 | ★**倒** dào 동 따르다, 쏟다, 붓다 | **垃圾** lājī 명 쓰레기 | **结果** jiéguǒ 접 결국 | **还是** háishi 부 의외로, 뜻밖에 | ★**忘** wàng 동 잊다, 망각하다 | ★**勺子** sháozi 명 수저 | ★**理发** lǐfà 동 이발하다 | ★**擦** cā 동 닦다 | **盘子** pánzi 명 쟁반

8 B 여자가 '报名表(신청서)' 상의 개인 정보가 정확해야 한다고 하자 남자는 다시 한번 '검토(检查)'해 보겠다고 했다.

女：这张报名表上的个人信息一定要填写准确，交上来后就不可以改了。 男：谢谢你的提醒，那么我再检查一遍。	여: 이 신청서 상의 개인 정보는 반드시 정확하게 기입하셔야 해요. 제출하신 후에는 바꿀 수 없어요. 남: 일깨워 주셔서 감사합니다. 그럼 다시 한번 검토해 보겠습니다.
问：男的接下来可能要做什么？ A 打印表格　　**B 检查报名表** C 交费　　　　D 改密码	질문: 남자는 앞으로 무엇을 할 것인가? A 표 인쇄하기　　　**B 신청서 검토하기** C 비용 지불하기　　D 비밀번호 바꾸기

张 zhāng 양 장 [종이나 가죽 등을 세는 단위] | 报名表 bàomíngbiǎo 명 신청서 | 个人 gèrén 명 개인 | ★信息 xìnxī 명 정보 | 一定 yídìng 부 반드시, 필히, 꼭 | 填写 tiánxiě 동 (일정한 양식에) 써 넣다, 기입하다 | ★准确 zhǔnquè 형 정확하다, 확실하다, 틀림없다, 꼭 맞다 | ★交 jiāo 동 제출하다, 건네다, 건네주다 | 就 jiù 부 [강조를 나타냄] | 改 gǎi 동 고치다 | ★提醒 tíxǐng 동 일깨우다, 깨우치다, 주의를 환기시키다 | 那么 nàme 접 그렇다면, 그러면 | 再 zài 부 다시 | 检查 jiǎnchá 동 검사하다 | ★遍 biàn 양 번, 차례, 회 | 接下来 jiēxiàlái 다음으로, 이어서 | ★表格 biǎogé 명 표 | 交费 jiāofèi 동 비용을 지불하다 | ★密码 mìmǎ 명 비밀번호

● **Day 08** ● track 23

9 A   10 A   11 C   12 C   13 C   14 A   15 C   16 B

9 A 의사는 남자에게 '最好十一点半之前就入睡(11시 반 전에 잠드는 것이 가장 좋아요)'라며 '좀 더 일찍 잠을 잘 것(早点儿睡觉)'을 제안했다. '最好'는 완곡하게 제안, 건의하는 표현이다.

男：医生，我这几天睡觉时总做梦，而且醒得特别早。
女：你一般都几点睡觉?
男：大概两点多。
女：太晚了，最好十一点半之前就入睡。

问：医生让男的怎么做?

A 早点儿睡觉　　　B 学跳舞
C 少吃糖　　　　　D 睡前喝牛奶

남: 의사 선생님, 저는 요 며칠 잠을 잘 때 항상 꿈을 꾸고, 게다가 아주 일찍 깨요.
여: 보통 몇 시에 주무시나요?
남: 대략 2시 정도예요.
여: 너무 늦어요. 11시 반 전에 잠드는 것이 가장 좋아요.

질문: 의사는 남자에게 어떻게 하라고 하는가?

A 조금 일찍 잠자기　　B 춤 배우기
C 설탕 적게 먹기　　　D 자기 전에 우유 마시기

睡觉 shuìjiào 동 (잠을) 자다 | 总 zǒng 부 늘, 줄곧, 언제나, 내내 | 做梦 zuòmèng 동 꿈을 꾸다 | 而且 érqiě 접 게다가, 뿐만 아니라, 또한 | ★醒 xǐng 동 잠에서 깨다 | 得 de 조 [동사나 형용사 뒤에 쓰여 결과나 정도를 나타내는 보어와 연결시킴] | 特别 tèbié 부 아주 | 早 zǎo 형 이르다 | 一般 yìbān 형 보통이다, 일반적이다 | ★大概 dàgài 부 대개, 아마 | 多 duō 수 [수량사 뒤에 쓰여] ~여, ~남짓 | ★最好 zuìhǎo 부 ~하는 게 제일 좋다, 가장 바람직한 것은, 제일 좋기는 | 之前 zhīqián 명 ~이전, ~의 앞 | 就 jiù 부 곧, 즉시, 바로 | 入睡 rùshuì 동 잠들다 | 让 ràng 동 (어떤 일을) 하게 하다, 하도록 하다 | 点(儿) diǎn(r) 양 약간 | 跳舞 tiàowǔ 동 춤을 추다 | ★糖 táng 명 설탕 | 睡 shuì 동 (잠을) 자다

10 A 남자는 여자에게 이 '箱子(상자)'는 좀 무거우니 함께 들자고(一起抬) 제안했다. '挂衣服(옷을 걸다)'는 남자가 여자에게 시킨 행동이 아니니 헷갈리지 말자.

女：箱子都搬进来了吗?
男：只剩一个了，这个有点儿重。我自己搬不动。你得跟我一起抬一下。
女：好。我先把衣服挂起来。
男：行。别着急。

问：男的想让女的做什么?

A 抬箱子　　　B 挂衣服
C 取报纸　　　D 扔盒子

여: 상자를 모두 옮겨 왔어?
남: 딱 하나 남았는데, 이건 조금 무거워. 나 혼자서는 못 옮기겠어. 네가 나와 함께 좀 들어 줘야 해.
여: 좋아. 일단 옷을 걸어 둘게.
남: 알았어. 서두르지 마.

질문: 남자는 여자에게 무엇을 시키고 싶은가?

A 상자 들기　　　B 옷 걸기
C 신문 가져오기　D 박스 버리기

箱子 xiāngzi 명 상자, 박스 | 搬 bān 동 (비교적 크거나 무거운 것을) 옮기다, 운반하다 | 只 zhǐ 부 겨우, 오직, 단지 | ★剩 shèng 동 남다, 남기다 | 有点儿 yǒudiǎnr 부 조금, 약간 | ★重 zhòng 형 무겁다 | 不动 budòng ~하지 못하다 [동사 뒤에 쓰여 동작이 '효과에 미치지 못함'을 나타냄]

★**得** děi 조동 ~해야 한다 | **跟** gēn 개 ~와 | ★**抬** tái 동 (두 사람 이상이) 맞들다, 함께 들다 | **一下** yíxià 수량 시험 삼아 해 보다, 좀 하다 | **先** xiān 부 먼저, 우선 | **把** bǎ 개 ~를 [처치의 결과를 나타냄] | **挂** guà 동 (고리·못 따위에) 걸다 | **起来** qǐlai 동 [동사 뒤에 쓰여 '위로 향함'을 나타냄] | ★**行** xíng 형 좋다, 괜찮다, 충분하다 | **着急** zháojí 동 조급해하다, 초조해하다 | **想** xiǎng 조동 ~하고 싶다 | ★**取** qǔ 동 가지다, 취하다, 찾다 | **报纸** bàozhǐ 명 신문 | ★**扔** rēng 동 내버리다 | ★**盒子** hézi 명 작은 상자

11 C

'先A再B'는 '먼저 A하고 나서 B하다'라는 뜻으로 '행동의 순서'를 나타내는 표현이다. '先休息一会儿我们再一起收拾吧(우선 잠시 쉬고 같이 정리하자)'라는 남자의 제안에 여자는 결국 '好的(알겠어)'라고 동의했다.

男：客人都已经走了，快过来休息休息吧。
女：没事的，我先把厨房打扫干净再休息。
男：别着急，今天下午又没有什么事儿。<u>先休息一会儿我们再一起收拾吧</u>。
女：好的。

问：他们打算怎么做？
A 用塑料袋
B 做些饼干
C 等会儿再收拾
D 搬走桌子

남: 손님들은 모두 이미 갔어. 어서 와서 좀 쉬어.
여: 괜찮아. 먼저 주방을 깨끗하게 청소하고 나서 쉴게.
남: 서두르지 마. 오늘 오후에 아무 일도 없잖아. 우선 잠시 쉬고 우리 같이 정리하자.
여: 알겠어.

질문: 그들은 어떻게 할 계획인가?
A 비닐봉지를 쓸 것이다
B 과자를 좀 만들 것이다
C 좀 기다리다 다시 정리할 것이다
D 탁자를 옮길 것이다

客人 kèrén 명 손님 | **休息** xiūxi 동 쉬다, 휴식하다, 휴식을 취하다 | **没事** méishì 동 괜찮다, 관계없다, 상관없다 | ★**厨房** chúfáng 명 주방 | **打扫** dǎsǎo 동 청소하다, 깨끗이 정리하다 | **再** zài 부 ~한 뒤에, ~하고 나서 | **又** yòu 부 또, 다시, 거듭 | **事(儿)** shì(r) 명 일, 사정 | ★**收拾** shōushi 동 정리하다, 수습하다, 꾸리다 | **打算** dǎsuàn 동 계획하다, ~할 생각이다, ~하려고 하다 | ★**塑料袋** sùliàodài 명 비닐봉지 | ★**饼干** bǐnggān 명 비스킷, 과자 | **会儿** huìr 명 잠시, 잠깐 | **搬走** bānzǒu 동 옮겨가다, 이사하여 가다, 운반하여 가다

12 C

회사에 지원하러 온 여자와 안내원 남자의 대화이다. 잠시 후 면접이 있기는 하지만, 그에 앞서 '表를 작성해(填写表格)' 달라고 요청했다. '填表'와 '填写表格'는 모두 '표를 기재하다'라는 뜻이다.

女：您好，我是来这儿应聘的。
男：请坐吧，<u>您先填写一下这份表格</u>。
女：好的，你们要求带的资料我都带来了。现在给您吗？
男：现在不用，等一会儿面试的时候直接交给经理就行。

问：女的接下来可能要做什么？
A 打印材料   B 参加考试
C 填表   D 交材料

여: 안녕하세요. 저는 여기에 지원하러 왔어요.
남: 앉으세요. <u>먼저 이 표를 좀 작성해 주세요</u>.
여: 네. 가져오라고 요구하신 자료는 모두 가져왔어요. 지금 드리면 되나요?
남: 지금은 필요 없습니다. 잠시 후 면접 때 사장님께 직접 주시면 됩니다.

질문: 여자는 이어서 무엇을 할 것인가?
A 자료 인쇄하기   B 시험에 참가하기
C 표 작성하기   D 자료 제출하기

★**应聘** yìngpìn 동 지원하다, 초빙에 응하다 | **填写** tiánxiě 동 (일정한 양식에) 써 넣다 | ★**份** fèn 양 부, 통, 권 [신문·잡지·문건 등을 세는 단위] | ★**表格** biǎogé 명 표, 양식 | **好的** hǎode 감 좋아, 됐어 | **要求** yāoqiú 동 요구하다 | **带** dài 동 (몸에) 가지다, 지니다 | **资料** zīliào 명 자료 | **不用** búyòng 부 ~할 필요가 없다 | **面试** miànshì 동 면접시험을 보다 | ★**直接** zhíjiē 부 직접 | **交** jiāo 동 건네주다, 건네다 | **给** gěi 개 ~에게 | **经理** jīnglǐ 명 사장, 지배인, 경영 관리 책임자 | **就** jiù 부 ~면, ~인 이상 ~한 바에는 | ★**行** xíng 동 좋다 | **接下来** jiēxiàlai 다음으로, 이어서 | ★**打印** dǎyìn 동 인쇄하다 | ★**材料** cáiliào 명 자료 | **参加** cānjiā 동 (어떤 조직이나 활동에) 참가하다, 참여하다 | **考试** kǎoshì 명 시험

> **tip**
>
> '表 biǎo'와 관련된 빈출 표현
>
> **报名表** bàomíngbiǎo 지원서 | **申请表** shēnqǐngbiǎo 신청서
> **检查一遍** jiǎnchá yí biàn 한번 검토하다 | **重新写** chóngxīn xiě 다시 쓰다 | **交** jiāo 제출하다

13 C 여자의 말 '做出来((문제를) 풀어내다)'와 남자의 말 '这道题(이 문제)'를 통해 남자가 '문제를 풀고 있음'을 파악할 수 있다. 동사 '做'가 '(문제를) 풀다'라는 뜻으로도 쓰일 수 있음을 기억하자.

女: 两个城市之间的距离是多少? 做出来了吗?
男: 我还是不理解这道题的意思。
女: 别着急, 我再给你讲一遍。
男: 谢谢您。

问: 关于男的, 下列哪个正确?
A 没起床　　　B 写完作业了
C 在做题　　　D 戴着眼镜

여: 두 도시 간 거리는 얼마나 되니? 풀어냈니?
남: 저는 아직도 이 문제의 뜻을 이해하지 못하겠어요.
여: 조급해하지 마. 내가 너에게 다시 한번 설명해 줄게.
남: 감사합니다.

질문: 남자에 관하여 다음 중 올바른 것은?
A 일어나지 않았다　　　B 숙제를 다 했다
C 문제를 풀고 있다　　　D 안경을 쓰고 있다

城市 chéngshì 몡 도시 | **之间** zhījiān 몡 (~의) 사이 | ★**距离** jùlí 몡 거리, 간격 | **出来** chūlai 통 [동사 뒤에 쓰여 '동작이 완성되거나 실현됨'을 표시함] | **还是** háishi 뷔 아직도, 여전히 | ★**理解** lǐjiě 통 이해하다, 알다 | **道** dào 양 [문제나 명령 등을 세는 단위] | **意思** yìsi 몡 뜻, 의미 | **再** zài 뷔 다시 | **讲** jiǎng 통 설명하다, 말하다 | ★**遍** biàn 양 번, 차례 [한 동작의 처음부터 끝까지의 전 과정을 가리킴] | **关于** guānyú 개 ~에 관하여 | **下列** xiàliè 몡 아래에 열거한 | ★**正确** zhèngquè 혱 올바르다 | **写作业** xiě zuòyè 숙제를 하다 | **在** zài 뷔 지금 ~하고 있다 | ★**戴** dài 통 (몸에) 쓰다, 착용하다 | **着** zhe 조 ~하고 있다 | ★**眼镜** yǎnjìng 몡 안경

14 A 남자는 차가 막힐 것을 고려하여 여자에게 '要早点儿走(좀 일찍 가자)'라고 제안했다.

女: 这周六我哥哥打算来北京玩儿, 那时我们一起去爬长城, 好不好?
男: 好啊, 那样的话就要早点儿走, 要不, 会堵车的。
女: 从这里开车到长城需要多长时间?
男: 走高速公路大概七十多公里, 需要一个半小时左右。

问: 男的建议怎么做?
A 早点儿出发
B 请几天假
C 坐地铁
D 别穿皮鞋

여: 이번 주 토요일에 우리 오빠가 베이징에 와서 놀 계획이야. 그때 우리 같이 만리장성에 올라가자. 어때?
남: 좋아. 그렇다면 좀 일찍 가야 해. 안 그럼 차가 막힐 거야.
여: 여기서 만리장성까지 차로 얼마나 걸려?
남: 고속도로로 가면 대략 70여 킬로미터니까, 한 시간 반 정도 걸려.

질문: 남자는 어떻게 하자고 제안하는가?
A 조금 일찍 출발하자고
B 며칠 휴가를 내라고
C 지하철을 타자고
D 가죽 구두를 신지 말라고

周六 zhōuliù 몡 토요일 | **那时** nàshí 때 그때, 그 당시 | **爬** pá 동 오르다, 기어오르다 | ★**长城** Chángchéng 고유 만리장성 | **那样** nàyàng 때 그러하다, 저러하다 | **……的话** ……dehuà 조 ~하다면, ~이면 | **要** yào 조동 ~해야 한다 | **要不** yàobù 접 그렇지 않으면, 안 그러면 | **会** huì 조동 ~할 것이다 | ★**堵车** dǔchē 동 교통이 꽉 막히다 | **开车** kāichē 동 운전하다 | **需要** xūyào 동 필요하다, 요구되다 | ★**高速公路** gāosù gōnglù 몡 고속도로 | ★**公里** gōnglǐ 양 킬로미터 | ★**左右** zuǒyòu 몡 가량, 안팎, 내외 | **建议** jiànyì 동 제안하다, 건의하다 | ★**出发** chūfā 동 출발하다 | **请假** qǐngjià 동 (휴가·조퇴·외출·결근 등의 허락을) 신청하다 | **坐** zuò 동 (대중교통을) 타다 | **地铁** dìtiě 몡 지하철 | **皮鞋** píxié 몡 가죽 구두

15 C
대화 마지막 부분에서 남자가 '坐地铁不会晚的(지하철을 타면 늦지 않을 거야)'라고 했으므로 답이 C임을 유추할 수 있다. 여자의 첫마디 '开车去机场(운전해서 공항에 가다)'만 듣고 B를 선택해서는 안 된다.

女：我们自己开车去机场吗？ 男：现在路上堵车，开车去可能会迟到。 女：那坐地铁去来得及吗？ 男：还有两个小时，坐地铁不会晚的。	여: 우리가 직접 운전해서 공항에 가는 거야? 남: 지금 길이 막히니까 운전해서 가면 아마 늦을 거야. 여: 그럼 지하철을 타고 가면 제시간에 갈 수 있어? 남: 아직 두 시간이 있으니까 지하철을 타면 늦지 않을 거야.
问：男的打算怎么去机场？ A 骑自行车　　　B 开车 **C 坐地铁**　　　　D 坐公交车	질문: 남자는 어떻게 공항에 갈 예정인가? A 자전거를 타고　　B 운전하고 **C 지하철을 타고**　　D 버스를 타고

自己 zìjǐ 때 스스로, 자신 | **机场** jīchǎng 몡 공항 | **路上** lùshang 몡 길 위 | **迟到** chídào 동 지각하다 | ★**来得及** láidejí 동 늦지 않다, 제시간에 대어가다 | **还** hái 부 아직, 여전히 | **骑** qí 동 (동물이나 자전거 등에) 타다 | **自行车** zìxíngchē 몡 자전거 | **公交车** gōngjiāochē 몡 버스

16 B
남자가 여자에게 날씨가 좋으니 '배드민턴을 치자고(打羽毛球)' 제안했다. '打'는 손으로 하는 운동에 쓰이는 동사로, 구기 종목을 뒤에 붙여 표현하면 된다.

女：打开窗户，让阳光照进来吧。 男：好。天气真好，咱们去打一会儿羽毛球吧。 女：行啊。那房间我们回来再收拾吧。 男：好的。我去拿羽毛球。	여: 창문을 열어서 햇빛이 들어오게 하자. 남: 좋아. 날씨가 정말 좋은데, 우리 잠깐 배드민턴 치러 가자. 여: 좋아. 그럼 방은 우리 돌아와서 다시 정리하자. 남: 좋아. 내가 셔틀콕을 가지러 갈게.
问：男的建议去做什么？ A 打扫房间　　　**B 打羽毛球** C 骑马　　　　　D 打篮球	질문: 남자는 무엇을 하러 가자고 제안하는가? A 방을 정리하자고　　**B 배드민턴을 치자고** C 말을 타자고　　　　D 농구를 하자고

打开 dǎkāi 동 열다 | ★**窗户** chuānghu 몡 창문, 창 | ★**阳光** yángguāng 몡 햇빛 | ★**照** zhào 동 비추다 | **进来** jìnlai [동사 뒤에 쓰여 '동작이 화자 쪽으로 진행됨'을 나타냄] | ★**咱们** zánmen 때 우리들 | **打** dǎ 동 (놀이·운동) 하다 | ★**羽毛球** yǔmáoqiú 몡 배드민턴, 셔틀콕(배드민턴공) | **等A再B** děng A zài B A한 뒤에 B하다 | **房间** fángjiān 몡 방 | **拿** ná 동 (손으로) 가지다 | **马** mǎ 몡 말 | **打篮球** dǎ lánqiú 농구를 하다

04 관용어

듣기 제1·2·3부분 | 본서 p.39

● Day 10 ● track 30

1 √ 2 √ 3 √ 4 × 5 C 6 C 7 A 8 B

1 √ '有两下子'는 '실력이 대단하다'라는 의미를 나타내는 관용어로, 제시문의 '了不起(대단하다)'와도 뜻이 통한다.

> 小敏[Xiǎo Mǐn], 你孩子真有两下子! 听说 300多名学生参加了这次钢琴比赛, 她居然获得了第一名。真羡慕你呀!

> 샤오민[小敏], 네 아이 진짜 보통이 아니구나! 듣자 하니 3000여 명 학생이 이번 피아노 경연 대회에 참가했다던데, 놀랍게도 1등을 하다니. 정말 부럽다!

★ 她觉得小敏的孩子了不起。(√)
★ 그녀는 샤오민의 아이가 대단하다고 생각한다. (√)

有两下子 yǒu liǎngxiàzi 실력이 보통이 아니다, 꽤 솜씨가 있다 | **听说** tīngshuō 동 듣자 하니 | **多** duō 주 ~여, ~남짓 | **名** míng 양 명 | **参加** cānjiā 동 (어떤 조직이나 활동에) 참가하다, 참석하다, 참여하다 | **钢琴** gāngqín 명 피아노 | **比赛** bǐsài 명 시합, 경기 | **居然** jūrán 부 놀랍게도, 뜻밖에 | **获得** huòdé 동 얻다, 획득하다, 취득하다 | **第一名** dì yī míng 1등 | ★**羡慕** xiànmù 동 부러워하다, 탐내다 | ★**呀** ya 조 '啊(a)'가 앞 음절의 모음(a·e·i·o·u)의 영향을 받아 변화된 음 | **了不起** liǎobuqǐ 형 대단하다, 굉장하다, 비범하다

2 √ 'A包在我身上'은 'A라는 일을 내게 맡겨라'라는 뜻으로 어떤 일을 책임(负责)지려고 할 때 쓰는 표현이다. 화자는 이번 달에 '孩子的事(아이의 일)'를 자신이 맡겠다고 했다.

> 这个月的考试对你不是很重要吗? 这个月我来接送孩子去补习班学习吧, 你放心! 孩子的事包在我身上, 你安心准备考试就行了。

> 이번 달 시험이 너에게 중요하지 않아? 이번 달은 내가 아이를 학원에 데리고 다닐 테니 걱정 마! 아이 일은 나한테 맡기고 너는 마음 놓고 시험을 준비하면 돼.

★ 她这个月负责照顾孩子。(√)
★ 그녀는 이번 달에 아이를 돌보는 것을 책임진다. (√)

考试 kǎoshì 명 시험 | **重要** zhòngyào 형 중요하다 | **接送** jiēsòng 동 맞이하고 보내다 | **补习班** bǔxíbān 명 학원 | **放心** fàngxīn 동 마음을 놓다, 안심하다 | **事(儿)** shì(r) 명 일, 사정 | **包** bāo 동 일을 도맡다, 전적으로 책임지다 | **在** zài 개 ~(에서), ~에 있어서 | **身上** shēnshang 명 몸 | **安心** ānxīn 형 마음 놓다, 안심하다 | ★**行** xíng 형 좋다 | ★**负责** fùzé 동 책임지다 | **照顾** zhàogù 동 돌보다, 보살피다

3 √ 화자는 자신에게 또 업무를 주는 '小李'에게 불만을 표시하고 있다. 화자의 말 중 '给……出难题(~를 곤란하게 하다)'라는 표현은 '给……找麻烦'의 의미와 같다.

> 小李[Xiǎo Lǐ], 你不是说剩下的工作交给小南[Xiǎo Nán]就行了吗? 怎么又给我了? 我还有别的事要办, 你别再给我出难题了。

> 샤오리[小李], 너 남은 일을 샤오난[小南]에게 넘기면 된다고 말하지 않았어? 왜 또 나한테 주는 거야? 나 처리해야 할 다른 일이 더 있으니까 더 이상 나를 곤란하게 하지 마.

★ 小李给他找麻烦。(√)
★ 샤오리는 그에게 골칫거리를 만들어 준다. (√)

剩下 shèngxià 동 남다 | ★**交** jiāo 동 건네주다, 건네다 | **又** yòu 부 또, 다시 | **还** hái 부 또, 더 | **办** bàn 동 처리하다 | **再** zài 부 더 | **给……出难题** gěi……chū nántí ~를 (고의로) 곤란하게 하다 | **给……找麻烦** gěi……zhǎo máfan ~에게 골칫거리를 만들다, ~를 귀찮게 하다

04 관용어 21

4 X 어디에서 유학하면 좋을지 묻는 화자에게 아버지는 '스스로 결정하라(自己拿主意)'고 했지, 그를 어디로 보내겠다고 결정하지 않았다.

我想出国留学，所以问爸爸去英国好还是美国好。可是爸爸却让我自己拿主意。我该怎么选择呢？	내가 해외로 유학 가고 싶어서 아빠에게 영국이 좋은지 미국이 좋은지 여쭤봤더니, 아빠는 오히려 나에게 스스로 생각을 정하라고 하셨어. 나 어떻게 선택해야 하지?
★ 爸爸决定送他去美国。（X）	★ 아버지는 그를 미국으로 보내려고 결정하셨다.（X）

出国 chūguó 동 출국하다 | **留学** liúxué 동 유학하다 | **所以** suǒyǐ 접 그래서, 그러므로 | **英国** Yīngguó 고유 영국 | **还是** háishi 접 또는, 아니면 | **美国** Měiguó 고유 미국 | ★**可是** kěshì 접 그러나, 그런데 | ★**却** què 부 오히려, 도리어, 반대로, 그러나 | **让** ràng 동 (어떤 일을) 하게 하다, 하도록 하다 | **自己** zìjǐ 대 스스로, 자신, 자기 | **拿主意** ná zhǔyi 생각을 정하다 | **该** gāi 조동 ~해야 한다 | **选择** xuǎnzé 동 선택하다 | **决定** juédìng 동 결정하다

5 C '两口子'는 '부부'를 뜻하는 단어로, 앞에 '小'가 붙은 '小两口'는 '젊은 부부'를 의미한다. 다른 사람들은 부부끼리 왔는데 왜 샤오왕 없이 혼자 왔냐는 남자의 말에서 '小王'이 여자의 남편임을 알 수 있다. '两口子'는 '夫妻 fūqī' '夫妇 fūfù'로도 표현할 수 있다.

男：怎么只有你一个人？小王[Xiǎo Wáng]呢？人家可都是小两口一起来的啊。 女：他本来说好要跟我一起来的，可是我们正准备出门时李[Lǐ]经理来电话说有急事，让他去公司了。	남: 너 왜 혼자야? 샤오왕[小王]은? 다른 부부들은 다 같이 왔는데. 여: 원래 나랑 같이 오기로 했었는데, 우리가 딱 나가려고 할 때 리[李] 사장님이 전화로 급한 일이 있다며 그를 회사로 보냈어.
问：关于小王我们可以知道什么？ A 一会儿来 B 本来不想来 C 是女的丈夫 D 是银行职员	질문: 샤오왕에 관해 우리가 알 수 있는 것은 무엇인가? A 잠시 있다 온다 B 원래 오고 싶지 않았다 C 여자의 남편이다 D 은행원이다

人家 rénjiā 명 남, 타인 | **可** kě 부 [평서문에 쓰여 강조를 나타냄] | **小两口** xiǎo liǎngkǒu 젊은 부부 | ★**本来** běnlái 부 원래, 본래 | **好** hǎo 형 [동사 뒤에 쓰여, '동작이 완성되었거나 잘 마무리되었음'을 나타냄] | **要** yào 조동 ~하려고 하다, ~할 것이다 | **跟** gēn 개 ~와 | **正** zhèng 부 딱, 꼭, 마침 | **出门** chūmén 동 집을 나서다, 외출하다 | **经理** jīnglǐ 명 사장, 경영 관리 책임자 | **急事** jíshì 명 긴급한 사건, 급한 일 | **关于** guānyú 개 ~에 관해서 | **银行** yínháng 명 은행 | **职员** zhíyuán 명 직원

6 C '王经理(왕 매니저)'가 '吹牛(허풍 떨기)'를 좋아하는 사람이라는 여자의 말에 남자도 '可不是嘛(그렇지)'라며 동의를 표시하고 있다. '과장해서 말하다' '허풍 떨다'라는 뜻의 '说大话'는 '吹牛'와 의미가 서로 통한다.

女：我还以为王[Wáng]经理是个诚实的人，原来他爱吹牛啊。 男：可不是嘛！他说的话不能都相信。	여: 나는 왕[王] 매니저를 진실한 사람으로 생각했는데, 알고 보니 그 사람은 허풍 떨기를 좋아하는구나. 남: 그러게 말이야! 그 사람이 한 말을 다 믿으면 안 돼.

问：他们觉得王经理是个什么样的人？	질문: 그들은 왕 매니저가 어떤 사람이라고 생각하는가?
A 很诚实	A 성실하다
B 值得相信	B 믿을 만하다
C 爱说大话	C 허풍 떠는 것을 좋아한다
D 工作认真	D 일을 성실히 한다

还 hái 튄 여전히, 아직도, 아직 | ★以为 yǐwéi 동 ~인 줄 알았다 | ★诚实 chéngshí 형 진실하다, 참되다, 성실하다 | ★原来 yuánlái 튄 알고 보니 | 爱 ài 동 ~하기를 좋아하다 | 吹牛 chuīniú 동 허풍 떨다 | 可不是嘛 kěbushì ma 그렇지, 그렇고 말고 | 不能 bùnéng ~해서는 안 된다 | 相信 xiāngxìn 동 믿다, 신임하다, 신뢰하다 | 什么样 shénmeyàng 대 어떤 모양, 어떠한 | ★值得 zhíde 동 ~할 만하다 | 说大话 shuō dàhuà 허풍 떨다, 과장하다 | 认真 rènzhēn 형 진지하다, 진실하다

7 A 컴퓨터를 망가뜨렸다는 여자의 말에 남자는 '无所谓'라고 대답했다. '无所谓'는 '(어떤 결과가 생겨도) 괜찮다, 상관없다'라는 뜻으로 '不在乎(신경 쓰지 않다)'와 같은 의미이다.

女：对不起，小王[Xiǎo Wáng]。	여: 미안해, 샤오왕[小王].
男：怎么了？有什么事儿吗？	남: 왜 그래? 무슨 일 있어?
女：我把你的电脑弄坏了，真对不起。	여: 내가 네 컴퓨터를 망가뜨렸어. 정말 미안해.
男：无所谓，我早就要买新电脑了。	남: 괜찮아. 진작에 새 컴퓨터를 사려고 했었어.
问：男的是什么意思？	질문: 남자는 무슨 뜻인가?
A 不在乎 B 生气了	A 신경 쓰지 않는다 B 화가 났다
C 很可惜 D 不满意	C 아쉽다 D 불만이다

怎么了 zěnme le 어떻게 된 거야 | 事(儿) shì(r) 명 일, 사정 | 把 bǎ 개 ~를 [처치의 결과를 나타냄] | 弄坏 nònghuài 동 고장 내다 | 无所谓 wúsuǒwèi 괜찮다, 상관없다 | 早就 zǎojiù 튄 진작, 이미, 일찍이 | 买 mǎi 동 사다, 매입하다, 구매하다 | 意思 yìsi 명 뜻, 의미 | 不在乎 bú zàihu 마음에 두지 않다 | 生气 shēngqì 동 화내다, 성나다 | ★可惜 kěxī 형 아쉽다, 아깝다, 섭섭하다, 유감스럽다 | 满意 mǎnyì 형 만족하다, 만족스럽다

8 B 남자는 자기 팔에 난 상처를 단지 살이 좀 까졌을 뿐 '별거 아니라고(没事儿)' 생각하고 있다. 보기의 '不要紧'도 '별거 아니다' '괜찮다'라는 뜻을 나타낸다.

女：胳膊怎么了？	여: 팔은 어떻게 된 거야?
男：没事儿，打篮球的时候受伤了。	남: 별거 아냐. 농구할 때 다친 거야.
女：去过医院了吗？	여: 병원에는 갔어?
男：去了，就是擦破了点儿皮，休息几天就好了。	남: 갔어. 겨우 살이 조금 까진 것뿐이야. 며칠 쉬면 괜찮아.
问：根据对话，可以知道什么？	질문: 대화를 근거로 알 수 있는 것은 무엇인가?
A 男的伤得很严重	A 남자는 심하게 다쳤다
B 男的觉得不要紧	B 남자는 괜찮다고 생각한다
C 男的肚子疼得厉害	C 남자는 배가 매우 아프다
D 女的是医生	D 여자는 의사이다

★胳膊 gēbo 명 팔 | 没事儿 méishìr 괜찮다 | 打篮球 dǎ lánqiú 농구를 하다 | 受伤 shòushāng 동 부상당하다, 부상을 입다, 상처를 입다 |

就 jiù 囝 단지, 다만 [앞에 말한 것의 일부를 부정하거나 예외적인 것을 덧붙여 말할 때 씀] | ★擦 cā 동 스치다 | ★破 pò 동 찢어지다, 해지다, 망가지다, 깨지다 | 点(儿) diǎn(r) 양 약간 | 皮 pí 명 피부, 살갗 | 休息 xiūxi 동 휴식하다, 쉬다 | 天 tiān 명 하루, 날, 일 | 就 jiù 부 ~면, ~인 이상, ~한 바에는 | ★对话 duìhuà 명 대화 | 可以 kěyǐ 조동 ~할 수 있다 | 伤 shāng 동 다치다 | ★严重 yánzhòng 형 심하다, 심각하다 | 不要紧 búyàojǐn 형 괜찮다, 문제 될 것이 없다 | ★肚子 dùzi 명 (사람이나 동물의) 복부 | 疼 téng 형 아프다 | ★厉害 lìhai 형 심각하다, 지독하다

듣기 제1·2·3부분 05 어기·심정·태도

본서 p.44

● Day 12 ● track 37

| 1 √ | 2 ✗ | 3 √ | 4 √ | 5 D | 6 B | 7 D | 8 A |

1 √ 딸이 감기에 걸려서 '걱정된다(担心)'고 하였으므로 제시문과 일치한다.

女儿感冒了，我很担心，所以我和她去了医院，医生给她打针，女儿很害怕，而且一直哭着说不想打针。

딸이 감기에 걸려서 나는 걱정이 됐다. 그래서 나는 딸과 병원에 갔고, 의사 선생님은 딸에게 주사를 놓아 주었다. 딸은 무서워했고 계속 울면서 주사 맞기 싫다고 말했다.

★ 她很担心女儿。（√）

★ 그녀는 딸을 매우 걱정한다. (√)

感冒 gǎnmào 동 감기에 걸리다 | 担心 dānxīn 동 걱정하다, 염려하다 | 给 gěi 개 ~에게 | ★打针 dǎzhēn 동 주사를 놓다 | 害怕 hàipà 동 겁내다, 두려워하다 | 而且 érqiě 접 게다가, 뿐만 아니라, 또한 | 一直 yìzhí 부 계속, 줄곧 | 哭 kū 동 (소리 내어) 울다

2 ✗ 화자는 올해 여름은 너무 더우니 시원해지게 '바로 비가 오기를 바라고(希望马上就下场雨)' 있다.

今年夏天太热了！我从空调房里出来还不到5分钟，就出了一身汗。热得受不了！真希望马上就下场雨，能凉快一点儿。

올해 여름은 너무 더워! 에어컨 있는 방에서 나온 지 아직 5분도 안 됐는데 벌써 온몸에 땀이 났어. 참을 수 없을 정도로 더워! 좀 시원해지게 바로 비가 온다면 정말 좋겠어.

★ 他不希望下雨。（✗）

★ 그는 비가 오길 바라지 않는다. (✗)

今年 jīnnián 명 올해 | 夏天 xiàtiān 명 여름 | 空调 kōngtiáo 명 에어컨 | 房 fáng 명 방 | 还 hái 부 여전히, 아직도, 아직 | 就 jiù 부 벌써, 이미 | 一身 yìshēn 명 온몸, 전신 | ★汗 hàn 명 땀 | 受不了 shòubuliǎo 견딜 수 없다, 참을 수 없다 | 马上 mǎshàng 부 곧, 즉시, 바로 | ★场 cháng 양 [일의 경과·자연 현상 따위의 횟수를 셈] | ★凉快 liángkuai 형 시원하다, 서늘하다

3 ✓ 요즘 '小李(샤오리)'는 비즈니스에 문제가 생겨서 '总是发很大的脾气(항상 심하게 성질을 낸다)'라고 했으므로, '小李'가 요즘 '心情不好(기분이 좋지 않다)'라는 것을 알 수 있다. '性格(성격)'라는 뜻의 '脾气'는 '发脾气(성질을 내다)' 형태로 자주 활용되어 쓰인다.

小李[Xiǎo Lǐ]最近生意上出了些问题，总是发很大的脾气。其实，我也从来没见过他这个样子，我现在对他什么都不敢说。	샤오리[小李]가 요즘 비즈니스에 문제가 좀 생겨서 항상 심하게 성질을 내. 사실 여태껏 나도 그가 이러는 모습을 한 번도 본 적이 없어서 지금 그에게 무슨 말도 감히 할 수가 없어.
★ 小李最近心情不好。（ ✓ ）	★ 샤오리는 요즘 기분이 좋지 않다. (✓)

最近 zuìjìn 명 최근, 요즈음 ★**生意** shēngyi 명 비즈니스, 장사, 영업 **出** chū 동 발생하다, 생겨나다 **些** xiē 양 조금, 약간, 얼마쯤 **总是** zǒngshì 부 늘, 언제나, 줄곧 **发** fā 동 감정을 드러내다, 나타내다 ★**脾气** píqi 명 성질 **其实** qíshí 부 사실 ★**从来** cónglái 부 (과거부터) 지금까지, 여태껏 [주로 부정형으로 쓰임] ★**样子** yàngzi 명 (사람의) 모양, 모습, 태도 ★**敢** gǎn 조동 과감하게 ~하다 ★**心情** xīnqíng 명 감정, 마음, 기분

4 ✓ '등산하다'라는 뜻의 '爬(山)'이 나오는 것으로 보아 화자는 '女儿(딸)'과 등산 중인 듯하다. 화자가 딸에게 한 말 '别害怕(무서워하지 마)'에서 딸의 심리 상태를 알 수 있다.

女儿，你要勇敢点儿，这儿虽然很难爬，但是我拉着你的手爬上去，就不难了，别害怕！	딸아, 조금 더 용감해져 봐. 비록 여기가 오르기 어렵기는 하지만, 내가 네 손을 잡고 올라가 주면 어렵지 않아. 무서워하지 마!
★ 女儿很害怕。（ ✓ ）	★ 딸은 무서워한다. (✓)

★**勇敢** yǒnggǎn 형 용감하다 **点(儿)** diǎn(r) 양 약간 **虽然** suīrán 접 비록 ~하지만 **难** nán 형 ~하기 어렵다 **爬** pá 동 오르다, 기어오르다 **但是** dànshì 접 그러나, 그렇지만 ★**拉** lā 동 끌다, 당기다 **着** zhe 조 ~하면서 **害怕** hàipà 동 무서워하다, 겁내다, 두려워하다

> **tip** 이합동사이지만 동사만 단독으로 쓰여도 같은 의미를 나타내는 경우
> **爬(山)** pá(shān) 등산하다 | **开(车)** kāi(chē) 차를 운전하다 | **画(画儿)** huà(huàr) 그림을 그리다
> **逛(街)** guàng(jiē) 거리를 거닐며 구경하다, 아이쇼핑하다

5 D 남자는 여자의 말을 믿지 못하며 '你在和我开玩笑吧？(나랑 농담하는 거지?)'라며 놀라움을 드러내고 있다.

男：你说什么？我是第一名吗？你在和我开玩笑吧？ 女：当然不是。祝贺你！	남: 뭐라고 했어? 내가 일등이라고? 나랑 농담하는 거지? 여: 당연히 (농담) 아니지. 축하해!
问：男的对自己得了第一名，感觉怎么样？ A 十分难过　　B 特别开心 C 很失望　　　D 很吃惊	질문: 남자는 자신이 일등을 한 것에 대해 어떻다고 느끼는가? A 매우 괴롭다　　B 매우 기쁘다 C 실망하다　　　D 놀랍다

第一名 dì yī míng 일등 **在** zài 부 마침 ~하고 있다, 막 ~하고 있는 중이다 ★**开玩笑** kāi wánxiào 농담하다, 웃기다, 놀리다 **当然** dāngrán 부 당연히, 물론 ★**祝贺** zhùhè 동 축하하다 **自己** zìjǐ 대 자신, 자기, 스스로 ★**得** dé 동 얻다, 획득하다, 받다 ★**感觉** gǎnjué 명 감각, 느낌 ★**十分** shífēn 부 매우, 아주 **难过** nánguò 형 괴롭다, 고통스럽다, 슬프다 **特别** tèbié 부 특별히, 아주 ★**开心** kāixīn 형 기쁘다, 즐겁다 ★**失望** shīwàng 동 실망하다 ★**吃惊** chījīng 동 놀라다

6 **B** 여자는 '爱情电影(로맨스 영화)'에 대해 이야기를 꺼냈고, 남자는 여자가 언급한 '爱情电影(로맨스 영화)'에 대해 '太感人了(너무 감동적이다)'라고 평가했다. '感人'은 '让人感动(사람을 감동시키다)'이라는 의미이다.

女：那是一部非常老的爱情电影。记得那时我都看哭了。 男：是啊。我对这部电影印象也比较深。太感人了。 问：男的觉得那部电影怎么样？ A 非常流行 **B 让人感动** C 不够浪漫 D 很复杂	여: 그건 아주 오래된 로맨스 영화야. 그때 내가 보고 울었던 게 기억나. 남: 맞아. 나도 이 영화에 대한 인상이 비교적 깊어. 너무 감동적이야. 질문: 남자는 그 영화가 어떻다고 생각하는가? A 매우 유행한다 **B 사람을 감동하게 한다** C 충분히 낭만적이지 않다 D 매우 복잡하다

部 bù 양 부, 편 [서적이나 영화 편수 등을 세는 단위] | 老 lǎo 형 오래되다 | ★爱情 àiqíng 명 애정, 남녀 간의 사랑 | 记得 jìde 동 기억하고 있다, 잊지 않고 있다 | 啊 a 조 문장 끝에 쓰여 감탄·찬탄을 나타냄 | 印象 yìnxiàng 명 인상 | 比较 bǐjiào 부 비교적, 상대적으로 | ★深 shēn 형 깊다 | 感人 gǎnrén 동 감동시키다, 감격시키다 | ★流行 liúxíng 동 유행하는, 성행하는 | 让 ràng 동 (어떤 일을) 하게 하다, 하도록 하다 | ★感动 gǎndòng 동 감동하다, 감격하다 | 不够 búgòu 형 (수량이나 정도가 요구에) 모자라다, 미치지 못하다, 불충분하다 | ★浪漫 làngmàn 형 낭만적이다, 로맨틱하다 | ★复杂 fùzá 형 (사물의 종류나 두서가) 복잡하다

 '感动 gǎndòng'은 문장의 주어가 무엇인지에 따라 활용 형태가 다르다. 주어가 감동시키는 대상일 경우 '那个故事很感动(이 이야기는 감동적이다)' '那个故事让人感动(이 이야기는 사람을 감동시킨다)' 같은 형태로 쓰이며, 주어가 감동하는 대상일 경우 '我被感动了(나는 감동 받았다)' 같은 형태로 주로 쓰인다.

7 **D** 여자는 휴일날 남자 친구와 놀러 가려고 했는데 갑자기 회사로부터 추가 근무를 해야 할지도 모른다는 통보를 받았다. 이런 여자의 심정으로 가장 적합한 것은 '失望(실망하다)'이다.

男：你怎么了？ 女：公司本来明天休假的，所以我已经和男朋友说好要去旅行了。可刚才说可能会加班。 男：可能加班，那就是不一定，你再等等吧。 女：好吧，只能先等消息了。 问：女的现在感觉怎么样？ A 满意　　　　　B 饿了 C 兴奋　　　　　**D 失望**	남: 너 왜 그래? 여: 내일 원래 회사 쉬는 거였어서 이미 남자 친구랑 여행가기로 말 다 해 놨는데, 방금 추가 근무를 할 수도 있다고 하네. 남: 추가 근무를 할 수도 있다는 게 반드시 그렇다는 건 아니잖아. 좀 더 기다려 봐. 여: 응. 우선 소식을 기다리는 수밖에 없겠어. 질문: 여자는 현재 느낌이 어떠한가? A 만족한다　　　B 배고프다 C 흥분하다　　　**D 실망하다**

怎么了 zěnme le 무슨 일이야?, 어떻게 된 거야? | ★本来 běnlái 부 원래, 본래 | 休假 xiūjià 동 쉬다 | 所以 suǒyǐ 접 그래서, 그러므로 | ★旅行 lǚxíng 동 여행하다 | 刚才 gāngcái 명 지금, 막, 방금 | 可能 kěnéng 부 아마도, 아마 (~일지도 모른다), 어쩌면 | 会 huì 조동 ~할 가능성이 있다, ~할 것이다 | ★加班 jiābān 동 초과 근무를 하다, 시간 외 근무를 하다 | 就 jiù 부 바로 [사실이 '바로 그러함'을 나타냄] | 不一定 bù yídìng 확정적이지 않다, 확정할 수 없다 | 再 zài 부 또, 재차 | 只能 zhǐnéng ~할 수밖에 없다 | 先 xiān 부 먼저, 우선 | ★消息 xiāoxi 명 소식 | 满意 mǎnyì 형 만족하다, 만족스럽다 | 饿 è 형 배고프다 | ★兴奋 xīngfèn 형 흥분하다, 격분하다

8 A 여자는 '小王(샤오왕)'에 대한 인상을 '特别有礼貌，说话也十分幽默(매우 예의 바르고, 하는 말도 유머러스하다)'라고 설명했다. 보기 중 여자가 언급한 내용은 A뿐이다.

男：照片上的这个人是我的同事小王[Xiǎo Wáng]。 女：我认识他，他是我的同学。 男：是吗? 那你觉得小王那个小伙子怎么样? 女：我感觉他特别有礼貌，说话也十分幽默。	남: 사진에 있는 이 사람은 내 직장 동료 '샤오왕[小王]'이야. 여: 나 이 사람 알아. 내 동창이야. 남: 그래? 그럼 너 샤오왕 이 친구를 어떻게 생각해? 여: 나는 그가 매우 예의 바르고, 하는 말도 아주 유머러스 하다고 생각해.
问：女的认为小王怎么样? **A 有礼貌**　　　　B 很可怜 C 很厉害　　　　D 非常帅	질문: 여자는 샤오왕이 어떻다고 생각하는가? **A 예의 바르다**　　　B 불쌍하다 C 대단하다　　　　D 매우 잘생겼다

照片 zhàopiàn 명 사진 | **同事** tóngshì 명 동료 | ★ **小伙子** xiǎohuǒzi 명 젊은이, 청년, 총각 | ★ **礼貌** lǐmào 명 예의 | ★ **幽默** yōumò 형 유머러스하다 | **认为** rènwéi 동 생각하다, 여기다 | ★ **可怜** kělián 형 불쌍하다 | **厉害** lìhai 형 대단하다, 굉장하다 | ★ **帅** shuài 형 잘생기다

 '사람의 성격'을 나타내는 단어
幽默 yōumò 유머러스하다 | **活泼** huópō 활발하다 | **有礼貌** yǒu lǐmào 예의 바르다 | **严格** yángé 엄격하다 | **有责任感** yǒu zérèngǎn 책임감이 있다 | **热情** rèqíng 열정적이다 | **有耐心** yǒu nàixīn 참을성이 있다 | **尊重别人** zūnzhòng biérén 타인을 존중하다

---

06 반어문

본서 p.49

● Day 21　　　　　　　　　　　　　● track 44

1 ✗　2 ✗　3 √　4 √　5 A　6 D　7 D　8 D

1 ✗ 남자는 반어문 문형 '不是……吗?(~인 거 아니야?)'로 상대방이 '羽毛球(배드민턴)'를 배우고 싶었다는 사실을 재차 확인했다.

你不是一直想学打羽毛球吗? 下学期正好有羽毛球课, 每周三节。咱们一起选怎么样?	너 계속 배드민턴 배우고 싶었던 거 아니야? 다음 학기에 마침 배드민턴 수업이 있는데, 매주 3시간이야. 우리 같이 고르는(신청하는) 거 어때?
★ 他们不想学羽毛球。（ ✗ ）	★ 그들은 배드민턴을 배우고 싶어 하지 않는다.（ ✗ ）

一直 yìzhí 부 계속, 줄곧 | **想** xiǎng 조동 ~하고 싶다 | **打** dǎ 동 (놀이·운동을) 하다 | ★ **羽毛球** yǔmáoqiú 명 배드민턴 | **下** xià 명 다음, 나중 | ★ **学期** xuéqī 명 학기 | ★ **正好** zhènghǎo 부 마침 | **周** zhōu 명 주, 주일 | ★ **节** jié 양 [여러 개로 나누어진 것을 세는 데 쓰임] | ★ **咱们** zánmen 대 우리(들) | **选** xuǎn 동 고르다, 선택하다

2 ✗ '怎么能……呢?(어떻게 ~할 수 있는가?)'는 반어문을 만드는 표현이다. '她怎么能当经理呢?(그녀가 어떻게 책임자를 맡을 수 있겠어?)'라는 말은 '그녀는 책임자를 맡을 수 없다'라는 의미를 나타낸다.

听说这次工程的经理是小李[Xiǎo Lǐ]。我知道她根本没有经验，以前只做过小项目，<u>她怎么能当经理呢</u>?	(듣자 하니) 이번 프로젝트의 책임자가 샤오리[小李]라고 하더라. 내가 알기로 그녀는 경험이 아예 없고, 예전에 작은 프로젝트만 해 봤어. <u>그녀가 어떻게 책임자를 맡을 수 있겠어</u>?
★ 他觉得小李应该当经理。（ ✗ ）	★ 그는 샤오리가 마땅히 책임자를 맡아야 한다고 생각한다. （ ✗ ）

听说 tīngshuō 동 듣자 하니 | **工程** gōngchéng 명 프로젝트, 사업, 계획 | **经理** jīnglǐ 명 책임자, 지배인, 사장, 매니저 | **根本** gēnběn 부 아예, 전혀, 도무지 | **经验** jīngyàn 명 경험 | **以前** yǐqián 명 예전, 이전 | **项目** xiàngmù 명 프로젝트, 사업, 과제 | ★**当** dāng 동 (직업, 일 등을) 맡다 | **应该** yīnggāi 조동 마땅히 ~해야 한다

3 ✓ 반어문 문형 '不是……吗?(~인 거 아닌가?)'를 사용한 '你不是刚租到房子了吗?'는 '상대(你)가 집을 이미 구했다'라는 사실을 알고 재차 물어보는 문장이다.

小王[Xiǎo Wáng], 这是你要的租房广告, 我在网上找了很久才找到, 你看看吧。<u>可是你不是刚租到房子了吗</u>? 怎么又要看租房广告?	샤오왕[小王], 이거 네가 원하던 임대 광고야. 내가 인터넷에서 오랫동안 찾아서 간신히 찾은 거야, 좀 봐 봐. 그런데 <u>너 막 집을 구한 거 아니었어</u>? 왜 임대 광고를 또 보려고 하는 거야?
★ 小王刚租到了房子。（ ✓ ）	★ 샤오왕은 막 집을 빌렸다. （ ✓ ）

要 yào 동 희망하다, 바라다, 원하다 | **租房** zūfáng 동 (집, 주택 등을) 세내다, 임대하다 | ★**广告** guǎnggào 명 광고 | **网** wǎng 명 인터넷 | **找** zhǎo 동 찾다, 구하다 | **久** jiǔ 형 오래다, 시간이 길다 | ★**可是** kěshì 접 그러나, 그런데 | ★**刚** gāng 부 방금, 막, 바로 | ★**租** zū 동 세내다, 임차하다 | **房子** fángzi 명 집, 건물 | **又** yòu 부 또, 다시, 거듭 | **要** yào 조동 ~하려고 하다

4급 단골 주제 '집 구하기' 관련 어휘
租房子 zū fángzi 집을 임대하다 | **看房** kàn fáng 집을 보다 | **租房广告** zūfáng guǎnggào 임대 광고 | **房东** fángdōng 집주인 | **这套房子** zhè tào fángzi 이 집 | **对……很满意** duì……hěn mǎnyì ~가 마음에 들다

4 ✓ '难道……吗?'는 '설마 ~인가?'라는 뜻의 반어문 문형으로, 실제로 '~인지' 궁금해서 묻는 것이 아니라 '~인 것이 당연하다'고 생각하여 되묻는 것으로 이해해야 한다. 화자가 '难道你不知道王丽吗? (설마 너 왕리를 모른다는 거야?)'라고 말한 것은 당연히 상대방이 '王丽(왕리)'를 알아야 한다고 생각했기 때문이다.

<u>难道你不知道王丽</u>[Wáng Lì]<u>吗</u>? 我们单位里, 所有人都表扬她。她做事仔细, 很有能力。	<u>설마 너 왕리[王丽]를 모른다는 거야</u>? 우리 회사에서 모든 사람이 다 그녀를 칭찬하는데. 그녀는 일하는 것도 꼼꼼하고, 능력도 있어.
★ 他觉得别人应该知道王丽。（ ✓ ）	★ 그는 다른 사람이 왕리를 알아야 한다고 생각한다. （ ✓ ）

★ **难道** nándào 부 설마 ~란 말인가? | **单位** dānwèi 명 직장, 기관, 단체, 회사 | ★ **所有** suǒyǒu 형 모든, 전부의 | ★ **表扬** biǎoyáng 동 칭찬하다 | ★ **仔细** zǐxì 형 꼼꼼하다, 세심하다 | **能力** nénglì 명 능력 | **别人** biérén 대 남, 타인 | **应该** yīnggāi 조동 마땅히 ~해야 한다

5 A 여자가 남자에게 '你不是说身体很不舒服得去医院吗?(너 몸이 안 좋아서 병원에 가야 한다고 하지 않았어?)'라며 남자가 몸이 아픈 사실에 대해 되묻고 있다.

男: 已经9点半了, 你快点收拾收拾, 咱们得马上出发。
女: 你不是说身体很不舒服得去医院吗? 我们还是改天再去吧。

问: 下面哪项正确?
A 男的生病了
B 男的迟到了
C 女的后天去
D 女的不舒服

남: 벌써 9시 반이야. 너 빨리 정리해. 우리 바로 출발할 거야.
여: 너 몸이 안 좋아서 병원에 가야 한다고 하지 않았어? 우리 다음에 가는 게 좋을 것 같아.

질문: 다음 중 어느 것이 옳은가?
A 남자는 병이 났다
B 남자는 지각했다
C 여자는 모레 간다
D 여자는 몸이 안 좋다

半 bàn 수 절반, 2분의 1 | **点(儿)** diǎn(r) 양 약간 | ★ **收拾** shōushi 동 정리하다, 거두다 | ★ **咱们** zánmen 대 우리(들) | ★ **得** děi 조동 ~해야 한다 | **马上** mǎshàng 부 곧, 즉시, 바로 | **舒服** shūfu 형 (몸·마음이) 편안하다 | **还是** háishi 부 ~하는 편이 (더) 좋다 | **改天** gǎitiān 명 나중, 다른 날 | **再** zài 부 다시 | **下面** xiàmiàn 명 다음 | ★ **正确** zhèngquè 형 정확하다, 올바르다 | **迟到** chídào 동 지각하다 | **后天** hòutiān 명 모레

6 D '有什么……的?'는 '~할 게 있어?'라는 뜻의 반어문 문형으로, '(어떤 행동이나 사물이) 필요 없다'라는 의미를 강조한다. '有什么值得考虑的?(뭐 생각할 필요가 있어?)'는 곧 '생각할 필요가 없다'라는 뜻이다.

男: 你让我再考虑一下, 过两天通知大家行吗?
女: 这有什么值得考虑的? 快决定吧, 别让大家等太久。

问: 女的是什么意思?
A 不能相信男的
B 男的很细心
C 要亲自告诉她
D 没必要考虑

남: 내가 좀 더 생각하게 해 줘. 며칠 후에 모두에게 알려도 될까?
여: 이게 뭐 생각할 필요가 있어? 빨리 결정해. 모두를 오래 기다리게 하지 말고.

질문: 여자는 무슨 의미인가?
A 남자를 믿어서는 안 된다
B 남자는 세심하다
C 직접 그녀에게 알려 줘야 한다
D 생각할 필요가 없다

让 ràng 동 (어떤 일을) 하게 하다, 하도록 하다 | **再** zài 부 다시 | ★ **考虑** kǎolǜ 동 고려하다, 생각하다 | **一下** yíxià 수량 시험 삼아 해 보다, 좀 하다 | **过** guò 동 보내다, 경과하다 | **两天** liǎngtiān 명 이삼일 | ★ **通知** tōngzhī 동 통지하다, 알리다 | ★ **值得** zhídé (일이) 의의가 있다, 필요성이 있다 | **决定** juédìng 동 결정하다, 결심하다 | **意思** yìsi 명 의미 | **相信** xiāngxìn 동 믿다, 신임하다 | **细心** xìxīn 형 (생각이나 일처리가) 세심하다 | **要** yào 조동 ~할 것이다, ~하려고 하다 | **亲自** qīnzì 부 직접, 손수 | **必要** bìyào 형 필요로 하다

7 D '哪儿……?'은 반어문을 만드는 주요 표현 중 하나로, '어디 ~하느냐?'라는 의미를 나타낸다. 여자의 말 '他哪儿听我的呀(걔가 어디 내 말을 듣나요)'의 의미는 '걔는 내 말을 듣지 않는다'로 이해하면 된다.

男: 你看咱们儿子, 整天在家玩儿游戏。
女: 那你说说他, 让他别玩儿了。
男: 还是你来劝劝他吧, 让他少玩儿游戏, 多看看书。
女: 我都说过很多遍了, 可是他哪儿听我的呀!

남: 당신 우리 아들 좀 봐요. 하루 종일 집에서 게임만 해요.
여: 그럼 당신이 좀 그만 하라고 타일러 봐요.
남: 아무래도 당신이 설득하는 게 나을 것 같아요. 게임 좀 적게 하고 책 좀 많이 보라고요.
여: 저는 이미 여러 번 말했어요. 그런데 걔가 어디 제 말을 듣나요!

问: 女的是什么意思?
A 游戏很有意思
B 她没劝过儿子
C 儿子很听话
D 儿子不听她劝

질문: 여자는 무슨 의미인가?
A 게임이 재미있다
B 그녀는 아들을 설득해 본 적이 없다
C 아들은 말을 잘 듣는다
D 아들은 그녀의 충고를 듣지 않는다

整天 zhěngtiān 몡 하루 종일, 종일 | **游戏** yóuxì 몡 게임 | **说** shuō 동 타이르다, 나무라다, 책망하다, 꾸짖다 | **来** lái 동 [다른 동사 앞에 쓰여 어떤 일을 하려는 것을 나타냄] | **劝** quàn 동 충고하다, 설득하다, 권고하다 | ★**遍** biàn 양 번, 차례, 회 [한 동작의 처음부터 끝까지의 전 과정을 가리킴] | **听** tīng 동 (의견·권고 등을) 듣다, 받아들이다, 따르다 | ★**呀** ya 조 [감탄·찬탄을 나타냄] | **有意思** yǒu yìsi 재미있다, 흥미 있다 | **听话** tīnghuà 동 (어른·윗사람의) 말을 잘 듣다, 따르다

8 D 회사에 입고 가기에는 치마가 짧지 않냐는 여자의 말에 남자는 반어문 표현들을 활용해 '哪儿短啊(어디가 짧아)' '不是很正常吗?(정상 아니야?)'라고 대답했다. 남자의 대답을 종합해 보면 '치마가 짧지 않으니 회사에 입고 가도 된다'는 뜻이다.

男: 今天你穿的裙子很漂亮。
女: 我穿这条裙子去公司是不是有点儿太短了?
男: 哪儿短啊。这也不算短裙, 穿这条不是很正常吗?
女: 是吗? 那我就相信你一次。

남: 오늘 네가 입은 치마 예쁘다.
여: 이 치마를 입고 회사 가기에는 (치마가) 너무 짧지 않을까?
남: 어디가 짧아. 이건 미니스커트로도 안 쳐. 이런 치마 입는 건 괜찮은 거 아니야?
여: 그래? 그럼 내가 한번 너를 믿어 볼게.

问: 男的是什么意思?
A 衣服不合适
B 女的很漂亮
C 裙子很短
D 可以穿这条裙子

질문: 남자는 무슨 의미인가?
A 복장이 적절하지 않다
B 여자가 예쁘다
C 치마가 짧다
D 이 치마를 입어도 된다

裙子 qúnzi 몡 치마 | **条** tiáo 양 [가늘고 긴 것을 세는 단위] | **有点儿** yǒudiǎnr 뷔 조금, 약간 | **短** duǎn 형 짧다 | **不算** búsuàn 동 ~라고 할 수 없다, ~한 편은 아니다 | **短裙** duǎnqún 몡 미니스커트, 짧은 치마 | ★**正常** zhèngcháng 형 괜찮다, 정상이다 | ★**合适** héshì 형 적당하다, 알맞다 | **可以** kěyǐ 조동 ~해도 된다

07 화제·상태·상황

본서 pp.54~56

● Day 23
1 √   2 √   3 ×   4 ×   5 B   6 A   7 D   8 B

● track 51

1 √ 제시문 '过去无法改变(과거는 바꿀 수 없다)'이 녹음에 직접적으로 언급되었다.

我们既不可以一直为过去的事而后悔，也不可以总是为将来会发生什么而担心。过去无法改变，更无法知道将来。过好现在的生活才是最重要的。	우리는 과거의 일을 계속 후회해서도 안 되고, 미래에 무슨 일이 발생할까 항상 걱정해서도 안 된다. 과거는 바꿀 수 없으며, 미래는 더욱이 알 수 없다. 현재의 생활을 잘 지내는 것이야말로 가장 중요하다.
★ 过去是无法改变的。（ √ ）	★ 과거는 바꿀 수 없다. (√)

既A也B jì A yě B A할 뿐만 아니라 B하다 | **可以** kěyǐ 조동 ~해도 된다 | **一直** yìzhí 부 계속, 줄곧 | 为A而B wèi A ér B A 때문에 B하다 | **过去** guòqù 명 과거 | ★ **后悔** hòuhuǐ 동 후회하다, 뉘우치다 | **总是** zǒngshì 부 늘, 줄곧, 언제나 | ★ **将来** jiānglái 명 미래, 장래 | **会** huì 조동 ~할 가능성이 있다, ~할 것이다 | ★ **发生** fāshēng 동 (원래 없던 현상이) 생기다, 일어나다 | **担心** dānxīn 동 걱정하다, 염려하다 | **无法** wúfǎ 동 방법이 없다, 할 수 없다 | **改变** gǎibiàn 동 바꾸다, 달라지다 | **更** gèng 부 더욱, 더, 훨씬 | **过** guò 동 지내다, 보내다 | **好** hǎo 형 [동사 뒤에 쓰여, '동작이 완성되었거나 잘 마무리되었음'을 나타냄] | ★ **生活** shēnghuó 명 생활 | **才** cái 부 ~이야말로 | **重要** zhòngyào 형 중요하다

2 √ 핵심 문장 '没有人可以一生都顺利、没有失败(일생이 순조롭고 실패가 없는 사람은 없다)'는 '没有'가 두 번 쓰인 이중부정형 문장이다. '이중부정'은 '강한 긍정'을 나타내므로, 핵심 문장은 '人都会经历失败(사람은 모두 실패를 겪게 된다)'로 해석될 수 있다.

没有人可以一生都顺利、没有失败。区别在于有的人可以接受失败，找到失败的原因并且更加努力；而有的人却在失败面前不再努力。	일생이 순조롭고 실패가 없는 사람은 없다. 다른 점은 어떤 사람은 실패를 받아들일 수 있어 실패의 원인을 찾고 더욱더 노력하는 반면, 어떤 사람은 오히려 실패 앞에서 더 이상 노력하지 않는다는 점이다.
★ 人都会经历失败。（ √ ）	★ 사람은 모두 실패를 겪게 된다. (√)

可以 kěyǐ 조동 ~할 수 있다 | **一生** yìshēng 명 일생, 평생 | ★ **顺利** shùnlì 형 순조롭다, 일이 잘 되어가다 | ★ **失败** shībài 명 실패, 패배 | ★ **区别** qūbié 명 차이, 구별 | **在于** zàiyú 동 ~에 있다 | ★ **接受** jiēshòu 동 받아들이다, 받다 | **找** zhǎo 동 찾다, 구하다 | **到** dào 동 [동사 뒤에서 보어로 쓰여 동작이 목적에 도달했거나 결과가 있음을 나타냄] | **原因** yuányīn 명 원인 | **并** bìng 접 그리고, 또, 아울러 | **更加** gèngjiā 부 더욱, 더, 훨씬 | **努力** nǔlì 동 노력하다 | **而** ér 접 ~지만, ~나, ~면서, 그러나 | **却** què 부 오히려, 도리어 | **在** zài 개 ~에(서), ~에 있어서 | **面前** miànqián 명 면전, 눈앞, 앞 | **不再** búzài 다시 ~하지 않다 | **会** huì 조동 ~할 가능성이 있다, ~할 것이다 | ★ **经历** jīnglì 동 몸소 겪다, 체험하다, 경험하다

3 × '了解'는 어떤 대상에 대해 잘 알고 있는 것을 나타낸다. 화자는 '비자 발급(办签证)'에 어떤 절차가 필요한지 '잘 모른다(不太了解)'고 했다.

办签证需要什么手续我不太了解，但是我有大使馆的电话号码，你可以打电话问一下。	비자 발급에 어떤 절차가 필요한지 나는 잘 모르겠어. 하지만 나에게 대사관 전화번호가 있으니까 네가 (대사관에) 전화해서 좀 물어봐.
★ 他知道怎么办签证。（ X ）	★ 그는 어떻게 비자를 발급 받는지 알고 있다. (X)

办 bàn 통 하다, 처리하다 | ★**签证** qiānzhèng 명 비자 | **需要** xūyào 통 필요하다, 요구되다 | **手续** shǒuxù 명 수속, 절차 | **不太** bú tài 그다지 ~하지 않다 | **了解** liǎojiě 통 이해하다, 알다 | **但是** dànshì 접 그러나, 그렇지만 | ★**大使馆** dàshǐguǎn 명 대사관 | ★**号码** hàomǎ 명 번호 | **可以** kěyǐ 조동 ~할 수 있다 | **一下** yíxià 수량 시험 삼아 해 보다, 좀 하다

4 X 화자는 '王教授(왕 교수)'에게 자신이 확인한 항공편의 비행 일정에 대해 알려 주느라 '降落(착륙)'를 언급했을 뿐이다.

王[Wáng]教授，我确认过了。在下午飞往北京的航班中，这个航班最合适。4点起飞6点降落，下飞机后，在机场坐出租车回学校，时间也来得及。您觉得呢？	왕(王) 교수님, 제가 확인했는데, 오후에 베이징으로 가는 항공편 중에 이 항공편이 가장 적당해요. 4시에 이륙하고 6시에 착륙해서 비행기에서 내린 후, 공항에서 택시를 타고 학교로 돌아가시면 늦지 않아요. 교수님은 어떻게 생각하세요?
★ 王教授乘坐的航班刚降落。（ X ）	★ 왕 교수가 타는 항공편은 방금 착륙했다. (X)

★**教授** jiàoshòu 명 교수 | **确认** quèrèn 통 확인하다, 명확히 인정하다 | **飞** fēi 통 (비행기 등이) 비행하다, 날다 | **往** wǎng 개 ~를 향해, ~쪽으로 | **航班** hángbān 명 항공편, 운항편 | ★**合适** héshì 형 알맞다, 적합하다 | **起飞** qǐfēi 통 (비행기·로켓 등이) 이륙하다 | ★**降落** jiàngluò 통 착륙하다, 내려오다 | **下** xià 통 (높은 곳에서 낮은 곳으로) 내려가다 | **后** hòu 명 (시간상으로) 후, 뒤, 다음 | **机场** jīchǎng 명 공항 | **坐** zuò 통 (교통수단을) 타다 | ★**来得及** láidejí 통 (시간에) 이를 수 있다, 늦지 않다 | ★**乘坐** chéngzuò 통 (자동차·배·비행기 등을) 타다 | ★**刚** gāng 부 방금, 막, 바로

5 B 거울을 저기에 거는 게 어떠냐는 남자의 질문에 여자는 '太低了(너무 낮다)'라고 대답했다. '放低'는 '술어(放)+결과보어(低)' 구조의 표현으로, '低(낮다)'는 거울을 건 결과를 나타낸다.

男：镜子挂在那儿怎么样？ 女：我觉得太低了，不方便，再往上点儿更好。	남: 거울을 저기에 거는 거 어때? 여: 내가 보기엔 너무 낮아서 불편할 것 같아. 좀 더 위로 하면 더 좋을 거야.
问：根据对话，下列哪个正确？ A 镜子碎了 **B 镜子放低了** C 空调坏了 D 衣服脏了	질문: 대화에 따르면 다음 중 옳은 것은? A 거울이 깨졌다 **B 거울을 낮게 놓았다** C 에어컨이 고장 났다 D 옷이 더러워졌다

★**镜子** jìngzi 명 거울 | ★**挂** guà 통 (고리·못 따위에) 걸다 | ★**低** dī 형 (높이가) 낮다 | **方便** fāngbiàn 형 편리하다 | **再** zài 부 또, 재차 | **点(儿)** diǎn(r) 양 약간 | **根据** gēnjù 개 ~에 의거하여 | ★**对话** duìhuà 명 대화 | **下列** xiàliè 형 아래에 열거한 | ★**正确** zhèngquè 형 정확하다, 올바르다 | **碎** suì 통 부서지다, 깨지다 | **放** fàng 통 두다, 놓다 | **空调** kōngtiáo 명 에어컨 | **坏** huài 통 상하다, 고장 나다, 망가지다 | ★**脏** zāng 형 더럽다, 지저분하다

6 **A** '就要到了'라는 표현은 어떤 때가 '곧 온다'라는 의미이다. 남자의 말 '冬天就要到了(겨울이 곧 온다)'에서 현재는 '겨울이 오기 전'인 '秋天(가을)'임을 알 수 있다.

女：你快来看，一个晚上，外面树上的叶子就掉光了。 男：昨晚的风刮得很大，看来冬天就要到了。 问：根据对话，可以知道什么？ **A 现在是秋天** B 阴天了 C 昨晚下雪了 D 夏天快来了	여: 어서 와서 봐. 하룻밤 새에 바깥 나무에 잎이 다 떨어졌어. 남: 어제저녁에 바람이 정말 세게 불었어. 겨울이 곧 오려나 봐. 질문: 대화에 따르면 무엇을 알 수 있는가? **A 지금은 가을이다** B 날씨가 흐려졌다 C 어제저녁에 눈이 왔다 D 여름이 곧 온다

外面 wàimiàn 몡 바깥, 밖 | **树** shù 몡 나무 | ★**叶子** yèzi 몡 잎, 잎사귀 | **就** jiù 튀 곧, 즉시, 바로 | ★**掉** diào 동 떨어지다, 떨어뜨리다 | ★**光** guāng 혱 아무것도 없이 텅 비다, 하나도 남아 있지 않다 | **昨晚** zuówǎn 어제저녁 | **风** fēng 몡 바람 | **刮** guā 동 (바람이) 불다 | **得** de 조 [동사나 형용사 뒤에 쓰여 결과나 정도를 나타내는 보어와 연결시킴] | **看来** kànlái 동 보아 하니 ~하다, 보기에 ~하다 | **冬天** dōngtiān 몡 겨울 | **就要……了** jiùyào……le 곧 ~하다 | **秋天** qiūtiān 몡 가을 | **阴天** yīntiān 몡 흐린 날씨, 흐린 하늘 | **夏天** xiàtiān 몡 여름

7 **D** 어느 한 문장이라도 제대로 듣지 못했다면 헷갈리기 쉬운 문제이다. '그도 얼마 전에 막 집을 빌려서, 분명 아직 가구가 좀 부족할 거야(他不久前也刚租了房子，应该还缺点儿家具)'라는 여자의 말에는 '老白(라오바이)'가 가구가 부족하다고 하면 '그에게 오래된 가구를 주자(旧家具送人)'라는 의도가 포함되어 있다.

男：这几个旧家具怎么办？新房子里实在放不下了，扔了算了。 女：等我问问老白[Lǎo Bái]，他不久前也刚租了房子，应该还缺点儿家具。 问：女的是什么意思？ A 老白是房东 B 扔掉旧家具 C 重新租房 **D 把旧家具送人**	남: 이 오래된 가구 몇 개는 어떻게 하지? 새집에는 정말 놓을 수 없어. 그냥 버리자. 여: 라오바이(老白)에게 한번 물어볼 테니 기다려. 그도 얼마 전에 막 집을 빌려서, 분명 아직 가구가 좀 부족할 거야. 질문: 여자는 무슨 의미인가? A 라오바이는 집주인이다 B 오래된 가구를 버려라 C 다시 집을 빌리자 **D 오래된 가구는 다른 사람에게 주자**

旧 jiù 혱 낡다, 오래 되다 | ★**家具** jiājù 몡 가구 | **怎么办** zěnme bàn 어떡해? 어쩌냐? | **房子** fángzi 몡 집, 건물 | ★**实在** shízài 튀 정말, 참으로 | **下** xià 동 [동사 뒤에 쓰여 '수용할 수 있음'을 나타냄] | ★**扔** rēng 동 버리다 | **算** suàn 동 간주하다 | **久** jiǔ 혱 오래다, 시간이 길다 | ★**租** zū 동 세내다, 임차하다 | **应该** yīnggāi 조동 반드시 ~할 것이다 | **还** hái 튀 여전히, 아직도, 아직 | **缺** quē 동 부족하다 | **意思** yìsi 몡 의미 | ★**房东** fángdōng 몡 집주인 | ★**重新** chóngxīn 튀 다시, 재차 | **把** bǎ 개 ~를 [처치의 결과를 나타냄] | **送人** sòngrén 동 주다, (남에게) 증여하다, 기증하다

8 B 여자와 남자는 '이 책의 저자(这本书的作者)는 막 졸업한 대학생(刚毕业的大学生)'이라는 사실에 대해 이야기하고 있다. '刚'은 '了'와 같이 쓰이지 않아도 '막 발생한 과거'를 나타낼 수 있다.

女: 这本书的作者, 竟然是一个刚毕业的大学生! 男: 对。我也非常吃惊。书里的语言真不像她这个年龄能写出来的。	여: 이 책의 저자는 뜻밖에도 대학을 갓 졸업한 학생이야! 남: 맞아. 나도 매우 놀랐어. 책 안의 언어는 정말 그녀 나이에 써낸 것 같지 않아.
问: 关于那本书的作者, 可以知道什么? A 很受欢迎 **B 刚毕业** C 翻译过小说 D 是博士	질문: 그 책의 작가에 관하여 무엇을 알 수 있는가? A 매우 환영 받는다 **B 갓 졸업했다** C 소설을 번역한 적이 있다 D 박사이다

★**作者** zuòzhě 명 지은이, 저자, 필자 | ★**竟然** jìngrán 부 놀랍게도, 뜻밖에도, 의외로 | ★**毕业** bìyè 동 졸업하다 | **大学生** dàxuéshēng 명 대학생 | **吃惊** chījīng 동 놀라다 | ★**语言** yǔyán 명 언어 | **像** xiàng 동 마치 ~와 같다 | **年龄** niánlíng 명 연령, 나이 | **能** néng 조동 ~할 수 있다 | **写** xiě 동 쓰다 | **出来** chūlai [동사 뒤에 쓰여 '동작이 완성되거나 실현됨'을 표시함] | **关于** guānyú 개 ~에 관해서 | **受欢迎** shòu huānyíng 인기가 있다, 환영을 받다 | **翻译** fānyì 동 번역하다, 통역하다 | ★**小说** xiǎoshuō 명 소설 | ★**博士** bóshì 명 박사

● Day 24　　　　　　　　　　　　　　　　　　　　　　　● track 52
9 A　10 B　11 D　12 D　13 A　14 B　15 B　16 D

9 A 직원을 모집 중인 '成功网(청공왕)'에 남자가 '이미 인터넷에서 신청서를 제출했다(已经在网上提交申请了)'는 것에서 남자가 '일자리를 구하고 있다(在找工作)'라는 사실을 유추할 수 있다.

女: "成功网"[chénggōngwǎng]最近正在招聘, 你报名了没? 男: 我昨天已经在网上提交申请了。	여: '成功网(청공왕)'이 요즘 직원을 모집하고 있던데, 너 지원했어? 남: 나는 어제 이미 인터넷에서 신청서를 제출했어.
问: 关于男的, 可以知道什么? **A 在找工作** B 想当记者 C 在申请留学 D 放弃了报名	질문: 남자에 관하여, 무엇을 알 수 있는가? **A 일자리를 구하고 있다** B 기자가 되고 싶어 한다 C 유학을 신청하고 있다 D 지원을 포기했다

最近 zuìjìn 명 최근, 요즈음 | **正在** zhèngzài 부 지금 ~하고 있다 | ★**招聘** zhāopìn 동 (공모의 방식으로) 모집하다, 초빙하다 | ★**报名** bàomíng 동 신청하다, 등록하다, 지원하다 | **在** zài 개 ~에(서), ~에 있어서 | **网** wǎng 명 인터넷 | **提交** tíjiāo 동 제출하다 | ★**申请** shēnqǐng 동 신청하다 | **关于** guānyú 개 ~에 관해서 | **可以** kěyǐ 조동 ~할 수 있다 | **在** zài 부 마침 ~하고 있다, 막 ~하고 있는 중이다 | **找** zhǎo 동 구하다, 찾다 | **想** xiǎng 조동 ~하고 싶다 | ★**当** dāng 동 맡다, ~이 되다 | ★**记者** jìzhě 명 기자 | **留学** liúxué 동 유학하다 | ★**放弃** fàngqì 동 (권리·주장·의견 등을) 버리다, 포기하다

'취업' 관련 어휘 및 표현

招聘 zhāopìn (직원을) 모집하다 | **应聘** yìngpìn (회사에) 지원하다 | **应聘者** yìngpìnzhě 지원자 | **参加面试** cānjiā miànshì 면접에 참가하다 | **面试官** miànshìguān 면접관 | **做自我介绍** zuò zìwǒ jièshào 자기소개를 하다 | **结果出来了** jiéguǒ chūlái le 결과가 나왔다 | **被录取了** bèi lùqǔ le 합격했다 | **收到了入职通知** shōudào le rùzhítōngzhī 입사 통지서를 받다

10 B 여자의 말 '我忘带钱包了(지갑 가져오는 걸 깜빡했다)'가 핵심 문장이다. 동사 '忘'은 '~를 잊다'라는 뜻으로, 목적어로 동사구를 취할 때는 '~하는 것을 잊었다'라는 뜻을 나타낸다.

女：怎么办？我忘带钱包了，你能借给我些现金吗？ 男：我也只带了一点儿零钱，恐怕不够。我帮你刷卡吧。	여: 어떻게 하지? 나 지갑 가져오는 걸 깜빡했어. 나한테 현금을 좀 빌려줄 수 있어? 남: 나도 잔돈만 조금 가져왔어. 아마 부족할 것 같아. 내가 (너를 도와) 카드로 계산할게.
问：女的怎么了？ A 没拿钥匙 **B 没带钱包** C 没办银行卡 D 忘了还钱	질문: 여자는 무슨 일인가? A 열쇠를 안 가져갔다 **B 지갑을 안 가져왔다** C 체크카드를 만들지 않았다 D 돈을 돌려주는 것을 잊었다

忘 wàng 동 잊다 | 带 dài 동 가지다, 지니다 | 钱包 qiánbāo 명 지갑 | 借 jiè 동 빌려주다 | 给 gěi 개 ~에게 | ★现金 xiànjīn 명 현금 | 只 zhǐ 부 단지, 다만, 오직, 겨우 | ★零钱 língqián 명 잔돈 | ★恐怕 kǒngpà 부 아마 ~일 것이다 [추측과 짐작을 나타냄] | 不够 búgòu 형 부족하다, 모자라다 | 帮 bāng 동 돕다, 거들다 | 刷卡 shuākǎ 동 카드를 긁다, 카드로 결제하다 | ★钥匙 yàoshi 명 열쇠 | 办 bàn 동 하다, 다루다, 취급하다 | 银行卡 yínhángkǎ 명 체크카드, 현금카드 | 还钱 huánqián 동 빌린 돈을 되돌려주다, 빚을 갚다

11 D 여자는 '头也不怎么疼了(머리도 별로 아프지 않다)'라고 대답했다. 감기약(感冒药)을 먹고 감기가 나아진 상태이므로, 여자의 상태는 '病好多了(병이 많이 좋아졌다)'라고 할 수 있다.

男：我觉得你的咳嗽好像好多了。 女：是啊，吃了感冒药以后，头也不怎么疼了。	남: 나는 당신 기침이 많이 좋아졌다고 생각해요. 여: 맞아요. 감기약을 먹고 나니 머리도 별로 아프지 않아요.
问：女的怎么了？ A 饿了　　　B 困了 C 变活泼了　**D 病好多了**	질문: 여자는 어떠한가? A 배고파졌다　　B 졸려졌다 C 활발해졌다　　**D 병이 많이 좋아졌다**

★感觉 gǎnjué 동 느끼다 | ★咳嗽 késou 명 기침 동 기침하다 | ★好像 hǎoxiàng 부 마치 ~와 같다, 마치 ~인 것 같다 | 感冒 gǎnmào 명 감기 | 药 yào 명 약, 약물 | 以后 yǐhòu 명 이후 | 头 tóu 명 머리 | 不怎么 bù zěnme 별로, 그다지 | 疼 téng 형 아프다 | 怎么了 zěnme le 무슨 일이야?, 어떻게 된 거야? | 饿 è 형 배고프다 | ★困 kùn 형 졸리다 | 变 biàn 동 변하다 | ★活泼 huópō 형 활발하다, 활달하다, 활기차다

12 D 여자가 남자에게 회사 근처 식당을 추천해 주며 '那儿小吃很多(거기는 간식거리가 정말 많아요)'라는 설명을 덧붙였다. '小吃(간식)'는 4급 빈출 어휘이니 잘 기억해 두자.

男：附近有不错的餐厅吗？ 女：公司旁边那家就不错，那儿小吃很多。	남: 근처에 괜찮은 식당이 있나요? 여: 회사 옆의 그 집이 괜찮아요. 거기는 간식거리가 정말 많아요.

问：关于那家餐厅，可以知道什么？	질문: 그 식당에 관해 무엇을 알 수 있는가?
A 很干净	A 매우 깨끗하다
B 刚开不久	B 막 문을 열어서 얼마 되지 않았다
C 饮料很贵	C 음료가 매우 비싸다
D 有很多小吃	**D 많은 간식거리가 있다**

附近 fùjìn 몡 근처, 부근, 인근 | 不错 búcuò 혱 괜찮다, 좋다, 잘하다 | ★餐厅 cāntīng 몡 식당 | 旁边 pángbiān 몡 옆, 곁, 근처, 부근 | 就 jiù 믠 [사실이 '바로 그러함'을 나타냄] | ★小吃 xiǎochī 몡 간식, 간단한 음식 | 干净 gānjìng 혱 깨끗하다, 청결하다 | ★刚 gāng 믠 막, 바로, 지금, 방금 | 不久 bùjiǔ 몡 오래 되지 않다 | 饮料 yǐnliào 몡 음료

13 A 남자와 여자의 첫 문답에 답이 있다. 남자의 질문 '孩子什么时候出生?(언제 아이가 태어나나요?)'과 여자의 대답 '快了(곧이에요)' '一个月后就要出生了(한 달 후면 바로 태어나요)'를 종합하면 여자가 '곧 아이를 낳는다(快生孩子了)'는 사실이 드러난다.

男：你孩子什么时候出生？	남: 당신 아이는 언제 태어나나요?
女：快了。一个月后就要出生了。	여: 곧이에요. 한 달 후면 바로 태어나요.
男：孩子的衣服都买好了吗？	남: 아이의 옷은 다 샀어요?
女：衣服、帽子和鞋都买好了。	여: 옷, 모자, 신발 모두 다 샀어요.
问：关于女的，可以知道什么？	질문: 여자에 관해 무엇을 알 수 있는가?
A 快生孩子了	**A 곧 아이를 낳는다**
B 喜欢男孩	B 남자아이를 좋아한다
C 她的孩子很可爱	C 그녀의 아이는 귀엽다
D 没买好孩子的衣服	D 아이의 옷을 다 사지 않았다

★出生 chūshēng 통 출생하다, 태어나다 | 后 hòu 몡 (시간상으로) 뒤, 후, 다음 | 就要……了 jiùyào……le 곧 ~하다 | 买 mǎi 통 사다, 구매하다 | 好 hǎo 혱 [동사 뒤에 쓰여, '동작이 완성되었거나 잘 마무리되었음'을 나타냄] | 帽子 màozi 몡 모자 | 鞋 xié 몡 신발, 구두 | 生 shēng 통 낳다, 태어나다 | 快……了 kuài……le 곧 ~하다 | 男孩 nánhái 몡 사내아이, 남자아이 | 可爱 kě'ài 혱 사랑스럽다, 귀엽다

 '出生 chūshēng'은 보통 목적어를 취하지 않고, 주로 '사람+是+시간/장소+出生的' '사람+出生在+시간/장소' 같은 형식으로 쓰여 '주어가 태어난 장소나 시간'을 표현한다.

14 B 여자와 남자는 집 주변 환경이 마음에 들지만, '가격이 높아서(价格高)' 다른 집도 좀 더 보기로 결정했다. '就是太贵了(다만 가격이 너무 비싸)'에서 '就是(다만)'는 아쉬움의 어감을 나타낸다.

女：这儿附近有公园和超市，住在这儿生活肯定很方便。	여: 이 근처에 공원과 슈퍼가 있어. 이곳에 살면 생활이 분명 편할 거야.
男：对，而且空气也很好。	남: 맞아. 게다가 공기도 좋아.
女：就是价格太贵了，买下来要花很多钱。	여: 다만 가격이 너무 비싸. 사려면 많은 돈을 써야 해.
男：对，太贵了。我们再看看别的房子吧。	남: 맞아. 너무 비싸. 우리 다른 집도 좀 더 보자.

问: 他们觉得那个房子怎么样?
A 太小了　　　　　　B 价格高
C 交通便利　　　　　D 没有公园

질문: 그들은 그 집이 어떻다고 생각하는가?
A 너무 작다　　　　　B 가격이 높다
C 교통이 편리하다　　D 공원이 없다

公园 gōngyuán 명 공원 | 超市 chāoshì 명 슈퍼마켓 | ★生活 shēnghuó 명 생활 | ★肯定 kěndìng 부 확실히, 틀림없이 | 方便 fāngbiàn 형 편리하다 | 而且 érqiě 접 게다가, 뿐만 아니라, 또한 | ★空气 kōngqì 명 공기 | 就是 jiùshì 접 다만 ~하다 | ★价格 jiàgé 명 가격, 값 | 下来 xiàlai 동 [동사 뒤에 쓰여 '동작의 완성이나 결과'를 나타냄] | 要 yào 조동 ~해야 한다 | 花 huā 동 쓰다, 소비하다, 들이다 | 房子 fángzi 명 집, 건물 | ★交通 jiāotōng 명 교통 | 便利 biànlì 형 편리하다

집 주변 환경에 대해 평가할 때 쓰는 말
周围环境好 zhōuwéi huánjìng hǎo 주변 환경이 좋다 | 空气新鲜 kōngqì xīnxiān 공기가 맑다
生活方便 shēnghuó fāngbiàn 생활이 편리하다 | 附近有超市 fùjìn yǒu chāoshì 부근에 슈퍼가 있다
离公司很近 lí gōngsī hěn jìn 회사에서 가깝다 | 交通方便 jiāotōng fāngbiàn 교통이 편리하다

15 B 점원과 손님의 일반적인 대화로, 남자의 첫마디 '我们店里的衣服全部打六折(우리 가게의 옷을 전부 40% 할인합니다)'에서 쉽게 답을 찾을 수 있다. '打折'는 '할인하다'라는 의미로, '折' 앞에 숫자를 넣어 '할인폭'을 나타낼 수 있다. 한국에서는 '40% 할인'처럼 할인율을 직접적으로 제시하여 나타내지만, 중국에서는 '打六折(40% 할인)'처럼 정상 가격의 몇 퍼센트를 내면 되는지를 제시하여 나타낸다.

男: 这个月我们店里的衣服全部打六折, 您有什么需要的衣服吗?
女: 这件衬衫不错。有什么颜色的?
男: 有红色、黑色和白色。我觉得您皮肤白, 白色更适合您。
女: 那给我拿件白色、小号的, 我试试。

남: 이번 달에 우리 가게의 옷을 전부 40% 할인합니다. 필요하신 옷이 있으신가요?
여: 이 셔츠가 괜찮네요. 무슨 색이 있나요?
남: 빨간색, 검은색, 흰색이 있습니다. 손님 피부가 흰 편이니, 흰색이 손님에게 더 어울릴 것 같아요.
여: 그럼 저에게 흰색 작은 사이즈로 주세요. 입어 볼게요.

问: 根据对话, 下列哪个正确?
A 顾客很生气　　　　B 衣服打折
C 鞋卖完了　　　　　D 男的是律师

질문: 대화에 따르면 다음 중 올바른 것은?
A 손님이 매우 화가 났다　　B 옷을 할인한다
C 신발이 다 팔렸다　　　　D 남자는 변호사이다

店 diàn 명 가게, 상점 | ★全部 quánbù 명 전부, 전체, 모두 | ★打折 dǎzhé 동 가격을 깎다, 할인하다 | 需要 xūyào 동 필요하다, 요구되다 | 衬衫 chènshān 명 와이셔츠, 셔츠, 블라우스 | 颜色 yánsè 명 색, 색깔 | 红色 hóngsè 명 붉은색, 빨강 | 黑色 hēisè 명 검은색, 흑색 | 白色 báisè 명 흰색 | ★皮肤 pífū 명 피부 | 更 gèng 부 더욱, 더, 훨씬 | ★适合 shìhé 동 알맞다, 적절하다 | 小号 xiǎohào 명 작은 사이즈, 스몰 사이즈 | 试 shì 동 시험 삼아 해 보다, 시험하다 | 根据 gēnjù 개 ~에 의거하여 | ★对话 duìhuà 명 대화 | 下列 xiàliè 형 아래에 열거한 | ★正确 zhèngquè 형 정확하다, 올바르다 | ★顾客 gùkè 명 고객, 손님 | 生气 shēngqì 동 화내다, 성내다 | 鞋 xié 명 신발, 구두 | 卖 mài 동 팔다, 판매하다 | ★律师 lǜshī 명 변호사

할인과 관련된 표현
有优惠活动 yǒu yōuhuì huódòng 할인 행사가 있다 | 优惠券 yōuhuìquàn 할인권
有优惠 yǒu yōuhuì 혜택이 있다 | 打6折 dǎ liù zhé 40% 할인하다

16 D 남자의 말 '肚子有点儿不舒服(배가 좀 아프다)'에서 남자의 현재 상태를 알 수 있다. '不舒服'는 '불편하다, 아프다'라는 뜻으로, '疼(아프다)' '难受(괴롭다)'로 나타낼 수도 있다.

女：你怎么脸色不太好，没事儿吧？ 男：没关系，就是肚子有点儿不舒服。 女：是不是饿了？我有牛奶和巧克力，你要吃吗？ 男：不用了，我不饿。谢谢。 问：男的怎么了？ A 发烧了　　　　B 口渴了 C 哭了　　　　　**D 肚子疼**	여: 너 어째서 안색이 별로 좋지 않니. 괜찮아? 남: 괜찮아. 다만 배가 좀 아파. 여: 배고픈 거 아니야? 나 우유랑 초콜릿 있는데 먹을래? 남: 괜찮아. 나 배 안 고파. 고마워. 질문: 남자는 어떠한가? A 열이 난다　　　　B 목이 마르다 C 울었다　　　　　**D 배가 아프다**

脸色 liǎnsè 명 안색, 얼굴색 | 不太 bú tài 그다지 ~하지 않다 | 没事儿 méishìr 통 괜찮다, 무사하다 | ★肚子 dùzi 명 (사람이나 동물의) 배, 복부 | 有点儿 yǒudiǎnr 부 조금, 약간 | 不舒服 bù shūfu (몸이) 아프다, 불편하다, 편치 않다 | ★巧克力 qiǎokèlì 명 초콜릿 | 要 yào 조동 ~할 것이다 | 不用了 búyòng le 됐어요, 괜찮아요 | 发烧 fāshāo 통 열이 나다 | 口渴 kǒukě 형 목마르다 | 哭 kū 통 울다

● **Day 25**　　　　　　　　　　　　　　　　● track 53
17 A　　18 B　　19 D　　20 A　　21 A　　22 A　　23 C　　24 B

17 A 남자의 말 '你怎么把头发理成短发了?(너 왜 머리를 단발로 잘랐어?)'와 여자의 말 '留长发太久了(머리를 기른 지 너무 오래됐어)'에서 여자가 '以前是长发(원래 긴 머리이다)'라는 것을 유추할 수 있다. '成'은 '변화'의 의미를 더하는 결과보어로, 동작(理)을 통한 변화의 결과(短发)가 '成' 뒤에 위치한다.

男：要不是你先跟我打招呼，我都没认出你来。你怎么把头发理成短发了？ 女：长发留太久了，所以想换换。 问：关于女的，可以知道什么？ **A 以前是长发**　　B 更漂亮了 C 变化不大　　　　D 变胖了	남: 네가 먼저 나한테 인사하지 않았다면 나는 너를 알아보지도 못했을 거야. 너 왜 머리를 단발로 잘랐어? 여: 머리를 기른 지 너무 오래돼서 좀 바꾸고 싶었어. 질문: 여자에 관하여 무엇을 알 수 있는가? **A 예전에 긴 머리였다**　　B 더 예뻐졌다 C 변화가 크지 않다　　　　D 살이 쪘다

要 yào 접 만약, 만일, ~하면 | 先 xiān 부 먼저, 우선 | 跟 gēn 개 ~에게 | ★打招呼 dǎ zhāohu (말이나 행동으로) 인사하다 | 认 rèn 통 식별하다, 분간하다 | 出来 chūlai 개 [동사 뒤에 쓰여 '숨겨져 있다가 드러남'을 표시함] | 把 bǎ ~를 [처치의 결과를 나타냄] | 头发 tóufa 명 머리카락 | 理 lǐ 통 정리하다, 가지런하게 하다 | 成 chéng 통 ~이 되다, ~로 변하다 | 短发 duǎnfà 명 단발머리 | ★留 liú 통 보관하다, 보존하다, 간수하다 | 久 jiǔ 형 오래다 | 所以 suǒyǐ 접 그래서, 그러므로 | 想 xiǎng 조동 ~하고 싶다 | 换 huàn 통 바꾸다 | 以前 yǐqián 명 과거, 이전, 예전 | 更 gèng 부 더욱, 더, 훨씬 | 变化 biànhuà 명 변화 | 变 biàn 통 (성질·상태가) 변하다, 바뀌다 | 胖 pàng 형 (몸이) 뚱뚱하다

 '미용실' 관련 어휘
理发店 lǐfàdiàn [=美发店 měifàdiàn] 미용실 | 理发师 lǐfàshī [=美发师 měifàshī] 미용사
理发 lǐfà ≒ 剪(头)发 jiǎn (tóu)fà 이발하다(머리를 자르다)
留长发 liú chángfà 머리를 기르다 | 剪短了 jiǎnduǎn le (머리를) 짧게 자르다 [단발로 자르다]

18 B 남자가 미안하다며 '来晚了(늦게 왔다)'라고 말한 것에서 남자가 '지각했음(迟到了)'을 알 수 있다. 여자가 '才刚开始(방금 막 시작했다)'라고 말한 것을 제대로 듣지 못했다면 보기 D 때문에 헷갈릴 수 있다. 첫 문장에서 답을 찾았더라도 끝까지 긴장해서 듣는 습관을 기르자.

男：实在抱歉！我来晚了。活动已经开始了吗？ 女：没关系！才刚开始。你拿门口的材料了吗？ 问：男的怎么了？ A 不想参观　　　　　　B 迟到了 C 迷路了　　　　　　　D 活动还没开始	남：정말 죄송해요! 제가 늦었네요. 행사가 이미 시작됐나요？ 여：괜찮아요! 방금 막 시작했어요. 입구의 자료를 받았나요？ 질문：남자는 왜 그러는가？ A 참관하고 싶지 않다　　B 지각했다 C 길을 잃었다　　　　　D 행사가 아직 시작하지 않았다

★ **实在** shízài 🈁 정말, 참으로 | ★ **抱歉** bàoqiàn 🈚 미안해하다, 죄송합니다 | **晚** wǎn 🈸 (규정된 혹은 적합한 시간보다) 늦다 | ★ **活动** huódòng 🈂 행사, 모임, 활동 | **开始** kāishǐ 🈚 시작하다 | **才** cái 🈁 방금, 막, 이제서야 | ★ **刚** gāng 🈁 방금, 막, 바로 | **拿** ná 🈚 받다, (손으로) 쥐다 | **门口** ménkǒu 🈂 입구, 현관 | ★ **材料** cáiliào 🈂 자료 | **怎么了** zěnme le 왜 그런 거야? 어떻게 된 거야? | ★ **参观** cānguān 🈚 (전람회·공장·명승고적 등) 참관하다, 견학하다 | **迟到** chídào 🈚 지각하다 | ★ **迷路** mílù 🈚 길을 잃다

19 D 핵심 문장은 '好像已经不发烧了(벌써 열이 나지 않는 것 같아)'이다. 이 말을 통해 남자가 '열이 났다가(发烧了)' 현재는 상태를 회복한 것을 알 수 있다. 단순히 남자가 '아팠다'는 사실만 드러나 있는 '没有昨晚那么难受了(어제저녁처럼 그렇게 아프지 않다)'라는 남자의 말만으로는 보기에서 답을 가려낼 수 없다.

女：你醒了？感觉好点儿了没？ 男：好些了，没有昨晚那么难受了。 女：我估计是药起作用了。 男：应该是吧。我好像已经不发烧了。 问：男的昨晚怎么了？ A 肚子疼　　　　　　B 嗓子不舒服 C 一直咳嗽　　　　　D 发烧了	여：일어났어？ 좀 좋아진 것 같아？ 남：좀 좋아졌어. 어제저녁처럼 그렇게 괴롭지는 않아. 여：내가 짐작하기에는 약이 효과가 있었던 것 같아. 남：그렇겠지. 벌써 열이 나지 않는 것 같아. 질문：남자는 어제저녁에 무슨 일이었는가？ A 배가 아팠다　　　　B 목이 불편했다 C 계속 기침했다　　　D 열이 났다

★ **醒** xǐng 🈚 잠에서 깨다 | ★ **感觉** gǎnjué 🈂 감각, 느낌 | **点(儿)** diǎn(r) 🈸 약간 | **些** xiē 🈸 조금, 약간, 얼마쯤 | **昨晚** zuówǎn 🈂 어제저녁 | ★ **难受** nánshòu 🈸 (몸이) 불편하다, 견딜 수 없다, 괴롭다 | ★ **估计** gūjì 🈚 추측하다, 짐작하다, 예측하다 | **药** yào 🈂 약, 약물 | **起** qǐ 🈚 발생하다, 생기다 | ★ **作用** zuòyòng 🈂 작용, 영향, 효과 | **应该** yīnggāi 🈗 마땅히 ~해야 한다 | ★ **好像** hǎoxiàng 🈁 마치 ~와 같다, ~인 것 같다 | **发烧** fāshāo 🈚 열이 나다 | ★ **肚子** dùzi 🈂 (사람이나 동물의) 복부 | **疼** téng 🈸 아프다 | **嗓子** sǎngzi 🈂 목, 목구멍 | **舒服** shūfu 🈸 (몸·마음이) 편안하다 | **一直** yìzhí 🈁 계속, 줄곧 | ★ **咳嗽** késou 🈚 기침하다

20 A 여자가 남자에게 '商店里在做活动呢，全场打六折(상점 안에서 이벤트를 하고 있어. 매장 전체 상품을 40% 할인해)'라고 가게에 대해 알려 줬다.

男：这家商店门前，怎么有这么多顾客在排队？ 女：商店里在做活动呢，全场打六折。咱们也进去看一下吧！	남：이 상점 문 앞에 왜 이렇게 많은 손님들이 줄 서고 있는 거지？ 여：상점 안에서 이벤트를 하고 있어. 매장 전체 상품을 40% 할인해. 우리도 들어가서 한번 보자！

问: 关于那家店, 可以知道什么?
A 在打折　　　　　　　B 售货员不多
C 顾客少　　　　　　　D 服务好

질문: 그 가게에 관하여 무엇을 알 수 있는가?
A 할인 중이다　　　　　B 판매원이 많지 않다
C 손님이 적다　　　　　D 서비스가 좋다

家 jiā 양 [집·점포·공장 등을 세는 단위] | 这么 zhème 대 이런, 이러한, 이렇게 | ★顾客 gùkè 명 고객, 손님 | 在 zài 부 마침 ~하고 있다, 막 ~하고 있는 중이다 | 排队 páiduì 동 줄을 서다, 순서대로 정렬하다 | ★活动 huódòng 명 행사, 모임, 활동 | 全 quán 형 온, 전, 전부의 | ★场 chǎng 명 장소, 곳 | ★打折 dǎzhé 동 가격을 깎다, 할인하다 | ★咱们 zánmen 대 우리(들) | 一下 yíxià 수량 시험 삼아 해 보다, 좀 하다 | 店 diàn 명 가게, 상점 | ★售货员 shòuhuòyuán 명 판매원 | 服务 fúwù 동 서비스하다

21 A

여자는 '这双鞋穿着挺暖和的(이 신발을 신고 있으면 아주 따뜻해요)'라고 말하며 신발에 대한 자신의 생각을 언급했다. '质量(품질)'에 관해서는 여자가 직접적으로 '좋다(好)'고 한 적이 없으므로 B는 답이 될 수 없다.

女: 这双鞋穿着挺暖和的。就是不知道它的质量怎么样。
男: 您完全可以放心, 因为我们店里所有的鞋, 都有质量保证。
女: 哪里有镜子? 我想好好儿照照。
男: 请您跟我来。

여: 이 신발을 신고 있으면 아주 따뜻해요. 다만 이것의 품질이 어떨지는 모르겠어요.
남: 완전히 안심하셔도 됩니다. (왜냐하면) 저희 매장의 모든 신발은 품질 보증을 해 드리니까요.
여: 어디에 거울이 있나요? 제대로 좀 비춰 보고 싶어요.
남: 저를 따라 오세요.

问: 女的觉得那双鞋怎么样?
A 很暖和　　　　　　　B 质量好
C 很便宜　　　　　　　D 容易脏

질문: 여자는 그 신발이 어떻다고 생각하는가?
A 매우 따뜻하다　　　　B 품질이 좋다
C 매우 저렴하다　　　　D 더러워지기 쉽다

双 shuāng 양 짝, 켤레 | 鞋 xié 명 구두 | 挺……的 tǐng……de 매우 ~하다 | ★暖和 nuǎnhuo 형 따뜻하다, 따사롭다 | 就 jiù 접 단지, 다만 | ★质量 zhìliàng 명 질, 품질 | 完全 wánquán 부 완전히, 전적으로, 전혀 | 可以 kěyǐ 조동 ~해도 된다 | ★放心 fàngxīn 동 마음을 놓다, 안심하다 | 因为 yīnwèi 접 왜냐하면 | ★所有 suǒyǒu 형 모든, 전부의, 일체의 | ★保证 bǎozhèng 동 보증하다, 담보하다 | ★镜子 jìngzi 명 거울 | 好好(儿) hǎohāo(r) 부 잘, 충분히, 최대한 | ★照 zhào 동 (거울·호수면 등에) 비추다, 비치다 | 跟 gēn 동 따라가다 | 容易 róngyì 형 쉽다, ~하기 일쑤다 | ★脏 zāng 형 더럽다, 지저분하다

22 A

'难受'와 '不舒服'는 모두 신체가 아프고 불편한 것을 나타낼 때 사용하는 표현으로, '肚子难受(배가 아프다)'는 '肚子不舒服'와 서로 뜻이 통한다.

男: 你哪儿不舒服?
女: 晚上的饭菜实在太辣了! 我肚子有些难受。
男: 严不严重? 我现在送你去医院吧?
女: 没事儿, 我已经吃过药了。休息一会儿就行。

남: 너 어디가 불편하니?
여: 저녁 요리가 정말 너무 매웠어! 배가 좀 아파.
남: 심각해? 내가 지금 너 병원에 데려다줄까?
여: 괜찮아. 나 이미 약을 먹었어. 조금 쉬면 돼.

问: 女的怎么了?
A 肚子不舒服　　　　　B 有点儿咳嗽
C 不想打针　　　　　　D 胳膊疼

질문: 여자는 왜 그러는가?
A 배가 불편하다　　　　B 기침을 좀 한다
C 주사를 맞고 싶지 않다　D 팔이 아프다

饭菜 fàncài 명 식사, 밥과 반찬 | ★辣 là 형 맵다 | 有些 yǒuxiē 부 좀, 조금, 약간 | ★严重 yánzhòng 형 (정세·추세·정황 등이) 위급하다, 심각하다 | 没事儿 méishìr 괜찮다 | 休息 xiūxi 동 휴식하다, 쉬다 | 有点儿 yǒudiǎnr 부 조금, 약간 | ★打针 dǎzhēn 동 주사를 놓다, 주사를 맞다 | ★胳膊 gēbo 명 팔

23 C '怎么房价也那么高?(어째서 집값이 이렇게 높은 거죠?)'라는 여자의 말에서 집의 '价格(가격)'가 '높다(高)'는 것을 알 수 있다.

女：这里不是郊区吗？怎么房价也那么高？ 男：因为这儿周围学校很多，孩子们上学很方便，而且离公交车站也特别近。	여: 이곳은 교외가 아닌가요? 어째서 집값이 이렇게 높은 거죠? 남: 이곳 주변에 학교가 많아서 아이들이 등교하기에 편리하고, 게다가 버스 정류장과도 아주 가깝기 때문이에요.
问：那儿的房子怎么样？ A 没电梯　　　　　B 楼层低 C 价格高　　　　　D 比较旧	질문: 그곳의 집은 어떠한가? A 엘리베이터가 없다　　B 건물 층이 낮다 C 가격이 높다　　　　　D 비교적 오래되었다

★**郊区** jiāoqū 명 (도시의) 변두리 | **房价** fángjià 명 집 가격, 건물 가격 | **那么** nàme 대 그렇게, 저렇게, 그런, 저런 | ★**周围** zhōuwéi 명 주위, 주변 | **上学** shàngxué 동 등교하다 | **方便** fāngbiàn 형 편리하다 | **而且** érqiě 접 게다가, 뿐만 아니라, 또한 | **离** lí 개 ~에서, ~로부터 | **公交车** gōngjiāochē 명 (대중교통) 버스 | **站** zhàn 명 정류장, 정류소, 역 | **特别** tèbié 부 아주, 특별히 | **房子** fángzi 명 집, 건물 | **电梯** diàntī 명 엘리베이터 | **楼层** lóucéng 명 (건물의) 층, 층수 | ★**低** dī 형 (높이가) 낮다 | ★**价格** jiàgé 명 가격, 값 | **比较** bǐjiào 부 비교적, 상대적으로 | **旧** jiù 형 낡다, 오래되다

24 B 여자는 '他个子高多了(걔는 키가 많이 컸다)'라고 직접적으로 왕(王) 교수의 손자(=남자아이)에 대해 이야기했다. '키가 컸다'라는 말은 '성장하다, 자라다'라는 뜻의 동사 '长'을 사용해 '长高(키가 크다)'라고 표현한다.

男：刚才跟你打招呼的男孩儿是谁呀？ 女：王教授的孙子啊。你没认出他来？ 男：是他啊！我说怎么看着这么眼熟呢。 女：好几年没见了。他现在个子高多了，样子也变化非常大。	남: 방금 너랑 인사한 남자아이는 누구야? 여: 왕(王) 교수님의 손자야. 너는 그 아이를 못 알아봤어? 남: 걔였구나! 어쩐지 보고 있으니 그렇게 낯이 익더라. 여: 수년간 못 봤지. 걔는 지금 키가 많이 컸고, 겉모습도 변화가 매우 커.
问：关于那个男孩儿，下列哪个正确？ A 很帅　　　　　　B 长高了 C 被表扬了　　　　D 在读硕士	질문: 그 남자아이에 관하여 다음 중 올바른 것은? A 매우 잘생겼다　　　B 키가 컸다 C 칭찬 받았다　　　　D 석사 공부를 하고 있다

刚才 gāngcái 명 지금, 막, 방금 | **男孩儿** nánháir 명 사내아이 | ★**呀** ya 조 [감탄·찬탄을 나타냄] | ★**教授** jiàoshòu 명 교수 | ★**孙子** sūnzi 명 손자 | **眼熟** yǎnshú 형 낯익다, 눈에 익다 | **好** hǎo 부 [수량이 많음을 강조함] | **个子** gèzi 명 (사람의) 키, 체격 | **多** duō 부 훨씬 | ★**样子** yàngzi 명 (사람의) 모양, 모습, 태도 | **变化** biànhuà 명 변화 | ★**正确** zhèngquè 형 정확하다, 올바르다 | ★**帅** shuài 형 잘생기다, 멋지다 | **长** zhǎng 동 자라다 | **被** bèi 개 ~에게 ~를 당하다 | ★**表扬** biǎoyáng 동 칭찬하다, 표창하다 | **在** zài 부 마침 ~하고 있다, 막 ~하고 있는 중이다 | **硕士** shuòshì 명 석사

● Day 26   ● track 54
25 √   26 ✗   27 √   28 √   29 A   30 C   31 D   32 D

25 √ 화자가 첫 문장에서 '保护环境应该从小事做起(환경을 보호하는 것은 사소한 일부터 하기 시작해야 한다)'라고 직접적으로 언급했다. '环保'는 '环境保护(환경 보호)'의 줄임말로서, '保护环境'과 비슷한 뜻을 지니고 있다.

保护环境应该从小事做起，比如少用塑料袋、把垃圾扔进垃圾桶里、夏天尽量少开空调等等，这些都是我们能够做到的。	환경을 보호하는 것은 사소한 일부터 하기 시작해야 한다. 예를 들면 비닐봉지를 적게 쓰고, 쓰레기를 쓰레기통에 버리고, 여름에는 되도록 에어컨을 적게 트는 것 등이다. 이러한 것들은 모두 우리가 할 수 있는 것이다.
★ 环保要从小事做起。 (√)	★ 환경 보호는 사소한 일부터 시작해야 한다. (√)

★ 保护 bǎohù [동] 보호하다 | 环境 huánjìng [명] 환경 | 应该 yīnggāi [조동] ~해야 한다 | 小事 xiǎoshì [명] 사소한 일, 작은 일 | 起 qǐ [동] (동사 뒤에 쓰여) ~하기 시작하다 | 比如 bǐrú [접] 예를 들면 | ★ 用 yòng [동] 쓰다, 사용하다 | ★ 塑料袋 sùliàodài [명] 비닐봉지 | 把 bǎ [개] ~를 [처치의 결과를 나타냄] | 垃圾 lājī [명] 쓰레기 | ★ 扔 rēng [동] 버리다 | 进 jìn [동] [동사 뒤에 쓰여 동작이 밖에서 안으로 행해짐을 나타냄] | ★ 垃圾桶 lājītǒng [명] 쓰레기통 | 夏天 xiàtiān [명] 여름 | 尽量 jǐnliàng [부] 되도록, 가능한 한 | 开 kāi [동] 켜다 | 空调 kōngtiáo [명] 에어컨 | ★ 等 děng [조] 등 | 能够 nénggòu [조동] ~할 수 있다 | 要 yào [조동] ~해야 한다

 '从……起 cóng……qǐ'는 '从……开始 cóng……kāishǐ'와 같이 '~에서 시작하다'라는 의미로, 4급에 자주 등장하는 표현이다. '从小事做起(작은 일부터 시작하다)'와 '从我做起(나부터 시작하다)'는 공익광고 등에서도 자주 등장한다.

26 ✗ 화자는 사람들이 '睡觉前躺着玩儿手机(자기 전에 누워서 휴대폰을 가지고 노는 것)'를 '좋아한다(喜欢)'고 했다. 제시문을 읽을 때는 '不'와 같은 부정부사까지 꼼꼼히 살펴야 한다.

人们喜欢睡觉前躺着玩儿手机，而且有时候一玩儿就是三四个小时。这样不但对眼睛不好，甚至会严重影响接下来的工作或者学习。	사람들은 자기 전에 누워서 휴대폰을 가지고 노는 것을 좋아하고, 한번 하면 3~4시간일 때도 있다. 이렇게 하면 눈에 좋지 않을 뿐만 아니라, 심지어 앞으로의 업무나 학습에도 심각하게 영향을 끼친다.
★ 人们不喜欢睡觉前玩儿手机。 (✗)	★ 사람들은 자기 전에 휴대폰을 가지고 노는 것을 싫어한다. (✗)

睡觉 shuìjiào [동] (잠을) 자다 | ★ 躺 tǎng [동] 눕다, 드러눕다 | 着 zhe [조] ~하면서 | 而且 érqiě [접] 게다가, 뿐만 아니라 | 有时候 yǒushíhou [부] 때로는, 간혹가다 | 一A就B yī A jiù B 일단 A하다면 B하다 | 不但 búdàn [접] ~할 뿐만 아니라 | 眼睛 yǎnjing [명] 눈 | ★ 甚至 shènzhì [부] 심지어 | ★ 严重 yánzhòng [형] 심각하다 | 影响 yǐngxiǎng [동] 영향을 끼치다 | 接下来 jiē xiàlái 앞으로, 다음으로 | 或者 huòzhě [접] 혹은, 또는

27 √ 제시문의 '获得机会'는 '기회를 얻다'라는 의미로, 화자의 말 '机会总是留给有准备的人的(기회는 항상 준비된 자에게 주어진다)'와 서로 의미가 통한다.

机会总是留给有准备的人的，所以，我们要坚持学习，多积累经验，努力提高自己各个方面的能力。	기회는 항상 준비된 자에게 주어진다. 그러므로 우리는 꾸준히 공부하고, 경험을 많이 쌓고, 각 방면에서 자신의 능력을 높이려 노력해야 한다.

| ★ 有准备的人才能获得机会。（ √ ） | ★ 준비된 사람만이 비로소 기회를 얻을 수 있다.（ √ ） |

机会 jīhuì 뗑 기회 | **总是** zǒngshì 閈 항상, 언제나 | ★ **留** liú 동 남기다, 받다, 접수하다 | **给** gěi 깨 ~에게 | **所以** suǒyǐ 웹 그래서, 그러므로 | **要** yào 조동 ~해야 한다 | ★ **坚持** jiānchí 동 어떤 상태나 행위를 계속 지속하게 하다 | ★ **积累** jīlěi 동 쌓이다 | ★ **经验** jīngyàn 뗑 경험 | **努力** nǔlì 동 노력하다, 열심히 하다 | **提高** tígāo 동 높이다, 향상시키다 | **自己** zìjǐ 데 자신, 자기, 스스로 | **各个** gègè 데 각각의, 개개의 | ★ **方面** fāngmiàn 뗑 방면, 부분 | ★ **能力** nénglì 뗑 능력 | **才** cái 閈 비로소 | **能** néng 조동 ~할 수 있다 | ★ **获得** huòdé 동 얻다, 취득하다

> tip 개사 '给 gěi'는 동사 뒤에서 개사구 보어로 쓰여 '동작을 받는 대상'이나 '수혜를 받는 대상'을 나타낸다. 4급에는 '留给 liúgěi(~에게 남기다)' '送给 sònggěi(~에게 보내다)' '发给 fāgěi(~에게 전달하다)' '借给 jiègěi(~에게 빌려주다)' 등이 자주 나온다.

28 '要注意的是网上的信息也不完全是真的(인터넷상의 정보도 전부 진실은 아니라는 것에 주의해야 한다)'라는 화자의 말은 '인터넷상의 정보를 완전히 믿어서는 안 된다'는 제시문의 내용과 의미가 통한다.

| 我们上网的目的之一是获取信息。但是，<u>要注意的是网上的信息也不完全是真的</u>。我们要认真判断信息的真假。 | 우리가 인터넷을 사용하는 목적 중 하나는 정보를 얻는 것이다. 하지만 인터넷상의 정보도 전부 진실은 아니라는 것에 주의해야 한다. 우리는 정보의 진실과 거짓을 신중히 판단해야 한다. |
| ★ 不能完全相信网上的信息。（ √ ） | ★ 인터넷상의 정보를 완전히 믿어서는 안 된다.（ √ ） |

上网 shàngwǎng 동 인터넷을 하다 | ★ **目的** mùdì 뗑 목적 | **之一** zhīyī 뗑 ~중의 하나 | ★ **信息** xìnxī 뗑 정보 | **但是** dànshì 웹 그러나, 그렇지만 | **注意** zhùyì 동 주의하다 | **网** wǎng 뗑 인터넷 | ★ **完全** wánquán 閈 전부, 완전히 | **认真** rènzhēn 형 진지하다, 착실하다 | ★ **判断** pànduàn 동 판단하다 | **真假** zhēnjiǎ 뗑 진짜와 가짜

> tip 범위부사 '完全 wánquán'은 부정부사의 위치에 따라 의미가 달라지는 표현이다. '不完全'은 전부가 아니라, '일부'를 부정한다.

29 공연이 끝난 후, 남자가 여자의 공연에 대해 칭찬을 건네는 상황이다. '表演'은 '공연' '공연하다'라는 뜻으로, '演出'와 의미가 통한다.

男：您的表演实在是太精彩了！ 祝贺您！ 女：谢谢您能来看我们的演出。	남: 당신의 공연은 정말 너무 훌륭했어요! 축하해요! 여: 우리 공연을 보러 와 줘서 고마워요.
问：根据对话，下列哪个正确？	질문: 대화에 따르면, 다음 중 올바른 것은?
A 演出结束了 B 演出提前了 C 女的很失望 D 观众不热情	**A** 공연이 끝났다 B 공연이 앞당겨졌다 C 여자는 매우 실망했다 D 관객이 열정적이지 않다

★ **表演** biǎoyǎn 뗑 공연 | ★ **实在** shízài 閈 정말 | ★ **精彩** jīngcǎi 형 훌륭하다, 뛰어나다 | ★ **祝贺** zhùhè 동 축하하다 | ★ **演出** yǎnchū 뗑 공연 | **根据** gēnjù 깨 ~에 의거하여 | ★ **对话** duìhuà 뗑 대화 | **下列** xiàliè 형 아래에 열거한 | ★ **正确** zhèngquè 형 올바르다 | **结束** jiéshù 동 끝나다 | ★ **提前** tíqián 동 (예정된 시간·위치를) 앞당기다 | ★ **失望** shīwàng 동 실망하다 | ★ **观众** guānzhòng 뗑 관객 | **热情** rèqíng 형 열정적이다

30 C '留学申请(유학 신청)'을 다 처리했냐는 여자의 말에서 남자가 최근 '유학 갈 준비(准备留学)'를 하고 있음을 알 수 있다. 대화 속에 답이 직접 언급되지 않고, 상대방의 질문 등으로 답을 유추해야 하는 문제가 많아지는 추세이니, 대화의 흐름을 꼼꼼히 잘 따라가야 한다.

女: 你的留学申请办好了吗?	여: 너 유학 신청은 다 처리했어?
男: 最近有点儿忙, 连材料都还没来得及交呢。	남: 요즘 좀 바빠서, 아직 자료 낼 시간조차 없는걸.
问: 关于男的, 可以知道什么?	질문: 남자에 관하여 무엇을 알 수 있는가?
A 要出差	A 출장 가려고 한다
B 在打印资料	B 자료를 인쇄하고 있다
C 准备留学	**C 유학 갈 준비를 한다**
D 没去招聘会	D 채용박람회에 가지 않았다

留学 liúxué 동 유학하다 | ★申请 shēnqǐng 동 신청하다 | 办 bàn 동 처리하다 | 好 hǎo 형 [동사 뒤에 쓰여, '동작이 완성되었거나 잘 마무리되었음'을 나타냄] | 最近 zuìjìn 명 요즘 | 有点儿 yǒudiǎnr 튄 조금, 약간 | 连……都 lián……dōu ~조차도, ~마저도 | ★材料 cáiliào 명 자료 | 还 hái 튄 아직, 여전히 | ★来得及 láidejí 동 늦지 않다, 제시간에 대다 | ★交 jiāo 동 내다, 제출하다 | 关于 guānyú 개 ~에 관하여 | 可以 kěyǐ 조동 ~할 수 있다 | 要 yào 조동 ~하려고 하다 | ★出差 chūchāi 동 출장 가다 | 在 zài 튄 ~하고 있다 [동작의 진행] | ★打印 dǎyìn 동 인쇄하다 | 资料 zīliào 명 자료 | 招聘会 zhāopìnhuì 명 채용박람회

31 D 남자 손님의 질문에 여자 종업원이 '提供蛋糕(케이크를 제공한다)'라고 대답했으므로 답은 D이다.

女: 喂, 您好, 这里是友情饭店。	여: 여보세요? 안녕하세요. 우정 레스토랑입니다.
男: 您好, 明天我想在你们餐厅举办新年晚会, 请问你们提供蛋糕吗?	남: 안녕하세요. 내일 레스토랑에서 신년 행사를 개최하고 싶은데요. 레스토랑에서 케이크를 제공하나요?
女: 提供, 我们有巧克力和水果两种。	여: 제공합니다. 저희는 초콜릿과 과일, 두 종류가 있어요.
男: 那我要个巧克力的。	남: 그럼 초콜릿으로 할게요.
问: 关于那家餐厅, 下列哪个正确?	질문: 그 레스토랑에 관하여, 다음 중 올바른 것은?
A 菜单漂亮	A 메뉴판이 예쁘다
B 烤鸭好吃	B 오리구이가 맛있다
C 果汁很酸	C 과일주스가 매우 시다
D 提供蛋糕	**D 케이크를 제공한다**

喂 wéi 감 여보세요 | 友情 yǒuqíng 명 우정 | 想 xiǎng 조동 ~하고 싶다 | 在 zài 개 ~에(서), ~에 있어서 | ★餐厅 cāntīng 명 식당 | ★举办 jǔbàn 동 개최하다, 열다 | 新年 xīnnián 명 신년 | 晚会 wǎnhuì 명 이브닝 파티 | 请问 qǐngwèn 동 말씀 좀 여쭙겠습니다 | ★提供 tígōng 동 제공하다, 내놓다 | 蛋糕 dàngāo 명 케이크 | ★巧克力 qiǎokèlì 명 초콜릿 | 种 zhǒng 양 종류 | 要 yào 동 원하다 | 家 jiā 양 [가정·가게·기업 등을 세는 양사] | 菜单 càidān 명 메뉴, 차림표 | ★烤鸭 kǎoyā 명 오리구이 | ★果汁 guǒzhī 명 과일주스 | ★酸 suān 형 시다

32 D '不用'과 '不需要'는 동사 앞에서 '어떠한 행동을 할 필요가 없음'을 나타낸다. 남자 의사의 말 '不需要打针(주사를 맞을 필요 없다)'이 곧 '不用打针'의 의미이다.

男：您只是感冒了，而且不是很严重。 女：我还有点儿咳嗽，真的不用打针吗？ 男：我觉得不需要打针。先按时吃药，过两天再来检查一下。 女：知道了，谢谢医生。	남: 당신은 단지 감기에 걸렸을 뿐이고, 심각한 건 아니에요. 여: 기침도 좀 나는데, 정말 주사를 안 맞아도 되나요? 남: 주사를 맞을 필요는 없어요. 우선 제시간에 약을 드시고, 며칠 후에 다시 와서 검사 한번 해 보세요. 여: 알겠습니다. 감사합니다, 의사 선생님.
问：男的是什么意思？ A 最好住院 B 病得厉害 C 得多跑步 D 不用打针	질문: 남자의 말은 무슨 의미인가? A 입원하는 것이 제일 좋다 B 병에 심하게 걸렸다 C 달리기를 많이 해야 한다 D 주사를 맞을 필요가 없다

只是 zhǐshì 단지, 다만 | 感冒 gǎnmào 동 감기에 걸리다 | ★严重 yánzhòng 형 심각하다 | ★咳嗽 késou 동 기침하다 | 不用 búyòng ~할 필요가 없다 | ★打针 dǎzhēn 동 주사를 맞다 | 需要 xūyào 동 필요하다 | 先 xiān 우선 | ★按时 ànshí 제때에, 시간에 맞추어 | 药 yào 명 약 | 过 guò 동 지나다 | 两天 liǎngtiān 명 이삼일 | 再 zài 부 다시 | 检查 jiǎnchá 동 검사하다 | 一下 yíxià 수량 시험 삼아 해 보다, 좀 하다 | 意思 yìsi 명 의미 | ★最好 zuìhǎo 부 ~하는 게 제일 좋다 | 住院 zhùyuàn 동 (환자가) 입원하다 | 病 bìng 동 병나다 | ★厉害 lìhai 형 심각하다 | ★得 děi 조동 ~해야 한다 | 跑步 pǎobù 동 달리다

● **Day 27** track 55
33 ✗   34 ✓   35 ✓   36 ✓   37 B   38 C   39 B   40 B

33 ✗ 화자는 겨울에 춥더라도 환기를 많이 시킬 것을 권유하고 있다.

冬天虽然很冷，但我们也得经常开窗，让房间多进来点儿新鲜空气，这样做对身体有好处。	비록 겨울에 춥더라도, 우리는 창문을 자주 열어서, 방에 신선한 공기가 많이 들어오게 해야 한다. 이렇게 하면 몸에 이롭다.
★ 冬季要多进行室外锻炼。（ ✗ ）	★ 겨울에는 야외 운동을 많이 해야 한다. (✗)

冬天 dōngtiān 명 겨울 | 虽然 suīrán 접 비록 ~일지라도 | ★得 děi 조동 ~해야 한다 | 经常 jīngcháng 부 자주, 항상, 늘, 종종 | 窗 chuāng 명 창문, 창 | 让 ràng 동 (어떤 일을) 하게 하다, 하도록 하다 | 房间 fángjiān 명 방 | 新鲜 xīnxiān 형 신선하다 | ★空气 kōngqì 명 공기 | ★好处 hǎochù 명 좋은 점, 장점 | 冬季 dōngjì 명 겨울 | 锻炼 duànliàn 동 (몸을) 단련하다

 tip
실외 운동: **室外运动** shìwài yùndòng
실내 운동: **室内运动** shìnèi yùndòng | **室内锻炼** shìnèi duànliàn

34 ✓ 화자는 '작은 성공을 얻은 후 곧바로 거만해지는 것(获得了一点儿成功后，马上就变得很骄傲)'이 '위험하다(危险)'고 말했다.

有的人获得了一点儿成功后，就马上变得很骄傲。这其实是十分危险的，因为有可能就在你得意的时候，你已经开始由成功走向失败了。	어떤 사람은 작은 성공을 얻은 후, 곧바로 거만해지는데, 이는 사실 매우 위험하다. 왜냐하면 바로 당신이 자만만하고 있을 때, 당신은 이미 성공에서 실패로 걸어가고 있기 때문이다.
★ 成功后不要骄傲。 (✓)	★ 성공 후 거만해선 안 된다. (✓)

★ **获得** huòdé 동 얻다 | ★ **成功** chénggōng 동 성공하다 | **马上** mǎshàng 부 곧, 바로 | **就** jiù 부 곧, 즉시, 바로 | **变** biàn 동 변하다 | ★ **骄傲** jiāo'ào 형 거만하다 | **其实** qíshí 부 사실 | ★ **十分** shífēn 매우, 아주 | ★ **危险** wēixiǎn 형 위험하다 | **因为** yīnwèi 접 왜냐하면 | **可能** kěnéng 명 가능성 | **在** zài 개 ~(에서), ~에 있어서 | ★ **得意** déyì 자신만만하다, 대단히 만족하다, 득의양양하다 | **开始** kāishǐ 동 시작하다 | ★ **由** yóu 개 ~에서 | **走向** zǒuxiàng 동 [어떤 방향을 향하여 발전함] | **失败** shībài 동 실패하다 | **不要** búyào 부 ~해서는 안 된다

35 ✓ 화자는 '黄明明(황밍밍)'이라는 인물에 대해 말하고 있다. '黄明明'이 신년 파티에서 '피아노를 쳤는데(弹钢琴)' '매우 잘 쳤다(弹得好)'는 화자의 말은 제시문과 일치한다.

我记得黄明明[Huáng Míngmíng]平时不怎么说话，班里同学们都不怎么注意他。但是在新年晚会上，他表演了弹钢琴，而且弹得非常好，同学们都非常吃惊。	황밍밍[黄明明]은 평소에 그다지 말을 하지 않고, 같은 반 친구들도 그다지 그에게 관심을 가지지 않았던 걸로 기억해. 그런데 신년 파티에서 그가 피아노 연주를 했는데 매우 잘 쳐서, 같은 반 친구들이 모두 매우 놀랐어.
★ 黄明明钢琴弹得好极了。 (✓)	★ 황밍밍은 피아노를 아주 잘 친다. (✓)

记得 jìde 동 기억하고 있다 | ★ **平时** píngshí 명 평소, 평상시 | **不怎么** bù zěnme 그다지, 별로 | **班** bān 명 반 | **注意** zhùyì 동 주의하다 | **但是** dànshì 접 그러나 | **新年** xīnnián 명 신년 | **晚会** wǎnhuì 명 이브닝 파티 | ★ **表演** biǎoyǎn 동 공연하다 | ★ **弹钢琴** tán gāngqín 피아노를 치다 | ★ **而且** érqiě 접 게다가, 뿐만 아니라 | ★ **吃惊** chījīng 동 놀라다 | **极了** jíle [형용사 뒤에 위치해 뜻을 매우 강조할 때 쓰임]

36 ✓ 화자는 유머 감각이 있는 사람은 그 어떤 어려움을 맞닥뜨려도 '적극적인 태도로 해결할 수 있다(用积极的态度去解决)'고 여기고 있다. 행동의 방식을 나타낼 때는 개사 '用'을 써서 나타낼 수 있다.

有幽默感的人更容易成功。因为，他们不管遇到什么困难，都能用积极的态度去解决。	유머 감각이 있는 사람은 성공하기가 더욱 쉽다. 왜냐하면 그들은 어떤 어려움을 맞닥뜨려도, 적극적인 태도로 해결할 수 있기 때문이다.
★ 幽默的人能积极地解决问题。 (✓)	★ 유머러스한 사람은 적극적으로 문제를 해결할 수 있다. (✓)

★ **幽默感** yōumògǎn 명 유머 감각 | **容易** róngyì 형 ~하기 쉽다 | ★ **不管** bùguǎn 접 ~를 막론하고 | **遇到** yùdào 동 마주치다, 부딪치다, 맞닥뜨리다 | **困难** kùnnan 명 어려움 | **能** néng 조동 ~할 수 있다 | **用** yòng 개 ~로 | ★ **积极** jījí 형 적극적이다 | ★ **态度** tàidu 명 태도 | **解决** jiějué 동 해결하다 | ★ **幽默** yōumò 형 유머러스하다

37 B 질문에서 언급하는 '那种做法(그 방법)'는 '让他自己洗碗、洗衣服(아이에게 스스로 설거지하고 빨래를 하도록 하다)'이다. '어려서부터 좋은 습관을 길러야 자신을 더욱 잘 챙길 수 있다(从小养成好习惯，才能更好地照顾自己)'라는 여자의 말에서, 여자가 자신의 방법이 옳다고 여기고 있음을 알 수 있다.

男：小李[Xiǎo Lǐ]，孩子这么小，你就让他自己洗碗、洗衣服啊？ 女：从小养成好习惯，他长大以后，才能更好地照顾自己，不让父母担心。	남: 샤오리[小李], 아이가 이렇게 어린데, 벌써 아이에게 스스로 설거지하고 빨래를 하도록 하는 거니? 여: 어려서부터 좋은 습관을 길러야 성인이 된 후에, 비로소 자신을 더 잘 챙겨 부모님께 걱정을 끼치지 않게 할 수 있어.
问：女的觉得那种做法怎么样？ A 很有趣 **B 是正确的** C 非常奇怪 D 十分辛苦	질문: 여자는 그런 방법이 어떻다고 생각하는가? A 매우 재미있다 **B 올바른 것이다** C 매우 이상하다 D 아주 힘들다

| **还** hái 〈부〉 아직 | **小** xiǎo 〈형〉 어리다 | **就** jiù 〈부〉 벌써 | **自己** zìjǐ 〈대〉 스스로, 자기 | **碗** wǎn 〈명〉 그릇 | ★ **养成** yǎngchéng 〈동〉 길러지다, 습관이 되다 | **习惯** xíguàn 〈명〉 습관 | **长大** zhǎngdà 〈동〉 자라다, 성장하다 | **以后** yǐhòu 〈명〉 이후 | **才** cái 〈부〉 비로소 | **能** néng 〈조동〉 ~할 수 있다 | **照顾** zhàogù 〈동〉 돌보다, 보살피다 | **担心** dānxīn 〈동〉 걱정하다 | **做法** zuòfǎ 〈명〉 방법 | ★ **有趣** yǒuqù 〈형〉 재미있다 | ★ **正确** zhèngquè 〈형〉 올바르다 | **奇怪** qíguài 〈형〉 이상하다 | ★ **十分** shífēn 〈부〉 매우, 아주 | ★ **辛苦** xīnkǔ 〈형〉 고생스럽다

38 C 핵심 문장은 '我就是想提醒你按时出发(단지 너에게 제시간에 출발하라고 알려 주려던 거였어)'이다. '提醒'은 '(미리) 알려 주다'라는 뜻으로, 어떤 행동을 하기 전에 상대방에게 '미리' 알려 주는 것을 나타낸다.

男：喂。我刚才没听到电话响。你找我有什么事？ 女：我就是想提醒你按时出发。千万不要迟到了！	남: 여보세요. 나 방금 벨소리를 못 들었었어. 무슨 일로 나를 찾은 거야? 여: 단지 너에게 제시간에 출발하라고 알려 주려던 거였어. 절대 지각하지 마!
问：女的为什么给男的打电话？ A 祝贺他 B 拒绝邀请 **C 提醒他按时出发** D 商量事情	질문: 여자는 왜 남자에게 전화를 걸었는가? A 그를 축하하려고 B 초대를 거절하려고 **C 그에게 제시간에 출발하라고 미리 일깨워 주려고** D 일을 상의하려고

喂 wéi 〈감〉 여보세요 | **刚才** gāngcái 〈명〉 방금, 막 | ★ **响** xiǎng 〈명〉 소리 | **找** zhǎo 〈동〉 찾다 | **就是** jiùshì 〈부〉 단지, ~일 뿐이다 | **想** xiǎng 〈조동〉 ~하고 싶다 | ★ **提醒** tíxǐng 〈동〉 일깨우다, 깨우치다 | ★ **按时** ànshí 〈부〉 제때에, 시간에 맞추어 | ★ **出发** chūfā 〈동〉 출발하다 | ★ **千万** qiānwàn 〈부〉 절대로, 아무쪼록 | **迟到** chídào 〈동〉 지각하다 | ★ **祝贺** zhùhè 〈동〉 축하하다 | ★ **拒绝** jùjué 〈동〉 거절하다 | ★ **邀请** yāoqǐng 〈동〉 초대하다 | ★ **商量** shāngliang 〈동〉 상의하다, 의논하다 | **事情** shìqing 〈명〉 일

39 B 여자의 말 '洗衣机坏了(세탁기가 고장 났다)'에 답이 직접적으로 드러나 있다. '坏'는 '사물이 고장 나거나 음식이 상한 상태'를 나타내는 듣기 영역 빈출 단어이니 반드시 기억하자.

女：你好，我家里的洗衣机坏了。麻烦你找个师傅来修修行吗？ 男：您先跟我说一下您的洗衣机哪儿出了问题？ 女：开关好像坏了。 男：知道了，请告诉我详细地址，我马上就安排师傅上门修理。 问：女的遇到什么问题了？ A 相机丢了 B 洗衣机坏了 C 路上堵车了 D 没带零钱	여: 안녕하세요. 저희 집 세탁기가 고장 났어요. 번거롭겠지만 기사님을 불러서 좀 고쳐 주시겠어요? 남: 세탁기의 어느 부분에 문제가 생긴 건지 먼저 저에게 좀 말씀해 주시겠어요? 여: 스위치가 고장 난 것 같아요. 남: 알겠습니다. 저에게 자세한 주소를 알려 주세요. 제가 곧바로 기사님을 보내 방문 수리해 드릴게요. 질문: 여자는 어떤 문제에 직면하게 되었는가? A 카메라를 잃어버렸다 B 세탁기가 고장 났다 C 길이 막힌다 D 잔돈을 가져오지 않았다

洗衣机 xǐyījī 명 세탁기 | 坏 huài 동 고장 나다 | ★麻烦 máfan 동 번거롭게 하다 | ★师傅 shīfu 명 선생님, 아저씨 [남에 대한 일반적인 존칭] | 修 xiū 동 수리하다 | ★行 xíng 동 좋다 | 先 xiān 부 먼저, 우선 | 跟 gēn 개 ~에게 | 出 chū 동 나타나다 | 开关 kāiguān 명 스위치 | ★好像 hǎoxiàng 부 마치 ~와 같다, 마치 ~인 것 같다 | ★详细 xiángxì 형 상세하다 | ★地址 dìzhǐ 명 주소 | ★安排 ānpái 동 사람을 보내어 어떤 일을 하게 하다 | 上门 shàngmén 동 방문하다 | ★修理 xiūlǐ 동 수리하다 | 相机 xiàngjī 명 사진기 | ★丢 diū 동 잃어버리다 | 路上 lùshang 명 길 가는 중 | ★堵车 dǔchē 동 교통이 꽉 막히다 | 带 dài 동 지니다, 가지다 | ★零钱 língqián 명 잔돈

40 B 핵심 문장은 남자의 말 '我们公司准备在这里发展(우리 회사는 여기에서 더 확장하려고 준비 중이야)'이다. 회사의 확장과 관련된 보기는 B뿐이다.

女：今年你还打算继续留在海南吗？ 男：是啊，我们公司准备在这里发展，所以我暂时不能回去。 女：太羡慕你了！我还从来没去过海南呢。 男：有空儿的话，你就来玩儿吧。这儿景色非常不错。 问：男的为什么要留在海南？ A 要研究气候 B 工作需要 C 还没毕业 D 生病了	여: 올해에도 너는 여전히 계속 하이난에 남을 계획이니? 남: 응. 우리 회사는 여기에서 확장하려고 준비 중이야. 그래서 나는 당분간 돌아갈 수 없어. 여: 정말 부러워! 난 아직 한번도 하이난에 가 본 적이 없어. 남: 시간 있으면 놀러 와. 여기 경치가 아주 좋아. 질문: 남자는 왜 하이난에 남아야 하는가? A 기후를 연구해야 해서 B 업무상 필요해서 C 아직 졸업하지 않아서 D 병이 나서

今年 jīnnián 명 올해 | 还 hái 부 아직, 여전히 | 打算 dǎsuàn 동 ~할 예정이다, 계획이다 | ★继续 jìxù 동 계속하다 | ★留 liú 동 머무르다 | 海南 Hǎinán 고유 하이난성 | ★发展 fāzhǎn 동 확장하다, 발전하다 | 所以 suǒyǐ 접 그래서, 그러므로 | ★暂时 zànshí 명 잠시, 잠깐 | ★羡慕 xiànmù 동 부러워하다 | ★从来 cónglái 부 여태껏, 지금까지 | 空儿 kòngr 명 시간, 여유 | ……的话 ……dehuà 조 ~한다면, ~이면 | ★景色 jǐngsè 명 경치 | 不错 búcuò 형 좋다 | 要 yào 조동 ~해야 한다 | ★研究 yánjiū 동 연구하다 | ★气候 qìhòu 명 기후 | 需要 xūyào 동 필요하다 | ★毕业 bìyè 동 졸업하다

08 숫자·사물

듣기 제1·2·3부분 | 본서 p.62

● Day 29 ● track 62
1 √ 2 ✗ 3 √ 4 √ 5 C 6 B 7 A 8 B

1 √ 핵심어는 '李先生(리 선생님)'과 '下个月8号的旅行团(다음 달 8일의 패키지여행)'이다. 화자의 설명을 듣는 상대가 '李先生'이라는 점과 '李先生'이 여행 가려는 시기가 '下个月(다음 달)'라는 점을 모두 파악해야 하는 문제이다.

李[Lǐ]先生，如果你要报下个月8号的旅行团，那么准备一张照片，填一份表就行了。还有什么问题吗？	리[李] 선생님, 만약 다음 달 8일의 패키지여행을 신청하시려면, 사진 한 장을 준비하고 표 하나만 작성하면 됩니다. 또 다른 질문이 있으신가요?
★ 李先生下个月可能去旅行。 （√）	★ 리 선생님은 다음 달에 아마 여행을 갈 것이다. （√）

如果 rúguǒ 젭 만약, 만일 | 要 yào 조동 ~하려고 하다 | 报 bào 통 신청하다 | 下 xià 명 다음, 나중 | 旅行团 lǚxíngtuán 명 여행단 | 张 zhāng 양 장 [종이나 가죽 등을 세는 단위] | 照片 zhàopiàn 명 사진 | 填 tián 통 작성하다, 기입하다, 써 넣다 | ★ 份 fèn 양 부, 통, 권 [신문·잡지·문건 등을 세는 단위] | 表 biǎo 명 표 | 就 jiù ~면, ~인 이상, ~한 바에는 | 行 xíng 통 좋다 | 还 hái 부 또, 더 | ★ 旅行 lǚxíng 통 여행하다

 '여행'과 자주 나오는 행동
办护照 bàn hùzhào 여권을 만들다 | 办签证 bàn qiānzhèng 비자를 신청하다
整理行李 zhěnglǐ xíngli 짐을 정리하다 | 收拾行李 shōushí xíngli 짐을 정리하다
推行李箱 tuī xínglǐxiāng 여행 가방을 밀다 | 买机票 mǎi jīpiào 비행기표를 사다
换登机牌 huàn dēngjīpái 탑승권을 바꾸다 | 报旅行团 bào lǚxíngtuán 패키지여행을 신청하다

2 ✗ 핵심어는 '三个半小时(3시간 반)'이다. 녹음에 '수치'가 언급되는 경우에는 문제를 풀 때 '수치'와 관련해 주어진 모든 정보를 최대한 정확히 듣고 기록해 두는 것이 중요하다.

我收到这家银行的入职通知了，但还没有决定去不去上班，因为这家银行离家太远了，每天光在路上的时间就要三个半小时。	나는 이 은행으로부터 입사 통지서를 받았지만, 출근하러 갈지 말지 아직 결정하지 못했어. 왜냐하면 이 은행은 집에서 너무 멀어서, 매일 길 위에서 보내는 시간만 해도 3시간 반이나 되기 때문이야.
★ 从她家到那家银行得十三个小时。 （✗）	★ 그녀의 집에서 그 은행까지 13시간이 걸린다. （✗）

收到 shōudào 통 받다, 수령하다 | 家 jiā 양 [가정·가게·기업 따위를 세는 단위] 명 집 | 银行 yínháng 명 은행 | 入职 rùzhí 명 입사 | ★ 通知 tōngzhī 명 통지서 | 但 dàn 접 하지만, 그러나, 그렇지만 | 还 hái 부 아직, 아직도, 여전히 | 决定 juédìng 통 결정하다 | 因为 yīnwèi 접 왜냐하면 | 离 lí 개 ~에서, ~로부터 | 每天 měi tiān 매일, 날마다 | ★ 光 guāng 부 오로지 | 在 zài 개 ~에(서), ~에 있어서 | 路上 lùshang 명 길 위 | 就 jiù 바로 [사실이 '바로 그러함'을 나타냄] | 要 yào 통 걸리다, 들다, 필요로 하다 | 半 bàn 수 절반 | 得 děi 통 걸리다, 필요하다

 '소요 시간'을 나타낼 때 동사 '要 yào'와 '得 děi'를 모두 쓸 수 있다. 일상 회화에서는 '得 děi'가 좀 더 많이 쓰이는 편이다.

3 ✓ 녹음 첫마디에 핵심 문장이 나왔다. 녹음을 듣기 전에 제시문을 먼저 읽었다면 첫마디만 듣고 바로 답을 유추할 수 있었을 문제이다.

盒子里面有我刚买的烤鸭，很好吃。虽然你正在减肥，不过少吃点儿也不会胖的，一起吃吧！	상자 안에 내가 방금 산 오리구이가 있어. 아주 맛있어. 비록 네가 다이어트 중이지만, 조금만 먹으면 살이 찌지 않을 거야. 같이 먹자!
★ 盒子里有烤鸭。（ ✓ ）	★ 상자 안에 오리구이가 있다. (✓)

★ **盒子** hézi 명 작은 상자 | **里面** lǐmiàn 안쪽, 속, 내부 | ★ **刚** gāng 부 방금, 막, 바로 | **买** mǎi 동 사다, 구매하다 | ★ **烤鸭** kǎoyā 명 (통)오리 구이 | **虽然** suīrán 접 비록 ~하지만 | **正在** zhèngzài 부 지금 ~하고 있다 | ★ **减肥** jiǎnféi 동 살을 빼다, (체중을) 감량하다 | ★ **不过** búguò 접 그러나, 그런데 | **点(儿)** diǎn(r) 양 약간 | **也** yě 부 (~하지만, 비록 ~하더라도) 또한, 그래도 | **会** huì 조동 ~할 가능성이 있다, ~할 것이다 | **胖** pàng 형 (몸이) 뚱뚱하다

4 ✓ 문장 전반을 고루 잘 들었어야 헷갈리지 않고 풀 수 있는 문제이다. 우유를 '현재' 마시고 있다는 것은 '再重新给我倒一杯(다시 저에게 한 잔 따라 주세요)'라는 말에서 유추해 낼 수 있다.

妈，你给我喝的这杯牛奶有点儿咸，你是不是把盐当成糖了啊？再重新给我倒一杯，行吗？	엄마. 저에게 마시라고 주신 이 우유가 조금 짜요. 소금을 설탕으로 보신 거 아니에요? 다시 저에게 새로 한 잔 따라 주시겠어요?
★ 他在喝牛奶。（ ✓ ）	★ 그는 우유를 마시고 있다. (✓)

给 gěi 개 ~에게 | **杯** bēi 양 잔, 컵 | **牛奶** niúnǎi 명 우유 | **有点儿** yǒudiǎnr 부 조금, 약간 [부정적 느낌] | ★ **咸** xián 형 짜다 | **把A当成B** bǎ A dàngchéng B A를 B로 여기다 | ★ **盐** yán 명 소금 | ★ **糖** táng 명 [설탕의 총칭] | **再** zài 부 다시 | ★ **重新** chóngxīn 부 새로, 다시, 재차 | ★ **倒** dào 동 붓다, 따르다 | **在** zài 부 마침 ~하고 있다, 막 ~하고 있는 중이다

5 C '七点(qī diǎn)'과 '一点(yī diǎn)'의 발음을 정확히 분별해 들어야 함정에 빠지지 않는다. 본 문제는 녹음과 보기에 '早上(아침)' '下午(오후)' 등의 단어가 함께 등장하여 비교적 체감 난이도가 낮은 쉬운 문제이다.

男：李[Lǐ]老师，您明天几点到北京？我去机场接您。 女：谢谢你。我明天早上7点40分到。	남: 리[李] 선생님, 내일 몇 시에 베이징에 도착하시나요? 제가 공항에 마중하러 가겠습니다. 여: 감사합니다. 저는 내일 아침 7시 40분에 도착해요.
问：女的明天几点到北京？ A 下午1:40　　　B 下午4:00 **C 早上7:40**　　　D 晚上7:30	질문: 여자는 내일 몇 시에 베이징에 도착하는가? A 오후 1시 40분　　B 오후 4시 **C 오전 7시 40분**　　D 저녁 7시 30분

机场 jīchǎng 명 공항 | **接** jiē 동 마중하다, 맞이하다, 영접하다

> **tip** '시간' 읽는 법
> ❶ 零 líng 0　　　　　예) 7:05 AM → 早上七点零五分
> ❷ 刻 kè 15분　　　　예) 10:45 PM → 晚上十点三刻 / 晚上十点四十五分
> ❸ 半 bàn 30분　　　 예) 8:30 PM → 晚上八点半 / 晚上八点三十分
> ❹ 差……分……点 chà……fēn……diǎn ~시 ~분 전　예) 6:55 AM → 早上差五分七点 / 早上六点五十五分
> ❺ 整 zhěng 정각　　예) 11:00 AM → 早上十一点整

6 B 핵심어는 '下个星期日(다음 주 일요일)'이다. '일요일'을 나타내는 말에는 '星期日' 외에도 '星期天' '周日' '礼拜天'이 있다. 문제를 풀 때는 늘 보기를 먼저 읽어 두어야 핵심 내용을 정확히 찾아 들을 수 있다는 점을 또 한번 명심하자. 날짜 표현을 들을 때에는 '上个(지난)' '下个(다음)' '初(초)' '底(말)' 등의 표현까지 정확히 들어 두자.

男：下个星期日有同学聚会，你打算参加吗？
女：我当然要去了，这可是咱们班毕业以后的第一次聚会。

남: 다음 주 일요일에 동창 모임이 있어. 너는 참가할 생각이야?
여: 나는 당연히 갈 거야. 이건 우리 반이 졸업한 이후의 첫 번째 모임인걸.

问：同学聚会什么时候举行？
A 下个月月底　　　**B 下个礼拜天**
C 两个星期后　　　D 明天中午

질문: 동창 모임은 언제 열리는가?
A 다음 달 말　　　**B 다음 주 일요일**
C 2주 후　　　　　D 내일 정오

星期日 xīngqīrì 명 일요일 | ★**聚会** jùhuì 명 모임 | **打算** dǎsuàn 동 ~할 생각이다 | **参加** cānjiā 동 (어떤 조직이나 활동에) 참가하다, 참여하다 | **当然** dāngrán 부 당연히, 물론 | **要** yào 조동 ~하려고 하다 | **可** kě [평서문에 쓰여 강조를 나타냄] | ★**咱们** zánmen 대 우리 | **班** bān 명 반 | ★**毕业** bìyè 동 졸업하다 | **以后** yǐhòu 명 이후 | **第一次** dì yī cì 명 맨 처음, 최초 | ★**举行** jǔxíng 동 거행하다 | **月底** yuèdǐ 명 월말 | ★**礼拜天** lǐbàitiān 명 일요일 | **后** hòu 명 (시간상으로) 후, 뒤, 다음

7 A '帮'은 '~를 도와 ~를 하다'라는 의미로, 누군가에게 부탁할 때 쓰이는 표현이다. 여자가 살 것이 있냐고 묻자 남자는 겸사겸사 '杂志(잡지)'를 사 달라고 하였다.

女：我一会儿要去超市，你要买点儿什么吗？
男：回来的时候，你顺便帮我买一本杂志吧。
女：是买《手机爱好者》吗？
男：是。我昨晚就想买，但是忘记带钱包了。

여: 나는 잠시 후에 슈퍼에 가려고 하는데, 너 뭐 살 거 있니?
남: 오는 길에 (나를 도와) 잡지 한 권 좀 사다 줘.
여: 〈휴대폰 애호가〉를 사는 거야?
남: 응. 어제저녁에 사고 싶었는데, 지갑 챙기는 걸 잊었어.

问：男的让女的买什么？
A 杂志　　B 笔记本　　C 信封　　D 报纸

질문: 남자는 여자에게 무엇을 사게 하는가?
A 잡지　　B 노트　　C 편지 봉투　　D 신문

一会儿 yíhuìr 수량 잠시, 잠깐 동안 | **要** yào 조동 ~하려고 하다 | **超市** chāoshì 명 슈퍼(마켓) | ★**顺便** shùnbiàn 부 ~하는 김에, 겸사겸사 | **帮** bāng 동 돕다 | ★**杂志** zázhì 명 잡지 | **爱好者** àihàozhě 명 애호가 | **昨晚** zuówǎn 명 어제저녁 | **想** xiǎng 조동 ~하고 싶다 | **但是** dànshì 접 그러나 | **忘记** wàngjì 동 잊다, 소홀히 하다 | **带** dài 동 (몸에) 챙기다, 지니다 | **钱包** qiánbāo 명 지갑 | **让** ràng 동 (어떤 일을) 하게 하다, 하도록 하다 | **笔记本** bǐjìběn 명 노트 | ★**信封** xìnfēng 명 편지 봉투, 봉투 | **报纸** bàozhǐ 명 신문

8 B 대화에서 어떤 것을 찾는지 정확히 언급된 것은 없으나, '不会的，今天早上是我开的门(그럴 리 없어. 오늘 아침에 내가 문을 열었어)'라는 여자의 말에서 정답을 유추할 수 있다. 이 상황에서 가장 가능성 있는 것은 문을 여는 도구인 '钥匙(열쇠)'이다.

男：你的桌子上没有，是不是放家里了？ 女：<u>不会的，今天早上是我开的门。</u> 男：那你到底放哪儿了？你再看看你包里有没有。 女：包里我刚才找过了，没有。我去门口看看。 问：他们最可能在找什么？ A 护照　　**B 钥匙**　　C 登机牌　　D 相机	남: 네 책상 위엔 없는데, 집 안에 둔 거 아니야? 여: 그럴 리 없어. 오늘 아침에 내가 문을 열었어. 남: 그럼 너 도대체 어디에 둔 거야? 네 가방에 있는지 없는지 다시 한번 봐 봐. 여: 가방 안은 내가 방금 찾아봤는데 없어. 내가 입구에 가서 한번 볼게. 질문: 그들은 무엇을 찾고 있을 가능성이 가장 큰가? A 여권　　**B 열쇠**　　C 탑승권　　D 카메라

放 fàng 동 놓다 | **那** nà 접 그러면, 그렇다면 | ★**到底** dàodǐ 부 도대체 | **再** zài 부 다시 | **包** bāo 명 가방 | **刚才** gāngcái 명 방금, 막, 이제 금방 | **找** zhǎo 동 찾다, 구하다, 물색하다 | **可能** kěnéng 형 가능하다 | **护照** hùzhào 명 여권 | ★**钥匙** yàoshi 명 열쇠 | ★**登机牌** dēngjīpái 명 탑승권 | **相机** xiàngjī 명 사진기

> **tip** '是……的 shì……de' 강조 구문
> '이미 일어난 일의 시간, 장소, 대상, 방법 등을 강조하는 구문'으로, 강조하는 내용은 '是'와 '的' 사이에 위치한다. 목적어는 '的' 앞이나 뒤에 위치할 수 있다.

• **Day 30** track 63

| 9 × | 10 × | 11 × | 12 √ | 13 B | 14 B | 15 C | 16 A |

9 × 녹음에서는 유학생들이 이번 공연을 위해 두 달 동안 '练习(연습)'했다는 것만 알 수 있다. 얼마간 '表演(공연)'했는지에 대한 정보는 주어지지 않았다.

下面的这个节目将由10位来自不同国家的留学生一起为大家表演。<u>听说他们为了这个表演，练习了两个月。</u>让我们鼓掌欢迎他们！ ★ 那些留学生表演了两个月。(×)	다음 프로그램은 서로 다른 국가에서 온 10명의 유학생들이 여러분을 위해 공연할 것입니다. <u>듣자 하니 이분들은 이 공연을 위해 두 달 동안 연습했다고 합니다.</u> 우리 박수로 이들을 환영합시다! ★ 그 유학생들은 2개월 공연했다. (×)

下面 xiàmiàn 명 다음 | **节目** jiémù 명 프로그램 | **将** jiāng 부 ~일 것이다, ~하게 될 것이다 | ★**由** yóu 개 ~가 [동작의 주체를 나타냄] | **位** wèi 양 분, 명 [공경의 뜻을 내포함] | ★**来自** láizì 동 ~부터 오다, ~에서 나오다, ~에서 생겨나다 | **不同** bùtóng 형 다르다, 같지 않다 | **国家** guójiā 명 국가, 나라 | **留学生** liúxuéshēng 명 유학생 | **为** wèi 개 ~를 위하여 | ★**表演** biǎoyǎn 동 공연하다, 연기하다 | **听说** tīngshuō 동 듣자 하니 | **练习** liànxí 동 연습하다, 익히다 | **让** ràng 동 (어떤 일을) 하게 하다, 하도록 하다 | **鼓掌** gǔzhǎng 동 박수하다 | **欢迎** huānyíng 동 환영하다, 기쁘게 맞이하다

10 ✗ 핵심어는 '三个月(3개월)'이다. 언제나 녹음을 끝까지 꼼꼼하게 듣고, 수치 관련 표현은 듣는 즉시 기록해 두는 습관을 들여야 한다.

老师让我们看的参考书特别厚，而且内容也很难。我上个星期开始看，到现在才看到六十八页，这样下去，<u>三个月才能看完</u>。	선생님이 우리에게 보라고 한 참고서는 너무 두껍고, 게다가 내용도 어려워. 나는 지난주부터 보기 시작했는데 지금까지 겨우 68페이지를 봤어. 이대로 가다가는 <u>3개월은 돼야 비로소 다 볼 수 있을 거야</u>.
★ 他一个月能看完那本参考书。（ ✗ ）	★ 그는 한 달이면 그 참고서를 다 볼 수 있다. (✗)

参考书 cānkǎoshū 명 참고서 | **特别** tèbié 부 아주 | ★**厚** hòu 형 두껍다 | **而且** érqiě 접 게다가, 뿐만 아니라 | ★**内容** nèiróng 명 내용 | **难** nán 형 어렵다 | **开始** kāishǐ 동 시작하다 | **才** cái 부 겨우, 고작 | **看到** kàndào 동 보(이)다 | ★**页** yè 양 쪽, 페이지 | **下去** xiàqù 동 [동사 뒤에 쓰여 '지금부터 앞으로 계속 지속됨'을 나타냄]

11 ✗ 화자의 첫마디에 따르면, 고장이 난 것은 '手机(휴대폰)'가 아니라 '我新买的电脑(내 새로 산 컴퓨터)'이다.

<u>我新买的电脑</u>，用了一个月就出了问题，所以今天我打算带着电脑去商店问问能不能免费修理。	<u>내 새로 산 컴퓨터</u>는 사용한 지 한 달만에 문제가 나타났다. 그래서 오늘 나는 컴퓨터를 가지고 상점에 가서 무료로 수리할 수 있는지 물어볼 계획이다.
★ 他的手机坏了。（ ✗ ）	★ 그의 휴대폰은 고장 났다. (✗)

买 mǎi 동 사다, 구매하다 | **出** chū 동 나타나다 | **所以** suǒyǐ 접 그래서, 그러므로 | **打算** dǎsuàn 동 ~할 예정이다, 계획하다 | **带** dài 동 (몸에) 지니다, 챙기다 | **着** zhe 조 ~하면서 | **能** néng 조동 ~할 수 있다 | ★**免费** miǎnfèi 동 무료로 하다 | ★**修理** xiūlǐ 동 수리하다

12 ✓ '旅游有关的杂志(여행 관련 잡지)'가 곧 '旅行杂志(여행 잡지)'이다.

我特别喜欢跟<u>旅游有关的杂志</u>，不仅是因为我对旅游感兴趣，也是因为看了这种杂志可以放松心情。	나는 여행 관련 잡지를 특히 좋아한다. 왜냐하면 나는 여행에 흥미가 있을 뿐만 아니라, 이런 종류의 잡지를 보는 것이 마음을 편안하게 하기 때문이다.
★ 她非常喜欢看旅行杂志。（ ✓ ）	★ 그녀는 여행 잡지 보는 것을 매우 좋아한다. (✓)

旅游 lǚyóu 동 여행하다 | **有关** yǒuguān 동 관계가 있다 | ★**杂志** zázhì 명 잡지 | **不仅A也B** bùjǐn A yě B A 뿐만 아니라 B하기도 하다 | **因为** yīnwèi 접 때문에 | **感兴趣** gǎn xìngqù 흥미가 있다 | **种** zhǒng 양 종류 | **可以** kěyǐ 조동 ~할 수 있다 | ★**放松** fàngsōng 동 이완시키다 | ★**心情** xīnqíng 명 감정, 마음, 기분

13 B '李教授(리 교수)'는 '寒假前(겨울방학 전)'에 자신에게 제출하면 된다고 하였다.

男: 李[Lǐ]教授，您什么时候要这几篇文章？
女: 不急，你慢慢儿写。寒假前交给我就行。
男: 知道了。我一定会按时写完的。
女: 非常好。

问: 李教授什么时候要那几篇文章？
A 明天　　　　　　**B 寒假前**
C 下周一　　　　　D 下个月

남: 리[李] 교수님, 이 글이 언제 필요하세요?
여: 급하지 않으니 천천히 쓰세요. 겨울방학 전에 저에게 제출하면 됩니다.
남: 알겠습니다. 꼭 제시간에 다 쓰겠습니다.
여: 아주 좋아요.

질문: 리 교수는 언제 그 몇 편의 글을 원하는가?
A 내일　　　　　　**B 겨울방학 전**
C 다음 주 월요일　D 다음 달

★ **教授** jiàoshòu 명 교수 | **要** yào 동 원하다, 바라다 | ★ **篇** piān 양 편, 장 [문장·종이 등을 세는 단위] | ★ **文章** wénzhāng 명 독립된 한 편의 글, 문장 | ★ **慢慢儿** mànmānr 부 천천히 | ★ **寒假** hánjià 명 겨울방학 | ★ **交** jiāo 동 건네주다, 건네다 | **给** gěi 개 ~에게 | **就** jiù 부 ~면, ~인 이상, ~한 바에는 | **行** xíng 동 좋다, 괜찮다, 충분하다 | **一定** yídìng 부 반드시, 필히 | **会** huì 조동 ~할 것이다 | ★ **按时** ànshí 부 제때에, 시간에 맞추어 | **下周** xiàzhōu 명 다음 주

14 B 여자는 '周日下午(일요일 오후)'의 경극 공연 표가 있다고 하였다.

女: 你的家人喜欢看京剧吗？
男: 除了爷爷和奶奶，其他人都不怎么感兴趣。
女: 我有两张周日下午上海大剧院京剧演出的票。送给你爷爷和奶奶吧!
男: 太好了，他们一定会非常开心。谢谢你!
女: 不客气。

问: 演出是哪天的？
A 礼拜一早上　　　**B 星期日下午**
C 周六中午　　　　D 周五上午

여: 너희 가족은 경극 보는 걸 좋아하니?
남: 할아버지와 할머니 외에 다른 사람은 모두 그다지 흥미를 느끼지 못해.
여: 나한테 일요일 오후에 상하이 대극장에서 하는 경극 공연 표가 2장 있어. 너희 할아버지와 할머니께 드릴게!
남: 너무 좋다. 분명히 매우 기뻐하실 거야. 고마워!
여: 천만에.

질문: 공연은 언제인가?
A 월요일 아침　　　**B 일요일 오후**
C 토요일 정오　　　D 금요일 오전

★ **京剧** jīngjù 명 경극 | **除了A都……** chúle A dōu…… A 외에 모두 ~하다 | **其他人** qítārén 다른 사람 | **不怎么** bù zěnme 그다지, 별로 | **张** zhāng 양 장 [종이나 가죽 등을 세는 단위] | **周日** zhōurì 명 일요일 | **上海** Shànghǎi 고유 상하이 | **剧院** jùyuàn 명 극장 | ★ **开心** kāixīn 형 기쁘다, 즐겁다 | **礼拜一** lǐbàiyī 명 월요일 | **星期日** xīngqīrì 명 일요일 | **周六** zhōuliù 명 토요일 | **周五** zhōuwǔ 명 금요일

15 C 여자가 '我要买一个沙发(저는 소파를 하나 사고 싶어요)'라며 사고자 하는 대상을 직접적으로 언급했다.

男: 小姐，您好。您要买什么家具？我可以帮你推荐一下。
女: 好的。我要买一个沙发，有黑色的吗？

남: 아가씨, 안녕하세요. 어떤 가구를 사려고 하시나요? 제가 도와서 추천해 드릴 수 있습니다.
여: 좋아요. 저는 소파를 하나 사려고 해요. 검은색 있나요?

问: 女的要买什么? A 裤子　　　B 椅子 **C 沙发**　　D 帽子	질문: 여자는 무엇을 사고자 하는가? A 바지　　　B 의자 **C 소파**　　D 모자

要 yào 조동 ~할 것이다, ~하려고 하다 | ★**家具** jiājù 명 가구 | **可以** kěyǐ 조동 ~할 수 있다 | **帮** bāng 동 돕다 | **推荐** tuījiàn 동 추천하다, 소개하다 | **一下** yíxià 수량 시험 삼아 해 보다, 좀 하다 | **好的** hǎode 감 알겠어, 좋아, 됐어 | ★**沙发** shāfā 명 소파 | **黑色** hēisè 명 검은색, 흑색 | **裤子** kùzi 명 바지 | **椅子** yǐzi 명 의자 | **帽子** màozi 명 모자

16 A 남자는 '你知道盐在哪儿吗?(소금이 어디에 있는지 알아?)'라며 찾고자 하는 대상을 직접적으로 언급했다.

男：你知道盐在哪儿吗? 女：在厨房桌子上，左边是糖，右边那个就是盐，你不要拿错了。	남: 소금이 어디에 있는지 알아? 여: 주방 탁자 위에 있어. 왼쪽은 설탕이고 오른쪽의 그게 바로 소금이야. 잘못 가져가지 마.
问: 男的在找什么? **A 盐**　　　B 白糖 C 碗　　　　D 盘子	질문: 남자는 무엇을 찾고 있는가? **A 소금**　　　B 백설탕 C 그릇　　　　D 쟁반

★**盐** yán 명 소금 | **在** zài 동 ~에 있다 | ★**厨房** chúfáng 명 주방, 부엌 | ★**糖** táng 명 설탕의 총칭 | **就** jiù 부 바로 [사실이 '바로 그러함'을 나타냄] | **不要** búyào 부 ~하지 마라, ~해서는 안 된다 | **拿** ná 동 (손으로) 쥐다, 잡다, 가지다 | **在** zài 부 마침 ~하고 있다, 막 ~하고 있는 중이다 | **找** zhǎo 동 찾다, 구하다 | **白糖** báitáng 명 백설탕, 흰 설탕 | **碗** wǎn 명 그릇, 사발, 공기 | **盘子** pánzi 명 쟁반

듣기 제3부분
09 이야기

본서 p.67

● Day 14　　　　　　　　　　　　　　　　● track 68
1 A　2 D　3 D　4 A　5 B　6 B　7 A　8 D

1 A 화자의 말 '森林公园今天竟然不能参观，真是太让人失望了(오늘 삼림공원을 참관할 수 없어서, 정말 너무 실망스럽다)'에서 화자가 '森林公园(삼림공원)'을 참관하고 싶었음을 알 수 있다.

2 D 핵심 문장 '公园的管理者应及时在网站上发出通知(공원 관리자는 마땅히 제때에 인터넷에 공지를 올려야 한다)'에 답이 직접적으로 언급되어 있다. '应该' 뒤에 나오는 동사는 대개 문장의 주요 내용인 경우가 많으므로 반드시 잘 들어 두도록 한다.

第1题到2题是根据下面一段话：

今天我是专门从外地过来的，¹可没想到森林公园今天竟然不能参观，真是太让人失望了。我觉得像这种事情，²公园的管理者应及时在网站上发出通知，提醒要来参观的人们，别让大家白跑一趟。

1 说话人想去哪里参观？
  A 森林公园　　B 海洋馆
  C 长城　　　　　D 首都图书馆

2 说话人认为管理者应该怎么做？
  A 禁止停车
  B 说普通话
  C 向游客道歉
  D 及时发通知

1~2번 문제는 다음 내용에 근거한다.

오늘 나는 일부러 외지에서 왔다. ¹하지만 생각지도 못하게 오늘 삼림공원을 참관할 수 없어서, 정말 너무 실망스럽다. 이런 일은, ²공원 관리자가 마땅히 제때에 인터넷에 공지를 해서, 참관하러 오려는 사람들에게 알려 주어서, 사람들이 헛걸음을 하지 않도록 해야 한다고 생각한다.

1 화자는 어디를 참관하고자 하는가?
  A 삼림공원　　B 아쿠아리움
  C 만리장성　　　D 수도 도서관

2 화자는 관리자가 어떻게 해야 한다고 생각하는가?
  A 주차를 금지해야 한다
  B 보통화를 구사해야 한다
  C 관광객에게 사과해야 한다
  D 제때에 공지를 올려야 한다

★ **专门** zhuānmén 부 일부러, 특별히 | **外地** wàidì 명 외지 | **可** kě 접 [전환을 나타냄] | **没想到** méi xiǎngdào 생각지 못하다 | ★ **森林** sēnlín 명 삼림, 숲, 산림 | **公园** gōngyuán 명 공원 | ★ **竟然** jìngrán 부 뜻밖에도, 의외로, 상상 외로, 놀랍게도 | ★ **参观** cānguān 동 참관하다, 견학하다 | **真是** zhēnshi 부 정말, 사실상, 실로 | **让** ràng 동 (어떤 일을) 하게 하다, 하도록 하다 | **失望** shīwàng 동 실망하다, 희망을 잃다 | **像** xiàng 동 ~와 같다 | **种** zhǒng 양 종, 종류 | **事情** shìqing 명 일 | ★ **管理者** guǎnlǐzhě 관리자 | **应** yīng 조동 마땅히 ~해야 한다 | ★ **及时** jíshí 형 시기 적절하다, 때가 맞다 | ★ **网站** wǎngzhàn 명 (인터넷) 웹사이트 | **发出** fāchū 동 띄우다 | **通知** tōngzhī 명 통지 | ★ **提醒** tíxǐng 동 일깨우다, 깨우치다, 주의를 환기시키다 | **要** yào 조동 ~하려고 하다 | **白** bái 부 헛되이, 쓸데없이, 공연히 | **跑** pǎo 동 가다 | ★ **趟** tàng 양 차례, 번[왕래한 횟수를 세는 데 쓰임] | **说话人** shuōhuàrén 화자 | **想** xiǎng 조동 ~하고 싶다 | **海洋馆** hǎiyángguǎn 명 아쿠아리움 | ★ **长城** Chángchéng 고유 만리장성 | ★ **首都** shǒudū 명 수도 | **图书馆** túshūguǎn 명 도서관 | **认为** rènwéi 동 생각하다, 간주하다, 여기다 | **应该** yīnggāi 조동 ~해야 한다 | ★ **禁止** jìnzhǐ 동 금지하다, 불허하다 | **停车** tíngchē 동 차량을 주차하다 | ★ **普通话** pǔtōnghuà 명 현대 표준 중국어 | **向** xiàng 개 ~에게, ~에 [동작이나 행위의 대상을 나타냄] | **游客** yóukè 명 여행객, 관광객 | ★ **道歉** dàoqiàn 동 사과하다 | **发** fā 동 보내다

---

3 **D** 화자 '李天(리티엔)'은 본인을 '北京体育报(베이징스포츠신문)'의 '记者(기자)'라고 직접 밝혔다. '报'는 단독으로 신문사 이름 뒤에 붙어 '신문사'임을 나타낼 수 있다.

4 **A** 핵심 키워드는 '发传真(팩스를 보내다)'이다. 보기를 먼저 읽고 녹음을 들었다면 핵심 키워드를 좀 더 명확하게 들을 수 있다.

第3题到4题是根据下面一段话：

您好，郑[Zhèng]教授，³我是北京体育报的记者，叫李天[Lǐ Tiān]。我们想请您写一篇文章，是关于羽毛球的发展历史的。也不知道您最近有没有时间。如果您有兴趣的话，⁴我一会儿可以把详细的内容发传真给您。

3 李天是做什么的？
  A 导游　　　　　B 警察
  C 网球运动员　　**D 记者**

3~4번 문제는 다음 내용에 근거한다.

안녕하세요, 정[郑] 교수님. ³저는 베이징스포츠신문의 기자 리티엔[李天]이라고 합니다. 저희는 교수님께 글 한 편을 써 달라고 부탁 드리고 싶은데, 배드민턴의 발전 역사에 관한 것입니다. 교수님께서 요즘 시간이 있으신지는 잘 모르겠네요. 만약 관심이 있으시다면, ⁴제가 잠시 후에 자세한 내용을 교수님께 팩스로 발송해 드릴 수 있습니다.

3 리티엔은 무엇을 하는 사람인가?
  A 가이드　　　　B 경찰
  C 테니스 선수　 **D 기자**

4 李天将怎样告诉郑教授写文章的详细内容?

　　A 发传真
　　B 发短信
　　C 请人转交
　　D 打电话

4 리티엔은 어떻게 정 교수에게 글쓰기의 상세한 내용을 알려줄 것인가?

　　A 팩스 보내기
　　B 문자 보내기
　　C 사람에게 부탁하여 전달하기
　　D 전화 걸기

★ **教授** jiàoshòu 명 교수 | **体育** tǐyù 명 체육 | **报** bào 명 신문, 간행물 | ★ **记者** jìzhě 명 기자 | **叫** jiào 동 부르다 | **想** xiǎng 조동 ~하고 싶다 | **写** xiě 동 쓰다 | ★ **篇** piān 양 편, 장 [문장, 종이 등을 세는 단위] | ★ **文章** wénzhāng 명 글, 문장 | **关于** guānyú 개 ~에 관하여 | ★ **羽毛球** yǔmáoqiú 명 배드민턴 | ★ **发展** fāzhǎn 명 발전 | **历史** lìshǐ 명 역사 | **最近** zuìjìn 명 최근, 요즘 | **如果** rúguǒ 접 만약, 만일 | **兴趣** xìngqù 명 흥미 | **……的话** ……dehuà 조 ~하다면, ~이면 | **可以** kěyǐ 조동 ~할 수 있다 | **把** bǎ 개 ~를 [처치의 결과를 나타냄] | ★ **详细** xiángxì 형 자세하다, 상세하다 | ★ **内容** nèiróng 명 내용 | ★ **传真** chuánzhēn 명 팩스 | **给** gěi 개 ~에게 | ★ **导游** dǎoyóu 명 가이드 | ★ **警察** jǐngchá 명 경찰 | ★ **网球** wǎngqiú 명 테니스 | **运动员** yùndòngyuán 명 운동선수 | **将** jiāng 부 ~하게 될 것이다 | **怎样** zěnyàng 대 어떻게 | ★ **短信** duǎnxìn 명 문자메시지 | **转交** zhuǎnjiāo 동 전달하다, 전해 주다

5 **B** 핵심 문장 '奶奶房间的墙上，挂着两张她年轻时穿着花裤子的照片(할머니 방의 벽에는 그녀가 젊었을 때 꽃무늬 바지를 입고 찍은 사진이 두 장 걸려 있다)'에서 답이 B임을 알 수 있다. '장소+挂着+사물' 형식은 '어떤 장소에 무엇이 걸려 있는지' 나타낸다.

6 **B** '那条裤子(그 바지)'는 할머니가 사진 속에서 입고 있던 꽃무늬 바지로, 녹음에서 언급된 내용은 보기 중에서 B뿐이다.

第5题到6题是根据下面一段话：

　　⁵奶奶房间的墙上，挂着两张她年轻时穿着花裤子的照片。奶奶说，⁶那条裤子是爷爷送给她的第一份生日礼物，在当时特别流行。每当奶奶谈起这些事情时，总是一脸十分幸福的样子。

5 奶奶的房间里，挂着什么?

　　A 地图　　**B 照片**　　C 毛巾　　D 国画

6 关于那条裤子，可以知道什么?

　　A 是红色的　　　**B 在当时很流行**
　　C 样子简单　　　D 破了

5~6번 문제는 다음 내용에 근거한다.

　　⁵할머니 방의 벽에는 그녀가 젊었을 때 꽃무늬 바지를 입고 찍은 사진이 두 장 걸려 있다. 할머니는 ⁶'그 바지는 할아버지가 할머니에게 선물해 준 첫 번째 생일 선물이었고, 그때 매우 유행했다'고 말씀하셨다. 할머니는 그 이야기를 할 때마다 항상 얼굴 가득 매우 행복한 모습이다.

5 할머니의 방 안에 무엇이 걸려 있는가?

　　A 지도　　**B 사진**　　C 수건　　D 중국화

6 그 바지에 관하여 무엇을 알 수 있는가?

　　A 붉은색이다　　　**B 당시에 매우 유행했다**
　　C 디자인이 단순하다　　D 해졌다

奶奶 nǎinai 명 할머니 | **房间** fángjiān 명 방 | **墙** qiáng 명 벽 | ★ **挂** guà 동 (고리·못 따위에) 걸리다 | **着** zhe 조 ~해 있다, ~한 채로 있다 | **张** zhāng 양 장 [종이나 가죽 등을 세는 단위] | **年轻** niánqīng 형 젊다, 어리다 | **花** huā 명 꽃무늬 | **裤子** kùzi 명 바지 | **照片** zhàopiàn 명 사진 | **条** tiáo 양 [가늘고 긴 것을 세는 단위] | **第一** dì yī 수 제1, 최초, 첫(번)째 | ★ **份** fèn 양 벌, 세트 [배합하여 한 벌이 되는 것을 세는 단위] | **礼物** lǐwù 명 선물 | ★ **当时** dāngshí 명 당시, 그때 | **特别** tèbié 부 매우, 아주, 특별히 | ★ **流行** liúxíng 동 유행하다, 성행하다 | **每** měi 부 늘, 항상, 언제나 | ★ **当** dāng 개 바로 그때, 바로 거기, 바로 그곳 | ★ **谈** tán 동 말하다, 이야기하다 | **起** qǐ 동 (동사 뒤에 쓰여) ~하기 시작하다 | **总是** zǒngshì 부 늘, 언제나, 줄곧 | **一** yī 형 온, 모든, 온통 | **脸** liǎn 명 얼굴 | ★ **十分** shífēn 부 매우, 아주 | ★ **幸福** xìngfú 형 행복하다 | ★ **样子** yàngzi 명 (사람의) 모습, 태도, (사물의) 모양, 형태 | **地图** dìtú 명 지도 | ★ **毛巾** máojīn 명 수건, 타월 | **国画** guóhuà 명 중국화 | **红色** hóngsè 명 붉은색 | **简单** jiǎndān 형 단순하다, 간단하다 | ★ **破** pò 동 해지다, 망가지다, 깨지다, 찢어지다

 이야기 유형 문제에서 질문 순서는 대개 이야기의 흐름과 동일하다.

7 A 핵심 문장 '别提多高兴了(얼마나 즐거운지 말할 것도 없다)'를 통해 답이 A임을 알 수 있다. '别提多……了(얼마나 ~한지 말도 마)'는 정도를 강조할 때 쓰이는 4급 빈출 표현이니 꼭 익혀 두자!

8 D 핵심 키워드는 '如今(지금)'과 '每天都非常忙(매일 너무 바쁘다)'이다. '如今'과 '现在' 모두 '현재'를 나타내는 표현임을 기억하자.

第7题到8题是根据下面一段话：

以前每年过中秋节，我们都会去爷爷家。姑姑、姑夫也会带妹妹和弟弟过去。爷爷总会给我们准备一大桌很好吃的饭菜。⁷全家人聚在一起，有说有笑，别提多高兴了。⁸而如今，我们都离开家，在外地上班，每天都非常忙，中秋节也很少能回家。

7 说话人觉得以前过中秋节怎么样？
  A 非常高兴
  B 不看重吃穿
  C 很随便
  D 没现在愉快

8 说话人为什么现在很少回去？
  A 受到批评了
  B 爷爷搬家了
  C 买不到机票
  D 太忙了

7~8번 문제는 다음 내용에 근거한다.

예전에 매년 추석을 지낼 때 우리는 모두 할아버지 댁에 갔다. 고모, 고모부도 여동생, 남동생을 데리고 갔다. 할아버지는 항상 우리에게 큰 상에 맛있는 요리를 준비해 주셨다. ⁷온 가족이 한 곳에 모여 이야기도 하고 웃기도 하니 얼마나 즐거웠는지 말할 것도 없다. ⁸하지만 지금은 우리가 모두 집을 떠나 다른 지역에서 일을 하게 되었고, 매일 너무 바쁘다. 추석에도 드물게 집에 돌아갈 수 있다.

7 화자는 예전에 추석을 보내는 것이 어떠했다고 생각하는가?
  A 매우 즐거웠다
  B 먹는 것과 입는 것을 중시하지 않았다
  C 편한 대로 했다
  D 지금만큼 즐겁지 않았다

8 화자는 왜 지금은 드물게 집에 돌아가는가?
  A 비난을 받아서
  B 할아버지가 이사를 해서
  C 항공권을 구입하지 못해서
  D 너무 바빠서

| 以前 yǐqián 명 예전, 이전 | 每年 měi nián 명 매년, 해마다 | 过 guò 동 지내다, 지나다 | 中秋节 Zhōngqiūjié 고유 중추절 | 会 huì 조동 ~할 것이다 | 姑姑 gūgu 명 고모 | 姑夫 gūfu 명 고모부 | 带 dài 동 데리다, 이끌다 | 过去 guòqù 동 [동사 뒤에 쓰여 '사람이나 사물이 동작에 따라 다른 곳으로 움직임'을 나타냄] | 总 zǒng 부 늘, 줄곧, 언제나 | 饭菜 fàncài 명 식사 | 全 quán 형 온, 전, 전부의 | 家人 jiārén 명 가족 | 聚 jù 동 모이다, 집합하다 | 在 zài 동 ~에 있다 | 有说有笑 yǒushuō-yǒuxiào 성 말하기도 하고 웃기도 하다, 이야기로 웃음꽃을 피우다 | 别提 biétí 부 말할 것도 없이 | 多 duō 부 얼마나 | ★而 ér 접 ~지만, ~나, ~면서, 그러나 [역접을 나타냄] | 如今 rújīn 명 지금, 현재, 오늘날 | 离开 líkāi 동 떠나다, 벗어나다, 헤어지다 | 外地 wàidì 명 외지 | 每天 měi tiān 명 매일, 날마다 | 回家 huí jiā 집으로 돌아가다, 귀가하다, 귀성하다 | 看重 kànzhòng 동 중시하다 | 吃穿 chīchuān 명 먹을 것과 입을 것 | ★随便 suíbiàn 형 편한 대로 하다 | 没 méi 동 ~만 못하다, ~에 미치지 못하다, ~에 견줄 수 없다 | ★愉快 yúkuài 형 기쁘다, 유쾌하다, 즐겁다 | ★受到 shòudào 동 받다, 얻다, 만나다 | ★批评 pīpíng 동 비판하다 | 搬家 bānjiā 동 이사하다, 집을 옮기다 | 买 mǎi 동 사다, 매입하다, 구매하다 | 到 dào 동 [동사 뒤에서 보어로 쓰여 동작이 목적에 도달했거나 결과가 있음을 나타냄] | 机票 jīpiào 명 비행기표, 항공권 |

● Day 15   ○ track 69
  9 C   10 C   11 B   12 C   13 A   14 C   15 B   16 C

9 C 화자는 남편에게 내일 '晚上(저녁)'에 친구와 '逛街(쇼핑)'할 것이라고 말했다. '对+대상+说'는 '~에게 말하다'라는 뜻이다.

10 C 개사 '为了(~를 위해)' 뒤에는 행위의 '목적'에 해당하는 내용이 나온다. 화자는 '为了给他一个惊喜(그에게 서프라이즈를 해 주기 위해)' 남편을 속였다고 말했다.

第9题到10题是根据下面一段话：

明天是我丈夫的生日，今天我对他说，⁹明天晚上我要和朋友去逛街。他以为我不记得他的生日了，看上去很不高兴。¹⁰其实，我知道明天是他的生日。为了给他一个惊喜，我已经买好了礼物，而且请了很多同事朋友来家里为他过生日。我很想看到他生日那天的表情。

9~10번 문제는 다음 내용에 근거한다.

내일은 내 남편의 생일이다. 오늘 나는 그에게 ⁹내일 저녁에 나는 친구와 쇼핑하러 갈 거라고 말했다. 그는 내가 자신의 생일을 기억하지 못한다고 생각했고, 기분이 안 좋아 보였다. ¹⁰사실 나는 내일이 그의 생일이라는 것을 알고 있다. 그에게 서프라이즈를 해 주기 위해 나는 이미 선물을 사 놓았고, (게다가) 그의 생일을 함께 보내기 위해 많은 동료와 친구들을 집으로 초대했다. 나는 그의 생일 당일 표정이 정말 보고 싶다.

9 她对丈夫说自己晚上要做什么？
A 运动　　　　B 开会
C 逛街　　　D 吃饭

9 그녀는 남편에게 자신이 저녁에 무엇을 할 것이라고 말했는가?
A 운동　　　　B 회의
C 쇼핑　　　D 식사

10 她为什么骗丈夫？
A 觉得有意思
B 担心他会不高兴
C 想给他惊喜
D 想让他生气

10 그녀는 왜 남편을 속였는가?
A 재미있다고 생각해서
B 그가 기분 나쁠까 봐 걱정해서
C 그에게 서프라이즈를 해 주고 싶어서
D 그를 화나게 하려고

要 yào 조동 ~할 것이다, ~하려고 하다 | 逛街 guàng jiē 거리를 거닐며 구경하다, 아이쇼핑하다 | ★ 以为 yǐwéi 동 ~인 줄 알았다 | 记得 jìde 동 기억하고 있다, 잊지 않고 있다 | 看上去 kàn shàngqù 보아 하니 | 其实 qíshí 부 사실 | 为了 wèile 개 ~를 하기 위하여 | 给 gěi 동 주다 | 惊喜 jīngxǐ 동 서프라이즈하다, 놀라고도 기뻐하다 | 买 mǎi 동 사다, 구매하다 | 好 hǎo 형 [동사 뒤에 쓰여, '동작이 완성되었거나 잘 마무리되었음'을 나타냄] | 礼物 lǐwù 명 선물 | 而且 érqiě 접 게다가, 뿐만 아니라, 또한 | 同事 tóngshì 명 동료 | 为 wèi 개 ~를 위하여 | 过 guò 동 보내다, 경과하다 | 看到 kàndào 동 보(이)다 | 表情 biǎoqíng 명 표정 | 自己 zìjǐ 대 자신, 자기, 스스로 | 开会 kāihuì 동 회의를 열다 | ★ 骗 piàn 동 속이다, 기만하다 | 有意思 yǒu yìsi 재미있다, 흥미 있다 | 担心 dānxīn 동 걱정하다, 염려하다 | 会 huì 조동 ~할 가능성이 있다, ~할 것이다 | 让 ràng 동 (어떤 일을) 하게 하다, 하도록 하다 | 生气 shēngqì 동 화내다, 성내다

---

11 B 보기 중 녹음에서 드러난 것은 B뿐이다. 화자가 이사를 갈 예정임은 화자의 말 '搬到郊区住(교외로 이사 가서 산다)'에서 유추할 수 있다.

12 C 교외에 대한 화자의 생각이 드러난 문장은 '我们俩都觉得郊区更安静，空气质量也非常好(우리 둘은 모두 교외가 더욱 조용하고 공기의 질도 아주 좋다고 생각한다)'이다. 이중에서 관련 내용이 다루어진 보기는 C이다.

第11题到12题是根据下面一段话：

¹¹搬到郊区住，是我和丈夫经过仔细考虑后，做出的决定。因为，再过两个月，我们的孩子就出生了。¹²我们俩都觉得郊区更安静，空气质量也更好。孩子在那里长大肯定会非常健康。

11~12번 문제는 다음 내용에 근거한다.

¹¹교외로 이사 가서 사는 것은 나와 남편이 꼼꼼하게 고려한 후에 내린 결정이다. 왜냐하면 2개월이 더 지나면 우리의 아이가 곧 태어나기 때문이다. ¹²우리 둘은 모두 교외가 더욱 조용하고 공기의 질도 더 좋다고 생각한다. 아이가 그곳에서 자라면 확실히 매우 건강할 것이다.

11 关于说话人，可以知道什么？
A 有很多烦恼
B 打算搬家
C 反对买房
D 决定结婚

11 화자에 관하여, 무엇을 알 수 있는가?
A 아주 많은 고민이 있다
B 이사를 갈 예정이다
C 집 구입을 반대한다
D 결혼하기로 결정했다

12 说话人觉得，郊区怎么样？
  A 不堵车
  B 房子便宜
  C 空气很好
  D 购物方便

12 화자는 교외가 어떻다고 생각하는가?
  A 차가 막히지 않는다
  B 집이 저렴하다
  C 공기가 좋다
  D 쇼핑이 편리하다

搬 bān 동 이사하다, 옮겨가다 | 到 dào 개 ~에, ~로, ~까지 | ★郊区 jiāoqū 명 (도시의) 변두리 | 经过 jīngguò 동 (활동·사건을) 거치다, 경험하다 | 仔细 zǐxì 형 꼼꼼하다, 세심하다 | ★考虑 kǎolǜ 동 생각하다, 고려하다 | 后 hòu 명 (시간상으로) 뒤, 후, 다음 | 出 chū 동 [동사 뒤에 쓰여 '드러나거나 완성됨'을 나타냄] | 决定 juédìng 명 결정 | 因为 yīnwèi 접 왜냐하면 | 再 zài 부 또, 재차 | ★出生 chūshēng 동 출생하다, 태어나다 | ★俩 liǎ 수량 두 사람 | 更 gèng 부 더욱, 더, 훨씬 | 安静 ānjìng 형 조용하다, 잠잠하다 | ★空气 kōngqì 명 공기 | ★质量 zhìliàng 명 질 | 长大 zhǎngdà 동 (생물체가) 성장하다, 자라다 | ★肯定 kěndìng 부 확실히, 틀림없이 | 会 huì 조동 ~할 가능성이 있다, ~할 것이다 | 健康 jiànkāng 형 건강하다 | ★烦恼 fánnǎo 형 걱정되다, 마음을 졸이다 | 打算 dǎsuàn 동 ~할 생각이다, ~하려고 하다 | 搬家 bānjiā 동 이사하다 | ★反对 fǎnduì 동 반대하다, 찬성하지 않다 | 房 fáng 명 집, 주택 | 结婚 jiéhūn 동 결혼하다 | ★堵车 dǔchē 동 교통이 꽉 막히다, 교통이 체증되다 | 房子 fángzi 명 집, 건물 | ★购物 gòuwù 동 물품을 구입하다, 물건을 사다 | 方便 fāngbiàn 형 편리하다

13 **A** '小王(샤오왕)'이 일이 힘들어 그만두었을 때, 아내는 그에게 '小说(소설)'를 써 보라고 추천했다. '鼓励'는 '~에게 격려하다' 또는 '~하기를 격려하다'라는 표현으로 사람이나 행동을 목적어로 취한다.

14 **C** '怎么了'는 상황이 어떻게 되었는지를 묻는 표현이다. '小王'은 아내의 추천으로 소설을 쓴 후 모두에게 환영을 받고, '一个很有名的人(유명한 사람)'이 되었다.

第13题到14题是根据下面一段话：
　　小王[Xiǎo Wáng]以前是公司职员，但是公司工作太累了，所以他选择了离开。^13后来，妻子鼓励他，让他开始试着写小说。他的小说写得很好，很受大家的欢迎，很多人开始读他的小说而且认识了他。^14因此，他成为了一个很有名的作家。

13~14번 문제는 다음 내용에 근거한다.
　　샤오왕[小王]은 예전엔 회사 직원이었지만, 회사 일이 너무 힘들어서, 떠나기로 선택했다. ^13후에 아내는 그에게 시험 삼아 소설을 써 보라고 격려하였다. 그는 소설을 정말 잘 썼고, 모두의 큰 환영을 받았다. 많은 사람들이 그의 소설을 읽기 시작했고, 그를 알게 되었다. ^14그래서, 그는 매우 유명한 작가가 되었다.

13 妻子鼓励小王做什么？
  A 写小说
  B 去公园
  C 看电视
  D 学习汉语

13 아내는 샤오왕에게 무엇을 하도록 독려하였는가?
  A 소설 쓰기
  B 공원 가기
  C TV 보기
  D 중국어 배우기

14 小王后来怎么了？
  A 成为律师
  B 当老师了
  C 出名了
  D 汉语说得很好

14 샤오왕은 나중에 어떻게 되었는가?
  A 변호사가 되었다
  B 선생님이 되었다
  C 유명해졌다
  D 중국어를 매우 잘한다

以前 yǐqián 명 예전, 이전 | 职员 zhíyuán 명 직원 | 但是 dànshì 접 그러나 | 所以 suǒyǐ 접 그래서, 그러므로 | 选择 xuǎnzé 동 선택하다 | 离开 líkāi 동 떠나다 | 后来 hòulái 명 그 뒤, 그 후 | ★鼓励 gǔlì 동 격려하다 | 开始 kāishǐ 동 시작하다 | 试 shì 동 시험 삼아 해 보다 | 写 xiě 동 쓰다 | ★小说 xiǎoshuō 명 소설 | 受 shòu 동 받다 | 欢迎 huānyíng 동 환영하다 | ★因此 yīncǐ 접 그래서, 이로 인하여 | ★成为 chéngwéi 동 ~가 되다 | 有名 yǒumíng 형 유명하다 | 律师 lǜshī 명 변호사 | 当 dāng 동 ~가 되다 | 出名 chūmíng 형 유명하다

15 B '感谢'는 감사하는 마음을 전하는 표현으로, 뒤에 감사하는 내용이 온다. '各位在这一年里的努力工作(여러분의 올 한 해 동안의 노고)'에 대해 감사해하며, '公司的发展(회사의 발전)'에 대해 이야기하는 것으로 보아 화자의 말을 듣는 대상은 회사 동료이다.

16 C '快要……了'는 임박태를 나타내는 표현으로, 앞으로 곧 일어날 일을 나타낸다. 화자의 첫마디 '快要过新年了(곧 새해를 보낸다)'로 '新年快到了(곧 새해가 온다)'임을 알 수 있다.

第15题到16题是根据下面一段话:

¹⁶快要过新年了。在此，我祝大家：新年快乐、身体健康、万事顺利。¹⁵同时也要感谢各位在这一年里的努力工作。我相信在大家的共同努力下，公司的发展会越来越好。来，让我们举起酒杯，干杯！

15 这段话最可能是对谁说的？
A 家人
B 同事
C 老板
D 顾客

16 根据这段话，可以知道什么？
A 大家很失望
B 大家生病了
C 新年快到了
D 公司发展不好

15~16번 문제는 다음 내용에 근거한다.

¹⁶곧 새해를 맞이합니다. 이 자리에서, 모두들 새해 복 많이 받으시고, 건강하시고, 모든 일이 잘 되기를 기원합니다. ¹⁵동시에 여러분의 올 한 해 동안의 노고에 감사드립니다. 저는 모두의 공동 노력 하에, 회사의 발전이 점점 더 좋아질 것이라고 믿습니다. 자, 우리 모두 술잔을 들고, 건배합시다!

15 이 말은 누구에게 하는 말일 가능성이 가장 높은가?
A 가족
B 동료
C 사장님
D 고객

16 녹음에 따르면 무엇을 알 수 있는가?
A 모두 매우 실망스러워 한다
B 모두 병에 걸렸다
C 새해가 곧 온다
D 회사가 발전을 잘 못했다

| 快要 kuàiyào [부] 곧 ~이다 | 新年 xīnnián [명] 새해, 신년 | 此 cǐ [대] 이곳 | 祝 zhù [동] 기원하다, 축하하다 | 快乐 kuàilè [형] 즐겁다, 행복하다 | 万事 wànshì [명] 모든 일, 만사 | ★顺利 shùnlì [형] 순조롭다 | ★同时 tóngshí [부] 동시에 | ★感谢 gǎnxiè [동] 감사하다 | 各位 gèwèi [대] 여러분 | 努力 nǔlì [동] 노력하다, 열심히 하다 | 相信 xiāngxìn [동] 믿다 | ★共同 gòngtóng [형] 공동의 | ★发展 fāzhǎn [동] 발전하다 [명] 발전 | 越来越 yuèláiyuè [부] 점점, 더욱더 [정도의 증가를 나타냄] | 来 lái [동] 어떤 동작을 하다 [의미가 구체적인 동사를 대체함] | ★举 jǔ [동] 들다 | 起 qǐ [동] [동사 뒤에 쓰여 '위로 들어올리는 행위를' 나타냄] | 酒杯 jiǔbēi [명] 술잔 | ★干杯 gānbēi [동] 건배하다, 잔을 비우다 | 段 duàn [양] 단락, 토막 [사물의 한 부분을 나타냄] | 话 huà [명] 이야기 | 可能 kěnéng [형] 가능하다 | 家人 jiārén [명] 가족 | 同事 tóngshì [명] 동료 | 老板 lǎobǎn [명] 사장 | ★顾客 gùkè [명] 고객 | 根据 gēnjù [개] ~에 의거하여 | 可以 kěyǐ [조동] ~할 수 있다 | ★失望 shīwàng [동] 실망하다 |

듣기 제3부분 10 설명문

본서 pp.72~73

● Day 17　　　　　　　　　　　　　　　　　　　　　track 74
　1 B　2 B　3 C　4 A　5 C　6 D　7 A　8 C

1 B 핵심 문장은 '最早，人们是用右手举杯，同时高举自己的胳膊(최초에 사람들은 오른손으로 잔을 들고, 동시에 자신의 팔을 높이 들었다)'로, 보기 B가 녹음에 직접 언급되어 있다. '举'는 손으로 번쩍 들어올리는 동작을 나타낸다.

2 B 핵심 문장은 '后来，人们用干杯表示祝贺(그 뒤, 사람들은 건배로 축하를 나타낸다)'이다. '后来(그 뒤)'는 '앞서 말한 시점에서 얼마간 시간이 흐른 후'를 나타내는 표현이다.

第1题到2题是根据下面一段话：
　　"干杯"的意思是：大家一起举杯，并喝完杯里的酒。¹最早，人们是用右手举杯，同时高举自己的胳膊，这是为了让别人看到自己身上没有带危险的东西，以此表示友好。²后来，人们用干杯表示祝贺。在举杯的同时，还会说一些祝贺的话。

1~2번 문제는 다음 내용에 근거한다.
　'干杯(건배하다)'의 의미는 모두 함께 잔을 들고 잔 안의 술을 다 마시자는 것이다. ¹최초에 사람들은 오른손으로 잔을 들고, 동시에 자신의 팔을 높이 들었다. 이것은 자신의 몸에 위험한 물건이 없음을 다른 사람이 보게 하여, (자신이) 우호적이라는 것을 나타내기 위한 것이었다. ²그 뒤, 사람들은 건배로 축하를 나타낸다. 잔을 드는 것과 동시에 축하의 말을 몇 마디 하기도 한다.

1 过去人们干杯时会怎么做？
　A 脱鞋
　B 高举胳膊
　C 双手举杯
　D 边喝边唱

1 과거에 사람들은 건배를 할 때 어떻게 했는가?
　A 신발을 벗는다
　B 팔을 높게 든다
　C 양손으로 잔을 든다
　D 마시면서 노래를 부른다

2 现在干杯主要表示什么？
　A 希望被原谅
　B 祝贺
　C 尊重
　D 同情

2 현재 건배는 주로 무엇을 의미하는가?
　A 용서 받기를 바라는 것
　B 축하하는 것
　C 존중하는 것
　D 동정하는 것

★干杯 gānbēi 동 건배하다, 잔을 비우다 | 意思 yìsi 명 의미, 뜻 | ★举 jǔ 동 들다, 들어 올리다 | 杯 bēi 명 잔, 컵 | 并 bìng 접 그리고, 또, 아울러, 게다가 | 酒 jiǔ 명 술 | 最早 zuì zǎo 최초, 가장 이른 | 用 yòng 개 ~로 | 右手 yòushǒu 명 오른손 | ★同时 tóngshí 부 동시에 | 高举 gāojǔ 동 높이 들어 올리다 | 自己 zìjǐ 대 자신, 자기, 스스로 | ★胳膊 gēbo 명 팔 | 为了 wèile 개 ~하기 위하여, ~를 위해서 | 让 ràng 동 (어떤 일을 하게 하다, 하도록 하다 | 别人 biérén 대 남, 타인 | 看到 kàndào 동 보(이)다 | 身上 shēnshang 명 몸에, 수중에 | 带 dài 개 (몸에) 지니다, 휴대하다, 가지다 | ★危险 wēixiǎn 형 위험하다 | 以 yǐ 개 ~로써 | 此 cǐ 대 이, 이것 | 表示 biǎoshì 동 표시하다, 나타내다 | ★友好 yǒuhǎo 형 우호적이다 | 后来 hòulái 명 그 뒤, 그 후, 그 다음 | ★祝贺 zhùhè 동 축하하다, 경하하다 | 过去 guòqù 명 과거 | ★脱 tuō 동 (몸에서) 벗다 | 鞋 xié 명 신발 | 双手 shuāngshǒu 명 두 손, 양손 | 边 biān 접 ~하면서 ~하다 | 主要 zhǔyào 부 주로, 대부분 | 被 bèi 개 ~에게 ~를 당하다 | ★原谅 yuánliàng 동 용서하다, 양해하다 | ★尊重 zūnzhòng 동 존중하다 | ★同情 tóngqíng 동 동정하다

'举 jǔ' '拿 ná' '抬 tái'의 쓰임 구분
　❶ 举 jǔ 머리 위로 손을 높이 드는 동작을 나타냄　예 举手 jǔ shǒu 손을 올리다
　❷ 拿 ná 손으로 집어 들고 있는 동작을 나타냄　예 拿走 ná zǒu 들고 가다
　❸ 抬 tái 아래에서 위로 들어 올리는 동작을 나타냄　예 抬头 táitóu 머리를 들다

3 C 상하이 국제예술제는 '每年举办一次(매년 한 번 개최된다)'라고 하였다. '每+기간+举办一次'라는 표현은 '매 기간마다 한 번 개최된다'는 의미를 나타낸다.

4 A '主要目的是为了增进中外文化交流(주된 목적은 중국과 외국의 문화 교류를 촉진하는 것이다)'라는 핵심 문장에 예술제의 목적이 '鼓励文化交流(문화 교류 촉진)'임이 드러나 있다. 보기에 쓰인 '鼓励'는 '교류를 활발하게 한다'는 의미에서 '增进'과 서로 의미가 통한다.

第3题到4题是根据下面一段话：

³中国上海国际艺术节自1999年起，每年举办一次，每次时间一般为一个月。⁴这一活动的主要目的是为了增进中外文化交流。因此每年都有成百上千的艺术家从世界各地赶来参加。

3~4번 문제는 다음 내용에 근거한다.

³중국의 상하이 국제예술제는 1999년부터 시작되어 매년 한 번 개최되고 매번 보통 한 달 동안 개최된다. ⁴이 행사의 주요 목적은 중국과 외국의 문화 교류를 촉진하는 것이다. 따라서 매년 수많은 예술가들이 세계 각지에서 와서 참가한다.

3 上海国际艺术节多长时间举办一次？
A 半年 B 三年
C 一年 D 4个月

4 举办艺术节的目的是什么？
A 鼓励文化交流 B 增加自信
C 发展经济 D 增进友谊

3 상하이 국제예술제는 얼마만에 한 번 개최하는가?
A 6개월 B 3년
C 1년 D 4개월

4 예술제를 개최하는 목적은 무엇인가?
A 문화 교류 촉진 B 자신감 확대
C 경제 발전 D 우의 증진

上海 Shànghǎi 고유 상하이 | ★国际 guójì 명 국제 | 艺术节 yìshùjié 예술제 | 自 zì 개 ~부터 | 起 qǐ 동 시작하다 | 每年 měi nián 명 매년 | ★举办 jǔbàn 동 개최하다, 열다, 거행하다 | 每 měi 대 매, 모두, 각, ~마다 | 一般 yìbān 형 일반적이다, 보통이다 | 为 wéi 동 ~이다 | ★活动 huódòng 명 행사, 활동 | ★目的 mùdì 명 목적 | 增进 zēngjìn 동 증진하다, 증진시키다 | 中外 zhōngwài 명 중국과 외국 | 文化 wénhuà 명 문화 | ★交流 jiāoliú 동 교류, 교류하다 | ★因此 yīncǐ 접 그래서, 이로 인하여 | 成百上千 chéngbǎishàngqiān 정 매우 많다 | 艺术家 yìshùjiā 명 예술가 | 世界 shìjiè 명 세계 | 各地 gèdì 명 각지, 각처 | ★赶 gǎn 동 (시간이 정해진 장소에) 가다, 참가하다 | 参加 cānjiā 동 (어떤 조직이나 활동에) 참가하다, 참여하다 | 多 duō 대 얼마나 | 长 cháng 형 (시간이) 길다 | 半年 bàn nián 반년 | ★鼓励 gǔlì 동 격려하다 | ★增加 zēngjiā 동 증가하다, 더하다 | ★自信 zìxìn 명 자신감 | ★发展 fāzhǎn 동 발전시키다 | ★经济 jīngjì 명 경제 | ★友谊 yǒuyì 명 우의, 우정

---

5 C '许鲜网(쉬시엔왕)'은 '专门卖水果的网站(전문적으로 과일을 파는 웹사이트)'이며, '顾客能亲自在网站里选择想要买的水果(고객은 직접 사이트에서 사고자 하는 과일을 선택할 수 있다)'라고 언급한 내용을 통해 답이 C임을 유추할 수 있다. '购买'는 '买'와 같은 의미이다.

6 D '许鲜网'의 판매 방식은 과일의 신선함을 보장할 수 있고, 시간도 절약할 수 있어 '受顾客的欢迎(고객에게 환영을 받는다)'이라고 하였다.

第5题到6题是根据下面一段话：

⁵"许鲜网[Xǔxiānwǎng]"是一家专门卖水果的网站，顾客能亲自在网站里选择想要买的水果，付款之后在规定的时间内到网站安排的取货点取货就可以了。这样既能保证水果的新鲜，又能节约时间。所以，⁶非常受顾客的欢迎。

5~6번 문제는 다음 내용에 근거한다.

⁵쉬시엔왕[许鲜网]은 전문적으로 과일을 파는 웹사이트이다. 고객은 직접 사이트에서 사고자 하는 과일을 선택할 수 있다. 돈을 지불한 후, 정해진 시간 안에 사이트가 정해준 수취 장소에 가서 상품을 넘겨받으면 된다. 이렇게 하면 과일의 신선함을 보장할 수도 있고, 시간도 절약할 수 있다. 그래서 ⁶고객들의 큰 환영을 받는다.

5 通过"许鲜网"人们可以做什么？ 　　A 寄衣服　　　B 免费阅读 　　**C 购买水果**　　D 邀请名人		**5** 쉬시엔왕을 통해 사람들은 무엇을 할 수 있는가? 　　A 옷 부치기　　　B 무료로 열람하기 　　**C 과일 구입하기**　　D 유명인 초대하기	
6 关于"许鲜网"，下列哪个正确？ 　　A 管理严格　　　B 允许货到付款 　　C 只收现金　　　**D 很受欢迎**		**6** 쉬시엔왕에 관하여, 다음 중 올바른 것은? 　　A 관리가 엄격하다　　　B 후불 결제를 허용한다 　　C 현금만 받는다　　　**D 큰 환영을 받는다**	

家 jiā 양 [가게·기업·가정 따위를 세는 단위] | ★**专门** zhuānmén 부 전문적으로, 오로지 | **卖** mài 동 팔다, 판매하다 | ★**网站** wǎngzhàn 명 (인터넷) 웹사이트 | ★**顾客** gùkè 명 고객, 손님 | **能** néng 조동 ~할 수 있다 | **亲自** qīnzì 부 직접, 손수 | **在** zài 개 ~에(서), ~에 있어서 | **选择** xuǎnzé 동 선택하다 | **想** xiǎng 조동 ~하고 싶다 | **要** yào 동 원하다 | **买** mǎi 동 구매하다, 사다, 매입하다 | ★**付款** fùkuǎn 동 돈을 지불하다 | **之后** zhīhòu 명 ~후, ~다음 | ★**规定** guīdìng 동 정하다, 규정하다 | **内** nèi 명 안, 안쪽, 속, 내부 | ★**安排** ānpái 동 안배하다 | **取货** qǔhuò 동 (물품을) 넘겨받다 | **点** diǎn 명 일정한 위치 | **就** jiù 부 ~면, ~인 이상, ~에 한에는 | **可以** kěyǐ 조동 ~할 수 있다 | **这样** zhèyàng 대 이렇게 | **既A又B** jì A yòu B A할 뿐만 아니라 또한 B하다 | **能** néng 조동 ~할 수 있다 | ★**保证** bǎozhèng 동 보증하다, 담보하다 | **新鲜** xīnxiān 형 신선하다 | ★**节约** jiéyuē 동 절약하다, 줄이다 | **所以** suǒyǐ 접 그래서, 그러므로 | **受欢迎** shòu huānyíng 환영을 받다, 인기가 있다 | ★**通过** tōngguò 개 ~를 통해, ~에 의해 | ★**寄** jì 동 부치다, 보내다 | ★**免费** miǎnfèi 동 무료로 하다, 돈을 받지 않다 | ★**阅读** yuèdú 동 열독하다 | **购买** gòumǎi 동 사다, 구매하다 | ★**邀请** yāoqǐng 동 초대하다, 초청하다 | **名人** míngrén 명 유명 인사 | **关于** guānyú 개 ~에 관하여 | **下列** xiàliè 형 아래에 열거한 | ★**正确** zhèngquè 형 올바르다 | ★**管理** guǎnlǐ 동 관리하다 | ★**严格** yángé 형 엄격하다, 엄하다 | ★**允许** yǔnxǔ 동 허가하다, 동의하다, 허락하다 | **货** huò 명 물품 | **只** zhǐ 부 단지, 다만, 오직, 겨우 | ★**收** shōu 동 받다 | ★**现金** xiànjīn 명 현금

---

7 **A** 인용문의 의미는 보통 인용문의 앞뒤 내용을 통해 유추할 수 있도록 제시된다. '天无三日晴'이라는 인용문의 앞뒤 내용에서 '降雨(비가 내리다)' '阴天(날이 흐리다)'에 대해 말하고 있는 것을 보아 '天无三日晴'의 뜻이 곧 '阴天多(흐린 날이 많다)'임을 유추할 수 있다.

8 **C** 이런 유형의 문제는 반드시 보기를 먼저 읽은 후, 보기와 녹음을 일대일로 대응시켜 들으며 답을 찾아야 한다. 녹음에서 '贵州省(구이저우성)'의 장소와 날씨에 대해 설명하면서 '冬暖夏凉(겨울은 따뜻하고 여름은 시원하다)'이라고 직접적으로 언급했으므로 정답은 C이다.

第7题到8题是根据下面一段话： 　　贵州省[Guìzhōu Shěng]在中国的西南部，那儿受污染少，空气很新鲜，而且⁸冬暖夏凉。冬天最冷的时候，温度在4-9度之间。夏天最热的时候，温度也不会超过27度。同时，⁷贵州降雨丰富，阴雨天多，有"天无三日晴"之说，是中国阴天数最多的省份。 **7** "天无三日晴"说明贵州怎么样？ 　　**A 阴天多**　　　B 树很高 　　C 街道干净　　　D 有很多河 **8** 关于贵州，下列哪个正确？ 　　A 常刮风　　　B 天气变化快 　　**C 夏天凉快**　　D 在中国东部	7~8번 문제는 다음 내용에 근거한다. 　　구이저우성은 중국의 서남부에 있으며, 오염이 적게 되고 공기가 매우 신선하며, (게다가) ⁸겨울은 따뜻하고 여름은 시원하다. 겨울 중 가장 추울 때의 기온이 4~9도 사이이고, 여름 중 가장 더울 때의 기온도 27도를 넘지 않는다. 또한 ⁷구이저우는 강우량이 풍부하며, 흐리고 비가 오는 날이 많다. '天无三日晴(하늘이 삼 일 이상 맑은 날이 없다)'라는 말이 있는, 중국에서 흐린 날이 가장 많은 성이다. **7** '天无三日晴'은 구이저우가 어떻다는 것을 말해주는가? 　　**A 흐린 날이 많다**　　　B 나무가 매우 높다 　　C 길거리가 깨끗하다　　　D 많은 강이 있다 **8** 구이저우에 관하여 다음 중 올바른 것은? 　　A 자주 바람이 분다　　　B 날씨의 변화가 빠르다 　　**C 여름이 시원하다**　　D 중국 동부에 있다

贵州省 Guìzhōu Shěng [고유] 구이저우성 | 在 zài [동] ~에 있다 | 西南 xīnán [명] 서남쪽 | 部 bù [명] 부분 | 受 shòu [동] 받다, 입다, 당하다 [피동형으로 쓰임] | ★污染 wūrǎn [명] 오염 | ★空气 kōngqì [명] 공기 | 而且 érqiě [접] 게다가, 뿐만 아니라, 또한 | 冬暖夏凉 dōngnuǎnxiàliáng [성] 겨울에는 따뜻하고 여름에는 시원하다 | 冬天 dōngtiān [명] 겨울 | ★温度 wēndù [명] 온도 | 度 dù [양] 도 [온도의 단위] | 之间 zhījiān [명] (~의) 사이 | 夏天 xiàtiān [명] 여름 | 会 huì [조동] ~할 것이다 | ★超过 chāoguò [동] 초과하다, 넘다 | 降 jiàng [동] 내리다 | ★丰富 fēngfù [형] 풍부하다, 많다, 넉넉하다 | 阴雨 yīnyǔ [명] 몹시 흐린 가운데 오는 비 | ★无 wú [동] 없다 | 晴 qíng [형] 하늘이 맑다 | ★之 zhī [조] ~의 [=的] | 数 shù [수] 여러, 수, 몇 | 省份 shěngfèn [명] 성 [고유 명사와 함께 쓰이지 않고 단독으로 쓰임] | ★说明 shuōmíng [동] 설명하다 | 阴天 yīntiān [명] 흐린 날씨 | 树 shù [명] 나무 | 街道 jiēdào [명] 길거리 | 干净 gānjìng [형] 깨끗하다 | 河 hé [명] 강, 하천 | ★正确 zhèngquè [형] 올바르다, 정확하다 | 常 cháng [부] 늘, 자주, 항상, 때때로 | 刮风 guā fēng [동] 바람이 불다 | 变化 biànhuà [명] 변화 | ★凉快 liángkuai [형] 시원하다, 서늘하다 | 东部 dōngbù [명] 동부, 동쪽

● **Day 31**

● track 75

9 A　10 A　11 D　12 C　13 D　14 B　15 C　16 C

9 **A** 핵심 문장은 '糖人师傅们常常把糖做成各种小动物的样子(설탕 공예를 하는 아저씨들은 종종 설탕을 각종 동물 모양으로 만든다)'이다. '做成'은 '~으로 만들다'라는 뜻을 나타낸다.

10 **A** 녹음에서 '설탕 과자가 아이들의 흥미를 끄는 이유'로 언급된 내용은 보기 중 A뿐이다.

第9题到10题是根据下面一段话：

糖人不仅好玩儿、好看，而且还能吃。⁹糖人师傅们常常把糖做成各种小动物的样子。例如小狗、小鸭子等。¹⁰糖人不但很可爱，价格也不太贵。所以，总能吸引不少孩子。即使是不喜欢吃糖的小朋友，也会围着糖人师傅观看做糖人的过程。

9~10번 문제는 다음 내용에 근거한다.

설탕 과자는 흥미롭고 예쁠 뿐 아니라 먹을 수도 있다. ⁹설탕 공예를 하는 아저씨들은 종종 설탕을 각종 동물 모양으로 만든다. 예를 들면 강아지, 오리 등이다. ¹⁰설탕 과자는 아주 귀여울 뿐만 아니라 가격도 그다지 비싸지 않아서 항상 많은 아이들을 매료시킨다. 설령 사탕을 좋아하지 않는 아이라 할지라도 설탕 공예 아저씨를 둘러싸고 설탕 과자를 만드는 과정을 구경한다.

9 最常见的糖人像什么？
　A 动物　　　　B 月亮
　C 太阳　　　　D 船

9 가장 자주 볼 수 있는 설탕 과자는 어떤 모양인가?
　A 동물　　　　B 달
　C 태양　　　　D 배

10 为什么糖人能使孩子感兴趣？
　A 十分可爱　　B 特别甜
　C 很香　　　　D 颜色奇怪

10 설탕 과자는 왜 아이들의 흥미를 끌 수 있는가?
　A 매우 귀여워서　　B 매우 달아서
　C 매우 향기로워서　D 색이 이상해서

糖人 tángrén [명] [설탕을 녹여 모형에 부어 만든 사람·동물 모양의 과자] | 不仅A还B bùjǐn A hái B A뿐만 아니라 B하기도 하다 | 好玩儿 hǎowánr [형] 흥미 있다, 재미있다 | 好看 hǎokàn [형] 예쁘다, 아름답다, 보기 좋다 | 而且 érqiě [접] 게다가, 뿐만 아니라, 또한 | 能 néng [조동] ~할 수 있다 | ★师傅 shīfu [명] 선생님, 아저씨 [남에 대한 일반적인 존칭] | 常常 chángcháng [부] 늘, 항상, 자주 | 把 bǎ [개] ~를 [처치의 결과를 나타냄] | ★糖 táng [명] 설탕의 총칭 | 成 chéng [동] ~이 되다, ~로 변하다 | 各种 gèzhǒng [형] 각종의, 갖가지의 | 动物 dòngwù [명] 동물 | ★样子 yàngzi [명] 모양, 모습 | ★例如 lìrú [동] 예를 들면, 예컨대 | 小狗 xiǎogǒu [명] 강아지 | 鸭子 yāzi [명] 오리 | ★等 děng [조] 등, 따위 | ★不但A也B búdàn A yě B A뿐만 아니라 B하기도 하다 | 可爱 kě'ài [형] 사랑스럽다, 귀엽다 | ★价格 jiàgé [명] 가격, 값 | 所以 suǒyǐ [접] 그래서, 그러므로 | 总 zǒng [부] 늘, 곧, 언제나 | ★吸引 xīyǐn [동] 끌어당기다, 유인하다, 매료시키다 | 不少 bùshǎo [형] 적지 않다, 많다 | 即使A也B jíshǐ A yě B 설령 A라 하더라도 B하겠다 | 小朋友 xiǎopéngyǒu [명] 어린아이, 아동, 꼬마 | 会 huì [조동] ~할 가능성이 있다, ~할 것이다 | 围 wéi [동] 둘러싸다, 에워싸다 | 着 zhe [조] ~하면서, ~한 채로 | 观看 guānkàn [동] 보다, 관람하다 | ★过程 guòchéng [명] 과정 | 常见 chángjiàn [형] 늘 보이는, 흔히 보는 | 像 xiàng [동] 마치 ~와 같다 | 月亮 yuèliang [명] 달 | 太阳 tàiyáng [명] 태양 | 船 chuán [명] 배, 선박 | ★使 shǐ [동] (~에게) ~시키다, ~하게 하다 | 感兴趣 gǎn xìngqù 관심이 있다, 흥미가 있다 | ★十分 shífēn [부] 매우, 아주 | 特别 tèbié [부] 특별히, 아주 | 甜 tián [형] 달다, 달콤하다 | ★香 xiāng [형] 향기롭다 | 颜色 yánsè [명] 색, 색깔 | 奇怪 qíguài [형] 기이하다, 이상하다

10 설명문　65

11 D 녹음에서 '最开始住在这儿的是一位十分著名的男作家(맨 처음 이곳에 살기 시작한 사람은 매우 유명한 남자 작가였다)'라고 하였으므로 답은 D이다. '最开始'는 '最早'와 의미가 서로 같다.

12 C 마지막 문장 '这里已经发展成了一个著名的旅游景点(이곳은 이미 유명한 여행 명소로 발전했다)'의 내용이 보기 C의 내용과 일치한다. 그 외 보기의 내용은 녹음에서 언급된 바 없다.

第11题到12题是根据下面一段话：

　　这座房子十八世纪时就有了，到现在已有三百多年的历史了。¹¹最开始住在这儿的是一位十分著名的男作家。他很喜欢花草，所以在院子里养了各种各样的花草。随后住进来的人，也都非常细心地照顾那些花草。于是，这儿的植物也就越来越多了。现在，¹²这里已经发展成了一个著名的旅游景点。

11 最早住在那座房子里的人是做什么的？
　　A 警察　　　　B 医生
　　C 司机　　　　**D 作家**

12 关于那座房子，可以知道什么？
　　A 景色一般　　B 室内没厕所
　　C 成了旅游景点　　D 过去是饭店

11~12번 문제는 다음 내용에 근거한다.

　　이 집은 18세기부터 있었다. 지금까지 이미 300여 년의 역사가 있다. ¹¹맨 처음 이곳에 살기 시작한 사람은 매우 유명한 남자 작가였다. 그는 화초를 좋아해서 정원에 각종 화초를 키웠다. 그 다음 이곳에 살게 된 사람도 마찬가지로 아주 세심하게 그 화초들을 가꾸었다. 그리하여 이곳의 식물은 갈수록 많아졌다. 이제 ¹²이곳은 이미 유명한 여행 명소로 발전했다.

11 최초에 그 집에 살았던 사람은 무엇을 하는 사람이었나?
　　A 경찰　　　　B 의사
　　C 운전기사　　**D 작가**

12 그 집에 관하여, 무엇을 알 수 있는가?
　　A 경치가 일반적이다　　B 실내에 화장실이 없다
　　C 여행 명소가 되었다　　D 과거에는 호텔이었다

★ **座** zuò 양 좌, 동, 채 [부피가 크거나 고정된 물체를 세는 단위] | **房子** fángzi 명 집, 건물 | ★ **世纪** shìjì 명 세기 | **就** jiù 부 이미, 벌써, 일찍이 | **到** dào 개 ~에, ~로, ~까지 | **已** yǐ 부 이미, 벌써 | **多** duō 수 ~여, ~남짓 [수량사 뒤에 쓰여 '어림수'를 표현함] | **历史** lìshǐ 명 역사 | **开始** kāishǐ 동 처음, 시작 | **位** wèi 양 분, 명 [공경의 뜻을 내포함] | **十分** shífēn 부 매우, 아주 | ★ **著名** zhùmíng 형 저명하다, 유명하다 | ★ **作家** zuòjiā 명 작가 | **花草** huācǎo 명 화초 | **院子** yuànzi 명 뜰, 정원 | **养** yǎng 동 (농작물이나 화초를) 재배하다, 기르다 | **各种各样** gèzhǒnggèyàng 성 여러 종류, 각종, 각양각색 | **随后** suíhòu 부 이어서, 그 다음에 | **进来** jìnlái 보 [동사 뒤에 쓰여 '동작이 화자 쪽으로 진행됨'을 나타냄] | **细心** xìxīn 형 (생각이나 일 처리가) 세심하다, 면밀하다 | **照顾** zhàogù 동 보살피다, 돌보다 | ★ **于是** yúshì 접 그래서, 이리하여 | ★ **植物** zhíwù 명 식물 | **越来越** yuèláiyuè 부 더욱더, 점점, 갈수록 | ★ **发展** fāzhǎn 동 발전하다 | **成** chéng 동 ~이 되다, ~로 변하다 | **旅游** lǚyóu 동 여행하다, 관광하다 | **景点** jǐngdiǎn 명 경치가 좋은 곳, 명승지, 명소 | **早** zǎo 형 (때가) 이르다, 빠르다 | ★ **警察** jǐngchá 명 경찰 | **司机** sījī 명 기사 | ★ **景色** jǐngsè 명 경치, 풍경 | **一般** yìbān 형 일반적이다, 보통이다 | **室内** shìnèi 명 실내 | ★ **厕所** cèsuǒ 명 화장실 | **过去** guòqù 명 과거

---

13 D 노래 경연 대회 참가자들에 대해 언급된 내용 '来自天南海北，职业年龄也各不相同(방방곡곡에서 왔고, 직업과 나이도 각기 다르다)'과 일치하는 보기는 D이다.

14 B 노래 경연 대회 참가자들의 '共同理想(공통된 꿈)'으로 언급된 '用歌声告诉全世界，他们对音乐的喜爱(목소리로 전 세계에 그들의 음악에 대한 사랑을 알리다)'가 핵심 문장이다. 이 문장을 통해 대회 참가자들이 '음악을 좋아한다(喜欢音乐)'는 것을 느낄 수 있다.

第13题到14题是根据下面一段话：

　　今年夏天，《中国好声音》节目已进入第四季。参加这次唱歌比赛的，不仅有还没走出学校的年轻人，也有五十多岁的中年人。¹³尽管他们都来自天南海北，职业年龄也各不相同，但他们都有一个共同的理想。那就是站在这儿，¹⁴用歌声告诉全世界，他们对音乐的喜爱。

13~14번 문제는 다음 내용에 근거한다.

　　올해 여름, 「보이스 오브 차이나」 프로그램은 이미 시즌 4에 진입했다. 이번 노래 경연에 참가한 사람 중에는 아직 학교도 졸업하지 않은 젊은 사람뿐만 아니라, 50세가 넘은 중년도 있다. ¹³비록 그들은 모두 방방곡곡에서 왔고 직업과 나이도 각기 다르지만, 그들은 모두 한 가지 공통된 꿈이 있다. 그것은 바로 이곳에 서서 ¹⁴목소리로 전 세계에 그들의 음악에 대한 사랑을 알리는 것이다.

13 关于参赛者，可以知道什么？
  A 都来自同一省
  B 都学过表演
  C 20岁左右
  D 职业不同

14 那些人参赛的共同原因是什么？
  A 想成为名人
  B 喜爱音乐
  C 想获得奖金
  D 想继续学习

13 경연 참가자에 관하여, 무엇을 알 수 있는가?
  A 모두 같은 성에서 왔다
  B 모두 공연을 배운 적이 있다
  C 20세 정도이다
  D 직업이 다르다

14 그 사람들이 경연에 참여한 공통된 이유는 무엇인가?
  A 유명인이 되고 싶어서
  B 음악을 좋아해서
  C 상금을 받고 싶어서
  D 계속 공부하고 싶어서

今年 jīnnián 명 올해, 금년 | 夏天 xiàtiān 명 여름 | 中国好声音 Zhōngguó Hǎoshēngyīn 중국의 TV 예능 프로그램 'Voice Of China' | 节目 jiémù 명 프로그램 | 进入 jìnrù 동 들어가다, 진입하다 | 第 dì 접두 제[그 숫자에 해당되는 차례를 나타냄] | 季 jì 명 철, 계절 | 参加 cānjiā 동 (어떤 조직이나 활동에) 참가하다, 가입하다 | 比赛 bǐsài 명 경기, 시합 | 不仅A还B bùjǐn A hái B A뿐만 아니라 B이기도 하다 | 年轻人 niánqīngrén 명 젊은이, 젊은 사람 | 中年 zhōngnián 명 중년 | ★尽管A但B jǐnguǎn A dàn B 비록 A하지만 B하다 | ★来自 láizì 동 ~(로)부터 오다, ~에서 나오다 | 天南海北 tiānnánhǎiběi 방방곡곡, 머나먼 곳 | ★职业 zhíyè 명 직업 | 年龄 niánlíng 명 연령, 나이 | 各不相同 gèbùxiāngtóng 성 서로 다르다, 제각기 다르다 | ★共同 gòngtóng 형 공통의, 공동의 | ★理想 lǐxiǎng 명 이상 | 就是 jiùshì 부 [단호하고 확정적이거나 강조를 나타냄] | 站 zhàn 동 서다 | 用 yòng 개 ~로써 | 歌声 gēshēng 명 노랫소리 | 全 quán 형 전, 온, 모두, 전부의 | 世界 shìjiè 명 세계 | 音乐 yīnyuè 명 음악 | 喜爱 xǐ'ài 동 좋아하다, 호감을 가지다 | 关于 guānyú 개 ~에 관해서 | 参赛 cānsài 동 시합에 참가하다 | 者 zhě 조 자, 것 [동작을 하는 사람·사물을 나타냄] | 可以 kěyǐ 조동 ~할 수 있다 | 同一 tóngyī 형 같다, 동일하다 | ★省 shěng 명 성 [현대 중국의 최상급 지방 행정 단위] | ★表演 biǎoyǎn 공연, 시범 | ★左右 zuǒyòu 명 가량, 안팎, 내외 [수량사 뒤에 쓰여 '대략적인 수'를 나타냄] | ★职业 zhíyè 명 직업 | 不同 bùtóng 형 다르다, 같지 않다 | 原因 yuányīn 명 원인 | 想 xiǎng 조동 ~하고 싶다 | ★成为 chéngwéi 동 ~가 되다 | 名人 míngrén 명 명인, 유명 인사 | ★获得 huòdé 동 얻다, 취득하다 | 奖金 jiǎngjīn 명 상금, 상여금 | ★继续 jìxù 동 계속하다

15 C '对于A来说'는 'A에게 있어서'라는 뜻의 HSK 필수 표현으로, A에는 뒤이어 나오는 상황이나 견해와 관련 있는 '대상'이 들어간다. 녹음 앞 부분 '对于多数人来说，一秒钟也许不重要(많은 사람들에게 1초는 어쩌면 중요하지 않을지도 모른다)'에서 답이 C임을 알 수 있다.

16 C '短跑运动员(단거리 달리기 선수)'에게 1초는 아주 중요하며, 그들은 속도를 높이기 위해 배로 열심히 연습해야만 한다(他们为了加快速度，必须加倍努力练习)는 내용을 통해 단거리 달리기 선수가 '속도의 빠르기(速度快慢)'를 얼마나 중시하는지 알 수 있다.

第15题到16题是根据下面一段话：
  <u>15对于多数人来说，一秒钟也许不重要</u>。因为，人们很难在这么短的时间里，做成什么事。然而，对于短跑运动员来说，一秒钟却非常关键。要想使成绩提高一秒钟，是很困难的事情。<u>16他们为了加快速度，必须加倍努力练习</u>。

15~16번 문제는 다음 내용에 근거한다.
  <u>15많은 사람들에게 1초는 어쩌면 중요하지 않을지도 모른다</u>. 왜냐하면 사람들이 이렇게 짧은 시간 안에 어떤 일을 완성하기는 어렵기 때문이다. 그러나 단거리 달리기 선수에게 있어서 1초는 아주 중요하다. 성적을 1초 앞당기는 것은 아주 어려운 일이다. <u>16그들은 속도를 높이기 위해 배로 열심히 연습해야만 한다</u>.

15 大多数人觉得，什么不重要？
  A 一毛钱
  B 一分钱
  C 一秒钟
  D 一分钟

15 대부분의 사람들은 무엇이 중요하지 않다고 생각하는가?
  A 1마오
  B 돈 한푼
  C 1초
  D 1분

16 根据这段话，可以知道短跑运动员比较重视什么？
A 奖金多少
B 动作是否标准
C 速度快慢
D 力气大小

16 이 글에 따르면, 단거리 달리기 선수는 비교적 무엇을 중시하는가?
A 상금이 얼마인지
B 동작이 올바른지
C 속도의 빠르기
D 힘의 크기

对于……来说 duìyú ……láishuō ~에게 있어서 ┃ 多数 duōshù 명 다수 ┃ ★秒钟 miǎozhōng 명 초 ┃ ★也许 yěxǔ 부 아마도, 어쩌면 ┃ 重要 zhòngyào 형 중요하다 ┃ 因为 yīnwèi 접 왜냐하면 ┃ 人们 rénmen 명 사람들 ┃ 难 nán 형 ~하기 어렵다 ┃ 在 zài 개 ~에(서), ~에 있어서 ┃ 这么 zhème 대 이런, 이러한, 이렇게 ┃ 短 duǎn 형 (시간적 거리가) 짧다 ┃ 成 chéng 동 완성하다, 이루다 ┃ 事(儿) shì(r) 명 일, 사정 ┃ ★然而 rán'ér 접 그러나, 하지만, 그렇지만 ┃ 短跑 duǎnpǎo 명 단거리 경주 ┃ 运动员 yùndòngyuán 명 운동선수 ┃ ★却 què 부 오히려, 도리어 ┃ ★关键 guānjiàn 형 매우 중요한, 결정적 작용을 하는 ┃ 要 yào 접 만약, 만일, ~하면 ┃ 想 xiǎng 조동 ~하고 싶다 ┃ 成绩 chéngjì 명 (문화·오락·체육 따위의) 성적, 결과 ┃ 提高 tígāo 동 (위치·수준·질·수량 등을) 높이다, 제고하다, 향상시키다 ┃ ★困难 kùnnan 형 곤란하다, 어렵다 ┃ 事情 shìqing 명 일, 사건 ┃ 为了 wèile 개 ~를 하기 위하여 ┃ 加快 jiākuài 동 빠르게 하다, 속도를 올리다 ┃ 速度 sùdù 명 속도 ┃ 必须 bìxū 부 반드시 ~해야 한다, 꼭 ~해야 한다 ┃ 加倍 jiābèi 동 갑절이 되게 하다, 배가 되다 ┃ 努力 nǔlì 동 노력하다 ┃ 练习 liànxí 동 연습하다, 익히다 ┃ 大多数 dàduōshù 명 대다수 ┃ 毛 máo 양 마오 [중국의 화폐 단위] ┃ 分 fēn 양 [중국의 화폐 단위] ┃ 重视 zhòngshì 동 중시하다 ┃ 奖金 jiǎngjīn 명 상금, 상여금 ┃ ★动作 dòngzuò 명 동작, 행동, 움직임 ┃ ★是否 shìfǒu 부 ~인지 아닌지 ┃ 标准 biāozhǔn 형 표준의, 표준적이다 ┃ 快慢 kuàimàn 명 빠르기, 속도 ┃ ★力气 lìqi 명 힘, 역량 ┃ 大小 dàxiǎo 명 크기

● **Day 32**   ● track 76

17 **D**   18 **B**   19 **B**   20 **B**   21 **C**   22 **A**   23 **A**   24 **B**

---

17 D 핵심어는 '要求(요구)'와 '严格(엄격)'이다. 'A对B要求非常严格(A의 B에 대한 요구가 매우 엄격하다)'라는 표현은 4급 전 영역 빈출 표현이니 반드시 잘 익혀 두자.

18 B 엄마와 상반되게, 아빠는 아이가 건강하고 '즐겁게 자라도록 하는 것(快乐地长大)'을 가장 중요하게 생각한다고 하였다.

第17题到18题是根据下面一段话：

前不久，一个叫《虎妈猫爸》的电视剧引起了不少人的关注。剧中的夫妻俩在怎样教育孩子的问题上看法完全相反。^17妈妈对孩子要求非常严格，希望孩子考试每次都拿第一。^18但爸爸却希望能尊重孩子的爱好，认为让孩子健康快乐地长大是最重要的。

17~18번 문제는 다음 내용에 근거한다.

얼마 전, 「호랑이 엄마, 고양이 아빠」라는 드라마가 많은 사람의 주목을 끌었다. 극 중의 부부 두 사람은 '어떻게 아이를 가르치느냐'라는 문제에 있어서 생각이 완전히 상반된다. ^17엄마는 아이에 대한 요구가 매우 엄격하고, 아이가 시험에서 매번 1등을 하기를 바란다. ^18하지만 아빠는 아이의 취미를 존중할 수 있기를 바라고, 아이가 건강하고 즐겁게 자라도록 하는 것이 가장 중요하다고 생각한다.

17 关于妈妈，可以知道什么？
A 很懒   B 有些粗心
C 力气大   **D 要求严格**

17 엄마에 관하여, 무엇을 알 수 있는가?
A 매우 게으르다   B 다소 조심성이 없다
C 힘이 세다   **D 요구가 엄격하다**

18 爸爸希望孩子怎么样？
A 成绩优秀   **B 快乐地长大**
C 更加勇敢   D 做事仔细

18 아빠는 아이가 어떠하기를 바라는가？
A 성적이 우수하기를   **B 즐겁게 자라기를**
C 더욱 용감하기를   D 일에 세심하기를

前不久 qiánbùjiǔ 얼마 전에, 일전에 | 叫 jiào 동 ~라고 하다 | 虎 hǔ 명 호랑이 | 电视剧 diànshìjù 명 텔레비전 드라마 | ★ 引起 yǐnqǐ (주의를) 끌다, 야기하다 | 不少 bùshǎo 많다, 적지 않다 | 关注 guānzhù 명 관심, 중시 | 剧 jù 명 극 | 夫妻 fūqī 명 부부, 남편과 아내 | ★ 俩 liǎ 수량 두 사람 | 怎样 zěnyàng 대 어떻게 | ★ 教育 jiàoyù 동 교육하다 | 看法 kànfǎ 명 견해 | ★ 完全 wánquán 부 완전히, 전적으로, 아주, 전혀 | ★ 相反 xiāngfǎn 형 반대되다, 상반되다 | 要求 yāoqiú 명 요구 | ★ 严格 yángé 형 엄격하다, 엄하다 | 考试 kǎoshì 명 시험, 고사 | 拿 ná 동 얻다, 받다, 획득하다 | 第一 dì yī 수 제1, 첫 번째 | 但 dàn 접 하지만, 그러나, 그렇지만 | ★ 却 què 부 도리어, 오히려, 반대로, 그러나 | ★ 尊重 zūnzhòng 동 존중하다 | 爱好 àihào 명 취미 | 认为 rènwéi 동 생각하다, 간주하다, 여기다 | 让 ràng 동 (어떤 일을) 하게 하다, 하도록 하다 | 健康 jiànkāng 형 건강하다 | 快乐 kuàilè 형 즐겁다 | 长大 zhǎngdà 형 자라다, 크다, 성장하다 | 重要 zhòngyào 형 중요하다 | ★ 懒 lǎn 형 게으르다, 나태하다 | 有些 yǒuxiē 부 조금, 약간, 좀 | ★ 粗心 cūxīn 형 세심하지 못하다, 소홀하다, 부주의하다 | 力气 lìqi 명 힘, 역량 | 成绩 chéngjì 명 성적 | ★ 优秀 yōuxiù 형 (품행이나 학업·성적 등이) 우수하다, 아주 뛰어나다 | 更加 gèngjiā 부 더욱, 더, 훨씬 | ★ 勇敢 yǒnggǎn 형 용감하다 | ★ 仔细 zǐxì 형 세심하다, 꼼꼼하다

19 B 핵심 문장 '遇到问题的时候, 两个人之间要多些理解(문제에 직면했을 때, 두 사람은 이해를 많이 해야 한다)'에 질문과 답이 그대로 제시되어 있다.

20 B 이 글은 '在爱情里(사랑에 있어서)'라는 말로 시작하여, 줄곧 '爱情(사랑)'이라는 두 사람 사이의 감정에 대해 이야기하고 있다.

第19题到20题是根据下面一段话：

²⁰在爱情里，两人由于相互吸引走到了一起。然而，时间一长，就会出现很多问题。其实，没有谁和谁一开始就是合适的。¹⁹遇到问题的时候，两个人之间要多些理解。这样，在共同经历更多的事情后，两人的感情自然就会越来越深。

19 遇到问题时应怎么做？
A 暂时不见面
B 多些理解
C 跟父母商量
D 找亲戚聊天儿

20 这段话主要谈的是什么？
A 理想　　　　　　**B 爱情**
C 亲情　　　　　　D 责任

19~20번 문제는 다음 내용에 근거한다.

²⁰사랑에 있어서 두 사람은 서로 끌려서 함께 있게 된 것이다. 하지만 시간이 길어지게 되면, (바로) 매우 많은 문제가 생기게 된다. 사실 누군가와 누군가가 처음부터 바로 잘 맞는 경우는 없다. ¹⁹문제에 직면했을 때, 두 사람은 이해를 많이 해야 한다. 이렇게 더 많은 일을 함께 겪고 나면, 두 사람의 감정도 자연스레 점점 깊어지게 될 것이다.

19 문제에 직면했을 때 어떻게 해야 하는가?
A 잠시 만나지 않는다
B 이해를 많이 한다
C 부모님과 상의한다
D 친척을 찾아 이야기한다

20 이 글이 주로 이야기하는 것은 무엇인가?
A 이상　　　　　　**B 사랑**
C 가족애　　　　　D 책임

★ 爱情 àiqíng 명 애정, 남녀 간의 사랑 | ★ 由于 yóuyú 접 ~때문에, ~로 인하여 | 相互 xiānghù 부 상호, 서로, 피차 | ★ 吸引 xīyǐn 동 잡아 끌다, 흡인하다, 빨아 당기다 | 走 zǒu 동 왕래하다 [여기서는 '지내다'의 의미로 쓰임] | 到 dào 동 [동사 뒤에서 보어로 쓰여 동작이 목적에 도달했거나 결과가 있음을 나타냄] | ★ 然而 rán'ér 접 하지만, 그러나, 그렇지만 | 一A就B yī A jiù B A하기만 하면 B하다 | 长 cháng 형 (시간이) 길다 | 会 huì 조동 ~할 것이다 | 出现 chūxiàn 동 나타나다, 출현하다 | 其实 qíshí 부 사실 | 开始 kāishǐ 동 시작하다 | ★ 合适 héshì 형 알맞다, 적합하다 | 遇到 yùdào 동 마주치다, 부딪치다, 맞닥뜨리다 | 之间 zhījiān 명 (~의) 사이 | 要 yào 조동 ~해야 한다 | ★ 理解 lǐjiě 동 이해하다, 알다 | 这样 zhèyàng 대 이렇게 | ★ 共同 gòngtóng 부 함께, 다 같이 | ★ 经历 jīnglì 동 몸소 겪다, 경험하다 | 更 gèng 부 더, 더욱, 훨씬 | 事情 shìqing 명 일 | ★ 感情 gǎnqíng 명 감정 | ★ 自然 zìrán 부 자연히, 저절로 | 越来越 yuèláiyuè 부 점점, 더욱더 [정도의 증가를 나타냄] | ★ 深 shēn 형 깊다 | 应 yīng 조동 마땅히 ~해야 한다, ~하는 것이 마땅하다 | ★ 暂时 zànshí 명 잠시, 잠깐, 일시 | 见面 jiànmiàn 동 만나다 | 跟 gēn 개 ~와 | ★ 商量 shāngliang 동 상의하다, 의논하다, 협의하다 | 找 zhǎo 동 찾다, 구하다, 물색하다 | ★ 亲戚 qīnqi 명 친척 | 聊天儿 liáotiānr 동 이야기하다, 잡담하다 | 主要 zhǔyào 부 주로, 대부분 | ★ 理想 lǐxiǎng 명 이상 | 亲情 qīnqíng 명 가족애 | ★ 责任 zérèn 명 책임

질문은 일반적으로는 지문의 흐름에 맞게 주어지지만, 위 문제처럼 두 번째 질문에 해당하는 내용이 먼저 나오는 경우도 있다. 녹음을 듣기 전에 보기를 먼저 체크하는 습관을 기르면 이런 변수에도 잘 대응할 수 있다.

10 설명문　69

21 **C** 보기에 사람이 있다면, 누가 누구에게 이야기하는지 귀 기울여 듣자. 첫마디에서 화자가 '各位新同事(신입 사원 여러분)'라고 말한 것에서, 화자의 말을 듣는 대상이 '新同事(신입 사원)'임을 알 수 있다. '各位(여러분)'는 현장에 있는 모든 사람을 칭하는 표현이다.

22 **A** 화자는 신입 사원들이 새로운 업무와 환경에 빨리 적응할 수 있도록, '我们公司的情况(회사의 상황)'을 모두에게 소개한다고 했다. '向……介绍'는 '~에게 소개하다'라는 표현으로 반드시 익혀야 하는 필수 표현 중 하나이다.

第21题到22题是根据下面一段话：
　　²¹各位新同事，下午好！首先，我要祝贺大家应聘成功，正式加入到我们公司。为了能让大家尽快地适应新环境，并熟悉新工作，²²接下来，我将向大家介绍一下我们公司的情况。中间要是有任何不明白的，请大家提出来。

21~22번 문제는 다음 내용에 근거한다.
　　²¹신입 사원 여러분, 안녕하십니까! 먼저, 여러분이 합격하시어, 정식으로 저희 회사에 입사하게 되신 것을 축하 드립니다. 여러분이 빨리 새로운 환경에 적응하고, 새로운 일에 익숙해질 수 있도록, ²²이어서 제가 여러분께 우리 회사의 상황을 소개하겠습니다. 만약 중간에 이해가 가지 않는 것이 있다면 말씀해 주세요.

21 说话人在对谁讲这段话？
　A 记者
　B 经理
　C 新同事
　D 学生

21 화자는 누구에게 이 말을 하고 있는가?
　A 기자
　B 사장
　C 신입 사원
　D 학생

22 说话人接下来要做什么？
　A 介绍公司情况
　B 总结工作
　C 安排讨论
　D 发奖金

22 화자는 이어서 무엇을 하려 하는가?
　A 회사의 상황을 소개한다
　B 업무를 총정리한다
　C 토론을 잡는다
　D 보너스를 준다

各位 gèwèi 때 여러분 | **同事** tóngshì 명 동료 | ★**首先** shǒuxiān 뛰 먼저, 우선 | ★**祝贺** zhùhè 통 축하하다 | ★**成功** chénggōng 형 성공적이다 [여기서는 '합격하다'라는 뜻으로 쓰임] | ★**应聘** yìngpìn 통 지원하다 | ★**正式** zhèngshì 형 정식의 | **加入** jiārù 통 들어오다, 가입하다 | **到** dào 통 [동사 뒤에서 보어로 쓰여 동작이 목적에 도달하거나 결과가 있음을 나타냄] | **为了** wèile 깨 ~하기 위하여 | **能** néng 조통 ~할 수 있다 | **让** ràng 통 (어떤 일을) 하게 하다, 하도록 하다 | **尽快** jǐnkuài 뛰 되도록 빨리 | ★**适应** shìyìng 통 적응하다 | **环境** huánjìng 명 환경 | **并** bìng 접 그리고, 게다가 | ★**熟悉** shúxī 형 익숙하다, 잘 알다 | **接下来** jiē xiàlái 이어서, 다음으로 | **将** jiāng 뛰 막, 곧 | **向** xiàng 깨 ~에게 | **一下** yíxià 수량 시험 삼아 해 보다, 좀 하다 | ★**情况** qíngkuàng 명 상황 | **中间** zhōngjiān 명 중간 | ★**要是** yàoshi 접 만약, 만약 ~이라면 | ★**任何** rènhé 데 어떠한, 무슨 | **明白** míngbai 통 이해하다, 알다 | ★**提** tí 통 말을 꺼내다, 말을 하다, 언급하다 | **出来** chūlai 통 [동사 뒤에 쓰여 '숨겨져 있다가 드러남'을 표시함] | **说话人** shuōhuàrén 화자 | **在** zài 뛰 지금 ~하고 있다 | **讲** jiǎng 통 설명하다, 말하다 | ★**记者** jìzhě 명 기자 | **经理** jīnglǐ 명 사장 | ★**总结** zǒngjié 통 총정리하다 | ★**安排** ānpái 통 (일정을) 잡다, 일을 처리하다 | ★**讨论** tǎolùn 통 토론하다 | **发** fā 통 주다, 지급하다 | ★**奖金** jiǎngjīn 명 보너스, 상여금

---

23 **A** '按照(~에 따라)'는 '행동의 기준'을 나타내는 개사로, '按照顺序'는 '순서대로'라는 행동의 기준을 나타낸다. 보기에 쓰인 '按'도 '~에 따라'라는 의미의 개사이다.

24 **B** '将'은 '把'와 같은 의미로, 목적어가 술어보다 앞으로 도치된 어순을 따른다. 화자는 청자인 관객들에게 자기 자리에 있는 '垃圾(쓰레기)'를 가지고 가라고 하였다. 이는 영화관의 환경을 청결히 유지하기 위한 행동이므로 정답은 B이다.

第23题到24题是根据下面一段话：

电影已经结束了！ ^{23}请各位观众按照顺序离开电影院。^{24}并且，请您将自己座位上的饼干袋、矿泉水瓶等垃圾一起带走。非常感谢您对我们工作的支持和理解！欢迎下次再来！

23 电影结束后，观众应该怎么做？
  A 按顺序离开
  B 小声讨论
  C 关灯
  D 排队去卫生间

24 这段话，主要想告诉我们什么？
  A 别抽烟
  B 保护影院环境
  C 观影要准时
  D 电影免费

23~24번 문제는 다음 내용에 근거한다.

영화는 이미 끝났습니다! ^{23}관객 여러분께서는 순서대로 영화관을 나가시기 바랍니다. ^{24}또한, 본인 좌석에 과자 봉지, 생수병 등의 쓰레기를 함께 챙겨 가시기 바랍니다. 저희의 업무에 대한 지지와 이해에 매우 감사드립니다! 다음에 또 오시기 바랍니다!

23 영화가 끝난 후, 관객은 어떻게 해야 하는가?
  A 순서대로 나간다
  B 작은 소리로 토론한다
  C 불을 끈다
  D 줄을 서서 화장실에 간다

24 이 글은 우리에게 주로 무엇을 알려 주고자 하는가?
  A 담배를 피지 말 것
  B 영화관의 환경을 보호하는 것
  C 영화 관람은 제시간에 맞춰야 한다는 것
  D 영화가 무료라는 것

结束 jiéshù 동 끝나다, 마치다 | ★观众 guānzhòng 명 관객, 관중 | ★按照 ànzhào 개 ~에 따라, ~에 의해 | ★顺序 shùnxù 명 순서, 차례 | 离开 líkāi 동 떠나다, 벗어나다 | 电影院 diànyǐngyuàn 명 영화관 | ★并且 bìngqiě 접 또한, 아울러 | 将 jiāng 개 ~를 | ★座位 zuòwèi 명 좌석 | 饼干 bǐnggān 명 과자 | 袋 dài 명 봉지 | ★矿泉水 kuàngquánshuǐ 명 생수 | 瓶 píng 명 병 | 垃圾 lājī 명 쓰레기 | 带 dài 동 (몸에) 챙기다, 지니다 | ★感谢 gǎnxiè 동 감사하다 | ★支持 zhīchí 동 지지하다 | ★理解 lǐjiě 동 이해하다 | 欢迎 huānyíng 동 환영하다 | 下次 xià cì 명 다음 번 | 再 zài 부 다시 | 按 àn 동 ~에 따라서 | 小声 xiǎoshēng 작은 소리 | ★讨论 tǎolùn 동 토론하다 | 关 guān 동 끄다 | 灯 dēng 명 등 | ★排队 páiduì 동 줄을 서다 | ★卫生间 wèishēngjiān 명 화장실 | 主要 zhǔyào 부 주로, 대부분 | 想 xiǎng 조동 ~하려고 하다 | ★抽烟 chōuyān 동 담배를 피우다 | ★保护 bǎohù 동 보호하다 | 影院 yǐngyuàn 명 영화관, 극장 | 环境 huánjìng 명 환경 | 观影 guānyǐng 영화를 관람하다 | ★准时 zhǔnshí 형 시간에 맞다 | ★免费 miǎnfèi 동 무료로 하다

● Day 33　　　　　　　　　　　　　　　　　　　　　　　● track 77

25 B　26 A　27 A　28 C　29 A　30 D　31 C　32 C

25 B 'A离不开B'는 'A는 B와 뗄 수 없다'라는 뜻으로, 'A와 B가 관련이 깊음'을 나타낸다. '高速铁路的发展(고속철도의 발전)'은 '国家经济的发展(국가 경제의 발전)'과 '离不开(뗄 수 없다)'라고 하였으므로 답은 B이다.

26 A 어제 뉴스에서 중국의 고속철도가 '2016年底(2016년 말)'에 이미 '2.2万公里(2만 2천 km)'를 '超过(넘어섰다)'고 언급했으므로 답은 A이다. 숫자가 많이 나오고 문장이 길어서 어렵게 느껴질 수 있다. 하지만 녹음에 사용된 어휘가 거의 그대로 보기에 사용되어 있으므로, 보기를 먼저 읽었다면 녹음의 흐름을 따라잡기 수월하다.

第25题到26题是根据下面一段话：

高速铁路为人们的出行提供了方便，^{25}它的发展离不开国家经济的发展。随着中国的经济快速发展，高速铁路的公里数也大大增加。^{26}昨天新闻上说到2016年底中国的高速铁路已超过2.2万公里。

25~26번 문제는 다음 내용에 근거한다.

고속철도는 사람들의 외출에 편의를 제공하였고, ^{25}고속철도의 발전은 국가 경제의 발전과 뗄 수 없다. 중국의 경제가 빠르게 발전하면서, 고속철도의 주행 거리도 크게 증가했다. ^{26}어제 뉴스에서 2016년 말 중국의 고속철도는 이미 2만 2천 킬로미터를 넘어섰다고 하였다.

25 高速铁路的发展与什么有关?	25 고속철도의 발전은 무엇과 관련이 있는가?
A 自然　　　　B 经济 C 民族间的交流　D 汽车数量	A 자연　　　　B 경제 C 민족 간의 교류　D 자동차 수
26 到2016年底中国高速铁路至少有多少公里?	26 2016년 말까지 중국 고속철도는 최소 몇 km의 주행거리를 달성했는가?
A 2.2万　B 22万　C 19万　D 8万	A 2만 2천　B 22만　C 19만　D 8만

高速铁路 gāosù tiělù 명 고속철도 | **为** wèi 개 ~를 위하여 | **出行** chūxíng 동 외출하다 | ★ **提供** tígōng 동 제공하다, 공급하다 | **方便** fāngbiàn 명 편의, 편리 | ★ **发展** fāzhǎn 동 발전하다 | **离不开** líbukāi 뗄 수 없다 | **国家** guójiā 명 국가 | ★ **经济** jīngjì 명 경제 | ★ **随着** suízhe 개 ~에 따라 | **快速** kuàisù 형 빠르다, 신속하다 | ★ **公里** gōnglǐ 양 킬로미터(km) | **数** shù 명 수 | **大大** dàdà 부 크게, 대단히 | ★ **增加** zēngjiā 동 증가하다, 늘어나다 | **新闻** xīnwén 명 뉴스 | **年底** niándǐ 명 연말 | **已** yǐ 부 이미, 벌써 | ★ **超过** chāoguò 동 넘다, 초과하다 | ★ **与** yǔ 개 ~와 | **有关** yǒuguān 동 관련이 있다 | ★ **自然** zìrán 명 자연 | ★ **民族** mínzú 명 민족 | **间** jiān 명 사이 | ★ **交流** jiāoliú 명 교류 | ★ **数量** shùliàng 명 수량 | ★ **至少** zhìshǎo 부 최소한, 적어도

27 A '有着30多年教学经验(30여 년간 교육한 경험이 있다)'이라는 말은 곧 '교육한 경험이 많다(很有教学经验)'는 이야기이다.

28 C 'A受B的欢迎(A가 B에게 환영 받다)'라는 형식이 사용된 '很受大家的欢迎(모두에게 환영을 받는다)'이 핵심 표현이다.

第27题到28题是根据下面一段话:	27~28번 문제는 다음 내용에 근거한다.
对大部分学生来说，数学是一门又难又无聊的课。²⁷不过，有着30多年教学经验的张[Zhāng]教授，却总能把它讲得特别有意思。²⁸因此，他的课一直都很受大家的欢迎。	대부분의 학생에게 수학은 어렵고 지루한 과목이다. ²⁷하지만 30여 년간 교육한 경험이 있는 장[张] 교수님은 오히려 수학을 매우 재미있게 가르치신다. ²⁸그래서 그의 수업은 꾸준히 모두에게 환영을 받는다.
27 关于张教授，可以知道什么? A 很有教学经验　B 无聊 C 很年轻　　　　D 30多岁	27 장 교수님에 관하여 알 수 있는 것은 무엇인가? A 교육한 경험이 많다　B 지루하다 C 매우 젊다　　　　　D 30살 정도이다
28 张教授的课怎么样? A 不太热闹 B 很难 C 很受欢迎 D 作业多	28 장 교수님의 수업은 어떠한가? A 그다지 북적거리지 않는다 B 어렵다 C 환영 받는다 D 숙제가 많다

对……来说 duì……láishuō ~에 대해 말하자면 | **大部分** dàbùfen 명 대부분 | **数学** shùxué 명 수학 | **门** mén 양 과목, 가지 [과목·과학·기술 등에 쓰임] | **又** yòu 부 ~하면서 또한 ~하다 | **难** nán 형 어렵다 | ★ **无聊** wúliáo 형 지루하다, 따분하다 | ★ **不过** búguò 접 그러나, 그런데 | **教学** jiàoxué 명 교육 | ★ **经验** jīngyàn 명 경험 | **张** zhāng 고유 장[성씨] | ★ **教授** jiàoshòu 명 교수 | ★ **却** què 부 오히려, 도리어 | **总** zǒng 부 늘, 줄곧, 언제나 | **把** bǎ 개 ~를 [처치의 결과를 나타냄] | **讲** jiǎng 동 설명하다, 말하다 | **特别** tèbié 부 매우, 아주 | **有意思** yǒu yìsi 재미있다, 흥미 있다 | ★ **因此** yīncǐ 접 그래서, 이로 인하여 | **一直** yìzhí 부 계속, 줄곧 | **受欢迎** shòu huānyíng 환영 받다 | **关于** guānyú 개 ~에 관하여 | **年轻** niánqīng 형 젊다, 어리다 | **不太** bú tài 그다지 (~하지 않다) | ★ **热闹** rènao 형 북적북적하다, 떠들석하다 | **作业** zuòyè 명 숙제, 과제

tip '受欢迎 shòu huānyíng'은 뒤에 목적어를 취할 수 없는 표현이다. 'A受B(的)欢迎'처럼 A를 환영해 주는 목적어 B는 어휘 사이에 쓰인다. 듣기와 독해 영역 빈출 표현이니 반드시 익히고 넘어가자.

29 **A** '大师'는 전문 분야에서 뛰어나 권위를 인정 받는 사람을 일컫는 말로, 지문에서는 '京剧(경극)' 뒤에 붙어 '京剧大师(경극 대가)라는 표현으로 쓰였다. '京剧'는 중국의 전통극으로, HSK에 자주 등장하는 어휘이니 알아 두자.

30 **D** 인용문의 의미는 보통 바로 뒤에 이어 나온다. 화자는 인용문 뒤에 '一名优秀的京剧演员(우수한 경극 배우)'이 되고 싶다면 '真功夫(진정한 실력)'가 있어야 한다고 했다. 즉, 진정한 실력이 있어야 우수한 경극 배우가 될 수 있다는 의미이다.

第29题到30题是根据下面一段话：

观众朋友们，²⁹今天我们节目为大家请上了一位京剧大师，老话说得好"台上一分钟，台下十年功。"³⁰要想成为一名优秀的京剧演员，就必须要有真功夫。接下来我们就请这位京剧大师来介绍一下他成功的过程。

29~30번 문제는 다음 내용에 근거한다.

관객 여러분, ²⁹오늘 저희 프로그램에 여러분을 위해 경극 대가 한 분을 초청하였습니다. 옛말에 '무대 위 1분을 위해 무대 아래에서 10년 공을 닦는다'라고 했습니다. ³⁰우수한 경극 배우가 되고 싶다면, 반드시 진정한 실력이 있어야 합니다. 이어서 이 경극 대가에게 그의 성공 과정을 소개해 주시길 청해 봅시다.

29 节目邀请了谁？

A 京剧大师   B 一位律师
C 朋友   D 观众

29 프로그램에서 누구를 초대했는가?

A 경극 대가   B 변호사
C 친구   D 관객

30 "台上一分钟，台下十年功"说明了什么？

A 表演很轻松
B 京剧大师很有名
C 表演时间长
D 功夫需苦练

30 '台上一分钟，台下十年功'이 설명하는 것은 무엇인가？

A 공연은 매우 수월하다
B 경극 대가는 매우 유명하다
C 공연 시간이 길다
D 실력은 고된 훈련이 필요하다

★ **观众** guānzhòng 몡 관객, 관중 | **节目** jiémù 몡 프로그램 | **上** shàng 동 [동사 뒤에 쓰여, 어떤 목적에 도달하였거나 결과가 있음을 나타냄] | **位** wèi 양 분, 명 | ★ **京剧** jīngjù 몡 경극 | **大师** dàshī 몡 대가, 거장 | **老话** lǎohuà 몡 옛말, 속담 | ★ **台** tái 몡 무대 | **功** gōng 몡 공, 목적을 이루는 데 들인 노력과 수고 | **要** yào 접 ~하면, 만약 | **想** xiǎng 조동 ~하고 싶다 | ★ **成为** chéngwéi 동 ~가 되다 | **名** míng 양 명 | ★ **优秀** yōuxiù 형 우수하다 | ★ **演员** yǎnyuán 몡 배우, 연기자 | **必须** bìxū 부 반드시 (~해야 한다) | ★ **功夫** gōngfu 몡 실력, 재주 | **接下来** jiē xiàlái 이어서, 다음으로 | **成功** chénggōng 동 성공하다 | ★ **过程** guòchéng 몡 과정 | **邀请** yāoqǐng 동 초대하다 | ★ **律师** lǜshī 몡 변호사 | ★ **说明** shuōmíng 동 설명하다 | ★ **表演** biǎoyǎn 몡 공연 | ★ **轻松** qīngsōng 형 수월하다, 부담이 없다 | **有名** yǒumíng 형 유명하다 | ★ **长** cháng 형 (시간이) 길다 | **需** xū 동 필요하다 | **苦练** kǔliàn 동 열심히 연습하다

---

31 **C** 식당에서 매일 '不要的饭菜(버리는 음식)'가 많아서 '浪费非常严重(낭비가 매우 심각하다)'이라고 하였다.

32 **C** '明白'와 '懂得'는 모두 목적어가 되는 지식과 이치, 방법 등의 대상을 이해하고 알게 됨을 나타낼 때 쓰이는 말이다. 화자는 학교에서 그 활동들을 진행하는 목적이 '让学生们明白节约的重要性(학생들에게 절약의 중요성을 이해시키다)'이라고 하였다.

第31题到32题是根据下面一段话：

人们对一些大学餐厅浪费饭菜的情况做了调查。结果表示，餐厅里每天不要的饭菜，大概是学生买的全部的三分之一，³¹这种浪费非常严重！因此，很多学校开始进行节约教育活动，³²目的是让学生们明白节约的重要性，养成节约的好习惯。

31~32번 문제는 다음 내용에 근거한다.

사람들은 일부 대학교 식당에서 음식을 낭비하는 상황에 대해 조사했다. 결과로는 식당에서 매일 버리는 음식이 대략적으로 학생들이 산 전부의 3분의 1인 것으로 나타났다. ³¹이런 종류의 낭비가 매우 심각하다! 그래서 많은 학교에서 절약 교육 활동을 진행하기 시작했다. ³²목적은 학생들에게 절약의 중요성을 이해시키고, 절약하는 좋은 습관을 기르게 하는 것이다.

31 关于被调查的餐厅，可以知道什么？ 　　A 卫生不合格 　　B 学生吃很多饭 　　**C 饭菜浪费严重** 　　D 餐厅进行教育活动 **32** 举行那些活动，目的是什么？ 　　A 按时上课 　　B 学会拒绝 　　**C 懂得节约** 　　D 少吃一点儿	**31** 조사한 식당에 관하여 무엇을 알 수 있는가? 　　A 위생이 불합격이다 　　B 학생들이 밥을 많이 먹는다 　　**C 음식 낭비가 심각하다** 　　D 식당에서 교육 활동을 진행한다 **32** 그 활동들을 진행한 목적은 무엇인가? 　　A 제때에 수업하기 위해 　　B 거절하는 것을 배우기 위해 　　**C 절약을 이해하기 위해** 　　D 적게 먹기 위해

人们 rénmen 명 사람들 | 些 xiē 양 조금, 약간, 얼마쯤 | 大学 dàxué 명 대학교 | ★餐厅 cāntīng 명 식당 | ★浪费 làngfèi 동 낭비하다 | 饭菜 fàncài 명 음식, 밥과 반찬 | ★情况 qíngkuàng 명 상황 | ★调查 diàochá 동 조사하다 | ★结果 jiéguǒ 명 결과 | ★表示 biǎoshì 동 나타내다 | 每天 měi tiān 매일, 날마다 | 要 yào 동 필요하다 | ★大概 dàgài 부 대략적으로 | 买 mǎi 동 사다 | ★全部 quánbù 명 전부 | 分之 fēn zhī ~분의 | ★严重 yánzhòng 형 심각하다 | 开始 kāishǐ 동 시작하다 | 进行 jìnxíng 동 진행하다 | ★节约 jiéyuē 동 절약하다 | ★教育 jiàoyù 명 교육 | ★活动 huódòng 명 활동 | ★目的 mùdì 명 목적 | 让 ràng 동 (어떤 일을) 하게 하다, 하도록 하다 | 明白 míngbai 동 이해하다, 알다 | 重要性 zhòngyàoxìng 중요성 | ★养成 yǎngchéng 동 길러지다, 습관이 되다 | ★习惯 xíguàn 명 습관 | 被 bèi 개 ~에게 ~를 당하다 | ★可以 kěyǐ 조동 ~할 수 있다 | 卫生 wèishēng 명 위생 | ★合格 hégé 형 합격이다 | ★举行 jǔxíng 동 진행하다, 거행하다 | ★按时 ànshí 부 제때에, 시간에 맞추어 | 上课 shàngkè 동 수업하다 | ★拒绝 jùjué 동 거부하다, 거절하다 | 懂得 dǒngde 동 알다, 이해하다 | ★少 shǎo 부 조금, 약간

> 연구나 조사와 관련된 내용일 경우, '结果表示 jiéguǒ biǎoshi 결과로 나타나다' '调查结果 diàochá jiéguǒ 조사 결과는' 등의 표현이 자주 쓰인다. 그리고 이런 말 뒤에 등장하는 연구 목적이나 결과가 주로 이야기의 중심 내용인 경우가 많다.

듣기 제3부분 11 논설문

본서 pp.78~79

● Day 35　　　　　　　　　　　　　　　● track 82
1 D　2 A　3 A　4 B　5 B　6 A　7 D　8 D

1 **D** 화자는 첫마디에서 사람들이 일을 할 때 실패하는 '主要原因(주요 원인)'이 '不够认真(착실함이 부족하다)'이라고 말했다. '실패하는 이유'는 곧 '성공하기 어려운 이유'로 볼 수 있으므로 답은 D이다.

2 **A** 이 글에서는 착실함이 부족한 '态度(태도)'를 비판적 관점에서 이야기하고 있다.

第1题到2题是根据下面一段话： 　　²其实很多事情并不难做，¹人们失败的主要原因是不够认真，总是干一件事，又想着另外一件事。比如，有的人一边弹着钢琴，一边又想着是不是该去踢足球。结果，琴没练好，足球也没踢成。	1~2번 문제는 다음 내용에 근거한다. 　　²사실 많은 일들이 결코 해내기 어려운 것은 아니다. ¹사람들이 실패하는 주요 원인은 착실함이 부족하고, 항상 한 가지 일을 하면서 다른 일도 생각하기 때문이다. 예를 들어, 어떤 사람은 한편으로는 피아노를 치면서, 또 한편으로는 축구를 하러 가야 하는지를 생각한다. 그 결과, 피아노 연습도 잘 하지 못하고, 축구도 하지 못한다.

1 为什么有的人做事很难成功?
A 太懒　　　　　B 害怕困难
C 不积极　　　　D 不认真

2 这段话主要谈的是什么?
A 做事的态度　　B 兴趣爱好
C 管理者的烦恼　D 幸福是什么

1 왜 어떤 사람은 일을 할 때 성공하기 어려운가?
A 너무 게을러서　　B 어려움을 두려워해서
C 적극적이지 않아서　D 착실하지 않아서

2 이 말에서 주로 이야기하는 것은 무엇인가?
A 일하는 태도　　B 흥미와 취미
C 경영자의 고민　D 행복은 무엇인가

其实 qíshí 분 사실 | **事情** shìqing 명 일 | **并** bìng 분 결코, 전혀, 조금도, 그다지, 별로 [부정사 앞에 쓰여 부정의 어투 강조] | **难** nán 형 ~하기 어렵다 | ★**失败** shībài 동 실패하다 | **主要** zhǔyào 형 주요한, 주된 | ★**原因** yuányīn 명 원인 | **不够** búgòu 부 부족하다 | **认真** rènzhēn 형 진지하다, 착실하다 | **总是** zǒngshì 분 항상, 늘, 줄곧 | ★**干** gàn 동 일을 하다 | **又** yòu 분 또, 다시, 거듭 | **想** xiǎng 동 생각하다 | **着** zhe 조 ~하면서 | ★**另外** lìngwài 대 그 외의, 다른 사람이나 사물 | **比如** bǐrú 접 예를 들어, 예를 들면 | **一边A一边B** yìbiān A yìbiān B A하면서 B하다 | **弹钢琴** tán gāngqín 피아노를 치다 | **该** gāi 조동 ~해야 한다 | ★**结果** jiéguǒ 명 결과 | **琴** qín 명 일부 악기류의 통칭 [여기서는 '피아노'를 가리킴] | **练** liàn 동 연습하다 | **好** hǎo [동사 뒤에 쓰여 '동작이 완성되었거나 잘 마무리되었음'을 나타냄] | **成** chéng 동 완성하다, 이루다 | ★**成功** chénggōng 동 성공하다 | ★**懒** lǎn 형 게으르다 | **害怕** hàipà 동 두려워하다, 무서워하다, 겁내다 | ★**困难** kùnnan 명 어려움 | ★**积极** jījí 형 적극적이다 | ★**谈** tán 동 이야기하다, 말하다 | ★**态度** tàidu 명 태도 | **兴趣** xìngqù 명 흥미, 취미 | **爱好** àihào 명 취미, 애호 | **管理者** guǎnlǐzhě 명 관리자 | ★**烦恼** fánnǎo 명 고민, 번뇌 형 고민스럽다 | ★**幸福** xìngfú 명 행복

'因为 yīnwèi 왜냐하면'나 '原因 yuányīn 원인'이 등장하는 경우, 그 이유가 무엇인지 질문하는 문제가 나올 가능성이 크다. '因为'나 '原因'이 들렸다면 뒤에 이어지는 내용에 반드시 집중하자!

3 A 핵심 문장 '有些父母总认为自己的孩子做事太慢，于是总想帮他们做(어떤 부모들은 늘 자기 아이가 일을 하는 것이 너무 느리다고 생각한다. 그래서 항상 그들을 도와주려고 한다)'에 부모의 행동 방식이 나와 있다.

4 B '管理时间(시간을 관리하다)'은 언제 무엇을 할지 시간을 알맞게 분배한다는 의미에서 '安排时间(스케줄을 짜다)'과 의미가 통한다.

第3题到4题是根据下面一段话：

　　³有些父母总认为自己的孩子做事太慢，于是总想帮他们做，其实这样做并不好。孩子之所以做事慢，往往是因为他们不懂得安排自己的时间。⁴因此父母应该教孩子管理时间，自己的事情自己做，千万不要让他们养成总说"来不及了"、"我没办法"这些话的坏习惯。

3 有些父母看到孩子做事慢会怎么做?
A 帮孩子做
B 发脾气
C 故意咳嗽
D 说孩子懒

3~4번 문제는 다음 내용에 근거한다.

　　³어떤 부모들은 늘 자기 아이가 일을 하는 것이 너무 느리다고 생각한다. 그래서 항상 그들을 도와주려고 하는데, 사실 이렇게 하는 것은 결코 좋지 않다. 아이가 일을 하는 것이 느린 것은, 보통 그들이 자신의 스케줄을 짜는 법을 모르기 때문이다. ⁴따라서 부모는 마땅히 아이에게 시간을 관리하는 것을 가르쳐서, 자신의 일은 자신이 하게 하고, 절대로 아이가 항상 '시간이 부족해' '나는 방법이 없어'라는 말을 하는 나쁜 습관을 기르게 해서는 안 된다.

3 어떤 부모들은 아이가 일하는 것이 느린 것을 보면 어떻게 하는가?
A 아이를 도와 해 준다
B 화를 낸다
C 일부러 기침을 한다
D 아이가 게으르다고 말한다

4 根据这段话，父母应让孩子养成什么好习惯？
　A 跑步　　　　　B 安排时间
　C 预习　　　　　D 多阅读

4 이 글에 따르면, 부모는 아이에게 마땅히 어떤 좋은 습관을 기르게 해야 하는가?
　A 달리기　　　　B 스케줄 짜기
　C 예습하기　　　D 책 많이 읽기

有些 yǒuxiē 때 어떤 것들 | 总 zǒng 팀 늘, 줄곧, 언제나, 내내 | 认为 rènwéi 팀 생각하다, 보다, 인정하다 | 自己 zìjǐ 때 자신, 자기, 스스로 | ★于是 yúshì 접 그래서, 그리하여, 이리하여 | 帮 bāng 팀 돕다, 거들다 | 之所以A是因为B zhīsuǒyǐ A shì yīnwèi B A한 이유는 B 때문이다 | ★往往 wǎngwǎng 팀 흔히, 종종, 자주, 때때로, 이따금 | 懂得 dǒngde 팀 (뜻·방법 등을) 알다, 이해하다 | ★安排 ānpái 팀 (시간, 일정을) 짜다, 안배하다, 일을 처리하다 | ★因此 yīncǐ 접 그래서, 이로 인하여 | 应该 yīnggāi 조팀 마땅히 ~해야 한다 | 教 jiāo 팀 가르치다, 전수하다 | ★管理 guǎnlǐ 팀 관리하다 | ★千万 qiānwàn 팀 절대로, 반드시 | 让 ràng 팀 (어떤 일을) 하게 하다, 하도록 하다 | ★养成 yǎngchéng 팀 기르다, 습관이 되다 | ★来不及 láibují 팀 (시간이 부족하여) 제시간에 댈 수 없다 | 办法 bànfǎ 팀 방법, 수단, 방식 | 坏 huài 형 나쁘다 | 习惯 xíguàn 팀 습관 | 看到 kàndào 팀 보(이)다 | 会 huì 조팀 ~할 것이다 | 发脾气 fā píqi 화내다, 성내다, 성질부리다 | ★故意 gùyì 팀 일부러, 고의로 | ★咳嗽 késou 팀 기침하다 | ★懒 lǎn 형 게으르다, 나태하다 | 根据 gēnjù 개 ~에 의거하여 | 段 duàn 팀 단락, 토막 [사물의 한 부분을 나타냄] | 应 yīng 조팀 마땅히 ~해야 한다, ~하는 것이 마땅하다 | 习惯 xíguàn 팀 습관 | 跑步 pǎobù 팀 달리다 | ★预习 yùxí 팀 예습하다 | 多 duō 형 (수량이) 많다 [부사어로 쓰임] | ★阅读 yuèdú 팀 열독하다, (책이나 신문을) 보다

5 **B** 많은 부모들이 아이들이 일찍이 '예술을 이해하기(了解艺术)'를 바라며 '音乐会(음악회)'에 데려간다는 내용에서 '음악이 예술을 이해하는 데 도움이 된다'는 사실을 유추해 낼 수 있다.

6 **A** 화자는 학부모가 아이들에게 일러주어야 할 공연 관람 태도로서 '保持安静(조용히 하다)'과 '别随便走动(마음대로 움직여서는 안 된다)'을 언급하였다. 보기 중 관련 있는 내용은 A뿐이다.

第5题到6题是根据下面一段话：
　　⁵有很多父母都喜欢带着自己的孩子去听音乐会，希望孩子可以早点儿了解艺术。这的确是有好处，但家长也应该提醒孩子，⁶演出开始以后一定要保持安静，别随便走动。这才是有礼貌的行为，更是对艺术尊重的表现。

5~6번 문제는 다음 내용에 근거한다.
　　⁵많은 부모들이 자신의 아이를 데리고 음악회를 보러 가는 것을 좋아하며 아이들이 일찍이 예술을 이해할 수 있기를 바란다. 여기에는 확실히 좋은 점이 있지만 학부모는 아이에게 ⁶공연이 시작한 이후에는 반드시 조용히해야 하고 마음대로 움직여서는 안 된다고도 일러 주어야 한다. 이것이야말로 예의 바른 행동이며, 더욱이 예술에 대한 존중의 표현이다.

5 听音乐对孩子有什么帮助？
　A 关心父母
　B 了解艺术
　C 丰富感情
　D 尊重生命

5 음악을 듣는 것이 아이에게 어떤 도움이 되는가?
　A 부모에게 관심을 가지게 된다
　B 예술을 이해하게 된다
　C 감정을 풍부하게 한다
　D 생명을 존중하게 된다

6 演出开始后应提醒孩子什么？
　A 不大声说话
　B 要仔细听
　C 不乱扔果皮
　D 戴上眼镜

6 공연 시작 후 아이에게 무엇을 일러 주어야 하는가?
　A 큰 소리로 말하지 않기
　B 자세히 듣기
　C 과일 껍질을 함부로 버리지 말기
　D 안경 쓰기

带 dài 팀 데리다, 인도하다 | 着 zhe 조 ~한채로, ~하면서 | 音乐会 yīnyuèhuì 팀 음악회 | 希望 xīwàng 팀 바라다, 희망하다 | 可以 kěyǐ 조팀 ~할 수 있다 | 早点儿 zǎo diǎnr 일찍이 | 了解 liǎojiě 팀 이해하다, 자세히 알다 | ★艺术 yìshù 팀 예술 | 的确 díquè 팀 확실히, 분명히, 정말, 실로, 참으로 | ★好处 hǎochù 팀 좋은 점, 장점 | 但 dàn 접 하지만, 그러나, 그렇지만 | 家长 jiāzhǎng 팀 학부모 | 应该 yīnggāi 조팀 ~해야 한다 | ★提醒 tíxǐng 팀 일깨우다 | ★演出 yǎnchū 팀 공연 | 开始 kāishǐ 팀 시작하다 | 以后 yǐhòu 팀 이후 | 一定 yídìng 팀 반드시, 꼭 | 要

yào 조동 ~해야 한다 | **保持** bǎochí 동 (지속적으로) 유지하다, 지키다 | **安静** ānjìng 형 조용하다, 잠잠하다 | ★**随便** suíbiàn 부 마음대로, 좋을 대로, 자유로이, 함부로, 제멋대로 | **走动** zǒudòng 동 걷다, 움직이다 | **才** cái 부 ~야말로 | ★**礼貌** lǐmào 형 예의 바르다 | **行为** xíngwéi 명 행동, 행위, 행실 | **更** gèng 부 더욱, 더, 훨씬 | **尊重** zūnzhòng 동 존중하다 | **表现** biǎoxiàn 명 표현, 행동 | **音乐** yīnyuè 명 음악 | **帮助** bāngzhù 명 도움, 원조, 보조 | **关心** guānxīn 동 관심을 갖다, 관심을 기울이다 | **丰富** fēngfù 동 풍부하게 하다 | ★**感情** gǎnqíng 명 감정 | ★**生命** shēngmìng 명 생명 | **大声** dàshēng 명 큰 소리 | ★**仔细** zǐxì 형 세심하다, 꼼꼼하다 | ★**乱** luàn 부 함부로, 마구, 제멋대로 | ★**扔** rēng 동 내버리다 | **果皮** guǒpí 명 과일 껍질 | ★**戴** dài 동 (머리·얼굴·가슴·팔·손 등에) 쓰다, 착용하다 | **上** shàng 동 [동사 뒤에 쓰여 '어떤 목적에 도달하였거나 결과가 있음'을 나타냄] | ★**眼镜** yǎnjìng 명 안경

7 D 화자는 방에 녹색식물을 놓는 장점으로 '能让房间里的空气变得新鲜(방 안의 공기를 신선하게 할 수 있다)'과 '能使人的心情变得愉快(사람의 마음을 즐겁게 할 수 있다)'를 언급하였다. 보기 D '使空气新鲜'은 첫 번째로 언급한 장점과 뜻이 통한다.

8 D 향(香味儿)이 진한(重) 식물은 부작용이 있을 수 있으니 되도록 놓지 말라고 하였다.

第7题到8题是根据下面一段话：
  ⁷房间里放上几棵绿色植物，既能让房间里的空气变得新鲜，又能使人的心情变得愉快。⁸不过尽量别放香味儿重的植物，它们的香味儿有可能让人睡不着觉，严重的话甚至会使人生病。

7~8번 문제는 다음 내용에 근거한다.
  ⁷방 안에 녹색식물을 몇 그루 놓으면, 방 안의 공기를 신선하게 할 수 있을 뿐만 아니라, 사람의 마음도 즐겁게 할 수도 있다. ⁸하지만 되도록 향이 짙은 식물은 놓지 말아야 한다. 그것들의 향은 사람이 잠에 들지 못하게 할 수도 있고, 심각할 경우 심지어는 사람이 병에 걸리게 할 수도 있다.

7 房间里放绿色植物有什么好处？
  A 能保护家具
  B 让人少做梦
  C 使房间凉快
  D 使空气新鲜

7 방 안에 녹색식물을 두면 어떤 좋은 점이 있는가?
  A 가구를 보호할 수 있다
  B 사람이 꿈을 적게 꾸게 한다
  C 방이 시원해지도록 한다
  D 공기를 신선하게 한다

8 哪种植物不适合放在房间里？
  A 较矮的
  B 开花的
  C 叶子多的
  D 太香的

8 어떤 종류의 식물이 방 안에 놓기에 적합하지 않은가?
  A (높이가) 비교적 낮은 것
  B 꽃이 피는 것
  C 잎이 많은 것
  D 너무 향기로운 것

房间 fángjiān 명 방 | **放** fàng 동 놓다 | **上** shàng 동 [동사 뒤에 쓰여 '사물이 일정한 위치에 도달했음'을 나타냄] | ★**棵** kē 양 그루, 포기 [식물을 세는 단위] | **绿色植物** lǜsè zhíwù 명 녹색식물 | **既A又B** jì A yòu B A할 뿐만 아니라 또한 B하다 | **能** néng 조동 ~할 수 있다 | ★**空气** kōngqì 명 공기 | **变得** biànde ~로 변하다, 되다 | **新鲜** xīnxiān 형 신선하다 | **使** shǐ ~하게 하다 | ★**心情** xīnqíng 명 감정, 마음, 기분 | ★**愉快** yúkuài 형 즐겁다, 기쁘다, 유쾌하다 | ★**不过** búguò 접 그러나, 그런데 | **尽量** jǐnliàng 부 되도록, 될 수 있는 대로 | **香味** xiāngwèi 명 향, 향기 | ★**重** zhòng 형 (정도가) 심하다 | **植物** zhíwù 명 식물 | **可能** kěnéng 부 어쩌면, 아마, 아마도 | **睡觉** shuìjiào 동 (잠을) 자다 | **不着** buzháo (동사 뒤에 놓여서) ~하지 못하다 | ★**严重** yánzhòng 형 심각하다 | **……的话** …dehuà 조 ~한다면, ~이면 | ★**甚至** shènzhì 부 심지어 | ★**保护** bǎohù 동 보호하다 | **家具** jiājù 명 가구 | **少** shǎo 형 적다 [부사적 용법] | **做梦** zuòmèng 동 꿈을 꾸다 | ★**凉快** liángkuai 형 시원하다, 서늘하다 | ★**适合** shìhé 동 적합하다, 알맞다, 부합하다 | **在** zài 개 ~에(서), ~에 있어서 | **较** jiào 부 비교적, 좀 | **矮** ǎi 형 (높이가) 낮다 | **开花** kāihuā 동 꽃이 피다 | **叶子** yèzi 명 잎 | ★**香** xiāng 형 향기롭다

'变得 biànde'는 주로 뒤에 형용사와 함께 결합하여 '~하게 되다'라는 뜻을 나타내며, '사역동사(使/让)+A+变得+형용사(A가 ~되게 하다)' 형식으로도 많이 쓰인다.

Day 36

track 83

9 C 10 C 11 C 12 B 13 D 14 B 15 D 16 B

9 C 전환을 나타내는 접속사(但, 但是, 可是, 不过 등) 뒤에 핵심 내용이 이어지는 경우가 많다는 점을 기억하자. 화자는 사람들이 공부하지 않는다면 눈에 보이는 세계가 아주 지루할 것(无聊)이라고 말했다.

10 C 글의 초반에 '到底为什么我们要读书呢?(도대체 왜 우리는 공부를 해야 하는가?)'라며 청자에게 질문을 던지는 형식으로 '读书的原因(공부의 이유)'이라는 글의 주제를 간접적으로 드러내고 있다.

第9题到10题是根据下面一段话：

　　有人认为读书并不能很快让人变得有钱，¹⁰那我们到底为什么要读书呢？这是因为通过读书，人们能够看到和生活中不一样的景色，让我们的生命变得更丰富。⁹但如果人们不读书，眼中的世界就会很无聊。

9~10번 문제는 다음 내용에 근거한다.

　　어떤 사람은 공부가 결코 빠르게 사람을 부유하게 하지 못한다고 생각한다. ¹⁰그렇다면 우리는 도대체 왜 공부를 해야 하는 것일까? 이는 공부를 통해 우리가 생활 속에서 다른 풍경을 볼 수 있고, 우리의 생명을 더욱 풍부하게 만들어 주기 때문이다. ⁹하지만 사람들이 공부하지 않는다면, 눈에 보이는 세계는 아주 지루할 것이다.

9 如果不读书，人们眼中的世界会是什么样的？
　A 开心　　B 丰富　　C 无聊　　D 辛苦

9 공부하지 않으면, 사람들의 눈에 보이는 세계는 어떠한 것이 되는가?
　A 즐겁다　B 풍부하다　C 지루하다　D 힘들다

10 这段话主要谈的是什么？
　A 钱的好处　　　　B 生活的意义
　C 读书的原因　　　D 读书的坏处

10 이 글이 주로 이야기하는 것은 무엇인가?
　A 돈의 장점　　　B 생활의 의미
　C 공부의 이유　　D 공부의 단점

认为 rènwéi 동 여기다, 생각하다 | **读书** dúshū 동 공부하다, 학습하다 | **并不** bìngbù 부 결코 ~하지 않다 | **让** ràng 동 (어떤 일을) 하게 하다, 하도록 하다 | **变得** biànde ~하게 하다, ~로 변하다 | **有钱** yǒuqián 형 부유하다, 돈이 많다 | ★**到底** dàodǐ 부 도대체 | **要** yào 조동 ~해야 한다 | **因为** yīnwèi 접 왜냐하면 | ★**通过** tōngguò 개 ~를 거쳐, ~에 의해, ~를 통해 | **能够** nénggòu 조동 ~할 수 있다 | **看到** kàndào 보(이)다 | ★**生活** shēnghuó 명 생활 | **一样** yíyàng 형 같다, 동일하다 | **景色** jǐngsè 명 풍경, 경치 | **更** gèng 부 더욱, 더, 훨씬 | ★**丰富** fēngfù 형 많다, 풍부하다, 넉넉하다 | **但** dàn 접 그러나, 그렇지만, 하지만 | **如果** rúguǒ 접 만약, 만일 | **眼** yǎn 명 눈 | **世界** shìjiè 명 세계 | **会** huì 조동 ~할 것이다 | **无聊** wúliáo 형 무료하다, 따분하다 | ★**开心** kāixīn 형 즐겁다, 기쁘다 | ★**辛苦** xīnkǔ 형 힘들다, 고되다 | ★**谈** tán 말하다, 이야기하다 | ★**好处** hǎochù 명 좋은 점, 장점 | **意义** yìyì 명 의미, 뜻 | ★**原因** yuányīn 명 원인 | ★**坏处** huàichù 명 단점, 결점

---

11 C '计划表(계획표)'를 만들 때 주의해야 하는 사항 두 가지 중, 첫 번째로 꼽힌 내용(把重要的事安排在最前面)은 곧 '중요한 일을 먼저 써야 한다(先写重要的)'라는 의미이다. 이렇게 화자의 주장을 뒷받침하는 요소들을 나열할 때 '一是(첫째)' '二是(둘째)'처럼 순서를 붙여 나타낼 수 있다.

12 B 녹음의 첫 문장(每个人都应学会管理时间)에서 '时间管理(시간 관리)'의 필요성을 제기하고, 이어서 시간 관리하는 방법까지 함께 제시해 주고 있다.

第11题到12题是根据下面一段话：

　　¹²每个人都应学会管理时间，而有效管理时间的第一步是做计划表，并且严格按照计划做事。¹¹在做计划表的时候，应该注意两点：一是应该把重要的事安排在最前面，二是应该写出完成的时间，只有这样做，才能不浪费时间。

11~12번 문제는 다음 내용에 근거한다.

　　¹²모든 사람들은 시간을 관리하는 법을 배워야 한다. 그리고 시간을 효율적으로 관리하는 첫 단계는 계획표를 만들어 엄격하게 계획에 따라 일을 하는 것이다. ¹¹계획표를 만들 때는 반드시 두 가지를 주의해야 한다. 첫째는 중요한 일을 가장 앞에 안배하고, 둘째는 완성된 시간을 써야 한다는 것이다. 이렇게 해야만 비로소 시간을 낭비하지 않을 수 있다.

11 做计划表时，首先要注意什么？
A 要尽快写完
B 不能有错误
C 先写重要的
D 不能用铅笔

11 계획표를 만들 때 먼저 무엇을 주의해야 하는가?
A 되도록 빨리 다 써야 한다
B 착오가 있어서는 안 된다
C 중요한 것을 먼저 써야 한다
D 연필을 쓰면 안 된다

12 这段话主要谈的是什么？
A 找工作　　**B 时间管理**
C 学汉语　　D 在图书馆学习

12 이 글이 주로 이야기하는 것은 무엇인가？
A 일자리 찾기　　**B 시간 관리하기**
C 중국어 배우기　　D 도서관에서 공부하기

应 yīng [조동] 마땅히 ~해야 한다, ~하는 것이 마땅하다 | 学会 xuéhuì [동] 배워서 알다 | ★ 管理 guǎnlǐ [동] 관리하다 | ★ 而 ér [접] ~(하)고(도), 그리고 | 有效 yǒuxiào [형] 효과가 있다, 유효하다 | 第一步 dì yī bù 첫 단계 | 计划表 jìhuàbiǎo [명] 계획표 | 并且 bìngqiě [접] 게다가, 나아가, 그리고 | ★ 严格 yángé [형] 엄하다, 엄격하다 | ★ 按照 ànzhào [개] ~에 의해, ~에 따라 | 应该 yīnggāi [조동] ~해야 한다, ~하는 것이 마땅하다 | 注意 zhùyì [동] 주의하다, 조심하다 | 点 diǎn [양] (사항 등의) 가지 | 把 bǎ [개] ~를 [처치의 결과를 나타냄] | 重要 zhòngyào [형] 중요하다 | ★ 安排 ānpái [동] (인원·시간 등을) 안배하다, 일을 처리하다, 준비하다 | 写出 xiěchū 써내다 | 完成 wánchéng [동] 완성하다, (예정대로) 끝내다 | 只有A才B zhǐyǒu A cái B 오직 A해야만 비로소 B하다 | 浪费 làngfèi [동] 낭비하다, 허비하다 | ★ 首先 shǒuxiān [부] 가장 먼저, 맨 먼저, 우선 | 尽快 jǐnkuài [부] 되도록 빨리 | 不能 bùnéng ~해서는 안 된다 | ★ 错误 cuòwù [명] 착오, 잘못 | 先 xiān [부] 먼저, 우선 | 用 yòng [동] 사용하다 | 铅笔 qiānbǐ [명] 연필 | ★ 谈 tán [동] 말하다, 이야기하다 | 找 zhǎo [동] 찾다, 구하다 | 在 zài [개] ~에(서), ~에 있어서 | 图书馆 túshūguǎn [명] 도서관

13 D '和其他国家的友好关系(다른 국가와의 우호적인 관계)'라는 말에서 핵심어는 '其他国家(다른 국가)'와 '关系(관계)'이다. 말이 길어 어렵게 들리지만, 두 핵심어가 나타내는 개념인 '다른 국가와의 관계'는 곧 '国际关系(국제 관계)'이다.

14 B '乒乓球(탁구)'가 중국 대표 운동 종목이 된 이유로서 보기 B의 내용이 글의 마지막에 직접적으로 언급되었다.

第13题到14题是根据下面一段话：

乒乓球为什么能成为中国的国球呢？首先，在国际性的运动会上，中国队经常在乒乓球比赛中获得较好的成绩。其次，¹³在和其他国家的友好关系上，它也起到很关键的作用。最后，¹⁴乒乓球运动深受中国人的喜爱，在中国十分普遍。

13~14번 문제는 다음 내용에 근거한다.

탁구는 왜 중국의 대표 운동 종목이 되었을까? 먼저, 국제적인 스포츠 대회에서 중국 팀이 탁구 경기에서 비교적 좋은 성적을 자주 거둔다. 그 다음, ¹³다른 국가와의 우호적인 관계에 있어서도 탁구가 매우 중요한 역할을 한다. 마지막으로, ¹⁴탁구는 중국인들의 사랑을 받으며 중국에서 매우 보편적이다.

13 乒乓球在哪方面起到重要作用？
A 经济增长　　B 艺术
C 科学技术　　**D 国际关系**

13 탁구는 어느 방면에서 중요한 역할을 하였는가？
A 경제 성장　　B 예술
C 과학기술　　**D 국제 관계**

14 关于乒乓球运动，下列哪个正确？
A 动作难学
B 在中国很普遍
C 适合表演
D 很危险

14 탁구에 관하여 다음 중 올바른 것은？
A 동작이 배우기 어렵다
B 중국에서 매우 보편적이다
C 공연을 하기에 적합하다
D 매우 위험하다

★ 乒乓球 pīngpāngqiú [명] 탁구 | 能 néng [조동] ~할 수 있다 | ★ 成为 chéngwéi [동] ~가 되다, ~로 되다 | 国球 guóqiú [명] [국제적으로 실력을 인정 받는 구기 종목] | 国际性 guójìxìng [명] 국제성 | 运动会 yùndònghuì [명] 운동회, 체육 대회 | 队 duì [명] (어떤 성질을 지닌) 팀, 단체 | 经常 jīngcháng [부] 자주, 항상, 늘, 종종 | 比赛 bǐsài [명] 경기 | 获得 huòdé [동] 거두다, 얻다 | 较 jiào [부] 비교적, 좀 | 成绩 chéngjì [명] 성적 | ★ 其次 qícì [명] 그 다음, 다음 | 其他 qítā [대] 기타 | 国家 guójiā [명] 국가, 나라 | ★ 友好 yǒuhǎo [형] 우호적이다 | 关系 guānxi [명] 관계 | 起 qǐ [동] 일으키다 | ★ 关键 guānjiàn [형] 매우 중요한, 결정적인 작용을 하는 | 最后 zuìhòu [명] 마지막, 최후 | ★ 深 shēn [부] 깊이, 대단히 | 受 shòu [동] 받다,

입다 | **喜爱** xǐ'ài 동 사랑하다, 좋아하다 | ★**十分** shífēn 부 매우, 아주 충분히 | ★**普遍** pǔbiàn 형 보편적이다 | ★**方面** fāngmiàn 명 측면, 분야, 영역, 방면 | **经济** jīngjì 명 경제 | **增长** zēngzhǎng 동 증가하다, 늘어나다, 제고하다 | **艺术** yìshù 명 예술 | **科学** kēxué 명 과학 | ★**技术** jìshù 명 기술 | **国际** guójì 명 국제 | **动作** dòngzuò 명 동작 | **难** nán 형 ~하기 어렵다 | ★**适合** shìhé 동 적합하다, 부합하다, 알맞다 | ★**表演** biǎoyǎn 명 공연 | ★**危险** wēixiǎn 형 위험하다

15 D 녹음의 첫 부분 '时间管理的目的是帮人们更有效地使用时间(시간 관리의 목적은 사람들이 더욱 효율적으로 시간을 쓰도록 돕는 것이다)'에 문제와 답이 직접적으로 제시되었다.

16 B 'A에게 B를 가져오다'라는 뜻의 표현 '给A带来B'가 쓰인 말 '给人们带来非常大的压力(사람들에게 매우 많은 스트레스를 줄 것이다)'에서 답이 B임을 알 수 있다.

第15题到16题是根据下面一段话：

　　¹⁵时间管理的目的是帮人们更有效地使用时间。使人们清楚：什么事情应该做，什么事情不应该做；哪些得先做，哪些能后做。¹⁶如果没管理好时间的话，没做完的事儿就会一件接着一件。这将会给人们带来非常大的压力，甚至会影响人们正常的生活。所以，把时间管理好，还有助于提高人们的生活质量。

15 时间管理的目的是什么？
　A 让人有信心
　B 降低费用
　C 提高竞争力
　D 有效使用时间

16 如果没有管理好时间，会怎么样？
　A 打扰到他人
　B 压力增大
　C 变穷
　D 让人讨厌

15~16번 문제는 다음 내용에 근거한다.

　　¹⁵시간 관리의 목적은 사람들이 더욱 효율적으로 시간을 쓰도록 돕는 것이다. 무슨 일을 해야 하고 무슨 일을 하지 말아야 하는지, 어떤 것들을 먼저 하고 어떤 것들을 나중에 해도 되는지를 확실히 알게 하는 것이다. ¹⁶만약 시간을 잘 관리하지 못하면, 다 끝내지 못한 일이 하나씩 이어질 것이다. 이는 사람들에게 매우 많은 스트레스를 가져다 줄 것이고, 심지어는 사람들의 정상적인 생활에까지 영향을 줄 것이다. 따라서 시간을 잘 관리하는 것은 사람들의 생활의 질을 높이는 데에도 도움이 된다.

15 시간 관리의 목적은 무엇인가?
　A 사람들이 자신감을 가지도록 하는 것
　B 비용을 낮추는 것
　C 경쟁력을 높이는 것
　D 효율적으로 시간을 쓰는 것

16 만약 시간을 잘 관리하지 못하면 어떻게 되는가?
　A 다른 사람을 방해한다
　B 스트레스가 증가하다
　C 가난해진다
　D 사람을 짜증나게 만든다

★**目的** mùdì 명 목적 | **帮** bāng 동 돕다 | ★**使用** shǐyòng 동 사용하다, 쓰다 | **使** shǐ 동 (~에게) ~시키다, ~하게 하다 | **清楚** qīngchu 형 분명하다, 명백하다 | **事情** shìqing 명 일, 사건 | **应该** yīnggāi 조동 ~해야 한다, ~하는 것이 마땅하다 | ★**得** děi 조동 ~해야 한다 | **能** néng 조동 ~할 수 있다 | **好** hǎo 형 [동사 뒤에 쓰여 '동작이 완성되었거나 잘 마무리되었음'을 나타냄] | **……的话** dehuà 조 ~하다면, ~이면 | **就** jiù 부 ~면, ~인 이상, ~한 바에는 | **会** huì 조동 ~할 가능성이 있다, ~할 것이다 | ★**接着** jiēzhe 동 (뒤)따르다, 따라가다 | **将** jiāng 부 ~하게 될 것이다, ~일 것이다 | **给** gěi 개 ~에게 | **带来** dàilái 동 가져오다, 가져다주다 | ★**压力** yālì 명 (주로 정신적·심리적인) 스트레스, 압력 | ★**甚至** shènzhì 부 심지어, ~까지도, ~조차도 | **影响** yǐngxiǎng 동 영향을 주다 | ★**正常** zhèngcháng 형 정상적인 | **所以** suǒyǐ 접 그래서, 그러므로 | **还** hái 부 또, 더 | **有助于** yǒuzhùyú ~에 도움이 되다 | **提高** tígāo 동 (위치·수준·질·수량 등을) 높이다, 제고하다, 향상시키다 | ★**质量** zhìliàng 명 질 | **让** ràng 동 (어떤 일을) 하게 하다, 하도록 하다 | ★**信心** xìnxīn 명 자신(감), 확신, 신념 | ★**降低** jiàngdī 동 내리다, 낮추다 | **费用** fèiyòng 명 비용, 지출 | **竞争力** jìngzhēnglì 명 경쟁력 | ★**打扰** dǎrǎo 동 방해하다, 지장을 주다 | **到** dào 동 [동사 뒤에서 쓰여 동작이 목적에 도달하거나 결과가 있음을 나타냄] | **他人** tārén 명 타인, 다른 사람, 남 | **增大** zēngdà 동 증대하다, 확대하다, 늘리다 | **变** biàn 동 (성질·상태가) 변하다, 바뀌다 | ★**穷** qióng 형 빈곤하다, 가난하다 | ★**讨厌** tǎoyàn 동 싫어하다, 미워하다

Day 37

| 17 B | 18 A | 19 A | 20 D | 21 A | 22 A | 23 B | 24 A |

17 B 화자가 운동할 때 기억해야 하는 세 가지 중 첫 번째 사항으로 언급한 내용 '根据身体条件，来选择适合自己的运动(신체 조건에 따라 자신에게 맞는 운동을 선택해야 한다)'에 답이 있다. '根据A来B'는 'A에 따라 B하다'라는 뜻이다.

18 A 화자는 운동할 때 기억해야 할 세 가지 중 세 번째로 '运动量(운동량)'을 언급했다.

第17题到18题是根据下面一段话：

对于想要通过做运动锻炼身体的人来说，做运动时，一定要记住以下三点：一是，¹⁷应该根据身体条件，来选择适合自己的运动。二是，应该穿舒服的衣服和鞋子。三是，¹⁸应该注意运动量。运动的时间并不是越长越好，而是每天运动，贵在坚持。

17~18번 문제는 다음 내용에 근거한다.

운동을 통해 몸을 단련하려는 사람들은 운동을 할 때 반드시 다음 세 가지를 기억해야 한다. 첫째, ¹⁷신체 조건에 따라 자신에게 맞는 운동을 선택해야 한다. 둘째, 편안한 옷과 신발을 착용해야 한다. 셋째, ¹⁸운동량에 주의해야 한다. 운동 시간은 결코 길수록 좋은 것이 아니라, 매일 운동을 해서 꾸준하게 지속하는 것이 중요하다.

17 应根据什么来选择合适的运动?
A 职业特点   **B 身体条件**
C 运动地点   D 气候情况

17 무엇에 따라 적합한 운동을 선택해야 하는가?
A 직업 특징   **B 신체 조건**
C 운동 장소   D 기후 상황

18 运动时要注意什么?
A 运动量   B 不要打扰别人
C 保暖   D 速度

18 운동을 할 때 무엇을 주의해야 하는가?
A 운동량   B 다른 사람을 방해하지 않는 것
C 보온   D 속도

对于……来说 duìyú……láishuō ~에게 있어 | 想要 xiǎng yào ~하려고 하다 | ★通过 tōngguò 께 ~를 통해 | 锻炼 duànliàn 동 (몸을) 단련하다 | 一定 yídìng 뷔 반드시, 필히 | 要 yào 조동 ~해야 한다 | 记住 jìzhù 확실히 기억해 두다 | 以下 yǐxià 명 아래(의 말) | 点 diǎn 명 (사항 등의) 가지 [여기서는 '포인트'의 의미로 쓰임] | 应该 yīnggāi 조동 ~해야 한다, ~하는 것이 마땅하다 | 根据 gēnjù 께 ~에 의거하여 | ★条件 tiáojiàn 명 조건 | 来 lái [전자가 방법·태도, 후자가 목적임을 나타냄] | 选择 xuǎnzé 동 고르다, 선택하다 | ★适合 shìhé 동 알맞다, 적절하다 | 舒服 shūfu 형 (몸·마음이) 편안하다 | 鞋子 xiézi 명 신발 | 注意 zhùyì 동 주의하다, 조심하다 | 运动量 yùndòngliàng 명 운동량 | 并 bìng 뷔 결코, 전혀 | 不是A而是B búshì A érshì B A가 아니라 B이다 | 越A越B yuè A yuè B A할수록 B하다 | 长 cháng 형 (시간이) 길다, 오래다 | 每天 měi tiān 매일, 날마다 | ★贵在坚持 guì zài jiānchí 꾸준하게 지속하는 것이 중요하다 | 应 yīng 조동 마땅히 ~해야 한다, ~하는 것이 마땅하다 | ★职业 zhíyè 명 직업 | 特点 tèdiǎn 명 특징, 특색, 특성 | 地点 dìdiǎn 명 지점, 장소, 위치 | ★气候 qìhòu 명 기후 | ★情况 qíngkuàng 명 상황, 정황, 형편 | 不要 búyào 뷔 ~하지 마라, ~해서는 안 된다 | ★打扰 dǎrǎo 동 방해하다, 지장을 주다 | 别人 biérén 대 다른 사람 | 保暖 bǎonuǎn 동 보온하다 | ★速度 sùdù 명 속도

> **tip** 4급 시험에 '量 liàng'과 함께 자주 등장하는 단어
>
> 大量 dàliàng 대량 | 重量 zhòngliàng 중량 | 数量 shùliàng 수량 | 产量 chǎnliàng 생산량
> 质量 zhìliàng 품질 | 销售量 xiāoshòuliàng 판매량 | 运动量 yùndòngliàng 운동량
> 降水量 jiàngshuǐliàng 강수량 | 降雨量 jiàngyǔliàng 강우량

---

19 A 접속사 '因为' 뒤 문장에는 늘 주의를 기울이자. 막 일을 시작한 사람은 '새로운 환경이 익숙하지 않아서(因为对新环境不熟悉)' 매우 긴장하게 된다고 하였다.

20 D '应该' 뒤에 핵심 내용이 자주 나온다. 문제의 '适应新工作(새로운 일에 적응하다)'를 녹음에서는 '这段困难期中走出来(이 어려운 시기에서 나오다)'라고 표현했다. 화자는 새로운 일에 적응하기 위한 방안으로서 '和同事们多交流，耐心地向同事们学习(동료들과 함께 교류를 많이 하면서 인내심 있게 동료들에게 배워야 한다)'를 제안한다.

第19题到20题是根据下面一段话：

很多刚刚参加工作的人，**¹⁹往往会因为对新环境不熟悉，而感到很紧张**。这样不仅很难按时完成自己的任务，甚至还会让别人怀疑自己的能力。如果出现这种情况，你千万别失望。²⁰**而是应该和同事们多交流，耐心地向同事们学习**。这样做，才能更快地从这段困难期中走出来。

19 刚参加工作的人，为什么会感到紧张？
  A 不熟悉环境
  B 缺点多
  C 能力差
  D 害怕失败

20 根据这段话，怎样才能更快地适应新工作？
  A 多加班
  B 多总结
  C 多鼓励自己
  D 多与同事交流

19~20번 문제는 다음 내용에 근거한다.

이제 막 일을 시작한 많은 사람들은 **¹⁹종종 새로운 환경이 익숙하지 않아서 매우 긴장하게 된다**. 이렇게 되면 제 시간에 자신의 일을 마치기 어려울 뿐만 아니라, 심지어는 다른 사람에게 자신의 능력을 의심 받게 만들 수도 있다. 만약 이런 상황이 생긴다면, 당신은 절대 실망해서는 안 된다. ²⁰**또한 동료들과 함께 교류를 많이 하면서 인내심 있게 동료들에게 배워야 한다**. 이렇게 해야 비로소 더 빠르게 이 어려운 시기에서 나올 수 있다.

19 막 일을 시작한 사람은, 왜 긴장을 하게 되는가?
  A 환경이 익숙하지 않아서
  B 약점이 많아서
  C 능력이 부족해서
  D 실패하는 것을 두려워해서

20 이 글에 따르면 어떻게 해야 비로소 더 빠르게 새로운 일에 적응할 수 있는가?
  A 많이 야근한다
  B (경험을) 많이 정리한다
  C 자신을 많이 격려한다
  D 동료와 많이 교류한다

刚刚 gānggāng 튀 이제 막, 방금 막 | **参加** cānjiā 통 (어떤 조직이나 활동에) 참가하다, 가입하다 | ★**往往** wǎngwǎng 튀 종종, 자주, 흔히 | **会** huì 조동 ~할 가능성이 있다, ~할 것이다 | **因为** yīnwèi 접 왜냐하면 | **环境** huánjìng 명 환경 | ★**熟悉** shúxī 통 잘 알다, 익숙하다, 생소하지 않다 | ★**而** ér 접 [목적 또는 원인 등을 나타내는 성분을 연결시킴] | **感到** gǎndào 통 느끼다, 여기다 | ★**紧张** jǐnzhāng 형 (정신적으로) 긴장해 있다, 불안하다 | **这样** zhèyàng 대 이렇다, 이와 같다 | **不仅A还B** bùjǐn A hái B A뿐만 아니라 B하기도 하다 | **难** nán 형 ~하기 어렵다 | ★**按时** ànshí 튀 제때에, 시간에 맞추어 | **完成** wánchéng 통 완성하다, (예정대로) 끝내다 | **自己** zìjǐ 대 자신, 자기, 스스로 | ★**任务** rènwu 명 임무 | ★**甚至** shènzhì 튀 심지어, ~까지도, ~조차도 | **还** hái 튀 또, 더 | **让** ràng 통 (어떤 일을) 하게 하다, 하도록 하다 | **怀疑** huáiyí 통 의심하다, 의심을 품다 | ★**能力** nénglì 명 능력 | **如果** rúguǒ 접 만약, 만일 | ★**出现** chūxiàn 통 나오다 | **种** zhǒng 양 종류, 부류, 가지 | ★**情况** qíngkuàng 명 상황, 정황, 형편 | ★**千万** qiānwàn 튀 절대로, 꼭, 반드시 | **失望** shīwàng 통 실망하다 | **而** ér 접 ~(하)고(도), 그리고 | **同事** tóngshì 명 동료 | ★**交流** jiāoliú 통 서로 소통하다, 교류하다 | ★**耐心** nàixīn 형 인내심이 강하다 | **向** xiàng 개 ~에게 | **才** cái 튀 오직 ~해야만, 비로소 | **能** néng 조동 ~할 수 있다 | **更** gèng 튀 더욱, 더, 훨씬 | **段** duàn 양 (한)동안, 얼마간 | ★**困难** kùnnan 형 어렵다 | **期** qī 명 시기 | **走** zǒu 통 떠나다 | **出来** chūlai 통 [동작이 '안에서 밖에 있는 화자 쪽으로 향함'을 표시함] | ★**刚** gāng 튀 막, 방금 | ★**缺点** quēdiǎn 명 결점, 단점 | **差** chà 형 나쁘다, 좋지 않다 | **害怕** hàipà 통 겁내다, 두려워하다 | ★**失败** shībài 통 실패하다 | **怎样** zěnyàng 대 어떻게, 어떤 | ★**加班** jiābān 통 초과 근무를 하다, 시간 외 근무를 하다 | ★**总结** zǒngjié 통 정리하다 | ★**鼓励** gǔlì 통 격려하다, (용기를) 북돋우다 | ★**与** yǔ 개 ~와

21 **A** 지문에서 '挂'는 '어떠한 말을 입에 달고 산다(=자주 말한다)'는 비유적인 표현을 만드는 데 쓰였다.

22 **A** 지문에서는 '那些不去找失败原因、不懂得总结经验的人(실패의 원인을 찾지 않고, 경험을 정리할 줄 모르는 사람)'은 성공하기 어렵다고 말하고 있다. 바꿔 말하면, 실패 후에는 언급된 두 행동 '去……原因' '懂得……经验'을 하라는 의미인데, 보기 중에 언급된 행동은 A뿐이므로 A가 답이다. 질문의 '失败(실패)'는 본문의 '很难成功(성공하기 어렵다)'과 비슷한 표현이다.

第21题到22题是根据下面一段话：

²¹很多人都喜欢把"如果重新来一次，我一定能。"这句话挂在嘴边。其实，²²对于那些不去找失败原因、不懂得总结经验的人来说，即使再来一千次，也是很难成功的。

21~22번 문제는 다음 내용에 근거한다.

²¹많은 사람들은 '만약 다시 한다면 분명 할 수 있어.' 라는 말을 입에 달고 살기를 좋아한다. 사실 ²²실패의 원인을 찾지 않고 경험을 정리할 줄 모르는 사람들로 말하자면, 설령 수천 번을 다시 하더라도 성공하기 어렵다.

21 "挂在嘴边"，指的是什么？

　　A 经常说　　　　B 喜欢吃
　　C 想解释　　　　D 放心上

21 '挂在嘴边'은 무엇을 가리키는가？

　　A 자주 말한다　　B 먹기를 좋아한다
　　C 설명하고 싶어 한다　　D 마음에 두다

22 根据这段话，失败后要怎么做？

　　A 总结经验　　　B 努力学习
　　C 改变主意　　　D 鼓励自己

22 이 글에 따르면 실패 후 무엇을 해야 하는가？

　　A 경험을 정리한다　　B 열심히 공부한다
　　C 생각을 바꾼다　　D 자신을 독려한다

把 bǎ 개 ~를 [처치의 결과를 나타냄] | ★重新 chóngxīn 부 다시, 재차 | 能 néng 조동 ~할 수 있다 | 句 jù 양 마디, 편 [언어나 시문을 세는 양사] | ★挂 guà 동 (표정이나 말 등을) 띠고 있다 | 在 zài 개 ~에(서), ~에 있어서 | 嘴边 zuǐbiān 입가 | 其实 qíshí 부 사실 | 找 zhǎo 동 찾다 | ★失败 shībài 명 실패 | 原因 yuányīn 원인 | 懂得 dǒngde 동 알다, 이해하다 | ★总结 zǒngjié 총정리하다 | ★经验 jīngyàn 명 경험, 체험 | 即使A也B jíshǐ A yě B 설령 A라 하더라도 B하겠다 | 再 zài 부 다시 | 来 lái 동 (어떤 동작을) 하다 [의미가 구체적인 동사를 대체함] | ★成功 chénggōng 성공하다 | 指 zhǐ 동 가리키다 | 经常 jīngcháng 부 자주, 항상, 늘, 종종 | 想 xiǎng 조동 ~하고 싶다 | ★解释 jiěshì 동 설명하다 | 放 fàng 동 놓아두다 | 心上 xīn shang 마음 속 | 后 hòu 명 (시간으로) 후, 뒤, 다음 | 要 yào 조동 ~해야 한다 | 努力 nǔlì 동 열심히 하다 | ★改变 gǎibiàn 동 바꾸다 | ★主意 zhǔyi 명 생각

23 B 이 지문은 '发现美的眼睛(아름다움을 발견하는 눈)'이 있으면 '아름다움을 발견할 줄 알게(学会发现美)'되어 비로소 행복해질 것이라는 이야기를 하고 있다. '学会'는 행동 등을 익혀서 할 수 있음을 나타내는 표현으로, 4급 듣기와 독해에 자주 등장하니 꼭 알아 두자.

24 A 핵심 문장 '实际上，钱并不是判断一个人是否幸福的标准(사실상 돈은 결코 한 사람의 행복 여부를 판단하는 기준이 아니다)'에 화자의 생각이 드러나 있다. 이 문장에는 돈이 많든 적든 '幸福和钱无关(행복과 돈은 무관하다)'이라는 이치가 담겨 있다.

第23题到24题是根据下面一段话：

有的人没什么钱却过得很幸福；有些人不用为钱烦恼，却一点儿也不快乐。²⁴实际上，钱并不是判断一个人是否幸福的标准。²³要想获得真正的幸福，就必须有一双发现美的眼睛。当你的眼中看到的都是美好的人和物时，幸福还会远吗？

23~24번 문제는 다음 내용에 근거한다.

어떤 사람은 돈이 별로 없어도 오히려 매우 행복하게 살고, 어떤 사람들은 돈 때문에 걱정할 필요가 없지만 도리어 조금도 즐겁지 않다. ²⁴사실상 돈은 결코 한 사람의 행복 여부를 판단하는 기준이 아니다. ²³진정한 행복을 얻고 싶다면 반드시 아름다움을 발견할 수 있는 두 눈이 필요하다. 당신의 눈에 보이는 모든 사람과 사물이 아름다울 때 행복이 멀리 있을 수 있을까?

23 怎样才会幸福？

　　A 学会原谅
　　B 学会发现美
　　C 多关心人
　　D 勇敢一些

23 어떻게 해야 비로소 행복해질 수 있는가？

　　A 용서할 줄 알아야 한다
　　B 아름다움을 발견할 줄 알아야 한다
　　C 다른 사람에게 많은 관심을 가져야 한다
　　D 좀 더 용감해야 한다

24 根据这段话，可以知道什么?
 A 幸福和钱无关
 B 富人很浪漫
 C 穷人很可怜
 D 幸福很普遍

24 이 글에 따르면 무엇을 알 수 있는가?
 A 행복과 돈은 무관하다
 B 부자들은 매우 낭만적이다
 C 가난한 사람들은 매우 불쌍하다
 D 행복은 매우 보편적이다

★ 却 què 튀 오히려 | 过 guò 동 보내다, 지내다 | ★ 幸福 xìngfú 형 행복하다 명 행복 | 有些 yǒuxiē 대 어떤, 일부 | 不用 búyòng 튀 ~할 필요가 없다 | 为 wèi 개 ~에 대해 | ★ 烦恼 fánnǎo 형 걱정하다 | 快乐 kuàilè 형 즐겁다, 행복하다 | 实际上 shíjìshang 튀 사실상, 실제로 | 并 bìng 튀 결코, 전혀 | ★ 判断 pànduàn 동 판단하다 | ★ 是否 shìfǒu 튀 ~인지 아닌지 | ★ 标准 biāozhǔn 명 기준, 표준 | 要 yào 접 만약, 만일 | 想 xiǎng 조동 ~하고 싶다 | ★ 获得 huòdé 동 얻다 | ★ 真正 zhēnzhèng 형 진정한 | ★ 必须 bìxū 튀 반드시 (~해야 한다) | 双 shuāng 양 쌍 [쌍으로 이루어진 것을 세는 양사] | 发现 fāxiàn 동 발견하다, 알아차리다 | 美 měi 형 아름답다, 예쁘다 | 眼睛 yǎnjing 명 눈 | ★ 当 dāng 개 [바로 그 시간이나 그 장소를 가리킬 때 쓰임] | 眼 yǎn 명 눈 | 看到 kàndào 동 보(이)다 | 美好 měihǎo 형 행복하다, 아름답다 | 物 wù 명 사물 | 还 hái 튀 [의외나 뜻밖이라는 어감을 더욱 두드러지게 함] | 学会 xuéhuì 동 배워서 알다 | ★ 原谅 yuánliàng 동 용서하다, 이해하다 | 关心 guānxīn 동 관심을 갖다 | ★ 勇敢 yǒnggǎn 형 용감하다 | 无关 wúguān 동 무관하다 | 富人 fùrén 명 부자 | ★ 浪漫 làngmàn 형 낭만적이다 | 穷人 qióngrén 명 가난뱅이 | ★ 可怜 kělián 형 불쌍하다 | ★ 普遍 pǔbiàn 형 보편적인, 일반적인

● **Day 38**   ● track 85
25 D   26 B   27 A   28 A   29 C   30 C   31 A   32 D

25 **D** '自我介绍(자기소개)'를 할 때는 우선 '认真的态度(진지한 태도)'가 있어야 한다고 하였다.

26 **B** '首先(우선)'과 '其次(그 다음)'는 어떤 주제에 대해 근거 등을 나열할 때 자주 쓰이는 표현이며, 주제는 보통 가장 먼저 언급이 된다. 화자는 '在面试中做自我介绍时(면접 중 자기소개를 할 때)' 해야 하는 행동들을 글 전반에서 집중적으로 말하고 있으므로, 주된 내용은 '面试经验(면접 경험)'이다.

第25题到26题是根据下面一段话：
 ²⁵ ²⁶ 在面试中做自我介绍时，首先要有认真的态度。其次，不要详细介绍每个方面。应该有重点地说明。例如：主要谈谈自己的工作经历、优点等等。并且应该向面试官，表示自己对这份工作非常感兴趣，愿为公司出力。

25~26번 문제는 다음 내용에 근거한다.
 ²⁵ ²⁶ 면접에서 자기소개를 할 때, 우선 진지한 태도여야 한다. 그 다음, 모든 방면을 자세히 소개해서는 안 되고, 중점 있게 설명해야 한다. 예를 들어, 자신의 업무 경력, 장점 등을 주로 말해야 한다. 또한 당신을 면접 보는 사람에게, 자신이 이 일에 굉장히 흥미를 느끼고, 회사를 위해 기꺼이 노력하고자 한다는 점을 보여 줘야 한다.

25 介绍自己时，首先应该怎么样?
 A 心情愉快
 B 说话流利
 C 冷静下来
 D 态度认真

25 자신을 소개할 때 우선 어떻게 해야 하는가?
 A 마음이 즐거워야 한다
 B 말을 유창하게 해야 한다
 C 침착해야 한다
 D 태도가 진지해야 한다

26 这段话，主要谈的是什么?
 A 怎样减少误会
 B 面试方法
 C 对话的艺术
 D 怎样写总结

26 이 글이 주로 이야기하는 것은 무엇인가?
 A 어떻게 오해를 줄이는가
 B 면접 방법
 C 대화의 예술
 D 어떻게 결말을 쓰는가

在 zài 께 ~에(서) | 面试 miànshì 명 면접시험 동 면접시험을 보다 | 自我介绍 zìwǒ jièshào 자기개 | ★首先 shǒuxiān 때 우선, 먼저 | 认真 rènzhēn 형 진지하다, 착실하다 | ★态度 tàidu 명 태도 | ★其次 qícì 때 다음, 그 다음 | 不要 búyào 부 ~해서는 안 된다 | ★详细 xiángxì 형 자세하다, 상세하다 | ★方面 fāngmiàn 명 방면, 부분 | 应该 yīnggāi 조동 ~해야 한다 | ★重点 zhòngdiǎn 명 요점, 중점 | ★谈 tán 동 말하다 | ★例如 lìrú 동 예를 들다 | 主要 zhǔyào 부 주로, 대부분 | 经历 jīnglì 명 경력, 경험 | ★优点 yōudiǎn 명 장점 | ★等 děng 조 등, 따위 | 并且 bìngqiě 접 또한, 아울러 | 向 xiàng 께 ~에게 | ★表示 biǎoshì 동 나타내다, 표시하다 | ★份 fèn 양 [일을 세는 양사] | 感兴趣 gǎn xìngqù 흥미가 있다 | 愿 yuàn 조동 기꺼이 ~하다 | 为 wèi 께 ~를 위하여 | 出力 chūlì 동 힘을 쓰다 | ★心情 xīnqíng 명 감정, 마음, 기분 | ★愉快 yúkuài 형 즐겁다, 기쁘다 | ★流利 liúlì 형 (말·문장이) 유창하다 | ★冷静 lěngjìng 형 침착하다, 냉정하다 | 下来 xiàlai 보 [형용사 뒤에 쓰여 '어떤 상태가 나타난 후 계속 발전되어 감'을 나타냄] | 段 duàn 양 단락, 토막 [사물의 한 부분을 나타냄] | ★减少 jiǎnshǎo 동 줄다, 줄이다, 감소하다 | ★误会 wùhuì 명 오해 | ★对话 duìhuà 명 대화 | ★艺术 yìshù 명 예술 | 写 xiě 동 쓰다 | ★总结 zǒngjié 명 최종 결론

> **tip**
> '자신을 소개하다'라는 말은 '做自我介绍 zuò zìwǒ jièshào 자기소개를 하다'와 '介绍自己 jièshào zìjǐ 자신을 소개하다'라는 두 가지 형태로 표현할 수 있다. 이때, '自我介绍 zìwǒ jièshào 자기소개'는 하나의 명사로서, '介绍自我'라는 형태로 쓰일 수 없음에 주의하자.

27 어려움에 닥쳤을 때, 첫 번째로 생각나는 것은 '亲戚(친척)'라고 하였다. '想到'는 '생각이 떠오르다'라는 의미로, 자주 쓰이는 표현이니 잘 기억해 두자.

28 A '因此(따라서)'는 보통 문단 끝에 쓰여 결론을 이끄는 접속사이다. '因此' 뒤 문장(我们也要注意和邻居之间的关系)에 따르면 우리는 마땅히 '邻居关系(이웃과의 관계)'를 중시해야 한다. '重视'는 '중시하다'라는 의미로, 어떠한 대상에 관심을 갖고 주의를 기울이는 것을 의미한다.

第27题到28题是根据下面一段话：	27~28번 문제는 다음 내용에 근거한다.
²⁷家里遇到困难时，我们第一个想到的也许是亲戚，但是由于大部分亲戚住得都不太近，所以当遇到紧急的情况时，他们可能无法及时出现在我们眼前，而此时邻居却能给我们提供帮助，²⁸因此，我们也要注意和邻居之间的关系。	²⁷집안에 어려움이 닥쳤을 때, 우리가 맨 처음 떠올리는 것은 아마도 친척일 것이다. 그러나 대부분의 친척이 모두 그렇게 가까이에 살지 않기 때문에, 긴급한 상황이 닥쳤을 때 그들은 어쩌면 곧바로 우리 앞에 나타나지 못할 수 있다. 그러나 이때에 이웃이 오히려 우리에게 도움을 줄 수 있다. ²⁸따라서 우리는 이웃 간의 관계에도 주의를 기울여야 한다.
27 遇到困难时，人们一般会先想到谁？ 　**A** 亲戚　　B 同事　　C 朋友　　D 邻居	**27** 어려움에 직면했을 때, 사람들은 일반적으로 먼저 누구를 떠올리는가? 　**A** 친척　　B 동료　　C 친구　　D 이웃
28 根据这段话，我们应该怎么做？ 　**A** 重视与邻居的关系 　B 常联系亲人 　C 尊敬父母 　D 同情他人	**28** 윗글에 따르면, 우리는 마땅히 어떻게 해야 하는가? 　**A** 이웃과의 관계를 중시한다 　B 가족에게 자주 연락한다 　C 부모님을 존경한다 　D 타인을 동정한다

遇到 yùdào 동 부닥치다, 맞닥뜨리다 | ★困难 kùnnan 명 어려움 | 第一 dì yī 수 맨 처음 | 想到 xiǎngdào 동 생각이 나다, 생각이 떠오르다 | ★也许 yěxǔ 부 아마도 | ★亲戚 qīnqi 명 친척 | 但是 dànshì 접 그러나, 그렇지만 | ★由于 yóuyú 접 ~때문에 | 大部分 dàbùfen 대부분 | 不太 bú tài 그다지 ~하지 않다 | 所以 suǒyǐ 접 그래서, 그러므로 | 紧急 jǐnjí 형 긴급하다 | ★情况 qíngkuàng 명 상황 | 可能 kěnéng 부 어쩌면, 아마도 | 无法 wúfǎ 동 방법이 없다, 할 수 없다 | ★及时 jíshí 부 곧바로, 즉시 | ★出现 chūxiàn 동 나타나다 | 眼前 yǎnqián 명 눈앞 | ★而 ér 접 그러나 | 此时 cǐshí 명 이때 | 邻居 línjū 명 이웃 사람, 이웃집 | ★却 què 부 오히려, 도리어 | 给 gěi 께 ~에게 | ★提供 tígōng 동 제공하다, 내놓다 | 帮助 bāngzhù 명 도움 | ★因此 yīncǐ 접 그래서, 이로 인하여 | 注意 zhùyì 동 주의하다, 조심하다 | 之间 zhījiān (~의) 사이 | 关系 guānxi 명 관계 | 一般 yìbān 형 일반적이다 | 先 xiān 부 먼저, 우선 | 同事 tóngshì 명 동료 | ★重视 zhòngshì 동 중시하다 | 常 cháng 부 자주, 늘 | ★联系 liánxì 동 연락하다 | 亲人 qīnrén 명 가족 | 尊重 zūnzhòng 동 존중하다 | 父母 fùmǔ 명 부모 | ★同情 tóngqíng 동 동정하다 | 他人 tārén 명 타인, 다른 사람

29 **D** 화자는 인생은 사실 '选择和放弃的过程(선택하거나 포기를 하는 과정)'이라고 소개하였다. '不停地'는 동사 앞에서 '끊임없이 어떤 행동이 이루어짐'을 나타낸다.

30 **C** 화자의 말 '当我们觉得放弃是更好的选择时，就大胆一点儿，不用考虑太多'의 요점은 '용감하게 포기하라(勇敢放弃)'는 의미이다.

第29题到30题是根据下面一段话：

有的时候，放弃不是因为不够坚强或不自信，而是因为发生了别的情况，我们不得不做出的选择。²⁹生活其实就是一个选择和放弃的过程。³⁰因此，当我们觉得放弃是更好的选择时，就大胆一点儿，不用考虑太多。

29 生活是个什么样的过程？
A 一直考虑
B 不自信
C 改变自己
D 不停地选择或放弃

30 当我们觉得放弃会更好时，应该怎么做？
A 坚持下去
B 认真考虑
C 勇敢放弃
D 勇敢坚持

29~30번 문제는 다음 내용에 근거한다.

어떤 때에 '포기'는 그다지 강하지 않거나 자신이 없어서가 아니라, 다른 상황이 발생해서 우리는 어쩔 수 없이 하는 선택이다. ²⁹인생은 사실 선택하거나 포기하는 과정이다. ³⁰따라서, 우리는 포기가 더 좋은 선택이라고 느껴질 때에는 좀 더 대담해져야 하고 너무 많이 고민할 필요가 없다.

29 인생은 어떤 과정인가?
A 계속 고민하는
B 자신이 없는
C 스스로를 바꾸는
D 끊임없이 선택하거나 포기하는

30 우리는 포기가 더 좋을 것이라고 느껴질 때, 마땅히 어떻게 해야 하는가?
A 계속 노력해야 한다
B 진지하게 고민해야 한다
C 용감하게 포기해야 한다
D 용감하게 계속 노력해야 한다

★ **放弃** fàngqì 동 (권리·주장·의견 등을) 버리다, 포기하다 | **不是A而是B** búshì A érshì B A가 아니라 B이다 | **因为** yīnwèi 접 왜냐하면 (~때문이다) | **不够** búgòu 부 그다지 (~하지 않다) | **坚强** jiānqiáng 형 굳세다, 굳고 강하다 | **或** huò 접 혹은, 또는, 그렇지 않으면 | ★ **自信** zìxìn 형 자신감 있다 | ★ **发生** fāshēng 동 (원래 없던 현상이) 발생하다, 일어나다 | ★ **情况** qíngkuàng 명 상황 | ★ **不得不** bùdébù 부 어쩔 수 없이 | **选择** xuǎnzé 명 선택 | ★ **生活** shēnghuó 명 인생, 생활 | **其实** qíshí 부 사실 | **过程** guòchéng 명 과정 | ★ **因此** yīncǐ 접 그래서, 이로 인하여 | ★ **当** dāng 개 [바로 그 시간이나 그 장소를 가리킬 때 쓰임] | **大胆** dàdǎn 형 대담하다 | **不用** búyòng 부 ~할 필요가 없다 | ★ **考虑** kǎolǜ 동 고려하다, 생각하다 | **一直** yìzhí 부 계속, 줄곧 | ★ **改变** gǎibiàn 동 바꾸다 | **不停** bùtíng 부 끊임없이, 계속해서 | ★ **坚持** jiānchí 동 어떤 상태나 행위를 계속 지속하게 하다 | **下去** xiàqu 동 [동사 뒤에 쓰여 '지금부터 앞으로 계속 지속됨'을 나타냄] | **认真** rènzhēn 형 진지하다, 착실하다 [*부사적 용법] | ★ **勇敢** yǒnggǎn 형 용감하다

31 A 대부분의 여자는 '瘦点儿才好看(좀 더 말라야 비로소 예쁘다)'이라고 생각한다고 하였다. '美丽'와 '好看'은 모두 '아름답다'는 의미를 나타내는 말이다.

32 D 화자는 살을 빼고 싶다면, 운동하는 습관을 길러서(养成运动的好习惯) '계속 열심히 운동을 하기만 한다면(只要坚持锻炼)' 자연히 살이 빠질 것이라고 주장한다.

第31题到32题是根据下面一段话：

³¹大部分女人都觉得，瘦点儿才好看，而且很多人都为此减过肥。有些人为了减肥甚至不吃饭，其实这是一种对身体极不负责任的行为。想要减肥，应该养成运动的好习惯。³²只要坚持锻炼，自然就会瘦下来。

31 大部分女人的看法是什么？
 A 瘦才美丽
 B 有礼貌才美丽
 C 要会打扮
 D 要常笑

32 正确的减肥方法是什么？
 A 多吃水果
 B 不吃饭
 C 少吃盐
 D 多锻炼

31~32번 문제는 다음 내용에 근거한다.

³¹대부분의 여성은 좀 말라야 비로소 예쁘다고 생각한다. 게다가 많은 사람들은 모두 이 때문에 다이어트를 해본 적이 있다. 어떤 사람들은 다이어트를 위해 심지어 밥을 먹지 않는데, 사실 이것은 몸에 대해 매우 무책임한 행동이다. 살을 빼고 싶다면, 운동을 하는 좋은 습관을 길러야 한다. ³²계속 열심히 운동을 하기만 하면, 자연스럽게 살이 빠질 것이다.

31 대다수 여성의 견해는 무엇인가?
 A 말라야 아름답다
 B 예의가 있어야 비로소 아름답다
 C 화장을 할 줄 알아야 한다
 D 자주 웃어야 한다

32 올바른 다이어트 방법은 무엇인가?
 A 과일을 많이 먹는다
 B 밥을 먹지 않는다
 C 소금을 적게 먹는다
 D 운동을 많이 한다

瘦 shòu 형 마르다 | 才 cái 튀 비로소 | 好看 hǎokàn 형 아름답다, 보기 좋다 | ★减肥 jiǎnféi 동 다이어트하다, 살을 빼다 | 为了 wèile 개 ~하기 위하여 | ★甚至 shènzhì 튀 심지어 | 种 zhǒng 양 종, 종류 | 极 jí 튀 매우, 아주 | 负 fù 동 책임지다 | ★责任 zérèn 명 책임 | 行为 xíngwéi 명 행동 | 想要 xiǎngyào ~하려고 하다 | 应该 yīnggāi 조동 마땅히 ~해야 한다 | ★养成 yǎngchéng 동 습관이 되다, 길러지다 | 习惯 xíguàn 명 습관, 버릇 | 只要A就B zhǐyào A jiù B A하기만 하면 B하다 | ★坚持 jiānchí 동 [어떤 상태나 행위를 계속 지속하게 하다] | 锻炼 duànliàn 동 단련하다 | ★自然 zìrán 튀 자연히, 저절로 | ★看法 kànfǎ 명 견해 | 美丽 měilì 형 아름답다, 예쁘다 | ★礼貌 lǐmào 명 예의 | 要 yào 조동 ~해야 한다 | 会 huì 조동 ~할 줄 알다 | ★打扮 dǎban 동 화장하다 | 笑 xiào 동 웃다 | ★正确 zhèngquè 형 올바르다 | ★方法 fāngfǎ 명 방법 | ★盐 yán 명 소금

독해 제1부분
01 동사 어휘 선택

본서 pp.87~88

● Day 02 　　　　　　　　　　　　　　　　● track yuedu 01
1 B　2 D　3 A　4 C　5 E　6 C　7 E　8 B　9 A　10 D

A 响 xiǎng 통 울리다, 소리가 나다
B 躺 tǎng 통 눕다, 드러눕다
C 禁止 jìnzhǐ 통 금지하다
D 打扰 dǎrǎo 통 방해하다, 지장을 주다
E 举行 jǔxíng 통 거행하다

1 B [躺下 눕다] 여기서 '下'는 '동작이 아래로 향함'을 나타내는 보어이다. 보기 중 '下'와 함께 붙여 쓰일 수 있는 어휘로는 아래로 향하는 동작인 '躺(눕다)'이다.

我们刚（ B 躺 ）下就听到了有人在敲门，是你啊。	우리가 막 (B 눕자) 바로 어떤 사람이 문을 두드리는 걸 들었는데, 너였구나.

★ 刚 gāng 튀 방금, 막, 바로 | ★ 躺 tǎng 통 눕다, 드러눕다 | 下 xià 통 [동사 뒤에 쓰여 '위에서 아래로 움직임'을 나타냄] | 就 jiù 튀 ~하자마자 바로 | 到 dào 통 [동사 뒤에서 보어로 쓰여 '동작이 목적에 도달했거나 결과가 있음'을 나타냄] | 有人 yǒurén 명 어떤 사람, 누군가 | 在 zài 튀 지금 ~하고 있다 | 敲门 qiāomén 통 문을 두드리다, 노크하다

 결과보어로 쓰인 '下 xià'는 '동작의 방향'이나 '고정', '분리', '공간'의 수용 등을 나타낸다. 자주 쓰이는 활용 어휘로 '躺下 tǎngxià 눕다' '放下 fàngxià 놓다' '坐下 zuòxià 앉다' 등이 있다.

2 D [被자문의 어순] '被'는 피동문을 만드는 개사로, '주어(행위 대상) + 被 + 목적어(행위 주체) + 술어 + 기타 성분' 형태로 쓰인다. 주어인 '妹妹'가 목적어인 '人'에게 당하는 행동이 술어로 와야 하므로, '打扰(방해하다)'가 가장 적합하다. 헷갈릴 수 있는 보기인 '禁止'는 뒤에 금지하는 행동이 목적어로 와야 하므로 적합하지 않다.

妹妹最讨厌在自己弹钢琴的时候被人（ D 打扰 ），我们最好还是出去吧。	여동생은 자신이 피아노를 칠 때 다른 사람에 의해 (D 방해받는) 것을 가장 싫어해. 우리는 나가는 것이 가장 좋겠어.

★ 讨厌 tǎoyàn 통 싫어하다, 미워하다 | 自己 zìjǐ 대 자신, 자기, 스스로 | ★ 弹钢琴 tán gāngqín 피아노를 치다 | 被 bèi 개 ~에게 ~를 당하다 | ★ 打扰 dǎrǎo 통 방해하다, 지장을 주다 | ★ 最好 zuìhǎo 튀 ~하는 게 제일 좋다 | 还是 háishi 튀 ~하는 편이 좋다

3 A [手机响 휴대폰이 울리다] 괄호 앞에는 부사(就), 괄호 뒤에 조사 '了'가 있는 것으로 보아 괄호에는 동사가 들어가야 한다. 주어인 '手机(휴대폰)'가 할 수 있는 행동으로 가장 적합한 것은 '响(울리다)'이다.

手机今天早上6点就（ A 响 ）了，可是她一直睡到8点才起床。	휴대폰이 오늘 아침 6시에 이미 (A 울렸지만), 그녀는 계속 8시까지 자고 나서야 비로소 일어났다.

就 jiù 图 이미 | ★响 xiǎng 图 울리다, 소리가 나다 | ★可是 kěshì 젭 그러나, 그런데 | 一直 yìzhí 图 계속, 줄곧 | 睡 shuì 图 (잠을) 자다 | 才 cái 图 비로소 | 起床 qǐchuáng 图 일어나다

4 C [禁止…… ~하는 것을 금지하다] 동사 앞에는 보통 부사어가 오지만, 보기 중에는 부사어가 될 수 있는 부사나 형용사가 없으므로, 괄호에는 동사(구)를 목적어로 갖는 동사가 적합하다. 보기 중 동사구를 목적어로 취할 수 있는 동사는 '举行(진행하다)'과 '禁止(금지하다)'이고, 의미상 가장 어울리는 것은 '禁止(금지하다)'이다.

对不起，飞机上（ C 禁止 ）使用电脑，飞行过程中电脑也要关上。	죄송합니다. 기내에서는 컴퓨터 사용을 (C 금지합니다). 비행 중에는 컴퓨터 전원도 꺼야 합니다.

★禁止 jìnzhǐ 图 금지하다 | ★使用 shǐyòng 图 사용하다, 쓰다 | 飞行 fēixíng 图 (비행기·로켓 등이) 비행하다 | ★过程 guòchéng 圀 과정 | 要 yào 조동 ~해야 한다 | 关 guān 图 끄다 | 上 shàng 图 [동사 뒤에 쓰여 '사물이 근접 또는 합침, 닫힘'을 나타냄]

> **tip** '禁止 jìnzhǐ'는 목적어로 '금지하는 행동'을 취한다. '禁止'의 목적어로 자주 쓰이는 표현에는 '使用手机 shǐyòng shǒujī 휴대폰을 사용하다' '游泳 yóuyǒng 수영하다' '抽烟 chōu yān 담배 피우다' '拍照 pāizhào 사진 찍다' 등이 있다.

5 E [举行 + 행사 ~를 개최하다] 동사 '推迟(늦추다)'는 명사뿐만 아니라 동사도 목적어로 가질 수 있다. 주어 '运动会(운동회)'와 호응하며 '推迟'의 목적어 역할도 할 수 있는 동사 '举行(개최하다)'이 정답이다.

由于一直下大雪，学校运动会只好推迟（ E 举行 ）。	계속 눈이 많이 내려서, 학교 운동회는 (E 개최하는) 것을 연기할 수 밖에 없다.

★由于 yóuyú 젭 ~때문에, ~로 인하여 | 下 xià 图 (비·눈 따위가) 내리다 | 大雪 dàxuě 圀 큰눈, 대설 | 运动会 yùndònghuì 圀 운동회 | ★只好 zhǐhǎo 图 어쩔 수 없이, 할 수 없이, 부득이 | ★推迟 tuīchí 图 늦추다, 연기하다, 지연시키다 | ★举行 jǔxíng 图 개최하다

A 堵车 dǔchē 图 차가 막히다
B 填 tián 图 기입하다, 써넣다
C 预习 yùxí 图 예습하다
D 保证 bǎozhèng 图 보증하다, 담보하다
E 辛苦 xīnkǔ 图 수고하다

6 C [忘记+동사 ~하는 것을 잊어버리다] 동사 '忘记(잊다)'는 명사뿐 아니라 동사도 목적어로 가질 수 있다. '老师批评我了(선생님이 날 꾸짖으셨어)'라는 B의 말에 근거했을 때, 문맥상 가장 어울리는 말은 '预习'이다.

A: 你看起来很不开心，是不是有什么烦恼呢？ B: 倒也没什么特别的事，昨天忘记（ C 预习 ），老师批评我了。	A: 기분이 안 좋아 보이는데, 무슨 고민 있는 거 아냐? B: 별로 특별한 일은 없어. 어제 (C 예습하는) 걸 잊어서, 선생님이 날 꾸짖으셨어.

看起来 kàn qǐlái 보아하니 ~하다 | ★开心 kāixīn 혱 즐겁다, 기쁘다 | ★烦恼 fánnǎo 圀 고민 혱 고민스럽다 | ★倒 dào 图 [역설적인 어조로 일이 그렇지 않음을 나타냄] | 没什么 méi shénme 아무것도 아니다, 별것 아니다 | 特别 tèbié 혱 특별하다, 특이하다 | 事(儿) shì(r) 圀 일, 사정 | 忘记 wàngjì 图 잊어버리다 | ★预习 yùxí 图 예습하다 | ★批评 pīpíng 图 꾸짖다, 비평하다, 질책하다

7 E [**辛苦你了** 수고했어] 괄호 뒤에 조사 '了'가 있으므로, 괄호에는 동사나 형용사가 올 가능성이 높다. '주말에 청소하겠다(周末我来打扫一下)'라는 A의 말에 B가 해 줄 수 있는 말은 '辛苦(수고하다)'이다.

A: 那个教室又脏又乱，周末我来打扫一下。 B: 那就（ **E 辛苦** ）你了，谢谢！	A: 그 교실은 더럽고 어지러워서, 주말에 내가 한번 청소할게. B: 그럼 네가 (**E 수고**) 좀 해. 고마워!

又A又B yòu A yòu B A하기도 하고 B하기도 하다 | ★**脏** zāng 혱 더럽다, 지저분하다 | ★**乱** luàn 혱 어지럽다, 무질서하다 | **周末** zhōumò 몡 주말 | **打扫** dǎsǎo 동 청소하다, 깨끗이 정리하다 | **一下** yíxià 수량 시험 삼아 해 보다, 좀 하다 | ★**辛苦** xīnkǔ 동 수고하다

'辛苦 xīnkǔ'는 형용사로도 자주 쓰인다. 이때 '辛苦'의 뜻은 '고생스럽다, 힘들다'이다.
工作辛苦 gōngzuò xīnkǔ 일이 힘들다 | 以前很辛苦 yǐqián hěn xīnkǔ 예전에 힘들었다
生活非常辛苦 shēnghuó fēicháng xīnkǔ 생활이 매우 힘들다

8 B [**填……表** ~표를 기입하다] 괄호 앞에는 부사 '先'이, 괄호 뒤에는 수량사인 '一下'가 있는 것으로 보아 괄호에는 동사가 들어가야 한다. 목적어 '申请表(신청서)'와 가장 어울리는 동사는 '填(기입하다)'이다. '표를 기입하다'라는 의미의 표현 '填表'를 외워 두자.

A: 你好，我想办一张银行卡。 B: 好的，请您先（ **B 填** ）一下这张申请表。	A: 안녕하세요. 저는 체크카드를 한 장 만들고 싶어요. B: 알겠습니다. 먼저 이 신청서를 (**B 기입해**) 주세요.

想 xiǎng 조동 ~하고 싶다 | **办** bàn 동 처리하다, 하다 | **张** zhāng 양 장 [종이나 가죽 등을 세는 단위] | **银行卡** yínhángkǎ 몡 체크카드, 은행카드 | **好的** hǎode 감 좋아, 됐어 | **先** xiān 부 우선, 먼저 | **填** tián 동 기입하다, 써넣다 | **申请表** shēnqǐngbiǎo 몡 신청서

9 A [**路上堵车** 길에 차가 막히다] 장소가 주어일 때, 술어에는 그 장소에서 일어날 수 있는 행위를 나타내는 동사가 온다. 보기 중 길에서(路上) 일어날 수 있는 상황은 '堵车(차가 막히다)'이니 답은 A이다. '路上堵车(길에서 차가 막히다)'는 듣기와 독해에 많이 나오니 꼭 외워 두자.

A: 路上（ **A 堵车** ），我恐怕要晚二十分钟才能到。 B: 没关系，别着急，我也刚坐上公交车。	A: 길에 (**A 차가 막혀**), 나는 아마 20분 늦어서야 비로소 도착할 수 있을 것 같아. B: 괜찮아. 조급해하지 마. 나도 방금 버스 탔어.

路上 lùshang 몡 길 위 | ★**堵车** dǔchē 동 차가 막히다 | ★**恐怕** kǒngpà 부 아마 ~일 것이다 | **要** yào 조동 ~할 것이다 | **晚** wǎn 혱 (규정된 혹은 적합한 시간보다) 늦다 | **才** cái 부 비로소 | **能** néng 조동 ~할 수 있다 | **着急** zháojí 동 조급해하다, 초조해하다 | ★**刚** gāng 부 방금, 막, 바로 | **坐** zuò 동 (교통수단을) 타다 | **上** shàng 동 [동사 뒤에 보어로 쓰여 '사물이 일정한 위치에 도달했음'을 나타냄] | **公交车** gōngjiāochē 몡 (대중교통) 버스

10 D [**保证……** ~를 보증하다] 형용사 '重要(중요하다)'가 술어로 쓰인 형용사 술어문이다. 위치상 정도부사 '更' 앞의 '( )+质量'이 주어로, 괄호에는 '质量(품질)'을 목적어로 취하며 동사구를 만들 수 있는 단어가 와야 한다. 보기 중 '质量(품질)'과 의미상 가장 호응하는 동사는 '保证'이다. '保证质量(품질을 보증하다)'은 시험에 자주 나오는 표현이니 꼭 외우자.

A: 别担心，按现在的速度，大概今年年末就能通车了。 B: 速度是很重要，但是（D 保证）质量更重要。	A: 걱정하지 마세요. 지금의 속도대로라면, 대략 올해 말에는 바로 개통할 수 있어요. B: 속도도 아주 중요하지만 품질을 (D 보증하는) 것이 더욱 중요해요.

担心 dānxīn 동 걱정하다, 염려하다 | 按 àn 개 ~에 준하여, ~에 의거하여, ~에 따라서 | ★速度 sùdù 명 속도 | ★大概 dàgài 부 대개, 아마 | 今年 jīnnián 명 올해, 금년 | 年末 niánmò 명 연말 | 就 jiù 부 곧, 즉시, 바로 | 能 néng 조동 ~할 수 있다 | 通车 tōngchē 동 개통하다 | 重要 zhòngyào 형 중요하다 | 但是 dànshì 접 그러나, 그렇지만 | ★保证 bǎozhèng 동 보증하다 | ★质量 zhìliàng 명 질, 품질 | 更 gèng 부 더, 더욱, 훨씬

● Day 03   track yuedu 02

11 C 12 B 13 D 14 E 15 A 16 C 17 D 18 A 19 B 20 E

A 麻烦 máfan 동 번거롭게 하다, 성가시게 하다   B 超过 chāoguò 동 초과하다, 넘다
C 逛 guàng 동 돌아다니다, 거닐다, 구경하다   D 引起 yǐnqǐ 동 야기하다, 불러일으키다
E 赚 zhuàn 동 (돈을) 벌다

11 C [逛 + 시량보어 ~동안 구경하다] '半天(반나절)'이라는 시량보어가 있는 것으로 보아 괄호에는 동작을 나타내는 동사가 들어가야 한다. 보기의 동작동사 '逛'과 '赚' 중, '逛'이 '다리가 저리다(腿都酸死了)'라는 말과 어울리므로 답은 '逛'이다.

（ C 逛 ）了半天，我的腿都酸死了。	반나절 (C 구경했더니) 다리가 저려 죽겠어.

★逛 guàng 동 돌아다니다, 거닐다, 구경하다 | 半天 bàntiān 명 한나절 | 腿 tuǐ 명 다리 | ★酸 suān 형 (과로·몸살로) 몸이 시큰시큰하다 | ★死 sǐ 형 ~해 죽겠다

 '시량보어'를 통해 '동작이 이루어진 시간'을 나타낼 수 있다. 보통 어느 일정한 시간 동안 이루어질 수 있는 구체적인 동작동사가 술어로 오며, 4급에 시량보어와 함께 자주 쓰이는 동사로는 '看 kàn 보다' '学 xué 공부하다' '逛 guàng 구경하다' '聊 liáo 이야기하다' 등이 있다.

12 B [超过 + 수량사 ~를 초과하다] 괄호 앞에 조동사가 있고, 문장의 술어가 나타나 있지 않으므로 괄호에는 동사가 와야 한다. '九千字(9000자)'라는 목적어와 의미상·어법상으로 가장 잘 호응하는 동사는 '超过(초과하다)'이다.

那本杂志上的文章都不太长，一般不会（ B 超过 ）九千字。	이 잡지의 글은 모두 그다지 길지 않아. 보통 9000자를 (B 초과하지) 않아.

★杂志 zázhì 명 잡지 | ★文章 wénzhāng 명 문장, 글 | 不太 bú tài 그다지 ~하지 않다 | 长 cháng 형 길다 | 一般 yìbān 형 보통이다, 일반적이다 | 会 huì 조동 ~할 것이다 | ★超过 chāoguò 동 초과하다, 넘다 | 千 qiān 수 천

13 D [引起重视 관심을 일으키다] 추상적인 행동을 나타내는 명사 '重视(중시)'를 목적어로 취할 수 있는 동사는 '引起'이다. 4급~5급 빈출 표현인 '引起重视(관심을 일으키다)'를 알고 있었다면 쉽게 풀 수 있는 문제이다. '引起' 외에도 '受到 shòudào 받다' '值得 zhídé 가치가 있다' 등도 '重视(중시)'를 목적어로 취할 수 있다.

| 海水受到污染的这条新闻(**D 引起**)了市里的重视。 | 바다가 오염되었다는 이 뉴스는 시 내부의 관심을 (**D 일으켰다**). |

海水 hǎishuǐ 몡 바닷물, 해수 | ★受到 shòudào 동 받다 | ★污染 wūrǎn 몡 오염 동 오염시키다 | 条 tiáo 양 조, 항, 조목, 항목, 가지 [항목으로 나누어진 것을 세는 단위] | 新闻 xīnwén 몡 뉴스 | ★引起 yǐnqǐ 동 불러일으키다, 야기하다 | 市里 shìlǐ 몡 시내 | ★重视 zhòngshì 몡 중시, 관심

14 E [赚钱 돈을 벌다] 보기 중 목적어로 '钱(돈)'을 취할 수 있는 동사는 '赚(벌다)'뿐이다. '赚钱(돈을 벌다)'이라는 이합동사를 알면 바로 풀리는 문제이다.

| 这两年爸爸的生意越做越大, (**E 赚**)了不少钱。 | 최근 몇 년간 아버지의 사업은 점점 더 커져서, 적지 않은 돈을 (**E 벌었다**). |

两 liǎng 준 몇[일정치 않은 수를 나타냄] | ★生意 shēngyi 몡 사업, 비즈니스 | 越A越B yuè A yuè B A하면 할수록 B하다 | ★赚 zhuàn 동 (돈을) 벌다 | 不少 bùshǎo 혱 적지 않다, 많다

15 A [麻烦 + A(사람) + B(부탁하는 내용) 실례지만 B 해 주세요] 주요 문장성분이 완전히 갖추어진 문장에서 괄호가 주어 앞에 있는 경우, 괄호에는 보통 '시간명사'나 '명령문을 만드는 동사'가 들어간다. 따라서 보기 중에서 고를 수 있는 답은 '麻烦'이다. 동사 '麻烦'은 누군가에게 완곡하게 명령할 때 쓰는 표현으로 보통 문장 앞에 쓰여 '실례지만 ~해 주세요'라는 의미를 나타낸다.

| 小姐, (**A 麻烦**) 您把脚抬一下, 我的钥匙掉在您椅子下边了。 | 아가씨, (**A 번거롭겠지만**) 발을 한번 들어 주세요. 제 열쇠가 아가씨 의자 밑으로 떨어졌어요. |

★麻烦 máfan 동 번거롭게 하다, 성가시게 하다 | 把 bǎ 개 ~를 [처치의 결과를 나타냄] | 脚 jiǎo 몡 발 | ★抬 tái 동 들다, 들어올리다 | 一下 yíxià 수량 시험 삼아 해 보다, 좀 하다 | ★钥匙 yàoshi 몡 열쇠 | ★掉 diào 동 떨어지다, 떨어뜨리다 | 在 zài 개 ~에(서), ~에 있어서 | 下边 xiàbian 몡 아래쪽

  '把자문'의 구조: '주어 + 把 + 목적어 + 술어 + 기타 성분'
개사 '把 bǎ'를 이용해 '처치의 결과'를 나타내는 '把자문'에서는 목적어가 앞으로 도치되므로, '把'자문을 해석할 때는 문장의 구조에 주의해야 한다. '把'자문은 모든 급수 시험에 자주 등장하니 꼭 알아 두자.

A 考虑 kǎolǜ 동 고려하다
B 擦 cā 동 (천·수건 등으로) 닦다
C 羡慕 xiànmù 동 부러워하다, 흠모하다, 선망하다
D 举行 jǔxíng 동 거행하다
E 丢 diū 동 잃어버리다, 분실하다

16 C [真 + 형용사 정말 ~하다] 내용상 중국어를 유창하게 하는 사람을 '부러워하는(羡慕)' 것이 적합하다. 정도부사가 형용사뿐 아니라 심리활동동사도 수식할 수 있음을 반드시 기억하자. (심리활동동사 → p.163)

A: 他的汉语说得很流利，真让人（ **C 羡慕** ）。 B: 他是汉语翻译，当然很厉害。	A: 그는 중국어를 정말 유창하게 해서 정말 (**C 부러워**). B: 그는 중국어 통역사니까 당연히 매우 대단하지.

★ **流利** liúlì 형 유창하다, 막힘이 없다 | ★ **让** ràng 동 (어떤 일을) 하게 하다, 하도록 하다 | ★ **羡慕** xiànmù 동 부러워하다, 흠모하다, 선망하다 | ★ **翻译** fānyì 명 통역사 | **当然** dāngrán 부 당연히, 물론 | ★ **厉害** lìhai 형 대단하다, 굉장하다

17 D [举行 + 행사 ~를 개최하다] 괄호 앞에 조동사 '要'가 있고, 문장에 술어가 나타나 있지 않으므로 괄호에는 동사가 들어갈 것이다. 괄호 뒤의 목적어 '秋季运动会(가을 운동회)'와 가장 잘 호응하는 동사는 '举行'이다. '행사' '활동'과 관련된 명사는 동사 '参加 cānjiā 참가하다' '举行 jǔxíng 개최하다'과 자주 함께 쓰인다.

A: 刚才广播里说什么了？你听清楚了没？ B: 学校明天要（ **D 举行** ）秋季运动会。	A: 방금 방송에서 뭐라고 했어? 정확히 들었니? B: 학교에서 내일 가을 운동회를 (**D 개최한대**).

刚才 gāngcái 명 방금, 막, 지금 막 | ★ **广播** guǎngbō 명 방송 | **清楚** qīngchu 형 뚜렷하다, 명백하다 | **要** yào 조동 ~하려고 하다 | ★ **举行** jǔxíng 동 거행하다 | **秋季** qiūjì 명 추계, 가을철 | **运动会** yùndònghuì 명 운동회, 체육 대회

18 A [考虑…… ~를 고려하다] 보기에서 추상명사인 '建议(제안)'를 목적어로 취할 수 있는 동사는 '考虑'이다. '考虑'는 명사뿐만 아니라 동사도 목적어로 취할 수 있다.

A: 你跟那位姓王的顾客联系了吗？她同意换货了没？ B: 和她联系过了，她说会（ **A 考虑** ）咱们的建议的。	A: 그 성씨가 왕(王)인 고객에게 연락했나요? 그녀가 물건을 바꾸는 데에 동의했나요? B: 그녀와 연락해 봤는데, 그녀가 우리의 제안을 (**A 고려해**) 보겠다고 말했어요.

跟 gēn 개 ~에게 | **位** wèi 양 분, 명 [공경의 뜻을 내포함] | **姓** xìng 동 성이 ~이다 | ★ **顾客** gùkè 명 고객, 손님 | ★ **联系** liánxì 동 연락하다 | **同意** tóngyì 동 동의하다, 찬성하다, 허락하다 | **换货** huànhuò 동 물건을 바꾸다, 물품을 교환하다 | **会** huì 조동 ~할 것이다 | ★ **考虑** kǎolǜ 동 고려하다, 생각하다 | ★ **咱们** zánmen 대 우리들 | ★ **建议** jiànyì 명 제안, 건의안, 제의

19 B [擦汗 땀을 닦다] 땀이 나는 상대에게 수건을 주며 건넬 수 있는 말은 보기 중 동사 '擦(닦다)'뿐이다. 수량사 '一下'는 동사 뒤에 와서 가벼운 명령을 나타낸다.

A: 你怎么出了那么多汗？给你毛巾，快（ **B 擦** ）一下。 B: 谢谢，外边实在太热了。	A: 너는 왜 그렇게 땀을 많이 흘렸니? 너에게 수건을 줄게. 얼른 좀 (**B 닦아**). B: 고마워. 밖이 정말 너무 더워.

出 chū 동 내다, 발산하다 | **那么** nàme 대 그렇게, 저렇게, 그런, 저런 | ★ **汗** hàn 명 땀 | **给** gěi 동 ~에게 ~를 주다 | ★ **毛巾** máojīn 명 수건, 타월 | ★ **擦** cā 동 (천·수건 등으로) 닦다 | **一下** yíxià 수량 시험 삼아 해 보다, 좀 하다 | **外边** wàibian 명 바깥, 밖 | ★ **实在** shízài 부 정말, 확실히

20 E [把 + 사물 + 弄丢了 ~를 잃어버리다] 동사 '弄'은 주로 보어와 함께 쓰인다. 이어지는 B의 말(丢了)까지 참고하면, 목적어 '自己的信用卡(자신의 신용카드)'와 호응하는 술어의 보어는 '丢'임을 쉽게 알 수 있다.

A: 他真是太粗心了，怎么会把自己的信用卡都弄（**E 丢**）了呢？ B: 别提了，上次还差点儿把身份证丢了呢。	A: 그는 너무 조심성이 없어. 어떻게 자신의 신용카드를 (**E 잃어버릴**) 수 있지? B: 말도 마. 저번에는 하마터면 신분증을 잃어버릴 뻔 했어.

真是 zhēnshi 🔹 정말, 사실상, 실로 [강조를 나타냄] | ★**粗心** cūxīn 🔹 세심하지 못하다, 소홀하다, 부주의하다 | **会** huì 🔹 ~할 것이다 | **自己** zìjǐ 🔹 자신, 자기, 스스로 | **信用卡** xìnyòngkǎ 🔹 신용카드 | **都** dōu 🔹 모두, 다, 전부 | ★**弄** nòng 🔹 하다, 행하다, 만들다 | ★**丢** diū 🔹 잃어버리다, 분실하다, 잃다 | **别提** biétí 🔹 말하지 마라, 제기하지 마라 | **差点儿** chàdiǎnr 🔹 하마터면, 간신히 | **身份证** shēnfènzhèng 🔹 신분증

독해 제1부분 02 형용사 어휘 선택

본서 pp.93~94

● Day 05   ● track yuedu 03

1 E   2 B   3 D   4 A   5 C   6 E   7 A   8 B   9 C   10 D

A 困 kùn 🔹 졸리다   B 合适 héshì 🔹 적당하다, 적합하다, 알맞다
C 乱 luàn 🔹 어지럽다, 무질서하다   D 流利 liúlì 🔹 (말·문장이) 유창하다, 막힘이 없다
E 粗心 cūxīn 🔹 부주의하다, 세심하지 못하다, 소홀하다

1 E [사람 + 粗心 ~는 부주의하다] '太……了' 형식을 사용한 형용사 술어문이다. '사람'을 나타내는 주어 '他'와 호응하며, '버스를 잘못 탔다'는 행동과 관련 있는 형용사는 '粗心(부주의하다)'이다.

他太（**E 粗心**）了，竟然连公交车都坐错了。	그는 너무 (**E 부주의해**). 놀랍게도 버스조차 잘못 탔어.

★**粗心** cūxīn 🔹 부주의하다, 세심하지 못하다, 소홀하다 | ★**竟然** jìngrán 🔹 놀랍게도, 의외로 | **连……都** lián……dōu ~조차도, ~마저도 | **公交车** gōngjiāochē 🔹 버스 | **坐** zuò 🔹 (교통수단을) 타다

2 B [정도부사 + 合适 적합하다] 지원하러 온 사람은 많으나 '안타깝다(可惜)'고 말하는 것으로 보아, 적합한(合适) 사람은 없다는 내용이 오는 것이 가장 자연스럽다.

来应聘的人确实很多，可惜没有什么特别（**B 合适**）的。	지원하러 온 사람들은 확실히 매우 많은데, 안타깝게도 특별히 (**B 적합한**) 사람이 없어.

★**应聘** yìngpìn 🔹 초빙에 응하다, 지원하다 | ★**确实** quèshí 🔹 확실히, 정말로 | ★**可惜** kěxī 🔹 아깝다, 섭섭하다, 아쉽다 | **特别** tèbié 🔹 특히, 더욱, 더군다나 | ★**合适** héshì 🔹 적당하다, 적합하다, 알맞다

3 D [说得流利 말을 유창하게 하다] '说得流利'는 4급 전 영역에 자주 나오는 4급 필수 표현이다. 자주 함께 쓰이는 정도 보아 구문을 외워 두면 빠르게 답을 찾을 수 있다.

她的中文说得非常（ **D 流利** ），和她交流起来完全没问题。	그녀는 중국어를 매우 (**D 유창하게**) 말해서, 그녀와 교류를 하기에 전혀 문제가 없다.

中文 Zhōngwén 고유 중국어 | **得** de 조 [동사나 형용사 뒤에 쓰여 결과나 정도를 나타내는 보어와 연결시킴] | ★**流利** liúlì 형 (말·문장이) 유창하다, 막힘이 없다 | ★**交流** jiāoliú 동 교류하다 | **起来** qǐlái 동 [동사 뒤에 쓰여 '어떤 동작이 완성되거나 일정한 목적이 달성됨'을 나타냄] | ★**完全** wánquán 부 전혀, 완전히

4 A [A了就B A하면 B하다] '就睡一会儿吧(좀 자)'라는 말과 자연스럽게 이어지려면 괄호에는 '困(졸리다)'이 들어가야 한다.

你（ **A 困** ）了就睡一会儿吧，妈妈回来我会叫你的。	너 (**A 졸리면**) 좀 자, 엄마가 돌아오시면, 내가 너를 부를게.

★**困** kùn 형 졸리다 | **就** jiù 부 곧, 즉시, 바로 | **睡** shuì 동 (잠을) 자다 | **会** huì 조동 ~할 것이다 | **叫** jiào 동 부르다

5 C [有点儿 + 부정적인 형용사] 앞 절에서 막 '이사를 해서 아직 정리할 시간이 없었다'고 하였으므로, 괄호에는 정리하지 않은 상태를 나타내는 형용사 '乱(어지럽다)'이 들어가는 것이 가장 적합하다. 문맥상 괄호 앞에는 주어 '房间(방)'이 생략되어 있다.

我刚刚搬家，还没来得及收拾，有点儿（ **C 乱** ）。	나는 막 이사를 해서 아직 정리할 시간이 없었어. 조금 (**C 어지러워**).

刚刚 gānggāng 부 막, 방금, 지금 막, 이제 금방 | **搬家** bānjiā 동 이사하다, 옮겨 가다 | **还** hái 부 아직, 아직도, 여전히 | ★**来得及** láidejí 동 늦지 않다, 생각할 겨를이 있다 | ★**收拾** shōushi 동 정리하다, 거두다, 정돈하다 | **有点儿** yǒudiǎnr 부 조금, 약간 | ★**乱** luàn 형 어지럽다, 무질서하다

> **tip** '房间 fángjiān 방'과 자주 함께 쓰이는 어휘
> 收拾 shōushi 정리하다 | 整理 zhěnglǐ 정리하다 | 打扫 dǎsǎo 청소하다 | 乱 luàn 어지럽다 | 干净 gānjìng 깨끗하다

A 正常 zhèngcháng 형 정상적이다 B 无聊 wúliáo 형 심심하다, 무료하다, 지루하다
C 轻 qīng 형 (무게가) 가볍다 D 够 gòu 형 충분하다, 넉넉하다
E 活泼 huópō 형 활발하다, 활기차다, 생동감이 있다

6 E [打扮 치장하다] 괄호에는 술어 '打扮(치장하다)'을 보충 설명하는 말이 와야 한다. 문맥상 성격이나 상태를 형용하는 형용사 '活泼(활기차다)'가 가장 적합하다.

A: 你今天打扮得太漂亮了。 B: 谢谢！是马[Mǎ]小姐教我这么穿的，她说像我这样的年纪就要打扮得（ **E 活泼** ）一些。	A: 오늘 정말 예쁘게 꾸미셨네요. B: 감사합니다! 매[马] 아가씨가 저에게 이렇게 입으라고 가르쳐 주셨어요. 저와 같은 나이에는 좀 (**E 활기차게**) 꾸며야 한다고 말했어요.

★**打扮** dǎban 동 치장하다 | **教** jiāo 동 가르치다 | **这么** zhème 대 이렇게 | **像** xiàng 동 ~와 같다 | **这样** zhèyàng 대 이렇다, 이와 같다 | **年纪** niánjì 명 나이 | **要** yào 조동 ~해야 한다 | ★**活泼** huópō 형 활기차다, 활발하다, 활달하다 | **一些** yìxiē 수량 조금, 약간

7 **A** [**正常情况下** 정상적인 상황에서] 관형어로서 '情况(상황)'을 꾸며 줄 수 있으면서 문맥과도 잘 어울리는 어휘는 '正常(정상적이다)'이다. 형용사 '正常'은 조사 '的' 없이 일부 명사를 꾸밀 수 있다.

A: 下小雪了，不知道我们的飞机能不能按时起飞。 B: （ **A 正常** ）情况下，这种天气是不会影响飞机起飞的。	A: 눈이 약간 와서 우리 항공기가 제시간에 이륙할 수 있을지 모르겠어요. B: (**A 정상적인**) 상황에서, 이런 날씨는 항공기 이륙에 영향을 미치지 않아.

小雪 xiǎoxuě 명 (적게 내리는) 눈 | **能** néng 조동 ~할 수 있다 | ★**按时** ànshí 부 제때에, 시간에 맞추어 | **起飞** qǐfēi 동 이륙하다 | ★**正常** zhèngcháng 형 정상적이다 | ★**情况** qíngkuàng 명 상황, 정황 | **种** zhǒng 양 종, 종류 | **影响** yǐngxiǎng 동 영향을 주다

일부 형용사는 조사 '的' 없이도 명사를 꾸며 줄 수 있다.
正常情况 zhèngcháng qíngkuàng 정상적인 상황 | **共同愿望** gòngtóng yuànwàng 공동의 바람
所有问题 suǒyǒu wèntí 모든 문제 | **一般人** yìbān rén 일반인 | **一般情况** yìbān qíngkuàng 일반적인 상황
详细内容 xiángxì nèiróng 상세 내용 | **主要内容** zhǔyào nèiróng 주요 내용

8 **B** [**无聊** 무료하다] A의 질문에 B가 '잡지를 본다'고 대답한 것으로 보아, 괄호에는 일상 중에서도 좀 더 특정한 상황을 나타내는 말이 와 주어야 한다. 보기 중 가장 적합한 단어는 '无聊(심심하다)'이다.

A: 你平时（ **B 无聊** ）的时候做什么？ B: 我会看看杂志上面介绍的流行服装，学一下穿衣打扮。	A: 너는 평소에 (**B 심심할**) 때 뭘 하니? B: 나는 잡지에서 소개하는 유행 패션을 보면서, 옷 입고 꾸미는 법을 배워.

★**平时** píngshí 명 평소, 평상시 | ★**无聊** wúliáo 형 심심하다, 무료하다, 지루하다 | **会** huì 조동 ~할 것이다 | ★**杂志** zázhì 명 잡지 | **上面** shàngmiàn 명 위 | ★**流行** liúxíng 형 유행하는, 성행하는 | ★**服装** fúzhuāng 명 복장 | **一下** yíxià 수량 시험 삼아 해 보다, 좀 하다 | **穿衣** chuān yī 옷을 입다

9 **C** [**瘦** (몸이) 마르다] 숫자를 보어로 가지며 '날씬해졌다(瘦了)'라는 말과 어울리는 어휘는 '轻'이다.

A: 你在减肥吗？看上去瘦了很多。 B: 是吗？我只比上周（ **C 轻** ）了一公斤。	A: 너 다이어트 하고 있니? 많이 날씬해진 것 같아 보이는데. B: 그래? 나는 겨우 지난주에 비해 1kg (**C 가벼워졌는걸**).

在 zài 부 마침 ~하고 있다, 막 ~하고 있는 중이다 | ★**减肥** jiǎnféi 동 살을 빼다, 감량하다 | **看上去** kàn shàngqù 보아 하니 | **瘦** shòu 형 마르다, 여위다, 날씬하다 | **只** zhǐ 부 겨우, 오직, 단지 | **上周** shàng zhōu 명 지난주 | ★**轻** qīng 형 (무게가) 가볍다 | **公斤** gōngjīn 양 킬로그램(kg)

'了 le'는 형용사와 동사 뒤에 모두 올 수 있으므로, 괄호 뒤에 '了'가 있다고 하여 동사만 답이 될 거라고 생각해서는 안 된다. '了'는 형용사 뒤에 위치해 형용사의 '변화'를 나타낼 수 있다.

10 D [不够 (양이) 충분하지 않다] 괄호 뒤에 이어지는 내용 '要多说多练习(많이 말하고 많이 연습해야 한다)'로 보아, 괄호에는 책과 사전의 글자와 문장만 외우면 '부족하다'는 말이 들어가야 한다. 참고로 괄호가 있는 문장은 '是……的' 강조 구문을 사용한 문장으로, 이 문장의 주어는 '只背书上、字典里的字和句子(오직 책과 사전의 글자와 문장을 외우는 것)'이다.

A: 汉语是用来交流的，只背书上、字典里的字和句子是不（ **D 够** ）的，要多说多练习。 B: 对，这才是学好汉语的好方法。	A: 중국어는 교류하는데 쓰이니까, 책과 사전의 글자와 문장을 외우는 것만으로는 （ **D 충분하지**) 않고, 많이 말하고 많이 연습해야 해. B: 맞아. 그것이야말로 중국어를 잘 배우는 좋은 방법이지.

用来 yònglái 동 ~에 쓰다 | ★**交流** jiāoliú 동 서로 소통하다, 교류하다 | **背** bèi 동 외우다, 암기하다 | **字典** zìdiǎn 명 자전 | **句子** jùzi 명 문장 | ★**够** gòu 형 충분하다, 넉넉하다 | **要** yào 조동 ~해야 한다 | **练习** liànxí 동 연습하다, 익히다 | **才** cái 부 ~야말로 [주어를 강조하는 뜻으로 사용함] | ★**方法** fāngfǎ 명 방법, 수단, 방식

● **Day 06**

○ track yuedu 04

11 A   12 B   13 D   14 C   15 E   16 D   17 E   18 B   19 C   20 A

A 复杂 fùzá 형 (사물의 종류나 두서가) 복잡하다
B 厉害 lìhai 형 심하다, 대단하다, 굉장하다
C 确实 quèshí 형 확실하다, 믿을 만하다
D 开心 kāixīn 형 기쁘다, 즐겁다
E 共同 gòngtóng 형 공통의, 공동의

11 A [越A, 越B A할수록 B하다] '주어1 + 越 + 술어1, 주어2 + 越 + 술어2'는 '~가 ~할수록 ~가 ~하다'라는 뜻을 나타낸다. 주어 '事儿(일)'과 호응하며 뒤 절 내용과 어울리는 단어는 '复杂(복잡하다)'이다.

事儿越（ **A 复杂** ），你越要耐心去做，千万不要着急。	일이 (**A 복잡할수록**), 당신은 더욱 인내심 있게 해야 한다. 절대 조급해해선 안 된다.

事(儿) shì(r) 명 일, 사정 | **越A越B** yuè A yuè B A하면 할수록 B하다 | ★**复杂** fùzá 형 (사물의 종류나 두서가) 복잡하다 | **要** yào 조동 ~해야 한다 | ★**耐心** nàixīn 형 참을성 있다, 인내심이 강하다, 인내성이 있다 | **去** qù 동 ~해 보다 [동사 앞에 쓰여 어떤 일을 하겠다는 의지를 나타냄] | ★**千万** qiānwàn 부 부디, 제발, 아무쪼록, 꼭 | **不要** búyào 부 ~해서는 안 된다 | **着急** zháojí 동 조급해하다, 안타까워하다, 초조해하다

---

12 B [竞争厉害 경쟁이 심하다] 주어인 '竞争(경쟁)'과 가장 호응하는 술어는 형용사 '厉害(심하다)'이다. '竞争厉害(경쟁이 심하다)'는 자주 함께 쓰이는 표현 중 하나이니 반드시 외우자.

这条街上又开了三家餐厅？竞争真是越来越（ **B 厉害** ）了。	이 길에 또 식당이 3개 열었어? 경쟁이 정말 갈수록 （ **B 심해** ）지는구나.

条 tiáo 양 줄기, 가닥, 갈래 [지형·구조물과 관련된 가늘고 긴 것을 세는 단위] | 街上 jiēshang 명 거리 | 又 yòu 부 또 | 家 jiā 양 [가정·가게·기업 따위를 세는 단위] | ★餐厅 cāntīng 명 식당 | ★竞争 jìngzhēng 동 경쟁하다 | 真是 zhēnshi 부 정말, 사실상, 실로 | 越来越 yuèláiyuè 부 점점, 더욱더 | ★厉害 lìhai 형 극심하다, 대단하다, 굉장하다

13 D [这么 + 형용사 + 过 이렇게 ~한 적이 있다] '真愉快(정말 유쾌하다)'라는 말이 이어지려면 괄호에는 긍정적인 분위기와 관련된 어휘인 '开心(즐겁다)'이 와야 한다. '这么'는 동사 앞에서 방식을 나타내거나 형용사 앞에서 과장된 어기를 나타내며, '过'는 형용사 뒤에 위치해 과거의 상태를 나타낼 수 있음을 기억하자.

我从来没有像今天这么（ **D 开心** ）过，和你见面真愉快!	나는 여태껏 오늘처럼 이렇게 (**D 즐거워**) 본 적이 없었어. 너와 만나니 정말 유쾌해!

★从来 cónglái 부 (과거부터) 여태껏, 지금까지 [주로 부정형으로 쓰임] | 像 xiàng 동 마치 ~와 같다 | 这么 zhème 대 이런, 이러한, 이렇게 | ★开心 kāixīn 형 기쁘다, 즐겁다 | 见面 jiànmiàn 동 만나다, 대면하다 | ★愉快 yúkuài 형 유쾌하다, 기쁘다, 즐겁다

14 C [确实的消息 확실한 정보] 괄호에는 조사 '的' 뒤의 '消息(정보)'를 꾸며 줄 수 있는 어휘가 와야 한다. 보기 중 사람을 꾸며 줄 수 있는 어휘는 '确实(확실하다)' '共同(공통의)' '合适(적합하다)'가 있지만, '함부로 말하지 말라(不要随便说话)'라는 뒤 문장과 관련성이 높은 어휘는 '确实(확실하다)'이다.

在没得到（ **C 确实** ）的消息之前，不要随便说话。	（ **C 확실한**) 정보를 얻기 전에 함부로 말하지 마세요.

在 zài 개 ~에(서), ~에 있어서 | 得到 dédào 동 얻다 | ★确实 quèshí 형 확실하다 | ★消息 xiāoxi 명 정보, 소식 | 之前 zhīqián 명 ~이전, ~의 전 | ★随便 suíbiàn 부 함부로, 마음대로, 제멋대로

15 E [共同愿望 공통된 바람] 괄호를 포함하여 '( )愿望' 자체가 관형어절의 수식을 받는 대상이므로, 괄호에는 조사 '的' 없이 '愿望(바람)'을 꾸며 줄 수 있는 어휘가 들어가야 한다. 보기 중 조사 '的' 없이 바로 명사를 꾸며 줄 수 있는 어휘는 '共同'뿐이다. 형용사 '共同'은 술어 역할은 할 수 없고, 관형어 역할만 할 수 있다.

大家都知道，幸福快乐的生活是所有人的（ **E 共同** ）愿望。	행복하고 즐거운 생활이 모든 사람들의 (**E 공통된**) 바람임을 모두가 알고 있다.

★幸福 xìngfú 형 행복하다 | ★快乐 kuàilè 형 즐겁다 | ★生活 shēnghuó 명 생활 동 생활하다 | ★所有 suǒyǒu 형 모든 | ★共同 gòngtóng 형 공통의, 공동의 | ★愿望 yuànwàng 명 바람, 희망

A 积极 jījí 형 긍정적이다
C 优秀 yōuxiù 형 우수하다, 뛰어나다
E 深 shēn 형 (수면이) 깊다
B 香 xiāng 형 향기롭다, 맛이 좋다
D 脏 zāng 형 더럽다

16 D [把A弄脏 A를 더럽히다] '把'자문은 '주어 + 부사어 + 把 + 목적어 + 술어 + 기타 성분'의 어순으로 쓰이는 문형이다. 수박을 먹고 있는 B에게 A가 주의를 주는 상황에서 벌어질 수 있는 결과로 가장 적절한 것은 '脏(더럽다)'이다.

A: 小丽[Xiǎo Lì], 你不要一边看书一边吃西瓜, 会把书弄（ **D 脏** ）的。 B: 知道了, 那我吃完了再看。	A: 샤오리[小丽], 너 책 보면서 수박 먹지 마. 책을 (**D** 더럽힐) 수 있어. B: 알았어. 그럼 다 먹고 볼게.

一边A一边B yìbiān A yìbiān B A하면서 B하다 | 会 huì 조동 ~할 것이다 | 把 bǎ 개 ~를 [처치의 결과를 나타냄] | ★弄 nòng 동 하다 | ★脏 zāng 형 더럽다, 지저분하다 | 那 nà 접 그러면

17 E [生活在 + 장소 + 中 ~에서 생활하다] 괄호 뒤에 관형어를 이끄는 조사 '的'가 있는 것으로 보아 괄호에는 '大海(바다)'를 꾸밀 수 있는 어휘가 와야 한다. '100-300米(100~300미터)'와 함께 쓰여 바다의 '깊이'를 나타낼 수 있는 '深(깊다)'이 답이다.

A: 这条鱼颜色特别好看, 我想养它。 B: 恐怕不行, 这种鱼一般生活在100-300米（ **E 深** ）的大海中。	A: 이 물고기 색깔 너무 예쁘다. 나 키우고 싶어. B: 아마 안 될 거야. 이런 물고기는 100에서 300미터 (**E** 깊은) 바다에서 살거든.

颜色 yánsè 명 색, 색상, 색깔 | 特别 tèbié 부 아주, 유달리 | 好看 hǎokàn 형 예쁘다 | 想 xiǎng 조동 ~하고 싶다 | 养 yǎng 동 키우다, 기르다 | 它 tā 대 그, 저, 그것, 저것 | ★恐怕 kǒngpà 부 아마 ~일 것이다 | 不行 bùxíng 안 된다, 허락하지 않다 | 种 zhǒng 양 종류, 부류, 가지 | 一般 yìbān 형 일반적이다, 보통이다 | 米 mǐ 양 미터(m) | ★深 shēn 형 (수면이) 깊다 | 大海 dàhǎi 명 바다

 '사물'은 감정이나 행동을 묘사하는 형용사로 수식할 수 없다.

18 B [好 + 형용사 + 啊 너무 ~하다] '好 + 형용사 + 啊'는 감탄할 때 많이 쓰는 표현이다. B가 음식을 만들었다고 말하는 상황에서 A가 감탄하며 말할 만한 내용은 '香(향기롭다)'이다.

A: 什么味道? 好（ **B 香** ）啊! B: 冰冰, 我做了你平时喜欢吃的酸菜鱼, 快过来吃吧。	A: 무슨 냄새지? 진짜 (**B** 향기롭다)! B: 빙빙, 네가 평소에 좋아하는 쏸차이위를 만들었어. 어서 와서 먹어.

★味道 wèidao 명 냄새, 맛 | 好……啊 hǎo……a 너무 ~하다 | ★平时 píngshí 명 평소, 평상시 | 酸菜鱼 suāncàiyú 명 쏸차이위 [중국요리]

19 C [聪明 똑똑하다] '매우 똑똑하다'는 평가를 듣는 '她'를 형용할 수 있는 말은 '优秀(우수하다)'이다.

A: 她是金[Jīn]教授最得意的学生，得过很多奖，特别聪明。	A: 그녀는 진[金] 교수님이 제일 맘에 들어하는 학생이야. 많은 상도 받았고, 매우 똑똑해.
B: 我也看过她写的文章，确实是个很（ **C 优秀** ）的学生。	B: 나도 그녀가 쓴 글을 봤었는데, 확실히 (**C 우수한**) 학생이더라.

★**教授** jiàoshòu 몡 교수 | ★**得意** déyì 톙 대단히 만족하다, 자신만만하다, 득의양양하다 | **得奖** déjiǎng 동 수상하다, 상을 받다 | **聪明** cōngming 톙 똑똑하다 | ★**文章** wénzhāng 몡 글, 문장 | ★**确实** quèshí 凰 확실히, 정말로 | ★**优秀** yōuxiù 톙 우수하다, 뛰어나다

20 A [起到作用 작용을 일으키다] 술어 '起'의 목적어 '作用(작용)'을 수식할 수 있는 단어는 보기 중 '积极(긍정적이다)'가 유일하다. '起积极作用'은 '긍정적인 작용을 히다'리는 뜻으로, 자주 쓰이는 표현이니 잘 외워 두자. 형용사 '积极'는 '적극적이다'라는 뜻으로 '태도'를 형용하기도 하지만 추상적인 대상의 긍정적이고 발전적인 면을 형용하기도 한다.

A: 如果能举办这个活动，一定会吸引很多人来我们这儿旅游。	A: 만약 이 활동을 개최할 수 있다면, 분명 많은 사람을 여기로 여행하러 오게 할 수 있을 거야.
B: 对啊，这将对这儿的发展起到（ **A 积极** ）的作用。	B: 맞아. 이건 이곳의 발전에 (**A 긍정적인**) 작용을 할 거야.

如果 rúguǒ 접 만약 ~한다면 | **能** néng 조동 ~할 수 있다 | ★**举办** jǔbàn 동 개최하다, 열다 | ★**活动** huódòng 몡 활동 | **一定** yídìng 톙 반드시, 꼭 | ★**吸引** xīyǐn 동 매료시키다, 유인하다, 끌어당기다 | ★**旅游** lǚyóu 동 여행하다 | **将** jiāng 凰 장차, 곧, 막 | ★**发展** fāzhǎn 동 발전 | **起** qǐ 동 일으키다, 발생하다, 생기다 | **到** dào [동사 뒤에서 보어로 쓰여 동작이 목적에 도달했거나 결과가 있음을 나타냄] | ★**积极** jījí 톙 긍정적이다 | ★**作用** zuòyòng 몡 작용, 역할

03 명사·대사 어휘 선택

본서 pp.99~100

● Day 08   ● track yuedu 05

1 B   2 D   3 A   4 E   5 C   6 C   7 B   8 A   9 E   10 D

A 消息 xiāoxi 몡 소식
B 基础 jīchǔ 몡 기초, 바탕, 기틀, 토대, 기반
C 一切 yíqiè 대 일체, 모든, 전부
D 世纪 shìjì 몡 세기
E 误会 wùhuì 몡 오해 동 오해하다

1 B [언어 + 基础不错 ~의 기초가 괜찮다] '(영어를) 다른 사람들보다 배우기 조금 더 쉽다'는 내용을 보아 '학습'과 관련된 단어가 괄호에 들어가야 자연스럽다. 보기 중 학습과 관련이 있는 단어는 '基础(기초)'이다.

| 他的英语（ B 基础 ）不错，所以学起来自然比别人容易一些。 | 그는 영어（ B 기초 ）가 괜찮다. 그래서 당연히 다른 사람들보다 배우기가 조금 더 쉽다. |

英语 Yīngyǔ 고유 영어 | ★**基础** jīchǔ 명 기초, 바탕, 기틀, 토대, 기반 | **不错** búcuò 형 좋다, 잘하다, 괜찮다 | **所以** suǒyǐ 접 그래서, 그러므로 | **起来** qǐlai 동 [동사 또는 형용사 뒤에 쓰여 '어떤 동작이 시작되어 계속됨'을 나타냄] | ★**自然** zìrán 부 당연히 | **别人** biérén 명 다른 사람, 남 | **容易** róngyì 형 쉽다, 용이하다 | **一些** yìxiē 수량 조금, 약간

2 D [**上个世纪** 지난 세기] '从……开始'는 '(어느 시점이나 장소를) 기점으로'라는 의미를 나타낸다. 시간과 동작의 순서를 나타내는 '末'와 함께 쓰여 개사 '从'의 목적어가 될 수 있는 단어는 '世纪(세기)'이다.

| 从上个（ D 世纪 ）末开始，这条马路就已经很有名了。 | 지난（ D 세기 ）말부터 이 길은 이미 매우 유명해지기 시작했다. |

从……开始 cóng……kāishǐ ~부터 시작하다 | **上** shàng 형 먼저의, 앞의 | ★**世纪** shìjì 명 세기 | **末** mò 명 사물의 끝(부분) | **条** tiáo 양 줄기, 가닥, 갈래 [지형·구조물과 관련된 가늘고 긴 것을 세는 단위] | **马路** mǎlù 명 길, 대로 | **就** jiù 부 곧, 즉시, 바로 | **有名** yǒumíng 형 유명하다, 명성이 높다

3 A [**通知消息** 소식을 알려 주다] 이중 목적어를 가지는 동사 '通知(알리다)'는 '通知 + 사람 + 사물' 어순으로 쓰인다. 보기 중 '我'에게 '알려 줄 수 있는 것'으로 가장 적합한 것은 '消息(소식)'이다.

| 感谢你及时通知我那个（ A 消息 ）。 | 제때에 저에게 그（ A 소식 ）을 알려 주셔서 감사합니다. |

★**感谢** gǎnxiè 동 감사하다, 고맙다 | ★**及时** jíshí 형 시기적절하다, 때가 맞다 | ★**通知** tōngzhī 동 알리다, 통지하다 | ★**消息** xiāoxi 명 소식

4 E [**误会** 오해하다] '이왕 A인 바에야 B하다'라는 뜻을 나타내는 '既然A就B' 구문이 쓰인 문장이다. '( )인 것을 알았으니 마음에 두지 말라'는 문장 속 괄호에 적합한 것은 '误会(오해)'이다. 앞 절의 술어 '知道'가 목적어로 취하는 절(是误会)은 '주어'가 생략된 형태이니 해석에 유의하자.

| 既然你知道是（ E 误会 ），就不要往心里去了。 | 이왕 네가（ E 오해 ）라는 걸 알았으니, 마음에 담아 두지 마. |

★**既然** jìrán 접 ~된 바에야, ~인 이상 | ★**误会** wùhuì 명 오해 동 오해하다 | **就** jiù 부 ~면, ~인 이상, ~한 바에는 | **不要** búyào 부 ~하지 마라 | **往心里去** wǎng xīnli qù 마음에 두다, 마음속에 새기다, 신경 쓰다

5 C [**一切 + 都** 모두] 보기 중 범위를 나타내는 부사 '都'와 호응할 수 있는 단어는 '一切(모든 것)'이다. 괄호의 앞뒤 어휘의 특징만 알아도 쉽게 정답을 찾을 수 있는 문제이다.

| 生活是没有标准答案的，只要你敢做敢想，那（ C 一切 ）都有可能。 | 인생은 모범 답안이 없어서, 대담하게 행동하고 대담하게 생각하기만 하면（ C 모든 것 ）이 가능성이 있다. |

★**生活** shēnghuó 명 생활 | ★**标准** biāozhǔn 형 표준적이다 | ★**答案** dá'àn 명 답안, 답 | ★**只要** zhǐyào 접 ~하기만 하면 | ★**敢** gǎn 조동 자신있게 ~하다, 과감하게 ~하다 | **想** xiǎng 동 생각하다 | **那** nà 접 그러면, 그렇다면 | ★**一切** yíqiè 대 일체, 모든, 전부 | **可能** kěnéng 명 가능성

A 重点 zhòngdiǎn 명 중점　　　　　　　　　B 另外 lìngwài 대 다른, 그 밖의
C 社会 shèhuì 명 사회　　　　　　　　　　D 数字 shùzì 명 숫자
E 短信 duǎnxìn 명 문자 메시지

6 C [社会…… 사회의~] 괄호 속 단어는 '影响(영향)'을 꾸며 주는 관형어이다. '유명인(名人)'으로서 주의해야 하는 부분이며, '影响'이라는 단어와도 잘 어울리는 단어는 社会(사회)이다.

A: 60%的网友都觉得她没必要为这件事情负责任，你觉得呢？
B: 我认为要尊重她的选择，但名人还是应该注意自己的（ C 社会 ）影响才行。

A: 60%의 네티즌이 모두 그녀가 이 일을 위해 책임질 필요가 없다고 생각해요. 당신은 어떻게 생각하세요?
B: 저는 반드시 그녀의 선택을 존중해야 한다고 생각하지만 유명인은 여전히 자신의 (C 사회적) 영향을 주의하는 것이 좋아요.

网友 wǎngyǒu 명 네티즌 | 必要 bìyào 형 필요로 하다 | 为 wèi 개 ~를 위하여 | 事情 shìqing 명 일 | 负 fù 동 책임지다 | ★责任 zérèn 명 책임 | 认为 rènwéi 동 생각하다, 간주하다, 여기다 | 应该 yīnggāi 조동 ~해야 한다 | ★尊重 zūnzhòng 동 존중하다 | 选择 xuǎnzé 동 선택 | 但 dàn 접 하지만, 그러나, 그렇지만 | 名人 míngrén 명 유명 인사 | 还是 háishi 부 여전히, 아직도, 변함없이 | 注意 zhùyì 동 주의하다, 조심하다 | 自己 zìjǐ 대 자신, 자기, 스스로 | ★社会 shèhuì 명 사회 | 影响 yǐngxiǎng 명 영향 | 才 cái 부 비로소 | ★行 xíng 동 좋다

7 B [另外一条路 다른 길] 앞쪽 길이 차가 막힌다고 하니 '다른(另外)' 길로 가자고 제안하는 것이 자연스럽다. 대사 '另外(그 외)'는 관형어 어순 '지시대사 + 수사 + 양사 + 명사'에 따라 '一条路' 앞에 놓였다. 여러 품사가 함께 보기로 주어지는 실전 문제에서 괄호가 동사 뒤, 목적어 앞에 있을 때는 괄호가 '보어'일 수도, '관형어'일 수도 있음을 알아 두자.

A: 师傅，我去大使馆，你是不是走错了？
B: 前面堵车，我们走（ B 另外 ）一条路，时间和距离都差不多。

A: 기사님, 저는 대사관에 가는데, 길을 잘못 드신 것 아닌가요?
B: 앞에 차가 막히는데, 우리 (B 다른) 길로 가요. 시간이랑 거리는 모두 비슷해요.

★师傅 shīfu 명 선생님, 아저씨 [남에 대한 일반적인 존칭] | ★大使馆 dàshǐguǎn 명 대사관 | 走错 zǒucuò 동 길을 잘못 들다 | ★堵车 dǔchē 동 교통이 꽉 막히다, 교통이 체증되다 | ★另外 lìngwài 대 다른, 그 밖의 | 条 tiáo 양 줄기, 가닥, 갈래 [지형·구조물과 관련된 가늘고 긴 것을 세는 단위] | ★距离 jùlí 명 거리, 간격 | ★差不多 chàbuduō 형 비슷하다

8 A [重点 중점] '충분히 상세하지 않다(不够详细)'라고 부정적으로 평가한 뒤, 이어지는 문장에 부사 '也'가 사용된 것으로 보아 부정적인 평가를 나타내는 말이 연달아 이어질 것임을 알 수 있다. '没有'와 결합하여 '중점이 없다'라는 뜻을 나타낼 수 있는 '重点(중점)'이 가장 적합하다.

A: 老板，新的计划我发给您了，您看了吗？
B: 内容有点儿简单，不够详细，也没有（ A 重点 ），明天我们继续讨论一下吧。

A: 사장님, 새로운 계획을 보내 드렸는데, 보셨나요?
B: 내용이 조금 단순하고, 충분히 상세하지 않아요. (A 중점)도 없고요. 내일 우리 계속 토론을 좀 해 봅시다.

老板 lǎobǎn 명 사장 | ★计划 jìhuà 명 계획 | 发 fā 동 보내다 | 给 gěi 개 ~에게 | ★内容 nèiróng 명 내용 | 有点儿 yǒudiǎnr 부 조금, 약간 | 简单 jiǎndān 형 단순하다 | 不够 búgòu 부 불충분하다 | ★详细 xiángxì 형 상세하다, 자세하다 | ★重点 zhòngdiǎn 명 중점 | ★继续 jìxù 동 계속하다 | ★讨论 tǎolùn 동 토론하다 | 一下 yíxià 수량 시험 삼아 해 보다, 좀 하다

9 E [发…… ~를 보내다] '发短信'은 '문자를 보내다'라는 뜻으로, 자주 사용되는 기초적인 표현이다.

A: 我换好登机牌了，现在要去坐飞机了，你走吧。 B: 行，你到北京一定要记得给我发（ **E 短信** ）。	A: 나는 탑승권을 바꿨어. 이제 비행기를 타러 가야 해. 너는 가도록 해. B: 그래. 베이징에 도착하면 꼭 나에게 (**E 문자**) 보내는 거 기억해야 해.

换 huàn 동 바꾸다 | 好 hǎo 형 [동사 뒤에 쓰여 '동작이 완성되었거나 잘 마무리되었음'을 나타냄] | ★登机牌 dēngjīpái 명 탑승권 | 要 yào 조동 ~해야 한다 | 坐 zuò 동 (교통수단을) 타다 | 走 zǒu 동 떠나다 | ★行 xíng 좋다, 괜찮다, 충분하다 | 到 dào 동 도착하다, (어느 곳에) 이르다 | 一定 yídìng 부 반드시, 필히 | 记得 jìde 동 기억하고 있다, 잊지 않고 있다 | ★短信 duǎnxìn 명 문자 메시지

> **tip** 동사 '发 fā'는 전자적인 대상물을 목적어로 취할 때 '보내다'라는 뜻을 나타낸다.
> 发短信 fā duǎnxìn 문자를 보내다 | 发电子邮件 fā diànzǐ yóujiàn 이메일을 보내다 | 发传真 fā chuánzhēn 팩스를 보내다

10 D [学号 학번] 숫자로 이루어진 '学号(학번)'에 대해 말하고 있으므로 '数字(숫자)'가 가장 적합하다. 양사 '位'는 '사람'이나 '자리'를 세는 단위이다.

A: 学号一般不都是9位（ **D 数字** ）吗？你的为什么是8位？ B: 对不起，我前边少写了一个二。	A: 학번은 보통 모두 9자리 (**D 숫자**) 아니야? 네 것은 왜 8자리야? B: 미안해. 내가 앞에 2를 하나 덜 썼어.

学号 xuéhào 명 학번, 번호 | 一般 yìbān 형 일반적이다, 보통이다 | 位 wèi 명 (숫자의) 자릿(수) | ★数字 shùzì 명 숫자 | 前边 qiánbian 명 앞 | 写 xiě 동 쓰다

● **Day 09**   ● track yuedu 06

| 11 B | 12 D | 13 A | 14 C | 15 E | 16 E | 17 B | 18 C | 19 D | 20 A |

A 教育 jiàoyù 명 교육	B 友谊 yǒuyì 명 우정, 우의
C 距离 jùlí 명 거리	D 活动 huódòng 명 행사
E 耐心 nàixīn 명 인내심, 참을성	

11 B [产生误会 오해가 생기다] 동사 '影响(~에 영향을 끼치다)'은 영향을 끼치는 대상을 목적어로 취한다. 친구 사이에 생기는 오해에 대해 이야기하고 있으므로, 문맥상 괄호에는 '友谊(우정)'가 들어가야 한다.

朋友之间产生了误会，如果不及时把误会解释清楚，时间长了就会影响（ **B 友谊** ）。	친구 사이에 오해가 생기고, 바로 오해를 명확히 설명하지 않는다면, 시간이 오래되면 (**B 우정**)에 영향을 끼치게 된다.

之间 zhījiān 명 (~의) 사이 | 产生 chǎnshēng 동 생기다, 발생하다, 나타나다 | ★误会 wùhuì 명 오해 | 如果 rúguǒ 접 만약, 만일 | ★及时 jíshí 부 즉시, 곧바로 | 把 bǎ 개 ~를 [처치의 결과를 나타냄] | ★解释 jiěshì 동 설명하다 | 清楚 qīngchu 형 명백하다, 알기 쉽다, 뚜렷하다 | 长 cháng 형 (시간이) 오래다, 길다 | 就 jiù 부 ~면, ~인 이상, ~한 바에는 | 会 huì 조동 ~할 것이다 | 影响 yǐngxiǎng 동 영향을 주다 | ★友谊 yǒuyì 명 우정

12 D [活动 + 到这儿 ~를 여기까지 하겠습니다] '到这儿'은 '모임, 경기, 회의 등의 활동'과 함께 쓰여 '여기까지 진행하고 마치다'라는 뜻을 나타낸다. '모임, 경기, 회의 등의 활동'으로 볼 수 있는 단어는 보기 중 '活动(행사)'이다.

由于时间关系，今天的（ **D 活动** ）就到这儿，再次感谢各位家长的到来。	시간 문제로 오늘의（ **D 행사**)는 바로 여기까지 하겠습니다. 학부모님들이 와 주신 것에 대해 다시 한번 감사 드립니다.

★**由于** yóuyú 접 ~때문에, ~로 인하여 | **关系** guānxi 명 (원인·이유·조건 등을 나타내는) 관계 | ★**活动** huódòng 명 행사 | **到** dào 동 이르다, 도달하다 | **再次** zàicì 부 다시 한번, 재차 | ★**感谢** gǎnxiè 동 감사하다, 고맙게 여기다, 고맙다 | **各位** gèwèi 대 여러분 | **家长** jiāzhǎng 명 학부모 | **到来** dàolái 동 오다

13 A [受教育 교육을 받다] 가난 때문에 잃을 수 있는 기회는 여럿이지만, 보기의 단어 중 문맥이 자연스러운 단어는 '教育(교육)'뿐이다.

世界上百万的儿童因为穷而失去了受（ **A 教育** ）的机会。	세계 수백만의 아동들이 가난 때문에（ **A 교육**) 받을 기회를 잃었다.

世界 shìjiè 명 세계 | **上百** shàngbǎi 동 (수량이) 백이 넘다 | ★**儿童** értóng 명 아동 | **因为** yīnwèi 개 ~때문에 | ★**穷** qióng 형 가난하다, 빈곤하다 | ★**而** ér 접 [목적 또는 원인 등을 나타내는 성분을 연결시킴] | **失去** shīqù 동 잃다, 잃어버리다 | **受** shòu 동 받다 | ★**教育** jiàoyù 명 교육 | **机会** jīhuì 명 기회

14 C [保持距离 거리를 유지하다] '一定(일정한)'의 수식을 받을 수 있는 보기 '教育(교육)' '耐心(인내심)' '距离(거리)' 중, '母女关系(모녀 관계)'처럼 어떤 인간 관계에 있어 '유지(保持)'해야 하는 것으로 적합한 것은 '距离(거리)'이다. 정확한 정답을 찾기 위해서는 괄호 앞뒤 단어뿐만 아니라, 주어와 술어의 호응 관계도 잘 파악해야 한다.

即使是母女关系，也要保持一定的（ **C 距离** ）、互相尊重对方的意见。	설사 모녀 관계라 할지라도, 일정한（ **C 거리**)를 유지해야 하고, 서로 상대방의 의견을 존중해야 한다.

即使A也B jíshǐ A yě B 설령 A라 하더라도 B하겠다 | **母女** mǔnǚ 명 모녀 | **保持** bǎochí 동 유지하다, 지키다 | **一定** yídìng 형 일정하다 | ★**距离** jùlí 명 거리, 간격 | ★**互相** hùxiāng 부 서로, 상호 | **尊重** zūnzhòng 동 존중하다 | **对方** duìfāng 명 상대방 | ★**意见** yìjiàn 명 의견, 견해

15 E [有耐心 인내심이 있다] 기업이 직원에게 요구하는 태도로 적당한 것은 '耐心(인내심)'이다.

企业要求员工在工作中，要有（ **E 耐心** ）、有热情。	기업은 직원에게 업무 중에（ **E 인내심**) 있고, 열정적이기를 요구한다.

企业 qǐyè 명 기업 | **要求** yāoqiú 동 요구하다 | **员工** yuángōng 명 직원 | ★**耐心** nàixīn 명 인내심, 인내성 | **热情** rèqíng 명 열정

A 周围 zhōuwéi 몡 주변, 주위
B 座位 zuòwèi 몡 좌석, 자리
C 效果 xiàoguǒ 몡 효과
D 玩笑 wánxiào 몡 농담
E 小伙子 xiǎohuǒzi 몡 젊은이, 청년

16 E [小伙子 젊은이] 문장 맨 앞에 괄호가 있고 바로 쉼표가 있는 경우, 상대방을 부르는 호칭이 답인 경우가 많다. 사람을 불러 세우는 상황이므로, 괄호에는 호칭어인 '小伙子(젊은이)'가 답이다.

| A: (**E 小伙子**)，等一下，你的钥匙忘拿了。
B: 谢谢叔叔，要不是您提醒我，我都没想起来。 | A: (**E 젊은이**), 기다리게. 자네 열쇠를 가져가지 않았어.
B: 감사합니다. 아저씨가 저에게 알려 주지 않았다면 생각나지 않았을 거예요. |

★**小伙子** xiǎohuǒzi 몡 젊은이, 청년 | **一下** yíxià 수량 시험 삼아 해 보다, 좀 하다 | ★**钥匙** yàoshi 몡 열쇠 | **忘** wàng 동 잊다 | **拿** ná 동 (손으로) 쥐다, 잡다, 가지다 | **叔叔** shūshu 몡 아저씨 [아버지보다 나이가 어린 남자에 대한 존칭] | **要不是** yàobùshì 접 ~가 아니었다면 | ★**提醒** tíxǐng 동 일깨우다, 상기시키다, 알려 주다 | **想** xiǎng 동 생각하다 | **起来** qǐlai [동사 뒤에 쓰여 '어림 짐작하거나 어떤 일에 대한 견해'를 나타냄]

17 B [A是B A는 B이다] A의 말 중 '这儿是我的( )'는 'A是B' 형식이 사용된 문장이다. 주어 '这儿(여기)'과 호응할 수 있는 '장소를 나타내는 어휘'인 '座位(자리)'가 답이다.

| A: 真不好意思，先生，这儿是我的（ **B 座位** ）。
B: 实在抱歉，我以为这里没人。 | A: 정말 죄송한데요. 선생님, 여기는 제 (**B 자리**)입니다.
B: 정말 죄송해요. 저는 이곳에 사람이 없는 줄 알았어요. |

不好意思 bù hǎoyìsi 죄송합니다, 미안합니다 | ★**座位** zuòwèi 몡 좌석 | ★**实在** shízài 부 정말, 참으로 | ★**抱歉** bàoqiàn 동 미안해하다, 미안하게 생각하다 | ★**以为** yǐwéi 동 ~인 줄 알았다

18 C [实际效果 실제 효과] '方法(방법)'에 대한 평가와 가장 관련성이 높은 단어는 '效果(효과)'이다.

| A: 你也不同意那么做吗？
B: 那个方法听起来好像挺不错的，但实际（ **C 效果** ）很难说。 | A: 너도 그렇게 하는 것에 동의하지 않는 거니?
B: 그 방법은 듣기에 매우 좋아 보여. 하지만 실제 (**C 효과**)는 말하기 어려워. |

同意 tóngyì 동 동의하다, 찬성하다 | **那么** nàme 대 그렇게, 저렇게, 그런, 저런 | ★**方法** fāngfǎ 몡 방법, 방식, 수단 | **起来** qǐlai 동 [동사 뒤에 쓰여 '어림 짐작하거나 어떤 일에 대한 견해'를 나타냄] | **好像** hǎoxiàng 부 마치 ~와 같다, 마치 ~인 것 같다 | **挺……的** tǐng……de 아주 ~하다 | **不错** búcuò 형 좋다, 괜찮다 | **但** dàn 접 하지만, 그러나, 그렇지만 | ★**实际** shíjì 몡 실제 | ★**效果** xiàoguǒ 몡 효과 | **难说** nánshuō 동 말하기 어렵다, 말하기 쉽지 않다

19 D [开玩笑 농담하다] 동사 '开'의 목적어이자, 문맥상 가장 적합한 단어는 '玩笑(농담)'이다. '玩笑'를 목적어로 취할 수 있는 동사는 '开'뿐이라는 점도 기억해 두자.

| A: 真对不起，我真不是故意的。
B: 我当然知道。不过以后这种（ **D 玩笑** ）最好别再开了。 | A: 정말 미안합니다. 진짜 고의가 아닙니다.
B: 저도 물론 알지요. 하지만 다음에 이런 (**D 농담**)은 다시 하지 않는 게 좋아요. |

| ★故意 gùyì 뛩 고의 | 当然 dāngrán 분 당연히, 물론 | ★不过 búguò 접 그러나, 그런데 | 以后 yǐhòu 뛩 이후 | 种 zhǒng 양 종, 종류 | ★开玩笑 kāi wánxiào 농담하다, 웃기다, 놀리다 | ★最好 zuìhǎo 분 ~하는 게 제일 좋다 | 再 zài 분 다시

20 **A** [周围环境 주변 환경] 문장이 길어서 복잡하게 느껴지는 B의 말은 "광오염은 각양각색의 빛이 '人体健康和( ) 环境'에 해를 입히는 것이다"라는 뜻이다. 보기 중 '周围(주변)'가 구조조사 '的' 없이 '环境(환경)'을 수식할 수 있으며 의미상으로도 가장 적합하다.

| A: 我知道空气污染和水污染，不过没听说过光污染。
B: 真的？光污染是指各种各样的光对人体健康和（ A 周围 ）环境造成的伤害。 | A: 나는 공기 오염과 수질 오염은 알지만, 광공해는 못 들어 봤어.
B: 진짜? 광공해는 각양각색의 빛이 신체 건강과 (A 주변) 환경에 해를 입히는 것을 가리켜. |

★空气 kōngqì 명 공기 | ★污染 wūrǎn 명 오염 | 水污染 shuǐ wūrǎn 수질 오염 | 听说 tīngshuō 동 듣자 하니 | 光污染 guāng wūrǎn 광공해, 빛 공해 | ★指 zhǐ 동 가리키다 | 各种各样 gèzhǒnggèyàng 성 각종, 각양각색, 여러 종류 | ★光 guāng 명 빛 | 人体 réntǐ 명 인체 | ★健康 jiànkāng 명 건강 | ★周围 zhōuwéi 명 주위, 주변 | 环境 huánjìng 명 환경 | 造成 zàochéng 동 형성하다, 야기하다, 초래하다 | 伤害 shānghài 동 상하게 하다

 **부사 어휘 선택**

본서 pp.106~107

● Day 22

1 A 2 D 3 C 4 B 5 E 6 C 7 D 8 A 9 B 10 E

● track yuedu 07

A 千万 qiānwàn 분 절대로, 제발, 부디
B 永远 yǒngyuǎn 분 영원히, 언제나, 항상
C 却 què 분 도리어, 오히려, 그러나
D 光 guāng 분 단지, 오로지, 다만
E 互相 hùxiāng 분 서로, 상호

1 **A** [千万别…… 절대로 ~하지 마라] 부사 '千万'이 '别'·'不要'와 자주 함께 쓰인다는 것을 알면 쉽고 빠르게 답을 찾을 수 있다. '千万'은 명령문 앞에 쓰여 어기를 강조한다.

| 出发以前一定要记得把行李检查一遍，（ A 千万 ）别忘了带东西。 | 출발 전에 짐을 한 번 점검하는 것을 반드시 기억해야 해. (A 절대) 물건 가져가는 것을 잊어선 안 돼. |

★出发 chūfā 동 출발하다 | 以前 yǐqián 명 이전, 예전 | 一定 yídìng 분 반드시, 필히, 꼭 | 要 yào 조동 ~해야 한다 | 记得 jìde 동 기억하고 있다, 잊지 않고 있다 | 把 bǎ 개 ~를 [처치의 결과를 나타냄] | 行李 xíngli 명 짐, 여행 짐 | 检查 jiǎnchá 동 검사하다, 점검하다 | ★遍 biàn 양 번, 차례, 회 [한 동작의 처음부터 끝까지의 전 과정을 가리킴] | 忘 wàng 동 잊다 | 带 dài 동 (몸에) 지니다, 휴대하다

2 D [光 단지] 문맥상 범위부사 '光(단지)'을 써서 남동생이 먹은 게 '밥'만 해도 두 그릇이라고 강조하는 것이 적합하다. 부사는 보통 주어 뒤에 위치하지만, 일부 범위부사는 주어 앞에서 범위를 한정하거나 강조한다.

| 看起来弟弟今天真是饿了，（ **D 光** ）米饭就吃了两碗。 | 보아 하니 남동생이 오늘 배가 정말 고픈 것 같다. (**D 단지**) 쌀밥만 해도 두 그릇을 먹었다. |

看起来 kàn qǐlái 보아 하니, 보기에 | **真是** zhēnshi 부 정말, 실로 | **饿** è 형 배고프다 | ★**光** guāng 부 단지, 오로지, 다만 | **就** jiù 부 [강조를 나타냄] | **碗** wǎn 양 그릇, 공기, 사발

> **tip** '주어 앞'에서 범위를 한정하거나 강조하는 일부 범위부사에는 '光 guāng' '就 jiù' '只 zhǐ' '单 dān' 등이 있다.

3 C [A 却 B A인데 오히려 B하다] 앞 절과 뒤 절의 내용이 서로 반대되는 내용이므로, '역접'을 나타내는 부사 '却'가 두 문장을 연결하는 것이 맞다.

| 真奇怪，我从来没有来过这里，（ **C 却** ）对这里有种很熟悉的感觉。 | 정말 이상해. 나는 여태껏 이곳에 온 적이 없지만, (**C 도리어**) 이곳이 아주 익숙한 느낌이 들어. |

奇怪 qíguài 형 이상하다, 괴이하다 | ★**从来** cónglái 부 (과거부터) 여태껏, 지금까지 | ★**却** què 부 도리어, 오히려, 그러나 | **种** zhǒng 양 종, 종류 | ★**熟悉** shúxī 형 익숙하다, 생소하지 않다 | **感觉** gǎnjué 동 여기다, 생각하다

> **tip** 앞 절과 뒤 절을 이어주는 역할도 자주 하는 부사들이 있다. 종종 접속사와도 함께 호응하여 쓰인다.
> **就** jiù [순접, 행동 순서를 연결함] | **才** cái [조건-목적 관계를 연결함] | **却** què [역접 관계를 연결함] |
> **还** hái [점층 관계를 연결함] | **也** yě [병렬 관계를 연결함]

4 B [永远幸福 영원히 행복하다] 건배하는 상황에서 '행복하길 기원한다'라는 말 앞에 붙일 수 있는 단어는 '永远(영원히)'이다. '永远'은 '祝'와 함께 누군가에게 기원하는 말을 할 때 자주 함께 쓰인다.

| 来! 举杯，我们一起干杯吧! 祝他们（ **B 永远** ）幸福! | 자! 잔을 들어요. 우리 같이 건배합시다! 그들이 (**B 영원히**) 행복하길 기원하며! |

举杯 jǔbēi 동 잔을 들다, 건배하다 | ★**干杯** gānbēi 동 건배하다, 잔을 비우다, 축배를 들다 | **祝** zhù 동 축하하다, 축복하다, 기원하다 | ★**永远** yǒngyuǎn 부 영원히, 언제까지나, 언제나, 항상 | ★**幸福** xìngfú 형 행복하다

5 E [互相 + 행동 서로 ~하다] 연인 간에 존중하고 이해하라는 표현을 수식하기에 적당한 부사는 '互相(서로)'이다.

| 如果你们不懂得（ **E 互相** ）尊重和理解，那么爱情将很难长久。 | 만약 너희가 (**E 서로**) 존중하고 이해하는 것을 알지 못한다면, 사랑은 앞으로 오래가기 힘들다. |

如果 rúguǒ 접 만일, 만약 | **懂得** dǒngde 동 (뜻·방법 등을) 알다, 이해하다 | ★**互相** hùxiāng 부 서로, 상호 | ★**尊重** zūnzhòng 동 존중하다 | ★**理解** lǐjiě 동 이해하다, 알다 | **那么** nàme 접 그렇다면, 그러면 | ★**爱情** àiqíng 명 애정, 남녀 간의 사랑 | **将** jiāng 부 ~하게 될 것이다 | **难** nán 형 ~하기 어렵다 | **长久** chángjiǔ 형 매우 길고 오래다, 장구하다

'互相 hùxiāng'의 꾸밈을 자주 받는 말로는 '关心 guānxīn 관심 갖다' '尊重 zūnzhòng 존중하다' '帮助 bāngzhù 도와주다' '理解 lǐjiě 이해하다' 등이 있다.

A 其实 qíshí 명 사실
B 准时 zhǔnshí 명 정시에, 제때에
C 尤其 yóuqí 명 특히, 더욱이
D 故意 gùyì 명 고의로, 일부러
E 至少 zhìshǎo 명 최소한, 적어도

6 C [범위, 尤其是…… 특히 ~이다] 범위 내(广告里)의 어떤 대상(音乐)을 강조할 때는 부사 '尤其(특히)'가 쓰이는 게 적합하다. 보통 '尤其'는 범위를 언급한 후에 '尤其是 + 강조 내용' 형식으로 쓰인다. '尤其'는 '尤其是'라고도 자주 쓰인다.

A: 你看那个巧克力的广告了吗？好浪漫啊! B: 是啊，非常有特色。(**C 尤其**) 是广告里的音乐，特别好听。	A: 그 초콜릿 광고 봤어? 정말 낭만적이야! B: 그래. 정말 특색 있어. (**C 특히**) 광고 안의 음악이 아주 듣기 좋아.

★巧克力 qiǎokèlì 명 초콜릿 | ★广告 guǎnggào 명 광고 | 好 hǎo [형용사나 동사 앞에 쓰여 정도가 심함을 나타내는데 주로 감탄의 어기가 들어 있음] | ★浪漫 làngmàn 형 낭만적이다, 로맨틱하다 | ★特色 tèsè 명 특색, 특징 | ★尤其 yóuqí 명 특히, 더욱이 | 音乐 yīnyuè 명 음악 | 特别 tèbié 명 아주, 특히, 더욱 | 好听 hǎotīng 형 듣기 좋다, 감미롭다

7 D [故意 + 행동 고의로 ~하다] 보기 중 '弄丢(잃어버리다)'와 같은 부정적 결과를 가져오는 행동을 꾸며 주는 부사로 가장 적합한 어휘는 '故意(고의로)'이다.

A: 真对不起，不过我真的不是(**D 故意**) 把办公室的钥匙弄丢的。 B: 不管什么原因，既然钥匙已经丢了，就等老板回来再说吧。	A: 정말 죄송합니다. 그런데 제가 진짜 (**D 고의로**) 사무실 열쇠를 잃어버린 게 아닙니다. B: 무슨 원인이든 간에 이미 열쇠를 잃어버렸으니, 사장님이 돌아오시고 다시 얘기하죠.

★不过 búguò 접 그러나, 하지만 | ★故意 gùyì 명 고의로, 일부러 | 把 bǎ 개 ~를 [처치의 결과를 나타냄] | 办公室 bàngōngshì 명 사무실 | ★钥匙 yàoshi 명 열쇠 | 弄丢 nòngdiū 동 분실하다, 잃어버리다 | ★不管 bùguǎn 접 ~에 관계없이 | ★原因 yuányīn 명 원인 | ★既然 jìrán 접 ~된 바에야, ~인 이상 | ★丢 diū 동 분실하다, 잃어버리다 | 老板 lǎobǎn 명 사장 | 再 zài 명 다시

8 A [其实…… 사실은 ~이다] 살을 빼기 위해 저녁을 안 먹겠다는 A에게 B가 반대되는 새로운 '사실'(不用少吃)을 전하고 있으므로, 괄호에는 사실을 강조하는 부사 '其实(사실)'가 가장 적합하다.

A: 我光吃蔬菜和水果，晚上不吃饭，是不是就能瘦下来？ B: (**A 其实**) 不用少吃，适当地运动就可以减肥。	A: 내가 채소와 과일만 먹고 저녁을 안 먹으면, 살이 빠질 것 같니? B: (**A 사실**) 적게 먹을 필요 없어. 적당히 운동하면 살을 뺄 수 있어.

| ★光 guāng 囝 오로지, 단지 | 蔬菜 shūcài 몡 채소 | 瘦 shòu 囿 마르다 | ★其实 qíshí 囝 사실 | 适当 shìdàng 囿 적당하다, 알맞다, 적합하다 | ★减肥 jiǎnféi 동 살을 빼다

9 B [准时 + 동작 제때에 ~하다]
'赶'은 '정해진 시간에 맞추다'라는 의미로 특히 교통수단을 타러 가는 상황에서 많이 사용한다. 보통 '赶' 앞에는 '准时(제시간에)'와 같은 시간 관련 부사가 자주 함께 쓰인다.

| A: 8点了，快起床吧，你得（ **B 准时** ）赶到机场。 | A: 8시야. 어서 일어나. 너는 (**B 제시간에**) 공항에 도착해야 해. |
| B: 好，马上就起。礼拜六都不能睡个懒觉，累死了。 | B: 알겠어. 바로 일어날게. 토요일에도 늦잠을 잘 수 없다니, 피곤해 죽겠어. |

★得 děi 조동 ~해야 한다 | ★准时 zhǔnshí 囝 정시에, 제때에 | 赶到 gǎndào 동 서둘러 도착하다 | 机场 jīchǎng 몡 공항 | 马上 mǎshàng 囝 즉시, 바로, 금방, 곧 | 就 jiù 囝 곧, 즉시, 바로 | 起 qǐ 동 일어나다 | 礼拜六 lǐbàiliù 몡 토요일 | 都 dōu 囝 ~조차도 | 能 néng 조동 ~할 수 있다 | 睡懒觉 shuì lǎnjiào 늦잠을 자다 | ★死 sǐ 囿 ~해 죽겠다, 극도로 ~하다, 너무, 매우

10 E [至少有 + 숫자 적어도 ~가 있다]
동사 '有'는 숫자를 목적어로 취해 '~정도 되다'라는 의미를 나타내기도 한다. 이때 '有' 앞에는 숫자 및 정도와 관련된 부사가 올 수 있으므로 '至少(최소한)'가 답이다.

| A: 那个邮箱我（ **E 至少** ）有半年没用了，我都不记得密码了。 | A: 그 메일함은 내가 (**E 최소한**) 6개월 정도 쓰지 않았어. 나는 비밀번호조차 기억나지 않아. |
| B: 你再仔细回忆回忆，是不是你儿子的生日？ | B: 다시 자세히 좀 기억해 봐. 네 아들의 생일 아니야? |

邮箱 yóuxiāng 몡 메일함, 우편함 | ★至少 zhìshǎo 囝 최소한, 적어도 | 半年 bànnián 몡 반년 | 用 yòng 동 쓰다, 사용하다 | 记得 jìde 동 기억하고 있다, 잊지 않고 있다 | ★密码 mìmǎ 몡 비밀번호 | 再 zài 囝 다시 | ★仔细 zǐxì 囿 세심하다, 꼼꼼하다 | ★回忆 huíyì 동 회상하다

Day 23
track yuedu 08

11 A 12 B 13 E 14 D 15 C 16 D 17 E 18 A 19 C 20 B

A 挺 tǐng 囝 매우, 아주, 상당히, 대단히
B 一定 yídìng 囝 꼭, 반드시, 필히
C 到底 dàodǐ 囝 도대체
D 顺便 shùnbiàn 囝 ~하는 김에, 겸사겸사
E 正好 zhènghǎo 囝 마침, 딱

11 A [挺……的 매우 ~하다]
형용사 술어 '满意(만족하다)'를 수식하며, 조사 '的'와 호응할 수 있는 어휘는 정도부사 '挺'이다. '挺'은 주로 '挺……的' 형태로 쓰인다.

| 我已经在网上买过两次了，都（ **A 挺** ）满意的。 | 나는 이미 인터넷에서 두 번 사 봤는데, 모두 (**A 매우**) 만족스러웠어. |

网 wǎng 몡 인터넷 | 买 mǎi 동 사다, 매입하다, 구매하다 | 空调 kōngtiáo 몡 에어컨 | ★质量 zhìliàng 몡 질, 품질 | ★保证 bǎozhèng 동 보증하다 | 还 hái 囝 그런대로, 그럭저럭 | 可以 kěyǐ 囿 좋다, 괜찮다, 나쁘지 않다 | 挺……的 tǐng……de 매우 ~하다 | 满意 mǎnyì 囿 만족스럽다, 만족하다, 흡족하다

> **tip** 자주 문장 끝에 특정 조사가 결합하여 쓰이는 부사들은 조사가 함께 쓰인 형태로 외우는 것이 좋다.
> **太**……**了** tài……le 너무 ~하다 | **终于**……**了** zhōngyú……le 끝내 ~했다 | **已经**……**了** yǐjīng……le 이미 ~했다
> **快要**……**了** kuàiyào……le 곧 ~한다 | **挺**……**的** tǐng……de 매우 ~하다

12 B [一定 꼭, 반드시] 화자가 회식 시간과 장소를 재차 확인하는 상황이다. 괄호 뒤의 '准时'는 시간에 맞게 간다는 뜻이므로, 강한 의지나 계획을 나타내는 '一定(꼭)'이 정답이다.

今晚聚会是8点在美味餐厅吧？我刚刚下班，这次（ B 一定 ）准时到。	오늘 저녁 회식은 8시에 맛나식당이죠? 저 막 퇴근했어요. 이번에는 (B 꼭) 시간에 맞게 갈게요.

今晚 jīnwǎn 몡 오늘 저녁 | ★**聚会** jùhuì 몡 모임, 집회, 회합 | **美味** měiwèi 몡 좋은 맛, 맛있는 음식 | ★**餐厅** cāntīng 몡 식당 | **刚刚** gānggāng 뵌 방금, 막, 지금 | **下班** xiàbān 동 퇴근하다 | **一定** yídìng 뵌 반드시, 필히, 꼭 | ★**准时** zhǔnshí 뵌 제때에, 정시에 | **到** dào 동 도착하다, 도달하다, 이르다

13 E [正好 + 숫자 딱 ~이다] 일부 부사는 술어를 생략한 채 바로 수사를 꾸며 줄 수 있는데, 그중 하나가 바로 '正好(딱)'이다.

这辆车虽然很小，但是大家都能坐得下，加上咱们3个人（ E 正好 ）5个人，不多也不少。	이 차가 비록 작지만, 모두 다 탈 수 있어. 우리 3명을 더 하면 (E 딱) 5명인데, 많지도 적지도 않아.

辆 liàng 양 대, 량[차량을 세는 단위] | **可以** kěyǐ 조동 ~할 수 있다 | **坐** zuò 동 (교통수단을) 타다 | **得** de 조 [동사나 형용사 뒤에 쓰여 결과나 정도를 나타내는 보어와 연결시킴] | **下** xià [동사 뒤에 쓰여 '위에서 아래로 움직임'을 나타냄] | **能** néng 조동 ~할 수 있다 | **加上** jiāshàng 동 더하다, 첨가하다 | ★**咱们** zánmen 대 우리들 | ★**正好** zhènghǎo 형 꼭 맞다, 딱 맞다

> **수사 앞에 올 수 있는 부사**
> 일부 부사는 수사를 바로 앞에서 꾸며 주거나 술어가 생략된 형태를 취할 수 있다. 전 영역에서 자주 쓰이는 어휘들이니 반드시 체크하고 넘어가자.
> **一共** yígòng 총 | **大概** dàgài 대략 | **大约** dàyuē 대략 | **一连** yìlián 연이어
> 예 我们学校一共(有)四千名学生。우리 학교에는 총 4000명의 학생이 있다.

14 D [A，顺便 B A하는 김에 B하다] 앞 절이 '상하이로 출장 가서 시간이 되면'이라는 내용을 담고 있으므로, '~하는 김에 ~하다'는 의미의 '顺便'이 적합하다. 부사가 행동을 밀접하게 꾸밀 경우에는 동사 바로 앞에 위치하여 조동사보다 뒤에 올 수 있다.

下个星期我要去上海出差，所以时间允许的话，想（ D 顺便 ）去苏州逛逛。	다음 주에 나는 상하이로 출장 가서 시간이 되면, (D 간 김에) 쑤저우에 가서 구경을 좀 하고 싶어.

下 xià 몡 다음 | **要** yào 조동 ~할 것이다 | **上海** Shànghǎi 고유 상하이 | ★**出差** chūchāi 동 출장가다 | **所以** suǒyǐ 접 그래서, 그러므로 | ★**允许** yǔnxǔ 동 허락하다 | **的话** dehuà 조 ~하다면 | **想** xiǎng 조동 ~하고 싶다 | ★**顺便** shùnbiàn 뵌 ~하는 김에, 겸사겸사 | **苏州** Sūzhōu 고유 쑤저우 | ★**逛** guàng 동 거닐다, 구경하다

> 부사어의 기본 어순은 '부사+조동사+개사'이다. 그러나 일부 부사는 경우에 따라 조동사 뒤에 위치하기도 한다. 이러한 부사들은 어떤 의미로, 무엇을 꾸미냐에 따라 그 위치가 달라진다. '互相 hùxiāng 서로' '顺便 shùnbiàn ~하는 김에' '准时 zhǔnshí 제때에' 등의 단어가 등장하면 부사가 무엇을 꾸미는지에 주의해서 해석하도록 한다.

15 C [到底…… 도대체] 보기 중 의문문에 쓰이는 부사는 '到底'이다. '到底'는 의문을 강조하는 어기부사로, 보통 정반의문문을 이끌며 문장 맨 앞에 위치한다. '到底'는 '吗' 의문문보다는 정반의문문에 많이 쓰인다.

（ **C 到底** ）有没有解决垃圾问题的好办法呢？	（ **C 도대체** ）쓰레기 문제를 해결하는 좋은 방법이 있는 것인가？

★ **到底** dàodǐ 부 도대체 | **解决** jiějué 동 해결하다 | **垃圾** lājī 명 쓰레기 | **办法** bànfǎ 명 방법

A **接着** jiēzhe 부 이어서, 연달아, 잇달아　　B **稍微** shāowēi 부 조금, 약간, 다소
C **本来** běnlái 부 원래, 본래　　　　　　　　D **重新** chóngxīn 부 다시, 새로
E **肯定** kěndìng 부 분명히, 확실히, 틀림없이

16 D [조동사 + 重新 + 동사] 문맥상 신용카드를 잃어버린 A가 은행에서 신용카드를 다시(重新) 만드는 상황이 이어져야 자연스럽다. 술어 앞의 부사어가 항상 '부사 + 조동사 + 개사구'라는 기본 어순을 따르는 것은 아니다. 동작의 상태를 나타내는 일부 상태부사는 조동사 뒤에 위치한다. '互相 hùxiāng 서로' '按时 ànshí 제때에'와 같은 상태부사가 그러하다.

A: 您好，我的信用卡丢了，想（ **D 重新** ）办一张。 B: 好的，您填一下这张表格就可以了。	A: 안녕하세요, 저의 신용카드를 잃어버려서(**D 다시**) 하나 만들고 싶어요. B: 네. 이 표를 기입하시면 됩니다.

★ **信用卡** xìnyòngkǎ 명 신용카드 | ★ **丢** diū 동 잃어버리다, 분실하다 | ★ **重新** chóngxīn 부 다시, 새로 | **办** bàn 동 처리하다, 취급하다 | **张** zhāng 양 장 [종이, 카드 등을 셀 때 쓰임] | ★ **填** tián 동 기입하다, 작성하다 | **一下** yíxià 수량 시험 삼아 해 보다, 좀 하다 | ★ **表格** biǎogé 명 표, 서식 | **可以** kěyǐ 형 좋다, 괜찮다, 나쁘지 않다

17 E [肯定是…… 분명히 ~이다] B는 왕(王) 아저씨의 아들이 예전에 자주 집에서 피아노를 쳤다는 사실에 근거하여, 피아노 소리는 왕 아저씨 아들의 것이라고 확신하는 말을 하고 있다. 이와 같이 어떠한 정보를 확신하여 말할 때는 부사 '肯定(분명히)'이 쓰일 수 있다. '本来(원래는)'는 현재와 다른 원래 상황 또는 계획 등을 말할 때 쓰이므로 이 문장에는 적절하지 않다.

A: 哪儿的钢琴声？太好听了！ B: （ **E 肯定** ）是王[Wáng]叔叔的儿子放寒假回家了。你忘了他不是以前经常在家弹钢琴吗？	A: 어디 피아노 소리지? 너무 듣기 좋다! B: （ **E 분명히** ）왕(王) 아저씨 아들이 방학해서 집에 돌아온 거야. 너 그가 예전에 자주 집에서 피아노 쳤던 거 잊어버린 거 아니지?

钢琴 gāngqín 명 피아노 | 声 shēng 명 소리 | 好听 hǎotīng 형 듣기 좋다 | ★肯定 kěndìng 부 분명히, 확실히, 틀림없이 | 叔叔 shūshu 명 아저씨 [아버지보다 나이가 어린 남자에 대한 존칭] | 放 fàng 동 (학교나 직장이) 쉬다, 놀다 | ★寒假 hánjià 명 겨울방학 | 回家 huí jiā 집으로 돌아가다, 귀가하다, 귀성하다 | 忘 wàng 동 잊다 | 以前 yǐqián 명 예전, 이전 | 经常 jīngcháng 부 자주, 항상, 늘, 종종 | 弹钢琴 tán gāngqín 피아노를 치다

18 A [接着 + 행동 이어서 ~하다] 회의를 하다가 잠깐 쉰 다음에 '다시 이어서' 회의를 하자는 것이므로 괄호에는 '接着'가 들어가는 것이 가장 자연스럽다.

A: 我们休息一会儿再开会吧。 B: 好的。那十分钟后我们再（ **A 接着** ）讨论这个问题吧。	A: 잠시 쉬고 다시 회의합시다. B: 네, 그럼 10분 뒤에 우리 (**A 이어서**) 이 문제를 토론합시다.

休息 xiūxi 동 휴식하다 | 开会 kāihuì 동 회의하다 | 那 nà 접 그러면 | 后 hòu 명 뒤, 후 | ★接着 jiēzhe 부 이어서, 연달아, 잇달아 | ★讨论 tǎolùn 동 토론하다

19 C [本来 A, B 원래는 A하려 했으나 B하다] '本来'는 '本来 + 원래 계획 + 계획과 달리 바뀐 현재 상황' 형식으로 쓰여 '원래는 ~하려 했으나 현재는 ~하다'라는 뜻을 나타낸다.

A: 你刚才和李[Lǐ]老师一块儿过来的？ B: 对，我（ **C 本来** ）要骑自行车的，她正好开车经过，就顺便送我来了。	A: 너 방금 리[李] 선생님과 같이 온 거야? B: 응. 나는 (**C 원래**) 자전거 타려고 했는데, 선생님께서 마침 운전해서 지나가시다가 겸사겸사 나를 데려다주셨어.

刚才 gāngcái 명 방금, 방금 전 | 一块儿 yíkuàir 부 함께, 같이 | 骑 qí 동 (자전거, 동물 등을) 타다 | 自行车 zìxíngchē 명 자전거 | ★正好 zhènghǎo 부 마침 | 开车 kāichē 동 운전하다 | 经过 jīngguò 동 지나가다, 거치다, 경유하다 | ★顺便 shùnbiàn 부 ~하는 김에, 겸사겸사 | 送 sòng 동 데려다주다, 배웅하다

20 B [稍微 + 동사 + 一会儿 잠시 좀 ~하다] 망가진 상자를 바꾸러 온 A에게 B가 '잠깐(稍微)' 기다리라고 말하는 것이 가장 자연스럽다. '接着(이어서)'나 '重新(다시)'은 상황과 알맞지 않다. '稍微'는 단독으로 쓰이지 않고, 동사 뒤에 '一会儿' '一下儿' '一点儿' '一些'와 같은 수량사와 함께 쓰인다는 특징이 있다.

A: 售货员，这个饼干的盒子是破的。 B: 对不起，您（ **B 稍微** ）等一会儿，我给您换一盒新的。	A: 저기요, 이 과자 상자가 망가져 있어요. B: 죄송합니다. (**B 잠시만**) 기다려 주세요. 제가 새것으로 바꿔 드릴게요.

★售货员 shòuhuòyuán 명 판매원 | ★饼干 bǐnggān 명 과자 | 盒子 hézi 명 상자 | ★破 pò 동 망가지다, 깨지다, 찢어지다, 해지다 | ★稍微 shāowēi 부 조금, 약간, 다소 | 换 huàn 동 바꾸다 | 盒 hé 양 갑 [작은 종이 상자에 담긴 것을 셀 때 쓰임]

독해 제1부분
05 양사·접속사·개사 어휘 선택

본서 p.113

● Day 25 track yuedu 09
1 C 2 D 3 B 4 E 5 A 6 B 7 E 8 C 9 A 10 D

A 通过 tōngguò 개 ~를 통해
B 节 jié 양 [여러 개로 나누어진 것을 세는 데 쓰임]
C 座 zuò 양 좌, 동, 채 [부피가 크거나 고정된 물체를 세는 단위]
D 因此 yīncǐ 접 이로 인하여, 그래서, 이때문에
E 由于 yóuyú 접 ~때문에, ~로 인하여

1 C [건물을 세는 양사 座] 수사는 양사 없이 명사를 수식할 수 없으므로 괄호에는 '房子'를 셀 수 있는 양사가 와야 한다. '집'처럼 부피가 크고 위치가 고정된 사물을 셀 때는 양사 '座'를 사용한다.

| 家是一（ **C 座** ）有爱的房子，在这里，你可以看到幸福的样子。 | 가정은 사랑이 있는 한 (**C 채**)의 집으로, 이곳에서 당신은 행복의 모습을 볼 수 있다. |

★座 zuò 양 좌, 동, 채 [부피가 크거나 고정된 물체를 세는 단위] | 房子 fángzi 명 건물, 집 | 可以 kěyǐ 조동 ~할 수 있다 | 看到 kàndào 동 보(이)다 | ★幸福 xìngfú 형 행복하다 | ★样子 yàngzi 명 모습, 모양, 형태

 '山 shān 산' '大楼 dàlóu 빌딩' '桥 qiáo 다리'도 양사 '座 zuò'로 센다.

2 D [원인, 因此 + 결과] '아이들을 교육할 때 각각 다른 방법을 사용해야 한다'라는 주장은 '모든 아이들은 그들의 성격적 특징이 있다'라는 근거에 의한 결론이므로, 괄호에는 '결과' '결론'을 이끄는 접속사 '因此'가 와야 한다.

| 每个孩子都有他们的性格特点，（ **D 因此** ）教育他们得用不一样的方法。 | 모든 아이들은 그들의 성격적 특징이 있다. (**D 그래서**) 아이들을 교육할 때 다른 방법을 사용해야 한다. |

★性格 xìnggé 명 성격 | ★特点 tèdiǎn 명 특징, 특색 | ★因此 yīncǐ 접 그래서, 이로 인하여 | ★教育 jiàoyù 동 교육하다 | ★得 děi 조동 ~해야 한다 | 用 yòng 동 쓰다, 사용하다 | 一样 yíyàng 형 똑같다, 동일하다 | ★方法 fāngfǎ 명 방법, 수단, 방식

3 B [수업을 세는 양사 节] '수업(课)'을 세는 양사는 '节'이다.

| 黑板上的问题先别擦，王[Wáng]老师说了下一（ **B 节** ）课还要接着讲。 | 칠판 위의 문제는 일단 지우지 마세요. 왕[王] 선생님께서 다음 (**B 시간**) 수업에 이어서 강의할 거라고 하셨어요. |

黑板 hēibǎn 명 칠판 | 先 xiān 부 우선, 먼저 | ★擦 cā 동 닦다 | 下 xià 명 다음, 나중 | ★节 jié 양 [여러 개로 나누어진 것을 세는 데 쓰임] | 课 kè 명 수업, 강의 | 还 hái 부 더 | 要 yào 조동 ~할 것이다 | ★接着 jiēzhe 부 이어서, 연이어, 잇따라 | 讲 jiǎng 동 설명하다, 말하다

 '节 jié'는 '수업의 시간을 세는 양사'이고, '门 mén'은 '수업의 종류를 세는 양사'이니 나타내려는 의미에 맞게 구분해서 써야 한다.

4 E [由于 + 원인, 결과] 어쩔 수 없이 계획을 늦추게 된 '원인'은 시험에 통과하지 못했기 때문이다. 앞 절의 괄호에는 '원인'을 나타내는 '由于'가 들어가 인과 관계의 두 절을 연결해야 한다.

(**E** 由于) 没能通过这次考试，她不得不推迟了出国留学的计划。	이번 시험에 통과하지 못했기 (**E** 때문에), 그녀는 어쩔 수 없이 해외 유학 계획을 연기했다.

★ **由于** yóuyú 접 ~때문에, ~로 인하여 | **能** néng 조동 ~할 수 있다 | ★ **通过** tōngguò 동 통과하다 | **考试** kǎoshì 명 시험 | ★ **不得不** bùdébù 부 어쩔 수 없이, 반드시 | ★ **推迟** tuīchí 동 늦추다, 연기하다, 지연시키다 | **出国** chūguó 동 출국하다 | **留学** liúxué 동 유학하다 | ★ **计划** jìhuà 명 계획

---

5 A [通过 + 수단 / 방식 / 방법 ~를 통해서] 개사구가 단독으로 강조되어 문장 맨 앞에 위치한 문장이다. 문맥상 시험을 '통해서' 나의 부족함을 인식하게 되었다는 해석이 자연스러우므로, 답은 '通过(~를 통해)'이다. 개사 '通过'는 주로 '수단 / 방식 / 방법'을 목적어로 취한다.

(**A** 通过) 这次考试，我才真正认识到自己的不足。	이번 시험을 (**A** 통해), 나는 비로소 나의 부족한 점을 진정으로 인식하게 되었다.

★ **通过** tōngguò 개 ~를 통해 | **才** cái 부 비로소 | ★ **真正** zhēnzhèng 형 진정한, 참된 | **到** dào 동 [동사 뒤에서 보어로 쓰여 동작이 목적에 도달했거나 결과가 있음을 나타냄] | **自己** zìjǐ 대 자신, 자기, 스스로 | **不足** bùzú 형 부족 형 부족하다

 괄호가 문장 맨 앞에 있다고 해서 괄호에 항상 접속사나 시간명사가 들어가는 것은 아니다. 개사구가 도치되어 있는 문장일 수도 있다. 괄호의 품사가 문제 풀이에 결정적인 역할을 하는 상황이라면 괄호 뒤가 '절'인지 '구'인지를 확인하도록 하자.

A **甚至** shènzhì 접 심지어
B **遍** biàn 양 차례, 번, 회 [한 동작의 처음부터 끝까지의 전 과정을 가리킴]
C **趟** tàng 양 편, 번, 차례 [정기적인 교통수단의 운행 횟수를 세는 데 쓰임]
D **页** yè 양 페이지, 쪽, 면
E **不管** bùguǎn 접 ~에 관계없이, ~를 막론하고

6 B [打 + 수사 + 遍 + 电话 전화를 ~번 걸다] 괄호가 수사 '好几(몇)'와 '电话(전화)' 사이에 위치하고 있는 것에서 괄호에 양사가 들어갈 것임을 알 수 있다. 전화를 건 횟수를 셀 때 쓸 수 있는 동량사는 '遍'이다.

A: 你的手机响了，为什么不接呢? B: 这个号码给我打了好几 (**B** 遍) 电话了，每次都让我办信用卡。	A: 네 휴대폰이 울렸는데, 왜 안 받는 거야? B: 이 번호로 나에게 여러 (**B** 차례) 전화가 걸려 왔는데, 매번 나에게 신용카드를 만들라고 해.

★ **响** xiǎng 동 울리다, 소리가 나다, 소리를 내다 | **接** jiē 동 받다 | ★ **号码** hàomǎ 명 번호, 숫자 | **给** gěi 개 ~에게 | **好几** hǎojǐ 수 여러, 몇 | ★ **遍** biàn 양 차례, 번, 회 [한 동작의 처음부터 끝까지의 전 과정을 가리킴] | **让** ràng 동 (어떤 일을) 하게 하다, 하도록 하다 | **办** bàn 동 하다, 처리하다 | **信用卡** xìnyòngkǎ 명 신용카드

---

7 E [不管 + 의문문 ~를 막론하고] 문맥상 '어떤 조건에서도 결과가 변하지 않음'을 강조하는 접속사 '不管'이 보기 중에서 답으로 가장 적합하다. '不管' 뒤에는 보통 의문대사나 의문문이 온다.

A: （ E 不管 ）发生什么问题，都请及时联系我们。 B: 好的，谢谢你的关心。	A: 무슨 문제가 발생(E 하든 관계없이)，바로 저희에게 연락해 주십시오. B: 네. 관심을 가져 주셔서 감사합니다.

★不管 bùguǎn 접 ~에 관계없이, ~를 막론하고 | ★发生 fāshēng 동 발생하다, 일어나다 | ★及时 jíshí 부 곧바로, 즉시, 신속히 | ★联系 liánxì 동 연락하다 | 关心 guānxīn 동 관심을 갖다, 관심을 기울이다

8 C [趟 + 정기적인 교통수단] '航班(항공편)'에 사용할 수 있는 양사는 왕래 횟수를 세는 양사 '趟'이다. '趟'은 다른 교통편을 세는 양사로도 자주 사용된다.

A: 先生，请问您知道刚才广播里说的是哪（ C 趟 ）航班推迟了吗？ B: 是从云南飞往上海国际机场的ED6814次航班。	A: 선생님, 실례지만 방금 방송에서 어느 (C 편)의 항공편이 연착되었다고 말했는지 아세요? B: 윈난에서 상하이 국제공항으로 가는 ED6814 항공편이요.

请问 qǐngwèn 동 말씀 좀 여쭙겠습니다 | 刚才 gāngcái 명 방금, 막, 지금 막 | ★广播 guǎngbō 명 방송 | ★趟 tàng 양 편, 번, 차례 [정기적인 교통수단의 운행 횟수를 세는 데 쓰임] | ★航班 hángbān 명 항공편, 운항편 | ★推迟 tuīchí 동 늦추다, 연기하다, 지연시키다 | 云南 Yúnnán 고유 윈난성 | 飞往 fēiwǎng 동 비행기를 타고 ~로 가다 | 上海 Shànghǎi 고유 상하이 | ★国际 guójì 명 국제 | 机场 jīchǎng 명 공항

9 A [A, 甚至B A하고, 심지어 B하다] 차의 맛이 '苦(쓰다)→好(괜찮다)→甜(달다)'이라는 순서로 점점 나아진다는 내용이므로, 괄호에는 정도가 더욱 심해짐을 나타내는 접속사 '甚至'가 들어가야 한다. 괄호 앞에 쉼표가 있고, 앞뒤 절에 모두 술어가 있으면 괄호에 접속사가 올 가능성이 높다.

A: 这是什么茶？太苦了。 B: 这种茶只是喝第一口时觉得苦，过会儿就好了，（ A 甚至 ）还会觉得甜呢。	A: 이건 무슨 차야？ 너무 쓰다. B: 이런 종류의 차는 처음 한 모금 마셨을 때만 쓰다고 느끼지, 조금 지나면 괜찮아져. (A 심지어) 달다고 느낄 수도 있어.

★苦 kǔ 형 쓰다 | 种 zhǒng 양 종, 종류 | 只是 zhǐshì 부 단지, 다만, 그저 | 第一 dì yī 수량 첫째 | 口 kǒu 양 모금, 입, 마디 [입과 관련 있는 동작이나 사물을 세는 단위] | 会儿 huìr 명 잠시, 잠깐 | 就 jiù 부 ~면, ~인 이상, ~한 바에는 | ★甚至 shènzhì 접 심지어 | 会 huì 조동 ~할 것이다 | 甜 tián 형 달다, 달콤하다

10 D [페이지를 세는 양사 页] 책에 대하여 이야기하는 중이므로, 책의 페이지를 세는 양사 '页'가 답이다. 페이지는 순서대로 나열되므로, 순서의 차례를 나타내는 접두사 '第'를 써서 '第 + 숫자 + 页' 형식으로 페이지를 나타낸다는 것을 기억하자.

A: 都已经过去一个月了，我才看到这本书的第二十（ D 页 ）。 B: 因为里边大部分是在讲自然科学方面的知识，所以理解上会有一些困难。	A: 이미 벌써 한 달이 지났는데, 나는 이 책을 겨우 20 (D 페이지)까지 봤어. B: 내용의 대부분이 자연과학 측면의 지식에 대해 이야기하고 있기 때문에, 이해하는 데 조금 어려움이 있을 거야.

都 dōu 부 이미, 벌써 | 过去 guòqù 동 지나가다 | 才 cái 부 겨우, 고작, 기껏 | ★页 yè 양 페이지, 쪽, 면 | 因为 yīnwèi 접 왜냐하면 | 里边 lǐbian 명 안쪽, 속, 내부 | 大部分 dàbùfen 명 대부분 | 讲 jiǎng 동 설명하다, 말하다 | 自然科学 zìrán kēxué 명 자연과학 | ★方面 fāngmiàn 명 측면, 방면, 부분, 분야 | ★知识 zhīshi 명 지식 | 所以 suǒyǐ 접 그래서, 그러므로 | ★理解 lǐjiě 동 이해하다 | 一些 yìxiē 양 약간, 조금 | ★困难 kùnnan 명 어려움, 곤란, 빈곤

01 연결어 순서 배열

독해 제2부분

본서 p.119

● Day 11　　　　　　　　　　　　　　　　　　　　　　　　　track yuedu 10
　1 A B C　　2 C A B　　3 B A C　　4 B A C　　5 C B A　　6 B A C

1 A B C [虽然 A，可是 B 비록 A일지라도 B이다]

STEP 1　접속사 '虽然'은 뒤 절의 '可是' '但是' '不过' 등의 접속사와 결합하여 '역접 관계'의 내용을 연결한다. (A→B)

　A 虽然这个沙发的质量很好　　B 可是我们家特别小

STEP 2　집이 아주 작다(家特别小)는 것은 큰 소파를 놓을 수 없다(放不下这么大的沙发)는 추측의 근거가 되므로 B가 C보다 앞에 와야 한다. (A→B→C)

　A 虽然这个沙发的质量很好　　B 可是我们家特别小　　C 估计放不下这么大的沙发
　　　　　　　　　　　　　　　　추측의 근거　　　　　　추측

해석　A 비록 이 소파의 질은 좋지만　B 우리 집은 아주 작아서　C 이렇게 큰 소파는 놓지 못할 것이다.

虽然 suīrán 접 비록 ~일지라도 | ★**沙发** shāfā 명 소파 | ★**质量** zhìliàng 명 질, 품질 | ★**可是** kěshì 접 그러나, 그런데 | **特别** tèbié 부 아주, 특별히 | ★**估计** gūjì 동 추측하다, 예측하다, 어림잡다 | **放** fàng 동 놓다 | **不下** búxià 접미 [동사 뒤에 쓰여 '어떤 동작을 완성하지 못했거나 결과가 없음'을 나타냄] | **这么** zhème 대 이렇게

2 C A B [不但 A , 还 B A할 뿐만 아니라, 게다가 B하다]

STEP 1　점층 관계의 문장을 연결하는 접속사 '不但'은 뒤 절에 부사 '还'와 호응하여 쓰인다. (A→B)

　A 不但能看到大大小小的鱼在河里游来游去　　B 还能看到河底的水草

STEP 2　A와 B는 '강물이 매우 깨끗하다'는 C의 내용을 구체적으로 뒷받침해 주는 내용이므로, C→A→B 순서로 위치하는 것이 적합하다. (C→A→B)

　C 这里的河水非常干净, 站在河边　　A 不但能看到大大小小的鱼在河里游来游去　　B 还能看到河底的水草

해석　C 여기 강물은 매우 깨끗하다. 강가에 서 있으면　A 크고 작은 물고기가 강 안에서 이리저리 헤엄치는 것을 볼 수 있을 뿐만 아니라　B 강바닥의 수초도 볼 수 있다.

河水 héshuǐ 명 강물 | **干净** gānjìng 형 깨끗하다 | **站** zhàn 동 서다 | **河边** hébiān 명 강가 | **不但** búdàn 접 ~뿐만 아니라 | **看到** kàndào 동 보(이)다 | **大大小小** dàdàxiǎoxiǎo 큰 것과 작은 것 | **鱼** yú 명 물고기 | **河里** hélǐ 명 강물 속, 하천 | **游** yóu 동 헤엄치다 | ……**来**……**去** ……lái……qù (끊임없이) 왔다 갔다 하다, ~하곤 하다 | **河底** hédǐ 명 하천의 밑바닥 | **水草** shuǐcǎo 명 수초, 물풀

3 B A C [A 而且 B A하고, 게다가 B하다]

STEP 1 '而且'는 점층 관계의 두 문장을 연결하는 접속사로, 두 문장 중 뒤 절(심화된 내용이 서술되는 절)에 위치한다. B와 C 중에 A의 내용(환경 보호)과 점층적으로 연결된 내용을 다루고 있는 것은 B이다. **(B→A)**

B 这儿四季的风景都非常美丽　　A 而且环境保护得也非常好

STEP 2 접속사 '因此'는 '결과'를 이끄는 절로, '因此'가 이끄는 절 앞에는 '이유' '원인'에 해당하는 내용이 있어야 한다. 많은 관광객을 매료시켜 여행 오게 하는(C) '이유'에 해당하는 내용은 'B→A'이다. **(B→A→C)**

B 这儿四季的风景都非常美丽　　A 而且环境保护得也非常好　　C 因此每年都吸引着很多游客去旅行
　　　　　　　　　　　　　　　　　　이유(B, A)　　　　　　　　　　　　　　　결과(C)

해석　B 이곳은 사계절 경치가 모두 매우 아름답다　　A 게다가 환경 보호 역시 참 잘 되어 있다.
　　　　C 그래서 (이곳은) 매년 아주 많은 관광객이 여행 오도록 유인한다.

四季 sìjì 명 사계, 사철 | 风景 fēngjǐng 명 풍경, 경치 | ★美丽 měilì 형 아름답다, 예쁘다 | 而且 érqiě 접 게다가, 뿐만 아니라, 또한 | 环境 huánjìng 명 환경 | ★保护 bǎohù 동 보호하다 | 得 de 조 [동사나 형용사 뒤에 쓰여 결과나 정도를 나타내는 보어와 연결시킴] | ★因此 yīncǐ 접 그래서, 이로 인하여 | ★吸引 xīyǐn 동 끌어당기다, 유인하다, 매료시키다 | 着 zhe 조 ~하고 있다, ~하고 있는 중이다 | 游客 yóukè 명 여행객, 관광객 | ★旅行 lǚxíng 동 여행하다

4 B A C [虽然 A , 但 B 비록 A일지라도 B이다]

STEP 1 '虽然……，但……'은 역접 관계의 두 문장을 연결한다. **(B→A)**

B 那两个小伙子虽然国籍不同　　A 但都可以用汉语进行简单交流

STEP 2 '모두 중국어로 간단한 교류를 진행할 수 있다(A)'는 것은 '한자를 추측하는 게임을 하는데 문제없을 것(C)'이라고 확신하는 근거가 된다. **(A→C)**

B 那两个小伙子虽然国籍不同　　A 但都可以用汉语进行简单交流　　C 玩儿猜汉字的游戏肯定没问题
　　　　　　　　　　　　　　　　　　추측에 대한 근거　　　　　　　　　　　　　　확신

해석　B 그 두 사내는 비록 국적은 다르지만　　A 모두 중국어로 간단한 교류를 진행할 수 있으니
　　　　C 한자를 맞추는 게임을 해도 분명 문제없을 것이다.

★小伙子 xiǎohuǒzi 명 젊은이, 청년 | ★国籍 guójí 명 국적 | 不同 bùtóng 형 다르다, 같지 않다 | 但 dàn 접 하지만, 그러나, 그렇지만 | 用 yòng 개 ~로 | ★进行 jìnxíng 동 진행하다 | ★简单 jiǎndān 형 간단하다, 단순하다 | ★交流 jiāoliú 명 교류 동 교류하다 | ★猜 cāi 동 추측하다, 알아맞히다 | 汉字 Hànzì 고유 한자 | 游戏 yóuxì 명 게임 | ★肯定 kěndìng 부 확실히, 틀림없이, 의심할 여지없이 | 没问题 méi wèntí 문제없다, 자신있다, 확신하다

5 C B A [要是 A , B 만약 A라면(가설), B하다(결과)]

STEP 1 접속사 '要是'는 '~한다면'이라는 뜻으로, '가정' 관계의 문장을 연결하는 말이다. 우선 접속사 '要是'가 있는 C를 기준으로 앞뒤에 문장을 연결해 보자. B나 A가 '가정'을 나타내는 C보다 앞에 위치하면 논리 관계가 이상해지므로, C는 맨 앞에 배열되는 것이 맞다. **(C→?)**

C 要是不提前跟她打招呼   ?

STEP 2 A와 B의 순서 배열은 문장 맨 앞의 C와 연계하여 생각하면 쉽다. 맥락상 C의 '要是(~한다면)'가 이끄는 절은 B까지이다. 'C와 B'는 A라는 '판단의 근거'가 되는 것이다. **(C→B→A)**

C 要是不提前跟她打招呼   B 就直接去公司找她   A 有一点儿不太礼貌吧
판단의 근거(C, B)   판단

해석 C 만약 그녀에게 미리 알리지 않고   B 바로 회사에 가서 그녀를 찾는다면   A 좀 예의가 없는 거겠지.

★ **要是** yàoshi 접 만약, 만약 ~이라면 | ★ **提前** tíqián 동 앞당기다 | **跟** gēn 개 ~에게, ~와 | ★ **打招呼** dǎ zhāohu 알리다, 통지하다 | **就** jiù 부 곧, 즉시, 바로 | ★ **直接** zhíjiē 부 직접 | **找** zhǎo 동 찾다, 구하다, 물색하다 | **有(一)点儿** yǒu(yì)diǎnr 부 조금, 약간 | ★ **礼貌** lǐmào 형 예의 바르다

6 B A C [A, 而 B   A하지만, B하다]

STEP 1 A, B에서는 각각 달과 태양의 '상반된' 크기에 대해 말하고 있다. 역접 관계의 두 문장을 연결하는 접속사 '而'은 뒤 문장에 위치하므로, A는 B 뒤에 위치해야 한다. **(B→A)**

B 太阳有地球的130万倍那么大   A 而月球只有地球的1/49

STEP 2 C의 '它们'은 A와 B의 '月球'와 '太阳'을 가리키는 대사이므로, C는 문장 맨 끝에 위치한다. 한 문장에서 '대사'와 대사가 지칭하는 대상이 함께 드러나 있다면, 대사는 그 대상보다 뒤에 위치해야 한다. **(B→A→C)**

B 太阳有地球的130万倍那么大   A 而月球只有地球的1/49   C 但我们在地球上看时，却感觉它们大小差不多

해석 B 태양은 지구의 130만 배만큼 크지만
　　　 C 하지만 우리가 지구에서 볼 때는 오히려 그들의 크기가 비슷하게 느껴진다.

太阳 tàiyáng 명 태양 | ★ **地球** dìqiú 명 지구 | **万** wàn 양 만, 10000 | ★ **倍** bèi 양 배, 배수 | **那么** nàme 대 그렇게, 저렇게, 그런, 저런 | ★ **而** ér 접 ~지만, ~면서, 그러나 [역접을 나타냄] | **月球** yuèqiú 명 달 | **只** zhǐ 부 겨우, 단지, 다만, 오직 | ★ **却** què 부 오히려, 도리어, 반대로, 그러나 | ★ **感觉** gǎnjué 동 느끼다 | **大小** dàxiǎo 명 크기 | ★ **差不多** chàbuduō 형 비슷하다, 큰 차이가 없다

02 대사 순서 배열

본서 p.123

● Day 13   track yuedu 11
1 CAB   2 CBA   3 CBA   4 BCA   5 BAC   6 BAC

1 CAB [猜…… ~라고 추측하다]

STEP 1 한 문장에 '대사'와 대사가 지칭하는 대상이 함께 드러나 있다면, 대사는 그 대상보다 뒤에 위치해야 한다. A와 B의 '他'는 C의 '老师'를 가리키는 말이므로, 문장 맨 앞에는 C가 위치해야 한다. **(C→?)**

C 我猜老师肯定知道这道题的答案　　　　　　?

STEP 2 A에는 선생님이 우리에게 답을 모르는 척(B) 하는 이유가 제시되어 있다. 또, B가 주어 없이 '才'로 시작하는 것을 보아 B 앞에 다른 문장이 선행함을 알 수 있다. **(A→B)**

C 我猜老师肯定知道这道题的答案   A 他就是想和我们开玩笑   B 才专门骗我们说他不知道的

해석   C 내가 추측건대 선생님은 틀림없이 이 문제의 답을 알고 계실 것이다.   A 선생님은 우리와 농담을 하고 싶어서
B 비로소 우리를 속이려고 일부러 모른다고 말씀하신 것이다.

★猜 cāi 동 추측하다, 추정하다 | ★肯定 kěndìng 부 틀림없이, 확실히, 의심할 여지없이 | 道 dào 양 [명령이나 문제 등을 세는 단위] | ★答案 dá'àn 명 답안, 답, 해답 | 就是 jiùshì 부 바로 ~이다 | 想 xiǎng 조동 ~하고 싶다 | ★开玩笑 kāi wánxiào 동 농담하다, 웃기다, 놀리다 | 才 cái 부 비로소, 겨우 | ★专门 zhuānmén 부 일부러, 특별히 | ★骗 piàn 동 속이다

2 CBA [要不是 A, B A하지 않는다면 B하다]

STEP 1 A와 B의 '他'가 가리키는 대상은 C의 '王洋'이므로, 문장 맨 앞에는 C가 와야 한다. **(C→?)**

C 自从毕业以后，我和王洋有八九年没见了   A 我一定猜不出他是谁

STEP 2 '要不是'는 '~하지 않았다면'이라는 뜻으로, 가정을 나타내는 말이다. B에서는 어떤 상황을 '가정'하고, A에서는 'B의 가정에 따른 결과'가 서술되어 있으므로, 문장은 'B→A' 순서로 배열되는 것이 맞다. 그래도 문장의 선후가 헷갈린다면, 시간의 흐름에 따라 과거를 부정하는 '没'가 현재나 미래를 부정하는 '不'보다 앞에 위치하도록 문장을 배열할 수 있다는 것에서 힌트를 찾자. **(C→B→A)**

C 自从毕业以后，我和王洋有八九年没见了   B 今天要不是他先和我说话   A 我一定猜不出他是谁
   알아보지 못한 이유   사실을 부정하는 '가정'   가정에 따른 결과

해석   C 졸업하고 나서 나와 왕양은 8~9년 정도 보지 못했다.   B 오늘 만약 그가 먼저 나에게 이야기하지 않았다면
A 나는 분명 그가 누구인지 알아채지 못했을 것이다.

自从 zìcóng 개 ~부터, ~에서, ~한 후 | ★毕业 bìyè 명 졸업 | 以后 yǐhòu 명 이후 | 见 jiàn 동 보다 | 要 yào 접 만약 | 先 xiān 부 먼저, 우선 | 一定 yídìng 부 반드시, 필히, 꼭 | ★猜 cāi 동 알아맞히다

3 C B A [A 对 B 重视 A가 B를 중시하다]

STEP 1 A의 '他'가 가리키는 대상은 B의 '于校长'이므로, A는 B보다 뒤에 위치해야 한다. (B→A)

B 于校长真的很重视   A 只要是符合条件的学生, 他都支持并且鼓励他们报名参加

STEP 2 C의 개사 '对'와 B의 술어 '重视'가 호응하여 '对……重视' 구문을 이루고 있으므로, C 바로 뒤에는 B가 위치해야 한다. (C→B)

C 对这一次在北京举办的职业技术比赛   B 于校长真的很重视   A 只要是符合条件的学生, 他都支持并且鼓励他们报名参加

해석 C 이번에 베이징에서 개최하는 직업 기술 대회를   B 위(于) 교장은 매우 중시한다.
A 조건에 부합하는 학생이기만 하면, 그는 모두를 지지하며, 그들이 지원하여 참가하도록 격려한다.

★ 举办 jǔbàn 동 개최하다, 거행하다, 열다 | ★ 职业 zhíyè 명 직업 | ★ 技术 jìshù 명 기술 | 比赛 bǐsài 명 경기, 시합 | 校长 xiàozhǎng 명 학교장 | 真的 zhēnde 부 정말로, 참으로 | ★ 重视 zhòngshì 동 중시하다, 중요시하다 | 只要 zhǐyào 접 ~하기만 하면 | ★ 符合 fúhé 동 부합하다, 들어맞다 | ★ 条件 tiáojiàn 명 조건 | ★ 支持 zhīchí 동 지지하다 | ★ 并且 bìngqiě 접 그리고, 게다가, 나아가 | ★ 鼓励 gǔlì 동 격려하다 | ★ 报名 bàomíng 동 지원하다, 신청하다, 등록하다 | 参加 cānjiā 동 (어떤 조직이나 활동에) 참가하다, 참여하다

---

4 B C A [除了A , 还B A를 제외하고, B도 ~하다]

STEP 1 개사 '除了'는 뒤에 부사 '都'나 '还'와 함께 쓰이는 표현이다. 이 문장에서는 C의 '除了'와 A의 '还'가 구문을 이루고 있다. (C→A)

C 除了这个手机号码   A 你还有没有什么别的联系方式能联系到她?

STEP 2 의미상으로만 접근하면 B가 문장 맨 앞인지 맨 뒤인지 헷갈릴 수 있다. A의 '她'가 가리키는 대상이 B의 '李护士'이므로, B는 문장 맨 앞에 와야 한다. (B→C→A)

B 真是太奇怪了, 李护士的手机一直打不通   C 除了这个手机号码   A 你还有没有什么别的联系方式能联系到她?

해석 B 정말 너무 이상하네. 리[李] 간호사의 휴대폰이 계속 연결되지 않는데
C 이 휴대폰 번호 외에   A 너 그녀에게 연락이 닿는 다른 연락처가 또 있니?

真是 zhēnshi 부 정말 | 奇怪 qíguài 형 이상하다 | ★ 护士 hùshi 명 간호사 | 一直 yìzhí 부 계속, 줄곧 | 打通 dǎtōng 동 (전화가) 연결되다 | 除了A还B…… chúle A hái B…… A외에 B도 ~하다 | ★ 号码 hàomǎ 명 번호, 숫자 | ★ 联系 liánxì 동 연락하다, 연결하다 | 到 dào 동 [동사 뒤에서 보어로 쓰여 동작이 목적에 도달했거나 결과가 있음을 나타냄]

5 B A C [A 为 B A는 B이다]

STEP 1 C의 '它'가 가리키는 대상은 B의 '黄河公路大桥'이므로, C는 B보다 뒤에 위치해야 한다. **(B→C)**

> B 河南省郑州黄河公路<u>大桥</u>在1983年建成通车　　C <u>它</u>被人们称为"亚洲第一大公路桥"

STEP 2 A의 '当时'는 대교가 개통한 시점(B)을 의미하므로 A 역시 B보다 뒤에 위치해야 하며, 의미상 '在当时' 뒤에 '它 被人们称为'가 위치하는 것이 자연스럽다. **(B→A→C)**

> B 河南省郑州黄河公路大桥在 1983年建成通车　　A 全长大约为54,640米, 在当时　　C 它被人们称为 "亚洲第一大公路桥"
>
> 　　술어1　　　　　　　술어2

해석 B 허난성 정저우의 황허 도로 대교는 1983년에 지어져 개통되었다.　A 전체 거리는 약 54,640미터로, 당시에
　　　C 이 다리는 사람들에 의해 '아시아의 첫 번째 도로 다리'라고 불렸다.

河南省 Hénán Shěng 고유 허난성 | **郑州** Zhèngzhōu 고유 정저우 | **黄河** Huánghé 고유 황허 | **公路** gōnglù 명 도로, 고속도로 | ★**桥** qiáo 명 다리 | **建成** jiànchéng 동 건설하다 | **通车** tōngchē 동 (철도·도로 등이) 개통하다 | **全** quán 형 전부의, 전체의 | **长** cháng 명 길이 | ★**大约** dàyuē 부 대략, 대강, 얼추 | **为** wéi 동 ~이다 | **米** mǐ 양 미터(m) | ★**当时** dāngshí 명 당시, 그때 | **被** bèi 개 ~에게 ~를 당하다 | **人们** rénmen 명 사람들 | **称为** chēngwéi 동 ~(이)라고 부르다 | ★**亚洲** Yàzhōu 고유 아시아주 | **第一** dì yī 수 제1, 최초, 첫(번)째

---

6 B A C [A 跟 B 不同 A가 B와 다르다]

STEP 1 B에서 언급한 '室友'의 생활 습관이 A에 구체적으로 드러나 있으므로, A는 B 뒤에 와야 한다. **(B→A)**

> B 我的<u>室友</u>是个作家, 他的<u>生活习惯</u>跟我<u>完全不同</u>　　A <u>常常</u>在<u>夜里写文章</u>

STEP 2 C의 '他'가 가리키는 대상은 B의 '室友'이고, 내가 밤에 그를 방해하지 않는(C) 것은 A에 드러난 '室友'의 생활 습관 때문이므로 C는 문장 맨 뒤에 와야 한다. **(B→A→C)**

> B 我的<u>室友</u>是个作家, 他的生活习惯 跟我完全不同　　A 常常在<u>夜里</u>写文章　　C 所以我<u>夜里</u>从来不去打扰<u>他</u>
>
> 　　　　　　　　　　　　　　　행동(C)의 이유

해석 B 나의 룸메이트는 작가이다. 그의 생활 습관은 나와 완전히 다르다.　A (룸메이트는) 자주 밤에 글을 쓴다.
　　　C 그래서 나는 밤에 여태껏 그를 방해한 적이 없다.

室友 shìyǒu 명 룸메이트 | ★**作家** zuòjiā 명 작가 | ★**生活** shēnghuó 명 생활 | **习惯** xíguàn 명 습관 | **跟** gēn 개 ~와 | ★**完全** wánquán 부 완전히, 전혀, 아주 | **不同** bùtóng 형 다르다, 같지 않다 | **常常** chángcháng 부 자주, 늘, 항상, 수시로, 언제나, 흔히 | **夜里** yèli 명 밤, 밤중 | **写** xiě 동 쓰다 | ★**文章** wénzhāng 명 (독립된 한 편의) 글, 문장 | **从来** cónglái 부 (과거부터) 지금까지, 여태껏, 이제까지 | **去** qù 동 ~하려 하다 [동사 앞에 쓰여 어떤 일을 하겠다는 의지를 나타냄] | ★**打扰** dǎrǎo 동 방해하다, 지장을 주다

의미 순서 배열

본서 pp.128~130

● Day 27

track yuedu 12

| 1 CBA | 2 ACB | 3 BCA | 4 ACB | 5 BCA | 6 BAC |

---

1 CBA [A 甚至 B A하고, 심지어 B하다]

STEP 1 '甚至'는 점층 관계를 나타낸다. '꿈에 관한 책을 쓰는 것(B)'은 '꿈을 해석하는 것(C)'에서 더 나아간 행동이므로, 점층 방향에 따라 C→B 순서가 된다. **(C→B)**

C 很多人都曾经试过解释人的梦
행동1

B 有的人甚至还写过关于梦的书
행동2

STEP 2 A에서 지금까지(到今天) 여전히 없다고 말하는 것에서 앞서 어떤 사건이 서술되어야 한다는 것을 알 수 있다. C에서 예전(曾经)에 꿈을 해석(试梦)하려 했다는 것이 먼저 발생한 사건이므로, 먼저 서술되어야 한다. **(C→B→A)**

C 很多人都曾经试过解释人的梦
과거(사건)

B 有的人甚至还写过关于梦的书

A 可惜到今天仍然没有一个正确的说法
현재(결과)

해석 C 일찍이 많은 사람들이 사람의 꿈을 해석하려 시도해 왔다.
B 어떤 사람은 심지어 꿈에 관한 책을 쓰기도 했다.
A 하지만 아쉽게도 오늘날까지 여전히 정확한 견해가 없다.

曾经 céngjīng 图 일찍이, 이전에 | **试** shì 图 시도하다, 시험 삼아 해 보다, 시험하다 | ★**解释** jiěshì 图 (함의·원인·이유 등을) 해석하다, 설명하다, 해명하다 | ★**梦** mèng 图 꿈 | ★**甚至** shènzhì 图 심지어, ~까지도, ~조차도 | **还** hái 图 또, 더 | **写** xiě 图 쓰다 | **关于** guānyú 게 ~에 관해서 | ★**可惜** kěxī 图 아쉽다, 섭섭하다, 아깝다 | ★**仍然** réngrán 图 변함없이, 여전히, 아직도 | ★**正确** zhèngquè 图 정확하다, 올바르다 | **说法** shuōfa 图 견해, 의견

---

2 ACB [除了 A 外，也 B A를 제외하고 B도 ~하다]

STEP 1 C의 개사 '除了'는 B의 부사 '也'와 호응한다. **(C→B)**

C 除了增加出租车数量外

B 我们也在研究别的解决方法

STEP 2 C와 B는 모두 문제에 대한 해결 방안이므로, 문제가 무엇인지 서술한 A가 첫 문장에 온다. **(A→C→B)**

A 很多城市，特别是很多大城市上下班时间打车很难
범위, 문제

C 除了增加出租车数量外
해결 방안1

B 我们也在研究别的解决方法
해결 방안2

해석 A 많은 도시에서, 특히 많은 대도시에서, 출퇴근 시간에 택시를 타는 것은 매우 어렵다.
C 택시의 수를 늘리는 것 외에 B 우리는 다른 해결 방법도 연구하고 있다.

城市 chéngshì 图 도시 | **特别** tèbié 图 특히, 더욱 | **上下班** shàng-xiàbān 출퇴근 | **打车** dǎchē 图 택시를 타다 | **难** nán 图 어렵다 | **除了**

A也B…… chúle A yě B…… A 외에 B도 ~하다 | ★增加 zēngjiā 동 증가하다, 더하다, 늘리다 | ★数量 shùliàng 명 수량, 양 | 在 zài 부 마침 ~하고 있다, 막 ~하고 있는 중이다 | ★研究 yánjiū 동 연구하다 | 别 bié 형 별개의, 다른, 딴, 별도의 | 解决 jiějué 동 해결하다, 풀다 | ★方法 fāngfǎ 명 방법, 수단, 방식

 '特别是 tèbié shì'는 앞서 언급된 범위에서 강조하는 내용을 이끌어 내며, 기본적인 구조는 [A(범위), 特别是B]이다. 보통 4급 독해 제2부분에서 많이 등장하며, '特别是'가 보기 문장 앞에 있다면, 범위를 나타내는 말을 찾아 '特别是'보다 앞에 배치해야 한다.

3 BCA [应该 ~해야 한다]

STEP 1 '~할 때 ~해야 한다'는 상황에 따른 해결 방안 제시 구조가 반복되어 있다. B에는 상황(应聘时)과 해결 방안(要)이 모두 담겨있지만, C에는 상황(……时), A는 해결 방안(应该)만 담겨 있으므로 C→A의 순서가 자연스럽다. **(C→A)**

C 但遇到不能回答的问题时   A 应该做到诚实，这样才能给别人留下一个好印象
       상황   해결 방안

STEP 2 C에 역접을 나타내는 접속사인 '但'이 있으므로, C 앞에 반전되는 내용의 문장이 와야 한다. 문맥상으로도 '지원할 때'라는 상황 다음에 '질문에 직면했을 때'라는 더 구체적인 상황이 오는 것이 적합하다. **(B→C→A)**

B 应聘时我们要努力证明自己的能力   C 但遇到不能回答的问题时   A 应该做到诚实，这样才能给别人留下一个好印象
     상황+해결 방안   상황   해결 방안

해석 B 입사 지원을 할 때 우리는 열심히 자신의 능력을 증명해야 한다. C 그러나 대답할 수 없는 질문에 직면했을 때는 A 성실해야 한다. 이렇게 해야 비로소 다른 사람에게 좋은 인상을 남길 수 있다.

★应聘 yìngpìn 동 지원하다, 초빙에 응하다 | 要 yào 조동 ~해야 한다 | 努力 nǔlì 동 열심히 하다, 노력하다, 힘쓰다 | ★证明 zhèngmíng 동 증명하다 | 自己 zìjǐ 대 자신, 자기, 스스로 | ★能力 nénglì 명 능력 | 但 dàn 접 하지만, 그러나, 그렇지만 | 遇到 yùdào 동 마주치다, 부딪치다, 맞닥뜨리다 | 回答 huídá 동 대답하다, 회답하다, 응답하다 | 应该 yīnggāi 조동 ~해야 한다 | 到 dào 동 [동사 뒤에서 보어로 쓰여 동작이 목적에 도달했거나 결과가 있음을 나타냄] | ★诚实 chéngshí 형 진실하다, 참되다, 성실하다 | 这样 zhèyàng 대 이렇게 | 才 cái 부 비로소 | 给 gěi 개 ~에게 | 别人 biérén 명 다른 사람, 남 | 留下 liúxià 동 남기다 | ★印象 yìnxiàng 명 인상

4 ACB [为了 A 而 B A를 위해 B하다]

STEP 1 접속사 '而'은 '목적' '방법' '원인'을 나타내는 내용을 연결할 때도 쓰인다. 이때의 '而'은 '목적/방법/원인 + 而 + 행위'의 형태로 활용된다. 숲 전체를 포기하는 행동(B)은 한 그루의 나무를 위한 것(C)이므로, 문장은 C→B 순서로 이어져야 한다. **(C→B)**

C 换句话说，就是不能只为了一棵"大树"   B 而放弃整个"森林"
               목적   행위

STEP 2 C의 '换句话说'는 어떤 내용을 좀 더 자세하고 쉽게 풀어 말하는 경우에 쓰는 표현이다. C는 A의 내용을 비유를 통해 쉽게 설명하고 있다. **(A→C)**

A 做事往往要照顾大的方面　　C 换句话说，就是不能只为了一棵"大树"　　B 而放弃整个"森林"

해석　A 일을 할 때는 보통 큰 방면을 살펴야 한다.
　　　　C 바꿔 말하면, 그저 한 그루의 '나무'를 위해　　B '숲' 전체를 포기해선 안 된다.

★往往 wǎngwǎng 부 자주, 흔히, 종종 | 照顾 zhàogù 동 고려하다, 생각하다 | ★方面 fāngmiàn 명 분야, 부분, 방면 | 换 huàn 동 바꾸다 | 句 jù 양 마디, 구, 편 [언어나 시문을 세는 단위] | 就 jiù 부 바로 [사실이 '바로 그러함'을 나타냄] | 不能 bùnéng ~해서는 안 된다 | 只 zhǐ 부 겨우, 오직, 단지 | 为了 wèile 개 ~하기 위하여 | ★棵 kē 양 그루, 포기 [식물을 세는 단위] | 树 shù 명 나무, 수목 | ★而 ér 접 [목적 또는 원인 등을 나타내는 성분을 연결시킴] | ★放弃 fàngqì 동 (권리·주장·의견 등을) 버리다, 포기하다 | 整个 zhěnggè 형 전체, 모든 | ★森林 sēnlín 명 삼림, 숲, 산림

5　B C A　[为了 A , B　A(목적)를 위해, B(행위)하다]

STEP 1　개사 '为了'는 '为了A(목적), B(행위)' 구조로 쓰인다. 모두의 안전을 위해(C) 흡연을 하지 말라고(A) 당부하는 내용이 이어지는 것이 적합하므로, C 뒤에는 A가 와야 한다. **(C→A)**

　　C 为了保证大家的安全　　A 请别在园内抽烟，谢谢
　　　목적　　　　　　　　　　　행위

STEP 2　'欢迎'은 고객에게 이야기를 처음 시작할 때, '谢谢'는 이야기를 끝낼 때 자주 쓰는 표현이다. **(B→C→A)**

　　B 欢迎你们来到北京动物园　　C 为了保证大家的安全　　A 请别在园内抽烟，谢谢

해석　B 베이징 동물원에 오신 것을 환영합니다.
　　　　C 모두의 안전을 보장하기 위해　　A 동물원 내에서 담배를 피우지 마 주세요. 감사합니다.

欢迎 huānyíng 동 환영하다 | 动物园 dòngwùyuán 명 동물원 | ★保证 bǎozhèng 동 보증하다, 담보하다 | ★安全 ānquán 형 안전하다 | 园 yuán 명 유람하고 오락하는 장소 | ★内 nèi 명 안, 안쪽, 속, 내부 | ★抽烟 chōu yān 담배를 피우다, 흡연하다

6　B A C　[根据 A 把 B 按 C 排列　A에 근거하여 B를 C에 따라 배열하다]

STEP 1　'把'자문은 '주어+把+목적어+술어+기타 성분'의 어순을 따른다. 이 문장에서 목적어는 A의 '下面这些数字'이며, B와 C에서 의미상·어법상 문장의 술어가 될 수 있는 것은 C의 '排列'이다. **(A→C)**

　　A 把下面这些数字　　C 按从大到小的顺序排列好

STEP 2　'请'은 보통 주어 없이 문장 맨 앞에 위치해 청유문을 만든다. **(B→A→C)**

　　B 请根据试题的要求　　A 把下面这些数字　　C 按从大到小的顺序排列好

해석　B 시험 문제의 요구대로　　A 아래의 이 숫자들을　　C 큰 것에서 작은 것 순서로 잘 배열하세요.

根据 gēnjù 개 ~에 의거하여 | 试题 shìtí 명 시험 문제 | 要求 yāoqiú 명 요구 | 把 bǎ 개 ~를 [처치의 결과를 나타냄] | 下面 xiàmiàn 명 아래, 밑 | ★数字 shùzì 명 숫자 | 按 àn 개 ~에 의거하여, ~에 따라서 | ★顺序 shùnxù 명 순서, 차례 | ★排列 páiliè 동 배열하다, 정렬하다 | 好 hǎo 형 [동사 뒤에 쓰여 '동작이 완성되었거나 잘 마무리되었음'을 나타냄]

● Day 28 track yuedu 13
7 B C A   8 A B C   9 A C B   10 B A C   11 A C B   12 B A C

7 B C A [这 / 那 사물, 행동을 대체하는 말]

STEP 1 A의 '所以'는 결과를 나타내는 접속사로, '所以' 앞에는 어떤 문장이 와야 한다. **(?→A)**

?   **A** 所以现在，我们去公园散散步吧

STEP 2 지시대사 '这'와 '那'는 단순한 사물이 아닌 행동 등을 가리킬 때도 사용할 수 있다. C의 '这'는 B에 언급된 행동 '这几天总躺着'를 가리킨다. **(B→C→A)**

B 出院时医生说你要多活动，但你这几天总躺着   **C** 这对腿很不好   **A** 所以现在，我们去公园散散步吧

해석 **B** 퇴원할 때 의사 선생님께서 많이 활동해야 한다고 했어. 그런데 너는 요 며칠 계속 누워 있잖아.
C 이러면 다리에 안 좋아. **A** 그러니 지금 우리 공원에 가서 산책 좀 하자.

出院 chūyuàn 동 퇴원하다 | 多 duō 형 (수량이) 많다 | ★活动 huódòng 동 활동하다, 행동하다 | 但 dàn 접 하지만, 그러나, 그렇지만 | 几天 jǐ tiān 며칠 | 总 zǒng 부 늘, 줄곧, 언제나, 내내 | ★躺 tǎng 동 눕다, 드러눕다 | 着 zhe 조 ~하고 있다 | 腿 tuǐ 명 다리 | 公园 gōngyuán 명 공원 | ★散步 sànbù 동 산책하다

8 A B C [A 是 B A는 B이다]

STEP 1 'A是B'는 'A는 B이다'라는 의미를 나타내는 형식이다. 보기 C의 '是'를 기준으로 A와 B에 해당하는 내용을 찾아 보면, A와 B는 각각 보기 B의 '写在笔记本上', 보기 C의 '对一天生活的总结'이다. **(B→C)**

B 把每天发生的事写在笔记本上   **C** 也是对一天生活的总结
            주어   목적어

STEP 2 보기 C의 '也'를 통해 '일기 쓰는 것'에 대한 내용이 이미 앞에 언급되었음을 알 수 있다. **(A→B→C)**

A 我从小就有写日记的习惯   **B** 把每天发生的事写在笔记本上   **C** 也是对一天生活的总结

해석 **A** 나는 어려서부터 일기를 쓰는 습관이 있었다. **B** 매일 일어난 일을 노트에 적는 것은
C 하루 생활에 대한 총정리이기도 하다.

从小 cóngxiǎo 부 어린 시절부터, 어릴 때부터 | 就 jiù 부 곧, 즉시, 바로 | 写 xiě 동 글씨를 쓰다 | ★日记 rìjì 명 일기 | 习惯 xíguàn 명 습관 | 每天 měi tiān 명 매일, 날마다 | ★发生 fāshēng 동 일어나다, 발생하다 | 事(儿) shì(r) 명 일, 사정 | 笔记本 bǐjìběn 명 노트 | ★生活 shēnghuó 명 생활 | ★总结 zǒngjié 명 총정리, 총결산

9 A C B [A 了就 B A하고 B하다]

STEP 1 A의 '他'가 '수박을 들고 두드린' 다음에 할 행동으로 가장 적당한 것은 C이다. 'A了就B(A하고 B하다)'라는 표현을 알고 있었다면 좀 더 확신을 가지고 두 문장의 순서를 배열할 수 있다. **(A→C)**

A 他只是拿起西瓜敲了两下   C 就很肯定地对我说这个西瓜一定甜

STEP 2 문맥상 과일을 산 후에 집에 가서 맛보는 내용이 오는 것이 적합하므로 B는 문장 맨 뒤에 위치한다. **(A→C→B)**

A 他只是拿起西瓜敲了两下   C 就很肯定地对我说这个西瓜一定甜   B 回到家我一尝，确实很甜
　　'상점'에서(A, C)　　　　　　　　　　　　　　　　　　　　　　　　　　'집'에 돌아와서(B)

해석
A 그는 그저 수박을 들고 몇 번 두드려 보더니
C 매우 확신하며 나에게 '이 수박이 분명히 달 것'이라고 말했다.
B 집에 와서 한번 맛보니, 확실히 아주 달았다.

只是 zhǐshì 튀 단지, 그저, 다만 | 拿 ná 동 (손으로) 잡다, 쥐다 | 起 qǐ 동 [동사 뒤에 쓰여 '위로 들어올리는 행위'를 나타냄] | ★敲 qiāo 동 두드리다, 치다 | 两 liǎng 주 몇몇, 두어 | 下 xià 양 번, 회 [동작의 횟수를 세는 단위] | ★肯定 kěndìng 동 확신하다, 확인하다, 단정하다 | 一定 yídìng 튀 반드시, 필히, 꼭 | 甜 tián 형 달다, 달콤하다 | 回到 huídào 동 되돌아가다 | ★尝 cháng 동 맛보다 | ★确实 quèshí 튀 확실히, 정말로, 영락없이

---

10 B A C [区别是 차이는]

STEP 1 A의 '它们'이 가리키는 대상은 B의 '你们俩说的菜'이므로, B가 A보다 앞에 위치해야 한다. 참고로, 어떤 사실 또는 의견 등을 강조하여 말할 때는 의견이 근거보다 앞에 위치할 수 있다. **(B→A)**

B 你们俩说的其实是同一种菜   A 因为它们的做法都差不多
　　　사실　　　　　　　　　　　　　근거

STEP 2 C는 A에 대한 보충 설명에 해당하므로 A→C 순서로 위치하는 것이 자연스럽다. C에서는 '区别是'라는 말로 시작하여 두 요리의 구체적인 차이점을 설명하고 있다. **(B→A→C)**

B 你们俩说的其实是同一种菜   A 因为它们的做法都差不多   C 区别是，这道菜在南方和北方的名称不同
　　　사실　　　　　　　　　　　　　근거　　　　　　　　　　　　　보충 설명

해석
B 너희 둘이 말하는 것은 사실 같은 종류의 음식이다.
A 이 음식들의 요리 방법이 모두 비슷하기 때문이다.
C 차이점은 이 요리가 남쪽 지방과 북쪽 지방에서 명칭이 서로 다르다는 점이다.

★俩 liǎ 주량 두 사람 [=两个人] | 其实 qíshí 튀 사실 | 同一 tóngyī 형 같다, 동일하다 | 种 zhǒng 양 종, 종류 | 因为 yīnwèi 접 왜냐하면 (~때문이다) | 做法 zuòfǎ 명 (일 처리나 물건을 만드는) 방법 | ★差不多 chàbuduō 형 비슷하다, 큰 차이가 없다 | ★区别 qūbié 명 차이 | 道 dào 양 [요리를 세는 단위] | 南方 nánfāng 명 남방 | 北方 běifāng 명 북방 | 名称 míngchēng 명 이름, 명칭 | 不同 bùtóng 형 다르다, 같지 않다

11 A C B [就能看见 + 목적지 ~를 볼 수 있어요]

STEP 1 목적지인 '森林公园'을 볼 수 있다는 말은 길 안내가 모두 끝난 후, 가장 마지막에 두는 것이 자연스럽다. (?→?→B)

? ? **B** 再走大约十分钟，就能看见森林公园了

STEP 2 A, C의 배열 순서는 B에 등장하는 표현 '再走'에 근거해 정할 수 있다. '앞으로 쭉 걸으라'는 내용의 A 뒤에 바로 B가 이어져 '다시 걸으라'고 하는 것은 부자연스러우므로, B 앞에는 A가 아닌 C가 와야 알맞다. B라는 문장이 없다면 'A→C'나 'C→A' 배열 모두 자연스럽다. (A→C→B)

A 一直往前走   **C** 过了前面的那家饭店往右转   **B** 再走大约十分钟，就能看见森林公园了

해석 **A** 계속 앞으로 가다가   **C** 앞의 그 호텔을 지나서 오른쪽으로 꺾고
B 다시 약 10분 정도 걸으면, 바로 삼림공원을 볼 수 있다.

一直 yìzhí 부 계속, 줄곧 | **往** wǎng 개 ~쪽으로, ~를 향해 | **前** qián 명 (방위·순서·시간의) 앞 | **过** guò 동 가다, (지점을) 지나다 | **家** jiā 양 [집·점포·공장 등을 세는 단위] | ★ **转** zhuǎn 동 바꾸다 | **再** zài 부 다시 | ★ **大约** dàyuē 부 대략, 얼추 | ★ **森林** sēnlín 명 삼림, 숲, 산림

---

12 B A C [还是 + 결론 + 吧 ~하는 편이 낫다]

STEP 1 '还是……吧(~하는 편이 낫다)'는 주어진 상황 속에서 내린 '합리적인 결정'을 나타낼 때 쓰는 표현이다. C 앞에는 '서북쪽 입구(西北口)로 가자'는 결론을 내리게 된 관련 상황이나 사건이 등장해야 한다. (?→C)

? **C** 还是走西北口吧，那里有电梯

STEP 2 '무거운 짐을 끌고 있다(A)'라는 '상황적 요소'가 '중국 대사관에 가려면 이 출구로 나가는 게 가장 가깝다(B)'는 '사실'에도 불구하고, '서북쪽 출구'를 이용하자(C)고 '결정'하게 하였으므로 A는 B와 C 사이에 위치해야 한다. (B→A→C)

B 去中国大使馆从这个出口出去最近   **A** 可是咱们拉着这么重的行李   **C** 还是走西北口吧，那里有电梯

사실 주어진 상황 결정

해석 **B** 중국 대사관에 가려면 이 출구에서 나가는 것이 가장 가까워.   **A** 하지만 우리는 이렇게 무거운 짐을 끌고 있으니까.
C 서북쪽 출구로 가는 편이 좋겠어. 그쪽에 엘리베이터가 있어.

★ **大使馆** dàshǐguǎn 명 대사관 | **出口** chūkǒu 명 출구 | ★ **可是** kěshì 접 그러나, 그런데 | ★ **咱们** zánmen 대 우리들 | ★ **拉** lā 동 끌다 | **着** zhe 조 ~하고 있다 | **这么** zhème 대 이렇게 | ★ **重** zhòng 형 무겁다 | **行李** xíngli 명 짐, 여행 짐 | **还是** háishi 부 ~하는 편이 더 좋다 | **西北** xīběi 명 서북쪽 | **口** kǒu 명 출입구 | **电梯** diàntī 명 엘리베이터

● Day 29　　　　　　　　　　　　　　　　　　　　track yuedu 14
13 A C B　　14 B A C　　15 B C A　　16 A C B　　17 C A B　　18 A C B

13 A C B [이유 + 所以 + 결론　~해서 ~하다]

STEP 1　접속사 '所以'는 '이유+所以+결론' 순서로 쓰인다. A의 '가짜 상품이 있을 수 있다(会有一些假货)' 내용은 C라는 결론을 내리게 된 이유이다. **(A→C)**

　　A 网上购物很方便，但还是会有一些假货　　　C 所以我们一定要反复确认
　　　　　　　　이유　　　　　　　　　　　　　　　　　　결론

STEP 2　B에는 가격과 모양만 보고 결정하지 말라는 '구체적인 제안(해결안)'이 담겨 있다. 이런 '구체적인 제안(B)'은 가짜 상품이 있을 수 있으니(원인), 거듭 확인해야 한다는 '결론(C)' 뒤에 오는 것이 적합하다. **(A→C→B)**

　　A 网上购物很方便，但还是会　　C 所以我们一定要反复确认　　B 不能只看商品的价格和
　　　有一些假货　　　　　　　　　　　　　　　　　　　　　　　　样子就决定
　　　　　이유　　　　　　　　　　　　　　　결론　　　　　　　　　　제안(해결안)

해석　A 온라인 쇼핑은 매우 편리하지만, 그래도 몇몇 가짜 상품이 있을 수 있다.
　　　　C 그러니 우리는 반드시 거듭해서 확인해야 하고　B 상품의 가격과 모양만 보고 바로 결정해서는 안 된다.

网上购物 wǎngshàng gòuwù 명 온라인 쇼핑 | **方便** fāngbiàn 형 편리하다 | **但** dàn 접 하지만, 그러나, 그렇지만 | **还是** háishi 부 그래도 | **会** huì 조동 ~할 것이다 | **一些** yìxiē 양 약간, 조금 | **假货** jiǎhuò 명 가짜 상품, 모조품, 위조품 | **所以** suǒyǐ 접 그래서, 그러므로 | **一定** yídìng 부 반드시, 필히, 꼭 | **要** yào 조동 ~해야 한다 | **反复** fǎnfù 부 거듭, 반복하여, 되풀이하여 | **确认** quèrèn 동 확인하다, 명확히 인정하다 | **不能** bùnéng ~해서는 안 된다 | **只** zhǐ 부 단지, 다만, 오직, 겨우 | **商品** shāngpǐn 명 상품 | ★**价格** jiàgé 명 가격, 값 | ★**样子** yàngzi 명 모양, 모습 | **就** jiù 부 곧, 즉시, 바로 | ★**决定** juédìng 동 결정하다

---

14 B A C [认为……　~라고 생각하다]

STEP 1　어떤 사건에 대해 서술한 후에 그 사건에 대한 견해가 뒤따르는 것이 일반적이다. A에는 B라는 사건에 대한 사람들의 견해가 드러나 있다. **(B→A)**

　　B 我最后还是拒绝了那位老板的邀请　　　A 几乎所有的人都认为我放弃了一个好机会
　　　　　　　사건　　　　　　　　　　　　　　　　사건에 대한 견해, 생각

STEP 2　'但是'는 '뒤 절에 위치해' 앞 절과 상반된 내용을 이끄는 접속사이다. 사람들의 견해와 '달리' 나는 조금도 후회하지 않는다는 C의 내용으로 보아, 서로 상반된 내용인 A와 C는 'A→C' 순서로 배열되는 것이 알맞다. **(B→A→C)**

　　B 我最后还是拒绝了那位老板的邀请　　A 几乎所有的人都认为　　C 但是我却一点儿都不后悔
　　　　　　　　　　　　　　　　　　　　　　我放弃了一个好机会

해석　B 나는 마지막에 끝내 그 사장님의 초청을 거절했다.　A 대부분의 사람들이 내가 좋은 기회를 포기했다고 생각하지만
　　　　C 나는 오히려 조금도 후회하지 않는다.

最后 zuìhòu 명 최후, 제일 마지막 | ★拒绝 jùjué 동 거절하다, 거부하다 | 位 wèi 양 분, 명 (공경의 뜻을 내포함) | 老板 lǎobǎn 명 사장님 | ★邀请 yāoqǐng 동 초청하다, 초대하다 | 几乎 jīhū 부 거의, 거의 모두, 거진 다 | ★所有 suǒyǒu 형 모든, 전부의, 일체의 | 认为 rènwéi 동 생각하다, 간주하다, 여기다 | ★放弃 fàngqì 동 (권리·주장·의견 등을) 버리다, 포기하다 | 机会 jīhuì 명 기회 | 但是 dànshì 접 그러나, 그렇지만 | ★却 què 부 도리어, 오히려, 반대로, 그러나 | ★后悔 hòuhuǐ 동 후회하다, 뉘우치다

15 B C A [A然后B A한 다음에 B하다]

STEP 1 문맥상 '오랜 시간 컴퓨터 앞에서 일하면 눈이 쉽게 피곤해진다(B)'는 내용 뒤에는 '한 시간마다 좀 쉬라(C)'고 권유하는 말이 오는 것이 적합하다. **(B→C)**

B 长时间坐在电脑前面工作，眼睛很容易疲劳   C 最好是每过一个小时就休息一下

STEP 2 '然后'는 '그 다음'이라는 뜻으로, 행동의 순서를 나타내는 접속사이다. '그 다음에 일을 시작하다(A)'라는 내용은 C와 연결하여 '좀 쉬고 난 후에 일을 시작하라'는 의미를 나타내는 것이 가장 자연스럽다. **(B→C→A)**

B 长时间坐在电脑前面工作，眼睛很容易疲劳   C 最好是每过一个小时就休息一下   A 然后再开始工作

행동 1   행동 2

해석   B 오랫동안 컴퓨터 앞에 앉아 일을 하다 보면 눈이 아주 쉽게 피곤해진다.
       C 가장 좋은 것은 한 시간이 지날 때마다 좀 쉬었다가   A 그 다음에 일을 시작하는 것이다.

长时间 cháng shíjiān 명 오랫동안, 장시간 | 眼睛 yǎnjing 명 눈 | 容易 róngyì 형 ~하기 쉽다, ~하기 일쑤다 | 疲劳 píláo 형 피곤하다, 피로하다 | ★最好 zuìhǎo 부 ~하는 게 제일 좋다 | 过 guò 동 지나다 | 就 jiù 부 곧, 즉시, 바로 | 休息 xiūxi 동 휴식하다 | 一下 yíxià 수량 시험 삼아 해 보다, 좀 하다 | 然后 ránhòu 접 그 다음에, 그런 후에, 연후에 | 开始 kāishǐ 동 시작하다

16 A C B [A，没想到 B A였는데, 생각지 못하게 B하다]

STEP 1 '没想到(뜻밖에)' 앞에는 보통 뒤 문장과 상반되는 상황이나 생각이 등장한다. **(A→C)**

A 我们出去的时候，天气还很好   C 没想到走到半路时突然就下雨了

STEP 2 '비가 갈수록 더 심하게 내린다(B)'는 상황은 '비가 내린다(C)'는 상황이 먼저 언급된 후에 이어질 수 있다. '越下越大'에서 '下'는 '비가 내리다(下雨)'라는 의미이다. **(A→C→B)**

A 我们出去的时候，天气还很好   C 没想到走到半路时突然就下雨了   B 并且越下越大，根本没有要停的意思

상황 1   상황 2

해석   A 우리가 외출할 때까지는 날씨가 매우 좋았지만   C 생각지도 못하게 절반까지 갔을 때 느닷없이 비가 내렸다.
       B 게다가 점점 심하게 내리며, 도무지 멈출 기미가 보이지 않았다.

还 hái 부 아직, 아직도 | 没想到 méi xiǎngdào 생각지 못하다 | 半路 bànlù 명 (노정의) 중간 | 突然 tūrán 부 느닷없이, 갑자기, 난데없이 | 就 jiù 부 곧, 즉시, 바로 | ★并且 bìngqiě 접 게다가, 나아가, 그리고 | 越 yuè 부 ~(하)면 ~(할)수록 ~하다 | 根本 gēnběn 부 도무지, 전혀, 아예 | 要 yào 조동 ~할 것이다, ~하려 하고 있다 | ★停 tíng 동 멈추다 | 意思 yìsi 명 기미, 조짐

17 C A B [A 这样 B   A하면 B하다]

STEP 1 '这样'은 앞에서 언급한 행동을 가리키는 표현으로, '这样' 뒤에는 그 행동으로 인한 결과가 나온다. '这样'이 가리키는 행동이자 '불편하다'라는 결과를 유발한 행동은 '큰 탁자를 사무실 안에 두는 것(C)'이다. **(C→A)**

C 桌子太大了，放在办公室里容易堵着出口   A 这样很不方便
　　　　　　원인　　　　　　　　　　　　　　결과

STEP 2 B의 '它'가 가리키는 것은 '桌子'이다. 큰 탁자를 사무실 안에 두면 '출구를 막아서(C) 불편하니까(A) 밖에 두는 것이 좋겠다(B)'라고 '상황(원인과 결과)→제안(해결안)' 순서로 논리를 전개하는 것이 자연스럽다. 명령문은 보통 가장 마지막에 온다는 것도 기억해 두자. **(C→A→B)**

C 桌子太大了，放在办公室里容易堵着出口   A 这样很不方便   B 你们还是把它放到外面去吧
　　　　　　상황 (C, A)　　　　　　　　　　　　　　　　　　　　제안(B)

해석　C 책상이 너무 커. 사무실 안에 놓으면 출구를 막기 쉬워.　A 그러면 너무 불편할 테니
　　　　B 너희는 그것을 밖에 두는 게 좋겠어.

放 fàng 동 두다, 놓다 | 办公室 bàngōngshì 명 사무실 | 容易 róngyì 형 ~하기 쉽다 | 堵 dǔ 동 막다, 가로막다 | 出口 chūkǒu 명 출구 | 方便 fāngbiàn 형 편리하다 | 把 bǎ 개 ~를 [처치의 결과를 나타냄] | 外面 wàimiàn 명 바깥, 밖

---

18 A C B [전환 관계를 연결하는 접속사 而]

STEP 1 '而'은 비교 설명하는 두 대상을 전환 관계로 설명할 때 쓰일 수 있다. C의 '你'는 A의 '不少人'과 상반된 의견을 가진 것으로 보인다. **(A→C)**

A 对于老板的决定，不少人都不支持   C 而你一直没表示你的看法

STEP 2 '도대체 어떻게 생각하느냐(B)'는 말은 '你'가 줄곧 의견을 밝히지 않고 있다(C)는 설명이 있은 후에 이어지는 것이 적합하다. 접속사 '那'는 앞의 상황에 대한 '생각' 및 '판단'을 말할 때도 쓰인다. **(A→C→B)**

A 对于老板的决定，不少人都不支持   C 而你一直没表示你的看法   B 那你究竟是怎么想的呢

해석　A 사장님의 결정에 대해 많은 사람이 지지하지 않아.　C 그런데 너는 줄곧 네 의견을 밝히지 않는구나.
　　　　B 그럼 너는 도대체 어떻게 생각하는 거니?

★对于 duìyú 개 ~에 대해서, ~에 대하여 | 决定 juédìng 명 결정 | 不少 bùshǎo 형 많다, 적지 않다 | ★支持 zhīchí 동 지지하다 | ★而 ér 접 ~지만, 그러나, ~면서 [역접을 나타냄] | 一直 yìzhí 부 계속, 줄곧 | ★表示 biǎoshì 동 나타내다, 표시하다, 표명하다 | ★看法 kànfǎ 명 견해 | 那 nà 접 그러면, 그렇다면 | ★究竟 jiūjìng 부 도대체, 대관절 | 想 xiǎng 동 생각하다

독해 제3부분

01 세부 내용 파악

본서 pp.137~145

● Day 15　　track yuedu 15
1 C　2 B　3 A　4 C　5 D

1 C [AB合适 = A适合B　A가 B하기에 적합하다]　화자(我)는 '我觉得还是男生来做比较合适'라며 직접적으로 본인의 생각을 밝혔다.

那份工作对男女是没有什么要求，可是却特别忙，经常会出差和加班。我觉得还是男生来做比较合适。

그 일은 성별에 대해 어떠한 요구 사항도 없다. 하지만 매우 바쁘고, 출장과 추가 근무를 자주 할 것이다. 나는 아무래도 남자가 하는 것이 비교적 적합하다고 생각한다.

★ 那份工作:
A 又脏又累
B 工资高
C 更适合男性做
D 特别复杂

★ 그 일은?
A 지저분하고 피곤하다
B 임금이 높다
C 남자가 하기에 더욱 적합하다
D 아주 복잡하다

★ 份 fèn 양 [일을 세는 단위] | 要求 yāoqiú 명 요구 | ★ 可是 kěshì 접 그러나, 그런데 | ★ 却 què 부 오히려, 도리어, 반대로, 그러나 | 特别 tèbié 부 아주, 유달리 | 经常 jīngcháng 부 자주, 항상, 늘, 종종 | 会 huì 조동 ~할 것이다 | ★ 出差 chūchāi 동 출장가다 | 加班 jiābān 동 초과근무를 하다, 야근하다 | 还是 háishi 부 ~하는 편이 (더) 좋다 | 男生 nánshēng 명 남자, 남학생 | 来 lái 동 [다른 동사 앞에 쓰여 어떤 일을 하려는 것을 나타냄] | 比较 bǐjiào 부 비교적, 상대적으로 | ★ 合适 héshì 형 적합하다, 적당하다, 알맞다 | 又A又B yòu A yòu B A하면서 또한 B하다 | ★ 脏 zāng 형 더럽다, 지저분하다 | ★ 工资 gōngzī 명 임금, 월급, 노임 | 男性 nánxìng 명 남자, 남성 | ★ 复杂 fùzá 형 복잡하다

 동사 '适合 shìhé'는 'A+适合+B' 형태로 쓰여 'A가 B하기에 적합하다'라는 의미를 나타내지만, 형용사 '合适 héshì'는 목적어를 취하지 않기에 '适合'와 같은 형태로 쓰일 수 없다.

2 B [A让B感动 = B被A感动　B가 A에게 감동을 받다]　화자는 영화 속 '그 대화(那段对话)'를 반복해서 여러 차례 보았음에도 '매번 감동 받는다(每次都能被感动)'고 하였다.

男孩子跟他爸爸的那段对话是这部电影中最好看的部分，我反反复复地看了好多遍，每次都能被感动。那段话总能使我想起我的父亲，因为以前他也是这么教育我的。

남자아이와 아버지의 그 대화는 이 영화 속의 가장 훌륭한 부분이다. 나는 반복해서 아주 여러 차례 보았음에도, 매번 감동받는다. 그 말은 항상 나에게 아버지를 떠올리게 한다. 왜냐하면 예전에 아버지도 이렇게 나를 가르쳐 주셨기 때문이다.

★ 电影中的那段对话:
A 是他父亲写的
B 让他很感动
C 很奇怪
D 出现了很多次

★ 영화 속의 그 대화는?
A 그의 아버지가 쓴 것이다
B 그를 매우 감동시켰다
C 매우 이상하다
D 여러 번 나타났다

131

男孩子 nánháizi 명 남자아이 | **段** duàn 양 단락, 토막 [사물의 한 부분을 나타냄] | ★**对话** duìhuà 명 대화 | **部** bù 양 부, 편 [서적이나 영화 편수 등을 세는 단위] | **好看** hǎokàn 형 (내용이) 훌륭하다, 즐겁다, 흥미진진하다 | ★**部分** bùfen 명 부분, 일부 | **反反复复** fǎnfǎnfùfù 형 반복하다, 되풀이하다 | **好多** hǎoduō 형 아주 많다 | ★**遍** biàn 양 번, 차례, 회 | **被** bèi 개 ~에게 ~를 당하다 | ★**感动** gǎndòng 동 감동하다, 감동되다 | **总** zǒng 부 항상, 늘 | ★**使** shǐ 동 ~하게 하다 | **想** xiǎng 동 생각하다 | **起** qǐ (동사 뒤에 쓰여) ~하기 시작하다 | ★**父亲** fùqīn 명 아버지 | **以前** yǐqián 명 예전, 이전 | **这么** zhème 대 이렇게 | ★**教育** jiàoyù 동 교육하다, 양성하다 | **写** xiě 동 쓰다 | **让** ràng 동 (어떤 일을) 하게 하다, 하도록 하다 | **奇怪** qíguài 형 이상하다 | ★**出现** chūxiàn 동 나타나다

 'A让B感动 A ràng B gǎndòng'은 'A가 B를 감동시키다', 'B被A感动 B bèi A gǎndòng'은 'B가 A에게 감동받다'라는 의미를 나타낸다. 독해에서 함정으로도 많이 등장하는 표현이니 의미 차이를 반드시 기억하자.

3 **A** [**(因为)A，所以B** A하기 때문에 B하다] '所以' 앞 문장 '房主这几天有亲戚来北京玩儿'에 화자가 당분간 '那套房子(=这间房子)'를 임대하지 않으려는 이유가 나와 있다.

房东这几天有亲戚来北京玩儿，所以这间房子一段时间内不会出租了，真的不好意思。应该提前通知您的，您要不去别的网站看看有没有比较合适的。

요 며칠 집주인의 친척이 베이징에 와서 놀 거라서 이 집은 당분간 임대하지 않을 거예요. 정말 죄송해요. 미리 알려 드렸어야 했는데, 아니면 다른 사이트에 가서 비교적 적합한 것이 있는지 한번 살펴보세요.

★ 那套房子为什么不出租了?
  A 房东的亲戚要住
  B 房东想卖掉
  C 租金太低
  D 电梯坏了

★ 그 집은 왜 임대하지 않는가?
  A 집주인의 친척이 살기로 해서
  B 집주인이 팔아 버리고 싶어 해서
  C 임대료가 너무 낮아서
  D 엘리베이터가 고장 나서

★**房东** fángdōng 명 집주인 | **这几天** zhè jǐ tiān 요즘, 요 며칠 | ★**亲戚** qīnqi 명 친척 | **所以** suǒyǐ 접 그래서, 그러므로 | **间** jiān 양 칸 [방을 세는 단위] | **房子** fángzi 명 집, 건물 | **出租** chūzū 동 임대하다, 세를 놓다 | **真的** zhēnde 부 정말로, 진실로, 참으로 | **不好意思** bù hǎoyìsi 죄송합니다, 미안합니다 | **应该** yīnggāi 조동 ~해야 한다 | ★**提前** tíqián 동 (예정된 시간, 위치를) 앞당기다 | ★**通知** tōngzhī 동 알리다, 통지하다 | **要不** yàobù 접 그렇지 않으면 | **别的** biéde 대 다른 것, 다른 사람 | ★**网站** wǎngzhàn 명 웹 사이트 | **套** tào 양 벌, 조, 세트 | ★**要** yào 조동 ~하려고 하다 | **卖** mài 동 팔다, 판매하다 | ★**掉** diào 동 ~해 버리다 | **租金** zūjīn 명 임대료 | ★**低** dī 형 낮다 | **电梯** diàntī 명 엘리베이터 | **坏** huài 동 고장 나다

4 **C** [**能否A** A를 할 수 있는가 없는가] '不是A而是B'는 'A가 아니고 B이다'라는 의미를 나타내며, 이때, 강조하려는 의견은 B이다. 밑줄 그어진 핵심 문장에서 화자의 의견에 해당하는 부분은 '而是' 뒤의 '你可以从中学到多少(당신이 그것에서 얼마나 습득할 수 있는지)'이다.

5 **D** [**丰富经验** 경험을 풍부하게 하다 ≒ **积累经验** 경험을 쌓다] '丰富经验(경험을 풍부하게 하다)'과 보기의 '积累经验(경험을 쌓다)'은 서로 뜻이 통하므로, 답은 D이다. '丰富经验'과 '积累经验'은 직업 관련 주제의 글에 자주 나오는 표현이니 반드시 외워 두자.

选择做什么职业的时候，⁴最先考虑的不是你每个月的工资多少，而是你可以从中学到多少。特别是对于那些刚参加工作的人来说，锻炼解决问题的能力，学会和他人交流的方式，⁵丰富自己的工作经验最为重要。只有在工作里学会那些课本上没有的知识，才能得到更好的发展，这些是你无论花多少钱都买不到的。

어떤 직업을 가질지 선택할 때, ⁴가장 먼저 고려해야 하는 것은 당신의 매달 월급이 얼마인지가 아니라, 당신이 그것에서 얼마나 습득할 수 있는지이다. 특히 이제 막 일을 시작한 사람들에게 있어서, 문제를 해결하는 능력을 기르고, 다른 사람과 교류하는 방법을 배우고, ⁵자신의 업무 경험을 풍부하게 하는 것이 가장 중요하다. 업무 속에서 교과서에는 없는 그러한 지식을 배워야만, 비로소 더 좋은 발전을 얻을 수 있다. 이러한 것은 돈을 얼마를 쓰더라도 살 수 없는 것이다.

4 ★ 选择工作时，首先考虑的应该是：
   A 交通情况
   B 专业是否适合
   C 能否学到东西
   D 奖金

5 ★ 对刚参加工作的人来说，下列哪个最重要？
   A 养成好习惯
   B 坚持理想
   C 增加收入
   D 积累经验

4 ★ 일을 선택할 때 먼저 고려해야 하는 것은?
   A 교통 상황
   B 전공이 적합한지
   C 배울 수 있는지 없는지
   D 상금

5 ★ 이제 막 일을 시작한 사람에게 있어서, 다음 중 어떤 것이 가장 중요한가?
   A 좋은 습관을 기르는 것
   B 이상을 견지하는 것
   C 소득을 올리는 것
   D 경험을 쌓는 것

选择 xuǎnzé 동 선택하다 | ★**职业** zhíyè 명 직업 | **先** xiān 부 먼저, 우선 | ★**考虑** kǎolǜ 동 고려하다, 생각하다 | **不是A而是B** búshì A érshì B A가 아니라 B이다 | **可以** kěyǐ 조동 ~할 수 있다 | **从中** cóngzhōng 부 그 가운데서 | **学到** xuédào 동 습득하다 | **特别** tèbié 부 특히, 더욱 | **那些** nàxiē 대 그들, 그것들 | ★**刚** gāng 부 막, 방금, 바로 | **参加** cānjiā 동 (어떤 조직이나 활동에) 참가하다, 참여하다 | **对于……来说** duìyú……láishuō ~에게 있어서 | **锻炼** duànliàn 동 단련하다 | **解决** jiějué 동 해결하다 | ★**能力** nénglì 명 능력 | **学会** xuéhuì 동 습득하다, 배워서 알다, 배워서 할 수 있다 | **他人** tārén 명 다른 사람, 남 | ★**交流** jiāoliú 동 교류하다 | **方式** fāngshì 명 방법, 방식 | ★**丰富** fēngfù 동 풍부하게 하다, 풍족하게 하다 | **最为** zuìwéi 부 가장, 제일, 맨 먼저 [이음절 형용사나 동사 앞에 쓰여 최상급을 나타냄] | **重要** zhòngyào 형 중요하다 | **只有A才B** zhǐyǒu A cái B A해야만 비로소 B하다 | **课本** kèběn 명 교과서, 교재 | ★**知识** zhīshi 명 지식 | **得到** dédào 동 얻다, 받다, 획득하다 | ★**发展** fāzhǎn 명 발전, 성장 | **这些** zhèxiē 대 이런 것들, 이러한, 이들 | ★**无论A都B** wúlùn A dōu B A를 막론하고 모두 B하다 | **花** huā 동 쓰다, 소비하다 | **买** mǎi 동 사다, 매입하다, 구매하다 | **到** dào 동 [동사 뒤에서 보어로 쓰여 동작이 목적에 도달했거나 결과가 있음을 나타냄] | ★**首先** shǒuxiān 부 가장 먼저, 우선, 맨 먼저 | ★**交通** jiāotōng 명 교통 | ★**情况** qíngkuàng 명 상황 | ★**专业** zhuānyè 명 전공 | ★**是否** shìfǒu ~인지 아닌지 | ★**适合** shìhé 동 적합하다, 부합하다, 알맞다, 적절하다 | **能否** néngfǒu ~할 수 있나요? ~할 수 있을까요? ~해도 되나요? | ★**奖金** jiǎngjīn 명 상금, 상여금, 장려금, 포상금, 보너스 | ★**刚** gāng 부 막, 방금, 바로, 지금 | **下列** xiàliè 형 아래에 열거한 | ★**养成** yǎngchéng 동 길러지다, 습관이 되다 | **习惯** xíguàn 명 습관 | ★**坚持** jiānchí 동 견지하다 | ★**理想** lǐxiǎng 명 이상 | ★**增加** zēngjiā 동 증가하다, 더하다, 늘리다 | ★**收入** shōurù 명 수입, 소득 | ★**积累** jīlěi 동 쌓이다, 축적되다

● Day 16　　　　　　　　　　　　　　　　　　　　▷ track yuedu 16
　6 B　　7 D　　8 D　　9 D　　10 C

6 B [有意思 = 有趣 재미있다] 지문 속 '有意思'와 보기 B의 '有趣'는 모두 '재미있다'라는 뜻이다.

那次你提到的那本儿童阅读的书，昨天我也买了，我觉得内容很有意思，确实非常适合孩子们阅读，以后我再也不害怕没有可讲的故事了。	그때 네가 언급한 아이들이 읽는 그 책을 어제 나도 샀어. 나는 내용이 매우 재미있다고 생각해. 확실히 아이들이 읽기에 매우 적합해. 앞으로 나는 더 이상 해 줄 이야기가 없는 게 걱정되지 않아.
★那本儿童读物： 　A 很厚　　　　B 很有趣 　C 翻译得不准确　D 词语太难	★ 그 아동용 읽을거리는? 　A 매우 두껍다　　B 매우 재미있다 　C 번역이 정확하지 않다　D 단어가 너무 어렵다

提到 tídào 동 언급하다, 말하다 | ★儿童 értóng 명 아동, 어린이 | ★阅读 yuèdú 동 독서하다 | 买 mǎi 동 사다, 매입하다, 구매하다 | ★内容 nèiróng 명 내용 | 有意思 yǒu yìsi 재미있다 | ★确实 quèshí 부 확실히, 정말로, 절대로, 틀림없이, 영락없이 | ★适合 shìhé 동 적합하다, 부합하다, 알맞다, 적절하다 | 以后 yǐhòu 명 이후 | 再也 zàiyě 부 더 이상은, 이제 더는 | 害怕 hàipà 동 걱정하다, 겁내다, 무서워하다 | 讲 jiǎng 동 설명하다, 말하다 | 故事 gùshi 명 이야기 | 读物 dúwù 명 (신문·잡지·책 등의) 읽을거리 | ★厚 hòu 형 두껍다, 두텁다 | ★有趣 yǒuqù 형 재미있다, 흥미가 있다, 흥미를 끌다 | ★翻译 fānyì 동 번역하다 | 准确 zhǔnquè 형 정확하다, 확실하다, 틀림없다, 꼭 맞다 | ★词语 cíyǔ 명 단어와 어구 | 难 nán 형 어렵다

7 D [多种多样 다양하다 ≒ 多 많다] 핵심 문장 중 '每次(매번)' '多种多样(다양한)'이라는 표현에서 '행사가 비교적 많다(活动较多)'는 것을 알 수 있다. '多种多样(다양하다)'은 독해와 듣기에서 자주 등장하는 단어이다.

广东国际旅游文化节是从2005年开始举办的，至今已成功举办了12次。在旅游文化节上每次都会举办多种多样的活动，例如唱歌比赛、美食节、海洋文化节等等。当然还会有精彩的演出，吸引了很多国内外的游客。	광둥 국제관광문화제는 2005년부터 개최하기 시작한 것으로, 지금까지 이미 12차례 성공적으로 개최했다. 관광문화제에서는 매번 다양한 행사를 개최한다. 예를 들어 노래 부르기 대회, 맛있는 음식 축제, 바다문화제 등이다. 물론 훌륭한 공연도 있어서, 많은 국내외 관광객을 매료시켰다.
★根据这段话，广东国际旅游文化节： 　A 竞争很大　　B 很多人反对 　C 在夏天举行　D 活动较多	★ 이 글에 따르면 광둥 국제관광문화제는? 　A 경쟁이 심하다　　B 많은 사람이 반대한다 　C 여름에 개최한다　D 행사가 비교적 많다

广东 Guǎngdōng 고유 광둥성 | ★国际 guójì 명 국제 | 旅游 lǚyóu 명 관광, 여행 동 관광하다 | 文化节 wénhuàjié 명 문화제 | 开始 kāishǐ 동 시작하다 | ★举办 jǔbàn 동 개최하다, 거행하다, 열다 | 至今 zhìjīn 부 지금까지, 여태껏, 오늘까지 | 已 yǐ 부 이미, 벌써 | ★成功 chénggōng 형 성공적이다 | 会 huì 조동 ~할 것이다 | 多种多样 duōzhǒngduōyàng 형 아주 다양하다 | 活动 huódòng 명 행사, 활동 | ★例如 lìrú 동 예를 들다, 예를 들면 | 比赛 bǐsài 명 경기, 시합 | 美食 měishí 명 맛있는 음식 | ★节 jié 명 축제일 | ★海洋 hǎiyáng 명 해양 | ★等 děng 조 등, 따위 | 当然 dāngrán 부 물론, 당연히 | 还 hái 부 또, 더, 게다가 | ★精彩 jīngcǎi 형 훌륭하다, 근사하다, 뛰어나다 | ★演出 yǎnchū 명 공연 | ★吸引 xīyǐn 동 끌어당기다, 매료시키다, 유인하다 | 国内外 guó nèiwài 국내외 | 游客 yóukè 명 여행객, 관광객 | 根据 gēnjù 개 ~에 의거하여 | ★竞争 jìngzhēng 동 경쟁하다 | ★反对 fǎnduì 동 반대하다 | 夏天 xiàtiān 명 여름 | 举行 jǔxíng 동 개최하다, 거행하다 | 较 jiào 부 비교적, 좀

8 D [通过申请 신청이 통과하다] 화자는 '小雪(샤오쉐)'를 격려하며 '一定能成功通过留学申请'이라고 말했다. 유학 신청(留学申请)을 했다는 점에서 '小雪'가 현재 유학을 준비하고 있음을 알 수 있다.

小雪[Xiǎo Xuě]，一定不要怀疑自己的能力，你非常优秀，再好好儿准备一下，一定能成功通过留学申请，希望你一切顺利。

~를 의심하다
잘 ~(하다)
신청이 통과하다

★ 根据这段话，小雪：
A 很难过
B 签证到期了
C 想考博士
D 打算留学

샤오쉐에[小雪], 자신의 능력을 절대 의심해선 안 돼. 너는 매우 우수해. 다시 잘 준비를 해 봐. 반드시 성공적으로 유학 신청이 통과할 수 있을 거야. 네가 하는 모든 것이 순조롭기를 바라.

★ 이 글에 따르면 샤오쉐에는?
A 매우 괴롭다
B 비자가 만료되었다
C 박사 시험을 보고자 한다
D 유학할 계획이다

| **一定** yídìng 튄 반드시, 필히, 꼭 | **不要** búyào 튄 ~해서는 안 된다 | ★**怀疑** huáiyí 동 의심하다, 의심을 풀다 | **自己** zìjǐ 대 자신, 자기, 스스로 | ★**能力** nénglì 명 능력 | ★**优秀** yōuxiù 형 우수하다, 아주 뛰어나다 | **好好(儿)** hǎohāo(r) 튄 잘, 충분히, 최대한 | **一下** yíxià 수량 시험 삼아 해 보다, 좀 하다 | ★**通过** tōngguò 동 통과하다 | **留学** liúxué 동 유학하다 | ★**申请** shēnqǐng 동 신청하다 | ★**一切** yíqiè 대 모든, 전부 | ★**顺利** shùnlì 형 순조롭다, 일이 잘 되어가다 | **难过** nánguò 형 괴롭다, 고통스럽다, 견디기 어렵다 | ★**签证** qiānzhèng 명 비자 | **到期** dàoqī 동 기한이 되다, 만기가 되다 | **想** xiǎng 조동 ~하고 싶다 | **考** kǎo 동 시험을 보다 | ★**博士** bóshì 명 박사 | **打算** dǎsuàn 동 계획하다, 고려하다 |

9 D [有耐心 인내심이 있다] '喜欢做菜的人都相对比较有耐心'에서 답이 D임을 알 수 있다.

10 C [使 + A(사람) + B(행동 / 감정) A에게 B하게 하다] '요리하기를 좋아하는 사람들이 요리를 하면 스트레스가 감소하고(就可以减少压力) 기분을 편안히 할 수 있다(放松心情)'라는 내용에서 요리가 '使人放松'에 도움이 된다는 것을 알 수 있다.

做菜不光是一门技术，更是一门艺术。菜都会有自己的味道，即使是同一道菜，不同的厨师做出来也会有不同的味道。酸甜苦辣很像人的经历，⁹喜欢做菜的人都相对比较有耐心，也更热爱生活。这样的他们，无论工作有多忙，¹⁰只要安下心来做一道菜，就可以减少压力、放松心情。

단지 ~가 아니고, 더욱이 ~이다
설사 ~하더라도 ~하다
인생의 풍파를 비유하는 말
얼마나 ~하던 간에
~하기만 하면 ~하다
스트레스를 줄이다

요리는 하나의 기술에 그치지 않고, 더욱이 하나의 예술이다. 요리는 모두 자신만의 맛이 있다. 설령 같은 음식이라 하더라도 다른 요리사가 만들면 다른 맛이 난다. 시고 달고 쓰고 매운 것은 사람의 경험과 같다. ⁹요리를 좋아하는 사람은 모두 상대적으로 인내심이 있고, 더욱이 생활을 즐긴다. 이러한 이들은, 일이 아무리 바빠도, ¹⁰마음을 가라앉히고 요리를 하기만 하면, 바로 스트레스가 줄어들고 기분을 편안히 할 수 있다.

9 ★ 喜欢做菜的人有什么特点？
A 对人友好
B 自信
C 普遍较瘦
D 有耐心

9 ★ 요리하는 것을 좋아하는 사람은 어떤 특징이 있는가?
A 다른 사람에게 우호적이다
B 자신감 있다
C 일반적으로 비교적 말랐다
D 인내심 있다

10 ★ 根据上文，做菜有助于：
A 减肥
B 发展经济
C 使人放松
D 减少污染

10 ★ 윗글에 따르면 요리는 무엇에 도움이 되는가?
A 살을 빼는 것
B 경제 발전시키기
C 긴장 풀게 하기
D 오염 줄이기

做菜 zuò cài 요리를 하다 | **不光** bùguāng 閂 ~만이 아니다, ~에 그치지 않다 | ★ **技术** jìshù 몡 기술 | **更** gèng 閂 더욱, 더, 훨씬 | ★ **艺术** yìshù 몡 예술 | **会** huì 조동 ~할 것이다 | ★ **味道** wèidao 몡 맛 | **即使A也B** jíshǐ A yě B 설령 A라 하더라도 B하겠다 | **同一** tóngyī 갈다, 동일하다 | **道** dào 양 [횟수를 나타냄] | **不同** bùtóng 톙 다르다, 같지 않다 | **厨师** chúshī 몡 요리사 | **出来** chūlai 동 [동사 뒤에 쓰여 '동작이 완성되거나 실현됨'을 표시함] | **酸甜苦辣** suāntiánkǔlà 몡 신맛·단맛·쓴맛·매운맛 등 각양각색의 맛, 여러 가지 맛 | **像** xiàng 동 ~와 같다 | ★ **经历** jīnglì 몡 경험, 경력, 내력, 경위 | **相对** xiāngduì 閂 상대적으로, 비교적 | **比较** bǐjiào 閂 비교적, 상대적으로 | ★ **耐心** nàixīn 몡 인내심, 인내성, 참을성 | **热爱** rè'ài 동 열애에 빠지다, 뜨겁게 사랑하다 | ★ **生活** shēnghuó 몡 생활 | **这样** zhèyàng 떼 이렇다, 이와 같다 | **无论** wúlùn 젭 ~를 막론하고, ~를 따지지 않고 | **多** duō 閂 아무리 | **只要A就B** zhǐyào A jiù B A하기만 하면 B하다 | **安心** ānxīn 동 마음 놓다, 안심하다 | **下来** xiàlai 동 [형용사 뒤에 쓰여 '어떤 상태가 나타나서 계속 발전되어 감'을 나타냄] | **可以** kěyǐ 조동 ~할 수 있다 | **减少** jiǎnshǎo 동 줄다, 줄이다, 감소하다 | ★ **压力** yālì 몡 스트레스 | ★ **放松** fàngsōng 동 느슨하게 하다, 늦추다, 이완시키다 | **心情** xīnqíng 몡 감정, 마음, 기분 | ★ **特点** tèdiǎn 몡 특징, 특색 | ★ **友好** yǒuhǎo 톙 우호적이다 | ★ **自信** zìxìn 톙 자신감 있다, 자신만만하다 | **普遍** pǔbiàn 톙 일반적이다, 보편적이다 | **较** jiào 閂 비교적, 좀 | **瘦** shòu 톙 마르다, 여위다 | ★ **耐心** nàixīn 몡 인내심, 인내성, 참을성 | **有助于** yǒuzhùyú ~에 도움이 되다 | ★ **减肥** jiǎnféi 동 살을 빼다, 감량하다 | ★ **发展** fāzhǎn 동 발전시키다 | ★ **经济** jīngjì 몡 경제 | ★ **使** shǐ 동 ~하게 하다 | ★ **污染** wūrǎn 몡 오염 동 오염시키다

● Day 17   ● track yuedu 17
11 B   12 B   13 A   14 A   15 D

11 B [花功夫 = 花时间 시간을 쓰다] 핵심 문장은 '只能在下课以后多花些功夫，好好儿复习了'이다. 핵심 문장을 통해 수업 내용을 잘 공부하기 위해서는 '수업 후 많은 시간을 들여야 한다(课后多花时间)'는 것을 알 수 있다.

这个学期的语法课真的很难，重点语法太多了，想都记下来确实不太容易，只能在下课以后多花些功夫，好好儿复习了。

이번 학기의 어법 수업은 정말 어렵다. 중요한 어법이 너무 많다. 모두 기억하고 싶어도 확실히 그다지 쉽지 않다. 수업이 끝난 후 많은 시간을 들여서 잘 복습하는 수밖에 없다.

★ 为了学好这门课，他需要：
A 多研究中国文化
B 课后多花时间
C 记笔记
D 积极讨论

★ 이 수업을 잘 배우기 위해 그는 어떻게 할 필요가 있는가?
A 중국의 문화를 많이 연구한다
B 수업 후 많은 시간을 들인다
C 필기를 한다
D 적극적으로 토론한다

★ **学期** xuéqī 몡 학기 | ★ **语法** yǔfǎ 몡 어법 | **真的** zhēnde 閂 정말로, 참으로 | **难** nán 톙 어렵다, 힘들다 | ★ **重点** zhòngdiǎn 톙 중요한, 주요한 | **想** xiǎng 조동 ~하고 싶다 | **记** jì 동 기억하다 | **下来** xiàlai 동 [동사 뒤에 쓰여 '동작의 완성이나 결과를 나타냄] | ★ **确实** quèshí 閂 절대로, 확실히, 정말로, 틀림없이 | **不太** bú tài 그다지 ~하지 않다 | **容易** róngyì 톙 쉽다, 용이하다 | **只** zhǐ 閂 단지, 다만, 오직, 겨우 | **下课** xiàkè 동 수업이 끝나다 | **以后** yǐhòu 몡 이후 | **花** huā 동 쓰다, 소비하다 | **功夫** gōngfu 몡 시간 | **好好(儿)** hǎohāo(r) 閂 잘, 충분히, 최대한 | **复习** fùxí 동 복습하다 | **为了** wèile 개 ~하기 위하여, ~을 위해서 | **好** hǎo 톙 [동사 뒤에 쓰여 '동작이 완성되었거나 잘 마무리되었음'을 나타냄] | **需要** xūyào 동 필요하다, 요구되다 | ★ **研究** yánjiū 동 연구하다, 탐구하다 | **文化** wénhuà 몡 문화 | **后** hòu 몡 (시간상으로) 후, 뒤, 다음 | **笔记** bǐjì 몡 필기, 기록 | ★ **积极** jījí 톙 적극적이다, 열성적이다 | ★ **讨论** tǎolùn 동 토론하다

12 B [其实 + 전하려는 내용 사실은 ~이다(전환)] '其实(사실은)' 뒤에 등장하는 핵심 문장 '只要是自己感兴趣并有发展的，就是一份理想的职业'에서 답이 B임을 알 수 있다.

职业没有好坏之分，关键看自己是不是喜欢。很多人觉得收入高的才是好工作，其实，只要是自己感兴趣并有发展的，就是一份理想的职业。

직업은 좋고 나쁨의 구분이 없다. 관건은 자신이 좋아하는지에 달려 있다. 많은 사람들이 소득이 높은 것이야말로 좋은 직업이라고 생각하지만, 사실 자신이 흥미를 느끼고 또 발전의 가능성이 있다면 바로 이상적인 직업이라 할 수 있다.

★ 选择职业最重要的是：
A 上班地点近
B 自己感兴趣
C 家人支持
D 奖金高

★ 직업을 선택할 때 가장 중요한 것은?
A 출근 위치가 가까운 것
B 자신이 흥미를 느끼는 것
C 가족이 응원하는 것
D 인센티브가 높은 것

★**职业** zhíyè 명 직업 | **好坏** hǎohuài 형 좋고 나쁘다 | ★**之** zhī 조 ~의 | ★**关键** guānjiàn 명 관건, 열쇠 | **看** kàn 동 ~에 달리다 | **自己** zìjǐ 대 자신, 자기, 스스로 | ★**收入** shōurù 명 소득, 수입 | **才** cái 부 비로소 | **其实** qíshí 부 사실 | **只要A就 B** zhǐyào A jiù B A하기만 하면 B하다 | **感兴趣** gǎn xìngqù 흥미가 있다, 관심이 있다 | **并** bìng 접 또, 그리고, 아울러, 게다가 | ★**发展** fāzhǎn 명 발전 동 발전하다 | ★**份** fèn 양 [일을 세는 단위] | ★**理想** lǐxiǎng 형 이상적이다, 만족스럽다 | **选择** xuǎnzé 동 선택하다, 고르다 | **重要** zhòngyào 형 중요하다 | ★**地点** dìdiǎn 명 지점, 위치 | **家人** jiārén 명 가족 | ★**支持** zhīchí 동 지지하다 | ★**奖金** jiǎngjīn 명 보너스, 포상금, 장려금, 상여금

13 A [信心满满地说 자신 있게 말하다] 핵심 표현 '信心满满地'를 통해 아들이 매우 자신감이 있다는 것을 알 수 있다.

儿童节快到了，儿子要参加学校的篮球比赛。这是他第一次参加比赛，我担心他会紧张。可没想到他竟然信心满满地说："妈妈，我一定会赢的！"

어린이날이 곧 다가온다. 아들은 학교 농구 시합에 참가하려 한다. 이것은 아들이 처음으로 참가하는 시합인데, 나는 그가 긴장할까 걱정된다. 하지만 생각지도 못하게 아들은 의외로 자신만만하게 "엄마, 내가 반드시 이길 거야!"라고 말했다.

★ 关于儿子，可以知道：
A 很有信心
B 动作标准
C 会打网球
D 爱开玩笑

★ 아들에 관해 알 수 있는 것은?
A 매우 자신감 있다
B 동작이 정확하다
C 테니스를 칠 줄 안다
D 농담하기를 좋아한다

儿童节 Értóngjié 고유 어린이날 | **快** kuài 부 곧, 머지않아 | **到** dào 동 (시간, 기간, 날짜가) 되다 | **要** yào 조동 ~하려고 하다 | **参加** cānjiā 동 (어떤 조직이나 활동에) 참가하다, 참여하다 | **篮球** lánqiú 명 농구 | **比赛** bǐsài 명 시합, 경기 | **第一次** dì yī cì 명 맨 처음, 최초 | **担心** dānxīn 동 걱정하다, 염려하다 | **会** huì 조동 ~할 것이다 | ★**紧张** jǐnzhāng 형 긴장해 있다, 불안하다 | **可** kě 접 [이어진 단문에서 사건의 전환을 나타냄] | **没想到** méi xiǎngdào 생각지 못하다 | ★**竟然** jìngrán 부 뜻밖에도, 의외로, 놀랍게도 | ★**信心** xìnxīn 명 자신(감), 확신, 신념 | **满满** mǎnmǎn 형 가득 차다, 가득하다, 그득하다 | **一定** yídìng 부 반드시, 필히, 꼭 | ★**赢** yíng 동 이기다, 승리하다 | **关于** guānyú 개 ~에 관하여 | **可以** kěyǐ 조동 ~할 수 있다 | ★**动作** dòngzuò 명 동작, 행동, 움직임 | ★**标准** biāozhǔn 형 표준적이다 | **打** dǎ 동 (놀이·운동을) 하다 | ★**网球** wǎngqiú 명 테니스 | **爱** ài 동 ~하기를 좋아하다 | ★**开玩笑** kāi wánxiào 농담하다, 웃기다, 놀리다

14 A [研究发现 연구에서 발견되었다] '研究发现'이라는 표현 뒤에는 보통 연구 내용(연구 대상, 연구 결과 등)이 이어서 소개된다. 이 지문은 대학생이 대학원에 지원하는 이유(大学生报考研究生的原因) 세 가지를 '一是……, 二是……, 三是……'라는 표현을 활용해 소개하고 있으므로 답은 A이다.

15 D [……更重要 ~가 더 중요하다] '真正工作时能力往往更重要'라는 내용은 학력보다는 '능력이 더 중요하다(能力更重要)'는 것을 말해 주고 있다.

研究发现,¹⁴大学生报考研究生的原因主要有以下几种: 一是对自己所学的专业十分感兴趣, 想继续做研究; 二是大学毕业后找工作的压力太大; 三是原来没能学自己满意的专业, 想通过考研的方式来改变。其实并不是全部的研究生毕业后都能找到好工作的, ¹⁵因为真正工作时能力往往更重要。

14 ★ 这段话介绍了报考研究生的:
A 原因   B 过程
C 条件   D 方式

15 ★ 根据这段话, 下列哪个正确?
A 研究生更努力
B 最重视结果
C 考研人数下降
D 能力更重要

연구 결과, ¹⁴대학생이 대학원에 지원하는 이유는 주로 다음과 같은 몇 종류라고 한다. 첫째는 자신이 배운 전공에 대해 매우 흥미가 있어서, 계속 연구를 하고 싶어서이고, 둘째는 대학 졸업 후 일자리를 찾는 스트레스가 너무 크기 때문이다. 셋째는 원래 자신이 만족할 수 있는 전공을 배우지 못해서 대학원에 지원하는 방식을 통해 바꾸고자 하는 것이다. 사실 모든 대학원생이 졸업 후 모두 좋은 직장을 찾을 수 있는 것은 결코 아니다. ¹⁵왜냐하면 정말로 일을 할 때에는 보통 능력이 더 중요하기 때문이다.

14 ★ 이 글은 대학원 응시에 대한 무엇을 소개하는가?
A 이유   B 과정
C 조건   D 방식

15 ★ 이 글에 따르면, 아래에 열거된 것 중 올바른 것은?
A 대학원생은 더욱 노력한다
B 결과를 가장 중시한다
C 대학원에 시험을 보는 사람의 수가 줄어들었다
D 능력이 더욱 중요하다

★研究 yánjiū 명 연구 | 发现 fāxiàn 동 (연구·탐색 등으로 새로운 사실을) 발견하다 | 大学生 dàxuéshēng 명 대학생 | 报考 bàokǎo 동 (시험에) 응시하다, 응시 원서를 내다, 지원하다 | 研究生 yánjiūshēng 명 대학원생, 연구생 | ★原因 yuányīn 명 이유, 원인 | 以下 yǐxià 명 그다음의 말, 아래의 말 | 种 zhǒng 양 종, 종류 | 自己 zìjǐ 대 자신, 자기, 스스로 | 所 suǒ 조 [한정어로 쓰이는 주술 구조의 동사 앞에 쓰여 명사를 수식함] | ★专业 zhuānyè 명 전공 | ★十分 shífēn 부 매우, 아주 | 想 xiǎng 조동 ~하고 싶다 | ★继续 jìxù 동 계속하다 | ★研究 yánjiū 명 연구 | 大学 dàxué 명 대학 | ★毕业 bìyè 동 졸업 졸업하다 | 后 hòu 명 (시간상으로) 후, 뒤, 다음 | 找 zhǎo 동 찾다, 구하다, 물색하다 | ★压力 yālì 명 스트레스 | ★原来 yuánlái 부 원래, 본래 | 满意 mǎnyì 동 만족하다 | 通过 tōngguò 개 ~를 통해, ~에 의해 | 考研 kǎoyán 동 대학원 시험을 보다 | 方式 fāngshì 명 방식, 방법 | 来 lái 조 [동사구(개사구)와 동사(동사구)사이에 쓰여 전자가 방법·태도, 후자가 목적임을 나타냄] | ★改变 gǎibiàn 동 바꾸다 | 并 bìng 부 결코, 전혀, 조금도, 그다지, 별로 [부정부사 앞에 쓰여 부정의 어투 강조] | ★全部 quánbù 명 전부의, 전체의, 모두의, 전반의 | 因为 yīnwèi 접 왜냐하면 (~때문이다) | ★真正 zhēnzhèng 부 정말로 | ★能力 nénglì 명 능력 | ★往往 wǎngwǎng 부 흔히, 종종, 자주, 때마다, 이따금 | 更 gèng 부 더욱, 더, 훨씬 | 重要 zhòngyào 형 중요하다 | ★原因 yuányīn 명 이유, 원인 | ★过程 guòchéng 명 과정 | ★条件 tiáojiàn 명 조건 | ★正确 zhèngquè 형 올바르다 | 努力 nǔlì 동 노력하다, 힘쓰다, 열심히 하다 | ★重视 zhòngshì 동 중시하다, 중요시하다 | ★结果 jiéguǒ 명 결과 | 人数 rén shù 사람 수 | 下降 xiàjiàng 동 줄어들다

● Day 18　　　　　　　　　　　　　　　　　　　　● track yuedu 18
16 B　　17 C　　18 A　　19 B　　20 A

16 B [既A又B A하기도 하고 B하기도 하다] 휴대폰 결제의 '优点(장점)' 중 지문에 언급된 내용은 보기 B의 '简单方便'뿐이다.

最近越来越多的超市都可以用手机付款了，购物时不用像以前那样要带着现金或银行卡了，也不需要准备那么多零钱了。只要点开"手机钱包"，就可以完成付款，既简单又实用，因此受到了顾客的欢迎。

최근 더욱더 많은 마트에서 모두 휴대폰으로 결제할 수 있게 되었다. 쇼핑을 할 때 예전처럼 현금이나 체크카드를 가지고 다닐 필요가 없어졌다. 그렇게 많은 잔돈을 준비할 필요도 없어졌다. '모바일 지갑'을 터치하여 열기만 하면, 바로 결제를 할 수 있다. 간단하면서 실용적이어서 고객들로부터 환영을 받았다.

★ 手机付款的优点是：
A 无需密码
B 简单方便
C 可以打折
D 不用排队

★ 휴대폰 결제의 장점은?
A 비밀번호가 필요 없다
B 간단하고 편리하다
C 할인이 가능하다
D 줄을 설 필요가 없다

最近 zuìjìn 명 최근, 요즘 | 越来越 yuèláiyuè 부 점점, 더욱더 [정도의 증가를 나타냄] | 超市 chāoshì 명 슈퍼마켓 | 可以 kěyǐ 조동 ~할 수 있다 | 用 yòng 개 ~로 | ★付款 fùkuǎn 동 돈을 지불하다 | ★购物 gòuwù 동 물품을 구입하다, 물건을 사다 | 不用 búyòng 부 ~할 필요가 없다 | 像 xiàng 동 ~와 같다 | 以前 yǐqián 명 예전, 이전, 과거 | 那样 nàyàng 대 그렇게, 저렇게, 그러한, 저러한 | 带 dài 동 가지다, 지니다, 휴대하다 | ★现金 xiànjīn 명 현금 | 或 huò 접 혹은, 또는, 그렇지 않으면 | 银行卡 yínhángkǎ 명 체크카드 | 需要 xūyào 동 필요하다, 요구되다 | 那么 nàme 대 그렇게, 저렇게, 그런, 저런 | ★零钱 língqián 명 잔돈 | 只要A就B zhǐyào A jiù B A하기만 하면 B하다 | 点 diǎn 동 (가볍게) 찍다 | 开 kāi 동 켜다 | 钱包 qiánbāo 명 지갑 | 完成 wánchéng 동 완성하다 | 既A又B jì A yòu B A할 뿐만 또한 B하다 | 简单 jiǎndān 형 간단하다, 단순하다 | 实用 shíyòng 형 실용적이다 | ★因此 yīncǐ 접 그래서, 이로 인하여 | ★受到 shòudào 동 받다, 얻다, 만나다 | ★顾客 gùkè 명 손님, 고객 | 欢迎 huānyíng 동 환영 동 즐겁게 받아들이다 | ★优点 yōudiǎn 명 장점 | 无需 wúxū 동 필요가 없다 | ★密码 mìmǎ 명 비밀번호 | 方便 fāngbiàn 형 편리하다 | ★打折 dǎzhé 동 할인하다, 가격을 깎다 | ★排队 páiduì 동 줄을 서다, 순서대로 정렬하다

17 C [A比B经验丰富 A가 B보다 경험이 풍부하다] '많은 일에 있어서 웃어른(他们=长辈)은 우리보다 경험이 풍부하다(确实比我们经验丰富)'라는 내용에서 답이 C임을 알 수 있다. 그 외 보기들은 본문에서 찾을 수 없는 내용이므로 정답이 될 수 없다.

如果长辈特别反对你做一件事情，那么你就应该重新考虑一下。虽然长辈的意见不一定完全正确，但在很多事情上，他们确实比我们经验丰富。

만약 웃어른이 당신이 어떤 일을 하는 것을 특히 반대한다면, 당신은 다시 한번 생각해 보아야 한다. 비록 웃어른의 의견이 전적으로 옳은 것은 아니지만, 많은 일에 있어서, 그들은 확실히 우리보다 경험이 풍부하다.

★ 长辈往往：
A 需要照顾　　　B 比较节约
C 经验丰富　　D 容易被感动

★ 웃어른은 보통?
A 보살필 필요가 있다　　B 비교적 절약한다
C 경험이 풍부하다　　D 쉽게 감동받는다

139

| 如果 rúguǒ 접 만일, 만약 | 长辈 zhǎngbèi 명 집안 어른, 손윗사람 | 特别 tèbié 부 특히, 아주 | ★反对 fǎnduì 동 반대하다, 찬성하지 않다 | 事情 shìqing 명 일 | 那么 nàme 접 그렇다면, 그러면 | 应该 yīnggāi 조동 ~해야 한다 | ★重新 chóngxīn 부 다시, 재차 | ★考虑 kǎolǜ 동 생각하다, 고려하다 | 一下 yíxià 수량 시험 삼아 해 보다, 좀 하다 | 虽然 suīrán 접 비록 ~일지라도 | ★意见 yìjiàn 명 의견, 견해 | 不一定 bù yídìng (반드시) ~할 필요는 없다, ~한 것은 아니다 | ★完全 wánquán 부 전적으로, 완전히, 전혀 | 但 dàn 접 그러나, 그렇지만, 하지만 | ★确实 quèshí 부 확실히, 틀림없이, 영락없이, 정말로, 절대로 | ★经验 jīngyàn 명 경험, 체험 | ★丰富 fēngfù 형 풍부하다, 풍족하다, 넉넉하다, 많다 | ★往往 wǎngwǎng 부 종종, 자주, 흔히, 때때로, 이따금 | 需要 xūyào 동 필요하다, 요구되다 | 照顾 zhàogù 동 보살피다, 돌보다, 간호하다 | 比较 bǐjiào 부 비교적, 상대적으로 | ★节约 jiéyuē 동 절약하다, 줄이다, 아끼다 | 容易 róngyì 형 ~하기 쉽다, ~하기 일쑤다 | 被 bèi 개 ~에게 ~를 당하다 | ★感动 gǎndòng 동 감동하다

18 A [空气新鲜 공기가 맑다] 화자는 '这里冬暖夏凉, 空气新鲜, 到处都很干净'이라며 환경적인 장점을 들어 도시를 소개하고 있다.

我非常喜欢这个美丽的城市,这里冬暖夏凉,空气新鲜,到处都很干净。我觉得以后留在这儿生活的话,应该是一个不错的选择。

나는 이 아름다운 도시를 매우 좋아한다. 이곳은 겨울이 따뜻하고 여름은 시원하며, 공기도 신선하고, 어딜 가도 모두 매우 깨끗하다. 나중에 이곳에 남아서 생활한다면, 분명 좋은 선택이 될 것이라고 생각한다.

★ 说话人觉得那个城市:
A 环境很好   B 热闹极了
C 经常堵车   D 工作机会多

★ 화자는 그 도시가 어떻다고 생각하는가?
A 환경이 매우 좋다   B 아주 번화하다
C 자주 차가 막힌다   D 일할 기회가 많다

★美丽 měilì 형 아름답다, 예쁘다, 곱다 | 城市 chéngshì 명 도시 | 冬暖夏凉 dōngnuǎnxiàliáng 성 겨울에는 따뜻하고 여름에는 시원하다 | ★空气 kōngqì 명 공기 | 新鲜 xīnxiān 형 신선하다, 싱싱하다 | ★到处 dàochù 명 가는 곳, 도처, 곳곳, 이르는 곳 | 干净 gānjìng 형 깨끗하다 | 以后 yǐhòu 명 이후 | 留 liú 동 머무르다 | 生活 shēnghuó 동 살다, 생활하다 | ……的话 ……dehuà 조 ~하다면, ~이면 | 应该 yīnggāi 조동 ~할 것이다 | 不错 búcuò 형 좋다, 잘하다, 괜찮다 | 选择 xuǎnzé 동 선택 | 说话人 shuōhuàrén 화자 | 环境 huánjìng 명 환경 | ★热闹 rènao 형 번화하다, 떠들썩하다 | 极了 jíle [형용사 뒤에 쓰여 뜻을 매우 강조할 때 쓰임] | 经常 jīngcháng 부 자주, 항상, 늘, 종종 | ★堵车 dǔchē 동 교통이 꽉 막히다, 교통이 체증되다 | 机会 jīhuì 명 기회

19 B [认为 = 觉得 ~라고 생각하다] 화자는 여행에서 가장 중요한 것은 '지식과 경험을 쌓는 것(积累知识和经验)'이라고 생각한다.

20 A [看一些关于A方面的书 A방면의 책들을 본다] 화자는 보통 여행 가기 몇 달 전부터 여행지 관련 책을 본다고 하였으므로, 문맥상 '这些准备(이러한 준비)'가 가리키는 것은 '看书(독서)'이다.

我很爱旅行,但很少"说走就走",我一般旅行前几个月,²⁰就开始看一些关于我将要去的那个地方的历史和文化方面的书。¹⁹我觉得,对于旅行最重要的是积累知识和经验,只有做好这些准备,才可以让旅行变得有趣。

나는 여행하기를 매우 좋아한다. 하지만 '간다고 하고 바로 가는' 경우는 매우 드물다. 나는 보통 여행 몇 개월 전부터, ²⁰내가 가려고 하는 그 지역의 역사, 문화 분야의 몇몇 서적을 읽기 시작한다. ¹⁹나는 여행에 있어서 가장 중요한 것은 지식과 경험을 쌓는 것이고, 이러한 준비를 잘 해 두어야만, 비로소 여행이 더욱 재미있게 변할 수 있다고 생각한다.

19 ★ 说话人认为旅游的好处是:
A 认识朋友   B 积累知识
C 留下回忆   D 放松心情

19 ★ 화자는 여행의 장점이 무엇이라고 생각하는가?
A 친구를 사귀는 것   B 지식을 쌓는 것
C 추억을 남기는 것   D 마음을 가볍게 하는 것

20 ★ 上文中"这些准备"指的是：
A 看书　　　　B 写日记
C 听广播　　　D 锻炼身体

20 ★ 윗글에서 '이러한 준비'가 가리키는 것은?
A 독서하기　　B 일기 쓰기
C 라디오 듣기　D 신체 단련하기

爱 ài 동 ~하기를 좋아하다 | ★**旅行** lǚxíng 동 여행하다 | **就** jiù 부 곧, 즉시, 바로 | **一般** yìbān 형 보통이다, 일반적이다 | **前** qián 명 (시간) 전, 그 전, 이전 | **开始** kāishǐ 동 시작하다 | **关于** guānyú 개 ~에 관하여 | **将** jiāng 부 장차, 곧, 막 | **要** yào 조동 ~하려고 하다 | **地方** dìfāng 명 지방, 현지 | **历史** lìshǐ 명 역사 | **文化** wénhuà 명 문화 | ★**方面** fāngmiàn 명 분야, 부분, 영역 | ★**对于** duìyú 개 ~에 대해서, ~에 대하여 | **重要** zhòngyào 형 중요하다 | ★**积累** jīlěi 동 쌓이다, 축적되다 | **知识** zhīshí 명 지식 | **只有A才B** zhǐyǒu A cái B A해야만 비로소 B이다 | **好** hǎo 형 [동사 뒤에 쓰여 '동작이 완성되었거나 잘 마무리되었음'을 나타냄] | **准备** zhǔnbèi 명 준비 | **可以** kěyǐ 조동 ~할 수 있다 | **让** ràng 동 (어떤 일을) 하게 하다, 하도록 하다 | **变** biàn 동 변하다 | ★**有趣** yǒuqù 형 재미있다, 흥미가 있다, 흥미를 끌다 | **认为** rènwéi 동 생각하다, 간주하다, 여기다 | **旅游** lǚyóu 동 여행하다 | **好处** hǎochù 명 좋은 점, 장점 | **留下** liúxià 동 남기다 | ★**回忆** huíyì 명 추억, 회상 | ★**放松** fàngsōng 동 늦추다, 느슨하게 하다 | ★**心情** xīnqíng 명 감정, 마음, 기분 | ★**指** zhǐ 동 (의미상으로) 가리키다, 의미하다, 뜻하다 | **写** xiě 동 쓰다 | ★**日记** rìjì 명 일기 | ★**广播** guǎngbō 명 방송 프로그램 | **锻炼** duànliàn 동 단련하다

'认为 rènwéi'는 '객관적인 견해를 나타낼 때' 쓰이는 반면, '以为 yǐwéi'는 '~라고 생각했는데 아니었다'라는 의미로, '주관적인 추측이 사실과 다를 때' 쓰인다.

● Day 30　　　　　　　　　　　　　　　　● track yuedu 19
21 D　22 A　23 B　24 B　25 C

21 D [由A变B A에서 B로 변하다] 이 산의 식물들은 날씨에 따라 잎의 색이 변한다고 하였다. 가을에는 식물들의 잎이 '초록에서 빨강으로 변한다(由绿变红)'라고 하였으므로, 답은 D이다.

这座山上许多植物的叶子都会随着季节的变化而变化。特别是秋天，天气一变冷，它们的叶子就会由绿变红，最后红得像火一样，非常美丽。

이 산속의 많은 식물의 잎은 모두 계절의 변화에 따라 변할 것이다. 특히 가을에, 날씨가 추워지기만 하면, 식물들의 잎은 바로 녹색에서 붉은색으로 변할 것이고, 맨 마지막에는 마치 불처럼 붉어져서 아주 아름답다.

★秋天，那座山上许多植物会有怎样的变化？
A 发出香味　　　B 越来越矮
C 再次开花　　　D 叶子变红

★ 가을에 그 산의 많은 식물에는 어떤 변화가 생기는가?
A 향기를 내뿜는다　　B 점점 작아진다
C 다시 꽃을 피운다　　D 잎이 붉게 변한다

★**座** zuò 양 좌, 동, 채 [부피가 크거나 고정된 물체를 세는 단위] | **山上** shānshàng 산속, 산중 | ★**许多** xǔduō (사람의 수나 물건의 수량이) 매우 많다 | ★**植物** zhíwù 명 식물 | ★**叶子** yèzi 명 잎, 잎사귀 | **会** huì 조동 ~할 것이다 | ★**随着** suízhe 개 ~따라서, ~에 따라 | **季节** jìjié 명 계절, 철, 절기 | **变化** biànhuà 명 변화 동 변하다 | **而** ér 접 [목적 또는 원인 등을 나타내는 성분을 연결] | **特别** tèbié 부 특별히, 아주 | **秋天** qiūtiān 명 가을 | **一A就B** yī A jiù B A하자마자 B하다 | **变** biàn 동 변하다, 바뀌다 | ★**由** yóu 개 ~에서 | **绿** lǜ 형 녹색 | **最后** zuìhòu 명 최후, 맨 마지막 | **像** xiàng 동 ~와 같다 | **火** huǒ 명 불 | **一样** yíyàng 형 똑같다, 동일하다 | **美丽** měilì 형 아름답다, 예쁘다, 곱다 | **怎样** zěnyàng 대 어떤 | **发出** fāchū 동 (냄새·열기를) 내뿜다, 발산하다, 뿜어내다 | **香味** xiāngwèi 명 향기, 향내, 향 | **越来越** yuèláiyuè 부 점점, 더욱 더 [정도의 증가를 나타냄] | **矮** ǎi 형 (키가) 작다 | **再次** zàicì 부 재차, 거듭 | **开花** kāihuā 동 꽃이 피다

'낙엽'을 소재로 한 독해 지문이 종종 등장한다. 관련 어휘를 체크해 보자.
叶子 yèzi 낙엽 | **变红** biàn hóng 붉게 변하다 | **红叶** hóngyè = **枫叶** fēngyè 단풍잎

22 A [有A的感觉 A한 느낌이 있다] 화자는 '小雪(샤오쉬에)'와 '다시 만났을 때(再次见面时)' '여전히(还是)' 이전과 마찬가지로 '익숙한 느낌이었다(有很熟悉的感觉)'라고 하였으므로, 답은 A이다.

尽管我跟小雪[Xiǎo Xuě]已经有五年没联系了，但再次见面时，还是感觉跟以前一样，对对方有很熟悉的感觉。

비록 나는 샤오쉬에[小雪]와 이미 5년간 연락하지 않았지만, 다시 만났을 때, 여전히 이전과 마찬가지로 서로에 대해 매우 익숙한 느낌이었다.

★ 再次见面时，他们觉得：
A 仍然很熟悉　　B 心情复杂
C 很难过　　　　D 非常浪漫

★ 다시 만났을 때, 그들은 어떻게 느꼈는가?
A 여전히 매우 친숙하다　　B 마음이 복잡하다
C 매우 괴롭다　　　　　　D 아주 낭만적이다

★尽管 jǐnguǎn 쩝 비록 ~라 하더라도 | 跟 gēn 깨 ~와 | ★联系 liánxì 동 연락하다 | 但 dàn 쩝 하지만, 그러나, 그렇지만 | 见面 jiànmiàn 동 만나다, 대면하다 | 还是 háishi 부 여전히, 그래도 | ★感觉 gǎnjué 동 느낌, 감각 | 以前 yǐqián 명 이전, 예전 | 对方 duìfāng 명 상대방 | ★熟悉 shúxī 동 익숙하다, 생소하지 않다 | ★仍然 réngrán 부 여전히, 변함없이, 원래대로 | ★心情 xīnqíng 명 심정, 감정, 마음, 기분 | ★复杂 fùzá 형 복잡하다 | 难过 nánguò 형 괴롭다, 슬프다, 고통스럽다 | ★浪漫 làngmàn 형 낭만적이다

23 B [指出来 지적하다 ≒ 批评 비평하다] 화자는 '叔叔的脾气(삼촌의 성격)'에 대해 이야기하고 있다. 화자는 삼촌이 '비평을 받아들일 수 있는(能接受批评)' 사람이라고 생각하기 때문에 청자에게 '你完全可以直接指出来，他肯定不会生气的'라고 말했을 것이다.

叔叔的脾气你还不了解吗？他不讨厌批评，如果他有做得不对的，你完全可以直接指出来，他肯定不会生气的。

삼촌의 성격을 너는 아직 모르니? 그는 비평하는 것을 싫어하지 않아. 만약 그가 잘못한 것이 있다면, 정말 직접적으로 지적해도 괜찮아. 그는 분명 화를 내지 않을 거야.

★ 关于叔叔，下面哪个正确？
A 很帅
B 能接受批评
C 特别勇敢
D 爱发脾气

★ 삼촌에 관하여 다음 중 올바른 것은?
A 매우 잘생겼다
B 비판을 받아들일 수 있다
C 특히 용감하다
D 화를 잘 낸다

叔叔 shūshu 명 삼촌 | ★脾气 píqi 명 성격, 성질, 성미 | 还 hái 부 아직, 아직도, 여전히 | 了解 liǎojiě 동 알다, 이해하다 | ★讨厌 tǎoyàn 동 싫어하다, 미워하다 | 如果 rúguǒ 쩝 만약, 만일 | 不对 búduì 형 틀리다, 정확하지 않다 | ★完全 wánquán 부 완전히, 전적으로, 전혀 | 可以 kěyǐ 조동 ~해도 좋다 | ★直接 zhíjiē 형 직접적이다 | ★指 zhǐ 동 지적하다, 질책하다 | 出来 chūlai 동 [동사 뒤에 쓰여 '숨겨져 있다가 드러남'을 표시함] | ★肯定 kěndìng 부 틀림없이, 확실히, 의심할 여지없이 | 会 huì 조동 ~할 것이다 | 生气 shēngqì 동 화내다, 성나다 | 关于 guānyú 깨 ~에 관하여 | 下面 xiàmiàn 명 아래 | ★帅 shuài 형 잘생기다 | ★接受 jiēshòu 동 받아들이다, 받다, 수락하다 | ★批评 pīpíng 동 비판하다, 지적하다 | ★勇敢 yǒnggǎn 형 용감하다 | 爱 ài 동 ~하기를 좋아하다 | 发脾气 fā píqi 성질부리다, 화내다, 성내다

> tip '脾气 píqi'는 '성격'이라는 뜻이지만, '发脾气 fā píqi'는 '화를 내다'라는 뜻이다. '脾气'가 문장에서 무슨 의미로 쓰였는지 꼭 체크하자.

24 B [A成了B的习惯 A는 B의 습관이 되었다] 원래 자동차 타기를 좋아하던 '汽车族'가 운전하기를 포기한 '弃车族'로 변하고 있다는 점에서 보기 A(没钱买车 돈이 없어서 차를 못 산다)가 아닌 보기 B(有车不开 차가 있지만 운전하지 않다)가 답으로 적합하다.

25 C [锻炼身体 몸을 단련하다 = 运动 운동하다] 지문과 보기의 어휘가 일부 닮아 있다고 하여 답으로 선택해서는 안 된다. 보기 B는 지문 속 '节约金钱'이라는 표현 중 '节约'라는 어휘만 활용한 함정 보기이다. 보기 중 지문에서 '운전을 포기하는(弃车)' 장점으로 언급된 것은 보기 C뿐이다.

现在，城市中越来越多的"汽车族"变成了"弃车族"，²⁴走路上下班已成了他们共同的生活习惯。²⁵人们放弃了开车，不仅锻炼了身体，节约了金钱，还能减少堵车的情况，这样一来，连空气也变新鲜了。

현재, 도시 안에 점점 더 많은 '자동차 애호가'들이 '자동차를 포기하는 사람들'이 되었다. ²⁴걸어서 출퇴근하는 것은 이미 그들의 공통된 생활 습관이 되었다. ²⁵사람들이 운전을 포기하면서, 몸을 단련했을 뿐만 아니라, 돈을 절약하고, 게다가 교통 체증 상황도 줄어들 수 있다. 이렇게 되면서 공기마저 맑아졌다.

24 ★ "弃车族"指的是什么样的人?
  A 没钱买车
  B 有车不开
  C 车丢了
  D 开车技术不好

25 ★ 那些人为什么要成为"弃车族"?
  A 更安全
  B 节约时间
  C 想多运动
  D 压力太大

24 ★ '자동차를 포기하는 사람들'이 가리키는 것은 어떤 사람인가?
  A 차 살 돈이 없는 사람들
  B 차가 있지만 운전하지 않는 사람들
  C 차를 잃어버린 사람들
  D 운전 기술이 좋지 않은 사람들

25 ★ 사람들은 왜 '자동차를 버리는 사람들'이 되려 하는가?
  A 더 안전해서
  B 시간을 절약할 수 있어서
  C 많이 운동하고 싶어서
  D 스트레스가 너무 커서

城市 chéngshì 뗑 도시 | 族 zú 뗑 족 [특성을 가지는 사람이나 사물의 무리] | 变成 biànchéng 图 ~로 변하다, ~로 되다, ~가 되다 | 弃车族 qìchēzú 자동차를 포기하는 사람들 | 走路 zǒulù 图 걷다 | 上下班 shàng-xiàbān 图 출퇴근하다 | 已 yǐ 得 이미, 벌써 | 成 chéng 图 ~가 되다, ~로 변하다 | ★共同 gòngtóng 혱 공통의, 공동의 | ★生活 shēnghuó 뗑 생활 | 习惯 xíguàn 뗑 습관, 버릇 | ★放弃 fàngqì 图 (권리·주장·의견 등을) 버리다, 포기하다 | 开车 kāichē 图 운전하다 | 不仅A还B bùjǐn A hái B A뿐만 아니라 B하기도 하다 | 锻炼 duànliàn 图 단련하다 | ★节约 jiéyuē 图 절약하다, 아끼다, 줄이다 | 金钱 jīnqián 뗑 돈 | ★减少 jiǎnshǎo 图 줄다, 줄이다, 감소하다 | 堵车 dǔchē 图 교통이 꽉 막히다 | 这样一来 zhèyàngyìlái 이렇게 되면, 이와 같다면 | 连……也 lián……yě ~조차도, ~마저도 | ★空气 kōngqì 뗑 공기 | 变 biàn 图 변하다, 바뀌다 | 新鲜 xīnxiān 혱 깨끗하다, 신선하다 | ★指 zhǐ 图 (의미상으로) 의미하다, 가리키다, 뜻하다 | 什么样 shénmeyàng 떼 어떠한, 어떤 모양 | 买 mǎi 图 사다, 매입하다, 구매하다 | 开 kāi 图 (자동차 등을) 운전하다 | ★丢 diū 图 잃어버리다, 잃다 | ★技术 jìshù 뗑 기술 | 要 yào 조동 ~하려고 하다 | ★成为 chéngwéi 图 ~가 되다, ~로 되다 | 更 gèng 뛰 더, 더욱, 훨씬 | ★安全 ānquán 혱 안전하다 | 想 xiǎng 조동 ~하고 싶다 | 运动 yùndòng 图 운동하다 | ★压力 yālì 뗑 스트레스

● Day 31
track yuedu 20

26 C   27 B   28 C   29 A   30 D

26 C [A不适合B A는 B하기 적합하지 않다] '这么热的天(이렇게 더운 날)' 때문에 달리기를 하러 갈 수 없다는 말은 곧 '기온이 높아서(气温太高)' 달리기를 하러 갈 수 없다는 말이다.

今年夏天真是热得让人受不了，天气预报说下周最高温度会有40度。这么热的天实在不适合去公园跑步，你还是等天气凉快一点再去吧。

올해 여름은 정말 사람이 참을 수 없을 정도로 더워. 일기예보에서는 다음 주에 최고 온도가 40도가 될 것이라고 했어. 이렇게 더운 날에는 공원에 가서 달리기를 하기에 정말이지 적합하지 않아. 너는 날씨가 좀 시원해지기를 기다렸다가 가는 편이 낫겠어.

★ 为什么现在不能去跑步？
A 刚洗完澡
B 没力气了
C 气温太高
D 污染严重

★ 왜 지금 달리기를 하러 갈 수 없는가?
A 방금 다 씻어서
B 힘이 없어져서
C 기온이 너무 높아서
D 오염이 심각해서

今年 jīnnián 명 올해, 금년 | 夏天 xiàtiān 명 여름 | 真是 zhēnshi 부 정말, 실로 | 让 ràng 동 (어떤 일을) 하게 하다, 하도록 하다 | ★受不了 shòubuliǎo 견딜 수 없다, 참을 수 없다 | 天气预报 tiānqì yùbào 명 일기예보 | 下周 xià zhōu 명 다음 주 | ★温度 wēndù 명 온도 | 会 huì 조동 ~할 것이다 | 度 dù 양 도 | 这么 zhème 대 이렇게 | 天 tiān 명 날 | ★实在 shízài 부 정말, 참으로 | ★适合 shìhé 동 적합하다, 부합하다, 알맞다, 적절하다 | 公园 gōngyuán 명 공원 | 跑步 pǎobù 동 달리다, 구보하다 | 还是 háishi 부 ~하는 편이 더 좋다 | ★凉快 liángkuai 형 시원하다, 서늘하다 | 再 zài 부 ~한 뒤에, ~하고 나서 | ★刚 gāng 부 방금, 막, 바로, 지금 | 洗澡 xǐzǎo 동 몸을 씻다, 목욕하다 | ★力气 lìqi 명 힘, 역량 | 气温 qìwēn 명 기온 | ★污染 wūrǎn 동 오염시키다 | ★严重 yánzhòng 형 심각하다

27 B [尊重 존중하다 - 礼貌 예의 바르다] 다른 사람에게 식사를 대접할 때, '하루 전에 연락(提前一天联系)'하는 것은 초대 받는 사람에 대한 '존중(尊重)'이라고 하였다. '尊重'과 뜻이 통하는 보기는 'B'이다.

邀请别人吃饭时，至少要提前一天联系。首先，这是对被邀请人的尊重；其次，也是为了方便自己做安排。

다른 사람을 초대하여 식사를 할 때, 최소한 하루 일찍 연락해야 한다. 먼저, 이는 초대 받는 사람에 대한 존중이다. 다음으로, 본인이 편하게 계획을 세우기 위해서이다.

★ 提前一天发出邀请:
A 会很辛苦
B 是一种礼貌
C 会引起误会
D 不会被拒绝

★ 하루 일찍 초대를 하는 것은?
A 매우 고생스러울 것이다
B 일종의 예의이다
C 오해를 일으킬 것이다
D 거절당하지 않을 것이다

★邀请 yāoqǐng 동 초대하다, 초청하다 | 别人 biérén 명 다른 사람, 남 | 至少 zhìshǎo 부 최소한, 적어도 | 要 yào 조동 ~해야 한다 | ★提前 tíqián 동 (예정된 시간·위치를) 앞당기다 | ★联系 liánxì 동 연락하다 | 首先 shǒuxiān 명 첫째 [열거하는 경우에 쓰임] | 被 bèi 개 ~에게 ~를 당하다 | ★尊重 zūnzhòng 동 존중, 존중하다 | ★其次 qícì 명 다음, 그다음 | 也 yě 부 ~도, 또한 | 为了 wèile 개 ~하기 위하여, ~를 위해서 | 方便 fāngbiàn 형 편리하다 | 自己 zìjǐ 대 자신, 자기, 스스로 | ★安排 ānpái 동 안배하다 | 发出 fāchū 동 (화물·우편물을) 보내다, 띄우다, 부치다, 발송하다 | 会 huì 조동 ~할 것이다 | 辛苦 xīnkǔ 형 고생스럽다 | 种 zhǒng 양 종, 종류 | ★礼貌 lǐmào 명 예의 형 예의 바르다 | ★引起 yǐnqǐ 동 불러일으키다, 야기하다 | ★误会 wùhuì 명 오해 | ★拒绝 jùjué 동 거절하다

28 C [发生危险 위험이 발생하다] '레이싱(赛车)'은 운전자가 조금이라도 조심하지 않으면 '위험이 발생할 수 있는(有可能发生危险)' 운동이라는 말은 즉, '레이싱'이 '위험하다(危险)'는 뜻이다.

赛车是一项为勇敢的人准备的运动。它不但要求速度快，还要求准确的方向性。只要车里的人稍有不注意，就有可能发生危险。

레이싱은 용감한 사람을 위해 준비된 운동이다. 이것은 속도가 빨라야 할 뿐만 아니라, 정확한 방향성까지 요구한다. 차 안의 사람이 조금이라도 조심하지 않으면 바로 위험이 발생할 수 있다.

★ 根据这段话，赛车：
A 特别浪漫　　B 不受重视
C 十分危险　　D 很流行

★ 이 글에 따르면 레이싱은?
A 매우 낭만적이다　　B 중시되지 않는다
C 매우 위험하다　　D 매우 유행한다

赛车 sàichē 명 자동차 경주 | 项 xiàng 양 가지, 항목, 조목 | 为 wèi 개 ~를 위하여 | ★勇敢 yǒnggǎn 형 용감하다 | 准备 zhǔnbèi 동 준비하다 | 运动 yùndòng 명 운동 | 不但A还B búdàn A hái B A뿐만 아니라 B하다 | 要求 yāoqiú 동 요구하다 | ★速度 sùdù 명 속도 | ★准确 zhǔnquè 형 정확하다, 확실하다, 틀림없다 | 方向性 fāngxiàngxìng 방향성 | 只要A就B zhǐyào A jiù B A하기만 하면 B하다 | 稍 shāo 부 약간, 조금, 좀, 잠깐 | 注意 zhùyì 동 조심하다, 주의하다 | 可能 kěnéng 부 아마, 아마도, 어쩌면 | ★发生 fāshēng 동 일어나다, 발생하다 | ★危险 wēixiǎn 명 위험 | ★浪漫 làngmàn 형 낭만적이다 | 受 shòu 동 받다 | ★重视 zhòngshì 동 중시하다 | ★十分 shífēn 부 매우, 아주 | ★流行 liúxíng 동 유행하다

29 A [A比B还要C A는 B보다 더욱 C하다] 해저 세계는 우리가 아는 이야기보다 더욱 '풍부하고 재미있다(丰富有趣)'는 내용을 통해 화자가 해저 세계를 '재미있다(很有趣)'고 생각하고 있음을 알 수 있다.

30 D [发光 빛을 내다] 해저 동물들은 '계속 말을 하기도(一直在说话)' 하고, '각종 색의 빛을 낸다(发出各种颜色的光)'고 하였다. 보기 중 지문에 등장한 내용은 'D'이다.

小时候我们都听过美人鱼的故事。²⁹其实真正的海底世界比故事里写的还要丰富有趣。研究发现，虽然海洋底部看起来非常安静，然而却不是没有声音的。海底的动物们一直在"说话"，只不过人类的耳朵是听不到的。另外，海底也不完全是黑的，³⁰许多鱼会发出各种颜色的光，像一个个流动的灯，美极了。

어렸을 때 우리는 모두 인어공주의 이야기를 들어 본 적이 있다. ²⁹사실 진정한 해저 세계는 이야기 속에 쓰여진 것보다 더욱 풍부하고 재미있다. 연구 결과, 비록 바다 아래는 보기엔 매우 조용한 것 같지만, 소리가 없는 것은 아니라고 한다. 해저의 동물들은 계속 '말'을 하고 있다. 단지 인류의 귀로는 들을 수 없을 뿐이다. 이 밖에도, 해저는 완전히 검은 것은 아니다. ³⁰많은 물고기가 각종 색의 빛을 내어, 하나씩 움직이는 등불과 같아서 매우 아름답다.

29 ★ 说话人认为海底世界怎么样？
A 很有趣　　B 没有水草
C 需要保护　　D 什么都看不见

29 ★ 화자는 해저 세계가 어떻다고 생각하는가?
A 매우 재미있다　　B 수초가 없다
C 보호할 필요가 있다　　D 무엇도 보이지 않는다

30 ★ 研究发现，许多生活在海底的鱼：
A 非常冷静
B 喜欢热闹
C 特别胖
D 会发光

30 ★ 연구 결과, 해저에 사는 많은 물고기는?
A 매우 조용하다
B 시끌벅적한 것을 좋아한다
C 유달리 뚱뚱하다
D 빛을 낸다

美人鱼 měirényú 인어공주 | 故事 gùshi 몡 이야기 | 其实 qíshí 튄 사실 | ★真正 zhēnzhèng 혱 진정한, 참된 | 海底 hǎidǐ 몡 해저 | 世界 shìjiè 몡 세계 | 写 xiě 통 쓰다 | 还 hái 튄 더, 더욱 | 要 yào 통 [비교하는 문장에 쓰여 강조의 뜻을 나타냄] | 丰富 fēngfù 혱 풍부하다, 많다 | ★有趣 yǒuqù 혱 재미있다, 흥미가 있다, 흥미를 끌다 | ★研究 yánjiū 몡 연구 통 연구하다 | 发现 fāxiàn 통 (연구·탐색 등으로 새로운 사실을) 발견하다 | 虽然 suīrán 접 비록 ~일지라도 | ★海洋 hǎiyáng 몡 바다, 해양 | 底部 dǐbù 몡 밑바닥 부분, 저부 | 看起来 kàn qǐlái 보기에 ~하다, 보아 하니 ~하다 | 安静 ānjìng 혱 조용하다, 잠잠하다, 고요하다 | ★然而 rán'ér 접 그러나, 하지만, 그렇지만 | ★却 què 튄 도리어, 오히려, 반대로, 그러나 | 声音 shēngyīn 몡 소리 | 动物 dòngwù 몡 동물 | 一直 yìzhí 튄 계속, 줄곧 | 在 zài 튄 지금 ~하고 있다 | 只不过 zhǐbúguò 튄 단지 ~일 뿐이다 | 人类 rénlèi 몡 인류 | 耳朵 ěrduo 몡 귀 | 到 dào 통 [동사 뒤에서 보어로 쓰여 동작이 목적에 도달했거나 결과가 있음을 나타냄] | ★另外 lìngwài 접 이 밖에, 이 외에 | ★完全 wánquán 튄 완전히, 아주 | 黑 hēi 혱 검다, 까맣다 | ★许多 xǔduō 혱 매우 많다, 허다하다 | 鱼 yú 몡 물고기 | 会 huì 조동 ~할 것이다 | 发出 fāchū 통 뿜어내다, 내뿜다, 발산하다 | 各种 gèzhǒng 몡 각종의, 갖가지의 | 颜色 yánsè 몡 색, 색깔 | ★光 guāng 몡 빛 | 像 xiàng 통 ~와 같다 | 流动 liúdòng 통 유동하다, 움직이다 | 灯 dēng 몡 등 | 美 měi 혱 아름답다 | 极了 jíle [형용사 뒤에 쓰여 뜻을 매우 강조할 때 쓰임] | 说话人 shuōhuàrén 화자 | 认为 rènwéi 통 생각하다, 간주하다, 여기다 | 水草 shuǐcǎo 몡 수초 | 需要 xūyào 통 필요하다, 요구되다 | ★保护 bǎohù 몡 보호 통 보호하다 | ★生活 shēnghuó 통 살다 | ★冷静 lěngjìng 혱 조용하다, 고요하다, 적막하다 | ★热闹 rènao 혱 시끌벅적하다, 북적북적하다 | 胖 pàng 혱 (몸이) 뚱뚱하다 | 发光 fāguāng 통 빛을 내다, 발광하다

Day 32
track yuedu 21

31 A   32 D   33 A   34 A   35 C

31 A [给……起名字 ~에게 이름을 지어 주다] 지문에 '外号(별명)'는 '不太正式的名字(그다지 공식적이지 않은 이름)'라고 직접적으로 언급되어 있다.

"外号"是根据某人的特点给他起的一个不太正式的名字，常带有开玩笑的意思。一般情况下，只有比较熟悉的人之间才会互相叫外号。

'별명'은 어떤 사람의 특징에 따라 그 사람에게 지어 주는 그다지 공식적이지 않은 이름으로, 대부분 농담의 뜻이 담겨 있다. 일반적으로, 비교적 친숙한 사람 사이에서만 서로 별명을 부른다.

★ 关于"外号"，可以知道：

A 不太正式
B 表示反对
C 让人感动
D 非常简单

★ '별명'에 관해, 무엇을 알 수 있는가?

A 그다지 공식적이지 않다
B 반대를 표명한다
C 사람을 감동시킨다
D 매우 간단하다

外号 wàihào 몡 별명 | 根据 gēnjù 개 ~를 근거로 | 某人 mǒurén 대 어떤 사람 | ★特点 tèdiǎn 몡 특징, 특색, 특성 | 给 gěi 개 ~에게 | 起 qǐ 통 (이름을) 짓다 | 不太 bú tài 그다지 ~하지 않다 | ★正式 zhèngshì 혱 공식적이다, 정식이다 | 常 cháng 튄 늘, 자주, 항상 | 带有 dàiyǒu 통 띠고 있다, 포함하고 있다 | ★开玩笑 kāi wánxiào 농담하다 | 意思 yìsi 몡 뜻, 의미 | 一般 yìbān 혱 일반적이다 | ★情况 qíngkuàng 몡 상황, 정황, 형편 | 只有A才B zhǐyǒu A cái B A해야만 비로소 B하다 | 比较 bǐjiào 튄 비교적, 상대적으로 | ★熟悉 shúxī 통 익숙하다 | 之间 zhījiān 몡 (~의) 사이 | 会 huì 조동 ~할 것이다 | ★互相 hùxiāng 튄 서로, 상호 | 叫 jiào 통 부르다 | 关于 guānyú 개 ~에 관하여 | 可以 kěyǐ 조동 ~할 수 있다 | 表示 biǎoshì 통 표명하다, 나타내다, 표시하다 | ★反对 fǎnduì 통 반대하다 | 让 ràng 통 (어떤 일을) 하게 하다, 하도록 하다 | ★感动 gǎndòng 통 감동하다 | 简单 jiǎndān 혱 간단하다

32 D [**做计划** 계획을 세우다] 여행 전에 세부적인 계획을 잘 세워 두면 여행할 때 비교적 부담이 없으니 '旅游前最好做个计划'라며 '미리 계획을 잘 세울 것'을 권장하고 있다.

旅游前最好做个计划，比如要去什么地方、怎么坐车、要带哪些东西、一共要玩儿多少天等。把这些都详细计划好了，旅游时才会比较轻松。

여행 전에 계획을 세우는 것이 가장 좋다. 예를 들면 어떤 곳에 가고, 어떻게 차를 타고, 어떤 물건을 가져가야 하며, 총 며칠을 놀 것인가 하는 것 등이다. 이러한 것들을 모두 상세하게 잘 계획해 두면, 여행할 때 비로소 비교적 부담이 적다.

★ 旅行前，我们应该：
A 先赚钱
B 自备塑料袋
C 和家人讨论
D 提前计划好

★ 여행 전에 우리는 무엇을 해야 하는가?
A 먼저 돈을 번다
B 각자 비닐봉지를 준비한다
C 가족과 상의한다
D 미리 계획을 잘 세운다

旅游 lǚyóu 〔동〕 여행하다, 관광하다 | 前 qián 〔명〕 (시간) 전, 그전, 이전 | ★ 最好 zuìhǎo 〔부〕 ~하는 게 제일 좋다 | ★ 计划 jìhuà 〔명〕 계획, 작정 〔동〕 계획하다 | ★ 比如 bǐrú 〔접〕 예를 들어, 예를 들면, 예컨대 | 要 yào 〔조동〕 ~해야 한다 | 地方 dìfang 〔명〕 곳 | 坐 zuò 〔동〕 (교통수단을) 타다 | 带 dài 〔동〕 (몸에) 가지다, 지니다 | 哪些 nǎxiē 〔대〕 어떤 | 一共 yígòng 〔부〕 모두, 전부, 합계 | ★ 等 děng 〔조〕 등, 따위 | 把 bǎ 〔개〕 ~를 [처치의 결과를 나타냄] | ★ 详细 xiángxì 〔형〕 자세하다, 세세하다, 상세하다 | 好 hǎo 〔형〕 [동사 뒤에 쓰여 '동작이 완성되었거나 잘 마무리되었음'을 나타냄] | 才 cái 〔부〕 비로소 | 比较 bǐjiào 〔부〕 비교적, 상대적으로 | ★ 轻松 qīngsōng 〔형〕 부담이 없다 | 应该 yīnggāi 〔조동〕 ~해야 한다 | 先 xiān 〔부〕 우선, 먼저 | 赚钱 zhuànqián 돈을 벌다, 이윤을 남기다, 보수를 받다 | 自备 zìbèi 〔동〕 스스로 준비하다 | ★ 塑料袋 sùliàodài 비닐봉지 | 家人 jiārén 〔명〕 가족 | ★ 讨论 tǎolùn 〔동〕 토론하다 | ★ 提前 tíqián 〔동〕 (예정된 시간·위치를) 앞당기다

33 A [**比以前更……了** 예전보다 더 ~하다] 아버지는 사장이 된 후(做了经理后＝当上经理以后) 일이 예전보다 힘들어져서 자주 추가 근무를 해야 할 뿐만 아니라 바빠지면 휴일에도 쉴 수 없을 정도라고 언급된 상황을 통해 아버지가 사장이 된 후 더 바빠졌음(更忙了)을 짐작할 수 있게 한다.

爸爸做了经理后，工作比以前更辛苦了，不但要经常加班，而且有时忙起来，甚至连节假日也不能休息。但是通过这个工作，他证明了自己的能力，他忙在其中也乐在其中。

아버지가 사장이 된 후, 일이 예전보다 더 힘들어졌다. 자주 추가 근무를 해야 할 뿐만 아니라, 어떤 경우에는 바빠지기 시작하면 심지어 휴일에도 쉴 수 없다. 하지만 이 일을 통해, 아빠는 자신의 능력을 증명했고, 아빠는 그 속에서 바쁘기도 하지만 또 그 속에서 즐겁기도 하다.

★ 爸爸当上经理以后：
A 更忙了
B 变得懒了
C 很得意
D 经常请客

★ 아버지는 사장이 된 후?
A 더 바빠졌다
B 게을러졌다
C 매우 만족한다
D 자주 한턱 낸다

经理 jīnglǐ 〔명〕 사장, 경영 관리 책임자, 지배인 | 后 hòu 〔명〕 (시간상으로) 후, 뒤, 다음 | 以前 yǐqián 〔명〕 이전, 예전 | 更 gèng 〔부〕 더, 더욱, 훨씬 | ★ 辛苦 xīnkǔ 〔형〕 고생스럽다, 수고롭다 | 不但 búdàn 〔접〕 ~뿐만 아니라 | 要 yào 〔조동〕 ~해야 한다 | 经常 jīngcháng 〔부〕 자주, 항상, 늘, 종종 | ★ 加班 jiābān 〔동〕 초과 근무를 하다, 시간 외 근무를 하다 | 而且 érqiě 〔접〕 게다가, 뿐만 아니라, 또한 | 有时 yǒushí 〔부〕 어떤 때, 경우에 따라서, 때로 | 忙 máng 〔형〕 바쁘다, 틈이 없다 | 起来 qǐlai 〔동〕 [상황이 시작되고 또한 계속 됨을 나타냄] | ★ 甚至 shènzhì 〔접〕 심지어, ~까지도, ~조차도 | 连……也 lián……yě ~조차도, ~마저도 | 节假日 jiéjiàrì 명절과 휴일, 경축일과 휴일 | 休息 xiūxi 〔동〕 쉬다, 휴식을 취하다 | 但是 dànshì 〔접〕 그러나, 그렇지만 | ★ 通过 tōngguò 〔개〕 ~를 통해, ~에 의해 | ★ 证明 zhèngmíng 〔동〕 증명하다 | 自己 zìjǐ 〔대〕 자신, 자기, 스스로 | ★ 能力 nénglì 〔명〕 능력 | ★ 其中 qízhōng 〔대〕 그 중에, 그 안에 | 乐在其中 lèzàiqízhōng 〔성〕 일을 하는 가운데 즐거움이 있다, 일을 하는 가운데 즐거움을 발견하다 | ★ 当 dāng 〔동〕 ~가 되다 | 上 shàng 〔동〕 [동사 뒤에 쓰여 '어떤 목적에 도달하였거나 결과가 있음'을 나타냄] | 以后 yǐhòu 〔명〕 이후 | 变 biàn 〔동〕 변하다 | ★ 懒 lǎn 〔형〕 게으르다, 나태하다 | ★ 得意 déyì 〔형〕 대단히 만족하다, 자신만만하다, 득의양양하다 | 请客 qǐngkè 〔동〕 한턱내다, 초대하다, 접대하다

34 A [A是为了B　A는 B하기 위함이다] 공휴일(节假日)에 쇼핑몰에서 진행하는 세일 이벤트(打折、减价活动)는 주로 '为了吸引更多的客人来购物(더 많은 고객이 쇼핑하러 오도록 유인하기 위함)'라고 하였으므로 답은 A이다.

35 C [没用　쓸모가 없다] 물건을 살 때는 가격만 봐서는 안 되고, 물건이 자신에게 적합한지, '반드시 사야하는 것인지(是不是必须买的)'도 고려해야 한다는 내용에서 C가 답이라는 것을 알 수 있다.

节假日时，我们会经常看到商场举办打折、减价的活动。³⁴这样做主要是为了吸引更多的客人来购物。不过人们在购买的时候，不能只看价格，³⁵还应考虑买的东西是否适合自己，还有是不是必须买的。如果不适合自己，也不是必须买的，即使价钱再便宜，也是浪费。

공휴일에 우리는 종종 쇼핑몰에서 할인, 세일 이벤트를 진행하는 것을 볼 수 있다. ³⁴이렇게 하는 것은 주로 더 많은 고객이 쇼핑하러 오도록 유인하기 위함이다. 하지만 사람들은 구입을 할 때, 가격만 보아서는 안 되고, ³⁵이 밖에도 구입한 물건이 자신에게 적합한지, 그리고 반드시 사야 하는지도 고려해야 한다. 만약 자신에게 적합하지 않고, 또 반드시 사야 하는 것도 아니라면, 설령 아무리 저렴한 것에 돈을 쓰더라도 낭비이다.

34 ★ 节假日商场降低价格是为了：
A 吸引顾客
B 提高管理水平
C 获得表扬
D 增进交流

34 ★ 휴일에 쇼핑몰에서 가격을 인하하는 것은 무엇을 위한 것인가?
A 고객을 유치하기 위해
B 관리 수준을 높이기 위해
C 칭찬을 받기 위해
D 교류를 증진하기 위해

35 ★ 根据这段话，买东西必须考虑：
A 质量
B 自己的收入
C 有没有用
D 家人的意见

35 ★ 이 글에 따르면, 물건을 살 때 반드시 무엇을 고려해야 하는가?
A 품질
B 자신의 소득
C 쓸모가 있는지
D 가족의 의견

会 huì 조동 ~할 것이다 | 经常 jīngcháng 부 종종, 자주, 항상, 늘 | 看到 kàndào 동 보(이)다 | 商场 shāngchǎng 명 쇼핑센터, 백화점 | ★举办 jǔbàn 동 열다, 거행하다, 개최하다 | ★打折 dǎzhé 동 할인하다, 디스카운트하다 | 减价 jiǎnjià 값을 내리다, 가격을 인하하다 | ★活动 huódòng 명 행사, 활동 | 这样 zhèyàng 대 이렇게 | 是为了 shì wèile ~하기 위해서 | ★吸引 xīyǐn 동 유인하다, 매료시키다, 끌어당기다 | 更 gèng 부 더, 더욱, 훨씬 | 客人 kèrén 명 고객 | ★购物 gòuwù 물품을 구입하다, 물건을 사다 | 不过 búguò 접 하지만, 그러나, 그런데 | 购买 gòumǎi 동 사다, 구매하다 | 不能 bùnéng ~해서는 안 된다 | 只 zhǐ 부 단지, 다만, 오직, 겨우 | ★价格 jiàgé 명 가격, 값 | 还 hái 부 또, 더, 게다가 | 应 yīng 조동 마땅히 ~해야 한다, ~하는 것이 마땅하다 | ★考虑 kǎolǜ 동 고려하다, 생각하다 | 买 mǎi 동 사다, 매입하다, 구매하다 | ★是否 shìfǒu 부 ~인지 아닌지 | ★适合 shìhé 동 적합하다, 알맞다, 적절하다 | 还有 háiyǒu 접 그리고, 또한 | 必须 bìxū 부 반드시 ~해야 한다 | 如果 rúguǒ 접 만약, 만일 | 即使A也B jíshǐ A yě B 설령 A라 하더라도 B하겠다 | 价钱 jiàqián 명 값, 가격 | 再 zài 부 아무리 | ★浪费 làngfèi 동 낭비하다, 허비하다, 헛되이 쓰다 | ★降低 jiàngdī 동 인하하다, 낮추다, 내리다 | ★顾客 gùkè 명 고객, 손님 | 提高 tígāo 동 높이다, 향상시키다, 제고하다 | ★管理 guǎnlǐ 명 관리 | 水平 shuǐpíng 명 수준 | ★获得 huòdé 동 얻다, 획득하다, 취득하다 | ★表扬 biǎoyáng 동 칭찬하다, 표창하다 | 增进 zēngjìn 동 증진하다, 증진시키다 | ★交流 jiāoliú 명 교류 동 교류하다 | 有用 yǒuyòng 동 쓸모가 있다, 유용하다 | 家人 jiārén 명 가족 | ★意见 yìjiàn 명 의견, 견해

tip '有用 yǒuyòng'은 '쓸모가 있다'라는 뜻으로, 부정형은 '没用 méiyòng'이다. '不用 búyòng'은 '~할 필요가 없다'라는 뜻으로, 당위성을 부정하는 표현이다.

● Day 33 ● track yuedu 22

36 B .37 A   38 A   39 C   40 A

---

36 B [猜(出)意思 의미를 추측하다] 독해 중 모르는 단어(不懂的生词)를 맞닥뜨렸을 때, 바로 사전을 찾아보지 말고 먼저 위아래 문장에 근거해 모르는 '단어의 뜻을 추측해(猜出它的意思)' 보라고 하였으므로 답은 B이다.

阅读时, 遇到不懂的生词, 可以先根据上下文的意思猜出它的意思, 千万不要一遇到生词就去查词典。实在猜不出时, 再去查词典, 这样才能提高我们的阅读水平。

독해를 할 때, 모르는 새 단어에 맞닥뜨리면 먼저 앞뒤 문장의 뜻에 따라 의미를 추측해 낼 수 있다. 새 단어를 맞닥뜨렸다고 해서 바로 사전을 찾아선 절대 안 된다. 정말 추측해 낼 수 없을 때, 다시 사전을 찾아야 한다. 이렇게 해야 비로소 우리의 독해 수준을 높일 수 있다.

★ 遇到不懂的词语, 最好先:
 A 画出来
 B 猜词意
 C 上网查查
 D 记在笔记本上

★ 모르는 단어를 맞닥뜨렸을 때, 먼저 어떻게 하는 것이 가장 좋은가?
 A 표시한다
 B 의미를 추측한다
 C 인터넷에서 찾아본다
 D 노트 위에 적는다

★ **阅读** yuèdú 동 열독하다 | **遇到** yùdào 동 마주치다, 부딪치다, 맞닥뜨리다 | **不懂** bùdǒng 동 모르다, 알지 못하다, 이해하지 못하다 | **生词** shēngcí 명 새 단어, 새 낱말 | **可以** kěyǐ 조동 ~할 수 있다 | **先** xiān 부 우선, 먼저 | **上下文** shàngxiàwén 명 문장의 앞뒤, 전후 문맥 | **意思** yìsi 명 의미, 뜻 | ★**猜** cāi 동 추측하다, 알아맞히다 | **出** chū 동 [동사 뒤에 쓰여 '드러나거나 완성됨'을 나타냄] | ★**千万** qiānwàn 절대로, 반드시, 제발 | **不要** búyào 부 ~해서는 안 된다 | **一A就B** yī A jiù B A하기만 하면 B하다 | **词** cí 명 단어 | **查** chá 동 검사하다 | **词典** cídiǎn 명 사전 | ★**实在** shízài 부 정말, 참으로 | **这样** zhèyàng 대 이렇게 | **才** cái 부 비로소 | **提高** tígāo 동 높이다, 향상시키다 | **水平** shuǐpíng 명 수준 | ★**词语** cíyǔ 명 단어, 어휘, 글자 | ★**最好** zuìhǎo 부 ~하는 게 제일 좋다 | **画** huà 동 그리다 | **出来** chūlai 동 [동사 뒤에 쓰여 '동작이 완성되거나 실현됨'을 표시함] | **词意** cíyì 명 말의 의미 | **上网** shàngwǎng 동 인터넷을 하다 | **记** jì 동 적다, 기록하다 | **笔记本** bǐjìběn 명 노트

---

37 A [A比B好 A가 B보다 낫다] 자주 일자리를 바꾸는 사람들은 '새로운 일이 현재의 일보다 더 좋을 것(新工作会比现在的工作好)'이라고 항상 생각하기 때문이라고 하였다.

有些人喜欢经常换工作, 他们总以为新工作会比现在的工作好。实际上, 一般情况下, 要完全适应新的工作需要一年左右, 因此, 经常换工作并不好, 要根据自己的条件, 坚持把自己的工作做到最好才是正确的选择。

어떤 사람들은 자주 일자리를 바꾸는 것을 좋아하는데, 그들은 새로운 일이 현재의 일보다 더 좋을 것이라고 항상 생각한다. 사실상, 일반적인 상황에서, 새로운 일에 완전히 적응하려면 1년 정도가 필요하다. 따라서 자주 일자리를 바꾸는 것은 결코 좋지 않다. 자신의 조건에 따라 자신의 일을 가장 잘 할 때까지 꾸준히 하는 것이야말로 올바른 선택이다.

★ 有些人经常换工作是因为他们:
 A 相信新工作更好
 B 极其努力
 C 非常得意
 D 工作不愉快

★ 어떤 사람들이 자주 일자리를 바꾸는 이유는?
 A 새로운 일이 더 좋을 것이라 믿기 때문에
 B 매우 노력하기 때문에
 C 매우 득의양양하기 때문에
 D 일이 즐겁지 않기 때문에

有些 yǒuxiē 때 어떤 | **经常** jīngcháng 팀 자주, 항상, 늘, 종종 | **换** huàn 동 바꾸다 | **总** zǒng 팀 늘, 줄곧, 언제나 | ★**以为** yǐwéi 동 ~인 줄 알았다 | **会** huì 조동 ~할 가능성이 있다, ~할 것이다 | **实际上** shíjìshang 사실상, 실제로 | **一般** yìbān 휑 일반적이다, 보통이다 | ★**情况** qíngkuàng 명 상황, 정황, 형편 | **要** yào 조동 ~하려고 한다 | ★**完全** wánquán 팀 완전히, 전적으로, 전혀 | ★**适应** shìyìng 동 적응하다 | **需要** xūyào 동 필요하다, 요구되다 | ★**左右** zuǒyòu 명 가량, 안팎, 내외 [수량사 뒤에 쓰여 '대략적인 수'를 나타냄] | ★**因此** yīncǐ 젭 그래서, 이로 인하여 | **并不** bìngbù 팀 결코 ~지 않다 | **要** yào 조동 ~해야 한다 | **自己** zìjǐ 때 자신, 자기, 스스로 | ★**条件** tiáojiàn 명 조건 | ★**坚持** jiānchí 동 견지하다 | **把** bǎ 깨 ~를 [처치의 결과를 나타냄] | **到** dào 깨 ~에, ~로, ~까지 | **才** cái 팀 ~야말로 [주어를 강조하는 뜻으로 사용함] | **选择** xuǎnzé 동 선택 | **因为** yīnwèi 접 왜냐하면 | **相信** xiāngxìn 동 믿다, 신임하다, 신뢰하다 | **更** gèng 팀 더욱, 더, 훨씬 | **极其** jíqí 팀 아주, 몹시, 매우 | **努力** nǔlì 동 노력하다 | ★**得意** déyì 휑 득의양양하다, 자신만만하다, 대단히 만족하다 | ★**愉快** yúkuài 휑 유쾌하다, 기쁘다, 즐겁다

38 A [多数都是…… = 多为…… 대부분이 A이다] '其中(그중)'은 앞에 언급된 대상의 '일부 범위'를 나타내는 부사로, 이 지문에서 '其中'이 수식하는 대상이 '垃圾短信(스팸 문자)'임을 제대로 파악했다면 쉽게 답을 찾을 수 있다. 보기 A의 '为'는 '是(~이다)'의 의미로 쓰였다.

据调查不少人都曾经收到过垃圾短信，其中多数都是广告，比如让你买房，很烦人。因此，如何拒收垃圾短信是大家最关心的问题。

조사에 따르면 많은 사람들이 모두 일찍이 스팸 문자를 받은 적이 있을 것이다. 그중 다수가 모두 광고이다. 예를 들면 당신으로 하여금 집을 사게 하는 내용으로, 매우 귀찮다. 따라서 어떻게 스팸 문자를 거절할 것인지는 모두가 가장 관심 갖는 문제이다.

★ 垃圾短信：

A 多为广告
B 没引起重视
C 正在减少
D 骗了很多人

★ 스팸문자는?

A 대부분 광고이다
B 중시되지 않는다
C 줄어들고 있다
D 많은 사람을 속였다

★**据** jù 깨 ~에 따르면 | ★**调查** diàochá 명 조사 | ★**曾经** céngjīng 팀 일찍이, 이전에 | **收到** shōudào 동 받다, 얻다, 수령하다 | **垃圾短信** lājī duǎnxìn 명 스팸 문자 | ★**其中** qízhōng 명 그중에, 그 안에 | **多数** duōshù 명 다수 | ★**广告** guǎnggào 명 광고, 선전 | **比如** bǐrú 접 예를 들어, 예를 들면 | **让** ràng 동 (어떤 일을) 하게 하다, 하도록 하다 | **买** mǎi 동 사다, 구매하다 | **房** fáng 명 집, 주택 | **烦人** fánrén 휑 성가시다, 괴롭다, 귀찮다 | **如何** rúhé 때 어떻게, 어떤, 어쩌면 | **拒收** jùshōu 동 (선물·증정품 등을) 거절하고 받지 않다 | **关心** guānxīn 동 (사람 또는 사물에 대해) 관심을 갖다, 관심을 기울이다 | **多为** duōwéi 대부분 ~이다 | ★**引起** yǐnqǐ 동 (주의를) 끌다, 야기하다, 불러일으키다 | ★**重视** zhòngshì 동 중시하다, 중요시하다 | **正在** zhèngzài 팀 지금 ~하고 있다 | ★**减少** jiǎnshǎo 동 줄다, 줄이다, 감소하다 | ★**骗** piàn 동 속이다, 기만하다

 '多数 duōshù'와 '大多数 dàduōshù' '无数 wúshù'는 모두 '수량이 많음'을 나타낸다.

39 C [吸引人 사람을 이끌다, 매료시키다] '吸引了非常多的人观看(아주 많은 사람들이 관람하도록 매료시켰다)'라는 문장에서 '无声电影(무성 영화)'을 보려는 '관객이 많았음'을 알 수 있다. 보기 D(幽默 유머러스하다)는 지문 속 '好笑(우습다)'라는 표현과 연계된 함정이다. 당시 무성영화 관객들이 착각했던 에피소드가 '好笑'하다는 것이지, 무성 영화가 '好笑'하다는 것은 아니다.

40 A [误会 오해하다] '비가 오는 화면(下雨的画面)'이 나올 때 '우산을 폈다(打伞)'는 내용에서 사람들이 화면을 보고 실제로 비가 온다고 '오해하여(误会)' 우산을 펼쳤다는 것을 알 수 있다.

³⁹世界上第一部无声电影出现时，吸引了非常多的人观看。有个观众在看到电影中有一辆车向自己开过来时，非常害怕并离开了座位，等到那辆车不见了，他才回到座位上。⁴⁰当电影里出现了下雨的画面时，有很多人会打伞。现在听起来可能很好笑，不过在那时看电影确实是件非常新鲜的事。

³⁹세상에서 첫 번째 무성영화가 나타났을 때 아주 많은 사람들이 관람하도록 매료시켰다. 어떤 관중은 영화 속에 한 자동차가 자신에게 달려왔을 때, 매우 무서워하면서 자리를 떠났다가 그 차가 사라진 후에야 비로소 자리로 돌아왔다. ⁴⁰영화 속에 비가 내리는 화면이 나타났을 때는 많은 사람들이 우산을 폈다. 지금은 아마 매우 우습게 들리지만, 당시에 영화를 보는 것은 확실히 매우 신선한 일이었다.

39 ★ 世界上第一部无声电影：
A 内容复杂　　B 不成功
C 观众很多　D 很幽默

39 ★ 세상의 첫 번째 무성영화는?
A 내용이 복잡하다　B 성공하지 못했다
C 관객이 매우 많았다　D 매우 유머러스하다

40 ★ 有些观众为什么要打伞？
A 误会了　　B 害怕马车
C 下雨了　　　D 风太大

40 ★ 일부 관중은 왜 우산을 펼치려 했는가?
A 오해해서　B 마차가 무서워서
C 비가 와서　　D 바람이 너무 세서

世界 shìjiè 명 세계 | 第一 dì yī 준 제1, 최초, 첫(번)째 | 部 bù 양 부, 편 [서적이나 영화 편수 등을 세는 단위] | 无声 wúshēng 형 소리가 없다 | ★出现 chūxiàn 동 나오다 | ★吸引 xīyǐn 동 끌어당기다, 유인하다, 매료시키다 | 观看 guānkàn 동 보다, 참관하다, 관람하다 | ★观众 guānzhòng 명 관중, 구경꾼, 시청자 | 看到 kàndào 동 보(이)다 | 辆 liàng 양 대, 량 [차량을 세는 단위] | 向 xiàng 개 ~로, ~에게, ~를 향하여 | 开 kāi 동 (자동차 등을) 운전하다 | 过来 guòlai 동 [동사 뒤에 쓰여 사람이나 사물이 자신의 쪽으로 다가옴을 나타냄] | 害怕 hàipà 동 겁나다, 두려워하다 | 并 bìng 접 그리고, 또, 아울러 | 离开 líkāi 동 떠나다, 벗어나다 | ★座位 zuòwèi 명 좌석 | 等到 děngdào 동 (~까지) 기다리다 | 见 jiàn 동 보(이)다 | 才 cái 부 ~이 되어서야, ~서야, ~서야 비로소 [일의 발생이나 결말이 늦음을 나타냄] | ★当 dāng 개 바로 그때, 바로 거기, 바로 그곳 [바로 그 시간이나 그 장소를 가리킴] | 画面 huàmiàn 명 화면 | 会 huì 조동 ~할 가능성이 있다, ~할 것이다 | 打 dǎ 동 들어올리다, 들다 | 伞 sǎn 명 우산 | 起来 qǐlai 동 [동사 뒤에 쓰여 '어림 짐작하거나 어떤 일에 대한 견해'를 나타냄] | 可能 kěnéng 부 아마도, 아마 (~일지도 모른다), 어쩌면 | 好笑 hǎoxiào 형 우습다, 웃기다, 재미있다 | ★不过 búguò 접 그러나, 그런데 | ★确实 quèshí 부 절대로, 정말로, 확실히 | 新鲜 xīnxiān 형 새롭다, 참신하다 | 事(儿) shì(r) 명 일, 사정 | ★内容 nèiróng 명 내용 | ★复杂 fùzá 형 (사물의 종류나 두서가) 복잡하다 | ★成功 chénggōng 형 성공적이다 | ★幽默 yōumò 형 유머러스하다 | 要 yào 조동 ~할 것이다, ~하려고 하다 | ★误会 wùhuì 동 오해하다 | 马车 mǎchē 명 마차 | 风 fēng 명 바람

● Day 34　　　　　　　　　　　　　　　　　　　● track yuedu 23

41 D　42 B　43 D　44 D　45 B

41 D [A和B进行交流 A가 B와 교류하다] 보기 중 지문에 언급된 토론의 장점은 보기 D뿐이다.

讨论在学习中起着很重要的作用。学生要有自己的看法，然后和别人进行交流，从里面发现问题而且找出解决问题的办法。这比学生听老师讲的效果要好得多。

토론은 학습 중에서 매우 중요한 역할을 한다. 학생은 자신의 생각을 가져야 한다. 그리고 나서 다른 사람과 교류하며 그 속에서 문제를 발견하고, 문제를 해결할 방법을 찾는다. 이는 학생이 선생님이 가르치는 것을 듣는 것보다 효과가 훨씬 더 좋다.

★ 讨论能让学生：
A 学会信任　　　B 懂得节约
C 接受批评　　　**D 交流看法**

★ 토론은 학생으로 하여금?
A 신뢰를 배우게 한다　　B 절약을 알게 한다
C 비판을 받아들이게 한다　**D 생각을 교류하게 한다**

★**讨论** tǎolùn 동 토론하다 | **起** qǐ 동 일으키다, 발생하다, 생기다 | **重要** zhòngyào 형 중요하다 | ★**作用** zuòyòng 명 (사람과 사물에 끼치는) 작용, 영향, 효과 | **要** yào 조동 ~해야 한다 | **自己** zìjǐ 데 자신, 자기, 스스로 | ★**看法** kànfǎ 명 견해 | ★**然后** ránhòu 접 그런 후에, 그 다음에 | **别人** biérén 데 다른 사람 | ★**进行** jìnxíng 동 (어떤 지속적인 활동을) 진행하다 | ★**交流** jiāoliú 동 서로 소통하다, 교류하다 | **里面** lǐmiàn 명 안, 안쪽, 속, 내부 | **发现** fāxiàn 동 발견하다, 알아차리다 | **而且** érqiě 접 게다가, 뿐만 아니라, 또한 | **找** zhǎo 동 찾다, 구하다 | **出** chū 동 [동사 뒤에 쓰여 '드러나거나 완성됨'을 나타냄] | **解决** jiějué 동 해결하다, 풀다 | **办法** bànfǎ 명 방법, 수단, 방식 | **讲** jiǎng 동 설명하다, 말하다 | ★**效果** xiàoguǒ 명 효과 | **要** yào 조동 [비교하는 문장에 쓰여 강조의 뜻을 나타냄] | **能** néng 조동 ~할 수 있다 | **让** ràng 동 (어떤 일을) 하게 하다, 하도록 하다 | ★**学会** xuéhuì 동 배우서 알다 | **信任** xìnrèn 동 신임하다, 신뢰하다 | **懂得** dǒngde 동 (뜻·방법 등을) 알다, 이해하다 | ★**节约** jiéyuē 동 아끼다, 줄이다, 절약하다 | ★**接受** jiēshòu 동 받아들이다, 받다 | ★**批评** pīpíng 동 비판하다, 꾸짖다, 지적하다

---

42 B [在A里加B　A 안에 B를 추가하다]　지시대명사(**这**)는 보통 '이미 등장한 대상'을 지칭할 때 쓰인다. 앞의 내용 중 '方法(방법)'에 해당하는 내용은 '치약 안에 소금을 넣어(**牙膏里加些盐**) 양치하는 방법'이므로 답은 B이다.

很多网站上都说，刷牙时在牙膏里加些盐，坚持几天后，就能让牙变白。我想试试，看看这个方法到底有没有效果。

많은 인터넷 사이트에서, 양치질을 할 때 치약 안에 소금을 좀 넣고, 며칠 지속하면, 이를 하얗게 할 수 있다고 말한다. 나는 한번 해 보고 싶다. 이 방법이 도대체 효과가 있는지 한번 보고 싶다.

★ "这个方法"指的是：
A 皮肤增白法
B 牙膏上加盐
C 吃7分饱
D 自备塑料袋

★ '이 방법'이 가리키는 것은?
A 피부를 하얗게 하는 방법
B 치약에 소금을 넣는 것
C 70% 배부르게 먹는 것
D 스스로 비닐봉지를 준비하는 것

★**网站** wǎngzhàn 명 (인터넷) 웹사이트 | **刷牙** shuāyá 동 이를 닦다, 양치질하다 | ★**牙膏** yágāo 명 치약 | **加** jiā 동 (본래 없던 것을) 붙이다, 넣다, 첨가하다 | **些** xiē 양 조금, 약간, 얼마쯤 | ★**盐** yán 명 소금 | **坚持** jiānchí 동 견지하다 | **天** tiān 명 하루, 날, 일 | **后** hòu 명 (시간상으로) 뒤, 후, 다음 | **就** jiù 부 ~면, ~인 이상, ~한 바에는 | **能** néng 조동 ~할 수 있다 | **让** ràng 동 (어떤 일을) 하게 하다, 하도록 하다 | **牙** yá 명 이 | **变** biàn 동 (성질·상태가) 변하다, 바뀌다 | **想** xiǎng 조동 ~하고 싶다 | **试** shì 동 시험 삼아 해 보다, 시험하다 | ★**方法** fāngfǎ 명 방법, 수단, 방식 | ★**到底** dàodǐ 부 도대체 | ★**指** zhǐ 동 설명하다 | ★**皮肤** pífū 명 피부 | **增白** zēngbái 동 (직물·종이·피부 등을) 표백하다, 미백하다, 희게 만들다 | **法** fǎ 명 방법, 방식 | **分** fēn 양 10분의 1, 할 [一份 = 10%] | **饱** bǎo 형 배부르다 | **自备** zìbèi 동 스스로 준비하다 | ★**塑料袋** sùliàodài 비닐봉지

---

43 D [最好……　~하는 게 가장 좋다]　완곡한 권유를 나타내는 표현인 '最好'를 사용해 '冬天锻炼最好在日出后'라고 하였으므로, 답은 D이다. '冬季'와 '冬天'은 동의어이다.

很多人习惯早上做运动，但在外面锻炼身体并不是越早越好，尤其是冬天，日出前温度比较低，并不适合出去运动。医生建议：冬天锻炼最好在日出后，而且运动量太大也不好，可以散步、骑骑自行车等。

많은 사람들이 아침에 운동하는 습관이 있지만, 밖에서 운동을 하는 것은 결코 이를수록 좋은 것은 아니다. 특히 겨울엔, 일출 전에는 온도가 비교적 낮아서, 나가서 운동을 하는 것이 결코 적합하지 않다. 의사는 겨울에 운동을 할 때 일출 후가 가장 좋고, 또한 운동량이 너무 많아도 좋지 않으며, 가볍게 산책이나 자전거를 타는 것이 좋다고 조언한다.

★ 冬季锻炼最好：
A 在室内   B 穿厚点儿
C 别超过半小时   D 日出后进行

★ 겨울에 운동을 할 때 가장 좋은 것은?
A 실내에서 하는 것   B 좀 두껍게 입는 것
C 30분을 넘기지 않는 것   D 일출 후에 진행하는 것

习惯 xíguàn 동 습관이 되다 | 但 dàn 접 그러나, 그렇지만, 하지만 | 外面 wàimian 명 밖, 바깥 | 锻炼 duànliàn 동 (몸을) 단련하다 | 并不 bìngbù 부 결코 ~하지 않다 | 越A越B yuè A yuè B A 할수록 B하다 | 早 zǎo 형 (때가) 이르다, 빠르다 | ★尤其 yóuqí 부 더욱이, 특히 | 冬天 dōngtiān 명 겨울 | 日出 rìchū 동 해가 뜨다 | 前 qián 명 (시간) 전, 그전, 이전 | ★温度 wēndù 명 온도 | 比较 bǐjiào 부 비교적, 상대적으로 | ★低 dī 형 (정도가) 낮다, 뒤떨어지다 | ★适合 shìhé 동 알맞다, 적절하다 | ★建议 jiànyì 동 (자기의 주장·의견을) 제기하다, 제안하다 | ★最好 zuìhǎo 부 가장 바람직한 것은, ~하는 게 제일 좋다 | 后 hòu 명 (시간상으로) 뒤, 후, 다음 | 而且 érqiě 접 게다가, 뿐만 아니라, 또한 | 量 liàng 명 양, 수량, 분량 | 可以 kěyǐ 조동 ~해도 된다, ~해도 좋다 | ★散步 sànbù 동 산책하다 | 骑 qí 동 (동물이나 자전거 등에) 타다 | 自行车 zìxíngchē 명 자전거 | ★等 děng 조 등, 따위 | 冬季 dōngjì 명 겨울, 겨울철 | 室内 shìnèi 명 실내 | ★厚 hòu 형 두껍다, 두텁다 | 点(儿) diǎn(r) 양 약간 | ★超过 chāoguò 동 초과하다, 넘다 | 半 bàn 수 절반, 2분의 1 | ★进行 jìnxíng 동 (어떤 지속적인 활동을) 진행하다

44 D [A是因为B A는 B 때문이다] '是因为' 뒤 문장에 물건의 가격이 높은 이유가 언급되어 있다. '是因为'는 행동의 원인을 강조하여 나타낸다.

45 B [货比三家 상품의 가격을 비교하다] '货比三家'는 '물건을 살 때는 바가지를 쓰지 않도록 여러 상점에 가서 비교하는 것'을 나타내는 성어이다. 4급 독해 지문에 많이 나오는 필수 성어이니 반드시 이해하고 넘어가자.

中国有句话叫"便宜无好货"，那贵的东西真的比便宜的东西好吗？⁴⁴实际上，现在很多东西贵，往往是因为商家花了钱来做广告，并不一定是提高了质量。换句话说，价格高的商品质量不一定比价格低的好，⁴⁵买东西时最重要的还是要货比三家。

중국에는 '싼 게 비지떡'이라는 말이 있다. 그렇다면 비싼 물건은 정말 저렴한 물건보다 좋을까? ⁴⁴사실상 현재 많은 물건들이 비싼데, 보통은 상인이 돈을 써서 광고를 하기 때문이지, 반드시 품질을 높인 것은 결코 아니다. 다시 말하면, 가격이 높은 상품이 가격이 낮은 것보다 품질이 반드시 좋은 것이 아니다. ⁴⁵물건을 살 때 가장 중요한 것은 아무래도 여러 곳의 가격을 비교하는 것이다.

44 ★ 很多东西价格高可能是因为：
A 质量好   B 无竞争
C 来自外国   D 广告费高

45 ★ 根据这段话，买东西时应该：
A 选贵的   B 多比较
C 看是否需要   D 看说明书

44 ★ 많은 물건의 가격이 높은 것은 아마도?
A 품질이 좋아서   B 경쟁이 없어서
C 외국에서 와서   D 광고비가 높아서

45 ★ 이 글에 따르면, 물건을 살 때 어떻게 해야 하는가?
A 비싼 것을 골라야 한다   B 많이 비교해야 한다
C 필요한지 봐야 한다   D 설명서를 봐야 한다

句 jù 양 마디, 구, 편 [언어나 시문을 세는 단위] | 话 huà 명 말, 이야기 | 叫 jiào 동 ~라고 부르다 | 便宜无好货 piányiwúhǎohuò 싼 게 비지떡 | 那 nà 접 그러면, 그렇다면 | 真的 zhēnde 부 정말로 | 实际上 shíjìshang 부 사실상, 실제로 | ★往往 wǎngwǎng 부 종종, 자주, 흔히, 때때로, 이따금 | 是因为 shì yīnwèi ~때문이다 | 商家 shāngjiā 명 (무역에서) 상품 판매측 | 花 huā 동 쓰다, 소비하다 | 来 lái 동 [동사구(개사구)와 동사(동사구) 사이에 쓰여 전자가 방법·태도, 후자가 목적임을 나타냄] | ★广告 guǎnggào 명 광고 | 不一定 bùyídìng 부 반드시 ~한 것은 아니다 | 提高 tígāo 동 제고하다, 향상시키다, 높이다 | ★质量 zhìliàng 명 품질, 질 | 换句话说 huàn jù huà shuō 바꾸어 말하면, 다시 말하자면 | ★价格 jiàgé 명 가격 | 商品 shāngpǐn 명 상품 | 买 mǎi 동 사다, 매입하다, 구매하다 | 重要 zhòngyào 형 중요하다 | 还是 háishi 부 역시 | 货比三家 huòbǐsānjiā (물건을 살 때 상품을) 서로 비교하다 | ★无 wú 동 없다 | ★竞争 jìngzhēng 동 경쟁하다 명 경쟁 | ★来自 láizì 동 ~로부터 오다 | 外国 wàiguó 명 외국 | 费 fèi 명 비용 | 应该 yīnggāi 조동 ~해야 한다 | 选 xuǎn 동 고르다, 뽑다, 선택하다 | 比较 bǐjiào 동 비교하다 | ★是否 shìfǒu 부 ~인지 아닌지 | 需要 xūyào 동 필요하다, 요구되다 | 说明书 shuōmíngshū 명 설명서

'来 lái' 뒤에 장소가 위치하면 '(장소)에 오다'로 표현되지만, '来' 뒤에 동작/행위가 위치할 경우 'A来B'로 쓰며, 'A로 B하다'는 의미를 나타낸다. 이때 A는 B의 방식, 원인 등을 나타낸다.

독해 제3부분 02 주제 파악하기

본서 pp.151~153

● Day 36　　　　　　　　　　　　　　　　　　　　　● track yuedu 24

1　B　　2　A　　3　A　　4　D　　5　C

1　B [把生活过好 = 过好生活　생활을 잘 보내다]　지문의 문장과 보기 B의 어순이 달라 헷갈릴 수 있지만, 지문의 문장은 개사 '把'를 써서 '生活'가 술어 앞에 온 것일 뿐 의미상의 차이는 없다. 어순에 유의해 해석해야 하는 '把자문'의 특징을 이용한 함정이 많다는 것도 기억해 두자.

未来将会发生什么事情，没有人知道，因此 别费时间担心将来的事。我们应该把现在的 生活过好，让自己跟自己的朋友都能幸福开心才 是最重要的。	미래에 어떤 일이 일어날 것인지는 아무도 모른다. 그러므로 미래의 일을 걱정하는 데에 시간을 낭비하지 말자. 우리는 현재의 생활을 잘 지내야 하고, 자신과 자신의 친구가 모두 행복하고 기쁠 수 있게 하는 것이야말로 가장 중요한 것이다.
★ 根据这段对话，我们应该： 　A 学会放弃 　B 过好现在的生活 　C 多关心他人 　D 忘记过去	★ 이 대화에 따르면 우리는 어떻게 해야 하는가? 　A 포기할 줄 알아야 한다 　B 현재의 생활을 잘 지내야 한다 　C 다른 사람에게 많이 관심을 가져야 한다 　D 과거를 잊어야 한다

未来 wèilái 명 미래 | **将** jiāng 부 ~하게 될 것이다, ~일 것이다 | **会** huì 조동 ~할 것이다 | ★**发生** fāshēng 동 일어나다, 발생하다 | **事情** shìqing 명 일 | ★**因此** yīncǐ 접 그래서, 이로 인하여 | **费** fèi 동 소비하다, 쓰다, 들이다 | **担心** dānxīn 동 걱정하다, 염려하다 | ★**将来** jiānglái 명 미래, 장래 | **事(儿)** shì(r) 명 일, 사정 | **应该** yīnggāi 조동 ~해야 한다 | **把** bǎ 개 ~를 [처치의 결과를 나타냄] | ★**生活** shēnghuó 명 생활 | **过** guò 동 지내다, 보내다 | **好** hǎo 형 [동사 뒤에 쓰여 '동작이 완성되었거나 잘 마무리되었음'을 나타냄] | **让** ràng 동 (어떤 일을) 하게 하다, 하도록 하다 | **自己** zìjǐ 대 자신, 자기, 스스로 | **跟** gēn 접 ~와 | ★**幸福** xìngfú 형 행복하다 | ★**开心** kāixīn 형 기쁘다, 즐겁다 | **才** cái 부 ~야말로 | **重要** zhòngyào 형 중요하다 | **学会** xuéhuì 동 습득하다, 배워서 알다 | ★**放弃** fàngqì 동 (권리·주장·의견 등을) 버리다, 포기하다 | **关心** guānxīn 동 관심을 갖다, 관심을 기울이다 | **他人** tārén 명 다른 사람, 타인 | **忘记** wàngjì 동 잊어버리다 | **过去** guòqù 명 과거

화자의 주장이나 의견은 '应该 yīnggāi' '该 gāi' '得 děi' '要 yào' 등과 같은 표현 뒤에 많이 나온다.

2 **A** [学会 + 행동 ~할 줄 알다] 보기 A의 표현 '学会休息'와 그대로 대응하는 표현이 지문에 나오지는 않지만, 글의 전반에서 휴식(休息)의 중요성이 강조되고 있으므로 A를 답으로 고를 수 있다.

大部分的时间我们都只忙着一直向前走，却都忘记了要停下来休息休息。其实，休息反而是为了能更顺利地前行，走一走歇一歇才能走得更远。所以，当你觉得累的时候就停下来休息一下吧!

★ 这段话告诉我们要：

A 学会休息
B 少发脾气
C 不怕失败
D 经常锻炼

아주 많은 경우 우리는 모두 단지 바쁘게 계속 앞으로 나아가지만, 도리어 멈춰 서서 좀 쉬어야 한다는 것은 잊어버린다. 사실, 휴식은 오히려 더욱 순조롭게 나아갈 수 있게 하기 위한 것이다. 좀 걷기도 하고 쉬기도 해야만 비로소 더 멀리 갈 수 있다. 그러니, 피곤하다고 느낄 땐 바로 멈춰 서서 잠시 좀 쉬도록 하자!

★ 이 글은 우리에게 어떻게 해야 한다고 알려 주고 있는가?

A 휴식할 줄 알아야 한다
B 화를 적게 내야 한다
C 실패를 두려워하지 말아야 한다
D 자주 운동해야 한다

大部分 dàbùfen 명 대부분 | 只 zhǐ 부 단지, 다만, 오직, 겨우 | 一直 yìzhí 부 계속, 줄곧 | 向 xiàng 개 ~로, ~에게, ~를 향하여 | 前 qián 명 앞 | ★却 què 부 도리어, 오히려, 반대로, 그러나 | 要 yào 조동 ~해야 한다 | ★停 tíng 동 멈추다 | 下来 xiàlai [동사 뒤에 쓰여 '동작의 완성이나 결과'를 나타냄] | 休息 xiūxi 동 쉬다, 휴식하다, 휴식을 취하다 | 其实 qíshí 부 사실 | 反而 fǎn'ér 부 오히려, 도리어, 거꾸로 | 为了 wèile 개 ~하기 위하여, ~를 위해서 | 更 gèng 부 더, 더욱, 훨씬 | ★顺利 shùnlì 형 순조롭다, 일이 잘 되어가다 | 前行 qiánxíng 동 앞으로 나아가다 | 歇 xiē 동 쉬다, 휴식하다 | 才 cái 부 비로소 | 远 yuǎn 형 멀다 | 所以 suǒyǐ 접 그래서, 그러므로 | ★当 dāng 개 [바로 그 시간이나 그 장소를 가리킬 때 쓰임] | 一下 yíxià 수량 시험 삼아 해 보다, 좀 하다 | 发脾气 fā píqi 화내다, 성질부리다, 성내다 | 怕 pà 동 두려워하다 | ★失败 shībài 명 실패 동 실패하다 | 经常 jīngcháng 부 자주, 항상, 늘, 종종 | 锻炼 duànliàn 동 단련하다

---

3 **A** [别 / 不要 + 금지하는 내용 ~하지 마라] 인용문은 보통 글의 주제를 나타내며, 인용문의 속뜻은 대부분 인용문 바로 뒤에 이어서 설명되어 있다. '当你得到一点点成绩的时候，一定别骄傲'라는 인용문의 속뜻 풀이를 통해 이 글의 주제가 '不要骄傲(거만해서는 안 된다)'라는 것을 알 수 있다. '别'와 '不要'는 모두 금지를 나타내는 표현이다.

"笑到最后才会笑得最好" 这句话的意思是，当你得到一点点成绩的时候，一定别骄傲，而是要更加努力，不到最后时刻，没有人知道谁才是真正的赢家。

★ 这段话告诉我们：

A 不要骄傲
B 要对人友好
C 不要做后悔的事
D 要诚实

'마지막까지 웃어야 비로소 가장 잘 웃는 것이다.' 이 말의 의미는, 당신이 조금의 성과를 거두었을 때, 결코 거만해서는 안 되며, 더욱 노력해야 하고, 마지막 순간에 도달하지 않으면 누가 비로소 진정한 승자인지는 아무도 모른다는 뜻이다.

★ 이 글은 우리에게 무엇을 알려 주는가?

A 거만해서는 안 된다
B 다른 사람에게 우호적이어야 한다
C 후회할 일을 해선 안 된다
D 진실되어야 한다

笑 xiào 동 웃다, 웃음을 짓다 | 到 dào 동 [동사 뒤에서 보어로 쓰여 동작이 목적에 도달했거나 결과가 있음을 나타냄] | 最后 zuìhòu 명 제일 마지막, 최후 | 才 cái 부 비로소 | 会 huì 조동 ~할 것이다 | 句 jù 양 마디, 구, 편 [언어나 시문을 세는 단위] | 话 huà 명 이야기 | 意思 yìsi 명 의미, 뜻 | 得到 dédào 동 거두다, 획득하다, 받다, 얻다 | 一点点 yìdiǎndiǎn 아주 조금, 아주 약간 | 成绩 chéngjì 명 (일·학업상의) 성과, 성적 | 一定 yídìng 부 반드시, 필히, 꼭 | ★骄傲 jiāo'ào 형 거만하다, 오만하다, 자부심이 강하다 | ★而 ér 접 ~하고, 그리고 [순접을 나타냄] | 要 yào 조동 ~해야 한다 | 更加

gèngjiā 🗌 더욱, 더, 훨씬 | **努力** nǔlì 🗌 노력하다, 힘쓰다, 열심히 하다 | **不到** búdào 🗌 도달하지 못하다, 이르지 못하다 | **时刻** shíkè 🗌 순간, 때, 시각, 무렵 | ★**真正** zhēnzhèng 🗌 진정한, 참된, 순수한, 진짜의 | **赢家** yíngjiā 🗌 승리자 | **不要** búyào 🗌 ~해서는 안 된다 | ★**友好** yǒuhǎo 🗌 우호적이다 | ★**后悔** hòuhuǐ 🗌 후회하다, 뉘우치다 | **事(儿)** shì(r) 🗌 일, 사정 | ★**诚实** chéngshí 🗌 진실하다, 참되다, 성실하다

> 인용문이 쓰일 때는 '这句话的意思是 zhè jù huà de yìsi shì 이 말의 의미는' 등의 표현이 함께 등장해 인용문의 의미를 설명해 준다.

4 D [把A当作B = 把A当成B A를 B라고 여기다] '即'는 '즉, 바로 ~이다'라는 뜻으로, 판단문에 쓰여 긍정을 나타낼 때 쓰이는 표현이다. 비슷한 표현으로 '就是'가 있다. '当成'은 '当作'와 같은 뜻으로, 두 단어 모두 '把'와 자주 같이 쓰인다는 점을 알아 두자.

5 C [这样就会…… 이렇게 하면 ~할 것이다] '이해의 중요성'을 강조하며 글을 시작한 후, '어떻게 다른 사람을 이해해야 하는지(怎样理解他人)'에 대해 자세히 설명하고 있다.

理解在人们的生活中起着十分重要的作用，特别是交流过程中理解就是为他人着想，学会"将心比心"，⁴即我们应把自己当作别人，⁵想一下万一自己也遇到一样的事情，会怎样想、怎样做。这样就会对他人多一点儿理解、多一些同情。

이해는 사람들의 생활 속에서 매우 중요한 역할을 한다. 특히 교류 과정 중의 '이해'는 다른 사람을 위해 생각해 주는 것으로 '역지사지'를 습득하는 것이다. ⁴즉 우리는 자신을 다른 사람으로 여기고, ⁵만일 자신도 같은 일을 맞닥뜨리게 된다면 어떻게 생각하고 어떻게 행동할지 생각해 보아야 한다. 이렇게 하면 다른 사람을 좀 더 이해할 수 있게 되고, 좀 더 공감해 줄 수 있게 된다.

4 ★ "将心比心"的意思是:
A 羡慕别人
B 不怕输
C 不伤心
D 把自己当成别人

5 ★ 这段话主要谈的是:
A 要原谅别人
B 真正的友谊
C 怎样理解他人
D 正确认识缺点

4 ★ '将心比心'의 의미는?
A 다른 사람을 부러워하는 것
B 패하는 것을 두려워하지 않는 것
C 상심하지 않는 것
D 자신을 다른 사람으로 여기는 것

5 ★ 이 글이 주로 이야기하는 것은?
A 다른 사람을 용서하는 것
B 진정한 우정
C 어떻게 다른 사람을 이해하는가
D 부족한 점을 정확하게 인식하는 것

★**理解** lǐjiě 🗌 이해하다, 알다 | **起** qǐ 🗌 일으키다, 생기다, 발생하다 | ★**十分** shífēn 🗌 매우, 아주 | **重要** zhòngyào 🗌 중요하다 | ★**作用** zuòyòng 🗌 역할, 작용, 효과, 영향 | **特别** tèbié 🗌 특히, 더욱, 더군다나 | ★**交流** jiāoliú 🗌 교류, 교류하다 | ★**过程** guòchéng 🗌 과정 | **就是** jiùshì 🗌 바로 ~이다 | **为** wèi 🗌 ~를 위하여 | **着想** zhuóxiǎng 🗌 (어떤 사람·어떤 일을) 생각하다, 고려하다, 염두에 두다 | **将心比心** jiāngxīnbǐxīn 🗌 역지사지하다, 처지를 바꾸어 생각하다 | **即** jí 🗌 즉, 곧, 즉시, 바로 | **应** yīng 🗌 마땅히~해야 한다, ~하는 것이 마땅하다 | **把A当作B** bǎ A dàngzuò B A를 B로 여기다 | **别人** biérén 🗌 다른 사람, 남 | **想** xiǎng 🗌 생각하다 | **一下** yíxià 🗌 시험 삼아 해 보다, 좀 하다 | **万一** wànyī 🗌 만일, 만약, 만에 하나 | **遇到** yùdào 🗌 마주치다, 부딪치다, 맞닥뜨리다 | **一样** yíyàng 🗌 똑같다, 동일하다 | **怎样** zěnyàng 🗌 어떻게 | **会** huì 🗌 ~할 것이다 | ★**同情** tóngqíng 🗌 공감하다 | **一些** yìxiē 🗌 약간, 조금 | ★**羡慕** xiànmù 🗌 부러워하다 | ★**输** shū 🗌 패하다, 지다, 잃다 | ★**伤心** shāngxīn 🗌 상심하다, 슬퍼하다, 마음 아파하다 | **把A当成B** bǎ A dàngchéng B A를 B로 여기다 | **谈** tán 🗌 이야기하다, 말하다 | **要** yào 🗌 ~해야 한다 | **原谅** yuánliàng 🗌 용서하다, 이해하다, 양해하다 | ★**友谊** yǒuyì 🗌 우정, 우의 | ★**缺点** quēdiǎn 🗌 부족한 점, 결점, 단점

● Day 37　　　　　　　　　　　　　　　　　　　　● track yuedu 25

6 A　　7 A　　8 C　　9 B　　10 C

6 A ［**对……负责** ~에 대해 책임을 지다 ≒ **负责任** 책임을 지다］ 지문의 후반부에서 우리는 '자신의 책임을 지는 법(自己的责任负责)'을 배워야 한다고 언급되어 있다. '负责任(책임을 지다)'과 '对……负责(~에 대해 책임을 지다)'는 서로 뜻이 통하는 표현이다.

这个世界上有许多你不想做但不得不去做的事，这就是责任。而我们每个人又都有不同的责任，比如对感情的责任、对社会的责任等等。我们要学会对自己的责任负责。

이 세상에는 당신은 하고 싶지 않지만 어쩔 수 없이 해야 하는 일들이 매우 많이 있는데, 이것이 바로 책임이다. 그리고 우리 개개인에게는 서로 다른 책임이 있다. 예를 들면 감정에 대한 책임, 사회에 대한 책임 등이다. 우리는 자신의 책임에 대해 책임을 지는 법을 배워야 한다.

★ 这段话告诉我们要:
　A 负责任
　B 相信别人
　C 学会理解
　D 诚实

★ 이 글은 우리가 어떻게 해야 한다고 알려 주는가?
　A 책임을 져야 한다고
　B 다른 사람을 믿어야 한다고
　C 이해할 줄 알아야 한다고
　D 진실해야 한다고

世界 shìjiè 명 세상, 세계 | ★ **许多** xǔduō 형 (사람의 수나 물건의 수량이) 매우 많다 | **想** xiǎng 조동 ~하고 싶다 | **但** dàn 접 하지만, 그러나, 그렇지만 | ★ **不得不** bùdébù 부 어쩔 수 없이, 반드시 | **事(儿)** shì(r) 명 일, 사정 | **就** jiù 부 바로 [사실이 '바로 그러함'을 나타냄] | ★ **责任** zérèn 명 책임 | **而** ér 접 ~하고, 그리고 [순접을 나타냄] | **不同** bùtóng 형 다르다, 같지 않다 | ★ **比如** bǐrú 접 예를 들어 | **感情** gǎnqíng 명 감정 | ★ **社会** shèhuì 명 사회 | ★ **等** děng 조 등, 따위 | **要** yào 조동 ~해야 한다 | **学会** xuéhuì 동 배워서 알다, 습득하다 | **自己** zìjǐ 대 자신, 자기, 스스로 | ★ **负责** fùzé 동 책임지다 | **要** yào 조동 ~해야 한다 | **负** fù 동 책임지다, 맡다 | **相信** xiāngxìn 동 믿다, 신임하다 | **别人** biérén 명 다른 사람, 남 | ★ **理解** lǐjiě 동 이해하다, 알다 | ★ **诚实** chéngshí 형 진실하다, 참되다, 성실하다

7 A ［**自信** 자신 있다］ 이 글은 '自信的人最美丽(자신 있는 사람이 가장 아름답다)'라는 인용문을 들어 우리에게 자신 있어야 한다(自信)고 말하고 있다.

人们常说："自信的人最美丽。"这是告诉我们，一定要相信自己。如果连自己也不相信自己，别人又怎么会相信自己呢?

사람들은 자주 '자신 있는 사람이 가장 아름답다.'라고 말한다. 이는 반드시 자신을 믿어야 함을 알려 준다. 만약 자신조차 스스로를 믿지 않는다면, 다른 사람은 어떻게 당신을 믿을 수 있겠는가?

★ 这段话主要想告诉我们要:
　A 自信
　B 对自己负责
　C 多表扬自己
　D 原谅别人

★ 이 글은 주되게 우리에게 어때야 한다고 알려 주는가?
　A 자신 있어야 한다고
　B 자신에 대해 책임져야 한다고
　C 자신을 많이 칭찬해야 한다고
　D 다른 사람을 용서해야 한다고

人们 rénmen 명 사람들 | **常** cháng 부 늘, 자주, 항상 | ★ **自信** zìxìn 자신만만하다, 자신감 있다 | ★ **美丽** měilì 형 아름답다, 예쁘다 | **一定** yídìng 부 반드시, 필히 | **要** yào 조동 ~해야 한다 | **如果** rúguǒ 접 만약, 만일 | **连……也** lián……yě ~조차도, ~마저도 | **又** yòu 부 또, 다시 | **会** huì 조동 ~할 가능성이 있다, ~할 것이다 | **想** xiǎng 조동 ~하고 싶다 | **告诉** gàosu 동 말하다, 알리다 | ★ **表扬** biǎoyáng 동 칭찬하다, 표창하다 | ★ **原谅** yuánliàng 동 용서하다, 양해하다, 이해하다

8 C [选对 올바르게 선택하다] 화자는 '心情(기분)'을 '窗户(창문)'에 비유해 말하고 있다. '我们就可以选对心情'이라는 문장에는 '우리가 기분을 선택할 수 있다(心情可以选择)'는 의미가 담겨 있다.

窗户外边有怎样的风景，我们没有办法改变，可是我们可以决定去哪个窗户前。找一个可以给我们快乐的窗户，这样我们就可以选对心情，选对人生方向。

창문 밖에 있는 풍경을 우리가 바꿀 방법은 없다. 하지만 우리는 어느 창문 앞으로 갈 것인지는 결정할 수 있다. 우리에게 즐거움을 줄 수 있는 창문을 찾는 것, 이렇게 하면 우리는 기분에 맞게, 인생의 방향에 맞게 선택할 수 있다.

★ 根据这段话，可以知道什么?
 A 要尊重别人
 B 眼睛会骗人
 C 心情可以选择
 D 要有同情心

★ 이 글에 따르면, 무엇을 알 수 있는가?
 A 다른 사람을 존중해야 한다
 B 눈은 사람을 속인다
 C 기분은 선택할 수 있다
 D 동정심이 있어야 한다

★ **窗户** chuānghu 몡 창문, 창 | **外边** wàibian 몡 밖, 바깥 | **怎样** zěnyàng 때 어떤 | **风景** fēngjǐng 몡 풍경, 경치 | **办法** bànfǎ 몡 방법, 수단, 방식 | **改变** gǎibiàn 통 바꾸다, 달리하다 | ★ **可是** kěshì 접 그러나, 그런데 | **可以** kěyǐ 조통 ~할 수 있다 | **决定** juédìng 통 결정하다, 결심하다 | **前** qián (방위·순서·시간의) 앞 | **找** zhǎo 통 찾다, 구하다 | **给** gěi 통 ~에게 ~를 주다 | **快乐** kuàilè 톙 즐겁다, 행복하다 | **这样** zhèyàng 때 이렇다, 이와 같다 | **就** jiù 囝 ~면, ~인 이상, ~한 바에는 | **选** xuǎn 통 고르다, 선택하다 | ★ **心情** xīnqíng 몡 감정, 마음, 기분 | **人生** rénshēng 몡 인생 | ★ **方向** fāngxiàng 몡 방향 | **要** yào 조통 ~해야 한다 | **尊重** zūnzhòng 통 존중하다 | **眼睛** yǎnjing 몡 눈 | **会** huì 조통 ~할 가능성이 있다, ~할 것이다 | ★ **骗** piàn 통 속이다, 기만하다 | **选择** xuǎnzé 통 고르다, 선택하다 | ★ **同情** tóngqíng 통 동정하다 | **心** xīn 몡 마음, 생각

9 B [去各地 각지에 가다] 많은 사람들이 '가이드는 많은 곳에 갈 수 있다(他们可以去很多地方)'고 생각하기 때문에 '가이드를 부러워한다(羡慕导游)'고 하였다.

10 C [不过…… 그러나] 주요 내용은 의미의 전환을 나타내는 접속사 '不过' 뒤 부분에 주로 등장한다. 지문에서는 가이드의 일이 수월하지 않은 이유를 여러 개 들고 있는데, 지문에 언급된 내용은 보기 중 C뿐이다.

很多人都会羡慕导游，⁹认为他们可以去很多地方。不过，¹⁰导游的工作并不轻松。第一，导游要了解全部的景点，并且讲解时还要努力让游客感到有意思。还有，导游要走很多路，怕累的人是无法坚持的。最后，旅行时还会遇到很多的问题，导游要有解决问题的能力。

매우 많은 사람들이 모두 가이드를 부러워하고, ⁹그들이 많은 곳에 갈 수 있다고 생각한다. 하지만 ¹⁰가이드의 일은 결코 수월하지 않다. 첫째, 가이드는 모든 명소를 알아야 하고, 또한 설명을 할 때 열심히 관광객들이 재미있어하도록 해야 한다. 이 밖에도 가이드는 많은 길을 걸어야 한다. 피곤한 것을 싫어하는 사람은 계속 해 나갈 방법이 없다. 마지막으로, 여행할 때 많은 문제에 부딪히기도 하는데, 가이드는 문제를 해결하는 능력이 있어야 한다.

9 ★ 很多人羡慕导游，是因为导游:
 A 假期长
 B 能去各地玩儿
 C 工资高
 D 知识丰富

9 ★ 많은 사람들이 가이드를 부러워하는 것은 가이드가 어떻기 때문인가?
 A 휴일이 길어서
 B 각지에 가서 놀 수 있어서
 C 월급이 높아서
 D 지식이 풍부해서

10 ★ 根据这段话，可以知道什么？
A 信心很关键
B 门票很贵
C 导游工作辛苦
D 游客没耐心

10 ★ 이 글에 따르면, 무엇을 알 수 있는가?
A 자신감이 관건이다
B 입장료가 매우 비싸다
C 가이드 일이 힘들다
D 관광객들은 인내심이 없다

会 huì [조동] ~할 가능성이 있다, ~할 것이다 | ★ 羡慕 xiànmù [동] 흠모하다, 부러워하다, 선망하다 | ★ 导游 dǎoyóu [명] 가이드, 관광 안내원 | 认为 rènwéi [동] 여기다, 생각하다 | 可以 kěyǐ [조동] ~할 수 있다 | 地方 dìfang [명] 곳, 장소, 자리 | ★ 不过 búguò [접] 그러나, 그런데 | 并不 bìngbù [부] 결코 ~지 않다 | ★ 轻松 qīngsōng [형] 수월하다, 가볍다 | 第一 dì yī [수] 제1, 최초, 첫(번)째 | 要 yào [조동] ~해야 한다 | 了解 liǎojiě [동] 이해하다, 자세하게 알다 | ★ 全部 quánbù [형] 전부의, 전체의, 모두의 | 景点 jǐngdiǎn [명] 경치가 좋은 곳, 명승지, 명소 | ★ 并且 bìngqiě [접] 게다가, 나아가, 그리고 | 讲解 jiǎngjiě [동] 해설하다, 설명하다, 풀이하다 | 还 hái [부] 또, 더 | 努力 nǔlì [동] 노력하다 | 让 ràng [동] (어떤 일을) 하게 하다, 하도록 하다 | 游客 yóukè [명] 여행객, 관광객 | 感到 gǎndào [동] 느끼다, 여기다 | 有意思 yǒu yìsi 재미있다, 흥미 있다 | 还有 háiyǒu [접] 그리고, 또한 | 怕 pà [동] 견디지 못하다, ~에 약하다 | 无法 wúfǎ [동] 방법이 없다, 할 수 없다 | ★ 坚持 jiānchí [동] 견지하다 | 最后 zuìhòu [명] 최후, 제일 마지막 | ★ 旅行 lǚxíng [동] 여행하다 | 遇到 yùdào [동] 마주치다, 부딪치다, 맞닥뜨리다 | 解决 jiějué [동] 해결하다, 풀다 | ★ 能力 nénglì [명] 능력 | 因为 yīnwèi [접] 왜냐하면 | 假期 jiàqī [명] 휴가 기간 | 长 cháng [형] (시간이) 길다, 오래다 | 能 néng [조동] ~할 수 있다 | 各地 gèdì [명] 각지, 여러 곳, 각처 | ★ 工资 gōngzī [명] 월급, 임금 | ★ 知识 zhīshi [명] 지식 | 丰富 fēngfù [형] 많다, 풍부하다, 넉넉하다 | 信心 xìnxīn [명] 자신(감), 확신, 신념 | ★ 关键 guānjiàn [형] 매우 중요한, 결정적인 작용을 하는 | 门票 ménpiào [명] 입장권 | ★ 辛苦 xīnkǔ [형] 고생스럽다, 수고롭다, 고되다 | ★ 耐心 nàixīn [명] 인내심, 인내성, 참을성

Day 38

track yuedu 26

11 C   12 D   13 C   14 A   15 B

11 C [预习 예습하다] 수업 전 '예습(预习)'은 수업의 질을 높이는 중요한 방법이라고 하며, 예습의 효과에 대해 주로 소개하고 있으므로 답은 C이다.

课前预习是提高听课质量的一个很重要的方法。因为预习后带着问题听课的话，更容易理解老师上课时讲的内容，听起课来也会更轻松。

수업 전 예습은 수업 수강의 질을 높여 주는 매우 중요한 방법이다. 왜냐하면 예습 후 질문을 가지고 수업을 들으면, 선생님이 수업을 할 때 말하는 내용을 더욱 잘 이해할 수 있고, 수업을 듣기에 더욱 편하기 때문이다.

★ 这段话主要谈的是：
A 复习的效果
B 普通话的作用
C 预习的好处
D 上课规定

★ 이 글이 주로 이야기하는 것은?
A 복습의 효과
B 보통화의 역할
C 예습의 장점
D 수업 규정

课 kè [명] 수업 | 前 qián [명] (시간) 전, 그전, 이전 | ★ 预习 yùxí [동] 예습하다 | 提高 tígāo [동] 높이다, 향상시키다, 제고하다 | 听课 tīngkè [동] 수강하다, 수업을 듣다 | ★ 质量 zhìliàng [명] 질, 품질 | 重要 zhòngyào [형] 중요하다 | ★ 方法 fāngfǎ [명] 방법, 수단, 방식 | 因为 yīnwèi [접] 왜냐하면 (~때문이다) | 后 hòu [명] (시간상으로) 후, 뒤, 다음 | 带 dài [동] 가지다 | ……的话 ……dehuà [조] ~하다면, ~이면 | 更 gèng [부] 더욱, 더, 훨씬 | 容易 róngyì [형] ~하기 쉽다, ~하기 일쑤다 | ★ 理解 lǐjiě [동] 이해하다, 알다 | 上课 shàngkè [동] 수업을 듣다 | 讲 jiǎng [동] 설명하다, 말하다 | ★ 内容 nèiróng [명] 내용 | 起来 qǐlai [동] [동사 뒤에 쓰여 '어떤 동작이 완성되거나 일정한 목적이 달성됨'을 나타냄] | 会 huì [조동] ~할 것이다 | ★ 轻松 qīngsōng [형] 수월하다, 가볍다, 부담이 없다 | 复习 fùxí [동] 복습하다 | ★ 效果 xiàoguǒ [명] 효과 | ★ 普通话 pǔtōnghuà [명] 현대 표준 중국어 | ★ 作用 zuòyòng [명] 역할 | ★ 好处 hǎochu [명] 좋은 점, 장점 | ★ 规定 guīdìng [명] 규정, 규칙

12 **D** [**A与B有直接的关系** A와 B는 직접적인 관련이 있다] 어떤 조사의 결과를 먼저 소개한 후, 이런 조사를 완전히 믿을 수는 없지만, 이로 인해 우리가 '독서를 중시(重视读书)'하게 된다면 '좋은 일'이라며 화자의 의견을 드러내고 있다.

调查发现，一个人6岁左右的时候阅读能力与其工作以后的经济情况有着直接的关系。那时阅读能力高的人，工作以后收入往往也比较高。调查结果虽然不一定百分之百可信，但如果可以让人们重视读书，也是一件好事儿。

조사 결과, 한 사람이 6살 정도일 때의 독서 능력은 일을 하게 된 후의 경제 상황과 직접적인 관련이 있다고 한다. 그때 독서 능력이 강했던 사람은 일을 시작하고 나서 소득 또한 보통 비교적 높다. 조사 결과를 비록 꼭 100% 믿을 수 있는 것은 아니지만, 만약 사람들로 하여금 독서를 중시하게 할 수 있다면, 이 또한 좋은 일이다.

★ 这段话主要想告诉我们什么？
A 要接受失败　　B 要多积累知识
C 要表扬孩子　　**D 要重视阅读**

★ 이 글은 주로 우리에게 무엇을 알리고자 하는가?
A 실패를 받아들여야 한다　B 지식을 많이 쌓아야 한다
C 아이를 칭찬해야 한다　**D 독서를 중시해야 한다**

| ★调查 diàochá 명 조사 동 조사하다 | 发现 fāxiàn 동 발견하다 | ★左右 zuǒyòu 명 가량, 안팎, 내외 [수량사 뒤에 쓰여 '대략적인 수'를 나타냄] | ★阅读 yuèdú 동 열독하다 | ★能力 nénglì 명 능력 | ★与 yǔ 개 ~와 | 其 qí 대 ~와 | 以后 yǐhòu 명 이후 | ★经济 jīngjì 명 경제 | ★情况 qíngkuàng 명 상황, 정황 | ★直接 zhíjiē 형 직접적인 | 关系 guānxi 명 관계 | 那时 nàshí 대 그때, 그 당시 | ★收入 shōurù 명 소득, 수입 | ★往往 wǎngwǎng 부 종종, 자주, 흔히, 때때로 | 比较 bǐjiào 부 비교적, 상대적으로 | ★结果 jiéguǒ 명 결과 | 虽然 suīrán 접 비록 ~일지라도 | 不一定 bùyídìng 반드시 ~한 것은 아니다 | 百分之百 bǎi fēn zhī bǎi 전부, 완전히, 100% | 可信 kěxìn 형 믿을만하다, 미덥다 | 但 dàn 접 하지만, 그러나, 그렇지만 | 如果 rúguǒ 접 만약, 만일 | 可以 kěyǐ 조동 ~할 수 있다 | 让 ràng 동 (어떤 일을) 하게 하다, 하도록 하다 | ★重视 zhòngshì 동 중시하다, 중요시하다 | 读书 dúshū 동 독서하다 | 事(儿) shì(r) 명 일, 사정 | 想 xiǎng 조동 ~하고 싶다 | 要 yào 조동 ~해야 한다 | ★接受 jiēshòu 동 받아들이다, 받다 | ★失败 shībài 동 실패하다 | ★积累 jīlěi 동 쌓이다, 누적되다 | ★知识 zhīshí 명 지식 | ★表扬 biǎoyáng 동 칭찬하다 |

13 **C** [**不是A，而是B** A가 아니라 B이다] '不是A，而是B' 형식에서 강조하는 내용은 B이다. 따라서 이 글에서 화자가 강조하려는 내용은 '而是' 바로 뒤 문장이며, 그중에서도 핵심 내용은 '回到家后就要好好休息(집에 와서는 바로 잘 쉬어야 한다)'이다.

"不把工作带回家"，不是说工作不用努力，而是告诉我们应该在上班的时间把应该做的事情都做完，回到家后就要好好休息。

'일을 집으로 가져가지 않는다'는 일을 할 때 열심히 할 필요가 없다고 말하는 것이 아니라, 반드시 업무 시간에 해야 하는 일을 모두 다 해야 하고, 집에 와서는 바로 잘 쉬어야 함을 알려 주는 것이다.

★ 这段话主要告诉我们：
A 赚钱不是目的
B 别迟到
C 在家应好好休息
D 不要得意

★ 이 글은 주로 우리에게 무엇을 알려 주는가?
A 돈을 버는 것은 목적이 아니다
B 지각하지 말아라
C 집에서 잘 쉬어야 한다
D 득의양양하지 말아라

| 把 bǎ 개 ~를 [처치의 결과를 나타냄] | 带 dài 동 가지다, 지니다 | 回家 huíjiā 동 집으로 돌아가다 | 不是A而是B búshì A érshì B A가 아니라 B이다 | 不用 búyòng 부 ~할 필요가 없다 | 努力 nǔlì 동 노력하다, 힘쓰다, 열심히 하다 | 应该 yīnggāi 조동 ~해야 한다 | ★上班 shàngbān 동 출근하다 | 事情 shìqing 명 일 | 回到 huídào 동 되돌아가다 | 后 hòu 명 (시간상으로) 후, 뒤, 다음 | 就 jiù 부 곧, 즉시, 바로 | 要 yào 조동 ~해야 한다 | 好好(儿) hǎohāo(r) 부 잘, 충분히, 최대한 | 休息 xiūxi 동 쉬다, 휴식하다 | 赚钱 zhuànqián 동 돈을 벌다 | ★目的 mùdì 명 목적 | 迟到 chídào 동 지각하다 | 应 yīng 조동 마땅히 ~해야 한다, ~하는 것이 마땅하다 | 不要 búyào 부 ~하지 마라 | ★得意 déyì 형 득의양양하다, 자신만만하다, 대단히 만족하다 |

14 A [为 = 为了 ~를 위하여] 성공하기 위해 기억해야 할 세 가지 중 '세 번째(第三)'로 '총정리하는 것(做总结)'에 대해 다루고 있다. 지문에서 '다음을 위해 충분한 준비를 해야 한다(为下一步做好充分的准备)'고 언급한 것에서 답이 A임을 알 수 있다.

15 B [要想A , 就要B A하고 싶다면 B해야 한다] 이 글에서는 '성공(成功)'하기 위해 기억해야 하는 세 가지를 하나하나 구체적으로 설명하고 있다. 이 글에 언급된 세 가지 요소는 결국, '성공의 조건(成功的条件)'이라고 이해할 수 있다.

---

¹⁵做事要想成功，就要记住下面的三点：第一，要有目的性。明白自己到底想要做什么，这样就能减少不少麻烦。而且将来无论遇到什么困难，也不要忘记它。第二，要有认真负责的态度，不能有一点儿马虎，因为"态度决定一切"。第三，要常常做总结，¹⁴多积累些过去的经验，为下一步做好充分的准备。

일을 할 때 성공하고 싶다면, 다음의 세 가지를 기억해야 한다. 첫째, 목적성이 있어야 한다. 자신이 도대체 무엇을 하고 싶은 건지를 알아야 한다. 이렇게 하면 많은 번거로움을 줄일 수 있다. 또한 앞으로 어떤 곤란에 직면하더라도 이것을 잊어선 안 된다. 둘째, 열심히 책임지는 태도가 있어야 한다. 조금이라도 대충하는 태도가 있어선 안 된다. 왜냐하면 '태도가 모든 것을 결정하기' 때문이다. 셋째, 총정리를 자주 해서, ¹⁴과거의 경험을 많이 쌓아, 다음을 위해 충분한 준비를 해야 한다.

14 ★ 做总结是为了：

A 为以后做准备
B 整理出顺序
C 练习写文章
D 介绍自己

15 ★ 这段话主要谈的是什么？

A 找重点
B 成功的条件
C 将来的方向
D 怎样减少误会

14 ★ 총정리를 해야 하는 것은 무엇을 위함인가?

A 나중을 위해 준비하려고
B 순서를 정리하기 위해
C 글쓰기를 연습하기 위해
D 자신을 소개하기 위해

15 ★ 이 글이 주로 이야기하는 것은 무엇인가?

A 중점을 찾는 것
B 성공의 조건
C 미래의 방향
D 어떻게 오해를 줄이는가

要 yào 접 만약, 만일 | 想 xiǎng 조동 ~하고 싶다 | ★成功 chénggōng 동 성공하다 | 就 jiù 부 곧, 즉시, 바로 | 要 yào 조동 ~해야 한다 | 记住 jìzhu 확실히 기억해 두다 | 下面 xiàmiàn 명 다음, 뒤 | 点 diǎn 양 (사항 등의) 가지 | 第一 dì yī 수량 첫째 | 目的性 mùdìxìng 명 목적성 | 明白 míngbai 동 알다, 이해하다 | 自己 zìjǐ 대 자신, 자기, 스스로 | 到底 dàodǐ 부 도대체 | 这样 zhèyàng 대 이렇게 | 减少 jiǎnshǎo 동 줄이다, 감소하다 | 不少 bùshǎo 형 많다, 적지 않다 | ★麻烦 máfan 명 부담, 골칫거리, 말썽 | 而且 érqiě 접 게다가, 뿐만 아니라, 또한 | ★将来 jiānglái 명 장래, 미래 | 无论A也B wúlùn A yě B A를 막론하고 B하다 | 遇到 yùdào 동 마주치다, 부딪치다, 맞닥뜨리다 | 困难 kùnnan 명 어려움, 애로 | 不要 búyào 부 ~해서는 안 된다 | 忘记 wàngjì 잊어버리다 | 认真 rènzhēn 형 진지하다, 착실하다 | ★负责 fùzé 책임지다 | ★态度 tàidu 명 태도 | 不能 bùnéng ~해서는 안 된다 | ★马虎 mǎhu 형 적당히 하다, 대강하다, 건성으로 하다 | 因为 yīnwèi 접 왜냐하면 (~때문이다) | 决定 juédìng 동 결정하다 | ★一切 yíqiè 대 모든, 전부 | 常常 chángcháng 부 자주, 늘, 항상, 수시로, 언제나, 흔히 | 做总结 zuò zǒngjié 총정리하다 | ★积累 jīlěi 동 쌓이다, 누적되다, 축적되다 | 些 xiē 양 조금, 약간, 얼마쯤 | 过去 guòqù 명 과거 | ★经验 jīngyàn 명 경험, 체험 | 为 wèi 개 ~하기 위하여 | 下一步 xiàyíbù 명 다음 단계 | 充分 chōngfèn 형 충분하다 | 准备 zhǔnbèi 명 준비 | 是为了 shì wèile ~하기 위해서 | ★整理 zhěnglǐ 동 정리하다 | 出 chū 동 [동사 뒤에 쓰여 '안에서 밖으로 향함'을 나타냄] | ★顺序 shùnxù 명 순서 | 练习 liànxí 동 연습하다 | 写 xiě 동 쓰다 | ★文章 wénzhāng 명 문장 | 找 zhǎo 동 찾다, 구하다, 물색하다 | 重点 zhòngdiǎn 명 중점 | ★条件 tiáojiàn 명 조건 | ★方向 fāngxiàng 명 방향 | 怎样 zěnyàng 대 어떻게 | ★误会 wùhuì 명 오해

01 품사 및 문장성분

쓰기 제1부분

본서 p.161

● **Day 01** 정답은 아래 해설 참고

1
대사 | 부사 | 동사 | 명사
我 常常 看 电视。 나는 자주 TV를 본다.
주어 | 부사어 | 술어 | 목적어

常常 chángcháng 뷔 자주, 항상

2
대사+조사 | 명사 | 부사 | 형용사
你的 回答 非常 准确。 너의 대답은 매우 정확하다.
관형어+的 | 주어 | 부사어 | 술어

回答 huídá 몡 대답 | ★准确 zhǔnquè 혱 정확하다

3
대사 | 양사 | 명사 | 동사 | 명사 | 부사 | 형용사+조사 | 명사
这 位 先生 是 最近 最 有名的 作家。 이 선생님은 요즘 가장 유명한 작가이다.
관형어 | | 주어 | 술어 | 관형어+的 | | | 목적어

位 wèi 양 분 (공경의 뜻을 내포함) | 最近 zuìjìn 몡 요즘, 최근 | 有名 yǒumíng 혱 유명하다 | ★作家 zuòjiā 몡 작가

4
대사 | 명사 | 동사 | 수사+양사 | 부사 | 형용사+조사 | 명사
我 妻子 是 一个 非常 有趣的 人。 나의 아내는 매우 재미있는 사람이다.
관형어 | 주어 | 술어 | 관형어+的 | | | 목적어

★有趣 yǒuqù 혱 재미있다

5
명사 | 개사 | 명사+명사 | 동사 | 형용사+조사 | 명사
科技 对 社会发展 有 重要的 影响。 과학기술은 사회 발전에 중요한 영향을 미친다.
주어 | | 부사어 | 술어 | 관형어+的 | 목적어

科技 kējì 몡 과학기술 | ★社会 shèhuì 몡 사회 | ★发展 fāzhǎn 몡 발전 | 重要 zhòngyào 혱 중요하다 | 影响 yǐngxiǎng 몡 영향

	명사	개사	명사+조사	명사	부사	동사	명사	
6	同学们	对	今天的	考试	特别	有	信心。	학생들은 오늘 시험에 대해 매우 자신감이 있다.
	주어		부사어			술어	목적어	

考试 kǎoshì 몡 시험 | 特别 tèbié 뷔 매우, 더욱 | ★信心 xìnxīn 몡 자신(감), 확신, 신념

	지시대사+양사	명사+명사	조동사	동사	수량사	명사	
7	那个	韩国男孩儿	会	说	一点儿	汉语。	그 한국 남자아이는 중국어를 조금 말할 줄 안다.
	관형어	주어	부사어	술어	보어	목적어	

韩国 Hánguó 고유 한국 | 男孩儿 nánháir 몡 사내아이 | 会 huì 조동 ~할 수 있다

	명사	부사+형용사	개사	명사	동사+개사	명사+명사+조사	
8	弟弟	不小心	把	手机	掉在	地上了。	남동생은 조심하지 않아 휴대폰을 바닥에 떨어뜨렸다.
	주어	부사어			술어	보어+了	

小心 xiǎoxīn 혱 조심스럽다 | 把 bǎ 개 ~를 [처치의 결과를 나타냄] | ★掉 diào 동 떨어지다 | 在 zài 개 ~에(서), ~에 있어서 | 地 dì 몡 바닥

쓰기 제1부분 02 동사

본서 p.166

Day 02

1 妻子是有名的电影演员。
2 我想听听南老师的建议。
3 这家餐厅禁止抽烟。
4 他们的表演感动了观众。
5 祝贺你获得了这么好的成绩。
6 爸爸认真地看了手机的说明书。
7 他总结了上学期成功的经验。
8 这款手机很适合老年人用。

1 电影演员　妻子　有名的　是　———— [A是B(A:특정 어휘, B:설명) A는 B이다]

명사	동사	형용사+조사	명사+명사	
妻子	是	有名的	电影演员。	아내는 유명한 영화배우이다.
주어	술어	관형어+的	목적어	

STEP 1 'A是B' 형식으로 쓰이는 '是'자문으로, A는 주어, B는 목적어이다. 술어 '是' 앞의 주어 A에는 '특정한 대상(妻子)'이 와야 한다.

STEP 2 수식 성분인 '有名的'는 의미상 '演员'을 수식하는 게 자연스럽다.

有名 yǒumíng 혱 유명하다 | ★演员 yǎnyuán 몡 배우, 연기자

2 南老师的　我　建议　想听听 ──────────────────── [1음절 동사중첩 → AA]

대사	조동사+동사	명사+명사+조사	명사
我	想听听	南老师的	建议。
주어	부사어+술어	관형어+的	목적어

나는 남(南) 선생님의 제안을 좀 듣고 싶다.

STEP 1　동사중첩형 '听听'이 술어로 쓰였다. '听'은 사람이 하는 동작이므로 주어는 '我'이다.

STEP 2　'听建议'는 '의견을 듣다'라는 뜻으로, 자주 쓰이는 술목 구조의 어휘 조합이다. 수식 성분 '南老师的'는 의미상 '建议'를 수식하는 게 자연스럽다.

★ **建议** jiànyì 명 제안

---

3 禁止　餐厅　抽烟　这家 ──────────────────── [禁止 + 행동　~하는 것을 금지하다]

대사+양사	명사	동사	동사
这家	餐厅	禁止	抽烟。
관형어	주어	술어	목적어

이 식당에서는 담배 피우는 것을 금지한다.

STEP 1　동사 '禁止'는 동사 목적어를 취해 '~하는 것을 금지하다'라는 뜻을 나타낸다. '禁止'가 술어, '抽烟'이 목적어로 쓰여 '흡연을 금지하다'라는 뜻을 나타내며, 술어 '禁止'의 주어는 '~하는 것을 금지하는 주체'인 '餐厅'이다.

STEP 2　가게를 세는 양사 '家'는 '餐厅'을 수식한다.

家 jiā 양 [집·점포·공장 등을 세는 단위] | ★ **餐厅** cāntīng 명 식당 | ★ **禁止** jìnzhǐ 동 (~하는 것을) 금지하다 | ★ **抽烟** chōuyān 동 담배를 피우다

---

4 他们的　感动了　表演　观众 ──────────────────── [感动 + 사람　~를 감동시키다]

대사+조사	명사	동사+조사	명사
他们的	表演	感动了	观众。
관형어+的	주어	술어+了	목적어

그들의 공연은 관중을 감동시켰다.

STEP 1　술어 '感动'은 '감동을 주는 주체(表演)'를 주어로, '감동하는 사람(观众)'을 목적어로 취하는 동사이다.

STEP 2　일반적으로 주어에는 특정한 대상이 온다. '他们的'가 '表演'이라는 불특정한 단어를 수식해 줌으로써 주어를 특정한 대상이 되게 된다.

★ **表演** biǎoyǎn 명 공연 | ★ **感动** gǎndòng 동 감동시키다 | ★ **观众** guānzhòng 명 관중, 구경꾼

> **tip** 동태조사 '了' '着' '过'가 뒤에 붙은 동사는 술어일 가능성이 매우 높다.

5 获得了　成绩　这么好的　祝贺你　　　　　　　　　[祝贺 + 문장(사람 + 축하 내용) ～가 ～한 것을 축하하다]

동사+대사	동사+조사	대사+형용사+조사	명사	
祝贺你	获得了	这么好的	成绩。	네가 이렇게 좋은 성적을 받은 것을 축하해.
술어 [주어]	목적어 술어+了	관형어+的	목적어	

STEP 1　술어 '祝贺'는 문장을 목적어로 취하는 동사이다. '祝贺' 뒤의 '你'는 '축하를 받는 대상'이자 '목적어절의 주어'이다.

STEP 2　목적어절 속 단어를 어순에 맞게 배열하면 '你(주어)+获得了(술어구)+这么好(관형어구)+的+成绩(목적어)'이다.

★**祝贺** zhùhè 동 축하하다 | ★**获得** huòdé 동 받다, 얻다 | **成绩** chéngjì 명 성적

---

6 认真地　爸爸　手机的说明书　看了　　　　　　　　　　　　　[认真地 + 동사 열심히 ～하다]

명사	형용사+조사	동사+조사	명사+조사+명사	
爸爸	认真地	看了	手机的说明书。	아빠는 열심히 휴대폰의 설명서를 봤다.
주어	부사어+地	술어+了	관형어+的+목적어	

STEP 1　술어 '看'은 '보는 대상'을 목적어로 취한다. 사람 '爸爸'를 주어, 사물 '手机的说明书'를 목적어로 해석하는 게 의미상 자연스럽다.

STEP 2　'认真地'는 술어 '看'을 수식한다.

认真 rènzhēn 형 열심히 하다 | **说明书** shuōmíngshū 명 설명서

---

7 经验　他　上学期成功的　总结了　　　　　　　　　　　　　　[总结经验 경험을 총정리하다]

대사	동사+조사	형용사+명사+동사+조사	명사	
他	总结了	上学期成功的	经验。	그는 지난 학기 성공한 경험을 총정리했다.
주어	술어+了	관형어+的	목적어	

STEP 1　'经验'과 '总结' 중 술어는 '总结'이다. 여기에서 '经验'은 명사로 쓰여 '总结'의 목적어가 되었다. '总结' 뒤의 동태조사 '了'가 술어를 찾는 데 힌트가 될 수 있다.

STEP 2　'上学期成功的'는 '经验'이 구체적으로 어떤 것인지 설명한다.

★**总结** zǒngjié 동 총정리하다 | **上** shàng 형 먼저의, 앞의 | ★**学期** xuéqī 명 학기 | ★**成功** chénggōng 동 성공하다 | ★**经验** jīngyàn 명 경험

---

8 老年人用　手机很　这款　适合　　　　　　　　　　　　　[A适合B A가 B(하는 것)에 매우 적합하다]

대사+양사	명사+부사	동사	명사+동사	
这款	手机很	适合	老年人用。	이런 스타일의 휴대폰은 노인이 사용하기에 매우 적합하다.
관형어	주어+부사어	술어	목적어	

STEP 1   '~(하기)에 적합하다'라는 뜻의 동사 '适合'는 명사 외에도 동사구, 문장을 목적어로 취할 수 있고, 동사임에도 예외적으로 정도부사의 수식을 받을 수 있다. 논리상 '适合'의 주어로 '手机', 목적어로 '老年用'이 오는 것이 자연스럽다. 동사 '用'은 목적어구(老年用)의 술어일 뿐, 문장 전체의 술어는 아니다.

STEP 2   '유형, 타입, 스타일'이라는 뜻의 '款'은 '手机'라는 상품을 세는 양사로 쓰였다.

款 kuǎn 양 스타일, 유형 | ★适合 shìhé 동 적합하다, 어울리다 | 老年人 lǎoniánrén 명 노인 | 用 yòng 동 사용하다

쓰기 제1부분 03 형용사

본서 p.170

● Day 03

1 郊外的空气非常新鲜。
2 坐船旅行安全吗?
3 这部电影的演员很有名。
4 那是一本浪漫的爱情小说。
5 房东对他们十分友好。
6 你穿的这双袜子真好看!
7 老师可以流利地说汉语和韩语。
8 这次会议进行得很顺利。

1 空气 新鲜 非常 郊外的 ─────────────── [空气新鲜 공기가 신선하다]

명사+조사	명사	부사	형용사	
郊外的	空气	非常	新鲜。	교외의 공기는 매우 신선하다.
관형어+的	주어	부사어	술어	

STEP 1   술어인 '新鲜'과 의미상 호응하는 주어는 '空气'이다. 형용사 술어는 목적어를 취하지 않고, 정도부사(非常)의 수식을 받아야 한다는 특징을 기억하자.

STEP 2   '郊外的'는 문장 맨 앞에서 주어 '空气'를 수식한다.

郊外 jiāowài 명 교외 | ★空气 kōngqì 명 공기 | 新鲜 xīnxiān 형 신선하다

2 旅行 吗 坐船 安全 ─────────────── [형용사 술어문 의문형: 주어 + 형용사 + 吗]

동사+명사	동사	형용사	조사	
坐船	旅行	安全	吗?	배를 타고 여행하는 것은 안전한가요?
관형어	주어	술어	吗	

STEP 1   '안전하다'라는 뜻의 형용사 '安全'이 술어이다. '安全'과 '旅行' 중에서 술어가 무엇인지 헷갈린다면, 관형어와의 수식 관계까지 고려해 보자. 명사적 용법으로도 쓰이는 '旅行'이 주어로서 '坐船'의 수식을 받는 것이 해석상으로도 자연스럽고 어법적으로도 옳다.

STEP 2　조사 '吗'는 문장 끝에 쓰여 의문문을 만든다.

坐 zuò 동 (교통수단을) 타다 | 船 chuán 명 배 | ★旅行 lǚxíng 동 여행하다 | ★安全 ānquán 형 안전하다

 '吗' 의문사 의문문에서 형용사 술어는 정도부사의 수식을 받지 않는다.

---

3 有名 演员 电影的 这部 很 ────── [주어(演员) + 정도부사(很) + 형용사(有名)]

지시대사+양사	명사+조사	명사	부사	형용사	
这部	电影的	演员	很	有名。	이 영화의 배우는 매우 유명하다.
관형어+的		주어	부사어	술어	

STEP 1　형용사 '有名'이 술어로 쓰여 정도부사(很)의 수식을 받는다. '有名'은 사람, 사물, 지역 등 '유명한 대상'을 주어로 취한다.

STEP 2　'这部'와 '电影的'는 '지시대사+양사+명사+的' 순서로 쓰여 주어를 수식한다.

部 bù 양 부, 편 [서적이나 영화 편수 등을 세는 단위] | ★演员 yǎnyuán 명 배우, 연기자 | 有名 yǒumíng 형 유명하다

---

4 爱情小说 一本 那是 浪漫的 ────── [수사 + 양사 + 형용사 + 的 + 명사 / 대사]

지시대사+동사	수사+양사	형용사+조사	명사+명사	
那是	一本	浪漫的	爱情小说。	저것은 낭만적인 로맨스 소설이다.
주어+술어	관형어+的		목적어	

STEP 1　A是B 문장이다. A는 특정 어휘를 나타내는 지시대사 '那'이고, B는 A를 설명하는 '爱情小说'이다.

STEP 2　'浪漫'은 형용사로, 형용사가 포함된 관형어의 어순은 '수사+양사+형용사'이다. 관형어 '一本浪漫'은 '的'와 함께 목적어를 수식한다.

★浪漫 làngmàn 형 낭만적이다, 로맨틱하다 | ★爱情 àiqíng 명 애정, 남녀 간의 사랑 | ★小说 xiǎoshuō 명 소설

---

5 友好 他们 十分 房东对 ────── [개사 + 명사 / 대사 + 정도부사 + 형용사 술어]

명사+개사	대사	부사	형용사	
房东对	他们	十分	友好。	집주인은 그들에게 매우 우호적이다.
주어	부사어		술어	

STEP 1　형용사 '友好'가 술어로 쓰여 정도부사(十分)의 수식을 받는다.

STEP 2　주어는 '房东'이다. '房东' '他们'은 의미상 모두 '友好'의 주어로 쓰일 수 있지만, 이 문제에서는 중복 답안을 방지하기 위해 개사 '对'를 활용해 어순을 명확히 했다.

★房东 fángdōng 명 집주인 | ★十分 shífēn 부 매우, 아주 | ★友好 yǒuhǎo 형 우호적이다

6 好看 你穿的这双 真 袜子 ——————————————— [真 + 형용사!]

대사+동사+조사+지시대사+양사	명사	부사	형용사	
你穿的这双	袜子	真	好看!	네가 신은 이 양말 진짜 예쁘다!
관형어	주어	부사어	술어	

STEP 1 술어는 '好看', 주어는 '袜子'이며, 형용사 술어인 '好看'은 정도부사(真)의 수식을 받는다. 구조조사 '的' 앞의 동사 '穿'은 술어가 아니라 관형어를 이루는 한 요소이다.

STEP 2 '둘씩 쌍을 이루는 것을 세는 양사'인 '双'은 '袜子'와 호응한다.

双 shuāng 양 켤레 | ★袜子 wàzi 명 양말 | 好看 hǎokàn 형 예쁘다, 보기 좋다

---

7 流利地 老师可以 汉语和韩语 说 ——————————— [流利地说 유창하게 말하다]

명사+조동사	형용사+조사	동사	명사+접속사+명사	
老师可以	流利地	说	汉语和韩语。	선생님은 중국어와 한국어를 유창하게 말할 수 있다.
주어	부사어+地	술어	목적어	

STEP 1 술어 '说'의 주어는 '老师', 목적어는 '汉语和韩语'이다. 형용사 '流利'는 조사 '地'와 결합해 부사어를 이루므로 술어가 될 수 없다.

STEP 2 '流利地'는 술어 '说'를 바로 앞에서 수식한다.

★流利 liúlì 형 유창하다, 막힘이 없다 | 韩语 Hányǔ 고유 한국어

---

8 很 这次 进行得 顺利 会议 ——————— [정도보어 어순: 동사 + 得 + 정도부사 + 형용사]

지시대사+양사	명사	동사+조사	부사	형용사	
这次	会议	进行得	很	顺利。	이번 회의는 순조롭게 진행되었다.
관형어	주어	술어+得	정도보어		

STEP 1 조사 '得'의 쓰임과 해석을 고려했을 때 이 문장은 정도보어 구문이다. 정도보어는 '술어+得' 뒤에 '정도부사+형용사' 형태로 위치하므로, 술어는 '进行', 정도보어는 '很流利'이다. 동사 '进行'과 형용사 '流利'는 자주 어울려 활용되니 함께 외워 두자.

STEP 2 '这次'는 주어 '会议'를 수식하는 관형어이다.

会议 huìyì 명 회의 | ★进行 jìnxíng 동 진행하다 | ★顺利 shùnlì 형 순조롭다

조동사

본서 p.175

● Day 04

1 刘阿姨愿意租这套房子。
2 我的手机已经可以上网了。
3 导游会在出口处等你们。
4 弟弟将来想成为一名警察。
5 夫妻之间应该互相尊重。
6 王经理肯定不会同意我们的看法。
7 你能给大家介绍一下这里的景点吗?
8 张教授乘坐的航班马上就要起飞了。

1 租　愿意　这套房子　刘阿姨 ─────────────────────── [조동사 + 동사]

고유명사+명사	조동사	동사	지시대사+양사+명사
刘阿姨	愿意	租	这套房子。
주어	부사어	술어	관형어+목적어

리우[刘] 아주머니는 이 집을 임대하고 싶어 한다.

STEP 1 '세를 내다'라는 뜻의 '租'가 술어, 사람 '刘阿姨'가 주어, 사물 '房子'가 목적어로 쓰였다. '租房子'는 자주 함께 쓰이는 어휘 결합이다.

STEP 2 조동사 '愿意'는 술어 바로 앞에 위치해 '~하기를 바란다'라는 뜻을 더해 준다.

阿姨 āyí 명 아주머니 | 愿意 yuànyì 조동 바라다, 희망하다 | ★租 zū 동 임대하다, 세내다 | 套 tào 양 벌, 조, 세트 | 房子 fángzi 명 집

2 已经　上网了　我的手机　可以 ─────────────────────── [부사 + 조동사 + 동사]

대사+조사+명사	부사	조동사	동사+조사
我的手机	已经	可以	上网了。
관형어+的+주어	부사어		술어+了

내 휴대폰은 이미 인터넷을 할 수 있게 되었다.

STEP 1 부사 '已经'은 조사 '了'와 호응해 쓰이므로, '已经'과 '上网了'를 순서대로 배열해 문장의 대략적인 의미를 파악할 수 있다. 술어 '上网'의 주어로는 명사 '手机'가 적합하다.

STEP 2 조동사(可以)는 일반적으로 부사(已经) 뒤, 술어(上网) 앞에 위치한다.

上网 shàngwǎng 동 인터넷을 하다

3 会　导游　等你们　在出口处 ─────────────────────── [조동사 + 개사구 + 동사]

명사	조동사	개사+명사	동사+대사
导游	会	在出口处	等你们。
주어		부사어	술어+목적어

가이드가 출구에서 너희를 기다릴 것이다.

STEP 1 '기다리다'라는 뜻의 동사 '等'이 술어, '导游'가 주어, '你们'이 목적어이다. '직업, 신분'을 나타내는 어휘가 주어로 쓰이는 경우가 많다.

STEP 2 조동사(会)는 일반적으로 개사구(在出口处) 앞에 위치한다.

04 조동사 169

★ 导游 dǎoyóu 명 가이드 | 会 huì 조동 ~할 것이다 | 在 zài 개 ~에(서), ~에 있어서 | 出口处 chūkǒuchù 출구

4 警察 想 弟弟将来 成为 一名 ——————————————————— [조동사 + 동사]

명사+명사	조동사	동사	수사+양사	명사
弟弟将来	想	成为	一名	警察。
주어	부사어	술어	관형어	목적어

남동생은 장래에 경찰이 되고 싶어 한다.

STEP 1 '~가 되다'라는 뜻의 동사 '成为'가 술어, '弟弟'가 주어, 직업을 나타내는 '警察'가 목적어이다. 이 문장에서 '想'은 '~하고 싶다'라는 뜻의 조동사로 쓰였으니, 술어로 혼동하지 말자.

STEP 2 사람의 신분이나 직업을 세는 단위로 쓰인 '名'은 '警察'와 호응한다.

★ 将来 jiānglái 명 장래, 미래 | ★ 成为 chéngwéi 동 ~가 되다 | 名 míng 양 명[사람을 세는 단위] | ★ 警察 jǐngchá 명 경찰

5 应该 尊重 夫妻之间 互相 ——————————————————— [조동사 + 互相 + 동사]

명사+명사	조동사	부사	동사
夫妻之间	应该	互相	尊重。
주어	부사어		술어

부부지간에 마땅히 서로 존중해야 한다.

STEP 1 술어는 동사 '尊重'이고, 주어는 '夫妻'이다. 之间은 '사이'라는 뜻으로 주어 뒤에 위치한다.

STEP 2 '互相'과 같은 일부 부사는 조동사 뒤에 위치한다.

夫妻 fūqī 명 부부 | 之间 zhījiān 명 (~의) 사이 | 应该 yīnggāi 조동 ~해야 한다 | ★ 互相 hùxiāng 부 서로, 상호 | ★ 尊重 zūnzhòng 동 존중하다

6 同意 肯定 不会 我们的看法 王经理 ——————————————————— [肯定 + 부정부사 + 조동사]

고유명사+명사	부사	부사+조동사	동사	대사+조사+명사
王经理	肯定	不会	同意	我们的看法。
주어	부사어		술어	관형어+的+목적어

왕[王] 사장님은 분명히 우리의 생각에 동의하지 않으실 것이다.

STEP 1 술어로 쓰인 동사 '同意'는 '사람'을 주어(王经理)로 취하고, '동의하는 대상'을 목적어(看法)로 취한다.

STEP 2 부사어를 어순에 맞게 배열하는 것이 관건인 문제다. 부정부사는 일반적으로 다른 부사보다 뒤에 위치한다.

经理 jīnglǐ 명 사장 | ★ 肯定 kěndìng 부 확실히, 틀림없이 | 会 huì ~할 것이다 | 同意 tóngyì 동 동의하다 | ★ 看法 kànfǎ 명 견해, 생각, 의견

7 给大家 介绍一下 景点吗 你能 这里的 ——————— [能……吗? ~할 수 있는가?]

대사+조동사	개사+대사	동사+수량사	대사+조	명사+조사	
你能	给大家	介绍一下	这里的	景点吗?	당신이 모두에게 이곳의 명소를 좀 소개해 줄 수 있나요?
주어	부사어	술어+보어	관형어+的	목적어+吗	

STEP 1   술어로 쓰인 동사 '介绍'는 소개하는 대상을 목적어(景点)로 취하며, '给……介绍' 형태로 쓰인다. '你能'은 '주어+조동사'로, 문장 앞부분에 위치해야 한다.

STEP 2   개사구 '给大家'는 부사어로서 조동사 뒤, 술어 앞에 쓰인다. '这里的'는 목적어 '景点'을 수식한다. 의문조사 '吗'가 있으니 문장 끝에 '?'를 적는 것도 잊지 말자.

给 gěi 개 ~에게 | 一下 yíxià 수량 시험 삼아 해 보다, 좀 하다 | 景点 jǐngdiǎn 명 경치가 좋은 곳, 명승지, 명소

8 马上就 航班 起飞了 要 张教授乘坐的 ——————— [要+동사+了 곧 ~하다]

고유명사+명사+동사+조사	명사	부사+부사	조동사	동사+조사	
张教授乘坐的	航班	马上就	要	起飞了。	장[张] 교수님이 탄 항공편이 곧 이륙하려고 한다.
관형어+的	주어	부사어		술어+了	

STEP 1   '비행기 항공편'을 나타내는 명사 '航班'과 동사 '起飞'는 '주어'와 '술어'로서 서로 호응한다. '张教授乘坐的'는 주어 '航班'을 수식한다.

STEP 2   부사어(马上+就)는 조동사(要) 앞에 위치한다.

★ 教授 jiàoshòu 명 교수 | ★ 乘坐 chéngzuò 동 (자동차·배·비행기 등을) 타다 | ★ 航班 hángbān 명 항공편, 운항편 | 马上 mǎshàng 부 곧, 즉시, 바로 | 要 yào 조동 ~하려고 하다 | 起飞 qǐfēi 동 (비행기·로켓 등이) 이륙하다

쓰기 제1부분 05 명사·대사

본서 p.181

● **Day 05**

1 大家都说了自己的看法。
2 昨天买的小说怎么不见了?
3 这两种饮料没有什么区别。
4 咱们家对面新开了一家商店。
5 他们公司的传真号码是多少?
6 我们在森林里看见了一群老虎。
7 请各位旅客按照票上的号码排队。
8 加油站的任何地方都不可以抽烟。

1 都 自己的 说了 看法 大家 ——————————————— [복수 대사 + 都]

대사	부사	동사+조사	대사+조사	명사
大家	都	说了	自己的	看法。
주어	부사어	술어+了	관형어+的	목적어

사람들 모두 자신의 생각을 말했다.

STEP 1 술어는 '말하다'라는 뜻의 동사 '说'이다. 사람을 가리키는 '大家'가 주어, 견해나 생각을 가리키는 '看法'가 목적어로 적합하다.

STEP 2 '都'는 복수형 어휘 뒤에 쓰이는 부사로, '모두, 다들'이라는 뜻의 주어 '大家'와 호응한다. '自己的'는 목적어 '看法'를 수식한다.

自己 zìjǐ 대 자신 | ★看法 kànfǎ 명 견해, 생각, 의견

2 小说 不见了 怎么 昨天买的 ——————————————— [怎么 + 동사 어째서 ~지?]

명사+동사+조사	명사	대사	동사+조사
昨天买的	小说	怎么	不见了?
관형어+的	주어	부사어	술어+了

어제 산 소설책이 어째서 안 보이지?

STEP 1 '대상+不见' 형식은 '대상을 찾을 수 없다'라는 의미를 가진다. 제시된 낱말 중 '찾는 대상'으로 적합한 것은 '小说'이다.

STEP 2 '昨天买的'는 주어 '小说'를 수식하고, 방식이나 원인을 묻는 의문대사 '怎么'는 술어 앞에서 부사어 역할을 한다.

买 mǎi 동 사다 | ★小说 xiǎoshuō 명 소설 | 不见 bújiàn 동 보이지 않다

> **tip** 사물과 사람이 함께 나올 때는 일반적으로 '사람'이 주어로 쓰인다.

3 饮料 没有 区别 这两种 什么 ——————————————— [没有什么 + 명사 어떤 ~도 없다]

지시대사+수사+양사	명사	부사+동사	대사	명사
这两种	饮料	没有	什么	区别。
관형어	주어	부사어+술어	관형어	목적어

이 두 종류 음료는 어떤 차이도 없다.

STEP 1 'A没有什么B' 형식은 'A는 어떤 B도 없다'라는 뜻을 나타낸다. 이때 A는 B보다 구체적인 대상이어야 하므로, A에 '饮料'가, B에 '区别'가 위치하는 것이 적합하다.

STEP 2 '这两种'은 주어 '饮料'를 수식한다.

种 zhǒng 양 종류 | 饮料 yǐnliào 명 음료 | ★区别 qūbié 명 차이

> 제시어 중 동사 '有'가 있을 경우, '有'는 술어로 쓰였을 확률이 매우 높다.

4 家对面 商店 新开了 咱们 一家 ─────────────── [咱们 + 명사 우리(의)~]

대사	명사+명사	부사+동사+조사	수사+양사	명사
咱们	家对面	新开了	一家	商店。
관형어	주어	부사어+술어+了	관형어	목적어

우리 집 맞은편에 상점 하나가 새로 개업했다.

STEP 1 '新开了'는 술어 '开'를 부사 '新'이 수식한 형태로, '~를 새로 개업하다'라는 의미를 나타낸다. '开'의 목적어인 '商店'은 상점을 세는 양사인 '家'와 호응한다.

STEP 2 소유격을 나타내는 '咱们'은 구조조사 '的' 없이 명사(家)를 수식할 수 있다.

★ **咱们** zánmen 대 우리(들) | **家** jiā 명 집 양 [집·점포·공장 등을 세는 단위] | ★ **对面** duìmiàn 명 맞은편 | **开** kāi 동 열다, 창립하다

---

5 多少 号码 是 传真 他们公司的 ─────────────── [号码是多少 번호는 몇 번인가]

대사+명사+조사	명사	명사	동사	대사
他们公司的	传真	号码	是	多少?
관형어+的	관형어	주어	술어	목적어

그들 회사의 팩스 번호는 몇 번인가요?

STEP 1 '号码是多少'는 '번호가 몇 번인가' 묻는 표현으로, 아주 많이 쓰이는 기본적인 표현이다.

STEP 2 '号码'는 '고유 번호를 가진 대상' 뒤에 붙어 '~번호'라는 뜻을 나타낸다. 의미상 '他们公司的'는 '传真号码'를 수식한다.

★ **传真** chuánzhēn 명 팩스 | **号码** hàomǎ 명 번호

주어, 술어, 목적어를 각각 찾아 어순에 맞게 배열하는 것이 문제 풀이의 정석이지만, 이미 알고 있는 표현이 쓰여 있다면, 해당 표현을 중심으로 나머지 문장성분의 자리를 찾아 주는 것도 좋다.

---

6 看见了 森林里 一群老虎 我们在 ─────────────── [在 + 명사 + 里 ~(속)에서]

대사+개사	명사+명사	동사+조사	수사+양사+명사
我们在	森林里	看见了	一群老虎。
주어	부사어	술어+了	관형어+목적어

우리는 숲 속에서 호랑이 한 무리를 보았다.

STEP 1 술어는 '看见'이다. '보다'라는 행동의 주어로는 사람 '我们'이, 목적어로는 '老虎'가 적합하다. 이 문장에서 '在'는 동사가 아니라 '~에서'라는 뜻의 개사로 쓰였다.

STEP 2 개사 '在' 뒤에는 장소를 나타내는 말인 '森林里'가 나와야 한다.

在 zài 개 ~에서 | ★ **森林** sēnlín 명 숲, 산림 | **群** qún 양 무리, 떼 | ★ **老虎** lǎohǔ 명 호랑이

7 旅客　按照　排队　请各位　票上的号码 ──────── [各位 + 사람]

동사+대사+양사	명사	개사	명사+명사+조사+명사	동사	
请各位	**旅客**	**按照**	**票上的号码**	**排队**。	각 여행객 분들은 표의 번호에 따라 줄을 서 주세요.
술어1+관형어	[목적어/ 의미상 주어]	부사어		술어2	

STEP 1　동사 '请'은 보통 주어 없이 문장 맨 앞에 쓰여, '~해 주세요'라는 요청의 뜻을 나타낸다. '请' 뒤에는 '부탁하는 내용'이 문장 형태로 온다. '旅客'는 술어 '请'의 목적어이자 '排队'의 의미상 주어로 쓰였다.

STEP 2　개사 '按照'는 명사구 '票上的号码'를 취해 부사어로서 '排队'를 수식한다.

★**各** gè 대 각, 여러 | **位** wèi 양 분 [공경의 뜻을 내포함] | **旅客** lǚkè 명 여행객 | ★**按照** ànzhào 개 ~에 따라 | **号码** hàomǎ 명 번호 |
★**排队** páiduì 동 줄을 서다

---

8 任何地方　抽烟　都不可以　加油站的 ──────── [任何 + 명사 + 都　어떤 ~도 모두]

명사+조사	대사+명사	부사+부사+조동사	동사	
加油站的	**任何地方**	**都不可以**	**抽烟**。	주유소의 어떤 곳에서도 흡연을 해서는 안 된다.
관형어+的	관형어+주어	부사어	술어	

STEP 1　'任何+명사'는 부사 '都'와 호응하여 '어떤 ~도 (예외 없이)'라는 의미를 나타내고, '不可以'는 뒤에 동사(抽烟)와 결합해 '~해서는 안 된다'라는 의미를 나타낸다.

STEP 2　'加油站的'는 명사구 '任何地方'을 수식한다.

★**加油站** jiāyóuzhàn 명 주유소 | ★**任何** rènhé 대 어떠한 | **地方** dìfang 명 곳, 장소 | **不可以** bù kěyǐ ~해서는 안 된다 | ★**抽烟** chōuyān
동 담배를 피우다

쓰기 제1부분 **06** 부사(1) 위치·종류

본서 p.185

● **Day 06**

1　飞机已经到目的地了。
2　那部爱情电影很受欢迎。
3　办公室的复印机突然出现了问题。
4　警察说得不太好听。
5　每个人都希望获得成功。
6　李经理没有收到你发的短信。
7　那台传真机又不能用了。
8　哥哥终于成为一名律师了。

1 目的地了 飞机 到 已经 ──────────────── [已经 + 동사 + 了 이미 ~했다]

명사	시간부사	동사	명사+조사	
飞机	已经	到	目的地。	비행기는 이미 목적지에 도착했다.
주어	부사어	술어	목적어+了	

STEP 1 '~에 도착하다'라는 뜻의 동사 '到'가 술어로 쓰였다. '到'는 일반적으로 장소를 목적어로 취하므로, '目的地'가 목적어, '飞机'가 주어이다.

STEP 2 부사(已经)는 동사(到) 앞에 위치한다.

到 dào 동 도착하다 | **目的地** mùdìdì 명 목적지

---

2 那部 受欢迎 爱情电影 很 ──────────────── [很受欢迎 매우 환영받다]

지시대사+양사	명사+명사	정도부사	동사+동사	
那部	爱情电影	很	受欢迎。	저 로맨스 영화는 매우 환영을 받는다.
관형어	관형어+주어	부사어	술어+목적어	

STEP 1 '受欢迎'은 '환영을 받다'라는 의미로, 이때의 동사 '受'는 예외적으로 정도부사(很)의 수식을 받을 수 있다. '환영을 받는 대상'인 '爱情电影'이 주어로 쓰였다.

STEP 2 영화나 소설, 전자제품 등을 세는 양사인 '部'는 '爱情电影'과 호응한다.

部 bù 양 부, 편 [서적이나 영화 편수 등을 세는 단위] | ★ **爱情** àiqíng 명 애정, 남녀 간의 사랑 | **受** shòu 동 받다 | **欢迎** huānyíng 동 환영하다

---

3 出现了 复印机突然 办公室的 问题 ──────────────── [突然出现 갑자기 생기다]

명사+조사	명사+상태부사	동사+조사	명사	
办公室的	复印机突然	出现了	问题。	사무실의 복사기에 갑자기 문제가 생겼다.
관형어+的	주어+부사어	술어+了	목적어	

STEP 1 '出现问题'는 '문제가 생기다'라는 뜻으로, 자주 쓰이는 술목 구조 표현 중 하나이다.

STEP 2 부사 '突然'은 술어 '出现'을 수식하고, '办公室的'는 주어 '复印机'를 수식한다.

办公室 bàngōngshì 명 사무실 | **复印机** fùyìnjī 명 복사기 | **突然** tūrán 부 갑자기 | ★ **出现** chūxiàn 동 나타내다, 출현하다

---

4 不太 说得 好听 警察 ──────────────── [동사 + 得 + 정도부사 + 형용사 ~하는 게 ~하다(정도보어)]

명사	동사+조사	부정부사+정도부사	형용사	
警察	说得	不太	好听。	경찰이 말하는 게 별로 듣기 좋지 않다.
주어	술어+得	정도보어		

06 부사(1) 위치·종류

| STEP 1 | 조사 '得'와 제시된 낱말 구성에서 이 문장이 정도보어 구문임을 알 수 있다. 조사 '得' 앞의 '说'가 술어, '不太(부사+부사)+好听(형용사)'이 정도보어로 쓰였다. |
| STEP 2 | 주어는 '직업, 신분' 관련 어휘인 경우가 많다. 이 문장의 주어는 '警察'이다. |

★ 警察 jǐngchá 명 경찰 | 不太 bú tài 그다지 ~하지 않다 | 好听 hǎotīng 형 듣기 좋다

---

5 成功 都 希望获得 每个人 ——— [每 + 양사 + 명사 + 都 + 동사 ~마다 모두 ~하다]

대사+양사+명사	범위부사	동사+동사	명사
每个人	都	希望获得	成功。
관형어+주어	부사어	술어	목적어

사람들은 모두 성공하기를 바란다.

| STEP 1 | '获得成功'은 '성공을 얻다(=성공하다)'라는 뜻으로, 자주 쓰이는 술목 구조 어휘 중 하나이다. '希望'은 문장을 (获得成功)을 목적어로 받을 수 있는 동사로, 문장의 술어가 된다. |
| STEP 2 | 대사 '每'와 부사 '都'는 '每+양사+명사+都' 형태로 결합해 '~마다 모두'라는 뜻을 가진다. |

★ 获得 huòdé 동 얻다, 획득하다 | ★ 成功 chénggōng 명 성공

---

6 收到你 李经理没有 短信 发的 ——— [没有 + 동사 ~하지 않았다(과거 부정)]

고유명사+명사+부정부사	동사+대사	동사+조사	명사
李经理没有	收到你	发的	短信。
주어+부사어	술어	관형어+的	목적어

리[李] 사장님은 당신이 보낸 문자를 받지 못했다.

| STEP 1 | '收到'가 목적어로 '短信'을 취하며 술어로 쓰였다. 이 문장에서 '没有'는 부정부사로 쓰인 것이고, 동사 '发'는 구조조사 '的'와 함께이므로 술어가 아닌 관형어로 쓰인 것이다. 부정부사는 술어 앞에, 관형어는 주어나 목적어 앞에 위치해야 한다. |
| STEP 2 | 문맥상 '你'는 '发的'와 결합해 목적어 '短信'을 수식하는 것이 알맞다. |

经理 jīnglǐ 명 사장 | 收到 shōudào 동 받다 | 发 fā 동 보내다, 발송하다 | ★ 短信 duǎnxìn 명 문자 메시지

---

7 又 传真机 那台 能用了 不 ——— [일반부사 + 부정부사 + 조동사 + 동사]

지시대사+양사	명사	빈도부사	부정부사	조동사+동사+조사
那台	传真机	又	不	能用了。
관형어	주어	부사어	부사어	술어+了

저 팩스는 또 쓰지 못하게 됐다.

| STEP 1 | 부사 '又'와 '不', 조동사 '能'은 부사어 기본 어순에 따라 '又(일반부사)+不(부정부사)+能(조동사)' 순서로 위치해야 한다. |
| STEP 2 | 명사 '传真机'가 주어로 쓰였고, 전자제품 등을 세는 양사 '台'의 수식을 받는다. |

★ 台 tái 양 (기계·차량·설비 등을 세는) 대 | 传真机 chuánzhēnjī 명 팩스 | 又 yòu 부 또, 다시 | 用 yòng 동 쓰다, 사용하다

8 成为 终于 律师了 一名 哥哥 ─────────────── [终于 + 동사 + 了 결국 ~했다]

명사	어기부사	동사	수사+양사	명사+조사
哥哥	终于	成为	一名	律师了。
주어	부사어	술어	관형어	목적어+了

오빠는 결국 변호사가 됐다.

STEP 1 '成为'는 'A成为B' 형식으로 쓰여 'A는 B가 되다'라는 뜻을 나타낸다. 주어 자리인 A에는 구체적인 대상(哥哥)이, B에는 비교적 추상적인 대상(律师)이 온다. 사람을 세는 단위인 '名'은 '律师'와 호응한다.

STEP 2 부사 '终于'는 술어 앞에 위치해 '결과가 어렵게 이루어졌다'라는 뜻을 더해 준다.

终于 zhōngyú 부 결국, 마침내 | ★成为 chéngwéi 동 ~가 되다 | 名 míng 양 명 [사람을 세는 단위] | ★律师 lǜshī 명 변호사

쓰기 제1부분 07 부사(2) 정도부사

본서 p.189

Day 07
1 爸爸做的汤有点儿酸。
2 张经理对他的态度非常友好。
3 那所学校的老师挺严格的。
4 他孙子的性格比较活泼。
5 游客对这里的景点十分失望。
6 那双袜子稍微有点儿厚。
7 过程比结果更重要。
8 去上海旅游的人越来越多。

1 爸爸 有点儿 汤 酸 做的 ─────────────── [有点儿 + 형용사 좀~하다]

명사	동사+조사	명사	정도부사	형용사
爸爸	做的	汤	有点儿	酸。
관형어+的		주어	부사어	술어

아빠가 만든 국은 조금 시다.

STEP 1 음식의 맛을 나타내는 형용사 '酸'이 술어로 쓰여, 음식인 '汤'을 주어로 취한다. 형용사술어는 정도부사(有点儿)의 수식을 받는다.

STEP 2 '주어(爸爸)+술어(做的)' 형태로 주어인 '汤'이 구체적으로 어떤 것인지 설명한다.

★汤 tāng 명 탕, 국 | 有点儿 yǒudiǎnr 부 조금, 약간 | ★酸 suān 형 시다

2 非常 对他的态度 张经理 友好 ──────────── [对 + 대상 + 정도부사 + 友好 ~에 우호적이다]

고유명사+명사	개사+대사+조사+명사	정도부사	형용사	
张经理	对他的态度	非常	友好。	장[张] 사장은 그에 대한 태도가 매우 우호적이다.
주어	부사어		술어	

STEP 1 '우호적이다'라는 뜻의 형용사 '友好'가 정도부사 '非常'의 수식을 받아 술어로 쓰였다. '对'가 이끄는 개사구 '对他的态度'는 술어 앞에 놓여 우호적인 대상에 대해 나타낸다.

STEP 2 '우호적이다'라는 '태도'를 나타낼 수 있는 '张经理'가 주어이다.

经理 jīnglǐ 몡 사장, 지배인 | ★态度 tàidu 몡 태도 | ★友好 yǒuhǎo 혱 우호적이다

---

3 老师 那所 挺 学校的 严格的 ──────────── [挺 + 형용사 + 的 매우 ~하다]

지시대사+양사	명사+조사	명사	정도부사	형용사+조사	
那所	学校的	老师	挺	严格的。	저 학교의 선생님은 매우 엄격하다.
관형어+的		주어	부사어	술어+的	

STEP 1 형용사 '严格'가 정도부사 '挺'의 수식을 받아 술어로 쓰였다. 사람의 성격이나 태도를 나타내는 '严格'의 주어로는 '老师'가 적합하다.

STEP 2 학교, 병원 등을 세는 양사인 '所'는 '学校'와 호응하므로 '那所学校的' 순서로 배열되어 주어 '老师'를 수식한다.

所 suǒ 양 개 [학교·병원을 세는 단위] | ★挺 tǐng 혱 매우, 아주, 제법 | ★严格 yángé 혱 엄격하다, 엄하다

---

4 比较 的性格 他孙子 活泼 ──────────── [比较 + 형용사 비교적 ~하다]

대사+명사	조사+명사	정도부사	형용사	
他孙子	的性格	比较	活泼。	그의 손자의 성격은 비교적 활발하다.
관형어+的	주어	부사어	술어	

STEP 1 형용사 '活泼'가 정도부사 '比较'의 수식을 받아 술어로 쓰였다. '活泼'는 사람의 성격을 형용하는 단어이므로, '性格'가 주어로 적합하다.

STEP 2 '他孙子'는 '的性格'의 조사 '的'와 결합하여 '性格'를 수식하는 성분이 된다.

★孙子 sūnzi 몡 손자 | 性格 xìnggé 몡 성격 | 比较 bǐjiào 분 비교적, 상대적으로 | ★活泼 huópō 혱 활발하다

---

5 这里的景点 游客对 失望 十分 ──────────── [对 + 명사 + 정도부사 + 失望 ~에 실망하다]

명사+개사	대사+조사+명사	정도부사	동사	
游客对	这里的景点	十分	失望。	여행객은 이곳의 경치에 매우 실망했다.
주어	부사어		술어	

STEP 1	동사 '失望'이 정도부사 '十分'의 수식을 받아 술어로 쓰였다. 이 문장에서 '失望'은 'A+对+B+失望' 형태로 쓰여 'A가 B에 실망하다'라는 뜻을 나타낸다.
STEP 2	실망(失望)시킨 대상으로서 '这里的景点'이 개사 '对' 뒤에 위치한다.

游客 yóukè 명 여행객, 관광객 | 景点 jǐngdiǎn 명 경치가 좋은 곳, 명승지, 명소 | ★十分 shífēn 부 매우, 아주 | ★失望 shīwàng 동 실망하다

6 稍微 厚 袜子 有点儿 那双 —— [稍微 + 有点儿 + 형용사 약간 좀 ~하다]

지시대사+양사	명사	정도부사	정도부사	형용사	
那双	袜子	稍微	有点儿	厚。	저 양말은 약간 좀 두껍다.
관형어	주어	부사어		술어	

STEP 1	형용사 '厚'가 술어, '袜子'가 주어로 쓰였다. '둘씩 쌍을 이루는 것을 세는 양사'인 '双'은 '袜子'와 호응한다.
STEP 2	부사 '稍微'와 '有点儿'의 순서 배열이 관건이다. 부사 '稍微'는 단독으로 쓰이지 않고 정도를 나타내는 정도부사 '有点儿'과 함께 부사어가 되어 술어 '厚' 앞에 놓는다.

双 shuāng 양 짝, 켤레, 쌍 | ★袜子 wàzi 명 양말 | ★稍微 shāowēi 부 조금, 약간, 다소 | ★厚 hòu 형 두껍다

7 重要 比结果 过程 更 —— [A + 比 + B + 更 + 형용사 A가 B보다 더 ~하다]

명사	개사+명사	정도부사	형용사	
过程	比结果	更	重要。	과정이 결과보다 더 중요하다.
주어	부사어		술어	

STEP 1	'比'자 비교문은 'A+比+B+(更)형용사' 형식으로 'A가 B보다 더 ~하다'라는 뜻을 나타낸다.
STEP 2	개사 '比' 뒤에 이미 '结果'가 붙어 제시되었으므로, '过程'은 자연히 '比' 앞에 놓이게 된다.

★过程 guòchéng 명 과정 | ★结果 jiéguǒ 명 결과 | 更 gèng 부 더욱, 더, 훨씬 | 重要 zhòngyào 형 중요하다

8 越来越 的人 去上海旅游 多 —— [越来越 + 형용사 갈수록 ~하다]

동사+명사+동사	조사+명사	부사	형용사	
去上海旅游	的人	越来越	多。	상하이로 여행 가는 사람이 갈수록 많아진다.
관형어+的	주어	부사어	술어	

STEP 1	형용사 '多'가 술어로, '人'이 주어로 쓰였다. '越来越'는 형용사 앞에 위치해 '갈수록 ~하다'라는 뜻을 나타내는 정도부사이다.
STEP 2	'去上海旅游'는 조사 '的'와 결합해 '人'을 수식한다.

上海 Shànghǎi 고유 상하이 | 旅游 lǚyóu 동 여행하다 | 越来越 yuèláiyuè 부 갈수록, 더욱더

 **부사(3) 시간부사**

본서 p.194

● Day 08

1 大夫正在给病人打针。
2 飞机马上就要降落了。
3 祝你们俩永远幸福。
4 他们乘坐的那趟航班刚刚起飞。
5 妈妈从来没有后悔过来这儿生活。
6 节目将在11月8号开始。
7 你能保证按时完成任务吗?
8 我已经把房间收拾好了。

1 给病人　正在　大夫　打针 ─────────── [正在 + 给 + A + 동사 A에게 ~하고 있다]

명사	시간부사	개사+명사	동사	
大夫	正在	给病人	打针。	의사 선생님이 환자에게 주사를 놓고 있다.
주어	부사어		술어	

STEP 1　목적어를 취하지 않는 이합동사 '打针'이 술어로 쓰였다. 주어는 주사를 놓는 행위의 주체인 '大夫'이다.

STEP 2　부사(正在)는 일반적으로 개사구(给病人)보다 앞에 위치한다.

★ **大夫** dàifu 명 의사 | **正在** zhèngzài 부 지금 ~하고 있다 | **病人** bìngrén 명 환자 | ★ **打针** dǎzhēn 동 주사를 놓다

> **tip**
> 'A给B打针' A가 B에게 주사를 놓다
> 주어 A에는 주로 '医生 yīshēng 의사' '大夫 dàifu 의사' '护士 hùshi 간호사'가 쓰이고, 목적어 B에는 보통 '孩子 háizi 아이' '女儿 nǚér 딸' '病人 bìngrén 환자'가 쓰인다.

2 马上　飞机　降落了　就要 ─────────── [马上就要……了 곧 ~할 것이다]

명사	시간부사	부사	동사+조사	
飞机	马上	就要	降落了。	비행기는 곧 (바로) 착륙할 것이다.
주어	부사어		술어+了	

STEP 1　'착륙하다'라는 의미로, 목적어를 취하지 않는 동사 '降落'가 술어로 쓰였다. 주어는 착륙하는 행위의 주체인 '飞机'이다.

STEP 2　'马上就要……了'는 고정적인 형태로 쓰이는 표현 중 하나이다. '就要'는 주로 '马上'과 함께 쓰여 시간이나 내용을 강조한다.

马上 mǎshàng 부 곧, 즉시, 바로 | **就要** jiùyào 부 곧, 머지 않아 | ★ **降落** jiàngluò 동 착륙하다, 내려오다

3 永远　你们俩　幸福　祝　──────────────── [祝 + 사람 + 永远 + 술어　~가 영원히 ~하기를 빕니다]

동사	대사+수량사	시간부사	형용사
祝	你们俩	永远	幸福。
술어	목적어[주어]	부사어	술어

두 분이 영원히 행복하시길 기원합니다.

STEP 1　술어인 동사 '祝'는 문장 형식을 목적어로 취하며 '~가 ~하기를 빕니다'라는 뜻을 나타낸다. 보통 주어가 생략되어 문장 맨 앞에 위치한다.

STEP 2　시간부사 '永远'은 의미상 목적어절의 술어 '幸福' 앞에 위치해야 한다.

祝 zhù 동 기원하다, 축복하다, 축하하다 | ★俩 liǎ 수량 두 사람 | ★永远 yǒngyuǎn 부 영원히, 언제나 | ★幸福 xìngfú 형 행복하다

> **tip**
> '俩 liǎ'는 '두 사람'을 나타내는 수량사로 사람을 나타내는 어휘 뒤에 쓰인다.
> 你们俩 nǐmen liǎ 너희 둘 | 他们俩 tāmen liǎ 그들 둘 | 兄弟俩 xiōngdi liǎ 형제 둘 | 咱们俩 zánmen liǎ 우리 둘

4 起飞　乘坐的　刚刚　他们　那趟航班　──────────────── [刚刚 + 동사　막 ~했다]

대사	동사+조사	지시대사+양사+명사	시간부사	동사
他们	乘坐的	那趟航班	刚刚	起飞。
	관형어+的	관형어+주어	부사어	술어

그들이 탄 그 항공편은 막 이륙했다.

STEP 1　'航班起飞'는 자주 함께 쓰이는 어휘 조합이다. '航班'이 주어로, '起飞'가 술어로 쓰였다.

STEP 2　'他们'은 '乘坐'의 의미상 주어로, '他们乘坐' 순서로 관형어를 이루어 '航班'을 수식한다. 시간부사 '刚刚'은 술어(起飞) 앞에 위치한다.

★乘坐 chéngzuò 동 (자동차·배·비행기 등을) 타다 | ★趟 tàng 양 편, 번, 차례 [정기적인 교통수단의 운행 횟수를 세는 데 쓰임] | ★航班 hángbān 명 항공편, 운항편 | 刚刚 gānggāng 부 방금, 막, 지금 | 起飞 qǐfēi 동 (비행기·로켓 등이) 이륙하다

5 生活　没有　从来　妈妈　后悔过来这儿　──────────────── [从来没有 + 동사 + 过　여태껏 ~한 적이 없다]

명사	시간부사	부정부사	동사+조사+동사+대사	동사
妈妈	从来	没有	后悔过来这儿	生活。
주어		부사어	술어+过	목적어절

엄마는 여태껏 여기 와서 사는 것을 후회한 적이 없다.

STEP 1　'从来'는 '没有'와 결합하여 '从来+没有+동사+过' 형식으로 자주 쓰인다는 것을 알면 아주 빠르게 문제를 풀 수 있다. 술어는 동태조사 '过' 앞의 '后悔'이고, 해석상으로 목적어는 '来这儿生活'로 이루어지는 것이 알맞다. '来+장소+행동'은 '~에 ~하러 오다'라고 해석하면 된다.

STEP 2　'후회하는' 행동의 주체인 '妈妈'는 주어로서 문장 맨 앞에 위치한다.

★从来 cónglái 부 (과거부터) 지금까지, 여태껏, 이제까지 [주로 부정형으로 쓰임] | ★后悔 hòuhuǐ 동 후회하다 | 过 guo 조 ~한 적이 있다 | 这儿 zhèr 대 이곳, 여기 | ★生活 shēnghuó 동 살다

6 将在 开始 节目 11月8号 ──────────────── [将在 + 시간 + 동사 곧 ~에 ~할 것이다]

명사	시간부사+개사	수사+명사+수사+명사	동사	
节目	将在	11月8号	开始。	프로그램은 11월 8일에 시작할 것이다.
주어	부사어		술어	

STEP 1 '시작하다'라는 뜻의 동사 '开始'가 술어로, '节目'가 주어로 쓰였다.

STEP 2 '11月8号'라는 날짜는 시간이나 장소를 이끄는 개사 '在' 뒤에 와야 한다.

节目 jiémù 명 프로그램 | 将 jiāng 부 ~하게 될 것이다 | 在 zài 개 ~에(서), ~에 있어서 | 开始 kāishǐ 동 시작하다

7 按时 吗 能保证 你 完成任务 ──────────── [能保证……吗? ~를 보장할 수 있는가?]

대사	조동사+동사	시간부사	동사+명사	조사	
你	能保证	按时	完成任务	吗?	제시간에 임무를 끝낼 수 있다고 약속할 수 있습니까?
주어	부사어+술어		목적어	吗	

STEP 1 문장을 목적어로 취하는 동사 '保证'이 술어로, 술목 구조의 '完成任务'가 목적어로 쓰였다.

STEP 2 제시간에 어떤 행동을 하는 것을 뜻하는 부사 '按时'는 목적어절의 술어 '完成'을 수식한다. '能+동사+吗?'는 '어떤 행동을 할 수 있는지' 묻는 표현이다.

★ 保证 bǎozhèng 동 보증하다 | ★ 按时 ànshí 부 제때에, 시간에 맞추어 | 完成 wánchéng 동 끝내다, 완수하다 | ★ 任务 rènwu 명 임무

8 收拾好了 把房间 已经 我 ──────────────── [부사 + 把 + 동사 + 기타 성분]

대사	시간부사	개사+명사	동사+형용사+조사	
我	已经	把房间	收拾好了。	나는 이미 방을 다 정리하였다.
주어	부사어		술어+보어+了	

STEP 1 '把'자문의 어순에 따라 '我(주어)+把+房间(목적어)+收拾(술어)+好了(기타 성분)' 순서로 위치한다.

STEP 2 일반적으로 부사(已经)는 개사(把)보다 앞에 위치한다.

把 bǎ 개 ~를 [처치의 결과를 나타냄] | 房间 fángjiān 명 방 | ★ 收拾 shōushi 동 정리하다 | 好 hǎo 형 [동사 뒤에 쓰여 '동작이 완성되었거나 잘 마무리되었음'을 나타냄]

필수 특수 문형 '把'자문
행위·동작에 의한 처치의 결과를 강조하는 문형으로, 어순은 '주어(+시간명사+시간부사)+把+목적어+술어+기타 성분'을 따른다.

부사(4) 부정부사

본서 p.198

● **Day 09**

1 教室内不允许吸烟。
2 请不要乱扔垃圾。
3 别往汤里放盐。
4 爱情与金钱没有太大关系。
5 那本小说并没有引起大家的关注。
6 我以后再也不打扰你了。
7 最好不要用电话号码做信用卡的密码。
8 别把袜子扔在沙发上。

1 吸烟 不 允许 教室内 ——————————————— [允许 + 동사 목적어 ~하는 것을 허가하다]

명사+명사	부정부사	동사	동사
教室内	不	允许	吸烟。
주어	부사어	술어	목적어

교실 내 흡연을 허용하지 않는다.

STEP 1 동사 '允许'는 술어로, 동사 '吸烟'은 목적어로 쓰였다. '允许'는 목적어로 동사를 취할 수 있으며, 부정부사(不)는 술어인 '允许' 앞에 위치해야 한다.

STEP 2 '教室内'는 장소를 나타내며 주어가 된다.

教室 jiàoshì 명 교실 | ★内 nèi 명 내부, 안 | ★允许 yǔnxǔ 동 허가하다, 허락하다 | 吸烟 xīyān 동 담배를 피우다

2 扔垃圾 乱 不要 请 ——————————————— [请不要乱 + 동사 함부로 ~하지 마세요]

동사	부정부사	어기부사	동사+명사
请	不要	乱	扔垃圾。
술어1		부사어	술어2+목적어

쓰레기를 함부로 버리지 마세요.

STEP 1 '请(~해 주세요)+不要(~하지 마라)'는 '~하지 마세요'라는 뜻을 나타낸다.

STEP 2 부사 '乱'은 동사 '扔'을 수식하며 부정부사(不要)보다 뒤에 위치한다.

不要 búyào 부 ~하지 마라 | ★乱 luàn 부 함부로, 마구, 제멋대로 | ★扔 rēng 동 내버리다 | 垃圾 lājī 명 쓰레기

 tip
'不要乱+동사' 함부로 ~하지 마
'不要乱+동사'는 '함부로 ~하지 마'라는 뜻을 나타내는 표현으로, '不要乱'과 자주 함께 쓰이는 동사로는 '说话 shuōhuà 말하다' '扔垃圾 rēng lājī 쓰레기를 버리다' 등이 있다.

3 里 盐 往汤 放 别 ——————————————————————— [부사 + 개사구 + 동사]

부정부사	개사+명사	명사	동사	명사
别	往 汤	里	放	盐。
	부사어		술어	목적어

국 안에 소금을 넣지 마라.

STEP 1 명령문에 쓰이는 '别'는 '~하지 마라'라는 뜻으로, 보통 주어가 생략되어 문장 맨 앞에 위치한다. '放盐'은 자주 쓰이는 술목 구조의 어휘로, '소금을 넣다'라는 뜻이다.

STEP 2 '往汤' 뒤에 방위사 '里'가 붙어 '국 안에'라는 뜻의 개사구가 된다. 개사구는 부사(别) 뒤, 동사(放) 앞에 위치한다.

别 bié 부 ~하지 마라 | 往 wǎng 개 ~쪽으로 | ★汤 tāng 명 국, 탕 | 放 fàng 동 (집어) 넣다, 타다, 섞다 | ★盐 yán 명 소금

---

4 没有太大 与金钱 爱情 关系 ──────────── [**A与B没有关系** A는 B와 관계가 없다]

명사	개사+명사	부정부사+동사+정도부사+형용사	명사	
爱情	**与金钱**	**没有太大**	**关系**。	사랑은 돈과 그렇게 큰 관계가 없다.
주어	부사어	술어+관형어	목적어	

STEP 1 여기서 '有'는 동사로 쓰여 '关系'를 목적어로 취한다.

STEP 2 개사 '与'는 '和'와 같은 의미로, 개사구는 부정부사(没) 앞에 위치한다. '爱情'과 '金钱'은 각각 문장의 주어, 개사의 목적어로 쓰였다.

★爱情 àiqíng 명 애정, 남녀 간의 사랑 | 太 tài 부 그다지, 그리, 별로 [부정형으로 쓰임] | 关系 guānxi 명 관계

---

5 并 大家的关注 引起 那本小说 没有 ─────── [**并 + 부정부사(没有/不) + 동사** 결코 ~하지 않았다 / 않다]

지시대사+양사+명사	어기부사 부정부사	동사	대사+조사+명사	
那本小说	**并 没有**	**引起**	**大家的关注**。	이 소설책은 모두의 관심을 조금도 끌지 못했다.
관형어+주어	부사어	술어	관형어+的+목적어	

STEP 1 동사 '引起'는 '关注(주시하다)' '注意(주의하다)' '重视(중시하다)' 등을 목적어로 취한다.

STEP 2 일반적으로 부정부사(没有)는 다른 부사(并)보다 뒤에 위치하므로, '并没有' 순서로 부사어를 이루어 '引起'를 수식한다. 주어는 '관심을 끌지 못한' 주체인 '小说'이다.

★小说 xiǎoshuō 명 소설 | 并 bìng 부 결코, 전혀, 조금도, 그다지, 별로 [부정사의 앞에 쓰여 부정의 어투를 강조함] | ★引起 yǐnqǐ 동 끌다, 야기하다 | 关注 guānzhù 명 관심, 중시

> **tip**
> **'没有'의 두 가지 뜻**
> ❶ 부사(没)+동사(有)로 이루어진 '没有'는 '없다'라는 뜻을 나타낸다.
>   他 没 有 手机。 그는 휴대폰이 없다.
>   부사 동사
> ❷ 부사 '没有'는 '~하지 않다'라는 뜻을 나타낸다.
>   她们 没有 做完。 그녀는 다 하지 않았다.
>   부사

6 打扰你　不　了　再也　我以后　──────────────────── [再也不 + 동사　다시는 ~하지 않다]

대사+명사	빈도부사+빈도부사	부정부사	동사+대사	조사	
我以后	再也	不	打扰你	了。	나는 이후에 다시는 너를 방해하지 않을 것이다.
주어	부사어		술어+목적어	了	

STEP 1 '방해하다'라는 뜻의 동사 '打扰'가 목적어로 '你'를 취하며 술어로 쓰였다. '了'는 동사 뒤나 문장 뒤에 위치하는 조사로, 이 문제에서는 이미 동사 뒤에 '了'가 들어갈 수 없으므로, 고민하지 말고 문장 끝에 '了'를 두면 된다.

STEP 2 '再+也+不(부정부사)'는 자주 결합하는 부사 조합이니 한 단어처럼 외워 두자.

以后 yǐhòu 명 이후 | ★打扰 dǎrǎo 동 방해하다

---

7 信用卡的密码　最好　电话号码　不要用　做　──────────── [最好不要 + 동사　~하지 않는 것이 가장 좋다]

어기부사	부정부사+개사	명사+명사	동사	명사+조사+명사	
最好	不要用	电话号码	做	信用卡的密码。	전화번호를 신용카드 비밀번호로 만들지 않는 것이 가장 좋다.
	부사어		술어	관형어+的+목적어	

STEP 1 부사 '最好'는 '~하는 게 가장 좋다'라는 뜻으로 권유할 때 쓰이는 표현이다. 부정부사 '不要'가 뒤에 붙으면 '~하지 않는 것이 가장 좋다'라는 뜻을 나타낸다.

STEP 2 '用'은 '用+도구/방식+동사' 형식으로 활용되면 '~로 ~하다'라는 뜻을 나타낸다. 이 형식에 따라 의미가 통하게 제시어를 배열하면 '用+电话号码+做+信用卡的密码' 순서가 된다.

★最好 zuìhǎo 부 ~하는 게 제일 좋다 | 不要 búyào 부 ~하지 마라 | 用 yòng 개 ~으로 동 사용하다 | 电话号码 diànhuà hàomǎ 명 전화번호 | 做 zuò 동 만들다 | 信用卡 xìnyòngkǎ 명 신용카드 | ★密码 mìmǎ 명 비밀번호

---

8 扔在　把　沙发上　别　袜子　──────────────────── [别把 + 사물 + 동사　~를 ~하지 마라]

부정부사	개사	명사	동사+개사	명사+명사	
别	把	袜子	扔在	沙发上。	양말을 소파에 던져 두지 마라.
	부사어		술어	보어	

STEP 1 일반적으로 부사(别)는 개사(把)보다 앞에 위치한다.

STEP 2 '在' 뒤에는 '장소'를 나타내는 '沙发上'이 와야 한다. 보통 일반명사(沙发)는 장소를 나타낼 수 없기 때문에 방위사(上)를 뒤에 붙여 '장소(沙发上)'를 나타낸다. '把' 뒤에는 행동의 대상인 '袜子'가 위치한다.

把 bǎ 개 ~를 [처치의 결과를 나타냄] | ★袜子 wàzi 명 양말 | 在 zài 개 ~에(서), ~에 있어서 | ★沙发 shāfā 명 소파

부사(5) 빈도부사

본서 p.202

● Day 10

1 盒子里还剩了三块巧克力。
2 发展科技的同时也应该保护环境。
3 她又重新整理了一遍。
4 慢慢养成的坏习惯往往很难改变。
5 麻烦你再去邮局寄一封信。
6 请重新安排一下工作。
7 那台洗衣机终于又能正常使用了。
8 经常被批评的孩子往往没有信心。

1 还 三块巧克力 剩了 盒子里 ──────────────── [还+동사 더 ~하다]

명사+명사	빈도부사	동사+조사	수사+양사+명사
盒子里	还	剩了	三块巧克力。
주어	부사어	술어+了	관형어+목적어

상자에 아직 초콜릿 3개가 남아 있다.

STEP 1 '남다'라는 뜻의 동사 '剩'이 술어로 쓰였다. 부사 '还'는 술어 앞에 쓰여 목적어(巧克力)가 '더 남았음'을 나타낸다.

STEP 2 주어는 '盒子里'이다.

★盒子 hézi 명 작은 상자 | 还 hái 부 아직 | ★剩 shèng 동 남다, 남기다 | ★块 kuài 양 [덩이로 된 물건을 세는 단위] | ★巧克力 qiǎokèlì 명 초콜릿

2 也应该 环境 发展科技的同时 保护 ──────────────── [A的同时也B A하는 동시에 B하기도 하다]

동사+명사+조사+명사	빈도부사+조동사	동사	명사
发展科技的同时	也应该	保护	环境。
관형어+的+주어	부사어	술어	목적어

과학기술 발전과 동시에 환경도 보호해야 한다.

STEP 1 '동사+的同时也+동사'는 '~하는 동시에 ~하기도 하다'라는 의미를 나타내는 빈출 표현이다.

STEP 2 '保护环境'은 자주 함께 쓰이는 표현으로, '환경을 보호하다'라는 의미를 나타낸다. 조동사 '应该'는 술어 '保护' 앞에 위치해야 한다.

★发展 fāzhǎn 동 발전하다 | 科技 kējì 명 과학기술 | ★同时 tóngshí 명 동시, 같은 시간 | 应该 yīnggāi 조동 ~해야 한다 | ★保护 bǎohù 동 보호하다 | 环境 huánjìng 명 환경

3 整理了 她又 一遍 重新 ——————————————— [又 + 重新 + 동사 + 수량사   또 새로 다시 ~하다]

대사+빈도부사	빈도부사	동사+조사	수사+양사	
她又	重新	整理了	一遍。	그녀는 다시 또 한 번 정리했다.
주어	부사어	술어+了	보어	

STEP 1   동사 '整理'가 술어로, 정리하는 주체인 '她'가 주어로 쓰였다.

STEP 2   부사 '又'와 '重新'은 관용적으로 '又重新' 순서로 쓰인다. '一遍'은 동량보어로, 술어 뒤에 위치한다.

又 yòu 📖 또, 다시 | ★ 重新 chóngxīn 📖 다시, 재차 | ★ 整理 zhěnglǐ 📖 정리하다 | ★ 遍 biàn 📖 번, 차례, 회 [한 동작의 처음부터 끝까지의 전 과정을 가리킴]

---

4 难改变 往往 坏习惯 慢慢养成的 很 ——————————————— [빈도부사 + 정도부사]

형용사+동사+조사	형용사+명사	빈도부사	정도부사	형용사+동사	
慢慢养成的	坏习惯	往往	很	难改变。	천천히 생긴 나쁜 습관은 보통 고치기 어렵다.
관형어+的	주어	부사어		술어	

STEP 1   '바꾸다'라는 뜻의 동사 '改变'이 술어로 쓰였다. 주어는 서술의 대상인 '坏习惯'이다.

STEP 2   정도부사 '很'은 형용사 '难' 앞에 위치한다. '很难'은 조사 '地' 없이도 부사어로서 술어를 수식할 수 있다. 일반적으로 빈도부사(往往)는 정도부사(很)보다 앞에 온다.

慢慢 mànmàn 📖 천천히, 차츰 | ★ 养成 yǎngchéng 📖 습관이 되다, 길러지다 | 坏 huài 📖 나쁘다 | 习惯 xíguàn 📖 습관, 버릇 | ★ 往往 wǎngwǎng 📖 보통, 종종 | 难 nán 📖 ~하기 어렵다 | ★ 改变 gǎibiàn 📖 고치다, 바꾸다

---

5 再去 寄一封信 邮局 麻烦你 ——————————————— [연동문에서 부사의 위치: 부사 + 동사1 + 동사2]

동사+대사	빈도부사+동사	명사	동사+수사+양사+명사	
麻烦你	再去	邮局	寄一封信。	미안하지만, (당신이) 우체국에 다시 가서 편지 한 통만 부쳐 주세요.
술어1+목적어1 /의미상 주어	부사어+술어2	목적어2	술어3+관형어+목적어3	

STEP 1   동사 '麻烦'은 '麻烦+사람+부탁하는 내용' 형식으로 쓰여 '미안하지만, ~해 주세요' 정도로 해석된다.

STEP 2   '麻烦'의 목적어절은 동사 '去'와 '寄'가 연이어 쓰인 연동문으로, 연동문에서 부사(再)는 첫 번째 동사(去) 앞에 쓰인다. '邮局'는 장소를 목적어로 취할 수 있는 동사 '去' 뒤에 와야 한다.

★ 麻烦 máfan 📖 귀찮게 하다 | ★ 邮局 yóujú 📖 우체국 | ★ 寄 jì 📖 (우편으로) 부치다, 보내다 | 封 fēng 📖 통, 꾸러미 | 信 xìn 📖 편지

> **tip** '去+장소+행동'은 '~하러 ~에 가다'라는 뜻을 나타내는 연동문의 한 형식이다. 동사 '去'는 장소 목적어를 취하고, 연동문에 쓰일 경우 보통 다른 동사보다 앞에 위치함을 기억하자.

6 工作 安排 请 一下 重新 ———————————————— [请 + 부사 + 동사]

동사	빈도부사	동사	수량사	명사	
请	重新	安排	一下	工作。	다시 일을 좀 조정해 주세요.
술어1	부사어	술어2	보어	목적어	

STEP 1 동사 '请'은 보통 주어 없이 문장 맨 앞에 쓰여, '~해 주세요'라는 요청의 뜻을 나타낸다.

STEP 2 '安排工作(일을 조정하다)'는 자주 함께 쓰이는 술목 구조 어휘 조합이다. '一下'는 일반적으로 맨 마지막 동사 (安排) 뒤에 붙어 '좀 ~하자'라는 의미로 쓰이며, 부사 '重新'은 해석상 동사 '安排'를 수식한다.

★重新 chóngxīn 〔부〕 다시, 재차 | ★安排 ānpái 〔동〕 안배하다 [여기서는 '조정하다'로 쓰임] | 一下 yíxià 〔수량〕 시험 삼아 해 보다, 좀 하다

---

7 终于又 正常使用了 能 那台洗衣机 ——————— [终于又能 + 동사 + 了 마침내 또 ~할 수 있게 되었다]

지시대사+양사+명사	어기부사+빈도부사	조동사	형용사+동사+조사	
那台洗衣机	终于又	能	正常使用了。	저 세탁기는 마침내 다시 정상적으로 사용할 수 있게 되었다.
관형어+주어	부사어		술어+了	

STEP 1 동사 '使用'이 술어로, '洗衣机'가 주어로 쓰였다. '正常' 등 일부 형용사는 조사 '地' 없이도 동사를 바로 수식할 수 있다.

STEP 2 일반적으로 어기부사(终于)가 빈도부사(又)보다 앞에, 조동사(能)는 부사(终于+又)보다 뒤에 위치한다.

★台 tái 〔양〕 대 [기계·차량·설비 등을 세는 단위] | 洗衣机 xǐyījī 〔명〕 세탁기 | 终于 zhōngyú 〔부〕 마침내, 결국 | ★正常 zhèngcháng 〔형〕 정상적인 | ★使用 shǐyòng 〔동〕 사용하다

---

8 没有信心 被批评的孩子 经常 往往 —— [经常: 자주(동작이 빈번히 발생함) / 往往: 종종(조건이 존재해야 함)]

부사	개사+동사+조사+명사	빈도부사	부정부사+동사+명사	
经常	被批评的孩子	往往	没有信心。	자주 꾸지람을 듣는 아이는 종종 자신감이 없다.
	관형어+的 주어	부사어	술어+목적어	

STEP 1 '没有(술어)+信心(목적어)'은 '자신감이 없다'라는 의미를 나타낸다. '자신감이 없다'라는 서술의 대상으로는 사람인 '孩子'가 적합하다.

STEP 2 '往往'은 '상황이 발생하는 조건'이 함께 제시되어야 쓸 수 있는 부사이다. 부사 '经常'이 '被批评'을 수식했을 때 '经常被批评'이 '没有信心'이라는 상황이 발생하는 조건이 된다.

经常 jīngcháng 〔부〕 자주, 늘, 항상 | 被 bèi 〔개〕 ~에게 ~를 당하다 | ★批评 pīpíng 〔동〕 비평하다 | ★往往 wǎngwǎng 〔부〕 종종, 자주, 때때로 | ★信心 xìnxīn 〔명〕 자신(감), 확신, 신념

> **tip** '被 bèi'는 '피동'을 나타내는 '被'자문을 만드는 개사이다. '被' 뒤에 오는 목적어는 청자가 알고 있거나 일반적인 대상일 경우에 생략할 수 있다.

부사(6) 범위부사·상태부사

본서 p.206

● Day 11

1 他写的小说一共280多页。
2 妈妈带儿子到处参观了一下。
3 每个同学都发表了自己的意见。
4 他们俩的性格完全相反。
5 夫妻之间应该互相理解。
6 游客人数将逐渐减少。
7 他仍然对昨天的事情感到可惜。
8 那份资料是专门给刘律师留的。

1 280多 他写的小说 一共 页 ──────── [一共 + 수사   총 ~이다]

대사+동사+조사+명사	부사	수사+수사	양사	
他写的小说	一共	280多	页。	그가 쓴 소설은 총 280여 페이지이다.
관형어+的+주어	부사어		술어	

STEP 1 이 문장은 명사구(280多页)가 술어인 명사술어문으로, 주어는 '小说'이다. '280多'는 페이지를 세는 양사 '页'와 호응하여 명사구를 이루었다.

STEP 2 부사 '一共'은 '숫자' 앞에 바로 올 수 있다.

写 xiě 동 쓰다 | ★ 小说 xiǎoshuō 명 소설 | 一共 yígòng 부 모두, 전부 | 多 duō 수 ~여, ~남짓 [수량사 뒤에 쓰여 '어림수'를 표현함] | ★ 页 yè 양 페이지

2 到处 一下 妈妈带儿子 参观了 ──────── [到处参观   여기저기 둘러보다]

명사+동사+명사	범위부사	동사+조사	수량사	
妈妈带儿子	到处	参观了	一下。	엄마는 아들을 데리고 곳곳을 둘러보았다.
주어+술어1+목적어1	부사어	술어2+了	보어	

STEP 1 두 개의 동사 '带' '参观'이 쓰인 연동문이다. '방식'을 나타내는 '带'가 보통 첫 번째 동사로 쓰인다.

STEP 2 연동문에서 부사는 보통 첫 번째 동사 앞에 위치하지만, 여기서 '到处'는 의미상 '参观'을 수식하므로 두 번째 동사(参观) 앞에 위치한다. 수량사 '一下'는 일반적으로 맨 마지막 동사 뒤에 붙는다.

带 dài 동 데리다 | ★ 到处 dàochù 부 도처, 곳곳, 이르는 곳 | ★ 参观 cānguān 동 참관하다, 견학하다 | 一下 yíxià 수량 시험 삼아 해 보다, 좀 하다

3 都 自己的 发表了 每个同学 意见 ──────── [每 + 양사 + 명사 + 都   매 ~마다]

대사+양사+명사	범위부사	동사+조사	대사+조사	명사	
每个同学	都	发表了	自己的	意见。	학생들마다 모두 자신의 의견을 발표했다.
관형어+주어	부사어	술어+了	관형어+的	목적어	

11 부사(6) 범위부사·상태부사 **189**

| STEP 1 | '发表(술어)+意见(목적어)'은 자주 함께 쓰이는 어휘 조합이다. 주어는 '발표하는' 행위의 주체인 '同学'이다. |
| STEP 2 | '都'는 복수 어휘 뒤에 쓰이는 부사로, 주어 '同学' 앞의 부사 '每'와 호응한다. '自己的'는 의미상 목적어인 '意见'을 수식한다. |

发表 fābiǎo 동 발표하다 | 自己 zìjǐ 대 자신 | ★意见 yìjiàn 명 의견

---

4 的性格　相反　他们俩　完全 ────────────── [完全相反 완전히 상반된다]

대사+수량사	조사+명사	범위부사	동사	
他们俩	的性格	完全	相反。	그들 둘의 성격은 완전히 상반된다.
관형어+的	주어	부사어	술어	

STEP 1　'모습이나 상황이 서로 상반됨'을 나타내는 동사 '相反'이 술어로 쓰였다. '相反'과 호응하는 주어는 '性格'이고, '他们俩'는 '性格'의 관형어로 쓰였다.

STEP 2　'完全'은 술어 '相反'을 수식하는 부사로 쓰였다. 부사 '完全'과 자주 함께 쓰이는 동사로는 '相反(상반되다)' '不一样(다르다)' '不同(동일하지 않다)' '同意(동의하다)' '正确(정확하다)' 등이 있다.

★俩 liǎ 수량 두 사람 | 性格 xìnggé 명 성격 | ★完全 wánquán 부 완전히, 전혀 | ★相反 xiāngfǎn 동 상반되다, 반대되다

---

5 互相　夫妻之间　理解　应该 ────────────── [应该互相 마땅히 서로 ~해야 한다]

명사+명사	조동사	상태부사	동사	
夫妻之间	应该	互相	理解。	부부 간에는 마땅히 서로 이해해야 한다.
주어	부사어		술어	

STEP 1　'互相(부사)+理解(동사)'는 자주 함께 쓰이는 어휘 조합이다. 조동사 '应该'는 '理解'가 아닌 '互相理解'의 당위성을 강조하므로, 부사어의 기본 어순과 달리, 예외적으로 부사(互相)보다 앞에 위치한다.

STEP 2　'夫妻之间'이 주어로 쓰였다. '之间'은 대사나 명사 뒤에 쓰여 명사구를 만든다.

夫妻 fūqī 명 부부 | 之间 zhījiān 명 (~의) 사이 | 应该 yīnggāi 조동 ~해야 한다 | ★互相 hùxiāng 부 서로, 상호 | ★理解 lǐjiě 동 이해하다, 알다

---

6 将　减少　逐渐　游客人数 ────────────── [将逐渐+동사 점차 ~될 것이다]

명사+명사	시간부사	상태부사	동사	
游客人数	将	逐渐	减少。	여행객의 수는 점점 줄어들 것이다.
주어	부사어		술어	

| STEP 1 | '양이 줄어듦'을 나타내는 동사 '减少'가 술어로, '양이 줄어든다'라는 서술의 대상인 '旅客人数'가 주어로 쓰였다. |
| STEP 2 | 부사 '将'과 '逐渐'의 어순 배열이 관건인 문제다. 시간부사(将)는 보통 다른 부사보다 앞에 위치한다는 것을 기억하자. |

游客 yóukè 몡 여행객, 관광객 | 人数 rénshù 몡 사람 수 | 将 jiāng 뷔 ~하게 될 것이다 | 逐渐 zhújiàn 뷔 점차, 점점 | ★减少 jiǎnshǎo 동 줄다, 줄이다, 감소하다

---

7 仍然 感到可惜 他 对昨天的事情 ──────────────── [부사 + 개사구]

대사	상태부사	개사+명사+조사+명사	동사+형용사	
他	仍然	对昨天的事情	感到可惜。	그는 여전히 어제의 일에 대해 아쉬움을 느낀다.
주어		부사어	술어+목적어	

| STEP 1 | 술어로 쓰인 동사 '感到'는 '(감정을) 느끼다'라는 뜻으로, 목적어 '可惜'와 결합하여 '아쉬움을 느끼다'라는 뜻을 나타낸다. 주어는 '감정을 느끼는 주체'인 '他'이다. |
| STEP 2 | 부사(仍然)는 개사구(对昨天的事情)보다 앞에 위치한다. |

★仍然 réngrán 뷔 여전히, 아직도 | 事情 shìqing 몡 일 | 感到 gǎndào 동 느끼다, 여기다 | ★可惜 kěxī 형 아쉽다, 섭섭하다

---

8 给刘律师 那份资料 留的 是专门 ──────────────── [是 + 강조 내용 + 的]

지시대사+양사+명사	동사+상태부사	개사+고유명사+명사	동사+조사	
那份资料	是专门	给刘律师	留的。	저 자료는 특별히 리우[刘] 변호사에게 남겨 두었다.
관형어+주어	是	강조 내용(부사어+술어)	的	

| STEP 1 | 동작의 방식, 대상 등을 강조하는 '是……的' 형식이 쓰인 문장이다. '是……的' 형식에서 주어(资料)는 술어인 '是' 앞에, 강조하는 내용은 '是'와 '的' 사이에 둔다. |
| STEP 2 | 동사 '留'를 수식하는 개사구 '给刘律师'는 동사 '留' 앞, 부사 '专门' 뒤에 위치한다. |

★份 fèn 양 부, 통, 권 [신문·잡지·문건 등을 세는 단위] | 资料 zīliào 몡 자료 | ★专门 zhuānmén 뷔 특별히, 일부러 | ★律师 lǜshī 몡 변호사 | ★留 liú 동 남기다

쓰기 제1부분 12 부사(7) 어기부사

본서 p.210

● **Day 12**
1 回家的路上我顺便去了趟加油站。
2 你是故意骗他的吗?
3 张教授和小林之间好像有误会。
4 张律师不得不改变原来的想法。
5 从这儿去森林公园大约需要三个小时。
6 最好不要直接指出别人的缺点。
7 这个节目主要介绍世界文化。
8 成功并不是人生的全部。

1 加油站 我顺便 回家的路上 去了趟 ——————— [행동1 + 顺便 + 행동2 ~하는 김에 ~하다]

동사+조사+명사	대사+어기부사	동사+조사+양사	명사
回家的路上	我顺便	去了趟	加油站。
부사어	주어+부사어	술어+了+보어	목적어

집으로 돌아가는 길에 주유소에 들렀다 왔다.

STEP 1 동사 '去'는 장소를 목적어로 취하므로 '去了趟' 뒤에는 장소를 나타내는 '加油站'이 위치한다. 행동을 하는 주체인 '我'는 주어로서 술어 '去' 앞에 위치한다.

STEP 2 시간이나 장소를 나타내는 말(回家的路上)은 도치가 되어 주어 앞에 위치한다.

回家 huíjiā 동 집으로 돌아가다 | 路上 lùshang 명 길 가는 중 | ★顺便 shùnbiàn 부 ~하는 김에, 겸사겸사 | ★趟 tàng 양 차례, 번 [왕래한 횟수를 세는 데 쓰임] | ★加油站 jiāyóuzhàn 명 주유소

2 骗 故意 他的吗 你是 ——————— [是故意 + 동사 + 的吗? 일부러 ~한 것인가?]

대사+동사	어기부사	동사	대사+조사+조사
你是	故意	骗	他的吗?
주어+是		강조 내용	+的+吗

당신은 일부러 그를 속인 건가요?

STEP 1 '是……的' 강조 구문은 '是+강조 내용+的'의 어순으로 쓰인다. 이때 술어(骗)는 반드시 '是'와 '的' 사이에 들어가야 한다.

STEP 2 '속이다'라는 뜻의 동사 '骗'은 사람을 목적어(他)로 취한다. '故意'는 '일부러'라는 어기를 나타내는 부사로, 술어 '骗' 앞에 쓰인다.

★故意 gùyì 부 고의로, 일부러 | ★骗 piàn 동 속이다, 기만하다

 듣기와 독해 부분에도 많이 쓰이는 빈출 표현 '故意 gùyì'

'故意'는 행동이 '고의적임'을 강조하여 나타내는 부사이다. 주로 '是……的'의 문장에 쓰이는데, 동사가 생략되어 쓰이기도 한다.
是故意+동사+的吗? Shì gùyì……de ma? 일부러 ~한 것인가?
不是故意+동사+的。Búshì gùyì……de. 일부러 ~한 게 아니다.
不是故意的。Búshì gùyì de. 일부러 그런 게 아니다.

3 小林之间　有误会　张教授和　好像 ───────── [**好像** + 동사　아마도 ~인 것 같다(추측)]

고유명사+명사+접속사	명사+명사	어기부사	동사+명사	
张教授和	小林之间	好像	有误会。	쟁[张] 교수님과 샤오린[小林] 간에 아마 오해가 있는 것 같다.
주어		부사어	술어+목적어	

STEP 1　'有误会'는 '술어+목적어'가 조합된 표현으로서, '오해가 있다'라는 의미를 나타낸다. 부사 '好像'은 '아마도'라는 의미로 술어를 수식해 주는 부사어 역할을 한다.

STEP 2　'之间'은 'A和B之间'이라는 형식으로 쓰여 'A와 B 간에'라는 의미를 나타낼 수 있다.

★**教授** jiàoshòu 몡 교수 | **之间** zhījiān 몡 (~의) 사이 | ★**好像** hǎoxiàng 틧 마치 ~와 같다, 마치 ~인 것 같다 | ★**误会** wùhuì 몡 오해

---

4 不得不　张律师　原来的想法　改变 ───────── [**不得不** + 동사　하는 수 없이 ~하다]

고유명사+명사	어기부사	동사	형용사+조사+명사	
张律师	不得不	改变	原来的想法。	쟁[张] 변호사는 어쩔 수 없이 원래의 생각을 바꿨다.
주어	부사어	술어	관형어+的+목적어	

STEP 1　'改变'은 '바꾸다'라는 의미로, '想法'와 짝을 이루어 '改变想法'라는 표현으로 자주 쓰인다. 일반적으로 사람과 사물이 나오면 사람이 주어, 사물이 목적어가 되는 경우가 많다.

STEP 2　부사 '不得不'는 동사 앞에서 '하는 수 없이' 어떤 행위를 해야 함을 나타낸다.

★**律师** lǜshī 몡 변호사 | ★**不得不** bùdébù 틧 어쩔 수 없이, 반드시 | ★**改变** gǎibiàn 동 바꾸다 | ★**原来** yuánlái 혱 원래의 | **想法** xiǎngfa 몡 생각

---

5 三个小时　去森林公园　从这儿　大约需要 ───────── [**大约** + 숫자　대략 ~이다]

개사+대사	동사+명사+명사	어기부사+동사	수사+양사+명사	
从这儿	去森林公园	大约需要	三个小时。	여기에서 삼림공원까지 대략 세 시간이 걸린다.
	주어	부사어+술어	관형어+목적어	

STEP 1　'需要'는 숫자나 행동을 나타내는 수량사, 동사 등을 목적어(三个小时)로 갖는다. '大约'는 대략적인 숫자와 양을 나타내기 위해 쓰이는 부사로, 숫자를 목적어로 취한 동사 앞에 쓰인다.

STEP 2　'从这儿去森林公园'은 'A에서 B까지'라는 의미를 나타내는 형식 '从A去B'가 쓰인 것으로, 문장의 주어로 쓰였다.

森林公园 sēnlín gōngyuán 삼림공원 | ★**大约** dàyuē 틧 대략, 대강, 얼추 | **需要** xūyào 동 필요하다

6 不要 别人的缺点 最好 直接指出 ──────── [最好不要 + 동사 ~하지 않는 것이 가장 좋다(권유)]

어기부사	부정부사	형용사+동사+동사	대사+조사+명사	
最好	不要	直接指出	别人的缺点。	다른 사람의 단점을 직접적으로 지적하지 않는 것이 가장 좋다.
	부사어	술어+보어	관형어+的+목적어	

STEP 1 '指'는 '지적하다, 들추다'라는 의미로, '단점'을 의미하는 '缺点'과 같은 목적어를 취한다. 동사 '指' 뒤의 '出'는 보어, 앞의 '直接'는 부사어로서 술어 '指'를 꾸며 준다.

STEP 2 '最好'는 문장 맨 앞에 위치하여 '권유'를 나타내는 말이다. '不要'와 함께 쓰이면 '~하지 않는 것이 가장 좋다'라는 의미를 나타낸다.

★ **最好** zuìhǎo 부 ~하는 게 제일 좋다 | **不要** búyào 부 ~하지 마라 | ★ **直接** zhíjiē 형 직접적인 | ★ **指** zhǐ 동 가리키다, 지적하다 | **别人** biérén 대 다른 사람 | ★ **缺点** quēdiǎn 명 단점, 결점

7 世界文化 主要 这个节目 介绍 ──────────────── [主要 + 동사 주로 ~하다]

지시대사+양사+명사	어기부사	동사	명사+명사	
这个节目	主要	介绍	世界文化。	이 프로그램은 세계 문화를 주로 소개한다.
관형어+주어	부사어	술어	목적어	

STEP 1 술어로 쓰인 '介绍'는 '소개하다'라는 의미이며, 소개하는 대상(世界文化)을 목적어로 취한다. 주어는 '世界文化'를 소개하는 주체인 '节目'이다.

STEP 2 '主要'는 부사로서 동사 앞에 위치해 '주로'라는 의미를 나타내며, 부사어 역할을 한다.

节目 jiémù 명 프로그램 | **主要** zhǔyào 부 주로, 대부분 | **世界** shìjiè 명 세계 | **文化** wénhuà 명 문화

8 的全部 人生 并 成功 不是 ──────────────── [并不 + 동사 결코 ~하지 않다]

명사	어기부사	부정부사+동사	명사	조사+명사	
成功	并	不是	人生	的全部。	성공은 결코 인생의 전부가 아니다.
주어	부사어	술어		관형어+的 목적어	

STEP 1 부정부사 '不' '没'는 일반적으로 전체 문장에서 술어 역할을 하는 단어 앞에 위치한다. '并'은 '결코'라는 의미로, 부정부사와 함께 '并+不/没' 형식으로 쓰인다.

STEP 2 '是'자문에서 주어는 특정 어휘(成功)이고, 목적어는 특정 어휘에 관한 설명(人生的全部)이다.

★ **成功** chénggōng 명 성공 | **并** bìng 부 결코, 전혀 | **人生** rénshēng 명 인생 | ★ **全部** quánbù 명 전부, 전체

접속사(1) 병렬·점층·전환

본서 p.215

● Day 13
1 他不是我的朋友，而是我的亲戚。
2 她是一个不但美丽而且聪明的女人。
3 除了乒乓球以外，他还会打网球。
4 她虽然没有经验，可是工作做得很好。
5 妈妈不仅没生气，反而表扬了我。
6 这台传真机质量很好，甚至价格也很便宜。
7 骑自行车不仅可以省钱，还可以锻炼身体。
8 弟弟尽管很年轻，但是工作经验很丰富。

---

1 他 不是我的朋友 亲戚 而是我的 ——————— [不是A，而是B A가 아니고, B이다]

대사	접속사+대사+조사+명사	접속사+대사+조사	명사
他	不是我的朋友，	而是我的	亲戚。
주어	不是+관형어+的+목적어	而是+관형어+的	목적어

그는 나의 친구가 아니고, 나의 친척이다.

STEP 1 '不是A，而是B' 문형을 사용한 문장이다. 이 문형은 'A는 사실이 아니고, B가 사실임'을 나타낸다.

STEP 2 주어는 인칭대사 '他'이다. 인칭대사와 사물이 함께 주어질 경우, 일반적으로 인칭대사가 주어, 사물이 목적어이다.

★而 ér 접 ~(하)고(도), 그리고 | ★亲戚 qīnqi 명 친척

---

2 而且 她是一个不但 聪明的女人 美丽 ——————— [不但A而且B A뿐만 아니라 게다가 B하다]

대사+동사+수사+양사+접속사	형용사	접속사	형용사+조사+명사
她是一个不但	美丽	而且	聪明的女人。
주어+술어		관형어+的	목적어

그녀는 아름다울 뿐 아니라 똑똑한 여자이다.

STEP 1 '점층'의 의미를 나타내는 '不但A而且B'의 문형을 사용한 문장이다. 술어는 '是'이고, 주어는 '她'이다. '주어+是+목적어' 문형에서 주어와 목적어는 개념상 동일한 것이어야 하므로, 목적어는 '女人'이다.

STEP 2 '不但A而且B' 문형의 A와 B에 해당하는 내용은 '美丽'와 '聪明'이다. '聪明'이 이미 '的'와 붙어서 B 자리에 제시되어 있으므로, '美丽'는 A의 자리에 들어가야 한다.

不但 búdàn 접 ~뿐만 아니라 | ★美丽 měilì 형 아름답다, 예쁘다 | 而且 érqiě 접 게다가, 뿐만 아니라, 또한 | 聪明 cōngming 형 똑똑하다, 영리하다 | 女人 nǚrén 명 여자, 여인

3 除了 他 乒乓球以外 会打网球 还 ——————————— [除了A以外，还B A 외에 B도 ~하다]

除了	명사+명사	대사	还	조동사+동사+명사	
除了	乒乓球以外，	他	还	会打网球。	탁구 외에 그는 테니스도 칠 줄 안다.
	부사어	주어	부사어	술어+목적어	

STEP 1 'A 외에 B도 ~하다'라는 의미를 나타내는 '除了A以外，还B' 문형을 사용한 문장이다. A에 해당하는 말(乒乓球)은 이미 '以外' 앞에 제시되어 있다.

STEP 2 '还'는 부사이다. 부사어의 기본 어순 '부사+조동사'대로 해당 단어들을 주어(他) 뒤, 술어(打) 앞에 배열하면 '他+还+会+打……'가 된다.

除了 chúle 접 ~외에 | ★乒乓球 pīngpāngqiú 명 탁구 | 以外 yǐwài 명 이외, 이상, 밖 | 还 hái 부 또, 더 | 会 huì 조동 ~할 줄 알다 | 打 dǎ 동 운동을 하다 | ★网球 wǎngqiú 명 테니스

---

4 没有经验 很好 做得 可是工作 她虽然 ——————————— [虽然A，可是B 비록 A하지만, B하다]

대사+접속사	부사+동사+명사	접속사+명사	동사+조사	부사+형용사	
她虽然	没有经验，	可是工作	做得	很好。	그녀는 비록 경험은 없지만, 일을 잘한다.
주어+虽然	부사어+술어+목적어	可是+목적어	술어+得	보어	

STEP 1 전환 관계의 복문을 만드는 '虽然A, 可是B' 형식이 쓰인 문장이다. 주어는 인칭대사 '她'이다. 주어 '她'에 대한 '사실'을 설명하는 말인 '没有经验'은 '虽然' 뒤에 위치한다(A: 没有经验).

STEP 2 정도보어를 이끄는 구조조사 '得' 뒤에 와서 정도보어 구문이 될 수 있는 단어는 '정도부사+형용사' 조합의 '很好'이다(B: 工作做得很好).

虽然 suīrán 접 비록 ~하지만 | ★经验 jīngyàn 명 경험, 체험 | ★可是 kěshì 접 그러나, 그런데

> **정도보어 어순**
> 정도보어는 동작의 상태나 정도를 나타내는 문형으로, '술어+得+정도보어' 어순으로 쓰인다. 목적어가 쓰일 경우, 술어가 되는 동사가 중복되지만, 앞 동사는 종종 생략되어 쓰인다.
> 예 她(做)工作做得很好。 그녀는 일을 잘한다.

---

5 反而 妈妈 不仅没 表扬了我 生气 ——————————— [不仅没A，反而B A하지 않았을 뿐 아니라 오히려 B하다]

명사	접속사+부사	동사	접속사	동사+조사+대사	
妈妈	不仅没	生气，	反而	表扬了我。	엄마는 화를 내지 않았을 뿐 아니라, 오히려 나를 칭찬해 주셨다.
주어	不仅+부사어	술어1	反而	술어2+了+목적어	

STEP 1 상황 및 정도 등이 점층되는 것을 나타내는 '不仅没A，反而B' 형식이 쓰인 문장이다. '没'는 보통 '了'와 같이 쓰이지 않으므로 A 자리에는 '表扬了我'가 아닌 '生气'가 위치한다.

STEP 2 명사 '妈妈'는 주어로서 문장 맨 앞에 위치한다.

★不仅 bùjǐn 접 ~뿐만 아니라 | 生气 shēngqì 동 화내다 | 反而 fǎn'ér 접 오히려, 도리어 | ★表扬 biǎoyáng 동 칭찬하다

6 甚至　价格也　这台传真机　很便宜　质量很好 ────────── [A，甚至B A하고, 심지어 B하다]

대사+양사+명사	명사+부사+형용사	접속사	명사+부사	부사+형용사
这台传真机	质量很好，	甚至	价格也	很便宜。
관형어	주어1+부사어+술어1	甚至	주어2	부사어　술어2

이 팩스는 품질이 좋고, 심지어 가격도 싸다.

STEP 1 점층 관계를 나타내는 'A, 甚至B' 문형이 쓰인 문장이다. 'A, 甚至B' 문형은 'A하고, 심지어 B하다'라는 의미를 나타낸다. 먼저 '……很便宜'와 함께 호응하여 쓰일 수 있는 단어는 '价格'이므로, '价格也很便宜'로 연결하자. 부사 '也'는 '~도'라는 뜻으로 해당 문형의 뒤 절에 자주 쓰인다는 점에서 힌트를 얻어 '质量很好'는 A 자리에, '价格也很便宜'는 B 자리에 배열하자.

STEP 2 '这台传真机'는 관형어로서 주어 '质量'을 수식한다.

★ **台** tái 양 대 [기계·차량·설비 등을 세는 단위] | **传真机** chuánzhēnjī 명 팩스 | ★ **质量** zhìliàng 명 품질, 질 | ★ **甚至** shènzhì 접 심지어 | ★ **价格** jiàgé 명 가격, 값

> **tip** 명사가 연달아 쓰이는 경우
> 위 문제에서처럼 '质量'은 '传真机'에 속한 내용이므로 조사 '的'를 생략할 수 있다. 이렇게 관형어는 '큰 범위→작은 범위' 어순으로 배열한다.

---

7 还可以锻炼　骑自行车　省钱　不仅可以　身体 ────────── [不仅A，还B A할 뿐 아니라 게다가 B하다]

동사+명사	접속사+조동사	동사	부사+조동사+동사	명사
骑自行车	不仅可以	省钱，	还可以锻炼	身体。
주어	不仅+부사어	술어1	부사어+술어2	목적어

자전거를 타는 것은 돈을 아낄 수 있을 뿐 아니라, 몸도 단련할 수 있다.

STEP 1 'A할 뿐만 아니라 B하다'라는 의미를 나타내는 '不仅A，还B' 문형이 쓰인 문장이다. '不仅'이 이끄는 앞 절에는 동사 '省钱'이 술어로 와야 한다. 뒤 절의 술어 '锻炼'의 목적어로 올 수 있는 것은 '身体'이다.

STEP 2 '돈을 아낄 수 있고 몸도 단련할 수 있는' 행동인 '骑自行车'가 주어이다. 이처럼 '술어+목적어'의 문장 구조가 주어가 되는 경우도 많다.

骑 qí 동 (동물이나 자전거 등에) 타다 | **自行车** zìxíngchē 명 자전거 | **省钱** shěngqián 동 돈을 아끼다 | **锻炼** duànliàn 동 단련하다

---

8 很年轻　丰富　弟弟尽管　经验很　但是工作 ────────── [尽管A但是B 비록 A지만, B하다]

명사+접속사	부사+형용사	접속사+동사+조사	명사+부사	형용사
弟弟尽管	很年轻，	但是工作	经验很	丰富。
주어1+尽管	부사어+술어1	但是+관형어	주어2+부사어	술어2

남동생은 비록 어리지만, 일의 경험은 풍부하다.

STEP 1 전환 관계의 문장을 연결하는 '尽管A但是B' 형식이 쓰인 문장이다. 접속사 '尽管' 앞의 '弟弟'가 앞 절의 주어이고, 주어 '弟弟'와 호응하는 술어는 '年轻'이다.

STEP 2 '但是' 뒤의 '工作'가 수식하는 '经验'이 주어이다. 주어 '经验'과 호응하는 술어는 형용사 '丰富'이다.

★ **尽管** jǐnguǎn 접 비록 ~라 하더라도 | **年轻** niánqīng 형 젊다, 어리다 | **但是** dànshì 접 그러나, 그렇지만 | ★ **丰富** fēngfù 형 풍부하다, 넉넉하다

접속사(2) 가설·조건·인과

본서 p.220

Day 14

1 如果你想学汉语，那就去问他吧。
2 即使遇到困难，他也不会放弃。
3 我们还是打车去公司吧，否则肯定会来不及。
4 只有通过自己的努力，才能取得成功。
5 无论多困难，我都要把这项任务做完。
6 既然你不能改变世界，那就适应它吧。
7 由于爷爷常常抽烟，因此他身体不太好。
8 不管父母同意不同意，我都要和女朋友结婚。

---

1 去问他吧   如果你   那就   想学汉语 ——————————————— [**如果A，那就B** 만약 A하다면, B한다]

접속사+대사	조동사+동사+명사	접속사+부사	동사+대사+조사
如果你	**想学汉语，**	**那就**	**去问他吧。**
如果+주어	부사어+술어+목적어	那+就	술어2+술어3+목적어+吧

만약 네가 중국어를 공부하고 싶다면, 그에게 가서 물어봐.

STEP 1 '如果'는 가정을 나타내는 접속사로, '(那)就'와 호응해 가정문을 만든다. '去问他吧'에는 문장 맨 마지막에 쓰여 '~해라'라는 뜻을 나타내는 어기조사 '吧'가 있으므로, '去问他吧'는 '那就' 뒤에 위치해야 한다.

STEP 2 가정을 나타내는 접속사가 쓰인 절에는 '想学汉语'가 위치하여 '중국어를 공부하고 싶다면'이라는 가정을 나타낸다.

如果 rúguǒ [접] 만약, 만일 | 学 xué [동] 배우다 | 那 nà [접] 그러면, 그렇다면

---

2 不会放弃   困难   即使遇到   他也 ——————————————— [**即使A也B** 설령 A하더라도 B하다]

접속사+동사	명사	대사+부사	부사+조동사+동사
即使遇到	**困难，**	**他也**	**不会放弃。**
即使+술어1	목적어	주어 부사어	술어2

설령 어려움에 부딪히더라도 그는 포기하지 않을 것이다.

STEP 1 '설령 A하더라도 B하다'라는 극단적인 가정을 나타내는 '即使A也B' 형식이 쓰인 문장이다. 앞 절의 술어 '遇到'는 '困难'을 목적어로 취한다.

STEP 2 부사 '也'는 일반적으로 뒤 절에 많이 위치하므로, '他也'는 '不会放弃'와 함께 뒤 절에 위치한다.

★**即使** jíshǐ [접] 설령 ~하더라도 | **遇到** yùdào [동] 마주치다, 부딪히다, 맞닥뜨리다 | ★**困难** kùnnan [명] 어려움, 애로, 곤란 | **会** huì [조동] ~할 것이다 | ★**放弃** fàngqì [동] (권리·주장·의견 등을) 버리다, 포기하다

3 否则肯定会　我们还是打车　来不及　去公司吧 ──── [A，否则B A하자, 그렇지 않으면 B한다]

대사+부사+동사	동사+명사+조사	접속사+부사+조동사	동사
我们还是打车	去公司吧,	否则肯定会	来不及。
주어+부사어+술어1	술어2+목적어+吧	则+부사어	술어

우리 택시 타고 회사에 가자, 그렇지 않으면 분명 시간이 안 될 거야.

STEP 1　'A, 否则B' 형식이 쓰인 문장이다. 'A, 否则B' 형식은 'A라는 조건이 되지 않으면 안 좋은 결과(B)를 초래함'을 나타낸다. B에는 '예상되는 안 좋은 결과'를 나타내는 말이 와야 하므로, '否则肯定会' 뒤에는 시간이 되지 않는 상황을 나타내는 '来不及'가 와야 한다.

STEP 2　'还是……吧'는 '해야 하는 행동'을 나타내는 표현이다. A 자리에는 '还是打车去公司吧'가 와야 한다.

还是 háishi 〔부〕 ~하는 편이 (더) 좋다 | 打车 dǎchē 〔동〕 택시를 타다 | ★否则 fǒuzé 〔접〕 만약 그렇지 않으면 | ★肯定 kěndìng 〔부〕 확실히, 틀림없이 | ★来不及 láibují 〔동〕 따라가지 못하다, 미처 ~(하지) 못하다

---

4 通过自己的　取得成功　努力　只有　才能 ──── [只有A，才能B A해야지만, 비로소 B할 수 있다]

접속사	동사+대사+조사	명사	부사+조동사	동사+명사
只有	通过自己的	努力,	才能	取得成功。
只有	술어+관형어+的	목적어	才+부사어	술어2+목적어2

자신의 노력을 거쳐야만 비로소 성공을 얻을 수 있다.

STEP 1　'A해야지만, 비로소 B할 수 있다'라는 뜻을 나타내는 '只有A，才B' 형식이 쓰인 문장이다. '才' 뒤에 자주 조동사 '能'을 붙여 쓴다. B는 A의 조건으로 인하여 오는 결과를 나타내므로, '성공을 얻다'라는 결과를 보여 주는 '取得成功'이 B 자리에 적합하다.

STEP 2　동사 '通过'는 목적어로 '努力'를 취하여, '자신의 노력을 거치다(通过自己的努力)'라는 조건을 나타낸다.

只有 zhǐyǒu 〔접〕 ~해야만 ~이다 | ★通过 tōngguò 〔동〕 거치다 | 自己 zìjǐ 〔대〕 자신, 자기, 스스로 | 努力 nǔlì 〔명〕 노력 | 才 cái 〔부〕 비로소 | 取得 qǔdé 〔동〕 취득하다, 얻다 | ★成功 chénggōng 〔명〕 성공 〔동〕 성공하다, 이루다

---

5 做完　把这项任务　无论　我都要　多困难 ──── [无论A，都B A를 막론하고 B하다]

접속사	부사+형용사	대사+부사+조동사	개사+대사+양사+명사	동사+동사
无论	多困难,	我都要	把这项任务	做完。
无论	부사어+술어	주어	부사어	술어+보어

얼마나 어렵든지 간에, 나는 이 임무를 끝낼 것이다.

STEP 1　'A를 막론하고 B하다'라는 의미를 나타내는 '无论A，都B' 형식이 쓰인 문장이다. 이때, A에는 의문 형태의 문장이 와야 하므로, '多困难(얼마나)'이 A 자리에 위치해야 한다.

STEP 2　행위의 대상인 '这项任务'는 개사 '把'에 의하여 술어 앞에 놓인다.

★无论 wúlùn 〔접〕 ~를 막론하고, ~에 관계없이 | 多 duō 〔부〕 얼마나 [의문문에 쓰여 정도를 나타냄] | ★困难 kùnnan 〔형〕 곤란하다, 어렵다 | 要 yào 〔조동〕 ~할 것이다 | 把 bǎ 〔개〕 ~를 [처치의 결과를 나타냄] | 项 xiàng 〔양〕 가지, 항목, 조목 | ★任务 rènwu 〔명〕 임무

6 改变世界 适应它吧 不能 那就 既然你 ────────── [既然A，那就B 기왕 A한 이상 B하다]

접속사+대사	부사+조동사	동사+명사	접속사+부사	동사+대사+조사	
既然你	不能	改变世界，	那就	适应它吧。	(기왕) 네가 세계를 바꿀 수 없으니 그에 적응해라.
既然+주어	부사어	술어+목적어	那+就	술어+목적어+吧	

STEP 1 '既然A，那就B' 형식이 쓰인 문장이다. '既然'은 이미 발생한 행동 또는 기정화된 사실을 이끌며, 뒤 절의 '那就'와 호응한다. B에는 A로 인하여 일어나는 행동이 오며, '吧'는 문장 맨 끝에 오는 조사이므로 B 자리에는 '适应它吧'가 위치한다.

STEP 2 부사어 '不能'은 '세계를 바꾸다'라는 의미의 동사구 '改变世界' 앞에 온다.

★**既然** jìrán 접 ~인 이상 | **不能** bùnéng ~할 수 없다 | ★**改变** gǎibiàn 동 바꾸다 | **世界** shìjiè 명 세계 | ★**适应** shìyìng 동 적응하다

---

7 因此 常常抽烟 由于爷爷 他身体不太好 ────────── [由于A，因此B A하기 때문에 B하다]

접속사+명사	부사+동사	접속사	대사+명사+부사+부사+형용사	
由于爷爷	常常抽烟，	因此	他身体不太好。	할아버지는 자주 담배를 피우시기 때문에 몸이 별로 좋지 않으시다.
由于+주어1	부사어1+술어1	因此	주어2+부사어2+술어2	

STEP 1 '由于A，因此B' 문형이 쓰인 문장이다. A에는 원인, B에는 결과를 나타내는 말이 와야 한다.

STEP 2 '由于' 뒤에는 원인이 와야 하므로, '자주 담배를 피우다'라는 의미의 '常常抽烟'이 위치하고, '因此' 뒤에는 흡연의 결과로 볼 수 있는 '身体不太好'가 위치하는 것이 적절하다.

爷爷 yéye 명 할아버지 | **常常** chángcháng 부 늘, 항상, 자주 | ★**抽烟** chōuyān 동 담배(를) 피우다, 흡연하다 | **身体** shēntǐ 명 건강 | **不太** bú tài 그다지 ~하지 않다

---

8 不管 和女朋友结婚 父母同意不同意 我都要 ────────── [不管A，都B A를 막론하고, B하다]

접속사	명사+동사+부사+동사	대사+부사+조동사	개사+명사+동사	
不管	父母同意不同意，	我都要	和女朋友结婚。	부모님이 동의하시든 하지 않으시든, 나는 여자 친구와 결혼할 것이다.
不管	주어1+술어1	주어2	부사어	술어2

STEP 1 '不管A，都B' 형식이 쓰인 문장이다. '不管A，都B'는 '조건(A)에 의해 변하지 않는 결과 B'를 강조한다.

STEP 2 '不管' 뒤 A 자리에는 의문문 형태의 표현이 와야 하므로, 정반의문문인 '父母同意不同意'가 놓여야 한다. '都' 뒤에는 '부모님의 동의 여부'와 관계 없이 변하지 않을 결과인 '和女朋友结婚'이 놓여야 한다.

★**不管** bùguǎn 접 ~를 막론하고 | **父母** fùmǔ 명 부모 | **同意** tóngyì 동 동의하다, 찬성하다 | **女朋友** nǚpéngyou 명 여자 친구 | **结婚** jiéhūn 동 결혼하다

15 접속사(3) 선택·목적·연속

본서 p.224

● Day 15

1 来这里玩儿的人不是中国人就是日本人。
2 我们等他来了再点菜吧。 / 等他来了我们再点菜吧。
3 一到夏天，就会有很多人去海边游泳。
4 为了保证安全，请大家不要站起来。
5 你先复印会议材料，再发给大家。
6 孩子会有这样或者那样的坏习惯。
7 你与其在这里等，不如明天再来一趟。
8 你喜欢喝咖啡还是喝牛奶？

---

1 就是日本人 玩儿的人 来这里 不是中国人 ——————— [**不是A就是B** A가 아니면 B이다]

동사+대사	동사+조사+명사	접속사+명사	접속사+명사	
来这里	玩儿的人	不是中国人	就是日本人。	여기 와서 노는 사람들은 중국인이 아니면 일본인이다.
관형어+的	주어	不是+목적어1	就是+목적어2	

STEP 1 '不是A就是B' 형식을 사용한 문장이다. 문제에 '不是A'와 '就是B'가 완전한 형태로 주어져 있으므로, 주어부만 제대로 배열하면 되는 간단한 문제이다.

STEP 2 주어는 '人'이다. '来这里'는 '玩儿' 앞에 위치해 주어를 꾸며 준다.

中国人 Zhōngguórén 고유 중국인 | 日本人 Rìběnrén 고유 일본인

---

2 点菜吧 等他 再 我们 来了 ——————— [**等A再B** A한 뒤에 B하다]

대사	접속사+대사	동사+조사	부사	동사+명사+조사	/	접속사+대사	동사+조사	대사	부사	동사+명사+조사	
我们	等他	来了	再	点菜吧。	/	等他	来了	我们	再	点菜吧。	우리 그가 온 뒤에 주문하자.
주어	부사어	술어1+了	부사어	술어2+吧		부사어	술어1+了	주어	부사어	술어2+吧	

STEP 1 '等A再B' 형식이 쓰인 문장이다. '等A再B'는 'A한 뒤에 B하다'라는 행동의 순서를 나타낸다. '等' 뒤에는 완료를 나타내는 조사 '了'와 같은 종류의 어휘가 함께 쓰인다(等他来了). 어기조사 '吧'가 쓰인 '点菜吧'는 문장 맨 뒤에 위치한다(再点菜吧).

STEP 2 '我们'은 문장의 주어로서 문장 맨 앞이나 '再' 앞에 위치한다.

等 děng 접 (~할 때까지) 기다리다 [시간이나 조건을 나타냄] | 再 zài 접 ~한 뒤에 | 点 diǎn 동 주문하다

3 就会有很多人　夏天　去海边游泳　一到　──────────────── [一A，就B A하면, B하다]

접속사+동사	명사	접속사+조동사+부사+형용사+명사	동사+명사+동사	
一到 _{一+술어1}	夏天， _{목적어}	就会有很多人 _{就+부사어+술어2+관형어+[목적어/ 의미상 주어]}	去海边游泳。 _{술어3+목적어2+술어4}	여름이 되면, 많은 사람들이 해변으로 수영하러 간다.

STEP 1　'一'와 '就'는 '一A，就B' 형태로 쓰여, 행동이 빠르게 진행되거나 A 상황에 B가 발생함을 나타낸다. '到'는 시간 (夏天)을 목적어로 취하여 '어떠한 시간이 됨'을 나타낼 수 있다.

STEP 2　'去海边游泳'이라는 행위를 하는 주체는 '很多人'이다.

夏天 xiàtiān 명 여름 | 海边 hǎibiān 명 해변

---

4 请大家　为了　不要站起来　保证安全　──────────── [为了 + 목적(A), 행위(B) A하기 위해서 B하다]

접속사	동사+형용사	동사+대사	부사+동사+동사	
为了 _{부사어}	保证安全， _{술어1+겸어(목적어 /의미상 주어)}	请大家 _{부사어+술어2+보어}	不要站起来。 	안전을 보장하기 위해서, 모두 일어나지 마세요.

STEP 1　개사 '为了'는 '为了A, B' 형식으로 쓰여 '목적인 A를 하기 위해 B라는 행동을 한다'는 의미를 나타낸다. 이상적인 행동인 '保证安全'이 '为了' 뒤에 '목적'으로 오는 것이 가장 적합하다.

STEP 2　'请'은 요청의 의미를 나타내는 겸어문을 만든다. '大家'는 '请'의 목적어이자, 술어 '站'의 의미상 주어 역할을 한다.

为了 wèile 개 ~를 하기 위하여 | ★保证 bǎozhèng 동 보장하다, 보증하다 | ★安全 ānquán 형 안전하다 | 不要 búyào 부 ~하지 마라 | 站 zhàn 동 서다 | 起来 qǐlai 동 [동사 뒤에 쓰여 위로 향함을 나타냄]

---

5 再发　你先　会议材料　给大家　复印　──────────── [先A再B 먼저 A하고, 다음에 B하다]

대사+접속사	동사	명사+명사	접속사+동사	개사+대사	
你先 _{주어+先}	复印 _{술어1}	会议材料， _{관형어+목적어}	再发 _{再+술어2}	给大家。 _{보어+목적어2}	너는 우선 회의 자료를 복사하고, 그 다음 모두에게 보내.

STEP 1　'先A再B' 형식을 사용한 문장이다. '先A再B'는 'A를 먼저 하고 B를 나중에 한다'는 '행동의 순서'를 나타내는 형식이니, '일이 일어나는 순서'를 생각해 보자! '발송하기(发)'에 앞서 이루어져야 하는 행동은 '복사하기(复印)'이므로, '先复印……再发……' 순서로 배열해야 한다.

STEP 2　'复印'은 목적어로 '会议材料'를 취한다. '给大家'는 술어 '发' 뒤에서 행동의 결과를 나타낸다.

先 xiān 접 우선, 먼저 | ★复印 fùyìn 동 복사하다 | 会议 huìyì 명 회의 | ★材料 cáiliào 명 자료 | 发 fā 동 보내다

6 会有 孩子 这样或者 坏习惯 那样的 ——————————————————— [A或者B A 또는 B이다]

명사	조동사+동사	대사+접속사	대사+조사	형용사+명사
孩子	会有	这样或者	那样的	坏习惯。
주어	부사어+술어	관형어+的		관형어+목적어

아이는 이런 저런 나쁜 습관이 있을 수 있다.

STEP 1 일반적으로 사람과 사물이 같이 나오면 사람이 주어이므로, 주어는 '孩子'이다. 술어는 유일한 동사인 '有', 목적어는 '坏习惯'이다.

STEP 2 '或者'는 'A或者B' 형식으로 쓰여 'A와 B라는 두 가지 선택지'를 나타낸다. '这样'과 '那样'이라는 두 가지 선택은 '这样或者那样的'라는 순서로 배열되어 '坏习惯'을 수식한다.

或者 huòzhě 접 ~이거나 또는 ~이다 | 坏 huài 형 나쁘다 | 习惯 xíguàn 명 습관

---

7 你与其 在这里等 再来一趟 不如明天 ——————————— [与其A不如B A하느니, B하는 편이 낫다]

대사+접속사	개사+대사+동사	접속사+명사	부사+동사+수사+양사
你与其	在这里等	不如明天	再来一趟。
주어+与其	부사어+술어1	不如	부사어 술어2+보어

너는 여기에서 기다리느니 내일 다시 왔다 가는 것이 낫다.

STEP 1 '与其A不如B' 형식이 사용된 문장으로, '与其A不如B'는 'A를 버리고 B를 선택함'을 나타낸다. 문제에 제시된 실마리 '明天'에서 힌트를 얻어 B는 '明天再来一趟'이고, A는 '在这里等'임을 파악할 수 있다.

STEP 2 주어는 '与其' 앞의 '你'이다.

与其 yǔqí 접 ~하기보다는 | 不如 bùrú 접 ~하는 편이 낫다 | ★趟 tàng 양 차례, 번 [왕래한 횟수를 세는 데 쓰임]

---

8 你 咖啡 还是 喝牛奶 喜欢喝 ——————————————————— [A还是B A인가 B인가?]

대사	동사+동사	명사	접속사	동사+명사
你	喜欢喝	咖啡	还是	喝牛奶?
주어	술어	목적어1	还是	목적어2

당신은 커피 마시는 것을 좋아하나요, 아니면 우유 마시는 것을 좋아하나요?

STEP 1 접속사 '还是'는 선택의문문을 만드는 접속사로 'A还是B' 형태로 많이 쓰이며, 'A인가 B인가?'라는 의미를 나타낸다. 일반적으로 A와 B에는 같은 분류의 대상이 오며, 둘 중 하나를 선택하게 하는 접속사이다.

STEP 2 '喜欢'은 문장을 목적어로 취할 수 있다. A 자리에 위치한 동사 '喝' 뒤에는 '마시다'라는 뜻에 호응하는 명사 '咖啡'가 쓰여, A에는 '喝咖啡' B에는 '喝牛奶'가 오면 된다.

还是 háishi 접 또는, 아니면

쓰기 제1부분
16 수사·양사

본서 p.232

● **Day 16**

1 奶奶以为这台洗衣机坏了。
2 这种西红柿特别酸。
3 这是一篇关于世界经济的文章。
4 这个活动每年举办一次。
5 那本杂志一共300页左右。
6 他今年的收入比去年增长了两倍。
7 动物园距离地铁站只有8公里。
8 你把那些行李收拾一下。

---

1 奶奶 洗衣机坏了 以为 这台 ────────── [台 + 전자제품]

명사	동사	지시대사+양사	명사+동사+조사	
奶奶	以为	这台	洗衣机坏了。	할머니는 이 세탁기가 망가진 줄 아셨다.
주어	술어		목적어	

STEP 1 '台'는 전자제품을 세는 양사로, 앞에서 '洗衣机'를 수식한다.

STEP 2 술어로 쓰인 동사 '以为'는 문장을 목적어(这台洗衣机坏了)로 취하는 동사이다. 주어는 '奶奶'이다. 사람과 사물 명사가 함께 주어질 경우, 일반적으로 사람이 주어이다.

奶奶 nǎinai 몡 할머니 | ★以为 yǐwéi 동 ~인 줄 알았다 | ★台 tái 양 대 [기계·차량·설비 등을 세는 단위] | 洗衣机 xǐyījī 몡 세탁기 | 坏 huài 동 망가지다, 고장 나다

---

2 种 特别酸 西红柿 这 ────────── [관형어 기본 어순: 지시대사 + 양사 + 명사]

지시대사	양사	명사	부사+형용사	
这	种	西红柿	特别酸。	이 토마토는 매우 시다.
관형어		주어	부사어+술어	

STEP 1 '시다'라는 의미의 형용사 '酸'이 술어로 쓰였으며, 이를 정도부사 '特别'가 수식하고 있다.

STEP 2 형용사 술어문은 목적어를 가질 수 없으므로, 명사 '西红柿'는 주어임을 바로 알 수 있다. 관형어는 '지시대사+양사'의 어순을 따라 '这种'으로 배열되어 주어 '西红柿'를 수식한다.

种 zhǒng 양 종, 종류 | ★西红柿 xīhóngshì 몡 토마토 | 特别 tèbié 부 매우, 특히 | ★酸 suān 형 시다

---

3 一篇 文章 这是 关于世界经济的 ────────── [수사 + 양사 + 개사구 + 的 + 명사]

지시대사+동사	수사+양사	개사+명사+명사+조사	명사	
这是	一篇	关于世界经济的	文章。	이것은 세계 경제에 관한 글이다.
주어+술어		관형어+的	목적어	

STEP 1 동사 '是'가 술어인 'A是B' 문형이다. 이때, A와 B는 동격이어야 한다. 주어인 '这'와 동격인 대상은 명사 '文章'이다.

204 쓰기 제1부분

STEP 2   '一篇+关于世界经济的'는 '수사+양사+개사구+的+명사'의 어순으로 배열되어 '文章'을 수식한다.

★ 篇 piān 양 편, 장 [문장·종이 등을 세는 단위] | 关于 guānyú 개 ~에 관한 | 世界 shìjiè 명 세계 | ★ 经济 jīngjì 명 경제 | ★ 文章 wénzhāng 명 글, 문장

---

4 一次 活动每年 这个 举办 ────────────── [동사 + 一次 한 번 ~하다]

지시대사+양사	명사+명사	동사	수사+양사
这个	活动每年	举办	一次。
관형어	주어+부사어	술어	보어

이 행사는 매년 한 번 개최한다.

STEP 1   어떠한 행사가 개최되는 것을 나타내는 동사 '举办'이 술어로 쓰였으며, 주어는 '행사'를 나타내는 '活动'이다. '每年'은 주어 뒤, 술어 앞에서 시간을 나타내는 부사어로 쓰였다.

STEP 2   동작의 횟수를 세는 동량사 '次'는 '수사+양사'의 어순으로 술어 뒤에 동량보어로서 위치한다.

★ 活动 huódòng 명 행사 | ★ 举办 jǔbàn 동 개최하다, 거행하다, 열다

---

5 那 300页 杂志 左右 本 一共 ────────────── [一共 + 수사 + 양사 + 左右 총 ~정도이다]

지시대사	양사	명사	부사	수사+양사	명사
那	本	杂志	一共	300页	左右。
관형어		주어	부사어	술어	

저 잡지는 총 300페이지 정도 된다.

STEP 1   수사 '300'이 문장의 술어로 쓰인 문장이다. 부사 '一共'은 술어로 쓰인 수사를 (동사 없이) 수사 앞에서 바로 수식할 수 있다. 어림수를 나타내는 '左右'는 수사 뒤에서 '수사+양사+左右'의 순서로 쓰인다.

STEP 2   '那'와 '本', 그리고 주어인 명사 '杂志'는 '지시대사+양사+명사'의 어순에 따라, '那+本+杂志'로 배치한다.

★ 杂志 zázhì 명 잡지 | 一共 yígòng 부 모두, 전부 | ★ 页 yè 양 페이지 | ★ 左右 zuǒyòu 명 가량, 안팎, 내외 [수량사 뒤에 쓰여 '대략적인 수'를 나타냄]

---

6 比去年 他今年的收入 增长了 两倍 ────────────── [A比B增长了C倍 A는 B보다 C배 늘었다]

대사+명사+조사+명사	개사+명사	동사+조사	수사+양사
他今年的收入	比去年	增长了	两倍。
관형어+的+주어	부사어	술어+了	보어

그의 올해 수입은 작년보다 2배가 늘었다.

STEP 1   개사 '比'가 사용된 비교문이다. 술어는 '양이 증가함'을 나타내는 동사 '增长'으로, 증가한 정도를 나타내는 보어 '两倍'와 함께 쓰여 '~가 ~보다 2배가 늘었음'을 나타낸다.

STEP 2   비교하는 두 대상 A와 B는 각각 '他今年的收入' '去年(的收入)'이다.

今年 jīnnián 명 올해 | ★ 收入 shōurù 명 수익, 소득 | 增长 zēngzhǎng 동 늘어나다, 증가하다 | ★ 倍 bèi 양 배, 배수

> **헷갈리기 쉬운 배수 표현**
> '배, 배수'라는 뜻의 양사 '倍 bèi'가 쓰인 문장을 해석할 때는, '倍'가 '어떤 어휘와 함께' 쓰였는지 확인해야 한다. 함께 쓰이는 어휘에 따라 나타내는 의미가 다르기 때문이다. 아래 예문을 볼 때 '작년 수입'에 (임의로 가정한) '3'을 대입해 보면 그 차이를 확연히 느낄 수 있다. 대입한 결과 각각에서 말하는 '올해의 수입'은 ❶에서는 '6', ❷에서는 '9', ❸에서는 '6'이다.
> ❶ 今年的收入是去年的两倍。 올해의 수입은 작년의 2배이다. → 작년 수입X2=올해 수입
> ❷ 今年的收入比去年增长了两倍。 올해의 수입은 작년보다 2배 늘었다. → 작년 수입+작년 수입X2=올해 수입
> ❸ 今年的收入增长到了去年的两倍。 올해의 수입은 작년의 두배까지 늘었다. → 작년 수입X2=올해 수입

7 只有 动物园 8公里 距离地铁站 ────── [A距离B只有C公里 A는 B까지 겨우 C킬로미터 떨어져 있다]

명사	동사+명사	부사+동사	수사+양사	
动物园	距离地铁站	只有	8公里。	동물원은 지하철역까지 겨우 8km 떨어져 있다.
주어	술어+목적어	부사어+술어	목적어	
	주어			

STEP 1 동사 '距离'는 거리가 떨어져 있음을 나타내며, 'A+距离+B+有+거리'의 형태를 취한다. '距离' 뒤에 장소를 나타내는 '地铁站(B)'이 함께 제시되어 있으므로, 주어는 장소를 나타내는 '动物园(A)'이다.

STEP 2 '公里'는 킬로미터를 나타내는 양사로, '有'의 목적어로서 문장 맨 마지막에 위치한다.

动物园 dòngwùyuán 명 동물원 | ★距离 jùlí 동 (~로부터) 떨어지다, 사이를 두다 | 地铁站 dìtiězhàn 명 지하철역 | 只 zhǐ 부 겨우, 오직 | ★公里 gōnglǐ 양 킬로미터

8 行李 你 收拾 一下 把那些 ────── [동사+一下 좀 ~하다]

대사	개사+지시대사+양사	명사	동사	수량사	
你	把那些	行李	收拾	一下。	너는 저 짐들을 좀 정리해.
주어	부사어		술어	보어	

STEP 1 술어는 '정리하다'라는 뜻의 동사 '收拾'이다. '把'는 행위의 대상을 술어 앞으로 취하는 '把자문'을 만드는 개사이다. 이때 술어(收拾) 뒤에는 기타 성분이 반드시 필요한데, 제시된 낱말 중 '一下'가 기타 성분의 역할을 한다. 수량사 '一下'는 동사 뒤에 쓰여, '짧은 동작' 또는 '완곡한 명령'을 나타낸다.

STEP 2 개사 '把' 뒤에는 행위의 대상이 와야 하므로, '지시대사+양사' 구조의 '那些' 뒤에는 명사 '行李'가 와야 한다. 주어는 '정리하다'라는 행동을 하는 주체인 '你'이다.

把 bǎ 개 ~를 [처치의 결과를 나타냄] | 些 xiē 양 조금, 약간, 얼마쯤 | 行李 xíngli 명 짐, 여행짐 | ★收拾 shōushi 동 정리하다 | 一下 yíxià 수량 시험 삼아 해 보다, 좀 하다

是자문·有자문

본서 p.237

- **Day 17**
  1. 他的妻子是很有名的京剧演员。
  2. 照顾孩子是父母共同的责任。
  3. 那是一个很浪漫的故事。
  4. 工作并不是生活的全部。
  5. 现在餐厅里面有座位吗?
  6. 她对明天的考试很有信心。
  7. 你和他之间有一些误会。
  8. 这棵大树大约有50米高。

---

1 京剧演员　是　很有名的　他的妻子 ───── [A(특정 대상) + 是 + B(설명)　A는 B이다]

대사+조사+명사	동사	정도부사+형용사+조사	명사+명사
他的妻子	是	很有名的	京剧演员。
관형어+的+주어	술어	관형어+的	목적어

그의 아내는 유명한 경극 배우이다.

STEP 1　'是'자문에서 주어는 특정적이며, 목적어는 주어보다 범위가 크다. 따라서, 특정 어휘인 '他的妻子'가 주어, 좀 더 큰 범위를 나타내는 '京剧演员'이 목적어이다.

STEP 2　소속을 나타낼 때에는 주로 '주어+是+관형어+목적어'의 어순으로 쓰임을 기억하자.

妻子 qīzi 명 아내 | 有名 yǒumíng 형 유명하다 | ★ 京剧 jīngjù 명 경극 [중국 주요 전통극] | ★ 演员 yǎnyuán 명 배우

---

2 是父母　照顾孩子　责任　共同的 ───── [A(특정 행위) + 是 + B(설명)　A하는 것은 B이다]

동사+명사	동사+명사	형용사+조사	명사
照顾孩子	是父母	共同的	责任。
주어	술어	관형어+的	목적어

아이를 돌보는 것은 부모 공동의 책임이다.

STEP 1　주어에는 특정적인 것이 와야 하므로, 주어는 '照顾孩子'이다.

STEP 2　'父母共同的'는 목적어 '责任' 앞에서 목적어를 구체적으로 설명해 주고 있다.

照顾 zhàogù 동 돌보다, 보살피다 | 孩子 háizi 명 아이 | 父母 fùmǔ 명 부모 | ★ 共同 gòngtóng 형 공통의, 공동의 | ★ 责任 zérèn 명 책임

---

3 故事　是　一个　很浪漫的　那 ───── [A(특정 어휘) + 是 + B(설명)　A는 B이다]

지시대사	동사	수사+양사	정도부사+형용사+조사	명사
那	是	一个	很浪漫的	故事。
주어	술어		관형어+的	목적어

저것은 낭만적인 이야기이다.

STEP 1　구체적인 대상인 '那'는 주어, 구체적이지 않은 일반 명사 '故事'는 목적어이다.

STEP 2　'一个很浪漫的'는 목적어 '故事'를 수식한다. 관형어의 어순은 '수사+양사+(정도부사)+형용사+的'임을 기억하자.

★ 浪漫 làngmàn 형 낭만적이다 | 故事 gùshi 명 이야기

4 并不　全部　工作　生活的　是 ────────────── [A(특정 대상) + 不是 + B(설명)　A는 B가 아니다]

명사	부사+부사	동사	명사+조사	명사
工作	并不	是	生活的	全部。
주어	부사어	술어	관형어+的	목적어

일은 결코 삶의 전부가 아니다.

STEP 1　목적어는 반드시 주어보다 범위가 넓어야 하므로, 주어는 '工作', 목적어는 주어 '工作'보다 범위가 넓은 '全部'이다. '是'자문의 부정형은 '不是'로, 이 문장에서는 부사 '并'을 사용해 '결코'라는 의미를 더욱 강조하고 있다.

STEP 2　보통 목적어를 구체적으로 설명하므로, '生活的'는 목적어 앞에 온다.

工作 gōngzuò 명 일, 업무 | 并 bìng 부 결코, 전혀 | ★生活 shēnghuó 명 생활 | ★全部 quánbù 명 전부

---

5 里面　有　吗　现在餐厅　座位 ────────────── [A(장소) + 有 + B(사물)　A에 B가 있다]

명사+명사	명사	동사	명사	조사
现在餐厅	里面	有	座位	吗？
부사어	주어	술어	목적어	吗

지금 식당 안에 자리가 있나요?

STEP 1　'장소를 나타내는 말'과 동사 '有'가 등장하면 '존현문'의 어순을 떠올리자. 방위사가 명사 뒤에 붙으면(명사+방위사) '장소를 나타내는 말'이 되므로, 방위사 '里面'은 명사 '餐厅' 뒤에 붙어야 한다.

STEP 2　존현문의 어순에 따라, 주어는 장소를 나타내는 말인 '餐厅里面', 목적어는 사물인 '座位'이다. 의문을 나타내는 '吗'는 문장 끝에 위치한다.

★餐厅 cāntīng 명 식당 | ★座位 zuòwèi 명 좌석

---

6 很　明天的　她对　考试　有信心 ────────────── [A(대상) + 很 + 有 + B(추상명사)　A는 B가 (많이) 있다]

대사+개사	명사+조사	명사	정도부사	동사+명사
她对	明天的	考试	很	有信心。
주어		부사어		술어+목적어

그녀는 내일 시험에 자신이 넘친다.

STEP 1　'有'자문이 '평가'나 '설명'을 나타낼 경우, 술어 '有'는 동사이지만 정도부사 '很'의 수식을 받을 수 있다.

STEP 2　주어 '她' 뒤의 '对'는 대상(明天的考试)을 이끄는 말로, 부사어 역할을 한다.

考试 kǎoshì 명 시험 | ★信心 xìnxīn 명 자신(감), 확신, 신념

---

7 之间　有一些　你和他　误会 ────────────── [A(사람) + 有 + B(추상명사)　A는 B를 가지고 있다]

대사+접속사+대사	명사	동사+수량사	명사
你和他	之间	有一些	误会。
주어		술어+관형어	목적어

너와 그 사이에는 오해가 좀 있다.

STEP 1 '之间'은 두 사람을 가리키는 '你和他' 뒤에 쓰여 '범위'를 나타낸다. 사람을 나타내는 '你和他之间'은 주어, 추상명사인 '误会'는 목적어로 쓰였다.

STEP 2 '一些'는 수량사로 '약간'이라는 의미를 나타내며, 명사 앞에 위치한다.

之间 zhījiān 몡 (~의) 사이 | ★误会 wùhuì 몡 오해

---

8 有 这棵大树 50米高 大约 ─── [주어(A) + 有 + 수사 + 양사(B) + 형용사(C) A는 B만큼 C하다]

지시대사+양사+명사	부사	동사	수사+양사+형용사	
这棵大树	大约	有	50米高。	이 큰 나무는 대략 50미터 정도 높다.
관형어+주어	부사어	술어1	목적어+술어2	

STEP 1 '有'는 수량사를 목적어로 취하여 '有+수사+양사' 형태로 쓸 수 있다. 이 문장에서 '有+수사+양사'의 '有50米'는 '高' 앞에 쓰여 높은 정도를 나타낸다.

STEP 2 '大约'는 '불분명한 수량'을 나타내는 부사로서, 보통 '大约+술어+수사+양사'의 어순으로 쓰인다.

★棵 kē 양 그루, 포기 [식물을 세는 단위] | 大树 dàshù 몡 큰 나무, 거목 | ★大约 dàyuē 뷔 대략, 대강, 얼추 | 米 mǐ 양 미터(m)

쓰기 제1부분
18 是……的 강조 구문

본서 p.240

● **Day 18**
1 这些袜子是奶奶买的。
2 他是骑自行车来的。
3 教室是由他负责安排的。
4 经验是需要慢慢积累的。
5 这盒饼干是专门给我孙子留的。
6 他是不会同意你的看法的。
7 这些号码是按照时间顺序排列的。
8 那件事情是科学无法解释的。

1 奶奶买 袜子 这些 的 是 ─── [사물(A) + 是 + 사람(B) + 행동(C) + 的 A는 B가 C하였다(행위자를 강조)]

지시대사+양사	명사	동사	명사+동사	조사	
这些	袜子	是	奶奶买	的。	이 양말들은 할머니가 사셨다.
관형어	주어	是	강조 내용	的	

STEP 1 행위자를 강조할 경우에 '是……的' 강조 구문은 '사물+是+사람+행동+的' 형태로 쓰인다.

STEP 2 술어(买)는 '是……的' 사이에 와야 한다.

★袜子 wàzi 몡 양말 | 奶奶 nǎinai 몡 할머니

2 是 他 来的 骑自行车 ────── [사물(A) + 是 + 사람(B) + 행동(C) + 的   A는 B가 C하였다(행동의 방식을 강조)]

대사	동사	동사+명사	동사+조사	
他	是	骑自行车	来的。	그는 자전거를 타고 왔다.
주어	是	강조 내용	的	

STEP 1   두 개의 술어 '骑'와 '来'는 '是……的' 사이에 위치하여 '자전거를 타고 왔음(행동의 방식)'을 나타낸다.

STEP 2   주어인 '他'는 '是' 앞에 위치한다.

骑 qí 통 (동물·자전거 등에) 타다 | 自行车 zìxíngchē 명 자전거

---

3 负责安排 的 教室是 由他 ────── [A + 是 + 由 + B + 负责 + C + 的   A는 B가 책임지고 C한다(행위자 강조)]

명사+동사	개사+대사	동사+동사	조사	
教室是	由他	负责安排	的。	교실은 그가 책임지고 배정한다.
주어+是		강조 내용	的	

STEP 1   '由'는 '동작의 주체'를 이끄는 개사로, '由+동작의 주체' 형태로 동사(负责) 앞에 쓰인다.

STEP 2   '由……负责'는 '~가 책임지다'라는 의미로, 자주 '是……的' 강조 구문에 쓰인다. 이 문장에서는 행위자가 '他'임을 강조하고 있다.

★ 由 yóu 개 ~가 [동작의 주체를 이끌어 냄] | ★ 负责 fùzé 통 책임지다 | ★ 安排 ānpái 통 안배하다

---

4 积累的 经验 慢慢 是需要 ────── [A + 是 + 需要 + B + 的   A는 B해야 한다(주관적 견해)]

명사	동사+동사	형용사	동사+조사	
经验	是需要	慢慢	积累的。	경험은 천천히 쌓아야 한다.
주어	是	강조 내용	的	

STEP 1   형용사 중첩 '慢慢'은 부사어로서 동사 '积累'를 앞에서 수식한다.

STEP 2   '需要'는 동사구를 목적어로 취하는 동사로, '해야 하는 행동(慢慢积累)'을 이끈다.

★ 经验 jīngyàn 명 경험, 체험 | 需要 xūyào 통 반드시 ~해야 한다 | 慢慢 mànmàn 형 천천히 | ★ 积累 jīlěi 통 쌓이다, 축적되다

---

5 给我孙子 留的 是专门 这盒饼干 ────── [A + 是 + 给 + B + 행동 + 的   A는 B에게 ~한 것이다(동작의 대상 강조)]

지시대사+양사+명사	동사+부사	개사+대사+명사	동사+조사	
这盒饼干	是专门	给我孙子	留的。	이 과자는 내 손자에게 특별히 남겨 준 것이다.
관형어+주어	是	강조 내용	的	

STEP 1   '给……留'는 '~에게 남기다'라는 표현으로, '是……的' 사이에 위치하여 동작의 대상(我孙子)을 강조하고 있다.

STEP 2   '专门'은 '특별히, 일부러'라는 부사로서, 개사구(给我孙子) 앞에서 의미를 강조한다.

★ 盒 hé 양 상자 [상자에 담긴 것을 세는 단위] | ★ 饼干 bǐnggān 명 과자 | ★ 专门 zhuānmén 부 특별히, 일부러 | 给 gěi 개 ~에게 | ★ 孙子 sūnzi 명 손자 | ★ 留 liú 동 남기다

6 不会 的 你的看法 他是 同意 ────── [A + 是 + 不 + B + 的   A는 B하지 않는다(주관적 견해 부정)]

대사+동사	부사+조동사	동사	대사+조사+명사	조사
他是	不会	同意	你的看法	的。
주어+是		강조 내용		的

그는 너의 견해에 동의하지 않을 것이다.

STEP 1   주관적인 견해를 나타낼 경우, 부정부사 '不'는 '是' 뒤에 온다.

STEP 2   강조하는 내용은 '是……的' 사이에 기본 어순 '부사(不)+조동사(会)+동사(同意)+명사(看法)'에 따라 배열된다.

同意 tóngyì 동 동의하다 | ★ 看法 kànfǎ 명 견해

7 时间顺序 按照 这些号码 是 排列的 ────── [A + 是 + 按照 + B + 排列的   A는 B에 따라 배열되었다(방식 강조)]

지시대사+양사+명사	동사	개사	명사+명사	동사+조사
这些号码	是	按照	时间顺序	排列的。
관형어+주어	是		강조 내용	的

이 번호들은 시간 순서에 따라 배열되었다.

STEP 1   '的' 앞의 동사 '排列'는 '是……的' 사이에 오는 강조 내용의 술어이다.

STEP 2   '按照'는 '~에 따라'라는 의미로 '기준'을 이끄는 개사이다. '기준'을 나타내는 말 '时间顺序'와 함께 개사구를 이루어 술어 '排列' 앞에 쓰인다.

★ 号码 hàomǎ 명 번호 | ★ 按照 ànzhào 개 ~에 따라, ~에 의해 | ★ 顺序 shùnxù 명 순서, 차례 | ★ 排列 páiliè 동 배열하다, 정렬하다

8 无法 那件事情 的 解释 是科学 ────── [A是无法B的   A는 B할 방법이 없다(주관적 견해)]

지시대사+양사+명사	동사+형용사	동사	동사	조사
那件事情	是科学	无法	解释	的。
관형어+주어	是	강조 내용		的

그 일은 과학적으로 설명할 수 없다.

STEP 1   '无法'는 '是……的' 강조 구문에 자주 쓰이는 부사이다. '是无法……的' 형태로 쓰여 '~할 방법이 없다'라는 뜻을 나타내며 '주관적 견해'를 표시한다.

STEP 2   '是……的' 사이에 들어가는 강조 내용은 '科学+无法+解释'로, '과학적으로 설명할 방법이 없다'라는 주관적 견해를 강조하고 있다.

事情 shìqing 명 일, 사건 | ★ 科学 kēxué 형 과학적이다 | 无法 wúfǎ 동 할 수 없다, 방법이 없다 | ★ 解释 jiěshì 동 설명하다

어순

본서 p.243

● **Day 21** 정답은 아래 해설 참고

	대사	명사	동사+조사	수사+양사	명사	
1	我	弟弟	吃了	三个	包子。	우리 남동생은 찐빵을 3개 먹었다.
	관형어	주어	술어+了	관형어	목적어	

★ 包子 bāozi 명 (소가 든) 찐빵

	명사	개사+대사	동사+조사	부사+형용사	명사	
2	女朋友	给我	发了	很多	短信。	여자 친구는 나에게 문자를 많이 보냈다.
	주어	부사어	술어+了	관형어	목적어	

女朋友 nǚpéngyou 명 여자 친구 | 发 fā 동 보내다, 발송하다 | ★ 短信 duǎnxìn 명 문자 메시지

	명사	대사	개사+명사+명사	동사+조사	수사+양사	명사	
3	昨天	我	在路上	看见了	一位	明星。	어제 나는 길에서 스타 한 명을 보았다.
	부사어	주어	부사어	술어+了	관형어	목적어	

位 wèi 양 분, 명 [공경의 뜻을 내포함] | 明星 míngxīng 명 스타

	대사+명사+명사+동사+조사	명사	부사	형용사	
4	我姐姐昨天买的	衣服	很	漂亮。	우리 언니가 어제 산 옷은 예쁘다.
	관형어+的	주어	부사어	술어	

买 mǎi 동 사다, 구매하다

	명사	부사	동사+동사	명사+명사+개사+대사+동사+조사	명사+조사	
5	妹妹	已经	吃完	妈妈早上给她做的	菜了。	여동생은 엄마가 아침에 해 주신 요리를 이미 다 먹었다.
	주어	부사어	술어+보어	관형어+的	목적어+了	

完 wán 동 (동사 뒤에 결과보어로 쓰여) 다하다

6 去年 我 在这家咖啡厅第一次 见到了 我的 男朋友。
명사 / 부사어 대사 / 주어 개사+대사+양사+명사+접두사+수사+양사 / 부사어 동사+조사 / 술어+了 대사+조사 / 관형어+的 명사 / 목적어

작년에 나는 이 카페에서 처음 나의 남자 친구를 만났다.

家 jiā 양 [집·점포·공장 등을 세는 단위] | 咖啡厅 kāfēitīng 명 카페 | 见到 jiàndào 동 보다

7 哥哥 最近很认真地 看 新买来的 杂志。
명사 / 주어 명사+부사+형용사+조사 / 부사어+地 동사 / 술어 부사+동사+조사 / 관형어+的 명사 / 목적어

형은 최근 새로 사 온 잡지를 열심히 본다.

最近 zuìjìn 명 최근, 요즘 | 认真 rènzhēn 형 진지하다 | 来 lái 동 [다른 동사나 동사구 뒤에 쓰여 온 목적을 나타냄] | ★杂志 zázhì 명 잡지

8 妈妈 昨天刚 买到了 一直想买的 家具。
명사 / 주어 명사+부사 / 부사어 동사+동사+조사 / 술어+보어+了 부사+조동사+동사+조사 / 관형어+的 명사 / 목적어

엄마는 계속 사고 싶었던 가구를 어제 막 사셨다.

★刚 gāng 부 방금, 막, 바로 | ★家具 jiājù 명 가구

쓰기 제1부분 20 보어(1) 위치·종류

본서 p.247

Day 22

1 他们聊了3个小时。
2 这本小说好看极了。
3 请你先调查一下。
4 别把毛巾挂在椅子上。
5 材料还没寄过来吗?
6 您孙子钢琴弹得真不错!
7 客厅里的家具搬不下去。
8 弟弟把今天的作业都做完了。

1 小时 聊了 他们 3个 ——— [시량보어의 기본 어순: 동사 + 수사 + 양사]

他们 聊了 3个 小时。 그들은 3시간 동안 이야기했다.
대사 / 주어 동사+조사 / 술어+了 수사+양사 명사 / 시량보어

STEP 1 동태조사 '了' 앞에 있는 동사 '聊'가 술어이며, '3个小时'가 시간의 양을 나타내는 시량보어로서 동사(聊) 뒤에 위치한다. 시량보어는 동사 뒤에 위치해 '동작이 이루어진 시간'을 나타내 주는 성분이다.

STEP 2 주어는 인칭 대사 '他们'이다.

聊 liáo 동 이야기하다, 집담하다

2 小说 极了 这本 好看 —— [형용사 + 极了 매우 ~하다]

지시대사+양사	명사	형용사	부사+조사	
这本	小说	好看	极了。	이 소설은 매우 재미있다.
관형어	주어	술어	정도보어	

STEP 1 술어가 될 수 있는 단어는 형용사 '好看'이다. '极了'는 술어 뒤에서 술어를 수식하는 정도보어로 쓰인다. '极了'의 활용 형태인 '형용사+极了'를 기억해 두자.

STEP 2 주어는 '재미있다'는 서술의 대상인 '小说'이고, '这本'은 그 앞에서 주어를 수식한다.

★小说 xiǎoshuō 명 소설 | 好看 hǎokàn 형 재미있다, 훌륭하다 | 极了 jíle [형용사 뒤에 위치해 뜻을 매우 강조할 때 쓰임]

3 你先 一下 请 调查 —— [동사 + 一下 좀 ~하다]

동사	대사+부사	동사	수사+양사	
请	你先	调查	一下。	당신이 먼저 조사 좀 해 주세요.
술어1	목적어(의미상 주어)+부사어	술어2	동량보어	

STEP 1 술어는 '조사하다'라는 뜻의 동사 '调查'이다. 동량사 '一下'는 주로 동사(调查) 뒤에 쓰여 명령문의 어기를 완곡하게 만드는 역할을 한다.

STEP 2 '请'은 '~해 주세요'라는 의미로, 보통 문장 맨 앞에 위치한다. 그 뒤에는 주어 '你'와 부사 '先'이 어순에 맞게 위치한다.

先 xiān 부 먼저, 우선 | ★调查 diàochá 동 조사하다 | 一下 yíxià 수량 [동사 뒤에 쓰여 '좀 ~하다'의 뜻을 나타냄]

4 毛巾 别把 椅子上 挂在 —— [挂在 + 장소 ~에 걸다]

부사+개사	명사	동사+개사	명사+명사	
别把	毛巾	挂在	椅子上。	수건을 의자 위에 걸지 마.
	부사어	술어	결과보어	

STEP 1 술어는 동사 '挂'이다. '挂' 뒤에 쓰인 개사 '在' 뒤에는 일반적으로 '장소를 나타내는 말(椅子上)'이 온다. 방위(명)사 '上'은 일반 명사(椅子)와 함께 쓰여 장소를 나타내는 말을 만든다.

STEP 2 개사 '把'는 행동의 대상(毛巾)을 이끄는 개사이다.

别 bié 부 ~하지 마라 | 把 bǎ 개 ~를 [처치의 결과를 나타냄] | ★毛巾 máojīn 명 수건 | ★挂 guà 동 걸다 | 在 zài 개 ~에(서), ~에 있어서 | 椅子 yǐzi 명 의자

5 材料 吗 寄 还没 过来 —— [寄过来 부쳐 오다]

명사	부사+부사	동사	동사	조사	
材料	还没	寄	过来	吗?	자료는 아직 안 왔나요?
주어	부사어	술어	방향보어	吗	

STEP 1 '부치다'라는 뜻의 동사 '寄'가 술어이며, 방향을 나타내는 동사 '过来'는 술어 뒤에 위치해 보어 역할을 한다.

STEP 2 명사 '材料'가 주어이고, '还没'는 술어를 수식하는 부사어로서 주어 뒤, 술어 앞에 위치한다. 조사 '吗'는 문장 끝에서 의문을 나타낸다.

★**材料** cáiliào 명 자료 | **还** hái 부 아직, 아직도 | ★**寄** jì 동 부치다, 보내다 | **过来** guòlai 동 [동사 뒤에 쓰여 '사람이나 사물이 자신의 쪽으로 다가옴'을 나타냄]

---

6 真 您孙子 不错 钢琴 弹得 ─────── [동사 + 得 + 정도보어(부사 + 형용사)]

대사+명사	명사	동사+조사	부사	형용사
您孙子	钢琴	弹得	真	不错!
주어	목적어	술어+得		정도보어

당신의 손자는 피아노를 정말 잘 치는군요!

STEP 1 '弹'이 술어이고, '得'는 술어 뒤에서 상태와 정도를 수식하는 정도보어를 연결한다. 즉, '동사(弹)+得+정도부사(真)+형용사(不错)' 어순으로 배열된다.

STEP 2 정도보어 문장에 목적어가 있는 경우, '(술어)+목적어+술어+得+정도보어'처럼 첫 번째로 써 준 술어를 생략하여 사용할 수 있으므로, 주어 '您孙子' 다음에는 목적어 '钢琴'이 위치한다.

★**孙子** sūnzi 명 손자 | ★**钢琴** gāngqín 명 피아노 | **弹** tán 동 (악기를) 치다, 연주하다 | **不错** búcuò 형 잘하다, 괜찮다, 좋다

---

7 家具 客厅里的 下去 搬 不 ─────── [동사 + 不 + 방향보어 ~할 수 없다]

명사+명사+조사	명사	동사	부사	동사
客厅里的	家具	搬	不	下去。
관형어+的	주어	술어		가능보어

거실 안의 가구는 (아래로) 옮길 수 없다.

STEP 1 가능보어의 부정형을 파악할 수 있어야 하는 문제이다. '옮기다'라는 뜻의 동사 '搬'은 술어로, 방향을 나타내는 동사 '下去'는 방향보어로 쓰였다. 가능보어의 부정형은 '동사+不+방향보어' 어순이다.

STEP 2 명사 '家具'가 문장의 주어로서, '客厅里的'의 수식을 받는다.

★**客厅** kètīng 명 거실, 응접실 | ★**家具** jiājù 명 가구 | **搬** bān 동 옮기다 | **下去** xiàqu 동 [동사 뒤에 쓰여 '높은 곳에서 낮은 곳으로' 또는 '가까운 곳에서 먼 곳으로 움직임'을 나타냄]

---

8 把今天的作业 完了 都做 弟弟 ─────── [술어 + 결과보어 + 了]

명사	개사+명사+조사+명사	부사+동사	동사+조사
弟弟	把今天的作业	都做	完了。
주어	부사어	술어	결과보어+了

남동생은 오늘의 숙제를 다 끝냈다.

STEP 1 동사 '做'는 술어, 동사 '完'은 결과보어로 쓰였다. '完'은 동사 뒤에서 행동을 모두 마쳤다는 결과를 나타낸다.

STEP 2 '把'는 주어 '弟弟'가 한 동작의 대상 '今天的作业'를 술어 앞으로 이끈다.

作业 zuòyè 몡 숙제 | 做 zuò 동 하다

쓰기 제1부분 21 보어(2) 정도보어

본서 p.251

● Day 23

1 这次活动热闹极了。
2 她的普通话说得特别标准。
3 这场雨下得真及时。
4 女儿咳嗽得非常厉害。
5 孩子现在困得不行。
6 丈夫把窗户擦得很干净。
7 幽默能让谈话变得很愉快。
8 母亲听到这个消息激动得哭了。

---

1 热闹 这次 极了 活动 ──────────────── [형용사 + 极了 매우 ~하다]

지시대사+양사	명사	형용사	부사+조사	
这次	活动	热闹	极了。	이번 행사는 매우 북적거린다.
관형어	주어	술어	정도보어	

STEP 1 술어는 형용사 '热闹'이다. '极了'는 형용사(热闹) 뒤에서 '정도가 심함'을 나타내는 정도보어이다.

STEP 2 주어는 '活动'이고, '지시대사+양사+명사' 어순에 따라 '活动'은 '这次'의 수식을 받는다.

★活动 huódòng 몡 행사, 활동 | ★热闹 rènao 혱 북적북적거리다 | 极了 jíle [형용사 뒤에 위치해 뜻을 매우 강조할 때 쓰임]

---

2 说得 她的 特别 普通话 标准 ──────────────── [说得标准 정확하게 말하다]

대사+조사	명사	동사+조사	부사	형용사	
她的	普通话	说得	特别	标准。	그녀는 보통화를 매우 정확하게 말한다.
관형어+的	주어	술어+得	정도보어		

STEP 1 술어는 동사 '说'이고, 술어 '说'는 '得'가 이끄는 정도보어의 수식을 받는다. '特别'와 '标准'는 정도보어의 기본 어순 '동사(说)+得+정도부사(特别)+형용사(标准)'에 따라 배열하면 된다.

STEP 2 '她的'는 주어 '普通话' 앞에서 소속 관계를 나타낸다.

★普通话 pǔtōnghuà 몡 현대 표준 중국어 | 特别 tèbié 뷔 매우, 아주 | ★标准 biāozhǔn 혱 표준적이다

3 下得　及时　这场雨　真　　　　　　　　　　　　　　　　［동사＋得及时　때맞게 ~한다］

지시대사+양사+명사	동사+조사	정도부사	형용사	
这场雨	下得	真	及时。	이번 비는 때맞춰 내렸다.
관형어+주어	술어+得		정도보어	

STEP 1　조사 '得'는 일반적으로 술어 뒤에 오므로, '得' 앞에 있는 '下'가 문장의 술어임을 알 수 있다. '시기적절하다'라는 의미의 형용사 '及时'는 정도부사 '真'의 수식을 받아 '得' 뒤에 정도보어(真及时)로 쓰인다.

STEP 2　명사 '雨'는 주어로서 문장 맨 앞에 오며, '지시대사+양사'가 결합한 관형어 '这场'의 수식을 받는다.

场 cháng 양 [일의 경과·자연 현상 따위의 횟수를 세는 말] | 雨 yǔ 명 비 | 下 xià 동 내리다 | ★ 及时 jíshí 형 때가 맞다, 시기 적절하다

4 非常　女儿　厉害　咳嗽　得　　　　　　　　　　　　　　　［동사＋得厉害　~를 심하게 한다］

명사	동사	조사	정도부사	형용사	
女儿	咳嗽	得	非常	厉害。	딸이 기침을 심하게 한다.
주어	술어	得		정도보어	

STEP 1　술어는 '기침하다'라는 뜻의 동사 '咳嗽'이다. 조사 '得'는 술어 뒤에서 정도보어를 이끄는 조사이므로 '咳嗽' 뒤에 위치해야 한다.

STEP 2　정도가 심함을 나타내는 형용사 '厉害'가 정도부사 '非常'과 함께 정도보어(非常厉害)로 쓰였다. '女儿'은 문장의 주어로 쓰였다.

★ 咳嗽 késou 동 기침하다 | ★ 厉害 lìhai 형 심각하다, 지독하다

5 不行　困　孩子现在　得　　　　　　　　　　　　　　　　　［형용사＋得不行　엄청 ~하다］

명사+명사	형용사	조사	형용사	
孩子现在	困	得	不行。	아이는 지금 엄청 졸리다.
주어+부사어	술어	得	정도보어	

STEP 1　'졸리다'라는 뜻의 형용사 '困'이 술어로, 조사 '得'는 술어 바로 뒤에 위치한다. '不行'은 '得' 뒤에 쓰여 '정도가 매우 심함'을 나타내는 정도보어이다.

STEP 2　주어는 '孩子'이고, 시간명사 '现在'는 부사어로서 주어 뒤, 술어 앞에 위치한다.

★ 困 kùn 형 졸리다 | 不行 bùxíng 형 (정도가) 매우 심하다, 견딜 수 없다

6 把窗户　很干净　丈夫　擦得　　　　　　　　　　　　［把＋명사A＋동사B＋得干净　A를 깨끗하게 B하다］

명사	개사+명사	동사+조사	정도부사+형용사	
丈夫	把窗户	擦得	很干净。	남편은 창문을 깨끗이 닦는다.
주어	부사어	술어+得	정도보어	

STEP 1 술어는 '닦다'라는 의미의 동사 '擦'이고, 술어 '擦'는 조사 '得'가 이끄는 정도보어의 수식을 받는다. 조사 '得' 뒤에는 '정도부사+형용사'의 형태의 정도보어 '很干净'이 위치한다.

STEP 2 행위의 대상을 나타내는 개사구 '把窗户'는 부사어로서 '擦得' 앞에 위치한다. 주어는 닦는(擦) 행위의 주체인 '丈夫'이다.

把 bǎ [개] ~를 [처치의 결과를 나타냄] | ★窗户 chuānghu [명] 창문 | ★擦 cā [동] 닦다 | 干净 gānjìng [형] 깨끗하다, 청결하다

7 很愉快 幽默 变得 能让 谈话 ──────────────── [A + 变得 + 정도보어   A가 ~하게 변하다]

명사	조동사+동사	명사	동사+조사	정도부사+형용사	
幽默	能让	谈话	变得	很愉快。	유머러스함은 대화를 유쾌하게 바꿀 수 있다.
주어1	부사어+술어1	목적어 (=의미상 주어)	술어2+得	정도보어	

STEP 1 '变得'는 '~하게 변하다'라는 의미로, 주로 '주어+变得+정도보어' 형태로 쓰인다. 조사 '得' 뒤에는 정도보어로서 '很愉快'가 위치한다.

STEP 2 사역동사 '让'은 '~하게 만들다'라는 의미로 주로 겸어문에 쓰인다. 목적어이자 의미상 주어(谈话)와 술어(愉快)를 갖는다.

★幽默 yōumò [형] 유머러스하다 | 让 ràng [동] (어떤 일을) 하게 하다, 하도록 하다 | 谈话 tánhuà [명] 대화 | 变 biàn [동] 변화하다 | ★愉快 yúkuài [형] 유쾌하다, 기쁘다, 기분이 상쾌하다

8 这个消息 哭了 母亲听到 激动得 ──────────────── [동사 + 得哭了   ~해서 울었다]

명사+동사+동사	지시대사+양사+명사	동사+조사	동사+조사	
母亲听到	这个消息	激动得	哭了。	어머니께서 이 소식을 듣고 감격하여 우셨다.
주어+술어1+결과보어	관형어+목적어	술어2+得	정도보어	

STEP 1 이 문장은 술어가 2개인 연동문으로, 첫 번째 술어는 '听到', 두 번째 술어는 '激动'이다. 연동문에서 두 개의 술어는 '일이 일어나는 순서'대로 나열하면 된다.

STEP 2 '哭了'는 종종 '행동+得+哭了'의 형태로 쓰여 '어떤 행동의 결과로 울었음'을 나타낸다. 의미상 '听到'는 '消息'를 목적어로 취한다.

★母亲 mǔqīn [명] 어머니 | ★消息 xiāoxi [명] 소식 | ★激动 jīdòng [동] 감격하다 | 哭 kū [동] (소리 내어) 울다

연동문은 하나의 주어에 두 개 이상의 술어가 있는 문장을 말하며, 보통 동작이 연이어 진행되거나 목적 관계를 나타내는 경우에 쓰인다. 위 문장 '母亲听到这个消息激动得哭了。(어머니께서 이 소식을 듣고 감격하여 우셨다.)'에서는 '소식을 듣다→감격하여 울었다'라는 '동작의 연속'을 나타낸다.

보어(3) 결과보어

본서 p.257

● **Day 24**

1 客厅已经收拾好了。
2 这趟航班飞往上海。
3 这些树的叶子要掉光了。
4 那位作家出生于19世纪末。
5 卫生间里的镜子被打破了。
6 我们班的大部分留学生来自亚洲。
7 父亲乘坐的飞机降落在了国际机场。
8 刚整理好的房间被弄乱了。

---

1 已经 好了 收拾 客厅 ─────────────────── [술어 + 好了 모두 좋은 상태로 되다]

명사	부사	동사	형용사+조사	
客厅	已经	收拾	好了。	거실은 이미 다 정리했다.
주어	부사어	술어	결과보어+了	

STEP 1 '好'는 결과보어로 쓰여, '정리하다'라는 뜻의 술어 '收拾' 뒤에서 정리를 모두 '마쳤음'을 나타낸다.

STEP 2 주어는 명사 '客厅'이고, 부사 '已经'은 부사어로 주어 뒤, 술어 앞에 위치한다.

★ **客厅** kètīng 명 거실, 응접실 | ★ **收拾** shōushi 동 정리하다, 정돈하다 | **好** hǎo 형 [동사 뒤에 쓰여 '동작이 완성되었거나 잘 마무리되었음'을 나타냄]

---

2 飞 上海 这趟航班 往 ──────────────────── [飞往 + 장소 ~로 (비행해) 가다]

지시대사+양사+명사	동사	개사	명사	
这趟航班	飞	往	上海。	이 항공편은 상하이로 (비행하여) 간다.
관형어+주어	술어	결과보어		

STEP 1 '往'은 행동의 방향을 나타내는 개사로, 장소 목적어(上海)를 취한다. 개사구 '往上海'는 동사 '飞' 뒤에 결과보어로 쓰여 비행하여 가는 장소를 나타낸다.

STEP 2 술어 '飞'와 호응하는 주어는 '航班'이다.

★ **趟** tàng 양 편, 번, 차례 [정기적인 교통수단의 운행 횟수를 세는 단위] | ★ **航班** hángbān 명 항공편, 운항편 | **飞** fēi 동 날다, 비행하다 | **往** wǎng 개 ~를 향해 | **上海** Shànghǎi 고유 상하이, 상해

---

3 要 这些树的 掉 光了 叶子 ─────────────────── [동사 + 光了 남김없이 ~했다]

지시대사+양사+명사+조사	명사	조동사	동사	형용사+조사	
这些树的	叶子	要	掉	光了。	이 나무들의 잎은 곧 남김없이 다 떨어질 것이다.
관형어+的	주어	부사어	술어	결과보어+了	

STEP 1   '잎'이라는 뜻의 명사 '叶子'는 주어이고, '这些树的'는 주어 '叶子'를 수식한다.

STEP 2   조동사 '要'는 '곧 ~한다'는 임박의 의미를 나타내며 '要+동사+了'의 어순으로 쓰인다. 술어는 '떨어지다'라는 뜻의 동사 '掉'이고, 술어 뒤에는 '하나도 남아 있지 않은 상태'를 나타내는 형용사 '光'이 결과보어로서 위치한다.

树 shù 명 나무 | ★叶子 yèzi 명 잎 | 要 yào 조동 ~할 것이다 | ★掉 diào 동 떨어지다 | ★光 guāng 형 [아무것도 없이 텅 비다]

4 那位   于   19世纪末   作家出生 ──────────── [出生于 + 시간 / 장소   ~에(서) 태어나다]

지시대사+양사	명사+동사	개사	수사+명사+명사	
那位	作家出生	于	19世纪末。	그 작가분은 19세기말에 태어났다.
관형어	주어+술어		결과보어	

STEP 1   '于'는 행동이 발생한 '장소'나 '시간(19世纪末)'을 나타낸다.

STEP 2   '于'가 이끄는 개사구는 술어 앞뒤에 모두 쓰일 수 있으나, 이 문장에서는 술어 '出生' 앞에 주어(作家)가 바로 붙어 있으므로, 개사구 '于19世纪末'는 술어 뒤에 위치해야 한다.

位 wèi 양 분, 명[공경의 뜻을 내포함] | ★作家 zuòjiā 명 작가 | ★出生 chūshēng 동 태어나다 | 于 yú 개 ~에 | ★世纪 shìjì 명 세기 | 末 mò 명 끝머리

5 镜子   破了   被打   卫生间里的 ──────────── [被打破了   깨졌다]

명사+명사+조사	명사	개사+동사	동사+조사	
卫生间里的	镜子	被打	破了。	화장실 안의 거울이 깨졌다.
관형어+的	주어	부사어+술어	결과보어+了	

STEP 1   동사 '破'는 '깨지다'라는 뜻으로, '打(동사)+破(결과보어)' 형태로 자주 쓰인다.

STEP 2   주어 '镜子'는 '卫生间里的'의 수식을 받는다.

★卫生间 wèishēngjiān 명 화장실 | ★镜子 jìngzi 명 거울 | 被 bèi 개 ~에게 ~를 당하다 | 打 dǎ 동 깨뜨리다 | ★破 pò 동 깨지다, 해지다, 망가지다, 찢어지다

6 亚洲   我们班的   来自   大部分留学生 ──────────── [来自 + 장소   ~에서 왔다]

대사+명사+조사	명사+명사	동사+개사	명사	
我们班的	大部分留学生	来自	亚洲。	우리 반의 대부분의 유학생은 아시아에서 왔다.
관형어	주어	술어	결과보어	

STEP 1   '自'는 보통 동사 뒤에 위치해 '출발점'을 나타내는 개사로, 목적어로 장소명사(亚洲)를 취한다.

STEP 2   주어 '留学生'은 술어 '来' 앞에 위치하며, '我们班的'의 수식을 받는다.

班 bān 명 반, 학급, 그룹 | 大部分 dàbùfen 명 대부분 | 留学生 liúxuéshēng 명 유학생 | 自 zì 개 ~에서부터 | ★亚洲 Yàzhōu 고유 아시아(주)

7 国际机场　降落　父亲乘坐的飞机　在了 ─────────── [降落在 + 장소　～에 착륙하다]

명사+동사+조사+명사	동사	개사+조사	명사+명사	
父亲乘坐的飞机	降落	在了	国际机场。	아버지가 타신 비행기는 국제공항에 착륙했다.
관형어+的+주어	술어		결과보어	

STEP 1　술어는 동사 '降落'이고, '착륙하다'라는 뜻의 술어와 호응하는 주어는 '飞机'이다.

STEP 2　개사 '在' 뒤에는 장소(国际机场)가 올 수 있다. '在了国际机场'은 술어(降落) 뒤에 쓰여 결과보어 역할을 한다. 문제에서 볼 수 있듯, 결과보어로 쓰인 개사 '在' 뒤에는 조사 '了'가 쓰일 수 있다. 쓰기 1부분 문제에서 '了'가 '在' 뒤에 쓰일 경우 대부분은 문제에서 이미 붙어 나오니, '了'의 위치 때문에 답이 헷갈릴 일은 없다!

★ **父亲** fùqīn 명 아버지 | ★ **乘坐** chéngzuò 동 타다 | ★ **降落** jiàngluò 동 착륙하다, 내려오다 | ★ **国际** guójì 명 국제 | **机场** jīchǎng 명 공항

8 乱　房间被　了　刚整理好的　弄 ─────────── [被弄 + 형용사 + 了　～하게 됐다]

부사+동사+형용사+조사	명사+개사	동사	형용사	조사	
刚整理好的	房间被	弄	乱	了。	막 정리를 마친 방이 어지럽혀졌다.
관형어+的	주어+부사어	술어	결과보어	了	

STEP 1　형용사 '乱'은 결과보어로 쓰여 술어 '弄'의 뒤에서 의미를 보충한다. 동태조사 '了'의 위치는 '술어+결과보어' 뒤이다.

STEP 2　주어는 명사 '房间'이고, '刚整理好的'의 수식을 받는다. 개사 '被'는 술어(弄) 앞에서 '피동'을 나타낸다.

★ **刚** gāng 부 막, 방금 | ★ **整理** zhěnglǐ 동 정리하다 | **房间** fángjiān 명 방 | ★ **弄** nòng 동 하다, 행하다 | ★ **乱** luàn 형 어지럽다

쓰기 제1부분 23　보어(4) 방향보어

본서 p.263

● **Day 25**

1　你的申请书寄出去了吗?
2　这种巧克力吃起来很甜。
3　那位作家给我留下了很深的印象。
4　你们讨论出来结果了吗?
5　他只好停下今天的工作。
6　快把脏鞋脱下来。
7　女儿把零钱都存了起来。
8　破袜子被母亲扔进了垃圾桶。

1 了吗　寄　你的　出去　申请书 ─────────── [寄出去　부쳐 보내다]

대사+조사	명사	동사	동사	조사+조사	
你的	申请书	寄	出去	了吗?	너의 신청서는 부쳐 보냈니?
관형어+的	주어	술어	방향보어	了+吗	

STEP 1 술어는 '(우편으로) 부치다'라는 뜻의 동사 '寄'이고, '出去'는 동사 뒤에 방향보어로서 쓰였다. 조사 '吗'는 문장 맨 끝에서 의문을 나타낸다.

STEP 2 주어 '申请书'는 '你的'의 수식을 받는다.

申请书 shēnqǐngshū 명 신청서 | ★寄 jì 통 부치다 | 出去 chūqu [동사 뒤에 쓰여 동작이 안에서 밖으로, 화자로부터 떠나감을 나타냄]

---

2   很甜 巧克力 吃起来 这种 ────────── [吃起来 먹어 보니]

지시대사+양사	명사	동사+동사	정도부사+형용사	
这种	巧克力	吃起来	很甜。	이 초콜릿 먹어 보니 달다.
관형어	주어	부사어	술어	

STEP 1 '起来'는 예측, 평가의 의미를 나타내는 말로, '吃' 뒤에 붙으면 '먹어 보니'라는 의미를 나타낸다. '吃起来'는 평가의 내용인 '很甜' 앞에 위치한다.

STEP 2 주어 '巧克力'는 관형어 '这种'의 수식을 받는다.

种 zhǒng 양 종, 종류 | ★巧克力 qiǎokèlì 명 초콜릿 | 起来 qǐlai [동사 뒤에 쓰여 '어림짐작하거나 어떤 일에 대한 견해'를 나타냄] | 甜 tián 형 달다, 달콤하다

---

3   留 很深的印象 下了 给我 那位作家 ────── [给 + 대상 + 留下印象 ~에게 인상을 남기다]

지시대사+양사+명사	개사+대사	동사	동사+조사	정도부사+형용사+조사+명사	
那位作家	给我	留	下了	很深的印象。	그 작가는 나에게 깊은 인상을 남겼다.
관형어+주어	부사어	술어	방향보어	관형어+的+목적어	

STEP 1 '남다, 남기다'라는 뜻을 나타내는 표현 '留下'를 알아 두면 쉽게 풀 수 있는 문제이다. 이때 '下'는 방향보어로서 술어 뒤에 위치해 술어를 보충한다. 술어 '留'의 목적어는 '印象'으로, 술어의 목적어는 방향보어보다 뒤에 위치한다.

STEP 2 주어는 '作家'이고, 행동을 받는 대상을 나타내는 개사구 '给我'는 주어 뒤, 술어 앞에 쓰인다.

位 wèi 양 분, 명(공경의 뜻을 내포함) | ★作家 zuòjiā 명 작가 | ★留 liú 통 남기다 | 下 xià 통 [동사 뒤에 쓰여, 동작의 완성이나 결과가 이미 결정되었음을 나타냄] | ★深 shēn 형 깊다 | ★印象 yìnxiàng 명 인상

---

4   结果了 你们 讨论 吗 出来 ────────── [동사A + 出来 + 목적어B   A해서 B가 나왔다]

대사	동사	동사	명사+조사	조사	
你们	讨论	出来	结果了	吗?	당신들은 토론해서 결론이 나왔나요?
주어	술어	방향보어	목적어+了	吗	

STEP 1 '出来'는 보어로서 술어 '讨论'을 뒤에서 수식한다. 명사 '结果'는 목적어이므로, 방향보어 '出来'보다 뒤에 위치한다.

STEP 2 '你们'은 주어로서 문장 맨 앞에 위치하고, 조사 '吗'는 문장 끝에 쓰여 의문을 나타낸다.

★ 讨论 tǎolùn 동 토론하다 | 出来 chūlai 동 [동사 뒤에 쓰여 '동작이 완성되거나 실현됨'을 표시함] | ★ 结果 jiéguǒ 명 결론, 결과

---

5 今天的 他只好 工作 停下 ─────────────────── [停下工作 일을 멈추다]

대사+부사	동사+동사	명사+조사	명사
他只好	停下	今天的	工作。
주어+부사어	술어+방향보어	관형어+的	목적어

그는 어쩔 수 없이 오늘의 일을 멈췄다.

STEP 1 '멈추다'라는 뜻의 동사 '停'이 술어이다. '下'는 술어 뒤에서 '고정'의 의미를 나타낼 수 있다. 주어는 행동의 주체인 '他'이고, 목적어는 '工作'이다.

STEP 2 술어의 의미를 보충하는 부사 '只好'는 술어 '停' 앞에, 목적어를 수식하는 '今天的'는 목적어 '工作' 앞에 위치한다.

★ 只好 zhǐhǎo 부 어쩔 수 없이, 할 수 없이, 부득이 | ★ 停 tíng 동 멈추다

---

6 下来 脏鞋 快把 脱 ─────────────────────── [脱下来 벗다]

부사+개사	형용사+명사	동사	동사
快把	脏鞋	脱	下来。
부사어		술어	방향보어

더러운 신발을 빨리 벗어.

STEP 1 문장의 술어는 '벗다'라는 뜻의 동사 '脱'이다. 동사 '下来'는 방향보어로 쓰인 것으로, 술어 뒤에 위치해 '분리'의 의미를 나타낸다.

STEP 2 '快'는 문장의 맨 앞에 위치하여 '빨리 ~해라'라는 의미의 명령문을 만든다. '把'는 행위의 대상을 술어 앞으로 위치시키는 개사이므로, '脏鞋'는 술어 '脱' 앞에 위치한다.

把 bǎ 개 ~를 [처치의 결과를 나타냄] | ★ 脏 zāng 형 더럽다, 지저분하다 | 鞋 xié 명 신발 | ★ 脱 tuō 동 (몸에서) 벗다 | 下来 xiàlai 동 [동사 뒤에 쓰여 '동작의 완성이나 결과'를 나타냄]

---

7 起来 女儿 都存了 把零钱 ─────────────────── [存起来 저금하다]

명사	개사+명사	부사+동사+조사	동사
女儿	把零钱	都存了	起来。
주어	부사어	술어+了	방향보어

딸은 잔돈을 모두 저금했다.

STEP 1 동사가 여러 개라서 어떤 것이 술어인지 헷갈릴 때는 조사 '了' 앞의 동사를 먼저 의심하자. 여기서 술어는 '저금하다'라는 뜻의 동사 '存'이며, '起来'는 방향보어로서 술어(存) 뒤에서 의미를 보충하는 역할을 한다.

STEP 2 주어는 명사 '女儿'이고, 개사 '把'는 행위의 대상을 술어 앞으로 도치시키므로, '把零钱'은 술어 앞에 위치한다.

★ 零钱 língqián 명 잔돈 | ★ 存 cún 동 저축하다

8 被母亲　垃圾桶　破袜子　扔进了　──────────── [扔进垃圾桶 쓰레기통에 던져 버리다]

형용사+명사	개사+명사	동사+동사+조사	명사
破袜子	被母亲	扔进了	垃圾桶。
관형어+주어	부사어	술어+방향보어+了	목적어

해진 양말은 어머니가 쓰레기통에 던져 버리셨다.

STEP 1　'进'은 어떤 공간으로 '들어간다'는 뜻을 나타내는 동사로, 동사 '扔' 뒤에 보어로 자주 쓰인다. '扔进'의 목적어를 장소를 나타내는 말인 '垃圾桶'이다. '扔进垃圾桶'은 빈출 표현이니 외워 두자.

STEP 2　'피동'을 나타내는 '被'자문의 어순을 떠올려 보자. 행위를 하는 주체인 '母亲'은 술어 앞에, '破袜子'는 행위를 당하는 객체로서, '破袜子被母亲' 순서로 배열되어야 한다.

★ 破 pò 동 해지다, 깨지다, 망가지다, 찢어지다 | ★ 袜子 wàzi 명 양말 | 被 bèi 개 ~에게 ~를 당하다 | ★ 母亲 mǔqīn 명 어머니 | ★ 扔 rēng 동 내버리다 | 进 jìn 동 [동사 뒤에 쓰여 동작이 밖에서 안으로 행해짐을 나타냄] | ★ 垃圾桶 lājītǒng 명 쓰레기통

24 보어(5) 수량보어·가능보어

쓰기 제1부분　　본서 p.269

● Day 26

1 生活离不开阳光。
2 上次调查进行了两个月左右。
3 这个聚会每年举办一次。
4 请重新排列一下顺序。
5 我把行李重新检查了一遍。
6 姐姐做的汤酸得让人受不了。
7 请你查一下周围饭店的信息。
8 他激动得说不出来了。

1 离　阳光　不开　生活　──────────── [离不开 뗄 수 없다, 떠날 수 없다]

명사	동사	부정부사+동사	명사
生活	离	不开	阳光。
주어	술어	가능보어	목적어

생활은 햇빛과 뗄 수 없다.

STEP 1　동사 '离'는 '떠나다'라는 의미로, 보통 보어의 수식을 받는다. 방향보어 '开'는 '不'와 함께 '不开' 형태로 '离' 뒤에 붙어 가능보어로서 '불가능'을 나타낸다.

STEP 2　'A离不开B' 형식은 'A는 B와 뗄 수 없다'라는 의미를 나타낸다. 이때 A에는 B보다 더 큰 개념이 와야하므로 A 자리에는 '生活', B 자리에는 '阳光'이 쓰여야 한다.

★ 生活 shēnghuó 명 생활 | 离 lí 동 떠나다 | 开 kāi 동 [동사 뒤에 쓰여 '나누거나 떠나가거나 분리됨'을 나타냄] | ★ 阳光 yángguāng 명 햇빛

2 两个月　上次调查　左右　进行了 ──────────── [동사 + 了 + 수량사 + 左右　~정도 ~했다]

명사+양사+명사	동사+조사	수사+양사+명사	명사
上次调查	**进行了**	**两个月**	**左右**。
관형어+주어	술어+了		시량보어

지난 번 조사는 두 달 정도 진행되었다.

STEP 1　조사 '了' 앞의 동사 '进行'이 문장의 술어이다. 어림수를 나타내는 '左右'는 '两个月' 뒤에 쓰여 '두 달 정도'라는 뜻을 나타낸다. '两个月左右'는 술어 뒤에 시량보어로 쓰여 진행된 기간에 대해 나타낸다.

STEP 2　'지난 번'이라는 뜻을 나타내는 '上次'의 수식을 받는 '调查'가 주어이다.

上 shàng 명 지난, 먼저의, 앞의 | ★调查 diàochá 명 조사 통 조사하다 | 进行 jìnxíng 통 진행하다 | ★左右 zuǒyòu 명 가량, 안팎, 내외 [수량사 뒤에 쓰여 '대략적인 수'를 나타냄]

---

3 一次　举办　聚会每年　这个 ──────────── [每 + 시간명사 + 举办一次　매 ~마다 한 번 개최한다]

지시대사+양사	명사+명사	동사	수사+양사
这个	**聚会每年**	**举办**	**一次**。
관형어	주어+부사어	술어	동량보어

이 모임은 매년 한 번 개최한다.

STEP 1　'举办'은 '개최하다'라는 의미의 동사로, 이 문장의 술어로 쓰였다. '一次'는 동량보어로 동사 뒤에 위치해 동작이 이루어진 횟수가 '한 번'이라는 뜻을 보충한다.

STEP 2　'주어'는 '모임'을 의미하는 '聚会'이고, '这个'는 주어 앞에서 주어를 수식하는 관형어이다. '每年'은 부사어로서 주어 뒤, 술어 앞에 위치한다.

★聚会 jùhuì 명 모임 | ★举办 jǔbàn 통 개최하다, 거행하다, 열다

---

4 顺序　一下　排列　请重新 ──────────── [동사 + 一下 + 목적어A　A를 좀 ~하다]

동사+부사	동사	수량사	명사
请重新	**排列**	**一下**	**顺序**。
술어1+부사어	술어2	동량보어	목적어

순서를 다시 배열 좀 해 주세요.

STEP 1　술어인 '排列'는 '배열하다'라는 의미의 동사이고, 술어 '排列'의 목적어는 '순서'라는 뜻의 '顺序'이다. 수량사 '一下'는 술어 뒤, 목적어 앞에서 '좀 ~하다'라는 의미를 나타내는 동량보어이다.

STEP 2　'请'은 '~해 주세요'라는 의미로, 보통 문장의 맨 앞에 쓰인다. '重新'은 부사로서 술어 앞에 위치한다.

★重新 chóngxīn 부 다시, 재차 | ★排列 páiliè 통 배열하다, 정렬하다 | 一下 yíxià 수량 [동사 뒤에 쓰여 '좀 ~하다'의 뜻을 나타냄] | ★顺序 shùnxù 명 순서, 차례

5 重新检查了 我 把行李 一遍 ──────────── [重新 + 동사 + 一遍 새로 다시 한 번 ~하다]

대사	개사+명사	부사+동사+조사	수사+양사	
我	把行李	重新检查了	一遍。	나는 짐을 다시 한 번 검사했다.
주어	부사어	술어+了	동량보어	

STEP 1 조사 '了' 앞의 동사 '检查'가 술어이다. '遍'은 동작이 진행되는 '처음부터 끝까지의 과정'을 나타내는 양사로, 동사 뒤에 위치해 동량보어를 이룬다.

STEP 2 부사어 '把行李'는 주어 '我' 뒤에 위치한다.

把 bǎ 개 ~를 [처치의 결과를 나타냄] | 行李 xíngli 명 짐, 여행짐 | 检查 jiǎnchá 동 검사하다 | ★ 遍 biàn 양 번, 차례, 회

---

6 让人 姐姐做的汤 受不了 酸得 ──────────── [술어 + 得让人受不了 사람을 못 견디게 하다]

명사+동사+조사+명사	형용사+조사	동사	동사+부사+동사	
姐姐做的汤	酸得	让人	受不了。	언니가 만든 국은 너무 셔서 견딜 수가 없다.
관형어+的+주어	술어+得		정도보어	

STEP 1 형용사 '酸'이 문장의 술어로 쓰였다. '得'는 술어 뒤에 쓰여 결과나 정도를 나타내는 보어를 연결시키는 조사이므로, '得' 뒤에는 보어 성분이 위치해야 한다. '让人'과 '受不了'가 하나의 문장을 이루어 '得' 뒤에 정도보어로 쓰였다. '不了'는 동사 뒤에서 불가능을 나타낸다.

STEP 2 주어는 명사 '汤'으로, '姐姐做的'의 수식을 받는다.

★ 汤 tāng 명 국, 탕 | ★ 酸 suān 형 시다 | 让 ràng 동 (어떤 일을) 하게 하다, 하도록 하다 | ★ 受不了 shòubuliǎo 견딜 수 없다, 참을 수 없다

 겸어문을 만드는 동사 '让 ràng'
동사 '让'은 '让+A(명/대)+B(술어)'의 어순으로 쓰여, 'A가 B하게 만들다'라는 의미를 나타낸다. 이때, A는 '让'의 '목적어'이자, 동시에 B를 행하는 '의미상의 주어'로서, 두가지 역할을 겸하므로 '겸어'라고 부른다.

---

7 一下 周围饭店的 请你 信息 查 ──────────── [查一下信息 정보를 좀 찾아보다]

동사+대사	동사	수량사	명사+명사+조사	명사	
请你	查	一下	周围饭店的	信息。	당신이 주변 식당의 정보를 좀 찾아봐 주세요.
술어1+목적어/주어	술어2	동량보어	관형어+的	목적어	

STEP 1 '좀 ~하다'라는 의미의 수량사 '一下'는 보어로서, 술어(查) 뒤에 위치한다.

STEP 2 목적어 '信息'는 '周围饭店的'의 수식을 받으며, 보어 '一下' 뒤에 위치해야 한다. '请'은 '~해 주세요'라는 의미로, 보통 문장의 맨 앞에 쓰인다.

查 chá 동 (뒤져서) 찾아보다, 검사하다 | ★ 周围 zhōuwéi 명 주변, 주위 | ★ 信息 xìnxī 명 정보

8 不出来 激动得 说 他 了 ──────────── [激动得说不出来 감격하여 말이 나오지 않다]

대사	동사+조사	동사	부정부사+동사	조사	
他	激动得	说	不出来	了。	그는 감격하여 말이 나오지 않았다.
주어	술어+得		정도보어		

STEP 1   '得'는 술어 뒤에 쓰여 결과나 정도를 나타내는 보어를 연결시키는 조사이다. 조사 '得' 앞의 동사 '激动'이 술어이고, '得' 뒤에는 보어가 쓰여야 한다. '不出来'는 동사 뒤에 쓰여 '숨겨져 있다가 드러남'을 나타내는 말로, 동사 '说' 뒤에 쓰여 '말이 나오지 않는다'라는 뜻을 나타낸다. 조사 '了'는 문장 끝에 위치한다.

STEP 2   '他'는 주어로서 문장 맨 앞에 위치한다.

★ **激动** jīdòng 동 감격하다 | **出来** chūlai 동 [동사 뒤에 쓰여 '숨겨져 있다가 드러남'을 나타냄]

---

25 개사(1) 역할·위치

본서 p.273

● **Day 27**

1 我们明天早上从公司出发。
2 我们会严格按照规定去做的。
3 在加油站抽烟很危险。
4 母亲对姐姐非常严格。
5 那是一本关于中国历史的小说。
6 售货员给他出了一个好主意。
7 他对昨天发生的事感到很难过。
8 我们应该积极地向别人学习。

1 公司 早上 从 我们明天 出发 ──────────── [从 + 장소 + 出发 ~에서 출발하다]

대사 명사	명사	개사	명사	동사	
我们明天	早上	从	公司	出发。	우리는 내일 아침에 회사에서 출발한다.
주어	부사어			술어	

STEP 1   '출발하다'라는 뜻의 동사 '出发'가 술어로 쓰였다. 출발점을 나타내는 개사 '从'은 장소명사 '公司'와 하나의 개사구(从公司)를 이루어, 술어 앞에서 '회사에서'라는 의미를 보충한다.

STEP 2   시간명사 '早上'은 '明天'과 함께 주어 뒤에서 부사어 역할을 한다.

★ **出发** chūfā 동 출발하다

---

2 我们 按照 会严格 去做的 规定 ──────────── [按照规定 + 행동 규정에 따라 ~하다]

대사	조동사+동사	개사	명사	동사+동사+조사	
我们	会严格	按照	规定	去做的。	우리는 엄격하게 규정에 따라 할 것이다.
주어		부사어		술어1+술어2+的	

STEP 1   '去'는 동사 앞에서 '~를 하려 하다'라는 의미를 나타낼 수 있는 동사이다. 이 문장에서는 동사 '去'와 동사 '做'가 함께 술어로 쓰였다. 개사 '按照'는 명사 '规定'과 자주 함께 쓰인다.

STEP 2   '~할 것이다'라는 의미의 조동사 '会'는 일반적으로 문장 끝에 '的'를 동반한다. 주어 '我们'은 문장 맨 앞에 위치한다.

会 huì [조동] ~할 것이다 | ★严格 yángé [동] 엄하게 하다, 엄격히 하다 | ★按照 ànzhào [개] ~에 따라 | ★规定 guīdìng [명] 규정, 규칙 | 去 qù [동] ['去+동사'로 쓰여 동사가 진행하려는 의미를 나타냄] | 做 zuò [동] 하다

---

3   在   很危险   抽烟   加油站   ——————— [在 + 장소A + 행동B   A에서 B하다]

개사	명사	동사	정도부사+형용사
在	加油站	抽烟	很危险。
	주어		부사어+술어

주유소에서 담배를 피우는 것은 위험하다.

STEP 1   정도부사 '很'은 '위험하다'라는 뜻의 술어 '危险'을 수식한다. 형용사 술어문은 술어 뒤에 목적어를 취하지 않는다.

STEP 2   비교적 긴 구가 주어로 쓰인 문장이다. 장소명사 '加油站'은 장소를 이끄는 개사 '在' 뒤에 위치해야 하며, '在加油站'은 동사 '抽烟' 앞에 위치해야 한다.

在 zài [개] ~에서 | ★加油站 jiāyóuzhàn [명] 주유소 | ★抽烟 chōuyān [동] 담배를 피우다 | ★危险 wēixiǎn [형] 위험하다

---

4   非常   母亲   严格   对姐姐   ——————— [A对B非常严格   A는 B에 대해 매우 엄격하다]

명사	개사+명사	정도부사	형용사
母亲	对姐姐	非常	严格。
주어	부사어		술어

어머니는 언니에게 매우 엄격하다.

STEP 1   술어는 형용사 '严格'로, 정도부사 '非常'의 수식을 받는다.

STEP 2   '对'는 '행동의 대상'을 술어 앞으로 이끄는 개사이므로, 행동의 대상인 '姐姐'는 '非常严格' 앞에 위치해야 한다. '母亲'은 주어이므로, 문장 맨 앞에 위치한다.

★母亲 mǔqīn [명] 어머니

 중국어는 꾸며 주는 성분이 무엇인가에 따라 기본 어순과 다르게 쓰이는 경우가 종종 발생한다. 정도부사는 형용사와 매우 밀접하게 의미 결합을 하기 때문에, 예제 문장처럼 '개사구+정도부사+형용사' 순서로, 정도부사가 형용사 바로 앞에 위치한다. 중국어의 의미 표현의 포인트를 하나씩 알아가다 보면, 기본 어순인 '부+조+개+동'과 다른 예외적인 경우가 주어져도 쉽게 파악할 수 있다.

---

5   小说   关于   那是   中国历史的   一本   ——————— [A + 是 + (수량사) + 关于 + B + 的 + C   A는 B에 관한 C이다]

지시대사+동사	수사+양사	개사	명사+명사+조사	명사
那是	一本	关于	中国历史的	小说。
주어+술어			관형어+的	목적어

그것은 중국 역사에 관한 소설이다.

STEP 1   'A是B' 형식의 문장에서 주어와 목적어는 '동격'이다. 주어 '那'와 동일한 대상이 될 수 있는 명사 '小说'가 목적어가 된다.

STEP 2   '~에 관한'이라는 뜻의 개사 '关于'는 '中国历史的' 앞에 위치하고, 수량사 '一本'은 개사구 앞에 위치한다.

关于 guānyú 개 ~에 관한 | 历史 lìshǐ 명 역사 | ★小说 xiǎoshuō 명 소설

---

6   出了   售货员   一个好主意   给他   [给……出主意 ~에게 아이디어를 내다]

명사	개사+대사	동사+조사	수사+양사+형용사+명사	
售货员	给他	出了	一个好主意。	판매원은 그에게 좋은 아이디어를 냈다.
주어	부사어	술어+了	관형어+목적어	

STEP 1   동사 '出'와 명사 '主意'는 '出主意'라는 형태로 쓰여, '아이디어를 내다'라는 의미를 나타낸다. 주어는 아이디어를 내는 주체인 '售货员'이다. 일반적으로 직업, 신분은 주어로 많이 쓰인다.

STEP 2   개사 '给'는 술어 앞에 위치해 '행위의 대상'을 나타내는 개사구를 이끈다.

★售货员 shòuhuòyuán 명 판매원 | 出 chū 동 (생겨)나다 | ★主意 zhǔyi 명 아이디어, 생각, 방법

---

7   感到   他对   很难过   昨天发生的事   [A对B感到 + 감정C   A는 B에 대해 C를 느끼다]

대사+개사	명사+동사+조사+명사	동사	정도부사+형용사	
他对	昨天发生的事	感到	很难过。	그는 어제 일어난 일에 대해 괴로움을 느꼈다.
주어	부사어	술어	목적어	

STEP 1   '感到(느끼다)'는 감정을 나타내는 말을 목적어로 취하므로, 목적어로는 '很难过'가 오는 것이 맞다. 개사 '对'는 판단하고 느끼는 대상인 '昨天发生的事'와 함께 쓰여 술어 앞에 위치한다.

STEP 2   감정을 느끼는 주체는 사람이므로, 대사 '他'가 주어로서 맨 앞에 쓰인다.

★发生 fāshēng 동 발생하다 | 感到 gǎndào 동 느끼다, 여기다 | 难过 nánguò 형 괴롭다, 고통스럽다

---

8   向   我们应该   别人学习   积极地   [A向B学习   A가 B를 본받다]

대사+조동사	형용사+조사	개사	대사+동사	
我们应该	积极地	向	别人学习。	우리는 적극적으로 다른 사람을 본받아야 한다.
주어	부사어		술어	

STEP 1   '向'은 동작을 받는 대상을 나타내는 개사로, 이 문장에서는 술어 '学习'와 함께 'A向B学习' 형태로 쓰여 'A가 B를 본받다'라는 의미를 나타낸다. 주어는 동작(学习)의 주체인 '我们'이다.

STEP 2   '积极地'는 술어 앞에서 부사어 역할을 한다. '应该'는 '마땅히 ~해야 한다'는 뜻으로, 뒤에 당위성을 나타내는 문장이 와야한다.

应该 yīnggāi 조동 ~해야 한다 | ★积极 jījí 형 적극적이다 | 向 xiàng 개 ~에게 | 别人 biérén 대 다른 사람 | 学习 xuéxí 동 본받다

쓰기 제1부분 26 개사(2) 시간·장소

본서 p.277

● **Day 28**

1 那位演员出生于1976年。
2 您可以在网上打印登机牌。
3 首尔离北京大约5380公里。
4 我们下午两点由办公室出发。
5 飞机上的乘客几乎都来自亚洲。
6 从这儿到海洋馆大约需要半个小时。
7 每当和家人在一起的时候，我都会感到幸福。
8 我们现在距离加油站还有8公里。

---

1 出生于 那位 1976年 演员 ────── [A出生于B[시간/장소] A는 B에(서) 태어났다]

지시대사+양사	명사	동사+개사	수사+양사
那位	演员	出生于	1976年。
관형어	주어	술어	보어

그 배우는 1976년에 태어났다.

STEP 1 '出生于'는 '~에(서) 태어나다'라는 의미이다. 개사 '于'는 자주 술어 뒤에서 '시간'이나 '장소'를 나타내는 말을 이끈다.

STEP 2 '位'는 사람을 세는 양사로서, '배우'라는 뜻의 주어 '演员' 앞에 위치한다. '지시대사+양사+명사' 어순을 기억하자.

位 wèi 양 분, 명 [공경의 뜻을 내포함] | ★演员 yǎnyuán 명 배우, 연기자 | ★出生 chūshēng 동 태어나다, 출생하다 | 于 yú 개 ~에, ~에서

---

2 可以在 您 打印登机牌 网上 ────── [在 + 장소A + 행동B A에서 B하다]

대사	조동사+개사	명사	동사+명사
您	可以在	网上	打印登机牌。
주어	부사어		술어+목적어

당신은 인터넷에서 탑승권을 인쇄할 수 있다.

STEP 1 '打印'은 '인쇄하다'라는 의미로, 출력하는 대상이 될 수 있는 사물 '登机牌'를 목적어로 취한다.

STEP 2 '在' 뒤에는 장소 목적어로서 '网上'이, 문장 맨 앞에는 행동을 하는 주체인 주어 '您'이 위치한다.

在 zài 개 ~에서 | 网上 wǎngshàng 명 인터넷 | ★打印 dǎyìn 동 인쇄하다, 프린트하다 | ★登机牌 dēngjīpái 명 탑승권

---

3 首尔 公里 大约 离北京 5380 ────── [장소A + 离 + 장소B + 숫자 + 公里 A는 B에서 ~km 된다]

명사	개사+명사	부사	수사	양사
首尔	离北京	大约	5380	公里。
주어	부사어			술어

서울에서 베이징까지 대략 5380km 정도 된다.

STEP 1 부사 '大约'는 술어 역할을 하는 수사(5380) 앞에 단독으로 올 수 있다. '公里'는 킬로미터(km)를 나타내는 양사로, 숫자 '5380' 뒤에 쓰인다.

STEP 2 '离'는 'A离B' 형식으로 쓰여, '장소A'가 기준점인 '장소B'까지 얼마만큼 떨어져 있음을 나타낸다. 이 문장에서 기준점이 되는 장소는 '北京'이고, 주어는 '北京'과 같은 맥락의 단어 '首尔'이다.

首尔 Shǒu'ěr [고유] 서울 | 离 lí [개] ~에서, ~로부터, ~까지 | ★大约 dàyuē [부] 대략, 대강, 얼추 | ★公里 gōnglǐ [양] 킬로미터

> **tip** 수량사 앞에 올 수 있는 일부 부사
> 부사는 주로 술어 앞에서 술어의 의미를 꾸며주지만, 일부 부사는 술어 없이 수량사를 바로 앞에서 꾸며 줄 수 있다. 대표적인 부사로 '已经 yǐjing 이미' '大约 dàyuē 대략, 대강' '一共 yígòng 모두' '才 cái 겨우' 등이 있다.

---

4 由 我们下午 出发 两点 办公室 ────────────── [由 + 장소 + 出发 ~에서 출발하다]

대사+명사　수사+양사　개사　명사　동사
我们下午　两点　由　办公室　出发。 우리는 오후 2시에 사무실에서 출발한다.
주어　　　부사어　　　　　술어

STEP 1 '출발하다'라는 의미의 동사 '出发'가 술어로 쓰였다. '由'는 '~에서'라는 의미를 나타내는 개사로, 장소명사 '办公室'와 함께 술어 앞에 부사어의 일부로 쓰였다.

STEP 2 '2시'라는 시각을 나타내는 표현 '两点'은 의미상, 시간명사인 '下午' 뒤에 위치하여 '오후 2시'임을 나타낸다.

点 diǎn [양] 시 | ★由 yóu [개] ~에서 | 办公室 bàngōngshì [명] 사무실 | ★出发 chūfā [동] 출발하다

---

5 几乎都 亚洲 飞机上的乘客 来自 ────────────── [A + 来自 + 장소 A는 ~에서 왔다]

명사+명사+조사+명사　부사+부사　동사+개사　명사
飞机上的乘客　几乎都　来自　亚洲。 비행기에 있는 승객은 거의 모두 아시아에서 왔다.
관형어+的+주어　　부사어　　술어　　보어

STEP 1 개사 '自'는 술어 '来' 뒤에 위치하여 '来自' 형태로 자주 쓰인다. '自' 뒤에는 출처 또는 근원이 되는 장소(亚洲)를 동반한다. 주어는 동작의 주체인 '乘客'이다.

STEP 2 '几乎都'는 부사어로서, 주어 뒤, 술어 앞에 위치한다.

乘客 chéngkè [명] 승객 | 几乎 jīhū [부] 거의 | 自 zì [개] ~에서부터 | ★亚洲 Yàzhōu [고유] 아시아

6 到海洋馆　半个小时　大约需要　从这儿　-　[从 + 장소A + 到 + 장소B + 需要 + 시간C A에서 B까지 C 정도 걸린다]

개사+명사	개사+명사	부사+동사	수사+양사+명사	
从这儿	到海洋馆	大约需要	半个小时。	여기에서 아쿠아리움까지 대략 30분 정도 걸린다.
주어		부사어+술어	목적어	

STEP 1　동사 '需要'는 '~가 필요하다'라는 의미로, 시간을 목적어(半个小时)로 취하여 '소요되는 시간의 양'을 나타낼 수 있다.

STEP 2　'大约'는 동사 앞에서 '대략'이라는 의미를 나타낸다. 개사 '从'과 '到'는 '从A到B'의 형태로 쓰여, '출발점(A)으로부터 도착점(B)까지'라는 뜻을 나타낸다.

到 dào 개 ~까지 | 海洋馆 hǎiyángguǎn 명 아쿠아리움, 수족관 | 需要 xūyào 동 필요하다 | 半 bàn 수 절반

---

7 我都会　时候　每当和家人　感到很幸福　在一起的 ——————————— [当……的时候 ~할 때]

대사+개사+접속사+명사	동사+명사+조사	명사	대사+부사+조동사	동사+형용사	
每当和家人	在一起的	时候，	我都会	感到很幸福。	가족과 함께 있을 때마다 나는 행복을 느낀다.
	부사어		주어+부사어	술어+목적어	

STEP 1　'当+동사구+的时候'는 보통 주어 앞에 위치하여 '행동이 이루어지는 시간'을 나타낸다.

STEP 2　술어로 쓰인 동사 '感到'는 '느끼다'라는 뜻이므로, 목적어는 감정을 나타내는 형용사인 '幸福', 주어는 감정을 느끼는 주체인 '我'이다. '都会'는 부사어로서 주어 뒤, 술어 앞에 위치한다.

★当 dāng 개 [바로 그 시간이나 그 장소를 가리킬 때 쓰임] | 家人 jiārén 명 가족 | 在 zài 동 ~에 있다 | 会 huì 조동 ~할 수 있다 [미래 가능성을 나타냄] | 感到 gǎndào 동 느끼다, 여기다 | ★幸福 xìngfú 형 행복하다

---

8 现在距离　8公里　加油站　我们　还有 ——————— [장소A + 距离 + 장소B + 有 + 숫자 + 公里 A는 B까지 ~km 된다]

대사	명사+개사	명사	부사+동사	수사+양사	
我们	现在距离	加油站	还有	8公里。	우리는 지금 주유소까지 아직 8킬로미터 정도 남았다.
주어		부사어		술어	목적어

STEP 1　개사 '距离'는 자주 동사 '有'와 함께 쓰여 'A距离B有C' 형식으로 'A가 B에서 C 정도 (거리가) 있다'라는 의미를 나타낸다.

STEP 2　'距离' 뒤에는 장소명사가 와야 하므로 'A距离B有C'에서 B에 해당하는 단어는 '加油站'이다. '我们'은 주어로서 문장 맨 앞에 위치한다.

★距离 jùlí 개 ~로부터 (떨어지다) | ★加油站 jiāyóuzhàn 명 주유소 | 还 hái 부 더, 또

개사(3) 대상

쓰기 제1부분 27

본서 p.281

● **Day 29**

1 这次活动由小张负责。
2 抽烟对身体没有任何好处。
3 护士正在给那位病人打针。
4 这是一篇关于保护环境的文章。
5 职业与专业没有太大关系。
6 图书馆为大家提供了很好的阅读环境。
7 好吃的东西容易被儿童接受。
8 爸爸把信用卡的密码改了。

---

1 由 这次活动 负责 小张 ──────── [A由B负责 A는 B가 책임진다]

지시대사+양사+명사	개사	명사	동사	
这次活动	由	小张	负责。	이번 행사는 샤오장[小张]이 책임진다.
관형어+주어	부사어		술어	

STEP 1 '책임지다'라는 뜻의 동사 '负责'가 술어인 문장이다.

STEP 2 '대상'을 이끄는 개사 '由'는 책임을 지는 주체인 '小张'과 함께 술어 앞에 쓰인다. 주어는 '小张'이 책임지는 대상인 '这次活动'으로, 문장 맨 앞에 위치한다.

★活动 huódòng 명 행사, 활동 | ★由 yóu 개 ~가 | ★负责 fùzé 동 책임지다

---

2 任何 抽烟对 没有 好处 身体 ──────── [A对B没有任何好处 A는 B에 어떤 좋은 점도 없다]

동사+개사	명사	부사+동사	형용사	명사	
抽烟对	身体	没有	任何	好处。	흡연은 몸에 어떤 좋은 점도 없다.
주어	부사어	술어	관형어	목적어	

STEP 1 '有好处'는 '좋은 점이 있다'라는 의미를 나타내는 '술어(有)+목적어(好处)' 조합 빈출 표현이다. 이 문장에서는 부정부사 '没'가 술어 '有'를 수식하고 있으므로 '좋은 점이 없다'라는 의미를 나타낸다. 형용사 '任何'는 관형어로서 목적어(好处)를 수식한다.

STEP 2 '身体'는 개사 '对'의 목적어로서 '对' 뒤에 위치한다.

★抽烟 chōuyān 동 흡연하다, 담배를 피우다 | ★任何 rènhé 대 어떠한, 무슨 | ★好处 hǎochù 명 좋은 점, 장점

---

3 给那位病人 护士 打针 正在 ──────── [A给B打针 A가 B에게 주사를 놓다]

명사	부사	개사+지시대사+양사+명사	동사	
护士	正在	给那位病人	打针。	간호사는 그 환자에게 주사를 놓아 주고 있다.
주어	부사어		술어	

27 개사(3) 대상 233

STEP 1 '打针'은 '주사를 놓다'라는 의미의 이합동사로, 뒤에 목적어를 취하지 않는다. 주어는 주사를 놓는 주체인 '护士'로, 문장 맨 앞에 위치한다.

STEP 2 주사를 맞는 대상인 '那位病人'은 개사 '给'와 함께 개사구를 이루어 술어 앞에 위치한다. 현재 진행을 나타내는 부사 '正在'는 주어 뒤, 개사구 앞에 위치해야 한다.

★护士 hùshi 몡 간호사 | 正在 zhèngzài 틘 (지금) ~하고 있다 | 位 wèi 앵 분, 명 | 病人 bìngrén 몡 환자 | ★打针 dǎzhēn 동 주사를 놓다, 주사를 맞다

---

4 关于保护环境的　这是　文章　一篇 ────────── [A是关于B的C A는 B에 관한 C이다]

지시대사+동사	수사+양사	개사+동사+명사+조사	명사
这是	一篇	关于保护环境的	文章。
주어+술어		관형어+的	목적어

이것은 환경을 보호하는 것에 관한 글이다.

STEP 1 술어는 '是', 주어는 '这', 목적어는 명사 '文章'이다.

STEP 2 '一篇(수량사)+关于保护环境(개사구)+的'는 목적어 '文章'을 수식한다.

★篇 piān 앵 편, 장 [문장·종이 등을 세는 단위] | 关于 guānyú 개 ~에 관한 | ★保护 bǎohù 동 보호하다 | 环境 huánjìng 몡 환경 | ★文章 wénzhāng 몡 글, 문장

---

5 没有　职业　关系　与专业　太大 ────────── [A与B没有关系 A는 B와 관계가 없다]

명사	개사+명사	부사+동사	정도부사+형용사	명사
职业	与专业	没有	太大	关系。
주어	부사어	술어	관형어	목적어

직업은 전공과 그다지 큰 관계가 없다.

STEP 1 '没(부정부사)+有(술어)+关系(목적어)'는 함께 쓰여 '관계가 없다'라는 뜻을 나타낸다. 주어는 명사 '职业'이다.

STEP 2 '정도부사(太)+형용사(大)' 조합의 표현은 종종 구조조사 '的' 없이 명사(关系)를 수식할 수 있다. 개사 '与'는 '专业'와 함께 개사구를 이루어 부정부사(没) 보다 앞에 위치한다.

★职业 zhíyè 몡 직업 | ★与 yǔ 개 ~와 | ★专业 zhuānyè 몡 전공 | 太 tài 틘 그다지, 그리 | 关系 guānxi 몡 관계

---

6 图书馆　阅读环境　很好的　提供了　为大家 ────────── [为A提供B A에게 B를 제공하다]

명사	개사+명사	동사+조사	정도부사+형용사+조사	동사+명사
图书馆	为大家	提供了	很好的	阅读环境。
주어	부사어	술어+了	관형어+的	목적어

도서관은 모두에게 좋은 독서 환경을 제공했다.

STEP 1 개사 '为'와 동사 '提供'은 자주 함께 쓰이는 어휘 조합으로, '~에게 제공하다'라는 의미를 나타낸다.

STEP 2 술어 뒤에는 제공이 되는 대상인 '阅读环境'이 위치하고, 목적어 '阅读环境'은 '很好的'의 수식을 받는다. 문장 맨 앞에는 무언가를 '제공'하는 주체인 '图书馆'이 주어로서 위치한다.

图书馆 túshūguǎn 명 도서관 | 为 wèi 개 ~에게 | ★提供 tígōng 동 제공하다, 공급하다 | ★阅读 yuèdú 동 (책이나 신문을) 보다 | 环境 huánjìng 명 환경

---

7 容易被 接受 好吃的东西 儿童 ─────────────────── [A被B接受 A는 B에게 받아들여지다]

형용사+조사+명사	형용사+개사	명사	동사
好吃的东西	容易被	儿童	接受。
관형어+的+주어	부사어		술어

맛있는 음식은 어린이에게 쉽게 받아들여진다.

STEP 1 '받아들이다'라는 뜻의 동사 '接受'가 술어로 쓰인 문장이다.

STEP 2 개사 '被(~에게)' 뒤에는 받아들이는 '주체'인 '儿童'이 위치해야 하고, 받아들여지는 '대상'인 '好吃的东西'는 주어로서 문장 맨 앞에 위치해야 한다.

容易 róngyì 형 ~하기 쉽다 | 被 bèi 개 ~에게 ~를 당하다 | ★儿童 értóng 명 어린이, 아동 | ★接受 jiēshòu 동 받아들이다, 받다, 수락하다

'被 bèi'자문에 쓰이는 '술어'와 '기타 성분'
피동을 나타내는 '被'자문은 기본적으로 '행위 대상+被+행위 주체+술어+기타 성분'의 어순을 따른다. 보통 술어 뒤에는 일어난 사건의 결과를 나타내는 '기타 성분'이 오지만, 일부 2음절 동사는 기타 성분 없이 단독으로 쓰이기도 한다. 자세한 내용은 본서의 34과 '被'자문 단원에서 확인하도록 하자. (p.309 참고)

---

8 改了 爸爸 信用卡的 把 密码 ─────────────────── [把A改了 A를 바꿨다]

명사	개사	명사+조사	명사	동사+조사
爸爸	把	信用卡的	密码	改了。
주어		부사어		술어+了

아빠는 신용카드의 비밀번호를 바꿨다.

STEP 1 술어는 동사 '改'이다. 동태조사 '了'가 붙어 있는 어휘는 술어일 가능성이 높다. 주어는 '바꾼다'는 행위의 주체가 되는 '爸爸'이다.

STEP 2 개사 '把'의 목적어는 행동을 받는 대상인 명사 '密码'이며, '信用卡的'는 행위의 대상인 '密码'를 앞에서 수식한다. 개사구(把信用卡的密码)는 주어 뒤, 술어 앞에 위치한다.

把 bǎ 개 ~를 [처치의 결과를 나타냄] | 信用卡 xìnyòngkǎ 명 신용카드 | ★密码 mìmǎ 명 비밀번호, 패스워드 | 改 gǎi 동 바꾸다, 고치다

개사(4) 방향·원인·목적

본서 p.285

● **Day 30**

1 别往汤里放太多盐。
2 他为他的女儿感到骄傲。
3 少使用塑料袋是为了保护环境。
4 由于天气变化，活动推迟到下周了。
5 那场大火是由什么原因引起的?
6 这堂课主要向大家介绍中国历史。
7 为了考上艺术学校，他下了很大的功夫。
8 很多东西价格高是因为广告费高。

---

1 汤里 别往 太多盐 放 ——————————————————— [往A放B A에 B를 넣다]

부사+개사	명사+명사	동사	정도부사+형용사+명사
别往	汤里	放	太多盐。
부사어		술어	관형어+목적어

국에 소금을 너무 많이 넣지 마.

STEP 1 '넣다'라는 뜻의 동사 '放'이 술어이고, 목적어는 명사 '盐'이다. '너무 많다'라는 의미를 나타내는 '太多'는 목적어 '盐'을 수식한다.

STEP 2 개사 '往'은 방향을 나타내는 개사로서, '往' 뒤에는 장소를 나타내는 말(汤里)이 위치해야 한다. 부사 '别'는 금지를 나타내는 말로, 일반적으로 문장 맨 앞에 위치한다.

往 wǎng 개 ~를 향해, ~쪽으로 | ★汤 tāng 명 탕, 국 | 放 fàng 동 넣다 | ★盐 yán 명 소금

---

2 骄傲 他为 感到 他的女儿 ——————————————— [为 + 원인A + 感到 + 감정B A 때문에 B를 느끼다]

대사+개사	대사+조사+명사	동사	형용사
他为	他的女儿	感到	骄傲。
주어	부사어	술어	목적어

그는 그의 딸 때문에 자긍심을 느낀다.

STEP 1 '感到'는 '(어떠한 감정을) 느끼다'라는 의미의 동사로서, 목적어로 '骄傲'를 취하여 '자긍심을 느끼다'라는 의미를 나타낸다. 개사 '为'는 그 감정을 느끼게 하는 '원인'을 목적어(他的女儿)로 취한다.

STEP 2 '他'는 '为' 앞에 있으므로, 주어임을 알 수 있다.

为 wèi 개 ~때문에 | 感到 gǎndào 동 느끼다, 여기다 | ★骄傲 jiāo'ào 형 자랑스럽다

---

3 保护环境 少使用 是为了 塑料袋 ——————————— [행위A + 是为了 + 목적B A는 B를 위함이다]

형용사+동사	명사	동사+개사	동사+명사
少使用	塑料袋	是为了	保护环境。
주어		술어	목적어

비닐봉지를 적게 사용하는 것은 환경을 보호하기 위함이다.

STEP 1 '为了'는 '목적'을 나타내는 개사로, '保护环境'을 목적어로 취하여 개사구 '为了保护环境'을 이룬다. 술어 '是' 뒤에 이어지는 이 개사구는 문장의 목적어가 된다.

STEP 2 의미상 '少使用'의 목적어는 '塑料袋'이다. 그리고 술어+목적어 조합의 표현 '少使用塑料袋'가 전체 문장의 주어로 쓰였다.

★**使用** shǐyòng 동 사용하다 | **塑料袋** sùliàodài 명 비닐봉지 | **为了** wèile 개 ~하기 위하여 | ★**保护** bǎohù 동 보호하다 | **环境** huánjìng 명 환경

---

4 到下周 由于 活动推迟 了 天气变化 ────────── [由于 + 원인A, 행위B　A 때문에 B하다]

개사+명사+명사	명사+동사	개사+명사	조사	
由于　天气变化,	活动推迟	到下周	了。	날씨 변화 때문에 행사는 다음 주로 미뤄졌다.
부사어	주어+술어	보어		

STEP 1 술어는 '미루다'라는 의미의 동사 '推迟'이다. '由于'는 '원인'을 나타내는 개사로, 문장 앞으로 '원인(天气变化)'을 이끈다.

STEP 2 '到'와 '下周'는 함께 쓰여 '동작이 이루어지는 시간'을 나타내며 보어로서 의미를 보충한다. '了'는 보어 뒤에 위치해야 한다.

★**由于** yóuyú 개 ~때문에 | **变化** biànhuà 명 변화 | ★**活动** huódòng 명 행사, 활동 | ★**推迟** tuīchí 동 늦추다, 연기하다, 지연시키다 | **到** dào 개 ~까지 | **下周** xiàzhōu 명 다음 주

---

5 大火是 那场 由 引起的 什么原因 ────────── [A + 是 + 由 + 원인B + 引起的　A는 B로 인해 일어났다]

지시대사+양사	명사+동사	개사	대사+명사	동사+조사	
那场	大火是	由	什么原因	引起的?	그 큰불은 어떤 원인으로 인해 일어났는가?
관형어	주어+술어		목적어+的		

STEP 1 '由'는 원인(什么原因)을 이끄는 개사로, 자주 동사 '引起'와 함께 쓰인다. '什么'는 의문을 나타내므로, 문장 끝에는 '?'(물음표)'가 위치해야 한다.

STEP 2 술어 '是' 앞의 '大火'는 주어로, 자연 현상을 셀 때 쓰는 양사 '场'의 수식을 받는다. '是……的' 강조 구문을 사용하여 과거에 일어난 일을 강조하는 문장이다.

★**场** cháng 양 [일의 경과·자연 현상 따위의 횟수를 세는 말] | **大火** dàhuǒ 명 큰불 | ★**由** yóu 개 ~로 인하여, ~로 말미암아 | ★**原因** yuányīn 명 원인 | ★**引起** yǐnqǐ 동 일어나다, 일으키다

 '是……的' shì……de 강조 구문
이미 발생한 일에 대한 시간, 장소, 원인, 방식, 조건, 목적, 행동 등의 구체적인 내용을 '강조'하는 문장으로, 강조하는 내용은 '是'와 '的' 사이에 온다.

6 中国历史 这堂课 主要 介绍 向大家 ────────────── [向A介绍B A에게 B를 소개하다]

지시대사+양사+명사	부사	개사+대사	동사	명사+명사	
这堂课	主要	向大家	介绍	中国历史。	이 수업은 주로 사람들에게 중국 역사를 소개한다.
관형어+주어	부사어		술어	관형어+목적어	

STEP 1 개사구 '向大家'는 술어인 동사 '介绍' 앞에 쓰인다. '介绍' 뒤에는 소개되는 대상인 '中国历史'가 목적어로서 위치한다.

STEP 2 '主要'는 '주로'라는 의미의 부사로 술어(介绍) 앞에 위치한다.

堂 táng 양 시간 [수업 횟수를 세는 데 쓰임] | 主要 zhǔyào 부 주로, 대부분 | 向 xiàng 개 ~에게 | 历史 lìshǐ 명 역사

> **tip** '向 xiàng'과 '给 gěi'를 바꿔 쓸 수 있는 경우
> 행동을 받는 대상을 나타낼 경우에는 두 어휘를 바꿔 쓸 수 있다. 대표적으로는 '向/给······介绍 xiàng/gěi······jièshào'가 있다.

---

7 考上 为了 很大的功夫 艺术学校 他下了 ────────────── [为了 + 목적A, 행위B A를 위해 B하다]

개사	동사	명사+명사	대사+동사+조사	정도부사+형용사+조사+명사	
为了	考上	艺术学校,	他下了	很大的功夫。	예술 학교에 입학하기 위해, 그는 많은 공을 들였다.
	부사어		주어+술어+了	관형어+的+목적어	

STEP 1 '为了'는 목적을 이끄는 개사로, 보통 주어 앞에서 동사구를 목적어로 취한다. '考上'은 학교 등에 시험을 보고 입학하는 것을 나타내며, 대부분 학교(艺术学校)를 목적어로 취한다.

STEP 2 '下功夫'는 '공을 들이다'라는 표현으로, 주어 '他'와 함께 중심 문장을 이룬다.

考上 kǎoshàng 동 시험에 합격하다 | ★艺术 yìshù 명 예술 | ★下功夫 xià gōngfu 공을 들이다, 힘쓰다

---

8 广告费 很多东西 是因为 高 价格高 ────────────── [결과A + 是因为 + 원인B A는 B 때문이다]

정도부사+형용사+명사	명사+형용사	동사+개사	명사	형용사	
很多东西	价格高	是因为	广告费	高。	많은 물건의 가격이 높은 것은 광고비가 높기 때문이다.
주어(결과)		술어	목적어(원인)		

STEP 1 이 문장에서 '因为'는 개사로서 술어 '是' 뒤에 위치하여, '결과A(주어)는 원인B(목적어) 때문이다'라는 의미를 나타내는 'A是因为B' 형식의 문장을 만든다.

STEP 2 문맥상 높은 광고비 때문에 물건 가격이 높아지는 것이므로, 'A是因为B' 형식에서 '원인'에 해당하는 B는 '广告费高'이고, '결과'에 해당하는 A는 '很多东西价格高'이다.

★价格 jiàgé 명 가격, 값 | 因为 yīnwèi 개 ~때문에 | 广告费 guǎnggàofèi 명 광고비

개사(5) 근거·방식

본서 p.289

● **Day 31**

1 这篇文章由4个部分组成。
2 最好不要用生日做密码。
3 人们不应该以自我为中心。
4 这次活动按照原来的计划进行。
5 这本小说是作者根据自己的经历写的。
6 这些报纸是按照时间顺序排列的。
7 很多人开始选择通过旅游来放松心情。
8 随着社会的发展，人们的生活水平也提高了。

---

1 组成　由　4个部分　这篇文章 ────────────── [A由B组成　A는 B로 구성되어 있다]

지시대사+양사+명사	개사	수사+양사+명사	동사	
这篇文章	由	4个部分	组成。	이 문장은 4부분으로 구성되어 있다.
관형어+주어	부사어		술어	

STEP 1 '由'는 방식, 방법을 나타내는 개사로, 자주 동사 '组成'과 함께 '由……组成' 형태로 쓰인다. '4个部分'은 구성되는 방식으로서, '由' 뒤에 쓰인다.

STEP 2 '文章'은 문장의 주어로서 문장 앞 부분에 위치한다.

★ **篇** piān 양 편, 장 [문장·종이 등을 세는 단위] | ★ **文章** wénzhāng 명 문장 | ★ **由** yóu 개 ~로 | ★ **部分** bùfen 명 (전체 중의) 부분, 일부 | **组成** zǔchéng 동 구성하다

---

2 不要　做密码　用　生日　最好 ────────────── [用 + 방식 / 도구A + 做 + 행위B　A로 B하다]

부사	부사	개사	명사	동사+명사	
最好	不要	用	生日	做密码。	생일을 비밀번호로 하지 않는 것이 가장 좋다.
		부사어		술어+목적어	

STEP 1 '做密码'는 '비밀번호로 하다'라는 의미를 나타내는 술어(做)+목적어(密码) 조합 어휘이다. 개사 '用'은 뒤에 '방식' 또는 '도구'를 동반하므로, 비밀번호로 사용되는 '生日'가 '用' 뒤에 쓰인다.

STEP 2 '不要'는 금지를 나타내는 부사이고, '最好'는 문장 맨 앞에서 '最好+문장' 형태로 '~하는 것이 가장 좋다'는 권유 의미를 나타내는 부사이다. 따라서 '最好'와 '不要', 개사구 '用生日'는 '最好不要用生日'의 순서로 쓰인다.

★ **最好** zuìhǎo 부 ~하는 게 제일 좋다 | **不要** búyào 부 ~하지 마라 | **用** yòng 개 ~으로 | ★ **密码** mìmǎ 명 비밀번호, 패스워드

---

3 为中心　不应该　人们　以自我 ────────────── [以A为B　A를 B로 여기다]

대사	부사+조동사	개사+대사	동사+명사	
人们	不应该	以自我	为中心。	사람들은 자신을 중심으로 여겨서는 안 된다.
주어	부사어		술어+목적어	

STEP 1 '以A为B'는 'A를 B로 여기다'라는 의미를 나타내는 형식으로, 이 문장에서는 '以A为中心'의 형태로 활용되었다.

STEP 2 '不应该'는 조동사구로서, 주어인 '人们' 뒤, 개사구 '以自我' 앞에 위치한다.

应该 yīnggāi 조동 ~해야 한다 | ★ 以 yǐ 개 ~으로써 | 自我 zìwǒ 대 자기 자신 | 为 wéi 동 ~으로 여기다 | 中心 zhōngxīn 명 중심

---

4 原来的 进行 这次活动 计划 按照 ────────────── [按照计划 계획에 따라서]

지시대사+양사+명사	개사	명사+조사	명사	동사
这次活动	按照	原来的	计划	进行。
관형어+주어		부사어		술어

이번 행사는 원래 계획에 따라 진행한다.

STEP 1 술어는 '진행하다'라는 뜻의 동사 '进行'으로, 주어는 진행되는 대상인 '活动'이다.

STEP 2 개사 '按照'는 '계획' '근거' '규정' 등에 따라 어떤 일을 하는 것을 나타내므로, '按照' 뒤에는 '계획'을 나타내는 말(原来的计划)이 위치해야 한다.

★活动 huódòng 명 행사, 활동 | ★按照 ànzhào 개 ~에 따라, ~에 의해 | ★原来 yuánlái 형 원래의, 본래의 | ★计划 jìhuà 명 계획 | ★进行 jìnxíng 동 진행하다

---

5 写的 这本小说是 自己的 作者根据 经历 ────────── [A是根据B写的 A는 B를 근거로 썼다]

지시대사+양사+명사+동사	명사+개사	대사+조사	명사	동사+조사
这本小说是	作者根据	自己的	经历	写的。
관형어+주어+술어		목적어+的		

이 소설은 작가가 자신의 경험을 근거로 썼다.

STEP 1 '是'가 문장의 술어, '这本小说'는 주어이다.

STEP 2 개사 '根据'는 뒤에 동작의 근거(自己的经历)를 이끈다. '根据' 앞의 명사 '作者'는 '写'라는 행위를 하는 주체로, 목적어절의 주어가 된다.

★小说 xiǎoshuō 명 소설 | ★作者 zuòzhě 명 저자, 지은이, 작가 | 根据 gēnjù 개 ~에 의거하여 | 自己 zìjǐ 대 자기, 자신 | ★经历 jīnglì 명 경험, 경력 | 写 xiě 동 쓰다

---

6 排列的 是按照 这些报纸 时间顺序 ────────── [按照 + 근거A + 행동B A에 따라 B하다]

지시대사+양사+명사	동사+개사	명사+명사	동사+조사
这些报纸	是按照	时间顺序	排列的。
관형어+주어	是	부사어	술어+的

이 신문들은 시간 순서에 따라 배열되었다.

STEP 1   '是……的' 강조 구문을 사용한 문장으로, '배열하다'라는 의미의 동사 '排列'가 문장의 술어로 쓰였다. 주어는 배열이 되는 대상인 '这些报纸'이다.

STEP 2   '按照'는 배열하는 근거가 되는 '时间顺序'를 취하여 개사구를 이루어 술어 '排列' 앞에서 부사어로 쓰였다.

报纸 bàozhǐ 명 신문 | ★顺序 shùnxù 명 순서, 차례, 순번, 순차 | ★排列 páiliè 동 배열하다, 정렬하다

---

7 很多人　来放松心情　通过旅游　开始选择　———————— [通过A来동사 A를 통해 ~하다]

정도부사+형용사+명사　동사+동사　　개사+동사　　동사+동사+명사
很多人　　开始选择　　通过旅游　　来放松心情。 많은 사람들이 여행을 통해 기분을 푸는 것을 선택하기 시작했다.
관형어+주어　　술어　　　　　　　　　목적어

STEP 1   '通过'는 '~를 통해'라는 의미로, '방식'을 나타내는 개사이다. 동사 '来'는 문장과 문장 사이에 위치해서 앞 문장(通过旅行)은 방법, 뒷 문장(放松心情)은 목적임을 나타낸다.

STEP 2   '开始'와 '选择'는 동사구를 목적어로 취할 수 있는 동사로, 의미상 '选择'는 동사구 '来放松心情'을 목적어로 취하고, '开始'는 '选择'가 이끄는 동사구 '选择来放松心情' 전체를 목적어로 취한다. '很多人'은 문장의 주어로서 맨 앞에 위치한다.

开始 kāishǐ 동 시작하다 | 选择 xuǎnzé 동 선택하다 | ★通过 tōngguò 개 ~를 통해 | 旅游 lǚyóu 동 여행하다, 관광하다 | 来 lái [전자가 방법·태도, 후자가 목적임을 나타냄] | ★放松 fàngsōng 동 풀다, 느슨하게 하다 | ★心情 xīnqíng 명 감정, 마음, 기분

---

8 也提高了　随着社会　人们的　的发展　生活水平　—————— [随着A的发展B A의 발전에 따라 B하다]

개사+명사　　조사+명사　　명사+조사　　명사+명사　　부사+동사+조사
随着社会　　的发展,　　人们的　　生活水平　　也提高了。 사회의 발전에 따라 사람들의 생활 수준도 향상되었다.
부사어　　　　　　　　　관형어+的　　　주어　　　　부사어+술어+了

STEP 1   개사 '随着'는 보통 주어 앞에서 근거가 되는 내용을 이끌며, '发展'과 자주 함께 쓰인다. 술어는 '향상되다'라는 뜻의 동사 '提高'로, 주어는 '수준'을 나타내는 '生活水平'이다.

STEP 2   '人们的'는 '生活水平'을 앞에서 수식한다.

★随着 suízhe 개 ~에 따라, ~따라서 | ★社会 shèhuì 명 사회 | ★发展 fāzhǎn 명 발전, 성장 | ★生活 shēnghuó 명 생활 | 水平 shuǐpíng 명 수준 | 提高 tígāo 동 높이다, 끌어올리다, 향상시키다

쓰기 제1부분 30 존현문

본서 p.293

● **Day 32**

1 友谊餐厅就在对面。
2 信封里有五页纸。
3 墙上挂着一张世界地图。
4 那座山上有很多种动物。
5 姐姐的银行卡在沙发上。
6 沙发旁边怎么有一个塑料袋？
7 奶奶家的院子里只有一种植物。
8 客厅里坐满了来看姐姐的客人。

1 对面　就　友谊餐厅　在 ──────────── [사물A + 在 + 장소B　A는 B에 있다]

명사+명사	부사	동사	명사	
友谊餐厅	就	在	对面。	우정식당은 바로 맞은 편에 있다.
관형어+주어	부사어	술어	목적어	

STEP 1 '在'는 특정한 사람·사물이 어떤 장소에 있음을 나타내는 동사로, 장소(对面)를 목적어로 취한다. 특정한 대상인 '友谊餐厅'은 주어로서 문장 맨 앞에 위치한다.

STEP 2 종종 부사 '就'를 술어 '在' 앞에 써서 존재를 '강조'하기도 한다.

★ **友谊** yǒuyì 명 우정 | ★ **餐厅** cāntīng 명 식당 | **就** jiù 부 곧, 즉시, 바로 | ★ **对面** duìmiàn 명 맞은편, 건너편

2 纸　有　信封里　五页 ──────────── [장소A + 有 + 사물B(수량사 + 명사)　A에 B가 있다]

명사+명사	동사	수사+양사	명사	
信封里	有	五页	纸。	편지 봉투 안에는 종이 다섯 장이 들어 있다.
주어	술어	관형어	목적어	

STEP 1 동사 '有'는 장소를 주어로 취하여 '어떠한 장소에 어떠한 사물이 있다'는 것을 나타낼 수 있다. 일반 명사 '信封'은 단독으로 장소를 나타낼 수 없기 때문에, '장소'로서 쓰이기 위해서는 방위 명사(里)와 함께 쓰여야 한다.

STEP 2 '有'자 존현문의 목적어는 '불특정한' 사람이나 사물이어야 하며, 주로 수량사의 수식을 받는다.

★ **信封** xìnfēng 명 편지 봉투 | ★ **页** yè 양 페이지, 쪽 | **纸** zhǐ 명 종이

3 世界地图　挂着　墙上　一张 ──────────── [장소A + 동사 + 着 + 사물B　A에 B가 ~해 있다]

명사+명사	동사+조사	수사+양사	명사+명사	
墙上	挂着	一张	世界地图。	벽에 세계 지도 한 장이 걸려 있다.
주어	술어+着	관형어	관형어+목적어	

STEP 1 조사 '着'는 지속될 수 있는 동사와 함께 쓰여 '~해 있다'라는 뜻을 나타내는 '존현문'을 만들 수 있다. 주어는 '장소를 나타내는 말'인 '墙上'이고, 술어는 조사 '着' 앞의 동사 '挂'이다.

STEP 2 '一张'은 목적어 '世界地图'를 앞에서 수식한다.

墙 qiáng 명 벽 | ★挂 guà 동 걸다 | 着 zhe 조 ~해 있다 | 张 zhāng 양 장[종이나 가죽 등을 세는 단위] | 世界 shìjiè 명 세계 | 地图 dìtú 명 지도

---

4 有 那座 很多种动物 山上 ──────── [장소A + 有 + 사물B A에 B가 있다]

지시대사+양사	명사+명사	동사	부사+형용사+양사+명사
那座	山上	有	很多种动物.
관형어	주어	술어	관형어+목적어

저 산에는 많은 종류의 동물이 있다.

STEP 1 '有'가 있는 문장에 장소를 나타내는 어휘가 있다면 존현문일 가능성이 크다. '有'자 존현문의 주어 자리에는 '장소(山上)', 목적어 자리에는 '사물(动物)'이 위치해야 한다.

STEP 2 주어 '山上'은 '那座'의 수식을 받는다. 양사 '座'는 산이나 건물 등을 세는 양사이다.

★座 zuò 양 좌, 동, 채[부피가 크거나 고정된 물체를 세는 단위] | 山 shān 명 산 | 多 duō 형 (수량이) 많다 | 种 zhǒng 양 종류 | 动物 dòngwù 명 동물

---

5 在 姐姐 沙发上 的银行卡 ──────── [사물A + 在 + 장소B A는 B에 있다]

명사	조사+명사	동사	명사+명사
姐姐	的银行卡	在	沙发上.
관형어	的+주어	술어	목적어

언니의 현금 카드는 소파 위에 있다.

STEP 1 '在'는 특정한 장소를 목적어(沙发上)로 취한다. 일반명사 '沙发'는 단독으로는 장소를 나타낼 수 없으므로, 뒤에 방위명사 '上'과 함께 목적어로 쓰인다.

STEP 2 주어는 '银行卡'로, '姐姐的'의 수식을 받는다.

银行卡 yínhángkǎ 명 현금 카드 | ★沙发 shāfā 명 소파

---

6 一个 沙发旁边 怎么 塑料袋 有 ──────── [장소A + 有 + 사물B A에 B가 있다]

명사+명사	대사	동사	수사+양사	명사
沙发旁边	怎么	有	一个	塑料袋?
주어	부사어	술어	관형어	목적어

소파 옆에 왜 비닐봉지가 있지?

STEP 1 장소를 나타내는 어휘와 동사 '有'가 있다면 존현문일 확률이 높다. '有' 존현문의 주어 자리에는 '장소(沙发旁边)', 목적어 자리에는 '사물(塑料袋)'이 위치해야 한다.

STEP 2 의문대사 '怎么'는 '왜, 어떻게'라는 의미로 부사어가 되어 술어(有) 앞에 위치한다.

旁边 pángbiān 명 옆, 곁 | ★塑料袋 sùliàodài 명 비닐봉지

7 里 植物 只有 奶奶家的院子 一种 ───── [명사 + 방위명사 + 只有 + 수사 + 양사 + 명사 ~에 ~만 있다]

명사+명사+조사+명사	명사	부사+동사	수사+양사	명사	
奶奶家的 院子	里	只有	一种	植物。	할머니 집의 정원에는 한 종류의 식물만 있다.
관형어+的	주어	부사어+술어	관형어	목적어	

STEP 1 '有' 앞에 붙은 '只'는 '단지'라는 의미로 범위를 한정하는 부사이다. '有'자 존현문에는 '특정한 주어'와 '불특정한 목적어'가 쓰인다. 방위명사 '里'가 명사 '院子' 뒤에 쓰여 '장소를 나타내는 말(院子里)'이 되어야 한다. 주어는 '奶奶家的'라는 수식어로 특정해진 '院子里'이다.

STEP 2 목적어는 사물명사인 '植物'이다. '有'자 존현문의 목적어는 불특정해야 하므로, 보통 수량사(一种)의 수식을 받는다.

奶奶 nǎinai 명 할머니 | 院子 yuànzi 명 정원 | 只 zhǐ 부 오직, 다만, 단지 | ★植物 zhíwù 명 식물

8 坐满了 客人 客厅里 来看姐姐的 ───── [장소A + 동사 + 满了 + B A에 B가 가득 ~해 있다]

명사+명사	동사+형용사+조사	동사+동사+명사+조사	명사	
客厅里	坐满了	来看姐姐的	客人。	거실에 언니를 보러 온 손님들이 가득 앉아 있다.
주어	술어+보어+了	관형어+的	목적어	

STEP 1 술어는 조사 '了' 앞의 동사 '坐'이고, 술어 '坐' 뒤의 형용사 '满'은 보어로서 '가득한 상태'를 나타낸다. 주어는 장소를 나타내는 말 '客厅里' 이다.

STEP 2 '来看姐姐的'는 목적어 '客人'을 앞에서 수식한다.

★客厅 kètīng 명 거실, 객실 | ★满 mǎn 형 가득하다, 가득차다 | 来 lái 동 [다른 동사 앞에 쓰여 어떤 일을 하려는 것을 나타냄] | 客人 kèrén 명 손님

31 연동문·겸어문

본서 p.298

● Day 33

1 你去洗手间拿牙膏过来吧。
2 这次表演让观众很失望。
3 奶奶带孙子去吃烤鸭了。
4 请你把这份材料打印出来。
5 请你去厨房拿一杯果汁儿。
6 这个结果让高律师非常吃惊。
7 空气污染使植物数量变得越来越少。
8 张经理让他通知大家明天早上九点开会。

1 洗手间　牙膏　你去　过来吧　拿 ────── [去 + 장소A + 拿 + 사물B + 过来　A로 가서 B를 가지고 오다]

대사+동사	명사	동사	명사	동사+조사
你去	洗手间	拿	牙膏	过来吧。
주어+술어1	목적어1	술어2	목적어2	술어3+吧

너 화장실에 가서 치약을 가져와.

STEP 1　하나의 문장에 두 개 이상의 동사가 있는 문장을 연동문이라고 한다. 연동문에 동사 '去'가 있을 경우에 '去'는 대개 첫 번째 동사 자리에 온다. 첫 번째 동사 '去'는 장소 목적어 '洗手间'을 취하고, 두 번째 동사 '拿'는 사물 목적어 '牙膏'를 취한다.

STEP 2　주어 '你'는 문장 맨 앞에 위치하며, 동사 '过来'는 조사 '吧'와 함께 문장 맨 끝에 위치한다.

洗手间 xǐshǒujiān 명 화장실 | 拿 ná 동 가지다 | ★牙膏 yágāo 명 치약 | 过来 guòlai 동 오다, 다가오다

> **tip** 연동문에 쓰이는 동사 '过来 guòlai'
> 동사 '过来'는 동사 뒤에서 방향보어로도 많이 쓰이지만, 연동문에서도 자주 쓰인다. 문제에 등장한 표현 '拿……过来 ná……guòlai'는 '~를 가지고 여기로 온다'라는 두 가지 행동이 연달아 일어남을 나타낸 연동문 표현이다.

---

2 观众　很失望　让　这次表演 ────── [A让B很失望　A는 B를 실망시켰다]

대사+양사+명사	동사	명사	부사+동사
这次表演	让	观众	很失望。
관형어+주어1	술어1	목적어/의미상 주어2	부사어+술어2

이번 공연은 관중을 실망시켰다.

STEP 1　'让'은 '让(=술어1)+목적어/의미상 주어2+술어2'의 어순으로 쓰이므로, 동사 '让'이 나오면 '목적어/의미상 주어2'와 '술어2'로 쓰인 단어를 확인해야 한다. 술어2는 '실망스럽다'는 감정을 나타내는 동사 '失望'이다. '失望'은 심리를 나타내는 동사이므로, 정도부사 '很'의 수식을 받을 수 있다.

STEP 2　전체 문장의 주어는 '表演'이며, '观众'은 '让'의 목적어이자 '失望'의 의미상 주어이다.

★表演 biǎoyǎn 명 공연 | 让 ràng 동 (어떤 일을) 하게 하다, 하도록 하다 | ★观众 guānzhòng 명 관중 | ★失望 shīwàng 동 실망하다

---

3 带孙子　奶奶　了　去吃烤鸭 ────── [带 + 사람 / 사물 + 去 + 행동A　~를 데리고 A하러 가다]

명사	동사+명사	동사+동사+명사	조사
奶奶	带孙子	去吃烤鸭	了。
주어1	술어1+목적어1	술어2+술어3+목적어3	了

할머니는 손자를 데리고 오리구이를 먹으러 갔다.

STEP 1　연동문에서 동사는 '행동의 순서'에 따라 배열되므로, '带孙子'→'去吃烤鸭' 순서로 배열되는 것이 맞다. 변화를 의미하는 어기조사 '了'는 보통 문장 맨 끝에 위치한다.

STEP 2　행동을 하는 주체인 '奶奶'가 주어로서 문장 맨 앞에 위치한다.

奶奶 nǎinai 명 할머니 | 带 dài 동 데리다 | ★孙子 sūnzi 명 손자 | ★烤鸭 kǎoyā 명 오리구이

4 把这份材料　出来　请你　打印 ───────────────── [请把A打印出来　A를 인쇄해 주세요]

동사+대사	개사+대사+양사+명사	동사	동사	
请你	**把这份材料**	**打印**	**出来**。	이 자료를 인쇄해 주세요.
술어1+목적어/ 의미상 주어	부사어	술어2	보어	

STEP 1 '请'은 문장 맨 앞에 위치해 겸어문을 만드는 동사이다. 술어2에 해당하는 동사는 '인쇄하다'라는 뜻의 '打印'으로, 보어 '出来'의 수식을 받는다. '出来'는 동사 뒤에 쓰여 어떠한 행동으로 결과가 도출되는 것을 나타낸다.

STEP 2 행위의 대상인 '材料'는 개사 '把'에 의해 술어 앞에 위치한다.

把 bǎ 개 ~를 [처치의 결과를 나타냄] | ★份 fèn 양 부, 통 [신문·잡지·문건 등을 세는 양사] | ★材料 cáiliào 명 자료, 데이터 | ★打印 dǎyìn 동 인쇄하다 | 出来 chūlai 동 [동사 뒤에 쓰여 '동작이 완성되거나 실현됨'을 표시함]

---

5 厨房　请你　一杯果汁儿　去　拿 ───────────────── [请你 + 동사(구) ~해 주세요]

동사+대사	동사	명사	동사	수사+양사+명사	
请你	**去**	**厨房**	**拿**	**一杯果汁儿**。	주방에 가서 과일주스 한 잔 좀 가져다 주세요.
술어1+목적어1/ 의미상 주어	술어2	목적어2	술어3	관형어+목적어3	

STEP 1 겸어문을 만드는 동사 '请'은 보통 문장 맨 앞에 쓰인다. 연동문에서 술어는 '행동의 순서'에 맞게 배열하면 되므로, 술어는 '去……拿……' 순서로 배열한다.

STEP 2 동사 '去'는 장소 목적어(厨房)를 취하고, 동사 '拿'는 사물 목적어(一杯果汁儿)를 취한다.

★厨房 chúfáng 명 주방 | 拿 ná 동 (손으로) 가지다 | 杯 bēi 양 잔, 컵 | ★果汁儿 guǒzhīr 명 과일주스

---

6 非常吃惊　高律师　让　这个结果 ───────────────── [A让B吃惊　A가 B를 놀라게 했다]

대사+양사+명사	동사	고유명사+명사	부사+동사	
这个结果	**让**	**高律师**	**非常吃惊**。	이 결과는 가오[高] 변호사를 매우 놀라게 했다.
관형어+주어1	술어1	목적어/ 의미상 주어2	부사어+술어2	

STEP 1 '让'은 겸어문을 만드는 동사로, '让' 뒤에는 '겸어+술어2'가 순서대로 위치한다. '让'의 목적어이자 '놀라다'라는 뜻의 동사 '吃惊'의 의미상 술어 역할을 할 수 있는 단어는 '高律师'이다.

STEP 2 문장의 주어인 '这个结果'는 문장의 맨 앞에 위치한다.

★结果 jiéguǒ 명 결과 | ★律师 lǜshī 명 변호사 | ★吃惊 chījīng 동 놀라다

7 越来越　变得　空气污染　使植物数量　少　────── [A使B变得越来越C　A가 B를 점점 C하게 변화시켰다]

명사+명사	동사+명사+명사	동사+조사	부사	형용사
空气污染	使植物数量	变得	越来越	少。
주어1	술어1+목적어/ 의미상 주어2	술어2+得	보어	

공기 오염은 식물의 수량을 점점 줄어들게 만들었다.

STEP 1　'使'도 '让'과 같이 겸어문을 만드는 동사로, 뒤에 '목적어+술어'가 순서대로 위치한다. 술어2는 '~하게 변하다'라는 뜻을 나타내는 동사 '变'이고, 술어2의 의미상 주어 역할을 하는 목적어는 '植物数量'이다. '变' 뒤에 쓰인 '得'는 정도보어 '越来越少'를 술어와 연결한다.

STEP 2　주어는 목적어인 '植物数量'을 점점 줄어들게 만드는 '空气污染'이다.

★**空气** kōngqì 명 공기 | ★**污染** wūrǎn 명 오염 동 오염시키다 | ★**使** shǐ 동 ~하게 하다, ~하게 시키다 | ★**植物** zhíwù 명 식물 | ★**数量** shùliàng 명 수량, 양 | **变** biàn 동 변하다 | **越来越** yuèláiyuè 부 점점, 더욱더

---

8 明天早上九点开会　张经理　让他　大家　通知 ──────
[A + 让 + B + 通知 + C + D　A는 B한테 D를 한다고 C에게 공지하게 시켰다]

고유명사+명사	동사+대사	동사	대사	명사+명사+수사+양사+동사
张经理	让他	通知	大家	明天早上九点开会。
주어1	술어1+목적어1/ 의미상 주어2	술어2	목적어2	목적어3

장[张] 사장은 그에게 내일 아침 9시에 회의를 한다고 모두에게 공지하라고 시켰다.

STEP 1　'通知'는 '~에게 공지하다'라는 뜻의 동사로, 동사 '让'과 함께 '让……通知'라는 형식으로 쓰면 '~한테 공지하게 시키다'라는 의미를 나타낸다. 목적어겸 술어2의 의미상 주어가 되는 것은 '让' 뒤의 '他'이고, 술어2 '通知'의 목적어는 불특정 다수를 나타내는 '大家', 문장의 주어는 구체적인 대상인 '张经理'이다.

STEP 2　전달하고자 하는 내용인 '明天早上九点开会'는 알리는 대상(大家) 뒤에 위치한다.

经理 jīnglǐ 명 사장, 지배인 | ★**通知** tōngzhī 동 공지하다, 통지하다 | **开会** kāihuì 동 회의를 하다

쓰기 제1부분
32 비교문

본서 p.302

● **Day 34**

1　王丽的普通话比哥哥的标准。
2　时间比金钱更重要。
3　哥哥的性格没有姐姐活泼。
4　市内的环境比农村好得多。
5　现在餐厅里的顾客比原来多了。
6　市里的房租比郊区贵得多。
7　今天的天气比昨天暖和一些。
8　今年的奖金比去年增长了两倍。

1 比　王丽的普通话　标准　哥哥的 ─────────────── [A + 比 + B + 형용사　A는 B보다 ~하다]

고유명사+조사+명사	개사	명사+조사	형용사	
王丽的普通话	比	哥哥的	标准。	왕리[王丽]의 보통화는 형보다 정확하다.
관형어+的+주어		부사어	술어	

STEP 1　개사 '比'가 쓰인 비교문이다. 술어는 '정확하다, 표준적이다'라는 의미를 가지는 형용사 '标准'이다.

STEP 2　비교문의 어순은 'A+比+B+형용사'로, 이때 A와 B는 비교하는 두 대상을 말한다. A와 B에 같은 내용이 있을 경우, B에서 중복된 내용을 생략하여 쓸 수 있으므로, A 자리에는 '王丽的普通话', B 자리에는 '哥哥的'가 위치하는 것이 맞다.

★**普通话** pǔtōnghuà 명 현대 표준 중국어 | ★**标准** biāozhǔn 형 정확하다, 표준적이다

2 比金钱　重要　更　时间 ─────────────── [A + 比 + B + 更 + 형용사　A는 B보다 더 ~하다]

명사	개사+명사	부사	형용사	
时间	比金钱	更	重要。	시간은 돈보다 더 중요하다.
주어	부사어		술어	

STEP 1　비교문에 일반적인 정도부사는 쓰이지 않는다. 비교문에 쓸 수 있는 정도부사는 비교를 나타내는 부사 '更'이나 '还' 정도이다. 술어는 '중요하다'라는 뜻의 형용사 '重要'로, 정도부사 '更' 뒤에 위치한다.

STEP 2　비교 대상 중 하나가 이미 포함된 형태인 '比金钱'으로 문제가 주어졌기 때문에, '金钱'과 비교하는 대상을 찾아 개사 '比' 앞에 배열하면 된다. '金钱'과 비교하는 대상은 '时间'이다.

金钱 jīnqián 명 돈 | **更** gèng 부 더, 더욱, 훨씬 | **重要** zhòngyào 형 중요하다

3 活泼　哥哥的　没有姐姐　性格 ─────────────── [비교문의 부정형: A + 没有 + B + 형용사]

명사+조사	명사	동사+명사	형용사	
哥哥的	性格	没有姐姐	活泼。	형(오빠)의 성격은 누나(언니)보다 활발하지 않다.
관형어+的	주어	부사어	술어	

STEP 1　'没有'는 비교문의 부정형으로 'A+没有+B+형용사' 형식으로 쓰여 'A는 B보다 ~하지 않다'라는 의미를 지닌다. 술어로는 사람의 성격을 나타내 형용사 '活泼'가 쓰였다.

STEP 2　비교 대상 중 하나가 이미 포함된 형태인 '没有姐姐'로 문제가 주어져 있다. 남은 단어 중 '姐姐'와 대응하는 단어는 '哥哥'이다. '性格'는 비교하는 두 대상 A와 B에서 중복되는 내용이라서 B에서는 생략되어 제시되었다.

★**性格** xìnggé 명 성격 | **A没有B** A méiyǒu B A는 B보다 ~하지 않다 | ★**活泼** huópō 형 활발하다, 활달하다, 활기차다

4 好得多 市内的 比农村 环境 ──────────── [A + 比 + B + 형용사 + 得多 A는 B보다 훨씬 ~하다]

명사+조사	명사	개사+명사	형용사+조사+형용사	
市内的	环境	比农村	好得多。	시내의 환경은 농촌보다 훨씬 좋다.
관형어+的	주어	부사어	술어+得+보어	

STEP 1 '比'자 비교문에서 '得多'를 형용사 술어 뒤에 붙여 '정도의 차이가 큼'을 나타낼 수 있다. 술어로 쓰인 형용사 '好'는 '得多'의 수식을 받아 '훨씬 좋다(好得多)'는 의미를 나타낸다.

STEP 2 시내와 농촌의 '环境'을 비교하는 문장으로, 주어 자리에는 생략되지 않은 형태로 비교하는 대상(市内的 环境)을 제시해야 한다.

市内 shìnèi 명 시내 | 环境 huánjìng 명 환경 | 农村 nóngcūn 명 농촌 | 多 duō 형 훨씬, 월등히

---

5 顾客 多了 现在餐厅里的 比原来 ──────────── [A + 比 + B + 형용사 + 了 A는 B보다 더 ~해졌다]

명사+명사+명사+조사	명사	개사+명사	형용사+조사	
现在餐厅里的	顾客	比原来	多了。	현재 식당 안의 손님은 원래보다 많아졌다.
관형어+的	주어	부사어	술어+了	

STEP 1 '多了'는 보어로 쓰여 '훨씬'이라는 의미를 나타내기도 하지만, 이 문장에서 '多了'는 '술어(多)+조사(了)'로 쓰인 것이다. 이때의 조사 '了'는 '변화'를 나타낸다.

STEP 2 '原来'는 변하기 전의 '예전'을 나타낸다. '顾客'는 '现在餐厅里的'의 수식을 받아 주어가 된다.

★餐厅 cāntīng 명 식당 | ★顾客 gùkè 명 손님, 고객 | ★原来 yuánlái 명 원래, 본래 | 多 duō 형 많다

---

6 贵得多 房租 比郊区 市里的 ──────────── [A + 比 + B + 형용사 + 得多 A는 B보다 훨씬 ~하다]

명사+조사	명사	개사+명사	형용사+접미사	
市里的	房租	比郊区	贵得多。	도시의 집세는 교외보다 훨씬 비싸다.
관형어+的	주어	부사어	술어+보어	

STEP 1 비교문에서 형용사 뒤에 쓰이는 '得多'는 보어로서 '훨씬'이라는 의미를 나타낸다. 술어는 '得多' 앞에 있는 형용사 '贵'이다.

STEP 2 '市里的'의 수식을 받아 '房租'가 주어로서 문장 맨 앞에 위치한다.

市里 shìlǐ 명 시내 | 房租 fángzū 명 집세, 임대료 | ★郊区 jiāoqū 명 (도시의) 변두리 | ★得多 deduō 접미 [동사나 형용사 뒤에 쓰여 정도가 심함을 나타냄]

---

7 天气 一些 今天的 暖和 比昨天 ──────────── [A + 比 + B + 형용사 + 一些 A는 B보다 좀 더 ~하다]

명사+조사	명사	개사+명사	형용사	수량사	
今天的	天气	比昨天	暖和	一些。	오늘의 날씨는 어제보다 좀 더 따뜻하다.
관형어+的	주어	부사어	술어	보어	

STEP 1 '따뜻하다'라는 의미의 형용사 '暖和'가 문장의 술어이다. 수량사 '一些'는 형용사 뒤에 위치하여 '약간'이라는 의미를 나타낸다.

STEP 2 오늘과 어제의 '天气'를 비교하는 문장이다. 개사 '比' 앞의 주어 자리에는 생략되지 않은 형태로 비교하는 대상을 제시해야 한다.

★暖和 nuǎnhuo 형 따뜻하다 | 一些 yìxiē 수량 [일부 형용사·동사 혹은 동사구 뒤에 쓰여 약간의 의미를 나타냄]

---

8 两倍 比去年 奖金 今年的 增长了 ────── [A + 比 + B + 동사 + 수량사 A는 B보다 ~만큼 더 ~했다]

명사+조사	명사	개사+명사	동사+조사	수사+양사	
今年的	奖金	比去年	增长了	两倍。	올해의 상금은 작년보다 두 배 늘었다.
관형어+的	주어	부사어	술어+了	보어	

STEP 1 '증가하다'라는 의미의 동사 '增长'이 술어로 쓰였다. 구체적인 차이를 나타내는 수량사(两倍)는 동사 뒤에 위치한다.

STEP 2 올해와 작년의 '奖金'을 비교하는 내용이다. 개사 '比' 앞의 주어 자리에는 생략되지 않은 형태로 비교하는 대상을 제시해야 한다.

今年 jīnnián 명 올해, 금년 | ★奖金 jiǎngjīn 명 상금, 상여금 | 增长 zēngzhǎng 동 늘어나다, 증가하다 | ★倍 bèi 양 배, 배수

쓰기 제1부분 33 把자문

본서 p.307

● Day 35

1 妹妹不小心把钥匙弄丢了。
2 能把传真号码发给我吗?
3 我孙子把房间收拾得整整齐齐的。
4 金律师把那份材料寄出去了。
5 我把详细地址发到你的手机上了。
6 你把那些旧报纸整理一下。
7 请把香蕉皮扔在垃圾桶里。
8 请把这些杂志按照时间顺序排列好。

---

1 把 妹妹不小心 弄丢了 钥匙 ────── [A把B弄丢了 A는 B를 잃어버렸다]

명사+부사+동사	개사	명사	동사+조사	
妹妹不小心	把	钥匙	弄丢了。	여동생은 조심하지 않아 열쇠를 잃어버렸다.
주어	부사어		술어+了	

STEP 1 '把'자문은 행위의 대상이 술어 앞에 위치한다. 행위의 대상인 명사 '钥匙'는 술어(弄丢) 앞, 개사 '把' 뒤에 위치해야 한다. '弄丢'는 '잃어버리다'라는 동사로, 문장의 술어로 쓰였다.

STEP 2 '不小心'은 '조심하지 못해서'라는 뜻으로, 개사 '把' 앞에 부사어로서 위치한다.

小心 xiǎoxīn 동 조심하다 | 把 bǎ 개 ~를 [처치의 결과를 나타냄] | ★钥匙 yàoshi 명 열쇠 | 弄丢 nòngdiū 잃어버리다

2 我吗 传真号码 能把 发给 ────────────────────── [A把B发给C A는 B를 C에게 주다]

조동사+개사	명사+명사	동사+개사	대사+조사
能把	传真号码	发给	我吗?
부사어		술어 보어	吗

팩스 번호를 저에게 줄 수 있나요?

STEP 1 '发给'는 '~에게 보내다'라는 의미이며, 보내는 대상인 '传真号码'는 '把'자문의 어순에 따라 개사 '把' 뒤에 위치해야 한다. '发给' 뒤에는 팩스 번호를 받는 대상인 '我'가 위치한다.

STEP 2 '能……吗?'는 '~할 수 있나요?'라는 의미를 나타낸다.

──

★**传真** chuánzhēn 명 팩스 | ★**号码** hàomǎ 명 번호 | **发** fā 통 보내다

3 房间 我孙子 整整齐齐的 把 收拾得 ──────── [A + 把 + B + 술어C + 得 + 보어D A는 B를 D하게 C하다]

대사+명사	개사	명사	동사+조사	형용사+조사
我孙子	把	房间	收拾得	整整齐齐的。
관형어+주어	부사어		술어+得	보어+的

내 손자는 방을 깔끔하게 정리했다.

STEP 1 술어는 '정리하다'라는 뜻의 동사 '收拾'이다. 정리되어지는 대상인 '房间'은 개사 '把'에 의해 술어 앞에 놓인다. '把' 앞 주어 자리에는 정리를 하는 주체인 '孙子'가 위치한다.

STEP 2 술어 '收拾' 뒤의 '得'는 보어를 이끄는 구조조사이므로, '得' 뒤에는 '청소한 깨끗한 상태'를 묘사하는 보어 '整整齐齐的'가 위치한다.

──

★**孙子** sūnzi 명 손자 | **房间** fángjiān 명 방 | ★**收拾** shōushi 통 정리하다, 정돈하다 | **整整齐齐** zhěngzhengqíqí 형 깔끔하다

4 那份材料 寄出去了 把 金律师 ─────────────── [A把B寄出去了 A는 B를 (우편으로) 보냈다]

고유명사+명사	개사	대사+양사+명사	동사+동사+조사
金律师	把	那份材料	寄出去了。
주어	부사어		술어+보어+了

진[金] 변호사는 그 자료를 (우편으로) 보냈다.

STEP 1 술어는 '부치다'라는 뜻의 동사 '寄'이다. 부쳐지는 대상인 '那份材料'는 개사 '把'에 의해 술어 앞에 놓인다.

STEP 2 '부치는' 행위의 주체인 '金律师'가 주어로서 문장 맨 앞에 위치한다.

──

★**律师** lǜshī 명 변호사 | ★**份** fèn 양 부, 통, 권 [신문·잡지·문건 등을 세는 양사] | ★**材料** cáiliào 명 자료, 데이터 | ★**寄** jì 통 (우편으로) 보내다, 부치다 | **出去** chūqu 통 [동사 뒤에 쓰여 '동작이 안에서 밖으로, 화자로부터 떠나감'을 나타냄]

5 你的手机上了 我把 发到 详细地址 ─────────── [A把B发到C A는 B를 C로 보냈다]

대사+개사	형용사+명사	동사+개사	대사+조사+명사+조사
我把	详细地址	发到	你的手机上了。
주어	부사어	술어	보어 了

나는 자세한 주소를 너의 휴대폰으로 보냈다.

STEP 1 '发到'는 '~로 보내다'라는 표현으로, 뒤에는 장소를 나타내는 말(你的手机上)이 이어져야 한다.

STEP 2 보내지는 대상인 '详细地址'는 술어 '发' 앞에 위치한다.

★**详细** xiángxì 형 자세하다, 상세하다 | ★**地址** dìzhǐ 명 주소 | **发** fā 동 보내다 | **到** dào 개 ~에

---

6 你 那些 整理一下 把 旧报纸 ────────── [A + 把 + B + 술어 + 一下 A는 B를 좀 ~하다]

대사	개사	지시대사	형용사+명사	동사+수량사	
你	**把**	**那些**	**旧报纸**	**整理一下。**	당신은 지난 신문들을 정리 좀 해 주세요.
주어		부사어		술어+보어	

STEP 1 술어는 '정리하다'라는 뜻의 동사 '整理'이며, '一下'는 술어 뒤에 붙어 가벼운 명령을 나타내는 표현이다. 정리하는 대상인 '旧报纸'는 '把'자문의 어순에 따라, 술어 '整理' 앞에 위치한다.

STEP 2 '你'는 주어로서 문장 맨 앞에 온다. '些'는 사물의 복수를 나타내는 표현으로 사물인 '旧报纸'를 앞에서 수식한다.

旧 jiù 형 오래되다, 오래다 | **报纸** bàozhǐ 명 신문 | ★**整理** zhěnglǐ 동 정리하다 | **一下** yíxià 수량 [동사 뒤에 쓰여 '좀 ~하다'의 뜻을 나타냄]

---

7 扔 在垃圾桶里 把 请 香蕉皮 ────────── [A把B扔C A는 B를 C에 버리다]

동사	개사	명사+명사	동사	개사+명사+명사	
请	**把**	**香蕉皮**	**扔**	**在垃圾桶里。**	바나나 껍질을 쓰레기통에 버려 주세요.
술어1		부사어	술어2	보어	

STEP 1 술어는 '버리다'라는 뜻의 동사 '扔'이다. 술어 뒤에는 버리는 장소를 나타내는 표현(在垃圾桶里)이 보어로서 기타 성분 자리에 위치한다.

STEP 2 '把' 뒤에는 버려지는 사물인 '香蕉皮'가 위치한다. '请'은 문장 맨 앞에 위치하여 '~해 주세요'라는 의미를 나타내는 동사이다.

香蕉 xiāngjiāo 명 바나나 | **皮** pí 명 껍질 | ★**扔** rēng 동 내버리다 | **在** zài 개 ~에(서), ~에 있어서 | ★**垃圾桶** lājītǒng 명 쓰레기통

---

8 排列好 这些杂志 请把 时间顺序 按照 ────────── [把A排列好 A를 배열하다]

동사+개사	지시대사+양사+명사	개사	명사+명사	동사+형용사	
请把	**这些杂志**	**按照**	**时间顺序**	**排列好。**	이 잡지들을 시간 순서에 따라 잘 배열해 주세요.
술어1		부사어		술어2+보어	

STEP 1 '배열하다'라는 뜻의 동사 '排列'가 술어이다. 술어 뒤에 쓰인 '好'는 보어로서 '모두 잘 마무리되는 상태'를 나타낸다. 배열되는 대상인 목적어 '杂志'는 '把'자문의 어순에 따라, 술어 '排列' 앞에 위치한다.

STEP 2 '按照'는 '~에 따라'라는 뜻의 개사로, 배열의 근거가 되는 '时间顺序'와 함께 개사구를 이루어 술어(排列) 앞에 위치한다.

★ 杂志 zázhì 명 잡지 | ★ 按照 ànzhào 개 ~에 따라 | ★ 顺序 shùnxù 명 순서 | ★ 排列 páiliè 동 배열하다 | 好 hǎo 형 [동사 뒤에 쓰여 '동작이 완성되었거나 잘 마무리되었음'을 나타냄]

쓰기 제1부분 34 被자문

본서 p.311

● Day 36

1 那盒饼干被女儿吃光了。
2 袜子被姐姐扔进垃圾桶了。
3 高师傅被敲门声吵醒了。
4 教授的建议被拒绝了。
5 传真机的说明书被孙子弄丢了。
6 地铁被认为是最方便的交通工具。
7 观众被那位演员的表演深深地感动了。
8 航班的起飞时间被推迟了。

1 女儿 吃光了 那盒饼干 被 ──── [A被B吃光了 A는 B가 남김없이 먹었다]

대사+양사+명사	개사	명사	동사+형용사+조사	
那盒饼干	被	女儿	吃光了。	그 과자는 딸이 남김없이 먹었다.
관형어+주어	부사어		술어+보어+了	

STEP 1 피동을 나타내는 '被'자 문형 문장이다. 술어구는 '다 먹었다'라는 의미의 '吃光了'로, 먹는 행위의 주체인 '女儿'은 개사 '被' 뒤에 위치한다.

STEP 2 먹히는 대상인 '饼干'은 주어로서 문장 맨 앞에 위치한다.

盒 hé 양 갑 | ★ 饼干 bǐnggān 명 과자 | 被 bèi 개 ~에게 ~를 당하다 | ★ 光 guāng 형 아무것도 없이 텅 비다

2 扔进 垃圾桶了 姐姐 袜子 被 ──── [A被B扔进C A는 B가 C에 버렸다]

명사	개사	명사	동사+동사	명사+조사	
袜子	被	姐姐	扔进	垃圾桶了。	양말은 언니가 쓰레기통에 버렸다.
주어	부사어		술어	보어+了	

STEP 1 '扔进'은 '~에 던져 버리다'라는 의미로, 뒤에 장소를 나타내는 말(垃圾桶)이 보어로 온다.

STEP 2 피동을 나타내는 개사 '被'가 쓰인 문장이므로, 던지는 행위의 주체인 '姐姐'는 '被' 뒤에, 던져지는 대상인 '袜子'는 문장 맨 앞 주어 자리에 위치한다.

★ 袜子 wàzi 명 양말 | ★ 扔 rēng 동 버리다 | 进 jìn 동 [동사 뒤에 쓰여 '동작이 밖에서 안으로 행해짐'을 나타냄] | ★ 垃圾桶 lājītǒng 명 쓰레기통

3 吵醒了　敲门声　高师傅　被 ──────────────── [A被B吵醒了　A는 B에 의해 시끄러워 잠에서 깼다]

고유명사+명사	개사	동사+명사	동사+조사	
高师傅	被	敲门声	吵醒了。	가오[高] 선생님은 문 두드리는 소리에 시끄러워 잠에서 깼다.
주어	부사어		술어+了	

STEP 1　술어는 '시끄러워 깨다'라는 뜻의 동사 '吵醒'이다.

STEP 2　잠에서 깨워지는 대상인 '高师傅'는 문장 맨 앞 주어 자리에, 시끄럽게 '高师傅'를 깨우는 '敲门声'은 '被' 뒤에 위치한다.

★**师傅** shīfu 몡 선생님, 아저씨 [남에 대한 일반적인 존칭] | **敲门** qiāo mén 동 문을 두드리다 | **声** shēng 몡 소리 | **吵醒** chǎoxǐng 동 시끄러워서 잠을 깨다

4 了　教授的　拒绝　被　建议 ──────────────── [A被拒绝了　A는 거절당했다]

명사+조사	명사	개사	동사	조사	
教授的	建议	被	拒绝	了。	교수님의 제안은 거절당했다.
관형어+的	주어	부사어	술어		

STEP 1　'거절하다'라는 의미의 동사 '拒绝'가 술어이다. 행동을 하는 대상이 일반적이거나 청자가 알고 있거나 강조되지 않을 경우 '被'는 행위의 주체를 나타내지 않고 술어 바로 앞에 위치할 수 있다.

STEP 2　주어는 명사 '建议'로 '教授的'의 수식을 받는다.

★**教授** jiàoshòu 몡 교수 | ★**建议** jiànyì 몡 제안, 제의 | ★**拒绝** jùjué 동 (부탁·의견·선물 등을) 거절하다, 거부하다

5 孙子　被　传真机的　说明书　弄丢了 ──────────── [A被B弄丢了　A는 B가 잃어버렸다]

명사+조사	명사	개사	명사	동사+조사	
传真机的	说明书	被	孙子	弄丢了。	팩스 설명서는 손자가 잃어버렸다.
관형어+的	주어	부사어		술어+了	

STEP 1　'弄丢'는 '잃어버리다'라는 의미로 술어가 되어 문장 맨 마지막에 위치한다.

STEP 2　잃어버린 대상인 '说明书'는 '传真机的'의 수식을 받는다. '被' 뒤에는 잃어버린 주체인 '孙子'가 위치한다.

传真机 chuánzhēnjī 몡 팩스 | **说明书** shuōmíngshū 몡 설명서 | ★**孙子** sūnzi 몡 손자 | **弄丢** nòngdiū 동 잃어버리다

6 交通工具　是最方便的　地铁　被认为 ──────────── [A被认为B　A는 B라고 여겨지다]

명사	개사+동사	동사+부사+형용사+조사	명사+명사	
地铁	被认为	是最方便的	交通工具。	지하철은 가장 편리한 교통수단이라고 여겨진다.
주어	부사어	술어　관형어+的	목적어	

STEP 1 '认为'는 '～라고 여기다'라는 의미의 동사로 '被认为'로 쓰여 '～라고 여겨지다'라는 뜻을 나타낸다. '认为' 뒤에는 동사 '是'가 위치하여 목적어절을 취한다.

STEP 2 관형어 '最方便'은 '交通工具'를 수식한다. 설명의 대상인 '地铁'는 문장 맨 앞에 위치한다.

地铁 dìtiě 뎽 지하철 | 认为 rènwéi 됭 여기다, 생각하다 | 方便 fāngbiàn 혱 편리하다 | ★交通 jiāotōng 뎽 교통 | 工具 gōngjù 뎽 수단, 도구

---

7 感动了 深深地 观众被 那位演员的表演 ──────── [A被B感动了 A는 B에게 감동받았다]

명사+개사	대사+양사+명사+조사+명사	형용사+조사	동사+조사
观众被	那位演员的表演	深深地	感动了。
주어	부사어	부사어+地	술어+了

관중들은 그 배우의 연기에 깊이 감동 받았다.

STEP 1 술어는 '감동 받다'라는 뜻의 동사 '感动'이다. 개사 '被' 앞에는 감동을 받은 '观众'이, '被' 뒤에는 감동을 준 '那位演员的表演'이 와야 한다.

STEP 2 행동을 묘사하는 '深深地'는 술어(感动) 앞에 위치한다.

★观众 guānzhòng 뎽 관중, 구경꾼 | 位 wèi 양 분, 명 | ★演员 yǎnyuán 뎽 배우, 연기자 | ★表演 biǎoyǎn 뎽 공연 | 深深 shēnshēn 혱 깊다 | ★感动 gǎndòng 됭 감동하다

---

8 推迟了 航班的 被 起飞时间 ──────── [被推迟了 지연되었다]

명사+조사	동사+명사	개사	동사+조사
航班的	起飞时间	被	推迟了。
관형어+的	주어	부사어	술어 了

항공편의 이륙 시간이 지연되었다.

STEP 1 '지연되다'라는 의미의 동사 '推迟'가 술어이다. 개사 '被'는 피동을 강조하여 술어 바로 앞에 위치할 수 있다.

STEP 2 '航班的'는 주어 '起飞时间'을 앞에서 수식한다.

★航班 hángbān 뎽 항공편, 운항편 | 起飞 qǐfēi 됭 이륙하다 | ★推迟 tuīchí 됭 늦추다, 연기하다, 지연시키다

쓰기 제1부분 35 조사

본서 p.315

● Day 37

1 妻子做的蛋糕很香。
2 咱们孙子的情况严重吗？
3 这次活动进行得很顺利。
4 父亲从来没去过农村。
5 他们在森林公园里迷路了。
6 李护士在这里积累了丰富的经验。
7 河南省生活着很多少数民族。
8 女儿听到这个消息后伤心地哭了。

---

1 很香 的 蛋糕 妻子做 ──────────── [A(관형어) + 的 + B(명사) A한 B]

명사+동사	조사	명사	부사+형용사	
妻子做	的	蛋糕	很香。	아내가 만든 케이크는 맛있다.
관형어	的	주어	부사어+술어	

STEP 1 '맛있다'라는 의미의 형용사 '香'이 술어가 된다. 형용사는 일반적으로 단독으로 쓰이지 않고, 정도부사(很)의 수식을 받아 술어로 쓰인다.

STEP 2 '맛있다'라는 서술의 대상인 '蛋糕'가 주어이고, '妻子做的'가 주어 앞에서 주어를 수식한다. '的' 뒤에는 일반적으로 중심어인 '명사'가 많이 온다.

蛋糕 dàngāo 명 케이크 | ★香 xiāng 형 (음식이) 맛있다

---

2 情况 吗 咱们孙子的 严重 ──────────── [문장 + 吗?]

대사+명사+조사	명사	형용사	어기조사	
咱们孙子的	情况	严重	吗？	우리 손자의 상태가 심각한가요?
관형어+的	주어	술어	吗	

STEP 1 '严重'은 정도나 상태가 '심각하다'는 의미를 나타내는 형용사로서 문장의 술어가 된다. 주어는 '情况'으로, '咱们孙子的'가 '情况' 앞에 위치해 주어를 수식한다.

STEP 2 '吗'는 의문을 나타내는 어기조사로 의문문을 만들며 문장 맨 끝에 물음표(？)와 함께 쓰인다.

★咱们 zánmen 명 우리 [자기 쪽 '我'·'我们'과 상대방 '你'·'你们'을 모두 포함함] | 孙子 sūnzi 명 손자 | ★情况 qíngkuàng 명 상황 | ★严重 yánzhòng 형 심각하다

---

3 很顺利 进行 得 这次活动 ──────────── [동사 + 得 + 정도부사 + 형용사 ~하는 게 ~하다(~하게 하다)]

지시대사+양사+명사	동사	조사	정도부사+형용사	
这次活动	进行	得	很顺利。	이번 행사는 순조롭게 진행되었다.
관형어+주어	술어	得	보어	

STEP 1   동사 '进行'이 술어가 된다. 조사 '得'는 술어 뒤에서 보어를 이끄는 역할을 하며, 형용사 '顺利'는 '很'과 함께 보어를 이루어 '得' 뒤에 위치한다.

STEP 2   '행사'를 의미하는 '活动'이 주어가 된다.

★活动 huódòng 명 행사, 활동 | ★进行 jìnxíng 동 진행하다 | ★顺利 shùnlì 형 순조롭다

---

4 没 农村 父亲 从来 去过 ──── [从来没 + 동사 + 过 여태껏 ~한 적이 없다]

명사	부사	부사	동사+조사	명사
父亲	从来	没	去过	农村。
주어	부사어		술어+过	목적어

아버지는 여태껏 농촌에 가 보신 적이 없다.

STEP 1   동사 '去'가 술어가 되며, 조사 '过'는 술어 뒤에서 경험을 나타낸다. 부사 '从来'는 자주 부사 '没'와 함께 '과거부터 현재까지 경험한 적이 없음'을 강조하는 표현이다.

STEP 2   '父亲'이 주어가 되며, 술어로 쓰인 동사 '去'는 장소 명사(农村)를 목적어로 취한다.

★父亲 fùqīn 명 아버지 | ★从来 cónglái 부 (과거부터) 여태껏, 지금까지 | 农村 nóngcūn 명 농촌

---

5 森林公园里 了 他们在 迷路 ──── [동사 + 了 ~했다]

대사+개사	명사+명사+명사	동사	조사
他们在	森林公园里	迷路	了。
주어	부사어	술어	

그들은 삼림공원에서 길을 잃었다.

STEP 1   '迷路'는 '길을 잃다'라는 의미의 동사로 문장의 술어가 된다. 조사 '了'는 동사 뒤에 위치한다.

STEP 2   개사 '在' 뒤에는 장소 '森林公园里'가 와야 한다.

★森林 sēnlín 명 삼림 | 公园 gōngyuán 명 공원 | ★迷路 mílù 동 길을 잃다

---

6 经验 李护士在这里 丰富的 积累了 ──── [동사 + 了 ~했다]

고유명사+명사+개사+대사	동사+조사	형용사+조사	명사
李护士在这里	积累了	丰富的	经验。
주어+부사어	술어+了	관형어+的	목적어

리[李] 간호사는 이곳에서 풍부한 경험을 쌓았다.

STEP 1   동사 '积累'는 '지식, 경험 등을 쌓다'라는 의미로 술어가 되고, '经验'을 목적어로 취한다.

STEP 2   부사어 '在这里'는 주어(李护士) 뒤, 술어(积累) 앞에 위치하고, '丰富的'는 목적어 '经验'을 앞에서 수식한다.

★护士 hùshi 명 간호사 | ★积累 jīlěi 동 쌓다 | ★丰富 fēngfù 형 풍부하다 | ★经验 jīngyàn 명 경험

7 很多　河南省　少数民族　生活着 ──────── [장소A + 동사 + 着 + B　A에 B가 ~해 있다]

고유명사	동사+조사	부사+형용사	명사	
河南省	生活着	很多	少数民族。	허난성에 많은 소수민족이 생활하고 있다.
주어	술어+着	관형어	목적어	

STEP 1　조사 '着'와 함께 쓰인 동사 '生活'가 술어이다.

STEP 2　장소를 나타내는 단어 '河南省'이 주어가 된다. 명사 '少数民族'가 목적어가 되고, '많은'을 나타내는 '很多'의 수식을 받는다.

河南省 Hénán Shěng 고유 허난성 | ★生活 shēnghuó 동 살다 | 着 zhe 조 ~하고 있다 | 少数民族 shǎoshù mínzú 명 소수민족

 '很多'는 구조조사 '的'의 도움 없이 바로 명사를 꾸며 줄 수 있다.

8 哭了　消息后　这个　女儿听到　伤心地 ──────── [형용사 + 地 + 동사　~하게 ~하다]

명사+동사+동사	대사+양사	명사+명사	형용사+조사	동사+조사	
女儿听到	这个	消息后	伤心地	哭了。	딸은 이 소식을 듣고 슬프게 울었다.
주어	부사어		부사어+地	술어+了	

STEP 1　동사 '哭'가 문장의 술어가 된다. 조사 '地'는 형용사 '伤心' 뒤에 쓰여 술어를 수식하는 부사어를 만든다.

STEP 2　주어가 되는 '女儿'은 문장 맨 앞에 위치한다. '听到'는 '消息'를 목적어로 취하며, '后'는 '伤心' 앞에 위치해 행동의 순서를 나타낸다.

听到 tīngdào 들었다 | ★消息 xiāoxi 명 소식 | 后 hòu 명 후, 다음 | ★伤心 shāngxīn 형 상심하다, 슬퍼하다 | 哭 kū 동 울다

쓰기 제1부분 36　관형어·부사어

본서 p.320

● **Day 38**

1 这是一篇关于爱情的文章。
2 感谢大家对我们节目的支持。
3 他是一个十分活泼的人。
4 她是19世纪很有名的京剧演员。
5 这位售货员顺利地完成了今天的任务。
6 赵经理肯定不会同意我们的看法。
7 他跟教授详细地解释了一下。
8 今天回来的路上我顺便去了趟理发店。

1 一篇 这是 文章 关于爱情的 ——— [这是关于A的B 이것은 A에 관한 B이다]

대사+동사	수사+양사	개사+명사+조사	명사
这是	一篇	关于爱情的	文章。
주어+술어		관형어+的	목적어

이것은 사랑에 관한 글이다.

STEP 1 술어인 '是'는 동격의 주어와 목적어를 취한다. 주어인 '这'와 제시된 낱말 중 동격으로 볼 수 있는 것은 '文章'이다. '篇'은 '文章'을 세는 양사이다.

STEP 2 '关于'는 '~에 관하여'라는 개사로, 명사 '爱情'을 이끌며, 수량사(一篇) 뒤, 목적어(文章) 앞에 위치해 목적어를 꾸며 준다.

★ 篇 piān 양 편, 장[문장·종이 등을 세는 양사] | 关于 guānyú 개 ~에 관한 | ★ 爱情 àiqíng 명 애정, 남녀 간의 사랑 | ★ 文章 wénzhāng 명 글, 문장

2 对我们节目的 大家 感谢 支持 ——— [A对B的支持 A의 B에 대한 지지]

동사	대사	개사+대사+명사+조사	동사
感谢	大家	对我们节目的	支持。
술어		관형어+的	목적어

여러분의 저희 프로그램에 대한 지지에 감사 드립니다.

STEP 1 '感谢'는 '~에 대해 감사하다'라는 표현으로 뒤에는 '감사하게 여기는 내용'을 목적어로 취한다. '지지해 주는 것'에 대하여 감사하는 것이므로 목적어는 '支持'이다.

STEP 2 '对我们节目的'는 목적어 '支持'를 앞에서 꾸미는 역할을 하고, '我们节目'에 대하여 지지를 하는 주체인 '大家'는 '对我们节目的' 앞에 위치한다.

★ 感谢 gǎnxiè 동 감사하다 | 节目 jiémù 명 프로그램 | ★ 支持 zhīchí 동 지지하다

tip 주체+的+동작
'的' 뒤에는 보통 명사나 대사가 오지만, 어떠한 대상에 대한 행동 등을 나타낼 때에는 동사도 '的' 뒤에 쓰여 중심어 역할을 할 수 있다.
母亲的爱 mǔqīn de ài 어머니의 사랑 | 他对我的鼓励 tā duì wǒ de gǔlì 그의 나에 대한 격려

3 是 一个 人 他 十分活泼的 ——— [A是一个B的人 A는 B한 사람이다]

대사	동사	수사+양사	부사+형용사+조사	명사
他	是	一个	十分活泼的	人。
주어	술어		관형어+的	목적어

그는 매우 활발한 사람이다.

STEP 1 주어와 목적어가 동격임을 나타내는 'A是B' 형식이 사용된 문장이다. 주어 A는 특정한 대상이어야 하고, 목적어 B는 불특정한 대상이어야 하므로, 주어는 '他'이고, 목적어는 (관형어의 수식을 받는) '人'이다.

STEP 2 '수량사+형용사구+的+중심어'라는 관형어 어순에 따라 목적어 '人' 앞에 관형어인 수량사(一个)와 형용사구(十分活泼)를 배열하면 된다.

★ 十分 shífēn 부 매우, 아주 | ★ 活泼 huópō 형 활발하다, 활달하다

36 관형어·부사어

4 19世纪 她是 京剧演员 很有名的 ──────────── [관형어 순서: 시간 + 묘사 + 的 + 중심어]

대사+동사	수사+명사	부사+형용사+조사	명사+명사
她是	19世纪	很有名的	京剧演员。
주어+술어	관형어+的		목적어

그녀는 19세기에 매우 유명했던 경극 배우이다.

STEP 1   'A是B' 형식은 주어와 목적어가 동격임을 나타내는 형식이다. 목적어는 문제에 주어로 제시되어 있는 '她'와 동격인 '京剧演员'이다.

STEP 2   관형어는 '시간+묘사+的'라는 순서를 따르므로, 목적어 '京剧演员'을 수식하는 관형어는 '19世纪很有名的' 순서로 배열되는 것이 맞다.

★ **世纪** shìjì 명 세기 | **有名** yǒumíng 형 유명하다 | ★ **京剧** jīngjù 명 경극 [중국 주요 전통극의 하나] | ★ **演员** yǎnyuán 명 배우, 연기자

5 今天的任务 完成了 这位售货员 顺利地 ──────────── [顺利地 + 동사 순조롭게 ~하다]

대사+양사+명사	형용사+조사	동사+조사	명사+조사+명사
这位售货员	顺利地	完成了	今天的任务。
관형어+주어	부사어+地	술어+了	관형어+的+목적어

이 판매원은 순조롭게 오늘의 업무를 끝냈다.

STEP 1   '끝내다'라는 뜻의 동사 '完成'이 술어로 쓰였다. 술어와 호응하는 목적어는 명사 '任务'로, '完成任务(업무를 끝내다)'는 자주 쓰이는 어휘 조합이니, 잘 외워 두자. 주어는 업무를 끝내는 주체인 '售货员'이다.

STEP 2   '顺利'는 부사어로서 조사 '地'와 함께 술어 '完成'을 수식한다.

位 wèi 양 분, 명 [공경의 뜻을 내포함] | ★ **售货员** shòuhuòyuán 명 판매원, 점원 | ★ **顺利** shùnlì 형 순조롭다 | **完成** wánchéng 동 끝내다, 완성하다 | ★ **任务** rènwu 명 업무, 임무

6 同意我们的看法 不会 肯定 赵经理 ──────────── [肯定不会…… 분명히 ~하지 않을 것이다]

명사+명사	부사	부사+조동사	동사+대사+조사+명사
赵经理	肯定	不会	同意我们的看法。
주어	부사어		술어+관형어+的+목적어

자오[赵] 사장님은 분명히 우리 의견에 동의하지 않을 것이다.

STEP 1   술어는 '동의하다'라는 뜻의 동사 '同意'이다. 주어는 '의견에 동의하는' 주체인 '赵经理'이다.

STEP 2   부사어는 '어기조사(肯定)+부정부사(不)+조동사(会)'의 어순에 따라 배열한다.

经理 jīnglǐ 명 사장 | ★ **肯定** kěndìng 부 분명히, 확실히 | **同意** tóngyì 동 동의하다, 찬성하다 | ★ **看法** kànfǎ 명 의견, 견해

7 他　解释了一下　详细地　跟教授　―――――――――――――――――――――［ 跟……详细地解释 ~에게 자세히 설명했다 ］

대사	개사+명사	형용사+조사	동사+조사+수량사	
他	跟教授	详细地	解释了一下。	그는 교수님에게 자세히 설명해 드렸다.
주어	부사어+地		술어+了+보어	

STEP 1　술어는 '설명하다'라는 뜻의 동사 '解释'이다. '一下'는 일반적으로 술어 뒤에 쓰여 '가벼운 명령'을 나타낸다. 주어는 행동을 하는 주체인 '他'이다.

STEP 2　동작을 묘사하는 '详细地'는 보통 개사구(跟教授) 뒤에서 술어를 꾸며 준다. 따라서 술어 앞에는 '跟教授详细地' 순서로 위치한다.

跟 gēn 개 ~에게 | ★教授 jiàoshòu 명 교수 | ★详细 xiángxì 형 자세하다, 상세하다 | ★解释 jiěshì 동 설명하다 | 一下 yíxià 수량 [동사 뒤에 쓰여 '좀 ~하다'의 뜻을 나타냄]

8 我顺便　理发店　今天回来的路上　去了趟　―――――――――――――――［ A的路上顺便B A하는 길에 겸사겸사 B하다 ］

명사+동사+조사+명사	대사+부사	동사+조사+양사	명사	
今天回来的路上	我顺便	去了趟	理发店。	오늘 돌아오는 길에 나는 겸사겸사 이발소에 갔다 왔다.
부사어	주어+부사어	술어+了+동량보어	목적어	

STEP 1　술어 '去'는 장소명사(理发店)를 목적어로 취한다. 동작의 왕복을 나타낸 동량사 '趟'은 술어(去) 뒤, 목적어(理发店) 앞에 위치한다.

STEP 2　시간, 장소 등을 나타내는 부사어는 보통 주어 앞에 위치하므로, '今天回来的路上'은 주어 '我' 앞에 위치한다. '顺便'은 '겸사겸사'라는 뜻의 부사로, 주어 뒤, 술어 앞에 쓰인다.

路上 lùshang 명 길 가는 중, 도중 | ★顺便 shùnbiàn 부 ~하는 김에, 겸사겸사 | ★趟 tàng 양 차례, 번 [왕래한 횟수를 세는 양사] | 理发店 lǐfàdiàn 명 이발소

쓰기 제2부분 01 동사로 문장 만들기

본서 pp.326~327

● **Day 03**

대표 모범 답안
1 父母表扬了孩子。
2 这里不能左转。
3 他们在排队。
4 小男孩儿看到礼物很吃惊。

---

1 '表扬'은 칭찬하는 대상을 목적어로 갖는다. 또, '表扬'은 동사를 목적어로 취할 수도 있다. '受到'와도 자주 함께 쓰이니 관련된 모범 문장을 잘 외워 두자.

- 제시어 表扬 biǎoyáng 동 칭찬하다
- 사진 연상 부모가 아이를 칭찬한다.
- 작문 핵심 表扬 + 칭찬 대상 | 受到表扬
- 표현 활용 表扬了 | 孩子 | 受到表扬 | 做得好

모범 답안
父母表扬了孩子。 부모님은 아이를 칭찬했다.
孩子受到了父母的表扬。 아이는 부모님의 칭찬을 받았다.
父母表扬孩子这件事做得好。 부모님은 '아이가 이 일을 잘했다'고 칭찬했다. → '정도보어' 활용

고득점 답안
虽然做得不完美，但父母表扬了孩子。 비록 완벽하게는 못했지만, 부모님은 아이를 칭찬했다. → '접속사' 활용
因为考试取得了好成绩，所以孩子受到了表扬。 → '접속사' 활용
시험에서 좋은 성적을 거뒀기 때문에 아이는 칭찬을 받았다.

★ 受到 shòudào 동 얻다, 받다 | 事 shì 명 일 | 得 de 조 [동사나 형용사 뒤에 쓰여 결과나 정도를 나타내는 보어와 연결시킴] | 虽然 suīrán 접 비록 ~라 하더라도 | 完美 wánměi 형 완벽하다, 매우 훌륭하다 | 但 dàn 접 그러나, 그렇지만, 하지만 | 因为 yīnwèi 접 왜냐하면 | 考试 kǎoshì 명 시험 | 取得 qǔdé 동 얻다, 취득하다 | 成绩 chéngjì 명 성적 | 所以 suǒyǐ 접 그래서, 그러므로

---

2 '(어떤 방향으로) 돌다'라는 '방향의 전환'은 '방향 + 转'으로 나타낼 수 있다. '좌회전'은 '左转 zuǒ zhuǎn', '우회전'은 '右转 yòu zhuǎn'이다. 사진 속 표지판이 '좌회전 금지 표지판'이니, '不能', '禁止', '标志' 등의 표현을 함께 활용해 작문할 수 있다.

- 제시어 转 zhuǎn 동 돌다
- 사진 연상 이곳에서는 좌회전할 수 없다.
- 작문 핵심 방향 + 转
- 표현 활용 不能 | 禁止 | 标志 | 这条路

모범 답안
这里不能左转。 이곳에서는 좌회전할 수 없다.
这是禁止左转的标志。 이것은 좌회전 금지 표지이다.
那里发生了事故，所以不能左转。 저곳에 사고가 발생해서 좌회전할 수 없다.

고득점 답안
从昨天开始，这条路不可以左转。 어제부터 이 길에서는 좌회전할 수 없다. → '개사구' 활용
因为前面不能左转，所以我们走了别的路。 앞에서 좌회전할 수 없기 때문에, 우리는 다른 길로 갔다. → '접속사' 활용

不能 bù néng ~해서는 안 된다 | 左 zuǒ 명 왼쪽, 좌측 | ★ 禁止 jìnzhǐ 동 금지하다, 불허하다 | 标志 biāozhì 명 표지, 상징 | ★ 发生 fāshēng 동 일어나다, 발생하다 | 事故 shìgù 명 사고 | 从……开始 cóng……kāishǐ ~부터 시작하다 | 条 tiáo 양 줄기, 가닥, 갈래 [지형·구조물과 관련된 가늘고 긴 것을 세는 단위] | 路 lù 명 길, 도로 | 可以 kěyǐ 조동 ~할 수 있다 | 前面 qiánmiàn 명 앞, 앞쪽 | 别的 biéde 대 다른 것

3 '排队'는 '排队 + 동사' 형태로 쓰여 '줄을 서서 ~하다'라는 의미를 나타낼 수 있다. '他们在排队(그들은 줄을 서고 있다)'라고 사진 속 상황만 단순히 적어도 좋지만, '무엇을 위해' 줄을 서는지까지 추측해서 적으면 더 높은 점수를 받을 수 있다.

- ◆ 제시어　　排队 páiduì 동 줄을 서다
- ◆ 사진 연상　많은 사람들이 줄을 서고 있다.
- ◆ 작문 핵심　排队 + 행동
- ◆ 표현 활용　在 + 동사 | 买 + 사물 | 在……着

모범 답안　他们在排队。 그들은 줄을 서고 있다.
　　　　　　排队的人很多。 줄을 선 사람이 매우 많다.
　　　　　　很多人在排队买东西。 많은 사람들이 모두 줄을 서서 물건을 사고 있다.

고득점 답안　电影院里人很多，大家都在排队买票。 극장 안에 사람이 매우 많아서 모두들 줄을 서서 표를 사고 있다.
　　　　　　这家餐厅很有名，所以很多顾客都在排队等着。 → '접속사' 활용
　　　　　　이 식당은 유명해서 많은 손님들이 줄을 서서 기다리고 있다.

在 zài 부 마침 ~하고 있다, 막 ~하고 있는 중이다 | 买 mǎi 동 사다, 매입하다 | 电影院 diànyǐngyuàn 명 영화관 | 票 piào 명 표, 티켓 | 家 jiā 양 [집, 점포 등을 세는 단위] | ★餐厅 cāntīng 명 식당 | 有名 yǒumíng 형 유명하다 | ★顾客 gùkè 명 고객 | 着 zhe 조 ~하고 있다

4 '吃惊'은 정도부사의 수식을 받을 수 있는 심리활동동사이니 '很' '非常' 같은 정도부사를 활용해 문장을 만들어 보자. 동사 '让'을 활용해 '让 + 사람 + 심리활동동사' 형태로 겸어문 문장을 만드는 것도 좋다.

- ◆ 제시어　　吃惊 chījīng 동 놀라다
- ◆ 사진 연상　남자아이가 선물을 보고 놀랐다.
- ◆ 작문 핵심　사람 + 吃惊
- ◆ 표현 활용　看到礼物 | 盒子 | 让……感到 | 收到礼物 | 生日礼物

모범 답안　小男孩儿看到礼物很吃惊。 남자아이가 선물을 보고 놀랐다.
　　　　　　哥哥吃惊地看着这个盒子。 오빠는 놀라워하며 이 상자를 보고 있다.
　　　　　　这份礼物让他感到吃惊。 이 선물은 그를 놀라게 했다. → '겸어문' 활용

고득점 답안　他现在很吃惊，因为收到了礼物。 선물을 받아서 그는 지금 놀랐다. → '접속사' 활용
　　　　　　因为弟弟收到了生日礼物，所以非常吃惊。 남동생은 생일 선물을 받아서 매우 놀랐다. → '접속사' 활용

男孩儿 nánháir 명 남자아이 | 看到 kàndào 보(이)다 | 礼物 lǐwù 명 선물 | ★盒子 hézi 명 작은 상자 | ★份 fèn 양 부, 통, 권 [신문·잡지·문건 등을 세는 단위] | 让 ràng 동 ~하게 하다 | 感到 gǎndào 동 느끼다, 여기다 | 收到 shōudào 동 받다, 얻다

 정도부사는 일반적으로는 '형용사'를 수식하지만, '심리활동동사'나 '일부 조동사'도 수식할 수 있다.

● **Day 04**

대표 모범 답안	5 她今天逛街了。	6 这里不能抽烟。
	7 路上堵车了。	8 他们祝贺他成功。

5 '逛'은 '구경하며 돌아다니는 행위'를 나타내는 단어로, 장소를 목적어로 갖는다. 여자의 손에 들린 쇼핑백을 통해 '逛'을 활용해 '쇼핑' 관련 표현과 문장을 만들 수 있다. 쇼핑, 여행, 운동을 주제로 작문할 때 인물의 '기분' '심정'까지 함께 묘사하면 좀 더 풍부한 문장을 만들 수 있다.

- ◆ 제시어   逛 guàng 동 구경하다, 쇼핑하다, 돌아다니다
- ◆ 사진 연상   그녀는 오늘 쇼핑했다.
- ◆ 작문 핵심   逛 + 장소 / 시간
- ◆ 표현 활용   逛街 | 逛一天 | ……得很开心 | 逛商店

모범 답안 她今天逛街了。 그녀는 오늘 쇼핑했다.
　　　　　她在百货商店逛了一天。 그녀는 백화점에서 하루 종일 구경했다. → '시량보어' 활용
　　　　　逛街时，她买了很多衣服。 쇼핑할 때 그녀는 매우 많은 옷을 샀다.

고득점 답안 丽丽逛街逛得很开心。 리리(丽丽)는 매우 즐겁게 쇼핑을 했다. → '정도보어' 활용
　　　　　　因为要参加面试，所以她逛商店时买了很多衣服。 → '접속사' 활용
　　　　　　면접에 참가해야 해서 그녀는 상점에 쇼핑 갈 때 많은 옷을 샀다.

逛街 guàng jiē 거리를 거닐며 구경하다, 아이쇼핑하다 | 百货商店 bǎihuò shāngdiàn 명 백화점 | 一天 yìtiān 명 하루 종일 | 时 shí 명 때, 시기 | 买 mǎi 동 사다, 매입하다, 구매하다 | 得 de 조 [동사나 형용사 뒤에 쓰여 결과나 정도를 나타내는 보어와 연결시킴] | ★开心 kāixīn 형 즐겁다, 유쾌하다 | 因为 yīnwèi 접 왜냐하면 | 要 yào 조동 ~해야 한다 | 参加 cānjiā 동 (어떤 조직이나 활동에) 참석하다, 참가하다, 참여하다 | 面试 miànshì 명 면접시험 | 所以 suǒyǐ 접 그래서, 그러므로, 때문에, 그런 까닭에

6 '抽烟'의 주어로 '사람'과 '장소'가 모두 쓰일 수 있지만, 사진이 흡연하는 '사람'이 아니라 흡연 금지 '표지판'이라는 점에서 '장소'가 주어인 문장을 만드는 것이 자연스럽다. 금지를 나타내는 어휘 '不能' '禁止' '别' 등을 활용해 '금지'라는 주제를 담자.

- ◆ 제시어   抽烟 chōuyān 동 흡연하다
- ◆ 사진 연상   이곳에서는 흡연하면 안 된다.
- ◆ 작문 핵심   장소 + 抽烟
- ◆ 표현 활용   禁止 | 请 | 别 | 在 + 장소 | 公共场所

모범 답안 这里不能抽烟。 이곳에서는 담배를 피우면 안 된다.
　　　　　这儿禁止抽烟。 이곳은 흡연을 금지한다.
　　　　　这里有很多人，请别在这儿抽烟。 이곳에는 사람이 많이 있으니, 여기서 담배를 피우지 마세요.

고득점 답안 这里是公共场所，禁止抽烟。 이곳은 공공장소이니 흡연을 금지합니다.
　　　　　　抽烟有害健康，请别再抽烟了。 담배 피우는 것은 건강에 해로우니, 다시는 담배를 피우지 마세요.

不能 bùnéng ~해서는 안 된다 | ★禁止 jìnzhǐ 동 금지하다 | 在 zài 개 ~에(서), ~에 있어서 | 公共场所 gōnggòng chǎngsuǒ 공공장소 | 有害 yǒuhài 동 해롭다, 유해하다 | 健康 jiànkāng 명 건강 | 再 zài 부 다시

7 '堵车'는 장소가 주어로 올 수 있는 동사이므로, '도로 위'라는 배경과 관련지어 작문하면 쉽게 문장을 만들 수 있다. '堵车'의 장소 주어로는 '路上'이 자주 쓰인다. 더 나아가 정도보어를 활용해 '堵得很严重(심하게 막히다)'이라는 표현을 사용하면 고득점을 노릴 수 있다. '堵车'는 술목 구조의 이합동사라서 따로 목적어를 취하지 않는다는 점에 반드시 주의하자.

- ◆ 제시어   堵车 dǔchē 동 차가 막히다
- ◆ 사진 연상   도로가 차로 꽉 막혔다.
- ◆ 작문 핵심   장소 + 堵车
- ◆ 표현 활용   路上 | 上下班 | ……的时候 | 严重

모범 답안 路上堵车了。 길 위에 차가 막혔다.
　　　　　早上上班时经常堵车。 아침 출근할 때 항상 차가 막힌다.
　　　　　上下班的时候，堵车堵得很厉害。 출퇴근할 때 차가 심하게 막힌다. → '시간부사어' 활용

고득점 답안 上班的时候堵车非常严重，所以我常常迟到。 출근할 때 교통 체증이 심해서 자주 지각한다. → '접속사' 활용
　　　　　　堵车常常给人们的生活带来麻烦。 차가 막히는 것은 늘 사람들의 생활에 불편을 가져온다.

路上 lùshang 명 길 위 | 上班 shàngbān 동 출근하다 | 经常 jīngcháng 부 항상, 늘, 자주 | 上下班 shàng-xiàbān 동 출퇴근하다 | 堵 dǔ 동 막다, 틀어막다 | ★厉害 lìhai 형 극심하다 | ★严重 yánzhòng 형 심각하다, 위급하다, 엄중하다 | 常常 chángcháng 부 자주, 늘, 항상 | 迟到 chídào 동 지각하다 | 给 gěi 개 ~에게 | 人们 rénmen 명 사람들[자신을 포함하지 않음] | ★生活 shēnghuó 명 생활 | 带来 dàilái 가져오다, 가져다 주다 | ★麻烦 máfan 명 불편, 말썽, 골칫거리, 부담

8 '祝贺'는 '축하를 받는 대상(명사)'이나 '축하하는 내용(문장)'을 목적어로 취할 수 있다. 보통 '成功 chénggōng 성공' '结婚 jiéhūn 결혼' '生日 shēngrì 생일' '考上大学 kǎoshàng dàxué 대학 합격' 등을 축하하는 경우가 많다.

- ◆ 제시어   祝贺 zhùhè 동 축하하다
- ◆ 사진 연상   그들은 그의 성공을 축하한다.
- ◆ 작문 핵심   祝贺 + 사람 + 축하하는 내용
- ◆ 표현 활용   成功 | 生日快乐 | 考上大学 | 比赛赢

모범 답안 他们祝贺他成功。 그들은 그의 성공을 축하한다.
　　　　　他们一边喝酒，一边祝贺。 그들은 술을 마시며 축하한다. → '一边 A 一边 B' 활용
　　　　　他们在祝贺朋友生日快乐。 그들은 친구의 생일을 축하하고 있다.

고득점 답안 朋友们真心地祝贺我考上了大学。 친구들은 진심으로 내가 대학에 붙은 것을 축하하고 있다.
　　　　　　因为他们的比赛赢了，所以大家喝酒祝贺。 그들은 경기에서 이겼기 때문에, 모두 술을 마시며 축하한다. → '접속사' 활용

★成功 chénggōng 명 성공 동 성공하다 | 一边A一边B yìbiān A yìbiān B 한편으로 A하면서 B하다 | 酒 jiǔ 명 술 | 在 zài 부 지금 ~하고 있다 | 快乐 kuàilè 형 즐겁다, 행복하다, 유쾌하다 | 真心 zhēnxīn 명 진심 | 考上 kǎoshàng 동 시험에 합격하다 | 大学 dàxué 명 대학 | 比赛 bǐsài 명 경기, 시합 | ★赢 yíng 동 이기다, 승리하다

● **Day 05**

대표 모범 답안	9 爸爸和妈妈一起抬沙发。	10 他们正在讨论。
	11 爸爸抱着一个盒子。	12 飞机正在降落。

9 '抬'는 '물건을 들어올리는 동작'을 나타내는 동사로, 사물을 목적어로 취한다.

◆ 제시어	抬 tái 동 맞들다, 함께 들다
◆ 사진 연상	남자와 여자가 같이 소파를 든다.
◆ 작문 핵심	抬 + 사물
◆ 표현 활용	沙发丨重丨동사 + 起来丨搬家

모범 답안　爸爸和妈妈一起抬沙发。 아빠와 엄마가 같이 소파를 든다.
　　　　　哥哥和姐姐抬的沙发很重。 오빠와 언니가 든 소파는 무겁다.
　　　　　他们把客厅的沙发抬起来了。 저들은 거실의 소파를 들어 올렸다. → '방향보어' 활용

고득점 답안　今天我们要搬家，所以在抬沙发。 오늘 우리는 이사를 해야 해서 소파를 들고 있다.
　　　　　　因为没叫搬家公司，所以我们自己抬沙发。 → '접속사' 활용
　　　　　　이삿짐 업체를 부르지 않았기 때문에, 스스로 소파를 들어 올린다.

★沙发 shāfā 명 소파 | ★重 zhòng 형 무겁다 | 把 bǎ 개 ~를 [처치의 결과를 나타냄] | ★客厅 kètīng 명 객실, 응접실 | 起来 qǐlai 동 [동사 뒤에 쓰여 '위로 향함'을 나타냄] | 搬家 bānjiā 동 이사하다 | 所以 suǒyǐ 접 그래서, 그러므로 | 在 zài 부 ~하고 있는 중이다 | 因为 yīnwèi 접 왜냐하면 | 叫 jiào 동 부르다

10 '讨论' 앞에 '토론하는 장소'를 개사구로 붙여 문장을 확장해 보자. 좀 더 점수를 잘 받고 싶다면, 토론 주제까지 상상해서 써 보는 것이 좋다. 토론 주제는 보통 '……问题' 형태로 많이 쓰인다. 너무 어렵거나 긴 문장을 쓰기보다 간결하고 내용이 분명한 문장을 적는 것이 더 좋다.

◆ 제시어	讨论 tǎolùn 동 토론하다
◆ 사진 연상	학생들이 교실에서 토론을 하고 있다.
◆ 작문 핵심	在 + 장소 + 讨论丨讨论 + 토론 주제
◆ 표현 활용	正在 + 동사丨教室丨问题丨积极地 + 동사

모범 답안　他们正在讨论。 그들은 토론을 하고 있다.
　　　　　我们在教室里讨论。 우리들은 교실에서 토론을 한다.
　　　　　学生们在讨论考试问题。 학생들은 시험 문제에 대해 토론을 하고 있다.

고득점 답안　同学们坐在椅子上讨论今天的问题。 학우들은 의자에 앉아서 오늘의 문제를 토론하고 있다. → '보어' 활용
　　　　　　虽然问题很难，但是学生们都在积极地讨论。 → '접속사' 활용
　　　　　　비록 문제가 어렵지만, 학생들은 모두 적극적으로 토론하고 있다.

正在 zhèngzài 부 지금 ~하고 있다 | 考试 kǎoshì 명 시험 | 虽然 suīrán 접 비록 ~하지만 | 难 nán 형 어렵다, 힘들다 | 但是 dànshì 접 그러나, 그렇지만 | ★积极 jījí 형 적극적이다

11 '抱'는 '사물을 안는 동작'을 나타내는 동사로, 사진의 남자가 안고 있는 대상인 '盒子'를 목적어로 쓰면 된다.

◆ 제시어	抱 bào	동 안다, 껴안다, 포옹하다
◆ 사진 연상	남자가 상자를 안고 있다.	
◆ 작문 핵심	抱 + 사물	
◆ 표현 활용	동사 + 着 ǀ 盒子 ǀ 동사 + 시량보어 ǀ 동사 + 回来	

모범 답안   爸爸抱着一个盒子。 아빠는 상자를 하나 안고 계신다.
　　　　　哥哥抱着的盒子是空的。 오빠가 안고 있는 상자는 비어 있다.
　　　　　我抱着的盒子里有我的礼物。 내가 안고 있는 상자 안에 내 선물이 있다.

고득점 답안   他抱着这个盒子十分钟了。 그는 이 상자를 10분 동안 들고 있다. → '시량보어' 활용
　　　　　　爸爸回家的时候抱回来了一个盒子。 아빠는 집에 오실 때 상자 하나를 안고 오셨다.

着 zhe 조 ~하고 있다 ǀ ★盒子 hézi 명 작은 상자 ǀ ★空 kōng 형 (속이) 비다 ǀ 礼物 lǐwù 명 선물 ǀ 回家 huí jiā 집으로 돌아가다

12 '降落'는 '어떤 사물이 위에서 내려오는 것'을 나타낸다. 기본적인 뼈대 문장(주어 + 降落 + 목적어)에 시간부사를 더하면 간단하게 문장을 늘릴 수 있다.

◆ 제시어	降落 jiàngluò	동 착륙하다, 내려오다
◆ 사진 연상	비행기가 착륙하고 있다.	
◆ 작문 핵심	飞机 + 降落	
◆ 표현 활용	飞机 ǀ 马上 ǀ 就要A了 ǀ 一A就B ǀ 동사 + 在 + 장소	

모범 답안   飞机正在降落。 비행기가 착륙하고 있다.
　　　　　飞机马上就要降落了。 비행기가 곧 착륙한다.
　　　　　我们坐的飞机已经降落了。 우리가 탄 비행기는 이미 착륙했다.

고득점 답안   飞机一降落我就给你打电话。 비행기가 착륙하면 너에게 전화할게. → '一A就B' 활용
　　　　　　飞机安全地降落在了仁川机场。 비행기가 안전하게 인천공항에 착륙했다. → '보어' 활용

正在 zhèngzài 부 지금 ~하고 있다 ǀ 马上 mǎshàng 부 곧, 즉시, 바로 ǀ 就要 jiùyào 부 곧, 즉시 ǀ 坐 zuò 동 (교통수단) 타다 ǀ 一A就B yī A jiù B A하자마자 B하다 ǀ 给 gěi 개 ~에게 ǀ ★安全 ānquán 형 안전하다 ǀ 在 zài 개 ~에(서), ~에 있어서 ǀ 仁川 Rénchuān 고유 인천

● Day 06

대표 모범 답안	13 电话总是占线。	14 孩子已经醒了。
	15 她一直在咳嗽。	16 她在猜盒子里有什么。

13 '占线'은 '통화 중'을 나타내는 표현으로, 목적어를 따로 가지지 않는다. 주어로는 '电话'만 올 수 있다는 것에 주의해야 한다.

- ◆ 제시어   占线 zhànxiàn 통 통화 중이다
- ◆ 사진 연상   여자가 전화를 걸고 있다.
- ◆ 작문 핵심   电话 + 占线
- ◆ 표현 활용   总是 | 给……打电话 | 出问题 | 一直

모범 답안   **电话总是占线。** 전화가 계속 통화 중이다.
我给他打电话时，他的电话总是占线。 내가 그에게 전화를 걸었을 때, 그의 전화는 계속 통화 중이었다.
他的电话总是占线，可能是出问题了。 그의 전화가 계속 통화 중인데, 아마도 고장이 난 것 같다.

고득점 답안   **他可能在和老板打电话，所以一直占线。** 그는 아마도 사장님과 전화를 하고 있어서 계속 통화 중이다. → '접속사' 활용
他的电话一直占线，所以我打算给他发短信。 그의 전화가 계속 통화 중이어서, 나는 그에게 문자메시지를 보낼 계획이다.

总是 zǒngshì 부 늘, 언제나 | **给** gěi 개 ~에게 | **时** shí 명 때, 시기 | **可能** kěnéng 부 아마, 아마도, 어쩌면 | **出** chū 동 발생하다, 나다 | **老板** lǎobǎn 명 사장 | **所以** suǒyǐ 접 그래서, 그러므로 | **一直** yìzhí 부 계속, 줄곧 | **打算** dǎsuàn 동 계획하다, 고려하다 | **再** zài 부 다시 | **发** fā 동 보내다 | ★**短信** duǎnxìn 명 문자메시지

14 '醒'은 목적어를 갖지 않는 동사임에 주의해야 한다. '醒'은 일반적으로 '잠'하고만 연관지어 쓰이는, 문장에서 많은 내용을 담을 수 없는 표현이기 때문에, 자연스런 상황을 만들어 문장을 길게 쓰는 것이 좋다. 가장 쉽게는 '已经', '现在' 등의 시간 표현을 쓰는 것이 무난하다.

- ◆ 제시어   醒 xǐng 동 잠에서 깨다
- ◆ 사진 연상   아이가 잠에서 깼다.
- ◆ 작문 핵심   사람 + 醒
- ◆ 표현 활용   已经……了 | 现在才…… | 刚 + 동사 | 让 + 사람 + 행동

모범 답안   **孩子已经醒了。** 아이가 이미 깼다.
弟弟现在才醒。 남동생은 지금에서야 깼다.
已经12点了，孩子现在才醒。 이미 12시가 되었는데 아이는 지금에서야 깼다.

고득점 답안   **儿子虽然醒了，但是他很困。** 아들은 비록 깼지만 졸려한다. → '접속사' 활용
儿子刚醒，妈妈就让他吃饭。 아들은 막 깼는데, 엄마는 아들에게 바로 밥을 먹으라고 한다. → '겸어문' 활용

才 cái 부 ~서야 비로소 | **虽然** suīrán 접 비록 ~하지만 | **但是** dànshì 접 그러나, 그렇지만 | ★**困** kùn 형 졸리다 | ★**刚** gāng 부 막, 방금, 지금, 바로 | **让** ràng 동 (어떤 일을) 하게 하다, 하도록 하다

15 '咳嗽'도 목적어를 갖지 않는 동사 중의 하나이다. '咳嗽'는 동사 앞에 주어만 적절하게 넣어 주면 간단히 문장을 만들 수 있다. '병(病)'과 관련된 어휘가 제시어일 경우, 정도보어 문형을 활용해 '严重' '厉害' 등으로 병세의 정도를 나타내 주면 좋다.

- ◆ 제시어　　咳嗽 késou 동 기침하다
- ◆ 사진 연상　여자가 기침을 하고 있다.
- ◆ 작문 핵심　사람 + 咳嗽
- ◆ 표현 활용　一直在｜严重｜동사 + 得很厉害｜感冒｜看起来

모범 답안　她一直在咳嗽。그녀는 계속 기침을 하고 있다.
　　　　　　妈妈咳嗽很严重。엄마가 기침이 심하시다.
　　　　　　阿姨咳嗽咳得很厉害。아줌마가 기침을 심하게 하신다.

고득점 답안　老师感冒了，所以最近一直咳嗽。선생님은 감기에 걸리셔서 요즘 계속 기침을 하신다. → '접속사' 활용
　　　　　　　王阿姨咳嗽咳得很厉害，看起来很不舒服。→ '정도보어' 활용
　　　　　　　왕(王) 아주머니는 기침을 심하게 하셔서 매우 불편해 보이신다.

在 zài 부 지금 ~하고 있다 ｜ ★ **严重** yánzhòng 형 (정도가) 매우 심하다 ｜ **阿姨** āyí 명 아주머니, 아줌마 ｜ ★ **厉害** lìhai 형 대단하다, 굉장하다 ｜ **感冒** gǎnmào 동 감기에 걸리다 ｜ **最近** zuìjìn 명 요즘, 최근 ｜ **看起来** kàn qǐlái 보기에 ~하다 ｜ **舒服** shūfu 형 (몸·마음이) 편안하다, 쾌적하다, 가볍다, 가뿐하다, 홀가분하다

16 '猜'는 '추측하는 내용'을 목적어로 취하며, 이때 목적어는 문장성분이 완전한 '절'의 형태여야 한다. 상자를 주고 받는 인물들의 자세나 표정, 상자의 형태 등을 보아 '상자'를 남자가 여자에게 주는 '礼物(선물)'로 추측하여 적어도 좋다.

- ◆ 제시어　　猜 cāi 동 추측하다, 알아맞히다, 추정하다
- ◆ 사진 연상　여자는 상자 안에 무엇이 있는지 추측하고 있다.
- ◆ 작문 핵심　猜 + 추측하는 내용(문장)
- ◆ 표현 활용　盒子｜有什么｜送礼物｜让 + 사람 + 행동

모범 답안　她在猜盒子里有什么。그녀는 상자 안에 무엇이 있는지 추측하고 있다.
　　　　　　姐姐在猜盒子里的东西是什么。누나는 상자 안의 물건이 무엇인지 추측하고 있다.
　　　　　　妻子在猜她的丈夫送了什么礼物。부인은 그녀의 남편이 무슨 선물을 했는지 추측하고 있다.

고득점 답안　男朋友让我猜他送的礼物是什么。남자 친구는 나에게 그가 준 선물이 무엇인지 추측하게 했다. → '겸어문' 활용
　　　　　　　妻子猜了几次，也没猜出盒子里的东西是什么。
　　　　　　　아내는 여러 번 추측해 봤지만, 상자 안에 있는 물건이 무엇인지 맞히지 못했다.

★ **猜** cāi 동 추측하다, 알아맞히다, 추정하다 ｜ ★ **盒子** hézi 명 작은 상자 ｜ **送** sòng 동 주다, 선물하다 ｜ **礼物** lǐwù 명 선물 ｜ **男朋友** nánpéngyou 명 남자 친구 ｜ **出** chū 동 [동사 뒤에 쓰여 '드러나거나 완성됨'을 나타냄]

쓰기 제2부분 02 형용사로 문장 만들기

본서 pp.332~333

● Day 08

대표 모범 답안
1 她的行李箱很重。
2 她觉得很难受。
3 妈妈做的汤太咸了。
4 她汉语说得很流利。

1 여자가 여행 가방을 들고 있으므로 '行李箱 xínglǐxiāng 여행 가방'을 사용해 문장을 만드는 것이 자연스럽다. '여행 가방'과 관련지어 '공항' '기차역' 등의 장소를 추가하는 것도 좋다.

◆ 제시어　　　重 zhòng 형 무겁다
◆ 사진 연상　　여자가 무거운 여행 가방을 들고 있다.
◆ 작문 핵심　　사물 + 重
◆ 표현 활용　　行李箱 | 看起来 | 自己 / 一个人 + 동사(拿)

모범 답안
她的行李箱很重。 그녀의 여행 가방은 매우 무겁다.
她的行李箱看起来很重。 그녀의 여행 가방은 매우 무거워 보인다.
这个行李箱太重了，她自己拿不动。 이 여행 가방은 너무 무거워서 그녀 혼자서 들 수 없다.

고득점 답안
虽然行李箱很重，但她还是一个人来到了机场。 → '접속사' 활용
비록 여행 가방이 매우 무겁지만, 그녀는 그래도 혼자서 공항에 도착했다.
因为她的行李箱比较重，所以她在机场等丈夫接她。 → '연동문' 활용
그녀의 여행 가방이 좀 무거워서, 그녀는 공항에서 남편이 마중 나오기를 기다린다.

行李箱 xínglǐxiāng 명 여행 가방, 트렁크 | 看起来 kàn qǐlái 보기에 ~하다 | 自己 zìjǐ 대 스스로, 자신 | 拿 ná 동 쥐다, 잡다 | 不能 bù néng ~할 수 없다 | 虽然 suīrán 접 비록 ~일지라도 | 但 dàn 접 그러나 | 还是 háishi 부 그래도, 역시 | 来到 láidào 동 도착하다 | 机场 jīchǎng 명 공항 | 因为 yīnwèi 접 ~때문에 | 比较 bǐjiào 부 비교적 | 所以 suǒyǐ 접 그래서 | 在 zài 개 ~에(서), ~에 있어서 | 接 jiē 동 마중하다

---

2 '难受'는 '사람이 아프거나 괴로운 상태'를 형용하는 형용사이다. 여자가 '몸이 아픈 것'으로 할지, '고민이 있어 괴로운 것'으로 할지는 본인이 더 자신 있는 내용이 무엇인지 고려해 결정하면 된다. 쓰기 제2부분에서는 확실히 아는 어법을 사용해 작문해야 한다는 것을 항상 명심하자.

◆ 제시어　　　难受 nánshòu 형 괴롭다, 아프다
◆ 사진 연상　　여자가 매우 괴로워하고 있다.
◆ 작문 핵심　　사람 + 难受
◆ 표현 활용　　觉得 | 형용사 + 极了 | 听到消息 | 感到

모범 답안
她觉得很难受。 그녀는 매우 괴롭다고 느낀다.
她感冒了，身体难受极了。 그녀는 감기에 걸려서 몸이 너무 아프다.
她太难受了，今天不能去上课了。 그녀는 너무 아파서 오늘 수업을 들으러 갈 수 없다.

고득점 답안
听到那个消息后，她非常难受。 그 소식을 들은 후, 그녀는 매우 괴로웠다.
因为她和男朋友吵架了，所以感到特别难受。 그녀는 남자 친구와 말다툼을 해서, 매우 괴롭다고 느낀다. → '접속사' 활용

觉得 juéde 동 ~라고 여기다 | **感冒** gǎnmào 동 감기에 걸리다 | **极了** jíle [형용사 뒤에 위치해 뜻을 매우 강조할 때 쓰임] | **上课** shàngkè 동 수업을 듣다 | **听到** tīngdào 듣다 | ★**消息** xiāoxi 명 소식 | **后** hòu 명 (시간상으로) 후, 뒤 | **男朋友** nánpéngyou 명 남자 친구 | **吵架** chǎojià 동 말다툼하다 | **感到** gǎndào 동 느끼다 | **特别** tèbié 부 아주, 특별히

---

3 '음식 + 맛을 나타내는 형용사' 형태로 '음식의 맛'이 어떤지 표현할 수 있다. 사진에서 숟가락을 사용하고 있는 점으로 보아 그릇에 담긴 요리를 '汤 tāng 국, 탕'으로 특정하여 쓸 수도 있지만, 간단히 '菜 cài 요리' 정도로 써도 된다.

- ◆ 제시어 咸 xián 형 짜다, 소금기가 있다
- ◆ 사진 연상 이 요리는 좀 짜다.
- ◆ 작문 핵심 음식 + 咸
- ◆ 표현 활용 汤 | 好像 | 碗 | 又A又B

모범 답안
妈妈做的汤太咸了。 엄마가 만든 국은 너무 짜다.
妈妈做的菜好像有点儿咸。 엄마가 만든 음식은 좀 짠 것 같다.
这碗汤又咸又辣。 이 국은 짜고 맵다. → '又A又B' 활용

고득점 답안
她总是把菜做得很咸。 그녀는 늘 음식을 매우 짜게 만든다. → '정도보어' 활용
这碗汤虽然味道不错，但是有点儿咸。 이 국은 비록 맛은 좋지만 좀 짜다. → '접속사' 활용

★**汤** tāng 명 국, 탕 | ★**好像** hǎoxiàng 부 마치 ~와 같다, 마치 ~인 것 같다 | **有点儿** yǒudiǎnr 부 조금, 약간 | **碗** wǎn 양 그릇, 공기 | **又A又B** yòu A yòu B A하기도 하고 B하기도 하다 | ★**辣** là 형 맵다 | **总是** zǒngshì 부 늘, 줄곧 | **把** bǎ 개 ~를 [처치의 결과를 나타냄] | ★**味道** wèidao 명 맛 | **不错** búcuò 형 좋다, 괜찮다 | **但是** dànshì 접 그러나, 그렇지만

---

4 '流利'는 주로 '사람이 유창하게 말하는 모습'을 형용할 때 쓰인다. 사진의 내용을 왜곡하지 않는 선에서, '언어'나 '대화 대상'은 자유롭게 선택하면 된다.

- ◆ 제시어 流利 liúlì 형 (말·문장이) 유창하다
- ◆ 사진 연상 여자가 다른 사람과 대화하고 있다.
- ◆ 작문 핵심 언어 + 流利
- ◆ 표현 활용 一口流利的汉语 | 流利地说 | 三种语言

모범 답안
她汉语说得很流利。 그녀는 중국어를 매우 유창하게 말한다. → '정도보어' 활용
她能说一口流利的汉语。 그녀는 유창한 중국어를 할 수 있다.
她可以流利地说三种语言。 그녀는 유창하게 세 가지 언어를 할 수 있다.

고득점 답안
她去中国留过学，所以汉语很流利。 그녀는 중국에 가서 유학한 적이 있어서, 중국어가 매우 유창하다.
她不仅口语很流利，而且汉字也写得非常漂亮。 → '접속사' 활용
그녀는 회화가 매우 유창할 뿐 아니라, 한자도 매우 예쁘게 쓴다.

能 néng 조동 ~할 수 있다 | **一口** yìkǒu 형 (말의 억양·발음 등이) 순수하다, 완전하다 | **可以** kěyǐ 조동 ~할 수 있다 | **种** zhǒng 양 종, 종류 | ★**语言** yǔyán 명 언어 | **留学** liúxué 동 유학하다 | ★**不仅** bùjǐn 접 ~뿐만 아니라 | **口语** kǒuyǔ 명 구어 | **而且** érqiě 접 게다가, 뿐만 아니라, 또한 | **汉字** Hànzì 고유 한자 | **写** xiě 동 쓰다

● Day 09

| 대표 모범 답안 | 5 这道菜很辣。 | 6 女孩子觉得很害羞。 |
| 7 这场足球比赛很精彩。 | 8 女人非常感动。 |

5 사진에 드러난 정보가 많지 않기 때문에 '내가 직접 만든 요리'라던가 '식당에서 주문한 요리' '다른 사람에게 대접 받은 요리' 등으로 자유롭게 상황을 설정할 수 있다.

◆ 제시어	辣 là 형 맵다
◆ 사진 연상	이 요리는 매우 맵다.
◆ 작문 핵심	음식 + 辣
◆ 표현 활용	这道菜 | 又A又B | 好吃 | 受……欢迎

모범 답안 这道菜很辣。 이 요리는 매우 맵다.
  这道菜又辣又好吃。 이 요리는 맵고 맛있다. → '又A又B' 활용
  我非常喜欢吃辣的菜。 나는 매운 요리 먹는 것을 매우 좋아한다.

고득점 답안 因为韩国菜比较辣，所以很受中国人欢迎。 한국 요리는 좀 맵기 때문에, 중국인에게 환영을 받는다. → '접속사' 활용
  虽然我爱吃辣的菜，但是我的胃不好，不能多吃。
  비록 나는 매운 요리 먹는 것을 좋아하지만, 위가 좋지 않기 때문에 많이 먹을 수 없다. → '접속사' 활용

道 dào 양 요리를 세는 단위 | ★辣 là 형 맵다 | 又A又B yòu A yòu B A하기도 하고 B하기도 하다 | 因为 yīnwèi 접 왜냐하면 | 韩国 Hánguó 고유 한국 | 比较 bǐjiào 부 비교적, 상대적으로 | 所以 suǒyǐ 접 그래서, 그러므로 | 受欢迎 shòu huānyíng 환영을 받다, 인기 있다 | 中国人 Zhōngguórén 고유 중국인 | 虽然 suīrán 접 비록 ~일지라도 | 爱 ài 동 ~하기를 좋아하다 | 但是 dànshì 접 그러나, 그렇지만 | 胃 wèi 명 위 | 能 néng 조동 ~할 수 있다

6 '害羞'처럼 '사람의 감정'을 나타내는 형용사는 정도보어 구문을 활용하면 멋진 문장을 만들 수 있다. 부끄러워하는 이유까지 적당하게 들어 주면 더욱 좋다.

◆ 제시어	害羞 hàixiū 형 부끄러워하다, 수줍어하다
◆ 사진 연상	여자아이가 부끄러워한다.
◆ 작문 핵심	사람 + 害羞
◆ 표현 활용	女孩子 | 觉得 | 害羞得…… | 脸红

모범 답안 女孩子觉得很害羞。 여자아이는 부끄럽다고 느끼다.
  女儿害羞地看着我。 딸은 부끄러워하며 나를 보고 있다.
  孩子害羞得快要哭了。 여자아이는 부끄러워서 곧 울 것 같다. → '정도보어' 활용

고득점 답안 她不但害羞，而且脸红了。 그녀는 부끄러워할 뿐만 아니라, 얼굴이 빨개졌다. → '접속사' 활용
  她之所以害羞，是因为看到了喜欢的男孩儿。 → '접속사' 활용
  그녀가 부끄러워하는 것은 좋아하는 남자아이를 봤기 때문이다.

女孩子 nǚháizi 명 여자아이 | 着 zhe 조 ~하고 있다 | 快要 kuàiyào 부 곧, 머지않아 | 哭 kū 동 (소리 내어) 울다 | 不但 búdàn 접 ~뿐만 아니라 | 而且 érqiě 접 게다가, 뿐만 아니라, 또한 | 脸红 liǎnhóng 동 얼굴이 빨개지다, 부끄러워하다 | 之所以 zhīsuǒyǐ 접 ~한 까닭, ~의 이유 | 是因为 shìyīnwèi 접 ~때문이다 | 看到 kàndào 동 보(이)다 | 男孩儿 nánháir 명 남자아이

7 '精彩'는 '시합이나 공연을 긍정적으로 평가'할 때 쓰인다. '시합, 경기'라는 뜻의 '比赛 bǐsài'를 활용해 작문한다면, '比赛'의 양사로 '场 chǎng'을 쓰도록 한다. '场'을 모를 경우에는 '今天的比赛'처럼 양사가 없어도 되는 문장으로 만들 수도 있지만, '场'은 4급 필수 어휘이니 쓰임을 잘 익혀 두는 것이 좋다.

- ◆ 제시어   精彩 jīngcǎi 형 훌륭하다, 근사하다
- ◆ 사진 연상   오늘 경기는 훌륭하다.
- ◆ 작문 핵심   작품 / 공연 / 경기 + 精彩
- ◆ 표현 활용   这场比赛 | 足球比赛 | 觉得 | 看比赛

모범 답안   这场足球比赛很精彩。 이 축구 경기는 훌륭하다.
　　　　　　我们都觉得这场球赛很精彩。 우리는 이 경기가 훌륭하다고 생각한다.
　　　　　　我们在足球场看了一场精彩的比赛。 우리는 축구장에서 훌륭한 경기를 봤다.

고득점 답안 他们觉得去足球场看比赛更精彩。 그들은 축구장에 가서 경기를 보는 것이 더 훌륭하다고 생각한다.
　　　　　　我们周末去足球场看了一场足球比赛，那场比赛特别精彩。
　　　　　　우리는 주말에 축구장에 가서 축구 경기를 봤다. 그 경기는 매우 훌륭했다.

★ **场** chǎng 양 번, 회, 차례 [문예, 오락, 체육 활동 등에 쓰임] | **足球** zúqiú 명 축구 | **比赛** bǐsài 명 시합, 경기 | **球赛** qiúsài 명 구기 시합 | **在** zài 개 ~에(서), ~에 있어서 | **足球场** zúqiúchǎng 명 축구장 | **更** gèng 부 더, 더욱, 훨씬

---

8 '被他的话感动(그의 말에 감동하다)' '向女人求婚(여자에게 청혼하다)'처럼 사진에 드러난 상황을 상세히 적는 것이 가장 좋지만, 용법을 확실히 모르겠다면 정도부사 정도만 활용해 확실하고 간단한 문장을 만들자.

- ◆ 제시어   感动 gǎndòng 형 감동하다, 감동스럽다, 감격하다
- ◆ 사진 연상   여자는 매우 감동했다.
- ◆ 작문 핵심   사람 + 感动
- ◆ 표현 활용   感动得 + 상태 | 又A又B | 被 + 주체자 + 感动

모범 답안   女人非常感动。 여자는 매우 감동했다.
　　　　　　她感动得快哭了。 여자는 곧 울 정도로 감동했다. → '정도보어' 활용
　　　　　　姐姐现在又感动又开心。 언니는 지금 감동스럽고 즐겁다. → '又A又B' 활용

고득점 답안 我被他的话感动了，现在很幸福。 나는 그의 말에 감동해서 지금 행복하다. → '被자 구문' 활용
　　　　　　男人向女人求婚了，所以女人非常感动。 남자가 여자에게 청혼을 해서 여자는 매우 감동했다. → '접속사' 활용

得 de 조 [동사나 형용사 뒤에 쓰여 결과나 정도를 나타내는 보어와 연결시킴] | **快** kuài 부 곧, 머지않아 | **又A又B** yòu A yòu B A하기도 하고 B하기도 하다 | ★ **开心** kāixīn 형 기쁘다, 즐겁다, 좋다, 유쾌하다 | **被** bèi 개 ~에게 ~를 당하다 | **话** huà 명 말, 이야기 | ★ **幸福** xìngfú 형 행복하다 | **向** xiàng 개 ~에게, ~(으)로, ~를 향하여 | **求婚** qiúhūn 동 구혼하다

● Day 10

대표 모범 답안	9 他的病很严重。	10 她看起来很兴奋。
	11 孩子的衣服脏了。	12 她看起来特别暖和。

9 남자가 환자복을 입고 침대에 누워 있는 모습에서 남자가 아프다는 사실을 알 수 있다. '严重'의 주어는 '사람'이 아니라 '병'이나 '상황'이어야 한다는 것에 주의해 문장을 만들자.

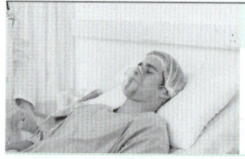

- ◆ 제시어　　严重 yánzhòng 혱 (상황, 병, 정도가) 심각하다
- ◆ 사진 연상　남자의 병이 심각하다.
- ◆ 작문 핵심　病 / 情况 + 严重
- ◆ 표현 활용　医生说…… | 看起来 + 상태 | 住院

모범 답안　**他的病很严重。** 그의 병이 심각하다.
　　　　　病人的情况很严重。 환자의 상황이 심각하다.
　　　　　医生说他的情况非常严重。 의사는 그의 상황이 매우 심각하다고 했다.

고득점 답안　**他躺在病床上，看起来很严重。** 그는 병상에 누워있는데, 심각해 보인다. → '보어' 활용
　　　　　　因为同事的病非常严重，所以他昨天住院了。 동료의 병이 매우 심각해서, 그는 어제 입원했다. → '접속사' 활용

病人 bìngrén 명 환자, 병자 | ★ **情况** qíngkuàng 명 상황 | ★ **躺** tǎng 동 드러눕다, 눕다 | **在** zài 개 ~에(서), ~에 있어서 | **病床** bìngchuáng 명 환자의 침상 | **看起来** kàn qǐlái 보기에, 보아 하니 | **因为** yīnwèi 접 왜냐하면 | **同事** tóngshì 명 동료 | **住院** zhùyuàn 동 (환자가) 입원하다

10 '兴奋'은 '긍정적인 방향으로 감정이 북받쳐 일어난 상태'를 나타내는 형용사로, 직관적인 해석은 '흥분하다'이지만, '기뻐하다'라는 해석이 상황에 더 들어맞는 경우가 많다.

- ◆ 제시어　　兴奋 xīngfèn 혱 흥분하다
- ◆ 사진 연상　여자는 기뻐서 흥분한 상태다.
- ◆ 작문 핵심　사람 + 兴奋
- ◆ 표현 활용　看起来 | 拿着 + 사물 | 获奖 | 第一名 | 형용사 + 极了

모범 답안　**她看起来很兴奋。** 그녀는 기뻐 보인다.
　　　　　她兴奋地笑了起来。 그녀는 기뻐하며 웃기 시작했다. → '방향보어' 활용
　　　　　姐姐拿着奖杯，看起来很兴奋。 언니는 트로피를 들고 있는데, 흥분되어 보인다.

고득점 답안　**因为小李获奖了，所以她很兴奋。** 샤오리[小李]는 상을 타서 흥분했다. → '접속사' 활용
　　　　　　妹妹在比赛中是第一名，她兴奋极了。 여동생은 경기에서 일등을 해서 매우 흥분했다. → '정도보어' 활용

笑 xiào 동 웃다, 웃음을 짓다 | **起来** qǐlai 동 [동사 또는 형용사 뒤에 쓰여 '어떤 동작이 시작되어 계속됨'을 나타냄] | **拿** ná 동 (손으로) 가지다, 쥐다, 잡다 | **着** zhe 조 ~하고 있다 | **奖杯** jiǎngbēi 명 우승컵 | **获奖** huòjiǎng 동 상을 타다, 수상하다 | **第一** dì yī 수 맨 처음, 첫 번째 | **名** míng 양 [석차를 나타냄] | **极了** jíle [형용사 뒤에 위치해 뜻을 매우 강조할 때 쓰임]

11 '被'자 구문으로 문장을 만들면 사진 속 상황을 가장 잘 전달할 수 있기에 높은 점수를 받을 수 있다. 경우에 따라 '被'자 구문에서 행동의 주체(那辆车)는 생략할 수 있으며, 형용사 제시어를 활용할 경우 '弄脏'처럼 '弄 + 형용사' 형태로 써 주자.

- ◆ 제시어   脏 zāng 형 더럽다
- ◆ 사진 연상 아이의 옷이 더러워졌다.
- ◆ 작문 핵심 사물 + 脏
- ◆ 표현 활용 衣服 | A上都是B | 被 + 동사 | 弄……

모범 답안 孩子的衣服脏了。 아이의 옷이 더러워졌다.
　　　　　孩子的衣服上都是脏水。 아이의 옷은 모두 구정물로 더러워졌다.
　　　　　因为那辆车，孩子的衣服脏了。 저 차 때문에 아이의 옷이 더러워졌다. → '접속사' 활용

고득점 답안 衣服被弄脏了，孩子很想哭。 옷이 더러워져서 아이는 매우 울고 싶다. → '被'자문 활용
　　　　　　孩子的衣服被路过的那辆车弄脏了。 아이의 옷이 길을 지나가던 저 차에 의해 더러워졌다. → '被'자문 활용

脏水 zāngshuǐ 명 구정물, 더러운 물 | ★ 辆 liàng 양 대·량[차량을 세는 단위] | 车 chē 명 차 | 被 bèi 개 ~에게 ~를 당하다 | ★ 弄 nòng 동 하다, 행하다, 만들다 | 想 xiǎng 조동 ~하고 싶다 | 哭 kū 동 (소리내어) 울다 | 路过 lùguò 동 지나다, 통과하다

12 여자가 입고 있는 '스웨터 毛衣 máoyī'라는 단어를 모른다면, '衣服 yīfu 옷'라는 기본적인 단어를 사용하면 된다. 수준 높은 문장을 만들려고 모르는 어휘나 어법을 썼다가 감점 당하지 말자.

- ◆ 제시어   暖和 nuǎnhuo 형 따뜻하다
- ◆ 사진 연상 여자는 따뜻해 보인다.
- ◆ 작문 핵심 사람 + 暖和
- ◆ 표현 활용 看起来 | 觉得 | 毛衣 | 厚 | 穿起来 | 感觉

모범 답안 她看起来特别暖和。 그녀는 매우 따뜻해 보인다.
　　　　　她觉得很暖和。 그녀는 따뜻하다고 느낀다.
　　　　　这件衣服很厚，所以我很暖和。 이 옷이 두꺼워서 나는 따뜻하다.

고득점 답안 虽然天气很冷，但是她觉得很暖和。 비록 날씨가 춥지만, 그녀는 따뜻하다고 느낀다. → '접속사' 활용
　　　　　　这件毛衣不但漂亮，而且穿起来感觉很暖和。 이 스웨터는 예쁠 뿐만 아니라, 입기에도 따뜻하다. → '접속사' 활용

特别 tèbié 부 아주, 특히 | 件 jiàn 양 가지, 개[일, 사건, 개체의 사물을 세는 단위] | ★ 厚 hòu 형 두껍다, 두텁다 | 虽然 suīrán 접 비록 ~일지라도 | 但是 dànshì 접 그러나, 그렇지만 | 毛衣 máoyī 명 털옷, 스웨터 | 不但 búdàn 접 ~뿐만 아니라 | 而且 érqiě 접 게다가, 뿐만 아니라 | ★ 感觉 gǎnjué 동 여기다, 생각하다

  '觉得 juéde'와 '感觉 gǎnjué'의 용법 비교
❶ 觉得 juéde ~라고 생각하다 ['관점'이나 '생각'을 나타내며, 주로 '주어+觉得' 형태로 쓰임]
❷ 感觉 gǎnjué ~라고 느끼다 [외부 조건의 영향으로 인해 생성된 '반응' '느낌'을 나타냄]

● **Day 11**

대표 모범 답안	13 这些花很香。	14 他现在非常困。
	15 孩子伤心地哭了。	16 男孩儿疼得很厉害。

13 '香'은 '꽃이나 음식이 향기로움'을 나타낼 때 쓰인다. 꽃을 세는 양사로 '些 xiē' '种 zhǒng' 등을 활용할 수도 있지만, 꽃 전용 양사인 '朵 duǒ'를 쓰면 더 높은 점수를 받을 수 있다.

- ◆ 제시어　　香 xiāng 휑 향기롭다
- ◆ 사진 연상　이 꽃들은 향기롭다.
- ◆ 작문 핵심　꽃＋香
- ◆ 표현 활용　些ㅣ花ㅣ朵ㅣ喜欢

모범 답안　**这些花很香。** 이 꽃들은 향기롭다.
　　　　　这里的花都很香。 여기의 꽃은 다 향기롭다.
　　　　　女孩儿觉得这朵花非常香。 여자아이는 이 꽃이 매우 향기롭다고 느낀다.

고득점 답안　**女儿喜欢花，她觉得花特别香。** 딸은 꽃이 매우 향기롭다고 느껴서, 꽃을 좋아한다.
　　　　　　这几朵花不但漂亮，而且很香。 이 꽃 몇 송이는 예쁠 뿐만 아니라 게다가 향기롭다. → '접속사' 활용

花 huā 몡 꽃 ㅣ **女孩儿** nǚháir 몡 여자아이 ㅣ **朵** duǒ 양 송이, 조각, 점 [꽃·구름이나 그와 비슷한 물건을 세는 단위] ㅣ **不但** búdàn 접 ~뿐만 아니라 ㅣ **而且** érqiě 접 게다가, 뿐만 아니라

14 사진에 주어진 정보가 많지 않기 때문에 '남자가 졸린 이유'까지 추측해 적어 주면 좋다. 졸린 이유로 '没睡好 méi shuìhǎo 잠을 잘 못 자다' '加班 jiābān 야근하다' '熬夜 áoyè 밤을 새다' 등을 들어 보자.

- ◆ 제시어　　困 kùn 휑 졸리다
- ◆ 사진 연상　남자는 지금 매우 졸리다.
- ◆ 작문 핵심　사람＋困
- ◆ 표현 활용　快……了ㅣ睡着ㅣ没睡好ㅣ坚持

모범 답안　**他现在非常困。** 그는 지금 매우 졸리다.
　　　　　小李困得快要睡着了。 샤오리[小李]는 졸려서 곧 잠들 것이다.
　　　　　因为昨天没睡觉，所以他特别困。 그는 어제 잠을 잘 못 자서 매우 졸리다.

고득점 답안　**他虽然很困，但是一直在坚持。** 그는 비록 졸리지만, 계속 버티고 있다. → '접속사' 활용
　　　　　　他昨天因为工作熬夜了，所以现在非常困。 그는 어제 일 때문에 밤을 새서 지금 매우 졸리다. → '접속사' 활용

得 de 조 [동사나 형용사 뒤에 쓰여 결과나 정도를 나타내는 보어와 연결시킴] ㅣ **快** kuàiyào 児 곧, 머지 않아 ㅣ **睡着** shuìzháo 통 잠들다, 수면 상태에 들어가다 ㅣ **因为** yīnwèi 접 왜냐하면 ㅣ **睡觉** shuìjiào 통 (잠을) 자다 ㅣ **所以** suǒyǐ 접 그래서, 그러므로 ㅣ **虽然** suīrán 접 비록 ~일지라도 ㅣ **但是** dànshì 접 그러나, 그렇지만 ㅣ **一直** yìzhí 児 계속, 줄곧 ㅣ **在** zài 児 지금 ~하고 있다 ㅣ ★ **坚持** jiānchí 통 유지하다, 고수하다 ㅣ **熬夜** áoyè 통 밤새다, 철야하다

15 남자아이가 '울고 있는 모습'을 자세히 '묘사'하거나 '우는 이유'를 상상해 적는 것도 좋다.

- ◆ 제시어　　伤心 shāngxīn 형 슬프다, 상심하다
- ◆ 사진 연상　아이가 슬프게 울고 있다.
- ◆ 작문 핵심　사람 + 伤心
- ◆ 표현 활용　伤心地 + 동사 | 哭 | 看起来 | 觉得 | 感到

모범 답안　孩子伤心地哭了。 아이가 슬프게 울었다.
　　　　　这个孩子看起来很伤心。 이 아이는 슬퍼 보인다.
　　　　　儿子觉得很伤心，所以哭了。 아들은 슬퍼서 울었다. → '접속사' 활용

고득점 답안　看到孩子哭了，我感到很伤心。 아이가 우는 것을 보고 나는 슬픔을 느꼈다.
　　　　　　我不知道儿子为什么哭得那么伤心。 나는 아들이 왜 저렇게 슬피 우는지 모르겠다. → '정도보어' 활용

哭 kū 동 (소리 내어) 울다 | 看起来 kàn qǐlái 보기에 ~하다, 보아 하니, ~하다 | 感到 gǎndào 동 느끼다, 여기다 | 看到 kàndào 동 보(이)다 |
那么 nàme 대 그렇게, 저렇게, 그런, 저런

16 '厉害'는 '대단하다, 굉장하다'라는 칭찬의 의미로 쓰일 수도 있지만, 정도나 상태가 '심하다'는 의미로 쓰이기도 한다. '厉害'로 아이가 다친 '정도'를 나타내려면 '정도보어'를 활용해야 함을 반드시 기억하자.

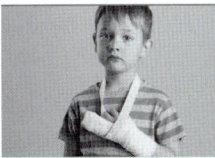

- ◆ 제시어　　厉害 lìhai 형 심하다, 심각하다
- ◆ 사진 연상　남자아이는 팔이 매우 아프다.
- ◆ 작문 핵심　疼得 + 厉害
- ◆ 표현 활용　胳膊 | 担心 | 去医院

모범 답안　男孩儿疼得很厉害。 남자아이는 매우 아프다. → '정도보어' 활용
　　　　　我的胳膊疼得很厉害。 팔이 너무 아프다.
　　　　　他疼得厉害，我很担心。 그가 매우 아파서 나는 걱정된다.

고득점 답안　他疼得厉害，要马上去医院。 그는 매우 아파서, 곧 병원에 간다.
　　　　　　这个男孩儿的胳膊伤得非常厉害。 이 남자아이의 팔은 심하게 다쳤다. → '정도보어' 활용

男孩儿 nánháir 명 남자아이 | 疼 téng 형 아프다 | 得 de 조 [동사나 형용사 뒤에 쓰여 결과나 정도를 나타내는 보어와 연결시킴] | ★胳膊 gēbo
명 팔 | 担心 dānxīn 동 걱정하다, 염려하다 | 要 yào 조동 ~하려고 하다 | 马上 mǎshàng 부 곧, 즉시, 바로 | 伤 shāng 동 다치다

쓰기 제2부분 03 명사로 문장 만들기

본서 pp.338~339

● Day 23

대표 모범 답안
1 他取了很多现金。
2 这个动作太难了。
3 他要打开信封。
4 女人在换登机牌。

1 현금이 자주 등장하는 장소인 '은행'이나 '상점'과 관련지어 '현금 인출 및 환전' '물건 구입'을 주제로 한 문장을 만들 수 있다.

- ◆ 제시어   现金 xiànjīn 명 현금
- ◆ 사진 연상 현금이 많이 있다.
- ◆ 작문 핵심 有 + 现金 | 用 + 现金
- ◆ 표현 활용 取钱 | 换钱 | 用……买东西

모범 답안
他取了很多现金。 그는 많은 현금을 찾았다.
他在银行换了很多现金。 그는 은행에서 많은 현금을 바꿨다.
他喜欢用现金买东西。 그는 현금으로 물건 사는 것을 좋아한다. → '연동문' 활용

고득점 답안
商店的老板更喜欢客人用现金。 상점 주인은 손님이 현금을 쓰는 것을 더 좋아한다.
因为他要去外国旅行，所以他在银行换了很多现金。 → '접속사' 활용
그는 외국으로 여행을 가야 해서 은행에서 많은 현금을 환전했다.

★ 取 qǔ 동 찾다, 가지다, 취하다 | 银行 yínháng 명 은행 | 换 huàn 동 환전하다, 바꾸다 | 用 yòng 개 ~로써 | 买 mǎi 동 사다, 매입하다 | 老板 lǎobǎn 명 사장, 주인 | 客人 kèrén 명 손님 | 用 yòng 동 쓰다, 사용하다 | 因为 yīnwèi 접 왜냐하면 | 要 yào 조동 ~하려고 하다 | 外国 wàiguó 명 외국 | ★旅行 lǚxíng 동 여행하다 명 여행 | 所以 suǒyǐ 접 그래서, 그러므로

> **돈과 관련된 활용 어휘**
> 换钱 huàn qián 환전하다 | 取钱 qǔ qián 출금하다 | 存钱 cún qián 입금하다 | 还钱 huán qián 돈을 갚다
> 用……买东西 yòng……mǎi dōngxi ~로 물건을 사다 | 办卡 bàn kǎ 카드를 만들다
> 信用卡 xìnyòngkǎ 신용카드 | 取款机 qǔkuǎnjī ATM기

2 제시된 사진에 등장한 '芭蕾 bālěi 발레'는 어려운 어휘이니 '발레'를 중국어로 모른다고 좌절할 필요는 없다. '动作'는 '动作标准(동작이 정확하다)'이라는 형태로 자주 쓰이니 기억해 두고 활용해 보자.

- ◆ 제시어   动作 dòngzuò 명 동작, 행동
- ◆ 사진 연상 이 동작은 너무 어렵다.
- ◆ 작문 핵심 动作 + 형용사
- ◆ 표현 활용 难 | 标准 | 跳舞 | 学习 | 教 + 사람 + 지식

모범 답안
这个动作太难了。 이 동작은 너무 어렵다.
这个女孩儿的动作非常标准。 이 여자아이의 동작은 매우 정확하다.
老师教女孩儿跳舞的动作。 선생님이 여자아이에게 춤 동작을 알려 준다.

고득점 답안　**她跟老师学习标准的动作。** 그녀는 선생님에게 정확한 동작을 배운다.

　　　　　　　她跳舞跳得非常好，因为她的动作很标准。
　　　　　　　그녀는 춤을 매우 잘 춘다. 왜냐하면 그녀의 동작이 매우 정확하기 때문이다. → '접속사' 활용

难 nán 형 어렵다, 힘들다 | **女孩儿** nǚháir 명 여자아이 | ★**标准** biāozhǔn 형 표준적이다 | **教** jiāo 동 가르치다 | **跳舞** tiàowǔ 동 춤을 추다 | **跟** gēn 개 ~에게 | **跳** tiào 동 뛰다, 도약하다 | **得** de 조 [동사나 형용사 뒤에 쓰여 결과나 정도를 나타내는 보어와 연결시킴]

---

3 편지봉투를 들고 있는 남자의 동작을 단순하게 묘사하거나, 편지봉투 안 내용물을 추측해 문장을 만들면 된다.

- ◆ 제시어　　**信封** xìnfēng 명 편지봉투, 봉투
- ◆ 사진 연상　남자가 편지봉투를 열고 있다.
- ◆ 작문 핵심　수사 + 양사 + 信封 | 打开 + 信封
- ◆ 표현 활용　打开 | 写给 + 대상

모범 답안　**他要打开信封。** 그는 편지봉투를 열려고 한다.

　　　　　　信封里有一封信。 편지봉투 안에 한 통의 편지가 있다. → '존현문' 활용

　　　　　　信封里有女朋友写给他的信。 편지봉투 안에는 여자 친구가 그에게 쓴 편지가 있다.

고득점 답안　**他希望信封里不但有信还装着钱。** 그는 편지봉투 안에 편지뿐만 아니라 돈도 담겨져 있길 바란다. → '접속사' 활용

　　　　　　朋友给他寄信了，他开心地打开信封。 친구가 그에게 편지를 보냈고, 그는 기쁘게 편지봉투를 열었다.

要 yào 조동 ~하려고 한다 | **打开** dǎkāi 동 열다, 풀다, 펼치다 | **封** fēng 양 통, 꾸러미 | **信** xìn 명 편지, 서신 | **女朋友** nǚpéngyou 명 여자 친구 | **写** xiě 동 쓰다 | **给** gěi 개 ~에게 | **希望** xīwàng 동 바라다, 희망하다 | **不但** búdàn 접 ~뿐만 아니라 | **装** zhuāng 동 담다 | **寄信** jìxìn 동 (우편으로) 편지를 부치다 | ★**开心** kāixīn 형 기쁘다, 즐겁다, 좋다

---

4 '登机牌(탑승권)'가 제시어로 주어지면 보통 비행기를 타는 상황이 드러난 사진이 함께 주어진다. 이런 경우 '换登机牌(탑승권으로 바꾸다)'로 작문할 수 있다. 승객의 입장에서 써도 좋으며, 승무원 입장에서 '检查登机牌(탑승권을 검사하다)'로 작문해도 좋은 문장을 만들 수 있다.

- ◆ 제시어　　**登机牌** dēngjīpái 명 탑승권
- ◆ 사진 연상　여자가 탑승권을 발권하고 있다.
- ◆ 작문 핵심　换 + 登机牌
- ◆ 표현 활용　换 | 检查 | 机场

모범 답안　**女人在换登机牌。** 여자는 탑승권을 바꾸고 있다.

　　　　　　女人在检查她的登机牌。 여자는 그녀의 탑승권을 검사하고 있다.

　　　　　　坐飞机一定要有登机牌。 비행기를 타려면 반드시 탑승권이 있어야 한다.

고득점 답안　**如果没有登机牌，就不能乘坐飞机。** 만약 탑승권이 없다면 비행기를 탈 수 없다. → '접속사' 활용

　　　　　　她不但要换登机牌，还要托运行李。 그녀는 탑승권을 바꿔야 할 뿐 아니라, 짐도 부쳐야 한다. → '접속사' 활용

在 zài 부 지금 ~하고 있다 | **换** huàn 동 바꾸다 | **检查** jiǎnchá 동 검사하다, 점검하다 | **坐** zuò 동 (교통수단을) 타다 | **一定** yídìng 부 반드시, 필히, 꼭 | **要** yào 조동 ~해야 한다 | **如果** rúguǒ 접 만약, 만일 | **就** jiù 부 ~면, ~인 이상, ~한 바에는 | **能** néng 조동 ~할 수 있다 | ★**乘坐** chéngzuò 동 (자동차·배·비행기 등을) 타다 | **不但A还B** búdàn A hái B A뿐만 아니라 또한 B하다 | **托运** tuōyùn 동 (짐·화물을) 탁송하다, 운송을 위탁하다 | **行李** xíngli 명 짐, 여행짐

03 명사로 문장 만들기　**279**

● Day 24

대표 모범 답안	5 她的钢琴水平很高。	6 这里有一个垃圾桶。
	7 我不知道他的电话号码。	8 她听到了一个好消息。

5 피아노를 연주하는 동작은 동사 '弹'을 써서 '弹钢琴 tán gāngqín 피아노를 치다'으로 나타낸다. 어른이 함께 앉아 있는 모습에서 '教 jiāo 가르치다'나 '跟……学 gēn……xué ~에게 배우다' 등의 표현을 활용해 볼 수 있다.

◆ 제시어	钢琴 gāngqín 뗑 피아노
◆ 사진 연상	그들은 즐겁게 피아노를 치고 있다.
◆ 작문 핵심	弹 + 钢琴
◆ 표현 활용	水平高 | 和……一起 | 弹钢琴 | 开心地 + 동사

모범 답안	她的钢琴水平很高。 그녀의 피아노 수준은 매우 높다.
	她和妈妈一起弹钢琴。 그녀와 엄마는 함께 피아노를 친다.
	她们在开心地弹钢琴。 그녀들은 즐겁게 피아노를 치고 있다.
고득점 답안	女儿最近跟妈妈学弹钢琴。 딸은 요즘 엄마에게 피아노를 배운다.
	妈妈在教女儿弹钢琴，她学得很认真。 → '정도보어' 활용
	엄마는 딸에게 피아노 치는 법을 가르쳐 주고 있고, 그녀는 매우 열심히 배운다.

水平 shuǐpíng 뗑 수준 | ★弹钢琴 tán gāngqín 피아노를 치다 | 在 zài 뿐 지금 ~하고 있다 | ★开心 kāixīn 휑 즐겁다, 좋다, 기쁘다 | 最近 zuìjìn 뗑 최근 | 跟 gēn 깨 ~에게 | 学 xué 통 배우다 | 教 jiāo 통 가르치다 | 认真 rènzhēn 휑 진지하다, 착실하다, 진솔하다

6 '어떤 장소에 무엇이 있다'라는 의미를 나타내는 '존현문'을 활용해 작문하는 게 가장 쉽지만, 더 높은 점수를 받고 싶다면 '把'자문을 활용하는 것이 좋다. (본서 p.291 참고)

◆ 제시어	垃圾桶 lājītǒng 뗑 쓰레기통
◆ 사진 연상	여기에 휴지통이 하나 있다.
◆ 작문 핵심	垃圾桶 + 里
◆ 표현 활용	扔垃圾 | 把 + 사물 + 扔进 + 장소

모범 답안	这里有一个垃圾桶。 이곳에 휴지통이 하나 있다. → '존현문' 활용
	垃圾桶里有很多垃圾。 휴지통 안에 쓰레기가 많이 있다.
	我总是扔垃圾，所以垃圾桶里已经满了。 내가 줄곧 쓰레기를 버려서, 쓰레기통이 이미 가득찼다. → '접속사' 활용
고득점 답안	我把纸扔进了垃圾桶里。 나는 종이를 휴지통 안에 버렸다. → '把'자 구문 활용
	我新买的垃圾桶用起来很方便。 내가 새로 산 휴지통은 사용하기에 매우 편리하다. → '방향보어' 활용

垃圾 lājī 뗑 쓰레기 | 总是 zǒngshì 뿐 줄곧 | 所以 suǒyǐ 접 그래서, 그러므로 | ★满 mǎn 휑 가득차다 | 把 bǎ 깨 ~를[처치의 결과를 나타냄] | 纸 zhǐ 뗑 종이 | ★扔 rēng 통 내버리다 | 进 jìn 통 [동사 뒤에 쓰여 동작이 밖에서 안으로 행해짐을 나타냄] | 买 mǎi 통 사다, 매입하다, 구매하다 | 用 yòng 통 쓰다, 사용하다 | 起来 qǐlai 통 [동사 뒤에 쓰여 '어림 짐작하거나 어떤 일에 대한 견해'를 나타냄] | 方便 fāngbiàn 휑 편리하다

7 '号码'는 주로 '电话 diànhuà 전화' '手机 shǒujī 휴대폰' '传真 chuánzhēn 팩스' 같이 고유한 번호를 가지는 명사 뒤에 붙어 '~번호'라는 명사구를 만든다. '电话号码'나 '手机号码'와 어울리는 동사로는 '找 zhǎo 찾다' '忘 wàng 잊다' '知道 zhīdào 알다' '记下 jìxià 기록하다' '记得 jìde 기억하다' 등이 있다.

◆ 제시어　　号码 hàomǎ 명 번호
◆ 사진 연상　나는 그의 전화번호를 찾고 있다.
◆ 작문 핵심　명사 + 号码
◆ 표현 활용　知道 | 忘 | 找不到 | 和……差不多 | 记下来

모범 답안
我不知道他的电话号码。 나는 그의 전화번호를 모른다.
我忘了朋友的手机号码。 나는 친구의 휴대폰 번호를 잊어버렸다.
哥哥找不到我的电话号码了。 오빠는 내 전화번호를 찾지 못했다. → '가능보어' 활용

고득점 답안
姐姐的新手机号码和我的差不多。 언니의 새 전화번호는 내 것과 비슷하다.
我要把老师的电话号码记下来。 나는 선생님의 전화번호를 기록할 것이다. → '把'자문 활용

到 dào 동 [동사 뒤에서 보어로 쓰여 동작이 목적에 도달했거나 결과가 있음을 나타냄] | ★差不多 chàbuduō 형 비슷하다, 큰 차이가 없다 | 记 jì 동 기억하다 | 下来 xiàlai 동 [동사 뒤에 쓰여 '동작의 완성이나 결과'를 나타냄]

---

8 여자가 전화로 '消息(소식)'를 들었다는 내용으로 문장을 만들면 사진과 제시어를 자연스럽게 연결할 수 있다. 단, 여자가 전화기를 들고 있는 모습이 사진에 분명히 드러나 있으므로, '听到消息 소식을 듣다'와 같은 표현으로 '듣는' 행위를 특정해 주는 편이 좋다.

◆ 제시어　　消息 xiāoxi 명 소식
◆ 사진 연상　여자는 좋은 소식을 들었다.
◆ 작문 핵심　听到 + 消息
◆ 표현 활용　听到 | 好消息 | 开心 | 打电话 | 告诉

모범 답안
她听到了一个好消息。 그녀는 좋은 소식을 들었다.
听到这个消息，姐姐很开心。 이 소식을 듣고 언니는 기뻐한다.
男朋友打电话告诉了我一个好消息。 남자 친구가 전화해서 나에게 좋은 소식을 알려 줬다. → '연동문' 활용

고득점 답안
她听到了考试通过的消息，非常开心。 그녀는 시험에 합격한 소식을 듣고 매우 기뻐한다.
朋友告诉了她自己要结婚的消息，所以她很开心。
친구가 자신이 결혼한다는 소식을 그녀에게 알려 주어서, 그녀는 너무 기쁘다. → '접속사' 활용

男朋友 nánpéngyou 명 남자 친구 | 告诉 gàosu 동 말하다, 알리다 | 考试 kǎoshì 명 시험 | ★通过 tōngguò 동 통과하다 | 自己 zìjǐ 대 자기, 자신, 스스로 | 要 yào 조동 ~하려고 하다 | 结婚 jiéhūn 동 결혼하다

● **Day 25**

대표 모범 답안	9 她看的杂志很有意思。	10 她在看这些东西的价格。
	11 姐姐在给我做汤。	12 哥哥拿的钥匙是我房间的。

9 '여자가 잡지를 본다'는 상황만 단순히 전달해도 좋지만, 어휘량이 받쳐 준다면 '미용실에서 머리하는 것'까지 추가로 이야기해 볼 수 있다. 동작의 동시 진행(~하면서 ~하다)은 '一边……一边……'을 활용해 나타내면 된다.

- ◆ 제시어   杂志 zázhì 몡 잡지
- ◆ 사진 연상   여자가 잡지를 보고 있다.
- ◆ 작문 핵심   看＋杂志
- ◆ 표현 활용   有意思 | 一边A一边B | 做头发 | 理发店 | 无聊

모범 답안   **她看的杂志很有意思。** 그녀가 보는 잡지는 재미있다.

她一边做头发，一边看杂志。 그녀는 머리를 하면서 잡지를 본다. → '접속사' 활용

做头发的时候，我常常看杂志。 머리를 할 때 나는 자주 잡지를 본다.

고득점 답안   **我在理发店一边烫头发，一边看杂志。** 나는 미용실에서 파마를 하면서 잡지를 본다.

丽丽在剪头发的时候觉得很无聊，所以看杂志。 → '접속사' 활용
리리[丽丽]는 머리를 자를 때 심심함을 느껴서 잡지를 본다.

有意思 yǒu yìsi 재미있다 | **一边A一边B** yìbiān A yìbiān B 한편으로 A하면서 B하다 | **做头发** zuò tóufa 동 머리를 하다 | **常常** chángcháng 뮈 자주, 늘, 항상 | **理发店** lǐfàdiàn 몡 이발소 | **烫头发** tàng tóufa 파마하다 | **剪** jiǎn 동 자르다 | ★**无聊** wúliáo 형 무료하다, 따분하다 | **所以** suǒyǐ 젭 그래서, 그러므로

---

10 물건의 가격대나 사진의 배경(마트 超市 chāoshì)과 관련지어 문장을 만들 수 있다.

- ◆ 제시어   价格 jiàgé 몡 가격
- ◆ 사진 연상   여자가 물건의 가격을 보고 있다.
- ◆ 작문 핵심   价格＋贵／便宜
- ◆ 표현 활용   贵 | 便宜 | 超市 | 买东西 | 决定

모범 답안   **她在看这些东西的价格。** 그녀는 이 물건들의 가격을 보고 있다.

这家超市的东西价格不太贵。 이 마트의 물건 가격은 그다지 비싸지 않다.

我买东西时，会先看价格。 나는 물건을 살 때 먼저 가격을 본다.

고득점 답안   **姐姐看了价格后决定下次再买。** 언니는 가격을 본 후, 다음에 사기로 결정했다. → '연동문' 활용

在我家附近所有的超市中，这里的价格最便宜。 우리 집 근처 모든 마트 중에서 여기의 가격이 제일 싸다.

在 zài 뮈 지금 ~하고 있다 | ★**价格** jiàgé 몡 가격 | **家** jiā 양 [가정·가게·기업 따위를 세는 단위] | **超市** chāoshì 몡 슈퍼마켓 | **不太** bú tài 그다지 ~하지 않다 | **买** mǎi 동 사다, 매입하다, 구매하다 | **时** shí 몡 때, 시기 | **先** xiān 뮈 먼저, 우선 | **后** hòu 몡 (시간상으로) 후, 뒤, 다음 | **决定** juédìng 동 결정하다 | **下次** xiàcì 몡 다음 번 | **再** zài 뮈 다시 | **附近** fùjìn 몡 부근, 근처 | ★**所有** suǒyǒu 형 모든, 전부의, 일체의, 전체의

282 쓰기 제2부분

11 '국을 끓이다'라는 표현은 '做汤 zuò tāng'이다. 여자가 누구를 위해 만들어 주는지, 맛은 어떤지 등의 내용을 추가해 볼 수도 있다. 음식 관련 제시어는 음식 맛을 평가하는 내용으로 작문하는 편이 무난하다. 이때, '마시는 종류의 음식'을 '맛있다'고 할 때는 '好喝 hǎohē'를 써야 한다는 점을 놓치지 말자.

- ◆ 제시어　　汤 tāng 명 탕, 국
- ◆ 사진 연상　그녀는 탕을 끓이고 있다.
- ◆ 작문 핵심　做 + 汤 | 汤 + 好喝 / 香
- ◆ 표현 활용　给……做 | 第一次做 | 自己做 | 好喝 | 喜欢 | 香

모범 답안　姐姐在给我做汤。 언니는 나에게 국을 끓여 주고 있다.
　　　　　　这是我第一次做汤。 이건 내가 처음 끓인 국이다.
　　　　　　她觉得自己做的汤很好喝。 그녀는 자신이 끓인 국이 맛있다고 생각한다.

고득점 답안　我做的汤男朋友一定会喜欢的。 내가 끓인 국은 남자 친구가 분명 좋아할 것이다.
　　　　　　妈妈正在为爸爸做汤，看起来很香。 엄마는 아빠를 위해 국을 끓이고 있는데, 매우 맛있어 보인다.

在 zài 부 지금 ~하고 있다 | 给 gěi 개 ~에게 | 第一 dì yī 수 맨 처음, 최초 | 自己 zìjǐ 대 자신, 자기, 스스로 | 好喝 hǎohē 형 맛있다 | 男朋友 nánpéngyou 명 남자 친구 | 一定 yídìng 부 반드시, 필히, 꼭 | 会 huì 조동 ~할 것이다 | 正在 zhèngzài 부 지금 ~하고 있다 | 为 wèi 개 ~를 위하여 | 看起来 kàn qǐlái 보기에, 보아 하니 | ★ 香 xiāng 형 (음식이) 맛있다, 맛이 좋다

12 '열쇠를 집는 동작'을 '방향보어'를 활용해 나타내면 좋다. 방향보어의 쓰임은 방향보어만 따로 외워서는 제대로 감을 익힐 수 없으니, 문장과 해석을 통째로 외워가며 감을 익히자. 방향보어를 활용하지 않고, '장소 + 동사 + 着 + 명사' 형태로 '어떤 장소에 어떤 사물이 있다'라는 내용을 담아도 좋다.

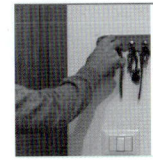

- ◆ 제시어　　钥匙 yàoshi 명 열쇠
- ◆ 사진 연상　저기에 많은 열쇠가 있다.
- ◆ 작문 핵심　拿起 + 钥匙
- ◆ 표현 활용　拿起 | 一把钥匙 | 장소 + 挂着 + 명사

모범 답안　哥哥拿的钥匙是我房间的。 오빠가 든 열쇠는 내 방 열쇠이다.
　　　　　　他拿起了一把钥匙。 그가 열쇠 하나를 집어 들었다.
　　　　　　门上挂着很多钥匙。 문에 많은 열쇠가 걸려 있다.

고득점 답안　墙上挂着很多钥匙。 벽에 많은 열쇠가 걸려 있다. → '존현문' 활용
　　　　　　爸爸要出去，所以拿起了大门的钥匙。 아빠는 외출해야 하셔서 현관문 열쇠를 집어 드셨다. → '접속사' 활용

拿 ná 동 (손으로) 가지다, 쥐다, 잡다 | 房间 fángjiān 명 방 | 起 qǐ 동 [동사 뒤에 쓰여, 위로 들어올리는 행위를 나타냄] | 把 bǎ 양 자루 [손잡이·자루가 있는 기구를 셀 때 쓰임] | ★ 挂 guà 동 걸다 | 着 zhe 조 ~하고 있다 | 墙 qiáng 명 벽, 담장 | 大门 dàmén 명 대문

- **Day 26**

대표 모범 답안	13 她们两个人没什么区别。	14 孩子平时爱吃饼干。
	15 这道菜的味道很好。	16 他在整理自己的毛巾。

13 '区别'는 '동사'와 '명사'로 모두 활용할 수 있는 단어로, 쌍둥이인 두 아이의 생김새 차이가 없다는 내용으로 작문하는 게 가장 무난하다.

◆ 제시어	区别 qūbié 몡 차이
◆ 사진 연상	그녀들은 차이가 없다.
◆ 작문 핵심	没有 + 区别
◆ 표현 활용	没什么 l 不知道 l 认为

모범 답안　她们两个人没什么区别。 그녀들 둘은 어떤 차이도 없다.
　　　　　我不知道她们俩的区别。 나는 그녀들의 차이를 모른다.
　　　　　这两个孩子的区别在哪儿呢？ 이 두 아이의 차이는 어디 있지?

고득점 답안　只有妈妈知道她们的区别。 엄마만 그녀들의 차이를 안다.
　　　　　　人们都认为双胞胎没有区别。 사람들은 모두 쌍둥이는 차이가 없다고 생각한다.

没什么 méi shénme 별로 l **在** zài 동 ~에 있다 l **只** zhǐ 부 단지, 다만, 오직 l **认为** rènwéi 동 여기다, 생각하다 l **双胞胎** shuāngbāotāi 명 쌍둥이

14 아이가 '饼干(과자)'을 먹는 모습을 묘사하거나 관련 상황을 추측해 문장을 만들 수 있다.

◆ 제시어	饼干 bǐnggān 명 과자, 비스킷
◆ 사진 연상	아이가 과자를 먹고 있다.
◆ 작문 핵심	吃 + 饼干 l 饼干 + 好吃
◆ 표현 활용	看起来 l 好吃 l 饿

모범 답안　孩子平时爱吃饼干。 아이는 평소에 과자 먹는 것을 좋아한다.
　　　　　这些饼干看起来很好吃。 이 과자들은 맛있어 보인다.
　　　　　孩子觉得饼干很好吃。 아이는 과자가 맛있다고 생각한다.

고득점 답안　这些饼干是妈妈昨天刚买的。 이 과자들은 엄마가 어제 막 산 것이다. → '是……的' 활용
　　　　　　孩子很饿，所以一直吃饼干。 아이는 배가 고파서 계속 과자를 먹는다. → '접속사' 활용

★**平时** píngshí 명 평소 l **爱** ài 동 ~하기를 좋아하다 l **看起来** kàn qǐlái 보기에, 보아 하니 l ★**刚** gāng 부 방금 l **买** mǎi 동 사다, 매입하다, 구매하나 l **饿** è 형 배고프다 l **所以** suǒyǐ 접 그래서, 그러므로, 때문에, 그런 까닭에 l **一直** yìzhí 부 계속, 줄곧

15 보통 '맛(味道)'과 관련된 제시어는 동사 '尝 cháng 맛보다'을 활용해 간단히 작문할 수 있다. '尝'은 4급 빈출 동사이니 반드시 외워 두자.

◆ 제시어	味道 wèidao 명 맛
◆ 사진 연상	여자가 요리를 맛보고 있다.
◆ 작문 핵심	尝 + 味道
◆ 표현 활용	觉得 ǀ 不错 ǀ 尝 ǀ 做菜 ǀ A让B + 동사

모범 답안 这道菜的味道很好。 이 요리는 맛이 좋다.

她觉得这道菜味道不错。 그녀는 이 요리가 맛이 괜찮다고 생각한다.

她尝了尝，觉得味道不错。 그녀는 맛을 좀 보니, 맛이 괜찮게 느꼈다. → '동사 중첩' 활용

고득점 답안 女朋友尝了我做的菜说味道很好。 여자 친구가 내가 만든 요리의 맛을 보고 맛있다고 말했다.

姐姐学会了做菜，让我尝尝味道怎么样。 언니는 요리 만드는 것을 배워서, 나에게 맛이 어떤지 맛보게 한다.

道 dào 양 [요리를 세는 단위] ǀ 不错 búcuò 형 좋다, 괜찮다, 잘하다 ǀ ★尝 cháng 동 맛보다, 시식하다 ǀ 女朋友 nǚpéngyou 명 여자 친구 ǀ 学会 xuéhuì 동 습득하다, 배워서 알다 ǀ 做菜 zuò cài 요리를 하다 ǀ 让 ràng 동 (어떤 일을) 하게 하다, 하도록 하다

16 '정리하다'라는 뜻의 동사 '整理 zhěnglǐ'를 활용하면 간단히 작문할 수 있다.

◆ 제시어	毛巾 máojīn 명 수건
◆ 사진 연상	남동생은 수건을 정리하고 있다.
◆ 작문 핵심	整理 + 毛巾 ǀ 一条 + 毛巾
◆ 표현 활용	洗 ǀ 整理好 ǀ 负责

모범 답안 他在整理自己的毛巾。 그는 자기 수건을 정리하고 있다.

这些毛巾很难整理。 이 수건들은 정리하기 힘들다.

我在整理洗好的毛巾。 나는 다 빤 수건을 정리하고 있다.

고득점 답안 他把每条毛巾都整理好了。 그는 모든 수건을 잘 정리했다. → '把자문' 활용

妻子负责洗毛巾，丈夫负责整理。 아내는 수건을 빠는 것을 맡아 하고, 남편은 정리하는 것을 맡아 한다.

在 zài 부 지금 ~하고 있다 ǀ ★整理 zhěnglǐ 동 정리하다 ǀ ★毛巾 máojīn 명 수건 ǀ 难 nán 형 어렵다, 힘들다 ǀ 好 hǎo 형 [동사 뒤에 쓰여 '동작이 완성되었거나 잘 마무리되었음'을 나타냄] ǀ 把 bǎ 개 ~를 [처치의 결과를 나타냄] ǀ 条 tiáo 양 [가늘고 긴 것을 세는 단위] ǀ ★负责 fùzé 동 책임지다

 tip '整理 zhěnglǐ' '收拾 shōushi'가 '사물을 정리, 정돈하다'라는 뜻이라면 '打扫 dǎsǎo'는 '(먼지 없이) 청소하다'라는 뜻을 나타낸다. 이들은 많은 경우에 '정리하다'로 해석하고 서로 바꾸어 쓸 수 있지만, '打扫'는 다른 두 단어와 쓰임상 차이가 있다. '打扫'는 '行李 xíngli(짐)' 같은 사물 목적어가 아닌 '房间 fángjiān(방)'같은 '장소 목적어'와 함께 써야 한다.

쓰기 제2부분 04 양사·부사로 문장 만들기

본서 pp.345~346

● Day 28

대표 모범 답안
1 她拿着一台电脑。
2 现在大概十点。
3 他跑50米用了10秒。
4 他们在看第20页。

1 '台'는 전자 제품을 세는 양사로, 사진 속에 주어진 정보인 '电脑 diànnǎo 컴퓨터'와 결합해 사용하면 된다. 컴퓨터의 품질에 대한 내용이나 기타 상황을 추가하여 적을 수도 있다.

- ◆ 제시어　台 tái 양 대 [기계·차량·설비 등을 세는 단위]
- ◆ 사진 연상　그녀는 컴퓨터 한 대를 들고 있다.
- ◆ 작문 핵심　一台 + 전자 제품
- ◆ 표현 활용　笔记本 | 送 | 看上去 | 质量不错 | 便宜

모범 답안
她拿着一台电脑。 그녀는 컴퓨터 한 대를 들고 있다.
她特别喜欢这台笔记本电脑。 그녀는 이 노트북을 아주 좋아한다.
朋友送给她一台新电脑。 친구가 그녀에게 새로운 컴퓨터 한 대를 선물했다.

고득점 답안
这台电脑看上去质量不错。 이 컴퓨터는 품질이 좋아 보인다.
这台电脑不仅便宜，而且使用很方便。 이 컴퓨터는 저렴할 뿐 아니라, 사용하기에도 매우 편리하다. → '접속사' 활용

拿 ná 동 (손으로) 쥐다, 잡다, 가지다 | 着 zhe 조 ~하고 있다 | 特别 tèbié 부 아주, 특히 | 笔记本电脑 bǐjìběn diànnǎo 명 노트북 (컴퓨터) | 送 sòng 동 선물하다, 주다 | 给 gěi 개 ~에게 | 看上去 kàn shàngqù 보아 하니 | ★质量 zhìliàng 명 품질, 질 | 不错 búcuò 형 좋다, 괜찮다 | ★不仅 bùjǐn 접 ~뿐만 아니라 | 而且 érqiě 접 게다가, 뿐만 아니라, 또한 | ★使用 shǐyòng 명 사용 동 사용하다 | 方便 fāngbiàn 형 편리하다

2 '大概'는 '숫자'와 결합하면 '대략'의 의미를, '추측성 내용'과 결합하면 '可能'처럼 '아마도'라는 의미를 나타낸다. 약속 시간이나 출발, 도착 시간과 관련지어 상황을 설정하는 것도 좋다.

- ◆ 제시어　大概 dàgài 부 대개, 아마
- ◆ 사진 연상　지금은 대략 10시이다.
- ◆ 작문 핵심　大概 + 숫자 | 大概 + 추측하는 내용
- ◆ 표현 활용　숫자 + 点 | 开始 | ……分钟

모범 답안
现在大概十点。 지금은 대략 10시이다.
会议大概十点开始。 회의는 약 10시에 시작한다.
女朋友大概十五分钟以后来。 여자 친구는 대략 15분 후에 온다.

고득점 답안
爸爸看了看时间，觉得妈妈大概已经出发了。 → '동사 중첩' 활용
아빠는 시간을 좀 보더니, 엄마가 아마 이미 출발했을 것이라 생각했다.

小李等了很长时间，觉得女朋友大概不会来了。 샤오리[小李]는 오래 기다려서 여자 친구가 아마 오지 않을 것이라고 생각했다.

会议 huìyì 명 회의 | 开始 kāishǐ 동 시작하다 | 女朋友 nǚpéngyou 명 여자 친구 | 以后 yǐhòu 명 이후 | ★出发 chūfā 동 출발하다 | 长 cháng 형 (시간이) 길다 | 会 huì 조동 ~할 것이다

3 트랙에서 달리고 있는 모습과 관련지어 '달리기 기록'을 주제로 한 문장을 만드는 것이 자연스럽다. '花 / 用 + 시간 + 행동' 형식으로 '시간을 써 ~하다'라는 의미를 나타낼 수 있으니 활용해 보자.

- ◆ 제시어　　秒 miǎo 양 초 [시간을 세는 단위]
- ◆ 사진 연상　남자는 10초 동안 50미터를 달렸다.
- ◆ 작문 핵심　用 / 花 + 숫자 + 秒
- ◆ 표현 활용　跑 + 거리(米) | A + 比 + B + 快 | 运动员

모범 답안　他跑50米用了10秒。 그는 50미터를 달리는 데 10초를 썼다.

他10秒跑了50米。 그는 10초 동안 50미터를 달렸다.

他比第二名的同学快了两秒。 그는 2등 학우보다 2초 빨랐다.

고득점 답안　那位运动员跑得很快，一百米只用了10秒。 저 운동선수는 빨리 달려서, 100미터에 10초만 썼다. → '정도보어' 활용

丽丽跑50米花了20秒，所以没通过体育考试。 → '접속사' 활용
리리[丽丽]는 50미터를 달리는 데 20초를 써서, 체육 시험을 통과하지 못했다.

跑 pǎo 동 달리다, 뛰다 | 米 mǐ 양 미터 | 用 yòng 동 쓰다, 사용하다 | 第二名 dì èr míng 2등, 2위 | 位 wèi 양 명, 분 [공경의 뜻을 내포함] | 运动员 yùndòngyuán 명 운동선수 | 只 zhǐ 부 단지, 다만, 오직 | 花 huā 동 쓰다, 사용하다 | ★通过 tōngguò 동 통과하다 | 体育 tǐyù 명 체육 | 考试 kǎoshì 명 시험

 첫 번째 문장에서 '10秒'는 시량보어로 쓰여 술어 뒤에 위치한 것이고, 두 번째 문장에서의 '10秒'는 '10초 동안' 뛴 것을 강조하기 위해 술어 앞에 위치한 것이다.

---

4 '50페이지를 공부하다'라는 문장은 중국어로 어떻게 만들까? '学第50页'로 직역해 쓰면 안 되고 '学第50页的内容'으로 써야 한다.

- ◆ 제시어　　页 yè 양 쪽, 페이지
- ◆ 사진 연상　그들은 20페이지를 보고 있다.
- ◆ 작문 핵심　숫자 + 页
- ◆ 표현 활용　看 | 内容 | 学 | 讲 | 简单

모범 답안　他们在看第20页。 그들은 20쪽을 보고 있다.

学生们都在学第50页的内容。 학생들은 모두 50페이지의 내용을 공부 중이다.

老师在讲第120页的内容。 선생님은 120쪽의 내용을 설명하고 계신다.

고득점 답안　这本书第50页的内容很简单。 이 책의 50페이지의 내용은 간단하다.

今天上课时老师讲到了第100页。 오늘 수업할 때 선생님이 100쪽까지 설명하셨다. → '결과보어' 활용

在 zài 부 지금 ~하고 있다 | 第 dì 접두 제 | 学 xué 동 배우다 | ★内容 nèiróng 명 내용 | 讲 jiǎng 동 설명하다 | 简单 jiǎndān 형 간단하다 | 上课 shàngkè 동 수업을 듣다 | 到 dào 동 [동사 뒤에서 보어로 쓰여 동작이 목적에 도달했거나 결과가 있음을 나타냄]

● Day 29

| 대표 모범 답안 | 5 这里有两张床。 | 6 他开车开了3公里。 |
| | 7 他们俩在看电影。 | 8 他到底要吃什么? |

5 '有'자문이나 '在'자문을 활용해 침대와 탁자의 위치를 설명하는 것이 좋다. '有'자문과 '在'자문의 형식 차이는 반드시 미리 숙지해 실수하지 말자. (본서 p.292 참고)

- ◆ 제시어　　张 zhāng 양 [침대나 탁자 등을 세는 단위]
- ◆ 사진 연상　여기에는 침대 두 개가 있다.
- ◆ 작문 핵심　장소 + 有 + 사물 | 사물 + 在 + 장소
- ◆ 표현 활용　床 | 房间里 | 中间 | 桌子

모범 답안　这里有两张床。 여기에는 침대 두 개가 있다.
　　　　　这个房间里有两张床。 이 방 안에는 침대 두 개가 있다.
　　　　　两张床中间有一张桌子。 두 침대의 중간에는 탁자가 하나 있다.

고득점 답안　前面的那张桌子在两张床中间。 앞에 저 탁자는 두 침대 사이에 있다.
　　　　　　饭店里一般的房间都有两张床和一张桌子。 호텔의 일반적인 방에는 모두 침대 두 개와 탁자 한 개가 있다.

张 zhāng 양 [책상이나 탁자 등을 세는 단위] | 床 chuáng 명 침대 | 房间 fángjiān 명 방 | 中间 zhōngjiān 명 중간 | 一般 yìbān 형 일반적이다

6 '公里'는 동사 뒤에 위치해 '……了……公里(~킬로미터를 ~했다)' 형태로 쓰인다. '公里'를 '开车'와 같은 이합동사와 함께 쓸 경우 '开车开了……公里(~킬로미터를 운전했다)'처럼 동사 부분(开)을 중복해서 쓰거나, '开车'의 목적어인 '车'를 '开……公里车'의 형태로 쓸 수 있다.

- ◆ 제시어　　公里 gōnglǐ 양 킬로미터 [거리를 세는 단위]
- ◆ 사진 연상　남자는 3킬로미터를 운전했다.
- ◆ 작문 핵심　숫자 + 公里
- ◆ 표현 활용　开车 | 离 + 장소 + 还有 + 거리 | 从A到B | 수사 + 양사 + 左右

모범 답안　他开车开了3公里。 그는 3킬로미터를 운전했다. → '동사 중복' 활용
　　　　　今天哥哥要开5公里车。 오늘 오빠는 5킬로미터를 운전해야 한다.
　　　　　爸爸不知道开了几公里。 아빠는 몇 킬로미터를 운전했는지 모르신다.

고득점 답안　他开车回家，离家还有10公里。 그는 운전해서 집에 가는데, 집까지 10킬로미터가 더 남았다.
　　　　　　从我家到公司开车要开10公里左右。 우리 집에서 회사까지는 운전해서 10킬로미터 정도 걸린다. ▸ '从A到B' 활용

开车 kāichē 동 운전하다 | 要 yào 조동 ~해야 한다 | 回家 huí jiā 집으로 돌아가다 | 离 lí 개 ~에서, ~로부터 | 还 hái 부 더, 또 | 从 cóng 개 ~에서, ~기점으로, ~부터 | 到 dào 개 ~까지, ~로 | ★左右 zuǒyòu 명 가량, 안팎, 내외 [수량사 뒤에 쓰여 '대략적인 수'를 나타냄]

7 '俩'는 보통 인칭대사 뒤에 붙어 '我们俩' '他们俩' 같은 형태로 쓰인다.

- ◆ 제시어　　俩 liǎ 수량 두 사람 [=两个人]
- ◆ 사진 연상　저 둘은 영화를 보고 있다.
- ◆ 작문 핵심　인칭대사 + 俩
- ◆ 표현 활용　看电影 | 电影院 | 有意思 | 约会

모범 답안　**他们俩在看电影。** 저들 둘은 영화를 보고 있다.

　　　　　我们俩在电影院看电影。 우리 둘은 영화관에서 영화를 본다.

　　　　　他们俩看的电影很有意思。 저들 둘이 보는 영화는 재미있다.

고득점 답안　**我们俩常常一起去看电影。** 우리 둘은 자주 같이 영화를 보러 간다.

　　　　　他们俩周末经常在电影院约会。 그들 둘은 주말에 자주 영화관에서 데이트한다.

在 zài 부 지금 ~하고 있다 | **在** zài 개 ~에(서), ~에 있어서 | **电影院** diànyǐngyuàn 명 영화관 | **有意思** yǒu yìsi 재미있다 | **常常** chángcháng 부 자주, 늘, 항상 | **周末** zhōumò 명 주말 | **经常** jīngcháng 부 자주, 항상, 늘 | ★**约会** yuēhuì 동 만날 약속을 하다

---

8 부사 '到底'에는 '도대체' '마침내' '아무래도'라는 세 가지 부사 용법이 있으므로, 사진 속 상황이 '到底'의 어떤 용법과 어울리는지 먼저 판단해야 한다. 메뉴판을 보고 있는 남자와 그런 그의 옆에서 기다리고 있는 종업원의 모습을 보아 '남자는 도대체 언제 메뉴를 결정할 것인가'와 관련한 문장을 만드는 것이 가장 자연스럽다. '도대체'라는 의미로 쓰일 때 '到底'는 '추궁'의 어기를 나타내며, '정반의문문'이나 '의문사의문문'에 쓰여야 한다는 것을 기억하자.

- ◆ 제시어　　到底 dàodǐ 부 도대체
- ◆ 사진 연상　그는 대체 무엇을 먹으려 하는 거지?
- ◆ 작문 핵심　到底 + 정반의문문 / 의문사의문문
- ◆ 표현 활용　吃什么 | 哪个好吃 | 什么时候 | 决定 | 点菜

모범 답안　**他到底要吃什么？** 그는 대체 무엇을 먹으려 하는 거지?

　　　　　男人到底点不点啊？ 남자는 대체 주문을 하는 거예요, 안 하는 거예요? → '정반의문문' 활용

　　　　　他在想到底哪个好吃。 그는 도대체 어떤 것이 맛있을지 생각하고 있다.

고득점 답안　**男人到底什么时候能决定呢？** 남자는 대체 언제 결정하지?

　　　　　丽丽很饿，但是不知道小李到底什么时候点菜。 → '접속사' 활용
　　　　　리리[丽丽]는 배가 고픈데, 샤오리가 도대체 언제 주문할지는 모르겠다.

　　　　　小李因为第一次来这家餐厅，所以不知道到底哪个好吃。 → '접속사' 활용
　　　　　샤오리[小李]는 이 식당에 처음 왔기 때문에, 도대체 어떤 것이 맛있는지 모른다.

要 yào 조동 ~하려고 하다 | **男人** nánrén 명 남자 | **点** diǎn 동 주문하다 | **在** zài 부 지금 ~하고 있다 [동작의 진행을 나타냄] | **想** xiǎng 조동 ~하고 싶다 | **能** néng 조동 ~할 수 있다 | **决定** juédìng 동 결정하다 | **第一次** dì yī cì 명 맨 처음, 최초 | ★**餐厅** cāntīng 명 식당

● Day 30

대표 모범 답안	9 妈妈看了一遍这部电影。	10 这只熊猫真可爱！
	11 她故意不接电话。	12 他好像遇到了问题。

9 팝콘을 먹으며 태블릿 PC를 보는 모습에서 여자가 '영화'나 '드라마'를 시청하고 있음을 알 수 있다. '遍'같은 동량사를 사용해 문장을 만들 경우, 동량보어 구문의 기본 어순 '동사 + 수사 + 양사 + 명사'에 맞춰 작문하도록 하자.

- ◆ 제시어 遍 biàn 양 번, 차례, 회 [동작이 처음부터 끝까지 이루어지는 횟수를 세는 단위]
- ◆ 사진 연상 그녀는 이 영화를 한 번 봤다.
- ◆ 작문 핵심 동사 + 수사 + 遍 + 명사
- ◆ 표현 활용 看电影 | 这部电视剧 | 好几遍 | 好看

모범 답안 妈妈看了一遍这部电影。 엄마는 이 영화를 한 번 보셨다.
  她已经看了两遍那部电影了。 그녀는 이미 저 영화를 두 번 봤다.
  姐姐看了好几遍那部电影。 언니는 저 영화를 여러 번 봤다.

고득점 답안 姐姐把这部电视剧看了三遍。 언니는 이 드라마를 세 번 봤다. → '把'자문 활용
  小红觉得这部爱情电影很好看，所以打算再看一遍。 → '접속사' 활용
  샤오훙[小红]은 이 로맨스 영화가 재미있다고 느껴서 다시 한 번 볼 계획이다.

部 bù 양 부 [서적·영화 따위에 쓰는 단위] | 好几 hǎojǐ 수 몇, 여러 [양사·시간 명사 앞에 쓰여 많거나 오래 됨을 나타냄] | 把 bǎ 개 ~를 [처치의 결과를 나타냄] | 电视剧 diànshìjù 명 텔레비전 드라마 | 爱情电影 àiqíng diànyǐng 명 로맨스 영화 | 好看 hǎokàn 형 재미있다. 훌륭하다 | 所以 suǒyǐ 접 그래서, 그러므로 | 打算 dǎsuàn 동 ~할 생각이다, 계획하다 | 再 zài 부 다시

10 부사 '只 zhī'는 '단지, 오로지'라는 의미, 양사 '只 zhī'는 '마리'라는 의미를 나타내므로, 사진 속 상황이 '只'의 어떤 용법과 어울리는지 먼저 판단해야 한다. 이 문제에서는 사진에 '판다'가 등장하였으므로, '只'를 '양사'로 활용해야 함을 쉽게 알 수 있다. '熊猫 xióngmāo 판다'가 떠오르지 않을 경우 '动物'로 적는 것도 괜찮다.

- ◆ 제시어 只 zhī 양 마리 [동물을 세는 단위]
- ◆ 사진 연상 이 판다는 귀엽다.
- ◆ 작문 핵심 수사 + 只 + 동물
- ◆ 표현 활용 可爱 | 看起来 | 又A又B | 动物园

모범 답안 这只熊猫真可爱！ 이 판다 진짜 귀엽다! → '감탄사' 활용
  那只熊猫看起来很饿。 저 판다는 배고파 보인다.
  这只熊猫的名字叫"爱宝"。 이 판다의 이름은 '아이바오'이다.

고득점 답안 那只熊猫又胖又可爱。 저 판다는 통통하고 귀엽다. → '접속사' 활용
  动物园里有一只很可爱的大熊猫。 동물원 안에 귀여운 판다가 한 마리 있다. → '존현문' 활용

熊猫 xióngmāo 명 판다 | 可爱 kě'ài 형 귀엽다, 사랑스럽다 | 看起来 kàn qǐlái 보기에, 보아 하니 | 饿 è 형 배고프다 | 叫 jiào 동 ~라고 부르다 | 又A又B yòu A yòu B A하기도 하고 B하기도 하다 | 胖 pàng 형 (몸이) 뚱뚱하다 | 动物园 dòngwùyuán 명 동물원 | 大熊猫 dàxióngmāo 명 판다

11 '故意'는 '일부러 어떤 행동을 하거나 하지 않음'을 나타내는 어기부사로, 부정부사와 함께 쓰일 경우, 부정부사보다 앞에 쓰인다.

- ◆ 제시어   故意 gùyì 　부　 일부러, 고의로
- ◆ 사진 연상   그녀는 일부러 전화를 받지 않는다.
- ◆ 작문 핵심   故意 + 부정부사 + 동사
- ◆ 표현 활용   不接电话 | 想休息 | 给……打电话 | 生气

모범 답안   她故意不接电话。 그녀는 일부러 전화를 받지 않는다.

她故意不接男朋友的电话。 그녀는 일부러 남자 친구의 전화를 받지 않는다.

因为我想休息，所以故意不接电话。 나는 쉬고 싶어서 일부러 전화를 받지 않는다. → '접속사' 활용

고득점 답안   男朋友一直给我打电话，但是我故意不接。 남자 친구는 계속 나에게 전화하지만, 나는 일부러 받지 않는다. → '접속사' 활용

因为我生男朋友的气，所以现在故意不接他的电话。 → '접속사' 활용
나는 남자 친구에게 화가 나서 지금 일부러 그의 전화를 받지 않는다.

接 jiē 　동　 받다 | 男朋友 nánpéngyou 　명　 남자 친구 | 因为 yīnwèi 　접　 왜냐하면 | 想 xiǎng 　조동　 ~하고 싶다 | 休息 xiūxi 　동　 휴식하다, 휴식을 취하다 | 一直 yìzhí 　부　 계속, 줄곧 | 给 gěi 　개　 ~에게 | 但是 dànshì 　접　 그러나, 그렇지만 | 生气 shēngqì 　동　 화내다

---

12 어기부사 '好像'은 뒤에 '추측하는 내용'을 이끈다. 고민이 있는 듯한 표정으로 책상에 앉아 있는 남자의 모습에서 남자의 상황이 좋지 않을 것이라고 추측할 수 있다.

- ◆ 제시어   好像 hǎoxiàng 　부　 마치 ~와 같다
- ◆ 사진 연상   그는 마치 문제에 부딪힌 것 같다.
- ◆ 작문 핵심   好像 + 추측하는 내용
- ◆ 표현 활용   遇到问题 | 担心 | 很难解决 | 烦恼 | 没有好办法

모범 답안   他好像遇到了问题。 그는 마치 문제에 부딪힌 것 같다.

哥哥好像在担心明天的考试。 오빠는 마치 내일 시험을 걱정하고 있는 것 같다.

小李的问题好像很难解决。 샤오리[小李]의 문제는 마치 해결하기 어려운 것 같다.

고득점 답안   爸爸最近好像有很多烦恼。 아빠는 최근에 마치 많은 고민이 있으신 것 같다.

他好像没有好办法，所以很烦恼。 그는 마치 좋은 방법이 없어서 고민스러운 것 같다. → '접속사' 활용

遇到 yùdào 　동　 맞닥뜨리다, 부닥치다, 봉착하다 | 在 zài 　부　 지금 ~하고 있다 | 担心 dānxīn 　동　 걱정하다, 염려하다 | 考试 kǎoshì 　명　 시험, 고사 | 难 nán 　형　 어렵다, 힘들다 | 解决 jiějué 　동　 해결하다, 풀다 | 最近 zuìjìn 　명　 요즘, 최근 | ★烦恼 fánnǎo 　형　 번뇌하다, 고민스럽다 | 办法 bànfǎ 　명　 방법, 방식, 수단

- **Day 31**

대표 모범 답안	13 他要看十篇文章。	14 我在这趟火车上。
	15 马上就要上课了。	16 妈妈终于打扫完了。

13 '篇'은 '논문' '소설'처럼 일정한 형식을 갖춘 글을 세는 단위로, 사진 속 남자가 '글'을 보고 있는 모습과 관련지어 문장을 만들 수 있다. '글'의 제본 형태를 감안해 '글'은 '文章 wénzhāng 문장'이나 '材料 cáiliào 자료' 등의 어휘로 쓰는 게 적합하다.

- ◆ 제시어　　篇 piān 양 편, 장 [문장이나 글을 세는 단위]
- ◆ 사진 연상　그는 많은 글을 봐야 한다.
- ◆ 작문 핵심　수사 + 篇 + 문장 / 논문 / 자료
- ◆ 표현 활용　文章 | 看完 | 材料 | 剩 | 交

모범 답안　**他要看十篇文章。** 그는 열 편의 글을 봐야 한다.
　　　　　　他快看完这篇材料了。 그는 곧 이 자료들을 다 본다.
　　　　　　老师在看学生写的文章，还剩五篇。 선생님은 학생들이 쓴 글을 보고 있고, 아직 5장 남았다.

고득점 답안　**他今天一定要把这篇材料看完。** 그는 오늘 꼭 이 자료를 다 봐야 한다.
　　　　　　因为这几篇材料明天要交，所以他今天要看完。 → '접속사' 활용
　　　　　　이 몇 자료들을 내일 제출해야 하기 때문에, 그는 오늘 모두 봐야 한다.

要 yào 조동 ~해야 한다 | ★文章 wénzhāng 명 문장 | ★材料 cáiliào 명 자료, 데이터 | 在 zài 부 지금 ~하고 있다 | 写 xiě 동 쓰다 | 还 hái 부 아직, 아직도, 여전히 | ★剩 shèng 동 남다, 남기다 | 一定 yídìng 부 반드시, 필히, 꼭 | 把 bǎ 개 ~를 [처치의 결과를 나타냄] | 完 wán 동 다하다 | 因为 yīnwèi 접 왜냐하면 | ★交 jiāo 동 제출하다 | 所以 suǒyǐ 접 그래서, 그러므로, 때문에, 그런 까닭에

14 기차를 타고 있는 상황을 보아 양사 '趟'을 '정기적인 교통수단의 운행을 세는' 용법으로 활용하는 것이 적절하다. 양사는 많은 표현을 나타내기 어려우므로, 사진 속 상황을 벗어나지 않는 선에서, 기차를 타고 어디를 가는지, 이 기차는 어느 역을 향해 가는지 등의 여러 상황을 상상하여 작문하는 것이 좋다. 기차나 비행기 같은 교통수단이 나올 경우, '방학' '여행' 등을 소재로 문장을 만드는 것도 좋다.

- ◆ 제시어　　趟 tàng 양 편, 번, 차례 [왕래한 횟수를 세는 단위]
- ◆ 사진 연상　나는 이 기차에 있다.
- ◆ 작문 핵심　지시대사 + (수사) + 趟 + 교통수단
- ◆ 표현 활용　开得 + 快 / 慢 | 经过 | 坐 + 교통수단 + 去 + 행동

모범 답안　**我在这趟火车上。** 나는 이 기차에 있다.
　　　　　　这趟火车开得很快。 이 기차는 빨리 달린다. → '정도보어' 활용
　　　　　　这趟火车经过了一座山。 이 기차는 산 하나를 지나갔다.

고득점 답안　**我每次放假都坐这趟火车回家。** 나는 매번 방학 때 이 기차를 타고 집에 간다.
　　　　　　我喜欢坐这趟火车去旅行，因为窗外的风景很美丽。 → '접속사' 활용
　　　　　　나는 이 기차를 타고 여행가는 것을 좋아한다. 왜냐하면 창 밖의 풍경이 매우 아름답기 때문이다.

在 zài 동 ~에 있다 | 开 kāi 동 운전하다 | 经过 jīngguò 동 거치다, 지나다 | ★座 zuò 양 좌, 동, 채 [부피가 크거나 고정된 물체를 세는 단위] | 山 shān 명 산 | 放假 fàngjià 동 방학하다, 쉬다 | 坐 zuò 동 (교통수단을) 타다 | 回家 huí jiā 집으로 돌아가다, 귀가하다, 귀성하다 | ★旅行 lǚxíng 동 여행하다 | 窗 chuāng 명 창문, 창 | 外 wài 명 ~이외, ~밖에 | 风景 fēngjǐng 명 풍경, 경치 | ★美丽 měilì 형 아름답다

15 '马上'은 시간부사로 '행동이나 상황이 곧 발생함'을 나타내며, 부사 '就'와 주로 호응한다. '马上'의 의미에는 어떤 상황의 '발생'이 포함되어 있기 때문에 어기조사 '了'와도 자주 함께 쓰인다. '马上就(要)……了' 형태를 통째로 외워 두는 것이 좋다.

- ◆ 제시어　　马上 mǎshàng 〈부〉 곧, 바로, 즉시
- ◆ 사진 연상　곧 수업을 한다.
- ◆ 작문 핵심　马上 + 행동
- ◆ 표현 활용　上课 | 就要……了 | 开始 | 结束 | 进去

모범 답안　马上就要上课了。곧 수업한다.
学生们马上就要考试了。학생들은 곧 시험을 본다.
今天的课马上就要开始了。오늘의 수업이 곧 시작할 것이다.

고득점 답안　上学的时间马上就要结束了。등교 시간이 곧 끝날 것이다.
因为马上就考试了，所以我现在非常紧张。곧 시험이라서, 나는 지금 매우 긴장된다. → '접속사' 활용
如果他不马上进去，那么会被老师批评的。만약 그가 곧 들어가지 않으면, 선생님에게 혼날 것이다. → '접속사' 활용

就 jiù 〈부〉 바로, 곧, 즉시 | **上课** shàngkè 〈동〉 수업하다 | **就要** jiùyào 〈부〉 곧, 머지않아 | **考试** kǎoshì 〈동〉 시험을 치다 | **课** kè 〈명〉 수업, 강의 | **开始** kāishǐ 〈동〉 시작하다 | **上学** shàngxué 〈동〉 등교하다 | **结束** jiéshù 〈동〉 끝나다, 마치다 | ★**紧张** jǐnzhāng 〈형〉 긴장해 있다, 불안하다

16 '终于'는 '어떤 결과나 상황이 어렵게 이루어짐'을 나타내는 부사이다. 여자가 청소 용구를 들고 있는 모습과 '终于'를 관련지어 '청소를 마침내 끝냈다'라는 내용을 떠올릴 수 있다. '청소하다'는 '打扫' '收拾' '整理'로 나타낼 수 있다.

- ◆ 제시어　　终于 zhōngyú 〈부〉 마침내, 결국
- ◆ 사진 연상　엄마가 마침내 청소를 다 하셨다.
- ◆ 작문 핵심　终于 + 결과 + 了
- ◆ 표현 활용　打扫房间 | 동사 + 完 / 好 | 收拾 | 整理

모범 답안　妈妈终于打扫完了。엄마가 마침내 청소를 다 하셨다. → '결과보어' 활용
我终于打扫完房间了。나는 결국 방 청소를 다 했다. → '결과보어' 활용
虽然很累，但是我终于打扫完了。비록 힘들지만, 나는 마침내 청소를 다 했다. → '접속사' 활용

고득점 답안　妈妈终于把我的房间收拾好了。엄마가 마침내 내 방을 다 정리하셨다. → '把'자문 활용
我回家的时候，妹妹终于把房间整理好了。내가 집에 들어갈 때, 여동생이 마침내 방을 다 정리했다. → '접속사' 활용

打扫 dǎsǎo 〈동〉 청소하다 | **完** wán 〈동〉 마치다, 끝나다, 완결되다 | **房间** fángjiān 〈명〉 방 | **虽然** suīrán 〈접〉 비록 ~일지라도 | **但是** dànshì 〈접〉 그러나, 그렇지만 | ★**收拾** shōushi 〈동〉 정리하다 | **好** hǎo 〈형〉 [동사 뒤에 쓰여 '동작이 완성되었거나 잘 마무리되었음'을 나타냄] | ★**整理** zhěnglǐ 〈동〉 정리하다

Mini 모의고사 1

본서 pp. 348~355

• Day 19~20

track Mini Test 01

听力 | 듣기

1 √	2 ✗	3 ✗	4 ✗	5 √	6 D	7 B	8 D
9 D	10 D	11 A	12 B	13 D	14 B	15 C	16 B
17 C	18 A	19 B	20 A	21 B	22 C		

阅读 | 독해

23 F	24 C	25 E	26 A	27 B
28 CBA	29 ABC	30 ACB	31 CBA	32 ACB
33 A	34 D	35 D	36 C	37 A
38 B	39 D	40 C	41 A	42 C

书写 | 쓰기

43 他们研究出结果了吗?
44 祝贺你完成了这个任务。
45 听音乐是一种放松心情的好方法。
46 我们公园内禁止抽烟。
47 他的姐姐想成为一名警察。
48~50 해설의 모범 답안 참고

---

1 √ 화자는 '会议时间(회의 시간)'이 앞당겨졌음을 알려 준 '小李(샤오리)'에게 감사의 말을 전하고 있다. '提前'은 '정해진 시간보다 일정을 앞당김'을 나타내는 말이다. 듣기 제1부분의 경우 녹음에 종종 제시문이 그대로 언급되기도 하므로, 녹음을 듣기 전 제시문을 반드시 먼저 확인해야 한다.

| 小李[Xiǎo Lǐ], 感谢你及时通知我们会议时间提前了, 要不然我一定没法准备这么多材料。 | 샤오리[小李], 우리에게 회의 시간이 앞당겨졌다고 신속히 알려 줘서 고마워요. 그렇지 않다면 나는 분명 이렇게 많은 자료를 준비할 방법이 없었을 거예요. |
| ★ 会议时间提前了。(√) | ★ 회의 시간이 앞당겨졌다. (√) |

★ 感谢 gǎnxiè 통 고맙다, 감사하다 | ★ 及时 jíshí 부 신속히, 곧바로 | ★ 通知 tōngzhī 통 알리다, 통지하다 | 会议 huìyì 명 회의 | ★ 提前 tíqián 통 (예정된 시간을) 앞당기다 | 要不然 yàoburán 접 그렇지 않으면 | 一定 yídìng 부 분명, 반드시 | 没法 méifǎ 방법이 없다 | ★ 材料 cáiliào 명 자료

---

2 ✗ 화자는 '입금을 한 뒤에(存完钱后)' 밥을 먹으러 가자고 했으므로, 현재 그들이 '餐厅(식당)'에 있다고 보기는 어렵다.

| 公司附近有一家餐厅, 我们存完钱后去那儿吃饭吧。我从昨天晚上到现在什么都没吃, 肚子饿得要命。 | 회사 근처에 식당이 하나 있는데, 우리 돈을 입금한 뒤에 거기 가서 밥 먹자. 나는 어제저녁부터 지금까지 아무것도 안 먹어서 배고파 죽겠어. |
| ★ 他们现在在餐厅。(✗) | ★ 그들은 현재 식당에 있다. (✗) |

附近 fùjìn 명 근처, 부근 | 家 jiā 양 [가정·가게·기업 따위를 세는 양사] | ★餐厅 cāntīng 명 식당 | ★存钱 cúnqián 동 입금하다 | ★肚子 dùzi 명 배 | 饿 è 형 배고프다 | 要命 yàomìng 동 죽을 지경이다 [정도가 아주 극심함을 나타냄]

3 ✗ 녹음 속 화자는 '父亲(아버지)'의 직업이 '老师(선생님)'라고 했다. 제시문을 보고 어떤 정보에 주의해야 하는지 미리 파악하고 들으면 쉽게 정답을 찾을 수 있다.

我父亲是一位老师，他很有责任心而且工作态度认真，受到了周围人的尊敬。	나의 아버지는 선생님이시다. 책임감도 있으신데 업무 태도도 착실하셔서, 주변 사람들에게 존경을 받는다.
★ 他父亲是一位医生。（✗）	★ 그의 아버지는 의사이다. (✗)

★父亲 fùqīn 명 아버지, 부친 | 位 wèi 양 분, 명 | 责任心 zérènxīn 명 책임감 | 而且 érqiě 접 게다가 | ★态度 tàidu 명 태도 | 认真 rènzhēn 형 착실하다 | ★受到 shòudào 동 받다 | ★周围 zhōuwéi 명 주변 | 尊敬 zūnjìng 동 존경하다

4 ✗ 두 사람은 알고 지낸 지 몇십 년이 되었고 '서로 잘 안다(互相了解)'고 했으므로, '不熟悉(익숙하지 않다)'라는 제시문의 내용은 녹음과 일치하지 않는다.

我们俩已经认识几十年了，互相也非常了解，有时一个小小的动作，我就能知道他要做什么。	우리 두 사람은 이미 몇십 년을 알고 지내서 서로를 매우 잘 안다. 때로는 아주 작은 행동만으로도 그가 무엇을 하려고 하는지 바로 알 수 있다.
★ 他们两个不熟悉。（✗）	★ 그들 두 사람은 (서로에 대해) 익숙하지 않다. (✗)

★俩 liǎ 수량 두 사람 | ★互相 hùxiāng 부 서로 | 了解 liǎojiě 동 자세히 알다 | 有时 yǒushí 부 때로, 어떤 때 | ★动作 dòngzuò 명 행동, 동작 | ★熟悉 shúxī 형 익숙하다, 잘 알다

5 ✓ 첫마디에서 '书(책)'는 '金教授(진 교수님)'가 준 것이라고 언급하고 있다. '送'은 '선물을 주다'라는 뜻으로, '送 + 대상 + 선물' 형식이나 '送给 + 대상' 형식으로 쓰인다.

这本书是我读博士时，金[Jīn]教授送给我的生日礼物，每次看到它，我都能回忆起当时金教授对我的鼓励和帮助。	이 책은 내가 박사를 공부할 때, 진[金] 교수님이 나에게 주신 생일 선물이다. 매번 이것을 볼 때마다, 당시 진 교수님이 나에게 주신 격려와 도움이 떠오른다.
★ 那本书是金教授送的。（✓）	★ 그 책은 진 교수님이 준 것이다. (✓)

读 dú 동 공부하다 | ★博士 bóshì 명 박사 | 时 shí 명 때, 시기 | ★教授 jiàoshòu 명 교수 | 礼物 lǐwù 명 선물 | 每次 měi cì 매번 | ★回忆 huíyì 동 회상하다, 추억하다 | 起 qǐ 동 [동사 뒤에 쓰여, 어떤 사태가 동작에 따라 일어남을 나타냄] | ★当时 dāngshí 명 당시, 그때 | ★鼓励 gǔlì 동 격려하다 | 帮助 bāngzhù 동 돕다

6 D '工作经验(업무 경험)'을 어떻게 적어야 하는지 묻는 남자의 질문에 여자가 '你还是学生(당신은 아직 학생이니)'이라고 언급해 주었으므로 답은 'D. 学生(학생)'이다. '工作经验(업무 경험)'이라는 말 때문에 헷갈릴 수 있지만, 대화의 흐름을 잘 따라가면 정답을 바로 찾을 수 있다. '填表格(표를 작성하다)'는 듣기 대화 유형과 독해 제1부분에 종종 등장하는 표현이므로 잘 외워 두자.

男：表格上的工作经验怎么填？	남: 표의 업무 경험은 어떻게 작성하나요?
女：你还是学生，所以不用填这部分。	여: 당신은 아직 학생이니, 이 부분은 작성할 필요 없어요.
问：男的是做什么的？	질문: 남자는 무엇을 하는 사람인가?
A 老师 B 律师 C 司机 **D 学生**	A 선생님 B 변호사 C 운전기사 **D 학생**

★ **表格** biǎogé 몡 표 | ★ **经验** jīngyàn 몡 경험 | **填** tián 동 작성하다 | **还** hái 문 아직 | **所以** suǒyǐ 접 그래서 | **不用** búyòng 문 ~할 필요가 없다 | ★ **部分** bùfen 몡 부분 | ★ **律师** lǜshī 몡 변호사 | **司机** sījī 몡 운전기사

7 B 여자는 남자에게 내일 저녁에 '首都剧院(수도극장)'에서 하는 공연을 보러 가자고 제안했다.

女：明晚在首都剧院有一场民族舞表演，你陪我去看好吗？	여: 내일 저녁 수도극장에서 민족춤 공연이 있던데, 나를 데리고 보러 가 줄 수 있어?
男：当然可以，我明天正好有空儿，下课后我来接你。	남: 당연히 괜찮지. 나 내일 때마침 시간이 있어. 수업이 끝난 후 내가 너를 데리러 갈게.
问：他们明晚准备去哪儿？	질문: 그들은 내일 저녁에 어디에 갈 계획인가?
A 展览馆 **B 首都剧院** C 图书馆 D 海洋馆	A 전시관 **B 수도극장** C 도서관 D 수족관

明晚 míng wǎn 내일 저녁 | ★ **首都** shǒudū 몡 수도 | **剧院** jùyuàn 몡 극장 | ★ **场** chǎng 양 번, 회 [문예·오락·체육 활동 등에 쓰이는 양사] | ★ **民族** mínzú 몡 민족 | **舞** wǔ 몡 춤 | ★ **表演** biǎoyǎn 몡 공연 | ★ **陪** péi 동 동반하다 | **好** hǎo 형 [잘 마무리되었음을 나타냄] | **当然** dāngrán 문 당연히 | **可以** kěyǐ 동 가능하다 | ★ **正好** zhènghǎo 문 마침 | **有空儿** yǒu kòngr 시간이 있다 | **下课** xiàkè 동 수업이 끝나다 | **后** hòu 몡 (시간상으로) 후 | **接** jiē 동 데리러 가다 | **展览馆** zhǎnlǎnguǎn 몡 전시관 | **图书馆** túshūguǎn 몡 도서관 | **海洋馆** hǎiyángguǎn 몡 수족관

 tip '陪A去B péi A qù B'와 '带A去B dài A qù B'는 'A를 데리고 B하러 가다'라는 뜻으로, '사람이나 동물을 데리고 어느 장소에 가거나 어떤 행동을 하러 간다'는 것을 나타낸다.

8 D 핵심 내용은 남자의 말 '比以前瘦多了(예전보다 많이 말랐다)'에 있다. '多了'는 'A + 比 + B + 형용사 + 多了(A가 B보다 매우 ~하다)'와 같은 비교문 문형에 쓰여 '비교한 정도의 차이가 큼'을 나타낸다.

男：好久没见，你好像比以前瘦多了。	남: 오랜만이야. 예전보다 많이 마른 것 같아.
女：是的，我最近常常加班，有时忙得连饭也不能吃。	여: 맞아. 나는 요즘 자주 야근해, 때로는 바빠서 밥조차 먹을 수 없어.

问: 女的怎么了?	질문: 여자는 어떻게 되었는가?
A 更漂亮了　　　B 变懒了	A 더 예뻐졌다　　　B 게을러졌다
C 工资高了　　　**D 瘦了**	C 월급이 올랐다　　　**D 말랐다**

好久没见 hǎojiǔ méi jiàn 오랜만이다 | ★**好像** hǎoxiàng 🔸 마치 (~와 같다) | **以前** yǐqián 📘 예전, 이전 | **瘦** shòu 📗 마르다 | **最近** zuìjìn 📘 요즘, 최근 | **常常** chángcháng 🔸 자주 | ★**加班** jiābān 📕 야근하다 | ★**连** lián 📙 ~조차도 | **更** gèng 🔸 더, 훨씬 | **变** biàn 📕 변하다 | ★**懒** lǎn 📗 게으르다 | ★**工资** gōngzī 📘 월급

9　D　'还是'에는 '아직, 여전히'라는 뜻 말고도 '~하는 편이 낫다'라는 뜻도 있다. 여자는 베이징의 날씨가 아직 추우니 '두꺼운 옷을 챙기는 편이 낫겠다(还是要带件厚衣服)'고 권유하였다.

女: 虽然已经是春天了，但北京温度还是不高。你去那儿出差还是要带件厚衣服。 男: 好，那你帮我把冬天穿的那件大衣装上。	여: 비록 이미 봄이 되었지만, 베이징의 온도는 아직 높지 않아. 너 거기로 출장 가면 두꺼운 옷을 한 벌 챙기는 게 낫겠어. 남: 그래. 그럼 나를 도와 겨울에 입는 그 외투를 담아 줘.
问: 女的建议男的做什么?	질문: 여자는 남자에게 무엇을 하라고 제안하는가?
A 穿正装　　　B 穿双袜子	A 정장을 입으라고　　　B 양말을 신으라고
C 买条毛巾　　　**D 带厚衣服**	C 수건을 하나 사라고　　　**D 두꺼운 옷을 챙기라고**

虽然 suīrán 📙 비록 ~이지만 | **春天** chūntiān 📘 봄 | **但** dàn 📙 하지만, 그러나 | ★**温度** wēndù 📘 온도 | **还是** háishi 🔸 아직도, 여전히 🔸 ~하는 편이 낫다 | ★**出差** chūchāi 📕 출장 가다 | **带** dài 📕 (몸에) 가지다, 지니다 | **件** jiàn 📗 개, 건 | **帮** bāng 📕 돕다 | **把** bǎ 📙 ~를 [처치의 결과를 나타냄] | **冬天** dōngtiān 📘 겨울 | **大衣** dàyī 📘 외투 | **装** zhuāng 📕 담다 | ★**建议** jiànyì 📕 제안하다 | **正装** zhèngzhuāng 📘 정장 | **双** shuāng 📗 쌍, 켤레 | ★**袜子** wàzi 📘 양말 | **条** tiáo 📗 개 [긴 물건을 세는 양사] | ★**毛巾** máojīn 📘 수건

10　D　핵심 표현 '弹得这么好'를 제대로 듣고 해석할 수 있는지가 관건인 문제이다. '弹得这么好'의 '弹'은 '弹钢琴(피아노를 치다)'의 '弹'으로, 정도보어 '这么好'의 수식을 받고 있다.

男: 没想到你钢琴竟然弹得这么好。 女: 我从小就学钢琴, 下个月还要参加钢琴比赛呢!	남: 네가 피아노를 이렇게 잘 치는 줄은 생각지 못했어. 여: 나는 어렸을 때부터 일찍 피아노를 배웠어. 다음 달에는 또 피아노 대회에 참가해야 하는걸!
问: 关于女的, 可以知道什么?	질문: 여자에 관하여 무엇을 알 수 있는가?
A 学过京剧　　　B 放弃了比赛	A 경극을 배운 적이 있다　　　B 대회를 포기했다
C 是个老师　　　**D 钢琴弹得好**	C 선생님이다　　　**D 피아노를 잘 친다**

没想到 méi xiǎngdào 생각지 못하다 | ★**弹钢琴** tán gāngqín 피아노를 치다 | ★**竟然** jìngrán 🔸 의외로 | **从小** cóngxiǎo 🔸 어릴 때부터 | **参加** cānjiā 📕 참가하다 | **比赛** bǐsài 📘 대회 | ★**京剧** jīngjù 📘 경극 | ★**放弃** fàngqì 📕 포기하다

11　A　'打不通'은 전화를 걸었지만 연결이 되지 않는 경우를 나타내는 말로, 보기의 '电话占线(통화 중이다)'과 뜻이 통한다.

女: 那位心理学家你们邀请到了吗?
男: 还没, 他的电话总是打不通。一会儿我发邮件试试。

问: 男的为什么还没邀请到心理学家?
A 电话占线　　　　　B 没找到号码
C 忘发短信了　　　　D 邮件发错了

여: 그 심리학자를 초대하셨나요?
남: 아직이요. 그의 전화가 계속 연결되지 않아요. 잠시 후에 제가 이메일을 보내 볼게요.

질문: 남자는 왜 아직 심리학자를 초대하지 않았는가?
A 통화 중이어서　　　B 번호를 찾지 못해서
C 문자 보내는 것을 깜박해서　D 메일을 잘못 보내서

心理学家 xīnlǐ xuéjiā 명 심리학자 | ★邀请 yāoqǐng 동 초대하다 | 还 hái 부 아직 | 总是 zǒngshì 부 계속, 항상 | 打通 dǎtōng 동 (전화가) 연결되다 | 发 fā 동 보내다 | 邮件 yóujiàn 명 우편물 | 试 shì 동 시험 삼아 해 보다 | ★占线 zhànxiàn 동 통화 중이다 | 找 zhǎo 동 찾다 | ★号码 hàomǎ 명 번호 | 忘 wàng 동 잊다, 깜빡하다 | 短信 duǎnxìn 명 문자

'占线 zhànxiàn'은 '점유하다'라는 의미의 '占 zhàn'과 '선'이라는 의미의 '线 xiàn'이 결합한 이합동사이다. 이합동사이므로 뒤에 목적어는 오지 않으며, 주어는 보통 '电话 diànhuà 전화'이다. '占线'은 작문 문제에도 종종 등장하는 어휘이므로, 문장으로 익혀 두자.

12 B '这幅作品(이 작품)'에 대하여 직접적으로 '很受欢迎(인기가 있다)'이라고 언급하였다. '作品(작품)'과 관련된 내용은 듣기와 독해에 자주 등장하므로 관련 어휘를 함께 익히는 것이 좋다.

男: 这幅画的作者竟然是一个在校大学生。
女: 是啊, 这幅作品现在很受欢迎。

问: 那幅画怎么样?
A 有错误　　　　　　B 很受欢迎
C 适合儿童　　　　　D 很旧

남: 이 그림의 작가는 놀랍게도 대학교 재학생이야.
여: 맞아. 이 작품은 현재 인기가 있어.

질문: 그 그림은 어떠한가?
A 오류가 있다　　　　B 인기가 있다
C 아이들에게 적합하다　D 오래되었다

幅 fú 양 폭 [그림을 세는 양사] | 画 huà 명 그림 | ★作者 zuòzhě 명 작가, 저자 | 在校 zàixiào 동 재학중이다 | 大学生 dàxuéshēng 명 대학생 | 作品 zuòpǐn 명 작품 | 受欢迎 shòu huānyíng 환영을 받다, 인기가 있다 | ★错误 cuòwù 명 오류 | ★适合 shìhé 동 적합하다, 알맞다 | ★儿童 értóng 명 어린이, 아동 | 旧 jiù 형 오래다

작품 관련 어휘
作家 zuòjiā 명 작가 | 作者 zuòzhě 명 저자, 작가 | 小说 xiǎoshuō 명 소설 | 作品 zuòpǐn 명 작품 | 受欢迎 shòu huānyíng 인기가 있다, 환영을 받다 | 感动 gǎndòng 동 감동하다 | 有名 yǒumíng 형 유명하다 | 著名 zhùmíng 형 저명하다

13 D 남자는 '不是坏了, 是停电了(고장 난 것이 아니라 정전이 된 것이다)'라고 말했다. 여자와 남자가 '계단으로 올라가야(走楼梯)' 하는 이유는 엘리베이터가 '정전되었기(停电)' 때문이다.

女: 电梯坏了吗?
男: 对了, 我想起来了, 不是坏了, 是停电了。我刚才看见停电通知了。
女: 那我们就只好走楼梯上去了。
男: 对啊, 就当运动了。

여: 엘리베이터가 고장 났나요?
남: 맞다, 생각 났어요. 고장 난 것이 아니라, 정전이 된 거예요. 방금 정전 통지서를 봤어요.
여: 그럼 우리는 어쩔 수 없이 계단으로 올라가야 하겠네요.
남: 맞아요. 그냥 운동으로 삼아야죠.

问: 他们为什么走楼梯?	질문: 그들은 왜 계단으로 가는가?
A 电梯坏了	A 엘리베이터가 고장 나서
B 更安全	B 더 안전해서
C 住在2楼	C 2층에 살아서
D 电梯没电了	**D 엘리베이터에 전기가 나가서**

电梯 diàntī 명 엘리베이터 | **坏** huài 동 고장 나다 | **想起来** xiǎng qǐlái 생각이 나다 | **停电** tíngdiàn 동 정전되다 | **刚才** gāngcái 명 방금 | ★**只好** zhǐhǎo 부 어쩔 수 없이, 부득이 | **楼梯** lóutī 명 계단 | **当** dàng 동 ~로 삼다 | ★**安全** ānquán 형 안전하다 | **在** zài 개 ~에(서) | **楼** lóu 명 층 | **电** diàn 명 전기

14 B 남자의 첫마디에서 남자가 받아야 할 물건을 아직 '받지 못했다(没收到)'는 사실을 알 수 있다.

男: 喂, 你给我寄的东西我还没收到。	남: 여보세요. 저에게 보내 주신 물건을 제가 아직 못 받았어요.
女: 是吗? 不会吧? 都寄出去一个多星期了。	여: 그래요? 설마요? 이미 보낸 지 일주일 정도 됐어요.
男: 会不会是地址写错啦?	남: 주소를 잘못 쓰신 거 아닌가요?
女: 不会的, 我在邮局检查了好几遍呢!	여: 아닐 거예요. 제가 우체국에서 아주 여러 차례 확인했는 걸요!

问: 根据对话, 下列哪个正确?	질문: 대화에 따르면, 다음 중 올바른 것은?
A 男的太粗心	A 남자는 너무 부주의하다
B 东西没寄到	**B 물건이 아직 도착하지 않았다**
C 女的在邮局	C 여자는 우체국에 있다
D 他们迷路了	D 그들은 길을 잃었다

喂 wéi 감 여보세요 | ★**寄** jì 동 보내다, 부치다 | **还** hái 부 아직 | **收到** shōudào 동 받다, 얻다 | **都** dōu 부 이미, 벌써 | **多** duō 수 ~남짓, ~여 | **地址** dìzhǐ 명 주소 | ★**邮局** yóujú 명 우체국 | **检查** jiǎnchá 동 검사하다 | **好几** hǎojǐ 수 여러, 몇 | ★**遍** biàn 양 번, 차례 | ★**粗心** cūxīn 형 부주의하다, 세심하지 못하다 | **在** zài 개 ~에 있다 | ★**迷路** mílù 동 길을 잃다

> **寄 VS 送 비교**
> '寄 jì'는 우편으로 보내는 것을 나타내며, '送 sòng'은 보통 택배를 이용하거나 직접 전달하여 보내는 것을 나타낸다. 듣기에 '寄'가 나왔다면, 대화가 이루어지는 장소는 대개 '邮局 yóujú 우체국'일 것이다.

15 C 여자와 남자는 '小西(샤오시)'라는 인물에 대해 이야기하는 중이다. 이들의 대화를 통해, '小西'는 대학교 전공이 '管理(관리)'였으며, 성적이 우수해서 장학금을 받았다는 점을 알 수 있다. 보기 중 대화에 언급된 내용을 올바르게 서술하고 있는 것은 'C. 学过管理(관리를 배운 적이 있다)'뿐이다.

女: 小西[Xiǎo Xī]对管理方面的知识很了解。	여: 샤오시(小西)는 관리 방면의 지식을 많이 알고 있어.
男: 是啊, 他大学是管理专业的。	남: 맞아. 그는 대학교에서 관리를 전공했어.
女: 原来是这样啊!	여: 그렇구나!
男: 而且他在学校时成绩优秀, 几乎每学期都能拿奖学金。	남: 게다가 그는 학교를 다닐 때 성적이 우수해서, 거의 매 학기마다 장학금을 받을 수 있었어.

问: 关于小西, 可以知道什么?	질문: 샤오시에 관하여 무엇을 알 수 있는가?
A 缺少经验　　　B 会做生意 **C 学过管理**　　　D 没拿到奖金	A 경험이 부족하다　　B 장사를 할 줄 안다 **C 관리를 배운 적이 있다**　D 장학금을 받지 못했다

★ 管理 guǎnlǐ 동 관리하다 | ★ 方面 fāngmiàn 명 방면, 분야 | ★ 知识 zhīshi 명 지식 | 大学 dàxué 명 대학교 | ★ 专业 zhuānyè 명 전공 | ★ 原来 yuánlái 부 알고 보니 | 在 zài 개 ~에(서), ~에 있어서 | 成绩 chéngjì 명 성적 | ★ 优秀 yōuxiù 형 우수하다 | 几乎 jīhū 부 거의 | ★ 学期 xuéqī 명 학기 | 拿 ná 동 받다, 얻다 | 奖学金 jiǎngxuéjīn 명 장학금 | ★ 缺少 quēshǎo 동 부족하다 | 做生意 zuò shēngyi 장사를 하다, 사업을 하다 | 奖金 jiǎngjīn 명 장학금, 상금

16 B

왜 기침이 더 심해졌냐(你咳嗽怎么更严重了)는 남자의 첫마디에서 답이 B임을 알 수 있다. '严重(심하다)'은 '정도 및 상태가 심함'을 나타내는 형용사이다. 남자가 여자를 걱정해 '多穿点衣服(옷을 많이 좀 입어라)'라고 말을 건네긴 했지만, 이 말만으로 여자가 옷을 입지 않았다고 생각할 수는 없으므로 A는 답이 될 수 없다.

男: 你咳嗽怎么更严重了? 女: 我也不知道, 可能是这两天刮大风, 太冷了。 男: 你要好好儿照顾自己, 出门多穿点衣服。 女: 好的, 谢谢你。	남: 너 기침이 왜 더 심해졌니? 여: 나도 몰라. 아마도 요 며칠 바람이 세게 불어서인 것 같아. 너무 추워. 남: 너 스스로 잘 챙겨야 해. 외출할 때 옷을 많이 좀 입어. 여: 알겠어. 고마워.
问: 女的怎么了? A 没穿衣服　　　**B 咳嗽严重了** C 被骗了　　　　D 腿疼	질문: 여자는 어떠한가? A 옷을 입지 않았다　**B 기침이 심해졌다** C 속았다　　　　　D 다리가 아프다

★ 咳嗽 késou 동 기침하다 | ★ 严重 yánzhòng 형 심하다 | 可能 kěnéng 부 아마도 | 刮风 guāfēng 동 바람이 불다 | 好好儿 hǎohāor 부 잘, 충분히 | 照顾 zhàogù 동 돌보다 | 出门 chūmén 동 외출하다 | 被 bèi 개 ~에게 (~를 당하다) | ★ 骗 piàn 동 속이다 | 腿 tuǐ 명 다리 | 疼 téng 형 아프다

17 C

비자를 발급했냐(办签证)는 여자의 질문에 남자는 '还没(아직)'라고 말하며, 아직 비자를 발급받지 못한 이유로 '照片不合格(사진이 부적합하다)'를 들었다. '签证(비자)'과 '护照(여권)'를 발급할 때 동사 '办(하다)'이 쓰인다는 것을 기억해 두자.

女: 你的签证办完了吗? 男: 还没, 他们说我照片不合格。 女: 什么原因不合格? 男: 照片要求是白底的, 可我的是蓝底的。	여: 너 비자는 발급이 다 끝났니? 남: 아직. 그쪽에서 내 사진이 적합하지 않다고 했어. 여: 무슨 이유로 적합하지 않다는 거야? 남: 사진의 요구 사항은 하얀색 배경인데, 내 것은 파란색 배경이야.
问: 男的为什么还没办下来签证? A 证明不全 B 没填国籍 **C 照片不合格** D 护照不见了	질문: 남자는 어째서 아직 비자를 발급 받지 못했는가? A 증명(서)이 갖춰지지 않아서 B 국적을 기입하지 않아서 **C 사진이 적합하지 않아서** D 여권이 없어져서

★签证 qiānzhèng 명 비자 | 办 bàn 동 하다, 처리하다 | 还 hái 부 아직 | 照片 zhàopiàn 명 사진 | ★合格 hégé 형 규격에 맞다, 합격이다 | ★原因 yuányīn 명 이유, 원인 | 要求 yāoqiú 명 요구 | 底 dǐ 명 (무늬·도안 등의) (밑)바탕 | 可 kě 접 그러나 | 蓝 lán 형 파란색의 | ★证明 zhèngmíng 명 증명(서) | 全 quán 형 모두 갖추다, 완비하다 | ★国籍 guójí 명 국적 | 护照 hùzhào 명 여권 | 不见 bújiàn 동 없어지다

18 A 동사 '有'는 '장소 + 有 + 사물'의 형태로 쓰여 '어떤 장소에 어떤 사물이 있음'을 나타낼 수 있다. 어느 '理发店(미용실)'이 괜찮냐는 남자의 질문에 여자는 '学校东门(학교 동문)'에 있는 미용실을 추천했다.

男：你知道附近的理发店哪家比较好吗？
女：学校东门有一家就不错。你要剪头发？
男：对呀！明天有约会，想把头发弄得帅一点儿。
女：是这样啊！那我告诉你那儿的电话号码。

问：女的说的那家理发店在哪儿？
A 学校东门　　B 大使馆东门
C 商店对面　　D 药店西边

남: 너 근처 미용실 어디가 비교적 좋은지 알고 있니?
여: 학교 동문에 한 집이 있는데 괜찮아. 너 머리 자르려고?
남: 맞아! 내일 약속이 있어서 머리를 좀 멋있게 하고 싶어.
여: 그렇구나! 그러면 내가 거기 전화번호를 알려 줄게.

질문: 여자가 말하는 그 미용실은 어디에 있는가?
A 학교 동문　　B 대사관 동문
C 상점 맞은편　　D 약국 서쪽

★理发店 lǐfàdiàn 명 미용실 | 比较 bǐjiào 부 비교적 | 东门 dōngmén 명 동문 | 不错 búcuò 형 괜찮다 | 剪 jiǎn 동 자르다 | 头发 tóufa 명 머리카락 | ★约会 yuēhuì 명 약속 | 想 xiǎng 조동 ~하고 싶다 | ★弄 nòng 동 하다 | ★帅 shuài 형 멋지다, 잘생기다 | 告诉 gàosu 동 알리다 | ★大使馆 dàshǐguǎn 명 대사관 | ★对面 duìmiàn 명 맞은편 | 药店 yàodiàn 명 약국 | 西边 xībian 명 서쪽

19 B 보기에 숫자가 등장하면, 녹음을 들을 때 숫자에 주의하며 듣자. 연구 발표에 따르면, 한 사람에 대략 '422棵(422그루)'를 갖는다고 하였다. 숫자 '422'는 중국어로는 '四百二十二(sìbǎi èrshí'èr)'이다. 평소에 숫자들을 볼 때마다 읽는 연습도 해 보자.

20 A 만여 년 전과 비교해서 나무의 총 수량이 '적어졌다(变少了)'고 했다. 녹음에서 사용한 표현 '变少了'는 보기 A의 표현 '数量少了'와 서로 의미가 통한다.

第19题到20题是根据下面一段话：
　　目前研究人员指出：[19]如果把地球上的树分给地球上的每个人那么每个人可以分到大约422棵，这比人们之前估计的高了7倍。但是[20]和一万多年前相比，这个数字实在是太少了，这主要是因为树的总量变少了。

19 现在每人大约有多少棵树？
　　A 200　　　　**B** 422
　　C 720　　　　D 1200

20 和一万年前相比，地球上的树有什么变化？
　　A 数量少了　　B 更受保护
　　C 叶子太少了　　D 变矮了

19~20번 문제는 다음 내용에 근거한다.
　　현재 연구진들은, [19]만약 지구에 있는 나무를 지구에 있는 모든 사람에게 나누어 준다면, 매 사람마다 약 422그루를 나눌 수 있고, 이는 사람들이 예전에 예상한 것보다 7배 높아졌다고 한다. 하지만 [20]만여 년 전과 비교하면 이 수치는 너무 적다. 이는 주로 나무의 총량이 적어졌기 때문이다.

19 현재 한 사람에 대략 몇 그루의 나무가 있는가?
　　A 200그루　　　　**B** 422그루
　　C 720그루　　　　D 1200그루

20 만여 년 전과 비교해서, 지구상의 나무에는 어떤 변화가 있는가?
　　A 수가 적어졌다　　B 더 보호를 받는다
　　C 잎이 너무 적다　　D 키가 작아졌다

目前 mùqián 몡 현재, 지금 | ★**研究** yánjiū 통 연구하다 | **人员** rényuán 몡 요원, 인원 | **指出** zhǐchū 밝히다 | ★**地球** dìqiú 몡 지구 | **树** shù 몡 나무 | **分** fēn 통 나누다 | ★**大约** dàyuē 甲 대략 | **棵** kē 양 그루, 포기 | **之前** zhīqián 몡 ~이전 | ★**估计** gūjì 통 예상하다 | ★**倍** bèi 양 배 | **但是** dànshì 접 하지만, 그러나 | **多** duō 형 ~여, ~남짓 | **相比** xiāngbǐ 통 비교하다 | ★**数字** shùzì 몡 숫자 | ★**实在** shízài 甲 정말 | **主要** zhǔyào 甲 주로, 대부분 | **因为** yīnwèi 접 ~때문이다 | **总量** zǒngliàng 몡 총(수)량 | **少** shǎo 형 적다 | **变化** biànhuà 몡 변화 | ★**数量** shùliàng 몡 수량, 양 | **受** shòu 통 받다 | ★**保护** bǎohù 통 보호하다 | **叶子** yèzi 몡 잎 | **矮** ǎi 형 작다

> **tip** '和 + A + 相比, B + 형용사'는 'A와 비교하여, B는 ~하다'라는 뜻으로, A와 B 두 대상을 비교하여 서술하는 비교문이다. 단, 이 문형은 B에 중점을 두어 서술하는 것이므로, 이 문형의 문장에서는 뒤 절의 내용에 주의하여 봐야 한다.

21 B 화자는 젊었을 때 '输赢(승패)'을 가장 중시했다고 첫마디에 언급했다. '看得'는 '~하게 본다'라는 의미이고, '至关重要'는 '최고로 중요하다'라는 의미이다. 녹음의 표현 '把输赢看得至关重要'는 보기 B '看重输赢(승패를 중시하다)'과 의미가 통한다.

22 C '不是A，而是B(A가 아니라 B이다)'는 'B'를 강조하는 표현이다. 화자는 '不是A，而是B' 문형을 사용하여 '真正的成功(진정한 성공)'은 '开心、健康地生活下去(즐겁고 건강하게 살아가는 것)'라고 하였다.

第21题到22题是根据下面一段话：

 ²¹年轻时，我把输赢看得至关重要，也常为一时的失败而烦恼不已。甚至会为此对自己失去信心。可当我尝遍了人生的酸甜苦辣后，才发现，²²真正的成功不是赢了几场比赛，变得多富有，而是能开心、健康地生活下去。

21~22번 문제는 다음 내용에 근거한다.

 ²¹젊었을 때 나는 승패를 매우 중요하게 여겨서, 자주 순간의 실패로 인해 끊임없이 고민을 하기도 했다. 심지어 이 때문에 스스로에 대한 자신감을 잃기도 했다. 하지만 내가 인생의 희로애락을 모두 맛본 후, 비로소 ²²진정한 성공은 몇 번의 경기를 이기고 얼마나 부유해졌는지가 아니라, 즐겁고 건강하게 살아갈 수 있는지임를 알게 되었다.

21 说话人年轻时怎么样？
 A 常被批评 **B 看重输赢**
 C 生活困难 D 很有信心

21 화자는 젊었을 때 어땠는가?
 A 자주 비난 받았다 **B 승패를 중시했다**
 C 생활이 어려웠다 D 매우 자신감 있었다

22 下列哪个是说话人现在的看法？
 A 性格决定一切
 B 要选对方向
 C 开心最重要
 D 要多积累经验

22 다음 중 어느 것이 화자의 현재 생각인가?
 A 성격이 모든 것을 결정한다
 B 올바르게 방향을 선택해야 한다
 C 즐거운 것이 가장 중요하다
 D 경험을 많이 축적해야 한다

年轻 niánqīng 형 젊다 | ★**输赢** shūyíng 몡 승패 | **至关重要** zhìguān zhòngyào 매우 중요하다 | **常** cháng 甲 자주, 항상 | **为A而B** wèi A ér B A로 인해 B하다 | **一时** yìshí 몡 순간, 한 때 | ★**失败** shībài 몡 실패 | **烦恼** fánnǎo 몡 고민, 걱정 | **不已** bùyǐ 통 끊임없다 | ★**甚至** shènzhì 甲 심지어 | **为此** wèicǐ 접 이 때문에 | **自己** zìjǐ 데 자신 | ★**失去** shīqù 통 잃다 | **信心** xìnxīn 몡 자신감 | **当** dāng 개 [바로 그 시간이나 그 장소를 가리킬 때 쓰임] | ★**尝** cháng 통 맛보다 | **遍** biàn 통 전면적으로 하다 | **人生** rénshēng 몡 인생 | ★**酸甜苦辣** suān-tián-kǔ-là 세상의 온갖 고초(희로애락) | **才** cái 甲 비로소 | **发现** fāxiàn 통 알게 되다, 발견하다 | **真正** zhēnzhèng 형 진정한 | **成功** chénggōng 몡 성공, 통 성공하다 | **不是A，而是B** búshì A, érshì B A가 아니라 B이다 | **赢** yíng 통 이기다 | **场** chǎng 양 번 [오락, 체육 활동 등에 쓰임] | **富有** fùyǒu 형 부유하다 | ★**开心** kāixīn 즐겁다, 기쁘다 | **健康** jiànkāng 형 건강하다 | ★**生活** shēnghuó 몡 생활하다 | **下去** xiàqu 통 지금부터 앞으로 계속 지속됨을 나타냄 | **说话人** shuōhuàrén 화자 | ★**批评** pīpíng 통 비난하다 | **看重** kànzhòng 통 중시하다 | ★**困难** kùnnan 형 어렵다 | ★**看法** kànfǎ 몡 생각 | ★**性格** xìnggé 몡 성격 | **决定** juédìng 통 결정하다 | ★**一切** yíqiè 대 모든 | **要** yào 조동 ~해야 한다 | **选** xuǎn 통 선택하다 | ★**方向** fāngxiàng 몡 방향 | **重要** zhòngyào 형 중요하다 | ★**积累** jīlěi 통 축적하다 | ★**经验** jīngyàn 몡 경험

A 尽管 jǐnguǎn 접 비록 ~라 하더라도
B 判断 pànduàn 동 판단하다
C 关键 guānjiàn 명 관건, 열쇠, 키포인트
D 坚持 jiānchí 동 (어떤 상태나 행위를) 견지하다, 계속 지속하게 하다
E 情况 qíngkuàng 명 상황, 정황
F 趟 tàng 양 편, 번, 차례 [정기적인 교통수단의 운행 횟수나 왕복 동작을 세는 데 쓰임]

23 F [수사 + 趟 + 교통수단] 양사의 기본 어순은 '수사 + 양사 + 명사'이다. 괄호 앞뒤 단어의 품사에 근거하여, 괄호에는 '양사'가 들어가야 함을 알 수 있다. '趟'은 교통수단의 운행 횟수나 왕복 동작을 셀 때 쓰는 양사로, '火车 huǒchē 기차' '飞机 fēijī 비행기' '公交车 gōngjiāochē 버스' 등과 같은 교통수단 앞에 쓰인다. 독해 제1부분에 자주 등장하는 단어이니 반드시 익혀 두자.

| 快点儿，现在不出发就赶不上最后一（ F 趟 ）公交车了。 | 빨리 좀 해. 지금 출발하지 않으면 마지막 (F 편) 버스를 놓치게 될 거야. |

点儿 diǎnr 수량 조금 | ★出发 chūfā 동 출발하다 | 赶不上 gǎnbushàng 동 (정해진 시간에) 대지 못하다, 늦다 | 最后 zuìhòu 명 맨 마지막 | ★趟 tàng 양 편, 번 [정기적인 교통수단의 운행 횟수나 왕복 동작을 세는 데 쓰임] | 公交车 gōngjiāochē 명 버스

24 C [关键得看…… ~가 관건이다] 괄호 뒤에 '조동사 + 동사'가 이어지는 것으로 보아 괄호에는 주어 역할을 할 수 있는 명사가 와야 할 것이다. 괄호 뒤에 위치한 동사 '看'은 '~에 달려 있다'라는 뜻으로 쓰인 것으로, 보기의 명사 'C. 关键' 'E 情况' 중 뒤에 이어지는 문장과 의미상 연결되는 단어는 '关键(관건)'이다.

| 究竟是选择中文系还是英语系，（ C 关键 ）得看你自己对什么感兴趣。 | 도대체 중문과를 선택할지 영문과를 선택할지, (C 관건)은 자신이 무엇에 흥미를 느끼는지이다. |

★究竟 jiūjìng 부 도대체 | 选择 xuǎnzé 동 선택하다 | 中文 Zhōngwén 고유 중국어 | 系 xì 명 학과 | 还是 háishi 접 또는, 아니면 | 英语 Yīngyǔ 고유 영어 | ★关键 guānjiàn 명 관건, 키포인트 | 得 děi 조동 ~해야 한다 | 看 kàn 동 ~에 달려 있다 | 感兴趣 gǎn xìngqù 흥미가 있다, 관심이 있다

25 E [正常情况下 정상적인 상황에서] '正常情况(정상적인 상황)'은 자주 쓰이는 어휘 조합이니 잘 기억해 두자. '情况'은 방위명사 '下'와 함께 쓰여 '……情况下(~한 상황에서)'라는 형태로 자주 쓰인다.

| 阳光对水果的味道影响非常大，正常（ E 情况 ）下，光照越好，水果越甜。 | 햇빛은 과일 맛에 대한 영향이 매우 크다. 정상적인 (E 상황)에서, 태양이 잘 내리쬘수록 과일은 달다. |

★阳光 yángguāng 명 햇빛 | ★味道 wèidao 명 맛 | 影响 yǐngxiǎng 명 영향 | ★正常 zhèngcháng 형 정상적인 | ★情况 qíngkuàng 명 상황 | 光照 guāngzhào 동 (태양이) 내리쬐다 | 越A越B yuè A yuè B A하면서 B하다 | 甜 tián 형 달다

26 A [尽管A，但(是)B 비록 A하지만 B하다]
문장 맨 앞에 괄호가 있고, 앞뒤 절에 접속사나 부사가 있다면 괄호에 들어갈 말로 접속사를 우선적으로 살펴보자. 뒤 절의 접속사 '但'은 보기의 단어 중 'A. 尽管'과 함께 호응하여 역접을 나타낸다.

（A 尽管）努力不一定能取得成功，但要知道不努力就一定不会成功。	（A 비록）노력한다고 반드시 성공을 거둘 수 있는 것은 아니지만, 노력하지 않으면 분명 성공하지 못할 것이라는 것을 알아야 한다.

★尽管 jǐnguǎn 접 비록 ~라 하더라도 | 努力 nǔlì 동 노력하다 | 取得 qǔdé 동 얻다 | 但 dàn 접 그러나, 하지만

27 B [通过 + 방식 / 방법 + 来 + 행동 ~를 통해 ~하다]
개사구가 길어서 문장성분을 분석하기 어려울 수도 있는 문제이다. 이 문장에서 개사구는 '通过你做事的习惯、方式等来'로, 이때의 '来'는 특별한 의미 없이 앞에 있는 방법·태도 등을 나타내는 표현들을 술어 앞에서 연결해 주는 역할을 한다. 개사구 뒤 문장에 술어 역할을 하는 어휘가 없으므로, 괄호에는 의미상으로 가장 적합한 동사 'B. 判断'이 술어로 오는 것이 맞다.

人们往往可以通过你做事的习惯、方式等来（B 判断）你从事的职业。	사람들은 흔히 당신이 일을 하는 습관과 방식 등을 통해 당신이 종사하는 직업을 (B 판단할) 수 있다.

★往往 wǎngwǎng 부 흔히, 자주 | ★通过 tōngguò 개 ~를 통해 | 习惯 xíguàn 명 습관, 버릇 | 方式 fāngshì 명 방식, 방법 | 等 děng 조 등 | 判断 pànduàn 동 판단하다 | 从事 cóngshì 동 종사하다 | ★职业 zhíyè 명 직업

28 C B A [可惜…… 아쉽게도 ~하다]

STEP 1 B의 '可惜'는 '~를 아쉬워하다'라는 뜻이다. B 앞에는 아쉬움과 관련 있는 상황이 제시되어야 하므로, 그곳의 풍경이 아름답다는 내용의 C가 오는 것이 적합하다. A 문장 속 '只好'는 '어쩔 수 없이 (~하다)'라는 의미이므로 B보다 앞에 나오는 것은 적합하지 않다. (C→B)

C 那儿的风景实在是美极了   B 可惜我没带相机

STEP 2 A의 '只好'는 어쩔 수 없는 결과를 이끈다. 어쩔 수 없는 결과(用手机照)는 원인(没带相机) 뒤에 오는 것이 자연스럽다. (C→B→A)

C 那儿的风景实在是美极了   B 可惜我没带相机   A 就只好用手机照了几张
　　　　　　　　　　　　　　　　원인　　　　　　　　　결과

해석　C 그곳의 경치가 정말 매우 아름다웠는데,　B 아쉽게도 나는 카메라를 가져가지 않아서
　　　A 어쩔 수 없이 휴대폰으로 몇 장 찍었다.

风景 fēngjǐng 명 경치, 풍경 | 美 měi 형 아름답다 | 极了 jíle [형용사 뒤에 위치해 뜻을 매우 강조할 때 쓰임] | ★可惜 kěxī 형 아쉽다 | 带 dài 동 (몸에) 가지다 | 相机 xiàngjī 명 카메라 | 用 yòng 개 ~로 | 手机 shǒujī 명 휴대폰 | ★照 zhào 동 (사진·영화를) 찍다 | 张 zhāng 양 장 [종이나 가죽 등을 세는 단위]

> **tip** '可惜 kěxī'는 '아쉬운 상황'을 이끈다. 뒤 절에는 결과에 해당하는 내용이 오며, 주로 '只好 zhǐhǎo 할 수 없이' '不得不 bùdébù ~하지 않으면 안 된다' '没办法 méi bànfǎ 방법이 없다' 등의 어휘들이 많이 쓰인다.

29 A B C [本来 원래, 본래]

STEP 1 '원래, 본래'라는 뜻의 부사 '本来'는 보통 문장의 전반부에 위치하며, 그 다음 절에서는 주로 어떤 사건으로 인해 변화된 내용이 서술된다. 이때, 두 절은 주로 서로 반대되는 내용으로, 역접 관계를 연결하는 접속사 '但是' '可是' '不过' 등으로 연결된다. **(A→B)**

A 我本来特别紧张   B 但听了老师讲的笑话后

STEP 2 행동이나 상태가 변하는 순서를 나타내는 어휘 '后(~후, 뒤)'는 그 다음 절에 다음 행동이 이어져야 하므로, 문장 맨 끝에는 위치할 수 없다. B 뒤에는 A와 상반된 상황을 나타내는 C가 이어져야 한다. **(A→B→C)**

A 我本来特别紧张   B 但听了老师讲的笑话后   C 突然间就轻松了很多

해석   A 나는 원래 매우 긴장했다.   B 그러나 선생님이 하신 농담을 듣고 난 후에   C 별안간 마음이 많이 홀가분해졌다.

★**本来** běnlái 위 원래, 본래 | **特别** tèbié 위 매우 | ★**紧张** jǐnzhāng 형 긴장하다, 불안하다 | **讲** jiǎng 동 말하다, 이야기하다 | ★**笑话** xiàohua 명 농담, 우스갯소리 | **突然间** tūrán jiān 별안간 | ★**轻松** qīngsōng 형 홀가분하다

30 A C B [被……吸引 ~에 매료되다]

STEP 1 '공연이 이미 끝났는데도(C) 여전히(还是) 자리를 떠나지 않는다(B)'라고 내용이 이어지는 것이 자연스럽다. **(C→B)**

C 演出都已经结束了   B 还是不愿离开

STEP 2 A는 공연이 끝났음에도(C) 떠나려 하지 않는(B) 이유가 서술된 문장이다. A의 '观众'은 떠나지 않으려는 행동(B)의 주어이며, A에서 서술되는 내용이 C와 B에 서술된 내용의 전체 원인이 해당하므로, 문장 배열 순서는 'A→C→B'가 된다. **(A→C→B)**

A 观众被演员们的精彩表演深深地吸引住了   C 演出都已经结束了   B 还是不愿离开
   C, B의 원인

해석   A 관객은 배우들의 훌륭한 공연에 깊이 매료되어   C 공연이 이미 끝났는데도   B 여전히 자리를 떠나려 하지 않는다.

★**观众** guānzhòng 명 관객 | ★**演员** yǎnyuán 명 배우 | ★**精彩** jīngcǎi 형 훌륭하다 | **深深** shēnshēn 형 (정도가) 깊다 | ★**吸引** xīyǐn 동 매료시키다 | **住** zhù 동 동사 뒤에 쓰여 보어로 사용됨 | ★**演出** yǎnchū 명 공연 | **结束** jiéshù 동 끝나다 | **还是** háishi 위 여전히 | **不愿** bú yuàn ~하려 하지 않다 | **离开** líkāi 동 떠나다

31 C B A [A 让 B 感到 C   A가 B에게 C를 느끼게 하다]

STEP 1 보기 문장 A는 '让'자 겸어문을 사용한 문장이다. 문장 A의 '让'자 겸어문의 주어(一句充满关心的话语)가 문장 B에 포함되어 있으므로, 문장은 'B→A' 순서로 배열되어야 한다. C는 주술목이 완벽한 문장이므로, 문장 A의 주어를 포함할 수 없다. **(B→A)**

B 其实，有时仅仅是 一句充满关心的话语   A 就能 让 人 感到 幸福
　　　　　　　　　　주어　　　　　　　　　让+목적어+술어2

STEP 2 '其实'는 '사실은'이라는 뜻으로 전환 관계의 문장을 이어 준다. 문장 C의 내용 '浪漫要花很多钱(낭만은 많은 돈을 써야 한다)'은 문장 B와 반대되는 내용이므로, 'C→B'의 순서로 배열된다. **(C→B→A)**

C 有人认为，浪漫要花很多钱   B 其实，有时仅仅是一句充满关心的话语   A 就能让人感到幸福

해석 C 어떤 사람들은 낭만에 많은 돈을 써야 한다고 생각하지만   B 사실 때로는 그저 관심이 가득한 말 한마디면   A 바로 사람에게 행복을 느끼게 할 수 있다.

认为 rènwéi 동 여기다 | ★浪漫 làngmàn 형 낭만적이다 | 要 yào 조동 ~해야 한다 | 花钱 huā qián 돈을 쓰다 | 其实 qíshí 부 사실은 | 仅仅 jǐnjǐn 부 그저 | 句 jù 양 마디, 구 [언어나 시문을 세는 단위] | 充满 chōngmǎn 동 가득차다, 충만하다 | 关心 guānxīn 동 관심을 갖다 | 话语 huàyǔ 명 말 | 让 ràng 동 (어떤 일을) 하게 하다 | 感到 gǎndào 동 느끼다 | ★幸福 xìngfú 형 행복하다

---

32 A C B [带 A(사람) 去 B(장소)   A를 데리고 B에 가다]

STEP 1 대사를 기준으로 문장 배열 순서를 정하자. 대사가 가리키는 대상이 대사보다 앞에 등장해야 하므로, 대사 '那儿'이 가리키는 장소인 '森林公园'이 있는 문장 A가 대사 '那儿'이 있는 문장 C보다 앞에 배열되어야 한다. **(A→C)**

A 在 森林公园 里有各种各样的花草树木   C 周末我们带儿子去 那儿 看看吧

STEP 2 보기 문장 B의 대사 '他'가 가리키는 대상은 문장 C의 '儿子(아들)'이다. **(A→C→B)**

A 在森林公园里有各种各样的花草树木   C 周末我们带 儿子 去那儿看看吧   B 让 他 多了解点儿大自然的知识

해석 A 산림공원에 각양각색의 화초와 나무가 있어.   C 주말에 우리 아들을 데리고 그곳에 가서 좀 보자.
　　　 B 아들에게 대자연의 지식을 좀 더 많이 알게 하자.

在 zài 개 ~에(서) | ★森林 sēnlín 명 산림, 삼림 | 公园 gōngyuán 명 공원 | 各种各样 gèzhǒng gèyàng 성 각양각색 | 花草 huācǎo 명 화초 | 树木 shùmù 명 나무 | 周末 zhōumò 명 주말 | 带 dài 동 데리다 | 大自然 dàzìrán 명 대자연

33 A [发现问题 문제를 발견하다]

화자는 '小李(샤오리)'에게 그가 제출한 '调查报告(조사 보고서)'를 읽어 봤으나, 중요한 문제를 많이 발견했다(发现了很多关键问题)고 알렸다. 마지막 문장에서 '提供解决的方案(해결 방안을 제시하다)'이라고 언급된 부분이 있지만, 단지 '권유'하는 말이었으므로, 보기 B는 정답이 될 수 없다.

小李[Xiǎo Lǐ]，你昨天交的调查报告我看过了，写得不错，发现了很多关键问题。但你在提出问题的同时，最好也提供一下解决的方案。

샤오리 [小李], 네가 어제 제출한 조사 보고서를 내가 봤는데, 괜찮게 썼고, 중요한 문제를 많이 발견했어. 하지만 네가 문제를 제기한 동시에, 해결 방안도 좀 제시하는 게 제일 좋겠어.

★ 小李的那份调查报告：
A 发现了问题
B 给出了解决办法
C 很详细
D 结果不准

★ 샤오리의 그 조사 보고서는?
A 문제가 발견됐다
B 해결 방법을 제시했다
C 상세하다
D 결과가 정확하지 않다

★交 jiāo 동 제출하다, 내다 | ★调查 diàochá 동 조사하다 | 报告 bàogào 명 보고서, 리포트 | ★关键 guānjiàn 형 매우 중요한 | ★提出 tíchū 동 제기하다, 제의하다 | ★同时 tóngshí 명 동시 | ★最好 zuìhǎo 부 ~하는 것이 제일 좋다 | ★提供 tígōng 동 제공하다 | 解决 jiějué 동 해결하다 | 方案 fāng'àn 명 방안 | ★份 fèn 양 부, 통 [신문·잡지·문건 등을 세는 단위] | 给出 gěichū 제시하다 | 办法 bànfǎ 명 방법 | ★详细 xiángxì 형 상세하다, 자세하다 | ★结果 jiéguǒ 명 결과 | 不准 bùzhǔn 형 정확하지 않다

34 D [对……负责 ~에 대해 책임을 지다]

지문에 인용구가 있는 경우, 인용구의 의미가 글의 주제가 되는 경우가 많다. 이 글에서도 '说到做到'의 의미는 '对自己说出的话负责(자신이 한 말에 책임지다)'라고 풀이하며, 우리가 어떻게 해야 하는지에 대하여 전하고 있다. 이 글의 논조에 가장 알맞은 보기는 D이다.

人们常说"说到做到"，这句话的意思是我们要对自己说出的话负责，光说不做的人难以给人们留下好印象。

사람들은 자주 '말한 것은 실행에 옮긴다.'라고 말한다. 이 말의 뜻은 우리가 자신이 한 말에 대해 책임을 져야 한다는 것이다. 말만 하고 행동하지 않는 사람은 사람들에게 좋은 인상을 남기기 어렵다.

★ 根据这段对话，我们要：
A 诚实
B 准时
C 相信自己
D 要对自己的话负责

★ 이 글에 따르면, 우리는 어떻게 해야 하는가?
A 솔직해야 한다
B 시간을 지켜야 한다
C 자신을 믿어야 한다
D 자신의 말에 대해 책임을 져야 한다

常 cháng 부 자주, 항상 | 说到做到 shuōdào zuòdào 성 말한 것을 반드시 실행에 옮기다 | 句 jù 양 마디, 구 [언어나 시문을 세는 단위] | 意思 yìsi 명 뜻, 의미 | 要 yào 조동 ~해야 한다 | ★负责 fùzé 동 책임지다 | ★光 guāng 부 단지 | 难以 nányǐ 부 ~하기 어렵다 | 给 gěi 개 ~에게 | 留下 liúxià 동 남기다 | ★印象 yìnxiàng 명 인상 | 根据 gēnjù 개 ~에 따라, ~에 의거하여 | 段 duàn 양 단락, 토막 [사물의 한 부분을 나타냄] | ★对话 duìhuà 명 대화 | ★诚实 chéngshí 형 솔직하다 | ★准时 zhǔnshí 부 정시에, 제때에 | 相信 xiāngxìn 동 믿다

35 D [几乎……都 거의 ~모두]

첫 문장의 '几乎每天晚上都要加班到很晚(거의 매일 저녁 늦게까지 야근을 해야 한다)'은 보기 D의 '经常加班(자주 야근한다)'과 같은 의미이다. 이와 같이 올바른 정보를 찾는 유형에서는 본문과 지문을 하나씩 맞춰가며 체크하는 것이 좋다.

妹妹是一家大医院的大夫，几乎每天晚上都要加班到很晚，甚至有时连节日也不能休息。但即便是这样，她也从来没说过辛苦，因为她热爱这份工作。

여동생은 큰 병원의 의사이다. 거의 매일 저녁 늦게까지 야근을 해야 하고, 심지어 어떤 때는 휴일에도 쉴 수 없다. 하지만 그럼에도, 여동생은 여태까지 고생스럽다고 말한 적이 없다. 여동생은 이 일을 매우 좋아하기 때문이다.

★ 关于妹妹，可以知道：
A 比较严格
B 脾气不好
C 是个护士
D 经常加班

★ 여동생에 관하여 알 수 있는 것은?
A 비교적 엄격하다
B 성격이 좋지 않다
C 간호사이다
D 자주 야근을 한다

★ 大夫 dàifu 명 의사 | 每天 měi tiān 명 매일 | 到 dào 개 ~까지 | 晚 wǎn 형 늦다 | ★ 连 lián 개 ~조차도 | 节日 jiérì 명 휴일, 명절 | 休息 xiūxi 동 쉬다 | 即使A也B jíshǐ A yě B 설령 A하더라도 B하다 | 这样 zhèyàng 대 이렇게 | 从来 cónglái 부 여태껏 | ★ 辛苦 xīnkǔ 형 고생스럽다 | 热爱 rè'ài 동 좋아하다 | ★ 份 fèn 양 [일을 세는 단위] | 关于 guānyú 개 ~에 관하여 | ★ 严格 yángé 형 엄격하다 | ★ 脾气 píqi 명 성격 | ★ 护士 hùshi 명 간호사 | 经常 jīngcháng 부 자주, 항상

36 C [距离 + 기준 + 간격 ~에서 ~떨어지다]

'可在距离开车前30分钟的任何时间进行改签'을 바꿔 말하면 곧 '최소한 30분 전에는(至少提前30分钟) 차표를 변경해야 한다'는 뜻이다.

在中国，人们可以提前60天购买出发当日的火车票，购票成功后，如果乘客的出行计划发生了改变，那么可在距离开车前30分钟的任何时间进行改签，需要注意的是每张车票只能改签一次。

중국에서 사람들은 출발하기 60일 전부터 기차표를 살 수 있다. 표 구입에 성공한 후, 승객의 여행 계획에 변화가 생겼다면 기차가 떠나기 30분 전이라면 언제라도 변경을 진행할 수 있는데, 주의해야 할 것은 모든 승차권은 오직 한 번만 변경할 수 있다는 것이다.

★ 如果想要改签车票，应该：
A 打印车票
B 交费
C 至少提前30分钟
D 解释原因

★ 차표를 변경하고 싶다면, 어떻게 해야 하는가?
A 차표를 인쇄해야 한다
B 비용을 지불해야 한다
C 최소한 30분 전에 해야 한다
D 원인을 설명해야 한다

购买 gòumǎi 동 사다 | 当日 dāngrì 명 당일 | 火车 huǒchē 명 기차 | 购票 gòu piào 표를 사다 | 如果 rúguǒ 접 만약 | 乘客 chéngkè 명 승객 | 出行 chūxíng 동 외지로 가다, 외출하다 | ★ 计划 jìhuà 명 계획 | 发生 fāshēng 동 발생하다, 생기다 | ★ 改变 gǎibiàn 동 변하다 | ★ 距离 jùlí 개 ~에서 (~떨어지다) | 开车 kāichē 동 운전하다 | 分钟 fēnzhōng 명 분 | 任何 rènhé 대 어떠한, 무슨 | ★ 进行 jìnxíng 동 진행하다 | 改签 gǎi qiān 표를 변경하다 | 需要 xūyào 동 필요하다 | 注意 zhùyì 동 주의하다 | 张 zhāng 양 장[종이나 가죽 등을 세는 단위] | 车票 chēpiào 명 승차권, 차표 | 只 zhǐ 부 오직, 단지 | 想要 xiǎng yào ~하려고 하다 | 应该 yīnggāi 조동 ~해야 한다 | ★ 打印 dǎyìn 동 인쇄하다 | ★ 交费 jiāofèi 동 비용을 지불하다 | ★ 至少 zhìshǎo 부 최소한, 적어도 | ★ 解释 jiěshì 동 설명하다

37 C [意见 ≒ 看法 의견, 생각]
질문에 자주 등장하는 '指的是(가리키는 것은)'라는 표현은 특정한 말의 의미를 물을 때 쓰이는 표현이며, 질문에서 묻는 말의 의미는 대개 그 말의 앞이나 뒤에 설명되어 있다. 글의 전반에서 '看法(생각)'나 '意见(의견)'에 대해서 얘기하고 있으므로, 문맥상 '声音'이 가리키는 것은 'C. 看法'이다.

对于同一件事情，每个人的看法都可能不同。我们无法要求所有人都接受我们的意见，要允许不同的"声音"出现。

같은 일에 대하여 사람마다 생각이 다를 수 있다. 우리는 모든 사람들에게 우리의 의견을 강요할 수 없으며, 서로 다른 '목소리'가 나도록 허락해야 한다.

★ 这段话中的"声音"指的是：
 A 缺点   B 任务
 C 看法   D 能力

★ 이 글 속에서 '목소리'가 가리키는 것은?
 A 결점   B 임무
 C 견해   D 능력

★ 对于 duìyú 개 ~에 대하여, ~에 대해서 | 同 tóng 형 같다 | 件 jiàn 양 [일, 사건, 개체의 사물을 세는 단위] | 事情 shìqing 명 일, 사건 | 可能 kěnéng 부 어쩌면, 아마도 | 不同 bùtóng 형 다르다, 같지 않다 | ★ 无法 wúfǎ 동 방법이 없다 | 要求 yāoqiú 동 요구하다 | ★ 所有 suǒyǒu 형 모든 | ★ 接受 jiēshòu 동 받아들이다 | ★ 意见 yìjiàn 명 견해, 의견 | ★ 允许 yǔnxǔ 동 허락하다 | 声音 shēngyīn 명 목소리 | 出现 chūxiàn 동 나타나다 | ★ 指 zhǐ 동 가리키다 | ★ 缺点 quēdiǎn 명 결점 | ★ 任务 rènwu 명 임무 | ★ 能力 nénglì 명 능력

38 B [增加 증가하다]
질문에서 언급한 '春节前后'를 중심으로 독해해 보면 핵심 내용을 좀 더 쉽게 찾을 수 있다. '工作量(업무량)'이 평소보다 '많이 증가했다(增加很多)'는 말에서 인터넷 사이트가 '바쁠 것(忙)'을 예상할 수 있다.

十分抱歉，由于春节前后，本网店的工作量与平时相比增加了很多。在您付款后，我们可能不能马上发货，因此无法保证您的商品能及时送到，希望广大用户谅解。

대단히 죄송합니다. 춘절 전후라서 본 사이트의 업무량이 평소에 비해 많이 늘었습니다. 고객님이 결제하신 후, 저희는 아마 바로 물건을 발송할 수 없을 것입니다. 때문에 고객님의 상품이 제때 도착할 수 있을지 보장해 드릴 수가 없습니다. 많은 회원님들께서는 양해해 주시기를 바랍니다.

★ 春节前后，那家网店：
 A 招聘售货员
 B 十分忙
 C 货到付款
 D 收入减少了

★ 춘절 전후에 그 인터넷 사이트는?
 A 판매원을 모집한다
 B 매우 바쁘다
 C 물건이 도착하면 결제한다
 D 수입이 줄어들었다

★ 十分 shífēn 부 대단히, 매우 | ★ 抱歉 bàoqiàn 동 죄송합니다 | ★ 由于 yóuyú 접 ~때문에 | 春节 Chūnjié 고유 춘절 [중국의 설날] | 前后 qiánhòu (특정 시간의) 전후 | 本 běn 대 (상대방에 대하여) 자기쪽 | 网店 wǎngdiàn 명 온라인 쇼핑몰 | 工作量 gōngzuòliàng 업무량, 작업량 | ★ 平时 píngshí 명 평소 | ★ 增加 zēngjiā 동 늘리다, 증가하다 | ★ 付款 fùkuǎn 동 돈을 지불하다 | 可能 kěnéng 아마도, 어쩌면 | 马上 mǎshàng 부 곧, 바로 | 发货 fāhuò 동 화물을 발송하다 | 因此 yīncǐ 접 이 때문에, 그래서 | ★ 保证 bǎozhèng 동 보장하다, 확실히 책임지다 | 商品 shāngpǐn 명 상품, 제품 | 送 sòng 동 보내다 | 到 dào 개 ~까지 동 도착하다 | 希望 xīwàng 동 바라다, 희망하다 | 广大 guǎngdà 형 (사람 수가) 많다 | 用户 yònghù 명 가입 회원 | 谅解 liàngjiě 동 양해하다 | ★ 招聘 zhāopìn 동 모집하다 | ★ 售货员 shòuhuòyuán 명 판매원 | 货 huò 명 물건, 상품 | ★ 收入 shōurù 명 수입 | ★ 减少 jiǎnshǎo 동 줄다

39 D [A对B耐心 A가 B에게 인내심을 갖다] 논설문에서 문장의 주된 내용은 주로 글의 앞이나 뒤에 있으므로, 첫 문장과 마지막 문장을 주의 깊게 보자. 사람들은 '亲的人(친한 사람)'일수록 '耐心(인내심)'이 부족하게 대하고는 하나, 진정 사랑하는 사람을 괴롭게 해서는 안 된다는 말은 '친한 사람에게 인내심이 있어야 한다(对亲人耐心)'로 이해할 수 있다.

人们对越亲的人越缺少耐心，而对那些不熟悉的人却表现得很有礼貌。这也许是因为我们内心清楚，那些真正爱我们的人，即使被我们伤害也不会离开我们。可是，我们最不应该做的事就是让真正爱我们的人难过。

★ 这段话告诉我们要：
 A 做事认真
 B 多联系亲戚
 C 重视友谊
 D 对亲人耐心

사람들은 친한 사람일수록 인내심이 부족하게 대하고, 오히려 익숙하지 않은 사람들에게는 예의 바르게 대한다. 이는 어쩌면 우리 마음 속에서 '우리를 진정으로 사랑하는 사람은 설령 우리에 의해 상처를 받더라도 우리를 떠나지 않을 것'이라는 것을 확실히 알고 있기 때문일 것이다. 그러나, 우리가 가장 하지 말아야 할 것은 바로 진정으로 우리를 사랑하는 사람을 괴롭게 하는 것이다.

★ 이 글은 우리에게 어떻게 해야 한다고 알려 주는가?
 A 일을 할 때 열심히 해야 한다
 B 친척에게 많이 연락해야 한다
 C 우정을 중시해야 한다
 D 친한 사람에게 인내심이 있어야 한다

亲 qīn 형 관계가 밀접하다, 사이가 좋다 | ★耐心 nàixīn 명 인내심, 참을성 | ★而 ér 접 그러나 | 却 què 부 오히려, 도리어 | 表现 biǎoxiàn 동 표현하다, 나타내다 | ★礼貌 lǐmào 명 예의 | ★也许 yěxǔ 부 어쩌면, 아마도 | 内心 nèixīn 명 마음속 | 清楚 qīngchu 형 알다, 이해하다 | ★真正 zhēnzhèng 부 진정으로, 정말로 | 伤害 shānghài 동 상처를 입히다 | ★可是 kěshì 접 하지만, 그러나 | 应该 yīnggāi 조동 반드시 ~할 것이다 | 难过 nánguò 형 괴롭다, 슬프다 | ★联系 liánxì 동 연락하다 | ★亲戚 qīnqi 명 친척 | ★重视 zhòngshì 동 중시하다 | ★友谊 yǒuyì 명 우정 | 亲人 qīnrén 명 [친한 사람을 비유하는 말]

40 C [兴奋 흥분하다] 질문 속 단어 '雪景(설경)'을 중점으로 지문을 읽으면 빠르게 답을 찾을 수 있다. 지문에서는 처음 설경을 본 '她(그녀)'의 모습을 '兴奋地跳起来(흥분해서 펄쩍 뛰어 오르다)'라고 묘사했다. 이 표현은 매우 흥분(兴奋)한 모습이 나타날 때 자주 쓰는 표현이다.

她出生在南方，今年冬天第一次来北方，也是第一次见到这么美丽的雪景，她差点儿兴奋地跳起来。

★ 看到雪景后，她：
 A 不觉得新鲜
 B 感觉奇怪
 C 非常兴奋
 D 不愿出去散步

그녀는 남쪽 지역에서 태어나서, 올해 겨울 처음으로 북쪽 지역에 왔다. 이렇게 아름다운 설경을 보는 것도 처음이라, 그녀는 하마터면 흥분해서 펄쩍 뛸 뻔했다.

★ 설경을 보고 나서, 그녀는?
 A 신선하다고 느끼지 않았다
 B 이상하다고 느꼈다
 C 매우 흥분했다
 D 나가서 산책하고 싶지 않았다

★出生 chūshēng 동 태어나다 | 南方 nánfāng 명 남쪽 지방 | 第一次 dì yī cì 명 맨 처음 | 北方 běifāng 명 북쪽 지방 | 见到 jiàndào 동 보이다 | 这么 zhème 대 이렇게 | ★美丽 měilì 형 아름답다 | 雪景 xuějǐng 명 설경 | 差点儿 chàdiǎnr 부 하마터면, 자칫하면 | ★兴奋 xīngfèn 형 흥분하다 | 跳 tiào 동 뛰다 | 起来 qǐlai 동 [동사 뒤에 쓰여, 위로 향함을 나타냄] | 看到 kàndào 동 보다, 보이다 | 新鲜 xīnxiān 형 신선하다 | ★感觉 gǎnjué 동 느끼다 | 奇怪 qíguài 형 이상하다 | 不愿 bú yuàn ~하려 하지 않다 | ★散步 sànbù 동 산책하다

41 A [气得 + 행동 화가 나서 ~하다] '气得把电话挂了(화가 나서 전화를 끊었다)'라는 핵심 문장에 쓰인 표현 '气得 + 행동'은 시험에 종종 등장하는 표현이니 잘 알아 두자. 이때, '气得'의 '得 de'는 동작의 상태 및 결과를 나타내는 정도보어를 연결해 주는 말이다.

42 C [原来 알고 보니] 독해에서 '原来'나 '其实' 등의 어휘들은 주요 내용을 이끄니, 주의 깊게 확인하자. 마지막 문장에서 남자는 알고 보니 오늘이 '她的生日(아내의 생일=妻子的生日)'라고 했다. 세부 사항을 파악해야 하는 문제는 보기마다 정보를 대조해가며 보도록 하자.

下午，妻子给我打电话，激动地问: "知道今天是什么日子吗？"我说: "今天是10月28号星期三，怎么了？"没想到，⁴¹她听完就气得把电话挂了。我想了半天也没明白到底是怎么回事，直到晚上回家时，路过一家蛋糕店，我才突然想起来，⁴²原来今天是她的生日。

오후에 아내가 나에게 전화를 걸어 흥분해서 "오늘이 무슨 날인지 알아?"라고 물었다. 나는 "오늘은 10월 28일 수요일이잖아. 무슨 일이야?"라고 말했는데, 뜻밖에도 ⁴¹그녀는 다 듣고는 화가 나서 전화를 끊어 버렸다. 나는 한참 생각해도 도대체 어떻게 된 일인지 이해할 수 없었는데, 한참 지나 저녁이 되어서 집에 돌아갈 때, 케이크 가게를 지나면서야 비로소 갑자기 생각났다. ⁴²알고 보니 오늘이 그녀의 생일이었다.

41 ★ 听完他的话，妻子:
 A 生气了
 B 有点儿害怕
 C 向他道歉了
 D 很吃惊

41 ★ 그의 말을 다 듣고 나서, 아내는?
 A 화가 났다
 B 조금 무서웠다
 C 그에게 사과했다
 D 놀랐다

42 ★ 根据这段话，下列哪个正确？
 A 他在开玩笑
 B 蛋糕不好吃
 C 那天妻子生日
 D 礼物丢了

42 ★ 이 글에 따르면 다음 중 올바른 것은?
 A 그는 농담을 하고 있다
 B 케이크가 맛이 없다
 C 그날은 아내의 생일이다
 D 선물을 잃어버렸다

★ **激动** jīdòng 동 흥분하다 | **日子** rìzi 명 날 | ★ **没想到** méi xiǎngdào 생각지 못하다 | **气** qì 동 화내다 | ★ **挂** guà 동 전화를 끊다 | **想** xiǎng 동 생각하다 | **半天** bàntiān 명 한참 | **明白** míngbai 동 이해하다, 알다 | ★ **到底** dàodǐ 부 도대체 | **怎么回事** zěnme huí shì 어떻게 된 거야? | **直到** zhídào 줄곧~까지 | **路过** lùguò 동 지나다 | **蛋糕** dàngāo 명 케이크 | **店** diàn 명 가게, 상점 | **才** cái 부 비로소, ~가 되어서야 | **想起来** xiǎng qǐlái 동 생각이 나다 | **生气** shēngqì 동 화내다 | **有点儿** yǒudiǎnr 부 조금, 약간 | **害怕** hàipà 동 무서워하다, 겁내다 | **向** xiàng 개 ~에게, ~를 향하여 | ★ **道歉** dàoqiàn 동 사과하다 | ★ **吃惊** chījīng 동 놀라다 | **在** zài 부 지금 ~하고 있다 | ★ **开玩笑** kāi wánxiào 농담하다 | ★ **丢** diū 동 잃어버리다

43 结果了 吗 出 他们研究 ━━━━━━━━━━━━━━━━━━ [出结果 결과가 나오다]

대사+명사	동사	명사+조사	조사	
他们研究	出	结果了	吗?	그들의 연구는 결과가 나왔니?
관형어+주어	술어	목적어+了	吗	

STEP 1 '出结果'는 '결과가 나오다'라는 의미로, 자주 함께 쓰이는 술어 + 목적어 조합이다.

STEP 2 어기조사 '吗'는 문장 맨 끝에, 주어 '研究(연구)'는 술어 '出' 앞에 위치한다.

★ 研究 yánjiū 명 연구 | 出 chū 동 [동사 뒤에 쓰여 드러나거나 완성됨을 나타냄]

44 完成了 任务 祝贺你 这个 ━━━━━━━━━━━━━━ [祝贺+축하하는 대상+축하하는 내용]

동사+대사	동사+조사	대사+양사	명사	
祝贺你	完成了	这个	任务。	이 임무를 끝낸 것을 축하해.
술어+목적어[주어]	술어+了	관형어	목적어	

STEP 1 '祝贺'는 '축하하는 대상 + 축하하는 내용' 형식의 절 형태를 목적어로 취하는 동사로, 보통 문장 맨 앞에 쓰인다. '祝贺'를 기준으로, 축하하는 대상(你) 다음에 축하하는 내용(完成了任务)을 이어서 배열하면 된다.

STEP 2 지시대사 '这个'는 명사를 꾸며 주므로 '任务' 앞에 위치해야 한다.

★ 祝贺 zhùhè 동 축하하다 | 完成 wánchéng 동 완성하다

45 放松心情的 是一种 听音乐 好方法 ━━━━━━━━━━━━ [A是B A는 B이다]

동사+명사	동사+수사+양사	동사+명사+조사	형용사+명사	
听音乐	是一种	放松心情的	好方法。	음악을 듣는 것은 마음을 편안하게 하는 좋은 방법이다.
주어	술어	관형어+的	관형어+목적어	

STEP 1 '是'는 'A是B(A는 B이다)' 형식으로 쓰여 '주어와 목적어가 개념상 같음'을 나타내므로, '是'를 기준으로 앞뒤의 주어와 목적어는 개념상 서로 같은 의미여야 한다. 주어진 낱말 중 '放松心情的'는 관형어 성격이므로, 목적어가 될 수 있는 단어는 '听音乐'와 '好方法'이다.

STEP 2 낱말이 '是一种' 형태로 제시되어 있으므로, '一种'의 수식을 받기에 자연스러운 쪽이 목적어로 와야 한다. 의미상 '一种'과 '放松心情的'가 함께 결합하여 '好方法'를 수식하는 것이 알맞다.

音乐 yīnyuè 명 음악 | 种 zhǒng 양 종, 종류 | ★ 放松 fàngsōng 동 정신적 긴장을 풀다, 늦추다 | ★ 心情 xīnqíng 명 마음, 기분 | ★ 方法 fāngfǎ 명 방법, 방식

46 禁止 公园内 我们 抽烟 ────────────────────────── [禁止抽烟 흡연을 금지하다]

대사	명사+방위명사	동사	동사
我们	公园内	禁止	抽烟。
관형어	주어	술어	목적어

우리 공원 내에서는 흡연을 금지한다.

STEP 1 '禁止'는 동사 목적어를 취하는 동사로, '~하는 것을 금지하다'라는 뜻을 나타낸다. 동사 '禁止'는 술어, 동사 '抽烟'은 '禁止'의 목적어[=금지해야 하는 행위]로 쓰였다.

STEP 2 흡연이 금지되는(禁止抽烟) 범위인 '我们公园内(우리 공원 내)'는 '禁止抽烟'보다 앞에 위치해야 한다.

★ 禁止 jìnzhǐ 동 금지하다 | ★ 抽烟 chōuyān 동 흡연하다, 담배를 피우다

---

47 成为 警察 一名 他的姐姐 想 ────────────────────── [成为+직업 ~가 되다]

대사+조사+명사	조동사	동사	수사+양사	명사
他的姐姐	想	成为	一名	警察。
관형어+的+주어	부사어	술어	관형어	목적어

그의 누나는 경찰이 되고 싶어 한다.

STEP 1 '~가 되다'라는 뜻의 동사 '成为'가 술어로 쓰였다. '成为'는 주어로는 사람을, 목적어로는 직업 관련 어휘를 취하는 동사이므로, 주어는 '姐姐', 목적어는 '警察'이다.

STEP 2 '想'은 '~하고 싶다'라는 '바람'을 나타내는 조동사로, 동사(成为) 앞에 쓰인다. '名'은 사람을 셀 때 쓰이는 양사이므로 '警察' 앞에 위치한다.

想 xiǎng 조동 ~하고 싶다 | ★ 成为 chéngwéi 동 ~가 되다 | 名 míng 양 명[사람을 세는 양사] | ★ 警察 jǐngchá 명 경찰

---

48 '脱'는 '(몸에서) 벗다'라는 뜻의 동사로 '衣服 yīfu 옷' '鞋 xié 신발' 등을 목적어로 가진다. 남자아이가 옷을 벗고 있는 상황이 주어졌으므로 주어는 '男孩儿(남자아이)', 목적어는 '衣服(옷)'로 기본적인 문장을 구성할 수 있다. 남자아이가 옷을 벗는 것을 도와주는 여자에 대한 내용도 함께 써 준다면 더욱 풍부한 문장을 만들 수 있다.

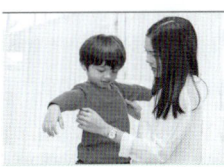

- 제시어   脱 tuō 동 (몸에서) 벗다
- 사진 연상   남자아이는 옷을 벗고 싶다.
- 작문 핵심   脱 + 옷
- 표현 활용   衣服 | 妈妈 | 儿子 | 帮脱衣服

모범 답안   他觉得很热，想脱衣服。 그는 더워서 옷을 벗고 싶어 한다.
　　　　　　妈妈在帮儿子脱衣服。 엄마는 아들이 옷 벗는 것을 도와주고 있다.
　　　　　　男孩儿要洗澡，所以先脱衣服。 남자아이는 샤워하려고 옷을 먼저 벗는다. → '접속사' 활용

고득점 답안   孩子一到家就脱衣服睡觉。 아이는 집에 도착하면 옷을 벗고 잠을 잔다. → '一A就B' 활용
　　　　　　　儿子还不能自己脱衣服，所以需要妈妈帮助他。 → '접속사' 활용
　　　　　　　아들은 아직 혼자 옷을 벗을 수 없어서 엄마가 그를 도와줘야 한다.

在 zài 부 지금 ~하고 있다 | 帮 bāng 동 돕다, 거들다 | 男孩儿 nánháir 명 사내아이 | 要 yào 조동 ~하려고 하다 | 洗澡 xǐzǎo 동 목욕하다 | 先 xiān 부 우선, 먼저 | 一A就B yī A jiù B A하자마자 B하다 | 睡觉 shuìjiào 동 (잠을) 자다 | 还 hái 부 아직, 아직도 | 需要 xūyào 동 반드시 ~해야 한다

49 '破'는 '어떠한 사물이 망가지거나 해짐'을 나타내는 단어로, 목적어를 가지지 않는 동사이다. 일반적으로 사물이 주어가 되고, 동사 '破'가 술어 역할을 하는 경우가 많다. 사진에 구멍 난 양말이 제시되었으므로, '袜子(양말)'를 주어로 문장을 만들 수 있다. 좀 더 높은 점수를 받기 위해서는 관형어를 많이 붙이기보다는 양말에 구멍이 난 상황을 앞뒤에 넣어 문장을 확장하는 것이 좋다.

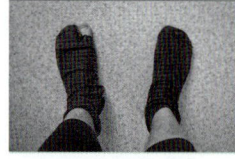

- ◆ 제시어　　破 pò 동 해지다, 찢어지다
- ◆ 사진 연상　양말에 구멍이 났다
- ◆ 작문 핵심　사물 + 破了
- ◆ 표현 활용　袜子 | 破了 | 双 | 一A就B

모범 답안　新买的袜子破了。새로 산 양말에 구멍이 났다.
　　　　　　这双袜子破了，所以不能穿了。이 양말에 구멍이 나서 신을 수 없게 됐다. → '접속사' 활용
　　　　　　我也不知道袜子为什么破了。양말에 왜 구멍이 났는지 나도 모르겠다.

고득점 답안　这双袜子一穿就破了，真可惜。이 양말은 신자마자 구멍이 나서 아깝다. → '一A就B' 활용
　　　　　　这双袜子穿了不到几天就破了。이 양말은 신은 지 며칠 안 되었는데 구멍이 났다.

买 mǎi 동 사다, 구매하다 | 不到 búdào 동 이르지 못하다

50 형용사는 동사와 달리 술어로 쓰일 때, 정도부사의 수식을 받는다는 특징이 있다. 남자가 하품하는 모습에 근거하여, 남자의 현재 상태가 어떠한지를 정도부사나 정도보어를 활용하여 문장을 만들어 보자. 인과 관계를 나타내는 접속사 구문 '因为A, 所以B'를 활용하여 남자가 졸린 이유도 함께 서술하면 더욱 높은 점수를 받을 수 있다.

- ◆ 제시어　　困 kùn 형 졸리다
- ◆ 사진 연상　그는 지금 매우 졸리다
- ◆ 작문 핵심　사람 / 동물 + 困
- ◆ 표현 활용　정도부사 + 困 | 困得 + 정도보어 | 快睡着了 | 没睡好

모범 답안　他现在非常困。그는 지금 매우 졸리다.
　　　　　　他困得快睡着了。그는 졸려서 곧 잠이 들려고 한다. → '정도보어' 활용
　　　　　　小李昨天没睡觉，所以他很困。샤오리[小李]는 어제 잠을 안 자서 졸리다. → '접속사' 활용

고득점 답안　因为小李昨天没睡好，所以现在很困。샤오리[小李]는 어제 잠을 잘 못 자서 지금 졸리다. → '접속사' 활용
　　　　　　小李虽然很困，但是一直在坚持。샤오리[小李]는 비록 졸리지만, 계속 버티고 있다. → '접속사' 활용

快 kuài 부 곧 | 睡着 shuìzháo 동 잠들다 | 好 hǎo 형 [동사 뒤에 결과 보어로 쓰여 동작이 완성되었거나 잘 마무리되었음을 나타냄] | 一直 yìzhí 부 계속, 줄곧 | 在 zài 부 지금 ~하고 (있다)[동작의 진행을 나타냄] | ★坚持 jiānchí 동 (어떤 상태나 행위를) 계속 지속하게 하다

Mini 모의고사 2

본서 pp.356~363

● Day 39~40

◎ track Mini Test 02

听力 | 듣기

1 √	2 ✗	3 √	4 √	5 ✗	6 A	7 A	8 A
9 D	10 B	11 D	12 A	13 B	14 A	15 C	16 D
17 D	18 D	19 A	20 C	21 B	22 D	23 B	

阅读 | 독해

24 D	25 E	26 F	27 A	28 B
29 ACB	30 CAB	31 BAC	32 BAC	33 CBA
34 A	35 C	36 A	37 A	38 B
39 B	40 A	41 B	42 D	43 B

书写 | 쓰기

44 公司距离机场只有5公里。
45 她的儿子从来没坐过飞机。
46 钥匙被妈妈弄丢了。
47 请你帮我把那些材料放到盒子里。
48 今年来韩国旅行的游客比去年多了。
49~50 해설의 모범 답안 참고

---

1 √ '同意'는 생각이나 의견에 동의할 때 쓰는 표현이다. '어머니의 말씀이 옳다고 생각한다'고 했으므로, 어머니의 말에 '동의'한 것이다. '同意'의 목적어로 '想法(생각)' '意见(의견)' '说法(견해)' '要求(요구)' 등이 쓰인다.

| 我以前总是一边听音乐一边开车，但妈妈说这样是非常危险的，尤其是在高速公路上。我觉得妈妈说的对，现在我已经改掉这个坏习惯了。 | 나는 예전에는 늘 음악을 들으면서 운전했다. 하지만 어머니가 그렇게 하면 매우 위험하고, 특히 고속도로에서는 더욱 위험하다고 말씀하셨다. 나는 어머니의 말씀이 옳다고 생각해서 지금은 이미 이 나쁜 습관을 고쳐 버렸다. |
| ★ 他同意妈妈的说法。（ √ ） | ★ 그는 어머니의 말에 동의한다. (√) |

以前 yǐqián 명 예전, 이전 | 总是 zǒngshì 부 늘, 줄곧 | 一边A一边B yìbiān A yìbiān B A하면서 B하다 | 音乐 yīnyuè 명 음악 | 开车 kāichē 동 운전하다 | 但 dàn 접 하지만, 그러나 | 这样 zhèyàng 대 이렇게 | ★ 危险 wēixiǎn 형 위험하다 | ★ 尤其 yóuqí 부 특히 | ★ 高速公路 gāosù gōnglù 명 고속도로 | ★ 改掉 gǎidiào (나쁘거나 틀린 것을) 고쳐 버리다 | 坏 huài 형 나쁘다 | 习惯 xíguàn 명 습관

2 ✗ 영화 〈쿵푸판다〉를 '有趣的电影(재미있는 영화)'이라고 소개하였으므로, 제시 문장의 '无聊(지루하다)'라는 표현은 내용에 부합하지 않는다.

| 《功夫熊猫》讲的是一只熊猫和中国功夫的故事，人们可以通过这部有趣的电影，了解到很多关于中国的文化和知识。 | 〈쿵푸판다〉가 이야기하는 것은 판다와 중국 무술의 이야기이다. 사람들은 이 재미있는 영화를 통해 중국에 관한 많은 문화와 지식을 이해할 수 있다. |
| ★ 那部电影很无聊。（ ✗ ） | ★ 그 영화는 매우 지루하다. (✗) |

Mini 모의고사 2　315

功夫熊猫 Gōngfu Xióngmāo [고유] 쿵푸판다 [중국 애니메이션 영화] | 讲 jiǎng [동] 이야기하다 | 只 zhī [양] 마리 | 熊猫 xióngmāo [명] 판다 | ★功夫 gōngfu 무술 | 故事 gùshi [명] 이야기 | 可以 kěyǐ [조동] ~할 수 있다 | ★通过 tōngguò [개] ~를 통해 | 部 bù [양] 부, 편 [서적이나 영화를 세는 양사] | ★有趣 yǒuqù [형] 재미있다 | 了解 liǎojiě [동] 이해하다 | 关于 guānyú [개] ~에 관한 | 文化 wénhuà [명] 문화 | ★知识 zhīshi [명] 지식 | ★无聊 wúliáo [형] 지루하다

3 ✓ 화자는 '绿茶蛋糕(녹차 케이크)'를 오늘부터 다음 주까지 '打折(할인)' 행사 중이라고 소개했다.

女士，这是我们店最受欢迎的绿茶蛋糕，从今天到下周做活动，打5折，您要尝尝吗？	고객님, 이것은 저희 가게에서 가장 인기 있는 녹차 케이크입니다. 오늘부터 다음 주까지 행사를 합니다. 50% 할인을 해 드려요. 한번 맛보시겠어요?
★ 绿茶蛋糕正在打折。（ ✓ ）	★ 녹차 케이크는 지금 세일 중이다. (✓)

女士 nǚshì [명] 여사 [여성을 부르는 존칭] | 店 diàn [명] 가게 | 受欢迎 shòu huānyíng 인기 있다, 환영 받다 | 绿茶 lǜchá [명] 녹차 | 蛋糕 dàngāo [명] 케이크 | 到 dào [개] ~까지 | 下周 xiàzhōu [명] 다음 주 | ★活动 huódòng [명] 행사, 활동 | ★打折 dǎzhé [동] 할인하다 | ★尝 cháng [동] 맛보다, 시식하다 | 正在 zhèngzài [부] ~하고 있는 중이다

4 ✓ 화자는 '새로운 환경에 적응하는 과정'을 새 신발을 신는 것으로 '비유'하고 있다. '新环境(새로운 환경)'에 들어가면 당장은 적응되지 않겠지만, 시간이 지나면 괜찮아진다고 했다.

新鞋刚穿时都会不太舒服，但往往穿几天就好了。进入新环境也是这样，刚开始时我们可能会不适应，但是时间长了，这种感觉就不会有了。	새 신발은 막 신었을 때는 그다지 편하지 않지만, 며칠 신으면 금방 괜찮아진다. 새로운 환경에 들어가는 것도 그렇다. 막 시작했을 때 우리는 어쩌면 적응하지 못할 수도 있지만, 시간이 길어지면 이러한 느낌은 바로 없어질 것이다.
★ 适应新环境需要一个过程。（ ✓ ）	★ 새로운 환경에 적응하는 것은 과정이 필요하다. (✓)

鞋 xié [명] 신발 | ★刚 gāng [부] 막, 방금 | 时 shí [명] 때, 시기 | 不太 bú tài 그다지 (~하지 않다) | 舒服 shūfu [형] 편안하다 | 但 dàn [접] 하지만, 그러나 | ★往往 wǎngwǎng [부] 종종, 자주 | 进入 jìnrù [동] (어떤 시기·상태·범위에) 들다 | 环境 huánjìng [명] 환경 | 可能 kěnéng [부] 어쩌면, 아마 | ★适应 shìyìng [동] 적응하다 | 但是 dànshì [접] 그러나 | 长 cháng [형] (시간이) 길다 | ★感觉 gǎnjué [명] 느낌 | 需要 xūyào [동] 필요하다 | ★过程 guòchéng [명] 과정

5 ✗ '时间已定为一月的一日到九日(시간은 1월 1일부터 9일로 정해졌습니다)'라는 문장에서 여행 시간이 이미 정해졌음을 알 수 있다.

为了对大家几十年以来的辛苦工作表示感谢，公司计划为所有员工安排一次出国旅游，时间已定为一月的一日到九日。	여러분이 몇십 년 동안 고생스럽게 일한 것에 대해 감사함을 표시하고자, 회사에서는 모든 직원들을 위해 해외여행을 준비할 계획입니다. 시간은 1월 1일부터 9일로 정해졌습니다.
★ 旅游时间还没定。（ ✗ ）	★ 여행 시간이 아직 정해지지 않았다. (✗)

为了 wèile 〖개〗 ~하기 위해 | 以来 yǐlái 〖명〗 동안, 이래 | ★辛苦 xīnkǔ 〖형〗 고생스럽다 | ★表示 biǎoshì 〖동〗 표시하다 | ★感谢 gǎnxiè 〖동〗 감사하다 | ★计划 jìhuà 〖동〗 계획하다 | 为 wèi 〖개〗 ~을 위하여 | ★所有 suǒyǒu 〖형〗 모든 | 员工 yuángōng 〖명〗 직원 | ★安排 ānpái 〖동〗 준비하다, 안배하다 | 出国 chūguó 〖동〗 출국하다 | 旅游 lǚyóu 〖동〗 여행하다 | 已 yǐ 〖부〗 이미 | 定为 dìngwéi 〖동〗 ~로 정하다 | 还 hái 〖부〗 아직

6 **A** 집 가격을 조금만 더 싸게 해 달라는 여자의 말에 남자는 미안하다고 거절하며, 이미 '最低价(최저 가격)'라고 대답했다. 이미 '最低价(최저 가격)'라는 말은 즉 '가격을 낮춰(降价) 줄 수 없다는 의미이다.

女: 我们对您的房子非常满意, 只是房租方面能再稍微便宜点儿吗? 男: 真对不起, 这已经是最低价了, 而且里面的所有家具都是新的。	여: 저희는 당신의 집이 매우 마음에 들어요. 다만 임대료 부분을 조금만 더 싸게 해 주실 수 있나요? 남: 정말 죄송하지만 이미 최저 가격이에요. 게다가 안에 있는 모든 가구가 다 새것이고요.
问: 男的是什么意思?	질문: 남자는 무슨 의미인가?
A 不会降价 B 换了新床 C 准备买房 D 客厅很大	**A 가격을 내리지 않을 것이다** B 새 침대로 바꾸었다 C 집을 살 예정이다 D 거실이 매우 크다

房子 fángzi 〖명〗 집 | 满意 mǎnyì 〖형〗 만족하다 | 只 zhǐ 〖부〗 다만, 오직 | 房租 fángzū 〖명〗 임대료 | ★方面 fāngmiàn 〖명〗 부분, 방면 | 再 zài 〖부〗 더 | ★稍微 shāowēi 〖부〗 조금 | 低价 dījià 〖명〗 저가 | 而且 érqiě 〖접〗 게다가 | 里面 lǐmiàn 〖명〗 안, 안쪽 | ★家具 jiājù 〖명〗 가구 | 降价 jiàngjià 〖동〗 가격을 낮추다, 할인하다 | 换 huàn 〖동〗 바꾸다 | 床 chuáng 〖명〗 침대 | 买 mǎi 〖동〗 사다 | 房 fáng 〖명〗 집 | ★客厅 kètīng 〖명〗 거실, 응접실

> **tip** 가격 관련 어휘
> 价格 jiàgé 〖명〗 가격 | 最低价 zuìdījià 최저 가격 | 讲价 jiǎngjià 〖동〗 값을 흥정하다 | 降价 jiàngjià 〖동〗 가격을 낮추다 | 涨价 zhǎngjià 〖동〗 가격이 오르다 | 打折 dǎzhé 〖동〗 할인하다 | 优惠活动 yōuhuì huódòng 할인 행사

7 보기가 '사람'으로 구성되어 있으므로, 대화 중 등장하는 인물에 주의하여 들어야 한다. 여자는 어제저녁 병원에서 '儿子(아들)'를 돌봤다고 말했다. '陪'는 '어떤 장소에 데리고 가다'라는 의미로도 쓰이고, 녹음에서처럼 '누군가를 옆에서 돌봐 주다'라는 의미로도 쓰인다. 주의할 것은 목적어로 '사람'만 취한다는 것이다.

男: 你怎么了? 我看你一整天都很累的样子。 女: 我昨晚在医院陪儿子, 他发烧住院了。	남: 너 무슨 일이야? 보니까 하루 종일 피곤한 모습이야. 여: 나는 어제저녁에 병원에서 아들을 돌봤어. 아들이 열이 나서 입원했거든.
问: 女的在医院陪谁?	질문: 여자는 병원에서 누구를 돌봤는가?
A 儿子 B 妹妹 C 丈夫 D 孙子	**A 아들** B 여동생 C 남편 D 손자

整天 zhěngtiān 〖명〗 하루 종일 | ★样子 yàngzi 〖명〗 모습, 모양 | 昨晚 zuówǎn 〖명〗 어제저녁 | 在 zài 〖개〗 ~에서 | ★陪 péi 〖동〗 곁에서 돌보다 | 发烧 fāshāo 〖동〗 열이 나다 | 住院 zhùyuàn 〖동〗 입원하다 | ★孙子 sūnzi 〖명〗 손자

8 **A** 왜 갑자기 '汽车杂志(자동차 잡지)'에 관심을 보이냐는 여자의 질문에 남자는 '打算买车(차를 살 계획이다)'라고 대답했다. '打算'과 '准备'는 미래 계획을 나타낼 때 쓰는 표현이다.

女：你最近怎么突然对汽车杂志感兴趣了？ 男：我打算买车，想了解一下和车有关的信息。	여: 너는 요즘 왜 갑자기 자동차 잡지에 흥미가 생기게 된 거야? 남: 차를 살 계획이라, 차와 관련된 정보를 좀 파악하고 싶어서.
问：男的为什么对汽车杂志感兴趣？ **A 准备买车** B 开车技术好 C 想学修车 D 想应聘记者	질문: 남자는 왜 자동차 잡지에 흥미를 느끼는가? **A 자동차를 구입할 계획이어서** B 운전 기술이 좋아서 C 자동차 수리를 배우고 싶어서 D 기자에 지원하고 싶어서

最近 zuìjìn 명 요즘, 최근 | **突然** tūrán 부 갑자기 | **汽车** qìchē 명 자동차 | ★**杂志** zázhì 명 잡지 | **感兴趣** gǎn xìngqù 흥미가 있다 | **打算** dǎsuàn 동 계획하다 | **车** chē 명 차 | **想** xiǎng 조동 ~하고 싶다 | **一下** yíxià 수량 ['좀 ~하다'의 뜻을 나타냄] | **有关** yǒuguān 형 관련이 있는, 관계가 있는 | ★**信息** xìnxī 명 정보 | ★**技术** jìshù 명 기술 | **修** xiū 동 수리하다 | ★**应聘** yìngpìn 동 지원하다 | ★**记者** jìzhě 명 기자

9 **D** 남자는 '暑假(여름방학)'에 윈난에 가려고 한다고 직접적으로 언급했다. 보기가 모두 시간과 관련된 표현일 경우, 녹음에 시간 관련 표현이 언급될 때마다 보기 옆에 정오를 체크해 가며 끝까지 주의 깊게 듣는 것이 중요하다.

男：暑假我们打算去云南旅行，你要不要一起去？ 女：我恐怕不行，因为我得回家看父母，我都一年没回去了。	남: 여름방학에 우리는 윈난에 여행 갈 계획인데, 너도 같이 갈래? 여: 나는 아마 안 될 것 같아. 집에 돌아가서 부모님을 봬야 하거든. 안 간 지 벌써 1년이나 됐어.
问：男的想什么时候去云南？ A 下礼拜天 B 放寒假后 C 这个月月底 **D 暑假时**	질문: 남자는 언제 윈난에 가고 싶어하는가? A 다음 주 일요일 B 겨울방학을 한 뒤 C 이번 달 말 **D 여름방학 때**

暑假 shǔjià 명 여름방학 | **云南** Yúnnán 고유 윈난, 윈난성(중국 지명) | ★**旅行** lǚxíng 동 여행하다 | ★**恐怕** kǒngpà 부 아마 ~일 것이다 | **因为** yīnwèi 접 ~때문이다 | **得** děi 조동 ~해야 한다 | **看** kàn 동 찾아뵈다, 문안하다 | **父母** fùmǔ 명 부모 | ★**礼拜天** lǐbàitiān 명 일요일 | **放** fàng 동 (학교나 직장이) 쉬다, 놀다 | ★**寒假** hánjià 명 겨울방학 | **月底** yuèdǐ 명 월말

10 **B** 가득 찬 '垃圾桶(쓰레기통)'을 버리고 오겠다는 여자의 말에 남자는 '先放着吧(우선 놓아 두자)'라고 말했다. 이 말은 '우선은 쓰레기를 버리지 말고' 그대로 두자는 의미이다.

女：儿子房里的垃圾桶满了，我出去扔了就回来。 男：先放着吧，这会儿正下雨呢！等雨停了我出去运动，那时顺便带出去。	여: 아들 방에 있는 쓰레기통이 가득 찼어. 내가 나가서 버리고 바로 돌아올게. 남: 우선 놓아 두자. 지금은 비가 오고 있어! 비가 그친 뒤에 운동하러 나갈 거니까, 그때 겸사겸사 가지고 나갈게.

问: 男的是什么意思?	질문: 남자는 무슨 의미인가?
A 换塑料袋	A 비닐봉지를 바꾼다
B 先别倒垃圾	**B 우선 쓰레기를 버리지 마라**
C 要打扫厕所	C 화장실을 청소해야 한다
D 天气很凉快	D 날씨가 매우 시원하다

★ **垃圾桶** lājītǒng 명 쓰레기통 | ★ **满** mǎn 형 가득차다 | ★ **扔** rēng 동 내버리다 | **先** xiān 부 우선 | **放** fàng 동 놓아두다 | **这会儿** zhèhuìr 대 이때, 지금 | **正** zhèng 부 마침 | ★ **停** tíng 동 그치다, 멈추다 | **那时** nàshí 대 그때 | ★ **顺便** shùnbiàn 부 ~하는 김에 | **带** dài 동 가지다 | ★ **塑料袋** sùliàodài 명 비닐봉지 | ★ **倒** dào 동 버리다, 붓다 | **垃圾** lājī 명 쓰레기 | **打扫** dǎsǎo 동 청소하다 | ★ **厕所** cèsuǒ 명 화장실 | ★ **凉快** liángkuai 형 시원하다

---

11 D '敲门'은 '문을 두드리다, 노크하다'라는 뜻이다. 남자는 누군가 문을 두드렸다고 의심하고 있다.

男: 刚才没有人敲咱家门吗?	남: 방금 우리 집 문 두드린 사람 없었어?
女: 没有,是邻居家儿子放学回来了。	여: 없었어. 이웃집 아들이 수업 끝나고 돌아온 거야.
问: 男的怀疑什么?	질문: 남자는 무엇을 의심하는가?
A 冰箱在响	A 냉장고에 소리가 나고 있다고
B 门破了	B 문이 망가졌다고
C 邻居醒了	C 이웃이 잠에서 깼다고
D 有人敲门	**D 누가 문을 두드렸다고**

刚才 gāngcái 명 방금 | ★ **敲** qiāo 동 두드리다 | **邻居** línjū 명 이웃집 | **放学** fàngxué 동 수업을 마치다, 하교하다 | ★ **怀疑** huáiyí 의심하다 | **冰箱** bīngxiāng 명 냉장고 | **在** zài 부 지금 ~하고 있다 | ★ **响** xiǎng 동 소리가 나다 | ★ **破** pò 동 망가지다 | ★ **醒** xǐng 동 잠에서 깨다

---

12 A 음식이 맛이 좋다는 내용으로 대화 중이지만, 여자의 말 중 '航班(항공편)'이라는 단어에서 그들의 현재 위치가 '飞机上(비행기 안)'임을 추측할 수 있다. '航班'은 비행기의 노선을 나타내는 표현으로, 양사 '趟'과 함께 쓰인다.

女: 你看,这趟航班提供的飞机餐味道真不错。	여: 보세요. 이번 항공편이 제공하는 기내식은 맛이 정말 좋아요.
男: 是啊,这种咖啡味道也很好。要不要我帮你点一杯?	남: 맞아요. 커피 맛도 매우 좋아요. 제가 당신을 도와 한 잔 주문해 드릴까요?
问: 他们现在最可能在哪儿?	질문: 그들은 현재 어디에 있을 가능성이 가장 큰가?
A 飞机上 B 餐厅	**A 비행기 안** B 식당
C 超市 D 机场入口	C 슈퍼마켓 D 공항 입구

★ **趟** tàng 양 편, 번 | ★ **航班** hángbān 명 항공편 | ★ **提供** tígōng 동 제공하다 | **飞机餐** fēijīcān 명 기내식 | ★ **味道** wèidao 명 맛 | **不错** búcuò 형 좋다, 괜찮다 | **帮** bāng 동 돕다 | **点** diǎn 동 주문하다 | **杯** bēi 양 잔, 컵 | ★ **餐厅** cāntīng 명 식당 | **超市** chāoshì 명 슈퍼마켓 | **机场** jīchǎng 명 공항 | ★ **入口** rùkǒu 명 입구

13 B '能……吗? (~해도 되나요?)'는 상대방의 승낙을 청하는 말이다. 남자는 이메일을 보내기 위해 여자에게 '电脑(컴퓨터)'를 빌릴 수 있는지 묻고 있다. '用'은 행동에 필요한 도구나 방식을 나타내는 개사이다.

男: 我能用你的电脑发个邮件吗?	남: 내가 너의 컴퓨터로 이메일 하나를 보내도 될까?
女: 当然可以, 开机密码是我的生日。	여: 당연히 괜찮지. 부팅 비밀번호는 내 생일이야.
问: 男的在干什么?	질문: 남자는 무엇을 하고 있는가?
A 玩儿游戏　　　　B 借电脑	A 게임하기　　　　B 컴퓨터 빌리기
C 改密码　　　　　D 找座位	C 비밀번호 바꾸기　D 자리 찾기

用 yòng 개 ~(으)로 | 发 fā 동 보내다 | 邮件 yóujiàn 명 우편물 | 当然 dāngrán 부 당연히, 물론 | 可以 kěyǐ 동 가능하다 | 开机 kāijī 동 (기계의 전원을) 켜다 | ★密码 mìmǎ 명 비밀번호 | ★干 gàn 동 (일을) 하다 | 玩儿 wánr 동 (게임·운동 등을) 하다 | 游戏 yóuxì 명 게임 | 借 jiè 동 빌리다 | 改 gǎi 동 바꾸다 | ★座位 zuòwèi 명 자리, 좌석

14 A 여자의 말 '无论糖还是巧克力, 我都喜欢(사탕이든 초콜릿이든 상관없이 나는 다 좋아해)'에서 '여자가 사탕 먹는 것을 좋아한다(喜欢吃糖)'는 것을 알 수 있다. '无论A还是B都……'는 'A이거나 B이거나 상관없이 모두 ~하다'는 의미이다.

女: 这就是中国人结婚时吃的喜糖吗?	여: 이게 바로 중국인들이 결혼할 때 먹는 '喜糖(결혼사탕)'이지?
男: 对, 喜糖的口味有很多, 连巧克力也可以当喜糖。	남: 맞아. '喜糖(결혼사탕)'은 맛이 여러 가지야. 심지어 초콜릿도 '喜糖(결혼사탕)'으로 할 수 있어.
女: 无论糖还是巧克力, 我都喜欢。	여: 사탕이든 초콜릿이든 상관없이 나는 다 좋아해.
男: 你不是在减肥吗?	남: 너 다이어트 하고 있는 거 아니야?
女: 吃完再减。	여: 먹고 나서 뺄 거야.
问: 关于女的, 可以知道什么?	질문: 여자에 관하여 무엇을 알 수 있는가?
A 喜欢吃糖　　　B 胖了	A 사탕 먹는 것을 좋아한다　B 살이 쪘다
C 刚结婚　　　　D 个子很高	C 막 결혼했다　　　　D 키가 매우 크다

结婚 jiéhūn 동 결혼하다 | 喜糖 xǐtáng 명 결혼사탕 | 口味 kǒuwèi 명 맛 | ★连 lián 개 ~조차도 | 巧克力 qiǎokèlì 명 초콜릿 | 可以 kěyǐ 조동 ~할 수 있다 | ★无论 wúlùn 접 ~든지 | ★糖 táng 명 사탕 | 还是 háishi 접 ~든, ~도, ~뿐만 아니라 | 在 zài 부 ~하고 있다 | ★减肥 jiǎnféi 동 다이어트 하다 | 再 zài 부 다시 | 减 jiǎn 동 빼다 | 胖 pàng 형 (몸이) 뚱뚱하다 | ★刚 gāng 부 방금 | 个子 gèzi 명 키

중국 결혼 풍습

중국에서는 붉은색이 상서로움과 생명력을 상징하여, 결혼식의 인테리어도 대부분 붉은색으로 장식한다. 축의금을 넣는 봉투 역시 붉어서, '红包 hóngbāo'라고 한다. 하객들이 앉아 있는 테이블에는 술, 담배, 음료수 그리고 '喜糖 xǐtáng'이 준비되어 있다. '결혼을 언제 할 거니?'라는 말을 한국에서는 '국수를 언제 먹여 줄 거니?'라는 표현을 쓰지만, 중국에서는 '什么时候请我们吃喜糖?(언제 우리에게 결혼사탕 먹여 주니?)'라고 표현한다.

15 C 3개월 동안은 무료로 사용할 수 있지만, 이후에는 매달 수수료가 '两块钱(2위안)'이라고 하였다. '块'는 회화에서 사용하는 화폐 단위로, '元'과 같은 단위이다.

男：小姐，需要帮你开通来电提醒业务吗？ 女：这个业务怎么收费？ 男：您可以先免费使用三个月，以后每个月的手续费是两块钱。 女：好，麻烦您帮我开通吧。	남：아가씨, 당신을 도와 전화 수신 알림 서비스를 개통해 드릴까요? 여：이 서비스는 어떻게 돈을 받나요? 남：먼저 무료로 3개월 사용할 수 있고, 이후에는 매달 수수료가 2위안입니다. 여：알겠습니다. 번거롭겠지만 저를 도와 개통 좀 해 주세요.
问：三个月后，女的每个月需要交多少服务费？ A 免费　　B 12元5角　　**C 两元**　　D 102元	질문: 3개월 후, 여자는 매월 서비스 비용을 얼마 내야 하는가? A 무료　　B 12위안 5자오　　**C 2위안**　　D 102위안

需要 xūyào 동 필요하다, 반드시 ~해야 한다 | **开通** kāitōng 동 개통하다 | **来电** láidiàn 명 전화 수신 | ★**提醒** tíxǐng 동 일깨우다, 알려 주다 | **业务** yèwù 명 서비스, 업무 | **收费** shōufèi 동 돈·비용을 받다 | ★**免费** miǎnfèi 동 무료로 하다 | ★**使用** shǐyòng 동 쓰다, 사용하다 | **以后** yǐhòu 명 이후 | **手续** shǒuxù 명 수속, 절차 | **费** fèi 명 비용, 요금 | ★**麻烦** máfan 동 번거롭게 하다 | ★**交** jiāo 동 내다 | **服务** fúwù 동 서비스하다

> **중국의 화폐 단위**
> 중국에서는 화폐 단위를 공식적으로 표기할 때는 '元' '角' '分'을 쓰고, 회화에서 사용할 때는 '块' '毛' '分'을 쓴다.
> ❶ 元 yuán 위안 = 块 kuài 콰이
> ❷ 角 jiǎo 자오 = 毛 máo 마오 (1角 = 0.1元)
> ❸ 分 fēn 펀 = 分 fēn 펀 (1分 = 0.01元)

16 D '再'는 동사 앞에 쓰여, '앞으로 어떤 행동을 더 함'을 나타내는 표현이다. 남자의 말 '再玩儿一个小时(한 시간 더 놀다)'에 근거해 남자는 1시간 정도 더 있다가 귀가하기 원함을 알 수 있다. '行吗'는 문장 끝에 상대방의 허락을 구할 때 쓰이며, 같은 표현으로 '好吗'와 '可以吗'가 있다.

女：喂，聚会还没结束吗？ 男：是啊，大家玩儿得正开心呢。 女：都几点了，外面多危险啊！快回家吧。 男：再玩儿一个小时行吗？刚考完试，您就让我放松一下吧!	여：여보세요. 모임이 아직 안 끝났니? 남：네. 모두 아주 즐겁게 놀고 있어요. 여：벌써 몇 시니, 밖이 얼마나 위험한데! 빨리 집에 오렴. 남：한 시간 더 놀아도 되나요? 이제 막 시험 봤는데, 저 좀 쉬게 해 주세요!
问：男的是什么意思？ A 很不愉快 B 想请两天假 C 住同学家 **D 想晚点儿回家**	질문: 남자는 무슨 의미인가? A 매우 즐겁지 않다 B 이틀의 휴가를 내고 싶다 C 반 친구의 집에 묵는다 **D 조금 늦게 집에 돌아가고 싶다**

★**聚会** jùhuì 명 모임 | **还** hái 부 아직 | **结束** jiéshù 동 끝나다 | **玩儿** wánr 동 즐기다 | **都** dōu 부 벌써, 이미 | ★**开心** kāixīn 형 즐겁다 | **考试** kǎoshì 동 시험을 치다 | **让** ràng 동 ~하게 하다, ~하도록 하다 | ★**放松** fàngsōng 동 정신적 긴장을 풀다 | **意思** yìsi 명 의미 | ★**愉快** yúkuài 형 즐겁다, 기쁘다 | **想** xiǎng 조동 ~하고 싶다 | **请假** qǐngjià (휴가·조퇴·결근 등의 허락을) 신청하다 | **住** zhù 동 묵다 | **同学** tóngxué 명 반 친구, 학우 | **晚** wǎn 형 늦다

17 D 남자와 여자는 학생이 쓴 문장에 대해 이야기하고 있다. 남자는 학생의 글을 보고 '语言很精彩(언어가 훌륭하다)'라고 평가했으므로 답은 D이다. 다른 보기들은 녹음에서 정확히 드러난 바가 없으므로, 정답이 될 수 없다.

男: 这个学生的文章语法准确，语言也很精彩。
女: 是啊，可考试要求的是写理想。
男: 内容是有点儿不太符合要求。
女: 我们商量一下给多少分吧。

问: 那篇文章怎么样？
A 字数太少　　　　B 内容不复杂
C 感情丰富　　　　**D 语言精彩**

남: 이 학생의 글은 어법이 정확하고, 언어도 훌륭해요.
여: 맞아요. 하지만 시험에서 요구한 것은 꿈을 쓰는 거예요.
남: 내용은 요구 사항에 그다지 부합하지 않네요.
여: 몇 점을 줄 지 한번 상의해 봅시다.

질문: 그 글은 어떤가?
A 글자 수가 너무 적다　　B 내용이 복잡하지 않다
C 감정이 풍부하다　　　　**D 언어가 훌륭하다**

★文章 wénzhāng 명 글 | ★语法 yǔfǎ 명 어법 | ★准确 zhǔnquè 형 정확하다, 확실하다 | ★语言 yǔyán 명 언어 | ★精彩 jīngcǎi 형 훌륭하다, 뛰어나다 | 可 kě 접 그러나 | 要求 yāoqiú 동 요구하다 | 写 xiě 동 쓰다 | ★理想 lǐxiǎng 명 꿈, 이상 | ★内容 nèiróng 명 내용 | 有点儿 yǒudiǎnr 부 조금 | ★符合 fúhé 동 부합하다 | ★商量 shāngliang 동 상의하다 | 给 gěi 동 주다 | ★篇 piān 양 편, 장 [문장·종이 등을 세는 단위] | 字 zì 명 글자 | 数 shù 명 수 | ★复杂 fùzá 형 복잡하다 | 感情 gǎnqíng 명 감정 | ★丰富 fēngfù 형 풍부하다

18 D '得意'는 매우 만족해하는 것을 나타내는 말이다. 노래를 다 부른 후 친구의 모양새를 '得意地(득의양양하며)'라고 서술한 것과, 친구가 '我唱得不错吧?(나 괜찮게 불렀지?)'라고 말한 것에서 동생 친구의 자신감을 엿볼 수 있다.

19 A 남동생이 친구에게 'TV에 나와야 한다'고 말한 이유는 마지막 문장 '如果你上了电视，我马上就把电视关掉(만약 네가 TV에 나온다면 나는 바로 TV를 꺼 버릴 거든)'에서 찾을 수 있다.

第18题到19题是根据下面一段话:

　　弟弟有个朋友非常爱唱歌，甚至自以为唱得特别好。一天，他在弟弟家唱歌，¹⁸唱完后得意地问弟弟："我唱得不错吧?"弟弟回答："以你的实力应该上电视。"那个朋友高兴地说："你的意思是我唱得很棒？对不对？"弟弟接着说："¹⁹不，因为如果你上了电视，我马上就把电视关掉。"

18~19번 문제는 다음 내용에 근거한다.

　　남동생에게는 노래를 즐겨 부르며, 스스로가 노래를 아주 잘 부른다고 생각하는 친구가 있다. 어느 날은 그가 남동생의 집에서 노래를 불렀다. ¹⁸그는 노래를 다 부른 후 득의양양하게 남동생에게 "나 괜찮게 불렀지?"라며 물었고, 남동생은 "너의 실력이라면 TV에 나와야 해."라고 대답했다. 그 친구가 기뻐하며 "네 말은 내가 노래를 정말 잘 부른다는 거지? 맞지?"라고 말하자, 이어서 남동생은 "¹⁹아니. 왜냐하면 만약 네가 TV에 나온다면 나는 바로 TV를 꺼 버릴 거든."이라고 말했다.

18 关于弟弟的朋友，可以知道什么？
A 参加过比赛　　　B 爱打扮
C 很节约　　　　　**D 特别自信**

19 弟弟最后那句话是什么意思？
A 朋友唱得难听
B 感到骄傲
C 节目很好看
D 羡慕朋友

18 남동생의 친구에 관하여, 무엇을 알 수 있는가?
A 시합에 참가한 적이 있다　　B 꾸미기를 좋아한다
C 매우 절약한다　　　　　　　**D 매우 자신감 있다**

19 남동생의 마지막 그 한 마디는 무슨 의미인가?
A 친구가 부르는 노래는 듣기 안 좋다
B 자랑스러움을 느꼈다
C 프로그램이 매우 재미있다
D 친구를 부러워한다

爱 ài 동 ~하기를 즐기다 | ★甚至 shènzhì 부 심지어 | 自 zì 스스로 | ★以为 yǐwéi 동 여기다, 생각하다 | 特别 tèbié 부 아주, 특히 | 后 hòu 명 (시간상으로) 후 | ★得意 déyì 형 대단히 만족하다, 득의양양하다 | 回答 huídá 동 대답하다 | ★以 yǐ 개 ~으로써 | 实力 shílì 명 실력 | 应该 yīnggāi 조동 (마땅히) ~할 것이다 | 上 shàng 동 출현하다, 등장하다 | 意思 yìsi 명 의미, 뜻 | ★棒 bàng 형 (수준이) 높다 | ★接着 jiēzhe 부 이어서 | 如果 rúguǒ 접 만약, 만일 | 马上 mǎshàng 부 바로 | 关 guān 동 끄다 | ★掉 diào 동 ~해 버리다 | 参加 cānjiā 동 참가하다 | 比赛 bǐsài 명 경기, 시합 | 打扮 dǎban 동 꾸미다 | ★节约 jiéyuē 동 절약하다 | ★自信 zìxìn 자신감 있다 | 句 jù 양 마디, 구 [언어나 시문을 세는 단위] | 话 huà 명 말 | 难听 nántīng 형 (소리가) 듣기 안 좋다 | 感到 gǎndào 동 느끼다 | ★骄傲 jiāo'ào 형 자랑스럽다 | 节目 jiémù 명 프로그램 | 好看 hǎokàn 형 재미있다 | ★羨慕 xiànmù 동 부러워하다

> **tip** 정도보어
> '동사 + 得 + 부사 + 형용사'의 형태로 쓰여, 동작의 결과나 상태 등을 나타낸다.
> 说得不错 shuō de búcuò 말을 잘 한다   跑得很快 pǎo de hěn kuài 빠르게 뛴다

20 C 첫마디에 예전 사람들이 선호하던 외출 방식이 '开汽车(자동차 운전하기)'라고 언급되어 있다. '외출하다'라는 표현으로는 '出门'과 '出行'이 듣기와 독해에 자주 등장하니 잘 외워 두자.

21 B 정답이 직접 언급되어 있지 않더라도 문장의 흐름을 파악하여 정답을 찾을 수 있다. '环保意识(환경 보호 의식)'가 강해지며 자전거로 외출하는 것이 유행했다는 것에서 '자전거를 타는 것이 환경 보호에 도움이 된다'는 것을 파악할 수 있다.

第20题到21题是根据下面一段话:

²⁰以前人们出门愿意开汽车，但近几年，由于人们的健康，²¹环保意识越来越强，骑自行车出行反而成为了一种流行。现在每到节假日，一些爱好骑车的人，就会聚在一起到郊外或其他环境好的地方骑自行车。

20 以前人们更愿意选择哪种方式出行？
A 乘公共汽车   B 步行
C 开汽车   D 乘坐地铁

21 根据这段话，下列哪个正确？
A 节日景区人多
B 骑自行车很环保
C 车价降低了
D 交通压力大

20~21번 문제는 다음 내용에 근거한다.

²⁰예전에 사람들은 외출을 할 때 운전하기를 원했다. 하지만 최근 몇 년 사이 사람들의 건강, ²¹환경 보호 의식이 갈수록 강해지면서, 자전거를 타고 외출하는 것이 오히려 유행이 되었다. 이제는 휴일마다 자전거 타기를 좋아하는 사람들 몇몇이 한데 모여 교외나 환경이 좋은 다른 곳에 가서 자전거를 탄다.

20 예전에 사람들은 어떤 방식의 외출을 선택하기를 더욱 원했는가?
A 버스 타기   B 걷기
C 자동차 운전하기   D 지하철 타기

21 이 글에 따르면 다음 중 올바른 것은?
A 기념일에는 관광지에 사람이 많다
B 자전거를 타는 것은 환경 보호적이다
C 자동차 가격이 떨어졌다
D 교통 체증이 심하다

出门 chūmén 동 외출하다 | 愿意 yuànyì 동 바라다 | 开 kāi 동 운전하다 | 但 dàn 접 그러나 | 由于 yóuyú 접 ~때문에 | 健康 jiànkāng 명 건강 | 环保 huánbǎo 명 환경 보호 | 意识 yìshí 명 의식 | 越来越 yuèláiyuè 부 갈수록, 점점 | 强 qiáng 형 강하다 | 骑 qí 동 (자전거, 말 등을) 타다 | 自行车 zìxíngchē 명 자전거 | 出行 chūxíng 동 외출하다 | 反而 fǎn'ér 부 오히려, 도리어 | ★成为 chéngwéi 동 ~이 되다 | ★流行 liúxíng 동 유행하다 | 节假日 jiéjiàrì 명 명절과 휴일 | 爱好 àihào 동 ~하기를 즐기다 | 骑车 qí chē 자전거를 타다 | 聚 jù 동 모이다 | 郊外 jiāowài 명 교외 | 或 huò 접 혹은, 또는 | 其他 qítā 대 다른 사물, 기타 | 地方 dìfang 명 곳, 장소 | 选择 xuǎnzé 동 선택하다 | 方式 fāngshì 명 방식, 방법 | 乘 chéng 동 타다 | 公共汽车 gōnggòng qìchē 명 버스 | 步行 bùxíng 동 걷다, 보행하다 | ★乘坐 chéngzuò 동 (대중교통을) 타다 | 地铁 dìtiě 명 지하철 | 节日 jiérì 명 기념일 | 景区 jǐngqū 명 관광지 | 车价 chējià 명 차값 | ★降低 jiàngdī 동 내려가다 | ★交通 jiāotōng 명 교통 | ★压力 yālì 명 부담

22 **D** '快速发展的网上教育(빠른 속도로 발전하는 온라인 교육)'라는 말에서 '网上教育(온라인 교육)'가 빠르게 발전하고 있음을 알 수 있다.

23 **B** '互联网(인터넷)'이 우리 생활에 큰 '影响(영향)'을 가져다준다고 이야기를 시작한 후, 인터넷이 우리 생활에 어떤 영향을 주었는지 예시를 들어 설명하고 있다. 논설문에서 주요 내용은 보통 문장 맨 앞에 위치하므로, 시험 볼 때 첫 문장은 반드시 주의하여 들어야 한다.

第22题到23题是根据下面一段话：
　　²³互联网给我们的生活带来巨大影响，比如，²²近年来快速发展的网上教育。无论何时，何地，只要有一台能上网的电脑，我们就能听到许多著名老师讲的课。可以说，互联网让知识的获取变得更加方便了。

22 关于网上教育，可以知道什么？
　A 效果不好
　B 报名费用低
　C 受到了反对
　D 发展很快

23 这段话主要谈的是什么？
　A 怎样做网站
　B 互联网的影响
　C 教育的目的
　D 教育的特点

22~23번 문제는 다음 내용에 근거한다.
　　²³인터넷은 사람들의 생활에 큰 영향을 가져다준다. 예를 들어, ²²최근 들어 빠른 속도로 발전하는 온라인 교육이 있다. 언제 어디서나, 인터넷을 할 수 있는 컴퓨터 한 대만 있으면, 우리는 많은 유명한 선생님의 강의를 들을 수 있다. 인터넷이 지식의 획득을 더욱 편리하게 만들었다고 말할 수 있다.

22 온라인 교육에 관하여 무엇을 알 수 있는가?
　A 효과가 좋지 않다
　B 등록 비용이 낮다
　C 반대를 받았다
　D 발전이 매우 빠르다

23 이 글이 주로 이야기하는 것은 무엇인가?
　A 어떻게 웹 사이트를 만드는가
　B 인터넷의 영향
　C 교육의 목적
　D 교육의 특징

★**互联网** hùliánwǎng 명 인터넷 | ★**生活** shēnghuó 명 생활 | **带来** dàilái 동 가져다주다 | **巨大** jùdà 형 아주 크다 | **影响** yǐngxiǎng 명 영향 | ★**比如** bǐrú 접 예를 들어 | **近年** jìnnián 명 최근 몇 년 | **来** lái 조 ~동안, ~이래 | **快速** kuàisù 형 빠르다, 신속하다 | **发展** fāzhǎn 동 발전하다 | **网上** wǎngshàng 온라인 | ★**教育** jiàoyù 명 교육 | ★**无论** wúlùn 접 ~을 막론하고 | **何时何地** héshí hédì 언제 어디서 | ★**只要A就B** zhǐyào A jiù B A하기만 하면 B하다 | ★**台** tái 양 대 [기계·차량·설비 등을 세는 단위] | **上网** shàngwǎng 동 인터넷을 하다 | ★**许多** xǔduō 형 매우 많다 | ★**著名** zhùmíng 형 유명하다 | **讲** jiǎng 동 말하다, 이야기하다 | ★**获取** huòqǔ 동 획득하다 | **更加** gèngjiā 부 더욱 | **方便** fāngbiàn 형 편리하다 | ★**效果** xiàoguǒ 명 효과 | ★**报名** bàomíng 동 등록하다 | **费用** fèiyòng 명 비용 | ★**受到** shòudào 동 받다 | **反对** fǎnduì 동 반대하다 | **段** duàn 양 단락 | **主要** zhǔyào 부 주로 | ★**谈** tán 동 이야기하다, 말하다 | **怎样** zěnyàng 대 어떻게 | **网站** wǎngzhàn 명 (인터넷) 웹사이트 | **目的** mùdì 명 목적 | **特点** tèdiǎn 명 특징

A **偶尔** ǒu'ěr 부 가끔, 간혹
B **顺序** shùnxù 명 순서, 차례
C **温度** wēndù 명 온도
D **既然** jìrán 접 ~인 이상, ~된 바에야
E **够** gòu 동 (필요한 수량·기준 등을 만족시키기에) 충분하다
F **积极** jījí 형 긍정적이다, 적극적이다

24 D [既然A，那B 이왕 A인 이상 그럼 B한다]
괄호 뒤의 '是'만 보고 괄호에 주어가 들어가야 한다고 헷갈릴 수도 있다. 괄호가 문장 앞에 있으므로 접속사가 올 수도 있고, 동사 앞이므로 부사가 올 수도 있다. 문맥상 괄호에는 '既然'이 들어가는 것이 자연스럽다. '既然'은 '就' '也' '还' '那' 등의 어휘와 호응하여 '이왕 이렇게 된 이상 ~한다'라는 의미를 나타낸다.

A: 李[Lǐ]经理，经过长时间的考虑，我还是决定离开公司。 B: 好吧，(D 既然) 是这样，那我尊重你的决定。	A: 리[李] 사장님, 오랜 시간 고민을 했지만, 저는 아무래도 회사를 떠나기로 결정했습니다. B: 알겠어요. (D 이왕 이렇게 된 이상), 그럼 저는 당신의 결정을 존중할게요.

经理 jīnglǐ 명 사장 | 经过 jīngguò 동 거치다 | ★考虑 kǎolǜ 동 고려하다, 생각하다 | 还是 háishi 부 ~하는 편이 낫다 | 决定 juédìng 동 결정하다 | 离开 líkāi 동 떠나다 | ★既然 jìrán 접 이왕 ~인 이상, ~된 바에야 | ★尊重 zūnzhòng 동 존중하다

25 E [돈, 수치 등 + 够 ~가 충분하다]
괄호 뒤에 '吗'가 있으므로, 괄호에는 술어가 될 수 있는 동사 '够'나 형용사 '积极'가 올 가능성이 있다. 두 사람은 돈의 액수에 대해 말하고 있으므로 '수량이 충족함'을 나타내는 '够'가 가장 적합하다.

A: 我今天太着急了，忘记带公交卡了。你身上有零钱吗? B: 有4块钱，(E 够) 吗?	A: 나 오늘 너무 급해서, 버스 카드를 챙기는 것을 깜박했어. 너 (수중에) 잔돈 가지고 있어? B: 4위안이 있는데, (E 충분해)?

着急 zháojí 동 조급해하다 | 忘记 wàngjì 동 잊다, 소홀히하다 | 带 dài 동 (몸에) 가지다, 지니다 | 公交卡 gōngjiāokǎ 명 버스 카드 | 身上 shēnshang 명 수중(에), 몸(에) | ★零钱 língqián 명 잔돈 | ★够 gòu 동 (필요한 수량·기준 등을 만족시키기에) 충분하다

26 F [起积极作用 긍정적인 작용을 하다]
괄호 앞에 명사를 꾸미는 조사 '的'가 있으므로, 괄호에는 명사를 수식할 수 있는 명사 '顺序'나 '温度' 또는 형용사 '积极'가 올 수 있다. 보기 중 명사인 '顺序(순서)'와 '温度(온도)'는 의미상 어울리지 않고, 의미상 가장 적합한 것은 '积极'이다. 형용사 '积极'는 '적극적이다'라는 의미뿐만 아니라 '긍정적이다'라는 의미도 있다. '作用(작용)'과 함께 쓰일 때는 보통 긍정적이라는 의미로 쓰인다.

A: 如果这个活动被我们申请下来，一定会吸引更多游客来这里旅游。 B: 对，而且这也能对城市的发展起到一定的 (F 积极) 作用。	A: 만약 이 활동을 우리가 신청한다면, 분명 더 많은 관광객들이 이곳에 와서 여행하도록 이끌 거예요. B: 맞아요. 게다가 이것은 도시의 발전에도 어느 정도 (F 긍정적) 작용을 할 수도 있어요.

★活动 huódòng 명 활동, 행사 | 被 bèi 개 ~에게 (~를 당하다) | ★申请 shēnqǐng 동 신청하다 | 一定 yídìng 부 반드시 형 어느 정도의, 패 | ★吸引 xīyǐn 동 끌어당기다, 유인하다 | 游客 yóukè 명 관광객 | 旅游 lǚyóu 동 여행하다, 관광하다 | 城市 chéngshì 명 도시 | ★发展 fāzhǎn 동 발전하다 | 起 qǐ 동 일으키다, 발생하다, 생기다 | ★作用 zuòyòng 명 작용, 역할

27 A [对身体有好处 몸에 좋다]
괄호 뒤에 동사 '喝'가 있으므로, 괄호에는 술어 앞에 위치할 수 있는 '부사'나 '명사'가 올 수 있다. 보기의 어휘 중 문맥에 가장 맞는 어휘는 '행동의 횟수가 적음'을 나타내는 부사 '偶尔(가끔)'이다.

A: 爷爷，您年纪大了，别总喝酒了。 B: 没关系，医生说，(**A 偶尔**) 喝点儿对身体有好处。	A: 할아버지, 연세가 많으시니 술을 자주 마시지 마세요. B: 괜찮아. 의사 선생님이 (**A 가끔**) 조금 마시는 것은 몸에 좋다고 했어.

年纪 niánjì 명 연세, 나이 | 总 zǒng 부 내내, 늘 | 酒 jiǔ 명 술 | ★偶尔 ǒu'ěr 부 가끔, 간혹 | ★好处 hǎochù 명 좋은 점, 장점

28 B [按 + 기준 + 행동 ~에 따라서 ~하다]
괄호 앞에 개사 '按(~에 따라서)'이 있으므로, 괄호에는 '按'과 함께 개사구를 이루는 명사가 와야 한다. '按顺序 + 동사'는 '순서에 따라 ~하다'라는 뜻으로 HSK 전 영역에서 자주 출제되는 개사구이니, 반드시 알아 두도록 하자.

A: 女士，麻烦您按 (**B 顺序**) 付款。 B: 实在抱歉，我这就去排队。	A: 고객님, 실례지만 (**B 순서**)대로 결제해 주세요. B: 정말 죄송해요. 지금 바로 줄을 서러 갈게요.

★麻烦 máfan 동 번거롭게 하다 | 按 àn 개 ~에 따라서 | ★顺序 shùnxù 명 순서 | ★付款 fùkuǎn 동 결제하다 | 实在 shízài 부 정말 | ★抱歉 bàoqiàn 동 죄송합니다 | ★排队 páiduì 동 줄을 서다

29 A C B [A, 所以B A해서 B하다]

STEP 1 C 문장에는 술어만 있고 주어가 없다. C 문장의 '汉语水平非常高(중국어 수준이 매우 높다)'라는 표현을 봤을 때 주어가 사람인 것이 적합하므로, C 문장의 주어는 A가 된다. (A→C)

A 这个外国留学生   **C** 汉语水平非常高，普通话说得比中国人还流利
　　주어　　　　　　　　　　주어에 대한 설명

STEP 2 B 문장의 '所以'는 '결과'나 '결론'을 이끄는 접속사로, '이유'를 나타내는 절은 '所以'가 쓰인 절보다 앞에 와야 한다. '不需要翻译(통역이 필요 없다)'라는 결론을 내리는 이유는 C 문장의 '汉语水平非常高(중국어 수준이 매우 높다)'에서 찾을 수 있다. (A→C→B)

A 这个外国留学生   **C** 汉语水平非常高，普通话说得比中国人还流利   **B** 所以完全不需要翻译
　　　　　　　　　　　　　　　　이유　　　　　　　　　　　　　　　　　　　　결론

해석 **A** 이 외국 유학생은   **C** 중국어 수준이 매우 높아 보통화를 중국인보다 더 유창하게 말해서,   **B** 전혀 통역이 필요 없다.

外国 wàiguó 명 외국 | 留学生 liúxuéshēng 명 유학생 | 水平 shuǐpíng 명 수준 | ★普通话 pǔtōnghuà 명 현대 표준 중국어 | 比 bǐ 개 ~보다, ~에 비해 | ★流利 liúlì 형 (말·문장이) 유창하다 | 所以 suǒyǐ 접 그래서 | ★完全 wánquán 부 전혀, 완전히 | 需要 xūyào 동 필요하다 | ★翻译 fānyì 동 통역하다, 번역하다

30 C A B [和……聊天儿 ~와 이야기하다]

STEP 1 문장 A의 대사 '他们'이 가리키는 대상은 문장 C의 '校长(교장 선생님)'과 '老师(선생님)'이므로, 문장은 'C→A' 순서로 배열해야 한다. **(C→A)**

STEP 2 문장 B는 주어 없이 부사 '就'로 시작하고 있다. 앞서 연결한 문장 'C→A'에 드러난 문맥상 문장 B의 주어는 문장 A의 '我'이다. **(C→A→B)**

C 校长正在和老师聊天儿	A 我怕打扰他们的谈话	B 就没去打招呼
	문장 B의 주어	결과

해석
C 교장 선생님께서 지금 선생님과 이야기를 하고 계셔서   A 나는 그들의 대화를 방해할까 봐 걱정되어
B 인사를 하러 가지 않았다.

校长 xiàozhǎng 명 교장 | 正在 zhèngzài 부 지금 ~하고 있다 | 聊天儿 liáotiānr 동 이야기하다 | 怕 pà 동 걱정하다 | ★打扰 dǎrǎo 동 방해하다 | 谈话 tánhuà 동 이야기하다 | ★打招呼 dǎ zhāohu (말이나 행동으로) 인사하다

---

31 B A C [A甚至B A하고 심지어 B하다]

STEP 1 문장 A의 대사 '她'와 '他'가 가리키는 대상을 찾아 보자. 대사 '她'는 문장 B의 '奶奶(할머니)'를, 대사 '他'는 문장 B의 '爷爷(할아버지)'를 가리키므로, 문장은 'B→A' 순서로 배열되는 것이 맞다. **(B→A)**

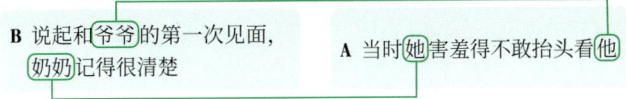

STEP 2 '甚至(심지어)'는 점층 관계를 나타내는 부사이다. 문장 C는 문장 A의 내용에서 보다 점층된 내용이므로, 문장 C가 문장 A보다 뒤에 와야 한다. **(B→A→C)**

B 说起和爷爷的第一次见面, 奶奶记得很清楚	A 当时她害羞得不敢抬头看他	C 甚至脸都红了

해석
B 할아버지와의 첫 만남을 말씀하시면서, 할머니는 아주 또렷하게 기억하셨다.
A 당시에 할머니는 부끄러워서 차마 고개를 들어 할아버지를 볼 수 없었고,
C 심지어 얼굴까지 빨개지셨다.

第一次 dì yī cì 맨 처음 | 见面 jiànmiàn 동 만나다 | 奶奶 nǎinai 명 할머니 | 记得 jìde 동 기억하고 있다 | 清楚 qīngchu 형 뚜렷하다 | ★当时 dāngshí 명 당시 | ★害羞 hàixiū 동 부끄러워하다 | 敢 gǎn 동 감히 ~하다 | 抬头 táitóu 동 머리를 들다 | 脸 liǎn 명 얼굴 | 都 dōu 부 ~조차도, ~까지

32 B A C [招聘广告 채용 공고]

STEP 1 문장 A에 쓰인 어휘 '工作(일)'와 '应聘者(응시자)'를 통해 문장의 내용이 채용 공고에 관련된 것임을 알 수 있다. 방위명사 '上面'은 B의 '招聘广告'의 '위쪽'임을 나타내는 말로 이해하는 것이 자연스러우므로, A가 뒤에 나와야 한다. **(B→A)**

> B 我昨天看过招聘广告了   A 上面说这份工作对应聘者的性别没有要求

STEP 2 '요구 사항'에 대해 일차적으로 언급한(A) 후에 '유일한 조건'을 언급해 주는(C) 편이 자연스럽다. **(B→A→C)**

> B 我昨天看过招聘广告了   A 上面说这份工作对应聘者的性别没有要求 [요구 사항]   C 只要有科研经验就行 [유일한 조건]

해석
B 내가 어제 채용 공고를 봤는데, A 이 일은 응시자의 성별에 대해 요구하는 사항이 없고,
C 과학 연구 경험만 있으면 된다고 하더라.

★招聘 zhāopìn 동 채용하다 | ★广告 guǎnggào 명 광고 | 上面 shàngmiàn 명 위, 위쪽 | ★份 fèn 양 [일을 세는 단위] | ★性别 xìngbié 명 성별 | 科研 kēyán 명 과학 연구 | ★经验 jīngyàn 명 경험 | ★行 xíng 동 좋다

---

33 C B A [행동 + 以 + 목적 ~는 ~하기 위함이다]

STEP 1 문장 B의 '其'는 앞서 등장한 대상을 대신하여 지시하는 '대사'이고, '其'가 지시하는 대상은 문장 C의 주어 '国际比赛中使用的乒乓球(국제 경기에서 사용하는 탁구공)'이다. **(C→B)**

> C 国际比赛中使用的乒乓球与普通乒乓球不同   B 其质量有严格的标准

STEP 2 '以'는 목적 관계를 연결하는 접속사이다. '행동+以+목적'의 형식으로 쓰여 '~는 ~하기 위함이다'라는 의미를 나타낸다. B의 내용 '其质量有严格的标准(품질을 엄격히 하는 것)'이 행동이 되고, A의 내용 '降低其对比赛结果的影响(그것이 경기 결과에 미치는 영향을 낮추기 위한 것)'이 목적이 된다. **(C→B→A)**

> C 国际比赛中使用的乒乓球与普通乒乓球不同   B 其质量有严格的标准 [행동]   A 以降低其对比赛结果的影响 [목적]

해석
C 국제 경기에서 사용하는 탁구공은 일반 탁구공과 다르다. B 품질에 엄격한 기준이 있는 것은
A 그것이 경기 결과에 미치는 영향을 낮추기 위해서다.

★国际 guójì 명 국제 | ★乒乓球 pīngpāngqiú 명 탁구공 | ★与 yǔ 개 ~와 | 普通 pǔtōng 형 일반적이다 | 不同 bùtóng 형 다르다 | 其 qí 대 그것 | ★质量 zhìliàng 명 품질, 질 | ★严格 yángé 형 엄격하다 | ★标准 biāozhǔn 명 기준 | ★以 yǐ 접 ~하기 위하여 | ★降低 jiàngdī 동 낮추다 | ★结果 jiéguǒ 명 결과

34 A [A对B有好处 A는 B에 좋은 점이 있다] '烤鸭(오리구이)'는 맛이 좋을 뿐 아니라 몸에도 좋다며, 줄곧 '烤鸭'를 먹었을 때의 '好处(좋은 점)'에 대해 이야기하고 있다.

烤鸭是一道有名的北京菜，它不仅味美，而且对人的身体也很有好处，尤其是对那些年轻的女性来说，多吃鸭皮能使皮肤更光滑。

오리구이는 유명한 베이징 요리로, 맛이 좋을 뿐만 아니라, 사람의 건강에도 좋은 점이 많다. 특히 젊은 여성은 오리 껍질을 많이 먹으면 피부를 더욱 매끈하게 만들 수 있다.

★ 这段话主要谈的是什么?
A 吃烤鸭的好处
B 烤鸭做法
C 烤鸭的历史
D 烤鸭的材料

★ 이 글이 주로 이야기하는 것은 무엇인가?
A 오리구이를 먹으면 좋은 점
B 오리구이를 만드는 법
C 오리구이의 역사
D 오리구이의 재료

★ 烤鸭 kǎoyā 명 오리구이 | 道 dào 양 [요리를 세는 양사] | 有名 yǒumíng 형 유명하다, 이름이 널리 알려지다 | 菜 cài 명 요리 | ★ 不仅 bùjǐn 접 ~뿐만 아니라 | 味美 wèi měi 맛이 좋다 | ★ 尤其 yóuqí 부 특히 | 年轻 niánqīng 형 젊다 | 对……来说 duì……lái shuō ~에게 있어서 | 女性 nǚxìng 명 여성 | 鸭 yā 명 오리 | 皮 pí 명 껍질 | ★ 使 shǐ 동 ~하게 하다, ~하게 시키다 | ★ 皮肤 pífū 명 피부 | 光滑 guānghuá 형 매끌매끌하다 | 段 duàn 양 단락, 토막 [사물의 한 부분을 나타냄] | 主要 zhǔyào 부 주로, 대부분 | ★ 谈 tán 동 이야기하다, 말하다 | 做法 zuòfǎ 명 (일 처리나 물건을 만드는) 방법 | 历史 lìshǐ 명 역사 | ★ 材料 cáiliào 명 재료

35 C [没有时间 = 没空儿 + 행동 ~할 시간이 없다] '空儿'은 '짬, 시간'이라는 뜻으로, '时间'과 뜻이 통하는 단어이다. 질문에 등장한 '现在(현재)'를 지문에서 찾아 앞뒤의 내용을 확인하면 더욱 빠르게 정답을 찾을 수 있다. 화자는 '현재(现在)'의 상황에 대해 '没有时间去旅游(여행 갈 시간이 없다)'라고 말했으므로 답은 C이다.

小时候我在日记中写过：长大后一定要赚很多钱，然后环游世界。现在经济条件好了，可我却发现自己完全没有时间去旅游，更别说环游世界了。

어렸을 때 나는 '어른이 된 후 반드시 돈을 많이 벌어서, 세계 일주 여행을 할'이라고 일기에 쓴 적이 있다. 지금은 경제적 조건은 좋아졌지만, 오히려 여행 갈 시간이 전혀 없으며, 세계 일주 여행은 말할 것도 없게 되었다는 것을 알게 되었다.

★ 说话人现在:
A 坚持写日记
B 很穷
C 没空儿旅游
D 想爬长城

★ 화자는 현재?
A 계속 일기를 쓰고 있다
B 가난하다
C 여행 갈 시간이 없다
D 만리장성에 오르고 싶다

小时候 xiǎoshíhou 명 어렸을 때 | ★ 日记 rìjì 명 일기 | 写 xiě 동 쓰다 | 长大 zhǎngdà 동 성장하다 | 要 yào 조동 ~할 것이다 | 赚钱 zhuànqián 동 돈을 벌다 | 然后 ránhòu 접 그 다음에 | 环游世界 huányóu shìjiè 세계 일주 여행을 하다 | ★ 经济 jīngjì 명 경제 | ★ 条件 tiáojiàn 명 조건 | 可 kě 접 [사건의 전환을 나타냄] | 却 què 부 오히려, 도리어 | 发现 fāxiàn 동 알아차리다, 발견하다 | 自己 zìjǐ 대 자신 | 完全 wánquán 부 전혀, 완전히 | 旅游 lǚyóu 동 여행하다 | 更别说 gèng biéshuō 더 말할 나위도 없다 | ★ 坚持 jiānchí 동 (어떤 상태나 행위를) 계속 지속하게 하다 | ★ 穷 qióng 형 가난하다 | 空儿 kòngr 명 (남아 있는) 짬, 시간 | 爬 pá 동 오르다 | ★ 长城 Chángchéng 고유 만리장성, 창청

36 A [法律知识 법률 지식] 글의 주제는 보통 글의 첫 부분 혹은 마지막 부분에 제시되는 경우가 많다. 이 글은 첫 문장에서 '法律知识(법률 지식)'를 배워야 한다는 주장을 드러냈다.

我们都应该学习一些基础的法律知识，因为它可以告诉我们哪些事可以做，哪些不能做。我们必须按照法律规定做事，不要做让自己后悔的事。

우리는 모두 기본적인 법률 지식들을 배워야 한다. 왜냐하면 그것은 우리에게 어떠한 일은 해도 되고, 어떠한 일은 하면 안 되는지 알려 주기 때문이다. 우리는 반드시 법률 규정에 따라 일을 해야 하고, 자신에게 후회되는 일을 하지 말아야 한다.

★ 根据这段话，我们应该：
 A 懂些法律
 B 对人友好
 C 学会怀疑
 D 学好数学

★ 이 글에 따르면 우리가 마땅히 해야 하는 것은?
 A 법률을 좀 알아야 한다
 B 다른 사람에게 우호적이어야 한다
 C 의심할 줄 알아야 한다
 D 수학을 잘 배워야 한다

应该 yīnggāi [조동] ~해야 한다 | 些 xiē [양] [확정적이지 않은 적은 수량을 나타냄] | ★基础 jīchǔ [명] 기본 | ★法律 fǎlǜ [명] 법률 | 可以 kěyǐ [조동] ~할 수 있다, ~해도 좋다 | 告诉 gàosu [동] 알리다 | 必须 bìxū [부] 반드시 ~해야 한다 | ★按照 ànzhào [개] ~에 따라 | ★规定 guīdìng [명] 규정 | 不要 búyào [부] ~하지 마라 | 让 ràng [동] ~하게 하다, ~하도록 하다 | ★后悔 hòuhuǐ [동] 후회하다 | 懂 dǒng [동] 알다 | ★友好 yǒuhǎo [형] 우호적이다 | ★怀疑 huáiyí [동] 의심하다 | 数学 shùxué [명] 수학

37 A [冷静下来 ≒ 变冷静 침착해지다] 핵심 키워드는 '说话人(화자)'과 '冷静下来(침착해지다)'이다. 어떤 사람은 슬플 때 음악을 들으면 더 힘들어진다고 했지만, '说话人(화자)'은 슬플 때 느린 음악을 듣는 것을 좋아한다고 했다. 보기 A의 어휘 중 '变'은 '变 + 형용사' 형태로 쓰여, '~하게 변하다'라는 의미를 나타낸다.

有人说，伤心时最好不要听音乐，因为它会使人更难受，然而我难过时却爱听慢音乐，因为它能让我冷静下来。

어떤 사람은 슬플 때 음악을 듣지 않는 것이 가장 좋다고 한다. 왜냐하면 그것이 사람을 더욱 힘들게 하기 때문이다. 하지만 나는 슬플 때 오히려 느린 음악을 듣는 것을 좋아한다. 왜냐하면 그것이 나를 침착하게 만들어 주기 때문이다.

★ 难过时听慢音乐，会让说话人：
 A 变冷静
 B 想哭
 C 变聪明
 D 有热情

★ 힘들 때 느린 음악을 듣는 것은 화자를 어떻게 만드는가?
 A 침착하게 한다
 B 울고 싶어지게 한다
 C 똑똑해지게 한다
 D 열정이 생기게 한다

有人 yǒurén [명] 어떤 사람 | ★伤心 shāngxīn [동] 슬퍼하다, 상심하다 | 时 shí [명] 때 | ★最好 zuìhǎo [부] ~하는 게 제일 좋다 | 音乐 yīnyuè [명] 음악 | 会 huì [조동] ~할 것이다 | ★使 shǐ [동] ~하게 하다, ~하게 시키다 | ★难受 nánshòu [형] 슬프다, 괴롭다 | ★然而 rán'ér [접] 하지만, 그러나, 그렇지만 | 难过 nánguò [형] 슬프다, 괴롭다 | 却 què [부] 오히려 | 爱 ài [동] ~하기를 좋아하다 | 慢 màn [형] 느리다 | 能 néng [조동] ~할 수 있다 | ★冷静 lěngjìng [형] 침착하다 | 下来 xiàlai [동] [상태가 변화됨을 나타냄] | 变 biàn [동] 변하다 | 想 xiǎng [조동] ~하고 싶다 | 哭 kū [동] 울다 | 聪明 cōngming [형] 똑똑하다 | 热情 rèqíng [명] 열정, 열의

38 B [收拾房间 방을 정리하다] '说话人(화자)'은 자신이 방을 정리(收拾)하겠다고 말하며, 상대방에게는 '잠시 텔레비전을 보라(看会儿电视)'고 하였다. 여러 인물과 행동이 함께 등장할 경우, 각각의 행동과 행동의 주체(=주어)를 반드시 매칭하여 파악해야 한다.

我昨天才出差回来，家里一个月没人住，所以到处都很脏，我收拾一下。你先在沙发上坐一会儿，看会儿电视吧。

★ 说话人接下来最可能要做什么?
A 找钥匙
B 收拾房间
C 接客人
D 看会儿电视

나는 어제가 되서야 출장에서 돌아왔어. 집에 한 달 동안 산 사람이 없어서, 여기저기 다 지저분해. 내가 좀 정리할 테니까 너는 일단 소파에 잠시 앉아서 TV 좀 봐.

★ 화자는 이어서 무엇을 하려고 할 가능성이 가장 높은가?
A 열쇠 찾기
B 방 정리하기
C 손님 맞이하기
D 잠시 TV 보기

才 cái 囝 ~되서야 (비로소) | ★出差 chūchāi 동 출장 가다 | ★到处 dàochù 뎽 여기저기, 곳곳 | ★脏 zāng 톙 지저분하다, 더럽다 | ★收拾 shōushi 동 정리하다, 정돈하다 | 一下 yíxià 수량 '좀 ~하다'의 뜻을 나타냄 | ★沙发 shāfā 뎽 소파 | 一会儿 yíhuir 수량 잠시, 잠깐 동안 | 可能 kěnéng 톙 가능하다 | 找 zhǎo 동 찾다, 구하다 | ★钥匙 yàoshi 뎽 열쇠 | 房间 fángjiān 뎽 방 | 接 jiē 동 맞이하다 | 客人 kèrén 뎽 손님

39 B [起到作用 작용을 하다] 연회를 개최하는 두 번째 이유로 '우수한 직원을 칭찬하여 새로운 한 해에도 열심히 하도록 격려(鼓励)하는 작용(作用)을 한다'고 했다. 마지막 문장이 좀 길지만, '起到作用(작용을 하다)'이라는 어휘 조합을 문장에서 찾았다면 문장의 골격을 빠르게 파악할 수 있다. 질문에 명사만 단독으로 주어졌다면, 보기가 지문과 일치하는지 대조하며 확인하자.

在年底举办一场热闹的年会现已成为很多公司的习惯。首先，开年会是为了总结公司全年的工作；其次，还可以通过表扬优秀员工，起到鼓励大家在新的一年里继续努力，为公司赢得更好成绩的作用。

★ 年会:
A 不普遍
B 有鼓励作用
C 票价高
D 多在夏季举行

연말에 북적북적한 송년회를 여는 것은 이제 이미 많은 회사의 습관이 되었다. 우선, 연회를 여는 것은 회사의 한 해 업무를 총정리하기 위함이고, 그 다음으로는 우수한 직원을 칭찬하는 것을 통해, 모두에게 새로운 한 해에도 계속 열심히 하도록 격려하여, 회사를 위해 더 좋은 성과를 얻게 하는 작용도 할 수 있다.

★ 연회는?
A 보편적이지 않다
B 격려하는 작용이 있다
C 표 값이 높다
D 대부분 여름에 진행한다

年底 niándǐ 뎽 연말 | ★举办 jǔbàn 동 열다, 개최하다 | ★场 chǎng 양 번, 차례 [문예, 오락, 체육 활동 등에 쓰임] | ★热闹 rènao 톙 떠들썩하다, 시끌벅적하다 | 年会 niánhuì 뎽 송년회, 망년회 | 现 xiàn 뎽 현재, 지금 | 已 yǐ 囝 이미, 벌써 | 成为 chéngwéi 동 ~가 되다, ~로 되다 | ★首先 shǒuxiān 뎽 우선 | 开 kāi 동 열다 | 为了 wèile 깨 ~하기 위해서 | 总结 zǒngjié 동 총정리하다 | 全年 quánnián 뎽 한 해 전체 | 其次 qícì 뎽 다음 | 表扬 biǎoyáng 동 칭찬하다 | ★优秀 yōuxiù 톙 우수하다 | 员工 yuángōng 뎽 직원 | 起到 qǐdào 동 일으키다 | ★鼓励 gǔlì 동 격려하다, (용기를) 북돋우다 | 继续 jìxù 동 계속하다 | 努力 nǔlì 동 노력하다, 열심히 하다 | 为 wèi 깨 ~을 위하여 | 赢得 yíngdé 동 얻다 | 成绩 chéngjì 뎽 성과 | ★作用 zuòyòng 뎽 작용 | ★普遍 pǔbiàn 톙 보편적인 | 票价 piàojià 뎽 표 값 | 多 duō 囝 대부분 | 夏季 xiàjì 뎽 여름 | ★举行 jǔxíng 동 진행하다

40 **A** [猜 추측하다] '人心(사람 마음)'을 '深(깊다)'이라고 표현하는 인용문을 제시한 후, 이어서 '추측(猜)하기 어려운 사람의 마음'에 대하여 말하고 있는 것으로 보아, '深(깊다)'은 사람의 마음을 추측하기 어렵다(难猜)는 의미를 내포한다는 것을 알 수 있다.

41 **B** [주요 내용을 이끄는 因此] '주요 내용'을 파악해야 할 때는 '결과를 이끄는 어휘(因此, 所以, 结果 등)'에 주목하자. 화자는 '与人交流的习惯(사람들과 교류하는 습관)'을 길러야 한다고 했으므로, 정답은 B이다.

"世界上最深的是海洋, 比海洋更深的是人心。" 当我们把什么事都放在心里, 不说出来时, 不但得不到别人的理解, 反而会容易引起误会。因此, ⁴¹我们要养成与人交流的习惯, 试着说出心里真正的想法, 不要让别人猜, 这样才能获得别人的理解与支持。

"세상에서 가장 깊은 것은 바다이고, 바다보다도 더 깊은 것은 사람의 마음이다." ⁴⁰무슨 일이든 우리가 마음 속에 두고 말하지 않을 때, 다른 사람의 이해를 얻지 못할 뿐만 아니라, 오히려 오해를 일으키기 쉽다. 그래서 ⁴¹우리는 다른 사람과 교류하는 습관을 기르고, 마음 속의 진정한 생각을 말해 봐야 한다. 다른 사람이 추측하게 해서는 안 된다. 이렇게 해야 비로소 다른 사람의 이해와 지지를 받을 수 있다.

40 ★ '深' 说明人心:
 A 难猜
 B 易被感动
 C 都很简单
 D 没变化

40 ★ '深'은 사람의 마음이 어떻다는 것을 설명해 주는가?
 A 추측하기 어렵다
 B 쉽게 감동받는다
 C 모두 간단하다
 D 변화가 없다

41 ★ 这段话主要想告诉我们要:
 A 懂得拒绝
 B 学会交流
 C 不怕失败
 D 原谅别人

41 ★ 이 글은 주로 우리에게 어떻게 해야 한다고 알려 주고 있는가?
 A 거절할 줄 알아야 한다
 B 교류하는 것을 배워야 한다
 C 실패를 두려워하면 안 된다
 D 다른 사람을 용서해야 한다

世界 shìjiè 명 세계 | ★ 深 shēn 형 깊다 | ★ 海洋 hǎiyáng 명 바다 | 人心 rénxīn 명 사람의 마음 | ★ 当 dāng 개 [바로 그 시간이나 그 장소를 가리킬 때 쓰임] | 放 fàng 동 두다, 놓다 | 在 zài 개 ~에(서), ~에 있어서 | 心里 xīnli 명 마음 속 | 不但 búdàn 접 ~뿐만 아니라 | 得不到 débudào 얻지 못하다 | 别人 biérén 대 다른 사람, 남 | ★ 理解 lǐjiě 동 이해하다, 알다 | 反而 fǎn'ér 접 도리어, 반대로 | 容易 róngyì 형 ~하기 쉽다, ~하기 일쑤다 | ★ 引起 yǐnqǐ 동 일으키다 | ★ 误会 wùhuì 명 오해 | 因此 yīncǐ 접 그래서 | ★ 养成 yǎngchéng 동 습관이 되다, 길러지다 | ★ 交流 jiāoliú 동 교류하다 | 试着 shìzhe 시도해 보다 | ★ 真正 zhēnzhèng 형 진정한 | 想法 xiǎngfǎ 명 생각, 의견 | ★ 猜 cāi 동 추측하다 | ★ 获得 huòdé 동 얻다 | ★ 支持 zhīchí 동 지지하다 | ★ 说明 shuōmíng 동 설명하다 | 难 nán 형 어렵다 | 易 yì 형 쉽다 | ★ 感动 gǎndòng 동 감동하다 | 简单 jiǎndān 형 간단하다 | 变化 biànhuà 명 변화 | 懂得 dǒngde 동 알다, 이해하다 | ★ 拒绝 jùjué 동 거절하다, 거부하다 | 不怕 búpà 동 두려워하지 않다 | ★ 失败 shībài 동 실패하다 | ★ 原谅 yuánliàng 동 용서하다

42 **D** [变差 안 좋아지다] '抽烟对身体不好(흡연은 몸에 좋지 않다)'라는 말을 들었을 때 흡연자들은 '不用担心(걱정할 필요 없다)'이라고 반응한다고 하였다. 이런 흡연자들의 반응은 건강을 걱정하지 않는 태도로 해석할 수 있다. '差'는 '건강이나 실력 등이 부족함'을 나타낼 때 쓰는 표현이다.

43 **B** [身体健康 몸이 건강하다] '有些人(어떤 사람들)'의 수는 전체 흡연자의 '万分之一(만분의 일)'라고 하였는데, 이때의 '有些人'이 가리키는 대상은 '수년 동안 담배를 피웠는데도 몸이 여전히 건강한 사람들'을 말한다. 이렇게 '万分之一(만분의 일)'라고 표현한 것은 그 수가 극히 적음을 나타내기 위한 것이다.

⁴²每当你对身边那些吸烟者说抽烟对身体不好时，他们一般都会表示：完全不用担心，因为⁴³有些人抽了那么多年烟，身体仍然健康。虽然他们也知道"有些人"也许只是所有抽烟者的千分之一，甚至万分之一，但他们还是相信自己会是其中之一。

⁴²당신이 주변 흡연자들에게 '흡연은 몸에 안 좋다'고 말할 때마다, 일반적으로 그들은 '전혀 걱정할 필요 없다'고 말한다. ⁴³'어떤 사람들'은 수년 동안 그렇게 담배를 피워도 몸이 여전히 건강하기 때문이다. 비록 그들도 '어떤 사람들'은 어쩌면 단지 모든 흡연자의 1000분의 1, 심지어는 10000분의 1일 수 있다는 것을 알고 있지만, 그들은 그래도 자신이 그중의 하나일 것이라고 믿는다.

42 ★ 很多吸烟者不担心什么?
 A 变老
 B 没力气
 C 污染环境
 D 身体变差

42 ★ 많은 흡연자들이 무엇을 걱정하지 않는가?
 A 노화되는 것
 B 힘이 없는 것
 C 환경을 오염시키는 것
 D 몸이 안 좋아지는 것

43 ★ "万分之一"说明：
 A 区别很大
 B 健康者极少
 C 消息有误
 D 抽烟者值得同情

43 ★ '10000분의 1'은 무엇을 설명하는가?
 A 차이가 크다
 B 건강한 사람이 극히 적다
 C 정보에 오류가 있다
 D 흡연자는 동정할 만하다

身边 shēnbiān 명 주변, 곁 | 吸烟 xīyān 동 흡연하다 | ★抽烟 chōuyān 동 흡연하다 | 一般 yībān 형 일반적이다, 보통이다 | ★表示 biǎoshì 동 표시하다, 나타내다 | ★完全 wánquán 부 전혀, 완전히 | 不用 búyòng 부 ~할 필요가 없다 | 担心 dānxīn 동 걱정하다, 염려하다 | ★仍然 réngrán 부 여전히, 아직도 | 虽然 suīrán 접 비록 ~일지라도 | ★也许 yěxǔ 부 어쩌면, 아마도 | 只 zhǐ 부 단지, 다만 | 千分之一 qiān fēn zhī yī 천분의 일 | 万分之一 wàn fēn zhī yī 만분의 일 | 还是 háishi 부 그래도, 의외로 | 相信 xiāngxìn 동 믿다, 신임하다 | ★其中 qízhōng 대 그중에, 그 안에 | ★力气 lìqi 명 힘 | ★污染 wūrǎn 동 오염시키다 | 环境 huánjìng 명 환경 | 差 chà 형 나쁘다 | ★区别 qūbié 명 차이, 구별 | ★极 jí 부 극히, 매우 | ★消息 xiāoxi 명 정보 | 误 wù 명 틀림, 잘못 | ★值得 zhídé 동 ~할 만하다 | ★同情 tóngqíng 동 동정하다

---

44 只有   公司   5公里   距离机场 ─── [A+距离+B+有+거리 A는 B에서 ~정도 거리에 있다]

명사	동사+명사	부사+동사	수사+양사
公司	距离机场	只有	5公里。
주어	술어1+목적어1	부사어+술어2	목적어2

회사는 공항에서 5km밖에 되지 않는다.

STEP 1 '距离'는 '두 대상이 떨어져 있음'을 나타내는 동사로, 보통 동사 '有'와 함께 두 대상의 '구체적인 간격'을 나타낸다. '距离'의 활용 형태 'A + 距离 + B + 有 + 거리'는 활용도가 높으니 꼭 알아 두자.

STEP 2 '机场'으로부터의 거리를 비교하려는 대상은 '公司'이다. 활용 형태에 근거해 '公司'는 '距离' 앞에, 거리를 나타내는 말 '5公里'는 '有' 뒤에 위치해야 한다.

★距离 jùlí 동 (~로부터) 떨어지다, 사이를 두다 | 机场 jīchǎng 명 공항 | 只 zhǐ 부 단지, 겨우 | ★公里 gōnglǐ 양 킬로미터

45 坐过　从来　她的儿子　没　飞机 ――――――― [从来没+동사+过 지금까지 ~해 본 적 없다]

대사+조사+명사	부사	부사	동사+조사	명사
她的儿子 관형어+的+주어	从来 부사어	没 부사어	坐过 동사+过	飞机。 목적어

그녀의 아들은 여태껏 비행기를 타 본 적이 없다.

STEP 1 '过'가 '동사(坐)+过' 형태로 활용되고 있는 것을 통해, '过'가 '경험을 나타내는 동태조사'로서 쓰였음을 알 수 있다. 문장의 술어로 쓰인 동사 '坐'는 '(교통수단을) 타다'라는 뜻이므로, 목적어로는 사물 '飞机', 주어로는 사람 '儿子'를 취한다.

STEP 2 부사는 보통 '일반부사 + 부정부사'의 어순으로 쓰이므로, '从来 + 没'의 순서로 술어 앞에 위치한다.

★ 从来 cónglái 〔부〕 여태껏, 지금까지

46 被妈妈　弄丢　钥匙　了 ――――――――――――― [주어+被+목적어+동사+기타 성분]

명사	개사+명사	동사	조사
钥匙 주어	被妈妈 부사어	弄丢 술어	了。 了

열쇠는 엄마가 잃어버리셨다.

STEP 1 '被'자문의 활용 형태 '주어 [행위 객체] + 被 + 목적어 [행위 주체] + 동사 + 기타 성분'에 따라 행위 주체인 목적어 '妈妈'는 '被' 뒤에, 행위 객체인 주어 '钥匙'는 '被' 앞에 위치한다.

STEP 2 술어는 동사 '弄丢(잃어버리다)'로, 부사어(被妈妈) 뒤에 위치한다. 조사 '了'는 기타 성분으로, 술어(弄丢) 뒤에 위치한다.

弄丢 nòngdiū 〔동〕 잃어버리다

47 放到　请你帮我　把　盒子里　那些材料 ――――――― [把A放到B A를 B에 두다]

동사+대사+대사	개사	대사+양사+명사	동사+동사	명사+명사
请你帮我 술어1+목적어1+술어2+목적어2	把 부사어	那些材料	放到 술어3+결과보어	盒子里。 목적어3

저를 도와 저 자료들을 상자 안에 놓아 주세요.

STEP 1 '把'자문의 활용 형태 '주어 [행위 주체] + 把 + 목적어 [행위 객체] + 동사 + 기타 성분'에 따라, 행위의 대상인 '那些材料'는 동사술어 '放'보다 앞에 위치해야 한다.

STEP 2 청유를 나타내는 '请'은 자주 '帮(돕다)'과 함께, 문장 맨 앞에 '请你帮我(나를 도와 ~해 주세요)' 형태로 쓰인다. '到'는 장소를 나타내는 개사로, '盒子里'와 함께 결합해 쓰였다.

放 fàng 〔동〕 놓다 | 到 dào 〔개〕 ~에, ~로 | ★ 盒子 hézi 〔명〕 작은 상자

48 游客　多了　比去年　今年来韩国旅行的 ────────── [A+比+B+술어 A는 B보다 ~하다]

명사+동사+명사+동사+조사	명사	개사+명사	형용사+조사	
今年来韩国旅行的 관형어+的	游客 주어	比去年 부사어	多了。 술어+了	올해 한국에 와서 여행하는 관광객이 작년보다 많아졌다.

STEP 1　'比'는 비교문을 만드는 개사이다. 비교문의 기본 어순은 'A + 比 + B + 술어'로, 제시된 어휘 중 명사 '游客'가 주어로, 형용사 '多'가 술어로 쓰였다.

STEP 2　'今年来韩国旅行的'는 주어인 '游客'를 앞에서 의미를 꾸며 준다.

韩国 Hánguó 고유 한국 | ★旅行 lǚxíng 동 여행하다 | 游客 yóukè 명 관광객

49 '镜子(거울)'는 '(거울에) 비추다, 비치다'라는 뜻의 동사 '照'와 함께 '照镜子'의 형태로 자주 쓰인다. 여자가 거울을 보며 화장을 하는 사진이므로, '她(그녀)' 혹은 '姐姐(언니)' 등이 문장의 주어가 될 수 있다. 여자가 왜 화장을 하는지 등의 내용을 덧붙이면 더욱 다채로운 문장을 만들 수 있다.

◆ 제시어　　镜子 jìngzi 명 거울
◆ 사진 연상　여자는 거울을 보고 있다
◆ 작문 핵심　照 + 镜子
◆ 표현 활용　正在 | 漂亮 | 在镜子前 | 打扮

모범 답안　姐姐正在照镜子。 언니는 거울을 보고 있다.
　　　　　　出门前她会照镜子。 외출하기 전에 그녀는 거울을 본다.
　　　　　　我觉得镜子里的自己很漂亮。 나는 거울 안의 내가 예쁘다고 생각한다.

고득점 답안　她每天早上都在镜子前打扮。 그녀는 매일 아침 거울 앞에서 화장을 한다.
　　　　　　姐姐今天有约会，所以正在镜子前打扮。 언니는 오늘 약속이 있어서 거울 앞에서 화장을 하고 있다. → '접속사' 활용

正在 zhèngzài 부 지금 ~하고 있다 | 照镜子 zhào jìngzi 거울을 보다 | ★镜子 jìngzi 명 거울 | 每天 měi tiān 명 매일, 날마다 | ★打扮 dǎban 동 화장하다 | ★约会 yuēhuì 명 약속 | 正 zhèng 부 마침, 한창 [동작이 진행 중이거나 상태가 지속 중에 있음을 나타냄]

50 '伤心(슬퍼하다)'은 심리활동동사이기 때문에 정도부사의 수식을 받을 수 있으므로, 작문할 때 정도부사를 넣으면 좀 더 풍성한 문장을 만들 수 있다. 사진 속 인물이 울고 있는 이유가 무엇인지까지 상상하여 인과 관계를 나타내는 접속사 구문을 활용해 문장을 만든다면 더욱 높은 점수를 받을 수 있다.

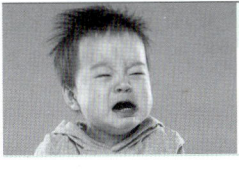

◆ 제시어　　伤心 shāngxīn 동 상심하다, 슬퍼하다
◆ 사진 연상　아이가 슬프게 운다
◆ 작문 핵심　사람 + 伤心
◆ 표현 활용　伤心地 + 동사 | 看起来 | 感到 + 감정 | 不知道为什么

모범 답안　孩子伤心地哭了。 아이가 슬프게 운다.
　　　　　　看起来这个孩子很伤心。 아이가 슬퍼 보인다.
　　　　　　儿子觉得伤心，所以哭了。 아들은 슬프다고 느껴서 울었다. → '접속사' 활용

고득점 답안　看到孩子哭了，我感到很伤心。 아이가 우는 것을 보고 나는 슬픔을 느꼈다.
　　　　　　我不知道儿子为什么哭得那么伤心。 나는 아들이 왜 저렇게 슬프게 우는지 모르겠다. → '정도보어' 활용

看起来 kàn qǐlái 보기에, 보아 하니 | 那么 nàme 대 그렇게, 저렇게

다락원 홈페이지에서
▶ MP3 파일 다운로드 및 실시간 재생
▶ 받아쓰기 PDF 다운로드

3rd Edition
HSK 4급 해설서
한권으로 끝내기

지은이 남미숙
펴낸이 정규도
펴낸곳 (주)다락원

기획·편집 김보경, 김현주, 김혜민, 이상윤
디자인 김나경, 이승현
일러스트 안다연
사진 Shutterstock
녹음 曹红梅, 于海峰, 허강원

㈜다락원 경기도 파주시 문발로 211
전화 (02)736-2031(내선 250~252/내선 430, 560)
팩스 (02)732-2037
출판등록 1977년 9월 16일 제406-2008-000007호

Copyright ⓒ 2025, 남미숙

저자 및 출판사의 허락 없이 이 책의 일부 또는 전부를 무단 복제·전재·발췌할 수 없습니다. 구입 후 철회는 회사 내규에 부합하는 경우에 가능하므로 구입처에 문의하시기 바랍니다. 분실·파손 등에 따른 소비자 피해에 대해서는 공정거래위원회에서 고시한 소비자 분쟁 해결 기준에 따라 보상 가능합니다. 잘못된 책은 바꿔 드립니다.

ISBN 978-89-277-2342-4 14720
    978-89-277-2341-7 (set)

www.darakwon.co.kr

다락원 홈페이지를 방문하시면 상세한 출판 정보와 함께 동영상 강좌, MP3 자료 등 다양한 어학 정보를 얻으실 수 있습니다.

핵심요약집

차례

- 빈출 어휘 및 표현 — 3
- 유의어 비교 — 12
- 어법 마스터 — 18
- 틀리기 쉬운 한자 바로 알기 — 28
- IBT 시험 소개 — 35
- IBT 응시 요령 — 36
- PBT 답안 작성법 — 38

빈출 어휘 및 표현

(1) 장소별 어휘

● track Final 01

가정	客厅 kètīng 명 거실 | 洗手间 xǐshǒujiān 명 화장실 [= 卫生间 wèishēngjiān = 厕所 cèsuǒ]
	沙发 shāfā 명 소파 | 桌子 zhuōzi 명 탁자 | 礼物 lǐwù 명 선물 垃圾桶 lājītǒng 명 쓰레기통 | 牙膏 yágāo 명 치약 | 笔记本 bǐjìběn 명 노트, 노트북
	父母 fùmǔ 명 부모 | 丈夫 zhàngfu 명 남편 | 妻子 qīzi 명 아내 | 孙子 sūnzi 명 손자 亲戚 qīnqi 명 친척 | 邻居 línjū 명 이웃 | 房东 fángdōng 명 집주인
	起床 qǐchuáng 동 기상하다 | 做梦 zuòmèng 동 꿈을 꾸다 | 刷牙 shuāyá 동 양치질하다 做饭 zuò fàn 밥을 하다 | 打电话 dǎ diànhuà 전화를 걸다 | 发短信 fā duǎnxìn 문자를 보내다 聊天儿 liáotiānr 동 이야기하다 | 约会 yuēhuì 동 만날 약속을 하다, 데이트하다 명 데이트 收拾房间 shōushi fángjiān 방을 정돈하다 [= 整理房间 zhěnglǐ fángjiān] 送孩子 sòng háizi 아이를 배웅하다 | 扔垃圾 rēng lājī 쓰레기를 버리다 [= 倒垃圾 dào lājī] 搬家 bānjiā 동 이사하다
학교	学校 xuéxiào 명 학교 | 图书馆 túshūguǎn 명 도서관 | 教室 jiàoshì 명 교실 补习班 bǔxíbān 명 학원
	老师 lǎoshī 명 선생님 | 教授 jiàoshòu 명 교수 | 学生 xuésheng 명 학생 留学生 liúxuéshēng 명 유학생 | 研究生 yánjiūshēng 명 대학원생 硕士 shuòshì 명 석사 | 博士 bóshì 명 박사 | 家长 jiāzhǎng 명 학부모
	学习 xuéxí 동 공부하다 | 预习 yùxí 동 예습하다 | 考试 kǎoshì 동 시험을 보다 명 시험 做作业 zuò zuòyè 숙제를 하다 [= 写作业 xiě zuòyè] | 复习 fùxí 동 복습하다 上课 shàngkè 동 수업하다 | 下课 xiàkè 동 수업이 끝나다 | 借书 jiè shū 책을 빌리다 还书 huán shū 책을 반납하다 | 放假 fàngjià 동 방학하다 | 毕业 bìyè 동 졸업하다 报名 bàomíng 동 신청하다 | 参加考试 cānjiā kǎoshì 시험을 치르다 | 成绩优秀 chéngjì yōuxiù 성적이 우수하다 | 读书 dúshū 책을 읽다, 공부하다, 학교를 다니다 读研究生 dú yánjiūshēng 대학원을 다니다
	教育 jiàoyù 명 교육 동 교육하다 | 专业 zhuānyè 명 전공 | 学期 xuéqī 명 학기 假期 jiàqī 명 방학 기간 | 暑假 shǔjià 명 여름방학 | 寒假 hánjià 명 겨울방학 成绩 chéngjì 명 성적 | 知识 zhīshi 명 지식
관공서	邮局 yóujú 명 우체국 | 信封 xìnfēng 명 편지 봉투 | 寄信 jìxìn 동 편지를 보내다 银行 yínháng 명 은행 | 存钱 cúnqián 동 저금하다 [= 存款 cúnkuǎn] | 排队 páiduì 동 줄을 서다
병원	医生 yīshēng 명 의사 [= 大夫 dàifu] | 护士 hùshi 명 간호사
	生病 shēngbìng 동 병이 나다 | 发烧 fāshāo 동 (체온이 올라가) 열이 나다 头疼 tóuténg 명 두통 | 感冒 gǎnmào 동 감기에 걸리다 명 감기 | 咳嗽 késou 동 기침하다 医院 yīyuàn 명 병원 | 看病 kànbìng 동 진찰하다, 진료하다 | 检查 jiǎnchá 동 검사하다 打针 dǎzhēn 동 주사를 놓다 | 开药 kāiyào 처방전을 쓰다 | 效果 xiàoguǒ 명 효과 住院 zhùyuàn 동 입원하다 | 出院 chūyuàn 동 퇴원하다 肚子 dùzi 명 배 | 腿 tuǐ 명 다리 | 胳膊 gēbo 명 팔 | 皮肤 pífū 명 피부

식당	饭店 fàndiàn 명 식당 | 餐厅 cāntīng 명 식당 | 咖啡厅 kāfēitīng 명 카페, 커피숍 [= 咖啡店 kāfēidiàn] | 服务员 fúwùyuán 명 종업원
	点菜 diǎncài 동 주문하다 | 快餐 kuàicān 명 패스트푸드 | 矿泉水 kuàngquánshuǐ 명 생수 | 烤鸭 kǎoyā 명 오리구이 | 月饼 yuèbing 명 월병[중추절에 먹는 중국식 빵] | 饺子 jiǎozi 명 만두 | 面条 miàntiáo 명 국수 | 菜单 càidān 명 메뉴판 | 味道 wèidao 명 맛 | 咸 xián 형 짜다 | 甜 tián 형 달다 | 辣 là 형 맵다 | 苦 kǔ 형 쓰다 | 酸 suān 형 시다 | 汤 tāng 명 탕, 국 | 啤酒 píjiǔ 명 맥주
미용실	理发店 lǐfàdiàn 명 미용실[= 美容室 měiróngshì] | 理发师 lǐfàshī 명 이발사[= 美发师 měifàshī] | 头发 tóufa 명 머리카락 | 理发 lǐfà 머리를 자르다[= 剪发 jiǎnfà] | 烫发 tàngfà 동 파마하다
상점	商店 shāngdiàn 명 상점 | 百货商店 bǎihuò shāngdiàn 명 백화점 | 超市 chāoshì 명 슈퍼마켓
	售货员 shòuhuòyuán 명 판매원 | 顾客 gùkè 명 손님
	买 mǎi 동 사다 | 购物 gòuwù 동 쇼핑하다 | 逛街 guàng jiē 구경하다 | 付款 fùkuǎn 동 돈을 지불하다[= 付钱 fùqián] | 找零钱 zhǎo língqián 거스름돈을 주다 | 打折 dǎzhé 동 세일하다 | 免费 miǎnfèi 동 무료로 하다 | 关门 guānmén 동 문을 닫다 | 合适 héshì 형 적합하다 | 换 huàn 동 교환하다 | 退货 tuìhuò 동 반품하다 | 讲价 jiǎngjià 동 값을 흥정하다
회사	公司 gōngsī 명 회사 | 办公室 bàngōngshì 명 사무실
	经理 jīnglǐ 명 사장, 책임자 | 老板 lǎobǎn 명 사장 | 职员 zhíyuán 명 직원 | 同事 tóngshì 명 회사 동료
	工作 gōngzuò 동 일하다 명 일, 직업 | 上班 shàngbān 동 출근하다 | 加班 jiābān 동 야근하다 | 开会 kāihuì 동 회의를 하다 | 参加会议 cānjiā huìyì 회의에 참석하다 | 打印 dǎyìn 동 출력하다 | 发传真 fā chuánzhēn 팩스를 보내다 | 发邮件 fā yóujiàn 메일을 보내다[= 发电子邮件 fā diànzǐ yóujiàn] | 出差 chūchāi 동 출장 가다 | 请假 qǐngjià 휴가를 신청하다 | 填表格 tián biǎogé 표를 작성하다 | 做广告 zuò guǎnggào 광고하다

(2) 주제별 어휘

● track Final 02

자연	森林 sēnlín 명 삼림 | 森林公园 sēnlín gōngyuán 삼림 공원 | 江 jiāng 명 강 | 河 hé 명 하천 | 海边 hǎibiān 명 해변 | 河边 hébiān 명 강가 | 太阳 tàiyáng 명 태양 | 植物 zhíwù 명 식물 | 叶子 yèzi 명 잎 | 动物 dòngwù 명 동물 | 老虎 lǎohǔ 명 호랑이 | (大)熊猫 (dà)xióngmāo 명 판다 | 猴子 hóuzi 명 원숭이 | 大象 dàxiàng 명 코끼리
사회	经济 jīngjì 명 경제 | 社会 shèhuì 명 사회 | 经验 jīngyàn 명 경험 | 机会 jīhuì 명 기회 | 原因 yuányīn 명 원인 | 作用 zuòyòng 명 작용 | 成功 chénggōng 명 성공 동 성공하다 | 新闻 xīnwén 명 뉴스 | 做事 zuòshì 일을 하다 | 帮助 bāngzhù 동 돕다
과학	研究 yánjiū 동 연구하다 | 科技 kējì 명 과학기술 | 调查 diàochá 동 조사하다 | 发现 fāxiàn 동 발견하다

지리	世界 shìjiè 몡 세계 | 亚洲 Yàzhōu 고유 아시아주 | 天安门 Tiān'ānmén 고유 천안문, 톈안먼 故宫 Gùgōng 고유 자금성 | 长城 Chángchéng 고유 만리장성 [= 万里长城 Wàn Lǐ Chángchéng] 长江 Chángjiāng 고유 양쯔강, 창장 [중국에서 가장 긴 강] | 著名 zhùmíng 톙 유명하다
날짜	这个月 zhè ge yuè 이번 달 | 上个月 shàng ge yuè 지난달 | 下个月 xià ge yuè 다음 달 今天 jīntiān 몡 오늘 | 明天 míngtiān 몡 내일 | 昨天 zuótiān 몡 어제 | 周末 zhōumò 몡 주말 礼拜天 lǐbàitiān 일요일 [= 星期天 xīngqītiān = 星期日 xīngqīrì = 周日 zhōurì]
시간	上午 shàngwǔ 몡 오전 | 中午 zhōngwǔ 몡 정오 | 下午 xiàwǔ 몡 오후 点 diǎn 양 시 | 分 fēn 양 분 | 秒 miǎo 양 초 | 小时 xiǎoshí 양 시간 | 分钟 fēnzhōng 양 분 ……前(以前) qián (yǐqián) ~전 | 刚才 gāngcái 몡 방금 | 来得及 láidejí 됭 (~할) 시간이 되다
계절	季节 jìjié 몡 계절 | 春天 chūntiān 몡 봄 [= 春季 chūnjì] | 夏天 xiàtiān 몡 여름 [= 夏季 xiàjì] 秋天 qiūtiān 몡 가을 [= 秋季 qiūjì] | 冬天 dōngtiān 몡 겨울 [= 冬季 dōngjì] 暖和 nuǎnhuo 톙 따뜻하다 | 凉快 liángkuai 톙 시원하다 | 冷 lěng 톙 춥다 | 热 rè 톙 덥다
명절 / 기념일	春节 Chūnjié 고유 춘절 [음력 1월 1일] 劳动节 Láodòngjié 고유 노동절, 근로자의 날 [5월 1일] 母亲节 Mǔqīnjié 고유 어머니의 날 [5월 두 번째 일요일] 儿童节 Értóngjié 고유 어린이날 [6월 6일] 中秋节 Zhōngqiūjié 고유 중추절 [음력 8월 15일] 国庆节 Guóqìngjié 고유 국경절 [10월 1일] 圣诞节 Shèngdànjié 고유 크리스마스 [12월 25일] 节日 jiérì 몡 명절 | 过年 guònián 됭 설을 쇠다, 새해를 맞이하다 艺术节 yìshùjié 예술제 | 举办 jǔbàn 됭 개최하다 | 干杯 gānbēi 됭 건배하다 生日 shēngrì 몡 생일 | 结婚纪念日 jiéhūn jìniànrì 결혼기념일
취미	爱好 àihào 몡 취미 | 看小说 kàn xiǎoshuō 소설을 보다 | 上网 shàngwǎng 됭 인터넷을 하다 玩儿电脑游戏 wánr diànnǎo yóuxì 컴퓨터게임을 하다 | 看电影 kàn diànyǐng 영화를 보다
운동	运动 yùndòng 됭 운동하다 [= 做运动 zuò yùndòng] | 运动员 yùndòngyuán 몡 운동선수 爬山 páshān 됭 등산하다 | 散步 sànbù 됭 산책하다 | 游泳 yóuyǒng 됭 수영하다 踢足球 tī zúqiú 축구를 하다 | 打篮球 dǎ lánqiú 농구를 하다 打乒乓球 dǎ pīngpāngqiú 탁구를 치다 | 打羽毛球 dǎ yǔmáoqiú 배드민턴을 치다 参加比赛 cānjiā bǐsài 경기에 참가하다 | 公园 gōngyuán 몡 공원 锻炼身体 duànliàn shēntǐ 신체를 단련하다 | 减肥 jiǎnféi 됭 다이어트하다 健康 jiànkāng 톙 (몸이) 건강하다
매체	电视台 diànshìtái 몡 방송국 | 记者 jìzhě 몡 기자 | 演员 yǎnyuán 몡 배우 节目 jiémù 몡 프로그램 | 报道 bàodào 보도하다 新闻 xīnwén 몡 뉴스 | 电视剧 diànshìjù 몡 드라마 | 小说 xiǎoshuō 몡 소설 表演 biǎoyǎn 몡 공연 | 网站 wǎngzhàn 몡 웹사이트, 홈페이지

여행	旅行 lǚxíng 동 여행하다 [= 旅游 lǚyóu] | 导游 dǎoyóu 명 관광 가이드 酒店 jiǔdiàn 명 호텔 [= 饭店 fàndiàn = 宾馆 bīnguǎn] | 退房 tuìfáng 동 체크아웃하다 收拾行李 shōushi xíngli 짐을 싸다 | 参观 cānguān 동 관람하다 | 介绍 jièshào 동 소개하다 照相 zhàoxiàng 사진을 찍다 [= 拍照 pāizhào] | 禁止 jìnzhǐ 동 금지하다 风景 fēngjǐng 명 풍경 | 景点 jǐngdiǎn 명 명소 大使馆 dàshǐguǎn 명 대사관 | 办护照 bàn hùzhào 여권을 발행하다 办签证 bàn qiānzhèng 비자를 발급하다
교통	交通 jiāotōng 명 교통 | 警察 jǐngchá 명 경찰 | 司机 sījī 명 운전기사 | 乘客 chéngkè 명 승객 开车 kāichē 동 운전하다 | 停车 tíngchē 동 차를 멈추다 路上堵车 lùshang dǔchē 길에 차가 막히다 | 赶不上 gǎnbushàng 따라 잡지 못하다 来不及 láibují 동 ~할 시간이 안 되다, 시간에 댈 수 없다 火车站 huǒchēzhàn 명 기차역 | 火车 huǒchē 명 기차 | 列车 lièchē 명 열차 公交车 gōngjiāochē 명 버스 | 地铁站 dìtiězhàn 명 지하철역 | 地铁 dìtiě 명 지하철 机场 jīchǎng 명 공항 | 飞机 fēijī 명 비행기 | 航班 hángbān 명 항공편 登机牌 dēngjīpái 명 탑승권 | 登机 dēngjī 동 (비행기에) 탑승하다 | 手续 shǒuxù 명 수속 护照 hùzhào 명 여권 | 签证 qiānzhèng 명 비자 行李箱 xínglǐxiāng 명 트렁크, 여행용 가방 起飞 qǐfēi 동 이륙하다 | 降落 jiàngluò 동 착륙하다 推迟 tuīchí 동 연기하다 | 到达 dàodá 동 도착하다

(3) 숫자와 함께 쓰이는 표현

❶ 숫자를 나타내는 표현

 ● track Final 03

기수	분수	A分之B A fēn zhī B A분의 B	三分之二 sān fēn zhī èr 3분의 2 百分之百 bǎi fēn zhī bǎi 100퍼센트
	배수	수사+倍 bèi ~배	两倍 liǎng bèi 2배
서수		第 dì +수사 제~번	第一 dì yī 첫 번째 | 第一名 dì yī míng 1등
어림수		수량+左右 zuǒyòu ~정도 특정한 날+前后 qiánhòu ~쯤	两点左右 liǎng diǎn zuǒyòu 두 시 정도 春节前后 Chūnjié qiánhòu 춘절쯤
		大概 dàgài 부 대략 | 至少 zhìshǎo 부 최소한	

❷ 숫자 관련 빈출 주제 및 관련 표현

나이	岁 suì 명 나이 | 年龄 niánlíng 명 연령 | 年纪 niánjì 명 나이 | 年轻 niánqīng 형 젊다
거리	米 mǐ 명 미터(m) | 公里 gōnglǐ 명 킬로미터(km) [= 千米 qiānmǐ]
속도	快 kuài 형 빠르다 | 慢 màn 형 느리다
시간	提前 tíqián 동 (예정된 시간을) 앞당기다 | 推迟 tuīchí 동 (시간 등을) 연기하다
수량	增加 zēngjiā 동 증가하다 | 减少 jiǎnshǎo 동 감소하다

번호	号码 hàomǎ 명 번호
크기	大 dà 형 크다 | 小 xiǎo 형 작다
무게	公斤 gōngjīn 명 킬로그램(kg) | 重 zhòng 형 무겁다 | 轻 qīng 형 가볍다
온도	气温 qìwēn 명 기온 | 度 dù 양 도(℃)
가격	贵 guì 형 비싸다 | 便宜 piányi 형 싸다
등급	提高 tígāo 동 올라가다, 향상하다 | 下降 xiàjiàng 동 떨어지다, 낮아지다

❸ **빈출 양사** (본서 p.228 참고)

位 wèi	신분이나 직업을 셀 때 쓰임	一位作家 작가 한 분 这位演员 이 배우
本 běn	서적 등을 셀 때 쓰임	那本书 저 책 这本小说 이 소설(책)
张 zhāng	종이, 가죽, 책상, 침대 등 넓은 표면이 있는 것을 셀 때 쓰임	一张地图 지도 한 장 这张桌子 저 탁자 一张登机牌 탑승권 한 장
件 jiàn	상의의 옷을 세거나 사건을 셀 때 쓰임	一件衬衫 셔츠 한 벌 一件事 하나의 사건
条 tiáo	길고 가는 물건을 세거나 항목으로 나뉘어진 것을 셀 때 쓰임	一条裤子 바지 한 벌 这条路 이 길 一条新闻 뉴스 한 건
些 xiē	불특정한 복수를 나타냄	那些事情 그 사건들 这些数字 이 숫자들
种 zhǒng	종류를 구분하여 셀 때 쓰임	这种植物 이런 종류의 식물
篇 piān	문장 등을 셀 때 쓰임	这篇文章 이 문장 那篇报道 저 보도
家 jiā	가게, 기업 등을 셀 때 쓰임	一家公司 한 회사 这家商店 이 상점
双 shuāng	원래 쌍을 이루고 있는 것을 셀 때 쓰임	一双皮鞋 가죽구두 한 켤레 一双袜子 양말 한 켤레
场 chǎng	문화, 활동을 셀 때 쓰임	这场比赛 이 경기
场 cháng	자연 현상을 셀 때 쓰임	一场雨 비 한 차례
个 gè	사람과 사물을 세는 양사로, 가장 보편적으로 쓰임	一个包 가방 한 개 两个冰淇淋 아이스크림 두 개
台 tái	기계, 차량 따위나 공연 횟수 등을 셀 때 쓰임	一台电脑 컴퓨터 한 대 一台话剧 한 편의 연극

辆 liàng	차량을 셀 때 쓰임	一辆自行车 자전거 한 대
杯 bēi	잔 또는 컵에 담긴 것을 셀 때 쓰임	一杯咖啡 커피 한 잔 一杯啤酒 맥주 한 잔
只 zhī	곤충이나 짐승을 셀 때 쓰임	一只猫 고양이 한 마리 一只狗 개 한 마리
瓶 píng	병에 담긴 것을 셀 때 쓰임	一瓶葡萄酒 포도주 한 병 一瓶矿泉水 생수 한 병
次 cì	동작의 횟수를 셀 때 쓰임	说一次 한 번 말하다 去过一次 한 번 가 봤다
趟 tàng	왕복 동작을 셀 때 쓰임	去了一趟首尔 서울에 한 번 다녀왔다 跑一趟 한 번 다녀오다

(4) 관용어 및 속담

● track Final 04

好容易 hǎoróngyì	가까스로 [= 好不容易 hǎobùróngyì]
马大哈 mǎdàhā	세심하지 못하다 [= 粗心大意 cūxīndàyì]
开夜车 kāi yèchē	밤새워 일하다, 공부하다 [= 熬夜 áoyè]
闹着玩儿 nàozhe wánr	농담하다 [= 开玩笑 kāi wánxiào]
不得了 bùdéliǎo	야단났다, 큰일났다 [= 出事了 chūshìle]
拿主意 ná zhǔyi	방법을 결정하다, 생각을 정하다 [= 决定 juédìng]
不要紧 búyàojǐn	괜찮다 [= 没事儿 méishìr]
不放在眼里 bú fàng zài yǎn li	안중에 없다, 신경 쓰지 않다 [= 不放在心上 bú fàng zài xīn shang]
包在我身上 bāo zài wǒ shēnshang	내가 책임지다 [= 我来负责 wǒ lái fùzé]
不在乎 bú zàihu	상관없다 [= 无所谓 wúsuǒwèi]
出难题 chū nántí	난처하게 하다 [= 找麻烦 zhǎo máfan]
一分钱，一分货 yì fēn qián, yì fēn huò	싼 물건은 질이 좋지 않다 [싼 게 비지떡이다]
太阳从西边出来了 tàiyáng cóng xībian chūlai le	해가 서쪽에서 뜬다 [=믿지 못할 일이다] [= 出乎意料 chūhūyìliào]
说走就走 shuō zǒu jiù zǒu	말하면 바로 간다 [=말한 것을 행동으로 옮기다]
货比三家 huò bǐ sān jiā	물건은 세 상점에서 비교해 봐야 한다 [=물건 살 때는 비교해 봐야 한다]

有志者事竟成 yǒuzhìzhě shì jìngchéng	의지가 있는 사람은 끝내 성공한다 [=의지만 있으면 못할 일이 없다]

(5) 빈출 고정격식

● track Final 05

从 A 开始 B cóng A kāishǐ B	A에서부터 B하기 시작하다	他从明天开始上班。 그는 내일부터 출근하기 시작한다.
给 A 买 B gěi A mǎi B	A에게 B를 사 주다	妈妈给她买了一件衣服。 엄마는 그녀에게 옷을 한 벌 사 주셨다.
给 A 介绍 B gěi A jièshào B	A에게 B를 소개하다	我给朋友介绍了北京烤鸭。 나는 친구에게 베이징 오리구이를 소개했다.
A 给 B 带来 C A gěi B dàilái C	A가 B에게 C를 가져다주다	这次经验给我带来了成就感。 이번 경험은 나에게 성취감을 가져다주었다.
A 给 B 带来影响 A gěi B dàilái yǐngxiǎng	A가 B에게 영향을 끼치다	手机给人们的生活带来了很大的影响。 휴대폰은 사람들의 생활에 큰 영향을 끼쳤다.
给……打针 gěi …… dǎzhēn	~에게 주사를 놓다	护士正在给他打针。 간호사는 그에게 주사를 놓고 있다.
向 A 介绍 B xiàng A jièshào B	A에게 B를 소개하다	导游向大家介绍了这里的景点。 가이드는 모두에게 이곳의 명소를 소개했다.
向 A 解释 B xiàng A jiěshì B	A에게 B를 해명하다	男朋友向我解释了昨天的事。 남자 친구는 나에게 어제 일을 해명했다.
向……道歉 xiàng …… dàoqiàn	~에게 사과하다	他正在向女朋友道歉。 그는 여자 친구에게 사과하고 있다.
跟……交流 gēn …… jiāoliú	~와 교류하다	父母跟孩子要经常交流。 부모는 아이와 자주 교류해야 한다.
跟……打招呼 gēn …… dǎ zhāohu	~와 인사하다	你要提前跟她打招呼。 그녀와 먼저 인사를 해야 한다.
对……有好处 duì …… yǒu hǎochù	~에 좋다	坚持锻炼对身体有好处。 꾸준히 단련하면 몸에 좋다.
对……来说 duì …… láishuō	~에게 있어서	对我来说，那个问题很重要。 나에게 그 문제는 중요하다.
A 与 B 有关 A yǔ B yǒuguān	A는 B와 관련이 있다	这部小说与社会问题有关。 이 소설은 사회문제와 관련이 있다.
A 被(B)称为 C A bèi (B) chēngwéi C	A가 (B에 의해) C로 불리우다	大熊猫被称为国宝。 판다는 국보로 불리운다.
A(距)离 B 有 C 公里 A (jù)lí B yǒu C gōnglǐ	A는 B에서 C 킬로미터 정도 된다	这儿距离动物园只有8公里。 이곳은 동물원에서 8킬로미터밖에 안 된다.
飞往…… fēiwǎng ……	~로 (날아) 가다	这趟航班是飞往美国的。 이 항공편은 미국으로 간다.

구문	뜻	예문
为……干杯 wèi……gānbēi	~를 위하여 건배하다	为我们的友谊干杯! 우리의 우정을 위하여 건배!
A 由 B 负责 A yóu B fùzé	A는 B가 책임지다	学习上的问题由王教授负责。 학습상의 문제는 왕 교수님이 책임진다.
A 由 B 组成 A yóu B zǔchéng	A는 B로 구성되어 있다	这篇文章由5部分组成。 이 글은 다섯 부분으로 구성되어 있다.
A 是由 B 引起的 A shì yóu B yǐnqǐ de	A는 B 때문에 일어난다	掉发是由很多原因引起的。 머리카락이 빠지는 것은 많은 원인으로 일어난다.
按照 A 的顺序 B ànzhào A de shùnxù B	A의 순서에 따라 B하다	请按照时间的顺序排列。 시간순으로 배열해 주세요.

(6) 빈출 접속사 구문

● track Final 06

병렬 관계		
一边 A, 一边 B yìbiān A, yìbiān B		A하면서 B하다 他们一边喝咖啡，一边聊天儿。 그들은 커피를 마시며 이야기 나눈다.
不是 A，而是 B búshì A, érshì B		A가 아니고 B이다 这不是我买的，而是妈妈给我买的。 이것은 내가 산 것이 아니고, 엄마가 내게 사 주신 것이다.
점층 관계		
不但/不仅 A，而且/还/也 B búdàn/bùjǐn A, érqiě/hái/yě B		A할 뿐만 아니라 B하다 我不但是她的爱人，也是她的家人。 나는 그녀의 남편일 뿐만 아니라 그녀의 가족이기도 하다.
不但 A，而且/还 B，甚至 C búdàn A, érqiě/hái B, shènzhì C		A일 뿐만 아니라, 게다가 B이고, 심지어 C이다 他不但长得很帅，而且性格很好，甚至学习成绩也很好。 그는 잘생겼을 뿐 아니라, 게다가 성격이 좋고, 심지어 공부 성적도 좋다.
不但不 A，甚至 B búdàn bù A, shènzhì B		A하지 않을 뿐만 아니라, 심지어 B하다 我的儿子不但不努力学习，甚至常常出去玩儿。 내 아들은 열심히 공부하지 않을 뿐 아니라, 심지어 자주 나가 논다.
除了 A (以)外，(B) 还 C chúle A (yǐ)wài, (B) hái C		A외에도 (B 또한) C하다 除了汉语以外，我还会说英语。 중국어 외에, 나는 영어도 할 줄 안다.
전환 관계		
虽然/尽管 A， suīrán/jǐnguǎn A, 但(是)/可(是)/然而 B dàn(shì)/kě(shì)/rán'ér B		비록 A하지만 B하다 虽然他很努力学习，但没通过考试。 비록 그는 열심히 공부했지만, 시험에 통과하지 못했다.

	가설 관계	
如果/要是 A（的话）， rúguǒ/yàoshi A (dehuà), （那么）就 B (nàme) jiù B	만약 A라면 B하다 如果明天下雨，我们就后天再见面吧。 만약 내일 비가 온다면, 우리 모레 다시 만나자.	
即使/就是A，也B jíshǐ/jiùshì A, yě B	설령 A일지라도 B하다 即使你取得了好成绩，也不能骄傲。 설령 좋은 성적을 얻더라도, 너는 거만해서는 안 된다.	
	조건 관계	
只要A，就B zhǐyào A, jiù B	A하기만 하면 B하다 [결과 B를 강조] 只要努力学习，就一定能取得好成绩。 열심히 공부하기만 하면, 반드시 좋은 성적을 얻을 수 있다.	
只有A，才B zhǐyǒu A, cái B	A해야만 B하다 [조건 A를 강조] 只有自己爱自己，别人才会爱你。 자신이 자기를 사랑해야만 다른 사람이 비로소 당신을 사랑할 것이다.	
无论/不论/不管 A, 都/也 B wúlùn/búlùn/bùguǎn A, dōu/yě B	A를 막론하고 모두 B하다 无论你去哪儿，我都会等你。 당신이 어디를 가든, 나는 당신을 기다릴 것이다.	
	인과 관계	
由于/因为 A, 所以 B yóuyú/yīnwèi A, suǒyǐ B	A하기 때문에 그래서 B하다 由于天气很冷，所以我们都不想出门。 날씨가 매우 춥기 때문에, 우리는 모두 나가고 싶지 않다.	
（由于）A，因此 B (yóuyú) A, yīncǐ B	A하기 때문에 그래서 B하다 我病了，因此我心情不好。 나는 아프기 때문에 기분이 좋지 않다.	
既然 A，就 B jìrán A, jiù B	기왕 A하게 되었으니 B하다 既然你已经决定了，就不要放弃。 당신이 이미 결정한 이상 포기해서는 안 된다.	
	선택 관계	
与其A，不如B yǔqí A, bùrú B	A하느니 B하는 편이 낫다 与其一个人在家，不如和我们一起去玩儿。 혼자 집에 있느니, 우리와 함께 나가서 노는 게 나아.	
	목적 관계	
为了A，B wèile A, B	A하기 위해서 B하다 为了结婚，他买了房子。 결혼을 위하여 그는 집을 샀다.	
	선후 관계	
先 A，然后（再）B xiān A, ránhòu (zài) B	먼저 A하고 다음에 B하다 我们先吃饭，然后（再）去看电影吧。 우리 먼저 밥을 먹고 나서 영화를 보러 가자.	

유의어 비교

表演 biǎoyǎn	演出 yǎnchū
통 공연하다, 시범을 보이다 명 공연	통 공연하다 명 공연
正式表演 정식으로 공연하다	正式演出 정식으로 공연하다
看表演 공연을 보다	看演出 공연을 보다
他给大家表演一下。 그는 모두에게 시범을 보여 줬다.	(×) 他给大家演出一下。

두 단어는 모두 기본적으로 '연극·무용·곡예 등을 관객에게 보여 주는 것'을 의미하는 말로, 대개 서로 바꾸어 쓸 수 있다. 그러나 '表演'에는 '시범을 보이다'라는 의미도 있지만 '演出'에는 그런 의미가 없다. '시범을 보이다'라는 의미로 쓰일 때는 보통 '给A表演一下(B) A에게 (B를) 시범 보여 주다' 형식을 취한다.

打扫 dǎsǎo	收拾 shōushi	整理 zhěnglǐ
통 청소하다	통 정리하다	통 정리하다
打扫房间 방을 청소하다	收拾房间 방을 정리하다	整理房间 방을 정리하다
打扫卫生 깨끗하게 청소하다	(×) 收拾卫生	(×) 整理卫生
(×) 打扫行李	收拾行李 짐을 정리하다	整理材料 자료를 정리하다

세 단어 모두 '房间(방)'을 목적어로 취할 수 있지만, 전달하는 의미에는 다소 차이가 있다. '打扫'는 청결하게 '청소'하는 것을 가리키며, '收拾'는 '청소+정돈+수리'하는 것을 가리키며, '整理'는 질서 있게 '정리'하는 것을 가리킨다.

商量 shāngliang	讨论 tǎolùn
통 상의하다	통 토론하다
商量问题 문제를 상의하다	讨论问题 문제에 대해 토론하다
跟父母商量 부모님과 상의하다	(×) 跟父母讨论
商量解决 상의하여 해결하다	(×) 讨论解决
(×) 商量会	讨论会 토론회

'商量'은 두 사람 혹은 여러 사람이 의견을 교환하는 것을 말하며, 주로 회화에 많이 쓰인다. '讨论'은 어투가 '商量'보다 무거우며, 비교적 많은 사람들이 어떤 문제에 대해 의견을 교류하고 변론하는 의미를 지니고 있으며, 회화와 서면에 두루 많이 쓰인다.

同意 tóngyì	答应 dāying	允许 yǔnxǔ
동 동의하다	동 동의하다, 대답하다	동 허락하다
同意他的要求 그의 요구에 동의하다 同意他的意见 그의 의견에 동의하다 完全同意 완전히 동의하다 得到同意 동의를 얻다	答应他的要求 그의 요구에 응하다 (×) 答应他的意见 答应一下 대답하다	请允许我介绍一下 제가 소개하게 허락해 주세요 (×) 完全允许 得到允许 승낙을 얻다

'同意'는 어떤 주장에 '동의'함을 나타내며, 정식적인 자리나 일상 회화에서 모두 쓰일 수 있다. '答应'은 어떤 요구에 동의하여 소리 내어 '대답'하는 것을 나타내며, '允许'는 '허용' '허가' '허락' 등의 의미를 나타내며 정식적인 자리에 많이 쓰인다. '同意'는 정도부사의 수식을 받을 수 있지만, '答应'과 '允许'는 정도부사의 수식을 받을 수 없다.

有意思 yǒu yìsi	有趣 yǒuqù
재미있다	형 재미있다
这个故事很有意思。 이 이야기는 재미있다. 这部电影没有意思。 이 영화는 재미 없다.	这个故事很有趣。 이 이야기는 재미있다. (×) 这部电影没有趣。

두 단어 모두 이야기나 소설·게임 등에 '재미를 느끼는 것'을 나타내며, 서로 바꿔 쓸 수 있지만, 부정 표현은 '没有意思'로만 사용한다.

疼 téng	难受 nánshòu	不舒服 bù shūfu
형 아프다	형 (몸이) 아프다, (마음이) 괴롭다	(몸이) 불편하다
肚子疼 배가 아프다 疼得厉害 심하게 아프다	肚子很难受 배가 아프다 感到难受 괴로움을 느끼다	肚子不舒服 배가 불편하다 这把椅子很不舒服 이 의자는 매우 불편하다

'疼'은 질병·상처 등으로 육체적·정신적으로 아파서 참기 힘들 때 쓰이며, '难受'는 몸과 마음이 아프고 괴로울 때 쓰일 수 있다. '不舒服'는 어떤 사물이 몸에 맞지 않아 불편하거나 몸이 아플 때 쓰일 수 있다. 세 단어는 '몸이 아프다'라는 뜻으로 쓸 때만 서로 바꿔 쓸 수 있다.

伤心 shāngxīn	难受 nánshòu	难过 nánguò
혱 슬프다	혱 (마음이) 괴롭다, (몸이) 아프다	혱 슬프다, (생활이) 어렵다
伤心事 슬픈 일	(×)难受事	(×)难过事
(×)心里伤心	心里难受 마음이 괴롭다	心里难过 마음이 괴롭다
哭得很伤心 슬프게 울다	(×)哭得很难受	(×)哭得很难过
感到伤心 슬픔을 느끼다	肚子难受 배가 아프다	日子难过 생활이 어렵다
让我很伤心 나를 슬프게 하다	疼得很难受 아파서 괴롭다	(×)疼得很难过

세 단어는 모두 '기분이 좋지 않고 슬픈 상태'를 나타내는 말로, 슬픈 '마음'을 나타내고자 할 때는 세 단어를 모두 사용할 수 있다. 다만, '伤心'은 '마음'이 슬픈 상태만을 나타낼 수 있지만 '难受'와 '难过'에는 다른 뜻이 더 있기 때문에 구별해서 사용해야 하는 경우가 있다. '슬픈 마음'이 아니라 '몸이 아픈 상태'를 나타내야 할 때는 '难受'를, '생활의 어려움'을 나타내야 할 때는 '难过'를 사용해야 한다.

马虎 mǎhu	粗心 cūxīn
혱 조심성 없다, 덜렁대다	혱 세심하지 못하다
他太马虎了。 그는 너무 덜렁대.	他太粗心了。 그는 너무 세심하지 못해.
马虎得厉害 심하게 덜렁대다	粗心大意 세심하지 못하고 부주의하다
马马虎虎 건성으로 하다	(×)粗粗心心

세심하지 못한 행동을 나타낸다는 점에서 비슷하지만, '马虎'는 무언가를 진지하게 하지 않고, 조심성 없이 덜렁댐을 나타내고, '粗心'은 부주의한 행동을 나타낸다는 점에서 차이가 있다. 의미를 강조하고자 할 때 '马虎'는 '马马虎虎'로 중첩하여 쓰고, '粗心'은 '粗心大意'로 쓴다.

感动 gǎndòng	激动 jīdòng
혱 감동하다	혱 감격하다, 흥분하다
感动得流泪 감동해서 눈물을 흘리다	激动得流泪 감격해서 눈물을 흘리다
这部电影很感动。 이 영화는 감동적이다.	(×)这部电影很激动。
	别激动！흥분하지 마!

'感动'은 '감동하다'라는 의미로, 좋은 상황에만 쓰이는 말이다. '激动'은 '감정이 자극을 받아서 격해지는 것'을 나타내는 말로, 좋은 상황에도 쓰이지만, 좋지 않은 상황에도 쓰인다.

有名 yǒumíng	著名 zhùmíng
형 유명하다	형 저명하다, 유명하다
有名的作家 유명한 작가 有名的作品 유명한 작품 北京烤鸭很有名 베이징 오리구이는 유명하다	著名的作家 저명한 작가 著名的作品 저명한 작품 (×) 北京烤鸭很著名

두 단어는 모두 '유명하다'라는 의미를 나타낸다. 단, '有名'은 여러 방면에 널리 쓰이며 형용하는 대상에 제약이 없지만, '著名'은 주로 서면어로서 많이 쓰이며, 주로 사람이나 작품을 형용할 때 쓰인다.

性格 xìnggé	脾气 píqi
명 성격	명 성격, 성질
性格好 성격이 좋다 性格内向 성격이 내향적이다 (×) 发性格	脾气好 성격이 좋다 (×) 脾气内向 发脾气 성질을 부리다, 화를 내다

두 단어 모두 '성격'을 나타내지만, '脾气'에는 '성질' '안 좋은 성격'이라는 의미도 있다. '脾气'는 '发脾气'로 쓰이면 '성질을 부리다'라는 의미를 나타낸다. 4급 듣기에 자주 등장하므로 외워 두자.

按时 ànshí	准时 zhǔnshí	及时 jíshí
부 시간에 맞추어	형 정시에, 제때에	형 시기적절하다 부 바로, 늦지 않게
(×) 来得按时 按时吃饭 시간에 맞춰 밥을 먹다 (×) 很按时	来得很准时 정확한 시간에 온다 (△) 准时吃饭 [상황에 따라 사용 가능] (△) 准时解决 [상황에 따라 사용 가능] 非常准时 (시간이) 매우 정확하다	来得及时 시기적절하게 왔다 (×) 及时吃饭 及时解决 즉시 해결하다

'按时'는 약속한 시간에 맞춰 행동을 완성하는 것을 말하며, '准时'는 정확하고 규정된 시간에 바로 행동을 완성하는 것을 말한다. '及时'는 규정된 시간 안에 시기적절하게 행동을 마치는 것을 말한다. 형용사 '及时'는 주로 보어로 쓰이며, 술어로는 사용할 수 없다. '及时'가 부사로 쓰였을 때는 '시기적절하다'라는 의미가 아니라 '늦지 않다'라는 의미를 나타낸다.

一定 yídìng	肯定 kěndìng
튀 반드시 혱 어느 정도의	튀 틀림없이 혱 긍정적이다
一定会同意 분명히 동의한다 (×) 他的回答是一定的。 一定的水平 어느 정도의 수준	肯定会同意 분명히 동의한다 他的回答是肯定的。 그의 대답은 긍정적이다. (×) 肯定的水平

두 단어 모두 '단호'하고 '분명'하며 '필연적'이라는 어감을 나타내는 부사이다. 긍정형으로 쓰였을 때는 많은 경우에 서로 바꿔 쓸 수 있지만 부정형으로 쓰일 경우에는 서로 바꿔 쓸 수 없다. '一定'은 부정형으로도 쓰이지만, '肯定'은 보통 부정형으로는 쓰이지 않기 때문이다. 또, 두 단어에는 다양한 형용사 의미도 있는데, 그때는 나타내는 의미가 서로 다르다. 대표적으로 형용사 '一定'은 '양이 상당함'을 나타내지만 형용사 '肯定'은 '긍정적임'을 나타낸다. 형용사로 쓰였을 때는 두 단어 모두 술어로는 쓰이지 않고 수식어로만 쓰인다.

本来 běnlái	原来 yuánlái
혱 본래의 튀 원래, 본래, 당연히	혱 원래의 튀 알고 보니 명 원래
本来的计划 원래 계획 本来打算跟妈妈去旅行。 원래 엄마와 여행을 가기로 계획했다. 学生本来就应该努力学习。 학생은 본래 마땅히 열심히 공부해야 한다.	原来的计划 원래 계획 比原来好多了。 원래보다 많이 좋아졌다. 原来是你啊！ (알고 보니) 너였구나!

두 단어가 형용사로 쓰일 때는 같은 의미를 나타내므로 서로 바꾸어 쓸 수 있다. 그러나 부사로 쓰일 때는 쓰이는 상황과 표현 형식이 다르니 주의하자. 부사 '本来'는 '예전부터 그래왔음' '도리상·상식상 당연함'을 나타낼 때 쓰이며, 이때는 '本来+就+조동사+동사'의 형식으로 쓰인다. 부사 '原来'는 '사실을 알게 되었음'을 나타낼 때 쓰는 말로 '알고 보니 ~구나'라고 해석된다.

大约 dàyuē	大概 dàgài
튀 대략	튀 대략 혱 대략적인 명 대강
大约五点 5시 정도 大约多少? 대략 얼마인가? (×) 大约的时间 (×) 知道个大约	大概五点 5시 정도 大概多少? 대략 얼마인가? 大概的时间 대략적인 시간 知道个大概 대략 알다

'大约'는 주로 수량이나 시간을 추측할 때 쓰인다. '大概'는 수량이나 시간을 추측할 때도 쓰이지만, 어떤 상황을 추측할 때도 쓰인다. '大约'는 주로 서면어에, '大概'는 주로 회화문에 사용한다.

到底
dàodǐ

튀 도대체 튀 끝내, 드디어

到底去不去? 도대체 가니, 안 가니?
到底怎么样? 도대체 어떤데?
到底实现了。 끝내 실현되었다.

究竟
jiūjìng

튀 도대체

究竟去不去? 도대체 가니, 안 가니?
究竟怎么样? 도대체 어떤데?
(×) 究竟实现了。

두 단어가 모두 의문문에 쓰여 '추궁'하는 의미를 나타낼 때는 두 단어를 서로 바꾸어 쓸 수 있다. 다만, '到底'에는 '끝내, 드디어'라는 의미도 있으므로 '到底'를 항상 '究竟'으로 바꾸어 쓸 수 있는 것은 아니다.

常常
chángcháng

튀 항상, 늘, 자주

这里春天常常刮大风。
여기는 봄에 자주 바람이 세게 분다.
有空儿常常来我家玩儿吧。
시간 있으면 자주 우리집에 놀러 와.

往往
wǎngwǎng

튀 종종, 자주, 늘

这里春天往往刮大风。
여기는 봄에 자주 바람이 세게 분다.
(×) 有空儿往往来我家玩儿吧。

일반적으로 '往往'은 대개 '常常'으로 바꿔 쓸 수 있다. 하지만, '常常'이 모두 '往往'으로 바꿔 써도 되는 것은 아니다. '常常'은 비교적 짧은 시간 동안 행동이나 상황의 발생 빈도수가 높음을 나타내며, 주관적인 바람을 나타내므로 미래 시제로도 쓸 수 있다. '往往'은 현재나 과거에 어떤 상황이 규칙적으로 발생했음을 나타내며, 빈도에 대한 구체적 언급이 있어야 한다. 주관적인 바람에는 사용되지 않는다. 또한, 과거에 이미 발생한 일에 쓰이므로 미래 시제로는 쓰지 않는다.

所以
suǒyǐ

접 그래서

因为感冒了,所以他没来上课。
감기에 걸려서, 그는 수업하러 오지 않았다.

因此
yīncǐ

접 그래서, 이 때문에

我明天要考试,因此不能陪你去看电影了。
나는 내일 시험 봐야 해서, 너를 데리고 영화 보러 갈 수 없게 됐어.

'所以'는 자주 '因为' '由于'와 같은 접속사와 함께 호응하여 쓰이지만 '因此'는 단어 자체에 '이것으로 인해'라는 의미가 있으므로, '所以'와 달리 '因为'와 같은 접속사와 함께 쓰이지 않는다.

어법 마스터

01 동사술어문
관련 내용 본서 **p. 163**

주어의 동작, 존재, 감정, 판단, 변화 등을 나타내는 문장

대표 빈출 문장 姐姐打扫了自己的房间。 언니는 자신의 방을 청소했다.

❶ 기본 어순

주어 + (부사어+) 동사 술어 + 목적어

명사	동사+조사	대사+조사	명사
姐姐	打扫了	自己的	房间。
주어	술어+了	관형어+的	목적어

❷ 동사+동태조사 [了/着/过] ★
- 동사 + 了 (~했다) [완료]
- 동사 + 着 (~하고 있다) [지속]
- 동사 + 过 (~해 봤다, ~한 적이 있다) [경험]

看了 봤다
看着 보고 있다
看过 본 적이 있다

❸ 부정형: 不/没+동사 ★
- 현재 / 미래 / 주관적 의지를 부정할 때는 부정부사 '不'를 사용
- 과거 / 객관적 사실을 부정할 때는 부정부사 '没'를 사용

나는 내일 안 온다.
我明天不来。(O)
我明天没来。(×)

나는 어제 잠을 안 잤다.
我昨天没睡觉。(O)
我昨天不睡觉。(×)

❹ 부사어의 수식
- 부사어 기본 어순: 부사 + 조동사 + 개사구
- 정도부사 + 일반동사 (×)
- 정도부사 + 심리활동동사 (O)

我没能跟他见面。
나는 그와 만날 수 없었다.
很打扫。(×)
很害怕。(O) 무섭다.

❺ 동사술어문의 목적어
- 명사(구) / 동사(구) / 형용사(구) / 문장
- 목적어를 가지지 않는 동사도 있음 (ex. 이합동사)

跟他见面 (O) / 见面他 (×)

❻ 시간명사의 수식
- 시간명사는 주어의 앞이나 뒤에 위치
- 시간 강조: 시간명사 + 주어
- 주어 강조: 주어 + 시간명사

明天我要去医院。
내일 나는 병원에 갈 것이다.
我明天要去医院。
나는 내일 병원에 갈 것이다.

고난이도 빈출 문장 他的条件都符合要求。 그의 조건은 요구에 부합한다.

02 존현문

관련 내용 본서 **p. 291**

사람이나 사물의 존재, 출현, 소실을 나타내는 문장

대표 빈출 문장 桌子上有一个蛋糕。 탁자 위에 케이크 하나가 있다.

❶ '有'자 존현문
   장소＋有＋(불특정한) 사물/사람
   (~에 ~가 있다)
   - 주어 [장소]에 개사 사용 불가능
   - 목적어는 불특정한 사물 / 사람 [수사 + 양사 + 명사]

   在桌子上有一个蛋糕。(×)
   一个蛋糕 (O) 케이크 하나
   这个蛋糕 (×)

❷ '동사+着' 존현문
   장소＋동사＋着＋(불특정한) 사물/사람
   (~에 ~가 ~해져 있다)

   桌子上放着一个蛋糕。
   탁자 위에 케이크 하나가 놓여져 있다.

❸ '是'자 존현문
   장소＋是＋특정 OR 불특정한 사물/사람
   (~에는 ~이다)

   银行旁边是邮局。
   은행 옆은 우체국이다.

❹ 장소＋동사＋了/보어＋(불특정한) 사물/사람
   - 장소에 대한 대상이 '출현'하거나 '소실'되는 것을 나타냄

   前边跑过来一只小狗。
   앞쪽에서 강아지 한 마리가 뛰어온다.

'在'자문
   (특정한) 사물/사람＋在＋장소
   (~는 ~에 있다)

   蛋糕在桌子上。
   케이크는 탁자 위에 있다.

고난이도 빈출 문장 盒子里有一双袜子。 상자 안에 양말 한 켤레가 있다.

03 연동문

관련 내용 본서 p. 295

하나의 주어가 두 개 이상의 동사를 술어로 가지는 문장

대표 빈출 문장 我要去超市买一瓶水。 나는 생수를 사러 마트에 갈 것이다.

❶ 기본 어순

주어 + 술어1 + (목적어1) + 술어2 + (목적어2)

대사	조동사	동사+명사	동사+수사+양사+명사
我	要	去超市	买一瓶水。
주어	부사어	술어1+목적어1	술어2+관형어+목적어2

❷ 연동문의 쓰임

- 연속: 동사1 + 동사2 (~하고 ~하다)
- 목적: 동사1(去) + 장소 + 동사2 (~하러 ~에 가다)
- 방식: 동사1(坐) + 사물 + 동사2(去) (~를 타고 ~에 가다)
  동사1(带) + 사람 + 동사2(去) (~를 데리고 ~에 가다)

吃完饭看电影。
밥을 다 먹고 영화를 본다. [연속]

去商店买衣服。
상점에 옷을 사러 간다. [목적]

坐公交车去学校。
버스를 타고 학교에 간다. [방식]

带他去公园。
그를 데리고 공원에 간다. [방식]

❸ 연동문 속 부사어

- 부사어 [일반부사 + 부정부사 + 조동사] + 술어1 + 술어2

经常去图书馆学习。
자주 도서관에 공부하러 간다.

❹ 연동문 속 동태조사

- 술어1 + 술어2 + 了/过 (O)
  술어1 + 了/过 + 술어2 (✕)
- 술어1 + 着 + 술어2 (~하면서 ~하다)

去商店买了一件衣服。
상점에 가서 옷을 한 벌 샀다.

坐着看书。
앉아서 책을 본다.

고난이도 빈출 문장 妈妈带孩子去看大熊猫了。 엄마는 아이를 데리고 판다를 보러 가셨다.

04 겸어문

관련 내용 본서 **p. 296**

한 문장에 두 개 이상의 동사가 있고, 앞 동사의 목적어가 뒤 동사의 주어 역할을 겸하는 문장

대표 빈출 문장 这个消息让我很激动。 이 소식은 나를 감동하게 했다.

❶ 기본 어순

주어＋술어1＋[목적어1/의미상 주어2]＋술어2＋(목적어2)

지시대사+양사+명사	동사	대사	정도부사+동사
这个消息	让	我	很激动。
관형어+주어1	술어1	목적어1 의미상 주어2	부사어+술어2

❷ 겸어문의 쓰임

- 동사의 의미에 따라 사역이나 인정, 호칭, 좋거나 싫음, 칭찬, 비판 등을 나타낸다.
- 주로 사역을 나타내는 겸어문이 많이 쓰인다.

让 ràng = 使 shǐ ~하게 하다
请 qǐng 요청하다
要求 yāoqiú 요구하다

❸ 겸어문 속 동태조사

- 술어1(让 / 请) + 술어2 + 了 / 过 (O)
- 술어1 + 了 / 过 + 술어2 (✕)

请他吃过饭。(O)
请过他吃饭。(✕)
그에게 밥을 대접한 적이 있다.

❹ 겸어문 속 부사어

- 부사어[일반부사 + 부정부사 + 조동사] + 술어1 + 술어2

没让他进来。(O)
让他没进来。(✕)
그에게 들어오라고 하지 않았다.

고난이도 빈출 문장 教授的回答让她吃惊。 교수님의 대답은 그녀를 놀라게 했다.

05 형용사술어문

관련 내용 본서 p. 168

사람이나 사물의 성질, 상태 등을 서술하는 문장

대표 빈출 문장 我的老师很严格。 나의 선생님은 엄격하시다.

❶ 기본 어순

주어＋부사어[정도부사]＋형용사술어

대사+조사+명사	정도부사	형용사
我的老师	很	严格。
관형어+的+주어	부사어	술어

❷ 정도부사와 형용사술어 ★

- 정도부사 + 형용사술어
- 정도부사 없이 쓰일 경우 비교 의미를 나타냄

她很漂亮。(○)
她漂亮。(×)
그녀는 예쁘다.
她漂亮，我不漂亮。(○)
그녀는 예쁘고, 나는 안 예쁘다.

❸ 형용사술어와 목적어

- 형용사술어 + 목적어 (✗)
- 개사구 + 형용사술어

老师严格他。(×)
老师对他很严格。(○)
선생님은 그에게 엄격하시다.

❹ 형용사술어문의 부정형

- 不 / 没 + 형용사 [일반적으로 '不 + 형용사'로 쓰임]
- 상태 부정: 不 → 不胖 (뚱뚱하지 않다)
- 변화 부정: 没 → 没胖 (뚱뚱해지지 않았다)

고난이도 빈출 문장 今天买的葡萄有点儿酸。 오늘 산 포도는 좀 시다.

06 정도보어

관련 내용 본서 **p. 249**

동사 뒤에서 동작이나 상태를 묘사하거나 평가를 나타내는 보어

대표 빈출 문장 今天的计划进行得很顺利。 오늘 계획이 순조롭게 진행되었다.

❶ 기본 어순

주어+술어+**得**+정도보어

명사+조사+명사	동사+조사	정도부사	형용사
今天的计划	进行**得**	很	顺利。
관형어+的+주어	술어+得	정도보어	

❷ 정도보어 형태

- 동사 + 得 + 정도부사 + 형용사 ★
- 동사 + 得 + 동사구
- 동사 + 得 + 형용사중첩

长**得**很漂亮 예쁘게 생겼다
激动**得**哭了 감격해서 울었다
打扫**得**干干净净的
매우 깨끗하게 청소했다

❸ 정도보어와 목적어

- 목적어가 쓰일 경우, 술어 중복 가능하며 앞 술어는 생략 가능

(说)汉语说**得**很不错。
중국어를 잘 한다.

고난이도 빈출 문장 他咳嗽得越来越厉害。 그는 갈수록 심하게 기침을 한다.

07 把자문 [=将 jiāng]

관련 내용 본서 **p. 304**

술어의 변화나 결과, 영향 등을 강조하는 문장

대표 빈출 문장 我昨天没能把这本小说看完。 나는 어제 이 소설책을 다 볼 수 없었다.

❶ 기본 어순 ★

주어 + 부사어 + 把 + 목적어 + 술어 + 기타 성분

대사	명사	부정부사 조동사	개사	지시대사+양사+명사	동사+동사
我	昨天	没 能	把	这本小说	看完。
주어	부사어		把	목적어	술어+기타 성분

부사어 어순
부사 + 조동사 + 개사把

❷ 把자문의 목적어 ★
- 把의 목적어는 '특정한 대상'이어야 한다.

这本书 (O) / 一本书 (×)
이 책

❸ 把자문의 술어
- 감각·인지·심리활동동사 불가능

我把他喜欢。(×)
我喜欢他。(O)
나는 그를 좋아한다.

❹ 把자문의 기타 성분
- 일반적으로 기타 성분은 생략할 수 없음
- 가능한 기타 성분 형태: 조사 了·着, 보어(가능보어 제외), 동사중첩
- 불가능한 기타 성분 형태: 조사 过, 가능보어

把衣服洗。(×)
把衣服洗了。(O) 옷을 빨았다.

고난이도 빈출 문장 别把顺序弄乱了。 순서를 어지럽히지 마세요.

08 被자문 [=叫 jiào / 让 ràng]

관련 내용 본서 p. 309

주어가 '被' 뒤의 목적어[행위자/가해자]에 의해 '~를 당하다'라는 피동의 의미를 나타냄

대표 빈출 문장 我从来没被老师批评过。 나는 여태껏 선생님께 야단맞은 적이 없다.

❶ 기본 어순 ★

주어+부사어+ 被 +목적어+술어+기타 성분

대사	시간부사	부정부사	개사	명사	동사+조사
我	从来	没	被	老师	批评过。
주어	부사어		被	목적어	술어+기타 성분

부사어 어순
부사 + 조동사 + 개사被

❷ 被자문의 목적어

- 被의 목적어는 특정적
- 청자와 화자 모두 알고 있거나 강조할 필요가 없을 경우 생략 가능

那位老师(O) / 一位老师(×)
被打了(O) 맞았다

❸ 被자문의 술어

- 감각·인지·심리활동동사 가능

被老师感动了。(O)
선생님에게 감동 받았다.

❹ 被자문의 기타 성분

- 일반적으로 기타 성분은 생략할 수 없음
- 가능한 기타 성분 형태: 조사 了·过, 보어(가능보어 제외)
- 불가능한 기타 성분 형태: 조사 着, 가능보어, 동사중첩

被大家知道。(×)
被大家知道了。(O)
모두에게 알려졌다.

고난이도 빈출 문장 饺子都被孙女吃光了。 만두를 손녀가 남김없이 다 먹었다

09 비교문

관련 내용 본서 **p. 300**

둘 이상의 사물이나 사람을 서로 비교하는 형태의 문장

대표 빈출 문장 健康比工作更重要。 건강은 일보다 더 중요하다.

❶ 기본 어순

A + 比 + B + (更/还) + 술어

健康	比工作	更	重要。
명사	개사+명사	정도부사	형용사
주어	부사어		술어

健康<u>比</u>工作<u>很</u>重要 (×)

❷ 비교문 활용 형식

- A + 比 + B + 술어 + 보어
  (A는 B보다 ~하다)

- '차이가 많음'을 나타낼 때:
  A + 比 + B + 술어 + 得多 / 多了 / 很多
  (A는 B보다 훨씬 ~하다)

  这个比那个便宜得多。
  이것은 저것보다 많이 싸다.

- '차이가 적음'을 나타낼 때:
  A + 比 + B + 술어 + 一点儿 / 一些
  (A는 B보다 조금 ~하다)

  这个比那个便宜一点儿。
  이것은 저것보다 조금 싸다.

- '구제적 차이'를 나타낼 때:
  A + 比 + B + 술어 + 수량사 / 수사 + 양사 ★
  (A는 B보다 ~(만큼) ~하다)

  这个比那个便宜三块。
  이것은 저것보다 3원 싸다.

- 부정 형식으로 쓸 때:
  A + 没有 + B + (这么 / 那么) + 술어
  (A는 B보다 (이렇게 / 그렇게) ~하지 않다)

  工作没有健康重要。
  일은 건강보다 중요하지 않다.

고난이도 빈출 문장 他的收入比去年增长了3倍。 그의 수입은 작년보다 3배 증가하였다

10 是……的 강조 구문

관련 내용 본서 p. 239

화자가 말하고자 하는 것을 강조하는 문장

대표 빈출 문장 这件衣服是昨天买的。 이 옷은 어제 샀다.

❶ 기본 어순

주어 + 是 + 강조 내용 [육하원칙+술어] + 的

지시대사+양사+명사 / 동사 / 명사+동사 / 조사
这件衣服 / 是 / 昨天买 / 的。
관형어+주어 / 是 / 강조 내용 / 的

- '是……的' 사이에는 강조하는 내용이 들어간다.

我是来参加考试的。
나는 시험을 보러 왔다.

❷ '是……的' 강조 용법 ①

- 이미 일어난 일의 시간, 장소, 방식 등을 강조
- '是'는 생략 가능 / '的'는 생략 불가능
- 과거의 일을 강조, '了'는 함께 쓰이지 않음

我(是)坐地铁来的。(O)
我是坐地铁来了的。(×)
나는 지하철을 타고 왔다.

❸ '是……的' 강조 용법 ②

- 화자의 의견이나 주어에 대해 설명하거나 묘사
- '是' 생략 불가

他写的都是错的。(O)
他写的都错的。(×)
그가 적은 것은 틀렸다.

❹ 'A+是+B' vs '是……的' 강조 구문 비교

- A [주어] + 是 + B [명사 / 대사]
- A [주어] + 是 + B [동사(구) / 문장] + 的

他是我的大学同学。
그는 나의 대학 동창이다.
他是我上大学的时候认识的。
그는 내가 대학 다닐 때 알게 됐다.

고난이도 빈출 문장 经验是需要慢慢积累的。 경험은 천천히 쌓아야 한다.

틀리기 쉬운 한자 바로 알기

(1) 모양이 헷갈리는 한자

已	己
yǐ	jǐ
已经 yǐjīng 이미	自己 zìjǐ 자신

见	贝
jiàn	bèi
见面 jiànmiàn 만나다	宝贝 bǎobèi 보배

无	天
wú	tiān
无 wú 없다	天气 tiānqì 날씨

牛	午
niú	wǔ
牛奶 niúnǎi 우유	下午 xiàwǔ 오후

人	入
rén	rù
客人 kèrén 손님	收入 shōurù 수입

千	干
qiān	gān
千 qiān 1000, 천	干净 gānjìng 깨끗하다

末	未
mò	wèi
周末 zhōumò 주말	未来 wèilái 미래

困	因
kùn	yīn
困难 kùnnan 곤란	因为 yīnwèi ~때문에

白 bái	自 zì
白色 báisè 흰색	自己 zìjǐ 자신

受 shòu	爱 ài
受到 shòudào 받다	爱好 àihào 취미

活 huó	话 huà
生活 shēnghuó 생활	说话 shuōhuà 말하다

请 qǐng	清 qīng
请假 qǐngjià 휴가를 신청하다	清楚 qīngchu 분명하다

准 zhǔn	谁 shéi
准时 zhǔnshí 정시에	谁 shéi 누구

直 zhí	真 zhēn
一直 yìzhí 줄곧	认真 rènzhēn 진지하다

可 kě	司 sī
可能 kěnéng 가능하다	司机 sījī 운전사

快 kuài	块 kuài
快乐 kuàilè 즐겁다	一块钱 yí kuài qián 1위안

轻 qīng	经 jīng
年轻 niánqīng 젊다	经常 jīngcháng 자주

买 mǎi	实 shí
买 mǎi 사다	其实 qíshí 사실

泳 yǒng	冰 bīng
游泳 yóuyǒng 수영하다	冰箱 bīngxiāng 냉장고

助 zhù	租 zū
帮助 bāngzhù 돕다	出租车 chūzūchē 택시

寄 jì	奇 qí
寄信 jìxìn 편지를 부치다	奇怪 qíguài 이상하다

问 wèn	间 jiān
问题 wèntí 문제	中间 zhōngjiān 중간

练 liàn	炼 liàn
练习 liànxí 연습하다	锻炼 duànliàn 단련하다

历 lì	厉 lì
历史 lìshǐ 역사	厉害 lìhai 무섭다

使	便	时	的
shǐ	biàn	shí	dì / de
使用 shǐyòng 사용하다	方便 fāngbiàn 편리하다	同时 tóngshí 동시에	目的 mùdì 목적

个	介	师	帅
gè	jiè	shī	shuài
三个人 sān gè rén 세 사람	介绍 jièshào 소개하다	老师 lǎoshī 선생님	帅 shuài 잘생기다

奶	妈	姐	妹
nǎi	mā	jiě	mèi
奶奶 nǎinai 할머니	妈妈 māma 어머니	姐姐 jiějie 언니	妹妹 mèimei 여동생

包	抱	饱	跑
bāo	bào	bǎo	pǎo
包子 bāozi 찐빵	抱歉 bàoqiàn 미안해하다	饱 bǎo 배부르다	跑步 pǎobù 달리다

(2) 발음이 여러 개인 한자 [=다음자(多音字)]

● track Final 07

的	
de	dì
조사	명사
[명사를 수식]	목표
中国的历史 중국의 역사	目的 목적

地	
de	dì
조사	명사
[동사를 수식]	육지
科学地分析 과학적으로 분석하다	地铁 지하철

了	
le	liǎo
조사	동사
[동작의 완료]	가능 또는 불가능
买了 샀다	吃不了 먹지 못 한다

着	
zhe	zháo
조사	동사
[동작의 진행]	(어떤 상태에) 들다
做着菜 요리를 하는 중이다	着急 조급해하다

过	
guo	guò
조사	동사
[동작의 경험]	(지점을) 지나다
借过这本书 이 책을 빌린 적 있다	经过 거치다, 통과하다

为	
wéi	wèi
동사	개사
~로 삼다	~때문에
认为 여기다	因为 왜냐하면

差	
chà	chāi
형용사	동사
다르다	(사람을) 보내다
差不多 비슷하다	出差 (외지로) 출장 가다

调	
diào	tiáo
동사	동사
조사하다	조절하다
调查 (현장에서) 조사하다	空调 에어컨

都	
dōu	dū
부사	명사
모두	수도
都同意 모두 동의하다	首都 수도

大	
dà	dài
형용사	동사
세다, 크다	[발음만 다름]
力气**大** 힘이 세다	**大**夫 의사

发	
fā	fà
동사	명사
보내다	머리카락
发邮件 우편을 보내다	理**发** 이발하다

还	
hái	huán
부사	동사
여전히	돌려주다
还是 아직도	**还**书 책을 돌려주다

假	
jiǎ	jià
형용사	명사
거짓의	휴가
假话 거짓말	请**假** (휴가 등을) 신청하다

要	
yào	yāo
조동사	동사/명사
~해야 한다	요구(하다)
要学习 공부해야 한다	**要**求 요구하다

乐	
lè	yuè
형용사	명사
기쁘다	음악
快**乐** 즐겁다	音**乐** 음악

看	
kān	kàn
동사	동사
돌보다	보다
看孩子 아이를 돌보다	**看**书 책을 보다

难	
nán	nan
형용사	명사
힘들다	불행
难过 고통스럽다	困**难** 곤란

相	
xiāng	xiàng
부사	명사
서로	모습
互**相** 서로	照**相**机 카메라

兴	
xīng	xìng
동사	명사
일으키다	흥미
兴奋 (감정을) 불러일으키다	兴趣 흥미

中	
zhōng	zhòng
명사	동사
가운데	명중하다
中间 중간	中奖 (복권) 당첨되다

长	
cháng	zhǎng
형용사	명사
길다	(조직 집단의) 장· 우두머리
很长时间 오랜 시간	校长 교장

好	
hǎo	hào
형용사	동사
좋다	좋아하다
好吃 맛있다	爱好 취미

便	
biàn	pián
형용사	[단독으로 쓰이지않음]
편리하다	
方便 편리하다	便宜 싸다

只	
zhī	zhǐ
양사	부사
마리, 쪽, 짝	단지, 오직
一只狗 강아지 한 마리	只是 단지 ~이다

教	
jiāo	jiào
동사	[단독으로 쓰이지않음]
가르치다	
教学生 학생을 가르치다	教室 교실

觉	
jué	jiào
동사	명사
느끼다	잠
觉得 ~라고 생각하다	睡觉 (잠을) 자다

得		
de	dé	děi
조사	동사	조동사
[보어를 이끔]	얻다	~해야 한다
说得好 말을 잘 한다	得到了 얻었다	得去 가야 한다

HSK IBT 소개

시험 순서

❶ **고사장 및 좌석표 확인**　수험표 번호로 고사장 확인 후, 고사장 입구에서 좌석 확인.

❷ **시험 안내**　감독관이 응시자 본인 확인 및 유의사항 안내 → 답안지 작성 및 시험 설명.

❸ **로그인**　감독관의 지시에 따라 프로그램 로그인(각 좌석 모니터에 응시자의 수험표 번호, 패스워드 부착).

❹ **응시자 정보 확인**　응시자 본인 정보 확인

❺ **헤드폰 음향 체크**　음원이 잘 들리는지, 볼륨 크기는 적당한지 반드시 체크! ★★★
　　　　　　　　시험 도중에 음원이 안 들릴 수도 있고, 시험 도중에 볼륨 크기를 조정하다 보면 문제를 놓칠 수 있어요.

❻ **시험 문제 다운로드**　 다운로드 버튼 클릭 후 대기. 시험 시작 시간이 되면 자동으로 시험 프로그램이 작동.

❼ **시험 진행**　PBT와 마찬가지로 '듣기 → 독해 → 쓰기' 순서로 진행됨.

❽ **제출**　쓰기 시험까지 끝나면 자동으로 답안 제출됨.

❸ 로그인　　　　　❹ 응시자 정보 확인　　　　　❺ 헤드폰 음향 체크　　　　　❻ 시험 문제 다운로드

장점&단점

장점	★ 음원을 스피커가 아닌 헤드폰으로 듣기 때문에 소음 없이 음원을 선명하게 들을 수 있음. ★ 한어병음 입력기를 통해 키보드로 한자를 입력하므로, 한어병음만 알아도 한자 입력 가능. ★ 2주만에 성적이 발표됨. (PBT는 4주만에 성적이 발표됨)
단점	★ 지문 및 보기를 읽으며 메모를 할 수 없음. ★ 모든 문제를 모니터로 확인해야 하므로 지문 가독성이 떨어짐.

유의 사항

★ 수험 도중 메모 불가.

★ 혹시라도 헤드폰에서 음원 소리가 안 난다면 조용히 손을 들어 감독관에게 알리기.

★ PBT와 달리, 영역 간 이동이 불가. 각 영역에 주어진 수험 시간이 지난 뒤에는 앞 영역으로 돌아갈 수 없음.

★ 시험지 제출 버튼을 누르면 시험이 종료됨. 전 영역 답안 체크 완료 후, 시험을 끝내려는 때에 클릭!

HSK IBT 응시 요령

[답안지 제출] 버튼 클릭하면 시험 종료되니
전 영역 모든 문항을 풀기 전에는 절대 클릭 금지

잔여 시간 표시

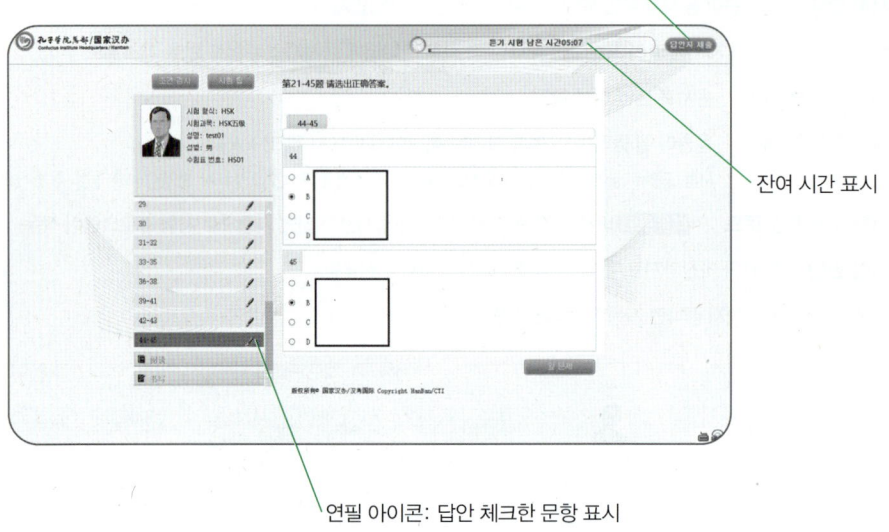

연필 아이콘: 답안 체크한 문항 표시

한 페이지에 여러 문제가 나오는 경우,
모든 답안을 체크해야 연필 아이콘이 뜸

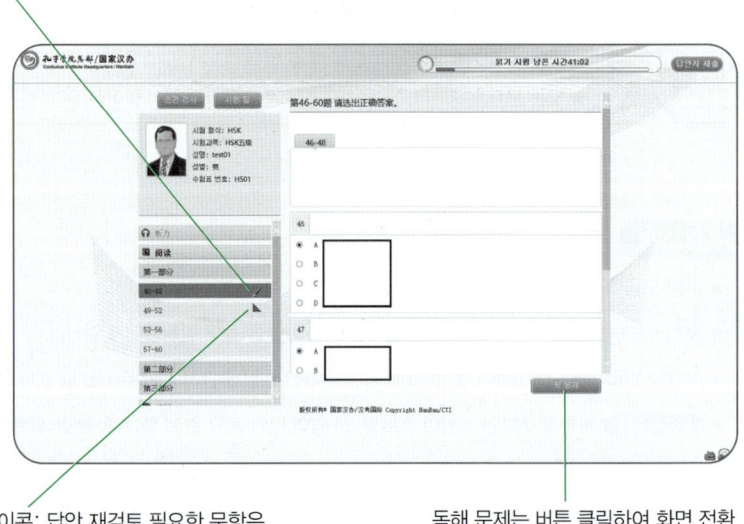

깃발 아이콘: 답안 재검토 필요한 문항은
연필 아이콘 클릭하여 깃발 아이콘 표시

독해 문제는 버튼 클릭하여 화면 전환

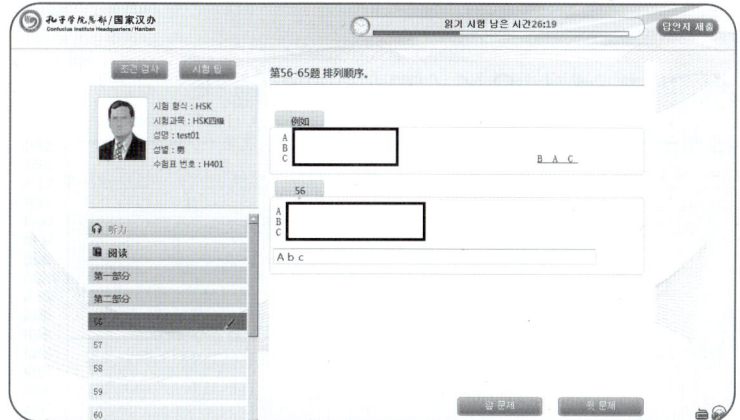

▲ 독해 제2부분 답안 입력 방법: 자판으로 영문자 입력(대소문자 모두 가능)

마지막 문제까지 다 풀었을 때 클릭하여 답안지 제출!
(시험 시간이 종료되어도 자동 제출)

▲ 중국어 작문 답안 입력 방법: 타이핑하여 입력

화면 캡쳐: HSK 공식시행처 제공

중국어 입력 팁

✓ (일반적으로) Alt + Shift 키를 누르면 중국어 자판으로 변경됨. 마우스로 직접 변경도 가능

✓ 'ü' 발음의 중국어를 입력할 때는 알파벳 'v'를 입력! 예 女儿 nǚ'ér, 旅行 lǚxíng 등

✓ 상용 중국어는 입력기 초반에 표시됨. 내가 입력하려던 글자가 맞는지 체크 후 입력

HSK PBT 답안 작성법

汉语水平考试 HSK（四级）答题卡

고시장 고유번호 기재 후 마킹하세요.

——— 请填写考点信息 ——— ——— 请填写考点信息 ———

按照考试证件上的姓名填写: 수험표상의 이름을 기재하세요.

姓名 / 이름	朴昭亭 PARK SOJEONG

如果有中文姓名，请填写: 수험표상의 중문 이름을 기재하세요.

中文姓名 / 중문 이름	朴昭亭

수험번호 기재 후 마킹하세요.

考生序号 / 수험번호	[0] [1] [2] [3] [4] [5] [6] [7] [8] [9] [0] [1] [2] [3] [4] [5] [6] [7] [8] [9] [0] [1] [2] [3] [4] [5] [6] [7] [8] [9] [0] [1] [2] [3] [4] [5] [6] [7] [8] [9]

考点代码	[0] [1] [2] [3] [4] [5] [6] [7] [8] [9] [0] [1] [2] [3] [4] [5] [6] [7] [8] [9] [0] [1] [2] [3] [4] [5] [6] [7] [8] [9] [0] [1] [2] [3] [4] [5] [6] [7] [8] [9] [0] [1] [2] [3] [4] [5] [6] [7] [8] [9] [0] [1] [2] [3] [4] [5] [6] [7] [8] [9] [0] [1] [2] [3] [4] [5] [6] [7] [8] [9]

국적번호 기재 후 마킹하세요.

国籍 (한국인: 523)	5 [0] [1] [2] [3] [4] **[5]** [6] [7] [8] [9] 2 [0] [1] **[2]** [3] [4] [5] [6] [7] [8] [9] 3 [0] [1] [2] **[3]** [4] [5] [6] [7] [8] [9]

나이를 만 나이로 기재 후 마킹하세요.

年龄	[0] [1] [2] [3] [4] [5] [6] [7] [8] [9] [0] [1] [2] [3] [4] [5] [6] [7] [8] [9]

해당 성별에 마킹하세요.

性别	男 [1]　　女 [2]

注意　请用2B铅笔这样写: ■　2B 연필로 마킹하세요.

一、听力 듣기 답안란

답안 표기 방향

1. [√] [×]　　6. [√] [×]　　11. [A] [B] [C] [D]　16. [A] [B] [C] [D]　21. [A] [B] [C] [D]
2. [√] [×]　　7. [√] [×]　　12. [A] [B] [C] [D]　17. [A] [B] [C] [D]　22. [A] [B] [C] [D]
3. [√] [×]　　8. [√] [×]　　13. [A] [B] [C] [D]　18. [A] [B] [C] [D]　23. [A] [B] [C] [D]
4. [√] [×]　　9. [√] [×]　　14. [A] [B] [C] [D]　19. [A] [B] [C] [D]　24. [A] [B] [C] [D]
5. [√] [×]　　10. [√] [×]　15. [A] [B] [C] [D]　20. [A] [B] [C] [D]　25. [A] [B] [C] [D]

26. [A] [B] [C] [D]　31. [A] [B] [C] [D]　36. [A] [B] [C] [D]　41. [A] [B] [C] [D]
27. [A] [B] [C] [D]　32. [A] [B] [C] [D]　37. [A] [B] [C] [D]　42. [A] [B] [C] [D]
28. [A] [B] [C] [D]　33. [A] [B] [C] [D]　38. [A] [B] [C] [D]　43. [A] [B] [C] [D]
29. [A] [B] [C] [D]　34. [A] [B] [C] [D]　39. [A] [B] [C] [D]　44. [A] [B] [C] [D]
30. [A] [B] [C] [D]　35. [A] [B] [C] [D]　40. [A] [B] [C] [D]　45. [A] [B] [C] [D]

二、阅读 독해 답안란

56. A B C —　58. —　60. —　62. —　64. —
57. —　　　　　59. —　61. —　63. —　65. —

38

三、书写 쓰기 답안란

쓰기 제1부분

86. ↑ 她的汉语说得很流利。
87.
88.
89.
90.
91.
92.
93.
94.
95.

쓰기 제2부분

96. ↑ 我想去旅游。
97.
98.
99.
100.

다락원 홈페이지에서
▶ MP3 파일 다운로드 및 실시간 재생
▶ 받아쓰기 PDF 다운로드

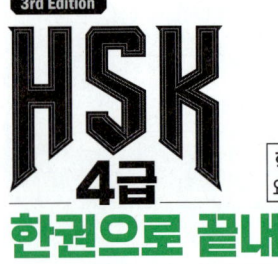

3rd Edition
HSK 4급 한권으로 끝내기
핵심 요약집

지은이 남미숙
펴낸이 정규도
펴낸곳 (주)다락원

기획·편집 김보경, 김현주, 김혜민, 이상윤
디자인 김나경, 이승현
일러스트 안다연
녹음 曹红梅, 于海峰, 허강원

교 다락원 경기도 파주시 문발로 211
전화 (02)736-2031(내선 250~252/내선 430, 560)
팩스 (02)732-2037
출판등록 1977년 9월 16일 제406-2008-000007호

Copyright ⓒ 2025, 남미숙

저자 및 출판사의 허락 없이 이 책의 일부 또는 전부를 무단 복제·전재·
발췌할 수 없습니다. 구입 후 철회는 회사 내규에 부합하는 경우에 가
능하므로 구입처에 문의하시기 바랍니다. 분실·파손 등에 따른 소비자
피해에 대해서는 공정거래위원회에서 고시한 소비자 분쟁 해결 기준에
따라 보상 가능합니다. 잘못된 책은 바꿔 드립니다.

ISBN 978-89-277-2342-4 14720
      978-89-277-2341-7 (set)

http://www.darakwon.co.kr
다락원 홈페이지를 방문하시면 상세한 출판 정보와 함께 동영상 강좌,
MP3 자료 등 다양한 어학 정보를 얻으실 수 있습니다.